Duden

100 000 Tatsachen!

Das große Buch der Allgemeinbildung

Dudenverlag
Mannheim · Leipzig · Wien · Zürich

Redaktionelle Leitung: Heike Pfersdorff M.A.
Redaktion: Dr. Bernd Lukoschik (Mannheim), Olaf Rappold (red.sign, Stuttgart)
Herstellung: Verona Meiling
Illustrationen: Birgit Kipping

Die Autoren: Christa Becker, Bernd Eusemann, Karl-Friedrich Geißler,
Dr. Jürgen Hess, Hellmut Siebeck, Christine Schlitt, Ralf Wiegand

Die Deutsche Bibliothek - CIP-Einheitsaufnahme
Ein Titeldatensatz für diese Publikation ist bei
der Deutschen Bibliothek erhältlich.

Satz: red.sign, Stuttgart
Gestaltungskonzept: Anette Vogt, Hung Cao (red.sign, Stuttgart)
Umschlaggestaltung: Jürgen Sauerhöfer
Druck: Appl, Wemding
Bindung: Großbuchbinderei Monheim
Printed in Germany
ISBN 3-411-71111-6

Was ist »Allgemeinbildung«?

Das Schulwissen wandelt sich von Generation zu Generation, die Freizeitinteressen, Hobbys und Vorlieben ändern sich. Hat der eine gute Allgemeinbildung, der alle Helden der griechischen Mythologie kennt, oder derjenige, der weiß, was in der Musikszene gerade angesagt ist? Der Computerfreak oder der Liebhaber klassischer Musik? Die Ansichten dürften auseinander gehen.

Eines aber ist sicher: Allgemeinbildung ist gefragt. Ob in der Schule, in der Ausbildung, im Berufsleben, beim Smalltalk oder in der Fernsehshow – nur wer Bescheid weiß, ist obenauf.

Allgemeinbildung kurzweilig und spannend für jeden und jede: Das ist das erklärte Ziel dieses Buches. Dreißig Kapitel versammeln Daten und Fakten, die wissenswert, lehrreich, auch erstaunlich und verblüffend sind. Grafisch hervorgehobene Infokästen erhellen Hintergründe, stellen Menschen und Ereignisse in ein neues Licht, geben amüsante und kuriose Details preis. Rund 900 anschauliche Grafiken, Illustrationen, Tabellen und Listen vertiefen die Information, gliedern, bieten Übersichten. Informative, lebendig geschriebene Kurztexte zeigen Zusammenhänge auf – denn wer kann sich schon zusammenhanglose Fakten merken? Benutzerfreundliche Gliederung sowie ausführliches Register führen den Wissbegierigen schnell zum Ziel.

Allgemeinbildung satt für Schüler wie Quizshow-Kandidaten, für Computerfreaks wie Klassikfans, für Traditions- wie Trendbewusste: Dieser Band hats in sich.

Mannheim, im Frühjahr 2001

Redaktion und Verlag

Inhalt

Zeit
Der Rhythmus des Lebens 9

Archäologie
Wissen über längst vergangene Zeiten 17

Geschichte
Geschehen in Zeit und Raum 29

Erde
Der blaue Planet 41

Reisen und Verkehr
Fernweh und Mobilität 57

Staaten der Erde
In Zahlen und Fakten 69

Mensch ...
... und Menschliches 95

Pflanzenwelt
Zwischen Blumenbeet und Urwald 109

Tierwelt
Von besten Freunden und bedrohten Arten 121

Umwelt
Zwischen Hightech und Verzicht 135

Wetter und Klima
Alle reden darüber 149

Forschung, Technik, Wissenschaft
Eine Zeitreise 161

Welt der Zahlen
Vom Fingerzählen zum Chipkalkül 191

Weltall, Weltraum, Raumfahrt
Der Weg zu den Sternen 209

Politisches System
Am Beispiel Deutschlands 231

Wirtschaft
Die Versorgung mit Gütern 247

Internationale Organisationen
Die Vertretung gemeinsamer Interessen 259

Religionen und Götter
Gottesfurcht und Mythos 273

Philosophie
Die Liebe zur Weisheit 291

Sprache und Literatur
Ausdruck des Denkens, Fühlens, Wollens 299

Kunst und Künstler
Von der Vision zur Form 317

Musik und Interpreten
Von der Inspiration zum Klang 333

Film und Fernsehen
Vom Nickelodeon zum Pantoffelkino 351

Sport
Von Olympia zu Golf 373

Wellness und Gesundheit
Gesund sein, gesund bleiben 397

Essen und Trinken ...
... hält Leib und Seele zusammen 415

Werbung
Nichts ist unmöglich ... 429

Lifestyle
Die teuren Dinge des Lebens 443

Kriminelles
Schrecken in der Realität, Vergnügen in der Fiktion 449

Gespenster & Co.
Von Weißen Frauen, Vampiren und Bigfoots 459

Register 467

Zeit

Rhythmus des Lebens

Zeit wird als unumkehrbare Abfolge von Geschehnissen erfahren. Sie ist unter bestimmten Gesichtspunkten und Zwecksetzungen Ordnungsschema, bezeichnet aber auch die Dauer von Veränderungen und Ereignissen in Natur und Geschichte. Überlegungen zur Natur der Zeit stellten bereits die griechischen Philosophen Parmenides von Elea und Heraklit im 6./5. Jahrhundert v. Chr. an. Und schon im 3. Jahrtausend v. Chr. haben die Menschen durch die Beobachtung von Himmelskörpern die Zeit eingeteilt.

Zeit ist nur dadurch, dass etwas geschieht, und nur dort, wo etwas geschieht.

Ernst Bloch

Zeitspannen

Zeiteinheit	Zeitspanne	Zahlenwert
Sekunde		
(Einheitszeichen: s)	86 400ster Teil eines mittleren Sonnentages (ursprüngliche Definition). Das 9 192 631 770fache der Periodendauer der dem Übergang zwischen den beiden Hyperfeinstrukturniveaus des Grundzustands von Cäsium-133-Atomen entsprechenden Strahlung (Atomsekunde)	
Minute		
(Einheitenzeichen: min)	das 60fache der Sekunde	1 min = 60 s
Stunde		
(Einheitenzeichen: h)	das 60fache der Minute	1 h = 3600 s
Tag		
(Einheitenzeichen: d)	das 24fache der Stunde	1 d = 86 400 s
siderischer Tag (Sterntag)	Zeit zwischen zwei Höchstständen eines Fixsterns	24 h 0 min 0 s Sternzeit = 23 h 56 min 3,4 s mittlere Zeit
Sonnentag (wahrer)	Zeit zwischen zwei Höchstständen der wirklichen Sonne	zwischen 23 h 59 min 39 s und 24 h 0 min 30 s mittlere Zeit
Sonnentag (mittlerer)	Zeit zwischen zwei Meridiandurchgängen der gedachten mittleren Sonne, die mit gleich bleibender Geschwindigkeit im Äquator umläuft	24 h 0 min 0 s mittlere Zeit = 24 h 3 min 56,6 s Sternzeit
Monat (Mondumlauf)		
synodischer Monat	Zeit von Neumond zu Neumond	29 d 12 h 44 min 2,9 s
siderischer Monat	Zeit zwischen zwei gleichen Stellungen des Mondes zu demselben Fixstern	27 d 7 h 43 min 11,5 s
tropischer Monat	Zeit zwischen zwei aufeinander folgenden Durchgängen des Mondes durch den Frühlingspunkt	27 d 7 h 43 min 4,7 s
Sonnenmonat	1/12 des mittleren tropischen Jahres	30 d 10 h 29 min 3,9 s
Jahr		
(Einheitenzeichen: a)		
tropisches Jahr (Sonnenjahr)	Erdumlauf von Frühlingspunkt zu Frühlingspunkt	365 d 5 h 48 min 46,98 s
siderisches Jahr	Erdumlauf von einer bestimmten Stellung der Sonne zum Fixsternhimmel bis zur gleichen Stellung	365 d 6 h 9 min 9,54 s
anomalistisches Jahr	Erdumlauf vom sonnennächsten Punkt der Erdbahn bis zum gleichen Punkt	365 d 6 h 13 min 53,01 s
Jahreszeit		
Frühling	etwa 21. März bis etwa 20. Juni	92 d 19 h
Sommer	etwa 21. Juni bis etwa 22. September	93 d 15 h
Herbst	etwa 23. September bis etwa 20. Dezember	89 d 20 h
Winter	etwa 21. Dezember bis etwa 20. März	89 d 0 h

Die Messung der Zeit

Mit der Erfindung des Kalenders gaben die Menschen bereits vor 5000 Jahren dem Lauf der Zeit und damit ihrem Leben eine erste Ordnung. Eine weitere Einteilung der Zeit wurde durch die Erfindung von Wasser- und Sonnenuhren etwa im 2. Jahrtausend v. Chr. möglich. Ein neues Zeitgefühl entstand, als im 13. Jahrhundert in Europa große mechanische Uhren begannen, die Tag- und Nachtstunden in einem fort durchzuzählen. Im 16. Jahrhundert wurde die Zeitmessung durch die Taschenuhr personalisiert; seither ist die zeitliche Orientierung des Menschen für seinen eigenen Tagesablauf stets verfügbar.

Der 24-Stunden-Tag wird immer länger

Durch die Anziehung von Mond und Sonne entstehen die Gezeiten unserer Weltmeere. Das Zusammenspiel zwischen Gravitations- und Zentrifugalkräften lässt gleichsam einen Wasserberg im bekannten Rhythmus von Ebbe und Flut um den Erdball laufen, unter dem sich die Erde dreht wie unter den Backen einer Bremse. Die dabei auftretende Gezeitenreibung – seit der Eiszeit infolge des Abschmelzens der Polkappen durch eine Massenverlagerung hin zum Äquator verstärkt – bewirkt eine Abnahme der Erdrotation. Dadurch werden die Tage immer länger und der Abstand zwischen Erde und Mond vergrößert sich: In 100 Jahren nimmt die Tageslänge um etwa 0,0016 Sekunden zu. In der gleichen Zeit entfernen sich Erde und Mond um knapp vier Meter voneinander.

Die genaueste Uhr der Welt

steht in der Physikalisch-Technischen Bundesanstalt in Braunschweig. Sie basiert auf der Schwingung von Cäsiumatomen und weicht in einer Million Jahren nur um eine Sekunde ab. Die Verwendung einer solchen Uhr ist nur sinnvoll bei Satellitennavigationsystemen und in der physikalischen Grundlagenforschung. Eine neue, verbesserte Uhr ist schon in Planung: Das Max-Planck-Institut für Quantenoptik will eine Atomuhr auf der Basis des Indiumatoms bauen. Die hätte dann eine Ganggenauigkeit von einer Sekunde in einer Milliarde Jahren.

Kalender

Die Wahl des Datums für den Jahresbeginn ist völlig willkürlich. Es gibt keinen besonderen Punkt auf der Erdumlaufbahn, durch den festgelegt werden kann, wann ein Jahr beginnt und wann es endet. Die Druiden im vorchristlichen Gallien setzten Neujahr in der sechsten Nacht nach der Wintersonnenwende an. Lange begann in Europa das Jahr am 1. März, bis Karl der Große in seinem Reich den Jahresbeginn auf Weihnachten legte. Unter den Kapetingern fiel Neujahr mit Ostern zusammen, doch da Ostern ein bewegliches Fest ist, führte dies zu allerlei organisatorischen Komplikationen. Das Jahr 1347 etwa begann am 1. April und endete am 20. April des darauf folgenden Jahres, war also viel zu lang. Im 16. Jahrhundert wurde weitgehend der 1. Januar als Jahresbeginn

Längste und kürzeste Zeiten

Alter des Weltalls (nach dem Urknall)	etwa 18 Milliarden Jahre
Alter der Erde seit dem Beginn des Erkaltens (nach radioaktiven Messungen)	rund 4,6 Milliarden Jahre
Dauer des Karbonzeitalters	60 Mio. Jahre
Alter der Verwitterungskruste auf Feuersteinen	100 000–200 000 Jahre
Halbwertszeit von Radium	1622 Jahre
Halbwertszeit von Polonium	103 Tage
Aufnahme eines Filmbildes (bei 1000 Bildern in 1 Minute)	0,06 s
Dauer eines Blitzes	rund 1/10 000 s
Dauer eines Punktimpulses in Fernsehröhren	1/4 000 000 s
kürzeste Zeitdehneraufnahmen (Streakkamera)	1/100 000 000 000 s
Kurzzeitaufnahme (einmodiger Laser)	1/1 000 000 000 000 s

Kalender

Urheber	Geltungsdauer	Grundlagen der Kalenderberechnung[1)]	Schaltverfahren
Babylonier	ab 6. Jahrtausend v.Chr.	gebundenes Mondjahr, 354 Tage zu 12 Monaten, abwechselnd 29 und 30 Tage	bei Abweichung vom Sonnenstand willkürlich ein 3. Monat eingeschaltet
Ägypter	ab 4. Jahrtausend v.Chr.	reines Sonnenjahr zu 65 Tagen (12 Monate zu 30 Tagen; 5 Zusatztage)	keine Schaltung. Der Jahresanfang durchläuft in 1461 ägypt. Jahren das ganze Jahr
	ab 238 v. Chr.	reines Sonnenjahr zu 365 ¼ Tagen	alle 4 Jahre ein 366. Zusatztag
Griechen	etwa 7. Jh. v. Chr.	gebundenes Mondjahr, 5 Jahre zu 12 und 3 Jahre zu 13 Monaten mit abwechselnd 30 und 29 Tagen	sog. Oktaëteris: Zyklus von 2922 Tagen, 8 Sonnenjahre = 99 Mondmonate
Römer	ab 6. Jh. v. Chr.	gebundenes Mondjahr zu 10, später 12 Monaten von 29 und 31 Tagen	unregelmäßige, willkürliche Hinzunahme von Monaten zu 22 und 23 Tagen,
	ab 46 v. Chr. bis 1582: julianischer Kalender	reines Sonnenjahr zu 365 ¼ Tagen, 12 Monate zu 30 oder 31 Tagen, Februar 28	jedes 4. Jahr ein Schalttag
Muslime (allgemein)	ab dem 7. Jh. n.Chr., offizielle Jahreszählung ab Hedschra (622 n. Chr.)	reines Mondjahr, 12 Monate abwechselnd zu 29 und 30 Tagen	30-jähriger Zyklus, in den 11 mal je ein Tag eingeschaltet wird
Juden	bis etwa 200 n. Chr.	gebundenes Mondjahr	nach Bedarf Einschalten eines Monats
	seit dem 4. Jh. n. Chr.	desgleichen	komplizierter Schaltzyklus von 19 Jahren
Inder	Zeit der Veden (um 1250–400 v. Chr.)	sog. Rundjahr von 360 Tagen, Monate zu 30 Tagen	gelegentlich Schaltmonate
	400 v. Chr. bis 200 n. Chr.	Rundjahr zu 366 Tagen	gelegentlich Schaltmonate komplizierte Schaltregeln
	etwa ab 4. Jh.	gebundenes Mondjahr: 60-Jahr-Folge (5 Jupiterumläufe)	
Chinesen	3. Jahrtausend v.Chr.	Rundjahr zu 360 Tagen	Schaltung unbekannt
	etwa 2000 v. Chr.	Rundjahr zu 366 Tagen	Schaltung unbekannt
	3. Jh. v. Chr.	gebundenes Mondjahr	von je 19 Jahren 12 Gemeinjahre zu 12 und 7 Schaltjahre zu 13 synodischen Monaten
Neuzeit	gregorianischer Kalender: seit 15. 10. 1582 in katholischen Ländern, im protestantischen Deutschland seit 1.3. 1700, in England 1752, Schweden 1753, Japan 1873, Bulgarien und Türkei 1916, Rumänien 1919, Griechenland 1923, Russland 1918, China 1949	reines Sonnenjahr zu 365 ¼ Tagen	jedes 4. Jahr zu 366 Tagen mit Ausnahme der durch 400 nicht teilbaren Jahrhunderte. Dadurch Jahreslänge 365,2425 Tage, also um 26 Sekunden zu lang gegen die tatsächliche jetzige Jahreslänge

[1)] reines Mondjahr = ohne Berücksichtigung des Sonnenlaufs, reines Sonnenjahr = ohne Berücksichtigung des Mondlaufs, gebundenes Mondjahr = Mondmonate mit Berücksichtigung des Sonnenstandes und der Jahreszeiten (Schaltzeiten)

üblich, in Deutschland genau im Jahre 1500. In England wurde der 25. März als Jahresbeginn bis einschließlich 1751 beibehalten. In Russland begann das Jahr bis zu Peter dem Großen am 1. September, später (bis 1918) dann am 12. bzw. 13. Januar.

Ewiger Kalender

Die Benutzung des ewigen Kalenders wird am besten durch Beispiele erläutert. Will man etwa wissen, was für ein Tag der 24. 5. 1543 gemäß dem vor der Einführung des gregorianischen Kalenders am 15. 10. 1582 gültigen julianischen Kalender war, geht man folgendermaßen vor:

Ewiger Kalender (nach Theodor Wagner)

Tabelle I Tage						Monate (Januar und Februar für Schaltjahre **fett** gedruckt): Januar, Oktober	**Januar**, April, Juli	Februar, März, Nov.	**Februar**, August	Mai	Juni	September, Dez.
Sonntag	1	8	15	22	29	6	5	2	1	7	3	4
Montag	2	9	16	23	30	7	6	3	2	1	4	5
Dienstag	3	10	17	24	31	1	7	4	3	2	5	6
Mittwoch	4	11	18	25		2	1	5	4	3	6	7
Donnerstag	5	12	19	26		3	2	6	5	4	7	1
Freitag	6	13	20	27		4	3	7	6	5	1	2
Sonnabend	7	14	21	28		5	4	1	7	6	2	3

Tabelle II Jahrhunderte

julianisch	0	1	2	3	4	5	6
	7	8	9	10	11	12	13
	14	15	16	17	18	19	20
	21	22	23	24	25	26	27
gregorianisch					15	16	–
	17	–	18	–	19	20	–
	21	–	22	–	23	24	–
	25	–	26	–	27	28	–
	29	–	30	–	31	32	–

Jahre im Jahrhundert

0	6	–	17	23	**28**	34	–	45	51	**56**	62	–	73	79	**84**	90	–	7	6	5	4	3	2	1
1	7	**12**	18	–	29	35	**40**	46	–	57	63	**68**	74	–	85	91	**96**	1	7	6	5	4	3	2
2	–	13	19	**24**	30	–	41	47	**52**	58	–	69	75	**80**	86	–	97	2	1	7	6	5	4	3
3	**8**	14	–	25	31	**36**	42	–	53	59	**64**	70	–	81	87	**92**	98	3	2	1	7	6	5	4
–	9	15	**20**	26	–	37	43	**48**	54	–	65	71	**76**	82	–	93	99	4	3	2	1	7	6	5
4	10	–	21	27	**32**	38	–	49	55	**60**	66	–	77	83	**88**	94		5	4	3	2	1	7	6
5	11	**16**	22	–	33	39	**44**	50	–	61	67	**72**	78	–	89	95		6	5	4	3	2	1	7

1. Man sucht in Tabelle I den 24., geht in dieser Zeile nach rechts zu den Monaten und markiert die Zahl, wo diese Zeile die zum Mai gehörende Spalte schneidet. Es ist die Zahl 2.
2. In der Tabelle »Jahre im Jahrhundert« (unten) sucht man die Zeile mit den beiden letzten Ziffern der Jahreszahl, in diesem Fall die 43. An der Stelle, wo diese Zeile die Spalte der Tabelle II mit den Jahrhundertzahlen (hier die 15 in der oberen Tabelle für den julianischen Kalender) schneidet, steht die Zahl 3.
3. Die Summe der beiden gefundenen Zahlen 2 + 3 = 5 steht in Tabelle I in der Zeile des gesuchten Wochentags: Der 24. Mai 1582 war ein Donnerstag.

Für den 1. 4. 1815 des gregorianischen Kalenders erhält man aus Tabelle I die 5, aus Tabelle II die 2; macht zusammen 7, und das entspricht einem Samstag.

Bei Schaltjahren[1)], die fetter gedruckt sind, ist für den Januar nicht die erste, sondern die zweite, und für den Februar die vierte Spalte zu benutzen; für den 3. Februar 1908 findet man so

Datum der Oster- und Pfingstsonntage in den Jahren 2001 bis 2033

2001	15. April	3. Juni	2012	8. April	27. Mai	2023	9. April	28. Mai
2002	31. März	19. Mai	2013	31. März	19. Mai	2024	31. März	19. Mai
2003	20. April	8. Juni	2014	20. April	8. Juni	2025	20. April	8. Juni
2004	11. April	30. Mai	2015	5. April	24. Mai	2026	5. April	24. Mai
2005	27. März	15. Mai	2016	27. März	15. Mai	2027	28. März	16. Mai
2006	16. April	4. Juni	2017	16. April	4. Juni	2028	16. April	4. Juni
2007	8. April	27. Mai	2018	1. April	20. Mai	2029	1. April	20. Mai
2008	23. März	11. Mai	2019	21. April	9. Juni	2030	21. April	9. Juni
2009	12. April	31. Mai	2020	12. April	31. Mai	2031	13. April	1. Juni
2010	4. April	23. Mai	2021	4. April	23. Mai	2032	28. März	16. Mai
2011	24. April	12. Juni	2022	17. April	5. Juni	2033	17. April	5. Juni

5 + 6 = 11: Mittwoch. ([1] Schaltjahre sind jene, deren Jahreszahl ohne Rest durch 4 teilbar ist, es sei denn, es ist eine Jahrhundertzahl [1700, 1800,...], wobei Jahrhundertzahlen, die durch 400 teilbar sind [1600, 2000,...], als Ausnahme von der Ausnahme Schaltjahre sind.)

Das Osterfest wird am Sonntag nach dem ersten Frühlingsvollmond gefeiert. Demnach kann es frühestens auf den 22. März und spätestens auf den 25. April fallen. Pfingsten ist der Schlusstag der 50-tägigen Osterzeit.

Warum fallen Ostern und Pfingsten eigentlich jedes Jahr auf ein anderes Datum?

Auch wenn unser heutiger Kalender auf einem reinen Sonnenjahr beruht, richtet sich der Ostertermin nach dem Mondkalender. Die frühen Christen feierten Ostern zeitgleich mit dem jüdischen Passahfest, also zum ersten Frühlingsmond. Um sich vom jüdischen Fest abzugrenzen, beschloss das Konzil von Nicaea (325), Ostern auf den Sonntag nach dem ersten Frühlingsvollmond zu legen. Und Pfingsten ist immer sieben Wochen nach Ostern. Seinen Ursprung aus jüdischen und heidnischen Festen kann Ostern auch sprachlich nicht leugnen. So deutet das italienische Wort für Ostern »pasqua« auf das jüdische Fest hin, und »Ostern« selbst stammt vom Namen des heidnischen Festes für die Frühlingsgöttin Eostrae ab.

Dauer der Jahreszeiten

Nordhalbkugel	Zeit	Südhalbkugel
Frühling	20./21. März - 21./22. Juni	Herbst
Sommer	21./22. Juni - 22./23. September	Winter
Herbst	22./23. September - 21./22. Dezember	Frühling
Winter	21./22. Dezember - 20./21. März	Sommer

Tierkreiszeichen

Grad	*Zeichen**)	*Symbole*	*Monatsabschnitt*
Frühlingszeichen			
0–30	Widder (Aries)	♈	21. März bis 20. April
30–60	Stier (Taurus)	♉	21. April bis 21. Mai
60–90	Zwillinge (Gemini)	♊	22. Mai bis 21. Juni
Sommerzeichen			
90–120	Krebs (Cancer)	♋	22. Juni bis 22. Juli
120–150	Löwe (Leo)	♌	23. Juli bis 23. Aug.
150–180	Jungfrau (Virgo)	♍	24. Aug. bis 23. Sept.
Herbstzeichen			
180–210	Waage (Libra)	♎	24. Sept. bis 23. Okt.
210–240	Skorpion (Scorpius)	♏	24. Okt. bis 22. Nov.
240–270	Schütze (Sagittarius)	♐	23. Nov. bis 21. Dez.
Winterzeichen			
270–300	Steinbock (Capricornus)	♑	22. Dez. bis 20. Jan.
300–330	Wassermann (Aquarius)	♒	21. Jan. bis 19. Febr.
330–360	Fische (Pisces)	♓	20. Febr. bis 20. März

*) deutsche und lateinische Namen

Hundstage

Die altägyptische Hochkultur verdankt ihre Existenz dem Nil. Seinen Überschwemmungen ist die große Fruchtbarkeit der Flusslandschaft zuzuschreiben. Weil die Landwirtschaft davon abhing, galt diesem Naturereignis große Aufmerksamkeit. So bemerkten die Ägypter schon früh, dass das Wasser alle Jahre etwa zur gleichen Zeit zu steigen begann und mit diesem Anstieg immer auch ein heller Stern am Morgenhimmel auftauchte, kurz vor Sonnenaufgang. Diesen Stern nannten die Ägypter »sopt«, was »Hund« bedeutet, und sein Erscheinen markierte in ihrem Kalender den Beginn des neuen Jahres.
Bei den Griechen hieß dieser Stern dann »sothis«. Dem Sternbild aber, in dem er so hell erstrahlt, gaben sie den Namen »Großer Hund«, denn gewohnt, ihre Mythologie auf den Sternenhimmel zu projizieren, sahen sie darin den Jagdbegleiter des Orion. Die Römer nannten

Warum haben Juli und August jeweils 31 Tage?

Bis 8 v. Chr. hieß der Monat August »Sextilis«, weil es der sechste Monat des alten römischen Kalenders war, der am 1. März begann. Dann wurde er zu Ehren von Kaiser Augustus (*63 v. Chr., †14 n. Chr.) umbenannt. Der konnte es aber nicht verwinden, dass »sein« Monat einen Tag kürzer war als der Vormonat Juli, der nach Julius Caesar (* 100, †44 v. Chr.) benannt ist. Um zu zeigen, dass er mindestens auf einer Stufe mit Caesar stand, strich er dem Februar, dem letzten Monat des römischen Jahres, einen Tag und machte »seinen« August ebenfalls 31 Tage lang.

Monatsnamen

lateinisch	altdeutscher Name	französischer Revolutionskalender (1792 bis 1805)[1]	jüdisch[2] ( ) = Zählweise des Festjahres	arabisch[2]
Januar	Hartung (Schneemond)	5. pluviôse (Regenmonat)	5. (11.) Schebat	Muharrem
Februar	Hornung	6. ventôse (Windmonat)	6. (12.) Adar Veadar (Adar Scheni bei Schaltungen[3])	Safar
März	Lenzing (Lenzmond)	7. germinal (Keimmonat)	7. (1.) Nisan	Rebi I
April	Ostermond	8. floréal (Blütenmonat)	8. (2.) Ijar	Rebi II
Mai	Maien (Wonnemond)	9. prairial (Wiesenmonat)	9. (3.) Sivan	Dschumada I
Juni	Brachet (Brachmond)	10. messidor (Erntemonat)	10. (4.) Tammuz	Dschumada II
Juli	Heuert (Heumond)	11. thermidor (Hitzemonat)	11. (5.) Ab	Redscheb
August	Ernting (Erntemond)	12. fructidor (Fruchtmonat)	12. (6.) Elul	Schaban
September	Scheiding (Herbstmond)	1. vendémiaire (Weinlesemonat)	1. (7.) Tischri	Ramadan
Oktober	Gilbhard (Weinmond)	2. brumaire (Nebelmonat)	2. (8.) Marcheschwan (Cherchwan)	Schawwal
November	Nebelung (Windmond)	3. frimaire (Frostmonat)	3. (9.) Kislev	Dhul-kade
Dezember	Julmond (Christmond)	4. nivôse (Schneemonat)	4. (10.) Tebet	Dhul-hiddsche

1) Beginn des Jahres am 22. September
2) Der jüdische und arabische Kalender sind an das Mondjahr gebunden, sie entsprechen daher nicht den bei uns festgelegten Zeitabschnitten.
3) im 3., 6., 8., 11., 14., 17. und 19. Jahr des Zyklus von 19 Jahren

den Stern später »canicula«, also »Kleiner Hund«, und heute heißt er schließlich Sirius. In neuerer Zeit begann man jene Tage als Hundstage zu bezeichnen, an denen dieser Stern in der Morgendämmerung erscheint. Weil die entsprechende Periode im Juli bei uns häufig mit einer Hitzewelle einhergeht, kam es schließlich zu dem Bedeutungswandel, der sich im heutigen Sprachgebrauch festgesetzt hat.

Weltzeituhr

Die wahre Zeit (Ortszeit) unterscheidet sich von Längengrad zu Längengrad um 4 Minuten. Fast alle Länder haben eine gesetzliche Zeit eingeführt, die sich der Tageshelligkeit für ihr Gebiet gut anpasst. Eine ganze Reihe von Ländern hat während des Sommerhalbjahres Sommerzeit (S), einige im Winterhalbjahr Winterzeit, den Stundenzahlen der Tabelle auf der nächsten Seite ist dann 1 Stunde zuzuzählen bzw. abzuziehen.

Sonnenaufgang und Sonnenuntergang[1]

Monat	Sonnenaufgang	Sonnenuntergang
Januar	8.35-8.11	16.36-17.21
Februar	8.10-7.20	17.23-18.11
März	7.18-6.12	18.12-19.02
April[2]	6.09-5.08	19.04-19.51
Mai[2]	5.07-4.24	19.53-20.35
Juni[2]	4.23-4.21	20.36-20.50
Juli[2]	4.21-4.55	20.50-20.20
August[2]	4.56-5.43	20.19-19.21
September[2]	5.44-6.29	19.18-18.14
Oktober[2]	6.31-7.21	18.11-17.09
November	7.23-8.11	17.08-16.30
Dezember	8.12-8.35	16.30-16.35

1) (zu Anfang und Ende des Monats, MEZ) für Orte auf 7° ö. L. und 51° n. B., etwa Köln. Für Orte westlich (bzw. östlich) des 7°-Meridians geht die Sonne um 4 Minuten je 1° später (bzw. früher) auf.
2) Monate mit Sommerzeit; zum Sonnenaufgang und -untergang muss jeweils eine Stunde dazugezählt werden

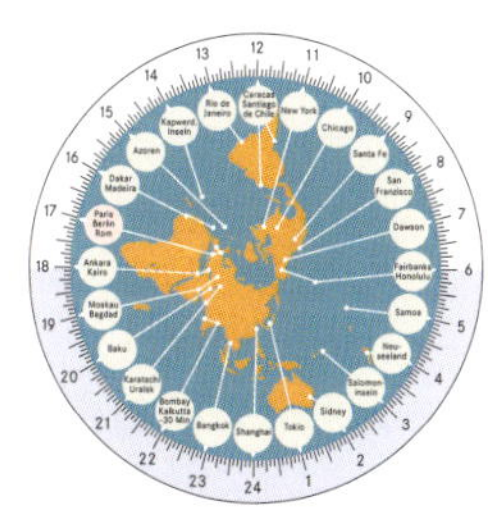

Weltzeituhr mit Stundenzählring

Wenn es 12h mitteleuropäischer Zeit ist, ist es in folgenden Ländern		Bezeichnung
0h	Aleuten, Samoainseln, Tonga	-
1h	Hawaii	-
2h	Alaska, Kanada (Yukon Territory)	Yukon Standard Time
3h	Kanada westlich 120° w.L., Mexiko (Bundesstaat Baja California), USA (pazifische Küste)	Pacific Standard Time
4h	Kanada 105°-120° w.L., Mexiko (Nord), westliche Zentralstaaten der USA	Mountain Standard Time
5h	Costa Rica, Guatemala, Honduras, Kanada 90°-105° w.L., Mexiko (Ost), Nicaragua, El Salvador, Zentralstaaten der USA	Central Standard Time
6h	Bahamas (S), Brasilien (West), Dominikanische Republik (West), Ecuador, Haiti, Jamaika (S), Kanada bis 90° w.L., Kolumbien, Kuba (S), Panama, Peru, USA (atlantische Küste einschließlich Florida)	Eastern Standard Time
7h	Bolivien, Brasilien (Mitte), Chile (S), Grönland (Westküste) (S), Paraguay (S), Puerto Rico, Venezuela	Atlantic Standard Time (Atlantikzeit)
8h	Argentinien, Brasilien (Ost), Grönland (Mitte) (S), Surinam, Uruguay	ostbrasilianische Zeit
9h	Azoren (S), Kap Verde	Südatlantikzeit
10h	Guinea-Bissau, Grönland (Ostküste) (S), Kanarische Inseln, Madeira	-
11h	Ghana, Großbritannien (S), Irland (S), Island, Marokko, Portugal (S), Senegal, Sierra Leon	Greenwich Mean Time (westeuropäische Zeit)
12h	Algerien (S), Angola, Belgien (S), Benin, Deutschland (S), Dänemark (S), Frankreich (S), Italien (S), Jugoslawien (S), Kongo, Kroatien (S), Litauen (S), Luxemburg (S), Namibia (S), Niederlande (S), Nigeria, Norwegen (S), Österreich (S), Polen (S), Schweden (S), Schweiz (S), Slowakische Republik (S), Spanien (S), Tschechische Republik (S), Tunesien (S), Ungarn (S)	mitteleuropäische Zeit (MEZ)
13h	Ägypten (S), Bulgarien (S), Estland (S), Finnland (S), Griechenland (S), Israel (S), Jordanien (S), Kongo, Lettland (S), Libanon (S), Libyen (S), Moçambique, Rumänien (S), Sambia, Saudi-Arabien, Simbabwe, Republik Südafrika, Sudan, Syrien (S), Türkei (S), Ukraine (S), Weißrussland (S), Zypern (S)	osteurop. Zeit
14h	Armenien (S), Äthiopien, Georgien (S), Irak (S), Jemen, Kenia, Kuwait, Madagaskar, Russland bis 40° ö.L. (S), Saudi-Arabien, Somalia, Tansania, Uganda	Moskauer Zeit
14h30m	Iran	-
15h	Aserbeidschan (S), Kasachstan, Oman, Russland 40°-52°30' ö.L., Seychellen, Turkmenistan	-
15h30m	Afghanistan	-
16h	Kirgisien, Malediven, Pakistan, Russland 52°30'-67°30' ö.L., Tadschikistan, Usbekistan	-
16h30m	Indien, Sri Lanka	indische Zeit
16h45m	Nepal	-
17h	Bangladesh, Russland 67°30'-82°30' ö.L	-
17h30m	Birma, Nordost-Indien	-
18h	Indonesien (Sumatra, Java, Bali), Kambodscha, Laos, Thailand, Russland 82°30'-97°30' ö.L., Vietnam	-
19h	China, Indonesien (Borneo, Celebes, Molukken, Kleine Sundainseln außer Bali, Timor), Malaysia, Mongolei, Philippinen, Russland 97°30'-112°30' ö.L., Taiwan, Westaustralien	chinesische Zeit
20h	Indonesien (Neuguinea), Japan, Korea, Russland 112°30'-127°30' ö.L.	japanische Zeit
20h30m	Australien (Südaustralien, Nordterritorium)	südaustralische Zeit
21h	Australien (Ost), Papua-Neuguinea, Russland 127°30'-142°30' ö.L.	ostaustralische Zeit
22h	Kurilen, Neue Hebriden, Salomoninseln, Russland 142°30'-157°30' ö.L. einschl. Sachalin	Südseezeit
23h	Fidschi, Neuseeland, Russland östlich 157°30' mit Kamtschatka	Neuseeland-Zeit

w.L. = westliche Länge, ö.L. = östliche Länge

Archäologie

Wissen über längst vergangene Zeiten

Die Archäologie (griechisch »die Kunde, die Wissenschaft vom Alten«) wurde in China bereits in der Songzeit (900–1279) betrieben, in Europa gilt nach Anfängen zur Zeit des Humanismus und der Renaissance Johann Joachim Winckelmann (* 1717, † 1768) als der Begründer der klassischen Archäologie, die die griechisch-römische Antike untersucht. Die französischen Wissenschaftler, die Napoleons Ägyptenfeldzug (1798) begleiteten, leiteten die systematische Erforschung der altägyptischen Hochkultur ein, die noch heute das größte Betätigungsfeld der Archäologen ist. Mit der Entdeckung der versunkenen Hochkulturen in Mesopotamien, Indien, Mittel- und Südamerika erweiterte sich der Horizont; mittlerweile gibt es ebenso viele Bereiche der Archäologie, wie es Kulturbereiche gibt.

Aufgabe der Archäologie

Die Aufgabe der Archäologie ist es, durch Auffinden, Sicherung und Auswertung von Denkmälern, Bodenfunden und Schriftquellen das Bild einer geographisch und zeitlich begrenzten Kultur nachzuzeichnen. So weit möglich durchdringen sich dabei theoretische und praktische Forschung, bei der in zunehmendem Maß auch moderne Technologien wie beispielsweise die Computeranimation oder die Infrarotfotografie eingesetzt werden. Die Zusammenarbeit mit Anthropologie, Paläobotanik, Geologie, Physik und Chemie gewinnt dabei immer mehr an Bedeutung.

12 archäologische Disziplinen und Arbeitsmethoden

Die **klassische Archäologie** als älteste archäologische Disziplin befasst sich mit Kultur und Geschichte der Griechen und Römer in antiker Zeit.
Der Nahe Osten als Ursprungsgebiet zahlreicher kultureller Entwicklungen ist das Forschungsgebiet der **vorderasiatischen Archäologie.**
Der Erforschung des alten Ägypten widmet sich die eigenständige Disziplin der **Ägyptologie.**
Die bergmännische Gewinnung von Rohstoffen wie Salz, Erzen, Schmuck- und Gebrauchssteinen wird von der **Montanarchäologie** untersucht.
Die **Unterwasserarchäologie** untersucht und birgt versunkene Funde, beispielsweise Schiffswracks, Siedlungen, Städte und Hafenanlagen.
Die **Stadtarchäologie** untersucht (vorwiegend in Mitteleuropa) Entwicklung und Aufbau mittelalterlicher Städte.
Die **Industriearchäologie** widmet sich der Erforschung und Dokumentation der Produktion und des Transports von Gütern im Industriezeitalter.
Mittels **geophysikalischer Prospektionsmethoden** (magnetischen, gravimetrischen oder elektrischen Messungen) lassen sich unterirdische Strukturen ohne aufwendige Ausgrabungen erfassen.
Mithilfe von Luftbildern kann die **Luftbildarchäologie** beispielsweise aus Unterschieden im Bewuchs oder thermischen Kontrasten Reste von Bauwerken, Gräben, Straßen usw. prospektieren.
Computeranwendungen in der Archäologie ermöglichen dreidimensionale Kartierungen

Archäometrie I: Naturwissenschaftliche Materialanalysen der Archäologie

Methode	Untersuchung	Anwendung auf
Röntgenfluoreszenzanalyse (RFA) und Neutronenaktivierungsanalyse (NAA, Gammaspektroskopie)	der Zusammensetzung anorganischer Materialien	Gesteine, Steinwerkzeuge, Keramik, Gläser, Schlacken, Metalllegierungen
optische Mikroskopie (Auflicht und Durchlicht)	von Aufbau und Zusammensetzung anorganischer Materialien	Gesteine, Steinwerkzeuge, Keramik, Metalllegierungen
	der Oberflächenbeschaffenheit anorganischer Materialien	Gesteine, Steinwerkzeuge, Keramik
	der Struktur und Oberflächenbeschaffenheit von Pflanzen, Textilien, Holz, Knochen, Zähnen	Nahrungsmittel und Kleidung, Werkzeuge, Fossilfunde
Elektronenmikroskopie	der Struktur und Oberflächenbeschaffenheit von Pflanzen, Textilien, Holz, Knochen, Zähnen	Nahrungsmittel und Kleidung, Werkzeuge, Fossilfunde

und 3-D-Rekonstruktionen archäologischer Befunde.

Die **experimentelle Archäologie** versucht zur Überprüfung von Theorien, alte Bau- und Fertigungstechniken oder Transportverfahren nachzuvollziehen.

Die **Archäometrie** wendet naturwissenschaftliche (physikalisch-chemische) Methoden zur Materialanalyse und Datierung archäologischer Objekte an.

Versunkene Stadt Herakleion gefunden

Im Juni 2000 entdeckte der französische Unterwasserarchäologe Franck Goddio durch den Einsatz modernster Vermessungstechnologie 6 km vor der ägyptischen Mittelmeerküste bei Abukir die gut erhaltenen Ruinen der versunkenen Stadt Herakleion. Zu den Funden gehören bis zu 7 m hohe Statuen von Pharaonen, Sarkophage und Schreine. Herakleion war bis zur Gründung Alexandrias 331 v. Chr. die wichtigste Hafenstadt Ägyptens.

Moorleichen

Am 8. 5. 1950 wird der Leichnam eines Mannes aus dem Moor in Tollund (Dänemark) geborgen; durch Luftabschluss und chemische Einflüsse ist er mumienähnlich konserviert und in ausgezeichnetem Erhaltungszustand. Der Tote liegt auf der rechten Seite und ist, bis auf eine Lederkappe auf dem Kopf und einen Ledergürtel, nackt. Um den Hals liegt ein abgeschnittener Strick mit Schlinge, an dem der Mann wohl erhängt worden war, bevor er im Moor versenkt wurde. Das Kinn des Mannes ist glatt rasiert, seine Fingernägel sind geschnitten. Der Mageninhalt lässt als letzte Mahlzeit ein Gericht aus Getreide und zahlreichen Unkrautsamen erkennen. Zunächst ermittelt die Polizei, doch die weitere Untersuchung ergibt: Sein Tod muss in der Zeit etwa um Christi Geburt erfolgt sein.

Bisher wurden über 1350 Moorleichen aus vor- und frühgeschichtlicher Zeit entdeckt, sie stammen überwiegend aus Norddeutschland, Jütland und Skandinavien. Sie geben wertvolle Aufschlüsse über Kleidung, Ernährung und Gesundheitszustand der damaligen Bevölkerung sowie über die Ursachen und Motive der Versenkung im Moor.

Knochenwerkzeuge

Etwa 17 000 v. Chr. erfand der Mensch die Nadel mit Öhr und etwas später, um 13 000 v. Chr., die Harpune – beides gefertigt aus Tierknochen. Da war er mit diesem Werkstoff allerdings schon bestens vertraut, denn bereits vor 1,9 Millionen Jahren verwendeten ihn seine Vorfahren in Olduvai und im Tal des Omo (Ostafrika).

Eine regelrechte Knochenindustrie bildete sich im Jungpaläolithikum aus, die ganz modern auf eine Standardisierung der Formen setzte. Damit einher ging auch eine räumliche Differenzierung der Arbeitsbereiche, wie die Ausgrabungen eines Lagerplatzes in Mezine (Ukraine) zeigen, der vor etwa 20 000 Jahren bewohnt war. Die Bodenfläche dieses Lagers weist klar unterschiedene Bezirke für das Zerlegen der Jagdbeute, die Bearbeitung der Feuersteine und auch der Knochen auf. Mit Bohrer und Stichel durchlöcherten die frühen Menschen Häute, um sie mit Lederriemen zu Kleidungsstücken zu fügen. Dabei wurden auch durchbohrte Knochenplättchen zur Zierde eingearbeitet, wie der älteste Fund dieser Art zeigt, eine 25 000 Jahre alte Hose aus einem Grab im russischen Songir.

20 Schlüsseldaten der Archäologie

1748 Erste systematische Grabungen in Pompeji (Italien)

1799 Fund des Steins von Rosette (Ägypten)

1822 Jean-François Champollion entziffert die Hieroglyphen.

1837 Henry Rawlinson gelingt die Entzifferung der Keilschrift.

1845 Austen H. Layard gräbt in Nimrud (Irak) die assyrische Stadt Kalach aus.

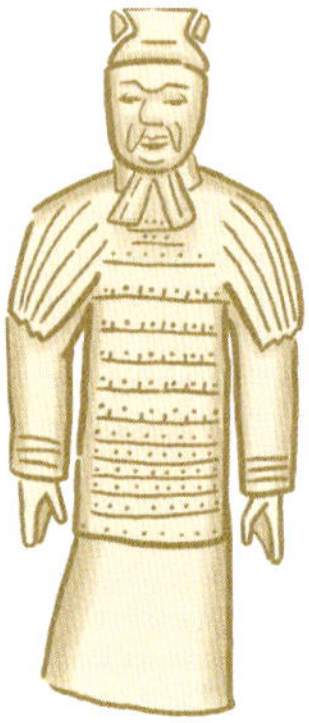

1851 Austen H. Layard legt den Palast des Sanherib in Ninive (Irak) frei.
1851 Auguste Mariette legt das Serapeum in Sakkara (Ägypten) frei.
1871 Heinrich Schliemann findet Homers Troja (Türkei).
1876 Heinrich Schliemann entdeckt die Königsgräber von Mykene (Griechenland).
1879 Don Marcelino de Sautuola entdeckt die prähistorischen Felsmalereien von Altamira (Spanien).
1883 Gaston Maspero beginnt mit der Freilegung des Tempels von Luxor (Ägypten).
1899 Beginn einer systematischen Grabungskampagne in Babylon (Irak) unter Leitung von Robert Koldewey
1900 Arthur J. Evans beginnt mit den Ausgrabungen und der teilweisen Rekonstruktion des Palastes von Knossos auf Kreta (Griechenland).
1911 Hiram Bingham entdeckt die Inka-Festung Machu Picchu (Peru).
1922 Howard Carter öffnet das fast unversehrte Grab Tutanchamuns (Ägypten).
1927 Leonard Wooley findet die Königsgräber von Ur (Irak).
1940 Kinder entdecken paläolithische Felsbilder in der Höhle von Lascaux (Frankreich).
1958 James Mellaart beginnt mit der Ausgrabung der frühneolithischen Großsiedlung Çatal Hüyük (Türkei).
1975 Bei Ausgrabungen in der Provinz Shaanxi stoßen Archäologen auf die Terrakottaarmee des ersten chinesischen Kaisers Qin Shi Huangdi, die mehr als 7000 Tonsoldaten umfasst.
1998 Ägyptische Archäologen beginnen mit der Ausgrabung der Nekropole unter der Oase Baharija.

Vorgeschichtliche Zeiträume Mitteleuropas

Hauptperioden	Unterstufen	Klima	Zeit (v. Chr.)	wichtige Erscheinungen
Steinzeit	Altsteinzeit (Paläolithikum)	Günzeiszeit	1 Mio.	Auftreten des Frühmenschen (Homo erectus); Gebrauch von Geröllgeräten, Nutzung des Feuers
		Mindeleiszeit	600 000	Auftreten des Heidelbergmenschen; Entwicklung des Faustkeils
			300 000	Auftreten des Altmenschen
		Rißeiszeit	200 000	(Neandertaler, Steinheimmensch)
			60 000	vielfältige Steingeräte
		Würmeiszeit	40 000	Auftreten des Jetzt-Menschen (Homo sapiens sapiens); höher entwickelte Jägerkulturen
	Mittelsteinzeit (Mesolithikum)		8000	nacheiszeitliche Klimaveränderung
	Jungsteinzeit (Neolithikum)		5000	Sesshaftwerdung des Menschen; Ackerbau und Viehzucht; Errichtung von Großsteinbauten (Megalithkulturen)
Bronzezeit	Frühe Bronzezeit		1800	Aufkommen streng gegliederter Gemeinwesen mit hohem Spezialisierungsgrad
	Mittlere Bronzezeit		1500	Totenbestattung v. a. in Hügelgräbern
	Jüngere Bronzezeit		1200	Totenbestattung v. a. in Urnen (Urnenfelderkulturen)
Eisenzeit	Hallstattzeit		700	Beginn der Eisengewinnung und -verarbeitung
	La-Tène-Zeit		500	Entstehung erster stadtartiger Siedlungen in Mitteleuropa, v. a. im keltischen Kulturbereich

Archäometrie II:
Naturwissenschaftliche Datierungsmethoden in der Archäologie

Methode	Grundlagen	Datierungsobjekte	Anwendung auf
Kalium-Argon-Methode	radioaktiver Zerfall von ^{40}K in ^{40}Ar	Basalt, vulkanische Aschen und Gläser	Objekte in Verbindung mit vulkanischen Ereignissen
Uran-Thorium-Ungleichgewichtsmethoden	Störungen des Gleichgewichts-innerhalb der radioaktiven Zerfallsreihen von U und Th	Kalksedimente, Vulkanite, Torf	Objekte in Verbindung mit sedimentären oder vulkanischen Ereignissen
		Knochen, Zähne, Molluskenschalen	Fossilfunde
		Schlacken, Bleilegierungen	metallurgische Artefakte
Radiokarbonmethode (^{14}C-Methode)	Zerfall von radioaktivem ^{14}C in organischen Kohlenstoffverbindungen	Holz und Holzkohle, Samenkörner, Pollen und Sporen, Knochen und Horn, Papier, Textilien, Mörtel, Kalkablagerungen	alle organischen Artefakte, Fossilfunde, Heiz- und Brennmaterial, Nahrungsmittel, Keramik- und Verhüttungsartefakte, Felsmalereien, Steingeräte
Spaltspurenmethode	Störungen in Kristallgittern durch Spaltung von ^{238}U	Basalt, vulkanische Gläser	Objekte in Verbindung mit vulkanischen Ereignissen
		Steinwerkzeuge, Schlacken, künstliche Gläser	Glas-, Keramik- und Verhüttungsartefakte, durch Feuer erhitzte Steine und Steinwerkzeuge
Thermolumineszenzmethode (TL)	zeitlicher Aufbau von Strahlungsdefekten in Kristallgittern	Vulkanite, Löss, Sedimente	Objekte in Verbindung mit vulkanischen oder sedimentären Ereignissen
		Schlacken, Steinwerkzeuge, gebrannter Ton	Keramik- und Verhüttungsartefakte, durch Feuer erhitzte Steine und Steinwerkzeuge
Elektronenspinresonanz-Methode (ESR)	zeitlicher Aufbau von Strahlungsdefekten in Kristallgittern	Knochen, Zähne, Molluskenschalen Kalksinter, Feuerstein	Fossilfunde, Tropfsteine, Steinwerkzeuge
Archäo- und Paläomagnetismus	Umkehr des Erdmagnetfeldes	Vulkan- und Sedimentgesteine, Löss	Objekte in Verbindung mit vulkanischen oder sedimentären Ereignissen
		gebrannte Erden oder Tone	Öfen, Ziegel, Keramik
Dendrochronologie	jahreszeitliche Variation der Wachstumsringe von Bäumen	Holz	fossile Baumstämme, Bauholz, Holzartefakte
Warvenchronologie	jahreszeitliche Variation der Ablagerungsbedingungen bei Sedimenten	glaziale Sedimente	Objekte in Verbindung mit sedimentären Ereignissen
Sauerstoffisotopie	klimabedingte Variation der $^{18}O/^{16}O$-Verhältnisse	Fossilien, Sedimente	Fossilfunde, Objekte inVerbindung mit sedimentären Ereignissen
Pollenanalyse	klima- und vegetationsbedingte Variation in der Pollenpopulation	Sedimente, Torf	Objekte in Verbindung mit sedimentären Ereignissen

Gräber

Für die archäologische Forschung sind Gräber von besonderer Bedeutung. Einerseits zählen Grabmonumente zu den bedeutendsten kultischen Baudenkmälern; zwei der sieben Weltwunder – die Pyramiden von Giseh und das Mausoleum in Halikarnassos – sind Grabstätten. Andererseits stammen viele der berühmtesten archäologischen Fundstücke aus Gräbern. Funde von Grabbeigaben stellen oftmals die wichtigste, manchmal die einzige Quelle zur Erforschung von Religion und Gesellschaftsstruktur in Vor- und Frühgeschichte dar. Der Typus der Gräber ist zum Teil namengebend für frühgeschichtliche Kulturen (z.B. Hügelgräberkultur, Urnenfeldkultur). Auch für die Kulturgeschichte der Neuzeit geben Gräber wichtige Aufschlüsse.

Brandgrab: vorgeschichtliches Grab zur Beisetzung verbrannter Überreste von Toten in Urnen. Bei der Brandgrube wurde der Leichenbrand mit Beigaben in eine ausgehobene Vertiefung geschüttet.
Dolmen: aus 4–6 senkrecht aufgestellten Trag- und 1–2 Decksteinen erbaute vorgeschichtliche Grabkammer, oft unter einem Rund- oder Langhügel; v.a. in Westeuropa und Nordeuropa verbreiteter Grabtyp der Megalithkulturen.
Felsengräber: natürliche oder künstlich ausgehauene Felshöhlen, die als Begräbnisstätte dienten und wie andere Grabformen als Wohnung der Toten verstanden wurden. Bekannt sind u.a. die ägyptischen Felsengräber im Tal der Könige, die phönikischen Felsengräber von Byblos und die Felsengräber der Nabatäer in Petra. Aus Altamerika sind v.a. die monumentalen Felsengräber von Tierradentro berühmt.
Fürstengräber (Adelsgräber, Königsgräber): vor- und frühgeschichtliche Gräber, die sich durch ihre Lage, ihren Aufbau (oft besonders hohe Hügel, mächtige Grabkammern, sorgfältige Einbauten) und ungewöhnlichen Beigabenreichtum deutlich von den übrigen Bestattungen gleicher Kulturzugehörigkeit abheben und dadurch die besonders hohe soziale Stellung des Verstorbenen zum Ausdruck bringen (z.B. in Mykene).
Hügelgräber (Tumuli, Cairn): meist kreisrunde vor- und frühgeschichtliche Gräber mit einer Aufschüttung von Erde oder Steinen, in Mitteleuropa verbreitet von der Jungsteinzeit bis zur Bronzezeit, in Nordeuropa bis in die Wikingerzeit. Die Hügelgräber enthalten je nach Zeit, Kultur und sozialer Stellung des Bestatteten oft kunstvolle Einbauten und Sargformen.
Katakombe: unterirdische Begräbnisanlage der ersten Christen im Mittelmeerraum. In ausgedehnten, sich labyrinthisch verzweigenden, oft mehrgeschossigen Gängen wurden die Verstorbenen in Grabnischen beigesetzt.
Kenotaph: Leer- oder Scheingrab; zum Gedächtnis an einen Toten, der nicht oder nur an anderer Stelle begraben werden konnte.
Krypta: unterirdischer Grabraum in den frühchristlichen Katakomben.
Kurgan: Hügelgrab der Kupferzeit in Osteuropa und Westasien, besonders das der Skythen. Kurgane bestehen aus einer in die Erde eingelassenen Grabkammer aus Holz oder Stein, über der ein Erdhügel aufgeschüttet wurde.
Mastaba: frei stehender, flacher ägyptischer Grabbau seit der 1. Dynastie, mit rechteckigem

Die Nekropole von Baharija

Es begann wie so oft in der Geschichte der Archäologie: Irgend jemand – in diesem Fall der Esel eines Tempelwächters - bricht in den Boden ein und es werden erstaunliche Dinge entdeckt. So geschah es 1996 in der Oase Baharija in der ägyptischen Wüste. Der Esel hatte den Weg zu den unterirdischen Gewölben einer riesigen Nekropole gewiesen, in der von 330 v. Chr. bis ins 4. Jh. n. Chr. nach Schätzungen bis zu 10 000 Tote beerdigt worden waren. 1998 wurde eine erste Großgrabung unternommen, die kostbaren Schmuck, Münzen, tönerne Sarkophage, Mumien und Goldmasken zum Vorschein brachten. Es zeigte sich, dass kein Grabräuber jemals die Totenstadt betreten hatte. Seit November 1999 ist eine Reihe von Prunkgräbern und Ruinen der Öffentlichkeit zugänglich gemacht.

Grundriss und schräg anstehenden Seiten; in der Frühzeit aus Ziegeln, später aus Steinquadern.

Megalithgräber (Großsteingräber, Hünengräber): aus großen Steinblöcken errichtete, ursprünglich mit einem Erdhügel überdeckte vorgeschichtliche Grabbauten. Hauptformen sind der Dolmen und das Ganggrab, die in den Boden eingetiefte Galérie couverte (»Galeriegrab«; langer, abgedeckter, steinerner Gang) und das mit dieser nahe verwandte Steinkistengrab. Auch die westeuropäischen Kuppelgräber sind Megalithgräber.

Nekropole: eine große Begräbnisanlage der Antike, die wie eine Stadt angeordnet war (Grabhäuser, Straßen, Gänge); auch übertragen auf vor- und frühgeschichtliche Gräberfelder.

Pyramiden: monumentale Grabanlagen der altägyptischen Könige mit quadratischer Grundfläche und dreieckigen, spitz zulaufenden Seiten.

Schachtgrab: Grabstätte mit einem senkrechten Grubenschacht für den Sarg und einer Zugangsrampe; verbreitet in China bis zum 1. Jahrhundert v. Chr.

Schiffsgrab: im vor- und frühgeschichtlichen Nordeuropa die Beisetzung von Toten in häufig prunkvoll ausgestatteten Segelbooten (Bootgräber) bzw. seit der jüngeren Bronzezeit bis zur Wikingerzeit in Südskandinavien schiffsförmige Steinsetzungen um normale Gräber herum.

Steinkistengräber: im nördlichen Asien verbreitete unterirdische Megalithgräber mit seitlicher Steinauskleidung und Steinplattendecke.

Tholosgräber (Kuppelgräber): Grabstätten mit einer bienenkorbartig ausgestalteten Kuppel, z. B. in Mykene und im minoischen Kreta.

Wagengrab: Bestattungsform v. a. der Bronze- und Eisenzeit in Mittel- und Westeuropa, bei der dem Toten neben reichen Beigaben auch ein Wagen mit ins Grab gegeben wurde.

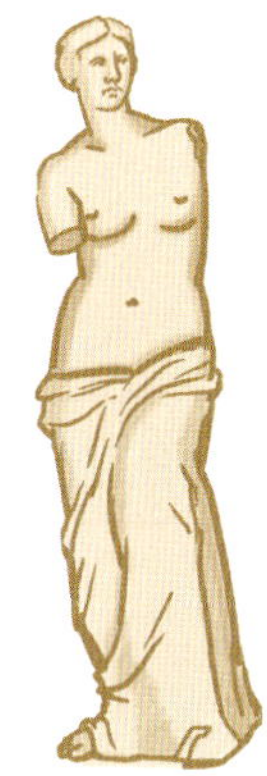

17 berühmte archäologische Fundstücke

Jahr	Name	Entstehung	Fundort/Finder
1506	Laokoon-Gruppe	1. Jh. n. Chr	Rom
1799	Stein von Rosette	2. Jh. v. Chr.	Rosette (Ägypten)
1820	Venus von Milo (Aphrodite von Melos)	um 130/120 v. Chr.	Melos (Griechenland)
1850	Ehepaarsarkophag von Caere	um 530 v. Chr.	Cerveteri (nordwestlich von Rom)/M. Campana
1863	Nike von Samothrake	um 190 v. Chr.	Samothrake (Griechenland)/F. Champoiseau
1873	Schatz des Priamos	2300 v. Chr.	Hissarlik (Türkei)/H. Schliemann
1876	Maske des Agamemnon	um 1500 v. Chr.	Mykene (Griechenland)/H. Schliemann
1878	Pergamonaltar	um 160 v. Chr.	Bergama (Türkei)/C. Humann
1902	Codex Hammurapi	18. Jh. v. Chr.	Susa (Iran)
1902	Sonnenwagen von Trundholm	14. Jh. v. Chr.	Trundholm (Seeland, Dänemark)
1908	Venus von Willendorf	30 000–20 000 v. Chr.	Willendorf in der Wachau (Österreich)
1912	Büste der Nofretete	14. Jh. v. Chr.	Tell el-Amarna (Ägypten)/L. Borchardt
1916	Apollo von Veji	Ende 6. Jh. v. Chr.	Veji (nördlich von Rom)
1922	Goldmaske des Tutanchamun	um 1340 v. Chr.	Tal der Könige (bei Luxor, Ägypten)/H. Carter
193?	Standarte von Ur	um 2500 v. Chr.	Tell al-Muqaijjar (Irak)/L. Woolley
1968	Jade-Prinz Liu Sheng	2. Jh. v. Chr.	Mancheng (Provinz Hebei, China)
1972	Krieger von Riace	um 460 v. Chr.	Riace (Kalabrien, Italien)

Goldfund von Eberswalde

Der Goldfund von Eberswalde gehört zu den größten und bedeutendsten Entdeckungen der Bronzezeit in Mitteleuropa. Bei Ausschachtungsarbeiten zu einem Wohnhaus stießen Arbeiter am 16. 5. 1913 in 1 m Tiefe auf ein bauchiges Tongefäß, das acht goldene Schalen enthielt, in denen sich wiederum 73 weitere Goldgegenstände fanden: Hals- und Armringe, Barren und Drähte. Vermutlich handelt es sich bei dem 2,5 kg schweren, aus dem 10./9. Jahrhundert v. Chr. stammenden Hortfund um das Depot eines Händlers. Der nach seiner Bergung im Berliner Museum für Vor- und Frühgeschichte eingelagerte Fund verschwand zusammen mit dem »Schatz des Priamos« während der Kriegswirren 1945 und galt seitdem als verschollen. Erst vor kurzem wurde bekannt, dass er sich im Moskauer Puschkin-Museum befindet; man bemüht sich seitdem um die Rückführung nach Deutschland.

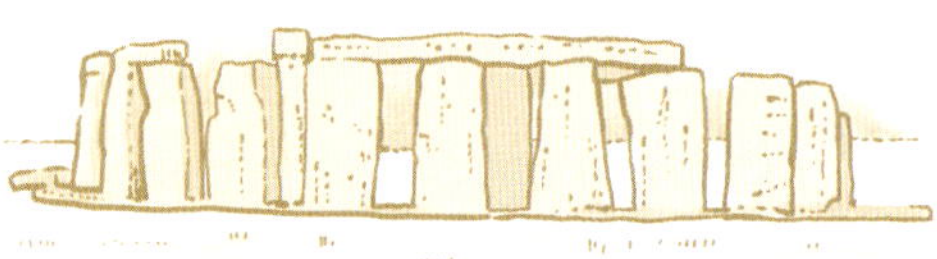

Stonehenge

Um 2500 v. Chr. wurde der Bau der Anlage mit einem kreisförmigen Graben von etwa 115 m Durchmesser begonnen. In der zweiten Phase (2000 v. Chr.) errichtete man einen Doppelkreis aus 80 je etwa 2 Tonnen schweren Steinen. Diese Steine wurden auf Flößen aus dem etwa 200 km entfernten Wales herangeschafft. Die dritte Phase (etwa 1700–1300 v. Chr.) war die schwierigste: 30 Sandsteinblöcke, im Mittel 25 Tonnen schwer, wurden in einem weiten Kreis aufgestellt und mit steinernen Querbalken versehen. In der Mitte wurden drei noch größere Steinpaare mit quer darauf liegenden Decksteinen aufgerichtet. Das Zentrum der Anlage bildete ein Altarstein. Die riesigen Steine des innersten Ringes wurden wahrscheinlich 30 km weit über Eichenstämme transportiert – dabei mussten wohl 1000 Arbeiter helfen, die hielten, schoben, den Weg ebneten und die schweren Rundhölzer von hinten nach vorne schafften. Die Steingiganten richtete man am Ziel auf, indem man am Fuß eine Grube aushob, die Steine über Gestelle mit Hebeln und Seilen hochzog und in die Grube gleiten ließ, sodass sie stehen blieben – ein gewaltiger Kraftakt. Soviel man heute auch über die Errichtung weiß, die genaue kultische Bedeutung der Anlage liegt noch immer im Dunkeln.

Berühmte archäologische Fund- und Ausgrabungsstätten von A bis Z

(Auswahl; die von der UNESCO als Weltkulturerbe ausgewiesenen Stätten sind fett hervorgehoben)

A: **Abu Simbel** (Ägypten), Ägina (Griechenland), **Agrigent** (Italien: Griechen, Phöniker), Amarna (Ägypten), Anyang (China), Assur (Irak), Alaça Hüyük (Türkei: Hethiter), **Altamira** (Spanien: Altsteinzeit), **Arles** (Frankreich: Römer)

B: Babylon (Irak: Babylonier, Perser), **Baalbek** (Libanon: Griechen, Römer), **Byblos** (Libanon: Phöniker), **Bogazkale** (Türkei: Hethiter), Bonampak (Mexiko: Maya)

C: Çatal Hüyük (Türkei: Jungsteinzeit), Cerveteri (Italien: Etrusker), **Chan Chan** (Peru: präkolumbisch), **Chichén Itzá** (Mexiko: Maya, Tolteken), Choiro Khoitia (Zypern: Jungsteinzeit), **Copán** (Honduras: Maya), **Cuzco** (Peru: Inka), Cumae (Italien: Griechen, Römer)

D: **Dahschur** (Ägypten), **Dambulla** (Sri Lanka), **Delos** (Griechenland), **Delphi** (Griechenland), Dendera (Ägypten)

E: **El Tajin** (Mexiko: Totonaken, Maya), Eleusis (Griechenland), Ephesos (Türkei: Griechen), **Epidauros** (Griechenland), Eridu (Irak: Babylonier)

F: Federsee (Deutschland: Jungsteinzeit, Bronzezeit)

G: Giseh (Ägypten)

H: **Hadrianswall** (Großbritannien: Römer), Halikarnossos (Türkei: Griechen), **Hallstatt** (Österreich: Eisenzeit), Harappa (Pakistan: Inder), **Hatra** (Irak: Parther), **Herculaneum** (Italien: Römer), Heuneburg (Deutschland: Kelten), Hochdorf (Deutschland: Eisenzeit)

I: Idfu (Ägypten), Izmir (Türkei: Griechen),

J: Jericho (Israel: Jungsteinzeit, Juden), **Jerusalem** (Israel)

K: Kalach (Irak: Assyrer), Karatepe (Türkei: Hethiter), Karkemisch (Türkei: Hethiter), **Karthago** (Tunesien: Phöniker), **Kerkuane** (Tunesien: Phöniker), Knossos (Griechenland), Korinth (Griechenland), **Kyrene** (Libyen: Griechen, Römer)

L: Lagasch (Irak: Sumerer), Lascaux (Frankreich: Altsteinzeit), **Lintong** (China)

M: **Machu Picchu** (Peru), **Malta** (Jungsteinzeit), Masada (Israel), **Memphis** (Ägypten), Milet (Türkei: Griechen), **Mohenjo Daro** (Pakistan: Inder), Mykene (Griechenland)

N: **Nazca** (Peru: präkolumbisch), **Nîmes** (Frankreich), Ninive (Irak: Assyrer)

O: **Olympia** (Griechenland), **Orange** (Frankreich: Römer), Ostia (Italien: Römer)

P: **Paestum** (Italien: Griechen, Römer), **Palenque** (Mexiko: Maya), Pergamon (Türkei: Griechen), **Persepolis** (Iran: Perser), **Petra** (Jordanien: Nabatäer), Phaistos (Griechenland), **Philae** (Ägypten), **Pompeji** (Italien: Römer), Pula (Kroatien: Römer)

Q: **Quiriguá** (Guatemala: Maya), Qumran (Israel)

R: **Rhodos** (Griechenland), **Rom** (Italien: Römer)

S: Saalburg (Deutschland: Römer, Germanen), **Sabratha** (Libyen: Phöniker), **Sakkara** (Ägypten), **Samos** (Griechenland), Samothrake (Griechenland), Selinunt (Italien: Griechen), Sidon (Libanon: Phöniker), **Simbabwe** (Simbabwe), **Stonehenge** (Großbritannien: Jungsteinzeit), Susa (Iran: Elamiter, Sumerer), Syrakus (Italien: Griechen)

T: Tarquinia (Italien: Etrusker), **Teotihuacan** (Mexiko: präkolumbisch), **Theben** (Ägypten), Thera (Griechenland), **Tikal** (Guatemala: Maya); Tiryns (Griechenland), **Trier** (Deutschland: Römer), **Troja** (Türkei: Griechen), **Tyros** (Libanon: Phöniker)

U: Ur (Irak: Babylonier), Uruk (Irak: Sumerer)

V: Veji (Italien: Etrusker)

W: Willendorf (Österreich: Jungsteinzeit)

X: Xanten (Deutschland: Römer), Xanthos (Türkei: Lyker, Griechen), Xi'an (China), **Xochimilko** (Mexiko: Azteken)

Y: Yaxchilan (Mexiko: Maya)

Z: Zincirli (Türkei: Hethiter)

In der Geschichte der Archäologie spielten bis zum 20. Jahrhundert passionierte Außenseiter eine wichtige Rolle. So ist es nicht verwunderlich, dass einige bedeutende Entdeckungen von einem Abenteurer, einem Diplomaten oder einem Kaufmann gemacht wurden.

10 bedeutende Ausgräber und ihre Entdeckungen

Giovanni Battista Belzoni, italienischer Abenteurer und Ausgräber (*1778, †1823)
Ägypten: Grab Sethos' I. im Tal der Könige, Eingang der Chefren-Pyramide in Giseh

Ludwig Borchardt, deutscher Archäologe (*1855, †1925)
Irak: Assur, Babylon
Ägypten: Büste der Nofretete in Tell al-Amarna

Paul Émile Botta, französischer Arzt und Diplomat (*1802, †1870)
Irak: Ninive

Johann Ludwig Burckhardt, Schweizer Orient- und Afrikaforscher (*1784, †1817)
Jordanien: die nabatäische Hauptstadt Petra
Ägypten: die Tempel von Abu Simbel

Howard Carter, britischer Archäologe (*1873, †1939)
Ägypten: Grab des Tutanchamun

Sir Arthur John Evans, britischer Archäologe (1851, †1941)
Griechenland: Palast des Minos in Knossos

Carl Humann, deutscher Ingenieur und Ausgräber (*1839, †1896)
Türkei: Pergamonaltar

Robert Koldewey, deutscher Archäologe (*1855, †1925)
Irak: die Städte Babylon und Assur

Auguste Mariette, französischer Ägyptologe (*1821, †1881)
Ägypten: Sphinxallee und Serapeion in Sakkara

Heinrich Schliemann, deutscher Kaufmann (*1822, †1890)
Türkei: Troja
Griechenland: Mykene, Tiryns

Venusstatuetten

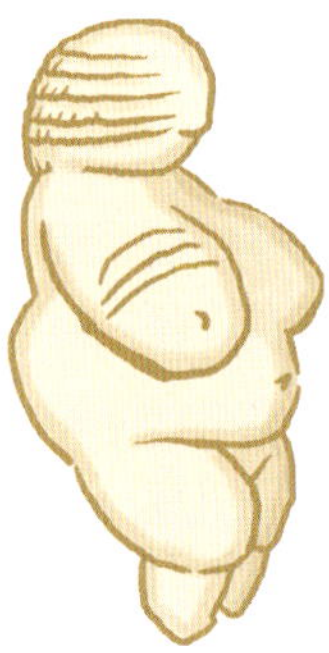

Als die Ausgrabungen prähistorischer Siedlungsplätze immer mehr Frauenstatuetten aus Ton, Kalkstein und Elfenbein ans Tageslicht brachten, standen die Archäologen vor einem Rätsel, denn diese »Venusstatuetten« aus der Altsteinzeit hatten alle die Überbetonung von Gesäß und Brüsten gemeinsam. Manche Forscher sahen eine Parallele zur Fettsteißigkeit der Khoisanfrauen im südlichen Afrika und vermuteten verwandtschaftliche Beziehungen der europäischen altsteinzeitlichen Menschen mit den Negroiden. Diese Frauenstatuetten sind aber wohl nicht als naturgetreue Abbildungen unserer Vorfahren zu begreifen; eher werden sie kultischen Zwecken gedient haben. Gerade die deutlich betonten weiblichen Formen sind Hinweis auf einen von Frankreich bis Sibirien reichenden Fruchtbarkeitskult. Die »Venus von Willendorf« ist das bekannteste Beispiel der Venusstatuetten aus der jüngeren Altsteinzeit. Sie entstand zwischen 30 000 und 20 000 v. Chr und befindet sich heute im Wiener Naturhistorischen Museum.

Die sieben Weltwunder

Die Liste von sieben antiken Bau- und Kunstwerken, die durch ihre Größe und Pracht herausragten und von denen heute nur noch die Pyramiden von Giseh erhalten sind, wurde wohl im 3. Jahrhundert v. Chr. erstmals zusammengestellt: die Pyramiden von Giseh, die hängenden Gärten der Semiramis in Babylon, der Tempel der Artemis in Ephesos, das Kultbild des olympischen Zeus von Phidias, das Mausoleum in Halikarnassos, der Koloss von Rhodos und der Leuchtturm auf der Insel Pharos.

15 bedeutende Funde und Entdeckungen

Achet-Aton (Amarna)

Nachdem ägyptische Grabräuber 1886 im Ruinenfeld Tell el-Amarna Hunderte babylonische Keilschrifttexte – die an die Pharaonen Amenophis III. und Echnaton gesandten »Amarnabriefe« – entdeckt und in Umlauf gebracht haben, beginnt der britische Archäologe Flinders Petrie 1892 mit ersten wissenschaftlichen Untersuchungen des Gebiets. Von dem, was elf Jahre lang Achet-Aton, die Stadt des Ketzerkönigs Echnaton (1364–1347 v. Chr.), gewesen war, ist nur wenig geblieben; erhalten sind vor allem Gräber mit herrlichen Wandmalereien. Den eindrucksvollsten Fund macht zweifellos der deutsche Archäologe Ludwig Borchardt, der 1912 die Kalksteinbüste der Nofretete findet.

Çatal Hüyük

50 km südlich von Konya im Inneren Anatoliens entdeckt der britische Archäologe James Mellaart 1958 in der Nähe der Straßengabelung Çatal Hüyük einen gewaltigen Ruinenhügel. Erste Grabungen fördern luftgetrocknete Ziegel, Keramikscherben, Geräte und Waffen aus Obsidian zutage; sie weisen auf eine frühneolithische Großsiedlung hin, die wohl zwischen 6500 v. Chr. und 5600 v. Chr. bewohnt war. Der Name der hoch entwickelten Stadt ist unbekannt, über ihre etwa 10 000 Einwohner aber wissen wir, dass sie Ackerbauern, Viehzüchter, Handwerker und Kaufleute waren, ihre Toten ehrenvoll bestatteten und sie mit Grabbeigaben für das Jenseits versorgten.

Caere (Cerveteri)

Am Rand des Ortes Cerveteri 40 km nordwestlich von Rom entdecken der Priester Regolini und der General Galassi im Jahr 1836 ein um 675 v. Chr. angelegtes Etruskergrab mit reichem Goldschmuck. 1850 findet der Marquis Campana auf dem nahe gelegenen Monte Abetone in einer Grabkammer den heute weltbekannten Sarkophag aus der Zeit um 530 v. Chr., der ein Ehepaar auf dem Totenbett darstellt. 1911 beginnt dann auf dem Plateau Banditaccia die systematische Freilegung einer riesigen Nekropole, die zu der wohl bedeutendsten Etruskerstadt Caere (gegründet im 8. Jahrhundert v. Chr.) gehört. Die Totenstadt verfügt über Straßen, Plätze und Gräberviertel; 200 000 Gräber werden hier vermutet.

Hochdorf

Eine Hausfrau aus Hochdorf an der Enz macht sich schon lange Gedanken über einen unscheinbaren, mit Steinen durchsetzten Hügel in einem Maisfeld. Diese Gedanken teilt sie 1978 Archäologen des Landesdenkmalamts Baden-Württemberg mit, die diesem Hinweis nachgehen – sie legen in der Folge das vollständig erhaltene Grab eines keltischen Fürsten aus der Zeit um 500 v. Chr. frei. Das goldgeschmückte, mit kariertem Tuch und goldenen Schnabelschuhen bekleidete Skelett des Fürsten ruhte auf einer bronzenen Bettstatt, deren Beine acht weibliche Figuren auf drehbaren Rädern bildeten. Neben ihm lag das Herrschaftssymbol, ein Eisendolch mit goldplattiertem Griff und goldener Scheide. Ein vierrädriger, mit Eisenblech überzogener Wagen, ein Bronzekessel und eine Schale aus Elektron vervollständigen die Ausrüstung fürs Jenseits.

Hatussa (Bogazkale)

Seit 3000 Jahren ist das indogermanische Hethiterreich vergessen, nachdem es um 1200 v. Chr. in einer Völkerwanderungskatastrophe untergegangen war, als der französische Reisende und Archäologe Charles Texier 1834 auf der Suche nach der antiken Stadt Tavium nahe des kleinasiatischen Dorfes Bogazkale auf Ruinen einer riesigen, von einer Mauer umgebenen Stadtanlage stößt. Wenig später entdeckt er nahebei das Felsheiligtum, das heute Yazýlýkaya heißt. Die gefundenen Monumente und Inschriften erweisen sich als historisch nicht zuordenbar. Erst 1880 kommt der britische Archäologe Archibald Henry Sayce zu dem Schluss, dass es sich bei dem Volk um die in der Bibel erwähnten Hethiter handeln muss, und es dauert noch bis zum Anfang des 20. Jahrhunderts, bis die Stadt als Hattusa, Hauptstadt des Hethiterreichs, identifiziert wird.

Karatepe

Dem Hinweis eines türkischen Lehrers folgend entdeckt der deutsche Archäologe Helmuth Bossert 1946 auf dem Hügel von Karatepe in der Südtürkei einige hethitische Orthostaten. Die ein Jahr später beginnenden Ausgrabungen legen die Ruinen einer späthethitischen Stadtanlage mit Mauer und Palast aus dem 8. Jahrhundert v. Chr. frei, in denen Bossert eine Bilingue, eine gleich lautende Inschrift in phönikischer und hethitischer Sprache, findet. Sie liefert den Schlüssel zur Entzifferung der hethitischen Hieroglyphen. Die Stadt mit Namen Azitawaddija, eine Gründung des späthethitischen Königs Azitawadda, war wohl um 680 v. Chr. von den Assyrern zerstört worden.

Knossos

Bereits Heinrich Schliemann vermutet, dass der sagenhafte Palast des Königs Minos bei Iraklion liegen müsse; 1878 kann der kretische Kaufmann Minos Kalokairinos die Lage des alten Knossos bestimmen. 1899/1900 beginnt der britische Archäologe Arthur J. Evans mit Ausgrabungen und wird so zum Entdecker der minoischen Kultur Kretas. Die Palastanlage, dem Mythos zufolge von Daidalos im Auftrag König Minos' für den Menschen fressenden Minotauros gebaut, entstand im 17./16. Jahrhundert v. Chr. und wurde im 14. Jahrhundert v. Chr. durch eine Katastrophe unbekannter Art zerstört. Das Labyrinth des Minotaurus ist Schauplatz der Sage von Theseus und Ariadne.

Mykene

Auch hier ist es Schliemann: 1876 entdeckt er, den Angaben des griechischen Schriftstellers Pausanias folgend, in Mykene innerhalb des Burgwalls fünf Gräber mit Skeletten, die übersät sind mit Gold und Juwelen und von Schliemann als Agamemnon und seine Gefährten angesehen werden. Die Funde zeigen bis dahin unbekannte künstlerische Formen: Die mykenische Kultur ist entdeckt.

Nimrud (Kalach)

Folgt Schliemann bei der Entdeckung Trojas Homer, so lässt sich Austen Henry Layard von der Bibel leiten, die im 1. Buch Mose von Nimrud, dem gewaltigen Jäger, erzählt. Am Ruinenhügel Nimrud bei Mosul (heute Irak) beginnt er 1845 zu graben und stößt fast sofort

Pharos

Der Leuchtturm auf der Insel Pharos bei der ägyptischen Hafenstadt Alexandria wurde 299–277 v. Chr. von dem griechischen Architekten Sostratos von Knidos als achteckiges, 136 m hohes Bauwerk errichtet. Das Leuchtfeuer war über 55 km weit zu sehen. 1995 konnte der französische Archäologe Jean-Yves Empereur aus dem Hafenbecken Alexandrias Blöcke des 1303 und 1326 bei Erdbeben zerstörten Leuchtturms bergen.

auf die mit Basreliefs verzierte Wandverkleidung eines Palastgemachs. Nach und nach treten die Mauern Kalachs zutage, der Hauptstadt Assyriens im 9. und 8. Jahrhundert v. Chr. Layard glaubt zuerst, Ninive gefunden zu haben, doch klärt sich der Irrtum nach der Entzifferung der babylonischen Keilschrift durch Henry Rawlinson 1857 auf.

Ninive

Ninive, Hauptstadt des Assyrerreichs von 704 bis zu ihrer Zerstörung durch Babylonier und Meder 612 v. Chr., wird 1842 von dem französischen Arzt und Diplomaten Paul Émile Botta aufgrund von Hinweisen eines alten Arabers in der Nähe von Mosul (heute Irak) entdeckt. Erste Ausgrabungen bringen Bilder, Reliefs, geflügelte Tier-Mensch-Wesen ans Tageslicht, wie man sie bis dahin nie gesehen hatte. In der Folge findet man die Ruinen der von einer doppelten Zinnenmauer geschützten Stadt, Königspaläste Sanheribs und Assurbanipals mit herrlichen Wandreliefs, Torplastiken sowie eine rund 5000 Keilschrifttafeln umfassende Bibliothek. Die freigelegten Siedlungsschichten datieren bis ins 5. Jahrtausend v. Chr.

Petra

Die 106 n. Chr. von den Römern eroberte Hauptstadt des Nabatäerreichs im südlichen Jordanien ist im Altertum ein wichtiger Knotenpunkt im Karawanenverkehr der Seidenstraße, bis diese im 3. Jahrhundert nach Palmyra verlagert wird. Sie verfällt nach der Eroberung durch Beduinen 629/632 und gerät in Vergessenheit, bis sie der Schweizer Forschungsreisende Johann Ludwig Burckhardt 1812 wieder entdeckt. Seit 1929 finden Grabungen statt. Zeugen nabatäischer Kunst sind vor allem die in die Felswände hineingehauenen über 600 Grabanlagen des 1. und 2. Jahrhunderts mit ihren gemeißelten Fassaden.

Pompeji und Herculaneum

Am Morgen des 24. 8. 79 vernichtet ein Ausbruch des Vesuvs die blühenden Städte Pompeji und Herculaneum. 1594 werden erste Spuren Pompejis wiedergefunden, ab 1738 wird die Stadt unsystematisch, seit 1860 systematisch ausgegraben. Gefunden hat man u. a. Tempel, Amtsgebäude, Markthallen und Privathäuser sowie wunderschöne Mosaiken, Wandgemälde und Wandinschriften, die Auskunft über Begebenheiten des täglichen Lebens geben. Herculaneum, unter einer bis zu 20 m dicken Lavaschicht verborgen, wird 1709/1738 wiederentdeckt. Die Grabungen, die u. a. ein Theater, eine Bibliothek mit Papyrusrollen sowie viele vorzüglich erhaltenen Häuser mit Inneneinrichtung erbrachten, dauern bis heute an.

Terrakottaarmee von Lintong

Im März 1974 stoßen Bauern östlich der Stadt Lintong in der Provinz Shaanxi beim Brunnenausschachten auf die monumentale Grabanlage des von 221 bis 206 v. Chr. regierenden ersten Kaisers von China, Qin Shi Huangdi. Bei den folgenden Ausgrabungen finden Archäologen u. a. eine aus mehr als 7000 lebensgroßen und individuell gestalteten Tonsoldaten bestehende Armee – Schutz für den Herrscher, der vom Verlangen nach Unsterblichkeit besessen war.

Troja

Die älteste europäische Dichtung überhaupt, die »Ilias« des Homer, schildert eine Episode aus dem zehnten Jahr des Trojanischen Kriegs. 1870–1873 unternimmt es der deutsche Kaufmann Heinrich Schliemann, die historische Realität der Stadt Troja nachzuweisen, und erfüllt sich damit einen Kindheitstraum. Der von der Fachwelt oft angefeindete Autodidakt identifiziert den Hügel von Hissarlik in Kleinasien als Stätte des antiken Troja und entdeckt bei seinen Ausgrabungen die Reste von neun übereinander liegenden Städten, deren zweite er (wohl fälschlich) für das Troja Homers hält; überdies findet er den »Schatz des Priamos«.

Geschichte

Geschehen in Zeit und Raum

Geschichte erstreckt sich auf alle Objekte, sobald sie hinsichtlich ihrer Entwicklung und Veränderung betrachtet werden. Geschichte (ahd. gisciht »Ereignis«, »Geschehen«) im weiteren Sinne umfasst die Erd- und die Naturgeschichte, im engeren Sinne die Menschheits-, aber auch die Wirtschafts-, Sozial-, Geistes- und Kulturgeschichte. Zudem lässt sich jede einzelne menschliche Betätigung geschichtlich betrachten (Geschichte der Medizin, Sprache, Literatur, Kunst). Geschichte als Wissenschaft erforscht Veränderungen methodisch, auf der Grundlage kritisch gesicherter Überlieferungen (Quellen): Alle bezeugten geschichtlichen Tatbestände sind möglichst genau und vollständig festzustellen sowie ihre Zusammenhänge, Bedingtheiten und Wirkungen verständlich zu machen.

Die Geschichtsschreibung (Historiographie)

versucht anhand der Darstellung von Vorgängen, Zuständen und Personen Geschichte bewusst werden zu lassen. Grundlegendes Problem für alle Geschichtsschreibung ist bis heute die Abhängigkeit des Bildes, das sich der Geschichtsbetrachtende von der Vergangenheit macht, vom Zeitgeist, an dem er teilhat. So diente bei Ägyptern, Babyloniern, Assyrern u.a. das Fixieren der königlichen Taten in Inschriften und Annalen auch der Glorifizierung des Herrschers. Ansätze zu einer historisch kritischen Geschichtsschreibung, die die Frage nach geschichtlicher Wahrheit einschloss, finden sich bei den Hethitern, ähnlich bei den Israeliten, die zudem allerdings ihre eigene Vergangenheit als Heilsgeschichte verstanden. Um Erfahrung weiterzugeben, wollten die Griechen das Traditionsgut mit einem unbedingten Wahrheitsanspruch überliefern und Gründe und Zusammenhänge historischer Vorgänge aufzeigen. Ab dem 4. Jahrhundert v. Chr. entstanden vor allem nach rhetorischen Regeln verfasste Geschichtswerke. Diese Geschichtsschreibung erreichte in der römischen Kaiserzeit zu Beginn des 2. Jahrhunderts mit Tacitus (*55, †nach 116) ihren Höhepunkt.
Bahnbrechend für die moderne Geschichtsschreibung wirkte die Vollendung der historischen Methode durch den deutschen Historismus, der die Grundbegriffe »Entwicklung« und »Individualität« zu Leitprinzipien der Geschichtsschreibung machte und die Vergangenheit in ihrer Eigentümlichkeit zu verstehen suchte.

Die Väter der Geschichtsschreibung

Herodot (*um 490 v. Chr., †um 425 v. Chr.) gilt als Vater der Geschichtsschreibung. Mit Perikles, dem griechischen Staatsmann zur Blütezeit Athens, und dem Philosophen Sophokles befreundet, verfasste der durch weite Reisen nach Asien und Afrika gebildete Geschichtsschreiber eine im ionischen Dialekt geschriebene Geschichte Griechenlands, die von den Anfängen bis ins Jahr 479 v. Chr. reicht. Neben den historischen Fakten – besonders über die Perserkriege –, die durch neuere Forschung vielfach bestätigt wurden, vermittelt sein Werk zugleich ein farbenreiches Bild der damals bekannten Welt.

Thukydides (*um 460 v. Chr., †nach 400 v. Chr.), 20 Jahre lang wegen militärischer Fehler aus seiner Heimatstadt Athen verbannt, gilt als Begründer der wissenschaftlichen Geschichtsschreibung. Mit seiner Geschichte des Peloponnesischen Krieges (bis 411) schuf er die erste historische Monographie.

Livius (*59 [?] v. Chr., †17 n. Chr.), der römische Geschichtsschreiber, schrieb eine 142 Bücher umfassende römische Geschichte (»Ab urbe condita«) von der Gründung der Stadt Rom (753 v. Chr.) bis zum Tode des Drusus (9 v. Chr.). Sein Werk, von dem nur die Bücher 1–10 und 21–45 erhalten sind, bestimmte bis zum Beginn des 19. Jahrhunderts das Bild der römischen Geschichte. Vieles davon wird heute allerdings von der Forschung verworfen.

Sallust (*86 v. Chr., †34 v. Chr.) ging als Prätor mit Caesar nach Afrika, wo er Statthalter wurde. Von den »Historien« (5 Bücher) sind nur Bruchstücke bekannt. Erhalten sind die Monographien »Über die Verschwörung des Catilina« und »Über den Jugurthinischen Krieg«.

Plutarch (*um 46, †um 120), griechischer Philosoph und Historiker, ist der Verfasser der »Bioi paralleloi«, vergleichender Lebens- und Sittenbeschreibungen berühmter Griechen und Römer. Zahlreiche Zitate aus verloren gegangenen Werken sind Plutarchs Übermittlung zu verdanken.

Sueton (*um 70, †um 130) schuf ein umfangreiches Werk, von dem allerdings nur die Biografien römischer Herrscher und Kaiser von Caesar bis Domitian (»De vita Caesarum«) vollständig überliefert sind.

Gregor von Tours (*538 oder 539, †594), fränkischer Geschichtsschreiber und seit 573 Bischof von Tours, schrieb in Latein die »Geschichte der Franken«, die wichtigste Quelle für die Anfänge des Merowingerreichs.

Einhard (*um 770, †840), fränkischer Geschichtsschreiber am Hof Karls des Großen. Er verfasste die erste Herrscherbiografie des Mittelalters: Seine Vita Karoli Magni beschreibt das Leben Karls des Großen, dessen enger Vertrauter er war.

Epochen der Menschheitsgeschichte

Bis heute wird die klassische Einteilung in Alte, Mittlere und Neuere Geschichte verwendet. Innerhalb der letztgenannten Periode wird noch zwischen Neuester Geschichte (seit der Französischen Revolution bzw. der Industrialisierung) und Zeitgeschichte (»zeitgenössische Geschichte«) unterschieden. Vorangegangen sind Vor- und Frühgeschichte, wobei die Vorgeschichte keinerlei schriftliche Überlieferungen aufweist. Sie wird mithilfe der prähistorischen Archäologie erforscht, die alle Überreste menschlicher Aktivitäten dieser Epoche interpretiert. In der Frühgeschichte gibt es schon erste Schriftzeugnisse, die aber zur Gewinnung eines wissenschaftlichen Geschichtsbildes nicht ausreichen und deshalb durch archäologische Forschungen ergänzt werden. In Mitteleuropa beginnt die Frühgeschichte Mitte des 1. Jahrhunderts v. Chr., also zur Zeit Caesars, in Nordeuropa später, im Mittelmeerraum bedeutend früher.

Antike (lateinisch antiquus »alt«): Als geschichtlicher Beginn der Antike (des griechisch-römischen Altertums) gilt die frühgriechische Einwanderung in Hellas im 2. Jahrtausend v. Chr.; das Ende wird unterschiedlich angesetzt, als Epochenjahr wurden u. a. vorgeschlagen: 324 n. Chr. (Beginn der Alleinherrschaft Konstantins des Großen, endgültiger Sieg des Christentums), 395 (Tod Theodosius' I., Ende der Einheit des Römischen Reiches) und 476 (Ende des weströmischen Kaisertums). Ebenfalls als Epochenjahr angesehen wird das Todesjahr Justinians I. (565), der Italien von der Herrschaft der Ostgoten befreite. Oft wird aber auch – wie in der Kunstgeschichte – das Ende der Antike mit dem Einfall der Araber (7. Jahrhundert) gleich gesetzt. Die historische Einheit der Antike beruht weniger auf politischer Kontinuität als vielmehr auf einem durchgehenden kulturellen Traditionsbewusstsein. Die politische Entwicklung teilt die Antike in 3 Abschnitte. Als eigentliche griechische Geschichte bezeichnet man die Epoche der Polis, der Stadtstaaten. Die hellenistische Geschichte wird von dem Großreich Alexanders des Großen und den aus ihm entstandenen Diadochenreichen bestimmt. Der letzte Abschnitt umfasst die Geschichte Roms bis zu seinem Untergang.

6 berühmte Herrscher der Antike

Name	Land	Regierungszeit
Xerxes I.	Persien	486–465 v. Chr.
Alexander der Große	Makedonien	336–323 v. Chr.
Augustus	Römisches Reich	27 v. Chr.–14 n. Chr.
Nero	Römisches Reich	54–68
Konstantin der Große	Byzantinisches Reich	324–337
Theodosius der Große	Byzantinisches Reich	379–395

Mittelalter (lateinisch medium aevum): Als Mittelalter wird in der europäischen Geschichte der Zeitraum zwischen Altertum und Neuzeit bezeichnet. Den Begriff Mittelalter prägten die Humanisten des 15./16. Jahrhunderts für die Zeit zwischen dem Ende der Antike, der ihrer Ansicht nach eine Epoche des allgemeinen Verfalls der lateinischen Sprache und Bildung folgte, und der Renaissance (Wiedergeburt antiker Gelehrsamkeit). Während die Aufklärung das Mittelalter als »finsteres Mittelalter« abwertete, wurde es von der Romantik als Epoche der gläubigen, ritterlichen Ge-

5 berühmte Herrscher des Mittelalters

Name	Reich	Regierungszeit
Karl der Große	König der Franken, Römischer Kaiser	768/800–814[1]
Otto I., der Große	Heiliges Römisches Reich	936/962[1]–973
Friedrich I. Barbarossa	Heiliges Römisches Reich	1152/55[1]–1190
Richard Löwenherz	England	1189–1199
Saladin	Ägypten und Syrien	1175–1193

1) Königs-/Kaiserkrönung

meinschaft des christlichen Abendlandes idealisiert. Trotz grundsätzlicher Bedenken aus universalhistorischer Sicht hat sich die Epochenbezeichnung »Mittelalter« in der modernen Geschichtsschreibung behauptet. Ein eindeutiger Beginn des Mittelalters lässt sich nicht festlegen, die Spanne seiner Datierungen reicht von der Krise des Römischen Reiches im 3. Jahrhundert über den Untergang Westroms (476) bis zur Kaiserkrönung Karls des Großen (800). Als Übergang von der Antike zum Mittelalter gilt die Zeit der Völkerwanderung (4.–6. Jahrhundert), in der durch die Begegnung von antiker Gesellschaft, Germanentum und Christentum wesentliche Grundlagen der frühmittelalterlichen Gesellschaft entstanden. Als Zäsur wird auch das Vordringen des Islams in den Mittelmeerraum ab dem 7. Jahrhundert angesehen. Das Ende des Mittelalters wird meist mit dem Beginn des Zeitalters der großen Entdeckungen (1492 Landung von C. Kolumbus in Amerika) bzw. mit dem Einsetzen der Reformation (1517), auch mit der Entfaltung des Humanismus verbunden.

Neuzeit wird die an das Mittelalter anschließende und bis in die Gegenwart reichende Epoche genannt. Dieses Zeitalter der großen Entdeckungen, des Humanismus, der Renaissance und der Reformation begründete ein neues Welt- und Menschenbild und leitete grundlegende Veränderungen in den meisten Lebensbereichen ein. Damit einher gingen auch grundlegende politische Wandlungen: So kam es zur Aufhebung der mittelalterlichen Einheit Europas, d. h. der einheitlichen Prägung aller europäischen Reiche und Staaten durch die römisch-katholische Kirche, was seinen Ausdruck im Papsttum gefunden hatte. Verursacht wurde diese Aufhebung durch die seit dem 14./15. Jahrhundert fortschreitende Bildung von Nationalstaaten sowie die Entstehung des modernen europäischen Staatensystems. Ein entscheidendes Element der Geschichte der Neuzeit stellte die Emanzipation des Bürgertums gegenüber dem Adel dar. Ursachen hierfür waren die vom städtischen Bürgertum getragene Entwicklung von Handwerk und Gewerbe, der Übergang zu rationelleren (frühkapitalistischen) Wirtschaftspraktiken und Handelstechniken und die damit verbundenen gesellschaftlich-ökonomischen Veränderungen, die in Italien bereits im 15. Jahrhunderts stattfanden. Innerhalb der Epoche der Neuzeit unterscheiden die Historiker noch die frühe Neuzeit (bis zum Ende des Dreißigjährigen Krieges 1648) von der jüngeren Neuzeit,

Ein Schritt zum Rechtsstaat

Die Habeas-Corpus-Akte, die »Habeas Corpus Amendment Act«, ist eines der englischen Staatsgrundgesetze zum Schutz der persönlichen Freiheit. Ihr zufolge darf kein englischer Untertan ohne gerichtliche Überprüfung und Anordnung verhaftet oder in Haft gehalten werden. 1679 vom Parlament als Reaktion auf die willkürlichen Verhaftungen unter Karl II. beschlossen, wurde sie im selben Jahr vom König unterzeichnet, der in der Öffentlichkeit nicht als Tyrann dastehen wollte. Die mit der Habeas-Corpus-Akte verbundenen Grundrechtsideen haben seit dem späten 18. Jahrhundert Eingang in das Verfassungsleben gefunden, so in die französische Menschenrechtserklärung von 1789, in den Grundrechtskatalog der amerikanischen Verfassung, in die deutschen Reichsverfassungen von 1849 und 1919 sowie in das Grundgesetz der Bundesrepublik Deutschland von 1949.

Deutsche Könige und Kaiser

Herrschergeschlecht	Name	Regierungszeit
Karolinger	Ludwig II., der Deutsche[1]	843 - 876
	Karlmann von Bayern[3]	876 - 880
	Ludwig III., der Jüngere[1]	876 - 882
	Karl III., der Dicke	876/881 - 887
	Arnulf von Kärnten	887/896 - 899
	Ludwig IV., das Kind[1]	900 - 911
Konradiner	Konrad I.[1]	911 - 918
Liudolfinger	Heinrich I.[1]	919 - 936
	Otto I., der Große	936/962 - 973
	Otto II., der Rote	(961) 973/ 967 - 983
	Otto III.	983/996 - 1002
	Heinrich II., der Heilige	1002/1014 - 1024
Salier	Konrad II.	1024/1027 - 1039
	Heinrich III.	1039/1046 - 1056
	Heinrich IV.	1056/1084 - 1106
Rheinfeldener	Rudolf von Rheinfelden, Gegenkönig	1077 - 1080
Lützelburger	Hermannn von Salm, Gegenkönig	1081 - 1088
Salier	Konrad, Sohn Heinrichs IV.,	1087 - 1098, ab 1093[3]
Supplinburger	Lothar III. von Supplinburg[3]	1125/1133 - 1137
Staufer	Konrad III.[1]	1138 - 1152
	Friedrich I., Barbarossa	1152/1155 - 1190
	Heinrich VI.	1190/1191 - 1197
	Philipp von Schwaben[1]	!! 1198 - 1208
Welfen	Otto IV. von Braunschweig[1]	!! 1198/1209 - 1218
Staufer	Friedrich II.	1212/1220 - 1250
	Heinrich VII.[3]	1220 - 1235
Ludowinger	Heinrich Raspe von Thüringen[3]	1246 - 1247
Staufer	Konrad IV.[1]	1250 - 1254
Holland	Wilhelm[1]	1247 - 1256
Plantagenets	Richard von Cornwall[1]	!! 1257 - 1272
Burgunder	Alfons X. von Kastilien und Léon[1]	!! 1257 - 1273
Habsburger	Rudolf I.	1273 - 1291
Nassauer	Adolf[1]	1292 - 1298
Habsburger	Albrecht I.[1]	1298 - 1308
Luxemburger	Heinrich VII.[1]	1308/1312 - 1313
Habsburger	Friedrich der Schöne[1]	!!1314 - 1330
Wittelsbacher	Ludwig IV., der Bayer	!!1314/1328 - 1347
Luxemburger	Karl IV.	1346/1355 - 1378
Schwarzburger	Günther[2]	1349
Luxemburger	Wenzel[1]	1378 - 1400
Wittelsbacher	Ruprecht von der Pfalz[1]	1400 - 1410
Luxemburger	Jobst von Mähren[1]	!!1410 - 1411
	Sigismund	!!1410/1433 - 1437
Habsburger	Albrecht II.[1]	1438 - 1439
	Friedrich III.	1440/1452 - 1493
	Maximilian I.	1493/1508 - 1519
	Karl V.	1519/1530 - 1556
	Ferdinand I.	1531/1556 - 1564
	Maximilian II.	1564 - 1576
	Rudolf II.	1576 - 1612
	Matthias	1612 - 1619
	Ferdinand II.	1619 - 1637
	Ferdinand III.	1637 - 1657
	Leopold I.	1658 - 1705
	Joseph I.	1705 - 1711
	Karl VI.	1711 - 1740
Wittelsbacher	Karl VII. Albrecht	1742 - 1745
Habsburg-Lothringer	Franz I. Stephan	1745 - 1765
	Joseph II.	1765 - 1790
	Leopold II.	1790 - 1792
	Franz II.	1792 - 1806
Hohenzollern	Wilhelm I.	1871 - 1888
	Friedrich III.[3]	1888
	Wilhelm II.	1888 - 1918

1) König; 2) Gegenkönig; 3) König nur zu Lebzeiten des Vaters; bei Doppelzahlen (z. B. 876/881) bezeichnet die erste das Jahr der Königswahl bzw. des Regierungsantritts, die zweite das der Kaiserkrönung; !! = Doppelwahl.

wobei Letztere noch in neueste Zeit (seit Beginn der Französischen Revolution 1789) und Zeitgeschichte (seit 1917, Oktoberrevolution, Eintritt der USA in den 1. Weltkrieg) unterteilt wird.

Große europäische Dynastien

Salier, fränkisches Adelsgeschlecht mit Hausmacht und Besitzungen im Nahe-, Speyer- und Wormsgau. Mit Konrad II. (*um 990, †1039) gelangten die Salier 1024 im Heiligen Römischen Reich zur Herrschaft. 1125 erlosch die Dynastie mit Heinrich V. Die Staufer traten ihr Erbe an.

Staufer (Hohenstaufen), schwäbisches Adelsgeschlecht, dessen Anfänge ins 11. Jahrhundert zurückreichen. Friedrich I., Sohn Friedrichs von Büren (*um 1055), wurde von Kaiser Heinrich IV. 1079 zum Herzog von Schwaben ernannt und mit Heinrichs Tochter Agnes vermählt. Er erbaute die Burg Hohenstaufen, die der Dynastie den Namen gab. 1125 fielen die salischen Hausgüter an die Staufer, 1138 wurde Konrad III. zum Römischen König gewählt. Den Höhepunkt ihrer Macht und Geltung erlangte die Dynastie unter Friedrich I. Barbarossa (*1122, †1190) und Heinrich VI. (*1167, †1197). Der Erbanfall Siziliens und der Machtverfall des Königtums im staufisch-welfischen Thronstreit (1198–1214/15) verlagerten den Schwerpunkt staufischer Herrschaft in den unteritalienischen Normannenstaat. Mit der Regentschaft Friedrichs II. (*1194, †1250) erlebte die Dynastie noch einmal einen glanzvollen Höhepunkt, dem jedoch bald der Niedergang folgte (Aussterben des Geschlechts mit der Enthauptung Konradins in Neapel 1268).

Bella gerant alii, ***tu, felix Austria, nube!*** *(Mögen andere Krieg führen, du, glückliches Österreich, heirate!): Dieser Ausruf spöttischer Bewunderung zielt auf die geschickte Heiratspolitik der Habsburger, die damit das Habsburgerreich und den politischen Einfluss Österreichs ständig erweitern.*

Welfen, fränkisches Adelsgeschlecht, seit dem 8. Jahrhundert im karolingischen Kernraum um Maas und Mosel, seit der Mitte des 8. Jahrhunderts in Schwaben (Weingarten) begütert. Mit Graf Welf I. (†820/825) beginnt die gesicherte Stammreihe des bald in Linien geteilten Geschlechts. Mit dem Erbe Kaiser Lothars III. von Supplinburg (*1075, †1137) erhielt dessen Schwiegersohn, Heinrich X., der Stolze, 1137 auch das Herzogtum Sachsen und begründete die Machtstellung der Welfen, die jedoch den Königsthron nicht erlangen konnten. Unter dem Staufer Friedrich I. Barbarossa kam es zunächst zum Ausgleich mit seinem Vetter, dem Welfen Heinrich dem Löwen (*1129, †1195), dem er 1156 Bayern zu Lehen gab, doch nach Interessenkollisionen entmachtete ihn Friedrich 1180 und zerschlug den welfischen Machtkomplex. Aus dem welfischen Hausbesitz zwischen Elbe und Weser entstand 1235 das Herzogtum Braunschweig-Lüneburg; die lüneburgische Teillinie Calenberg gelangte nach dem Aufstieg zum Kurfürstentum Hannover (1692) auf den britischen Thron (1714).

Habsburger, seit Mitte des 10. Jahrhunderts am Oberrhein als schwäbisches Dynastengeschlecht nachweisbar, das sich nach der Habsburg benannte. Der Aufstieg der im Elsass, am Oberrhein und zwischen Aare und Reuß begüterten Habsburger begann mit der Wahl Rudolfs I. (*1218, †1291) 1273 zum Römischen König und mit der Belehnung seiner Söhne Albrecht I. und Rudolf II. 1282 mit den Herzogtümern Österreich und Steiermark. Im 14. und 15. Jahrhundert gingen die althabsburgischen schweizerischen Besitzungen verloren. Seit Albrecht II. (1438/39) Römische Könige, gewannen die Habsburger mit Friedrich III. (1440–93) 1452 die Krone des Heiligen Römischen Reiches, dessen Träger sie (außer 1742–45) bis 1806 blieben. Friedrichs Sohn, Maximilian I. (*1459, †1519), konnte den gesamthabsburgischen Besitz wieder vereinigen. Maximilians geschickter Heiratspolitik verdankten die Habsburger ihre Vormachtstellung im Europa des 16. Jahrhunderts. Nach der Trennung der spanischen und der deutschen Li-

nie nach dem Tode Karls V. (1556) bestimmte die spanische Linie mit Philipp II. (*1527, †1589) den Höhepunkt der Macht des Hauses. Nachdem die Dynastie mit dem Tode Karls VI. (1740) im Mannesstamm erloschen war, entstand durch die Ehe seiner Tochter Maria Theresia (*1717, †1780) mit dem lothringischen Herzog und späteren Römischen Kaiser Franz I. Stephan die Habsburg-Lothringer Dynastie. 1804 errichtete Franz II. (I.) das österreichische Kaisertum, das mit dem Thronverzicht Karls I. 1918 endete.

Wittelsbacher, bayerisches Herrschergeschlecht, benannt nach der Burg Wittelsbach bei Aichach (Oberbayern). 1180 erhielten sie das Herzogtum Bayern, 1214 auch die Rheinpfalz. 1255 kam es zur ersten Teilung des Territoriums der Wittelsbacher in »Oberbayern« (Pfalzgrafschaft bei Rhein und Nordgau; Zentrum München) sowie in »Niederbayern« (Zentrum Landshut). Unter Kaiser Ludwig IV., dem Bayern (1314/28–1347; oberbayerische Linie), wurde 1329 durch Hausvertrag von Pavia die pfälzische Linie (mit der Oberpfalz, 1356 mit der zunächst gemeinsamen Kurstimme) selbstständig. Die bayerische Hauptlinie wurde 1777 von dem pfälzischen Kurfürsten Karl Theodor (Karl) beerbt, dessen Nachfolger 1799 Maximilian IV. (*1756, †1825) aus der Linie Pfalz-Zweibrücken-Birkenfeld antrat; dieser wurde 1806 als Maximilian I. bayerischer König. 1806–1918 waren die Wittelsbacher Könige von Bayern.

Hohenzollern, erstmals 1061 in Schwaben erwähnt, erhielt 1415/17 die brandenburgische Kurwürde. Die brandenburgischen Hohenzollern erreichten 1701 unter Friedrich III. (I.) die Erhebung zu Königen von Preußen; Friedrich Wilhelm, der Große Kurfürst (*1620, †1688), und Friedrich II., der Große (*1712, †1786), machten Brandenburg-Preußen zur europäischen Großmacht. 1871–1918 waren die preußischen Könige auch Deutsche Kaiser.

Tudor, englisches Königshaus (1485–1603), einem walisischen Geschlecht entstammend. Die Tudors kämpften in den Rosenkriegen aufseiten des Hauses Lancaster gegen das Haus York. Der erste Tudor auf dem englischen Thron, Heinrich VII. (*1457, †1509), setzte seinen Thronanspruch im Kampf gegen Richard III. durch. Letzte Herrscherin aus dem Haus Tudor war Elisabeth I. (*1533, †1603), nach deren Tod das schottische Königshaus Stuart die Thronfolge antrat.

Bourbon (Bourbonen), französisches Herrscherhaus, Zweig der Kapetinger, stammt von einem jüngeren Sohn des Königs Ludwig IX., des Heiligen (*1214, †1270), ab, der 1272 das Schloss Bourbon-l'Archambault durch Heirat erwarb. Die Hauptlinie regierte in Frankreich von 1589 (Heinrich IV.) bis 1792 (Ludwig XVI.) und 1814–30; sie erlosch 1883 mit dem Tode des Grafen von Chambord. Die spanische Linie regierte mit kurzen Unterbrechungen von 1701–1931 und mit Juan Carlos I. erneut seit 1975. Von ihr zweigten sich zwei italienische Linien ab, die im Königreich Neapel-Sizilien (1735–1861) und im Herzogtum Parma-Piacenza (1748–1802 und 1847 bis 1859) regierten.

Medici, Florentiner Bankiersfamilie, seit Beginn des 13. Jahrhunderts bezeugt; erlangte im 16. Jahrhundert fürstlichen Rang. Die Medici gelangten durch Handel und Geldgeschäfte zu Reichtum und Ansehen und nahmen seit dem Ende des 13. Jahrhunderts an der Regierung ihrer Heimatstadt teil. Als Herzöge von Florenz (ab 1531) und Großherzöge von Toskana (ab 1569) ermöglichten sie den einzigartigen Aufstieg der Stadt zu einer Kunstmetropole Europas. Nach Erlöschen der Familie 1737 kam die Toskana unter habsburgische Herrschaft.

Romanow, russische Herrscherdynastie (1613–1730/62). Der Aufstieg der Familie begann mit der Heirat des Zaren Iwan IV., genannt der Schreckliche (*1530, †1584), mit der Bojarentochter Anastasia Romanowa. Ihr Großneffe Michail Fjodorowitsch Romanow wurde 1613 zum Zaren gewählt. Ihm folgten Alexei Michailowitsch, Fjodor III. Alexejewitsch und Peter I., der Große (*1672, †1725).

Der Name Romanow blieb bis 1917 (Ermordung der Zarenfamilie durch die Bolschewiken) in der Linie Romanow-Holstein-Gottorf durch Peter III. und seine Nachfahren erhalten.

Revolutionen verändern die Welt

*Die **»Declaration of Independence«** von 1776 beginnt mit den Worten: »We hold these truths to be selfevident, that all men are created equal, that they are endowed by their Creator with certain, unalienable rights, that among these are life, liberty and the pursuit of happiness.«*

Im politisch-sozialen Sinne steht die Bezeichnung »Revolution« für eine besondere Form des historischen Wandels: für eine grundlegende Umgestaltung der gesellschaftlichen Struktur, der politischen Organisation sowie der kulturellen Wertvorstellungen. Nach Inhalten unterscheidet man politische, soziale und Kulturrevolution, nach ihren Trägern Bauernrevolution, bürgerliche Revolution und proletarische (soziale) Revolution.
Seit der Französischen Revolution erhielt der Begriff »Revolution« die Bedeutung einer aktiven, radikalen Abkehr vom historisch Gewordenen, während davor auch eine langfristige Umwälzung der politischen und sozialen Strukturen als Revolution bezeichnet wurde. Im 19. Jahrhundert suchten Hegel und Marx die Revolutionen in größere geschichtlichen Zusammenhänge einzuordnen. Unterschiedliche Revolutionsideen marxistischer Theoretiker führten Ende des 19. und Anfang des 20. Jahrhunderts zu Auseinandersetzungen und Spaltungen in der sozialistischen Bewegung.
Für fundamentalistisch-islamistische Positionen ist Revolution ein Weg zum Gottesstaat.

Glorreiche Revolution 1688

Ohne Blutvergießen (daher »glorreich«) erfolgte 1688/89 der Sturz des englischen Königs Jakob II. und die Thronbesteigung durch dessen Tochter Maria (II.) und deren Ehemann Wilhelm (III.) von Oranien. Infolge der »Glorreichen Revolution« legte das Parlament 1689 in der »Bill of Rights« Sicherungen gegen den Missbrauch der Königsgewalt fest. In der Toleranzakte wurde den protestantischen Gruppen außerhalb der anglikanischen Staatskirche volle kirchliche Freiheit gewährt.

Bill of Rights

Die unblutige »glorreiche« Revolution von 1688 schonte nicht nur Menschenleben. Mit der »Bill of Rights« begann die moderne Form der parlamentarischen Auseinandersetzung am Kabinettstisch: zähes Verhandeln statt Blutvergießen – auch wenn Idee und Wirklichkeit bis heute auseinander klaffen.

Nordamerikanischer Unabhängigkeitskrieg 1775–83

Der Aufstand der 13 nordamerikanischen Kolonien gegen die britische Herrschaft endete nach wechselvollem Verlauf mit der britischen Niederlage und der Anerkennung der Unabhängigkeit im Frieden von Paris (1783). Die von Thomas Jefferson (*1743, †1826) verfasste Unabhängigkeitserklärung und die neue amerikanische Verfassung, die Grundrechte garantierte und Gewaltenteilung vorsah, beeinflussten und beflügelten die revolutionären Bestrebungen in Europa, insbesondere in Frankreich.

Französische Revolution 1789–99

Mit der Erstürmung der Bastille am 14. Juli (heute französischer Nationalfeiertag) begann 1789 der offene Aufstand. Die Nationalversammlung verkündete die »Menschenrechte«, schuf das neue Verwaltungssystem der Départements, beseitigte alle Standesvorrechte, zog das Kirchengut ein und gab dem Klerus eine Zivilverfassung. Der Sturm der Volksmassen auf die Tuilerien am 10. 8. 1792 leitete den Sturz der Monarchie ein, die der Nationalkonvent – an die Stelle der Nationalversammlung getreten und aus allgemeinen Wahlen hervorgegangen – am 21. 9. förmlich abschaffte. Am 21. 1. 1793 wurde Ludwig XVI. hingerichtet. Die innere und äußere Notlage führte zur Schreckensherrschaft der Jakobiner. Mit Unterstützung der Sansculotten radikalisierte Robespierre die Revolution. Eine eigene Zeitrechnung wurde eingeführt, das Christentum durch einen Kult des »Höchsten Wesens« ersetzt. Nach der Schreckensherrschaft Maximilien de Robespierres (*1758, hingerichtet 1794) behielten die gemäßigteren Republikaner die Oberhand. Die Verfassung vom 23. 9. 1795 gab die Regierung einem Direktorium von 5 Mitgliedern. Trotz Staatsbankrotts wurden die Revolutionskriege siegreich beendet. Frankreich behielt u.a. das linke Rheinufer. Die Ideen der Revolution breiteten sich in den von Frankreich beeinflussten Staaten und darüber hinaus in Europa aus.

Die Marseillaise

Die heutige französische Nationalhymne wurde von Claude-Joseph Rouget de Lille, zu der Zeit Kapitän des Pionierkorps der Garnison von Straßburg, in der Nacht vom 24. auf den 25. 4. 1792 unter dem Titel »Kriegslied der Rheinarmee« komponiert; ein Marseiller Freiwilligenbataillon übernahm es dann als Marschlied und sang es auch am 30. 7. 1792 beim Einzug in Paris; fortan nannten es die Pariser »Marseillaise«.

»Allons, enfants de la patrie,
le jour de gloire est arrivé!
Contre nous de la tyrannie,
l'étandard sanglant est levé!
Entendez-vous dans les campagnes
Mugir ces féroces soldats?
Ils viennent jusque dans nos bras
Egorger nos fils, nos compagnes!

(Refrain)
Aux armes, citoyens!
Formez vos bataillons!
Marchons! Marchons!
Qu'un sang impur
Abreuve nos sillons!«

Revolution 1848/49 in Deutschland

Nach der Märzrevolution 1848 (Aufstände u.a. in Berlin, Frankfurt, Sachsen, Bayern, Wien) ging die Frankfurter Nationalversammlung als gesamtdeutsches verfassunggebendes Parlament aus freien Wahlen hervor. 1848/49 tagte sie in der Frankfurter Paulskirche, unter Reichsverweser Erzherzog Johann von Österreich wurde eine provisorische Regierung gebildet, die jedoch über keine wirksame Exekutivgewalt verfügte. In der Septemberrevolution ließ die gemäßigt-liberale Mehrheit der Frankfurter Nationalversammlung einen Aufstand der radikalen Linken durch preußische und österreichische Truppen niederschlagen (18. 9. 1848) und verhalf so den alten Ordnungsmächten zum entscheidenden Erfolg. Zum Kaiser eines kleindeutschen Reiches wurde am 28. 3. 1849 der preußische König Friedrich Wilhelm IV. gewählt, der die Annahme der Krone jedoch ablehnte und für das Scheitern der Frankfurter Nationalversammlung sorgte. Die Maiaufstände zur Durchsetzung der Verfassung, die nur von kleineren deutschen Staaten anerkannt worden war, wurden in Sachsen, Baden und der Rheinpfalz blutig niedergeschlagen.

Oktoberrevolution 1917

Am Abend des 7. 11. 1917 (nach dem damals in Russland gültigen julianischen Kalender am 25. Oktober) gab der Panzerkreuzer »Aurora« mit einer Salve in Richtung des Winterpalais von Petrograd (Petersburg) das Zeichen zur Oktoberrevolution. Der daran anschließende Sturm auf das nur von Offiziersanwärtern und einem Frauenbataillon verteidigte Winterpalais durch revolutionäre Truppen brachte die Bolschewiki an die Macht. Dies war der Höhepunkt einer mehrmonatigen revolutionären Entwicklung in Russland und leitete eine radikale politisch-soziale und wirtschaftliche Umwälzung unter der Führung von Wladimir Iljitsch Lenin (* 1870, † 1924) ein, der die Oktoberrevolution auch programmatisch und konspirativ vorbereitet hatte. Der bolschewistische Aufstand stellt eine wichtige Zäsur in der Geschichte des 20. Jahrhunderts dar; im Ergebnis entstand mit der Gründung der Russischen Sozialistischen Föderativen Sowjetrepublik 1918 der erste kommunistisch regierte Staat der Erde.

Liberté, Égalité, Fraternité: *Freiheit, Gleichheit, Brüderlichkeit – diese 3 Schlagworte wurden 1793 zur Losung der Französischen Revolution erhoben. Die Formel ist bis heute den französischen Münzen eingeprägt.*

Novemberrevolution 1918

Die Revolution im Deutschen Reich und in Österreich(-Ungarn) stürzte die Monarchien und führte zur Errichtung parlamentarischer Republiken. Von der Küste aus – dort meuterten Matrosen – griff der Aufruhr auf die großen Städte des Binnenlandes über, wo am 7. November in Bayern mit den Wittelsbachern die erste Dynastie gestürzt wurde. In Berlin verkündete Reichskanzler Prinz Max von Baden am 9. November eigenmächtig die Abdankung Wilhelms II., am gleichen Tag rief Philipp Scheidemann (SPD) die deutsche Republik aus; 2 Stunden später proklamierte dann Karl Liebknecht die »freie sozialistische Republik«. Träger der Novemberrevolution waren Arbeiter- und Soldatenräte, deren radikale Minderheit das Ziel eines Rätesystems verfocht, während die Mehrheitssozialisten (SPD) die Errichtung einer parlamentarischen Demokratie durch die Einberufung einer Nationalversammlung sicherten (19. 1. 1919). Der Spartakusaufstand im Januar 1919 wurde niedergeschlagen. Mit der Wahl Friedrich Eberts (*1871, †1925) zum Reichspräsidenten und der Bildung einer parlamentarischen Reichsregierung aus SPD, Zentrum und DDP, der so genannten Weimarer Koalition, am 13. 2. begann schließlich die Konsolidierung der Weimarer Republik.

Große Proletarische Kulturrevolution 1966–69

Die von Mao Zedong (*1893, †1976) initiierten innenpolitische Macht- und Richtungskämpfe in der Volksrepublik China dienten insbesondere dem Zweck, Maos seit 1958/59 (Scheitern der Politik des »Großen Sprungs nach vorne« und der »Volkskommunen«) geschwächte Position wieder zu festigen und seine eher pragmatisch orientierten Gegner wie Deng Xiaoping (*1904, †1997) auszuschalten. Die Kulturrevolution ging einher mit einer scharfen politisch-ideologischen Kampagne, die sich offiziell gegen noch wirksame Denk- und Lebensweisen westlicher und traditionell chinesischer Prägung richtete. Zur Durchsetzung ihrer Ziele wurden Millionen von Studenten und Schülern mobilisiert (»Rote Garden«), die seit Mitte 1966 in den Großstädten die Intellektuellen und Kritiker Mao Zedongs terrorisierten und zahlreiche Kulturgüter zerstörten. Hunderttausende Missliebiger wurden zur »Umerziehung« aufs Land geschickt. Als die Auseinandersetzungen immer mehr außer Kontrolle gerieten, setzte Mao, der in dieser Zeit einen Führerkult um seine Person aufgebaut hatte, die Armee zur Wiederherstellung der Ordnung ein. Die Kulturrevolution wurde de facto mit dem IX. Parteitag der KPCh 1969 beendet, beeinflusste jedoch bis 1976 die chinesische Innenpolitik.

Diktatur und Totalitarismus

Allgemein wird unter Diktatur die unbeschränkte Herrschaft einer Person oder einer Gruppe verstanden, verbunden mit der Unterdrückung der Opposition, der Aufhebung der Gewaltenteilung, der Ausschaltung oder Behinderung der Öffentlichkeit bei der Kontrolle der politischen Macht sowie der weitgehenden Einschränkung der verfassungsmäßigen Grund- und Mitwirkungsrechte der Bürger.
Im 20. Jahrhundert trat mit dem Kommunismus in der Sowjetunion, insbesondere unter Stalin, und mit dem Nationalsozialismus unter Hitler der Totalitarismus als eine besondere Form der Diktatur auf, charakterisiert durch folgende Merkmale: Konzentration aller Gewalt in einem Machtzentrum; eine Massenpartei mit einem quasikultisch verehrten Führer an ihrer Spitze; Mobilisierung der Massen durch den Einsatz modernster Propagandamittel; Herrschaft einer Ideologie, die mit missionarischem Eifer vertreten wird – nach innen u. a. mit Terror, nach außen mit Krieg; Vermittlung eines Feindbilds (der Klassenfeind im Kommunismus, der Rassenfeind im Nationalsozialismus); Auflehnung gegen die westliche Kultur.

Weltreiche

Das letzte so genannte Weltreich im traditionellen Sinne, Großbritannien mit seinem weltumspannenden Kolonialbesitz, reichte zwar noch in die 2. Hälfte des 20. Jahrhunderts, doch sprach man seit dem 1. Weltkrieg mehr von Groß- oder Weltmächten, wenn mächtige Staaten mit hohem wirtschaftlichem und militärischem Potenzial gemeint waren. Seit Ende des 2. Weltkrieges, mit der Herausbildung des Ost-West-Konfliktes und des Interessengegensatzes zwischen den USA und der Sowjetunion und der atomaren Bedrohung der Menschheit, wurde mehr und mehr der Begriff Supermacht gebräuchlich, wenn es darum ging, eine große Teile des Globus beherrschende Nation und ihre wirtschaftliche, kulturelle und militärische Vormachtstellung zu beschreiben. Nach Ende des Kalten Krieges und der Auflösung der Sowjetunion 1991 blieb mit den USA eine einzige Supermacht beherrschend, wenngleich trotz ihres enormen politischen Einflusses allenfalls im übertragenen Sinne von einem »amerikanischen Weltreich« gesprochen werden kann. Im Zeitalter der digitalen Kommunikation ist die Erde zu einem »globalen Dorf« geworden, in dem sich das Internet möglicherweise ein virtuelles Weltreich erobert.

Das Reich Alexanders des Großen im 4. Jahrhundert v. Chr. reichte von Griechenland über Kleinasien, den Nahen Osten, Ägypten und Teile Nordafrikas bis Persien und Indien. Durch den Alexanderzug wurde die griechische Kultur weit nach Osten getragen. Alexander suchte trotz heftiger Widerstände sein Reich durch Verbindung und Ausgleichung persischen und griechisch-makedonischen Wesens zu einer inneren Einheit zu formen (Beginn des Hellenismus). Nach seinem Tod zerfiel das Weltreich in kleinere Diadochenreiche.

Das Römische Reich (Imperium Romanum), hervorgegangen aus früher Besiedlung auf den Hügeln Palatin, Quirinal, Viminal und Esquilin, umfasste gegen Ende des 2. Jahrhunderts v. Chr. bereits den gesamten Mittelmeerraum. Durch die Feldzüge Caesars in Gallien und Britannien wurden das heutige Frankreich und Teile Großbritanniens dem römischen Herrschaftsbereich einverleibt, in Süddeutschland und entlang des Rheins entstanden im 1. Jahrhundert n. Chr. militärische Stützpunkte, römische Güter und Städte. Trotz der Absicherung der römischen Gebiete durch mächtige Wälle (Limes, Hadrianswall) drangen die anstürmenden Germanenstämmen immer öfter über die Grenze vor. Durch die Einfälle der Germanen, die 410 (Westgoten) und 455 (Wandalen) Rom plünderten und als Föderation eigene Staaten auf römischem Reichsboden gründeten, löste sich das Weströmische Reich schnell auf und endete mit der Entthronung (476) von Kaiser Romulus Augustulus durch den germanischen Heerführer Odoaker bzw. mit der Ermordung (480) des Julius Nepos; vom Oströmischen Reich (Byzantinisches Reich) wurde jedoch weiterhin Anspruch auf die Westhälfte erhoben.

Das Reich der Mongolen, durch Heerzüge Dschingis Khans (*1155, 1162 oder 1167, †1227) im 13. Jahrhundert begründet, vereinte erstmals große Teile Vorderasiens, Mittelasiens und Ostasiens. Kubilai (*1215, †1294) eroberte China, das als »Reich der Mitte« lange eine dominierende Stellung innehatte und starken kulturellen Einfluss auf die Nachbarvölker hatte. In der 2. Hälfte des 13. Jahrhunderts erstreckte sich das mongolische Reich vom Ostchinesischen Meer bis nach Polen und vom Himalaja bis nach Sibirien; seine Hauptstadt war bis 1259 Karakorum, dann Khanbalygh, das heutige Peking. 1368 wurden die Mongolen aus China vertrieben, im 15. Jahrhundert verloren sie die Herrschaft in Russland.

Das Reich Kaiser Karls V. (*1500, †1558) war das erste Weltreich, in dem »die Sonne nicht untergeht«. Außer in Spanien herrschte der Habsburger im deutschen Reich, erstritt sich das burgundische Erbe und erlangte die Herrschaft in Italien. Als letzter deutscher König wurde er von einem Papst zum Kaiser gekrönt. Während seiner Regierungszeit wurde durch die Eroberung Mexikos (1519–21) und Perus (1532/33) das spanische Kolonialreich in Amerika begründet, das nach der Vereinigung mit Portugal (1580) die größte Ausdehnung seines Territoriums erreicht hatte. Im 17. und 18. Jahrhundert erlebte es seinen Niedergang.

Das britische Weltreich verdankt seinen Aufstieg dem Sieg der englischen Flotte 1588 über die berühmte spanische »Armada«, durch den England zur Seemacht wurde. Mit der Gründung der ersten englischen Kolonie in Nordamerika (1584) und der Bildung der Ostindischen Kompanie (1600) wurde der Grundstein der englischen Kolonialmacht bereits im Elisabethanischen Zeitalter gelegt. Im Siebenjährigen Krieg (1756–63) erzielte Großbritannien als Bundesgenosse Preußens Erfolge gegen Frankreich (Eroberung Kanadas) und baute seine Herrschaft in Indien aus. Der Friede von Paris (1763) war damit eine entscheidende Etappe auf dem Weg zum britischen Weltreich.

Nach dem amerikanischen Unabhängigkeitskrieg (1775–83) verlor es die nordamerikanischen Kolonien (außer Kanada). Danach verlagerte sich der Schwerpunkt der britischen Reichspolitik nach Indien; seit 1788 ergriff es auch von Australien Besitz. Um 1760 begann die industrielle Revolution, die Großbritannien trotz sozialer Spannungen einen wirtschaftlichen Vorsprung in Europa sicherte. Im 19. Jahrhundert (Viktorianische Epoche) wurde Großbritanniens Kolonialbesitz durch Eroberungen und Erwerbungen in Afrika und im Nahen und Mittleren Osten erheblich erweitert. Nach dem 2. Weltkrieg mussten die Kolonien nach und nach in die Unabhängigkeit entlassen werden, sind aber größtenteils im »Commonwealth«, einem losen Staatenbund, mit Großbritannien zusammengeschlossen.

Vertrauen ist gut, Kontrolle ist besser: Mit diesem Satz wird Lenin gerne zitiert, auch wenn dies wörtlich in seinen Schriften nicht nachweisbar ist.

6 Staatsmänner als Philosophen und Schriftsteller

Mark Aurel (Marcus Aurelius Antoninus, *121, †180) übernahm 161 nach dem Tod seines Adoptivvaters Antoninus Pius mit seinem Adoptivbruder Lucius Verus (†169), ab 177 mit seinem Sohn Commodus die Herrschaft. Mark Aurel, der »Philosoph auf dem römischen Kaiserthron«, hat in seinen vom stoischen Denken beeinflussten »Selbstbetrachtungen« Gedanken über Weltgeschehen, Menschenliebe und Unbeständigkeit des Daseins aufgezeichnet.

Gaius Julius Caesar (*100 v. Chr., †44 v. Chr.) war auch ein bedeutender Redner und Schriftsteller. Die Werke über seine Kämpfe in Gallien (»De bello Gallico«) und über den Bürgerkrieg gegen Pompeius (»De bello civile«) sind erhalten und zählen noch heute zur Pflichtlektüre im Lateinunterricht.

Friedrich II. (*1194, †1250), der letzte bedeutende Stauferkaiser, galt bereits den Zeitgenossen als »stupor mundi« (»der die Welt in Erstaunen versetzt«). Er beschäftigte sich mit Philosophie, Naturwissenschaften und der Lyrik. Sein Buch über die Falkenjagd (um 1246) gilt als frühes Meisterwerk beobachtender Naturwissenschaft; an seinem Hof in Palermo entwickelte sich die sizilianische Dichterschule.

Wladimir Iljitsch Lenin (*1870, †1924), der Begründer der Sowjetunion, schrieb in der sibirischen Verbannung »Die Entwicklung des Kapitalismus in Russland« (1889); in der Emigration entwickelte er u.a. in der Schrift »Was tun? Brennende Fragen unserer Bewegung« (1902) sein Konzept einer revolutionären Kaderpartei, das 1903 die Spaltung der russischen Sozialdemokratie mitverursachte. In seinen wichtigsten Schriften aus dieser Zeit arbeitete er an einer Weiterentwicklung der marxistischen Philosophie (»Materialismus und Empiriokritizismus«, 1909) und der Imperialismustheorie (»Der Imperialismus als höchstes Stadium des Kapitalismus«, 1916). In »Staat und Revolution« (1917) entwickelte er eine kommunistische Staatstheorie (»Diktatur des Proletariats«).

Winston Churchill (*1874, †1965), britischer Premierminister von 1940 bis 1945 und 1951 bis 1955, ist heute vor allem als einer der härtesten Gegner Hitlers und Vorkämpfer für die Allianz zur Beseitigung der Naziherrschaft in Erinnerung. Weniger bekannt ist die Tatsache, dass er sich auch als Maler und Schriftsteller einen Namen gemacht hat und 1953 für seine brillant geschriebenen Memoiren mit dem Literaturnobelpreis ausgezeichnet wurde.

Léopold Sédar Senghor (*1906), von 1969 bis 1980 Staatspräsident des Senegal, trat schriftstellerisch v.a. als Lyriker in Erscheinung. In seinen Gedichten reagierte er auf die persönliche und allgemeine kulturelle Entwurzelung und besang Menschen und Landschaften Afrikas und die Eigenart seiner Kulturen. Die Sprache integriert Elemente afrikanischer Oraldichtung in ein subtiles Französisch. In der Essaysammlung »Liberté« plädiert Senghor für eine Verbindung der europäischen und afrikanischen kulturellen Werte (Négritude). Seit 1983 ist er als erster Afrikaner Mitglied der Académie Française. 1968 erhielt er den Friedenspreis des Deutschen Buchhandels.

Erde

Der blaue Planet

Die Erde ist der fünftgrößte der neun Planeten unseres Sonnensystems und, von der Sonne aus gezählt, der dritte. Auf einer nahezu kreisförmigen Ellipsenbahn umkreist sie die Sonne; diese Bahnbewegung ist die Grundlage für die Jahreszeiten und den Kalender. Außerdem rotiert die Erde von West nach Ost um ihre eigene Körperachse. Die Rotationsgeschwindigkeit unterliegt kleinen unregelmäßigen und periodischen Veränderungen, deren Ursachen vor allem die Gezeitenreibung, Verlagerungen im Erdinnern und jahreszeitliche, meteorologisch bedingte Verlagerungen auf der Erdoberfläche sind.

Die Größe unsere Erdkugel war übrigens bereits den alten Griechen bekannt. Mit einem genialen Experiment bestimmte nämlich im 3. Jahrhundert v. Chr. Eratosthenes von Kyrene den Umfang der Erde: Er maß im ägyptischen Alexandria den Einfallswinkel der Sonne, während sie gleichzeitig in Assuan im Zenit, das heißt senkrecht stand. Daraus und aus der bekannten Entfernung zwischen den beiden Städten berechnete er einen Erdumfang von 39 690 km. Und dieser Wert weicht um gerade mal 0,8 Prozent von der Länge eines Meridians von 40 008 km ab.
Ursache dafür, dass der meridionale Erdumfang um etwa 67 km kürzer ist als der äquatoriale, ist die durch die Rotation bedingte Abplattung der Erde an den Polen.
Unterteilt wird die Erdoberfläche durch ein Gradnetz aus 360 Längen- und 2 × 90 Breitengrade. Die Lage eines jeden Ortes ist damit durch die Angabe seines Längen- und Breitengrades eindeutig bestimmt.
Probleme bereitet allerdings die Umsetzung der Erdoberfläche in ein Kartenbild, da Abbildungen in eine Kartenebene nicht ohne Verzerrungen möglich sind (nur der Globus ist verzerrungsfrei). Diese treten als Längen-, Flächen- und Winkelverzerrungen auf. Sie machen unterschiedliche Kartennetzentwürfe, mit denen die Kugelfläche auf eine Fläche, einen Zylinder oder einen Kegel projiziert werden, notwendig, die entweder abstands-, flächen- oder winkeltreu sind.

Die Erde

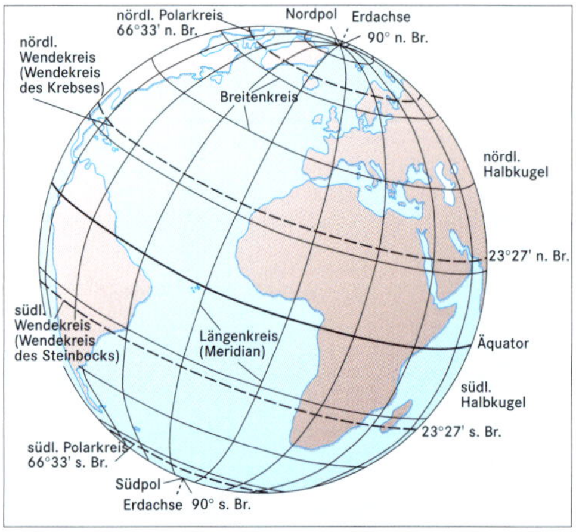

Die Erdkugel mit dem zur Orientierung dienenden Gradnetz

„... ein absolut unbedeutender, kleiner blaugrüner Planet ...“

„Weit draußen in den unerforschten Einöden eines total aus der Mode gekommenen Ausläufers des westlichen Spiralarms der Galaxis leuchtet unbeachtet eine kleine, gelbe Sonne. Um sie kreist in einer Entfernung von ungefähr 99 Millionen Meilen ein absolut unbedeutender, kleiner, blaugrüner Planet, dessen vom Affen stammende Bioformen so erstaunlich primitiv sind, dass sie Digitaluhren noch immer für eine unwahrscheinlich tolle Erfindung halten.“
Man mag zu Digitaluhren stehen, wie man will, aber Tatsache ist, dass die von Douglas Adams in seiner vierbändigen Trilogie „Per Anhalter durch die Galaxis“ beschriebene Sprengung der Erde – sie sollte einer Hyperraum-Umgehungsstraße Platz machen – glücklicherweise noch nicht stattgefunden hat. Auch was ihre Entfernung von der Sonne betrifft, hat sich Adams leicht geirrt – um runde 8 Millionen Kilometer.

Einige charakteristische Daten der Erde

mittlere Entfernung von der Sonne	149 597 870 km
Umfang der Bahn	940 u 106 km
mittlere Bahngeschwindigkeit	29,783 km/s
siderische Umlaufzeit	365,256 d
mittlerer Erdradius	6371,00 km
Äquatorumfang	40 075,017 km
Oberfläche	510,0656·106 km2
Volumen	1083,207 u 109 km3
Masse	5,974 u 1024 kg
mittlere Dichte	5,516 g/cm3
Entweichgeschwindigkeit	11,2 km/s
Schwerebeschleunigung am Äquator	978,031 cm/s2
siderische Rotationsperiode	23,934 h
Rotationsgeschwindigkeit am Äquator	1674 km/h

Orte ähnlicher geographischer Länge und Breite

0-15° ö. L.:	Barcelona, Berlin, Kopenhagen, Lagos, Paris, Rom, Tripolis	30-15° w. L.:	Azoren, Dakar, Kanarische Inseln, Madeira, Reykjavik
15-30° ö. L.:	Athen, Istanbul, Kapstadt, Kinshasa, Stockholm, Warschau	15-0° w. L.:	Abidjan, Casablanca, Lissabon, London, Madrid,
30-45° ö. L.:	Ankara, Bagdad, Jerusalem, Kairo, Moskau, Nairobi, Tiflis	größer 60° n. B.:	Anchorage, Godthab (Grönland), Reykjavik
45-60° ö. L.:	Seychellen, Teheran	50-60° n. B.:	Berlin, Kopenhagen, London, Moskau, Nowosibirsk, Paris, Rom, Stockholm, Warschau
60-75° ö. L.:	Bombay, Karatschi, Malediven		
75-90° ö. L.:	Colombo, Kalkutta, Neu-Delhi, Nowosibirsk	40-50° n. B.:	Barcelona, Chicago, Istanbul, Madrid, Montreal, New York, Seattle, Tiflis, Toronto, Ulan-Bator, Vancouver
90-105° ö. L.:	Bangkok, Rangun, Singapur		
105-120° ö. L.:	Bali, Hongkong, Jakarta, Peking, Perth, Ulan-Bator	30-40° n. B.:	Ankara, Athen, Azoren, Bagdad, Bermudas, Casablanca, Dallas, Denver, Jerusalem, Lissabon, Los Angeles, Madeira, Peking, San Francisco, Shanghai, St. Louis, Teheran, Tokio, Tripolis, Washington D.C.
120-135° ö. L.:	Manila, Shanghai, Tokio		
135-150° ö. L.:	Melbourne		
150-165° ö. L.:	Sidney		
165-180° ö. L.:	Fidschi-Inseln, Wellington	20-50° n. B.:	Havanna, Hongkong, Kairo, Kalkutta, Kanaren, Karatschi, Miami, Neu-Delhi,
180-165° w. L.:	Samoa		
165-150° w. L.:	Hawaii	10-20° n. B.:	Bangkok, Bombay, Caracas, Dakar, Hawaii, Manila, Mexiko-Stadt, Rangun,
150-135° w. L.:	Anchorage, Tahiti		
135-120° w. L.:	San Francisco, Seattle, Vancouver	0-10° n. B.:	Abidjan, Colombo, Lagos, Malediven, Singapur
120-105° w. L.:	Denver, Los Angeles		
105-90° w. L.:	Dallas, Galapagos-Inseln, Mexiko-Stadt, St. Louis	10-20° s. B.:	Bali, Galapagos-Inseln, Jakarta, Kinshasa, Nairobi, Recife, Seychellen
90-75° w. L.:	Chicago, Havanna, Lima, Miami, Toronto, Washington D.C.	20-30° s. B.:	Fidschi-Inseln, Lima, Samoa, Tahiti
75-60° w. L.:	Bermudas, Caracas, Montreal, New York, Santiago de Chile	30-40° s. B.:	Rio de Janeiro
60-45° w. L.:	Buenos Aires, Godthab (Grönland), Montevideo	40-50° s. B.:	Buenos Aires, Kapstadt, Melbourne, Montevideo, Perth, Santiago de Chile, Sidney
45-30° w. L.:	Recife, Rio de Janeiro	50-60° s. B.:	Wellington

(ö.L. = östliche Länge, w. L. = westliche Länge, n.B. = nördliche Breite, s. B. = südliche Breite)

Als nördlichste Stadt der Erde gilt das norwegische Hammerfest auf dem 70. Breitengrad (genau: 70° 38' n. B.) – zumindest so lange, bis geklärt ist, ob der Ort mit dem nicht gerade russisch klingenden Namen Dickson, noch etwas weiter nördlich an der Mündung des Jenissej in Sibirien gelegen, Stadtrechte hat.

In „nur" etwa 57° s. B. auf Feuerland liegt das 11 000 Einwohner zählende argentinische Ushuaia, das sich um den Rang der südlichsten Stadt derzeit aber noch mit dem chilenischen Puerto Williams streitet.

Die Einwohnerzahl dieser Städte hält sich des unwirtlichen Klimas wegen verständlicherweise in Grenzen; zu einer Groß- oder gar Millionenstadt dürfte sich keine von ihnen auswachsen, auch wenn sich diese in den letzten Jahrzehnten explosionsartig vermehrt haben. Konnte man die Zahl der Millionenstädte zu Anfang des 20. Jahrhunderts noch an den Fingern abzählen, gibt es heute Hunderte davon.

40 Millionenstädte der Erde

Einwohner (in 1000)	um 1900	um 2000
Europa		
Moskau, Russland	822	8718
Istanbul, Türkei	874	8023
London, Großbritannien	4232	7122
St. Petersburg, Russland	1034	4837
Berlin, Deutschland	1666	3426
Madrid, Spanien	470	2882
Rom, Italien	489	2653
Kiew, Ukraine	186	2622
Paris, Frankreich	2512	2116
Afrika		
Kairo, Ägypten	375	6800
Kinshasa, Kongo	– 1)	4700
Alexandria, Ägypten	227	3380
Casablanca, Marokko	9	2950
Luanda, Angola	14	2250
Asien		
Chongqing, China	109	15 300
Shanghai, China	400	13 000
Peking, China	1600	10 800
Seoul, Süd-Korea	193	10 200
Chengdu, China	800	9800
Asien		
Bombay, Indien	822	9900
Jakarta, Indonesien	105	9300
Karatschi, Pakistan	105	9300
Tokio, Japan	1242	7970
Delhi, Indien	639	7200
Teheran, Iran	200	6760
Bangkok, Thailand	400	5650
Nordamerika		
Mexiko-Stadt, Mexiko	574	11 700
New York, USA	1906	7381
Toronto, Kanada	181	4264
Los Angeles, USA	50	3554
Montreal, Kanada	217	3327
Chicago, USA	1375	2722

Einwohner (in 1000)	um 1900	um 2000
Südamerika		
São Paulo, Brasilien	1306	9840
Lima, Peru	104	6320
Bogotá, Kolumbien	150	6000
Rio de Janeiro, Brasilien	423	5550
Santiago de Chile, Chile	250	4600
Buenos Aires, Argentinien	543	2960
Australien		
Sidney, Australien	424	3879
Melbourne, Australien	65	3283

1) keine Angaben verfügbar

Wer heutzutage mit dem Auto in der französischen Hauptstadt unterwegs ist, mag sich wundern, dass deren Einwohnerzahl lediglich 2,1 Millionen betragen soll, aber innerhalb der Stadtgrenzen von Paris wohnen nun mal nicht mehr Menschen. Betrachtet man hingegen die städtische Agglomeration, kommt man auf 9,3 Millionen – im Großraum Paris lebt jeder sechste Franzose.

Johannesburg hat eigentlich nur etwas mehr als 700 000 Einwohner, rechnet man jedoch die Vororte dazu, sind es rund 1,7 Millionen. Die 1886 gegründete, mittlerweile größte Stadt Südafrikas liegt in 1750 m Höhe und ist die einzige Millionenstadt dieser Erde, die weder an einem Fluss, einem See noch am Meer liegt. Der Rang der höchstgelegenen Millionenstadt aber gebührt Quito, der Hauptstadt von Ecuador.

Das am schnellsten wachsende und gleichzeitig durch eine extreme Umweltverschmutzung sowie durch Erdbeben am stärksten gefährdete städtische Ballungsgebiet der Erde ist Mexiko-Stadt. Rund 15 Millionen Einwohner – nach inoffiziellen Angaben sind es sogar mehr als 20 Millionen – zählt die Zona metropolitana der 2240 m über dem Meeresspiegel in einem Becken des zentralen Hochlandes gelegenen Hauptstadt Mexikos.

10 Städte, die über 1000 Meter hoch liegen

Stadt	Land (in km²)	Höhenlage (m.ü.d.M.)
Lhasa	Tibet	3650
La Paz	Bolivien	3600
Quito	Ecuador	2850
Bogotà	Kolumbien	2640
Addis Abeba	Äthiopien	2420
Mexiko-Stadt	Mexiko	2240
Kabul	Afghanistan	1795
Johannesburg	Südafrika	1753
Denver	USA	1609
Teheran	Iran	1158

m ü. d. M. = Meter über dem Meeresspiegel

Nur 7,9 Prozent der Erdoberfläche liegen über 1000 Meter hoch, 21,3 Prozent zwischen 0 und 1000 Meter, der große Rest liegt unter dem Meeresspiegel.

Horizontale Gliederung der Erde

Erdteil	Fläche (in Mio. km²)	% des Festlandes	% der Erdoberfläche
Asien	44,4	29,7	8,7
Afrika	30,3	20,3	5,9
Nordamerika und Mexiko	23,5	15,7	4,6
Süd- und Mittelamerika	17,7	11,9	3,5
Europa	10,5	7,0	2,1
Australien und Ozeanien	8,9	6,0	1,7
Antarktis	14,0	9,4	2,7
Landmasse	149,3	100,0	29,2

Diese Zweiteilung der Erde in das Festland der sieben Kontinente einerseits und die Ozeane andererseits ist durch Unterschiede zwischen der Erdkruste auf den Kontinenten und unter den Ozeanen bedingt. Während der Erdmantel, zumindest vergleichsweise, relativ einheitlich aufgebaut ist, unterscheiden sich kontinentale und ozeanische Erdkruste in ihrer Zusammensetzung und Dicke. Die ozeanische Kruste ist im Wesentlichen aus (schwererem) Basalt aufgebaut und rund 7 km dick, die Kruste der Kontinente mit einer mittleren Dicke von 30 km besteht hauptsächlich aus (leichterem) Granit.

Vertikale Gliederung der Erde

Es entfallen auf	Mio. km²	% der Erdoberfläche
über 5000 m ü.d.M.	0,5	0,1
4000–5000	2,5	0,5
3000–4000	3	0,6
2000–3000	10	2,0
1000–2000	24	4,7
500–1000	27	5,3
0–500	81	15,9
0–200 m u.d.M.	28,5	5,6
200–1000	15,5	3,0
1000–2000	15	2,9
2000–3000	24,5	4,8
3000–4000	711	3,9
4000–5000	119	23,2
5000–6000	84	16,5
unter 6000	4,5	0,9
zusammen	510	100

m ü. d. M. = Meter über dem Meeresspiegel
m u. d. M. = Meter unter dem Meeresspiegel

Zusammensetzung der Erdkruste

Element	kontinentale Kruste (Gewichts-%)	ozeanische Kruste (Gewichts-%)
Sauerstoff	44,5	43,4
Silizium	26,8	23,1
Aluminium	8,4	8,5
Eisen	7,1	8,2
Calcium	5,3	8,1
Magnesium	3,2	4,6
Natrium	2,3	2,1
Kalium	0,9	0,1
Titan	0,5	0,9
übrige Elemente	<1,0	<1,0

Unterhalb der Erdkruste liegt der so genannte Erdmantel, der bis in eine Tiefe von 2900 km reicht und trotz Temperaturen von bis zu 2000 °C wegen des hohen dort herrschenden Drucks nicht etwa geschmolzen, sondern fest ist. Erst der Erdkern bis zu einer Tiefe von rund 5100 km ist flüssig; der innere Erdkern dagegen ist wieder fest. Da mit der bislang tiefsten Bohrung (etwas mehr als 12 km tief auf der russischen Kola-Halbinsel) jedoch noch nicht einmal die halbe Dicke der Erdkruste erreicht wurde, stellt sich die Frage, wer über Aufbau und Zustand des tieferen Erdinnern dennoch so genau Bescheid weiß. Es sind die Geophysiker, deren Analysen der Geschwindigkeit und des Verlaufs von Erdbeben wellen uns diesen Einblick in die Tiefen des Erdkörpers ermöglichen. Insofern können sogar Erdbeben zu etwas nütze sein.

Der Aufbau des Erdinnern

Schicht	Tiefe (in km)	Beschaffenheit	Zusammensetzung
Kruste	0–40	fest, unterschiedlich dick, Kontinente: bis 80 km Ozeane: 7 km	vorwiegend Aluminiumsilikate
oberer Mantel	140–500	fest	
Übergangszone	500–900	fest	vorwiegend Magnesiumsilikate
unterer Mantel	900–2900	fest	
äußerer Kern	2900–4980	flüssig	
Übergangszone	4980–5120	flüssig	
innerer Kern	5120–6370	fest	metallisches Eisen

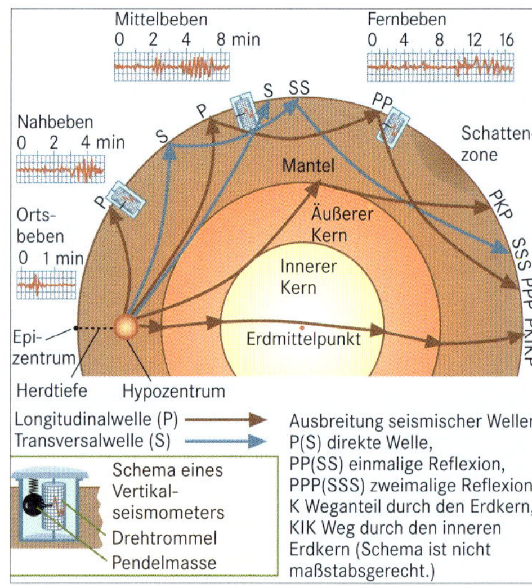

Die Ausbreitung der Erdbebenwellen.

Ansonsten gehören Erdbeben zu den gefürchtetsten, weil nicht vorhersagbaren und unabwendbaren Naturkatastrophen, die immer wieder zahlreiche Opfer fordern und vor allem in Ballungsgebieten zu immensen Schäden führen. Die Zahl der im 20. Jahrhundert bei Erdbeben ums Leben gekommenen Menschen wird auf rund 2 Millionen geschätzt. Die bisher größten Sachschäden in Höhe von 30 bzw. 100 Milliarden Dollar richteten 1994 und 1995, jeweils am 17. Januar, die Beben von Los Angeles und Kobe (Japan) an.

Skala der Erdbebenstärken

Stufe MSK-Skala[1]	Stufe Richter-Skala	Erdbeschleunigung (mm/s^2)	Charakteristik
1		bis 2,5	nur mit seismographischen Instrumenten nachweisbar
2		2,5-5,0	nur vereinzelt von Personen bemerkt
3		5-10	nur von wenigen Personen bemerkt
4		10-25	von vielen Personen gefühlt, Fensterklirren
5		25-50	Schlafende erwachen, hängende Gegenstände pendeln
6		50-100	Möbel geraten in Bewegung, leichte Schäden am Verputz
7	um 6,0	100-250	Risse in Wänden und Schornsteinen
8	um 6,8	250-500	große Risse im Mauerwerk, Einsturz von Dachsimsen
9	7,0-7,5	500-1000	einige Gebäude stürzen ein, Erdrutsche treten auf
10	um 8,0	1000-2500	viele Gebäude stürzen ein, Spalten im Boden entstehen
11		2500-5000	zahlreiche Spalten im Boden, Erdrutsche in den Bergen
12		über 5000	einige Gebäude stürzen ein, Erdrutsche treten auf starke Veränderungen an der Erdoberfläche

1) modifizierte Mercalli-Skala nach Medwedew, Sponheuer und Karnik

Die 10 folgenschwersten dokumentierten Erdbeben

Jahr	Datum	Ort (Land)	Tote
525	20. Mai	Antiochia (Syrien)	250 000
1290	27. September	Provinz Hopeh (China)	100 000
1556	23. Januar	Provinzen Schensi, Kansu (China)	830 000
1730	30. Dezember	Hokkaido (Japan)	137 000
1755	1. November	Lissabon (Portugal)	60 000
1908	18. Dezember	Messina (Italien)	83 000
1920	16. Dezember	Provinz Schansi (China)	100 000
1923	1. September	Sagamibucht (Japan)	105 000
1970	31. Mai	Peru	70 000
1976	27. Juli	Provinz Hopeh (China)	700 000

Ähnlich gefürchtet wie Erdbeben sind Vulkanausbrüche, doch da die von ihnen angerichteten Verwüstungen auf die nähere Umgebung der Vulkane beschränkt sind, kommen dabei glücklicherweise meist weniger Menschen ums Leben. Im 20. Jahrhundert wurden bei Vulkanausbrüchen etwa 75 000 Menschen getötet, 65 000 davon allein bei den beiden verheerenden Eruptionen des Montagne Pelée auf Martinique und des Nevado del Ruiz in Kolumbien.

Als der größte Vulkanausbruch in den vergangenen Jahrtausenden gilt übrigens die Eruption des Toba auf Sumatra vor 73 500 Jahren. Die Asche, die durch den Ausbruch in die Atmosphäre gelangte, führte zu einer plötzlichen Abkühlung der Erdtemperatur und löste möglicherweise die letzte Eiszeit aus.

Höhenangaben von tätigen Vulkanen sind allerdings mit einer gewissen Vorsicht zu betrachten. Durch ihre Aktivität können sie wachsen, durch Explosionen und dadurch ausgelöste Erdrutsche aber auch kleiner werden. So war der Mount Saint Helens vor seinem Ausbruch am 18.5.1980, der einen Teil des Gipfels wegsprengte, 2997 m hoch. Hinterher war er um mehr als 400 m niedriger und misst heute gerade mal 2530 m.

Bei Höhenangaben von Bergen, die keine aktiven Vulkane sind, besteht dieses Problem nicht – sollte man meinen. Genau bekannt sind die Höhen vieler Berge aber dennoch nicht. So wurde 1999 der Kilimandscharo neu vermessen, wobei sich zeigte, dass er mit „nur“ 5892 m knapp 4 m niedriger ist als bisher angenommen. Der Mount Everest dagegen konnte seine Führung als höchster Berg der Welt sogar noch um 2 m ausbauen; seine Neuvermessung 1999 ergab eine Höhe von 8850 m.

20 aktive Vulkane und ihr letzter größerer Ausbruch

Name	Lage	Höhe (m.ü.d.M)	Jahr
Popocatépetl	Mexiko	5452	2000
Nevado del Ruiz	Kolumbien	5200	1994
Mount Erebus	Rossinsel (Antarktis)	3794	2000
Pico de Teide	Teneriffa (Spanien)	3718	1909
Ätna	Sizilien (Italien)	3323	2000
Soufrière	Montserrat	3000	2000
Pico de Cano	Kap Verde	2829	1995
Ruapehu	Neuseeland	2797	1999
Mount Saint Helens	Washington (USA)	2530	1998
Mayon	Luzon (Philippinen)	2416	2000
Montagne Pelée	Martinique	1932	1932
Hekla	Island	1491	2000
Pinatubo	Luzon (Philippinen)	1475	1994
Unzen	Kyūshū (Japan)	1359	1993
Vesuv	Kampanien (Italien)	1281	1944
Kilauea	Hawaii (USA)	1243	2000
Stromboli	Liparische Inseln (Italien)	926	1998
Krakatau	Sundastraße (Indonesien)	813	1999
Surtsey	Westmännerinseln (Island)	173	1967
Nea Kameni	Santorin (Griechenland)	124	1950

m ü. d. M. = Meter über dem Meeresspiegel

Die 10 größten Vulkanausbrüche der letzten 2000 Jahre

Jahr	Datum	Vulkan	Lage	Opfer
79	24. August	Vesuv	Italien	18 000
1169	4. Februar	Ätna	Sizilien (Italien)	14 000
1631	16. Dezember	Kelud	Java (Indonesien)	10 000
1669	8. März	Ätna	Sizilien (Italien)	20 000
1783	Januar – Juni	Laki	Island	10 000
1792	9. März	Unzen	Kyūshū (Japan)	10 000
1815	12. April	Tambora	Sumbawa (Indonesien)	50 000
1883	26./27. April	Krakatau	Indonesien	34 000
1902	8. Mai	Montagne Pelée	Martinique	40 000
1985	13. November	Nevado del Ruiz	Kolumbien	25 000

Bedeutende Berge (Auswahl)

Berg	Höhe (m.ü.d.M.)	Gebirge	Land
Deutschland			
Zugspitze	2962	Wettersteingebirge	Bayern
Watzmann	2713	Berchtesgadener Alpen	Bayern
Nebelhorn	2224	Allgäuer Alpen	Bayern
Feldberg	1493	Schwarzwald	Baden-Württemb.
Großer Arber	1457	Bayerischer Wald	Bayern
Fichtelberg	1214	Erzgebirge	Sachsen
Brocken	1142	Harz	Sachsen-Anhalt
Schneeberg	1053	Fichtelgebirge	Bayern
übriges Europa			
Montblanc	4807	Savoyer Alpen	Frankreich/ Italien
Matterhorn	4478	Walliser Alpen	Schweiz
Eiger	3970	Berner Alpen	Schweiz
Ortler	3899	Ortlergruppe	Italien
Großglockner	3797	Hohe Tauern	Österreich
Mulhacén	3478	Sierra Nevada	Spanien
Marmolada	3342	Dolomiten	Italien
Olymp	2911		Griechenland
Asien			
Mount Everest	8850	Himalaja	Nepal/Tibet
K2	8611	Karakorum	Kaschmir
Lhotse	8501	Himalaja	Nepal
Nanga Parbat	8126	Himalaja	Kaschmir
Annapurna	8091	Himalaja	Nepal
Elbrus	5633	Kaukasus	Russland
Ararat	5165	Armenisches Hochland	Türkei
Fuji	3776		Japan

Berg	Höhe (m.ü.d.M.)	Gebirge	Land
Afrika			
Kibo	5892	Kilimandscharo	Tansania
Mount Kenya	5194		Kenia
Djebel Toubkal	4165	Hoher Atlas	Marokko
Amerika			
Aconcagua	6958	Anden	Argentinien
Huascarán	6768	Westkordillere	Peru
Chimborasso	6267	Zentralkordillere	Ecuador
Mount McKinley	6193	Alaska Range	USA
Australien, Ozeanien			
Pik Djaja	5030	Neuguinea	Indonesien
Mount Cook	3764	Neuseeländische Alpen	Neuseeland
Orohena	2237	Tahiti	Polynesien
Antarktis			
Mount Vinson	5140	Sentinel Range	
Mount Kirckpatrick	4530	Victorialand	
Mount Jackson	4190	Palmerland	

m ü. d. M. = Meter über dem Meeresspiegel

a
b
c
d
e
f

Bergformen:
a Pyramide
b Horn
c Kegel
d Zinnen
e Kuppe
f Tafel

Aufgrund der Wetterverhältnisse ist eine Besteigung des höchsten Berges der Erde nur im Dezember/Januar, vor dem Monsun im April/Mai und nach dem Monsun im Oktober möglich. Wer eine Gipfeltour auf den Mount Everest unternehmen will, sollte sich allerdings rechtzeitig anmelden, da die Termine für mögliche Expeditionen auf Jahre hinaus ausgebucht sind.

Erstbesteigung ausgewählter Berge

Name	Land	Höhe (in m)	Erstbesteigung Jahr	durch
Montblanc	Frankreich/Italien	4807	1786	J. Balmat, M. Paccard
Großglockner	Österreich	3797	1800	Brüder Klotz, Pfarrer Horasch
Ortler	Italien	3899	1804	J. Pichler, J. Leitner, J. Klausner
Jungfrau	Schweiz	4158	1811	R. und H. Meyer
Finsteraarhorn	Schweiz	4274	1812	A. Abbühl, A. Volker, J. Bortis
Monte Rosa	Schweiz/Italien	4634	1855	G. und S. Smith
Marmolada	Italien	3342	1864	P. Grohmann, A. und F. Dimai
Matterhorn	Schweiz	4478	1865	E. Whymper, F. Lord Douglas, C. Hudson, D. R. Hadow und andere
Elbrus	Russland	5633	1874	F. C. Grove, W. A. Moore, H. Walker, F. Gardiner
Kilimandscharo	Tansania	5892	1889	H. Meyer, L. Purtscheller
Aconcagua	Argentinien	6958	1897	M. Zurbriggen
Mount McKinley	Alaska	6193	1913	E. Allwein, F. Schneider, K. Wien
Annapurna	Nepal	8091	1950	M. Herzog, L. Lachenal
Mount Everest	Nepal/Tibet	8850	1953 1978	E. P. Hillary, Tenzing Norgay (erstmals ohne Sauerstoffgerät) R. Messmer, P. Habeler
Nanga Parbat	Kaschmir	8126	1953	H. Buhl (Alleingang)
K2	Kaschmir	8611	1954	A. Compagnoni,L. Lacedelli
Manaslu	Nepal	8156	1956	Y. Maki und andere
Lhotse	Nepal	8501	1956	E. Reiß, F. Luchsinger
Broad Peak	Kaschmir	8047	1957	H. Buhl, K. Diemberger, M.M.Schmuck, F.Wintersteller
Gasherbrum I (Hidden Peak)	Kaschmir	8068	1958 1978	A.J.Kauffmann, P.K.Schoening (erstmals ohne Sauerstoffgerät) R.Messmer, P.Habeler

Genauso schweißtreibend wie die Ersteigung eines der 14 Achttausender kann ein Besuch der tiefsten Punkte unserer Festländer sein, etwa des kalifornischen Death Valley. Im Hochsommer steigt dort die Temperatur mitunter schon eine halbe Stunde nach Sonnenaufgang auf 52 °C und bleibt so bis Sonnenuntergang. Nachts kühlt es dann auf milde 41 °C ab. Im Jahre 1913 kam es während einer Hitzewelle zur höchsten seit Beginn der Aufzeichnungen registrierten, über mehrere Stunden anhaltenden Temperatur: 57 °C.
Das flächemäßig größte Gebiet unterhalb des Meeresspiegels ist die Kaspische Senke, die zu großen Teilen vom Kaspischen Meer eingenommen wird. Das Kaspische Meer ist zwar der größte Binnensee der Erde, kann wegen

10 Gebiete unter dem Meerespiegel

Name	u.d.M.	Staat (Gebiet)
östliche Hemisphäre		
Totes Meer	396	Jordanien/Israel
See Genezareth	212	Israel
Lac Assal	170	Djibuti
Turfansenke	154	China (Sinkiang)
Asälesee	116	Äthiopien (Danakilsenke)
Siwioasen	24	Ägypten (Libysche Wüste)
Eyresee	12	Australien
westliche Hemisphäre		
Death Valley	86	USA (Kalifornien)
Salton Sink	85	USA (Kalifornien)
Lago Enriquillo	45	Haiti

seines hohen Salzgehalts (bis zu 3 Prozent) jedoch nicht zu den Süßwasserseen gerechnet werden. Von diesen ist der Obere See, der Lake Superior in den USA und Kanada, der der Fläche nach größte. Die Fläche des 636 km langen und bis zu 79 km breiten Baikalsees ist demgegenüber nur weniger als halb so groß, aber der Baikalsee ist der tiefste Süßwassersee der Erde und damit zugleich auch der größte, was die Wassermenge angeht: Der südsibirische See enthält ungefähr ein Fünftel des Süßwassers aller Seen der Erde.

Die größten Seen (Auswahl)

See	Land	Fläche (in km²)	größte Tiefe (in m)	Seespiegel (in m ü.d.M.)
Deutschland				
Bodensee	Bayern/Baden-Würtemberg	538	252	396
Müritz	Mecklenburg	117	31	62
Chiemsee	Bayern	80	74	518
Schweriner See	Mecklenburg	63	54	38
Starnberger See	Bayern	57	127	584
übriges Europa				
Ladogasee	Russland	18 135	230	4
Onegasee	Russland	9700	127	33
Vänersee	Schweden	5585	100	44
Plattensee	Ungarn	591	11	106
Genfer See	Schweiz/Frankreich	581	310	372
Gardasee	Italien	370	346	65
Neusiedler See	Österreich	320	2	115
Vierwaldstätter See	Schweiz	114	214	434
Asien				
Kaspisches Meer	Russland, Iran und andere	371 000	1030	-28
Aralsee	Kasachstan/Usbekistan	39 500[1)]	55	40
Baikalsee	Russland	31 500	1637	456
Afrika				
Victoriasee	Tansania/Uganda/Kenia	68 000	85	1134
Tanganjikasee	Tansania/Kongo/Sambia	34 000	1435	773
Malawisee	Malawi/Tansania/Moçambique	30 800	706	472
Amerika				
Oberer See	USA/Kanada	82 100	405	184
Huronsee	USA/Kanada	59 596	229	176
Michigansee	USA/Kanada	57 800	281	177
Großer Bärensee	Kanada	31 153	413	156
Maracaibosee	Venezuela	13 000	50	0
Titicacasee	Peru/Bolivien	8100	281	3 812

1) ständiger Rückgang des Seespiegels seit 1960 (damals 64 100 km²); m ü. d. M. = Meter über dem Meeresspiegel

Die längsten Flüsse (Auswahl)

Name	Länge (in km)	Einzugsgebiet (in 1000 km²)	Einmündungsgewässer
Deutschland			
Rhein[1]	867	102	Nordsee
Oder[1]	750	66	Ostsee
Elbe[1]	700	97	Nordsee
Donau[1]	647	56	Schwarzes Meer
Main	524	27	Rhein
Weser	440	41	Nordsee
Saale	427	24	Elbe
Neckar	371	14	Rhein
Ems	371	13	Nordsee
Havel	341	24	Elbe
Europa			
Wolga	3530	1380	Kaspisches Meer
Donau	2850	817	Schwarzes Meer
Dnjepr	2200	505	Schwarzes Meer
Kama	2032	522	Wolga
Don	1870	422	Asowsches Meer
Petschora	1809	327	Barentsee
Rhein	1320	224	Nordsee
Elbe	1165	146	Nordsee
Asien			
Jangtsekiang	6000	1827	Ostchinesisches Meer
Ob (mit Irtysch)	5410	2990	Nordpolarmeer
Hwangho	4845	771	Gelbes Meer
Mekong	4500	810	Südchinesisches Meer
Amur (mit Argun)	4440	1845	Ochotskisches Meer
Lena	4400	2490	Nordpolarmeer
Jenissej	4092	2700	Karasee
Indus	3200	960	Arabisches Meer
Afrika			
Nil (mit Kagera)	6671	2870	Mittelmeer
Kongo	4374	3690	Atlantischer Ozean
Niger	4160	2090	Atlantischer Ozean
Sambesi	2660	1330	Indischer Ozean
Amerika			
Amazonas	6518	7180	Atlantischer Ozean
Mississippi (mit Missouri)	6021	3221	Atlantischer Ozean
Rio de la Plata (mit Paraná)	4700	3100	Atlantischer Ozean
Yukon River	3185	855	Beringmeer
Rio Grande	3034	570	Golf von Mexiko
Orinoko	2140	944	Atlantischer Ozean
Australien			
Murray (mit Darling)	3490	910	Indischer Ozean

1) Länge und Einzugsgebiet innerhalb Deutschlands

Anders als bei den Seen, bei denen unstrittig ist, welcher von ihnen der der Fläche oder der Wassermenge nach größte ist, gibt es bei den Flüssen seit Jahrzehnten einen erbitterten Disput um Nil und Amazonas: Welcher von den beiden Flüssen ist denn nun tatsächlich der längere? Zwar variieren die Angaben je nach Alter des Nachschlagewerks, das man zurate zieht, für den Nil zwischen 6500 und 6700 km und für den Amazonas zwischen 6200 und 6518 km, doch wurde allgemein der Nil als längster Fluss der Welt gehandelt – zumindest bis zum Jahr 1996, als ein internationales Forscherteam einen Nebenfluss des

Ucayali, eines der beiden Quellflüsse des Amazonas, hinauffuhr und die letztgültige Amazonasquelle bei einem Gletscher der Hochanden in der Nähe der peruanischen Stadt Arequipa entdeckte. Auch wenn die genaue Vermessung noch aussteht, ist zu vermuten, dass der Amazonas damit länger ist als der Nil.

Was die Wassermenge anbelangt, ist der Amazonas mit 120 000 m³/s indes mit Sicherheit Weltmeister. Hier rangiert der Nil mit 1600 m³/s nur auf einem der hinteren Plätze; selbst der mit 652 km nur ein Zehntel so lange Po befördert etwas mehr Wasser, nämlich 1720 m³/s, ins Mittelmeer als Afrikas Renommierstrom.

Rechnet man die Wassermassen aller Seen und Flüsse zusammen und addiert die Menge des weltweit vorhandenen Grundwassers hinzu, dann kommt man auf nur etwas mehr als 20 Prozent des gesamten Süßwasservorrats der Erde. Mit 78 Prozent liegt die überwiegende Menge des Süßwassers nämlich als Eis vor – in Gestalt von Inlandseis oder Gletschern, die derzeit (noch) rund 10 Prozent der gesamten Landfläche einnehmen.

Um runde 80 m stiege der Meeresspiegel, würde sämtliches Eis der Erde schmelzen. In Deutschland lägen Städte wie Berlin, Braunschweig, Essen, Köln und Magdeburg unter dem Meeresspiegel, von Hafenstädten wie Bremen, Hamburg, Kiel oder Rostock einmal ganz abgesehen. Ganze Staaten würden von der Landkarte verschwinden, Tabellen wie die folgenden über die Größe und Tiefe unserer Weltmeere wären Makulatur.

Wasserfälle (Auswahl)

Wasserfall	Land	Gesamthöhe (in m)
Angelfall	Venezuela	978
Kjelsfoss	Norwegen	840
Yosemite	Fall Kalifornien (USA)	739
Cuqueánfall	Venezuela	610
Sutherland Falls	Neuseeland	580
Roraima Fall	Guyana	457
Gavarniefälle	Frankreich	422
Giessbachfälle	Schweiz	400
Krimmler Wasserfälle	Österreich	380
Skykkjedalsfoss	Norwegen	300
Staubbachfall	Schweiz	260
Reichenbachfälle	Schweiz	200
Triberger Wasserfälle	Deutschland	163
Yellowstonefälle	Wyoming (USA)	127
Victoriafälle	Simbabwe/ Sambia	110
Gasteiner Fälle	Österreich	85
Iguaçufälle	Argentinien/ Brasilien	82
Churchill Falls	Kanada	75
Niagarafälle	USA/Kanada	51
Rheinfall	Schweiz	24

Wasserlose Wasserfälle

Stille, gespenstische Stille schreckte die Anwohner der Niagarafälle in der Nacht zum 29. März 1848 aus dem wohlverdienten Schlaf: Das Getöse der Wasserfälle war nicht mehr zu hören – das gesamte Flussbett war ausgetrocknet! Wie sich herausstellte, hatten Wind und Strömung am Ausfluss des Eriesees in den Niagarafluss einen gewaltigen Damm aus Eisschollen aufgetürmt, der das Abfließen des Wassers verhinderte und die berühmten Wasserfälle wahrhaft stilllegte.

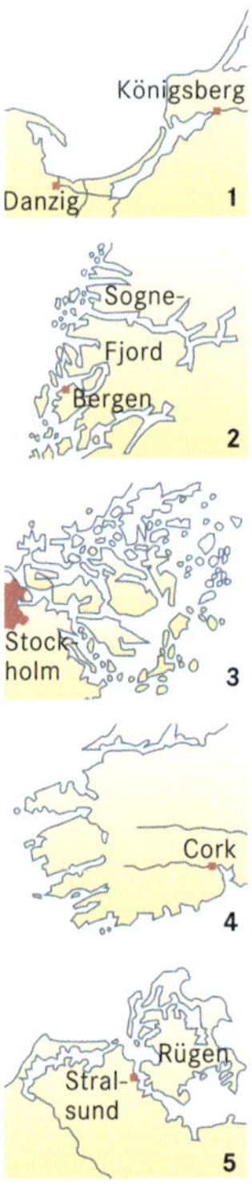

Verschiedene Küstenformen:
1 Haff
2 Fjordküste
3 Schärenküste
4 Riaküste
5 Boddenküste

Fläche, Inhalt, mittlere und größte Tiefe der Ozeane und ihrer Nebenmeere

Meer	Fläche (in Mio. km²)	Inhalt (in Mio. km³)	Tiefe (in m) Mittel	Maximum
Ozeane ohne Nebenmeere				
Pazifischer Ozean	166,24	696,19	4188	11 034
Atlantischer Ozean	84,11	322,98	3844	9219
Indischer Ozean	73,43	284,34	3872	7455
insgesamt	323,78	1303,51	4026	
Mittelmeere, interkontinental				
Arktisches Mittelmeer	12,26	13,7	1117	5449
Australasiatisches Mittelmeer	9,08	11,37	1252	7440
Amerikanisches Mittelmeer	4,36	9,43	2164	7680
Europäisches Mittelmeer[1]	3,02	4,38	1450	5121
insgesamt	28,72	38,88		1354
Mittelmeere, intrakontinental				
Hudsonbai[2]	1,23	0,16	128	218
Rotes Meer	0,45	0,24	538	2604
Ostsee	0,39	0,02	55	459
Persischer Golf	0,24	0,01	25	170
insgesamt	2,31	0,43	184	
Randmeere				
Beringmeer	2,26	3,37	1598	4096
Ochotskisches Meer	1,39	1,35	971	3372
Ostchinesisches Meer	1,20	0,33	275	2719
Japanisches Meer	1,01	1,69	1673	3742
Nordsee	0,58	0,05	93	725
Sankt-Lorenz-Golf	0,24	0,03	125	549
Golf von Kalifornien	0,16	0,11	720	3127
Irische See	0,10	0,01	60	175
übrige	0,29	0,15	470	
insgesamt	7,23	7,09	979	
Ozeane mit Nebenmeeren				
Pazifischer Ozean	181,34	714,41	3 940	11 034
Atlantischer Ozean	106,57	350,91	3 293	9219
Indischer Ozean	74,12	284,61	3 840	7455
Weltmeer	362,031	349,93	3 729	11 034

[1] einschließlich Schwarzes Meer
[2] eigentliche Meeresbucht 637 000 km²

Wichtige Meeresströmungen (Auswahl)

Name	Temperatur	Geschwindigkeit (kn[1])	Meer	Hauptrichtung	Ursache
Durch Wind hervorgerufen					
Oyaschio	kalt	0,5 - 1	Pazifik	S bis S	Abfluss subpolaren Kaltwassers
Ostgrönlandstrom	kalt	< 0,5	Atlantik	S bis SW	Abfluss kalten Polarwassers
Labradorstrom	kalt	< 0,5	Atlantik	S bis SW	Abfluss kalten Polarwassers
Südpolardrift	kalt	< 0,5	Atlantik, Ind. Ozean, Pazifik	W bis N	Abfluss kalten Polarwassers
polare Westwinddrift	kühl	< 0,5	Atlantik, Ind. Ozean, Pazifik	O	dauernd wehende "Brave Westwinde"
Falklandstrom	kühl	> 1	Atlantik	N	Abzweigung der Westwinddrift
Humboldt-(Peru)-Strom	kühl	< 0,5	Pazifik	N	Abzweigung der Westwinddrift
Benguelstrom	kühl	< 0,5	Atlantik	N bis NW	Abzweigung der Westwinddrift
Äquatorialströme	warm	> 1	Atlantik	W bis NW	Passatwinde
Antillenstrom	warm	> 1	Atlantik	NW	Abzweigung des Nordäquatorialstroms
Golfstrom	warm	> 1	Atlantik	NO	Aufstauung des Äquatorialstroms im Golf von Mexiko
Äquatorialströme	warm	0,5 - 1	Pazifik	W	Passatwinde
Kuroschio	warm	> 1	Pazifik	NO bis O	Abzweigung des Nordäquatorialstroms
Äquatorialströme	warm	> 1	Ind. Ozean	W	Passatwinde
Agulhasstrom	warm	> 1	Ind. Ozean	SW	Abzweigung des Südäquatorialstroms
Durch Auftriebswasser hervorgerufen					
Kanarenstrom	kühl	< 0,5	Atlantik	S bis SW	aufsteigendes Kaltwasser
Kaliforn. Strom	kühl	< 0,5	Pazifik	S	aufsteigendes Kaltwasser

1) 1 kn = 1 Knoten = 1 Seemeile/Stunde (1 sm = 1 852 m)

Zur wissenschaftlichen Erforschung der Meeresströmungen wurde im 19. Jahrhundert gezielt die Flaschenpost eingesetzt. 1843 erschien sogar eine „Flaschenkarte“, auf der die Reisewege zahlreicher Flaschenpost-Sendungen verzeichnet waren, die von Kriegs- und Handelsschiffen losgeschickt worden waren. Der Umgang mit einer aufgefundenen Flaschenpost ist übrigens völkerrechtlich geregelt. Der Finder muss sie seiner Heimatbehörde aushändigen, die sie dann via Konsulat an den Empfänger weiterleitet. Die Wahrscheinlichkeit, dass sie von einem auf einer einsamen Insel gestrandeten Schiffbrüchigen stammt, ist mittlerweile mangels einsamer Inseln allerdings recht gering.

Große und bekannte Inseln

Name	Lage	Fläche in km²	Land
Deutschland			
Rügen	Ostsee	926,0	Mecklenburg-Vorpommern
Usedom	Ostsee	445,0	Mecklenburg-Vorpommern
Fehmarn	Ostsee	185,1	Schleswig-Holstein
Sylt	Nordsee	99,2	Schleswig-Holstein
Föhr	Nordsee	82,0	Schleswig-Holstein
Borkum	Nordsee	30,6	Niedersachsen
Hiddensee	Ostsee	18,6	Mecklenburg-Vorpommern
Herreninsel	Chiemsee	3,3	Bayern
Helgoland	Nordsee	2,1	Niedersachsen
Mainau	Bodensee	0,5	Baden-Württemberg
übriges Europa			
Großbritannien	Atlantik	229 957	
Island	Atlantik	103 000[1]	
Irland	Atlantik	84 403[1]	Irland/ Großbritannien
Sizilien	Mittelmeer	25 462	Italien
Sardinien	Mittelmeer	23 813	Italien
Korsika	Mittelmeer	8681	Frankreich
Kreta	Mittelmeer	8331	Griechenland
Mallorca	Mittelmeer	3681	Spanien
Bornholm	Ostsee	588	Dänemark
Asien			
Borneo	Australasiat. Mittelmeer	754 770[1]	Indonesien, Malaysia, Brunei
Sumatra	Australasiat. Mittelmeer	425 000	Indonesien
Honshu	Pazifik	231 090[1]	Japan
Ceylon	Indischer Ozean	65 610[1]	Sri Lanka
Luzon	Australasiat. Mittelmeer	104 688	Philippinen
Zypern	Mittelmeer	9251	
Java	Australasiat. Mittelmeer	118 000	Indonesien

Name	Lage	Fläche in km²	Land
Afrika			
Madagaskar	Indischer Ozean	87 041[1]	
Teneriffa	Atlantik	2057	Spanien
Mauritius	Indischer Ozean	1865	
Amerika			
Grönland	Atlantik	2 130 800	Dänemark
Baffin Island	Atlantik	507 541	Kanada
Neufundland	Atlantik	108 860	Kanada
Kuba	Karibik	105 007	
Jamaica	Karibik	11 420	
Australien und Ozeanien			
Neuguinea	Pazifik	771 900	Indonesien/ Papua-Neuguinea
Neuseeland, Nordinsel	Pazifik	114 597	Neuseeland
Neuseeland, Südinsel	Pazifik	151 757	Neuseeland
Tasmanien	Pazifik	64 880	Australien
Hawaii, Hauptinsel	Pazifik	10 398	USA

1) mit Nebeninseln

Reisen und Verkehr

Fernweh und Mobilität

Die besten Reisen, das steht fest, sind oft die, die man unterlässt – trotz dieser pessimistischen Einschätzung von Eugen Roth versuchen Jahr für Jahr Millionen Menschen ihr Glück. Das »fahrende Volk« der Urlauber ist an die Stelle der Kreuzritter und Landsknechte, der Pilger und Wallfahrer, der Kaufleute und Hausierer, der Forschungsreisenden und Entdecker früherer Jahrhunderte getreten. Auto und Bahn, Flugzeug und Schiff machens möglich. Doch diese Mobilität hat auch Schattenseiten: Überlastete Straßen, verspätete Flüge, Zunahme von Luftverschmutzung und Lärmbelästigung können das Reisevergnügen trüben.

Abenteuerreisen

Die Zeit der großen Forschungs- und Entdeckungsreisen begann im 15. Jahrhundert mit den Entdeckungsfahrten der Portugiesen und der Suche nach dem Seeweg nach Indien. Im 17. und 18. Jahrhundert förderten vor allem kolonialpolitische Ambitionen die Erforschung unbekannter Gebiete. Heute können schwer zugängliche Gebiete mithilfe der Fernerkundung von Satelliten kartographisch erfasst werden.

Entdeckungen und Forschungsreisen (Auswahl)

Zeit	Entdeckung, Pioniertat	Name	Lebensdaten
um 600 v. Chr.	Umsegelung Afrikas von Ost nach West	Phöniker	
983	Westküste Grönlands	Erich der Rote	† um 1007
um 1000	Nordamerika	Leif Eriksson	* um 970
1271-95	Zentralasien, China, Südostasien	Marco Polo	1254-1324
1488	Kap der Guten Hoffnung	Bartolomeu Diaz	um 1450-1500
1492	Bahamainseln, Kuba, Hispaniola	Christoph Kolumbus	um 1451-1506
1497	Labrador	Giovanni Caboto	um 1450-1499
1498	Ostindien	Vasco da Gama	1468 oder 1469-1524
1499	Amazonas	Amerigo Vespucci	1454-1512
1513	Stiller Ozean	Vasco Núñez de Balboa	1475-1519
1519	Mexiko	Hernán Cortez	1485-1547
1521	Marianen, Philippinen	Fernão de Magalhães	um 1480-1521
1523-24	Guatemala, San Salvador, Yucatán	Pedro de Alvarado	1485-1541
1533	Peru	Francisco Pizarroum	1475-1541
1534-41	Kanada	Jacques Cartier	1491-1557
1541-42	Amazonas	Francisco de Orellana	um 1510- um 1548
1577-80	erste englische Weltumsegelung	Francis Drake	zwischen 1539 und 1545-1596
1605-06	Australien	Willem Janszoon	† um 1638
1616	Kap Hoorn	Jakob Le Maire und Willem Corneliszoon Schouten	1585-1616 um 1580-1625
1642-44	Tasmanien, Neuseeland	Abel Janszoon Tasman	um 1603-1659
1741	Aleuten, Alaska	Vitus Jonassen Bering	1680-1741
1769-72	Quellen des Blauen Nil	James Bruce	1730-1794
1774	Überquerung des südlichen Polarkreises	James Cook	1728-1779
1796-98	Südafrika	John Barrow	1764-1848
1799-1804	Mittel- und Südamerika	Alexander von Humboldt	1769-1859
1831	magnetischer Nordpol	John Ross und James Clark Ross	1777-1856 1800-1862

Zeit	Entdeckung, Pioniertat	Name	Lebensdaten
1855	Viktoriafälle des Sambesi	David Livingstone	1813-1873
1860-61	Durchquerung Australiens	Robert O'Hara Burke	1820-1861
1863	Nilquellen	John Hanning Speke und James August Grant	1827-1864 1827-1892
1868, 1869/70	erste und zweite deutsche Nordpolarexpedition	Karl Koldewey	1837-1908
1869-74	Durchquerung der Sahara und des Sudan	Gustav Nachtigal	1834-1885
1874-77	Durchquerung Zentralafrikas	Henry Morton Stanley	1841-1904
1888	Ost-West-Durchquerung Grönlands	Fridtjof Nansen	1861-1930
1894-1902	Tibet	Sven Hedin	1865-1952
1908-09	magnetischer Südpol	Ernest Shackleton	1874-1922
14. 12. 1911	Südpol	Roald Amundsen	1872-1928
18. 1. 1912	Südpol	Robert Falcon Scott	1868-1912
1926	Überfliegen des Nordpols im Luftschiff	Roald Amundsen und Umberto Nobile	1872-1928 1885-1978
1927-35	Zentralasien	Sven Hedin	1865-1952
1958	U-Boot »Nautilus« fährt unter der Eisdecke des Nordpols hindurch	USA	
1977	Eisbrecher »Arktika« erreicht als erstes Schiff über Wasser den Nordpol	UdSSR	
1989/90	Durchquerung der Arktis zu Fuß	Reinhold Messner und Arved Fuchs	* 1944 * 1953
1995	Entdeckung der Mekong-Quelle in Tibet	England/Frankreich	
1999	erster Non-Stop-Flug um die Erde im Heißluftballon	Bertrand Piccard	

Bei den Abenteurern des 20. und 21. Jahrhunderts steht nicht nur die Erkundung unbekannter Gebiete im Vordergrund, sondern auch die Erforschung der eigenen Grenzen.

5 moderne Abenteurer

Roald Amundsen (*1872, †1928) wurde u.a. durch sein »Wettrennen« mit Robert F. Scott (*1868, †1912) um das Erreichen des Südpols berühmt. Amundsen kam am 14. 12. 1911 etwa vier Wochen eher als Scott ans Ziel, der auf dem Rückweg in Schneestürmen starb.

Sven Hedin (*1865, †1952) gilt als der letzte große Landreisende und Wegbereiter der Asienforschung. In vier großen Expeditionen bereiste er zwischen 1894 und 1935 Zentralasien. Er erforschte unter anderem Tibet, den Transhimalaja, das Quellgebiet von Brahmaputra und Indus und die Wüste Gobi.

Sir Edmund Hillary (*1919) gelang am 29. 5. 1953 gemeinsam mit seinem Sherpaführer Tenzing Norgay (*1914, †1986) die Erstbesteigung des Mount Everest. Seine dadurch erworbene Bekanntheit nutzte Hillary unter anderem zur Unterstützung humanitärer Projekte in Nepal wie beispielsweise den Bau von Schulen und Kindergärten, Brücken und Wasserleitungen.

Reinhold Messner (*1944) bezwang als erster Mensch alle 14 Achttausender der Erde ohne Sauerstoffgerät, durchquerte zu Fuß die Antarktis, Grönland der Länge nach, Tibet und die Wüste Takla Makan. Seit 1999 engagiert er sich als Abgeordneter des Europaparlaments vor allem für den Schutz der Alpen.

Rüdiger Nehberg (*1935) verbindet seine Abenteuerlust mit seinem Engagement für die Menschenrechte. Im März 2000 überquerte er in 43 Tagen den Atlantik auf einem Einbaum, um auf die Misere der indigenen Völker Brasiliens aufmerksam zu machen. Mit einer spektakulären Atlantiküberquerung im Tretboot hatte er bereits im Jahr 1987 versucht, die Lage der Yanomami-Indianer in Brasilien ins Bewusstsein der Öffentlichkeit zu rücken.

5 abenteuerlustige Frauen

Maria Sibylla Merian (*1647, †1717) beschäftigte sich bereits seit ihrer Jugend mit der zeichnerischen Darstellung von Pflanzen und Insekten. 1699 brach sie nach Surinam auf, um die tropische Tier- und Pflanzenwelt genauer zu erforschen. Zwei Jahre später kehrte sie mit reicher Ausbeute nach Holland zurück. Ihre Studien von Pflanzen, Faltern, Schlangen, Spinnen, Leguanen und Käfern veröffentliche sie 1705 in ihrem wichtigsten und schönsten Werk »Metamorphosis insectorum Surinamensis«.

Ida Pfeiffer (*1797, †1858) trat ihre erste große Reise 1842 an, die sie über Konstantinopel und Beirut bis nach Palästina führte. Zweimal reiste sie um die Welt: 1846–48 (Südamerika, Indien, Iran, Türkei, Wien) und 1851 (Südafrika, Indonesien, Kalifornien, Südamerika, USA, Wien). Die dritte Weltreise 1856 musste sie jedoch in Madagaskar mit hohem Fieber abbrechen.

Lina Bögli (*1858, †1941) brach 1892 zu ihrer ersten Weltreise auf, die 10 Jahre dauerte und sie nach Australien, Neuseeland, Samoa, Honolulu, in die USA und nach Kanada führte. Auf ihrer zweiten großen Reise besuchte sie China und Japan.

Alexandra David-Neel (*1868, †1969) reiste 1898 und von 1911 bis 1925 in Süd- und Innerasien. Im Jahr 1924 erreichte sie, als Bettlerin verkleidet, als erste Europäerin das religiöse Zentrum Tibets: die damals verbotene Stadt Lhasa.

Isabelle Eberhardt (*1877, †1904) brach im Alter von 20 Jahren nach Nordafrika auf. Als Mann verkleidet ritt sie durch die Wüsten Tunesiens, Algeriens und Marokkos und führte 7 Jahre lang ein Wanderleben, getrieben von ihrer Sehnsucht nach Einsamkeit, Lebensintensität und Befreiung von einer quälenden Vergangenheit.

Fernreisen

Besonders für die Entwicklungsländer ist der Tourismus zu einer wichtigen Devisenquelle geworden. Den oft damit einhergehenden negativen Folgen wie sozialen Spannungen, Prostitution, Kriminalität und Umweltbelastungen versucht das Konzept des »sanften Tourismus« zu begegnen, der sich um die zurückhaltende Nutzung von Ressourcen, Schonung der Umwelt sowie die Achtung der Menschenwürde und der kulturellen Besonderheiten der einheimischen Bevölkerung bemüht.
Reisen in tropische Länder und entlegene Gebiete der Erde vermehrt allerdings das Risiko, sich mit gefährlichen Krankheitserregern zu infizieren. Bei der Planung einer Fernreise sollte man sich daher bei einem Tropeninstitut genauestens über die notwendigen Schutzimpfungen informieren.

Tropenkrankheiten (Auswahl)

Krankheit (Erreger)	Krankheitszeichen	Übertragungsart	Inkubationszeit
Bilharziose (Parasiten)	Juckreiz, Katayamafieber (rascher Fieberanstieg mit Schüttelfrost, Kopfschmerzen)	in Süßwasser lebende Larven des Erregers dringen durch die Haut ein	6-48 Stunden (Zerkariendermatitis); 2-8 Wochen (akute Schistosomiasis)
Dengue-Fieber (Viren)	abruptes Fieber, Schüttelfrost, Muskel- und Gelenkschmerzen	Mückenstich	3-14 (7-10) Tage
Ebola (Viren)	Fieber, Kopf- und Muskelschmerzen, Schleimhautblutungen, Nierenversagen	durch direkten Körperkontakt, über bluthaltige Körpersekrete	2-21 Tage
Fleckfieber (Bakterien)	Kopf- und Gliederschmerzen, Schüttelfrost, rasch ansteigendes hohes Fieber, Husten, Tinnitus oder Taubheit, Hautausschlag	Läuse	1-2 Wochen
Gelbfieber (Viren)	plötzlicher, schneller Fieberanstieg, Kopfschmerzen, Unruhe, Übelkeit, Krampfanfälle oder Verwirrtheit	Mückenstich	3-6 Tage
Lassafieber (Viren)	Fieber, Kopf- und Halsschmerzen, Husten, Ödeme, Hörverlust	Exkremente oder Blut von infizierten Nagetieren	6-21 (meist 7-12) Tage
Malaria (Parasiten)	Fieberanfälle, beginnend mit Schüttelfrost, raschem Temperaturanstieg auf 39-41 °C, nach einigen Stunden Temperaturrückgang, begleitet von starken Schweißausbrüchen	Stich der weiblichen Anophelesmücke	12-30 Tage
Schlafkrankheit (Parasiten)	Geschwür an der Einstichstelle, Fieberschübe, Vergrößerung der Lymphknoten	Stich der Tsetsefliege	3-21 Tage (Wochen bis Jahre)

Institute für Tropenmedizin

Landesinstitut für Tropenmedizin Berlin
Spandauer Damm 130
14050 Berlin

Universitätsklinikum Rudolf Virchow
Standort Wedding
II. Medizinische Abt.
Augustenburger Platz 1
13353 Berlin

Institut für Medizinische Parasitologie der Universität Bonn
Sigmund-Freud-Str. 25
53105 Bonn

Institut für Tropenmedizin
Städtisches Klinikum
Dresden-Friedrichstadt
Friedrichstr. 41
01067 Dresden

Bernhard-Nocht-Institut für Tropenmedizin
Bernhard-Nocht-Str. 74
20359 Hamburg

Abt. für Tropenhygiene und Öffentliches Gesundheitswesen der Universität Heidelberg
Im Neuenheimer Feld 324
69120 Heidelberg

Abt. für Infektions- und Tropenmedizin
Klinik für Innere Medizin IV
der Universität Leipzig
Härtelstr. 16–18
04107 Leipzig

Städtisches Klinikum St. Georg
II. Klinik für Innere Medizin
Delitzscher Str. 141
04129 Leipzig

Abt. Infektions- und Tropenmedizin
Leopoldstr. 5
80802 München
Städt. Krankenhaus Schwabing
IV. Medizinische Abt.
Kölner Platz 1
80804 München

Augenklinik der Universität München
Abt. für Präventiv- und
Tropenophthalmologie
Mathildenstr. 8
80336 München

Abt. für Tropenmedizin und Infektionskrankheiten der Universität Rostock
Ernst-Heydemann-Str. 6
18056 Rostock

Institut für Tropenmedizin der Universität Tübingen
Keplerstr. 15
72074 Tübingen

Tropenklinik Paul-Lechler-Krankenhaus
Paul-Lechler-Str. 24
72074 Tübingen

Sektion Infektionskrankheiten und Tropenmedizin
Medizinische Klinik und Poliklinik
der Universität Ulm
Robert-Koch-Str. 8
89081 Ulm

Tropenmedizinische Abt.
Missionsärztliche Klinik
Salvatorstr. 7
97074 Würzburg

6 Verhaltenstipps bei Fernreisen

1. Benutzen Sie zum Trinken und Zähneputzen nur Mineralwasser oder abgekochtes Leitungswasser.
2. Essen Sie nur geschältes oder gekochtes Gemüse und Obst.
3. Meiden Sie rohe Speisen wie Tatar, rohen Fisch, Wurst oder Salate.
4. Schützen Sie sich vor Mückenstichen durch geeignete Kleidung und Moskito netze, die unbedeckten Hautpartien durch Antimückenmittel.
5. Setzen Sie sich niemals ungeschützt der Sonne aus, tragen Sie eine Kopfbedeckung und lange lose Kleidung, benutzen Sie eine Sonnencreme mit hohem Lichtschutzfaktor.
6. Trinken Sie über den Durst hinaus, um die durch Schwitzen verlorene Flüssigkeit wieder zu ersetzen – jedoch keinen Alkohol.

Reisen in Europa

Reisen hat sich inzwischen zu einer der wichtigsten Formen der Freizeitgestaltung entwickelt. Die beliebtesten Ferienziele innerhalb Deutschlands sind Ost- und Nordsee sowie Bayern.

Getreu dem Motto »Der Weg ist das Ziel« kann bereits die Anreise zum Ferienerlebnis werden.

Deutsche Reisestraßen (Auswahl)

Alte Salzstraße: von Lüneburg nach Lübeck über Lauenburg, Schwarzenbek, Mölln, Ratzeburg

Deutsche Alpenstraße: von Lindau (Bodensee) nach Berchtesgaden über Immenstadt, Füssen, Linderhof, Tegernsee, Ruhpolding

Deutsche Ferienstraße Alpen-Ostsee: von Berchtesgaden nach Puttgarden über Traunstein, Landshut, Altmühltal, Schwäbisch-Hall, Michelstadt, Alsfeld, Göttingen, Celle, Lübeck, Oldenburg in Holstein, Fehmarn

Deutsche Märchenstraße: von Hanau nach Bremen über Alsfeld, Kassel, Hameln, Minden

Deutsche Weinstraße: von Monsheim nach Schweigen über Bad Dürkheim, Neustadt an der Weinstraße, Edenkoben, Bad Bergzabern

Oberschwäbische Barockstraße: von Ulm über Zwiefalten, Bad Schussenried, Weingarten, Friedrichshafen, Wangen im Allgäu, Isny, Ochsenhausen nach Ulm; von Ulm über Laubheim, Biberach, Kißlegg, Wangen im Allgäu, Langenargen, Isny, Memmingen nach Ulm

Idyllische Straße: von Murrhardt durch den Schwäbischen Wald über Welzheim, Gaildorf und Mainhardt nach Murrhardt

Romantische Straße: von Würzburg nach Füssen über Tauberbischofsheim, Bad Mergentheim, Rothenburg ob der Tauber, Dinkelsbühl, Augsburg, Landsberg am Lech

Schwarzwaldhochstraße: von Baden-Baden nach Freudenstadt über Bühlerhöhe, Mummelsee, Kniebis

Die 15 höchsten Alpenpässe

Höhe (in m ü. d. M.[1])	Pass	Staat	maximale Steigung
2802	Col de la Bonette (Jausiers-Nizza)	Frankreich	17 %
2770	Col de l'Iseran (Séez-Bonneval-sur-Arc)	Frankreich	12 %
2757	Stilfser Joch (Prad-Bormio)	Italien	12 %
2646	Col du Galibier (Arctal-Briançon)	Frankreich	10 %
2505	Großglockner-Hochalpenstraße (Zell am See-Lienz)	Österreich	12 %
2501	Umbrailpass (Santa Maria im Münstertal-Cantoniera)	Schweiz/ Italien	11 %
2497	Timmelsjoch (Oetz-Meran)	Österreich/ Italien	13 %
2478	Nufenenpass (Ulrichen-Airolo)	Schweiz	10 %
2469	Großer Sankt Bernhard (Martigny-Aosta)	Schweiz/ Italien	11 %
2431	Furka (Gletsch-Hospental)	Schweiz	14 %
2383	Flüelapass (Davos-Susch)	Schweiz	12 %
2382	Berninapass (Pontresina-Tirano)	Schweiz/ Italien	12 %
2312	Albulapass (Tiefencastel-La Punt)	Schweiz	12 %
2284	Julier (Tiefencastel-Silvaplana)	Schweiz	11 %
2224	Susten (Innertkirchen-Wassen)	Schweiz	9 %

1) m ü. d. M. = Meter über dem Meeresspiegel

Eisenbahn

Mit der Entwicklung der Eisenbahn wurde das Verkehrswesen revolutioniert: Nun konnten Personen und Güter kostengünstig über größere Strecken befördert werden. Das Mutterland der Eisenbahn ist England mit der ersten Verbindung zwischen Liverpool und Manchester (1830). In Deutschland kam die Dampfeisenbahn erst fünf Jahre später zum Einsatz – obwohl Goethe, damals Minister in Weimar, bereits 1828 die nicht nur wirtschaftlichen Vorzüge dieses Verkehrsmittels erkannt hatte: »Mir ist nicht bange, dass Deutschland nicht Eins werde; unsere guten Chausseen und künftigen Eisenbahnen werden schon das Ihrige tun.«

Hoch gelegene, schwer zugängliche Gebiete lassen sich mit Bergbahnen erschließen. Zahnradbahnen eignen sich besonders zur Überwindung starker Steigungen oder ungenügender Reibungskraft.

Deutschlands älteste Eisenbahnstrecken

Strecke	Eröffnung	Länge
Nürnberg-Fürth	7.12. 1835	6,0 km
Leipzig-Althen	24.4. 1837	10,6 km
Althen-Gerichshain	12.11. 1837	4,3 km
Gerichshain-Machern	11.5. 1838	2,9 km
Dresden-Weintraube	19.7. 1838	8,2 km
Machern-Wurzen	31.7. 1838	8,0 km
Wurzen-Dahlen	16.9. 1838	17,5 km
Weintraube-Oberau	16.9. 1838	13,4 km
Zehlendorf-Potsdam	22.9. 1838	14,1 km
Berlin/Potsdamer Bahnhof-Zehlendorf	29.10. 1838	12,1 km

5 berühmte Züge

Der **Blue Train** verbindet Pretoria mit Kapstadt. Die Wagen sind mit allem Komfort ausgestattet. Die rund 1600 km lange Strecke legt der Zug in etwa 24 Stunden zurück.

Der **Canadian** durchquert Kanada von Ost nach West. Die über 4000 km lange Strecke führt durch überwältigende Landschaften.

Zahnradbahnen (Auswahl)

Bahn	Eröffnungsjahr	Spurweite (in mm)	Länge (in km)	maximale Steigung (in %)
Arth-Rigi (Schweiz)	1875	1435	8,7	21
Achenseebahn (Österreich)	1889	1000	6,4	16
Manitou-Pikes Peak (Colorado/USA)	1891	1435	15	25
Brienz-Rothorn (Schweiz)	1892	800	7,5	25
Lauterbrunnen-Scheidegg (Schweiz)	1893	800	9,4	25
Grindelwald-Scheidegg (Schweiz)	1893	800	8,6	25
Schafberg (Österreich)	1893	1000	6	25
Gornergrat (Schweiz)	1898	1000	9	25
Chamonix-Montenvers (Frankreich)	1908	1000	6	22
Jungfraubahn (Schweiz)	1912	1000	10	25
Wendelsteinbahn (Deutschland)	1912	1000	10	23,7
Zugspitzbahn (Deutschland)	1930	1000	3,4	25

Der **Darjeeling-Express** verkehrt zu Füßen des Himalaja. Auf einer nur 80 km langen Strecke muss er einen Höhenunterschied von 2555 Metern überwinden. Wegen der vielen engen Kurven fährt er dabei auf Schmalspurgleisen.

Der **Glacier-Express** fährt von Brig nach Chur durch die Schweizer Alpen.

Der **Rajdhani-Express** verbindet Neu-Delhi mit Bombay. Der Nachtzug hält auf der rund 1400 km langen Strecke nur zweimal; das Essen ist im Fahrpreis enthalten.

Orient-Express

Der berühmteste Luxuszug der Eisenbahngeschichte ist der Orient-Express. Er verkehrte von 1883 bis 1977 zwischen Paris und Istanbul. Ursprünglich bestand der Zug aus drei luxuriösen Schlafwagen, deren Wände mit Teakholz verkleidet und mit Intarsien aus Walnussholz und Mahagoni verziert waren. Die Bettwäsche war aus Seide, und die Toiletten besaßen marmorne Waschbecken mit vergoldeten Armaturen. Daneben gab es einen Salonwagen für die Damen und einen Raucherwagen mit Bibliothek für die Herren. Das Schmuckstück aber war der Speisewagen, der mit Malereien versehen und mit Kristallleuchtern ausgestattet war. In einem separaten Wagen wurden Lebensmittel, Wein und Champagner mitgeführt.

Flugzeug

Es dauerte lange, bis der Mensch den Traum vom Fliegen verwirklichen konnte. Und von den ersten Flugversuchen Otto Lilienthals (*1890, †1896) bis zur modernen Luftfahrt mit Großraumtransportern und Überschallflugzeugen war es ein weiter Weg.

10 Meilensteine des Flugverkehrs

1919	erste Atlantiküberquerung durch J. W. Alcock und A. Whitten-Brown
1927	Nordatlantiküberquerung von New York nach Paris im Alleinflug durch C. A. Lindbergh
1935	Beginn des Luftverkehrs über dem Pazifischen Ozean
1939	Beginn des Luftverkehrs über dem Nordatlantik
1939	erstes Flugzeug mit Strahltriebwerk Heinkel He 178
1949	Umrundung der Erde ohne Zwischenlandung mit Flugbetankung
1952	Luftverkehr mit Strahlflugzeugen beginnt
1970	Einführung der Großraumflugzeuge
1976	Eröffnung des Überschall-Luftverkehrs
1987	Der Airbus A320 wird als erstes Flugzeug mit der Fly-by-Wire-Technik ausgestattet.

5 berühmte Flugzeugtypen

Die **Junkers Ju 52** (»Tante Ju«) war ursprünglich als einmotoriges Frachtflugzeug entwickelt worden (Erstflug 3. 9. 1930). Da die Nachfrage jedoch stagnierte, baute man sie zum dreimotorigen Passagierflugzeug aus, das 15 bis 17 Personen Platz bot (Erstflug 7. 3. 1932). Ihre charakteristische Wellblechbeplankung macht sie auch heute noch unverwechselbar.

Die **Boeing 747** (Jumbo-Jet) ist seit drei Jahrzehnten das unangefochtene Flaggschiff aller Fluglinien (Erstflug 9. 2. 1969). Bei Entwicklungsbeginn Mitte der 1960er-Jahre war sie eineinhalb Mal größer als jedes andere Verkehrsflugzeug. Je nach Bauvariante bietet der Flugzeuggigant zwischen 347 und 490 Personen Platz.

Die **Douglas DC-3** ist eine Ikone der Luftfahrt: Mehr als 10 000 gebaute Flugzeuge und über 60 Dienstjahre (Erstflug 17. 12. 1935) haben sie zu einem Synonym für die zivile Luftfahrt überhaupt werden lassen. Mit der DC-3, die 24 Passagiere befördern konnte, wurde in den USA das Flugzeug zu einem Standardverkehrsmittel.

Die **Concorde** – eine Gemeinschaftsentwicklung von Großbritannien und Frankreich – ist das einzige Überschall-Verkehrsflugzeug, das heute noch im Liniendienst ist (Paris/London – New York; Erstflug 2. 3. 1969). Insgesamt wurden nur 16 Exemplare der mit doppelter Schallgeschwindigkeit fliegenden Concorde gebaut.

Der **Airbus** wurde seit 1969 gemeinsam von Frankreich und Deutschland entwickelt. Der erste Typ A300 (Erstflug Oktober 1972) war für rund 250 Passagiere ausgelegt und wurde im März 1974 in Dienst gestellt. In den 80er- und 90er-Jahren wurde das Programm weiter ausgebaut: Der zurzeit größte Airbus ist der A330 mit 335 Sitzplätzen.

Die 10 verkehrsreichsten Flughäfen der Welt

Flughafen	abgefertigte Passagiere (in Millionen) 1996	2005 (Prognose)
Hongkong International	unbekannt	82,0
Dallas/Fort Worth	56,5	81,3
O'Hare International (Chicago)	67,3	78,6
Heathrow (London)	54,5	68,1
Los Angeles International	53,9	60,2
Frankfurt am Main	38,2	47,9
Kimpo International (Seoul)	30,9	43,4
Logan International (Boston)	24,4	42,0
San Francisco International	36,2	40,5
Charles de Gaulle (Paris)	28,4	39,5

Neue Luftschiffe

Im Jahre 1997 wurde mit dem »Zeppelin NT« eine neue Generation der legendären Zeppelin-Luftschiffe vorgestellt. Neu ist unter anderem ein schwenkbarer Antrieb, mit dessen Hilfe das Luftschiff erstmals in der vertikalen und in der horizontalen Ebene gedreht werden kann. Die neuen Luftschiffe könnten etwa zur Verkehrsüberwachung, zur Messung von Schadstoffen oder in der Flugtouristik eingesetzt werden.

Europas größte Flughäfen

Flughafen	Passagiere 1. Halbjahr 1999 (in Millionen)	Veränderung zum Vorjahr (in %)
London (Heathrow)	29,63	+ 2,9
Frankfurt am Main	21,63	+ 7,9
Paris (Charles de Gaulle)	20,64	+ 14,2
Amsterdam	17,09	+ 6,7
London (Gatwick)	14,03	+ 6,8
Madrid	12,89	+ 6,8
Paris (Orly)	12,69	+ 2,8
Rom (Fiumicino)	11,25	– 8,1
München	10,02	+ 11,2
Zürich	9,58	+ 6,5
Brüssel	9,24	+ 9,2
Stockholm	8,47	+ 5,4
Kopenhagen	8,44	+ 8,1
Palma de Mallorca	8,29	+ 11,1
Barcelona	8,11	+ 7,5

Schiff

Die Schifffahrt als eine Möglichkeit, Güter und Personen zu befördern, reicht in die ältesten Zeiten der Menschheit zurück: Sie ist für das 3. Jahrtausend v. Chr. in China und Ägypten bezeugt. Während in der Antike nur Küstenschifffahrt betrieben wurde, befuhren die Normannen seit Ende des 8. Jahrhunderts bereits die hohe See. Mit den Entdeckungsfahrten der Portugiesen Anfang des 15. Jahrhunderts begann der Kampf um die Vorherrschaft auf See: Spanien, die Niederlande und England waren in den folgenden Jahrhunderten die beherrschenden Seemächte.
Der erste planmäßige Linienverkehr zwischen Europa und Amerika über den Atlantik wurde 1838 von England aus aufgenommen. Bis 1972 konnte man mit Linienschiffen in die Neue Welt fahren – dann musste der Passagierdienst angesichts der übermächtigen Konkurrenz durch die Luftfahrt eingestellt werden.

Entwicklung der Schifffahrt

16.–10. Jahrtausend v. Chr.	Beginn der Schifffahrt mit Fellbooten
nach 8000 v. Chr.	erste Einbäume
5000 v. Chr.	ältester Nachweis für Segelschiffe auf dem Nil
700 v. Chr.	erster Nachweis für phönizische Bireme (Kriegsschiff mit zwei Ruderreihen übereinander)
793	Beginn der Hochseenavigation durch die Wikinger
1380	Bremer Handelskogge
1493	ältester Nachweis für Kriegsschiff mit Kanonendeck unter dem Hauptdeck und Stückpforten
1807	erstes erfolgreiches Dampfschiff auf dem Hudson River
1816	erstes Dampfschiff in Deutschland
1850	erstes U-Boot in Kiel
1862	erstes Eisenschiff in Amerika
1897	erstes Schiff mit Dampfturbinen in England
1912	erstes seegehendes Motorschiff in Dänemark
1955	erstes Schiff mit Atomantrieb in Amerika
1966	Beginn der Containerschifffahrt auf dem Nordatlantik

Hafenrekorde

Duisburg besitzt den größten Binnenhafen der Welt: Auf einer Fläche von 7,4 Millionen m^2 liegen 19 Hafenbecken mit 740 ha Wasserfläche, ein Freihafen und ein Terminal mit 700 m langen Parallelgleisen für den Schienenverkehr.

Hamburg ist der größte Hafen in Deutschland mit einer Fläche von etwa 8700 ha. Hier befinden sich auch die größten deutschen Docks: Schwimmdock 11 der Blohm-&-Voss-Werft ist 320 m lang und kann Schiffe bis ca. 250 000 t Tragfähigkeit aufnehmen; Trockendock Elbe 17 ist 350 m lang, 59 m breit und 15 m hoch.

Hongkong wird pro Jahr von rund 42 000 Schiffen angefahren. Im größten Containerhafen der Welt wurden 1995 über 12,5 Millionen Standardcontainer (TEU) umgeschlagen.

New York/New Jersey hat den größten Hafen der Welt mit einer Wasserfläche von 2138 km^2. 391 Schiffe können an den Anlegeplätzen und Piers gleichzeitig anlegen. Die Lagerhäuser bedecken eine Fläche von 170,9 ha.

Rotterdam ist mit einer Fläche von 100 km^2 der größte künstliche Hafen und der Hafen mit dem größten Umschlag. 1997 wurden dort 307 Millionen Tonnen Seefracht abgefertigt.

Die »Titanic« und die »Wilhelm Gustloff«

Das wohl spektakulärste Schiffsunglück war der Untergang der »Titanic« – der Mythos des auf seiner Jungfernfahrt gesunkenen Luxusliners wird auch heute noch in mehr als 3000 Büchern und zwei Dutzend Filmen hoch gehalten. Bei der Kollision des als unsinkbar geltenden Schiffes mit einem Eisberg vor Neufundland in der Nacht des 14./15. April 1912 kamen 1495 Menschen ums Leben, nur 712 konnten gerettet werden. Die meisten Todesopfer in der Geschichte der Schifffahrt waren jedoch beim Untergang der »Wilhelm Gustloff« zu beklagen: 5348 Flüchtlinge starben, nachdem das deutsche Schiff am 30. Januar 1945 vor Danzig von einem sowjetischen U-Boot torpediert worden war.

Seeschifffahrtskänale

Seeschifffahrtskanäle verbinden zwei Meere miteinander und können die Reisezeiten erheblich verkürzen, da mit ihrer Hilfe das zeitraubende Umfahren von Landmassen umgangen wird.

Die meisten und längsten natürlichen Binnenwasserstraßen hat Finnland: Dort können 50 000 km auf Seen und Flüssen mit Schiffen zurückgelegt werden. In anderen Ländern, wie zum Beispiel Deutschland, muss mithilfe von Kanälen ein Netz von Wasserwegen geschaffen werden.

Deutsche Binnenschifffahrtskanäle (Auswahl)

Kanal	Verbindung	Eröffnungsjahr	Länge (in km)
Datteln-Hamm-Kanal	Datteln–Hamm	1915	47,1
Dortmund-Ems-Kanal	Dortmund–Emden	1899	269,0
Elbe-Havel-Kanal	Niegripp–Brandenburg/Havel	1936	56,4
Elbe-Lübeck-Kanal	Lauenburg/Elbe–Lübeck	1900	62,0
Elbeseitenkanal	Artlenburg–Wolfsburg	1976	112,5
Havelkanal	Henningsdorf b. Berlin–Ketzin	1952	34,9
Küstenkanal	Dörpen–Oldenburg (Oldenburg)	1935	69,6
Main-Donau-Kanal	Bamberg–Kelheim	1992	171,0
Mittellandkanal	Hörstel–Magdeburg–Rothensee	1938	321,3
Oder-Havel-Kanal	Hohensaaten–Oranienburg	1914	82,8
Oder-Spree-Kanal	Eisenhüttenstadt–Berlin	1891	83,7
Rhein-Herne-Kanal	Duisburg–Henrichenburg	1914	45,6
Teltowkanal	Potsdam–Berlin–Köpenick	1906	37,8
Wesel-Datteln-Kanal	Wesel–Datteln	1929	60,2

Bedeutende Seeschifffahrtskanäle (Auswahl)

Kanal	Verbindung	Land	Eröffnungsjahr	Länge (in km)
Cape Cod Canal	Cape Cod Bay–Buzzards Bay	USA	1914	13,0
Donau-Schwarzmeer-Kanal	Cernavoda–Constanta-Süd	Rumänien	1984	64,2
Houston Ship Channel	Houston–Golf von Mexiko	USA	1940	80,0
Kanal von Korinth	Ionisches Meer–Ägäisches Meer	Griechenland	1893	6,3
Manchester Ship Canal	Manchester–Irische See	Großbritannien	1894	58,0
Nieuwe Waterweg	Nordsee–Neue Maas	Niederlande	1872	10,0
Nord-Ostsee-Kanal	Brunsbüttel–Kiel-Holtenau	Deutschland	1895	98,7
Nordseekanal	Nordsee–Amsterdam	Niederlande	1876	27,0
Panamakanal	Atlantik–Pazifik	Panama/USA	1914	81,6
Sankt-Lorenz-Seeweg	Atlantik–Duluth (Oberer See)	Kanada/USA	1959	3770,0
Suezkanal	Mittelmeer–Rotes Meer	Ägypten	1869	162,5

Staaten der Erde

In Fakten und Zahlen

Staaten waren nicht von Anfang an, also gleichsam natürlich, gegeben. Sie sind eine Errungenschaft der menschlichen Zivilisation. Als Kennzeichen für einen Staat gelten im Allgemeinen Territorialität, Arbeitsteiligkeit, soziale Schichtung der Gesellschaft und ihre kulturelle Geschlossenheit und vor allem die Institutionalisierung der Macht. Grundbedingungen sind Sesshaftigkeit und Nahrungsmittelproduktion. Politische Gebilde, die diese Voraussetzungen weitestgehend erfüllten, waren bereits im 3. Jahrtausend v. Chr. in Vorderasien entstanden. Heute gibt es auf der Erde 193 souveräne Staaten.

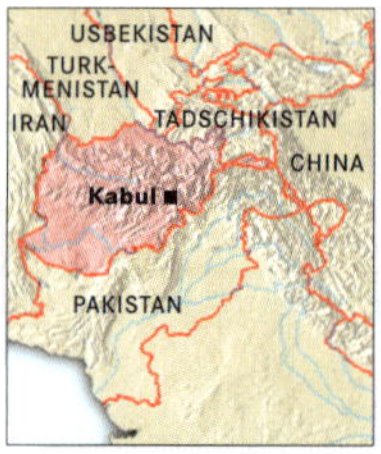

Afghanistan

Staatsform: **Islamische Republik**
Fläche: **652 225 km²**
Einwohner: **28,5 Mio.**
Hauptstadt: **Kabul**
Amtssprachen: **Paschto und Dari (Neupersisch)**
Nationalfeiertag: **18.8.**
Währung: **1 Afghani (Af) = 100 Puls (Pl)**
Zeitzone: **MEZ +3,5 Stunden**

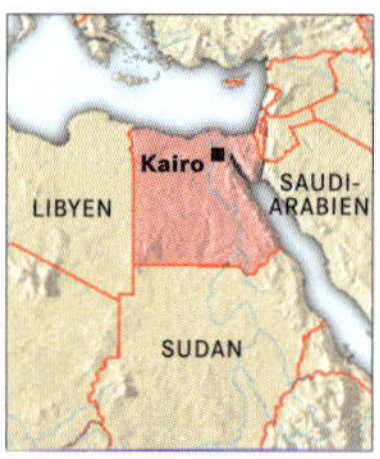

Ägypten

Staatsform: **Präsidiale Republik**
Fläche: **1 001 449 km²**
Einwohner: **61,4 Mio.**
Hauptstadt: **Kairo**
Amtssprache: **Arabisch**
Nationalfeiertage: **23.7., 6.10.**
Währung: **1 Ägyptisches Pfund (ägyptische £) = 100 Piaster (PT)**
Zeitzone: **MEZ +1 Stunde**

Albanien

Staatsform: **Parlamentarische Republik**
Fläche: **28 748 km²**
Einwohner: **3,4 Mio.**
Hauptstadt: **Tirana**
Amtssprache: **Albanisch**
Nationalfeiertag: **28.11.**
Währung: **1 Lek = 100 Quindarka**
Zeitzone: **MEZ**

Algerien

Staatsform: **Präsidiale Republik**
Fläche: **2 381 741 km²**
Einwohner: **30,0 Mio.**
Hauptstadt: **Algier**
Amtssprache: **Arabisch**
Nationalfeiertage: **5.7. und 1.11.**
Währung: **1 Algerischer Dinar (DA) = 100 Centimes (CT)**
Zeitzone: **MEZ**

Andorra

Staatsform: **Parlamentarisches Fürstentum**
Fläche: **453 km²**
Einwohner: **65 000**
Hauptstadt: **Andorra la Vella**
Amtssprache: **Katalanisch**
Nationalfeiertag: **8.9.**
Währung: **Spanische Peseta (Pta) und Franz. Franc (FF)**
Zeitzone: **MEZ**

Angola

Staatsform: **Präsidiale Republik**
Fläche: **1 246 700 km²**
Einwohner: **12,0 Mio.**
Hauptstadt: **Luanda**
Amtssprache: **Portugiesisch**
Nationalfeiertage: **11.11., 10.12.**
Währung: **Kwanza (Kz)**
Zeitzone: **MEZ**

Antigua und Barbuda

Staatsform: **Parlamentarische Monarchie**
Fläche: **442 km2**
Einwohner: **67 000**
Hauptstadt: **Saint John's**
Amtssprache: **Englisch**
Nationalfeiertag: **1.11.**
Währung: **1 Ostkaribischer Dollar (EC$) = 100 Cents**
Zeitzone: **MEZ - 5 Stunden**

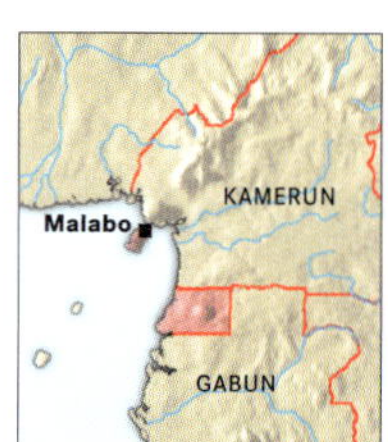

Äquatorialguinea

Staatsform: **Präsidiale Republik**
Fläche: **28 051 km²**
Einwohner: **432 000**
Hauptstadt: **Malabo**
Amtssprache: **Spanisch**
Nationalfeiertag: **12.10.**
Währung: **1 CFA-Franc = 100 Centimes**
Zeitzone: **MEZ**

Argentinien

Staatsform: **Bundesrepublik**
Fläche: **2 780 400 km²**
Einwohner: **36,1 Mio.**
Hauptstadt: **Buenos Aires**
Amtssprache: **Spanisch**
Nationalfeiertage: **25.5., 10.6. und 9.7.**
Währung: **1 Argentinischer Peso (arg.$) = 100 Centavos (c)**
Zeitzone: **MEZ –4 Stunden**

Armenien

Staatsform: **Präsidiale Republik**
Fläche: **29 800 km²**
Einwohner: **3,8 Mio.**
Hauptstadt: **Jerewan**
Amtssprache: **Armenisch**
Nationalfeiertage: **28.5., 21.9.**
Währung: **1 Dram (ARD) = 100 Luma (Lm)**
Zeitzone: **MEZ +3 Stunden**

Aserbaidschan

Staatsform: **Präsidiale Republik**
Fläche: **86 600 km²**
Einwohner: **7,9 Mio.**
Hauptstadt: **Baku**
Amtssprache: **Aserbaidschanisch (Aseri)**
Nationalfeiertag: **28.5.**
Währung: **1 Aserbaidschan-Manat (A. M.) = 100 Gepik (G)**
Zeitzone: **MEZ +3 Stunden**

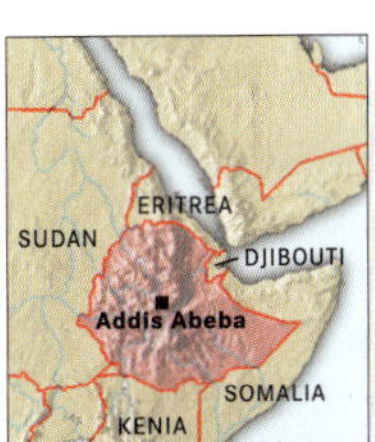

Äthiopien

Staatsform: **Bundesrepublik**
Fläche: **1 133 380 km²**
Einwohner: **61,3 Mio.**
Hauptstadt: **Addis Abeba**
Amtssprache: **Amharisch**
Nationalfeiertag: **12. 9.**
Währung: **1 Birr (Br) = 100 Cents (ct.)**
Zeitzone: **MEZ +2 Stunden**

Australien

Staatsform: **Parlamentarisch-föderative Monarchie**
Fläche: **7 68 300 km²**
Einwohner: **18,8 Mio.**
Hauptstadt: **Canberra**
Amtssprache: **Englisch**
Nationalfeiertag: **26.1.**
Währung: **1 Australischer Dollar (A $) = 100 Cents (c)**
Zeitzone: **MEZ +7, 8,5 und 9 Stunden (von Westen nach Osten)**

Bahamas

Staatsform: **Parlamentarische Monarchie**
Fläche: **13 878 km²**
Einwohner: **294 000**
Hauptstadt: **Nassau**
Amtssprache: **Englisch**
Nationalfeiertag: **10.7.**
Währung: **1 Bahama-Dollar (B$) = 100 Cents (c)**
Zeitzone: **MEZ –5 Stunden**

Bahrain

Staatsform: **Emirat**
Fläche: **694 km²**
Einwohner: **641 000**
Hauptstadt: **Menama**
Amtssprache: **Arabisch**
Nationalfeiertag: **16.12.**
Währung: **1 Bahrain-Dinar (BD) = 1000 Fils**
Zeitzone: **MEZ +3 Stunden**

Bangladesh

Staatsform: **Parlamentarische Republik**
Fläche: **147 570 km²**
Einwohner: **125,6 Mio.**
Hauptstadt: **Dhaka**
Amtssprache: **Bengali**
Nationalfeiertage: **26.3., 16.12.**
Währung: **1 Taka (Tk.) = 100 Poisha (ps.)**
Zeitzone: **MEZ +5 Stunden**

Barbados

Staatsform: **Parlamentarische Republik**
Fläche: **430 km²**
Einwohner: **266 000**
Hauptstadt: **Bridgetown**
Amtssprache: **Englisch**
Nationalfeiertag: **30.11.**
Währung: **1 Barbados-Dollar (BDS$) = 100 Cents**
Zeitzone: **MEZ –5 Stunden.**

Belgien

Staatsform: **Parlamentarische Monarchie**
Fläche: **30 519 km²**
Einwohner: **10,2 Mio.**
Hauptstadt: **Brüssel**
Amtssprachen: **Französisch, Niederländisch und Deutsch**
Nationalfeiertag: **21.7.**
Währung: **1 Euro = 100 Cent***
Zeitzone: **MEZ**

*Alte Währung: 1 Belgischer Franc (bfr) = 100 Centimes (c) (Zahlungsmittel bis 31.12. 2001 bzw. 30.6.2002)

Belize

Staatsform: **Parlamentarische Monarchie**
Fläche: **22 966 km²**
Einwohner: **236 000**
Hauptstadt: **Belmopan**
Amtssprache: **Englisch**
Nationalfeiertag: **21.9.**
Währung: **1 Belize-Dollar (Bz$) = 100 Cents (c)**
Zeitzone: **MEZ –7 Stunden**

Benin

Staatsform: **Präsidiale Republik**
Fläche: **112 622 km²**
Einwohner: **6,0 Mio.**
Hauptstadt: **Porto Novo**
Amtssprache: **Französisch**
Nationalfeiertag: **1.8.**
Währung: **CFA-Franc**
Zeitzone: **MEZ -1 Stunde**

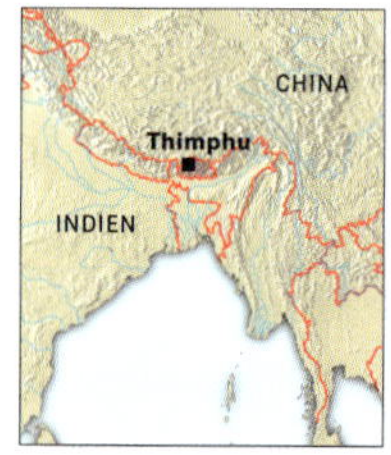

Bhutan

Staatsform: **Konstitutionelle Monarchie**
Fläche: **47 000 km²**
Einwohner: **759 000**
Hauptstadt: **Thimphu**
Amtssprache: **Dzongkha**
Nationalfeiertag: **17.12.**
Währung: **1 Ngultrum (NU, Nu.)= 100 Chetrum (CH, Ch.)**
Zeitzone: **MEZ +4,5 Stunden**

Birma (Myanmar)

Staatsform: **Verfassung außer Kraft, Militärregime**
Fläche: **676 578 km²**
Einwohner: **44,4 Mio.**
Hauptstadt: **Rangun (Yangon)**
Amtssprache: **Birmanisch**
Nationalfeiertag: **4.1.**
Währung: **1 Kyat (K) = 100 Pyas (P)**
Zeitzone: **MEZ +5,5 Stunden**

Bolivien

Staatsform: **Präsidiale Republik**
Fläche: **1 098 581 km²**
Einwohner: **(1999) 7,9 Mio.**
Hauptstadt: **Sucre**
Amtssprachen: **Spanisch, Ketschua, Aimara**
Nationalfeiertag: **6.8.**
Währung: **1 Boliviano (Bs) = 100 Centavos (c.)**
Zeitzone: **MEZ –5 Stunden**

Bosnien u. Herzegowina

Staatsform: **Republik**
Fläche: **51 129 km²**
Einwohner: **2,5 Mio.**
Hauptstadt: **Sarajevo**
Amtssprache: **Serbokroatisch**
Nationalfeiertag: **1.3.**
Währung: **1 Konvertible Mark (KM) = 100 Fening**
Zeitzone: **MEZ**

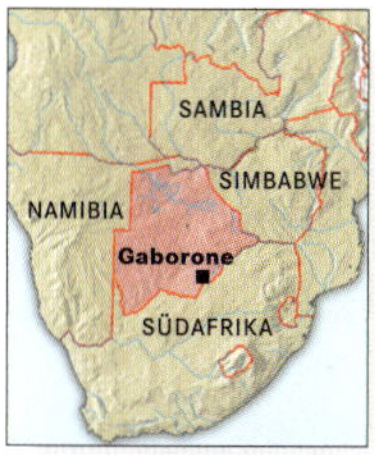

Botswana

Staatsform: **Präsidiale Republik**
Fläche: **581 730 km²**
Einwohner: **1,6 Mio.**
Hauptstadt: **Gaborone**
Amtssprachen: **Tswana und Englisch**
Nationalfeiertag: **30.9.**
Währung: **1 Pula (P) = 100 Thebe (t)**
Zeitzone: **MEZ +1 Stunde**

Brasilien

Staatsform: **Präsidiale Bundesrepublik**
Fläche: **8 547 404 km²**
Einwohner: **165,9 Mio.**
Hauptstadt: **Brasília**
Amtssprache: **Portugiesisch**
Nationalfeiertag: **7.9.**
Währung: **1 Real (R$) = 100 Centavos**
Zeitzone: **MEZ –4 bis –6 Stunden (von Osten nach Westen)**

Brunei

Staatsform: **Sultanat**
Fläche: **5765 km²**
Einwohner: **314 000**
Hauptstadt: **Bandar Seri Begawan**
Amtssprache: **Malaiisch**
Nationalfeiertage: **23.2., 15.7.**
Währung: **1 Brunei-Dollar (BR$) = 100 Cents (¢)**
Zeitzone: **MEZ +7 Stunden**

Bulgarien

Staatsform: **Parlamentarische Republik**
Fläche: **110 912 km²**
Einwohner: **8,2 Mio.**
Hauptstadt: **Sofia**
Amtssprache: **Bulgarisch**
Nationalfeiertag: **3.3.**
Währung: **1 Lew (Lw) = 100 Stótinki (St)**
Zeitzone: **MEZ +1 Stunde**

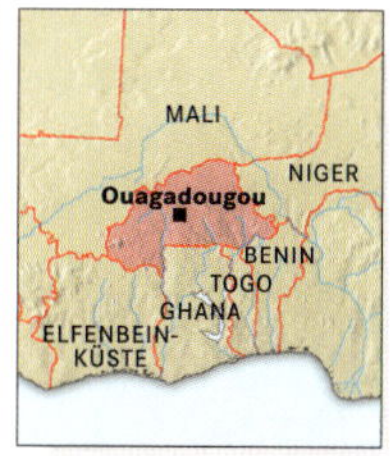

Burkina Faso

Staatsform: **Präsidiale Republik**
Fläche: **274 200 km²**
Einwohner: **10,7 Mio.**
Hauptstadt: **Ouagadougou**
Amtssprache: **Französisch**
Nationalfeiertage: **5.8., 11.12.**
Währung: **CFA-Franc**
Zeitzone: **MEZ –1 Stunde**

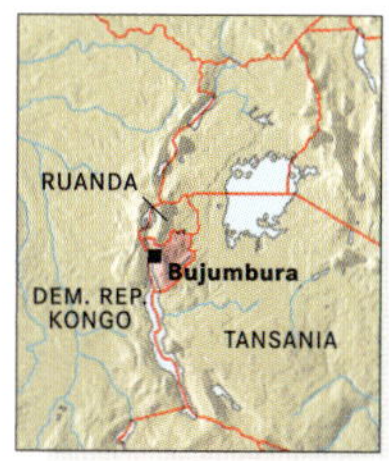

Burundi

Staatsform: **Präsidiale Republik**
Fläche: **27 834 km²**
Einwohner: **6,6 Mio.**
Hauptstadt: **Bujumbura**
Amtssprachen: **Rundi und Französisch**
Nationalfeiertag: **1.7.**
Währung: **1 Burundi-Franc (F. Bu.) = 100 Centimes**
Zeitzone: **MEZ +1 Stunde**

Chile

Staatsform: **Präsidiale Republik**
Fläche: **756 626 km²**
Einwohner: **14,8 Mio.**
Hauptstadt: **Santiago de Chile**
Amtssprache: **Spanisch**
Nationalfeiertag: **18.9.**
Währung: **1 Chilenischer Peso (chil$) = 100 Centavos**
Zeitzone: **MEZ –5 Stunden**

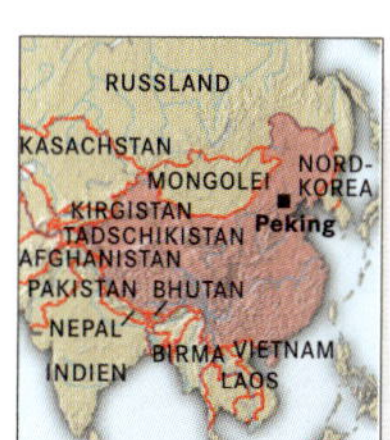

China

Staatsform: **Sozialistische Volksrepublik**
Fläche: **9 600 000 km²**
Einwohner: **1238,6 Mio.**
Hauptstadt: **Peking**
Amtssprache: **Chinesisch**
Nationalfeiertag: **1.10.**
Währung: **1 Renminbi ¥uan (RMB.¥) = 10 Jiao = 100 Fen**
Zeitzone: **MEZ +7 Stunden**

Costa Rica

Staatsform: **Präsidiale Republik**
Fläche: **51 100 km^2**
Einwohner: **3,5 Mio.**
Hauptstadt: **San José**
Amtssprache: **Spanisch**
Nationalfeiertag: **15.9.**
Währung: **1 Costa-Rica-Colón (Fr) = 100 Céntimos (c)**
Zeitzone: **MEZ –7 Stunden**

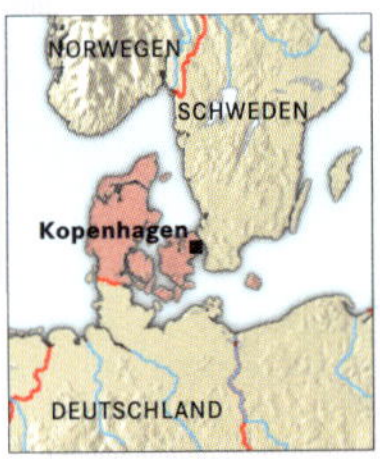

Dänemark

Staatsform: **Parlamentarische Monarchie**
Fläche: **43 094 km^2**
Einwohner: **5,3 Mio.**
Hauptstadt: **Kopenhagen**
Amtssprache: **Dänisch**
Nationalfeiertag: **5.6.**
Währung: **1 Dänische Krone (dkr) = 100 Øre**
Zeitzone: **MEZ**

Deutschland

Staatsform: **Parlamentarische Bundesrepublik**
Fläche: **357 021 km^2**
Einwohner: **82,1 Mio.**
Hauptstadt: **Berlin**
Amtssprache: **Deutsch**
Nationalfeiertag: **3.10.**
Währung: **1 Euro = 100 Cent***
Zeitzone: **MEZ**

*Alte Währung: 1 Deutsche Mark (DM) = 100 Deutsche Pfennige (Pf) (Zahlungsmittel bis 31.12.2001 bzw. 30.6. 2002)

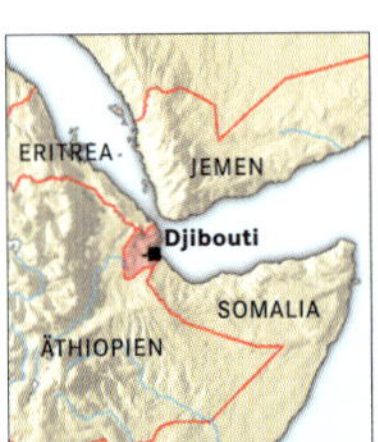

Djibouti

Staatsform: **Präsidiale Republik**
Fläche: **23 200 km^2**
Einwohner: **653 000**
Hauptstadt: **Djibouti**
Amtssprachen: **Arabisch und Französisch**
Nationalfeiertag: **27.6.**
Währung: **1 Djibouti-Franc (FD) = 100 Centimes (c)**
Zeitzone: **MEZ +2 Stunden.**

Dominica

Staatsform: **Parlamentarische Republik**
Fläche: **751 km^2**
Einwohner: **74 000**
Hauptstadt: **Roseau**
Amtssprache: **Englisch**
Nationalfeiertag: **3.11.**
Währung: **1 Ostkaribischer Dollar (EC$) = 100 Cents (c)**
Zeitzone: **MEZ –5 Stunden**

Dominikanische Republik

Staatsform: **Präsidiale Republik**
Fläche: **48 734 km^2**
Einwohner: **8,3 Mio.**
Hauptstadt: **Santo Domingo**
Amtssprache: **Spanisch**
Nationalfeiertag: **27.2.**
Währung: **1 Dominikanischer Peso (dom $) = 100 Centavos (cts)**
Zeitzone: **MEZ –5 Stunden**

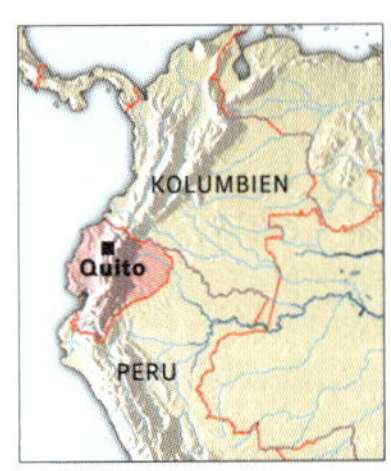

Ecuador

Staatsform: **Präsidiale Republik**
Fläche: **283 561 km^2**
Einwohner: **12,2 Mio.**
Hauptstadt: **Quito**
Amtssprache: **Spanisch**
Nationalfeiertag: **10.8.**
Währung: **1 US-Dollar (US-$) = 100 Cents (c, ¢)**
Zeitzone: **MEZ –6 Stunden**

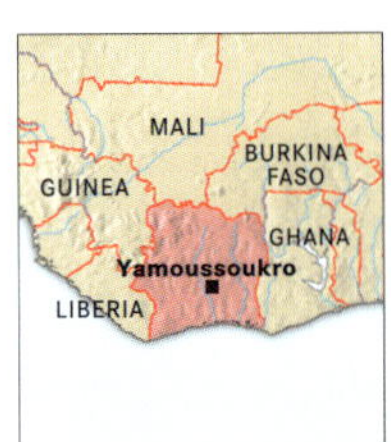

Elfenbeinküste

Staatsform: **Präsidiale Republik**
Fläche: **322 463 km^2**
Einwohner: **14,5 Millionen**
Hauptstadt: **Yamoussoukro**
Amtssprache: **Französisch**
Nationalfeiertag: **7.8.**
Währung: **1 CFA-Franc = 100 Centimes**
Zeitzone: **MEZ -1 Stunde**

El Salvador

Staatsform: **Präsidiale Republik**
Fläche: **21 041 km²**
Einwohner: **6,1 Mio.**
Hauptstadt: **San Salvador**
Amtssprache: **Spanisch**
Nationalfeiertag: **15.9.**
Währung: **1 El-Salvador-Colón (¢) = 100 Centavos**
Zeitzone: **MEZ –7 Stunden**

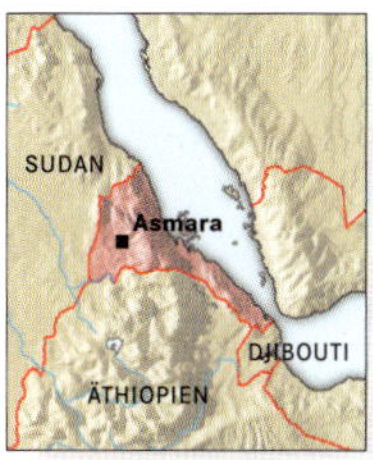

Eritrea

Staatsform: **Präsidiale Republik**
Fläche: **121 143 km²**
Einwohner: **3,9 Mio.**
Hauptstadt: **Asmara**
Amtssprache: **Tigrinja und Arabisch**
Nationalfeiertag: **24.5.**
Währung: **1 Nakfa (Nfa) = 100 Cents (ct.)**
Zeitzone: **MEZ +2 Stunden**

Estland

Staatsform: **Parlamentarische Republik**
Fläche: **45 227 km²**
Einwohner: **1,4 Mio.**
Hauptstadt: **Tallinn (Reval)**
Amtssprache: **Estnisch**
Nationalfeiertag: **24.2.**
Währung: **1 Estnische Krone (ekr) = 100 Senti**
Zeitzone: **OEZ**

Fidschi

Staatsform: **Republik**
Fläche: **18 274 km²**
Einwohner: **827 000**
Hauptstadt: **Suva**
Amtssprache: **Englisch und Fidschianisch**
Nationalfeiertag: **10.10.**
Währung: **1 Fidschi-Dollar (F$) = 100 Cents (c)**
Zeitzone: **MEZ +11 Stunden**

Finnland

Staatsform: **Parlamentarische Republik**
Fläche: **338 145 km²**
Einwohner: **5,2 Mio.**
Hauptstadt: **Helsinki**
Amtssprachen: **Finnisch und Schwedisch**
Nationalfeiertag: **6.12.**
Währung: **1 Euro = 100 Cent***
Zeitzone: **OEZ**

*Alte Währung: 1 Finnmark (Fmk) = 100 Penniä (p) (Zahlungsmittel bis 31.12.2001 bzw. 30.6. 2002)

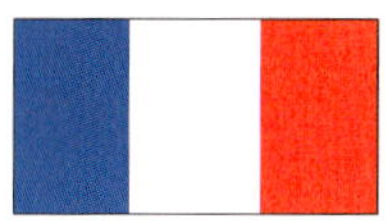

Frankreich

Staatsform: **Parlamentarische Republik**
Fläche: **543 965 km²**
Einwohner: **58,8 Mio.**
Hauptstadt: **Paris**
Amtssprache: **Französisch**
Nationalfeiertag: **14.7.**
Währung: **1 Euro = 100 Cent****
Zeitzone: **MEZ**

**Alte Währung: 1 Französischer Franc (FF) = 100 Centimes (c) (Zahlungsmittel bis 31.12.2001 bzw. 30.6. 2002)

Gabun

Staatsform: **Präsidiale Republik**
Fläche: **267 667 km²**
Einwohner: **1,2 Mio.**
Hauptstadt: **Libreville**
Amtssprache: **Französisch**
Nationalfeiertag: **17.8.**
Währung: **1 CFA-Franc = 100 Centimes**
Zeitzone: **MEZ**

Gambia

Staatsform: **Präsidiale Republik**
Fläche: **11 295 km²**
Einwohner: **1,2 Mio.**
Hauptstadt: **Banjul**
Amtssprache: **Englisch**
Nationalfeiertag: **18.2.**
Währung: **1 Dalasi (D) = 100 Bututs (b)**
Zeitzone: **WEZ**

Georgien

Staatsform: **Präsidiale Republik**
Fläche: **69 700 km²**
Einwohner: **5,4 Mio.**
Hauptstadt: **Tiflis (Tbilissi)**
Amtssprache: **Georgisch**
Währung: **1 Lari (GEL) = 100 Tetri**
Zeitzone: **MEZ +3 Stunden.**

Ghana

Staatsform: **Präsidiale Republik**
Fläche: **238 533 km²**
Einwohner: **18,5 Mio.**
Hauptstadt: **Accra**
Amtssprache: **Englisch**
Nationalfeiertage: **6.3. und 1.7.**
Währung: **1 Cedi (¢) = 100 Pesewas (p)**
Zeitzone: **WEZ**

Grenada

Staatsform: **Parlamentarische Monarchie**
Fläche: **344 km²**
Einwohner: **96 000**
Hauptstadt: **Saint George's**
Amtssprache: **Englisch**
Nationalfeiertag: **7.2.**
Währung: **1 Ostkaribischer Dollar (EC$) = 100 Cents (c)**
Zeitzone: **MEZ –5 Stunden**

Griechenland

Staatsform: **Parlamentarische Republik**
Fläche: **131 957 km²**
Einwohner: **10,5 Mio.**
Hauptstadt: **Athen**
Amtssprache: **Neugriechisch**
Nationalfeiertage: **25.3., 28.10**
Währung: **1 Euro = 100 Cent***
Zeitzone: **MEZ +1 Stunde**

*Alte Währung: 1 Drachme (Dr.) = 100 Lepta (Zahlungsmittel bis 31.12.2001 bzw. 30.6. 2002)

Großbritannien/Nordirland

Staatsform: **Parlamentarische Monarchie**
Fläche: **244 101 km²**
Einwohner: **59,1 Mio.**
Hauptstadt: **London**
Amtssprache: **Englisch**
Nationalfeiertag: **Offizieller Geburtstag des Monarchen**
Währung: **1 Pfund Sterling (£) = 100 New Pence (p)**
Zeitzone: **WEZ**

Guatemala

Staatsform: **Präsidiale Republik**
Fläche: **108 889 km²**
Einwohner: **11,8 Mio.**
Hauptstadt: **Guatemala**
Amtssprache: **Spanisch**
Nationalfeiertag: **15.9.**
Währung: **1 Quetzal (Q) = 100 Centavos (c, cts)**
Zeitzone: **MEZ –7 Stunden**

Guinea

Staatsform: **Präsidiale Republik**
Fläche: **245 857 km²**
Einwohner: **7,1 Mio.**
Hauptstadt: **Conakry**
Amtssprache: **Französisch**
Nationalfeiertag: **2.10.**
Währung: **Guinea-Franc (F.G.)**
Zeitzone: **WEZ**

Guinea-Bissau

Staatsform: **Präsidiale Republik**
Fläche: **36 125 km²**
Einwohner: **1,2 Mio.**
Hauptstadt: **Bissau**
Amtssprache: **Portugiesisch**
Nationalfeiertag: **24.9.**
Währung: **CFA-Franc**
Zeitzone: **WEZ**

Guyana

Staatsform: **Präsidiale Republik**
Fläche: **214 969 km²**
Einwohner: **857 000**
Hauptstadt: **Georgetown**
Amtssprache: **Englisch**
Nationalfeiertag: **23.2.**
Währung: **1 Guyana-Dollar (G$) = 100 Cents (¢)**
Zeitzone: **MEZ –5 Stunden**

Haiti

Staatsform: **Präsidiale Republik**
Fläche: **27 750 km²**
Einwohner: **7,6 Mio.**
Hauptstadt: **Port-au-Prince**
Amtssprache: **Französisch und Kreolisch**
Nationalfeiertag: **1.1.**
Währung: **1 Gourde (Gde.) = 100 Centimes (cts.)**
Zeitzone: **MEZ –5 Stunden**

Honduras

Staatsform: **Präsidiale Republik**
Fläche: **112 088 km²**
Einwohner: **6,2 Mio.**
Hauptstadt: **Tegucigalpa**
Amtssprache: **Spanisch**
Nationalfeiertag: **15.9.**
Währung: **1 Lempira (L) = 100 Centavos (cts.)**
Zeitzone: **MEZ –7 Stunden**

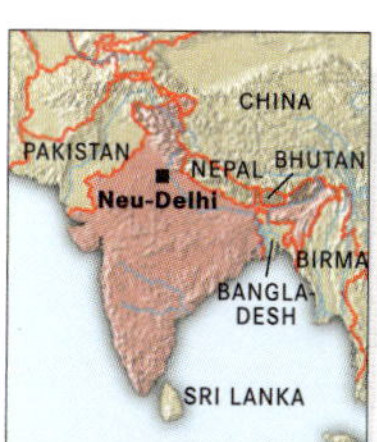

Indien

Staatsform: **Parlamentarische Bundesrepublik**
Fläche: **3 287 263 km²**
Einwohner: **1 Mrd.**
Hauptstadt: **Neu-Delhi (Delhi)**
Amtssprache: **Hindi**
Nationalfeiertage: **26.1., 15.8.**
Währung: **1 Indische Rupie (iR) = 100 Paise (P.)**
Zeitzone: **MEZ +4,5 Stunden**

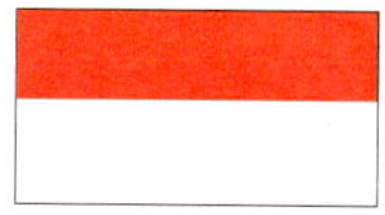

Indonesien

Staatsform: **Präsidiale Republik**
Fläche: **1 904 443 km²**
Einwohner: **203,7 Mio.**
Hauptstadt: **Jakarta**
Amtssprache: **Bahasa Indonesia**
Nationalfeiertag: **17.8.**
Währung: **1 Rupiah (Rp.) = 100 Sen (s)**
Zeitzone: **(von Westen nach Osten) MEZ +6 (Jakarta), +7 bzw. +8 Stunden**

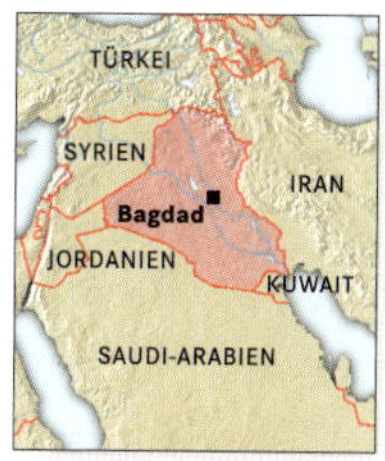

Irak

Staatsform: **Präsidiale Republik**
Fläche: **438 317 km²**
Einwohner: **22,3 Mio.**
Hauptstadt: **Bagdad**
Amtssprache: **Arabisch (in der kurdischen Region auch Kurdisch)**
Nationalfeiertag: **14.7.**
Währung: **1 Irak-Dinar (ID) = 1000 Fils**
Zeitzone: **MEZ +2 Stunden**

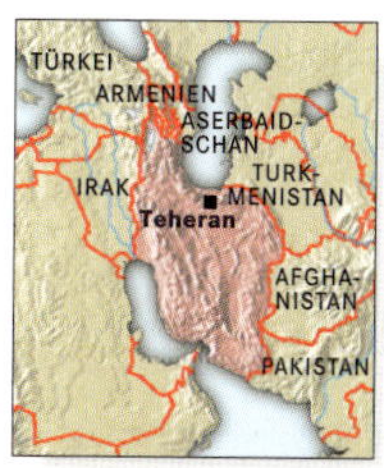

Iran

Staatsform: **Islamische Republik**
Fläche: **1 648 000 km²**
Einwohner: **61,9 Mio.**
Hauptstadt: **Teheran**
Amtssprache: **Persisch (Farsi)**
Nationalfeiertag: **11.2., 1.4.**
Währung: **1 Rial (Rl.) = 100 Dinars (D.)**
Zeitzone: **MEZ +2,5 Stunden**

Irland

Staatsform: **Parlamentarische Republik**
Fläche: **70 284 km²**
Einwohner: **3,7 Mio.**
Hauptstadt: **Dublin**
Amtssprachen: **Irisch, Englisch**
Nationalfeiertag: **17.3.**
Währung: **1 Euro = 100 Cent***
Zeitzone: **WEZ**

*Alte Währung: 1 Irisches Pfund (Ir£) = 100 New Pence (p) (Zahlungsmittel bis 31.12.2001 bzw. 30.6. 2002)

Island

Staatsform: **Parlamentarische Republik**
Fläche: **103 000 km²**
Einwohner: **274 000**
Hauptstadt: **Reykjavík**
Amtssprache: **Isländisch**
Nationalfeiertag: **17.6.**
Währung: **1 Isländische Krone (ikr) = 100 Aurar (aur.)**
Zeitzone: **WEZ**

Israel

Staatsform: **Parlamentarische Republik**
Fläche: **20 770 km²**
Einwohner: **6,0 Mio.**
Hauptstadt: **Jerusalem**
Amtssprachen: **Hebräisch, Arabisch**
Nationalfeiertag: **5. Ijjär**
Währung: **1 Neuer Schekel (NIS) = 100 Agorot**
Zeitzone: **MEZ +1 Stunde**

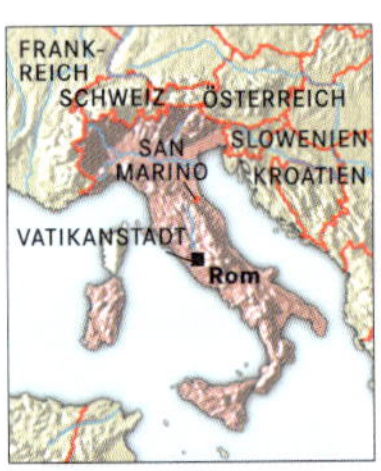

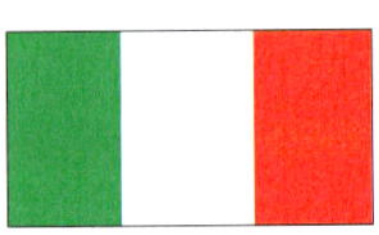

Italien

Staatsform: **Parlamentarische Republik**
Fläche: **301 341 km²**
Einwohner: **57,6 Mio.**
Hauptstadt: **Rom**
Amtssprache: **Italienisch, im Aostatal auch Französisch, in der Provinz Bozen auch Deutsch**
Nationalfeiertag: **1. Junisonntag**
Währung: **1 Euro = 100 Cent***
Zeitzone: **MEZ**

*Alte Währung: 1 Italienische Lira (Lit) = 100 Centesimi (Cent.) (Zahlungsmittel bis 31.12.2001 bzw. 30.6. 2002)

Jamaika

Staatsform: **Parlamentarische Monarchie**
Fläche: **10 990 km²**
Einwohner: **2,6 Mio.**
Hauptstadt: **Kingston**
Amtssprache: **Englisch**
Nationalfeiertag: **1. Mon. im Aug.**
Währung: **1 Jamaika-Dollar (J$) = 100 Cents (c)**
Zeitzone: **MEZ –6 Stunden**

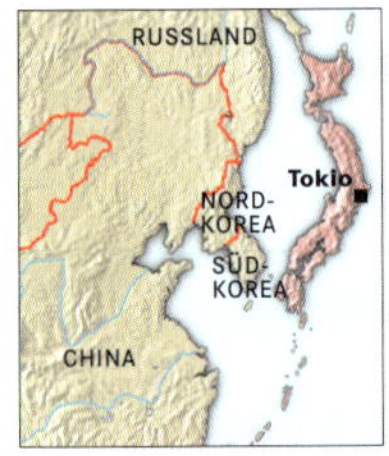

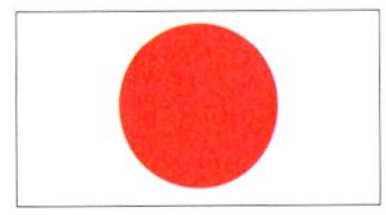

Japan

Staatsform: **Parlamentarische Monarchie**
Fläche: **372 824 km²**
Einwohner: **126,3 Mio.**
Hauptstadt: **Tokio**
Amtssprache: **Japanisch**
Nationalfeiertag: **23.12.**
Währung: **1 Yen (¥) = 100 Sen**
Zeitzone: **MEZ +8 Stunden**

Jemen

Staatsform: **Republik**
Fläche: **527 968 km²**
Einwohner: **16,5 Mio.**
Hauptstadt: **Sanaa**
Amtssprache: **Arabisch**
Nationalfeiertag: **22.5.**
Währung: **1 Jemen-Rial (Y. Rl) = 100 Fils**
Zeitzone: **MEZ +2 Stunden**

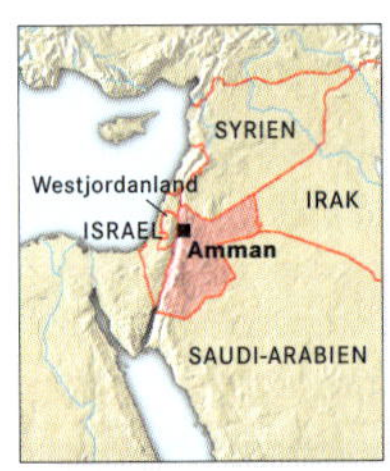

Jordanien

Staatsform: **Konstitutionelle Monarchie**
Fläche: **89 342 km²**
Einwohner: **4,6 Mio.**
Hauptstadt: **Amman**
Amtssprache: **Arabisch**
Nationalfeiertag: **25.5.**
Währung: **1 Jordan-Dinar (JD.) = 1000 Fils (FLS)**
Zeitzone: **OEZ**

Jugoslawien

Staatsform: **Bundesrepublik**
Fläche: **102 173 km2**
Einwohner: **10,6 Mio.**
Hauptstadt: **Belgrad**
Amtssprache: **Serbisch**
Nationalfeiertag: **27.4., 7.7. (Montenegro), 29.–30.11.**
Währung: **1 Jugoslawischer Neuer Dinar (N. Din) = 100 Para (p)**
Zeitzone: **MEZ**

Kambodscha

Staatsform: **Konstitutionelle Monarchie**
Fläche: **181 035 km²**
Einwohner: **10,7 Mio.**
Hauptstadt: **Phnom Penh**
Amtssprache: **Khmer**
Nationalfeiertage: **24.9., 9.11.**
Währung: **1 Riel (CR) = 10 Kak = 100 Sen**
Zeitzone: **MEZ +6 Stunden**

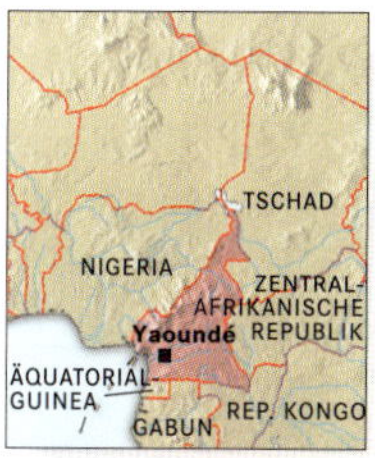

Kamerun

Staatsform: **Präsidiale Republik**
Fläche: **475 442 km²**
Einwohner: **14,3 Mio.**
Hauptstadt: **Yaoundé**
Amtssprachen: **Französisch und (regional) Englisch**
Nationalfeiertage: **1.1., 20.5.**
Währung: **1 CFA-Franc = 100 Centimes**
Zeitzone: **MEZ**

Kanada

Staatsform: **Parlamentarische Monarchie**
Fläche: **9 970 610 km²**
Einwohner: **30,6 Mio.**
Hauptstadt: **Ottawa**
Amtssprachen: **Englisch und Französisch**
Nationalfeiertag: **1.7.**
Währung: **1 Kanadischer Dollar (kan$) = 100 Cents (c)**
Zeitzone: **MEZ –4,5 bis –9 St.**

Kap Verde

Staatsform: **Republik**
Fläche: **4033 km²**
Einwohner: **412 000**
Hauptstadt: **Praia**
Amtssprache: **Portugiesisch**
Nationalfeiertag: **5.7.**
Währung: **1 Kap-Verde-Escudo (KEsc) = 100 Centavos (CTS)**
Zeitzone: **MEZ –3 Stunden**

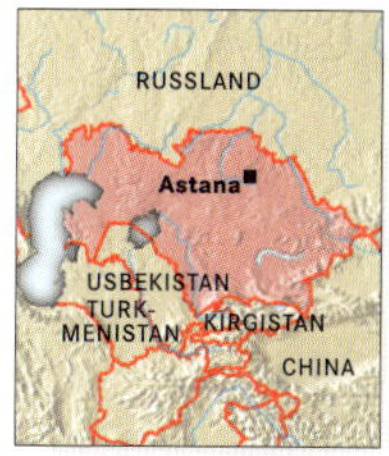

Kasachstan

Staatsform: **Präsidiale Republik**
Fläche: **2 717 300 km²**
Einwohner: **15,7 Mio.**
Hauptstadt: **Astana**
Amtssprache: **Kasachisch**
Nationalfeiertag: **25.10., 16.12.**
Währung: **1 Tenge (T) = 100 Tiin**
Zeitzone: **MEZ +4 bis + 5 Stunden**

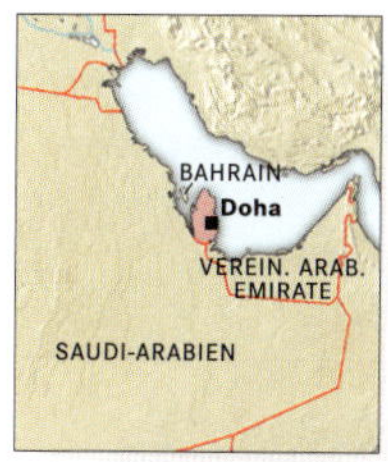

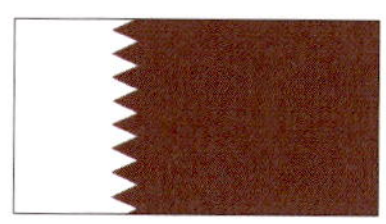

Katar

Staatsform: **Absolute Monarchie**
Fläche: **11 437 km²**
Einwohner: **742 000**
Hauptstadt: **Doha**
Amtssprache: **Arabisch**
Nationalfeiertag: **3.9.**
Währung: **1 Katar-Riyal (QR) = 100 Dirhams**
Zeitzone: **MEZ +3 Stunden**

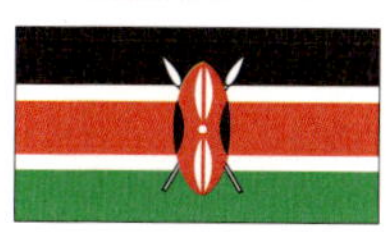

Kenia

Staatsform: **Präsidiale Republik**
Fläche: **582 646 km²**
Einwohner: **29,3 Mio.**
Hauptstadt: **Nairobi**
Amtssprachen: **Suaheli, Englisch**
Nationalfeiertag: **12.12.**
Währung: **1 Kenia-Schilling (K. Sh.) = 100 Cents (cts)**
Zeitzone: **MEZ +2 Stunden**

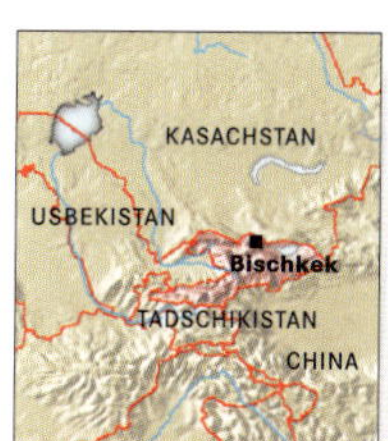

Kirgistan

Staatsform: **Präsidiale Republik**
Fläche: **198 500 km²**
Einwohner: **4,7 Mio.**
Hauptstadt: **Bischkek**
Amtssprachen: **Kirgisisch, Russisch**
Nationalfeiertag: **31.8.**
Währung: **1 Kirgistan-Som (K.S.) = 100 Tyin**
Zeitzone: **MEZ +4 Stunden**

Kiribati

Staatsform: **Präsidiale Republik**
Fläche: **811 km²**
Einwohner: **85 000**
Hauptstadt: **Bairiki (auf Tarawa)**
Amtssprachen: **Gilbertesisch, Englisch**
Nationalfeiertag: **12.7.**
Währung: **1 Australischer Dollar/Kiribati ($A/K) = 100 Cents (c)**
Zeitzone: **MEZ +11 St. (Bairiki)**

Kolumbien

Staatsform: **Präsidiale Republik**
Fläche: **1 141 748 km²**
Einwohner: **40,8 Mio.**
Hauptstadt: **Bogotá**
Amtssprache: **Spanisch**
Nationalfeiertag: **20.7.**
Währung: **1 Kolumbian. Peso (kol$) = 100 Centavos (c, cvs)**
Zeitzone: **MEZ –6 Stunden**

Komoren

Staatsform: **Islamische Bundesrepublik**
Fläche: **1 862 km²**
Einwohner: **531 000**
Hauptstadt: **Moroni**
Amtssprachen: **Arabisch, Französisch**
Nationalfeiertag: **6.7.**
Währung: **1 Komoren-Franc (FC) = 100 Centimes**
Zeitzone: **MEZ +2 Stunden**

Kongo (Demokratische Republik K.)

Staatsform: **Präsidiale Republik**
Fläche: **2 344 885 km²**
Einwohner: **48,2 Mio.**
Hauptstadt: **Kinshasa**
Amtssprache: **Französisch**
Nationalfeiertag: **30.6.**
Währung: **1 Kongo-Franc (FC) = 100 Centimes**
Zeitzone: **OEZ und MEZ**

Kongo (Republik K.)

Staatsform: **Demokratische Republik**
Fläche: **342 000 km²**
Einwohner: **2,8 Mio.**
Hauptstadt: **Brazzaville**
Amtssprache: **Französisch**
Nationalfeiertag: **15.8.**
Währung: **1 CFA-Franc = 100 Centimes (c)**
Zeitzone: **MEZ**

Korea-Nord (Demokratische Volksrepublik K.)

Staatsform: **Kommunistische Volksrepublik**
Fläche: **122 762 km²**
Einwohner: **23,2 Mio.**
Hauptstadt: **Pjöngjang**
Amtssprache: **Koreanisch**
Nationalfeiertag: **9.9.**
Währung: **1 Won = 100 Chon**
Zeitzone: **MEZ +8 Stunden**

Korea-Süd (Republik K.)

Staatsform: **Präsidiale Republik**
Fläche: **99 268 km²**
Einwohner: **46,4 Mio.**
Hauptstadt: **Seoul**
Amtssprache: **Koreanisch**
Nationalfeiertag: **15.8.**
Währung: **1 Won = 100 Chon**
Zeitzone: **MEZ +8 Stunden**

Kroatien

Staatsform: **Republik**
Fläche: **56 538 km²**
Einwohner: **4,6 Mio.**
Hauptstadt: **Zagreb**
Amtssprache: **Kroatisch**
Nationalfeiertag: **30.5.**
Währung: **1 Kuna (K) = 100 Lipa (lp)**
Zeitzone: **MEZ**

Kuba

Staatsform: **Sozialistische Republik**
Fläche: **110 861 km^2**
Einwohner: **11,1 Mio.**
Hauptstadt: **Havanna**
Amtssprache: **Spanisch**
Nationalfeiertage: **1.1., 26.7., 10.10.**
Währung: **1 Kubanischer Peso (kub$) = 100 Centavos (¢)**
Zeitzone: **MEZ –5 Stunden**

Kuwait

Staatsform: **Emirat**
Fläche: **17 818 km^2**
Einwohner: **1,9 Mio.**
Hauptstadt: **Kuwait**
Amtssprache: **Arabisch**
Nationalfeiertag: **25.2.**
Währung: **1 Kuwait-Dinar (KD.) = 1000 Fils**
Zeitzone: **MEZ +2 Stunden**

Laos

Staatsform: **Volksrepublik**
Fläche: **236 800 km^2**
Einwohner: **5,0 Mio.**
Hauptstadt: **Vientiane**
Amtssprache: **Laotisch**
Nationalfeiertag: **2.12.**
Währung: **Kip**
Zeitzone: **MEZ +6 Stunden**

Lesotho

Staatsform: **Konstitutionelle Monarchie**
Fläche: **30 355 km^2**
Einwohner: **2,184 Mio.**
Hauptstadt: **Maseru**
Amtssprachen: **Sotho, Englisch**
Nationalfeiertag: **4.10.**
Währung: **1 Loti (M; Plural: Maloti) = 100 Lisente (s)**
Zeitzone: **MEZ +1 Stunde**

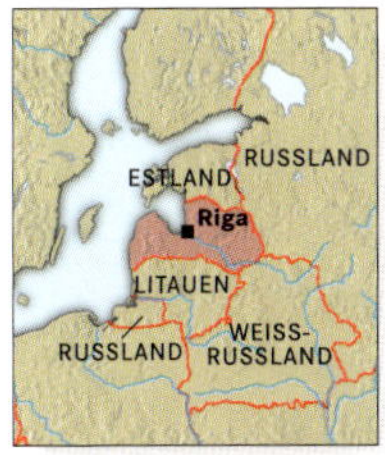

Lettland

Staatsform: **Parlamentarische Republik**
Fläche: **64 589 km^2**
Einwohner: **2,4 Mio.**
Hauptstadt: **Riga**
Amtssprache: **Lettisch**
Nationalfeiertag: **18.11.**
Währung: **1 Lats (Ls) = 100 Santim (s)**
Zeitzone: **OEZ**

Libanon

Staatsform: **Parlamentarische Republik**
Fläche: **10 452 km^2**
Einwohner: **4,2 Mio.**
Hauptstadt: **Beirut**
Amtssprache: **Arabisch**
Nationalfeiertag: **22.11.**
Währung: **1 Libanesisches Pfund (L£) = 100 Piastres (P.L.)**
Zeitzone: **OEZ**

Liberia

Staatsform: **Präsidiale Republik**
Fläche: **111 369 km^2**
Einwohner: **3,0 Mio.**
Hauptstadt: **Monrovia**
Amtssprache: **Englisch**
Nationalfeiertag: **26.7.**
Währung: **1 Liberianischer Dollar (Lib$) = 100 Cents (c)**
Zeitzone: **WEZ**

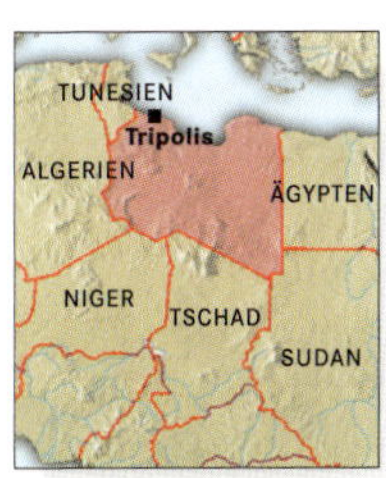

Libyen

Staatsform: **Volksrepublik**
Fläche: **1 759 540 km^2**
Einwohner: **5,3 Mio.**
Hauptstadt: **Tripolis**
Amtssprache: **Arabisch**
Nationalfeiertag: **1.9.**
Währung: **1 Libyscher Dinar (LD.) = 1000 Dirhams**
Zeitzone: **OEZ**

Liechtenstein

Staatsform: **Parlamentarische Monarchie**
Fläche: **160 km²**
Einwohner: **32 100**
Hauptstadt: **Vaduz**
Amtssprache: **Deutsch**
Nationalfeiertag: **15.8.**
Währung: **1 Schweizer Franken (sfr) = 100 Rappen (Rp)/Centimes (c)**
Zeitzone: **MEZ**

Litauen

Staatsform: **Parlamentarische Republik**
Fläche: **65 301 km²**
Einwohner: **3,7 Mio.**
Hauptstadt: **Vilnius (Wilna)**
Amtssprache: **Litauisch**
Nationalfeiertage: **16.2., 11.3.**
Währung: **1 Litas (LTL) = 100 Centai (ct)**
Zeitzone: **MEZ**

Luxemburg

Staatsform: **Konstitutionelle Monarchie**
Fläche: **2 586 km²**
Einwohner: **427 000**
Hauptstadt: **Luxemburg**
Amtssprachen: **Französisch, Luxemburgisch, Deutsch**
Nationalfeiertag: **23.6.**
Währung: **1 Euro = 100 Cent***
Zeitzone: **MEZ**

*Alte Währung: 1 Luxemburgischer Franc (lfr) = 100 Centimes (c) (Zahlungsmittel bis 31.12.2001 bzw. 30.6. 2002)

Madagaskar

Staatsform: **Republik**
Fläche: **587 041 km²**
Einwohner: **14,6 Mio.**
Hauptstadt: **Antananarivo**
Amtssprachen: **Malagasy und Französisch**
Nationalfeiertag: **26.6.**
Währung: **1 Madagascar-Franc (FMG) = 100 Centimes (c)**
Zeitzone: MEZ +2 Stunden

Makedonien

Staatsform: **Republik**
Fläche: **25 713 km²**
Einwohner: **2,0 Mio.**
Hauptstadt: **Skopje**
Amtssprache: **Makedonisch**
Nationalfeiertag: **2.8.**
Währung: **1 Denar (Den) = 100 Deni**
Zeitzone: **MEZ**

Malawi

Staatsform: **Präsidiale Republik**
Fläche: **118 484 km²**
Einwohner: **10,5 Mio.**
Hauptstadt: **Lilongwe**
Amtssprache: **Englisch**
Nationalfeiertag: **6.7.**
Währung: **1 Malawi-Kwacha (MK) = 100 Tambala (t)**
Zeitzone: **MEZ +1 Stunde**

Malaysia

Staatsform: **Parlamentarische Wahlmonarchie**
Fläche: **329 758 km²**
Einwohner: **22,2 Mio.**
Hauptstadt: **Kuala Lumpur**
Amtssprache: **Bahasa Malaysia**
Nationalfeiertag: **31.8.**
Währung: **1 Malaysischer Ringgit (RM) = 100 Sen (c)**
Zeitzone: **MEZ +6,5 Stunden**

Malediven

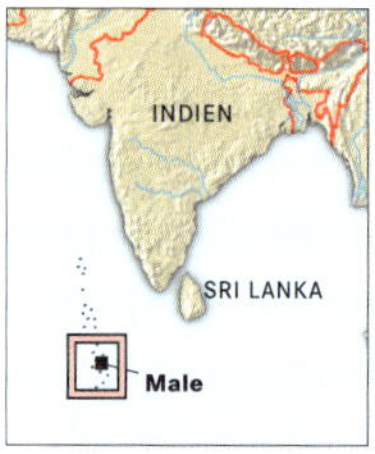

Staatsform: **Präsidiale Republik**
Fläche: **298 km²**
Einwohner: **262 000**
Hauptstadt: **Male**
Amtssprache: **Divehi**
Nationalfeiertage: **26.7., 11.11.**
Währung: **1 Rufiyaa (Rf) = 100 Laari (L)**
Zeitzone: **MEZ +4 Stunden**

Mali

Staatsform: **Präsidiale Republik**
Fläche: **1 240 192 km^2**
Einwohner: **10,6 Mio.**
Hauptstadt: **Bamako**
Amtssprache: **Französisch**
Nationalfeiertag: **22.9.**
Währung: **1 CFA-Franc = 100 Centimes (c)**
Zeitzone: **MEZ –1 Stunde**

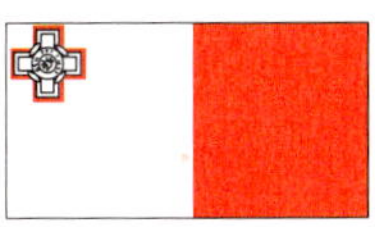

Malta

Staatsform: **Parlamentarische Republik**
Fläche: **316 km^2**
Einwohner: **378 000**
Hauptstadt: **Valletta**
Amtssprachen: **Maltesisch u. Eng.**
Nationalfeiertag: **31.3.**
Währung: **1 Maltesische Lira (Lm) = 100 Cents (c) = 1000 Mils (m)**
Zeitzone: **MEZ**

Marokko

Staatsform: **Konstitutionelle Monarchie**
Fläche: **458 730 km^2**
Einwohner: **27,8 Mio.**
Hauptstadt: **Rabat**
Amtssprache: **Arabisch**
Nationalfeiertage: **3.3., 14.8.**
Währung: **1 Dirham (DH) = 100 Centimes (C)**
Zeitzone: **MEZ –1 Stunde**

Marshallinseln

Staatsform: **Republik**
Fläche: **181 km^2**
Einwohner: **62 000 Einwohner**
Hauptstadt: **Dalap-Uliga-Darrit (auf Majuro)**
Amtssprachen: **Marshallesisch und Englisch**
Nationalfeiertage: **1.5., 17.9.**
Währung: **1 US-Dollar (US-$) = 100 Cents (c, ¢)**
Zeitzone: **MEZ +11 Stunden**

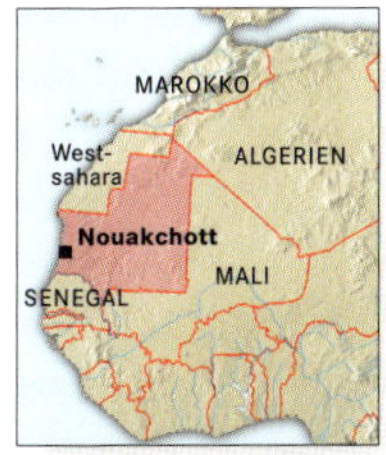

Mauretanien

Staatsform: **Präsidiale Republik**
Fläche: **1 030 700 km^2**
Einwohner: **2,5 Mio.**
Hauptstadt: **Nouakchott**
Amtssprache: **Arabisch**
Nationalfeiertag: **28.11.**
Währung: **1 Ouguiya (UM) = 5 Khoums (KH)**
Zeitzone: **MEZ –1 Stunde**

Mauritius

Staatsform: **Republik**
Fläche: **2040 km^2**
Einwohner: **1,2 Mio.**
Hauptstadt: **Port Louis**
Amtssprache: **Englisch**
Nationalfeiertag: **12.3.**
Währung: **1 Mauritius-Rupie (MR) = 100 Cents (c)**
Zeitzone: **MEZ +2 Stunden**

Mexiko

Staatsform: **Präsidiale Bundesrepublik**
Fläche: **1 967 183 km^2**
Einwohner: **95,9 Mio.**
Hauptstadt: **Mexiko**
Amtssprache: **Spanisch**
Nationalfeiertag: **16.9.**
Währung: **1 Mexikanischer Peso (mex$) = 100 Centavos (¢)**
Zeitzone: **MEZ –7 Stunden**

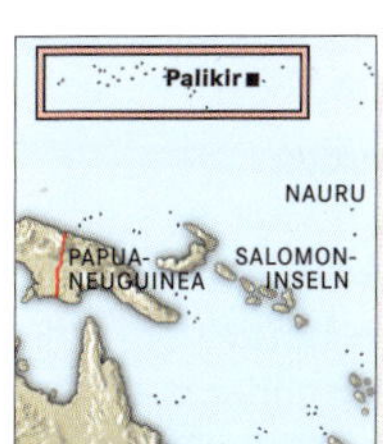

Mikronesien

Staatsform: **Bundesrepublik**
Fläche: **702 km2**
Einwohner: **113 000**
Hauptstadt: **Palikir (auf Pohnpei)**
Amtssprache: **Englisch**
Nationalfeiertage: **10.5., 24.10., 3.11.**
Währung: **1 US-Dollar (US-$) = 100 Cents (c)**
Zeitzone: **MEZ +10 St. bis +9 St.**

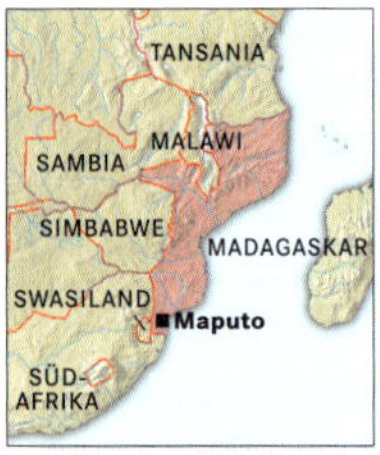

Moçambique

Staatsform: **Präsidiale Republik**
Fläche: **801 590 km²**
Einwohner: **16,9 Mio.**
Hauptstadt: **Maputo**
Amtssprache: **Portugiesisch**
Nationalfeiertag: **25.6.**
Währung: **1 Metical (MT) = 100 Centavos (CT)**
Zeitzone: **MEZ + 1 Stunde**

Moldawien

Staatsform: **Republik**
Fläche: **33 700 km²**
Einwohner: **4,3 Mio.**
Hauptstadt: **Chişinău**
Amtssprache: **Moldawisch (Rumänisch)**
Nationalfeiertag: **27.8.**
Währung: **1 Moldau-Leu (MDL) = 100 Bani**
Zeitzone: **MEZ + 1 Stunde**

Monaco

Staatsform: **Konstitutionelle Monarchie**
Fläche: **1,95 km²**
Einwohner: **32 000**
Hauptstadt: **Monaco**
Amtssprache: **Französisch**
Nationalfeiertag: **19.11.**
Währung: **1 Französischer Franc (FF) = 100 Centimes (c)**
Zeitzone: **MEZ**

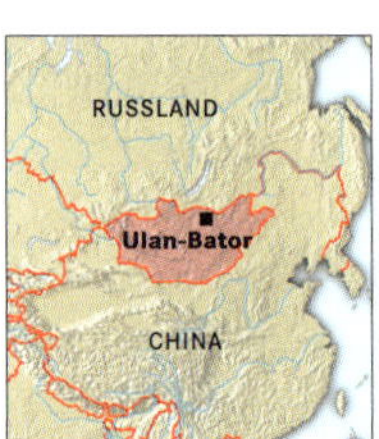

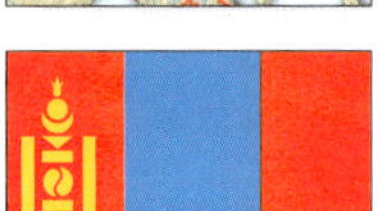

Mongolei

Staatsform: **Republik**
Fläche: **1 566 500 km²**
Einwohner: **2,6 Mio.**
Hauptstadt: **Ulan-Bator**
Amtssprache: **Mongolisch**
Nationalfeiertage: **11.7., 26.11.**
Währung: **1 Tugrik (Tug.) = 100 Mongo**
Zeitzone: **MEZ +7 Stunden**

Namibia

Staatsform: **Präsidiale Republik**
Fläche: **824 292 km²**
Einwohner: **1,7 Mio.**
Hauptstadt: **Windhuk**
Amtssprache: **Englisch**
Nationalfeiertag: **21.3.**
Währung: **1 Namibia-Dollar (N$) = 100 Cents (c)**
Zeitzone: **OEZ**

Nauru

Staatsform: **Parlamentarische Republik**
Fläche: **21,3 km²**
Einwohner: **11 000**
Hauptstadt: **Yaren**
Amtssprachen: **Nauruisch, Englisch**
Nationalfeiertag: **31.1.**
Währung: **1 Australischer Dollar ($A) = 100 Cents (c)**
Zeitzone: **MEZ + 10,5 Stunden**

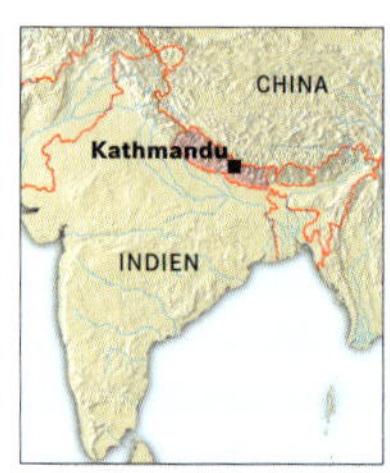

Nepal

Staatsform: **Konstitutionelle Monarchie**
Fläche: **147 181 km²**
Einwohner: **22,9 Mio.**
Hauptstadt: **Kathmandu**
Amtssprache: **Nepali**
Nationalfeiertage: **11.1., 9.11. und 28.12.**
Währung: **1 Nepalesische Rupie (NR) = 100 Paisa (P)**
Zeitzone: **MEZ +4,75 Stunden**

Neuseeland

Staatsform: **Parlamentarische Monarchie**
Fläche: **270 534 km²**
Einwohner: **3,8 Mio.**
Hauptstadt: **Wellington**
Amtssprache: **Englisch**
Nationalfeiertag: **6.2.**
Währung: **1 Neuseeland-Dollar (NZ$) = 100 Cents (c)**
Zeitzone: **MEZ + 11 Stunden**

Nicaragua

Staatsform: **Präsidiale Republik**
Fläche: **130 000 km²**
Einwohner: **4,8 Mio.**
Hauptstadt: **Managua**
Amtssprache: **Spanisch**
Nationalfeiertag: **15.9.**
Währung: **1 Córdoba (C$) = 100 Centavos (c, cts)**
Zeitzone: **MEZ –7 Stunden**

Niederlande

Staatsform: **Parlamentarische Monarchie**
Fläche: **41 526 km²**
Einwohner: **15,7 Mio.**
Hauptstadt: **Amsterdam**
Amtssprache: **Niederländisch**
Nationalfeiertag: **30.4.**
Währung: **1 Euro = 100 Cent***
Zeitzone: **MEZ**

*Alte Währung: 1 Holländischer Gulden (hfl) = 100 Cent (c, ct) (Zahlungsmittel bis 31.12.2001 bzw. 30.6.2002)

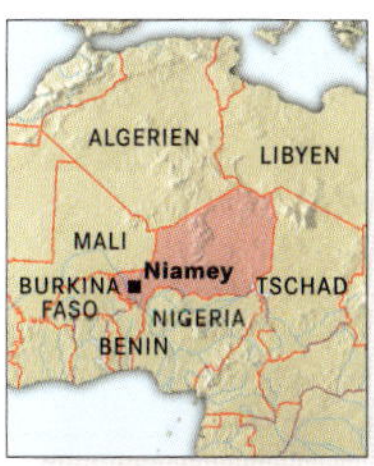

Niger

Staatsform: **Präsidiale Republik**
Fläche: **1 267 000 km²**
Einwohner: **10,1 Mio.**
Hauptstadt: **Niamey**
Amtssprache: **Französisch**
Nationalfeiertag: **18.12.**
Währung: **1 CFA-Franc = 100 Centimes**
Zeitzone: **MEZ**

Nigeria

Staatsform: **Präsidiale Republik**
Fläche: **923 768 km²**
Einwohner: **121,3 Mio.**
Hauptstadt: **Abuja**
Amtssprache: **Englisch**
Nationalfeiertag: **1.10.**
Währung: **1 Naira (₦) = 100 Kobo (k)**
Zeitzone: **MEZ**

Norwegen

Staatsform: **Parlamentarische Monarchie**
Fläche: **323 758 km²**
Einwohner: **4,4 Mio.**
Hauptstadt: **Oslo**
Amtssprache: **Norwegisch**
Nationalfeiertag: **17.5.**
Währung: **1 Norwegische Krone (nkr) = 100 Øre (Ø)**
Zeitzone: **MEZ**

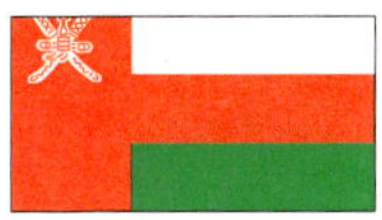

Oman

Staatsform: **Sultanat**
Fläche: **309 500 km² (amtl. Angaben)**
Einwohner: **2,3 Mio.**
Hauptstadt: **Maskat**
Amtssprache: **Arabisch**
Nationalfeiertag: **18.11.**
Währung: **1 Rial Omani (R. O.) = 1 000 Baizas (Bz.)**
Zeitzone: **MEZ +3 Stunden**

Österreich

Staatsform: **Parlamentarische Bundesrepublik**
Fläche: **83 858 km²**
Einwohner: **8,1 Mio.**
Hauptstadt: **Wien**
Amtssprache: **Deutsch**
Nationalfeiertag: **26.10.**
Währung: **1 Euro = 100 Cent****
Zeitzone: **MEZ**

**Alte Währung: 1 Schilling (S) = 100 Groschen (Gr, g) (Zahlungsmittel bis 31.12.2001 bzw. 30.6. 2002)

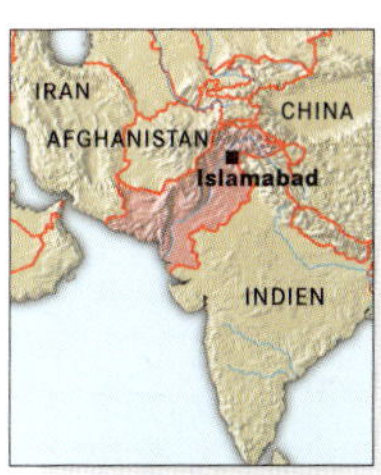

Pakistan

Staatsform: **Föderative Republik**
Fläche: **796 095 km²**
Einwohner: **131,6 Mio.**
Hauptstadt: **Islamabad**
Amtssprache: **Urdu**
Nationalfeiertage: **23.3., 14.8.**
Währung: **1 Pakistanische Rupie (pR) = 100 Paisa (Ps)**
Zeitzone: **MEZ +4 Stunden**

Palau

Staatsform: **Präsidiale Republik**
Fläche: **487 km^2 (nach anderen Angaben 508 km^2)**
Einwohner: **19 000**
Hauptstadt: **Koror**
Amtssprachen: **Palauisch und Englisch**
Nationalfeiertag: **1.10.**
Währung: **US-Dollar = 100 Cents (c)**
Zeitzone: **MEZ +8 Stunden**

Panama

Staatsform: **Präsidiale Republik**
Fläche: **78 678 km^2**
Einwohner: **2,8 Mio.**
Hauptstadt: **Panama**
Amtssprache: **Spanisch**
Nationalfeiertag: **3.11.**
Währung: **1 Balboa (B/.) = 100 Centésimos (c, cts)**
Zeitzone: **MEZ –7 Stunden**

Papua-Neuguinea

Staatsform: **Parlamentarische Monarchie**
Fläche: **462 840 km^2**
Einwohner: **4,6 Mio.**
Hauptstadt: **Port Moresby**
Amtssprachen: **Englisch, daneben Neumelanesisch und Hiri Motu (Pidgin Amtssprachen)**
Nationalfeiertag: **16.9.**
Währung: **1 Kina (K) = 100 Toea(t)**
Zeitzone: **MEZ +9 Stunden**

Paraguay

Staatsform: **Präsidiale Republ.**
Fläche: **406 752 km^2**
Einwohner: **5,2 Mio.**
Hauptstadt: **Asunción**
Amtssprachen: **Spanisch, Guaraní**
Nationalfeiertage: **14.5., 15.5.**
Währung: **1 Guaraní (₲, G) = 100 Céntimos (cts)**
Zeitzone: **MEZ –5 Stunden**

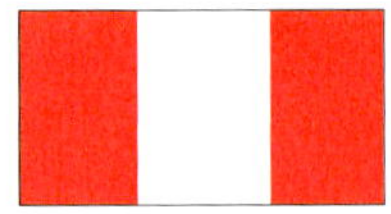

Peru

Staatsform: **Präsidiale Republik**
Fläche: **1 285 216 km^2**
Einwohner: **24,8 Mio.**
Hauptstadt: **Lima**
Amtssprachen: **Spanisch, Ketschua, Aimara**
Nationalfeiertag: **28.7.**
Währung: **1 Neuer Sol (S/.) = 100 Céntimos**
Zeitzone: **MEZ –6 Stunden**

Philippinen

Staatsform: **Präsidiale Republik**
Fläche: **300 000 km^2**
Einwohner: **75,1 Mio.**
Hauptstadt: **Manila**
Amtssprachen: **Filipino (Tagalog) und Englisch**
Nationalfeiertag: **12.6.**
Währung: **1 Philippinischer Peso (₱)= 100 Centavos (¢)**
Zeitzone: **MEZ +7 Stunden**

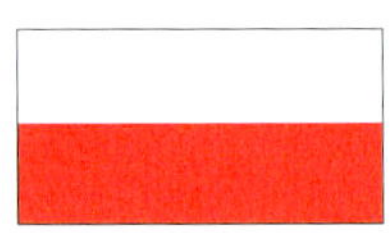

Polen

Staatsform: **Republik**
Fläche: **312 685 km^2**
Einwohner: **38,7 Mio.**
Hauptstadt: **Warschau**
Amtssprache: **Polnisch**
Nationalfeiertag: **3.5.**
Währung: **1 Zloty (Zl) = 100 Groszy (Gr)**
Zeitzone: **MEZ**

Portugal

Staatsform: **Parlamentarische Republik**
Fläche: **92 389 km^2**
Einwohner: **10,0 Mio.**
Hauptstadt: **Lissabon**
Amtssprache: **Portugiesisch**
Nationalfeiertage: **10.6., 5.10.**
Währung: **1 Euro = 100 Cent***
Zeitzone: **WEZ**

*Alte Währung: 1 Escudo (Esc) = 100 Centavos (ctvs) (Zahlungsmittel bis 31.12.2001 bzw. 30.6. 2002)

Ruanda

Staatsform: **Präsidiale Republik**
Fläche: **26 338 km²**
Einwohner: **8,1 Mio.**
Hauptstadt: **Kigali**
Amtssprachen: **Französisch und Kinyaruanda**
Nationalfeiertag: **1.7.**
Währung: **1 Ruanda-Franc (F.Rw) = 100 Centimes**
Zeitzone: **OEZ**

Rumänien

Staatsform: **Republik**
Fläche: **238 391 km²**
Einwohner: **22,33 Mio.**
Hauptstadt: **Bukarest**
Amtssprache: **Rumänisch**
Nationalfeiertag: **1.12.**
Währung: **1 Leu (l) = 100 Bani**
Zeitzone: **OEZ**

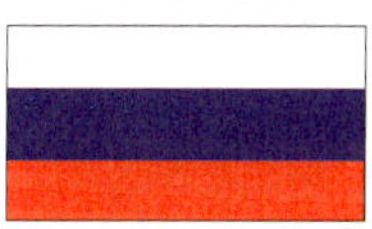

Russland

Staatsform: **Bundesrepublik**
Fläche: **17 075 400 km²**
Einwohner: **146,9 Mio.**
Hauptstadt: **Moskau**
Amtssprache: **Russisch**
Nationalfeiertag: **2.4., 9.5., 12.6.**
Währung: **1 Rubel (Rbl) = 100 Kopeken**
Zeitzone: **MEZ (von Westen nach Osten) +2 bis +11 Stunden**

Saint Kitts und Nevis

Staatsform: **Parlamentarische Monarchie**
Fläche: **262 km²**
Einwohner: **41 000**
Hauptstadt: **Basseterre**
Amtssprache: **Englisch**
Nationalfeiertag: **19.9.**
Währung: **1 Ostkaribischer Dollar (EC$) = 100 Cents**
Zeitzone: **MEZ –5 Stunden**

Saint Lucia

Staatsform: **Parlamentarische Monarchie**
Fläche: **616 km²**
Einwohner: **160 000**
Hauptstadt: **Castries**
Amtssprache: **Englisch**
Nationalfeiertage: **22.2., 13.12.**
Währung: **1 Ostkaribischer Dollar (EC$) = 100 Cents**
Zeitzone: **MEZ –5 Stunden**

Saint Vincent and the Grenadines

Staatsform: **Parlamentarische Monarchie**
Fläche: **389 km²**
Einwohner: **113 000**
Hauptstadt: **Kingstown**
Amtssprache: **Englisch**
Nationalfeiertag: **27.10.**
Währung: **1 Ostkaribischer Dollar (EC$) = 100 Cents**
Zeitzone: **MEZ –5 Stunden**

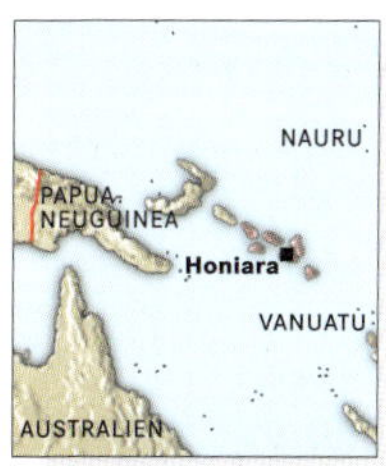

Salomoninseln

Staatsform: **Parlamentarische Monarchie**
Fläche: **27 556 km²**
Einwohner: **415 000**
Hauptstadt: **Honiara**
Amtssprache: **Englisch**
Nationalfeiertage: **7.7., 1.10.**
Währung: **1 Salomonen-Dollar (SI$) = 100 Cents (¢)**
Zeitzone: **MEZ +10 Stunden**

Sambia

Staatsform: **Präsidiale Republik**
Fläche: **752 614 km²**
Einwohner: **9,7 Mio.**
Hauptstadt: **Lusaka**
Amtssprache: **Englisch**
Nationalfeiertag: **24.10.**
Währung: **1 Kwacha (K) = 100 Ngwee (N)**
Zeitzone: **OEZ**

San Marino

Staatsform: **Parlamentarische Republik**
Fläche: **61,2 km^2**
Einwohner: **26 000**
Hauptstadt: **San Marino**
Amtssprache: **Italienisch**
Nationalfeiertag: **3.9.**
Währung: **Italienische Lira**
Zeitzone: **MEZ**

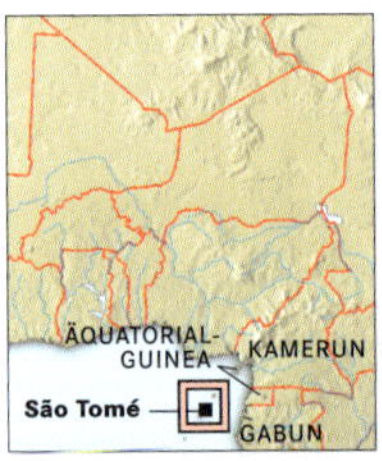

São Tomé und Príncipe

Staatsform: **Präsidiale Republik**
Fläche: **964 km^2**
Einwohner: **142 000**
Hauptstadt: **São Tomé**
Amtssprache: **Portugiesisch**
Nationalfeiertag: **12.7.**
Währung: **1 Dobra (Db) = 100 Céntimos**
Zeitzone: **MEZ**

Saudi-Arabien

Staatsform: **Absolute Monarchie**
Fläche: **2 150 000 km^2**
Einwohner: **20,7 Mio.**
Hauptstadt: **Riad**
Amtssprache: **Arabisch**
Nationalfeiertag: **23.9.**
Währung: **1 Saudi Riyal (S.Rl.) = 20 Qirshes = 100 Hallalas**
Zeitzone: **MEZ +2 Stunden**

Schweden

Staatsform: **Parlamentarische Monarchie**
Fläche: **449 964 km^2**
Einwohner: **8,9 Mio.**
Hauptstadt: **Stockholm**
Amtssprache: **Schwedisch**
Nationalfeiertag: **6.6.**
Währung: **1 Schwedische Krone (skr) = 100 Öre**
Zeitzone: **MEZ**

Schweiz

Staatsform: **Parlamentarische Bundesrepublik**
Fläche: **41 285 km^2**
Einwohner: **7,1 Mio.**
Hauptstadt: **Bern**
Amtssprachen: **Deutsch, Franz., Ital., Bündnerromanisch**
Nationalfeiertag: **1.8.**
Währung: **1 Schw. Franken (sfr) = 100 Rappen (Rp)/Centim. (c)**
Zeitzone: **MEZ**

Senegal

Staatsform: **Präsidiale Republik**
Fläche: **196 722 km^2**
Einwohner: **9,0 Mio.**
Hauptstadt: **Dakar**
Amtssprache: **Französisch, Wolof ist Nationalsprache**
Nationalfeiertag: **4.4.**
Währung: **1 CFA-Franc = 100 Centimes (c)**
Zeitzone: **WEZ**

Seychellen

Staatsform: **Präsidiale Republik**
Fläche: **455 km^2**
Einwohner: **79 000**
Hauptstadt: **Victoria**
Amtssprache: **Kreolisch**
Nationalfeiertag: **29.6.**
Währung: **1 Seychellen-Rupie (SR) = 100 Cents (c)**
Zeitzone: **MEZ +3 Stunden**

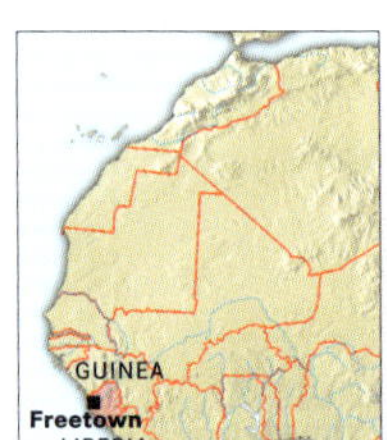

Sierra Leone

Staatsform: **Präsidiale Republik**
Fläche: **71 740 km^2**
Einwohner: **4,9 Mio.**
Hauptstadt: **Freetown**
Amtssprache: **Englisch**
Nationalfeiertag: **27.4.**
Währung: **1 Leone (Le) = 100 Cents (c)**
Zeitzone: **WEZ**

Simbabwe

Staatsform: **Präsidiale Republik**
Fläche: **390 757 km^2**
Einwohner: **11,7 Mio.**
Hauptstadt: **Harare**
Amtssprache: **Englisch**
Nationalfeiertag: **18.4.**
Währung: **1 Simbabwe-Dollar (Z$) = 100 Cents (c)**
Zeitzone: **OEZ**

Singapur

Staatsform: **Parlamentarische Republik**
Fläche: **647,5 km^2**
Einwohner: **3,2 Mio.**
Hauptstadt: **Singapur**
Amtssprachen: **Englisch, Chinesisch, Malaiisch, Tamil**
Nationalfeiertag: **9.8.**
Währung: **1 Singapur-Dollar (S$) = 100 Cents (c)**
Zeitzone: **MEZ +6 Stunden**

Slowakische Republik

Staatsform: **Republik**
Fläche: **49 035 km^2**
Einwohner: **5,4 Mio.**
Hauptstadt: **Bratislava (Preßburg)**
Amtssprache: **Slowakisch**
Nationalfeiertag: **1.1.**
Währung: **1 Slowakische Krone (Sk) = 100 Hellers (h)**
Zeitzone: **MEZ**

Slowenien

Staatsform: **Republik**
Fläche: **20 256 km^2**
Einwohner: **2,0 Mio.**
Hauptstadt: **Ljubljana**
Amtssprache: **Slowenisch**
Nationalfeiertage: **25.6., 26.12.**
Währung: **1 Tolar (SIT) = 100 Stotinov**
Zeitzone: **MEZ**

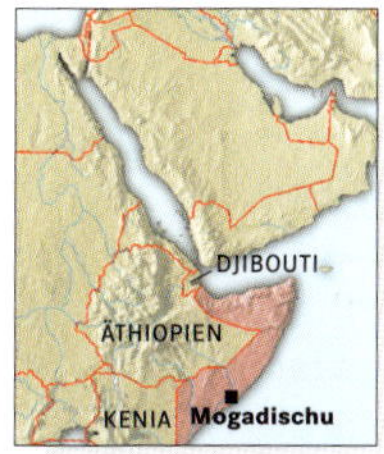

Somalia

Staatsform: **Präsidiale Republik**
Fläche: **637 657 km^2**
Einwohner: **9,1 Mio.**
Hauptstadt: **Mogadischu**
Amtssprachen: **Somali und Arabisch**
Nationalfeiertage: **26.6., 1.7.**
Währung: **1 Somalia-Schilling (So.Sh.) = 100 Centesimi (Cnt.)**
Zeitzone: **MEZ +2 Stunden**

Spanien

Staatsform: **Parlamentarische Monarchie**
Fläche: **504 782 km^2**
Einwohner: **39,3 Mio.**
Hauptstadt: **Madrid**
Amtssprache: **Spanisch**
Nationalfeiertag: **12.10.**
Währung: **1 Euro = 100 Cent***
Zeitzone: **MEZ**

*Alte Währung: Peseta (Pta) (Zahlungsmittel bis 31.12.2001 bzw. 30.6. 2002)

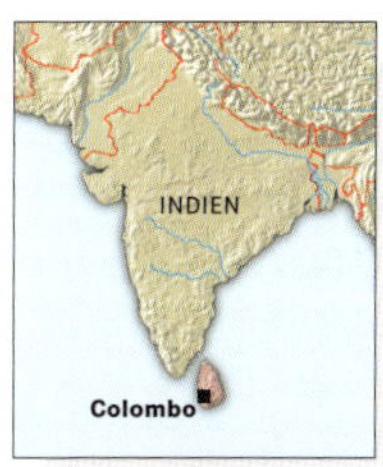

Sri Lanka

Staatsform: **Republik**
Fläche: **65 610 km^2**
Einwohner: **18,8 Mio.**
Hauptstadt: **Colombo**
Amtssprachen: **Singhalesisch und Tamil**
Nationalfeiertag: **4.2.**
Währung: **1 Sri-Lanka-Rupie (S.L.Re.) = 100 Sri-Lanka-Cents (S.L.Cts.)**
Zeitzone: **MEZ +4,5 Stunden**

Südafrika

Staatsform: **Präsidiale Republik**
Fläche: **1 219 090 km^2**
Einwohner: **41,3 Mio.**
Hauptstadt: **Pretoria**
Amtssprachen: **Englisch, Afrikaans, Zulu, Xhosa, u.a.m.**
Nationalfeiertage: **27.4., 16.12.**
Währung: **1 Rand (R) = 100 Cents (c)**
Zeitzone: **OEZ**

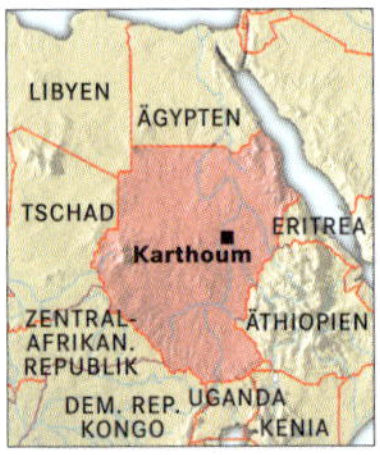

Sudan

Staatsform: **Islamische Republik**
Fläche: **2 505 813 km²**
Einwohner: **28,3 Mio.**
Hauptstadt: **Khartoum**
Amtssprache: **Arabisch**
Nationalfeiertag: **1.1.**
Währung: **1 Sudanesischer Dinar (sD) = 10 Sudanesische Pfund (sud£) = 1000 Piastres (PT.)**
Zeitzone: **OEZ**

Surinam

Staatsform: **Präsidiale Republik**
Fläche: **163 820 km²**
Einwohner: **413 000**
Hauptstadt: **Paramaribo**
Amtssprache: **Niederländisch**
Nationalfeiertag: **25.11.**
Währung: **1 Suriname-Gulden = 100 Cent**
Zeitzone: **MEZ –4,5 Stunden**

Swasiland

Staatsform: **Absolute Monarchie**
Fläche: **17 364 km²**
Einwohner: **988 000**
Hauptstadt: **Mbabane**
Amtssprachen: **Swasi (SiSwati) und Englisch**
Nationalfeiertag: **6. 9.**
Währung: **1 Lilangeni (E, Plural: Emalangeni) = 100 Cents (c)**
Zeitzone: **OEZ**

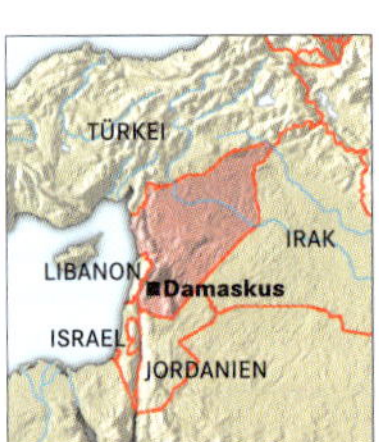

Syrien

Staatsform: **Präsidiale Republik**
Fläche: **185 180 km²**
Einwohner: **15,3 Mio.**
Hauptstadt: **Damaskus**
Amtssprache: **Arabisch**
Nationalfeiertag: **17.4.**
Währung: **1 Syrisches Pfund (syr£) = 100 Piastres (PS)**
Zeitzone: **MEZ +2 Stunden**

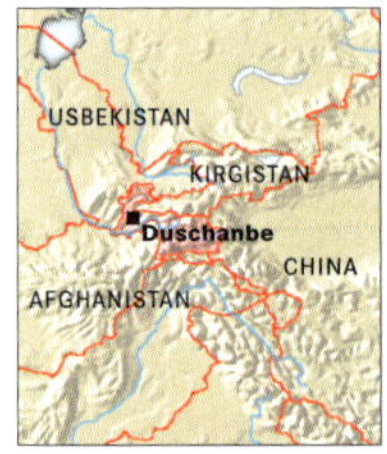

Tadschikistan

Staatsform: **Republik**
Fläche: **143 100 km²**
Einwohner: **6,1 Mio.**
Hauptstadt: **Duschanbe**
Amtssprache: **Tadschikisch**
Nationalfeiertag: **9.9.**
Währung: **Tadschikistan-Rubel (TR)**
Zeitzone: **MEZ +4 Stunden**

Taiwan

Staatsform: **Republik**
Fläche: **36 000 km²**
Einwohner: **21,6 Mio.**
Hauptstadt: **Taipeh**
Amtssprache: **Chinesisch**
Nationalfeiertag: **10.10.**
Währung: **1 Neuer Taiwan-Dollar (NT$) = 100 Cents (¢)**
Zeitzone: **MEZ +7 Stunden**

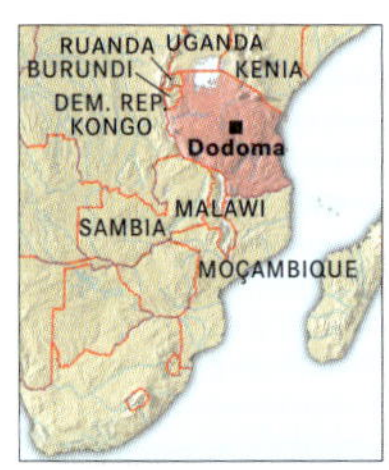

Tansania

Staatsform: **Präsidiale föderative Republik**
Fläche: **945 087 km²**
Einwohner: **32,1 Mio.**
Hauptstadt: **Dodoma**
Amtssprache: **Suaheli**
Nationalfeiertag: **26.4.**
Währung: **1 Tansania-Schilling (T. Sh.) = 100 Cents (Ct.)**
Zeitzone: **MEZ +2 Stunden**

Thailand

Staatsform: **Konstitutionelle Monarchie**
Fläche: **513 115 km²**
Einwohner: **60,1 Mio.**
Hauptstadt: **Bangkok**
Amtssprache: **Thai**
Nationalfeiertag: **5.12.**
Währung: **1 Baht (B) = 100 Stangs (St., Stg.)**
Zeitzone: **MEZ +6 Stunden**

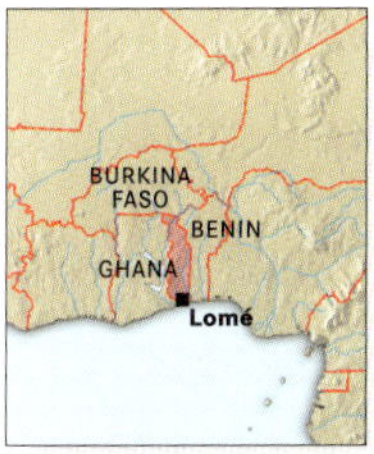

Togo

Staatsform: **Präsidiale Republik**
Fläche: **56 785 km²**
Einwohner: **4,5 Mio.**
Hauptstadt: **Lomé**
Amtssprache: **Französisch**
Nationalfeiertag: **27.4.**
Währung: **1 CFA-Franc = 100 Centimes**
Zeitzone: **WEZ**

Tonga

Staatsform: **Konstitutionelle Monarchie**
Fläche: **747 km²**
Einwohner: **99 000**
Hauptstadt: **Nuku'alofa (auf Tongatapu)**
Amtssprachen: **Tongaisch, Eng.**
Nationalfeiertag: **4.6.**
Währung: **1 Pa'anga (T$) = 100 Seniti (s)**
Zeitzone: **MEZ +12 Stunden**

Trinidad und Tobago

Staatsform: **Präsidiale Republik**
Fläche: **5128 km²**
Einwohner: **1,3 Mio.**
Hauptstadt: **Port of Spain**
Amtssprache: **Englisch**
Nationalfeiertag: **31.8.**
Währung: **1 Trinidad-Tobago-Dollar (TT$) = 100 Cents (cts)**
Zeitzone: **MEZ –5 Stunden**

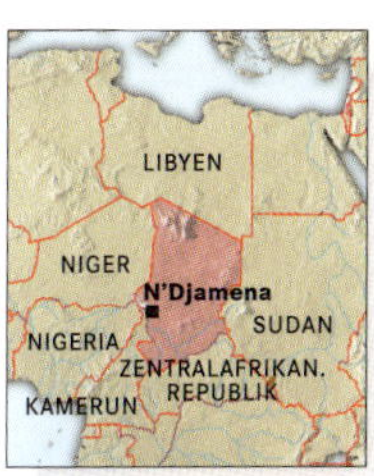

Tschad

Staatsform: **Präsidiale Republik**
Fläche: **1 284 000 km²**
Einwohner: **7,4 Mio.**
Hauptstadt: **N'Djamena**
Amtssprachen: **Arabisch und Französisch**
Nationalfeiertag: **11.8.**
Währung: **1 CFA-Franc = 100 Centimes (c)**
Zeitzone: **MEZ**

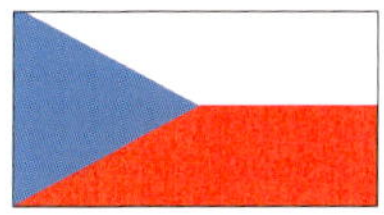

Tschechische Republik

Staatsform: **Parlamentarische Republik**
Fläche: **78 866 km²**
Einwohner: **10,3 Mio.**
Hauptstadt: **Prag**
Amtssprache: **Tschechisch**
Nationalfeiertage: **8.5., 5.7., 6.7., 28.10.**
Währung: **1 Tschechische Krone (Koruna, kč) = 100 Heller (h)**
Zeitzone: **MEZ**

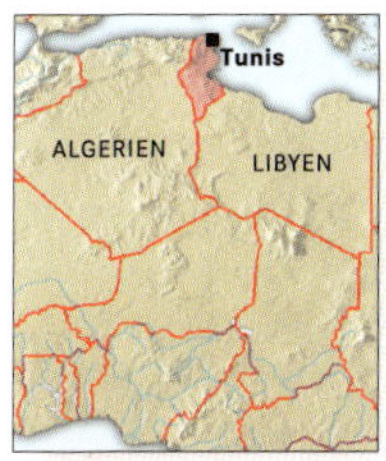

Tunesien

Staatsform: **Präsidiale Republik**
Fläche: **163 610 km²**
Einwohner: **9,4 Mio.**
Hauptstadt: **Tunis**
Amtssprache: **Arabisch**
Nationalfeiertag: **20.3.**
Währung: **1 Tunesischer Dinar (tD) = 1000 Millimes**
Zeitzone: **MEZ**

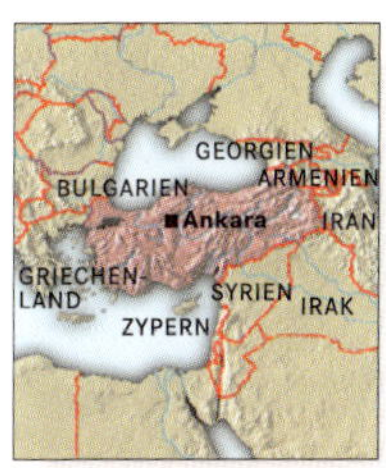

Türkei

Staatsform: **Parlamentarische Republik**
Fläche: **779 452 km²**
Einwohner: **63,5 Mio.**
Hauptstadt: **Ankara**
Amtssprache: **Türkisch**
Nationalfeiertag: **29.10.**
Währung: **1 Türkisches Pfund/Türkische Lira (TL.) = 100 Kuruş (krş)**
Zeitzone: **MEZ +1 Stunde**

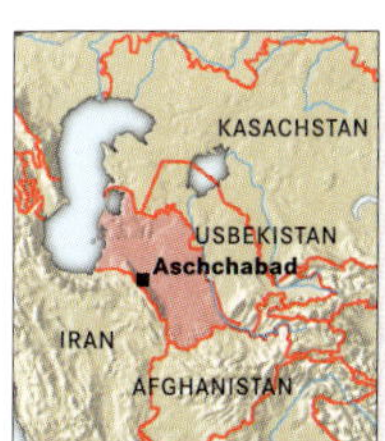

Turkmenistan

Staatsform: **Präsidiale Republik**
Fläche: **488 100 km²**
Einwohner: **4,7 Mio.**
Hauptstadt: **Aschchabad**
Amtssprache: **Turkmenisch**
Nationalfeiertag: **27.10.**
Währung: **1 Turkmenistan-Manat (TMM) = 100 Tenge**
Zeitzone: **MEZ +3 Stunden**

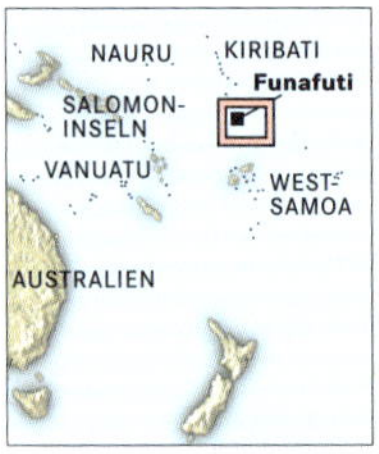

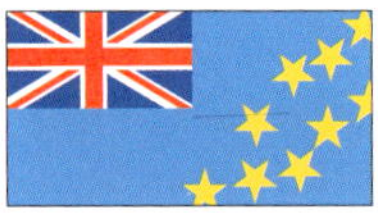

Tuvalu

Staatsform: **Konstitutionelle Monarchie**
Fläche: **26 km²**
Einwohner: **10 000**
Hauptstadt: **Fongafale (auf Funafuti)**
Amtssprachen: **Eng., Tuvaluisch**
Nationalfeiertag: **1.10.**
Währung: **1 Australischer Dollar (A$) = 100 Cents**
Zeitzone: **MEZ +11 Stunden**

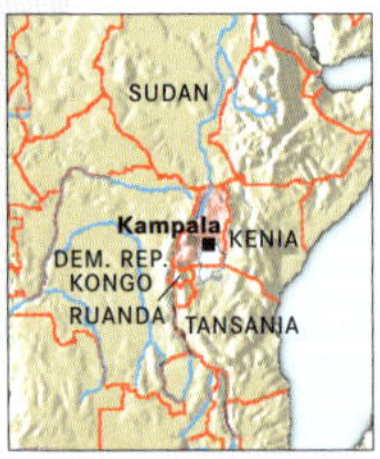

Uganda

Staatsform: **Präsidiale Republik**
Fläche: **241 038 km²**
Einwohner: **20,9 Mio.**
Hauptstadt: **Kampala**
Amtssprachen: **Englisch, Suaheli**
Nationalfeiertag: **9.10.**
Währung: **1 Uganda-Schilling (U. Sh.)**
Zeitzone: **MEZ +2 Stunden**

Ukraine

Staatsform: **Präsidiale Republik**
Fläche: **603 700 km²**
Einwohner: **49,8 Mio.**
Hauptstadt: **Kiew**
Amtssprache: **Überwiegend Ukrainisch**
Nationalfeiertage: **24.8.**
Währung: **1 Hrywnja (Griwna, UAH) = 100 Kopijki**
Zeitzone: **OEZ**

Ungarn

Staatsform: **Parlament. Republik**
Fläche: **93 030 km²**
Einwohner: **10,1 Mio.**
Hauptstadt: **Budapest**
Amtssprache: **Ungarisch**
Nationalfeiertage: **15.3., 20.8., 23.10.**
Währung: **1 Forint (Ft) = 100 Fillér (f)**
Zeitzone: **MEZ**

Uruguay

Staatsform: **Präsidiale Republik**
Fläche: **177 414 km²**
Einwohner: **3,3 Mio.**
Hauptstadt: **Montevideo**
Amtssprache: **Spanisch**
Nationalfeiertag: **25.8.**
Währung: **1 Uruguayischer Peso (urug$) = 100 Centésimos (cts)**
Zeitzone: **MEZ –4 Stunden (Sommerzeit: –3 Stunden)**

USA (Vereinigte Staaten von Amerika)

Staatsform: **Präsidiale Bundesrepublik**
Fläche: **9 809 155 km²**
Einwohner: **267,637 Mio.**
Hauptstadt: **Washington (D.C)**
Amtssprache: **Englisch**
Nationalfeiertag: **4.7.**
Währung: **1 US-Dollar (US-$) = 100 Cents (c, ¢)**
Zeitzone: **MEZ –6 bis –10 Stunden**

Usbekistan

Staatsform: **Republik**
Fläche: **447 400 km²**
Einwohner: **24,1 Mio.**
Hauptstadt: **Taschkent**
Amtssprache: **Usbekisch**
Nationalfeiertag: **31.8.**
Währung: **1 Usbekistan-Sum (U.S.) = 100 Tijin**
Zeitzone: **MEZ +4 Stunden**

Vanuatu

Staatsform: **Parlamentarische Republik**
Fläche: **12 189 km²**
Einwohner: **182 000**
Hauptstadt: **Port Vila (auf Efate)**
Amtssprachen: **Bislama, Englisch und Französisch**
Nationalfeiertag: **30.7.**
Währung: **Vatu (VT)**
Zeitzone: **MEZ +10 Stunden**

Vatikanstadt

Staatsform: **Wahlmonarchie**
Fläche: **0,44 km^2**
Einwohner: **1000**
Amtssprache: **Latein, Italienisch**
Nationalfeiertag: **22.10.**
Währung: **Italienische Lira und eigene Geldzeichen**
Zeitzone: **MEZ**

Venezuela

Staatsform: **Präsidiale Bundesrepublik**
Fläche: **912 050 km^2**
Einwohner: **23,2 Mio.**
Hauptstadt: **Caracas**
Amtssprache: **Spanisch**
Nationalfeiertag: **5.7.**
Währung: **1 Bolívar (Bs., B.) = 100 Céntimos (c, cts)**
Zeitzone: **MEZ –5 Stunden**

Vereinigte Arabische Emirate

Staatsform: **Föderation von 7 Emiraten**
Fläche: **83 600 km^2**
Einwohner: **2,7 Mio.**
Hauptstadt: **Abu Dhabi**
Amtssprache: **Arabisch**
Währung: **1 Dirham (Dh.) = 100 Fils**
Zeitzone: **MEZ +3 Stunden**

Vietnam

Staatsform: **Volksrepublik**
Fläche: **331 114 km^2**
Einwohner: **77,6 Mio.**
Hauptstadt: **Hanoi**
Amtssprache: **Vietnamesisch**
Nationalfeiertag: **2.9.**
Währung: **1 Dong (D) = 10 Hào = 100 Xu**
Zeitzone: **MEZ +7 Stunden**

Weißrussland

Staatsform: **Präsidiale Republik**
Fläche: **207 595 km^2**
Einwohner: **10,2 Mio.**
Hauptstadt: **Minsk**
Amtssprache: **Weißrussisch**
Nationalfeiertag: **27.7.**
Währung: **1 Belarus-Rubel (BYR) = 100 Kopeken**
Zeitzone: **OEZ**

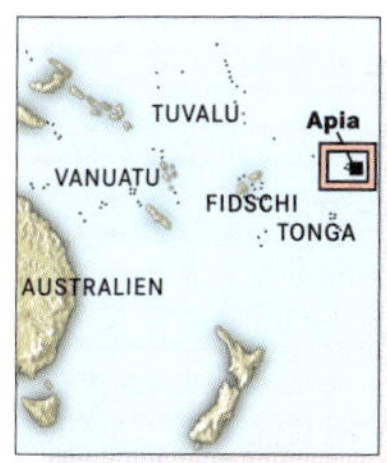

Westsamoa

Staatsform: **Parlamentarische Monarchie**
Fläche: **2831 km^2**
Einwohner: **176 000**
Hauptstadt: **Apia**
Amtssprachen: **Samoanisch und Englisch**
Nationalfeiertage: **1.1., 1.6.**
Währung: **1 Tala (WS$) = 100 Sene (s)**
Zeitzone: **MEZ +12 Stunden**

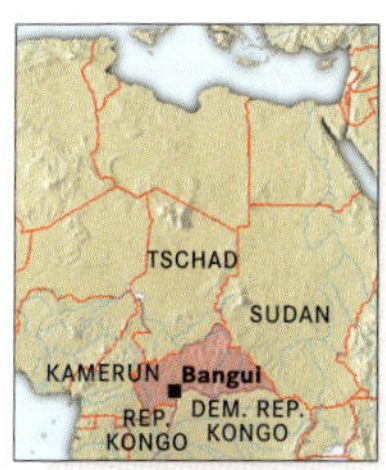

Zentralafrikanische Republik

Staatsform: **Präsidiale Republik**
Fläche: **622 984 km^2**
Einwohner: **3,5 Mio.**
Hauptstadt: **Bangui**
Amtssprache: **Französisch, Sango**
Nationalfeiertage: **13.8., 1.12.**
Währung: **1 CFA-Franc = 100 Centimes**
Zeitzone: **MEZ**

Zypern

Staatsform: **Präsidiale Republik**
Fläche: **5896 km^2**
Einwohner: **620 000**
Hauptstadt: **Nikosia**
Amtssprachen: **Griechisch**
Nationalfeiertag: **1.10.**
Währung: **1 Zypernpfund (Z£) = 100 Cents (c)**
Zeitzone: **MEZ +1 Stunde**

Mensch...

... und Menschliches

Was der Mensch nun eigentlich sei, ist offenbar nicht so einfach zu sagen. Jedenfalls hat sich der Mensch vermutlich über keine andere Frage so den Kopf zerbrochen, wie schon ein flüchtiger Blick auf die Geschichte der Philosophie und Religionen zeigt. Er verdankt dies einer besonderen Eigenschaft: über sich selbst nachdenken zu können. Durchaus ein Kontrastprogramm an Antworten halten Medizin und Naturwissenschaften bereit: Gerade erleben wir mit, wie das »Denkzeug« Computer und die Erfolge der Gentechnik unser eben noch vertrautes Menschenbild kräftig umkrempeln.

Aufrechter Gang mit Folgen

Rund 3 Millionen Jahre ist es her, seit der Mensch die Erdenbühne betrat: Damals tauchten in der Ordnung der Primaten erste Vertreter der Gattung Homo auf. Sie weisen viele Änderungen im Körperbau auf, die der Wechsel zum aufrechten Gang mit sich brachte. So hat die Wirbelsäule des Menschen 3 Krümmungen, die der Affen hingegen nur 2. Die vorderen Gliedmaßen wurden frei beweglich und auch kürzer. Wegen der besonderen Anordnung von Elle und Speiche ist eine Drehung der Hand um 180° möglich. Doch auch der Schädel zeigt auffällige Veränderungen. So beträgt etwa das Gehirnvolumen beim Gorilla 500 cm^3, während es beim Menschen im Lauf der Evolution auf 1200 cm^3 anwuchs. Zugleich verkleinerte sich das Gesicht und die Stirn formte sich aus.

5 Schritte zum Menschen

Primaten

Kleine Insektenfresser, mit unserer Spitzmaus verwandt, waren die Vorfahren der Primaten. Die ältesten Überreste von Primaten fand man in 65 Millionen Jahre alten Ablagerungen in Nordamerika. Zwar fanden die Paläontologen nur ein paar Zähne, doch wegen der mühseligen Grabungsbedingungen nannten sie das einst zugehörige Wesen Purgatorius. Das Tier war nicht groß und lebte wohl auf Bäumen. Obwohl auch etliche fossile Affen gefunden wurden, wissen wir gerade über die Hominiden – die großen Affen – nur wenig. Die ältesten werden auf 20 Millionen Jahre datiert. Die Primaten unterscheiden sich von den anderen Säugern durch 2 brustständige Milchdrüsen und die gegenständigen Daumen. Vor allem aber die Entwicklung der Augen und des Gehirns nahm bei unseren Vorfahren eine ganz andere Richtung als bei den übrigen Säugern.

Australopithecus

Unsere nächsten Verwandten lebten in Afrika und tauchten vor rund 6 Millionen Jahren auf. Zwar zeigen die Australopithecinen noch viele Merkmale einer Stellung zwischen Mensch und Tier, doch waren sie jedenfalls schon Zweifüßer. Die ältesten Fossilien, die von der neuen Fortbewegungsart künden – dem aufrechten Gang – sind 5,5 Millionen Jahre alt. Fußspuren im tansanischen Olduvai werden auf fast 3,7 Millionen Jahre datiert. »Lucy« ist das älteste und vollständigste fossile Exemplar; es handelt sich um ein weibliches Wesen der Art Australopithecus afarensis, dessen Skelett im Tal des Omo in Äthiopien ausgegraben wurde; sie lebte vor 3,1 Millionen Jahren und ist wahrscheinlich im Alter von ungefähr 25 Jahren bei einer Überschwemmung ertrunken. Von den 2 Linien des Australopithecus brachte die eine, grazilere, schließlich den Menschen hervor, während die andere, robustere, vor etwa 1 Million Jahren verschwand.

Homo habilis

In der afrikanischen Olduvaischlucht fand man 1960 Überreste der ältesten Art der Gattung Homo. Es handelt sich dabei um den Homo habilis, dessen Knochenfunde auf 1,8 Millionen Jahre datiert werden. Den Beinamen habilis erhielten diese frühen Menschen, weil sie vermutlich als Erste richtige Werkzeuge fertigten, und zwar vor etwa 3 Millionen Jahren; 1,2 Millionen Jahre später bauten sie dann auch Behausungen. Als eigentliche Erfinder der Werkzeuge gelten die Australopithecinen, von denen auch die ersten richtigen Menschen abstammen. Obwohl sie nur etwa 1,30 m groß waren, ist ihr Schädelvolumen schon beträchtlich. Wahrscheinlich ging beim Homo habilis die Entwicklung des Gehirns einher mit der Vervollkommnung seiner technischen Fähigkeiten – was ihn zur Herstellung immer besserer Waffen, Werkzeuge und Wohnstätten befähigte. Doch auch die sozialen Fähigkeiten des Menschen dürften sich in Ansätzen bereits beim Homo habilis herausgebildet haben.

Homo erectus

Vielleicht ist der Homo erectus eine Weiterentwicklung des Homo habilis. Die ältesten Funde aus Afrika sind 1,5 Millionen Jahre alt, jene aus China sogar 1,7 Millionen. Die jüngsten Exemplare haben ein Alter von 150 000 Jahren und stammen aus Java. Im Schädelvolumen unterscheidet sich der Homo erectus nicht vom Menschen der Neuzeit. Er hatte aber ein schmaleres Gesicht, eine fliehende Stirn und noch stark vorstehende Augenwülste. Aus der Art seiner Werkzeuge schließt die Wissenschaft, dass er klare Vorstellungen von Symmetrie hatte. Vor 450 000 Jahren lernte er mit dem Feuer umzugehen. Das erlaubte ihm die Besiedelung neuer Gebiete, die bis dahin aus klimatischen Gründen zu unwirtlich waren. Die Bevölkerung breitete sich über Afrika und Eurasien aus. Der Homo erectus verschwand in Europa bereits vor 450 000, in China vor 250 000 Jahren, um dem Urtyp des Homo sapiens Platz zu machen.

Homo sapiens

Vor etwa 80 000 Jahren tauchte ein neuer Vertreter in der Ahnenreihe des Menschen auf, der Neandertaler, wissenschaftlich Homo sapiens neanderthalensis genannt. Bei ihm finden wir zuerst die Bestattung der Toten: In Chanidar im Irak wurde vor 60 000 Jahren ein Mensch auf einem Blumenbett beigesetzt; in La Chapelle-aux-Saints (Corrèze) gab man einem Verstorbenen Werkzeuge, ein Stück Bergkristall und ein Stück Wild mit ins Grab. Der jüngste Fund eines Neandertalers, datiert auf 33 000 Jahre, stammt aus Saint-Césaire in Frankreich. Warum der Neandertaler verschwand, ist nicht völlig geklärt; vielleicht hat ihn der moderne Mensch einfach verdrängt. Dieser Homo sapiens sapiens, zu dem auch wir gehören, soll vor mindestens 92 000 Jahren aufgetaucht sein. Diese Annahme legen Funde menschlicher Fossilien 1987 in Israel nahe. Bis dahin galt der Cromagnonmensch mit 40 000 Jahren als ältester Vertreter seiner Art.

Erstentde[illegible]

Proconsu[illegible]	[illegible]	[illegible]
Oreopit[illegible]	[illegible]	[illegible]
Austr[illegible]	[illegible]	[illegible]
Zi[illegible]	[illegible]	[illegible]
[illegible]	[illegible]	[illegible]
Pitheca[illegible]	[illegible]	[illegible]
Homo erectus [illegible]	[illegible]	[illegible]/91
Homo erectus heidelbergensis	[illegible]	[illegible]07
Homo erectus pekinensis	Choukoutien/China	1927
Homo sapiens neanderthalensis	Neandertal bei Düsseldorf	1856
Homo sapiens praesapiens	Steinheim a. d. Murr	1933
Homo sapiens sapiens	Cro-Magnon/ Frankreich	1868

5 Antworten auf eine schwierige Frage

Sprachkundige sagen uns, das Wort Mensch stamme vom althochdeutschen mannisco ab und bedeute eigentlich »der Männliche«. Tatsächlich diskutierten ja noch in jüngerer Vergangenheit Theologen und Philosophen ganz im Ernst, ob Frauen wohl richtige Menschen seien. Daran zweifeln jedenfalls aufgeklärte Weltbürger heute nicht mehr. Doch die für beide Geschlechter zutreffende Frage nach ihrem Wesen trifft auf ein ganzes Knäuel unterschiedlichster Antworten.

Biologie

Für Biologen ist der Mensch das Lebewesen mit dem am höchsten entwickelten Gehirn. Sie schlagen ihn im zoologischen System zur Klasse der Säugetiere und dort in die Ordnung Primaten. Eine Sonderstellung gegenüber allen Tieren leitet sich gemäß dieser Sichtweise aus seiner Fähigkeit her, in Abstraktionen denken und dies dann auch sprachlich ausdrücken zu können. Dennoch lassen sich seine körperlichen Merkmale, die Entwicklung des Gehirns eingeschlossen, in vielen Fällen vom nicht menschlichen Primaten aus erklären. Gleiches gilt für sein Sozialverhalten und seine Emotionen. Daraus folgert die Biologie eine stammesgeschichtliche Menschwerdung: Der Mensch entwickelte sich allmählich aus seinen Vorfahren.

Anthropologie

Die Kombination verschiedener Eigenschaften erlaubt es, die Art Homo sapiens in eine Anzahl typologischer Kategorien einzuteilen. Die auffälligsten Merkmale zur Unterscheidung hängen mit der Pigmentierung zusammen: nämlich Haut-, Haar- und Augenfarbe. Hinzu kommen bestimmte Körper-. Kopf- und Gesichtsformen. Schließlich gibt es Unterschiede in äußerlich nicht sichtbaren physiologischen Parametern wie der Wärmeregulation und bestimmter Blutmerkmale. Wir unterscheiden heute 4 typologische Kategorien: die Europiden; die Mongoliden; die aus den Mongoliden hervorgegangenen Indianiden; die Negriden. Hinzu kommen aber noch weitere wie die Australiden, die afrikanischen und asiatischen Pygmiden sowie die Polynesiden. Gleich mehrere Theorien suchen zu erklären, wie diese unterschiedlichen Kategorien entstanden.

Philosophie

Mit Kleinkram gaben sich Philosophen selten ab. Von Anbeginn bezogen sie ihre Frage nach dem Wesen des Menschen nicht nur auf seine Stellung gegenüber dem Tier; sie sahen ihn stets im Weltganzen, seinen Rang im Kosmos und gegenüber göttlichen Mächten. Schon Aristoteles (*384 v. Chr., †322 v. Chr.) sah die Vernunft als wesentliches Merkmal des Menschen im Unterschied zum Tier, und die Philosophie folgte ihm über den Humanismus bis zum Idealismus des 19. Jahrhunderts. Dagegen schafft der Rationalismus von René Descartes (*1596, †1650) ein dualistisches Menschenbild: Das leibliche Geschehen wird durch mechanistische Gesetze bestimmt, das geistige unterliegt dem Prinzip der Freiheit. In der Folge dehnt der mechanistische Materialismus den Begriff kausaler Determiniertheit auf den ganzen Menschen aus und kreiert das Bild vom Menschen als Maschinenwesen. Ganz unspekulativ bemüht sich die moderne philosophische Anthropologie darum, die Erkenntnisse einzelner Wissenszweige zu einer universalen Wissenschaft vom Menschen zu vereinigen.

Religion

Zwar sehen nicht alle Religionen den Menschen als Schöpfung eines alleinigen Gottes wie etwa Judentum, Christentum und Islam. Doch in allen nimmt er gegenüber den anderen Lebewesen eine Sonderstellung ein. Die indischen Religionen unterscheiden im ewigen Kreislauf der Wiedergeburten nicht zwischen Göttern, Menschen und dem anderen Leben;

Frühe Meilensteine der Medizin

Zeit	Leistung	Urheber
3000 v. Chr.	Rituelle Operation, Trepanation, Geburtshilfe, Dämonenbeschwörung	
2800 v. Chr.	Ältestes Chirurgiebuch (Papyrus Smith)	Ägypten
2000 v. Chr.	Codex Hammurapi mit Falldarstellungen und Gebührenordnung	Mesopotamien
1500 v. Chr.	Heilkunde altindischer Veden	Indien
500 v. Chr.	Akupunktur als Diagnose- und Therapiemethode	China
500 v. Chr.	Lehre von den biologischen und pathologischen Rhythmen	Pythagoras
500 v. Chr.	Theorie der 4 Elemente und Qualitäten	Empedokles
400 v. Chr.	Begründung der Medizin, Aufbau einer Krankheitslehre	Hippokrates
400 v. Chr.	Grundlegung der Diätetik und Hygiene	Diokles von Karystos
100 v. Chr.	Ausbau der physikalisch-diätetischen Therapie	Asklepiades
0	Enzyklopädie enthält ein Buch »De medicina«	Aulus Cornelius Celsus
100 n. Chr.	Lehrbuch der Geburtshilfe (»Gynaikeia«)	Soranus
100 n. Chr.	Systematik der Pharmakologie (»Materia medica«)	Dioskurides
150 n. Chr.	System der gesamten Medizin	Galen

Medizin zwischen Mittelalter und Neuzeit

Zeit	Leistung	Urheber
1150	Entwurf einer Natur- und Heilkunde (»Causae et curae«)	Hildegard von Bingen
1250	Konzept einer naturphilosophisch untermauerten Medizin	Petrus Hispanus
1250	Ausbau der scholastischen Heilkunde	Arnaldus von Villanova
1350	Aufschwung der abendländischen Chirurgie	Guy de Chauliac
14. Jh.	Einführung der Quarantäne mit dem Auftreten der Pest	
1500	Entwurf einer umfassenden Heilkunst und Lebenskunde	Paracelsus
1543	Begründung der neuzeitlichen Anatomie (»Fabrica«)	Andreas Vesalius
1550	Aufbau einer wissenschaftlichen Chirurgie	Ambroise Paré
1620	Aufbau einer neuzeitlichen Chirurgie	Fabricius Hildanus

aber es ist auch hier allein der Mensch, der Erlösung erlangen kann. Das chinesische Denken versteht den Menschen als Universum im Kleinen. Die jüdische und christliche Glaubenswelt betont die Ganzheit des Menschen, er ist Leib und Seele, Mann und Frau. Eine der zentralen Fragen in allen Religionen ist das Problem der Begrenztheit individueller Existenz durch den Tod; die unterschiedlichen Antworten darauf spiegeln sich beispielsweise in den Kulten und Riten der Menschen, mit deren Hilfe sie das Sterben bewältigen.

Medizin

Natürlich verstehen wir unter Medizin v. a. die Heilkunde. Doch wer erfolgreich heilen will, muss sowohl die gesunden als auch die kranken Funktionsweisen eines Organismus kennen. Deshalb ist medizinische Forschung darauf gerichtet, in diesem Sinne das Wissen vom Menschen zu erweitern und in Behandlung wie auch Vorbeugung von Krankheiten einfließen zu lassen. Als Grundlage bedient sie sich dabei der Naturwissenschaften Biologie, Chemie und Physik. Im Detail aber beschäftigen sich immer mehr Disziplinen mit einzelnen Aspekten und Funktionen des menschlichen Körpers, zum Beispiel: Anatomie und Physiologie, Neurologie und Psychiatrie, Bakteriologie und Hygiene, Pharmakologie und Radiologie. Es könnte sein, dass künftig die Gentechnik mit molekulargenetischen Therapiemöglichkeiten die Medizin stark verändert.

Die große Scheu vor dem Innern

Wie es im Menschen aussieht, war lange unbekannt. Denn die Neugier der antiken Gelehrten machte vor den Toten doch Halt. Jedenfalls ist nichts von Leichenöffnungen griechischer, chinesischer oder indischer Heilkundiger bekannt; lediglich um 290 v. Chr. sollen in Alexandria Sektionen an hingerichteten Verbrechern vorgenommen worden sein. Auch im christlichen Abendland blieben Leichenöffnungen bis zu Friedrich II. tabu und auch danach noch von der Kirche mit dem Bann bedroht. Erst im 14. Jahrhundert schlug sich der Wissensdrang in Europa seine Bahn: von Venedig über Padua nach Montpellier und Lerida, dann auch Wien und schließlich 1478 Paris. Das erste große anatomische Werk veröffentlichte 1316 Mundinus (Raimondo dei Liuzzi, *um 1275, †1326); doch erst im 16. Jahrhundert machten Leonardo da Vinci (*1452, †1519) und vor allem Andreas Vesalius (*1514, †1564) die Anatomie des Menschen zu einer richtigen Wissenschaft.

Variation der Geschlechter

Am einfachsten ists noch für die Biologen: Mit Geschlecht bezeichnen sie einfach die unterschiedliche Ausprägung der Geschlechtszellen und – erweitert – dann auch die sichtbaren Unterschiede der sie erzeugenden Lebewesen, vor allem, soweit es die Fortpflanzung betrifft. Anders als bei manchen Tieren sind die hierfür bestimmten Organe des Menschen in der Regel deutlich unterscheidbar, ebenso die sekundären Geschlechtsmerkmale wie Bart und Brust. Jedoch nicht immer, denn es gibt auch Menschen mit keiner eindeutigen Geschlechtszugehörigkeit oder solche, die sich oft unter schweren seelischen Konflikten mit dem anderen Geschlecht identifizieren. Manchen hilft eine Geschlechtsumwandlung durch Gabe von Sexualhormonen und plastisch-chirurgische Eingriffe, welche die gewünschten Geschlechtsmerkmale schaffen.

Das zahlenmäßige Verhältnis zwischen den Geschlechtern liegt übrigens bei rund 105 Knaben- gegenüber 100 Mädchengeburten; wegen höherer Sterblichkeit der Männer ist die Sexualproportion um das 5. Lebensjahrzehnt ausgeglichen; danach steigt der Frauenanteil immer weiter.

Das starke Geschlecht am Herd

In frühen Kulturen verkörperten Frauen das starke Geschlecht. So jedenfalls deuten manche Historiker archäologische Funde. Zudem untermauern sie diese Sicht mit Rückgriffen auf die antike Mythologie. Ab dem 7. Jahrhundert v. Chr. jedoch begann sich demnach das patriarchalische Prinzip immer stärker durchzusetzen. Damit einher ging die Auflösung der bäuerlichen Sippengemeinschaft im alten Griechenland. Nachdem der Frau ihr Platz am Herd dann zugewiesen war, definierten griechische Philosophen sie gar als verfehlten Mann und Verkörperung niederer Seelenkräfte.

Das mittelalterliche Bild war zwiespältig: Die Frau verkörperte sowohl die Verführerin Eva, aber zugleich setzte man sie auch mit der Muttergottes gleich. Im Diesseits schuldete sie dem Manne Gehorsam, doch im Jenseits war sie ihm gleichgestellt. Erst im 13. Jahrhundert wurde sie als rechtlich eigenständiges Wesen wahrgenommen und durfte sogar Handel und Gewerbe treiben. Freilich setzte sich schon nach kurzer Blüte der Frauenzünfte ab dem 14. Jahrhundert ein negatives Weiblichkeitsbild durch. Für viele Frauen mit tödlichen Folgen, konnte sich doch nach dem gängigen Aberglauben in jeder eine Hexe verbergen.

Trotz Hormonschub auch Verzicht

Bei niederen Tierarten steuern allein die Sexualhormone das Fortpflanzungsverhalten, und es ist auch sehr stereotyp. Bei den höheren Arten jedoch kommt zunehmend die Steuerung durch das Großhirn ins Spiel: Sexualität wird variantenreicher, auch manche Tiere lernen sexuelle Praktiken oder betätigen sich homosexuell, zu beobachten etwa bei Menschenaffen. Die Sinnenlust wird also wichtiger als die Fortpflanzung.

Das ist auch beim Menschen so, aber nochmal gesteigert. Denn seine Sexualität bleibt nicht nur auf die Lust begrenzt; sie begleitet seine ganze Entwicklung und bestimmt auf diese Weise die gesamte Persönlichkeit mit; so wird sie über die biologischen und psychologischen Faktoren hinaus schließlich auch noch als soziologische Größe wirksam. Das zeigt sich etwa in der spezifisch menschlichen Variante der Erotik, die eben weit mehr umfasst als direkte Befriedigung eines Bedürfnisses. Zu den Formen der Kultivierung seiner Sexualität gehört für den Menschen aber auch der Verzicht: Nicht nur in Form einer momentanen Kontrolle, sondern auch in selbst auferlegter Keuschheit, zum Beispiel religiös motiviertem Triebverzicht.

Mehrlingsgeburten sind keine Seltenheit

Im Durchschnitt kommen auf	
80	Geburten eine Zwillingsgeburt
10 000	Geburten eine Drillingsgeburt
1 000 000	Geburten eine Vierlingsgeburt
100 000 000	Geburten eine Fünflingsgeburt

Verhüten hat lange Tradition

Gesicherte Kenntnis über praktizierte Empfängnisverhütung haben wir schon aus dem alten Ägypten: Das älteste Rezept aus dem 19. Jahrhundert v. Chr. beschreibt, wie man hierfür ein Zäpfchen aus Krokodilskot herstellt. Während wir über dessen Wirksamkeit nur spekulieren können, gilt der modernen Forschung ein anderes Rezept durchaus als wirksam, das in einem 300 Jahre jüngeren Papyros beschrieben wird: ein mit Honig und Akaziensirup getränkter Baumwolltampon. Die alten Griechen nahmen für den gleichen Zweck meist Olivenöl, das die Beweglichkeit der Spermien begrenzt. Heute steht uns eine breite Palette empfängnisverhütender Mittel zur Verfügung. Wie zuverlässig sie sind, sagt der Pearl-Index: So erhält man z.B. den Index 2, wenn 100 Frauen ein Jahr lang ein Intrauterinpessar verwenden und 2 von ihnen trotzdem schwanger werden. Sehr wirksame Methoden haben nach diesem Maßstab einen Index kleiner als 1.

Ein Embryo aus 16 Zellen

Bei der Befruchtung verschmilzt eine Samenzelle mit einer Eizelle und gibt dieser damit das Startsignal, sich zu entwickeln. Darauf beginnt sie nun, sich immer weiter zu teilen. Beim Menschen entsteht so nach 3 Tagen ein Embryo aus 16 Zellen. Doch dabei bleibt es nicht. Ähnelt der Embryo anfangs mit seiner Anhäufung von Zellen eher einer Brombeere, so differenziert er sich schon bald: Einzelne Organe formen sich und der Embryo wächst kräftig. Für ihr Wachstum beziehen die Embryonen von Eier legenden Tieren wie etwa Vögeln die nötigen Nährstoffe vor allem aus dem Dotter. Bei Säugern hingegen nistet sich der Embryo in der Gebärmutterwand ein. Mit der Mutter ist er über die Nabelschnur verbunden, in der Blutgefäße verlaufen, die den Nährstofftransport von der Mutter zur Frucht besorgen. Bei uns Menschen heißt die Frucht bis zur 12. Schwangerschaftswoche Embryo, danach nennt man das heranwachsende Kind einen Fetus. In diesem Stadium sind bereits sämtliche Organe angelegt, sie müssen sich in den nächsten Monaten nur noch weiterentwickeln.

Versagerrate (Pearl-Index) verschiedener empfängnisverhütender Methoden

Methode	Schwangerschaften auf 100 Frauenjahre
hormonale Empfängnisverhütung	
Kombinationspräparate	0,1–0,5
Sequenzialpräparate	0,3–0,9
Minipille	0,9–2,5
Mikropille	0,2–0,5
Depotpräparate	0,3–0,5
Pille danach	0,5
Intrauterinpessar	0,5–2,0
Kondom	3,0–5,0
Scheidendiaphragma	6,0–10,0
Scheidendiaphragma mit Spermizid	0,7–4,0
Zeitwahl nach Knaus-Ogino	4,0–20,0
Zeitwahl bei Messung der Basaltemperatur	1,0–3,0
Zeitwahl nach Billings	15,0–35,0
symptothermale Methode	0,7
Coitus interruptus	8,0–38,0
Sterilisation bei der Frau	0,0–0,3
Sterilisation beim Mann	0

Schwangerschaft und Entwicklung der Leibesfrucht

Lunarmonat (Ende)	tatsächliche Länge der Frucht (in cm)	Gewicht der Frucht (in g)	berechnete Länge der Frucht (in cm)
2	3,0	1	2 × 2 = 4
3	9,8	14	3 ×· 3 = 9
4	18,0	108	4 × 4 = 16
5	25,0	316	5 × 5 = 25
6	31,5	630	6 × 5 = 30
7	37,1	1045	7 × 5 = 35
8	42,5	1680	8 × 5 = 40
9	47,0	2375	9 × 5 = 45
10	50,0	3405	10 × 5 = 50

Zusammensetzung des menschlichen Körpers*

Wasser	50,4 kg	Chlor	120 g
Fett	11,2 kg	Magnesium	33 g
Stickstoff	2,4 kg	Eisen	5,2 g
Calcium	1,6 kg	Zink	2 g
Phosphor	0,8 kg	Kupfer	0,1 g
Kalium	190 g	Bor	26 mg
Natrium	130 g	Kobalt	1,4 mg

*(bei einem Körpergewicht von 70 kg; gerundete Werte des fettfreien Gewebes)

Organ voller Pigmente und Drüsen

Die Hautfarbe zeigt eine deutliche Korrelation zur Stärke der UV-Bestrahlung: In lichtverwöhnten Gegenden haben die Menschen eine dunklere Haut, eben als Schutz gegen die ultraviolette Strahlung; in lichtärmeren Gegenden ist sie hingegen hell, um eine ausreichende Bildung von Vitamin D zu gewährleisten. Die Haut eines erwachsenen Menschen nimmt übrigens ungefähr 1,7 m^2 Fläche ein und wiegt ganze 3 kg; damit gilt sie als unser größtes Organ.

Die Haut ist aus mehreren Schichten aufgebaut und enthält eine Vielzahl von Sinnesorganen, die wiederum mit Nerven verbunden sind. So reagiert die Haut beispielsweise sensibel auf Druck und Temperatur und kann Schmerz sowie Tastempfindungen wahrnehmen.

Dieses vielseitige Organ schützt uns aber nicht nur vor Verletzungen und dem Eindringen von Fremdkörpern. Winzige Blutgefäße in der Haut, die so genannten Kapillaren, helfen mit, die Körpertemperatur auf dem richtigen Niveau zu halten: Die feinen Gefäße schließen sich bei Kälte, um Wärmeverluste klein zu halten; ist uns dagegen warm, so öffnen sie sich, damit mehr Blut hindurchfließen und Wärme abstrahlen kann; wenn das aber noch nicht genügt, öffnet die Haut zusätzlich ihre Schweißdrüsen, und die austretende und verdunstende Flüssigkeit entzieht der Haut weitere Wärme.

Kahlschlag beim Auswuchs

Zwar wächst die Oberhaut ständig nach, während sie dauernd in Form kleiner Schuppen abgetragen wird. Doch sie zeigt auch besondere Auswüchse, nämlich Haare und Nägel. Auch wenn wir sie vornehmlich als Zierde sehen – ursprünglich dienen Haare der Temperaturregulation und dem Schutz vor Sonnenstrahlen; zudem dienen sie dem Tastsinn, da sie schon auf den leichtesten Hauch sensibel reagieren. Je nach Typ hat der Mensch insgesamt rund 300 000 bis 500 000 Haare, wovon etwa 25 % auf den Kopf entfallen. Ein einzelnes Haar ist 40–100 µm dick. Hat es sein Wachstum beendet, löst es sich von der Papille ab, die dann nach einer Ruhezeit ein neues Haar bildet. Ist der Farbstoff in den Pigmentzellen erschöpft, so wächst ein graues Haar nach; treten zwischen den verhornten Zellen Luftbläschen auf, dann leuchtet das Haar sogar weiß. Doch all jene, denen das Farbenspiel der Natur nicht gefällt, greifen zu kosmetischer Hilfe. Was freilich zumal bei Männern manchmal auch nicht mehr hilft, wenn etwa hormonelle Vorgänge ihnen eine prachtvolle Glatze bescherten.

Das Haar in Zahlen

blonde Kopfhaare	ca. 150 000
braune Kopfhaare	ca. 110 000
schwarze Kopfhaare	ca. 100 000
rote Kopfhaare	ca. 90 000
Körperhaare	ca. 25 000
Augenwimpern oben	150–200
Augenwimpern unten	50–100
tägliches Wachstum des Kopfhaares	0,5–0,7 mm
tägliches Wachstum des Barthaares (entsprechend der Häufigkeit des Rasierens)	0,6–0,8 mm
täglicher Haarausfall	50–120
Augenwimpernlänge oben	8–12 mm
Augenwimpernlänge unten	6–8 mm
Lebensdauer der Augenwimpern	ca. 150 Tage
Tragfähigkeit eines Kopfhaares	ca. 80 g

Medizin geht in die Tiefe

Zeit	Leistung	Urheber
1628	Entdeckung des Blutkreislaufs (»De motu cordis«)	William Harvey
1665	Beschreibung des Kapillarkreislaufs	Marcello Malpighi
17. Jh.	Reduktion der pathologischen Erscheinungen auf Physik (Iatrophysik) und Chemie (Iatrochemie)	Santorio Santorio, Franciscus Sylvius
1670	Erneuerung hippokratischer Prinzipien in der Heilkunst	Thomas Sydenham
1700–30	Zeit der großen Systematiker der medizinischen Aufklärung	Georg Ernst Stahl, Friedrich Hoffmann, Hermannus Boerhaave
1750	Systematische Darstellung der Physiologie und Pathologie	Albrecht von Haller
1761	Begründung der modernen pathologischen Anatomie	Giovanni Battista Morgagni
1779	Grundlegung der Hygiene (»System einer vollständigen medizinischen Polizei«)	Johann Peter Frank
1796	Erfolgreiche Impfung gegen Pocken	Edward Jenner
1800	Begründung der allgemeinen Gewebelehre (»Anatomie générale«)	Xavier Bichat
1820	Grundlegung naturwissenschaftlicher Methoden in der Medizin	François Magendie
1838/39	Begründung einer Lehre von den Zellen	Matthias Jakob Schleiden, Theodor Schwann
ab 1842	Einführung der modernen Narkoseverfahren	

Menschliche Größe

Vom Scheitel bis zur Sohle messen Neugeborene meist zwischen 48 und 54 cm; bei Erwachsenen liegt die normale Körpergröße ungefähr zwischen 150 und 190 cm; im Durchschnitt sind Frauen etwa 10 cm kleiner als Männer. Es gibt natürlich auch Extreme nach unten und oben: Von Zwergwuchs sprechen wir, wenn die Größe zwischen 80 und 130 cm bleibt; dagegen von Riesenwuchs, wenn sie bei Frauen 185 cm und bei Männern 200 cm übersteigt.

Ein Lieferant läuft im Kreis

In unserem Körper kreisen rund 4,5 bis 6 Liter Blut. Zu etwa 56 % besteht es aus dem klaren Blutplasma, der andere Teil ist eine dunkle Flüssigkeit, welche die Blutzellen enthält: 25 Milliarden rote Blutkörperchen, die mit dem Hämoglobin Sauerstoff und Kohlendioxid binden und durch den Körper transportieren; weiße Blutkörperchen als Verteidiger gegen eindringende Keime, wobei auf ein weißes 700 rote kommen; schließlich Blutplättchen, welche für die Gerinnung sorgen. Getrieben vom Herzen, zirkuliert das Blut im Körper. In der Lunge gibt es Kohlendioxid ab, nimmt Sauerstoff auf und bringt diesen zu den Organen. Dort sorgt es außerdem für den Austausch von Nährstoffen und Endprodukten.

Gruppenbildung mit Antipathie

Wir unterscheiden 4 Blutgruppen beim Menschen: A, B, AB und 0. Dabei sind in A und B 2 Proteine (Antigene), die von den roten Blutkörperchen transportiert werden. Sie können die Produktion von Antikörpern bewirken. Die Blutgruppe 0 verträgt sich mit allen andern, ist also ein Universalspender; sie selbst kann dagegen nur Blut der eigenen Gruppe aufneh-

Mittelwerte des Blutdrucks in Abhängigkeit vom Lebensalter

Alter	systolischer Blutdruck in mm Hg (hPa) [1]	diastolischer
Geburt	70 (93)	40 (53)
bis 10 Jahre	105 (140)	70 (93)
10. - 30. Jahr	120 (160)	75 (100)
30. - 40. Jahr	130 (173)	85 (113)
40. - 60. Jahr	140 (186)	90 (120)
über 60 Jahre	145 (193)	90 (120)

1) mm Hg (hPa) = Millimeter Quecksilbersäule (Hektopascal)

men. Die Blutgruppe AB ist Universalempfänger, da sie Blut aller Gruppen aufnehmen kann. A und B vertragen sich nicht, die roten Blutkörperchen der beiden Gruppen tragen unterschiedliche Antigene.

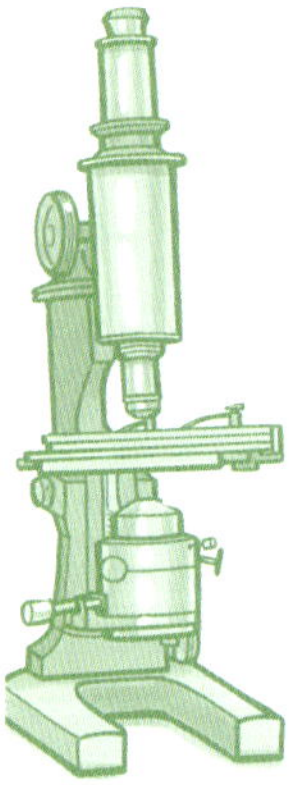

Scharfer Blick aufs Unsichtbare

Bessere Mikroskope und experimentelles Geschick öffneten gegen Ende des 19. Jahrhunderts der Wissenschaft neue Welten. Schlag auf Schlag entdeckten in der 2. Hälfte des 19. Jahrhunderts die Forscher bis dahin unbekannte Erreger für viele gefürchtete Krankheiten.
Für die Nachwelt ist diese Entwicklung vor allem mit 2 Namen verknüpft: mit dem deutschen Mediziner Robert Koch (*1843, †1910) und dem französischen Biologen Louis Pasteur (*1822, †1895). Dieser hatte zunächst eigentlich über Gärung geforscht und dabei als deren Auslöser Mikroorganismen erkannt. Im Jahre 1878 sandte er der französischen Akademie der Wissenschaften eine Arbeit, in der er systematisch darstellte, warum Kleinstlebewesen Krankheiten hervorrufen. Die Ärzte bekämpften die Idee anfangs vehement, konnten aber der inflationären Entdeckung immer neuer Krankheitserreger schließlich nichts mehr entgegensetzen.
Genau dieser gedankliche Ansatz – nämlich Erklärungen im nicht unmittelbar Sichtbaren zu suchen – lenkte übrigens den Blick damals in eine weitere verborgene Region: die Welt der Sinne und Gedanken.

Blutgruppenverträglichkeit

Blutgruppe des Empfängers	mögliche Blutgruppe des Spenderbluts
A	A, 0
B	B, 0
AB	A, B, AB, 0
0	0

Von Bakterien und Viren

Nicht alle Krankheitserreger jener Pioniertage erwiesen sich als Bakterien. So fand der französische Arzt Alphonse Laveran (*1845, †1922) 1880 im Blut von Malariapatienten andere Mikroorganismen als Verursacher, nämlich Protozoen. Das erregte solches Aufsehen, dass ihm dafür 1907 sogar der Nobelpreis verliehen wurde.
Allgemein bezeichnet der Name Mikroorganismen alles Lebendige, das mit bloßem Auge nicht sichtbar ist, und diese Welt offenbart sich unter dem Mikroskop als wahrer Makrokosmos: Neben den Bakterien zählen Schimmelpilze und Hefen dazu, auch tierische Einzeller und einzellige Algen. Doch entgegen unseren Ängsten sind nur wenige von ihnen für uns gefährliche Krankheitserreger. Manchmal rechnet man auch Viren zu den Mikroorganismen, obwohl man darüber streiten kann, da sie nur in fremden lebenden Zellen zur Vermehrung fähig sind: Haben sie solche befallen, schmuggeln sie ihr Erbgut in deren Zellmechanismen ein und zwingen sie, nunmehr Viren zu produzieren. Sie sind also wahre Parasiten und schädigen den Organismus, da sie befallene Zellen letztlich zerstören. Tatsächlich sind die meisten Viren Krankheitserreger, und die körpereigene Abwehr hat es mit ihnen besonders schwer: Haben sie sich erst festgesetzt, sind sie ja in gewisser Weise ein Teil der Zelle und vom Immunsystem deshalb nur noch schwer zu entlarven.

Die Wissenschaft entdeckt verborgene Regionen

Zeit	Leistung	Urheber
um 1850	Grundlegung der modernen Physiologie	Johannes Müller
1851	Erfindung des Augenspiegels	Hermann von Helmholtz
1858	Grundlegung der modernen Pathologie (»Zellularpathologie«)	Rudolf Virchow
1861	Prophylaxe des Kindbettfiebers	Ignaz Semmelweis
1867	Einführung der antiseptischen Wundbehandlung	Joseph Lister
um 1880	Begründung des Zeitalters der Bakteriologie	Louis Pasteur, Robert Koch
1880	Ausbau einer naturwissenschaftlich untermauerten Hygiene	Max von Pettenkofer
1882	Begründung der Immunitätslehre	Paul Ehrlich
1894	Einführung des Diphtherieheilserums	Emil von Behring
1895	Entdeckung der Röntgenstrahlen	Conrad Röntgen
ab 1900	Lehre von den bedingten Reflexen	Iwan Petrowitsch Pawlow
um 1900	Aufbau und Ausbreitung der Psychoanalyse	Sigmund Freud

Informationen en gros und im Detail

Gewiss haben die Anatomen das Gehirn in 5 Bereiche aufgeteilt und ihnen jeweils unterschiedliche Aufgaben zugeteilt. Wir können die Stelle im Großhirn zeigen, wo das Sprachzentrum liegt, und wissen auch, dass das Kleinhirn unsere Bewegungen kontrolliert. Die Wissenschaft sagt uns: Dort werden die Sinneseindrücke des Körpers verarbeitet, dort sitzen unsere Gefühle und das Gedächtnis, die gesamte Intelligenz und das Bewusstsein. Das zu wissen ist viel. Aber wissen wir damit, was den Menschen ausmacht? So hat die Computerzeit etwa informationstheoretische Gedächtnismodelle hervorgebracht. Dennoch haben wir bislang keine genaue Klarheit darüber, wie das Gehirn Informationen speichert und wieder aufruft. Jedenfalls scheint Gedächtnis eben doch weit mehr zu sein als bloße Speicherung: Verknüpfungen werden hergestellt, komplexe Erinnerungsmuster entstehen, die mehr sind als pures Faktenmerken und sogar einen wesentlichen Teil der jeweiligen Persönlichkeit ausmachen. Offensichtlich scheint das Gehirn als Ganzes beteiligt zu sein und nicht nur bestimmte lokalisierbare Hirnregionen.

Jenseits von Versuch und Irrtum

Wenn wir nicht mehr nur an zufälligen Erfolgen lernen und gleichsam durch Versuch und Irrtum Fortschritt erzielen; wenn wir vielmehr neue Situationen meistern, indem wir die Lage anschaulich erfassen und abstrakte Verbindungen zwischen den wichtigen Größen herstellen: Dann nennen wir diese Fähigkeit und die dabei eingesetzten Fähigkeiten Intelligenz.

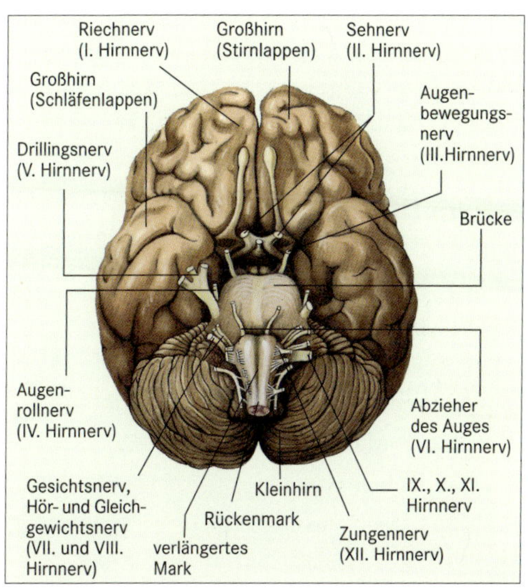

Grundfläche (Basis) des menschlichen Gehirns

Für die Psychologie sind solche Intelligenzfaktoren beispielsweise sprachliches Verständnis, Rechengewandtheit, räumliches Denken, Gedächtnis, Auffassungsgabe und die Fähigkeit zu schlussfolgerndem Denken. Alt ist der Streit darüber, ob all das nun ererbt oder erworben ist; dabei sind Erbanlagen und Umwelt – also auch soziale und kulturelle Einflüsse – natürlich beide beteiligt, man kann also allenfalls über die jeweilige Gewichtung vernünftig debattieren. Ebenfalls umstritten ist, wie man Intelligenz messen soll. Als gängiges Maß verwendet man dazu den Intelligenzquotienten, der sich als Verhältnis aus dem Intelligenzalter zum Lebensalter ergibt; das Intelligenzalter ermittelt man dabei aus der durchschnittlichen Intelligenz der verschiedenen Altersstufen.

Begrenzt sensibel

Haben wir unsere 5 Sinne immer beisammen – oder sind es in Wirklichkeit doch ein paar mehr? Sicher können wir über die 5 Hauptsinne hinaus – Sehen und Hören, Riechen und Schmecken, Fühlen – die Welt noch weiter erfassen. So wissen wir auch mit geschlossenen Augen, welche Lage im Raum wir gerade einnehmen – dank des Gleichgewichtsorgans im Innenohr. Jedenfalls aber zeigt sich eine gewisse Kopflastigkeit, da doch 4 dieser 5 Sinne im Kopf daheim sind. Ansonsten ist natürlich unsere Haut vollgepackt mit zahllosen Sinnesorganen für Druck und Schmerz, Temperatur und Tastempfinden. Doch sind wir völlig unsensibel für viele Bereiche, die von Tieren erfahren werden, etwa bei Ultraschall und Infrarot oder elektrischen Spannungen und magnetischen Feldern.

Intelligenzquotient (IQ) der Bevölkerung

IQ	Intelligenzgrad	Anteil der Bevölkerung
über 140	hervorragend (»genial«)	1,5%
120 - 139	sehr gut (»talentiert«)	11,0%
110 - 119	gut (»intelligent«)	18,0%
90 - 109	mittelmäßig (»normal begabt«)	48,0%
80 - 89	gering (»lernbehindert«)	14,0%
70 - 79	sehr gering (»geistig behindert«)	5,0%
unter 69	äußerst gering (»schwachsinnig«)	2,5%

Die Welt im Kopfe sehen

Sehen – da denken wir natürlich sofort an das Auge. Doch das ist eigentlich nur die Eingangsstufe. Zum vollkommenen Gesichtssinn gehört auch das Gehirn. Unser Auge sammelt Lichtstrahlen, die von den Gegenständen ausgesandt werden. Sie dringen ins Innere, und die Linse bündelt sie dabei zu einem scharfen Bild auf der Netzhaut. Nach den Gesetzen der Optik steht es übrigens auf dem Kopf. Das macht aber nichts, denn das Gehirn dreht es wieder um und stellt bei der Bewertung die Welt sozusagen wieder auf die Beine. Seine Informationen erhält das Gehirn über den Sehnerv, welcher die Reize aus den Millionen lichtempfindlicher Zellen in der Netzhaut weiterleitet. Bei wenig Licht sprechen dort nur die Stäbchen an und wir sehen alles schwarz-weiß; bei viel Licht aber reagieren auch die Zapfen und wir können dann Farben sehen. Das Wechselspiel von Auge und Gehirn steckt übrigens auch hinter mancher optischen Täuschung.

Chromosomen machen das Geschlecht

Jede lebende Zelle enthält eine bestimmte Anzahl mikroskopisch kleiner Fäden, die Chromosomen. Darin steckt alle Information, die eine Zelle braucht, um sich zu entwickeln. Chromosomen sind also Bau- und Arbeitspläne für Zellen. Meist liegen sie paarweise vor, denn während der Zellteilung müssen sie in gleicher Weise an beide Tochterzellen übergeben werden, damit auch diese wieder richtig ausgestattet sind. Jede Tier- und jede Pflanzenart besitzt ihre eigene Chromosomenzahl, welche für die jeweilige Art charakteristisch ist. So hat etwa der Mensch 23 Chromosomenpaare, und ei-

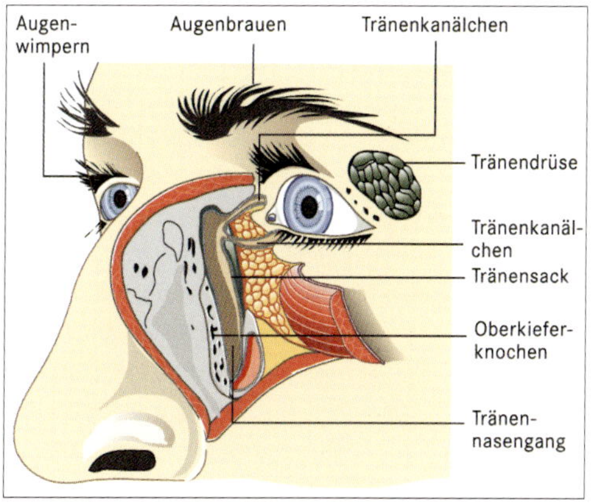

nes davon bezeichnen wir als Geschlechtschromosomen. Nur in diesem Paar unterscheiden sich Mann und Frau, denn das weibliche Geschlecht ist bestimmt durch das Paar XX, das männliche hingegen durch XY. Genau besehen sind freilich auch die andern Chromosomen nicht ganz gleich. Sie enthalten lange Molekülstränge, die Desoxyribonukleinsäure DNS; deren einzelne Abschnitte nennt man Gene, und diese legen bestimmte Körpermerkmale fest. Weil sich aber die Menschen in diesen Genen unterscheiden, sieht auch jedes Individuum anders aus.

Verbündete im Zellkern

In den Zellkernen von Tieren, Menschen und Pflanzen befinden sich lange Riesenmoleküle. Nach der lateinischen Bezeichnung für den Kern, nucleus, tragen sie den Namen Nukleinsäuren. Davon gibt es 2 verschiedene Arten, die Ribonukleinsäure (RNS) und die Desoxyribonukleinsäure (DNS). Diese enthält das gesamte Erbgut eines Lebewesens und liefert den Bauplan dafür, welche Aminosäuren sich miteinander zu welchen Proteinen verbinden. Die RNS aber sorgt in diesem Verbund gerade dafür, dass die Informationen auf der DNS auch wirklich in Proteine umgesetzt werden. Dafür nimmt die Boten-RNS von bestimmten DNS-Abschnitten einen getreuen Abdruck, der dann als Modell für den Aufbau der Proteine dient. Die Transfer-RNS wiederum lagert sich an die Boten-RNS an und transportiert zugleich eine Aminosäure. Lagern sich nun verschiedene Transfer-RNS nebeneinander, so verbinden sich diese Aminosäuren und bilden Proteine, die sich schließlich von der RNS lösen.

Böse Gene im Krebsverlauf

Manche Gene können in Körperzellen maligne Entartungen hervorrufen, sie zu bösartigen Wucherungen veranlassen. Deshalb heißen sie auch Krebsgene oder Tumorgene. Solche Onkogene fanden Forscher zunächst bei Tumorviren: Die viralen Onkogene sind nämlich Gensequenzen solcher Tumorviren, die in Zellen eindringen und dort das Wachstum von Tumorzellen auslösen können. Später entdeckte die Wissenschaft aber auch im Erbgut von Mensch und Tier selbst solche Krebsgene, die man in diesem Fall zelluläre Onkogene nennt. Jede Zelle enthält in ihrem Erbgut normale Proto-Onkogene. Zelluläre Onkogene jedoch sind

Signale bei Gefahren und Genuss

Das Augenwesen Mensch hält vom Verstand her seinen Gesichtssinn für den wichtigsten. Wie man diese Einschätzung nun beurteilen mag, den schnellsten Zugang zu unsrer Gefühlswelt hat jedenfalls ein anderer Sinn: die Nase. Denn während die Informationen von Auge und Ohr auf mehreren Stufen verarbeitet und gefiltert werden, ist unser Riechorgan nur 2 Synapsen von Emotionen und Hormonen entfernt. Die Reize der 10 Millionen Rezeptoren laufen über 3 Nervenstränge direkt in wichtige Zentren: Erstens über den Thalamus – das Tor zum Bewusstsein – in die Hirnrinde; zweitens zum Hippocampus, einem wichtigen Zentrum unserer Gefühlswelt; drittens zum Hypothalamus, der die Produktion von Hormonen beeinflusst. Warum? Vielleicht war der Geruchssinn in sehr früher Zeit ein Schutzmechanismus, der bei Gefahr rasche Reaktionen ohne Umweg über das Bewusstsein auszulösen hatte. Er beeinflusst noch immer aber unser sexuelles Verhalten, was bei manchen gelegentlich ja auch recht kopflos abläuft.

Chromosomenzahlen (2n) verschiedener Lebewesen (pro Zelle)

Pflanzen		Tiere	
Natterzunge	480	Ruhramöbe	12
Streifenfarn	144	Pferdespulwurm	2
Birke	84	Regenwurm	32
Runkelrübe	18	Fruchtfliege	8
Apfelbaum	34	Karpfen	104
Himbeere	14	Taube	80
Kartoffel	48	Schwein	38
		Huhn	78
		Pferd	64
Mensch	46	Hund	78

eine veränderte Form dieser normalen Proto-Onkogene, entstanden durch äußere oder innere Einflüsse. Durch die fehlerhafte Kodierung eines Proteins aber können sie das geregelte Zellwachstum außer Kontrolle setzen und die Zellen auf diese Weise zu Tumorzellen entarten lassen.

Verschleppte Erbfolge

Eigentlich hatte der Mensch die Genetik schon vor ein paar Tausend Jahren entdeckt. Ohne freilich genau zu wissen, was er tat, nutzte er ihre Gesetze und züchtete auf der Basis von Erfahrungen ertragreiche Nutzpflanzen und leistungsfähige Tiere, durch Kreuzung und Auslese. Erst im 19. Jahrhundert freilich unternahm Gregor Mendel systematische Kreuzungsversuche und konnte 1866 über die einfachen Regeln der Vererbung referieren. Doch interessiert hat sich anscheinend niemand dafür. Erst um 1900 fragte die Wissenschaft intensiver danach, wie denn nun die Merkmale eines Organismus festgelegt und auf nachfolgende Generationen übertragen werden. Damals schufen Forscher auch den Gen-Begriff, gleichsam als Grundeinheit zur Ausbildung einer einzelnen Eigenschaft und somit als Erbanlage. Doch wiederum dauerte es ein paar Jahrzehnte, bis die Forscher den Bauplan des Lebens verstanden: Gene sind demnach Folgen von Nukleinsäuren, bestimmte Abschnitte auf dem Riesenmolekül Desoxyribonukleinsäure (DNS); diese molekulare Welt entpuppt sich somit als Informationsspeicher für das Eigenschaftsspektrum der jeweiligen Art von Lebewesen.

Ersatzteile aus der Retorte

Beim Ersatz von Haut ist sie schon klinischer Alltag geworden: die Zellzüchtung. Insbesondere bei Opfern von Verbrennungen nutzen Ärzte die Möglichkeit, Zellen vom Patienten selbst zu züchten. Doch die plastische Chirurgie peilt schon an, künstlich gezüchtetes körpereigenes Gewebe neben der Wundbehandlung auch sonst rekonstruktiv einzusetzen. Fast alle Körperzellen können schon jetzt im Labor gezüchtet werden. Das Tissue-Engineering will aber noch weit mehr, nämlich durch gezielte genetische Steuerung komplette künstliche Gewebe züchten: als Ersatz von Knorpeln, Knochen oder auch Blutgefäßen. Ganz Kühne träumen sogar schon davon, einst auch Leber und Nieren auf diese Weise auszutauschen.

Die große Frage am Ende

Über kaum ein anderes Ereignis im Leben machte sich die Menschheit derart viele Gedanken wie über sein Ende: den Tod. Tatsächlich findet man in Philosophie und Religion, Recht und Kunst ebenso viele Spekulationen und Antworten dazu wie auf die Frage, was denn der Mensch nun sei.

Einfach gesagt versteht man unter dem Tod den Stillstand der Lebensfunktionen: Am Ende des Sterbens steht der nicht mehr umkehrbare Verlust der Funktion von Atmung, Kreislauf und Zentralnervensystem.

Als Kriterium für den Eintritt des Todes gilt der Organtod des Gehirns. Dem geht in den meisten Fällen eine fortschreitende Reduzierung der Lebensäußerungen voraus. So ist beim klinischen Tod – dem Aufhören von Atmung und Herzaktion – in manchen Fällen doch noch eine Wiederbelebung möglich. Wird allerdings das Gehirn nicht binnen einiger weniger Minuten mit Sauerstoff versorgt, sterben unwiderruflich Gehirnzellen ab.

Wirklich sichere Todeszeichen sind Totenflecke und Totenstarre, die bei Scheintoten fehlen.

Pflanzenwelt

Zwischen Blumenbeet und Urwald

Die gesamte Biomasse der Erde wird auf rund 1,85 x 10^{12} (= 1,85 Billionen) Tonnen geschätzt, wovon jährlich knapp 10 % absterben, aber auch wieder nachwachsen. Der Löwenanteil von nahezu 99,9 % entfällt dabei auf die Pflanzen (der Anteil der Menschen an der gesamten Biomasse beträgt gerade mal 0,005 %!), auch wenn die Zahl der beschriebenen Pflanzenarten nur etwa ein Viertel der Tierarten ausmacht. Insgesamt kennt man 110 000 Arten niederer Pflanzen (Algen, Pilze, Flechten) und 275 000 Arten höherer Pflanzen (Farne, Moose, Samenpflanzen).

1

2a

2b

2c

1 Flechte mit Fruchtkörpern
2 a – c verschiedene Flechtenformen:
a Krustenflechte
b Laubflechte
c Strauchflechte

Einteilung des Pflanzereichs
(vereinfachte Darstellung)

Prokaryonten *(Spaltpflanzen, Schizophyta)*	
Bakterien *(Bacteriophyta)*	1700 Arten
Blaualgen *(Cyanophyta)*	2000 Arten
Eukaryonten	
Lagerpflanzen *(Thallophyta)*	
Schleimpilze *(Myxomycetes)*	600 Arten
Pilze *(Fungi)*	60 000 Arten
Algen (Algae)	25 000 Arten
Flechten *(Lichenes)*	20 000 Arten
Blütenlose Pflanzen *(Archegoniatae)*	
Moose *(Bryophyta)*	24 000 Arten
Farnartige *(Pteridophyta)*	
Farne *(Filicopsida)*	10 000 Arten
Schachtelhalme *(Equisetopsida)*	32 Arten
Bärlappe *(Lycopodiopsida)*	1200 Arten
Samenpflanzen *(Spermatophyta)*	
Nacktsamer *(Gymnospermae)*	800 Arten
Bedecktsamer *(Angiospermae)*	
Einkeimblättrige *(Monocotyledoneae)*	66 000 Arten
Zweikeimblättrige *(Dicotyledoneae)*	174 000 Arten

Flechten

Flechten sind eigenartige »Doppelwesen«. Sie bestehen aus einem Verband von Grün- oder Blaualgen und Schlauchpilzen, der eine morphologische und physiologische Einheit bildet. Die Alge versorgt den Pilz mit Nahrungs- und Baustoffen, die dieser nicht selbst bilden kann. Dafür dient das Pilzgeflecht der Alge als Wasser- und Mineralstoffspeicher. Pilz und Alge bilden zu gegenseitigem Vorteil somit eine Ernährungsgemeinschaft, eine Symbiose. Nach ihrer Gestalt kann man Flechten, von denen mehr als 20 000 Arten in etwa 400 Gattungen bekannt sind, in flach auf einer Unterlage haftende Krustenflechten, großflächige, blattartige Laubflechten sowie in Strauchflechten unterscheiden. Da fast alle Flechtenarten nur in sauberer Luft gedeihen, werden sie heute als Indikatorpflanzen für die Beurteilung der Luftqualität benutzt.

Die systematische Einteilung des Pflanzenreichs
(Taxonomie am Beispiel der Weißbirke)

Reich *(Regnum)*	Pflanzen
Abteilung *(Divisio)*	Samenpflanzen *(Spermatophyta)*
Klasse *(Classis)*	Zweikeimblättrige *(Dicotyledoneae)*
Ordnung *(Ordo)*	Buchenartige *(Fagales)*
Familie *(Familia)*	Birkengewächse *(Betulaceae)*
Gattung *(Genus)*	Birken *(Betula)*
Art *(Species)*	Weißbirke *(Betula verucosa)*

Fortpflanzung

Die Vermehrung in der großen Vielfalt des Pflanzenreichs kann sowohl geschlechtlich als auch ungeschlechtlich erfolgen, wobei sich zahlreiche Pflanzen je nach Umweltbedingungen auch auf beide Weisen fortpflanzen können.

Bei der geschlechtlichen Vermehrung müssen die Pflanzen ihre männlichen Fortpflanzungszellen, die Pollen, mit ihren weiblichen Pendants zwecks Austausch von Chromosomen vereinen. Da Pflanzen ortsgebunden sind, benötigen sie dafür bestäubende Tiere wie Insekten oder auch Vögel, die oft mit mancherlei Tricks herbeigelockt werden müssen. Einige Pflanzen haben diesen großen Aufwand aufgegeben und vermehren sich eingeschlechtlich, wie etwa der Tabak oder der Reis. Bei dieser Jungfernzeugung oder Parthenogenese entwickeln sich die Nachkommen aus unbefruchteten Eizellen der weiblichen Pflanze. Noch einfacher ist die ungeschlechtliche Fortpflanzung, bei der sich die Körperzellen des mütterlichen Organismus durch mitotische Zellteilung vermehren.

Geschlechtliche und ungeschlechtliche Fortpflanzung können bei derselben Pflanzenart aber auch regelmäßig miteinander abwechseln. Durch einen solchen Generationswechsel vermehren sich beispielsweise die Farne.

Bekannte Arten höherer Pflanzen in Ländern verschiedener Klimaregionen

Land	Artenzahl	davon endemisch
gemäßigtes Klima		
Deutschland	2680	6
Österreich	3100	35
Schweiz	3030	1
tropisches Klima		
Brasilien	56 000	–
Indonesien	29 400	17 500
arktisches Klima		
Grönland	530	15
Wüstenklima		
Mauretanien	1100	–

Quelle: World Conservation Monitoring Centre (www.wcmc.org.uk)

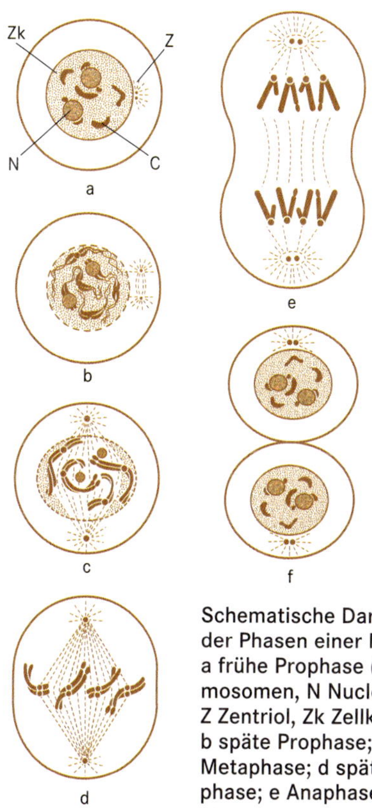

Schematische Darstellung der Phasen einer Mitose: a frühe Prophase (C Chromosomen, N Nucleolus, Z Zentriol, Zk Zellkern); b späte Prophase; c frühe Metaphase; d späte Metaphase; e Anaphase; f Telophase

Bonsai

Auf sehr kargen und steinigen oder auch trockenen Böden wachsen manche Bäume, z. B. Kiefern oder Fichten, nur langsam. Bei ungünstigen Lebensbedingungen erreichen sie selbst nach mehreren Hundert Jahren nicht einmal 1 m Höhe. Dies haben die Japaner mit der Zucht von Miniaturbäumen, den Bonsai, nachgeahmt. Um einen Bonsai zu züchten, gibt man ihm zu Beginn des Wachstums nur wenig Erde; zudem werden die Zweige systematisch beschnitten. Das verlangsamte Wachstum führt dann allmählich zum Zwergentum. In Japan werden mit den Zwergbäumen nach festen Regeln ganze Miniaturlandschaften mit Felsen, Grotten, Bächen, Brücken u.a. gestaltet.

Auch wenn weltweit daran gearbeitet wird, dies zu ändern, sind noch immer etwa ein Viertel der Landfläche von Wald bedeckt; der größte Teil der Biomasse und damit die entscheidende Rolle im Sauerstoff- und Wasserhaushalt der Erde kommt also den Bäumen zu.

Alter und maximale Höhe einiger einheimischer Bäume

	Alter (in Jahren)	Höhe (in m)
Laubbäume		
Bergahorn	400	25
Birke	100	28
Eiche	700	40
Esche	300	40
Rotbuche	250	30
Schwarzerle	120	25
Spitzahorn	150	25
Schwarzpappel	300	30
Ulme	400	30
Weißbuche	150	25
Nadelbäume		
Douglasie	400	58
Fichte	600	60
Kiefer	600	48
Lärche	600	54
Tanne	600	50

Herbstfärbung am Beispiel eines Ahornblatts: Grünfärbung in der Hauptvegetationszeit; nach Einsetzen des Chlorophyllabbaus tritt Gelbfärbung auf, die beim absterbenden Blatt in Braunfärbung übergeht.

Bodenanzeigende Pflanzen

kalkliebend	kalkmeidend	auf trockenen Böden	auf zinkhaltigen Böden (Galmeipflanzen)
Ackerrittersporn	Ackerhundskamille	Arzneithymian	Frühlingsmiere
Ackersenf	Besenginster	Astlose Graslilie	Galmeistiefmütterchen
Ehrenpreisarten	Feldspark	Echter Gamander	Galmeitäschelkraut
Gänsefingerkraut	Hasenklee	Feldbeifuß	Grasnelke
Gemeines Kreuzkraut	Hederich	Feldmannstreu	Taubenkropf
Kleine Brennnessel	Heidekraut	Goldaster	
Nickende Distel	Heidelbeere	Küchenschelle	
Rote Taubnessel	Kleiner Sauerampfer	Mehlige Königskerze	
Sonnenwolfsmilch	Roter Spärkling	Sandstrohblume	
		Scharfer Mauerpfeffer	
		Silbergras	
		Steinkraut	

Nitratpflanzen	auf feuchten Böden	Salzpflanzen	auf sauren und kalkhaltigen Böden
Bärenklau	Blutweiderich	Andel	Borstenhirse
Brennnessel	Echter Baldrian	Gestielte Salzmelde	Feldstiefmütterchen
Graugrüner Gänsefuß	Echtes Mädesüß	Queller	Franzosenkraut
Himbeere	Echte Sumpfwurz	Salzaster	Hirtentäschelkraut
Melde	Gemeiner Gilbweiderich	Stranddreizack	Reiherschnabel
Weidenröschen	Lungenenzian	Strandsode	Spitzwegerich
Wiesenkerbel	Pfeifengras		Vogelknöterich
	Rohrschwingel		

Holz

Ein Merkmal der Bäume in unseren Breiten sind die Jahresringe: Im Frühjahr bilden sich unter der Rinde helle, große Zellen, die viel Saft enthalten. Sie bauen jene Schichten auf, die wir Frühholz nennen. Das Spätholz dagegen besteht aus kleineren, dunklen Zellen. Der Unterschied ist also jahreszeitlich bedingt, und die Trennungslinie zwischen dem Spätholz des einen und dem Frühholz des folgenden Jahres ist scharf ausgebildet. Die Ringe (im Querschnitt als konzentrische Kreise, im Längsschnitt als Maserung sichtbar) variieren in ihrer Breite je nach Baumart, Alter, Standort und klimatischen Bedingungen des jeweiligen Jahres. Sie ermöglichen daher vielfältige Rückschlüsse, so auf das Alter des Baumes und die Klimaentwicklung am Wuchsort. Da es in den Tropen keinen Wechsel zwischen warmen und kalten Jahreszeiten gibt, bilden die Bäume dort keine Jahresringe aus.

Leistung eines durchschnittlichen Laubbaums im Jahresmittel[1)]

Produktion organischer Substanz	4000 kg
CO_2-Aufnahme	3000 m^3
Wasserverbrauch	2500 l
Sauerstoffproduktion	3000 m^3
Filterleistung des Laubs	7000 kg
Wasserrückhaltevermögen	70 000 l

1) bei einer Blattfläche von 1000 m^2 entsprechend einer Höhe von 20 m

Die wichtigsten in Deutschland vollkommen geschützten Wildpflanzenarten

- Königsrispenfarn *(Osmunda regalis)*
- Hirschzunge *(Phyllitis scolopendrium)*
- Rautenfarn *(Botrychium)*: alle einheimischen Arten
- Alpenrose *(Rhododendron)*: alle einheimischen Arten
- Lilie *(Lilium)*: alle europäischen Arten
- Schneeglöckchen *(Galanthus nivalis)*
- Orchideen *(Orchidaceae)*: alle europäischen Arten
- Pfingstnelke *(Dianthus gratianopolitanus)*
- Prachtnelke *(Dianthus superbus)*
- Federgras *(Stipa)*: alle einheimischen Arten
- Seerose *(Nuphar)*: alle einheimischen Arten
- Christrose *(Helleborus niger)*
- Akelei *(Aquilegia)*: alle einheimischen Arten
- Anemonen
  - Großes Windröschen *(Anemone sylvestris)*
  - Narzissenwindröschen *(Anemone narcissiflora)*
- Küchenschellen
  - Kleine Küchenschelle *(Pulsatilla micrantha)*
  - Wiesenküchenschelle *(Pulsatilla pratensis)*
  - Heideküchenschelle *(Pulsatilla patens)*
  - Frühlingsküchenschelle *(Pulsatilla vernalis)*
- Frühlingsadonisröschen *(Adonis vernalis)*
- Seidelbast *(Daphne)*: alle einheim. Arten
- Schlüsselblume *(Primula)*: alle einheim. Arten außer:
  - Hohe Schlüsselblume *(Primula elatior)*
  - Wiesenschlüsselblume *(Primula veris)*
- Alpenveilchen *(Cyclamen)*: alle europ. Arten
- Enzian *(Gentiana)*: alle europ. Arten
- Fingerhut:
  - Gelber Fingerhut *(Digitalis lutea)*
  - Großblütiger Fingerhut *(Digitalis grandiflora)*
- Echte Edelraute *(Artemisia mutellina)*
- Edelweiß *(Leontopodium alpinum)*
- Schwertlilie *(Iris)*: alle einheim. Arten
- Narzisse *(Narcissus)*: alle europ. Arten
- Blaustern *(Scilla)*: alle einheim. Arten
- Sonnentau *(Drosera)*: alle einheim. Arten
- Lein *(Linum)*: alle einheim. Arten

Keine Vegetarier

Eine besondere Entwicklung im Pflanzenreich sind die Fleisch fressenden Pflanzen. Sie wachsen vornehmlich auf nährstoffarmen, v. a. stickstoffarmen Böden. Sie locken kleine Tiere, besonders Insekten, an und halten sie fest. Der Fang geschieht aktiv mit einem Klappmechanismus (z. B. bei der Venusfliegenfalle), passiv nach dem Leimruten- (z. B. beim Sonnentau) oder dem Fallgrubenprinzip (z. B. bei der Kannenpflanze). Mittels Enzymen werden die gefangenen Opfer verdaut, mit deren Eiweiß sich die Fleisch fressenden Pflanzen eine zusätzliche Nährstoffquelle erschlossen haben. Der auch in Deutschland in drei Arten in Mooren vorkommende Sonnentau (Drosera) gehört zu den streng geschützten Pflanzen.

Gemeine Akelei

Fingerhut

Rundblättriger Sonnentau

Frühlings-schlüsselblume

Teilweise geschützte Pflanzen (Auswahl)

Wilde Tulpe *(Tulipa silvestris)*
Träubelhyazinthe *(Muscari)*: alle einheim. Arten
Maiglöckchen *(Convallaria majalis)*
Gelbe Narzisse *(Narcissus pseudonarcissus)*
Schlüsselblume *(Primula)*: alle gelb blühenden Arten
Mannsschild *(Androsace)*: einige Arten
Hauswurz *(Sempervivum)* und Steinbrech *(Saxifraga)*: alle Rosetten und Polster bildenden Arten

In Deutschland vom Aussterben bedrohte Pflanzen[1)]

Sudeten-Balsenfarn	Strand-Zaunwinde
Schwedischer Hartriegel	Bläuliche Sommerwurz
Bastard-Schwertlilie	Wiesenküchenschelle
Schwimmfarn	Echter Andorn
Doldiges Winterlieb	Zierliches Wollgras
Kleinblütige Spinnen-Ragwurz	Kleinblütiger Erdrauch
Aufrechte Weißmiere	Karlszepter
Graue Glockenheide	Scheidenblütgras
Wanzen-Knabenkraut	Bittere Schleifenblume
Kornrade	Steppen-Greiskraut
Zarter Gauchheil	Schlenkensegge
Torfmoos-Knabenkraut	Gelbe Hauhechel
Flammenadonisröschen	Violette Schwarzwurzel
Fadenenzian	Moorbinse
Sumpf-Weichwurz	Ausdauernder Lein
Frühlingsküchenschelle	Sibirische Schwertlilie

1) Insgesamt sind in Deutschland 101 Arten der Farn- und Blütenpflanzen sowie 119 Arten der Großpilze vom Aussterben bedroht.

Naturschutz – Nationalparks, Naturparks, Naturschutzgebiete

Die Unterscheidung zwischen Nationalpark, Naturpark, Nationalreservat, Naturreservat, Naturschutzgebiet und deren Funktionen ist nicht einheitlich, weil jedes Land diese Kategorien auf seine Weise interpretiert. In Deutschland ist Folgendes festgelegt:

Nationalparks sind großräumige Naturlandschaften, die durch ihre besondere Eigenart oft keine Parallelen auf der Erde mehr haben. Sie werden strengen Schutzbestimmungen im Sinne des Vollnaturschutzes unterworfen, kön-

Anzahl der Naturparks in Deutschland (Stand April 2000)

Bundesland	Anzahl	Fläche (in km²)	Anteil an der Landesfläche (in %)
Baden-Württemberg	5	3545	9,9
Bayern[1)]	17	20817	29,5
Berlin[1)]	1	40	4,5
Brandenburg[1)]	10	6380	21,6
Hessen[1)]	9	6204	29,4
Mecklenburg-Vorpommern	5	2545	11,0
Niedersachsen[1)]	12	7953	16,7
Nordrhein-Westfalen[1)]	14	10010	29,4
Rheinland-Pfalz[1)]	6	4589	23,1
Saarland[1)]	1	1033	40,2
Sachsen	1	1495	8,1
Sachsen-Anhalt	2	990	4,8
Schleswig-Holstein	5	1960	12,4
Deutschland	**86**	**67561**	**18,9**

1) In diesen Ländern kommen Naturparks vor, die grenzübergreifend sind, deshalb kommt es in der Summe zu Doppelzählungen: Die Anzahl der Naturparks beträgt 80, davon liegen 6 in jeweils zwei Bundesländern.

nen aber in Teilen auch für Erholungszwecke zur Verfügung stehen.

Naturparks sind in sich geschlossene, sich durch ihre Schönheit auszeichnende Landschaften, die nur aufgrund ihrer Großräumigkeit und ihrer bedeutsamen Erholungsfunktion nicht mehr zu den Landschaftsschutz- oder Naturschutzgebieten gezählt werden.

Naturschutzgebiete sind Bereiche, die ganz oder in Teilen aus wissenschaftlichen, historischen, heimat- oder volkskundlichen Gründen oder wegen ihrer landschaftlichen Schönheit oder Eigenart geschützt werden.

Naturschutzgebiete (NSG) in Deutschland (Stand 1. 1. 1999)

Bundesland	Anzahl festgesetzter NSG	Fläche (in km²)	Anteil an der Landesfläche (in %)
Baden-Württemberg	931	740	2,1
Bayern	528	1473	2,1
Berlin	30	17	1,9
Brandenburg	303	1082	3,7
Bremen	17	19	4,7
Hamburg[1)]	27	46	6,1
Hessen	719	368	2,7
Mecklenburg-Vorpommern	240	622	2,7
Niedersachsen	706	1416	3,0
Nordrhein-Westfalen	1528	1034	3,0
Rheinland-Pfalz	476	304	1,5
Saarland	83	35	1,4
Sachsen	201	440	2,4
Sachsen-Anhalt	174	468	2,3
Schleswig-Holstein[2)]	177	399	2,5
Thüringen	221	241	1,5
Deutschland	**6361**	**8704**	**2,4**

1) ohne Wattenmeer
2) ohne die in dem Nationalpark »Schleswig-Holsteinisches Wattenmeer« liegenden Naturschutzgebiete

Naturparks und Nationalparks in Europa (Auswahl)

Land	Name	Kategorie[1)]	Fläche (in km²)
Belgien	Hautes Fagnes-Eifel	B	500
Dänemark	Rømø	B	121
Finnland	Pallas-Ounastunturi Lemmenjoki	A A	500 355
Frankreich	Ecrins Cevennes Pyrénées	A A A	1080 840 457
Griechenland	Mikri-Préspa-See Pindos	A A	195 101
Großbritannien	Lake District Peak District	A A	2280 1404
Irland	Killarney	A	85
Island	Skaftafell	A	5000
Italien	Stelvio Gran Paradiso Abruzzo	A A A	1370 730 400
Luxemburg	Deutsch-Luxemburg. Naturpark		725
Niederlande	De Hoge Veluwe	A	55
Norwegen	Hardangervidda Øvre Änajäkka	A A	3400 1400
Österreich	Karwendel Hoher Tauernpark	C A	720 2500
Portugal	Peneda-Gerez Serra da Estrêla	A B	600 522
Schweden	Padjelanta Stora Sjöfallet	A A	2020 1380
Schweiz	Schweizer Nationalpark Grimsel	 D	169 100
Spanien	Doñana Aigües Tortes y Lago de San Mauricio	A A	758 224

1) A = Nationalpark, B = Naturpark, C = Naturschutzgebiet, D = Naturreservat (entspricht Naturschutzgebiet in Deutschland)

***Heil- oder Arzneipflanzen** fördern die natürlichen Heilkräfte des Organismus.*

Auswahl wichtiger Heilpflanzen[1]

Name[2]	hauptsächlich verwendete Pflanzenteile	Hauptanwendungen bei
Adonisröschen	Kraut	Herzschwäche
Alant	Wurzelstock	Reizhusten, Bronchitis, Infektionen der Harnwege und der Harnblase[3]
Aloe	eingedickter Saft der Blätter	Verstopfung
Andorn	Kraut	chronischen Katarrhen der Luftwege
Anemone	Kraut	Erkältungskrankheiten[3]
Anis	Früchte	Husten, Blähungen, Verstopfung
Arnika	Wurzelstock, Blätter und Blüten	Entzündungen im Mund, Asthma, Magenbeschwerden und Kreislaufschwäche
Artischocke	Hüllblätter der Blütenköpfchen	Gallenleiden
Augentrost	blühendes Kraut	Augenleiden
Baldrian	Wurzelstock	Schlaflosigkeit, Nervosität
Bärentraube	Blätter	Blasen- und Harnwegentzündungen
Basilikum	Kraut	Verdauungsbeschwerden, Entzündungen der Haut
Beinwell	Kraut und Wurzeln	schlecht heilenden Wunden, Beingeschwüren, Knochenbrüchen
Berberitze	Wurzelrinde	Leber- und Gallenleiden
Besenginster	Blüten, Blätter und Zweigspitzen	Herz- und Kreislauferkrankungen
Bockshornklee	Samen	Furunkeln, Beingeschwüren
Brunnenkresse	Kraut	Nierenleiden, Hautausschlägen[3]
Catharanthus roseus	Blätter und Wurzeln	Krebserkrankungen[3]
Chinarindenbaum	Rinde	Malaria, Appetitmangel
Engelwurz	Wurzeln	Blähungen, Darmkatarrhen, Magenbeschwerden, trockenem Husten
Enzian	Wurzelstock und Wurzeln	Verdauungsstörungen, Appetitmangel
Eukalyptus	Blätter	Erkrankungen der Atmungsorgane, Entzündungen von Mund, Rachen und Nase
Faulbaum	Rinde und Früchte	Verstopfung
Fenchel	Früchte	Blähungen, Magen-Darm-Leiden, Husten
Fingerhut	Blätter	Herzschwäche
Heckenrose	Früchte (Hagenbutten)	Erkältungskrankheiten (reich an Vitamin C)
Herbstzeitlose	Zwiebelknolle und Samen	Gicht
Holunder	Blüten	fieberhaften Erkältungskrankheiten
Hopfen	weibliche Blütenstände	Nervosität, Schlaflosigkeit
Huflattich	Blüten und Blätter	Husten und Katarrh
Kalmus	Wurzelstock	Magenbeschwerden, Blähungen, Appetitlosigkeit

Name[2]	hauptsächlich verwendete Pflanzenteile	Hauptanwendungen bei
Kamille	Blüten	Entzündungen, Magen-Darm-Leiden
Knoblauch	Zwiebel	Erkrankungen des Magen-Darm-Kanals, Bronchitis, Arteriosklerose
Kümmel	Früchte	Magenleiden, Blähungen
Linde	Blüten	Erkältungskrankheiten
Löwenzahn	Wurzeln und Kraut	Gallen- und Leberleiden[3]
Maiglöckchen	Blätter und Blüten	Herzschwäche
Malve	Blätter und Blüten	Rachen- und Bronchialkatarrh
Mariendistel	Früchte (ohne Pappus)	Gallen- und Leberleiden[3]
Meerzwiebel	Zwiebel	Herzschwäche
Melisse	Blätter	Nervosität, Magen-Darm-Beschwerden
Mistel	beblätterte Zweige	Krebserkrankungen[3]
Pfefferminze	Blätter	Magen-, Darm- und Gallenerkrankungen
Rauwolfia	Wurzeln	Nervosität, Bluthochdruck
Rhabarber	Wurzelstock	Verstopfung
Ringelblume	Blüten	Wunden und Beingeschwüren
Rizinus	Öl der Samen	Verstopfung
Rosmarin	Blätter	Gelenkrheumatismus
Salbei	Blätter	Entzündungen der Mundhöhle und des Rachens, Nachtschweiß
Schafgarbe	Kraut und Blütenstände	Entzündungen
Schlüsselblume	Wurzeln und Blüten	Bronchialkatarrh
Schöllkraut	Wurzeln und Kraut	Magen-, Darm- und Gallenleiden
Spitzwegerich	Kraut	Entzündungen der Atmungsorgane
Tausendgülden-kraut	Kraut	Appetitmangel, Verdauungsstörungen
Thymian	Kraut	Husten, Bronchitis, Keuchhusten, Appetitmangel, Verdauungsstörungen
Tollkirsche	Wurzeln und Blätter	Koliken, in der Augenheilkunde
Wacholder	Früchte	Verdauungsstörungen
Weißdorn	Blüten und Früchte	Herz- und Kreislaufbeschwerden
Wermut	Kraut	Appetitlosigkeit, Magenleiden, Blähungen

1) Heilpflanzen können Allergien hervorrufen, bei äußerer Anwendung die Haut schädigen und bei unsachgemäßer Anwendung zu Vergiftungen führen.
2) Von den aufgeführten Gattungen werden meist nur bestimmte Arten als Heilpflanzen verwendet (z.B. beim Adonisröschen die Art Frühlingsadonisröschen).
3) Wirkung fraglich

Auswahl der wichtigsten giftigen Wild- und Zierpflanzen in Mitteleuropa

Pflanzenarten	giftige Pflanzenteile	Giftigkeit
Aronstab, Gefleckter *(Arum maculatum)*	alle Pflanzenteile einschließlich der Beeren	••
Bärenklauarten, v. a. Riesenbärenklau *(Heracleum mantegazzianum)*	alle Pflanzenteile, besonders der Saft	••
Bilsenkraut, Schwarzes *(Hyoscyamus niger)*	alle Pflanzenteile, besonders die Samen	•••
Christrose *(Helleborus niger)*	alle Pflanzenteile	••
Dieffenbachiaarten	alle Pflanzenteile	•••
Eibe, Gemeine *(Taxus baccata)*	alle Pflanzenteile, außer der rote Samenmantel	••
Eisenhutarten, v.a. Blauer Eisenhut *(Aconitum napellus)*	alle Pflanzenteile, besonders die Wurzelknollen und Samen	•••
Engelstrompete *(Datura suaveolens)*	alle Pflanzenteile	•••
Fingerhutarten, v. a. Roter Fingerhut *(Digitalis purpurea)*	alle Pflanzenteile	•••
Gartenbohne *(Phaseolus vulgaris)*	rohe Hülsen, rohe Kerne	••
Germerarten, v. a. Weißer Germer *(Veratrum album)*	alle Pflanzenteile, besonders der Wurzelstock	•••
Gloriosaarten	alle Pflanzenteile	••
Goldregenarten, v. a. *Laburnum anagyroides*	alle Pflanzenteile, besonders reife Samen	••
Hahnenfußarten, u. a. Scharfer Hahnenfuß *(Ranunculus acer)* und Gifthahnenfuß *(Ranunculus sceleratus)*	alle Pflanzenteile	•
Herbstzeitlose *(Colchicum autumnale)*	alle Pflanzenteile	•••
Hundspetersilie *(Aethusa cynapium)*	alle Pflanzenteile	•••
Kartoffel *(Solanum tuberosum)*	Keime, unreife, grün gewordene, auskeimende Knollen und alle oberirdischen Pflanzenteile	••
Lebensbaumarten, v. a. *Thuja occidentalis*	Blätter, Zapfen, Holz	•••
Maiglöckchen *(Convallaria majalis)*	alle Pflanzenteile, besonders Blüten und Samen	••
Oleander *(Nerium oleander)*	alle Pflanzenteile	••
Rhododendronarten, u. a. *Rhododendron mollis*	Blüten einschließlich Nektar	••
Sadebaum *(Juniperus sabina)*	alle Pflanzenteile, besonders die Zweigspitzen	•••
Schierling, Gefleckter *(Conium maculatum)*	alle Pflanzenteile	•••
Seidelbast *(Daphne mezereum)*	alle Pflanzenteile außer Fruchtfleisch, besonders die Samen	•••
Stechapfel *(Datura stramonium)*	alle Pflanzenteile, besonders Blüten und Früchte	•••
Tabak *(Nicotina tabacum)*	alle Pflanzenteile	•••
Tollkirsche *(Atropa belladonna)*	alle Pflanzenteile	•••
Wasserschierling *(Cicuta virosa)*	alle Pflanzenteile, besonders der Wurzelstock	•••
Wunderbaum *(Ricinus communis)*	Samen	•••
Zaunrübenarten *(Bryonia alba* und *Bryonia dioica)*	alle Pflanzenteile, besonders die Beeren und Wurzeln	••

• giftig, •• stark giftig, kann zu schweren Vergiftungserscheinungen führen,
••• sehr stark giftig, schon geringe Mengen lebensgefährlich

Gefleckter Schierling

Pilze

Pilze *(Mycophyta)* gehören streng genommen nicht zu den Pflanzen, da sie kein Chlorophyll enthalten und dadurch ihre Energie nicht durch Photosynthese gewinnen können. Sie ernähren sich aus lebender oder abgestorbener organischer Substanz, wobei die höheren Pilze das Substrat oft mit einem dichten Geflecht von Zellfäden, dem Myzel, durchziehen. Sie werden daher häufig in einem eigenen Reich der Pilze (Fungi) zusammengefasst. Die niederen Pilze (Schleimpilze) zählt man zum Reich der Einzeller.

Spitzhütiger Knollenblätterpilz

Giftpilze in Mitteleuropa

deutscher Name (lateinische Bezeichnung)	Giftigkeit	Giftstoffe	Wirkung	Verwechslungsmöglickeit
Birkenreizker *(Lactarius torminosus)*	•	Isovelleral	Magen- und Darmstörungen	Edelreizker, Täublinge
Bleicher Ziegenbart *(Clavaria pallida)*	•	unbekannt	Darmkoliken, Erbrechen, Durchfall	Goldgelber Ziegenbart
Gifttrichterling *(Clitocybe rivulosa)*	••	Muscarin	wie Risspilz	andere Trichterlinge, Nelkenschwindling
Fliegenpilz *(Amanita muscaria)*	••	Muscarin, Muscaridin,	Speichelfluss, tränende Augen, langsamer Puls, Rauschzustand	Kaiserling
Frühjahrslorchel *(Gyromitra esculenta)*	••	Helvellasäure, Gyromitrin	Übelkeit, Erbrechen, Durchfall Leberschwellung, Bewusstlosigkeit	Speisemorchel, Spitzmorchel
Grünblättriger Schwefelkopf *(Hypholoma fasciculare)*	••	unbekannt	Magen- und Darmstörungen	andere Schwefelköpfe, Stockschwämmchen
Grüner Knollenblätterpilz *(Amanita phalloides)*	•••	Amantin, Phalloidin	Erbrechen, Durchfall, Schüttelfrost, schwacher Puls, Leber- und Nierenschädigung, Tod nach 2–5 Tagen	Champignons, Ritterlinge, Täublinge, Schirmpilze
Karbolegerling *(Agaricus xanthoderma)*	•	Isovelleral	Reizung der Magenschleimhaut	andere Champignonarten
Kartoffelbovist *(Scleroderma citrinum)*	•	unbekannt	Magen- und Darmstörungen	andere Boviste und Stäublinge
Pantherpilz *(Amanita pantherina)*	•••	Ibotensäure	Erregungszustände, Funktionsstörungen des Nervensystems, z.T. tödlich	Perlpilz, gedrungener Wulstling
Riesenrötling *(Entomola lividum)*	••	Muscarin	wie Risspilz	Graukappe, nebelgrauer Trichterling
Risspilzartige *(Inocybeae)*	••	Muscarin	Übelkeit, Brechreiz, Schwindel, Speichel- und Tränenfluss, Kreislaufkollaps, Lungenödem	Maipilz, Chamignonarten
Satanspilz *(Boletus satanas)*	••	unbekannt	Magen- und Darmstörungen	andere rotporige Röhrlinge
Speitäubling *(Russula emetica)*	•	unbekannt	Verdauungsstörungen	andere Täublingsarten
Spitzhütiger Knollenblätterpilz *(Amanita virosa)*	•••	Amantin, Phalloidin	wie Grüner Knollenblätterpilz	weiße Champignonarten
Tigerritterling *(Tricholoma pardinum)*	•	unbekannt	Verdauungsstörungen	essbare Ritterlinge

• giftig, •• stark giftig, kann zu schweren Vergiftungserscheinungen führen, ••• sehr stark giftig, schon geringe Mengen lebensgefährlich

Netzstieliger Hexenröhrling

Judasohr. Der Fruchtkörper hat eine Breite von 5 bis zu 12 cm.

12 trotz ihres abschreckenden Namens essbare Pilze

Grünspanträuschling *(Stropharia aeruginosa)*
Hexenröhrling *(Boletus sp.)*
Judasohr *(Auricularia auricula-judae)*[1]
Rauchblättriger Schwefelkopf *(Hypholoma capnoides)*
Reihiger Klumpfuß *(Cortinarius glaucopus)*
Runzlig geriefter Schleimfuß *(Cortinarius mucifluus)*
Schleimschirmling *(Limacella guttata)*
Schwefelporling *(Laetiporus sulphureus)*[2]
Semmelgelber Schleimkopf *(Cortinarius varius)*
Stinkmorchel *(Phallus impudicus)*[2]
Totentrompete *(Craterellus cornucopioides)*
Violetter Lackpilz *(Laccaria amethystina)*

1) unter dem Namen Mu-Err begehrter Speisepilz
2) jung essbar

Rekorde aus dem Pflanzenreich

Die höchsten Bäume sind der kalifornische Mammutbaum (bis 130 m) und der australische Rieseneukalyptus (bis 150 m).

Die größten Blätter unter den Landpflanzen haben einige Palmenarten. Sie können einschließlich Stiel bis zu 20 m lang werden.

Die meisten Blätter, bis zu 250 000, können große Eichen ausbilden.

Die älteste Pflanze ist ein stechpalmenähnlicher Busch *(Lomatia tasmanica)* der im Südwesten Tasmaniens wächst. Sein Alter wird mit 43 600 Jahren angegeben.

Die tiefsten Wurzeln wurden bei einem südafrikanischen Feigenbaum gefunden. Sie reichten 120 m in die Tiefe.

Die am schnellsten wachsenden Pflanzen sind einige Bambusarten. Sie können bis 90 cm pro Tag wachsen.

Die am langsamsten wachsenden Pflanzen sind antarktische Flechten. Ihr Längenwachstum beträgt gerade mal 0,1 mm im Jahr.

Den größten Samen hat die nur auf den Seychellen wachsende Coco de mer, eine Riesenfächerpalme. Die Früchte haben einen Durchmesser bis zu 45 cm und wiegen bis 25 kg.

Die längsten Blätter mit 60 m hat die pazifische Tangart *Macrocystis pyrifera.*

Die längste Blüte hat der indonesische Dickkolben *(Amorphophallus titanum).* Sie kann 2 m hoch werden.

Die größte Blüte erreicht einen Durchmesser von 1 m und ein Gewicht bis zu 10 kg. Sie gehört der in Hinterindien und Indonesien heimischen Schmarotzerblume *Rafflesia arnoldi.*

Die übelriechendste Blüte hat ebenfalls die Rafflesia. Ihr Gestank nach verwesendem Fleisch ist indes eine Attraktion für Fliegen.

Die größte Orchidee namens *Oncidium altissimum* hat 5 m hohe Blütenrispen.

Als wetterfühligste Pflanze gilt die Enzianart *Gentiana quadrifaria,* die bei raschem Absinken der Temperatur nur 10 Sekunden braucht, um den Blütenkelch zu schließen.

Der größte Kaktus ist der in Mexiko, Arizona und Kalifornien verbreitete Säulenkaktus Saguaro *(Cereus giganteus),* der bis zu 20 m hoch werden kann.

Der giftigste Pilz ist der auch in unseren heimischen Wäldern vorkommende *Amanita phalloides,* auch als Grüner Knollenblätterpilz bekannt. 5 mg der in ihm enthaltenen Amatoxine können bereits tödlich sein.

Der größte Pilz der Welt wurde 1992 in Michigan (USA) entdeckt. Er durchzog 150 000 m² Waldboden und hatte ein Gesamtgewicht von 100 t.

Tierwelt

Von besten Freunden und bedrohten Arten

Die Zahl der auf der Erde lebenden Menschen lässt sich mit einiger Genauigkeit angeben; am 12. 10. 1999 sollen es 6 Milliarden gewesen sein. Aber wie viele Tiere bevölkern unseren Planeten? Diese Frage ist kaum zu beantworten. Schätzungen reichen von 10^{16} bis über 10^{18} (= 1 Trillion) Individuen allein für die mehrzelligen Tiere; damit kämen 20–200 Millionen auf jeden Menschen. Mehr als die Hälfte davon entfallen auf die Insekten, die damit, sowohl was die Individuen- als auch die Artenzahl anbelangt, die größte Tiergruppe unserer Erde sind.

Große Rote Waldameise: a Arbeiterin; b Weibchen; c Männchen

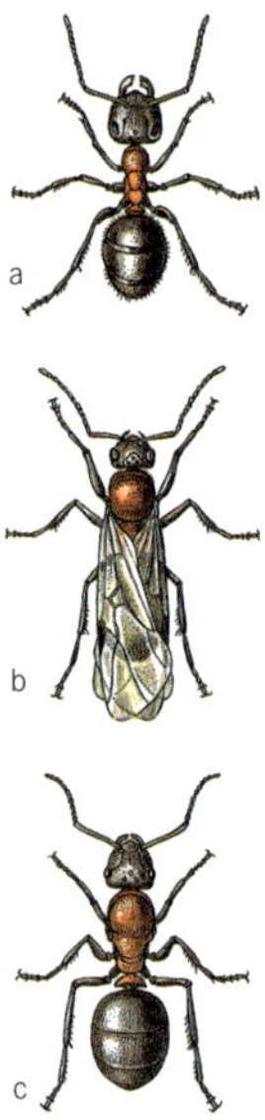

a b c

Ungefähre Anzahl der bekannten Tierarten

Tierarten	Anzahl[1]
insgesamt	über 1 400 000
Wirbeltiere	46 500
Säugetiere	3700
Vögel	8600
Kriechtiere	6300
Lurche	4300
Fische	20 600
Insekten	830 000
davon	
Schmetterlinge	150 000
Hautflügler	120 000
Käfer	350 000
Krebstiere	30 000
Spinnentiere	40 000
Weichtiere	130 000
Schlauchwürmer	12 500
Plattwürmer	12 650
Schwämme	5000
Einzeller	27 000

1) beschriebene Arten. Die tatsächliche Zahl wird auf etwa 10–200 Millionen geschätzt.

Erfolgreiche Ameisen

Unter den Insekten sind die Ameisen mit 10^{16} Exemplaren (= 10 Billiarden) die absoluten Spitzenreiter. Jedes hundertste Tier auf der Erde ist eine Ameise!
Fast alle Ameisen bilden gut organisierte Staaten mit geschlechtlich verkümmerten, flügellosen Arbeiterinnen, Weibchen, die zunächst geflügelt sind, und Männchen. Nach der Befruchtung werfen die Weibchen die Flügel ab, die Männchen sterben. Befruchtete Weibchen bezeichnet man als Königinnen. Die Arbeiterinnen sorgen für Nestbau und -schutz (Soldaten), Futtersuche und Brutpflege.
Bekannt ist neben der Roten Waldameise (Gattung *Formica*) die Riesen- oder Rossameise (Gattung *Camponotus*).

Einteilung des Tierreichs

1. Unterreich: Einzeller *(Protozoa)*

Klasse: Geißeltierchen *(Zooflagellata)*, z. B. Trypanosomen
Klasse: Wimpertierchen *(Ciliata)*, z. B. Pantoffeltierchen
Klasse: Strahlentierchen *(Radiolaria)*
Klasse: Wurzelfüßer *(Rhizopoda)*, z. B. Amöben

2. Unterreich: Vielzeller *(Metazoa)*

Stamm: Schwämme *(Porifera)*, z. B. Badeschwamm
Stamm: Nesseltiere *(Cnidaria)*, z.B. Quallen
Stamm: Rippenquallen *(Ctenophora)*, z. B. Venusgürtel
Stamm: Tentakelträger *(Tentaculata)*, z.B. Moostierchen
Stamm: Plattwürmer *(Plathelminthes)*, z.B. Bandwürmer
Stamm: Gnathostomuliden *(Gnathostomulida)*
Stamm: Schnurwürmer *(Nemertini)*
Stamm: Schlauchwürmer *(Aschelinthes)*, z.B. Fadenwürmer
Stamm: Kelchtiere *(Kamptozoa)*
Stamm: Weichtiere *(Mollusca)*, z.B. Weinbergschnecke
Stamm: Gliedertiere *(Articulata)*
Stamm: Pfeilwürmer *(Chaetognatha)*
Stamm: Bartwürmer *(Pogonophora)*
Stamm: Kragentiere *(Hemichordata)*
Stamm: Stachelhäuter *(Echinodermata)*
Stamm: Chordatiere *(Chordata)*

Der Stamm der Chordatiere gliedert sich wie folgt († ausgestorben):

1. Unterstamm: Manteltiere *(Tunicata)*, z.B. Seescheiden
2. Unterstamm: Appendikularien *(Copelata)*
3. Unterstamm: Schädellose *(Acrania)*, z.B. Lanzettfischchen
4. Unterstamm: Wirbeltiere *(Vertebrata)*

1. Überklasse: Kieferlose *(Agnatha)*
2. Überklasse: Kiefermäuler *(Gnathostomata)*

1. Klasse: Panzerfische *(Placodermi)*†
2. Klasse: Stachelhaie *(Acanthodii)*†
3. Klasse: Knorpelfische *(Chondrichthyes)*
4. Klasse: Knochenfische *(Osteichthyes)*
5. Klasse: Lurche *(Amphibia)*
6. Klasse: Kriechtiere *(Reptilia)*
7. Klasse: Vögel *(Aves)*
8. Klasse: Säugetiere *(Mammalia)*

Ob Einzeller als Tiere oder Pflanzen einzustufen sind, hängt davon ab, ob sie Nahrung aufnehmen oder ihre Energie durch Photosynthese aufnehmen. Da es aber Einzeller gibt – wie das zu den Geißeltierchen gehörende Augentierchen *(Euglena)* –, die beide Prozesse zur Energiegewinnung nutzen, ist eine Unterscheidung, ob Tier oder Pflanze, oft nicht möglich. Daher werden die Einzeller in jüngerer Zeit in zwei eigenständige Reiche gestellt, in das der Prokaryonten (Einzeller ohne echten Zellkern) und das der einzelligen Eukaryonten, die einen Zellkern besitzen.

Bakterien

In den Grundwasser führenden Basaltschichten im Tal des Columbia River wurden Mikroorganismen gefunden, die sich von Wasserstoff ernähren, der aus Reaktionen des sauerstoffarmen Grundwassers mit eisenhaltigen Mineralen entsteht. Mit diesen sich damit ausschließlich von Wasser und Gestein ernährenden Bakterien wurde eine Lebensform entdeckt, die völlig unabhängig von der Photosynthese, also unabhängig von Sonnenlicht, existieren kann. Solche Organismen könnten am Beginn des Lebens auf der Erde gestanden haben.

Prokaryonten, auch Prokaryoten, Anukleobionten oder Akaryobionten genannt, besitzen statt des von einer Kernhülle umgebenen Zellkerns eine membranlose Kernregion. Die DNS liegt als ringförmig geschlossener Strang frei im Zytoplasma; die Zellwand der Prokaryonten enthält als Stützgerüst meist das Peptidoglykan Murein. Zu ihnen gehören alle Bakterien (Eubakterien einschließlich der Blaualgen) und Archaebakterien *(Archaea)* aufgrund von Gemeinsamkeiten im Bauplan ihrer Zellen. Eukaryonten, auch Eukaryoten oder Nukleobionten genannt, besitzen neben dem echten Zellkern auch membranumgrenzte Organellen. Zu den Eukaryonten gehören also Einzeller, Pflanzen, Tiere und der Mensch.

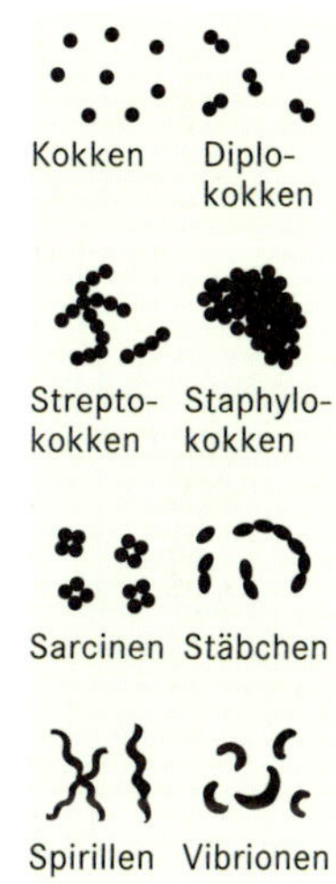

Die systematische Einteilung des Tierreichs (Taxonomie am Beispiel der Honigbiene)

Reich *(Regnum)*	Tiere
Unterreich *(Subregnum)*	Vielzeller *(Metazoa)*
Abteilung *(Divisio)*	Gewebetiere *(Eumetazoa)*
Unterabteilung *(Subdivisio)*	Bilateralsymmetrische Tiere *(Bilateria)*
Stamm *(Phylum)*	Gliedertiere *(Articulata)*
Unterstamm *(Subphylum)*	Tracheenatmer *(Tracheata)*
Klasse *(Classis)*	Insekten *(Insecta)*
Ordnung *(Ordo)*	Hautflügler *(Hymenoptera)*
Familie *(Familia)*	Bienen *(Apidae)*
Gattung *(Genus)*	Honigbienen *(Apis)*
Art *(Species)*	Honigbiene *(Apis mellifera)*

Taxonomie *ist die Einordnung der Lebewesen in ein biologisches System.*

Tausende von Tierarten sind im Lauf der Erdgeschichte ausgestorben, wie wir aus den zahlreichen Fossilfunden in Sedimentgesteinen auf der ganzen Erde wissen, und die Erdgeschichte verzeichnet Zeiten mit ausgesprochenem Massensterben. Das größte Ereignis dieser Art, bei dem etwa 90 Prozent der damals auf der Erde lebenden Arten ausgestorben sind, fand am Ende des Erdaltertums vor rund 250 Millionen Jahren statt.

Bei einem weiteren Massensterben vor ungefähr 65 Millionen Jahren verschwanden die Dinosaurier, aber auch die Ammoniten und viele andere Meeresbewohner von der Erde. Doch gehört das Aussterben untrennbar zur Evolution des Lebens; Veränderungen des Klimas und anderer ökologischer Bedingungen sowie der Konkurrenzdruck durch jeweils besser angepasste Arten sind dabei die wichtigsten Ursachen. So auch in unserer heutigen Zeit: Allein in den letzten 200 Jahren sind mehr als 50 Vogel- und über 75 Säugerarten ausgestorben; derzeit sollen täglich 50–100 Tierarten aussterben.

Artenzahl der in Mitteleuropa heimischen Wirbeltiere

	Deutschland	Österreich	Schweiz
Säugetiere	76	83	75
Vögel	503	414	400
davon Brutvögel	239	213	193
Reptilien	12	14	14
Amphibien	20	20	18

Quelle: World Conservation Monitoring Centre (www.wcmc.org.uk)

Ausgestorbene Vogel- und Säugerarten[1)]

Art	Heimat	Zeit des Aussterbens
Höhlenbär	Europa, Nordwestafrika	Ende Pleistozän
Höhlenlöwe	Europa, Nordafrika	Ende Pleistozän
Mammute	Eurasien, Nordamerika	Ende Pleistozän
Mastodonten	Afrika, Eurasien, Amerika	Ende Pleistozän
Riesenbeutler	Australien	Ende Pleistozän
Riesenfaultiere	Süd- und Nordamerika	Ende Pleistozän
Riesengürteltiere	Süd- und Nordamerika	Ende Pleistozän
Riesenhirsche	Europa, Asien	Ende Pleistozän
Säbelzahnkatzen	Eurasien, Afrika, Amerika	Ende Pleistozän
Wollnashorn	Eurasien	Ende Pleistozän
Madagaskarstrauße	Madagaskar	15. Jahrhundert
Moas	Neuseeland	16. Jahrhundert
Auerochse (Ur)	Eurasien, Nordafrika	1627
Dronte	Mauritius	1690
Stellersche Seekuh	Beringmeer	1768
Blaubock	Südafrika	1799
Quagga (Huftier)	Südafrika	1883
Riesenalk	Nordatlantik	19. Jahrhundert
Burchellzebra	Südafrika	1910
Schomburgkhirsch	Südasien	1935

1) die Zeit des Aussterbens bezieht sich auf die letzte Beobachtung frei lebender Wildtiere.

In Deutschland vom Aussterben bedrohte Tiere

Säugetiere
Große und Kleine Hufeisennase, Wimperfledermaus, Zweifarbfledermaus, Mopsfledermaus, Großer Tümmler, Schweinswal, Fischotter, Luchs, Kegelrobbe

Vögel
Zwergrohrdommel, Nacht- und Purpurreiher, Schwarzstorch, Moorente, Korn- und Wiesenweihe, Schreiadler, Haselhuhn, Birkhuhn, Auerhuhn, Kleines Sumpfhuhn, Wachtelkönig, Großtrappe, Triel, Goldregenpfeifer, Alpenstrandläufer, Kampfläufer, Bruchwasserläufer, Flussuferläufer, Steinwälzer, Raubschwalbe und Trauerseeschwalbe, Bienenfresser, Blauracke, Wiedehopf, Schwarzstirnwürger, Rotkopfwürger, Zaunammer

Kriechtiere
Europäische Sumpfschildkröte, Smaragdeidechse, Äskulapnatter, Würfelnatter, Aspisviper

Fische
Huchen, Lachs, Maifisch, Perlfisch, Steingressling, Streber, Strömer, Ziege, Zingel

Wirbellose (Auswahl)
Grüne Mosaikjungfer, Gottesanbeterin, Heideschrecke, Großer Goldkäfer, Smaragdpuppenräuber, Großer Eichenbock, Apollofalter, Schwarzer Apollofalter, Tannenstreckfuß, Libellen-Schmetterlingshaft, Edelkrebs, Flussperlmuschel

In Deutschland geschützte Tiere

Säugetiere
Biber, Fledermäuse (alle einheimischen Arten), Baumschläfer, Birkenmaus, Igel, Spitzmäuse, Schweinswal

Vom Aussterben bedrohte Tiere

Bedrohte Art	Vorkommen	geschätzter Bestand in freier Wildbahn
Unechte Karettschildkröte	alle warmen Meere	
Schreikranich	Kanada	10
Elfenbeinspecht	südliche USA, Kuba	100
Großtrappe	Nordafrika, Eurasien	30 000
Kalifornischer Kondor	westliche USA	vermutlich ausgestorben
Beutelwolf	Tasmanien	
Mönchsrobbe	Mittelmeer	700
Blauwal	alle Meere	unter 5000
Grauwal	Pazifik	22 000
Nashörner (alle Arten)	Afrika, Indien, Indonesien	zusammen 12 000
Okapi	Zentralafrika	
Davidshirsch	China	vermutlich ausgestorben
Prschewalskipferd	Zentralasien	wenige Tiere
Tiger (alle Arten)	Asien	zusammen 7000
Schneeleopard	südliches Zentralasien	100
Großer Panda	China	1200
Eisbär	Arktis	25 000
Berggorilla	Zentralafrika	150
Orang-Utan	Sumatra, Borneo	30 000–50 000

Teichmolch

Vögel
alle wild lebenden europäischen, nicht jagdbaren Arten (außer: Rabenkrähe, Eichelhäher, Elster, Star, Amsel, Haustaube [verwilderte Form], Haussperling)

Lurche
alle europäischen Arten, u. a. Feuer-, Alpensalamander, Kamm-, Berg-, Faden-, Teichmolch, Rotbauch-, Gelbbauchunke, Geburtshelferkröte, Knoblauch-, Erd-, Wechsel-, Kreuzkröte, Laubfrosch, Seefrosch

Kriechtiere
alle europäischen Arten, insbesondere Sumpfschildkröte, Eidechsen, Ringel-, Würfel-, Glatt- und Äskulapnatter

Insekten
Libellen, Fangschrecken, Stabwanze, Bienen, Hummel, Rote Waldameise, Pracht-, Großlauf-, Bock-, Blüten-, Gold-, Rosen-, Hirsch-, Ölkäfer, Puppenräuber, Singzikaden, Schmetterlingshafte, Bärenspinner, Spanner, Glucken (außer Kiefernspinner), Eulenfalter, Ordensbänder, Zahnspinner, Schwärmer (außer Kiefernschwärmer), Widderchen, Tagschmetterlinge (außer einigen Weißlingen)

Spinnen, Krebse
Kreuzspinnen, Schneckenkanker, Stein-, Edelkrebs

Weichtiere
Weinbergschnecke, Teich-, Flussmuscheln, Flussperlmuscheln

Von den für Deutschland beschriebenen 45 000 Tierarten sind zurzeit mehr als 1000 Arten stark bedroht, weltweit sind es 3500 Arten, darunter rund 500 Fischarten, über 50 Amphibien-, etwa 150 Reptil-, mehr als 1000 Vogel- und 500 Säugetierarten. Das sind jeweils etwa zehnmal mehr, als seit dem Jahr 1600 ausgestorben sind.

Erdhummel und Steinhummel werden bis zu 28 mm lang.

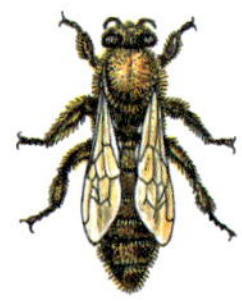

Bienenkönigin

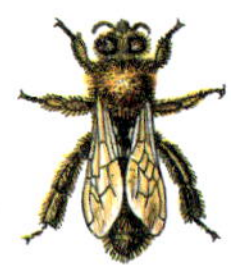

Arbeitsbiene

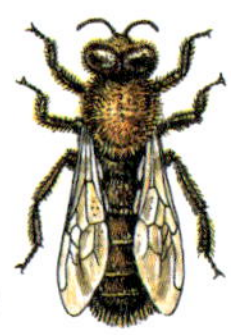

Drohne

Lebende Fossilien

Als lebende Fossilien werden Tiere bezeichnet, deren gesamte Verwandtschaft bereits ausgestorben ist, die es aber dennoch geschafft haben, Jahrmillionen oft nahezu unverändert zu überleben. So sieht der 1938 im Indischen Ozean entdeckte Quastenflosser fast genauso aus wie seine ausgestorbenen Verwandten aus dem Devon, aus denen sich vor 380 Millionen Jahren mit den Amphibien die ersten vierbeinigen Landbewohner entwickelten.
Die auf einigen Inseln vor Neuseeland lebende Brückenechse ist der letzte Vertreter einer aus der Trias bekannten Reptilienordnung, die sich kaum mehr weiterentwickelt hat, seit ihre Verwandten vor 200 Millionen Jahren ausstarben.

Die einzige nicht ausgestorbene Art des Quastenflossers *(Latimeria chalumnae)* wird bis zu 1,8 m lang.

Die Brückenechse *(Sphenodon punctatus)* ist die letzte lebende Art der Kriechtierordnung der Schnabelköpfe.

Erfolgreich in Gefangenschaft gezüchtete ausgestorbene oder bedrohte Tierarten

Oryxantilope
1962 wurden drei der letzten in Saudi-Arabien und im Oman lebenden Antilopen eingefangen und nach Phoenix (Arizona) gebracht, wo zusammen mit bereits in Zoos lebenden Tieren eine neue Population gezüchtet wurde. Inzwischen wurden mehrere der Tiere in verschiedenen Staaten des Nahen Ostens erfolgreich ausgewildert.

Kalifornischer Kondor
Die letzten frei lebenden Exemplare wurden in den 1980er-Jahren eingefangen. Inzwischen hat sich der Bestand verdreifacht.

Prschewalskipferd
Durch Zucht in verschiedenen Zoos ist das Überleben des Prschewalskipferdes gesichert. 1994 wurden Exemplare in der Wüste Gobi ausgewildert.

Davidshirsch
Der ehemals in China lebende Davidshirsch ist in freier Wildbahn ausgestorben. Mit einem aus einem Pekinger Tierpark stammenden Paar konnte in England eine neue Herde aufgebaut werden, sodass der Davidshirsch heute in zahlreichen Zoos erfolgreich gezüchtet wird.

Hawaii-Gans
Im englischen Naturschutzgebiet Slimbridge seit 1950 vermehrt und inzwischen wieder auf Hawaii angesiedelt.

Panda
Zum Symboltier der Schutzbewegung für bedrohte Tiere wurde der Große Panda, das Wappentier des World Wide Fund for Nature. Obwohl streng geschützt, wird sein Bestand in freier Wildbahn auf weniger als 1000 Tiere geschätzt. Ob es gelingen wird, den Panda durch Züchtung in Zoos vor dem Aussterben zu bewahren, ist fraglich.

20 im Sprachgebrauch häufig vorkommende Tiere

Amtsschimmel	Neidhammel
Autoschlange	Papiertiger
Bücherwurm	Pechvogel
Bundesadler	Pleitegeier
Drehwurm	Sparschwein
Dreckspatz	Steckenpferd
Fleischwolf	Sündenbock
Kredithai	Unglücksrabe
Landratte	Wasserhahn
Lustmolch	Zeitungsente

Geschätzter Bestand an weltweit gehaltenen Nutztieren

Hühner	13,5 Mrd.
Rinder	1,3 Mrd.
Schafe	1,1 Mrd.
Schweine	940 Mio.
Enten	770 Mio.
Ziegen	700 Mio.
Kaninchen	450 Mio.
Puten	250 Mio.
Gänse	210 Mio.
Pferde	61 Mio.
Esel	43 Mio.
Kamele	19 Mio.
Gesamtbestand aller Nutztiere (ohne ca. 3 Billionen Bienen)	20 Mrd.

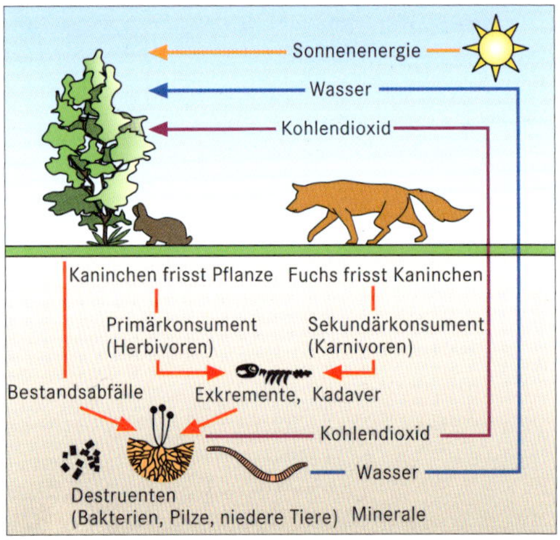

Beispiel einer Nahrungskette

Haustiere

	domestiziert seit etwa
Esel	6000 Jahren
Gans	5500 Jahren
Huhn	4000 Jahren
Hund	12 000 Jahren
Kamel	5000 Jahren
Kaninchen	1000 Jahren
Katze	4000 Jahren
Pferd	6500 Jahren
Rind	8000 Jahren
Schaf	11 000 Jahren
Schwein	8500 Jahren
Taube	5000 Jahren
Ziege	11 000 Jahren

Als intelligentestes Haustier gilt – der Elefant. Zwar dürften sich in unseren Breiten nur die wenigsten einen Elefanten als Schmusetier halten, doch in Süd- und Südostasien ist er als Arbeitstier noch immer weit verbreitet und dem BROCKHAUS zufolge (»... zur Nutzung ihrer Produkte oder Arbeitsleistungen ... gezüchtete und gehaltene Tiere«) somit ein Haustier.

Auf Platz zwei der »Intelligenzbestien« unter den Haustieren kommt das Schwein, noch vor des Menschen bestem Freund, dem Hund. Die klügsten Hunderassen sollen übrigens Border Collie, Pudel, Deutscher Schäferhund, Golden Retriever und Dobermann sein, auf die fünf hintersten Plätze in der Intelligenzrangliste kommen Barsoi, Chow-Chow, Englische Bulldogge, Basenji und Afghane.

Dass Friedfertigkeit und Intelligenz nicht unbedingt etwas miteinander zu tun haben, zeigt die Rangliste der bissigsten Hunde. Hier belegen Deutscher Schäferhund, Chow-Chow, Pudel, Mastino und Foxterrier die vorderen Plätze. Am wenigsten beißfreudig sind Bobtail, Collie, Labrador und Golden Retriever.

Trächtigkeitsdauer der Haustiere (in Tagen)

Esel	345–365
Pferd	314–373
Kuh	240–320
Schaf	145–157
Ziege	150–154
Schwein	112–116
Hund	59–67
Katze	55–60
Kaninchen	30–31

Durchschnittliche Trächtigkeitsdauer einiger Säugetiere (in Tagen)

Indischer Elefant	623–660
Panzernashorn	480
Sattelrobbe	355
Blauwal	320–365
Rothirsch	280
Gorilla	251–289
Schimpanse	216–261
Braunbär	240
Eisbär	240
Gämse	147–190
Wildschwein	133–139
Löwe	108
Tiger	103–110
Rotfuchs	52–55
Europäischer Feldhase	42–44
Riesenkänguru	33
Wildkaninchen	28–31
Hausmaus	21–24
Goldhamster	16–19
Opossum	13

Der Alpensalamander gilt als das Tier mit der längsten Tragezeit. In niederen Gebirgsregionen dauert sie 24–26 Monate, in höheren Lagen sogar bis zu 3 Jahre. Das in den USA beheimatete Virginia-Opossum ist da bedeutend fixer: Es bringt seine Jungen bereits 8 Tage nach der Befruchtung zur Welt. Dem Gürteltier gelingt es dagegen, nur »ein bisschen schwanger« zu sein. Nach der Paarung kann es die Entwicklung des Embryos bis zu drei Jahre lang hinausschieben. Dadurch wird gewährleistet, dass die Jungen nicht in Zeiten von Dürre und Nahrungsmangel geboren werden.

Geburtsgewicht einiger Säugetiere

	Geburtsgewicht	Geburtsgewicht 1)
Riesenkänguru	0,75 g	0,001
Braunbär	300 g	0,1
Löwe	1,3 kg	1
Afrikanischer Elefant	100 kg	1,5
Kaninchen	60 g	2
Feldhase	160 g	2
Blauwal	2000 kg	2
Sattelrobbe	15 kg	10
Nilpferd	350 kg	15

1) im Verhältnis zum Muttertier (in %)

Gewicht einiger Tiere (in kg)

Landschildkröte	2,5
Forelle	bis 5
Fuchs	7
Reh	25
Karpfen	bis 25
Kabeljau	bis 25
Lachs	bis 45
Wolf	bis 50
Strauß	90
Löwe	130
Wildschwein	200
Rothirsch	230
Braunbär	280
Thunfisch	bis 500
Teufelsrochen	bis 600
Lederschildkröte	bis 600
Eisbär	800
Pferd	bis 1000
Nashorn	2000
Seeelefant	
Männchen	4000
Weibchen	1500
Afrikanischer Elefant	6000
Blauwal	über 100 000

Der Seeelefant *ist das Säugetier mit dem ausgeprägtesten Sexualdimorphismus – so die wissenschaftliche Bezeichnung für die äußerlichen Unterschiede (in Größe, Gewicht, Aussehen) von weiblichen und männlichen Tieren.*

Lebensalter einiger Tiere (Durchschnittswerte in Jahren)

Stubenfliege	0,2
Süßwasserpolyp	1
Spinnen	1–20
Maikäfer	3–4
Kieselschwamm	4
Hirschkäfer	5–8
Meerschweinchen	7
Regenwurm	8–12
Eichhörnchen	8–12
Gartenschnecke	9
Auster	10
Reh	10–12
Fuchs	10–12
Wellensittich	10–13
Fledermäuse	12–15
Laubfrosch	12–20
Feuersalamander	15
Hausschaf	15
Seeanemone	15–20
Biber	15–25
Haushund	15–25
Hering	18
Amsel	20
Flusskrebs	20
Hauskatze	20–30
Kanarienvogel	24
Blindschleiche	30
Kamel	30
Löwe	30–35
Bär	30–40
Taube	30–45
Möwen	30–45
Hauspferd	30–50
Gans	40–60
Nilkrokodil	50–60
Schollen	60–70
Elefant	60–80
Hecht	60–100
Riesenschildkröte	150

Der kleinste Vogel der Welt ist die auf Kuba heimische Hummelelfe.

Größe einiger Tiere

kleinste Geißeltierchen	ca. 0,001 mm
Menschenfloh	ca. 3 mm
Weinbergschnecke (Gehäuse)	ca. 4 cm
Hornisse	ca. 4–5 cm
Zwergspitzmaus	ca. 5 cm
Vogelspinne (Körper)	ca. 9 cm
Auster	ca. 10 cm
Skorpion	bis ca. 18 cm
Feuersalamander	ca. 20 cm
Ochsenfrosch	ca. 20 cm
Krake *(Octopus vulgaris)*	ca. 30 cm
Gemeiner Regenwurm	ca. 35 cm
Hummer	bis ca. 50 cm
Fuchs	ca. 90 cm
Aal	ca. 1 m
Kaiserpinguin	ca. 1,2 m hoch
Wolf	ca. 1,3 m
Reh	ca. 1,3 m
Lachs	ca. 1,5 m
Wildschwein	ca. 1,5 m
Schimpanse	ca. 1,5 m hoch
Schwamm	bis ca. 2,0 m
Delphin	ca. 2 m
Löwe	ca. 2 m
Braunbär	ca. 2 m
Seehund	ca. 2 m
Gorilla	ca. 2 m hoch
Rothirsch	ca. 2,5 m
Afrikanischer Strauß	ca. 2,7 m hoch
Komodowaran	ca. 3 m
Nilpferd	ca. 4 m
Giraffe	ca. 4 m hoch
Menschenhai	ca. 6 m
Rinderbandwurm	bis ca. 10 m
Netzpython	ca. 10 m
Walhai	ca. 20 m
Schnurwurm *(Lineus longissimus)*	bis ca. 30 m
Blauwal	ca. 30 m

Das kleinste Säugetier der Erde ist die erst 1973 entdeckte Hummelfledermaus. Mit einer Gesamtlänge von etwa 3 cm und einem Gewicht von nur etwa 2 Gramm jagt sie in den Wäldern Mittel- und Nordthailands nach millimetergroßen Wespen, Läusen und Fliegen. Sie ist nur halb so groß wie der kleinste Vogel, die auf Kuba vorkommende 6 cm lange Hummelelfe, eine Kolibriart.

Brutpflege

Je höher der Brutpflegeaufwand einer Tierart und je höher die Überlebenschancen des Nachwuchses, desto niedriger ist in der Regel die Zahl der produzierten Eier. Meeresschildkröten und Krokodile vergraben ihre Eier im Sand, wo sie vergleichsweise geschützt sind, und kommen dadurch mit etwa 100 Eiern aus. Frösche legen bis zu 12 000 Eier einfach ins Wasser ab und kümmern sich danach nicht mehr um ihre Nachkommen nach dem Motto »Einige werden schon durchkommen«. Und manche Fische müssen zur Sicherung ihrer Art mehrere Millionen Eier ablaichen.

Brutdauer und Eizahlen einiger einheimischen Vögel

Vogelart	Vogelgröße (in cm)	Brutdauer (in Tagen)	Gelege (Eizahl)
Kranich	115	30	2
Storch	115	31–34	4–5
Gänsegeier	100	48–50	1
Graureiher	90	26–28	3–4
Steinadler	85	43–45	2–3
Uhu	70	31–35	1–3
Roter Milan	60	30–32	2–3
Stockente	58	24–28	8–12
Sturmmöwe	58	20–21	3
Mäusebussard	55	33–35	2–3
Birkhuhn	53	24–28	7–8
Wanderfalke	48	29–30	3–4
Haubentaucher	48	23	2
Saatkrähe	45	18–20	5–6
Austernfischer	43	27	3
Ringeltaube	40	16–18	2
Sperber	38	33–36	4–6
Schnepfe	34	20–23	4
Kuckuck	33		15–16
Rebhuhn	30	26	6–25
Türkentaube	28	16–17	2
Amsel	25	13–14	4–5
Buntspecht	23	12–13	5–7
Rauchschwalbe	19	12–17	4–5
Feldlerche	18	11–14	5–6
Nachtigall	16	13	4–6
Haussperling	15	12–14	4–6
Kohlmeise	14	13–14	6–13

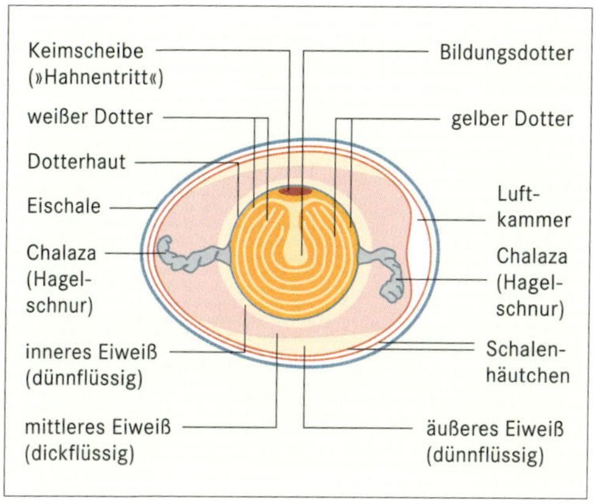

Schematischer Längsschnitt durch ein Hühnerei

Brut des Hausgeflügels

Geflügelart	Brutdauer (Tage)	Gelege (Eizahl)
Haushuhn	20–22	12–18
Ente	26–30	10–15
Gans	28–32	12–15
Pute (Truthuhn)	28	15–18

Warum Eier?

Es sind im Wesentlichen zwei Gründe, warum Vögel nicht wie die Säugetiere lebende Junge zur Welt bringen, sondern trotz des in der Brutzeit stark gefährdeten Geleges Eier legen. Zum einen liegt es an ihrer für einen Embryo zu hohen Körpertemperatur von 40 bis 41 °C, zum anderen an der Gewichtszunahme während einer Schwangerschaft, die zu einer drastischen Einschränkung der Flugfähigkeit führen würde.

Der flugunfähige, nachtaktive Kiwi wird bis zu 35 cm hoch.

Gewicht von Vogeleiern

Vogelart	Körpergewicht des Weibchens	Eigewicht (in g)
Goldhähnchen	5 g	0,7
Rauchschwalbe	20 g	1,7
Kuckuck	100 g	3
Mauersegler	60 g	3,5
Star	75 g	6
Wachtel	100 g	7
Elster	200 g	10
Saatkrähe	600 g	20
Sperber	250 g	20
Kiebitz	200 g	25
Birkhuhn	800 g	35
Lachmöwe	250 g	40
Stockente	1 kg	50
Habicht	1100 g	60
Haushuhn	1500 g	60
Truthuhn	3500 g	75
Uhu	2750 g	75
Silbermöwe	1 kg	90
Pinguin	2500 g	100
Weißer Storch	3500 g	115
Flamingo	3 kg	160
Pelikan	10 kg	165
Gänsegeier	7 kg	240
Kondor	11 kg	270
Höckerschwan	9 kg	350
Kiwi	2,3 kg	450
Emu	40 kg	600
Afrikanischer Strauß	90 kg	1500

Das größte Ei im Vergleich zu seiner Körpergröße legt der neuseeländische Kiwi. Es kann fast ein Viertel des Körpergewichts des Weibchens erreichen.

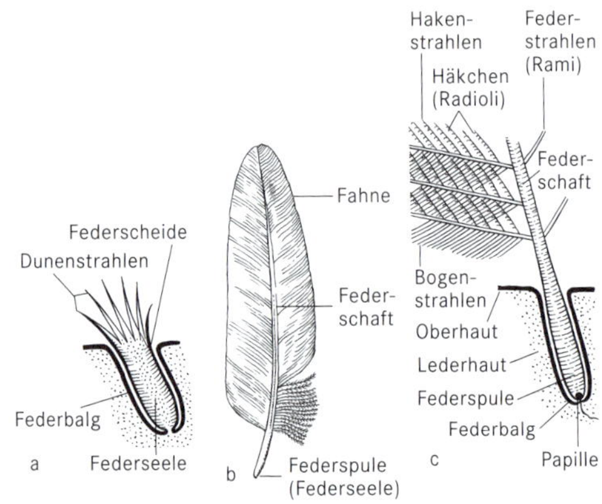

a Entwicklung der Feder
b Konturfeder
c Feinbau der Konturfeder

Geschwindigkeit des Vogelflugs

	Geschwindigkeit (in km/h)
Dauergeschwindigkeit:	
Eiderente	80
Star	75
Dohle	60
Wanderfalke	60
Kranich	50
Mantelmöwe	50
Rauchschwalbe	45
Sperber	40
Spitzengeschwindigkeit (Horizontalflug):	
Mauersegler	200
Austernfischer	100
Schwan	90
Spitzengeschwindigkeit (Sturzflug):	
Wanderfalke	bis 300

Bei einigen Vögeln sind die Flügel so stark verkümmert, dass sie nicht fliegen können. Dazu zählen unter anderen die Laufvögel der Ordnung der Strauße sowie die Pinguine. Dafür erreichen die Strauße aber an Land beträchtliche Geschwindigkeiten bis zu 50 km/h, im Spurt sogar bis zu 80 km/h. Und Pinguine können mit 40 km/h mit den Lachsen um die Wette schwimmen.

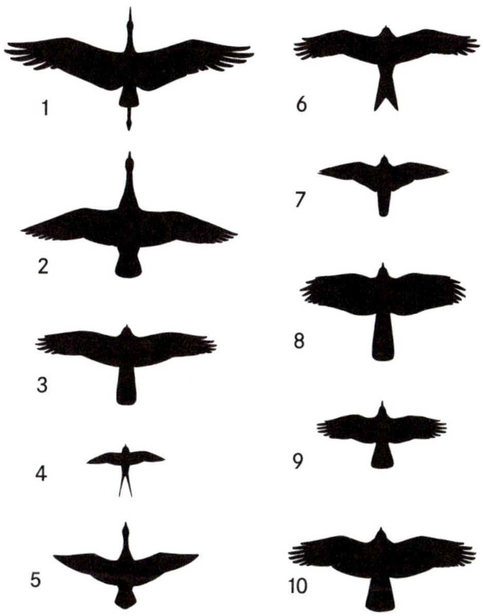

1 Weißer Storch
2 Graugans
3 Kornweihe
4 Rauchschwalbe
5 Stockente
6 Roter Milan
7 Wanderfalke
8 Hühnerhabicht
9 Rabenkrähe
10 Mäusebussard

Fluggeschwindigkeiten einiger Insekten (in m/s)

Eintagsfliege	0,5	Schmeißfliege	2,7
Feldheuschrecke	0,5	Maikäfer	3
Erdhummel	0,8	Honigbiene	3,7
Fiebermücke	0,9	Wüstenheuschrecke	4,4
Hirschkäfer	1,5	Hornisse	6,2
Wespe	1,8	Hirschbremse	11
Stubenfliege	2	Rinderbremse	14
Kohlweißling	2	Libelle	15

Emukrieg

1932 gewannen die heute in ihrem Bestand bedrohten Emus den »Emukrieg« gegen die australische Armee. Eine Eliteeinheit, die den Auftrag bekommen hatte, Tausende von Emus zu töten, musste nach 8 Monaten eine demütigende Niederlage eingestehen: Man hatte gerade mal 12 Emus erlegt. Die australischen Strauße hatten die Soldaten mit ihren bis zu 60 km/h schnellen Sprints immer wieder abgehängt.

Perfekte Flieger

Libellen gelten als die perfekten Flieger schlechthin. Sie faszinierten und inspirierten den ukrainisch-amerikanischen Helikopterpionier Igor Sikorsky (*1889, †1972) mit ihren Flugmanövern, bei denen sie beispielsweise plötzlich in der Luft anhalten, um dann ohne einen Flügelschlag weiterzuschweben. Libellen verfügen über zwei Flügelpaare und können jeden einzelnen Flügel unabhängig bewegen. Dazu besitzen sie gewaltige Brustmuskeln, also genau das, was uns zum Fliegen aus eigener Körperkraft fehlt. Wenn auch viele Arten gefährdet sind, so kommen doch immerhin achtzig der ursprünglich einhundert europäischen Arten noch bei uns in Mitteleuropa vor.

Rekorde aus dem Tierreich

Das größte und schwerste Tier ist der Blauwal *(Balaenoptera musculus)* mit einer Länge bis zu 30 m und einem Körpergewicht bis über 130 t.

Das größte Raubtier ist der Große Schwertwal *(Orcinus orca)*, der mehr als 9 m lang wird. Er frisst außer Fischen v. a. Pinguine, Robben und größere Wale.

Die größte nachgewiesene Tauchtiefe eines Lungenatmers beträgt 2000 m; sie wurde 1991 von einem Pottwal erreicht.

Der schnellste Läufer ist der Gepard. Beim Sprint kann er mehr als 100 km/h erreichen.

Der schnellste Hund ist der Russische Windhund oder Barsoi. Seine Spitzengeschwindigkeit beträgt 60 km/h.

Das langsamste Säugetier ist das Ai oder Dreizehige Faultier *(Bradypus tridactylus)*. Die Durchschnittsgeschwindigkeit am Boden beträgt 1,8–2,4 m/min, auf Bäumen »beschleunigt« es auf bis zu 4,6 m/min.

Das längste Horn eines Nashorns maß 158 cm. Das Tier wurde um 1850 geschossen.

Das kleinste Huftier ist mit einer Schulterhöhe von nur 30 cm das in der malaiischen Inselwelt beheimatete Zwergmoschustier Kantschil.

Die höchste Körpertemperatur aller Säugetiere hat die Hausziege mit 39–41 °C.

Das höchste Tier ist mit bis zu 5,5 m die Giraffe.

Das größte Beuteltier ist das Männchen des Roten Riesenkängurus. Es kann bis zu 1,80 m hoch und 90 kg schwer werden.

Die Feldmaus ist das fruchtbarste Säugetier.

Das fruchtbarste Säugetier ist die Feldmaus. Sie kann siebenmal im Jahr bis zu 12 Junge werfen.

Achtung, Schwarze Witwe!

Die eindeutig gefährlichste Spinne ist die Schwarze Witwe. Außer im Mittelmeergebiet kommt sie in den USA vor. Dort hat man von 1726–1943 allerdings gerade mal 1291 Bisse gezählt, davon waren 55 tödlich. Der Biss der Schwarzen Witwe soll allerdings unerträgliche Schmerzen auslösen. Eine solche Gefahr besteht bei der amerikanischen Vogelspinne oder der mediterranen Tarantel nicht: Ihr Biss ist nicht schlimmer als ein Bienen- oder Wespenstich.

Das größte Nagetier ist das bis zu 1 m lange und 50 kg schwere südamerikanische Wasserschwein.

Die größte Maus ist die auf den Philippinen lebende Borkenratte. Sie kann bis zu 80 cm lang werden.

Die größte Flughöhe mit mehr als 11 000 m wurde bei einem Sperbergeier gemessen.

Die größte Spannweite mit 3,70 m erreicht der Wanderalbatros.

Die größte gemessene Tauchtiefe eines Vogels liegt bei 87 m. Der Rekord wurde von einer Trottellumme aufgestellt, einem zu den Alken gehörenden Schwimmvogel.

Der schwerste flugfähige Vogel ist die bis zu 18 kg schwere, auch in Deutschland heimische Großtrappe.

Die längsten Federn hat der japanische Onagadori-Hahn. Sie werden bis zu 7 m lang.

Die meisten Federn hat der Schwan; es sind rund 25 000.

Der größte Vogel war der im 16. Jahrhundert ausgestorbene Riesenstrauß Moa, der eine Körpergröße von 4,5 m erreichte.

Die individuenreichste Vogelart ist der afrikanische Brutschnabelweber mit einer geschätzten Population von 1,5 Milliarden Exemplaren.

Das größte Landtier war der Brachiosaurus. Der Dinosaurier aus der Kreidezeit wurde 30 m lang und 30 t schwer.

Die größte Eidechse ist der in Indonesien lebende Komodowaran. Er wird über 3 m lang und wiegt bis zu 135 kg.

Die längste Schlange ist der Netzpython, der eine Länge von 10 m erreicht.

Umwelt

Zwischen Hightech und Verzicht

Unter Umwelt im biologischen Sinn lässt sich die für eine Tierart lebensnotwendige Umgebung verstehen. Für praktische Alltagszwecke ist diese Begriffsbestimmung freilich nicht recht tauglich. Denn es gibt kaum noch eine unberührte Umwelt, weshalb man im zivilisatorischen Sinn darunter den vom Menschen geformten Lebensbereich versteht. Dieser Prozess währt zwar schon ebenso lange wie die Menschheitsgeschichte, doch erst in jüngster Vergangenheit umfasst er alle Bereiche der Erde und ruft dabei global bedrohliche Folgen hervor: Die natürliche Regenerationskraft ist häufig überfordert. Wir sind in steigendem Maße gezwungen, Technik zum Schutz der Umwelt einzusetzen, was gelegentlich neue Probleme erzeugt.

3 Grundlagen des Lebens

Wasser

Organismen, seien sie nun pflanzlicher oder tierischer Natur, brauchen Wasser. Es ist unverzichtbar für ihren Stoffwechsel, ohne Wasser können sie nicht existieren. Manche Pflanzen etwa bestehen zu über 90 Prozent, höhere Tiere und der Mensch immer noch zu mehr als 50 Prozent aus Wasser. Es bildet das Medium für die chemischen und physikalischen Vorgänge in den Zellen, erlaubt das Strömen und Diffundieren von Gewebe- und Nahrungsflüssigkeit und regelt als Schweiß die Körpertemperatur durch Verdunsten auf der Haut. Seine universelle Bedeutung als einer der Grundstoffe des Lebens spiegelt sich auch in den Religionen und den Weltentstehungsmythen: Dort wird immer wieder das Wasser erwähnt, sei es als Symbol für Leben und Fruchtbarkeit oder für den Urzustand der Welt, sei es als reinigendes Medium bei rituellen Waschungen.

Boden

Die Krume, von der wir leben, ist im Grunde eine Verwitterungsschicht der Erde. Wie stark diese oberste Erdschicht verwittert, hängt von verschiedenen physikalischen, chemischen und biologischen Faktoren ab. Da sie diesen verändernden Kräften unablässig ausgesetzt ist, können Erosion und Verwitterung auch zerstörerisch auf den einmal gebildeten Boden wirken. Er bildet die Grundlage für den Ackerbau und – als Träger von Futterpflanzen – für die Viehzucht. Für diese Zwecke hat ihn der Mensch seit vielen Jahrtausenden genutzt und geformt. Belebt jedoch war er schon zuvor, denn diese Schicht beherbergt eine Vielzahl von Tieren und Pflanzen, Pilzen und Mikroorganismen. Sie finden hier ihren Lebensraum und sind zugleich an der Bodenbildung beteiligt. So gesehen sind gesunde Böden also überaus komplexe Gebilde, einem Organismus durchaus vergleichbar.

Luft

Die Luft präsentiert sich als Gemisch verschiedener Gase, das keine größeren Schwankungen zeigt. Eine Ausnahme bildet hier lediglich der stark veränderliche Gehalt an Wasserdampf. Ansonsten treten in den bodennahen Luftschichten geringere Schwankungen auf, die die wichtige Rolle der Luft für das organische Leben spiegeln: Sie kommen dadurch zustande, dass Pflanzen und Tiere bestimmte Gase aus der Luft entnehmen, die sie für ihren Stoffwechsel benötigen, und umgekehrt andere wieder in die Atmosphäre abgeben, sozusagen als Abfallprodukte dieser Stoffwechselvorgänge.

Ein Begriff macht Karriere

Biosphäre erscheint uns als sehr moderner Begriff, formuliert wurde er jedoch bereits Mitte der 20er-Jahre des 20. Jahrhunderts. Er umfasst die Gesamtheit der von Lebewesen besiedelten Schichten der Erde, also die Binnengewässer und Weltmeere sowie einen schmalen Bereich um die Erdoberfläche, der die obere Bodenschicht und die niedere Atmosphäre einschließt. Popularität aber gewann der Begriff später in der Politik mit zunehmend intensiver geführter Umweltdebatte: Heute spielt er eine wichtige Rolle, wenn um Ökonomie und Ökologie gestritten wird. Seither werden die Zusammenhänge innerhalb der Biosphäre mit anderen Augen wahrgenommen. Mehr noch: Das Bild selbstregulierender Systeme und dezentraler Funktionen als wichtiger Elemente in der Natur hat sogar Vorbildcharakter – für die Gestaltung technischer Prozesse. Manche wenden es auch im wirtschaftlichen Bereich an und orientieren daran komplette Betriebs- und Führungsstrukturen von Unternehmen.

Vernetzt in steter Wechselwirkung

3 große Bereiche bestimmen unseren Eindruck von der Erdoberfläche: Festland, Wasserflächen und die Lufthülle. Im Detail ist das Bild jedoch komplizierter, denn diese 3 sind alles andere als klar voneinander abgegrenzt: Das Wasser durchdringt die Böden und ist ebenso in der Luft enthalten, die überdies jede Menge feste Partikel trägt, die als Staub vom Boden herrühren; umgekehrt sind Gase im Wasser gelöst und auch im Boden enthalten. Verände-

rungen in einem der Bereiche wirken also in der Regel auch auf die anderen. Das aber erschwert die Beurteilung, welche Folgen beispielsweise ein menschlicher Eingriff nach sich zieht. Auch den Klimaforschern stellt sich hier ein Problem: Sie wissen zwar, dass zwischen Ozeanen und Atmosphäre ein reger Gasaustausch stattfindet, der unser Klima beeinflusst; doch in welchem Maß er zu der befürchteten Erwärmung beiträgt, das können ihre Modelle bislang nicht sagen.

Wasserkreislauf via Luft und Boden

Alles Wasser der Erde ist einer natürlichen Bewegung unterworfen: Es zirkuliert nicht nur innerhalb der Ozeane, sondern vollführt auch einen ständigen Kreislauf zwischen den Meeren, der Atmosphäre und dem Festland. Auf diese Weise verknüpft es die 3 Lebensgrundlagen, im Guten wie im Bösen. Denn das verdunstende Wasser fällt nicht nur als Leben spendender Regen nieder; es wäscht auch Schadstoffe aus der Luft und trägt sie in den Boden ein; zudem erodieren die Wassermassen die Böden und schwemmen im Extrem die ganze fruchtbare Krume weg. Motor für die Bildung und den Transport von Wasserdampf ist die Sonne. Ungefähr ein Viertel der gesamten von der Erde aufgenommenen Sonnenenergie dient allein dazu, diesen Wasserkreislauf in Fluss zu halten.

Der eine Planet

Umweltprobleme sind nicht neu. Neben dem Bergbau im Schwarzwald gibt es viele historische Beispiele, die zum Teil durchaus modern anmutende Dimensionen erreichten. Ein bis heute sichtbarer Eingriff hat den Charakter ganzer Länder geprägt: Die von Schiffbau und Ziegenherden zerstörte Waldvegetation im Mittelmeerraum ist weithin nicht wieder erstanden. Als neues Phänomen aber zeigte sich in den 70er-Jahren des 20. Jahrhunderts eine veränderte Wahrnehmung und Aufmerksamkeit: Plötzlich sahen sehr viele Menschen Umweltzerstörung als ernstes Problem. Das hat sicher auch mit dem daheim überquellenden Plastikmüll und radioaktiven Abfällen zu tun. Doch Schlagwörter wie »saurer Regen« und »Waldsterben«, »Bodenerosion« und »Ozonloch« zeigten zugleich die überregionale Bedeutung und hoben das Thema auf eine weltweite Ebene.

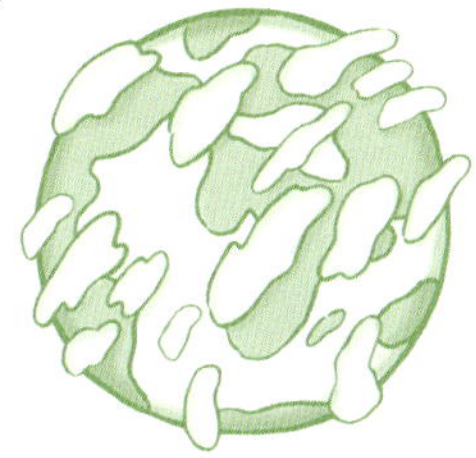

Knappes Öl erweitert das Bewusstsein

Der israelisch-arabische Jom-Kippur-Krieg im Oktober 1973 wirkte weit über die Region hinaus und brachte unserer Sprache sogar ein neues Wort: die Ölkrise. Denn damals erhöhten die arabischen Förderstaaten den Ölpreis drastisch und schränkten überdies die Produktion ein. Zwar sollten vor allem die USA und die Niederlande wegen ihrer Israel zugeneigten Haltung gestraft werden, doch der Lieferboykott traf alle westlichen Länder. Da auch die OPEC ihre Preispolitik anpasste, kostete Rohöl plötzlich das Vierfache. In der Bundesrepublik suchte man den Energieverbrauch einzuschränken und verordnete aus diesem Grund auch den Autofahrern zeitweise Tempo 100 und sogar 4 autofreie Sonntage in den Monaten November und Dezember. Das alles hatte zwar nichts mit knappen Ölressourcen zu tun, sondern allein mit künstlich verknapptem Angebot an Öl, was den westlichen Industrienationen sogar die schwerste Wirtschaftskrise seit dem Zweiten Weltkrieg bescherte. Dennoch hat die politisch motivierte Ölkrise entscheidend zum geistigen Umschwung jenes Jahrzehnts beigetragen und blieb bis heute das Synonym für die Notwendigkeit einer Energiewende.

Grenzen für das Wachstum

Wachstum hieß die Devise der Industriestaaten, als im Jahre 1972 Wissenschaftler »Die Grenzen des Wachstums« verkündeten: So lautete der Titel ihres ersten Berichts an den Club of Rome, der damals viel Aufsehen erregte und dem seither etliche weitere folgten. Ihre The-

sen blieben freilich nicht ohne Widerspruch, und manche Prognose hat sich im Rückblick als falsch erwiesen. Aber sie stießen damit auch eine breite öffentliche Diskussion an, die die Begrenztheit von Rohstoffen und Energieträgern vielen Menschen bewusst machte. Da die reichen Länder des Nordens ihren hohen Lebensstandard auf deren exzessiven Verbrauch gründen, ist das heute ein zentrales Thema im Dialog mit den ärmeren Ländern des Südens, die 2 Ziele zur Bewältigung der globalen Umweltprobleme verfolgen: Die Industriestaaten sollen sich selbst mäßigen und gleichzeitig ihre umweltfreundlichen Technologien den Entwicklungsländern zur Verfügung stellen, um weltweit eine ressourcenschonende Wirtschaftsweise zu etablieren.

Wilder Westen unter Schutz

Amerika ist lax in Sachen Umweltschutz: Das gilt unter Europäern meist rasch als ausgemacht. Und häufig trifft das ja auch zu, schließlich betätigten sich die USA auf vielen internationalen Konferenzen der letzten Jahre als Bremser vom Dienst – aus ökonomischen Erwägungen. Ganz im Gegensatz dazu freilich kam dieselbe Nation schon früh auf die Idee, einen Nationalpark zu schaffen. Und sie tat dies mit einer Bravour, die überall auf Bewunderung und Nachahmer stieß. Schon 1872 nämlich, als der Westen durchaus noch ein bisschen wild war, stellten die USA einen Teil der Rocky Mountains unter Schutz: den Yellowstone-Nationalpark. Er umfasst im Wesentlichen ein 2000 bis 2500 Meter hoch gelegenes Plateau aus basaltischen Ergussgesteinen, in das der Yellowstone River eine 20 Kilometer lange und 300 Meter tiefe Schluchtgegraben hat, den Grand Canyon. Beliebt bei den zahlreichen Besuchern sind auch Geysire (v. a. »Old Faithful«) und Schlammvulkane.

Studium der Abhängigkeit

Alle Pflanzen und Tiere sind an die Umwelt angepasst. Das klingt trivial, ist im Detail aber beliebig kompliziert. Denn da sie von der Umwelt abhängen, diese aber zugleich auch verändern, handelt es sich um ein Verhältnis mit vielen Wechselwirkungen. So interessiert sich die Ökologie nun dafür, warum eine bestimmte Art gerade in diesem Ökosystem lebt und nicht in einem anderen. Es ist für den Natur- und Artenschutz von großem praktischem Interesse zu wissen, was verschiedene Arten zum Überleben brauchen: Wie viel Platz benötigt ein Fuchs, wie viel Schatten verträgt die Buche? Das komplizierte Gefüge, bei dem alles aufeinander abgestimmt ist, zeigt sich beispielsweise beim Fressen. Über die Nahrungskette sind die verschiedenen Tier- und Pflanzenarten innerhalb eines Ökosystems fest miteinander verbunden: Die erste frisst eine zweite und wird selbst wiederum von einer dritten gefressen. Doch dieses Gleichgewicht der Arten hat der Mensch bereits empfindlich gestört. Während manche Tiere und Pflanzen schon völlig von der Erde verschwunden sind, erreichten die Bestände anderer ein viel zu hohes Niveau.

Kreislauf im dynamischen Gleichgewicht

Weiher und Flüsse, Wälder und Felder, Wüsten und tropischer Dschungel – allesamt Beispiele für Ökosysteme: Stets umfassen diese Systeme die Gesamtheit der Pflanzen, Tiere und Mikroorganismen eines Gebiets, und zwar gemeinsam mit der jeweiligen Umwelt, also beispielsweise dem Wasser oder dem Boden. Diese Ver-

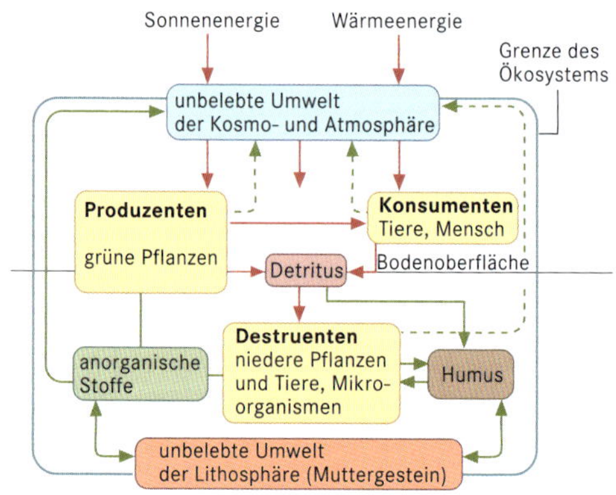

Funktionsschema eines Ökosystems

allgemeinerung ist deshalb wichtig, weil nach unserer Modellvorstellung in solchen Lebensgemeinschaften vollständige Stoffkreisläufe herrschen: Die Pflanzen erzeugen Nahrung und Sauerstoff; davon zehren die Tiere, unter denen es wieder eine eigene Nahrungskette des Fressens und Gefressenwerdens gibt; sterben Pflanzen und Tiere schließlich ab, so machen sich Pilze und Bakterien darüber her und zerlegen die toten organischen Stoffe in ihre Bausteine. Damit aber stehen sie dann wieder als Ausgangsmaterial für den Aufbau neuen Lebens zur Verfügung, der Kreis schließt sich. In stabilen Ökosystemen sollte sich also stets ein Gleichgewicht zwischen den verschiedenen Tier- und Pflanzenarten einstellen. Da aber die Randbedingungen immer schwanken, handelt es sich um ein dynamisches Gleichgewicht, das selber Schwankungen unterworfen ist.

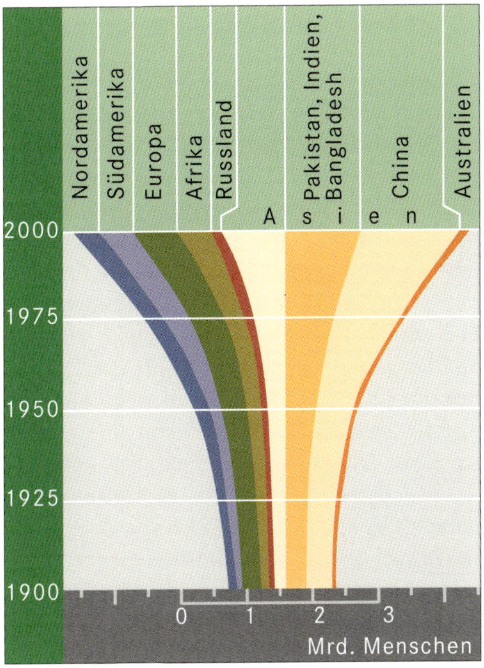

Die geographische Auffächerung der Weltbevölkerung zwischen 1900 und 2000

Bevölkerung explodiert – Umwelt ächzt

Wie viele Menschen kann die Erde tragen? Dies ist sehr schwer zu sagen und aus diesem Grund auch Gegenstand wilder Spekulationen. Während die einen meinen, schon heute seien es eigentlich zu viele Menschen, halten andere auch die dreifache Zahl für möglich. Dafür müsste sich allerdings einiges ändern, nicht nur die bislang übliche ungleiche Verteilung der Güter. Zudem ist der früher übliche Ansatz, allein die Produktion in der Landwirtschaft als Basis zu nehmen, heute überholt. Der Mensch greift mit all seinen Tätigkeiten in die Umwelt ein und verändert sie, positiv wie negativ. Auch das aber bestimmt über die Tragfähigkeit der Erde für eine bestimmte Anzahl Menschen mit. Es ist sogar umgekehrt so, dass viele Umweltprobleme letztlich auf ein Zuviel an Menschen zurückgehen. Trotzdem ist auch das keine fixe Größe, denn unter anderen Rahmenbedingungen – etwa technischen Neuerungen – sind diese Probleme häufig selbst bei höherer Bevölkerungszahl wieder in den Griff zu bekommen.

Norden stagniert, Süden brummt

In den Jahren zwischen 1950 und 1974 stieg die Erdbevölkerung von nahezu 2,5 Milliarden auf gut 4 Milliarden an. Seit den 1970er-Jahren macht das Schlagwort von der Bevölkerungsexplosion die Runde. Die Folgen des Bevölkerungsanstiegs sind auch anderweitig messbar: Während des oben angegebenen Zeitraums wuchs mit der Bevölkerung auch der Verbrauch an Primärenergie drastisch an, und zwar um 250 Prozent.

Ein anderes brennendes Problem ist die Mangelernährung, im Jahr 1999 litten 400 Millionen Menschen Hunger. Beides erhöht den Druck auf die Umwelt, aber v. a. in den Ländern der Dritten Welt. Denn während sich das Bevölkerungswachstum in den Industrienationen stabilisiert hat, läuft es in den Entwicklungsländern kaum gebremst. Wächst die Weltbevölkerung weiter im derzeitigen Tempo, müsste während der nächsten 40 Jahre die Produktion von Nahrungsmitteln verdoppelt werden, um den Bedarf zu decken.

3 Strategien gegen Schäden

Technik

Auch jenseits der Erkenntnis, dass ungehemmter Fortschrittsglauben viele Umweltprobleme zu verantworten hat, ist das Vertrauen in die Kraft des Fortschritts dennoch nicht tot. Im Gegenteil denkt sogar ein großer Teil der Menschheit, ohne weitere technische Entwicklung seien die Probleme einer weiterwachsenden Bevölkerung und damit des zunehmenden Drucks auf die Umwelt schon gar nicht in den Griff zu bekommen. Doch auch wenn man dem zustimmt, bleibt Raum für Streit um die richtigen Ansätze: Technik gehorcht nämlich einer gewissen Eigendynamik, die nicht notwendig ökologischen Charakter haben muss. So kann im Prinzip eine technische Problemlösung in einem anderen Teilbereich durchaus selbst wieder zu einem neuen Problem werden.

Gesetze

Auch Politiker als Gesetzesmacher und Behörden als ausführende Organe sind einer hohen Eigendynamik unterworfen. Das kann dann durchaus dazu führen, dass an sich nötige Reglements zu wuchern beginnen und – kontraproduktiv – die Produktivkräfte eines Landes nicht mehr nur kanalisieren, sondern hemmen. Längs dieser Scheidelinie bewegt sich der Disput zwischen Wirtschaft und Politik, wenn es um das rechte Gewicht für ökologische Belange geht. Dritter Kontrahent sind Ökogruppen, in deren Augen trotz mittlerweile vieler Gesetze mit Umweltrelevanz noch ein erheblicher Ordnungsbedarf besteht.

Verzicht

Diese Ebene ist jedem ganz unmittelbar zugänglich, hier können alle etwas tun, indem sie ihre Gewohnheiten auf den Prüfstand stellen und verändern. Weil dadurch in der Summe beträchtliche Effekte erzielbar sind, beackern Politiker und zahlreiche Interessengruppen dieses Feld besonders eifrig – mit wechselndem Erfolg. Das hat gewiss mit der alten Erkenntnis zu tun, wonach der Geist zwar willig, jedoch das Fleisch schwach sei. Aber eben doch nicht nur. Viele sind beispielsweise zwar durchaus bereit, ökologisch verträglich hergestellte Kleidung zu tragen – wenn sie schön und bequem ist. Nicht jeder sieht sich gern in einer Schlichtheit wandeln, die an das Büßergewand gemahnt. Wobei das nicht nur symbolisch zu verstehen ist, denn zumindest die Ränder der vielfarbigen Ökobewegung leuchten gelegentlich schon in etwas grellen religiösen Tönen.

Neue Techniken haben manchmal unerwünschte Nebenwirkungen

Gewiss sind die bisweilen später sichtbaren Auswirkungen etwa großer Staudämme auf die Umwelt besonders spektakulär. Doch gerade in unserem alltäglichen Wohnumfeld haben manche technischen Entwicklungen in den letzten Jahren das Auftreten bestimmter Krankheitserreger begünstigt. Allgemein haben Fragen der Gesundheit in Verbindung mit Maßnahmen zum Umweltschutz in jüngerer Zeit an Gewicht gewonnen.

Techniken und ihre Nebenwirkungen

Technik	Problem	Nebenwirkung
Zentrale Wasserversorgung	Verteilung von Erregern	Ausbreitung von Krankheiten
Zentrale Warmwasserversorgung	Wachstum von Erregern	Erkrankungen
Massentierhaltung	Fütterung, Antibiotika	BSE, EHEC, Resistenzen
Kompostierungsanlagen	Pilzkulturen	Erkrankungen, Allergien
Baumaterialien	Wachstum von Pilzen	Allergien
Klimaanlagen	Wachstum von Erregern	Legionellosen, Allergien
Bluttransfusionen	Übertragung von Erregern	Aids, Hepatitis

Leben und Boden im Wechselspiel

Schon dem flüchtigen Blick präsentiert sich der Boden als ein kompliziertes Gemenge: Von grobem Sand bis feinstem Ton enthält er eine ganze Skala unterschiedlich großer Teilchen. Diese Korngrößen liefern nicht nur ein Schema zur Einteilung der Böden, ihre Zusammensetzung bestimmt auch wichtige physikalische Eigenschaften. Grobkörnige Sandböden etwa enthalten viel Luft, und das Wasser fließt gut ab. Dagegen hemmen die winzigen Partikel toniger Böden den Abfluss von Wasser und die Aufnahme von Luft. Das Gemisch wiederum aus groben und feinen Bestandteilen in lehmigen Böden liefert einen guten Untergrund zum Anbau von Nutzpflanzen. Unter dem genauer prüfenden Blick aber wird der Boden wahrhaft lebendig. Nicht allein Pflanzen wurzeln im Oberboden, auch der Untergrund ist durchsetzt von einer Unzahl von Tieren und Mikroorganismen. Als Bewohner von Spalten und Wasseradern sorgen diese für die Verwitterung von Gestein zu Boden; die abgestorbenen Pflanzen hingegen bilden den Humus, der mit Feuchtigkeit und Mineralstoffen gesättigt einen idealen Nährboden für neue Vegetation liefert.

Speicher für Wasser und Luft

Zwischen der im Boden enthaltenen Luft und der Atmosphäre findet ein reger Austausch von Gasen statt. Dabei gibt der Boden insbesondere Kohlendioxid, das Pflanzenwurzeln und Lebewesen produzieren, ab; aus der Luft nimmt der Boden hingegen Sauerstoff auf. Für den Lufthaushalt entscheidend ist die Struktur des Bodens, die räumliche Anordnung der festen Bestandteile. Der die Körner trennende Porenraum ist außer mit Luft auch noch mit Wasser gefüllt. Bei voller Wassersättigung beträgt der Luftgehalt 0 Volumprozent je nach Bodenart kann er jedoch auf ungefähr 40 Volumprozent ansteigen. Die Bodenluft ist auch wichtig für die biologische Aktivität und die Entwicklung des Bodens. Das Bodengefüge prägt außerdem den Wasser-, Wärme- und Nährstoffhaushalt. Für die Landwirtschaft ebenfalls wichtig ist sein Einfluss auf die Bodenbearbeitung und das Vermögen der Wurzeln, sich auszubreiten.

Produktionsfaktor – nicht vermehrbar

Wird der Mensch aktiv, bleibt der Boden nicht länger schlichter Boden. Durch seine Tätigkeit, beispielsweise den Ackerbau, entstehen daraus Kulturböden. So wird der Boden zum volkswirtschaftlichen Produktionsfaktor; aus dieser Perspektive umfasst er dann beispielsweise auch die in ihm lagernden Bodenschätze als Rohstoffe und die natürlichen Energiequellen. Doch anders als die Produktionsfaktoren Arbeit und Kapital ist der Boden im eigentlichen Sinne nicht vermehrbar, da die Erdoberfläche eine konstante Größe darstellt. Allenfalls kann man durch Rodung, Entwässerung oder Eindeichung zuvor ungenutzte Böden für eine Nutzung erschließen, doch auch dies ist nur bis zu einem theoretischen Maximum möglich. Umgekehrt kann der zerstörerische Umgang mit dem Boden diesen für bestimmte Nutzungen unbrauchbar machen, manchmal für sehr lange Zeit und gelegentlich ist dies vielleicht sogar unumkehrbar. Doch insbesondere zu dieser fatalistischen Sicht gibt es durchaus Streit unter den Gelehrten. Neben der Landwirtschaft setzen insbesondere Bergbau, Wohnen und Verkehr sowie viele uns lieb gewordene Freizeitgewohnheiten dem Boden stark zu.

Das Bodenpotenzial der Erde

Das landwirtschaftlich nutzbare Potenzial unseres Planeten ist weltweit gesehen verhältnismäßig klein: Nur rund ein Sechstel des Festlands liegt in klimatisch günstigen Räumen und ist mit Böden für eine intensive Nutzung bedeckt.

Viel hilft nicht immer viel

Nicht jeder Boden eignet sich für die Bepflanzung. Dazu muss er die Grundbedürfnisse der Pflanzen befriedigen können, also beispielsweise ihre Wurzeln mit Wasser, Luft und Nährstoffen versorgen. Das leistet die natürliche Bodenfruchtbarkeit im Landbau. Sie kann allerdings gemindert oder sogar zerstört werden, beispielsweise durch den Anbau von Monokulturen oder Versalzung und Erosion der Böden. Es ist aber umgekehrt auch möglich, durch Melioration den Boden überhaupt erst kulturfähig zu machen und den Ertrag langfristig zu sichern. Die Bodengare – also der für das Pflanzenwachstum günstige physikalische, chemische und biologische Zustand – kann durch Bodenbearbeitung und Düngung, aber auch die Witterung gefördert werden. Nur bedingt richtig ist allerdings der Satz: Viel hilft viel. Denn ab einer bestimmten Grenze hilft auch erhöhter Einsatz von Dünger und Arbeit nicht mehr, den Bodenertrag entsprechend zu erhöhen. Wohl aber kann der Dünger dann den Boden oder das Grundwasser schädigen.

Agrarsysteme in Schieflage

Der Begriff fehlt tatsächlich in kaum einer entwicklungspolitischen Diskussion: Erosion. Sie gilt nicht nur als Bedrohung für die Entwicklung, sondern auch als Indikator für eine fehlgeleitete Zivilisation, die ihre eigenen Grundlagen zerstört. Denn oft sind es nicht klimatische Faktoren allein, die ein Agrarsystem in Schieflage bringen. Auch die Hungersnöte im Sahel sind nicht nur auf Trockenheit zurückzuführen. Schuld ist ebenso ein zu hoher Viehbestand, der die Böden belastet und endlich die fruchtbare Krume schutzlos dem Wind preisgibt. Wegen des Bevölkerungsdrucks werden gute Böden übernutzt und sogar ungünstige in Kultur genommen, die ohnehin stark erosionsgefährdet sind. Da wundert es nicht, wenn die Erosion weltweit seit Jahren zunimmt. Denn heute liefert der Mensch den natürlichen Erosionsfaktoren wie Regen und Wind auch noch hervorragende Bedingungen. Pflanzen haben übrigens eine durchaus ambivalente Wirkung, da ihre Wurzeln nicht nur Gestein zerstören, sondern dieses Geflecht auch Böden befestigt. So fördern und verhindern sie zugleich die Erosion.

Ein schleichender Prozess

Grundsätzlich zerstört jede Art der Nutzung das Bodengefüge und setzt gleichzeitig die Fruchtbarkeit herab. Will man Böden langfristig nutzen, sind also stets erhaltende Maßnahmen nötig. Es ist erstaunlich genug, dass man dabei auch in kontrollierten Langzeitversuchen bislang keine Bodenermüdung feststellte.

Umgekehrt jedoch löst landwirtschaftliches Missmanagement gewiss Bodendegradation aus, mindert also die Fähigkeit des Bodens, bei einer bestimmten Form von Nutzung und Bearbeitung angemessene Erträge zu liefern. Da es ein schleichender Prozess ist, macht er sich meist erst in fortgeschrittenem Stadium bemerkbar: durch Armut an Nährstoffen, Abnahme bodenorganischer Substanz, schließlich Verlust von Oberboden durch Wind- und Wassererosion. Jährlich gehen vielleicht 5–7 Millionen Hektar kultivierbaren Landes durch den Ackerbau selbst verloren, was etwa 0,3–0,5 Prozent der weltweit landwirtschaftlich genutzten Fläche entspricht. Allerdings sind gerade die Zahlen zum Bodenverlust nicht unumstritten.

Armes Afrika

Angeblich wurden in den vergangenen 50 Jahren ungefähr 20 Prozent der landwirtschaftlichen Nutzfläche irreversibel geschädigt. Setzt sich die Tendenz fort, so verliert die Landwirtschaft während der nächsten 25 Jahre möglicherweise 15–30 Prozent ihrer gegenwärtigen Produktionsfläche. Noch dramatischer als im globalen Durchschnitt aber ist die Lage in Afrika. Denn dort wächst nicht nur die Bevölkerung besonders rasant; überdies sind auch noch die Böden im tropischen Bereich sehr sensibel und doch wenig ertragreich. Südlich der Sahara bringen 64 Prozent der landwirtschaftlichen Nutzfläche ungenügende Erträge, während ihre Bewirtschaftung zugleich einschneidende ökologische Folgen haben kann.

Biologie ist mühsamer als Chemie

Biologische Schädlingsbekämpfung ist »in«, jedenfalls bei den Konsumenten von Agrarprodukten. Nicht zuletzt deshalb wird sie inzwischen aber auch in vielen Anbaugebieten der Welt erfolgreich zum Schutz von Nutzpflanzen praktiziert. Um chemische Insektenvernichtungsmittel zu vermeiden, bekämpft man Schadinsekten beispielsweise mit ihren natürlichen Feinden: So helfen Marienkäfer - in großen Mengen gezüchtet - gegen Blatt- und Schildläuse. Auch manche Wespen und Ameisen sind dafür geeignet.

Die biologischen Methoden zur Schädlingsbekämpfung machen allerdings schon etwas mehr Mühe als die chemischen, da sehr genaues Beobachten der Kulturen nötig ist, um den richtigen Zeitpunkt für die jeweils geeigneten Maßnahmen abzupassen. Sehr verbreitet ist inzwischen eine Kombination biologischer und chemischer Methoden zur Schädlingsbekämpfung. Diese Form des integrierten Pflanzenschutzes gilt heute als aktueller Stand der Anbautechnik.

Ökobauern denken in Stoffkreisläufen

Wenn ein Landwirt auf Chemie verzichtet, so ist er noch lange kein Ökobauer. Zwar verwendet auch der ökologische Landbau keinen Mineraldünger und keine chemisch-synthetischen Pflanzenschutzmittel. Doch im Vordergrund dieser umweltschonenden Form der Landwirtschaft steht die Bodenpflege, um die Fruchtbarkeit der Böden zu erhalten. Neben sorgsamer Bearbeitung dient hierfür eine abwechslungsreiche Fruchtfolge. Stets sind möglichst geschlossene Stoffkreisläufe das Grundprinzip. Deshalb gehören die Haltung von Nutztieren und die Produktion von Pflanzen im Ökolandbau zusammen, da sie sich ergänzen: Das Vieh bekommt Futter vom Acker, der Acker Dünger vom Vieh. In dem Sinne ist es eine bewährte Methode, welche die Menschen der vorindustriellen Epochen schon immer pflegten. Doch die Ernte fällt bei dieser Methode geringer aus, und der Arbeitsaufwand ist sehr hoch. Unterm Strich kann der Bauer dennoch Gewinn erwirtschaften, da er für seine Produkte höhere Preise erzielt. Die ganze Menschheit freilich ist nach ziemlich einhelliger Meinung der Fachwelt so nicht zu ernähren.

Eine Substanz ist überall

Das Dichlordiphenyltrichloräthan (DDT) wurde als hochwirksames Kontaktgift noch in den 70er-Jahren des 20. Jahrhunderts in großen Mengen zur Bekämpfung von Schädlingen eingesetzt. Im Organismus von Lebewesen wird dieser Stoff aber nicht abgebaut, sondern im Fettgewebe eingelagert. So reichert er sich über die Nahrungskette rasch an und gelangt schließlich auch in den Organismus des Menschen. Der universelle Einsatz von DDT führte weltweit zu resistenten Insektenstämmen und gefährdete gleichzeitig Vögel, da die Eierschalen rapide dünner und viele Tiere steril wurden. Inzwischen ist das Mittel in den meisten Ländern verboten (in der Bundesrepublik seit 1972), aber dennoch nahezu überall auf dem Globus nachweisbar, da der Abbau sehr lange Zeit beansprucht.

Schematische Darstellung der möglichen Einwirkung von Umweltchemikalien über Pflanzen und Tiere auf den Menschen.

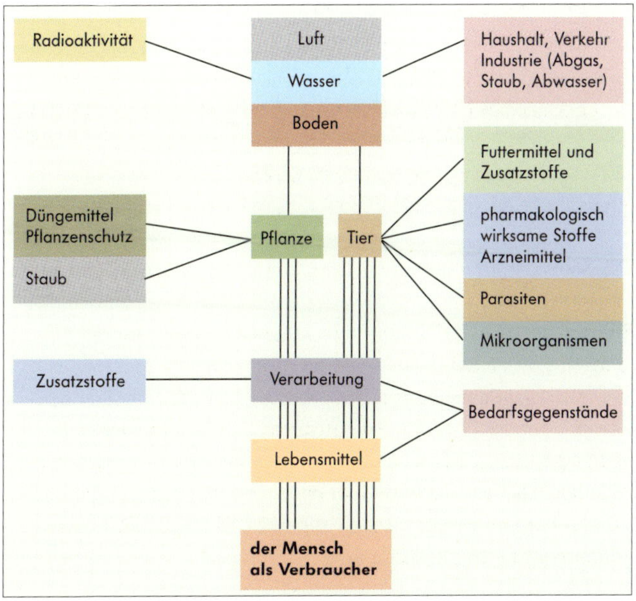

Sogar die Atmosphäre ist gewässert

Chemisch gesehen ist Wasser (H_2O) eine Verbindung aus Wasserstoff und Sauerstoff; 2 Wasserstoffatome und 1 Sauerstoffatom bilden ein Wassermolekül. Unter Normaldruck siedet Wasser zwar erst bei 100 °C. Doch auch bei tieferen Temperaturen entweichen bereits geringe Mengen der Flüssigkeit als Wasserdampf, ein Phänomen, das als Verdunstung eine wichtige Rolle im Kreislauf des Wassers und somit für Klima und Wetter spielt. Bei 0 °C erstarrt es zu Eis. Wasser ist die häufigste chemische Verbindung auf der Erdoberfläche, die es zu 71 Prozent bedeckt. Zudem kommt es mit einem Gehalt bis zu 4 Prozent als Wasserdampf in der Atmosphäre vor.

Wirtschaft für knappe Güter

Normalerweise bewirtschaftet jede Gesellschaft knappe Güter. Das gilt umso mehr, wenn diese lebensnotwendig sind, da sie dann stets in genügender Menge und Qualität verfügbar sein müssen. Genau deshalb entwickelten praktisch alle Kulturen mehr oder minder umfangreiche Regelwerke: Zu Anfang noch mythologisch legitimiert, kam ihnen schon früh Gesetzeskraft zu. In den Industrienationen umfasst Wasserwirtschaft jene Maßnahmen, die zur Bewirtschaftung der ober- wie auch der unterirdischen Wasservorräte dienen. Das ist jedoch nur scheinbar selbstverständlich, denn noch heute gibt es Länder, in denen zwar das Oberflächenwasser mit vielen Rechten und Gesetzen belegt ist, nicht jedoch das Grundwasser. Aufgabe der Wasserwirtschaft ist es, die Bevölkerung durch Aufbereitung mit sauberem Wasser zu versorgen und sich am anderen Ende der Verbrauchskette auch um die Behandlung des Abwassers zu kümmern.

Härtebereiche und Charakter des Wassers

Härtebereich	Gesamthärte (mmol/l)	Härtegrad (°d)	Wassercharakter
1	bis 1,3	0- 7	weich
2	1,3-2,5	7-14	mittel
3	2,5-3,8	14-21	hart
4	über 3,8	über 21	sehr hart

Mangel vernichtet

Das lebensnotwendige Wasser ist auf der Erde höchst ungleich verteilt. Die größten Mengen befinden sich in den Meeren und scheiden so für eine direkte Nutzung durch den Menschen zunächst einmal aus. Denn wir brauchen Süßwasser nicht nur zum Genuss, sondern auch für den Feldbau. Und während manche Gegenden von der Natur mit Wasser regelrecht verwöhnt werden, herrscht in andern Weltregionen schon jetzt dramatische Knappheit. Oft unter tatkräftiger Mithilfe des Menschen, der in Landwirtschaft und sonstigem Verbrauch nicht immer sorgsam ist. Das Problem ist beispielsweise im Nahen Osten offenkundig, wo fast jeder Konflikt irgendwo auch mit der Verfügbarkeit von Wasser zu tun hat. Der Raubbau an diesem Gut und sinkende Wasserspiegel haben bereits vielfach Umweltschäden verursacht, so am Aralsee. Die gesicherte Versor-

Wasser – Verbindung für das Leben

Wasser ist das wichtigste Lösemittel. Auch die belebte Natur benötigt es als Ausgangsprodukt für Stoffwechselvorgänge. So nehmen höhere Pflanzen vor allem über die Wurzeln Wasser auf, Moose hingegen durch die Blätter. Der Mensch benötigt pro Tag zwischen 2,5 und 3,5 Liter Wasser. Ein wichtiges Regulativ dabei ist der Durst, der Aufnahme und aktuellen Bedarf in Einklang bringt. Ein Durstgefühl entsteht schon bei einem Wasserverlust von 0,5 Prozent des Körpergewichts; bei 10 Prozent Verlust tritt der Tod ein. Nicht nur die Aufnahme mit der Nahrung deckt den Wasserbedarf. Auch die Oxidation von Wasserstoff zu Wasser im Stoffwechsel des Organismus trägt zu dessen Versorgung bei. Einige Tiere können den Bedarf sogar dauerhaft auf diese Weise decken, etwa die Kleidermotten.

gung ist eines der zentralen Probleme für die Zukunft und schon jetzt häufig Gegenstand multinationaler Verhandlungen.

Schmutz zu unseren Füßen

Eigentlich leben wir auf einem unterirdischen See, denn der ganze Untergrund ist mit Wasser gesättigt. Es versickert aus Niederschlägen, Flüssen und Seen ständig im Erdreich, um dort freie Zwischenräume und Spalten auszufüllen. Undurchlässige Schichten sorgen für einen Rückstau, der jeweils höchste Pegel des aufgestauten Grundwassers kann in Sümpfen und Mooren sogar die Erdoberfläche erreichen. An manchen Stellen tritt es als Quelle an die Erde. So ist das Grundwasser der eigentliche Speicher für unsere Versorgung. Während es langsam durch den Boden fließt, wird es zugleich gereinigt. Doch in den letzten Jahren verursacht – neben hohem Verbrauch – das Eindringen von Schadstoffen Sorgen. Für Schlagzeilen sorgten beispielsweise Pestizide.

Wenn die Luft krank macht

Natürlich verschmutzen Vulkanausbrüche die Luft. Dabei gelangen sogar gewaltige Mengen an Staub, Schwefelverbindungen und Kohlendioxid hoch in die Atmosphäre. Staubstürme tragen zur Luftverschmutzung ebenfalls bei. Doch mittlerweile hat sich auch die Tätigkeit des Menschen als bedeutende Quelle etabliert, v. a. im Zusammenhang mit Verbrennungsprozessen in Haushalten, Industrie und Verkehr. Bleiben die Mengen gering, so verteilen sich Schadstoffe rasch und verlieren durch Verdünnung ihr schädigendes Potenzial; Regen wäscht sie aus und Bakterien vernichten sie schließlich. Erst die Industrialisierung und zunehmende Bevölkerungsdichte schufen ein Problem von ganz anderer Größenordnung. Denn die Konzentrationen erreichten Werte, die Menschen erkranken lassen, Pflanzen und Tiere schädigen, sogar die Bausubstanz angreifen. Allergische Erkrankungen und Pseudokrupp beispielsweise stehen in Zusammenhang mit der Luftverschmutzung.

Atmosphäre als Abfalleimer

Gewissermaßen als Abfall seiner Geschäftigkeit entlädt der Mensch in großen Mengen feste, flüssige und gasförmige Substanzen in die Lufthülle der Erde. Bei der Verbrennung fossiler Stoffe wie Kohle oder Erdöl entsteht eine ganze Palette an unerwünschten Verbrennungsprodukten: Schwefeldioxid etwa, das als Verursacher von saurem Regen die ansteigende Luftverschmutzung einst in die Massenmedien und ins Bewusstsein vieler Menschen hob. Unvermeidbar wird Kohlendioxid frei, eines der wichtigsten Treibhausgase für die globale Erwärmung der Erdatmosphäre; deshalb feilscht die internationale Staatengemeinschaft seit Jahren um seine Reduktion. Dafür wäre z. B. eine Energiewirtschaft nötig, die möglichst

Der Aralsee wird nach Prognosen im Jahr 2005 wahrscheinlich ausgetrocknet sein, weil aufgrund der Bewässerung ständig erweiterter Baumwollfelder durch seine Zuflüsse Amudarja und Syrdaja seine Wasservorräte rapide abnehmen.

Emission ausgewählter Schadstoffe (in 1000 t)

Land	Schwefeldioxid 1985	1990	1995	Stickstoffdioxid 1985	1990	1995
Deutschland	7754	5633	1107	3476	3013	612
Dänemark	339	180	61	294	269	61
Frankreich	1470	1298	401	1615	1584	294
Großbritannien und Nordirland	3735	3760	998	2420	2731	456
Niederlande	261	201	58	573	570	116
Schweden	267	130	35	426	398	78

wenig Kohlendioxid erzeugt: durch sparsamen Verbrauch, effiziente Kraftwerke und den vermehrten Einsatz nicht fossiler Energieträger. Vornehmlich bei unvollständiger Verbrennung in schlecht eingestellten Brennern bildet sich giftiges Kohlenmonoxid. Als Erstes sichtbar aber sind staubförmige Emissionen, die einst als Ruß ganze Landstriche wie etwa das Ruhrrevier einschwärzten.

Gesetze und Technik reinigen

Regulatorische und technische Maßnahmen helfen mit, den Eintrag von Schadstoffen – dazu gehören Stäube und Lösemittel, Schwefelverbindungen oder Stickoxide – in die Luft zu verringern oder gar zu verhindern. In Deutschland und der Europäischen Union, ebenso in den Vereinigten Staaten, Kanada und anderen Nationen gibt es Verpflichtungen für die Industrie, die Abgasmengen durch Filteranlagen zu verringern. Eine frühe Form des technischen Umweltschutzes ist die Rückhaltung von Stäuben mithilfe von Filtern. Zum allgemein verwendeten Begriff wurde »Rauchgasreinigung« dann in den 1970er-Jahren, als die Verbesserung der Luft in Ballungsräumen und Maßnahmen gegen das Waldsterben in politische Programme eingingen. Denn den sauren Regen beispielsweise identifizierte man als einen wichtigen Schuldigen am traurigen Zustand der erkrankten Wälder. So folgten nun als weitere Maßnahmen zur Reinigung von Rauchgasen deren Entschwefelung und Entstickung. Auch der Dreiwegekatalysator für Autos gehört zu den Mitteln der Luftreinhaltung.

Reizendes Los Angeles

Bei ungünstiger Wetterlage – wenn nämlich der Austausch zwischen verschiedenen Luftschichten stark behindert ist – kann es bei gleichzeitig hoher Konzentration an Luftschadstoffen vornehmlich durch den Autoverkehr zur Bildung von Los-Angeles-Smog kommen. Der Name rührt daher, dass die verursachende photochemische Reaktion erstmals in der davon massiv betroffenen Autostadt Los Angeles beobachtet wurde: Aus Stickoxiden und Schwefeloxiden bildet sich unter dem Einfluss von Sonnenlicht Ozon. Dieses Gas belastet den menschlichen Organismus erheblich, so ruft es z. B. Husten und Atemnot oder Augenbrennen und Reizbarkeit hervor. Auch Deutschlands Bürger sind nun schon seit vielen Jahren mit dem Sommersmog und der täglichen Bekanntgabe aktueller Ozonwerte vertraut.

Kulisse für manchen Krimi

Das englische Kunstwort Smog verweist auch gleich auf die Herkunft, denn es setzt sich zusammen aus smoke für Rauch und fog für Nebel. Denn er entsteht durch die Anreicherung von Verbrennungsprodukten in der Luft, die bei austauscharmer Witterung – Inversionswetterlagen – nicht aufsteigen können. Im Gegensatz zum photochemischen Sommersmog vom Los-Angeles-Typ tritt der klassische Smog bei feuchtkühler Luft vor allem im Winter auf. Es handelt sich um einen mit Schwefeldioxid und Ruß beladenen Nebel, verursacht vor allem von Abgasen aus Hausbrand und Industrie. Berüchtigt hierfür war einst die britische Hauptstadt, weshalb man hier auch vom London-Smog spricht. Ein großes – v. a. auch gesundheitliches – Problem ist er heute in den chinesischen Ballungszentren. Viele Länder erließen per Gesetz oder Verordnung Grenzwerte für die Schmutzkonzentrationen in der Luft. In Deutschland etwa sind die Landesregierungen ermächtigt, Smogverordnungen zu erlassen und im Ernstfall den Autoverkehr zu beschränken oder die Emission industrieller Betriebe zu drosseln.

Oben dünn, unten dick

In 15–30 Kilometer Höhe der Atmosphäre erstreckt sich die Ozonschicht. Unter dem Einfluss ultravioletter Sonnenstrahlung entsteht dort Ozon, eine Form des Sauerstoffs aus 3 Sauerstoffatomen. Es handelt sich um eine Art Kreislauf, denn das schon vorhandene Ozon absorbiert die Strahlung, spaltet sich dabei in Sauerstoffatome, die ihrerseits mit Sauerstoffmolekülen erneut Ozon bilden. Diese Ozonschicht schützt das Leben auf der Erde vor zu viel schädlicher UV-Strahlung. Ozon verbindet sich aber auch rasch mit anderen Partnern, etwa den FCKW, die in großen Mengen in die obere Atmosphäre gelangt sind. Weil dabei Ozon aufgebraucht wird, dünnt die Ozonschicht aus. Vor allem über den Polen sind dadurch regelrechte Ozonlöcher entstanden. Ein Mehr an ultravioletter Strahlung auf der Erde hätte unangenehme Folgen, so etwa eine Zunahme an Hautkrebs. In bodennahen Luftschichten hingegen bildet sich Ozon aus Abgasen und macht als Sommersmog von sich reden. Hier schädigt dann ein Zuviel die Gesundheit.

Rote Zierde mit Gedächtnis

Den Jahresringen der Bäume durchaus vergleichbar, zeigen auch Korallen jahreszeitliche Unterschiede im Wachstum. Im Mittelmeer lebt die Edelkoralle vom flachen Wasser an bis hinunter in 300 Meter Tiefe. Sie bildet strauchartige Stöcke, weiß bis tiefrot gefärbt, deren geschliffene Bruchstücke als Schmuck manchen Frauenhals zieren. Die lebenden Korallen, auch Blumentiere genannt, sitzen allerdings nur an der Oberfläche dieser Strukturen. In den warmen Meeren formten die von ihnen gebildeten Kalkskelette während vieler Jahrtausende gewaltige Korallenriffe. Deren Bestand ist mittlerweile weltweit bedroht: durch die Verschmutzung der Ozeane, ebenso aber durch umweltzerstörerische Unvernunft von Touristen. Für Klimaforscher bergen sie hingegen wichtige Informationen. Da die Wachstumsbanden der Korallen das zu früheren Zeiten jeweils herrschende Klima spiegeln, erhoffen sie sich hiervon detaillierte Kenntnis der einstmals bestimmenden Bedingungen.

Als der Regen sauer wurde …

Als Folge der Emission von Schwefeldioxid und Stickoxiden in die Atmosphäre kommt es zu säurehaltigen Niederschlägen. In diesem sauren Regen sehen viele Forscher eine der Hauptursachen für das Waldsterben. Die Säuren dringen in das Laubdach der Wälder ein und natürlich auch in die Bodenschicht. Dadurch versauert der Boden, was die Auswaschung von Nährstoffen begünstigt. Zugleich werden überdies schädliche Metallionen freigesetzt, welche wiederum die Wurzelhaare der Bäume schädigen. Dadurch können sie nur noch eingeschränkt Nährstoffe und Wasser aufnehmen.

… da dünnten die Wälder aus

Zwar beobachteten aufmerksame Zeitgenossen bereits im 19. Jahrhundert ein Ausdünnen und sogar Absterben von Wäldern. Doch das blieb damals auf den direkten Umkreis von Industrieanlagen beschränkt, deren Abgase die Schäden unmittelbar hervorgerufen hatten. Erst im 20. Jahrhundert zeigte sich das Waldsterben als großflächige Schädigung von Laub- und Nadelbäumen, auch fernab jeglicher industrieller Ballungsräume. Synonym für die Ursachen steht der saure Regen. Es handelt sich freilich um ein Zusammenspiel vieler Faktoren. Die Emission von Stickoxiden durch Industrie, Verkehr und Haushalte gehört sicher dazu; ebenso in den Boden eingetragene Schwermetalle und Mangel an Nährstoffen in manchen Böden. Auch der massenhafte Anbau weniger Baumarten in Monokultur durch die Forstwirtschaft begünstigte das Auftreten der Schäden. Und die Politik der hohen Schornsteine: Um die Ballungsgebiete zu entlasten, trieb man die Schlote in die Höhe, freilich zunächst ohne genügende Reinigung der Abgase. So verteilte man dann die Schadstoffe über die oberen Luftschichten sehr weiträumig.

Wichtige Umweltgifte
Schwermetalle, Asbest, Dioxine, Furane, Chlorkohlenwasserstoff, Polychlor-Biphenyle, aromatische Kohlenwasserstoffe, Formaldehyd

Wer im Glashaus sitzt

Der sichtbare Teil des Sonnenlichts durchdringt die Atmosphäre fast ungehindert. Er wird erst von der Erdoberfläche absorbiert, wobei die Energie des Lichts zum größten Teil in Wärme übergeht. Die Wärmestrahlung aber hat eine geringere Durchdringkraft als die Lichtenergie und wird nicht wieder vollständig ins Weltall abgegeben. Der Vorgang ist vergleichbar dem Glashauseffekt, den wir in Gewächshäusern nutzen. Vor allem Kohlendioxid und Wasserdampf verhindern in der Atmosphäre die vollständige Wärmeabstrahlung und nehmen selbst viel Energie auf. Zunächst ist dieser Effekt eigentlich günstig, denn so verbleibt ein großer Teil der Sonnenenergie auf der Erde und ermöglicht so die Bildung und den Fortbestand von Leben. Doch in den letzten Jahrzehnten hat der Mensch die Atmosphäre zusätzlich mit Kohlendioxid und anderen Spurengasen angereichert, was den Treibhauseffekt in gefährlicher Weise verstärken könnte. Global käme es dadurch zu einem Anstieg der Temperaturen, aber mit lokal durchaus unterschiedlichen Folgen. Genau kennt man sie bislang nicht. Doch die ungünstigen Szenarios sehen durch das Abschmelzen der polaren Eiskappen einen Anstieg der Meeresspiegel voraus. Auch Wüstengebiete könnten sich ausdehnen und weiteren Landverlust bescheren.

3 bedeutsame Treibhausgase

Kohlendioxid

Das Abspaltungsprodukt der Kohlensäure entsteht bei der Verbrennung und wird im Kohlenstoffkreislauf zu etwa 50 Prozent in Gewässern gelöst oder von den grünen Pflanzen im Prozess der Photosynthese assimiliert, die dabei Sauerstoff an die Atmosphäre zurückgeben. Der Rest verteilt sich in der Lufthülle. Der in Pflanzen eingelagerte Kohlenstoff kann durch Fossilation in der Erde als Torf oder Kohle, Erdöl und Erdgas gespeichert werden. Bei deren Verbrennung wird unter Verbrauch von Sauerstoff wieder Kohlendioxid produziert. Die Moleküle dieses Gases können Infrarotstrahlen absorbieren und in Wärme umwandeln. Schon eine geringe Zunahme an Kohlendioxid in der Atmosphäre erhöht deshalb die Fähigkeit der Luft, Wärme zu speichern. Seit Beginn der Industrialisierung stieg die Konzentration kontinuierlich an und tut dies bislang auch weiterhin, allen internationalen Bemühungen um gebremsten Eintrag zum Trotz.

Methan

Der gasförmige Kohlenwasserstoff entsteht durch die Tätigkeit bestimmter Bakterien im Sumpf- und Biogas. Auch im Erdgas ist er in großen Mengen enthalten. Es bildet sich beispielsweise, wenn Pflanzen unter Sauerstoffabschluss verrotten. Rinder produzieren auf dem Wege der Verdauung ebenfalls viel Methan. So trägt also die Massentierhaltung in der modernen Landwirtschaft zum Treibhauseffekt bei, doch ebenso der traditionelle Nassanbau von Reis.

FCKW

Bis vor wenigen Jahren kreisten in unseren Kühlschränken fast ausnahmslos FCKW als Kältemittel. Technisch vorteilhaft, haben sie aber einen großen Nachteil: Sie zerstören die Ozonschicht der oberen Atmosphäre und tragen überdies zum Treibhauseffekt bei. Deshalb beschloss man, diese Fluorchlorkohlenwasserstoffe aus Kühlanlagen zu verbannen. Als Ersatz nahm man allerdings zunächst Fluorkohlenwasserstoffe (FKW) und trieb so ein wenig den Teufel mit dem Beelzebub aus. Denn die richten zwar weniger Schaden in der Ozonschicht an, doch das Klima heizen auch sie weiter auf. Deshalb verwendet man heute als Kältemittel meist Isobutan.

Damit im Büro das Klima stimmt

Prima Klima am Arbeitsplatz hat nicht notwendig etwas mit Kollegialität zu tun. Heute kann es darauf verweisen, was jeder an seinem Arbeitsplatz zum Klimaschutz beitragen kann. Denn all die Drucker, Kopierer und sonstigen Büromaschinen verbrauchen auch im Stand-by-Betrieb Strom. Und der kommt noch immer sehr oft aus Kraftwerken, die fossile Brennstoffe verfeuern und somit sehr viel Kohlendioxid ausstoßen. Dabei ist Stromsparen manchmal so einfach: Man braucht bloß abzuschalten, wenn die Geräte gerade nicht benutzt werden; oder den Stecker ziehen, wenn eine Lampe, ein Verbraucher anders nicht vom Netz zu trennen sind. Denn was bei einem Gerät wenig erscheinen mag, summiert sich über viele Geräte in Deutschlands Bürolandschaft schnell zu einem beträchtlichen Einspareffekt.

Wetter und Klima

Alle reden darüber

Das Wetter – stets und ständig in aller Munde – ist der physikalische Zustand der unteren Atmosphäre zu einem bestimmten Zeitpunkt an einem bestimmten Ort. Es ist gekennzeichnet durch die Wetterelemente Luftdruck, Wind, Temperatur, Luftfeuchtigkeit, Sicht, Bedeckung, Wolken, Niederschlag und weitere Wettererscheinungen.

Klima dagegen ist der mittlere Zustand der Atmosphäre über einem bestimmten Gebiet und der für dieses Gebiet charakteristische Ablauf der Witterung. Die wichtigsten Klimaelemente sind Temperatur, Luftdruck, Windrichtung und -stärke, Niederschläge, Luftfeuchtigkeit, Bewölkung und Sonnenscheindauer. Zu den Klimafaktoren gehören die geographische Breite, die unterschiedliche Ausbildung der Erdoberfläche sowie die Höhe über dem Meer.

Aufbau der Erdatmosphäre

Die atmosphärische Luft der Erde ist ein Gasgemisch mit den Hauptbestandteilen Stickstoff (bei trockener Luft in der unteren Atmosphäre 78,09 Vol.-%), Sauerstoff (20,95 Vol.-%), Argon (0,93 Vol.-%) und Kohlendioxid (0,03 Vol.-%); ferner sind Spuren von Helium, Neon, Krypton und Xenon enthalten. Bis zu einer Höhe von rund 20 km kommt Wasserdampf in stark schwankenden Anteilen (bis zu 4 Vol.-%) hinzu.

Betrachtet man den Aufbau der Atmosphäre unter dem Aspekt der Temperaturverteilung, so ist die untere Schicht, die Troposphäre, mit zunehmender Höhe durch eine Temperaturabnahme gekennzeichnet; in ihr laufen praktisch alle Wetterprozesse ab. Die Troposphäre wird von der Stratosphäre durch die Tropopause getrennt, deren mittlere Höhe über den Polen etwa 8 km, über den gemäßigten Breiten im Mittel 12 km und über dem Äquator rund 18 km beträgt. Die Temperaturen bewegen sich in ihr zwischen -50 °C am Pol und -90 °C am Äquator. Im oberen Teil der Stratosphäre liegt die für die Abschirmung solarer UV-Strahlung wichtige Ozonschicht. Die Temperatur der Stratosphäre bleibt bis in etwa 20 km Höhe nahezu konstant und erreicht dann in 50 km Höhe ein Maximum von 0 °C und mehr. Hier grenzt die Stratopause die Stratosphäre von der darüberliegenden Mesosphäre ab. In der Mesosphäre erfolgt ein Temperaturrückgang bis zu etwa -80 °C in 80 km Höhe, der Mesopause. In der anschließenden Thermosphäre erfolgt ein starker Temperaturanstieg bis auf Werte in der Größenordnung von 1000 °C in rund 200 km Höhe; darüber ist nur noch eine geringe Temperaturzunahme zu beobachten. Die über der Thermosphäre liegende Exosphäre bildet den Übergang zum interplanetaren Raum.

Unter Berücksichtigung des Ionisierungszustands der Luft kann die Atmosphäre in eine Neutrosphäre (bis etwa 80 km Höhe) und eine Ionosphäre (bis 1000–2000 km Höhe) unterteilt werden. Im Gegensatz zu den im Wesentlichen neutralen Gasteilchen der Neutrosphäre sind die atmosphärischen Gase in der Ionosphäre durch die Sonnenstrahlung teilweise ionisiert; es bilden sich mehrere Schichten mit unterschiedlichen Elektronenkonzentrationen aus (D-, E-, F_1- und F_2-Schicht).

Aufbau und mittlere Temperaturverteilung der Erdatmosphäre

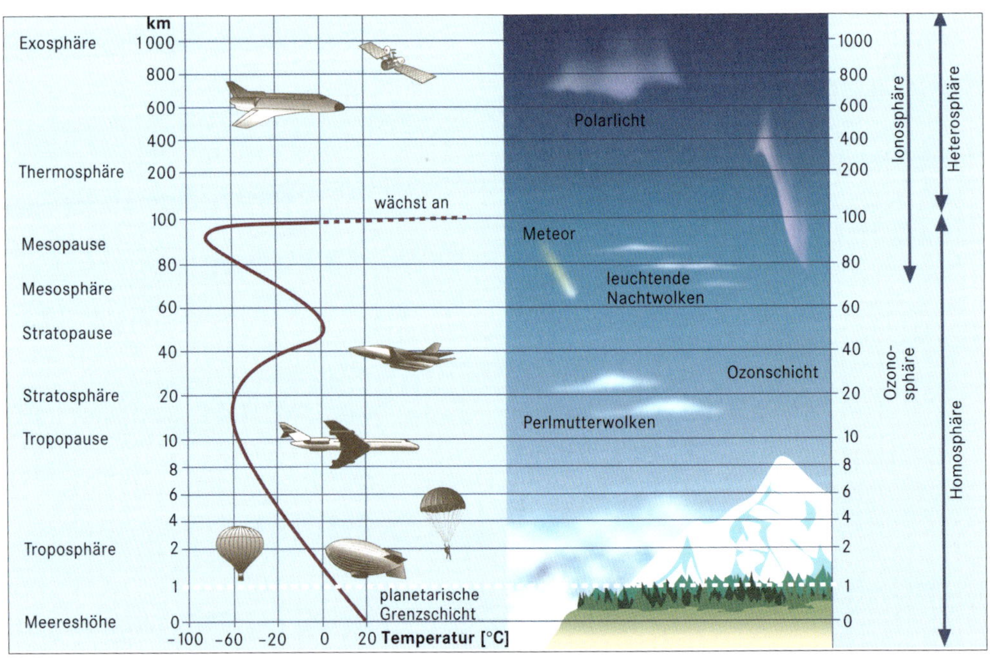

Wichtige in der Meteorologie gebräuchliche Isolinien

Isobaren	Linien gleichen Luftdrucks
Isogonen	Linien gleicher Windrichtung
Isohumiden	Linien gleicher relativer Luftfeuchtigkeit
Isohyeten	Linien gleicher Niederschlagsmenge
Isotachen	Linien gleicher Windgeschwindigkeit
Isothalpen	Linien gleicher Maximaltemperataur
Isothermen	Linien gleicher Temperatur
Isovaporen	Linien gleicher Luftfeuchtigkeit

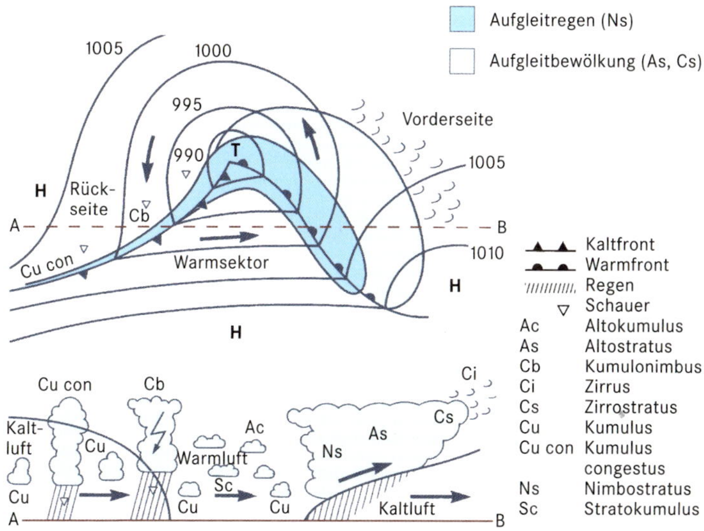

Schematische Darstellung eines jungen Tiefdruckgebiets (oben) und der dazugehörenden Wettererscheinungen in der Schnittlinie AB

Isolinien

Als Isolinien werden, vor allem auf Kartendarstellungen, Linien bezeichnet, die benachbarte Punkte gleicher Merkmale oder physikalische Werte gleicher Größe verbinden (beispielsweise Punkte gleicher Wassertiefe oder gleichen Luftdrucks). Sie werden insbesondere in der Meteorologie, außerdem aber auch in der Physik und in den Geowissenschaften verwendet.

Luftdruck

Der Luftdruck in einer bestimmten Höhe ist gleich dem Gewicht der Luftsäule über dieser Höhe. Dies hat Blaise Pascal 1648 durch Versuche herausgefunden. Je höher man steigt, desto kleiner wird die darüber liegende Luftsäule und damit auch der Druck. In Meereshöhe entspricht er etwa dem Druck, den ein Körper von 1 kg Masse auf eine Fläche von 1 cm² ausübt. Gemessen wird der Luftdruck mit dem Barometer, und zwar in Hektopascal (hPa). In dieser Einheit beträgt der durchschnittliche Luftdruck auf Meereshöhe 1013 hPa. In der Lufthülle bildet sich das Druckfeld in waagrechten Zonenstreifen aus, beispielsweise die polare Hochdruckzone oder die äquatorialen Tiefdruckzonen in den unteren Schichten. Es gibt jedoch auch eine zeitliche Variation: Weil die Kontinente im Sommer wärmer sind als die Ozeane, kehren sich mit dem Jahreszeitenwechsel die Gegensätze zwischen Land- und Wassermassen um. Die Zonenstreifen haben planetare und geographische Ursachen.

Auswahl aus den internationalen meteorologischen Zeichen

Wetterregeln

Wetterzeichen	Aussichten
Wolken	
Wolken in sehr verschiedener Form und Höhe	Wetteraussichten ungünstig
Wolkenballungen am Westhimmel nach Regen oder Sturm	Wetterbesserung
schnell ziehende Federwolken aus westlicher oder südlicher Richtung	schlechtes Wetter
langsam ziehende Federwolken aus östlicher Richtung	beständiges, gutes Wetter
Federwolken in übereinander liegenden Schichten	baldiger Regen
zarte Schäfchenwolken aus südwestlicher Richtung	schlechtes Wetter
Schäfchenwolken am Morgen	schlechtes Wetter
Schäfchenwolken am Abend	gutes Wetter
am Tage Schäfchenwolken, am Abend stark ausgebreitete Haufenwolken	Gewitter in der Nacht
Haufenwolken mit scharfen Rändern	gutes Wetter
Haufenwolken mit vermischten Rändern	Neigung zu Regen
Haufenwolken bis in größere Höhen	Neigung zu Gewitter
Haufenwolken bei Sonnenaufgang	schlechtes Wetter
dunkle Schichtwolken in großer Anzahl	Regen
unter hellgrauer Decke dunkelgraue Schichtwolken	anhaltender Regen
Nebel	
fallender Nebel	heiteres Wetter
steigender Nebel	Regen
im Herbst dichter Morgennebel	anhaltend gutes Wetter
Morgennebel im Sommer	Neigung zu Gewittern
Nebel mit Regen	anhaltend schlechtes Wetter
Himmelsfarben	
grauer Morgenhimmel	gutes Wetter
rosa Federwolken allein am Abendhimmel	beständiges, gutes Wetter
Abendrot	schönes Wetter
Morgenrot mit niedrigen Wolken	schlechtes Wetter
am Abendhimmel vorwiegend hellgelbe Farben	Wind
am Abendhimmel schmutzig grüne und rotgelbe Farben	Regen und Wind
trotz Wind tiefblauer Himmel	unbeständiges Wetter
Verschiedene Wetterzeichen	
Regenbogen am Vormittag	Regen
Regenbogen am Nachmittag	Wetterbesserung
Frühreif	gutes Wetter
Reif nach Regen	unbeständiges Wetter
Tau	gutes Wetter
Schneefall bei steigendem Barometer	kurz anhaltendes Tauwetter

Es gibt kein schlechtes Wetter, es gibt nur falsche Kleidung.

Volksmund

Barometer-Wettertabelle

starkes, schnelles Steigen	unbeständiges, stürmisches Wetter, Niederschläge in Böen, Nachtfrostgefahr bei nordwestlichen und nördlichen Winden; bei kräftigem Temperaturfall Aussicht auf Besserung
langsames, stetiges Steigen	beständiges Wetter
sehr hoher Stand	im Winter sehr kalt, im Sommer mäßig warm
beginnendes Fallen	Verschlechterung des Wetters
schnelles Fallen	rasch fortschreitender Sturm
langsames Fallen	ausgiebige Niederschläge
sehr tiefer Stand	im Winter mild, im Sommer kühl

Wind

Die 12-teilige Beaufort-Skala gibt die mittlere Geschwindigkeit an, die der Wind innerhalb von 10 Minuten in einer Höhe von 10 m über dem Boden hat; einzelne Böen kann man mit dieser Skala daher nicht erfassen. Jährlich werden weltweit etwa 70 Wirbelstürme gemeldet, von denen etwa 40 die Windstärke 12 erreichen. Erste Schäden treten bei einer Windgeschwindigkeit von rund 60 km in der Stunde auf, das entspricht einer Windstärke von 8. Die Beaufort-Skala ist vor allem bei der Seefahrt von Nutzen.

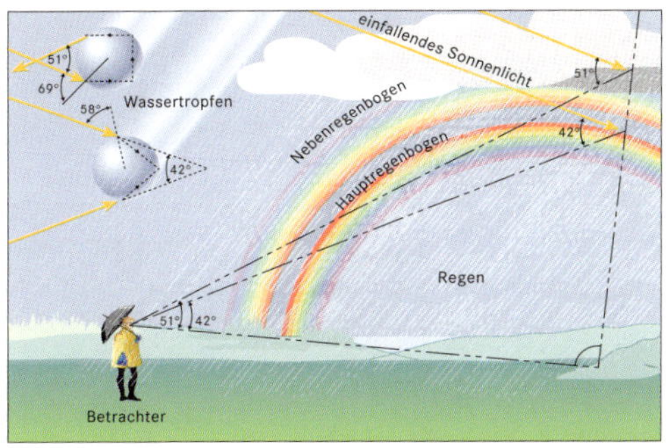

Schematische Darstellung der Entstehung des Haupt- und Nebenregenbogens und die Brechung und Reflexion des Lichts in einzelnen Wassertropfen.

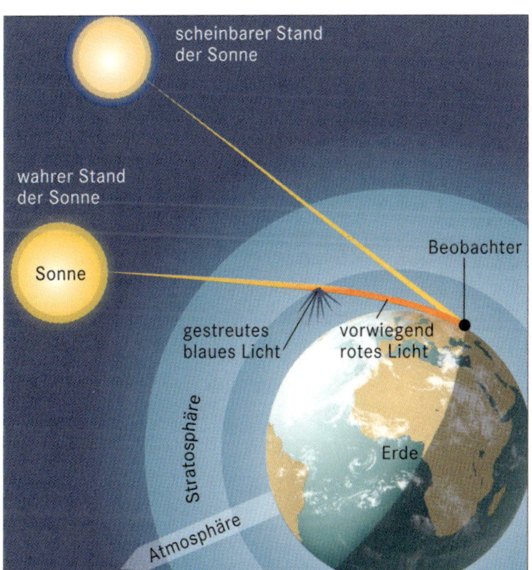

Entstehung des Abendrots durch Lichtstreuung

Bauernregeln

Bauernregeln sind volkstümliche, meist gereimte Merksprüche zur (oft langfristigen) Vorhersage von Wetter und Ernte, die auf dem Wetter an bestimmten Tagen (Lostagen) oder Monaten beruhen. Die Trefferwahrscheinlichkeit mancher Bauernregeln dürfte der von meteorologischen Langzeitprognosen nahe kommen, in manchen Fällen sogar deutlich besser sein. Hier eine Auswahl einiger von Fachleuten als besonders treffsicher angesehener, gelegentlich aber auch als so genannte Binsenweisheiten diskreditierter Regeln:

- Kommt Januar vor Februar, so wird das Jahr, wies immer war.
- Der Februar ist ein eigener Kauz – wenns nicht gefriert, dann tauts.
- Stellt im April sich Regen ein, so hat man keinen Sonnenschein.
- Ein kühler Mai bringt allerlei.
- Fällt Juniregen in den Roggen, so bleibt der Weizen auch nicht trocken.
- Im August, beim ersten Regen, pflegt die Hitze sich zu legen.
- Wenns im Dezember stürmt und schneit, ist der Winter nicht mehr weit.
- Ist Silvester hell und klar, ist am nächsten Tag Neujahr.

Windstärkenskala nach Beaufort

Beaufortgrad	Bezeichnung	Windgeschwindigkeit *			Auswirkungen des Windes	
		m/s	km/h	Knoten	im Binnenland	auf See
0	still	0,2	<1	<1	Windstille; Rauch steigt senkrecht empor	spiegelglatte See
1	leiser Zug	0,3-1,5	1-5	1-3	Windrichtung angezeigt nur durch den Zug des Rauches, aber nicht durch Windfahnen	kleine schuppenförmige Kräuselwellen ohne Schaumkämme
2	leichte Brise	1,6-3,3	6-11	4-6	Wind am Gesicht fühlbar; Blätter säuseln; Windfahnen bewegt	kleine, kurze Wellen, Kämme sehen glasig aus und brechen sich nicht
3	schwache Brise	3,4-5,4	12-19	7-10	Blätter und dünne Zweige in dauernder Bewegung; Wind streckt Wimpel	Kämme beginnen sich zu brechen, Schaum glasig, vereinzelt kleine weiße Schaumköpfe
4	mäßige Brise	5,5-7,9	20-28	11-16	hebt Staub und loses Papier, bewegt dünne Äste	Wellen noch klein, werden aber länger, vielfach weiße Schaumköpfe
5	frische Brise	8,0-10,7	29-38	17-21	kleine Laubbäume beginnen zu schwanken; auf Seen bilden sich Schaumkämme	mäßige Wellen, die eine ausgeprägte lange Form annehmen, überall weiße Schaumkämme
6	starker Wind	10,8-13,8	39-49	22-27	starke Äste in Bewegung; Pfeifen in Telegrafendrähten; Regenschirme schwierig zu benutzen	Bildung großer Wellen (2,5-4 m); überall ausgedehnte weiße Schaumkämme, brechen; etwas Gischt
7	steifer Wind	13,9-17,1	50-61	28-33	ganze Bäume in Bewegung; fühlbare Hemmung beim Gehen gegen den Wind	See türmt sich; weißer Schaum beginnt sich in Streifen in Windrichtung zu legen
8	stürmischer Wind	17,2-20,7	62-74	34-40	bricht Zweige von den Bäumen; erschwert erheblich das Gehen	mäßig hohe Wellenberge von beträchtlicher Länge; Kanten der Kämme beginnen zu Gischt zu verwehen
9	Sturm	20,8-24,4	75-88	41-47	kleinere Schäden an Häusern (Dachziegel werden heruntergeworfen)	hohe Wellenberge; dichte Schaumstreifen in Windrichtung; »Rollen« der See beginnt; Gischt kann die Sicht beeinträchtigen
10	schwerer Sturm	24,5-28,4	89-102	48-55	(im Binnenland selten) Bäume werden entwurzelt; bedeutende Schäden an Häusern	sehr hohe Wellenberge (6-9 m) mit langen überbrechenden Kämmen; See weiß durch Schaum; Rollen der See schwer, stoßartig; Sicht beeinträchtigt
11	orkanartiger Sturm	28,5-32,6	103-117	56-63	(im Binnenland sehr selten) verbreitete Sturmschäden	außergewöhnlich hohe Wellenberge; See völlig von den langen weißen Schaumflächen bedeckt; durch Gischt herabgesetzte Sicht
12	Orkan	>32,6	>117	>63		Luft mit Schaum und Gischt angefüllt; Wellenberge über 14 m; See vollständig weiß durch Gischt; Sicht sehr stark herabgesetzt

* in 10 m Höhe über offenem, flachem Gelände

Winde

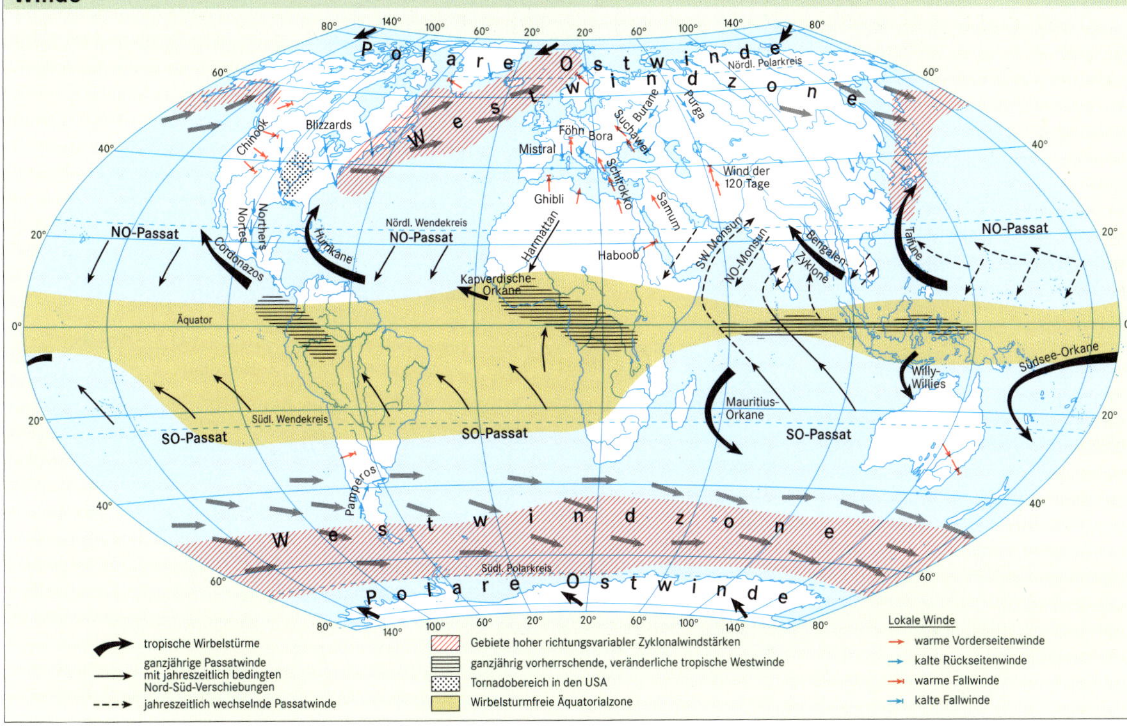

Wirbelstürme

In Australien heißen sie Zyklon, im Atlantik Hurrikan und im Pazifik Taifun. Gemeint sind aber stets die gleichen, spiralförmigen Tiefdruckgebiete, die speziell in den Tropen zu richtigen Wirbelstürmen auswachsen können. Die Energie hierfür liefert der warme Ozean. Wasser verdunstet und kondensiert in der Höhe zu Gewitterwolken. Dies setzt große Energien frei, die die Luftmassen antreiben. Im wolkenfreien »Auge« des Wirbelsturms ist es ruhig, während in der unmittelbaren Nähe dieses Zentrums die größten Windgeschwindig-

Wirbelstürme

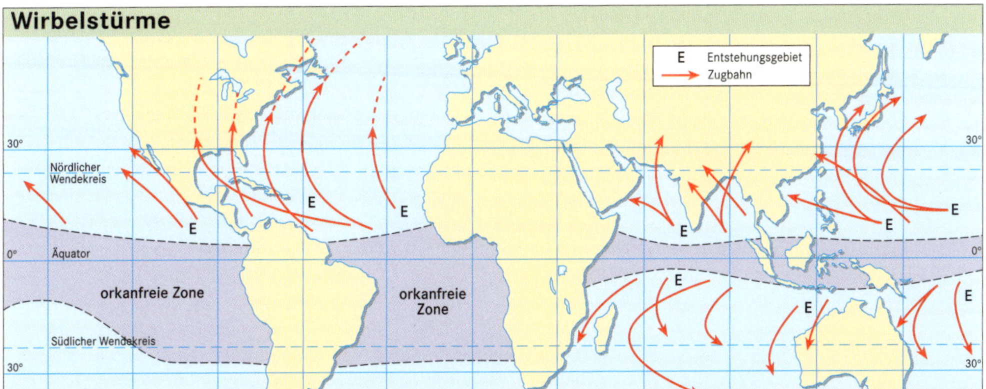

Regelmäßige, periodische und lokale Winde

Name	Verbreitungsgebiet	jahreszeitliches Auftreten	Merkmale
Europa			
Bora	dalmatinische Küste	Winter	kalter, trockener Fallwind
Föhn	besonders in den Alpen und Voralpen	ganzjährig	warmer Fallwind
Mistral	Südfrankreich (Rhonetal) Mittelmeergebiet	vorwiegend im Winter und Frühjahr	kalter, trockener Fallwind
Schirokko	(Italien, Griechenland)	Frühjahr, auch Herbst	warmer afrikanischer Wüstenwind, staubig-trocken, zum Teil feucht
Afrika			
Kamsin	Nordafrika (Niltal)	meist Frühjahr, Herbst	trocken-heißer Staubsturm
Gibli	Libyen	meist Frühjahr, Herbst	trocken-heißer Staubsturm
Harmattan	Westsahara, Oberguinea	besonders in den Wintermonaten	trocken-heißer, staubreicher Nordostwind
Samum	nordafrikanische und arabische Wüsten	Sommer	trockener, sehr heißer Wüstensturm
Tornado	Westafrika	Frühjahr, Herbst (Anfang und Ende der Regenzeit)	mit Wärmegewittern verbundene Winde
Asien			
Bora von Noworossik	Schwarzmeerküste	Herbst und Winter	heftiger, kalter Wind
Monsun	v.a. Süd- und Südostasien	halbjährlich die Richtung wechselnd	im Sommer feucht, im Winter trocken
Suchowei	Mittelasien	Sommer	trocken-heißer, staubreicher Südostwind
Taifun	Ostasien	Juli bis November	verheerender tropischer Wirbelsturm
Buran	Sibirien	Winter	kalter Nord- oder Nordoststurm
Amerika			
Blizzard	Kanada, USA	Winter	heftiger, sehr kalter Nordweststurm mit Schneefällen
Norther	USA, Mexiko, Mittelamerika	Winter	polarer Kaltlufteinbruch
Hurrikan	Nordatlantik, Westindien	August bis Oktober	verheerender tropischer Wirbelsturm
Pampero	Argentinien, La-Plata-Gebiet	Südsommer (November bis Februar)	kalter Südweststurm mit Gewittern
Tornado	USA	März bis Oktober	verheerender Wirbelsturm
Australien			
Southerly Bursters	Victoria, Neuseeland	September bis Februar	kalte Südwinde
Willy-Willy	Nordwestaustralien	Südsommer (November bis März)	tornadoähnlicher Wirbelsturm
Ozeane			
Monsun	Indischer Ozean	ganzjährig	im Sommer und Winter wechselnde Richtungen
Passat	tropische und subtropische Ozeangebiete	ganzjährig	fast beständiger Nordost- bzw. Südostwind

Die opferreichsten Sturm- und Flutkatastrophen

Jahr	Datum	Ursache	Land	Tote
Sturmkatastrophen				
1737	7. Oktober	Zyklon mit folgenden Überschwemmungen	Indien	300 000
1864	1. Oktober	Zyklon	Indien	70 000
1906	19. September	Taifun	Hongkong	50 000
1970	12. November	Zyklon mit folgenden Überschwemmungen	Bangladesh	300 000
1977	19. November	Wirbelsturm mit folgenden Überschwemmungen	Indien	50 000
1991	24. März	Zyklon mit folgenden Überschwemmungen	Bangladesh	500 000
1998	Oktober bis November	Hurrikan Mitch mit Regenstürmen und Erdrutschen	Mittelamerika	20 000
Hochwasser und Überschwemmungen				
1421	18. November	Sturmflut	Holland	100 000
1530	1. November	Sturmflut	Holland	400 000
1887	April	Überschwemmung durch Hwangho	China	900 000
1911	September	Überschwemmung durch Jangtsekiang	China	100 000
1931	Juli bis August	Überschwemmung durch Hwangho und Jangtsekiang	China	150 000
1939	Juli bis August	Überschwemmung der Nordprovinzen	China	200 000

keiten auftreten. Die Zyklone drehen sich aufgrund der Erddrehung auf der südlichen Halbkugel mit dem Uhrzeigersinn, auf der nördlichen entgegengesetzt.
Kleinräumige Wirbelstürme mit Durchmessern von einigen 100 m nennt man Tornados. Sie entstehen bei bodennaher schwül-heißer Luft und einer darüber liegenden kälteren Luftschicht aus Gewitterwolken, von denen sich ein »Wolkenrüssel« zum Erdboden erstreckt. Auch in ihm gibt es, wie bei Zyklonen, ein windstilles »Auge«, um das sich die rasenden Wirbel drehen.

Windig und finster

Die windigste Gegend der Erde ist die Commonwealth Bay an der antarktischen Küste. Dort werden mehrmals im Jahr Windgeschwindigkeiten von 320 km/h gemessen. Die höchste jemals über der Erdoberfläche gemessene Windgeschwindigkeit betrug am 24. April 1934 auf dem Mount Washington (New Hampshire, USA) 371 km/h.
Am finstersten ist es am Nordpol, wo es 186 Tage im Jahr stockdunkel ist (es sei denn, Nordlichter beleben die düstere Szenerie); er liegt 2750 m niedriger als der Südpol.

Lothar

Die höchsten jemals im zentraleuropäischen Binnenland gemessenen Windgeschwindigkeiten bis zu 213 Stundenkilometern erreichte am zweiten Weihnachtsfeiertag 1999 das »Jahrhundert«-Orkantief Lothar, das in Nordspanien, Frankreich, Österreich, in der Schweiz und im Südwesten Deutschlands Schäden in Höhe von mehr als 10 Milliarden DM anrichtete. Lothar vernichtete ganze Landstriche, entwurzelte Bäume, deckte Dächer ab und warf Kräne um. Straßen- und Zugverbindungen wurden zum Teil schwer beeinträchtigt. Insgesamt waren europaweit mehr als 120 Todesopfer zu beklagen; allein in Frankreich, wo dem Sturm schwere Überschwemmungen folgten, starben 88 Menschen.

Klimazonen

Klimazone	Klimaklassifikation	Klimatypen	Vegetation
A tropische Klimate	alle Monate über 18 °C Mitteltemperataur	tropische Regenwaldklimate	tropischer Regenwald
		Savannenklimate	Savannen, Grasfluren
B Trockenklimate	die Vegetation leidet unter Wassermangel	Steppenklimate	Gras- und Staudenfluren
		Wüstenklimate	Oasenvegetation, Sukkulenten, Xenophyten
C warmgemäßigte Regenklimate	kältester Monat 18 °C bis -3 °C Mitteltemperatur	warme wintertrockene Klimate	Laub-, Nadel- und Mischwälder
		warme sommertrockene Klimate	Hartlaubgehölze
		feuchttemperierte Klimate	Laub-, Nadel-, Mischwälder, Heiden, Moore
D Schneeklimate	wärmster Monat über 10 °C, kältester Monat unter -3 °C Mitteltemperatur	kalte wintertrockene Klimate	Nadelwälder
		warme winterfeuchte Klimate	subarktische Strauchformation
E Eisklimate	wärmster Monat unter 10 °C Mitteltemperatur	Tundrenklimate	Moose und Flechten
		Klimate ewigen Frostes	keine

Höhe klimatischer Schneegrenzen in Gebirgen

Spitzbergen	78° n. Br.	300-600 m
Island	63-66° n. Br.	700-1500 m
Skandinavien	67° n. Br.	1000-1500 m
Skandinavien	62° n. Br.	1200-2200 m
Alpen, Nordseite	48° n. Br.	2500-2800 m
Alpen, Zentralketten	47° n. Br.	2900-3200 m
Alpen, Südseite	46° n. Br.	2700-2800 m
Pyrenäen	43° n. Br.	2600-2900 m
Kaukasus	43° n. Br.	2700-3800 m
Transhimalaja	30-33° n. Br.	6300-6500 m
Himalaja	29-31° n. Br.	4800-6000 m
Kenia	0-1° s. Br.	4600-4700 m
Kilimandscharo	3° s. Br.	5500-5600 m
Neuguinea	0-3° s. Br.	4600-4700 m
Anden in Ecuador	0-2° s. Br.	4800-5000 m
Anden in Chile und Argentinien	26-28° s. Br.	5800-6500 m
Neuseeland	43-44° s. Br.	1600-2700 m

(n. Br. = nördlicher Breite, s. Br. = südlicher Breite)

Tundra

Die vegetative Periode währt in der Tundra lediglich 2-3 Monate. Zudem pfeifen starke Winde über das Land, und lange Zeiträume des Jahres ist es kalt. Diese Bedingungen sorgen dafür, dass die Pflanzen nur sehr langsam wachsen. Sträucher wie die Zwergweiden bilden nur zwei oder drei Blätter pro Saison. Auf einer arktischen Insel hat man einen Zwergginster gefunden, der mehr als 5000 Jahre alt war, aber weniger als 1 m Buschdurchmesser aufwies. Sobald auch nur ein minimaler Windschutz vorhanden ist, erhöht sich die Vegetation. Täler und Vertiefungen sind ein günstiger Standort für Zwergweiden, Zwergbirken und kleine Erlen, die dort ein dichtes Gestrüpp bilden. Je nach Bodenart und Bodenwasserstand gibt es die Zwergstrauchtundra, die Flechtentundra und die Moostundra. In der Waldtundra durchmischen sich Tundraflächen und Waldareale mosaikartig, d. h. stets scharf von einander getrennt.

Klimatische Verhältnisse einiger Großstädte der Welt

Stadt	geographische Breite	Höhe[1] (in m)	mittl. Lufttemperatur[2] kältester Monat	wärmster Monat	im Jahr	jährl. Niederschlag (in cm)	mittl. Bewölkung[3] heiterster Monat	trübster Monat
Nordhalbkugel								
Athen	38° 00'	107	9,5/1	27,6/8	18	40	13/8	65/1
Berlin	52° 31'	51	-0,7/1	18,7/7	9	58	56/9	81/12
Delhi	28° 40'	218	13,9/1	33,6/6	24,8	77	9/10	63/7,8
Hamburg	53° 35'	13	0,4/1	16,6/7	8,4	74	61/6	84/12
Istanbul	41° 00'	39	5,3/2	23,4/8	13,9	67	25/7	77/12,1
Kairo	30° 05'	74	12,3/1	27,7/7	20,8	26	4/8	51/12
Lissabon	38° 45'	77	10,8/1	22,5/8	16,6	71	20/8	53/12
London	51° 30'	5	4,3/1	17,7/7	10,6	59	60/9	74/1
Madrid	40° 25'	655	5,0/1	24,1/7	13,9	44	21/7	52/12
Mexiko	19° 25'	2309	11,6/12,1	17,4/5	14,7	77	51/5	78/9
Montreal	45° 30'	17	-9,2/1	21,3/7	6,5	105	54/8	74/11
Moskau	55° 45'	167	-9,9/1	19,0/7	4,4	58	49/7	85/11
München	48° 10'	515	-2,4/1	17,2/7	7,9	91	56/9	79/11,12
New Orleans	30° 00'	3	13,3/1	28,6/8	21,3	162	37/10	64/7
New York	40° 40'	3	0,4/2	23,7/7	11,9	108	50/10	62/1
Paris	48° 50'	75	3,5/1	19,5/7	11,5	62	49/8	72/12
Peking	39° 55'	52	-4,7/1	26,0/7	11,7	63	29/2	55/7
Rom	41° 55'	51	7,5/1	25,6/7	16,2	76	19/8	58/12
San Francisco	37° 45'	16	10,0/1	16,5/9	13,7	52	32/7	62/1
St. Petersburg	59° 55'	5	-7,9/2	18,4/7	4,6	60	50/6	84/11
Stockholm	59° 20'	44	-3,1/2	17,8/7	6,6	55	51/6	79/12
Tokio	35° 40'	4	3,0/1	26,4/8	13,8	162	41/12,1	82/6
Wien	48° 15'	203	-1,4/1	19,4/7	9,3	66	49/8,9	80/12
Südhalbkugel								
Buenos Aires	34° 40'	25	10,0/7	23,5/1	16,5	98	40/mM	58/6
Jakarta	6° 10'	8	26,2/10	27,4/9,	26,9	175	45/8	76/1,2
Kapstadt	33° 55'	12	12,1/7	21,7/2	16,5	51	32/1,2	57/2
Kinshasa	40° 20'	290	22,0/7	26,8/4	25,3	137	60/3,4	90/9
La Paz	16° 30'	3632	9,4/7	12,7/11	11,4	55	20/6	73/2
Melbourne	37° 45'	35	9,5/7	19,8/1,2	17,7	65	50/1,2	67/6
Quito	0° 15'	2818	13,7/7	14,8/1	14,3	112	42/7	75/3
Rio de Janeiro	22° 55'	30	20,4/7	26,1/2	23,0	114	48/8	73/12
Santiago de Chile	33° 30'	520	8,6/6	20,6/1	14,7	36	17/2	56/6

1) Höhenlage der meteorologischen Station
2) Temperatur in °C/Monat
3) Bewölkung in %/Monat; mM = mehrere Monate

»It's raining cats and dogs«,

sagen die Briten, wenns schüttet.

Rossbreiten

Die Rossbreiten liegen zwischen etwa 25 und 35 Grad nördlicher und südlicher Breite. Diese Regionen weisen die höchsten Wassertemperaturen auf und durch die daraus resultierende starke Verdunstung auch den höchsten Salzgehalt in küstenfernen Gebieten. Es fallen sehr geringe Niederschläge und selten fegt ein Sturm über diese Breiten. Da das Wasser sehr arm an Plankton ist, ist es auch sehr klar und besitzt eine tiefblaue Farbe. Zu den Zeiten, als Reisen nach Südamerika noch mit Segelschiffen bewältigt werden mussten, kam es während der lang anhaltenden Flauten und wechselnden Winde in den Rossbreiten häufig vor, dass der Trinkwasservorrat zu Ende ging und vor allem die mitgeführten Pferde rasch verendeten.

Bemerkenswerte Klimadaten

Die meisten Regentage gibt es auf der Hawaii-Insel Kauai. Dort regnet es an bis zu 350 Tagen im Jahr.

Als trockenster Ort der Erde gilt die Atacama-Wüste im Norden Chiles. An manchen Stellen hat es dort seit Menschengedenken keinerlei Niederschlag welcher Art auch immer gegeben.

Die höchste Niederschlagsmenge innerhalb eines Jahres fiel in der Ortschaft Cherrapunji in Indien. Zwischen dem 1. August 1860 und dem 31. Juli 1861 wurden dort insgesamt 26 461 Millimeter Regen gemessen.

Den feuchtesten Jahresdurchschnitt hat ebenfalls ein indischer Ort aufzuweisen. In Mawsynram fallen im Mittel 11 873 Millimeter Regen pro Jahr.

Das ausgeglichenste Klima aller Großstädte hat Quito, die Hauptstadt von Ecuador. Die tägliche Höchsttemperatur liegt dort im ganzen Jahr zwischen 20 °C und 21 °C.

Die höchsten jährlichen Temperaturschwankungen wurden in Werchojansk (Sibirien) gemessen. Sie lagen zwischen -68 °C und +37 °C.

Die tiefste Temperatur erreichte das Thermometer 1983 bei der Station Wostok in der Antarktis mit -89 °C.

Die höchste Temperatur mit 57,8 °C wurde 1922 in Azizia in der libyschen Wüste gemessen.

Als heißester Ort gilt Dallol in Äthiopien. Dort sind Jahresdurchschnittswerte von mehr als 34 °C keine Seltenheit.

Die höchste Windgeschwindigkeit mit 450 km/h erreichte im Jahr 1958 ein Tornado in Texas.

Forschung, Wissenschaft und Technik

Eine Zeitreise

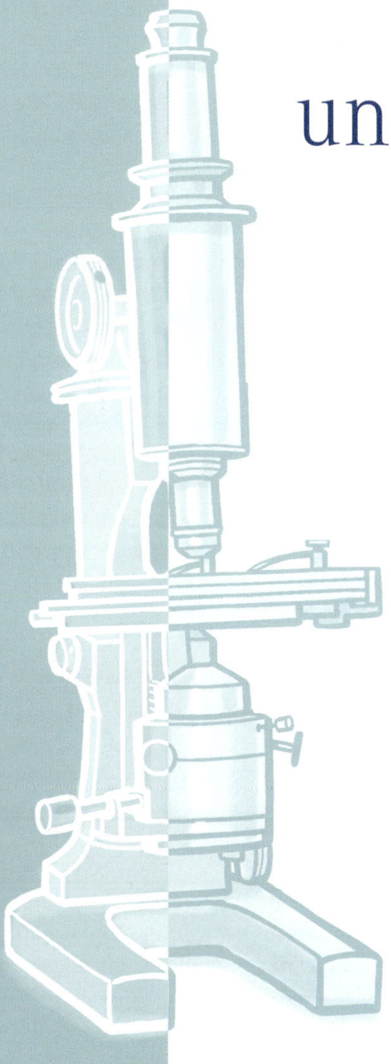

Hier die hehre Wissenschaft mit ihrer Suche nach der reinen Erkenntnis, dort die Technik, stets etwas im Ruch des nur Praktischen stehend: So klar war die Welt der Forschung auch früher schon allenfalls in den Köpfen gegliedert. Nicht einmal die Unterteilung in Physik und Chemie hielt sich streng an eine Scheidelinie. Gerade einige der größten Forscher bereicherten beide Gebiete; wesentliche Begriffe werden hier wie dort verwendet – und erklärt; spätestens im 20. Jahrhundert wuchsen sie noch enger und manchmal sogar mit der Biologie zusammen. Forschen über die Grenzen ist angesagt. Stärker als früher steht dabei aber die Verwertbarkeit auf dem Programm: Technik hat an Gewicht – und an Reputation – gewonnen.

3 Begriffe bestimmen die Welt

Forschung

Eines ist allen gemeinsam: Die systematische Suche nach neuen Erkenntnissen. Doch ansonsten sind die Unterschiede in den Zielen der Forscher groß. Das Spektrum reicht von der reinen und (als Ideal) zweckfreien Grundlagenforschung bis zur fast ausschließlich zweckorientierten Forschung und Entwicklung der Industrie. Geht es der einen um die Erweiterung unseres Wissenshorizonts überhaupt, so sucht die andere Lösungen für sehr konkrete und meist praktische Probleme, etwa die Entwicklung neuer Verfahren, Geräte oder Werkstoffe für bestimmte Anwendungen. Neben Universitäten und Industrie forschen auch staatliche Einrichtungen und staatlich geförderte Institute, außerdem internationale Organisationen. Auch die Spezies der Privatgelehrten ist noch nicht völlig ausgestorben.

Wissenschaft

In unserem Sinne formulierte erstmals die griechische Antike Wissenschaft: Sokrates, Platon und Aristoteles verstanden darunter rational begründetes Wissen, also vom erkennenden Verstand geleitet und nicht etwa mythologisch begründet. Allerdings unterschied man bis ins 18. Jahrhundert nicht zwischen Philosophie und Wissenschaft. Die Wende kam erst im 19. Jahrhundert, als sich eine neue Methodik und die Vormacht empirisch gewonnener Daten in den Naturwissenschaften durchsetzten. Heute meint Wissenschaft einerseits das System geordneten und als gesichert erachteten Wissens unserer Zeit. Auf der anderen Seite bezeichnet es aber auch die typischen Methoden und die Systematik des Forschens, die zur Erkenntnis führen.

Technik

Meist verstehen wir – etwas verkürzt – unter Technik industriell hergestellte Dinge, etwa Maschinen und Apparate, Werkzeuge oder auch Bauwerke. Allgemein gehören aber nicht nur die künstlichen Gegenstände dazu, sondern das ganze System aus Wissen und Fertigkeiten, das technische Systeme erzeugt und entstehen lässt; auch die Verwendung der technischen Erzeugnisse fällt unter diese erweiterte Definition. Verbindendes Charakteristikum aber ist allemal der Nutzen: Ziel der Technik ist es, menschliche Bedürfnisse zu befriedigen. Es gibt also eine enge Bindung an wirtschaftliche und soziale Erfordernisse, selbst die Politik nimmt sich der Technik in besonderer Weise an. Zu neuen Systemen kommt die Technik heute auf systematischem Weg, wobei sie von Basiswissenschaften wie Physik und Mathematik, Biologie und Chemie ausgeht.

Von Knochen und Steinen

Sehr frühe Funde gespaltener Steine datieren über 3 Millionen Jahre zurück. Damals begannen unsere Vorfahren in Afrika Faustkeile zu entwickeln und sich – so jedenfalls manche Definition – langsam vom Natur- zum Kulturwesen zu wandeln. Nicht wegen des Gebrauchs einer Waffe, sondern weil das gezielte Herstellen wieder verwendbarer Werkzeuge, und sei es auch nur zu kriegerischen Zwecken, als originäre Leistung des Menschen gilt. Ob man diese Sicht nun teilt oder nicht: Jedenfalls waren die ersten von Menschen gefertigten Werkzeuge offenbar Steingerölle, von denen man Splitter abschlug, um die gewünschte Form und Funktion zu erreichen. Doch schon lange zuvor waren anscheinend einfache Knochen als Waffen und auch Pfähle in Gebrauch.

Auf dem Weg in die Metallzeit

Sichere Beweise sagen uns, dass bereits vor mehr als 2,5 Millionen Jahren der Homo habilis, ein früher Vorfahr, Werkzeuge herstellte. In der Jungsteinzeit tauchten dann geschliffene Steinbeile und Hacken auf, auch Fiedelbohrer, Spindel und Webstuhl, Handmühle und Töpferei. Am Übergang zur Metallzeit ersann die Menschheit den Pflug. Ebenfalls eine Revolution war das Rad. In Ägypten und Mesopotamien vollbrachten die Menschen erste technische Großleistungen: Deich- und Kanalbauten, um Euphrat, Tigris und Nil für die Bewässerung nutzbar zu machen. Mit einfachen Mitteln wie Rolle und Hebel bauten sie Pyramiden. Sie erfanden Papyrus und Pergament, gerbten Leder und machten Glas – und wussten sogar Bier zu brauen. Mit dem Gebrauch von Metall hat sich die Menschheit dann langsam von der Steinzeit verabschiedet. Wann das war, wissen wir nicht genau. Die frühesten Spuren gezielter Gewinnung von Kupfer stammen aus der Zeit um 6000 v. Chr. Doch da waren Schmuckstücke aus Kupfererzen und gediegenem Kupfer schon lange verbreitet. Selbst in der Frühzeit der Metallurgie gab es übrigens schon einen regen Handel über große Entfernungen, der sich bis in den mitteleuropäischen Raum erstreckte.

Bronze markiert für die Menschheit einen gewaltigen technischen Fortschritt. Denn diese Kupferlegierungen sind zugleich viel härter und leichter schmelzbar als Rohkupfer. Im Alten Orient war Bronze schon im 3. Jahrtausend v. Chr. bekannt. Die neue Errungenschaft strahlte in viele Lebensbereiche aus: Die Gewinnung und Verarbeitung von Metall schuf neue Berufe wie die der Bergleute und Gießer, Schmiede und Händler. Recht spät erst fand der Mensch zum Eisen, doch der kulturelle Sprung war dann umso bedeutsamer. Denn damit ließen sich bessere Werkzeuge fertigen, die ein schnelleres und genaueres Arbeiten erlaubten. Für Waffen taugte das Material selbstredend auch. Als Erfinder der Eisentechnik gelten die Hethiter, die ab 1400 v. Chr. im Vorderen Orient gar ein Eisenmonopol hatten.

Obwohl das häufigste Metall der Erdkruste, wurde Aluminium doch erst spät entdeckt. Es kommt nirgends gediegen vor, sondern stets nur in Form aluminiumhaltiger Mineralien. Nach vielen Anstrengungen gelang es 1825, aus Aluminiumchlorid Aluminium herzustellen: Nach dem Eisen gehört es inzwischen zu den wichtigsten Gebrauchsmetallen. Das liegt an einigen für Konstrukteure sehr angenehmen Eigenschaften. Es lässt sich leicht verformen, man kann es walzen und pressen, stanzen und ziehen, auch gießen. Mit anderen Metallen bildet es sehr feste Legierungen und leitet auch elektrischen Strom sehr gut. Vor allem im Flugzeugbau fand es großen Einsatz, später auch beim Bau von Automobilen.

Adaptronik heißt ein neuer Hoffnungsträger mit womöglich großer Zukunft. Dieser Zweig der Werkstoffwissenschaften entwickelte sich in den 1990er-Jahren rasch, vor allem die Me-

Mit Kupfer zu Reichtum

Nachdem man im 6. und 5. Jahrtausend v. Chr. bemerkt hatte, dass Kupfer schmelzbar ist, entwickelten sich in Vorderasien und auf dem Balkan Zentren zur Aufarbeitung von Kupfererzen. Auch in Mitteleuropa wurde Kupfer ab 2000 v. Chr. verwendet, doch während der Völkerwanderung kamen viele Bergbaubetriebe zum Erliegen. Erst im Mittelalter gewann der Erzabbau hier wieder an Bedeutung, das Thüringer Becken und Schlesien wurden zu europäischen Zentren der Kupferförderung. Ein regelrechtes Monopol hatten die Fugger im 15. und 16. Jahrhundert mit ihren Bergwerken in Tirol, Ungarn und Spanien. Erst um 1840 setzte in Amerika die Gewinnung von Kupfer in großem Maßstab ein. Andere heute wichtige Abbaugebiete – neben den USA und Chile – wie Kanada und Sambia begannen erst im 20. Jahrhundert mit der Förderung des Metalls.

Die Menschheit richtet sich ein: Frühzeit der Technik

	Ereignis	Urheber
1 000 000 bis 200 000	Feuer, Faustkeil, Holzlanze Werkzeuge aus Stein, Holz, Knochen	
8000	Tongefäße, Ziegel	Anatolien, Jericho
7000	Gewinnung von Kupfer	Anatolien, Iran
6000	Webstuhl	Anatolien
5000	Bauten zur Bewässerung	Ägypten, Mesopotamien
4000	seegängige Segelschiffe; Werkzeuge und Waffen aus Kupfer und Bronze	Mesopotamien
3200	Hakenpflug	Mesopotamien
3000	Holzpflug; Scheibenrad und Wagen	Mesopotamien
2800	Spiegel aus poliertem Kupfer	Ägypten
2300	Sonnenuhr (Gnomon)	
1800	Streitwagen mit Speichenrädern	
1200	Bronzeguss	China
1100	geschliffene Linsen (Lupen)	Mesopotamien, Kreta

***Adaptronik** ist ein Kurzwort aus adaptiv, d. h. auf Anpassung beruhend, und Elektronik.*

Warm und kalt

Warum eigentlich fühlt sich Metall kälter an als Holz, auch wenn beide die gleiche Temperatur haben? Es liegt einfach daran, dass Metall die Wärme der Haut schneller ableitet als Holz. Dieses überträgt nur 1/400 der Wärmemenge, die beispielsweise durch Eisen fließt. Noch geringer ist die Wärmeleitfähigkeit von Luft. Das empfinden wir als besonders angenehm, wenn wir bei kühler Witterung einen Pullover anziehen: Die Wolle hält eine erwärmte Luftschicht am Körper und bremst so die Abstrahlung der Körperwärme an die kalte Außenluft.

Innovationen in Ost und West: Technik bis zur Renaissance

	Ereignis	Urheber
500 v. Chr.	Wasserwaage	
330	Beschreibung von Flaschenzug und Kurbel	Aristoteles
275	Kolbenpumpe	Ktesibios
200	Wassermühle	Syrien, Palästina
180	Druckwasserleitung	Pergamon
55 n. Chr.	Schraubenpresse	Rom
60	Fensterscheiben aus Glas	
450	weißes Porzellan	China
650	Blockdruck	China
950	Turmwindmühlen	Spanien
1045	Druck von beweglichen Lettern aus Ton	China
1144	erste Papiermühle in Europa	
1284	erste mechanische Turmuhr	England
1295	Brille (Augenglas)	Italien
1445	Buchdruck mit beweglichen Lettern aus Metall	Gutenberg
um 1500	Flugapparat und Fallschirm	Leonardo da Vinci

dizin- und die Mikrosystemtechnik leisteten dabei Schrittmacherdienste. So finden z.B. Memorylegierungen großes Interesse: Diese Formgedächtniswerkstoffe lassen sich unterhalb einer bestimmten Temperatur – sie ist von der jeweiligen Legierung abhängig – bleibend verformen. Erwärmt man sie danach aber über diesen Punkt, so erinnern sie sich ihrer Urform und nehmen diese wieder ein.

Raum, Zeit, Masse

Raum

Die Frage nach dem Wesen des Raums bewegte bereits die alten Griechen. Sie dachten ihn sich allerdings meist noch endlich. Erst in der europäischen Renaissance setzte sich dann allmählich die Idee von einem unendlichen Raum durch, was auch an der intensiven astronomischen Forschung in jener Zeit lag.

In der Praxis vermaßen natürlich schon die alten Hochkulturen den Raum, und erste mathematische Ansätze der Beschreibung reichen ebenfalls weit zurück. Mit neuen Erkenntnissen in der Physik stand dann häufig auch die jeweils aktuelle Vorstellung des Raums auf dem Prüfstand. Oft kreiste die Frage dabei um den Zusammenhang mit der Materie.

Fest gefügte Vorstellungen vom Raum warf dann schließlich Albert Einstein (*1879, †1955) mit seiner allgemeinen Relativitätstheorie über den Haufen. Seine theoretische Quantenmechanik schließlich erklärt die atomare Welt teilweise mit noch abstrakteren Modellen vom Raum.

Einige charakteristische Längen

Objekt	Länge (m)
Radius eines Elektrons	$2{,}8 \times 10^{-15}$
Radius eine Urankerns	$7{,}5 \times 10^{-15}$
Radius eines Wasserstoffatoms	$0{,}5 \times 10^{-10}$
Durchmesser eines Chlormoleküls	$4{,}0 \times 10^{-10}$
Durchmesser von Kolloidteilchen	10^{-9} bis 10^{-7}
Bakterien	5×10^{-7} bis 5×10^{-6}
Wimpertierchen	bis 3×10^{-3}
Kaiserpinguin	1,2
Wal	bis 33
Mammutbaum	bis 140
Radius des Erdäquators	6 378 160
Mittlerer Abstand Erde-Mond	384 400 000
Mittlerer Abstand Erde-Sonne	$149{,}6 \times 10^{9}$
Entfernung des nächsten Fixsterns	$40{,}6 \times 10^{15}$
Durchmesser der Milchstraße	$8{,}5 \times 10^{20}$
Ausdehnung des Weltalls	10^{26}

Zeit

Das Nacheinander der Geschehnisse gibt eine Abfolge vor. Ebenso ist es elementare Erfahrung, dass Ereignisse in Natur und Geschichte unterschiedlich lange dauern. Und dass die Aufeinanderfolge der Dinge offenbar nicht umkehrbar ist, Zeit also eine Richtung hat. Schon die Frage aber, ob sie endlich oder unendlich sei, wurde von Denkern und Forschern höchst unterschiedlich beantwortet. Ein wichtiger Moment für die Entwicklung war, als Aristoteles (*384, †322 v. Chr.) einen Zusammenhang zwischen Zeit und Bewegung erkannte. Mehr noch, in der Relativitätstheorie Einsteins wird sie gar abhängig vom Bewegungszustand eines die Zeit messenden Beobachters.

Masse

Anschaulich stellt man sich darunter eine große Menge einer Substanz vor, angehäufte Materie, und tatsächlich bezeichnet Masse auch für den Physiker eine Grundeigenschaft der Materie. Doch damit hört die Einfachheit auch schon wieder auf. Denn er unterscheidet klassisch zwischen einer trägen Masse, die jeder Körper einer Änderung seines Bewegungszustands entgegensetzt, und der schweren Masse, welche die Ursache der gegenseitigen

Beispiele einiger typischer Massen

Objekt	Masse (kg)
Ruhemasse des Elektrons	$9{,}1096 \times 10^{-31}$
Ruhemasse des Protons	$1{,}6726 \times 10^{-27}$
Ruhemasse des Neutrons	$1{,}6749 \times 10^{-27}$
Luft bei Normalbedingungen ($1\ dm^3$)	$1{,}29 \times 10^{-3}$
Sperling	6×10^{-3}
Wasser bei 4 °C ($1\ dm^3$)	1
Mensch	75
Pkw (Mittelklasse)	1000
Elefant	4000
Lokomotive	100 000
Erdatmosphäre	$5{,}2 \times 10^{18}$
Wasser der Ozeane	$1{,}4 \times 10^{21}$
Mond	$7{,}35 \times 10^{22}$
Erde	$5{,}977 \times 10^{24}$
Sonne	$1{,}993 \times 10^{30}$
Milchstraße	$4{,}4 \times 10^{41}$
Weltall	ca. 1050

Dauer einiger unperiodischer Vorgänge

Ereignis	Zeit
Lebensdauer des Pions	$1{,}05 \times 10^{-16}$ s
Explosion einer Atombombe	10^{-9} s
Elektronenblitz	10^{-6} bis 10^{-3} s
Gewitterblitz	10^{-5} s
Schrecksekunde des Menschen	0,1 bis 0,2 s
Laufzeit des Lichts Sonne-Erde	500 s
Lebensdauer Stubenfliege	70 Tage
Lebensdauer Hering	2 Jahre
Lebensdauer Karpfen	100 Jahre
Lebensdauer Efeu	450 Jahre
Lebensdauer Sommereiche	1200 Jahre
Lebensdauer Mammutbaum	5000 Jahre
Laufzeit des Lichts Ursa Major II-Erde	235 Millionen Jahre
Alter der Erde	4500 Millionen Jahre
Alter des Weltalls	20 000 Millionen Jahre

Aus zwei mach eins

Um 1900 gab es viele unerledigte und widersprüchliche Dinge im Keller der Physik. Die Lichtgeschwindigkeit z. B. zeigte bei allen Messungen den gleichen Wert, egal welche Richtung der Lichtstrahl zur Bewegung der Erde hatte. Mit klassischer Physik ist das nicht zu erklären. Über ganz andere Dinge grübelte zu der Zeit Albert Einstein, nämlich über eine Asymmetrie in James Clerk Maxwells (* 1831, † 1879) Gleichungen des Elektromagnetismus: Ein bewegter Stromkreis wirkt auf einen unbewegten Magneten anders als ein bewegter Magnet auf einen unbewegten Stromkreis. Bei seinen Lösungsversuchen ging Einstein von der vielfach gemessenen Konstanz der Lichtgeschwindigkeit aus und fragte sich, was man in der klassischen Mechanik wohl übersehen habe. Das führte ihn zur Erkenntnis, dass Länge und Zeit keine absoluten Größen sein können, wie zuvor angenommen. Sie hängen vielmehr vom jeweiligen Bezugssystem ab, können etwa in einer schnellen Rakete anders sein als auf der Erde. Nach dieser Vorstellung sind Raum und Zeit untrennbar verknüpft: Die Relativitätstheorie war geboren.

Anziehung von Körpern ist und die auch die Gewichtskraft von Körpern im Schwerefeld der Erde ausmacht. Albert Einstein setzt in der allgemeinen Relativitätstheorie die Gleichheit von träger und schwerer Masse voraus.

***Die allgemeine Relativitätstheorie** beschreibt die Maßverhältnisse im Raum abhängig von der darin enthaltenen Materie. Der Raum kann sogar dynamisch sein und expandieren oder kontrahieren.*

Als Dichte bezeichnet man den Quotienten aus der Masse und dem Volumen eines Körpers. Sie wird angegeben in kg/m³, oft auch in g/m³.

Beispiele einiger typischer Dichten

Objekt	Dichte (g/cm³)
Weltall (mittlere Dichte)	10^{-28}
Kometenschweif	10^{-15}
Luft (in 200 km Höhe)	10^{-12}
Schaumstoffe	0,02 bis 0,05
Kork	0,3
Bimsstein	0,4 bis 0,9
Saturn (mittlere Dichte)	0,7
Eis	0,9
Wasser (bei 4 °C)	1,0
Körper des Menschen	1,04
Sonne (mittlere Dichte)	1,4
Beton	1,5 bis 2,4
Erde (Kruste)	2,6
Kalkspat	2,7
Mond (der Erde)	3,3
Erde (mittlere Dichte)	5,5
Uranpecherz	9,4
Erde (Kern)	9 bis 12
Sonne (Mittelpunkt geschätzt)	100
Stern Sirius B	100 000

Bewegte Körper

*»**Und sie bewegt sich doch!**« soll Galileo Galilei der Legende nach gemurmelt haben, nachdem er am 22. 6. 1633 seinem »Irrtum« vor der Inquisition abgeschworen hatte.*

Bewegung faszinierte die wissenschaftliche Welt seit der Antike immer wieder. So unterschied Aristoteles drei Arten von Bewegung: In ungestörter Ordnung drehen sich die himmlischen Sphären; auf der Erde gibt es die natürlichen Bewegungen des Steigens und Fallens; ganz anders beschaffen ist hingegen die gewaltsame Bewegung eines Körpers mittels eines Antriebs. Während sich das ganze Mittelalter in gelehrten philosophischen Erörterungen zum Thema Bewegung erging, gelang erst Galileo Galilei (*1564, †1642) der nächste bedeutende Schritt. Er fragte nicht kompliziert nach einem tieferen Wesen, sondern hielt sich an Messungen und mathematische Schlüsse. So konnte er Bewegung physikalisch beschreiben.

Für eine gleichförmige Bewegung ergibt sich die Geschwindigkeit als Quotient aus dem zurückgelegten Weg und der dafür benötigten Zeit. Angegeben wird sie in Meter pro Sekunde (m/s) oder in Kombinationen der verschiedenen Längen- und Zeiteinheiten wie zum Beispiel Kilometer pro Stunde (km/h).

Als Beschleunigung bezeichnet man den Quotienten aus der Geschwindigkeitsänderung eines sich bewegenden Körpers und der dabei vergehenden Zeit. Man gibt sie an in m/s².

Einige typische Beschleunigungen

Objekt	Beschleunigung (m/s²)
Zentrifugalbeschleunigung (am Äquator)	0,03
Elektrische Eisenbahn	0,25
Fallbeschleunigung auf dem Mond	1,62
Pkw (60 kW)	3
Motorrad (15 kW)	4
Fallbeschleunigung (Erde am Äquator)	9,78
Fallbeschleunigung (Erde am Pol)	9,83
Normfallbeschleunigung (Erde)	9,80665
Weltraumrakete	90
Steinwurf	120
Fallbeschleunigung auf der Sonne	274
Geschoss im Lauf	500 000

Allgemein versteht man unter Fall eine beschleunigte Bewegung, welche ein Körper in einem Schwerefeld ausführen kann. Speziell handelt es sich dabei meist um das Schwere-

Einige typische Geschwindigkeiten

Objekt	Geschwindigkeiten (mm/Jahr)	(m/h)	(km/h)	(km/s)
Geologische Sedimentation	1			
Haarwachstum (Mensch)	85			
Elektronen in Leitern (bei 10^{-3} Volt/cm)		1,4		
Wasserleitung in Nadelbaum		2		
Fortbewegung Weinbergschnecke		3		
Wasserleitung bei Lianen		150		
Fußgänger			5	
100-m-Lauf (Spitzenleistung)			36,7	
Rennpferd			80	
Reizleitung motorischer Nerven			140 bis 250	
Mauersegler			280	
Winde in der Ionosphäre			400	
Fallschirmspringer (freier Fall, große Höhe)			1006	
Schall in Luft			1220	
Erdrotation (am Äquator)			1670	
Concorde (Düsenverkehrsflugzeug)			2200	
Schall in Wasser			5220	
Apollo 10 (Raumflug max. Geschwindigkeit)			39 897	
Erdbebenwellen (am Erdkern)				11
Umlaufgeschwindigkeit Erde-Sonne				29,8
Korpuskularstrahlung der Sonne zur Erde				1600
Kathodenstrahlen (bei 104 Volt)				59 310
Elektromagnetische Wellen, Licht				299 792

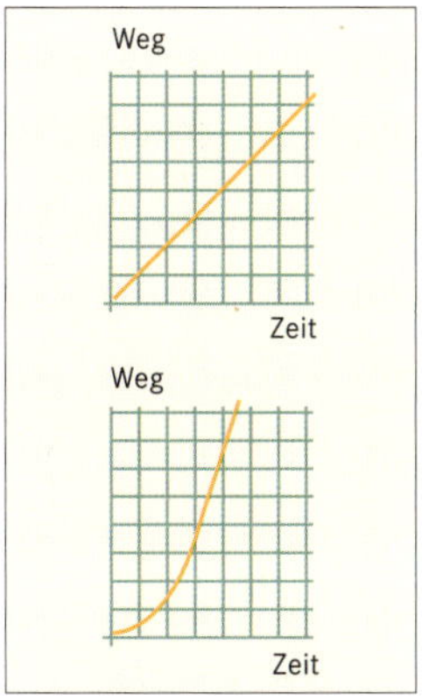

Bei gleichförmiger Bewegung ergibt sich im Bewegungsdiagramm eine Gerade (oben), bei gleichförmig beschleunigter Bewegung eine Parabel (unten).

feld der Erde. Das grundlegende Prinzip gilt freilich ebenso auf dem Mond. Wirkt allein die Schwerkraft, dann spricht der Physiker vom freien Fall. Dieser ist aber nur selten der Fall, weil fast immer zumindest ein Luftwiderstand mit im Spiel ist: Dann strebt die Geschwindigkeit des fallenden Körpers nach anfänglicher Beschleunigung einem Grenzwert zu. Man kann den freien Fall aber simulieren, wenn man Körper in einer luftleeren Röhre fallen lässt. Und dabei eine Überraschung erleben, denn dabei fallen alle Körper gleich schnell, egal wie sie geformt oder zusammengesetzt sind. Das wusste schon Galilei.

Experiment

Einerlei ob Galilei seine Fallgesetze mit Kugelwürfen vom Schiefen Turm zu Pisa bewies oder weniger spektakulär: Was zählt, ist die Methodik, denn sie markiert den Anfang einer Naturwissenschaft in unserem modernen Sinn. Zwar nannten einige das Experiment auch zuvor schon als wesentlich für die Naturforschung, doch erst jetzt wurde es zum zentralen Instrument der Naturerkenntnis: Das genaue Studium einer Versuchsanordnung erlaubt es, Hypothesen zu prüfen und exakte, quantitative Beziehungen zwischen den wesentlichen Größen herzustellen. Neben den analytischen Geist tritt die Mathematik als Zeichensystem, mit dem sich die Naturerscheinungen genau erklären lassen.

Ein Ding der Unmöglichkeit

Echte Tüftler und echte Betrüger bemühten sich gleichermaßen, der Welt etwas zu verkaufen, was es nach unserem heutigen Wissen gar nicht gibt: das Perpetuum mobile. Völlig entnervt von den vielen Einsendungen, entschloss sich die Pariser Akademie der Wissenschaften bereits 1775, keinerlei Entwürfe solcher Maschinen mehr zu prüfen: »Die Konstruktion einer immer währenden Bewegung ist absolut unmöglich«, lautete fortan die pauschale Ablehnung.
Die wissenschaftliche Begründung dieses Dings der Unmöglichkeit lieferte erst Julius Robert von Mayer (* 1814, † 1878), als er im 19. Jahrhundert den Energieerhaltungssatz formulierte. Da dieser aber ein reiner Erfahrungssatz ist, könnte ihn schon ein einziges Gegenbeispiel zu Fall bringen. Tüftler versuchen dies, denn immer noch findet man sie auf Erfindermessen, die Perpetua mobilia.

Kraft

*Dem **Energieerhaltungssatz** zufolge ist es unmöglich, Energie aus dem Nichts zu erzeugen; verloren gehen kann sie auch nicht.*

Auch wenn er von der Nachwelt zur Übergröße hochstilisiert wurde, hat Isaac Newton (* 1643, † 1727) doch Bedeutendes geleistet. Er setzte auf die bewährten Schultern seiner Vorgänger Kepler und Galilei, Huygens und Guericke auf, um daraus dann freilich ein sehr inspiriertes System der Mechanik zu entwickeln. Seine »Philosophiae naturalis principia mathematica« (1686; deutsch »Mathematische Prinzipien der Naturlehre«) sind das älteste umfassende Lehrbuch der theoretischen, das heißt mathematisch formulierten Physik. Darin formulierte er die zentralen Gesetze von Kraft und Bewegung, die er zum Beispiel auf Himmelskörper oder den Wechsel von Ebbe und Flut anwendete. In einem zweiten Hauptwerk fasste er seine Beobachtungen zu Licht und Farbe zusammen. Um die Gesetze der Optik zu formulieren, verwendete er das Modell vom Licht als geschleuderten Teilchen.

__Coulomb__, Einheitszeichen __C__, die SI-Einheit der elektrischen Ladung (Elektrizitätsmenge), ist benannt nach dem französischen Physiker und Ingenieur Charles de Coulomb (1736, † 1806).*

Die Ursache für eine Änderung der Bewegung oder der Form nennen wir Kraft. Sie ist definiert als Produkt aus der Masse eines Körpers und der Beschleunigung, welche dieser Körper unter dem Einfluss der Kraft erfährt. Einheit der Kraft ist das Newton (N), es gilt: $1\ \text{N} = 1\ \text{kg} \cdot \text{m/s}^2$.

Beispiele einiger Kräfte in Natur und Technik

Objekt	Kraft (N)
Anziehung zwischen 2 Bleikugeln (∅ 20 cm, Abstand 1 m)	10^{-7}
Backenzähne beim Kauen	700
Gewichtskraft eines Erwachsenen (circa)	750
Zugkraft eines Pferdes (kurzzeitig)	1500
Gewichtheber (Spitzenleistung)	1500
Pkw (beim Anfahren)	2000
Abstoßung (2 gleiche Ladungen von 1 Coulomb, Abstand 1 km)	9000
Reibung Eisenbahnzug	10 000
Schub Düsenverkehrsflugzeug	15 000
Tragkraft eines Drehkrans (Baustelle)	20 000
Reißfestigkeit eines Schiffstaus	500 000
Apollo 11 (Schubkraft beim Start)	32 000 000
Große Schmiedepresse	5×10^{7}
Hydraulische Presse	3×10^{8}
Anziehung zwischen Mond und Erde	2×10^{20}
Anziehung zwischen Sonne und Erde	4×10^{22}

8 umwälzende Erfindungen der Menschheit

Neolithische Revolution

Der Übergang vom Sammlerdasein zu einer produzierenden Wirtschaft gehört zu den tiefgreifendsten Änderungen in der Menschheitsgeschichte. Er ist mit so vielen Neuerungen verbunden, dass die Wissenschaft von einer Revolution spricht. Der Mensch wurde sesshaft, lernte Ackerbau und Viehzucht: Neben Felle traten Gewebe aus Pflanzenfasern zur Bekleidung. Schon bald war zur einfacheren Herstellung der Webstuhl erfunden. Der Anbau von Nahrungsmitteln führte zu Vorratshaltung in größerem Stil, und dafür benötigte man Gefäße: Die Töpferei entwickelte sich weiter und nahm einen großen Aufschwung. Die Voraussetzungen für dörfliches Leben waren gegeben.

Große Erfindungen, große Überraschung

Die Frage nach Rekorden scheint die Menschen in allen Spielarten zu faszinieren. So fragte jüngst eine Umfrage nach den wichtigsten Erfindungen des 20. Jahrhunderts. Etwa der Computer? Weit gefehlt, der liegt abgeschlagen auf Platz 2. Ein Viertel der Befragten hielt das Fernsehen für die wichtigste Bereicherung des Privatlebens. Noch hinter dem Computer rangieren Erfindungen wie Telefon, Auto oder Waschmaschine. Was eine Errungenschaft wichtig erscheinen lässt, ist doch auch eine Frage des Standpunkts.

Rad

Sehr elementare Dinge entdeckte man oft unabhängig voneinander an verschiedenen Orten. So wohl auch, dass mit geglätteten Baumstämmen als Rollen große Lasten wesentlich leichter zu bewegen sind. Ein Rad hat man damit freilich noch nicht: In der Alten Welt kam man um 4000 v. Chr. auf die Idee, von der Walze zwei Kreisscheiben abzusägen und mit einer Achse zu verbinden. Der Anfang war gemacht, das Problem der Achslagerung blieb. Im 3. Jahrtausend v. Chr. gelang es dann den Sumerern, passable Fahrzeuge zu bauen, auch solche mit vier Rädern. Und die Hochkulturen Lateinamerikas etwa nutzten zwar Rollen, nicht jedoch das Rad.

Pflug

Gegen 3000 v. Chr. gab es große Veränderungen in der ägyptischen Landwirtschaft. Man baute nicht nur neue Pflanzen an wie beispielsweise Wein oder Flachs, auch neue Geräte hoben den Ackerbau auf eine andere Stufe, insbesondere der Pflug. Dies ging einher mit dem gezielten Einsatz tierischer Kraft für Zugzwecke: Ägyptische Grabbeigaben zeigen einfache Holzpflüge, meist von zwei Rindern gezogen.

Papier

Stein, Ton oder Wachs dienten schon eine ganze Weile zum Aufbringen von Nachrichten, als die Ägypter aus Papyrus passable Schreibunterlagen entwickelten. Die waren aber teuer, ebenso wie die im 2. Jahrhundert v. Chr. in Pergamon gefertigten Tierhäute. Erst im 11. Jahrhundert n. Chr. stellte man dann in Europa Papier her, das freilich schon mindestens 1000 Jahre früher in China entdeckt worden war. Araber entlockten chinesischen Kriegsgefangenen im 8. Jahrhundert n. Chr. die Kunst und brachten sie auch nach Spanien.

Schießpulver

Spätestens um 850 war chinesischen Alchemisten die explosive Wirkung eines Gemenges aus Salpeter, Schwefel und Holzkohle bei richtigem Mischungsverhältnis bekannt. Wieder waren es die Araber, die das Wissen aufnahmen und im 13. Jahrhundert Pulverrezepte bis in den Mittelmeerraum trugen. Die Europäer haben also das Pulver nicht erfunden, wohl aber die damit betriebenen Feuerwaffen: Die älteste Abbildung findet sich in einer englischen Handschrift von 1326. Rasch waren die Büchsen und Schießrohre in ganz Europa verbreitet.

Buchdruck

Als Johannes Gutenberg (*zwischen 1397 und 1400, †1468) Mitte des 15. Jahrhunderts den Buchdruck erfand, wurde er zum Wegbereiter der Aufklärung. Denn nun konnte man Wissen – und politische Thesen – rasch weit verbreiten. Zwar hatten auch die Chinesen schon bewegliche Stempel für Schriftzeichen; das

Das Haupterzeugnis des Johannes Gensfleisch zur Laden, genannt Gutenberg, ist die 42-zeilige ***Gutenberg-Bibel,*** *die wohl 1456 vollendet war. 48 Exemplare sind erhalten.*

Wenige Minuten, viele Kilometer

Der Seefahrt verdankten die Uhrmacher manche Anregung. Zur Bestimmung der geographischen Länge etwa brauchte man Uhren, die auch während langer Reisen ohne Korrektur richtig gingen. Denn schon wenige Minuten Abweichung ergeben Navigationsfehler um viele Kilometer. Das Problem war der britischen Admiralität das stolze Preisgeld von 20 000 Pfund wert: Für ein Chronometer, das bei der Fahrt von England nach Westindien die Bestimmung der Länge auf 0,5° erlaubte. Der britische Uhrmacher John Harrison erfüllte die Bedingung mit einem 1736 gebauten Schiffschronometer. Ein Folgemodell wies während der Fahrt nach Jamaika in 6 Wochen auf See eine Abweichung von nur 5 Sekunden auf. Harrisons Arbeiten schufen die Grundform der Federuhr, wie sie noch heute gebräuchlich ist.

Maschinen säen und rechnen: Technik wird wissenschaftlich

Zeit	Ereignis	Urheber
1510	Taschenuhr mit Federzug	Henlein
1556	Darstellung einer Holzschraube	Agricola
1566	Drillmaschine	Torelli
1568	Gewindeschneidmaschine	Besson
1589	Strumpfwirkmaschine	Lee
1590	Mikroskop	Janszen
1623	Rechenmaschine	Schickard
1629	Prinzip der Dampfturbine	Branca
1635	Sämaschine	Locatelli
1642	Rechenmaschine für Addition und Subtraktion	Pascal
1643	Quecksilberbarometer	Torricelli
1650	Kolbenluftpumpe	von Guericke
1664	Dampfkochtopf mit Sicherheitsventil	Papin
1665	Graphit-Schreibstifte	England
1671	Rechenmaschine zum Multiplizieren und Dividieren	Leibniz
1690	atmosphärische Dampfmaschine	Papin

Ins Zeitalter der Mechanisierung: Technik unter Dampf

Zeit	Ereignis	Urheber
1711	funktionsfähige atmosphärische Dampfmaschine	Newcomen
1718	Quecksilberthermometer	Fahrenheit
1730	Alkoholthermometer	Reaumur
1735	Schiffschronometer	Harrison
1746	Produktion von Schwefelsäure nach dem Bleikammerverfahren	Roebuck
1752	Blitzableiter	Franklin
1755	Nähmaschine	Weißenthal
1765	Niederdruckdampfmaschine	Watt
1769	Straßendampfwagen	Cugnot
1782	Heißluftballon	Montgolfier
1785	mechanischer Webstuhl	Cartwright
1789	Fliehkraftregler	Watt
1791	Sodaverfahren	Leblanc
1795	hydraulische Presse	Bramah
1798	Dampfschiff	Stevens
1800	Hochdruckdampfmaschine	Trevithick

Neue bei Gutenberg aber bestand darin, dass alle Lettern in immer gleicher Form unabhängig von einem Graveur oder Holzschneider beliebig oft in immer gleicher Form vervielfacht werden konnten: mit einer präzisen Matrize, die sich ausgießen ließ und völlig identische Lettern lieferte.

Zeitmessung

Gewiss orientierte sich der Mensch schon immer an periodischen Himmelsvorgängen. Doch diese Form der Zeitmessung ist nicht sehr praktisch. Deswegen nahm man schon bald rieselnden Sand oder fließendes Wasser als Grundlage für Uhren. Zur Chiffre für Zeit wurde aber auch das schwingende Pendel. Erste mechanische Räderuhren kamen dann im 13. Jahrhundert in Europa auf. Die Reibung war aber so groß, dass sie bis zu einer halben Stunde am Tag abweichen konnten. Zu einer völlig neuen und überaus genauen Basis für die Zeitmessung ging man dann im 20. Jahrhundert über: Nun dient die Periodenlänge einer bestimmten atomaren Strahlung als Maßstab für die Zeit.

Dampfmaschine

Als Vater der Dampfmaschine gilt gemeinhin der schottische Ingenieur James Watt (*1736, †1819). Es gab jedoch etliche Vorläufermodelle, die er dann allerdings erheblich verbesserte. Bereits um 1700 war man auf die Idee gekommen, die Ausdehnungskräfte beim Verdampfen von Wasser als Antrieb zu nutzen. So entwarfen 1705 die Engländer Thomas Savery (*1650, †1715) und Thomas Newcomen (*1663, †1729) die erste Dampfmaschine, welche Letzterer dann weiterentwickelte und 1712 zur ersten wirklich brauchbaren Dampfmaschine führte: mit Dampfkessel, Zylinder und Kolben. Sie pumpte Wasser in einem Kohlebergwerk, und obwohl sie alles andere als wirtschaftlich arbeitete, verbreitete sie sich rasch. Watt verbesserte diese Maschine entscheidend, von Industriellen finanziell unterstützt. Diese teure Entwicklung ließ er 1769 patentieren, der Weg für eine vielseitig verwendbare Maschine war frei.

Thermodynamik

Die Idee, Wärme sei nichts anderes als Bewegung von Teilchen, äußerten Physiker schon kurz vor 1800. Doch zum Allgemeingut der Wissenschaften wurden diese Idee zunächst nicht. Sie war es noch immer nicht, als Sadi Carnot (*1796, †1832) 1824 eine kleine wissenschaftliche Schrift veröffentlichte: »Betrachtungen über die bewegende Kraft des Feuers«. Er nahm sich gedanklich die Dampfmaschinen vor und fragte, ob es wohl eine Grenze für die bewegende Kraft des Feuers gäbe. Er verwarf dann die überkommene Vorstellung von einem Wärmestoff und erklärte Wärme einfach als eine bestimmte Form der Bewegung. Doch auch seine Studien beachtete fast drei Jahrzehnte kaum jemand. Robert Clausius (*1822, †1888) und Lord Kelvin (*1824, †1907) blieb es schließlich vorbehalten, in Carnot den Wegbereiter eines neuen Zweigs der Wissenschaft zu erkennen: der Thermodynamik.

Beispiele einiger typischer Drücke

Objekt	Druck mbar	bar
Künstlich erzeugtes Vakuum	10^{-14}	
Schalldruck an der Hörschwelle	2×10^{-7}	
Luft in 250 km Höhe	10^{-5}	
Schalldruck an der Schmerzschwelle	1	
Blutdruck einiger Krebse	10	
Blutdruck der Menschen (Armarterie)	160	
Luft in 4000 m Höhe	600	
Luft in Meereshöhe (normal)	1013	
Starke Antizyklone	1040	
Pkw-Reifen-Überdruck		1–2
Osmotischer Druck in Pflanzenzellen		5–25
Ammoniaksynthese nach Haber-Bosch		200
Gebirgsdruck in 800 m Tiefe		250
Tiefsee bei 4000 m		400
Druckluftkompressor		1000
Hydraulische Hochdruckpumpe		10 000
Erdmittelpunkt		4 000 000
Sonnenmittelpunkt		10^{12}

Umrechnungstabelle für Druckeinheiten

	Pa	bar	Torr	Atm[1]	At[2]
1 Pa	1	10^{-5}	$7{,}5 \times 10^{-3}$	$9{,}87 \times 10^{-6}$	$1{,}02 \times 10^{-5}$
1 bar	105	1	750	0,987	1,02
1 Torr	133	$1{,}33 \times 10^{-3}$	1	$1{,}32 \times 10^{-3}$	$1{,}36 \times 10^{-3}$
1 atm	101 330	1,0133	760	1	1,033
1 at	98 100	0,981	736	0,968	1

1) technische Atmosphäre
2) physikalische Atmosphäre

Im Gegensatz zu festen und flüssigen Körpern sind Gase sozusagen völlig aus der Form. Während die Moleküle in Festkörpern und Flüssigkeiten mehr oder minder stark gebunden sind, können sie sich in Gasen nämlich frei gegeneinander bewegen. Deshalb füllt ein Gas stets den ihm zur Verfügung stehenden Raum völlig aus. So kann man ihnen auch nicht ohne weiteres ein bestimmtes Volumen zumessen. Denn die gleiche Menge Gas lässt sich auch in einem nur halb so großen Gefäß unterbringen. In der Regel steigt dabei aber der Druck, welcher durch die Stöße der herumsausenden Gaspartikel entsteht. Freilich bewegen diese sich auch dann schneller, wenn man das Gas erwärmt. Druck, Temperatur und Volumen eines Gases hängen also direkt voneinander ab, sie bestimmen den Zustand des Gases gemeinsam.

Als Druck bezeichnet man den Quotienten aus dem Betrag einer Kraft, die senkrecht auf eine Fläche wirkt, und der Größe dieser Fläche. Als Einheit des Drucks verwenden wir das Pascal (Pa), wobei gilt: 1 Pa = 1 N/m². Es waren und sind aber daneben auch andere Druckeinheiten in Gebrauch wie Millibar (mbar) oder Bar (bar).

3 große Denker der Thermodynamik

In gewisser Weise baute **Louis Joseph Gay-Lussac** (*1778, †1850) mit seinen Begriffen eine Brücke zwischen Physik und Chemie. Denn seine Experimente an Gasen beeinflussten die Thermodynamik ebenso wie die Idee der chemischen Reaktionen. So fand er ein Gesetz einfacher Volumenverhältnisse, wonach gasförmige chemische Elemente sich immer in ganzzahligen Verhältnissen miteinander verbinden. Damit aber ist er sogar ein Wegbereiter des modernen Atombegriffs. Unentschieden war zu seiner Zeit die Frage, ob Wärme ein Stoff oder vielmehr Bewegung von Teilchen sei. Er zeigte: Bei Gasen sind sowohl der Druck als auch der Rauminhalt abhängig von der absoluten Temperatur, wenn man die jeweils andere Größe konstant hält. Noch wichtiger für die Klärung der Natur von Wärme war seine Beobachtung, dass der Energieinhalt eines Gases allein von seiner Temperatur abhängt.

__Entropie__ ist die physikalische Größe, die die Verlaufsrichtung eines Wärmeprozesses kennzeichnet.

Bis heute trägt die Einheit der absoluten Temperatur seinen Namen: Kelvin, Der Nullpunkt dieser Skala liegt bei etwa -273 °C, der tiefsten möglichen Temperatur. Als einer der führenden englischen Physiker seiner Zeit klärte **William Thomson,** ab 1892 **Lord Kelvin of Largs,** auch viele elektrische Phänomene auf. Den zweiten Hauptsatz der Thermodynamik entwickelte er fast gleichzeitig mit dem Berliner Forscher Rudolf Clausius. Er gießt eine zentrale Erfahrung in wissenschaftliche strenge Form. Obwohl nämlich die verschiedenen Formen von Energie ineinander umwandelbar sind, gibt es doch eine wichtige Asymmetrie: Zwar kann man mechanische Arbeit völlig in Wärme verwandeln, doch die vollständige Umwandlung von Wärme in Arbeit ist unmöglich.

Auf das Ungleichgewicht zwischen Arbeit und Wärme stößt man beispielsweise beim Bau von Wärmekraftmaschinen. Clausius und Kelvin hatten erkannt, dass man eine neue Größe braucht, um dieses zu beschreiben. Doch erst **Ludwig Boltzmann** (*1844, †1906) begriff den tieferen Sinn dieser Größe, als er sie an den Begriff der Wahrscheinlichkeit koppelte. Deutet man Wärme als Teilchenbewegung, so hängt die Entropie vom Ordnungszustand der Materieteilchen ab, also etwa der Moleküle ei-

Beispiele für Temperaturen in Natur und Technik

Objekt	Temperatur (°C)
Absoluter Nullpunkt	-273,150
Erdmond, Nachtseite	-130
Luft in 20 km Höhe	-60
Erstarrungspunkt des Quecksilbers	-38,87
Gefrierpunkt von Meerwasser	-2,5
Gefrierpunkt von Süßwasser	0,0
Schmelzendes Eis	0,0
Tiefseeboden	4
Warmbad	35
Körpertemperatur Mensch	37
Körpertemperatur Vögel	40 bis 44
1000 m unter Erdoberfläche	50
Luft in der Sauna	90
Siedepunkt des Wassers	100
Erdmond, Tagseite	150
Luft in 200 km Höhe	400
Zündtemperatur Benzin-Luft-Gemisch	400 bis 600
Holzfeuer	800
Braunkohlenfeuer	1100
Ziegelbrennen	1300
Eisengießen	1350
Steinkohlenfeuer	1400
Glühfaden in Glühbirne	2300
Acetylenschweißen	3200
Elektrischer Schmelzofen	4000
Sonnenoberfläche	5700
Elektrischer Lichtbogen	6000
Sonnenkorona	1 000 000
Inneres der Fixsterne	30 000 000
Zentrum einer Wasserstoffbombenexplosion	50 000 000

nes Gases. Deren Bewegungszustände lassen sich zwar berechnen, aber eben nur mit statistischen Methoden. Eine wichtige Konsequenz daraus ist, dass auf mikroskopischer Ebene für das Verhalten der Materie nur Wahrscheinlichkeitsaussagen möglich sind. Von seinen Zeitgenossen unverstanden, nahm sich Boltzmann mit 62 Jahren das Leben.

Thermodynamik zeugt Maschinen

Verbrennungsmotor

Der französische Mechaniker Étienne Lenoir (*1822, †1900) konstruierte 1860 eine Gasmaschine, den ersten brauchbaren Verbrennungsmotor. Den schnell laufenden Benzinmotor entwickelten Gottlieb Wilhelm Daimler (*1834, †1900) und Wilhelm Maybach (*1846, †1929) aus dem Ottomotor weiter. Rudolf Diesel (*1858, †1913) baute später seinen einsatzfähigen Ölmotor. Verbrennungsmotoren sind Kraftmaschinen, die in einem Zylinder ein Brennstoff-Luft-Gemisch verbrennen. Dabei entsteht Wärmeenergie, die in mechanische Energie umgesetzt wird, und zwar über einen Kolben, den die sich ausdehnenden Verbrennungsgase bewegen. Das lässt sich in verschiedenen Arbeitsabläufen realisieren, entsprechend unterscheidet man z. B. Zweitakt- und Viertaktmotoren. Auch die Anzahl der Zylinder kann variieren: also Ein-, Zwei-, Dreizylindermotoren und so fort in aufsteigender Reihenfolge. Unterschiedliche Möglichkeiten für die Anordnung der Zylinder führen etwa zum Reihen- oder zum Sternmotor. Nach Art und Bewegung des Kolbens gibt es neben den geläufigen Hubkolbenmotoren auch Rotationskolbenmotoren.

Kältemaschine

In den 70er-Jahren des 19. Jahrhunderts arbeitete Carl Linde (*1842, †1934) an Kältemaschinen. Er stützte sich dabei auf die Arbeiten seines akademischen Lehrers Gustav Anton Zeuner (*1828, †1907). Der hatte die physikalischen Daten und Fakten zur Thermodynamik systematisch für technische Umsetzungen aufbereitet. Damit schuf er die Grundlagen der Ingenieurwissenschaft Technische Thermodynamik. 1873 baute Linde eine Ammoniak-Kältemaschine mit Kompressor, 1876 einen Kühlschrank mit Ammoniak-Kältemaschine: Er hatte den großen Unterschied zwischen physikalisch möglicher und technisch erreichbarer Nutzung der Energie bemerkt, was ihn zum Bau eigener Maschinen mit höherem Wirkungsgrad animierte. Er beeinflusste seinerseits Rudolf Diesel: Der hatte Lindes Vorlesungen gehört und baute dann mit ähnlichen Überlegungen seinen Verbrennungsmotor.

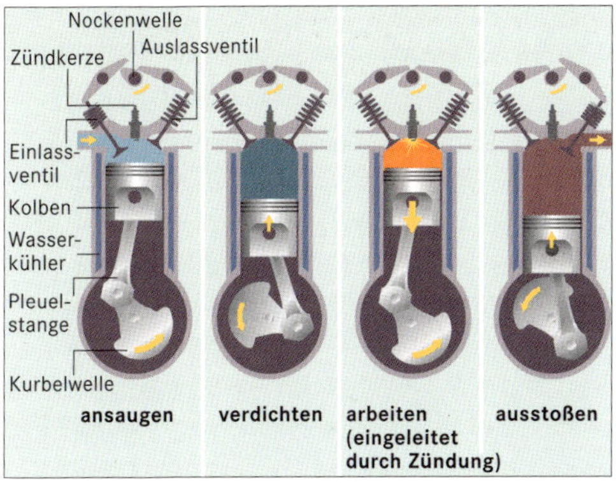

Ottomotor: Ventil- und Kolbeneinstellungen beim Viertaktverfahren.

Temperaturskalen im Vergleich

Celsius (C), Reaumur (R), Fahrenheit (F) und Kelvin (K) mit Bezug auf den Schmelzpunkt von Eis als unterem und Siedepunkt von Wasser als oberem Wert

°C	°R	°F	K
100	80	212	373,15
90	72	194	363,15
80	64	176	353,15
70	56	158	343,15
60	48	140	333,15
50	40	122	323,15
40	32	104	313,15
30	24	86	303,15
20	16	68	293,15
10	8	50	283,15
0	0	32	273,15

Die große Vereinheitlichung

Wärme und Arbeit sind gleichartige Größen. Das fand schon der deutsche Arzt Robert Mayer heraus, durch Studien zum Wärmehaushalt von Lebewesen. Der Brite James Prescott Joule (* 1818, † 1889) konnte dann experimentell ein mechanisches Äquivalent der Wärmemenge nachweisen. Den Energiebegriff hatte zwar bereits Thomas Young (* 1773, † 1829) 1807 eingeführt. Doch erst Hermann von Helmholtz (* 1821, † 1894) präzisierte ihn in folgender Weise: Mechanische Arbeit, Wärme und Elektrizität sind nur verschiedene Formen von Energie, die ineinander übergehen, für ein abgeschlossenes System jedoch insgesamt konstant bleiben. Das war nicht nur von großer praktischer Bedeutung, es brachte auch eine große Vereinheitlichung in der Naturwissenschaft: Deutlich wird, wie verschiedene Naturkräfte zusammenhängen. Genau in dem Sinne wirkte später James Clerk Maxwell, als er über Elektromagnetismus forschte und seine Theorie der Elektrodynamik entwickelte.

3 bedeutende Erfinder

Einige Erfindungen Edisons: *Kohlekörnermikrofon, Phonograph, Edison-Verfahren zur Scheidung von Eisenerzen, Nickel-Eisen-Akkumulator, Verbundmaschine, Kinetoskop, Betongießverfahren, das die Herstellung von Zementhäusern im Fertigbau ermöglichte.*

Der griechische Mathematiker, Physiker und Ingenieur **Archimedes** (*um 285, †212) entdeckte z. B. die Hebelgesetze und das nach ihm benannte Prinzip, wonach der Auftrieb eines Körpers in Flüssigkeit gleich dem Gewicht der von ihm verdrängten Flüssigkeitsmenge ist. Doch seinen Zeitgenossen war er v. a. als Techniker und Erfinder bekannt. So baute er die ägyptische Schraube zum Heben von Wasser, entwickelte den Flaschenzug und eine Reihe von Kriegsmaschinen. Manches seiner Werke überdauerte. So konnte Cicero noch 150 Jahre später ein mit Wasserdruck betriebenes Planetarium bewundern, das die Römer damals als Kriegsbeute nach Rom geschleppt hatten.

Meist findet man 1797 als Jahr des ersten Fallschirmabsprungs. Das ist insofern richtig, als damals erstmals ein Mensch aus großer Höhe sprang, nämlich André Jacques Garnerin. Doch die Geschichte des Fallschirms reicht zurück bis 1495, als **Leonardo da Vinci** (* 1452, † 1519) erstmals einen solchen erwähnte. Denn der Italiener trat nicht nur als Künstler und Architekt hervor, er leistete Großes auch als Ingenieur und Naturforscher. So konstruierte er Pumpen und Brennspiegel, Fluggeräte und Kräne, Schleudern und Maschinen zur Tuchherstellung. Er suchte nach den Urgesetzen der Natur, um in einer bis dahin unbekannten Synthese von Kunst und Wissenschaft eine Art Kosmologie zu schaffen. Sein Forschen war also sowohl philosophisch orientiert wie auch empirisch, wenn er den Kräften hinter Einzeleffekten auf die Spur zu kommen suchte.

Auch wenn er sich selbst gerne als den findigen Handwerker alten Schlages sah, so verkörpert der Autodidakt **Thomas Alva Edison** (* 1847, † 1931) doch das Ende dieser Epoche. Denn mit ihm bekam das Erfinden eine neue Qualität: Mit seinem 1876 gegründeten Laboratorium Menlo Park in Orange (New Jersey) schuf er den Prototyp des Entwicklungslabors, wie es noch heute die Industrie dominiert. Technische Neuerungen entstehen dort nämlich nicht etwa aus einem handwerklichen Gespür, sondern durch die gezielte Suche von Wissenschaftlern: Expertengruppen und Spezialistentum haben das Ruder übernommen. Wie erfolgreich dieses zielgerichtete Erfinden sein kann, das dokumentiert Edisons eigene Bilanz ganz trefflich: Von mehr als 1000 Patenten, die er anmeldete, sind die meisten eine Frucht solcher Zusammenarbeit. Doch auch dieses System garantiert nicht den Erfolg, denn Irrtümer sind trotzdem möglich. So entbehrt es nicht einer gewissen Ironie, dass Edison gerade seine größte wissenschaftliche Entdeckung, nämlich die Glühemission (Edison-Effekt), nicht in eine technische Erfindung umsetzte, sondern es anderen überließ, diesen Effekt in der Elektronenröhre zu nutzen und damit das Tor zum Zeitalter der Kommunikation weit aufzustoßen.

Die 5 wesentlichen Aufgaben der Zukunftsforschung

1. Kriege beseitigen und Frieden schaffen
2. Hunger und Elend in benachteiligten Weltregionen beseitigen
3. Raubbau an natürlichen Ressourcen beenden
4. Ausbeutung und Unterdrückung abschaffen
5. sinnentleerte und entfremdete Lebensformen überwinden

Alte Triebkräfte

Wind und Wasser nutzte der Mensch schon früh, um daraus Energie zu ziehen. So waren einfache Wasserräder schon im 3. Jahrtausend v. Chr. im Orient bekannt, zunächst zum Schöpfen von Wasser. Schon 200 v. Chr. sollen in Syrien und Palästina aber auch Wassermühlen in Gebrauch gewesen sein. Eine Verbesserung im Wirkungsgrad bedeutete die Erfindung des oberschlächtigen Wasserrads, vermutlich im 4. Jahrhundert in Mitteleuropa. Im 12. und 13. Jahrhundert entwickelten sich Wasserräder zu den wichtigsten Maschinen in Europa. Von frühen Einzelbeispielen abgesehen, haben sich Windmühlen in Europa ab dem 11. Jahrhundert verbreitet. Mit dem Aufstieg von Kohle und Erdöl traten diese alten Kräfte etwas in den Hintergrund. Erst im 20. Jahrhundert erinnerte man sich ihrer wieder mit Macht, weil die fossilen Brennstoffe einmal erschöpft sein können und ihr Gebrauch die Umwelt schädigt. Neben Wind und Wasser ruhen die Hoffnungen heute vor allem auf der Sonne als unerschöpflicher Energiequelle.

Unterschlächtiges (oben) und oberschlächtiges Wasserrad

Die Welt ist wie elektrisiert: Technik unter Strom

Zeit	Ereignis	Urheber
1804	Konservendose	Appert
1805	lochkartengesteuerter Musterwebstuhl	Jacquard
1812	Schnellpresse für den Buchdruck	König
1822	erstes fotografisches Positivbild	Niepce
1822	mechanischer Webstuhl	Roberts
1825	Elektromagnet	Sturgeon
1832	elektromagnetischer Nadeltelegraf	Schilling
1834	batteriegespeister Elektromotor	von Jacobi
1834	elektrisches Relais	Henry
1837	Schreibtelegraf	Morse
1839	Brennstoffzelle	Grove
1839	Heißvulkanisation	Goodyear
1844	Lochstreifen in der Telegrafie	Bain
1852	Personenaufzug	Otis
1854	Bleiakkumulator	Sinsteden
1860	Telefon	Reis
1861	Viertaktmotor	Otto
1861	Sodaverfahren	Solvay
1862	erster Kunststoff	Parkes
1866	Dynamomaschine	Siemens
1867	Stahlbeton	Monier
1877	Phonograph und Kohlemikrofon	Edison
1880	Lochkartenmaschine	Hollerith
1881	Farbfotografie	Ives
1882	erstes Kraftwerk der Welt in New York	Edison

Noli turbare circulos meos!

Ins Reich der Legenden gehört, dass Archimedes die römische Kriegsflotte während des 2. Punischen Krieges mit großen Brennspiegeln in Brand gesetzt hat. Richtig ist, dass er bei der Eroberung von Syrakus von einem römischen Soldaten erschlagen wurde. Die Frage, ob dies wirklich geschah, weil der ganz in seine Forschungen vertiefte Archimedes den Soldaten mit den Worten »Störe meine Kreise nicht« anraunzte, muss unbeantwortet bleiben.

Explosiver Geldsegen speist einen Preis

Der Erfindung des Dynamits verdankte Alfred Nobel ein großes Vermögen, wobei sich in seine Freude darüber aber sein schlechtes Gewissen mischte: Es waren nämlich vor allem die Militärs, die sich begierig auf seine Schöpfung stürzten und für den Geldsegen sorgten. Jedenfalls hinterließ er das Kapital testamentarisch einem Fonds. Die daraus finanzierte Preise seien an jene zu vergeben, »die im verflossenen Jahr der Menschheit den größten Nutzen gebracht haben«. Die Preisträger für Physik und Chemie wählt nach Nobels Willen die Königliche Schwedische Akademie der Wissen-

Noch immer auf Reformkurs

3 Jahre vor seinem Tod schrieb Alfred Nobel (* 1833, † 1896) an die Pazifistin Bertha von Suttner, dass ein von ihm gestifteter Preis insgesamt 6 Mal vergeben werden solle, und zwar im Abstand von jeweils 5 Jahren. Gelänge es nämlich innerhalb dieser 30 Jahre nicht, »das gegenwärtige System« zu reformieren, fiele die Menschheit ohnehin in die Barbarei zurück. Mit seiner düsteren Prognose lag er von der zeitlichen Einschätzung her erstaunlich gut, bedenkt man das Jahr 1933. Doch das Vermögen seiner Hinterlassenschaft sah er ganz falsch: Die Zinsen aus jenen 30 Millionen Schwedischen Kronen reichen bis heute zur Vergabe sogar jährlicher Preise. Ob sie irgendwann auch die Welt verbessern, ist noch ungewiss.

schaften aus, jene für Physiologie oder Medizin das Karolinska Medikokirurgiska Institutet in Stockholm. Verliehen werden diese Preise vom schwedischen König, ebenso wie der für Literatur. Dagegen wählt den Friedensnobelpreis das norwegische Parlament aus, und der norwegische König ist für die Ehrung zuständig. Nicht auf Nobel geht der Preis für Wirtschaftswissenschaften zurück: Diesen stiftete 1969 die Schwedische Reichsbank in Erinnerung an Alfred Nobel. Das Preisgeld beträgt derzeit über eine Million Mark.

Im Jahre 1901 war der Aufbau der Nobelstiftung abgeschlossen, und am 10. Dezember – dem Todestag des Stifters – wurden die ersten Preise verliehen. Den ersten Nobelpreis für Physik erhielt Wilhelm Conrad Röntgen (* 1845, † 1923). Wie viele andere Physiker Ende des 19. Jahrhunderts auch, hatte er mit crookesschen Röhren experimentiert. In diesen evakuierten Glasröhren mit 2 Elektroden zeigten sich Leuchterscheinungen, die ein Strahl negativ geladener Teilchen hervorrief. Durch Zufall entdeckte Röntgen, dass die Röhren zudem eine bislang unbekannte Art von Strahlen aussandten, die sogar undurchsichtige Stoffe durchdrangen. Durch systematische Untersuchung der X-Strahlen gelang es ihm kurz darauf, in diesem Jahr 1895 die erste Röntgenaufnahme vorzulegen: Sie zeigt seine eigene Hand. Die Entdeckung war eine Sensation weltweit und Röntgen in allen Medien. Der Schriftsteller Max Dauthendey ging in seiner Erzählung »Das Würzburger Licht« schwärmerisch übrigens so weit zu behaupten, nur in dieser Stadt mit ihrem einzigartigen Licht hätten die X-Strahlen überhaupt entdeckt werden können.

X-Strahlen für Schwarzseher

Beim Aufprall auf ein Metallblech erzeugen Elektronen die sehr durchdringende X-Strahlung, ihrem Entdecker zu Ehren später Röntgenstrahlen genannt. Sie lassen einen mit Zinksulfid beschichteten Leuchtschirm grünlich aufleuchten, fotografische Platten und Filme schwärzen sie. Ihre besondere Eigenschaft aber liegt darin, undurchsichtige Stoffe zu durchdringen: Stoffe geringer Dichte wie Haut und Muskeln sehr leicht, Stoffe größerer Dichte wie Knochen aber kaum. Dadurch erscheinen auf einem Film oder dem leuchtenden Röntgenschirm Konturen, die für eine medizinische Diagnose nützlich sind. Auch zur Therapie bestimmter Krankheiten eignen sie sich. Eine Überdosis führt allerdings zu Strahlenschäden, was man aber erst einige Zeit nach der Entdeckung bemerkte.

Selbst in der Technik bedient man sich der Röntgenstrahlen, beispielsweise um Guss- oder Schmiedeteile auf Materialfehler zu untersuchen.

Im Kielwasser der Röntgenstrahlen

Die Entdeckung der Röntgenstrahlen machte nicht nur populärwissenschaftlich Furore. Sie zog auch eine Reihe anderer Entdeckungen nach sich. So die Radioaktivität: Henri Becquerel (* 1852, † 1908) konnte sie 1896 an Uranerzen nachweisen, Marie (* 1867, † 1934) und Pierre Curie (* 1859, † 1906) 1898 am Radium. Unklar blieb freilich, warum manche Stoffe spontan Strahlung emittieren. Erst als man einen präziseren Atombegriff hatte, wurde ihr Ursprung aus dem Kern der Atome klar. Erst Ernest Rutherford (* 1871, † 1937) gelang es schließlich, Ordnung in die verschiedenen radioaktiven Strahlen zu bringen. Er sah, dass sie mit einer Umwandlung von Elementen verknüpft sind.

Bild und Bewegung im Mikrokosmos

In Atomen bewegen sich negativ geladene Teilchen um den positiv geladenen Kern herum, allerdings nicht beliebig, sondern nach festen Regeln. Zur Veranschaulichung bedient man sich oft eines Schalenmodells: Um den Kern herum liegen »Schalen«, die für bestimmte Energie- und Bewegungszustände stehen, welche die Elektronen einnehmen können. Das ist natürlich eine vergröbernde Darstellung. Dennoch lässt sich damit vieles beschreiben. Z. B. das chemische Verhalten von Atomen, das im Wesentlichen durch die Anzahl und Anordnung der Elektronen bestimmt ist. Verbinden sich nämlich Atome zu Molekülen, so kann dies durch Austausch von Elektronen geschehen, die sich auf den außen liegenden Schalen bewegen. Aber die Verwendung solcher Begriffe zeigt doch auch die Grenzen des Modells, das der Anschaulichkeit halber auf die Exaktheit verzichtet: Denn im klassischen physikalischen Sinn kann man im Mikrokosmos nur sehr eingeschränkt von Bewegung sprechen.

Atome waren seine Sache nicht

Als Begründer der atomistischen Schule gelten Leukippos (5. Jahrhundert v. Chr.) und sein Schüler Demokrit (*470, †um 380). Wir wissen nicht sehr viel über sie, und vor allem zur atomistischen Lehre sind nur wenige Fragmente überliefert. Jedenfalls wurde die Vorstellung der Atomisten, wonach Atome und das Leere die Welt bilden, nicht zu einer Theorie der Materie durchgebildet. Das aber war womöglich die Schuld des Aristoteles (*384, †322), der die Vorstellung von Atomen nicht mochte. Denn er dachte sich die Stoffe nicht als Mischungen von Teilchen, sondern bevorzugte die Theorie der 4 Elemente und qualitativer Gegensatzpaare. Aristoteles aber war für viele Jahrhunderte die uneingeschränkte Autorität. Da blieb für manche kühne Idee kein Raum, um sich auch nur zaghaft zu entwickeln.

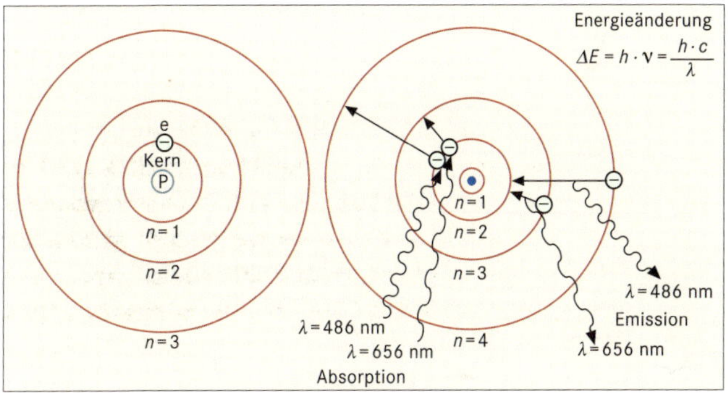

Das bohrsche Atommodell (links) des aus einem Proton (p) und einem Elektron (e) bestehenden Wasserstoffatoms; Abstände der Quantenbahnen des Grundzustandes (n = 1) und der angeregten Zustände (n = 2, 3 ...) vom Kern nicht maßstabgerecht; rechts Elektronenübergänge (Quantensprünge) durch Energiezufuhr oder -abgabe bei Absorption oder Emission von Licht definierter Frequenz (hier Linien der Balmer-Serie des Wasserstoffspektrums).

Gesetze hinter feinen Linien

Anfangs des 20. Jahrhunderts hatten die Physiker zwar akzeptiert, dass Atome Licht absorbieren und auch wieder ausstrahlen können. Doch nach welchem Schema? Bei der Suche nach dem Mechanismus halfen ihnen die schon im 19. Jahrhundert bei spektroskopischen Messungen gefundenen Linienserien. Niels Bohr (*1885, †1962) verknüpfte nun in einem genialen Moment diese Gesetzmäßigkeiten mit der neuen Quantenhypothese: Wenn die Atome Licht mit bestimmten Frequenzen emittieren – die Spektrallinien – dann ist die Energie der Elektronen im Atom ebenfalls gequantelt. Mit diesem Modell rechnete Bohr das Wasserstoffatom durch und fand eine Übereinstimmung mit den schon 1885 von Johann Jacob Balmer (*1825, †1898) gemessenen Spektren des Wasserstoffs. Bohr stellte sich vor, die Elektronen liefen in den Atomen auf bestimmten Bahnen um, die er als charakteristische Energieniveaus deutete: Bei Aufnahme von Lichtenergie konnten sie auf eine höhere Bahn springen, beim Wechsel auf eine niedrigere ein Lichtquant abgeben.

Welle oder Teilchen

»Ich lehre die Korpuskeltheorie montags, mittwochs und freitags und die Wellentheorie dienstags, donnerstags und samstags«, soll der Physiker William Henry Bragg (*1862, †1942) gesagt haben. Das trifft jedenfalls das Dilemma, in dem sich die Physik um 1900 befand. Denn nicht nur Planck hatte mit der Tradition brechen und kleinste Energiepakete postulieren müssen. Es zeigte sich auch, dass das teilchenartig gedachte Elektron in manchen Experimenten wie etwas Ausgedehntes erschien und regelrecht Wellencharakter zeigte. Erst die Quantentheorie lieferte vernünftige Erklärungen, vor allem Max Born (*1882,†1970), Werner Heisenberg (*1901, †1976) und Pascual Jordan (*1902, †1980) entwickelten sie. Allerdings ist sie sehr mathematischer Natur, was dann leider auf Kosten der Anschauung ging.

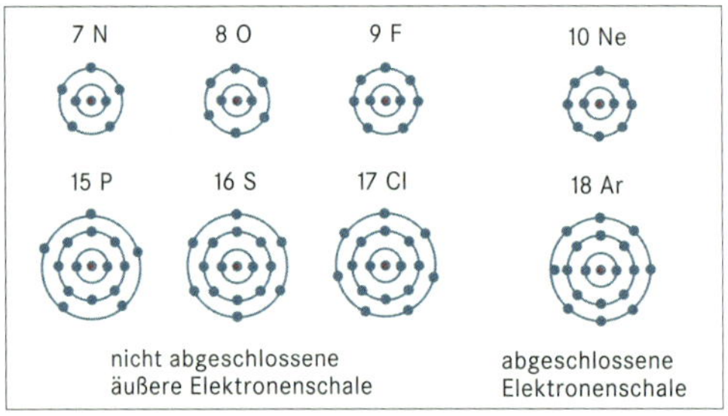

Stark vereinfachte Schalenmodelle von Atomen einiger Elemente; bei den Atomen der Edelgase Neon und Argon sind alle Elektronenschalen »abgeschlossene Schalen«, die keine weiteren Elektronen aufnehmen können.

Klarheit dank Unschärfe

Um ein Ärgernis aus der Welt zu schaffen, musste Planck eine neue Größe in die Physik einführen: das Wirkungsquantum. Es verknüpft Frequenz und Energie einer Strahlung. Als man nun die Quantenmechanik entwickelte, tauchte diese Größe in beinahe jeder Formel wieder auf. Werner Heisenberg griff dies auf und lieferte in seiner Unschärferelation von 1927 den tieferen Grund für diese umfassende Bedeutung: Im Mikrokosmos haben manche aus der makroskopischen Welt vertrauten Begriffe keinen Sinn mehr. So ist es grundsätzlich unmöglich, den Ort und die Geschwindigkeit eines Elektrons gleichzeitig genau zu bestimmen. Das ist kein Problem der Messtechnik, sondern von prinzipieller Natur. Die Unschärfen von Ort und Impuls eines Teilchens sind stets größer oder allenfalls gleich dem planckschen Wirkungsquantum. Das strenge Kausalprinzip der klassischen Physik erhält also in der Quantenmechanik einen neuen Sinn: Man kann für einzelne Teilchen nur Wahrscheinlichkeitsaussagen treffen.

Kernspaltereien

Zwar hatte Ernest Rutherford schon Anfang des 20. Jahrhunderts die Existenz von Atomkernen erkannt. Doch wie ein Atomkern aufgebaut ist, blieb noch eine Weile unklar. Nachdem James Chadwick (*1891, †1974) 1932 die Existenz von Neutronen nachgewiesen hatte, stellte man sich den Atomkern als Ansammlung von Protonen und Neutronen vor. Man wusste auch, dass Atome verschiedener Elemente ineinander umwandelbar sind. Man sollte, so die Überlegung, durch Hinzufügen von Neutronen im Kern des schwersten bekannten Elements Uran sogar Transurane erzeugen können. Deshalb beschossen auch Enrico Fermi (*1901, †1954), Franco Rosetti und Emilio Segrè (*1905, †1989) 1934 in Rom Uran mit Neutronen und spalteten dabei erstmals einen Atomkern, freilich ohne es zu wissen. Erst 4 Jahre später konnten Otto Hahn (*1879, †1968), Lise Meitner (*1878, †1968) und Friedrich Straßmann (*1902, †1980) die Uranspaltung nachweisen. Wiederum 4 Jahre später baute Fermi, mittlerweile in den USA, in Chicago den ersten Kernreaktor.

Kernspaltung: Prinzip der Kernspaltung und der Kettenreaktion in Uran 235 (Kr = Krypton, Ba = Barium, U = Uran, n = Neutron)

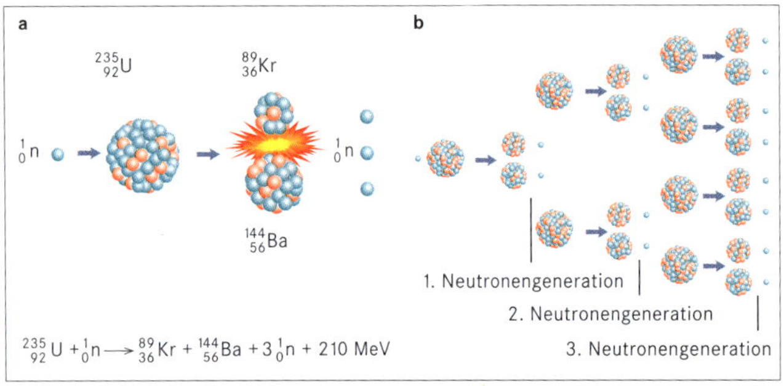

Natur zeigt gute Reaktion

Auch ohne menschliches Zutun laufen sie ständig ab: chemische Reaktionen. Dabei verwandeln sich Stoffe in andere mit völlig neuen Eigenschaften. Der Stoffwechsel in unserem Körper etwa ist ein sehr komplexes Zusammenspiel zahlreicher chemischer Reaktionen. Allerdings führen wir auch mit Absicht chemische Reaktionen herbei, sei es um neue Er-

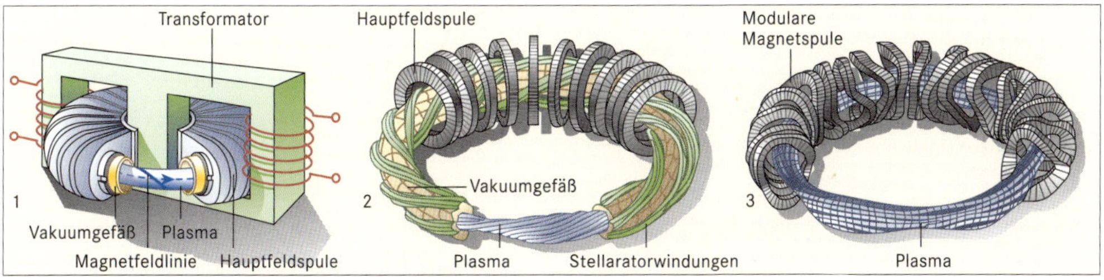

Kernfusion: schematische Darstellung des magnetischen Einschlusses mit toroidalen Konfigurationen; 1 Tokamak, 2 Stellarator mit helikalen Windungen, 3 Stellarator mit modularen Magnetspulen.

kenntnisse zu gewinnen oder bei der Herstellung synthetischer Produkte. In beiden Fällen bringt man unter kontrollierten Bedingungen Substanzen zusammen, lässt sie reagieren und erzeugt auf diese Weise Reaktionsprodukte. Dabei werden bestehende chemische Bindungen aufgebrochen und neue eingegangen. Führt man etwa Wasserstoff und Sauerstoff in Gegenwart einer Flamme zusammen, so reagieren sie äußerst heftig: daher der Name Knallgasreaktion. Als Produkt des explosiven Vorgangs entsteht freilich nur schlichtes Wasser.

Explosiver Anstieg

Zwar hantiert der Mensch schon lange mit Elementen. Vermutlich war die Holzkohle im Lagerfeuer der grauen Vorzeit das erste, welches er künstlich erzeugte. Durch Erhitzen von Erzen gewann er später Kupfer und Zinn. Auch den Begriff des Elements gab es schon in der Antike, doch nicht in unserem Sinn. Als Elemente galten Wasser, Luft, Feuer und Erde. Aristoteles sah sie jeweils als Paarung von Urstoffen bestimmter Qualität zusammengesetzt: So formten z.B. trockener und kalter Urstoff Erde. Als 5. Element umspannte Äther die Welt. Die Alchemisten des Mittelalters hingegen pflegten eine Quecksilber-Schwefel-Theorie, der Paracelsus (*1490, †1541) im 16. Jahrhundert das Salz als 3. Element hinzufügte. Zum heutigen Begriff gelangten Joachim Jungius (*1587, †1657) und Robert Boyle (*1627, †1691), der 1661 das Element definierte. 1775 stellte Joseph Priestley (*1733, †1804) Sauerstoff als erstes Element gezielt in einem wissenschaftlichen Experiment her. Und schon 1789 hatte Antoine Lavoisier (*1743, †1794) alle Mühe, in bereits 26 Elemente Ordnung zu bringen. Nach unserem heutigen Wissen entstehen chemische Elemente v.a. im Innern von Sternen und bei der Explosion von Supernovae.

Mehr oder minder bindungsfreudig

Wie sich ein chemisches Element verbinden kann, liest der Chemiker aus seiner Valenz oder Wertigkeit ab. Chemische Bindungen halten Atome zusammen, und dabei spielen Elektronen eine Rolle. Die Valenz aber gibt genau die Anzahl Elektronen an, die ein Atom abgeben, an sich reißen oder mit einem anderen Atom gemeinsam haben kann. Das Wasserstoffatom z.B. hat 1 Elektron und ist einwertig. Das Sauerstoffatom hat zwar 6 Elektronen, neigt aber dazu, noch 2 weitere an sich zu binden, um die äußere Elektronenschale ganz zu füllen. Es ist also zweiwertig. So kann sich dann 1 Sauerstoffatom mit 2 Wasserstoffato-

Nicht alles Mummenschanz

Trotz ihres vergeblichen Versuchs, gleichsam aus Dreck Gold zu machen, können die Alchemisten doch mit Recht ihren Platz in den Annalen der Naturwissenschaft beanspruchen. Sie trugen immerhin viel Wissen über chemische Reaktionen zusammen, aus dem sich im 16. und 17. Jahrhundert schrittweise die Chemie entwickeln konnte. Der Meilenstein auf dem Weg in die Moderne war die Einsicht, dass manche Stoffe mit chemischen Methoden nicht weiter zerlegbar sind. Ab Ende des 18. Jahrhunderts setzte sich für diese Stoffe die noch heute gebräuchliche Bezeichnung als chemische Elemente durch.

men zu 1 Wassermolekül verbinden. Es gibt aber noch höhere Wertigkeiten. Eisen etwa zeigt sich in manchen Verbindungen zwei-, in anderen hingegen dreiwertig.

Ordnung im Chemielabor

Jedes Element hat eine Nummer, die Ordnungszahl, und sie ist weit mehr als purer Formalismus. Denn dahinter steckt ein tieferer Sinn, weil die Ordnungszahl der Anzahl von Protonen im Atomkern entspricht und somit wertvolle Information enthält. Da die Anzahl der Protonen die positive elektrische Ladung im Kern bestimmt, das Atom insgesamt aber neutral ist, sagt die Ordnungszahl auch, wie viele negativ geladene Elektronen um den Kern verteilt sind. Die nun bestimmen das chemische Verhalten der Elemente, etwa indem sie Bindungen eingehen. Ordnet man die 92 in der Natur vorkommenden Elemente nach aufsteigender Ordnungszahl in einem bestimmten Schema an, so ergibt sich das so genannte Periodensystem: Elemente mit ähnlichen chemischen Eigenschaften – etwa die Edelgase – stehen dabei in Gruppen untereinander. Das Ganze ist also kein Ordnungsfimmel pedantischer Chemiker.

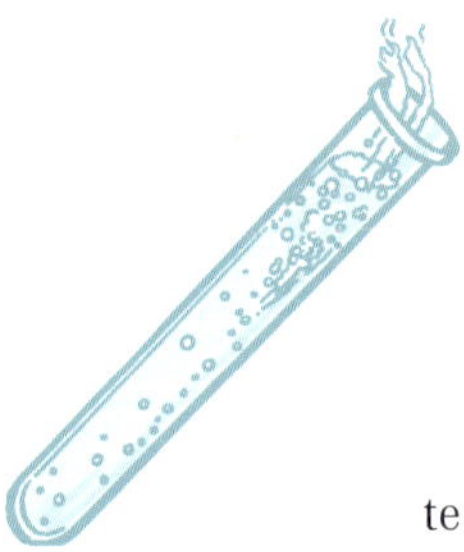

Lavoisiers Erkenntnisse

Mit großem Erfolg setzte Antoine Laurent Lavoisier als Erster die Waage in der chemischen Forschung ein. Er stellte fest, dass Wasser aus den beiden Gasen Wasserstoff und Sauerstoff aufgebaut ist. Sauerstoff identifizierte er als Bestandteil der Luft und zeigte, dass jede Verbrennung mit der Aufnahme von Sauerstoff verbunden ist. Diese Versuche dehnte er auch auf biologische Fragen aus und kam zum Schluss, auch die Atmung sei ein Verbrennungsvorgang, dem der Kohle ähnlich, jedoch viel langsamer. Er zeigte, dass dabei neben dem Kohlenstoff auch Wasserstoff oxidiert wird, also neben Kohlendioxid auch Wasser entsteht. Er sah sogar den Zusammenhang mit der Ernährung, die gleichsam den Brennstoff zuführt. All das bewahrte den Begründer der neuzeitlichen Chemie freilich nicht vor der Guillotine der Französischen Revolution.

Meilensteine der Chemie

Alchemie

Ein Handbuch der Färberei des Ägypters Bolos von Mendes (200 v. Chr.) gilt als ältester alchemistischer Text. Er enthält Anleitungen zum Vergolden und Färben von Metallen, Steinen und Stoffen. Mit dem Niedergang der Schule von Alexandria um 640 erfuhr die Alchemie eine Renaissance. 2 Prinzipien treten in den Vordergrund: Die eigenschaftslose erste Materie, deren Formen sich ineinander umwandeln können, und das Prinzip von Sympathie und Antipathie, wonach sich Stoffe anziehen oder abstoßen. In der folgenden Zeit der arabischen Großmeister entstanden eine Klassifikation der Mineralien und die erste bekannte Abhandlung über Chemie. So kam das Wissen dann im 11. Jahrhundert nach Europa, wo die Alchemie neue Techniken entwickelte, durchaus in Richtung einer quantitativen Naturbeschreibung.

Richtiges und Falsches

Eine neue Qualität erreichte die Chemie mit Robert Boyle. Er definierte nicht nur 1661 das chemische Element als etwas Unzerlegbares. Er unterschied auch zwischen vermischten und unvermischten Stoffen. Außerdem führte er neue Methoden wie Farbindikatoren und Salzfällung ein. In Frankreich erkannte Nicolas Lémery den Gegensatz von Säure und Base und stellte fest, dass die beiden sich neutralisieren. Gegen Ende des Jahrhunderts entwickelte Georg Ernst Stahl (*1660, †1734) seine – falsche – Theorie der Verbrennung, wonach in brennbaren Körpern ein unwägbares Phlogiston enthalten sei, das bei der Verbrennung entweiche. Die Theorie überdauerte ein Jahrhundert, trotz mancher Ungereimtheit, bis Lavoisier sie widerlegte.

Wendepunkt

Im Jahre 1828 gelang es dem Chemiker Friedrich Wöhler (*1800, †1882), aus Ammoniumzyanat Harnstoff herzustellen. Das war freilich nicht nur irgendeine Synthese, sondern ein Wendepunkt. Denn damit zeigte er, dass aus anorganischen Stoffen organische herstellbar sind. Wöhler schlug also eine Brücke zwischen lebendiger und toter Materie. Das revolutionierte nicht nur unser Wissen von der Natur. Es begründete auch die organische Chemie.

Chemie auf dem Acker

Irgendwann sinken die Erträge eines Ackers. Das merkte der Mensch sicher sehr rasch, als er sich der Landwirtschaft zuwandte. Um die Erträge zu sichern, wandte man sich in der Frühzeit dem Wanderfeldbau zu. Das funktioniert aber nur, wenn die Besiedelung nicht allzu dicht ist. Um 1840 erkannte Justus von Liebig (*1803, †1873) den tieferen Grund der Verarmung von Böden: Die Pflanzen entziehen ihm Mineralstoffe. Ersetzt man sie, so wird das Wachstum gesteigert. Damit hatte er die Mineraldüngung als wichtige Kulturmaßnahme für landwirtschaftliche Flächen erkannt. Seine Leistung wird auch dadurch nicht geschmälert, dass Unvernunft in den letzten Jahrzehnten oft zu viel des Guten bei Mineraldüngern tat.

Periodensystem

Erst Dimitrij Iwanowitsch Mendelejew (*1834, †1907) brachte nicht nur Ordnung in den Wust rasch zunehmender chemischer Elemente, sondern auch einen Sinn. Allerdings dürften sich seine Akademiekollegen schon gewundert haben, als er ihnen 1869 eine kleine Tabelle zukommen ließ – unter dem großen Titel: Grundlagen der Chemie. Darin hatte er die damals bekannten 63 chemischen Elemente aufsteigend nach dem Atomgewicht geordnet. Zwar standen Elemente mit ähnlichen Eigenschaften jeweils in einer Spalte, dennoch schien die Anordnung willkürlich. Mehr noch, es schien, als habe er gelegentlich nachgeholfen, damit das Schema passt. Dagegen ließ er an anderen Stellen unerklärliche leere Felder. Doch es war ein Musterbeispiel wissenschaftlicher Intuition: Mit jeder Entdeckung neuer Elemente füllten sich die leeren Felder nach und nach.

Kohlenstoff in langen Ketten

Zwar sind gar lange nicht alle Kohlenstoffverbindungen organischen Ursprungs. Doch alle von Lebewesen produzierten Substanzen enthalten stets auch Kohlenstoff. So hält man aus historischen Gründen am Begriff organische Chemie fest und versteht bis heute darunter die Chemie der Kohlenstoff enthaltenden Verbindungen. Selbst wenn manche Kohlenstoffverbindungen wie das Kohlendioxid definitiv nicht zur organischen Chemie gehören. Wie kein anderes Element ist der Kohlenstoff in der Lage, sich in Ringen und langen Ketten anzuordnen. So entwickelte die organische Chemie zahlreiche Syntheseverfahren, um aus einfachen Ausgangsstoffen komplizierte Verbindungen zu schaffen. Täglich synthetisieren die Wissenschaftler in den Labors Hunderte neuer organischer Moleküle. Manche von ihnen haben große wirtschaftliche Bedeutung und werden als Pharmaka oder Kunststoffe im industriellen Maßstab produziert.

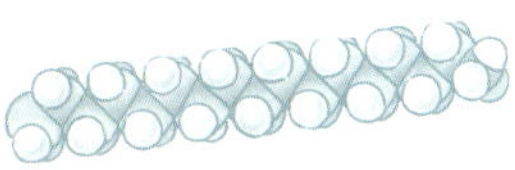

Chemie des Lebens

Organismen bestehen hauptsächlich aus Sauerstoff, Kohlenstoff, Wasserstoff und Stickstoff. Der Anteil an Metallen hingegen spielt nur eine geringe Rolle. Das aber liefert ein wichtiges Kriterium, um zwischen Organischem und Anorganischem zu unterscheiden. Denn Mineralien andererseits zeigen gerade einen hohen Gehalt an Silizium und verschiedensten Metallen. Die Unterschiede zwischen lebender und toter Materie zeigen sich aber nicht bloß im Vorhandensein bestimmter Element. Auch deren jeweils andere strukturelle Anordnung zu größeren Molekülverbänden ist charakteristisch. Lebendige Materie ist wesentlich aus Zuckern, Fett- und Aminosäuren aufgebaut. Das Molekül des Lebens schlechthin ist die Desoxyribonukleinsäure DNS. Sie besteht aus mehr als 6 Milliarden Molekülen, die zu einer doppelten Schraube aufgedrillt sind. Das aber ist gleichsam der Bauplan des Lebewesens, zu dem die jeweilige DNS gehört.

Die Industrie geht neue Wege

Soda

Soda war früher der wichtigste Grundstoff der Glasindustrie, ebenso für die Seifensieder und zum Bleichen. Gewonnen wurde es ursprüng-

Wichtige Erfindungen und Entdeckungen in der Chemie

Äther	1540	Valerius Cordus
Porzellan	1709	J.F. Böttger
Wasserstoff	1766	H. Cavendish
Sauerstoff	1771	J. Priestley. C.W. Scheele
Ammoniak	1774	J. Priestley
Knallgas	1775	J. Priestley
Salzsäure	1775	J. Priestley
Glyzerin	1783	K.W. Scheele
Soda	1791	N. Leblanc
Kalium, Natrium	1807	H. Davy
Koffein	1820	F.F. Runge
Portlandzement	1824	J. Aspdin
Benzol	1825	M. Faraday
Anilin	1826	O. Unverdorben
Aluminium	1827	F. Wöhler
Chloroform	1831	J. von Liebig
Phenol	1834	F.F. Runge
Kautschukvulkanisation	1839	C.N. Goodyear
Ozon	1839	C.F. Schönbein
Kunstdüngung	1840	J. von Liebig
Fleischextrakt	1847	J. von Liebig
Nitroglycerin	1847	A. Sobrero
Alizarin	1855	A. Leonhardi
Kokain	1859	A. Niemann
Calciumcarbid	1862	F. Wöhler
Azofarbstoffe	1863	C. Martius
Dynamit	1867	A. Nobel
Zelluloid	1869	I.S. Hyatt
Salizylsäure	1873	H. Kolbe
Indigo	1875	A. v. Baeyer
Helium	1895	W. Ramsay
Aspirin	1899	M. Dreser
Kalkstickstoff	1899	A. Frank
Bakelit	1909	L.H. Baekeland
Kohleverflüssigung	1911	F. Bergius
Insulin	1922	F.G. Banting, C.H. Best
Penicillin	1928	A. Fleming
DDT	1939	P.H. Müller

lich auf pflanzlicher Basis: entweder als Pottasche (Kaliumcarbonat) aus Holz oder aus Seepflanzen als Barilla und Kelp (Natriumcarbonat). Das änderte sich, als Nicolas Leblanc (*1742, †1806) 1791 in Frankreich ein Verfahren patentieren ließ, das den Beginn der chemischen Industrie markiert: Bei seinem Sodaverfahren wird Soda aus Salz, Schwefelsäure, Kalk und Kohle hergestellt. Das Verfahren hielt in England zunächst nur langsam Einzug: Das Angebot pflanzlichen Sodas war groß, die Salzsteuer hoch und die Sodafabrik ein rechter Umweltverschmutzer – das Abfallprodukt Chlorwasserstoff wurde einfach durch den Schornstein gejagt. Doch mit fallenden Sodapreisen wurden dann auch Glas- und Baumwollwaren billiger. Heute findet vorwiegend das 1861 entwickelte Ammoniak-Soda-Verfahren nach Solvay Anwendung.

Salpetersäure

Natürlich kommt Salpetersäure nur in Form ihrer Salze vor, der Nitrate. Reine Salpetersäure ist eine farblose Flüssigkeit. Wegen ihrer stark oxidierenden Wirkung löst sie die meisten unedlen Metalle und auch Silber, nicht jedoch Gold und Platin. Deshalb nannte man sie früher auch Scheidewasser. Heute dient sie überwiegend der Herstellung von Nitratdüngemitteln. Industriell wird sie in der Regel nach dem Ostwald-Verfahren hergestellt, also durch katalytische Oxidation von Ammoniak, und zwar in drei Schritten: Im ersten erfolgt die Oxidation zu Stickstoffmonoxid, im zweiten die Oxidation zu Stickstoffdioxid, das dann im dritten mit Wasser und bei Anwesenheit von molekularem Sauerstoff zu Salpetersäure umgesetzt wird.

Ammoniak

Der Verbrauch an Düngemitteln war in den letzten Jahrzehnten des 19. Jahrhunderts in Deutschland stark angestiegen. Nachschub lieferten die großen Kalisalzvorkommen, und auch Phosphatdünger gewann man aus heimischen Quellen. Doch bei Stickstoffdünger gab es einen Engpass. So bemühte man sich um Verfahren, Dünger aus Luftstickstoff zu produzieren. Zu Beginn des Ersten Weltkriegs hatten 3 Verfahren die industrielle Reife erlangt. Doch 2 davon benötigten Energie in großen Mengen. Schließlich setzte sich das Haber-Bosch-Verfahren durch und blieb bis heute das wichtigste zur Herstellung von Stickstoffdünger. Die Synthese von Ammoniak aus Wasserstoff und Luftstickstoff war Fritz Haber (*1868, †1934) schon 1909 gelungen – bei hohen Drücken und Temperaturen; Carl Bosch (*1874, †1940) löste die damit verbundenen technischen Probleme, und 1913 war das Verfahren industriereif. Freilich produzierte man damit dann erst einmal keinen Dünger, sondern – Sprengstoff für die Fronten im eben begonnenen Krieg.

Rechnen mit Mechanik

Die Zeit schien reif für die Rechenmaschine. Jedenfalls gab es im 17. Jahrhundert gleich mehrere Konstruktionen dieser Art: In Tübingen baute Wilhelm Schickard (*1592, †1635) 1623 die erste mechanische Rechenmaschine. Sie konnte addieren und subtrahieren, multiplizieren und dividieren, verbrannte aber noch im gleichen Jahr. Blaise Pascal (*1623, †1662) baute 1642 eine Maschine für Addition und Subtraktion. Leibniz entwarf 1671 eine Rechenmaschine für Multiplikation und Division. In ganz neue Dimensionen aber stieß Charles Babbage (*1792, †1871) 1833 mit seiner »analytical engine« vor, die das Grundkonzept aller modernen Rechenautomaten vorwegnimmt: die Programmierbarkeit für beliebige Aufgaben. Er verwendete bereits Lochkarten, und seine Maschine verfügte schon über Speicher, Steuerung und Rechenwerk. Freilich wurde sie nur in einzelnen Komponenten gebaut und nie als Ganzes realisiert.

Transatlantischer Prioritätenstreit

Wie weit Babbage seiner Zeit voraus war, zeigt eindrucksvoll ein Datum: Erst in den 40er-Jahren des 20. Jahrhunderts wurde sein Computer Wirklichkeit: als frei programmierbare Maschine mit Speicher, Steuerung und Rechenwerk. Während des Zweiten Weltkriegs gelang die Entwicklung verschiedenen Konstrukteuren unabhängig voneinander. Dafür sorgte schon die Zugehörigkeit zu damals verfeindeten Ländern. Erst nach dem Kriege konnten Technikhistoriker die Priorität klären. Sie kürten Konrad Zuse (*1910, †1995) zum Erfinder des Computers: Er hatte seine Rechenmaschine von 1941 mit Relais verwirklicht. Ab 1942 arbeitete dann eine amerikanische Gruppe im Auftrag der US Army am elektronischen Rechner ENIAC, der 1946 fertig gestellt wurde.

Kommunikative Welt: Technik überwindet Grenzen

Zeit	Ereignis	Urheber
1885	Transformator	Stanley
1887	Schallplatte	Berliner
1891	Elektroautomobil	USA
1893	Photozelle	Elster, Geitel
1897	Kathodenstrahlröhre	Braun
1905	Richtantenne	Marconi
1906	Bildübertragung mit braunscher Röhre	Dieckmann, Rosing
1907	Farbfotografie	Lumière
1910	Fernsehvorführung auf der Weltausstellung (Brüssel)	Ruhmer
1913	Fließband	Ford
1913	Ammoniaksynthese	Haber, Bosch
1914	Fernschreiber	Kleinschmidt
1920	erste Rundfunksender in den USA	
1921	Magnetron zur Erzeugung von Mikrowellen	Hull
1923	Rundfunk in Deutschland	
1929	Elektronenzählrohr	Geiger, Müller
1930	vollelektronische Bildübertragung	von Ardenne
1931	Telexsystem	Bell Laboratories
1933	Elektronenmikroskop	Ruska
1934	Nylonherstellung	Carothers
1935	Radargerät	Watson-Watt
1937	Xerographie	Carlson

Chips sorgen für Hochleistung

Als die ersten Chips auf den Markt kamen, trugen die millimeterkleinen Siliziumscheibchen gerade 10 Schaltelemente. Mit jeder neuen Chipgeneration stieg diese Zahl sprunghaft an, und heute sprechen wir über die Integration von Millionen Schaltungen auf den dünnen Plättchen. Integration bedeutet, dass auf einem einzigen Siliziumscheibchen sehr komplexe Schaltungen untergebracht sind, die den Chip zu großen Steuer-, Speicher- und Rechenleistungen befähigen. Diese hohe Integration erreicht man heute auch durch neue Baustrukturen, indem man integrierte Schaltungen z. B. plastisch auslegt statt nur flach wie zu Anfang.

Bits & Bytes

Was auch immer wir einem Computer zu lesen, zu rechnen geben: Er übersetzt es in Bits, denn nur damit kann er in seiner elektronischen Welt etwas anfangen. Das Bit ist die kleinste Informationseinheit, mit der Computer arbeiten, so sind sie konstruiert: Ein Bit – binary digit, also Binärzahl – kann nur einen von 2 Werten annehmen, nämlich 0 oder 1, ja oder nein. Das passt genau zum Computer, denn der kann in seinen zahlreichen elektronischen Schaltungen auch nur zwischen 2 Zuständen unterscheiden: Strom ein und Strom aus, was genau einem Bit entspricht. Deshalb verschlüsseln wir seine Informationen binär. Um komplexere Informationen darzustellen, schließt man jeweils 8 Bit zu einem Byte zusammen, das dann eine Folge von Elementarinformationen darstellt. In solchen Bytes werden alle Eingaben kodiert; allen Buchstaben und Befehlen auf der Tastatur des Computers entspricht eine solche Folge von 8 Bit. Umgekehrt bekommt der Drucker vom Computer in Bytes mitgeteilt, was er für uns bequem lesbar in Buchstaben und Ziffern ausdruckt.

Winzlinge steuern gewaltige Technik

Unübersehbar markiert der Mikroprozessor den Anfang der Mikrotechnik und damit einen weiteren Technologiesprung in der Nachfolge des Transistors. Mehr noch als dieser wurden Chips zu Symbolen einer neuen Ära, hochstilisiert zu Schöpfern schöner neuer Technikwelten und als Jobkiller verteufelt. Äußerst klein und billig, lassen sie sich überall einbauen, steuern sie beliebige technische Abläufe. Ihre Herstellung gelang 1969, schon 1971 kamen die ersten Mikroprozessoren auf den Markt. Mikroelektronik machte es möglich, das Herzstück jedes Computers – die Zentraleinheit – auf einem Chip zu integrieren. Verbesserte Typen begannen ab 1974 ihren Siegeszug in Werkzeugmaschinen und Robotern, Heimcomputern und Kraftfahrzeugen.

Hilfestellung für Rechner

Der Aufstieg der Computer brachte auch einer anderen Disziplin Aufschwung: der Numerischen Mathematik. Denn die analysiert genau das, was elektronische Rechenanlagen konstruktionsbedingt machen, nämlich das näherungsweise Lösen rechnerischer Probleme mit Algorithmen. Vom Computer aus betrachtet ist das deshalb wichtig, weil solche Algorithmen seiner Art zu rechnen gemäß sein müssen – und die unterscheidet sich gewaltig von unserer. Technisch bedingt kann ein Computer nur eine bestimmte Anzahl von Dezimalstellen berücksichtigen, wenn er Zahlen darstellt. Prinzipiell und unvermeidbar unterlaufen ihm also Rundungsfehler; und weil er nicht beliebig viele Rechenschritte ausführen kann, macht er auch noch Abbruchfehler. Die aber können sich so sehr aufschaukeln, dass das Resultat mit dem wirklichen Ergebnis bei exakter Rechnung nichts mehr gemein hat. Deshalb untersucht die Numerische Mathematik Algorithmen darauf, ob sie tauglich für Rechner sind und ob man dem Endresultat trauen darf.

2 große Theoretiker

Im Jahre 1948 veröffentlichte **Norbert Wiener** (*1894, †1964) ein schmales Büchlein, mit dem er gleichwohl eine ganze Wissenschaft begründete: die Kybernetik. Aus der Sicht von Ingenieuren geht es dabei um Fragen der Steuerungs- und Regelungstechnik. Sie hat tatsächlich auch eine Wurzel in technischen Problemen der Übertragung und Verarbeitung von Information, wie sie beim Aufbau der Fernsprechnetze zu lösen waren. Doch Wiener ging weiter: Er hatte bemerkt, dass man das ganz analog auf lebende Organismen und soziale Systeme übertragen kann. Die Kybernetik liefert also abstrakte mathematische Formalismen, die das Verhalten komplexer Systeme beschreiben. Das können Computer sein, aber ebenso der Stoffwechsel des Menschen. Wichtig dabei ist Rückkopplung, womit sich solche Prozesse selber steuern. Wiener sah übrigens genau voraus, was wir derzeit als Folgen des Informationszeitalters erleben. Seine Skepsis, ob die Menschheit mit den neuen Techniken wohl auch zu menschenwürdigen Daseinsformen finde, ist bisher nicht widerlegt.

Als 1946 an der Universität von Pennsylvania ENIAC den Betrieb aufnahm, war das auch der Erfolg von **John von Neumann** (*1903, †1957). Als Väter dieses elektronischen Rechners, gebaut im Auftrag der US-Armee, gelten zwar John Presper Eckert (*1919) und John William Mauchly (*1907, †1980). Doch John von Neumann, der Mathematiker und große Theoretiker in der Computergeschichte, war wesentlich daran beteiligt. Er entwickelte damals das Konzept des programmgesteuerten elektronischen Rechners, bis heute als Von-Neumann-Architektur ein fester Begriff der Computerwelt. ENIAC brauchte übrigens eine Fläche von 140 m² und wog 30 t. Die Maschine umfasste 18 000 Elektronenröhren und 50 000 Schaltungen. Sie benötigte die gleiche Menge Strom wie 3 U-Bahn-Linien. Damit bewältigte sie 300 verschiedene Rechenoperationen oder 5000 Additionen in einer Sekunde.

Schlüpfriges aus dem Computer

Ganz verzichten auf den Windkanal wollen die Autobauer zwar noch nicht, doch schon heute rechnen sie vieles auf Computern durch, worüber früher nur ein realistisches Modell des fertigen Produkts Auskunft geben konnte: beispielsweise Windschlüpfrigkeit. Simulation spart Zeit und Geld. Deshalb optimieren Planer heute komplette Fabriken in Rechnern, bevor noch ein Spatenstich erfolgt ist. So kann man schon früh günstige Fertigungsprozesse erkennen und dann in die endgültigen Pläne umsetzen. Wie weit das trägt, ist noch nicht klar. Allgemein in Fragen der Aerodynamik, aber auch im Wasserbau wird viel simuliert. Denn hier hat man es meist mit komplizierten Gleichungen zu tun, die sich elementar nicht lösen lassen. Allerdings prüft man beim Bau von Flusskraftwerken etwa häufig noch immer mit dem vertrauten realistischen Modell, welche Strömungsverhältnisse dieser oder jener Eingriff mit sich bringt.

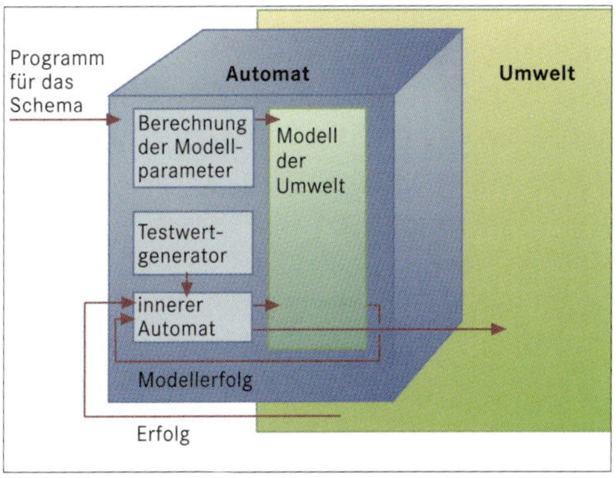

Kybernetik: Blockdarstellung eines lernenden Automaten mit innerem Modell der Umwelt. Die Pfeile geben die Richtungen der wichtigsten Informationsflüsse an.

Multimedia – Opium fürs Volk?

In den frühen 1980er-Jahren machte sich ein neues Schlagwort in Computerkreisen breit: Multimedia. Was das eigentlich sei, war zwar nirgends völlig klar gesagt, was den raschen Aufstieg zum Liebling der elektronischen Alltagskultur aber keineswegs hemmte.

Ganz allgemein bezeichnet Multimedia das Zusammenwirken, ja sogar Verschmelzen zuvor klar getrennter Bereiche wie Telekommunikation, Computer und Unterhaltungselektronik in einem Multimediasystem. Überspitzt ausgedrückt: Der heimische PC dient zur Belustigung mit Computerspielen und Videoclips, steuert die Telefonanlage, und gelegentlich rechnet sogar jemand damit oder schreibt einen Text. Mit eher technischen Termini gesprochen: Multimedial aufbereitete Informationen enthalten nicht nur Zahlen und Text, sondern auch Ton und Bilder, diese sogar in bewegter Sequenz. Der Bequemlichkeit des Nutzers dienen komfortable Menüs, mit deren Hilfe er sich ohne große technische Kenntnisse sicher durch multimediale Landschaften bewegen kann.

Welten im Netz

Nach Vorstufen zunächst im militärischen, dann im wissenschaftlichen Bereich erfand der Wissenschaftler Tim Berners-Lee (*1955), was heute die Welt bewegt: WWW. Während eines Forschungsaufenthalts 1989 am Europäischen Kernforschungszentrum CERN in Genf knüpfte er die ersten Knoten zum World Wide Web. Das schlichte Kürzel WWW hat es freilich in sich, denn die 3 Buchstaben definieren einen Standard zur weltweiten Verknüpfung von Daten über das Internet. Berners-Lee ging es damals eigentlich nur um eine Plattform für den raschen Austausch wissenschaftlicher Daten. Doch schon bald stürzte sich eine rasch wachsende Gemeinde auf das Internet, und heute sind Hunderte Millionen Dokumente im Hypertext-Format durch Links verknüpft. Das ursprüngliche Problem der Verknüpfung von Daten via Internet lag nicht in Standards für Hard- oder Software, sondern für die Daten selbst. Heute arbeitet ein offenes Forum daran, diese Datenstandards weiterzuentwickeln, um das ganze Potenzial des Netzes zu entfalten.

KI – Intelligenz wird künstlich

Schlechter hätte man den Begriff gar nicht wählen können, klagen die Experten – um hinterher umso eifriger über die künstliche Intelligenz zu debattieren. Die Skrupel rühren aus den Missverständnissen, welche die Übertragung dieses als zutiefst menschlich empfundenen Attributs auf Maschinen hervorruft. Nun sind Maschinen auf den meisten Gebieten zwar noch weit davon entfernt, solche Eigenschaften für sich beanspruchen zu können. Und wo sie besser sind als der Mensch, arbeiten sie meist nach völlig anderen Regeln. Trotzdem hätte der Theoretiker die Begriffe gerne geklärt. Der Praktiker sieht hinter der schillernden Fassade künstlicher Intelligenz ohnehin nichts weiter als Computerprogramme, wenn auch bisweilen beliebig komplizierte. Diese versucht er dann zu optimieren: damit Maschinen noch besser Flugzeuge steuern; damit sie Bilder und Sprache genauer erkennen; damit Maschinen komplizierte Fehlerdiagnosen an anderen Maschinen durchführen können. Der Flaschenhals für weitere Sprünge nach vorn liegt derzeit in mangelnder Rechnerleistung: Die Computer sind noch immer nicht gut genug.

4 Stufen zur automatischen Fabrik

Manufaktur

Mit dem Aufstieg der Städte tauchten ab dem 12. Jahrhundert freie Lohnarbeiter in größerer Zahl auf. Sie verdingten sich in verschiedenen Berufsgruppen, und mit dem Entstehen von Manufakturen setzten sich neue Produktionsweisen durch: Die alte Einheit von Herstellen und Verkauf verschwindet zusehends. Zwar bleibt das Handwerk selbstständig, es wird aber mehr und mehr zum reinen Zulieferer, dessen Produkte der starke Kaufmannsstand dann überregional vermarktet. Bei Übergang zum Manufakturwesen wurden vor allem die Textilarbeiter zu einer Art Proletariat, während Bergleute an Freiheit und Ansehen gewannen. Wie folgenschwer die Entwicklung war, zeigt sich auch daran, dass noch zur Zeit der industriellen Revolution die Manufaktur als synonymer Begriff neben der Fabrik stand.

Webstuhl

Immer gleiche Handgriffe bestimmen das Weben. So lag die Idee eines mechanischen Webstuhls im 17. Jahrhundert eigentlich in der Luft. Ein Wasserrad z.B. konnte die Maschine antreiben, und genug Abnehmer für Textilien gab es auch. Neben dem Antrieb war aber vor allem die automatische Steuerung interessant. So baute 1745 Jacques de Vaucanson (*1709, †1782) einen automatischen Musterwebstuhl. Diesen perfektionierte 1805 der französische Seidenweber Joseph-Marie Jacquard (*1752, †1834). Nadeln tasten hier Pappkarten mit Lochkombinationen ab, die das abzuarbeitende Programm darstellen. So vermied man nicht nur Musterfehler ermüdeter Arbeiter, man sparte diese selbst gleich ganz ein. Was prompt zum Aufstand führte: Webstühle wurden zur Zielscheibe der aufgebrachten Arbeiterschaft.

Werkzeugmaschine

Der Londoner Mechaniker Joseph Bramah suchte 1789 einen Handwerker und fand Henry Maudslay. Der stieg schnell zum Werksleiter auf und erkannte ein brennendes Problem: Präzisionsteile aus Metall sind mit handwerklichen Methoden nicht genügend genau herstellbar. Das war aber mittlerweile nötig, um geeignete Werkzeuge und Maschinen etwa für die Produktion von Sicherheitsschlössern zu

Hinein in die Automation: Technik denkt mit

Zeit	Ereignis	Urheber
1938	»Z 1«-Rechner mit Binärcode	Zuse
1941	Programmgesteuerter Rechner »Z 2« (3000 Relais)	Zuse
1942	Kernreaktor	Fermi
1946	Elektronenrechner ENIAC	Eckert, Mauchly
1948	Transistor	Bardeen, Brattain, Shockley
1949	elektronischer Rechner mit Programmspeicher (BINAC)	USA
1951	Herz-Lungen-Maschine	André-Thomas
1954	Solarzelle	Pearson, Fuller, Chaplin
1955	Glasfasern (Lichtleitfaser)	Kapany
1956	erste kommerzielle Computer-Festplatte	Johnson
1960	Laser	Maiman
1962	erster Industrieroboter installiert	General Motors
1965	erster Synthesizer	Moog
1969	Mikroprozessor (Chip)	Hoff
1971	erster Taschenrechner	Texas Instruments
1972	Entwicklung der Computertomographie	Cormack, Hounsfield
1973	Scanner	Hounsfield
1974	programmierbarer Taschenrechner	Hewlett Packard
1978	Diskettenlaufwerk für PC	Apple
1981	Solarkraftwerk »Solar One« geht ans Netz	Kalifornien
1982	Entwicklung der Kernspintomographie	
1983	Maus und Menüsteuerung für PC	Apple
1988	ISDN	
1991	CD-ROM als Speichermedium	
1993	erster Kühlschrank ohne FCKW und FKW	Deutschland
1994	erster europäischer Neurocomputer	Siemens
1996	Kraftfahrzeuge mit Wasserstoffantrieb	Deutschland

Mit Schrauben auf die schiefe Ebene

Maschinen verrichten Arbeit. Weil sie das Leben erleichtern, benutzte sogar der Mensch der Frühzeit schon einige mit Erfolg. Allerdings nicht von der Art, an die wir heute meist denken. Er bediente sich 6 einfacher physikalischer Prinzipien: Hebel und Keil, Rolle und Winde, Schraube und schiefe Ebene. Diese einfachen Maschinen wandeln Kräfte um oder verändern die Wirkrichtung von Kräften. Übrigens nutzen auch fast alle komplizierten Maschinen diese einfachen Prinzipien. Selbst alltägliche Werkzeuge funktionieren so: Die Zange als Hebel, die Axt als Keil; sogar die Schraube, denn sie gehorcht dem Prinzip der schiefen Ebene, die hier gleichsam auf einen Zylinder aufgerollt ist.

bauen. Er dachte deshalb daran, die Handarbeit zu ersetzen: Nicht mehr die Hand sollte das Werkzeug führen, sondern eine Maschine. Maudslay eröffnete 1797 seine eigene Werkstatt und baute eine Schraubenschneidemaschine. Sie diente ihm v. a. als Mittel, Gewindespindeln in beliebigen Stückzahlen stets gleich präzise zu schneiden. Solche aber findet man in allen Werkzeugmaschinen, die als Lieferanten von Teilen für den Maschinenbau als Mutter aller Maschinen gelten.

Fließband

Als Henry Ford (*1863, †1947) 1906 Autos in größerer Stückzahl herstellte, waren Standardisierung und Normierung in der amerikanischen Automobilindustrie weit fortgeschritten. Ford trieb den Prozess noch weiter mit seinem legendären Modell T. Im Jahre 1910 eröffnete er in Detroit eine Fabrik mit eigens entwickelten Maschinen, die jeweils nur einen Arbeitsvorgang erledigten, diesen dafür aber sehr schnell und präzis. Dabei setzte er auch Techniken ein, die bis dahin in der Autoindustrie nicht üblich waren. Das war ihm freilich noch nicht perfekt genug, er stieß sich an der Montage in Arbeitsgruppen. Als er nun sehr hohe Stückzahlen produzierte, übertrug er den von Schlachthöfen schon bekannten Serienbetrieb auf Autos. Im Jahre 1914 war das gesamte Ford-Werk auf Fließbandmontage umgestellt.

Sensorik

heißt ein Schlüssel zu größerer Autonomie von Robotern. Vor einigen Jahren priesen britische Entwickler ein neues Sensorsystem, mit dem sie am Geruch 4 Whiskysorten unterscheiden konnten. Die Angelegenheit ist durchaus ernsthaft – weltweit arbeitet man an künstlichen Nasen. Denn mit solchen miniaturisierten Analysegeräten lassen sich endlich auch Geruchsprüfungen automatisieren. In der Kosmetik- und Lebensmittelindustrie etwa gibt es dafür Bedarf. Eine Reihe von Systemen kann mittlerweile verschiedene Düfte erfassen, sie in elektrische Signale umwandeln und mit gespeicherten Geruchsmustern vergleichen. Eine deutsche Entwicklung übrigens weiß abgestandenes von frisch gezapftem Bier zu unterscheiden. Ob diese technische Nase auch für britische Roboter taugt?

Roboter als willige Werker

Dem alten Traum vom willigen und präzisen Sklaven kam die Menschheit wenigstens ein kleines Stückchen näher, als 1958 in den USA der erste Prototyp eines Industrieroboters gebaut wurde. Freilich waren die ersten Exemplare noch nicht besonders flexibel: Vor allem für einfache Transportaufgaben waren sie gedacht, auch zum Hantieren mit heißen Gussformen. Sie arbeiteten streng nach Programm und waren nicht in der Lage, auf Veränderungen in ihrer Umgebung zu reagieren. Mit solchen Fähigkeiten waren dann zunehmend die Maschinen der nächsten Generation versehen, die man hierfür mit Sensoren ausstattete. Sie sind in großer Zahl im Einsatz, beispielsweise zum Schweißen und Lackieren. Nun entwickeln Ingenieure Roboter der dritten Generation. Sie sind zum Teil frei beweglich, können eigenständig Hindernisse umgehen und sogar an Fassaden hochklettern.

Wissenschaft und Leben

Technik erzeugt heute mit Computern und Robotern eine Art künstliches Leben. Mit technischen Apparaten sind wir gleichzeitig dem Rätsel dessen auf der Spur, was wir bislang unter

Leben verstanden. Dazu führte der Amerikaner Stanley L. Miller (*1930) Anfang der 1950er-Jahre ein simples Experiment durch, um zu erklären, wie das Leben einst in die Welt kam: Er füllte Wasser in einen Glasballon; schichtete darüber eine Atmosphäre aus Methan, Ammoniak und Kohlendioxid, erzeugte durch Erhitzen Wasserdampf und damit ein Gemisch, das der irdischen Uratmosphäre glich. Da hinein leitete er nun elektrische Entladungen und fand in der abgekühlten Flüssigkeit Aminosäuren und Eiweißstoffe, Zucker und Fettsäuren und viele andere Moleküle, die für Leben in unserem Sinne nötig sind. Blitze könnten also in der Frühzeit der Erde komplexe Moleküle gebildet haben, die sich dann in günstigem Milieu teilen und weiter wachsen konnten: ein denkbarer Prozess für die erste Stufe des Lebens.

Zwischen Bangen und Hoffen

So richtig in Schwung kam die Gentechnik, nachdem die amerikanischen Biologen Stanley Cohen (*1922) und Henry Boyer (*1918) 1973 eine Methode erfunden hatten, mit der sich fremde Gene in Bakterien einschleusen lassen. Damit wurde es, im Prinzip zumindest, möglich, Bakterien fast beliebig zu manipulieren und sie etwa zur Produktion begehrter Biomoleküle zu veranlassen. Dazu fügt man einem ringförmigen Bakterienchromosom an geeigneter Stelle ein menschliches Gen ein und bringt das veränderte Plasmid wieder ins Bakterium. Dann kann sich das fremde Gen dessen Stoffwechsels bedienen, um den ihm zugeordneten Stoff zu produzieren. So erzeugt man körpereigene menschliche Wirkstoffe wie Insulin oder Interferon. Zwar hat sich die große Euphorie der letzten Jahre noch nicht erfüllt. Dennoch erscheint die Gentechnik als Werkzeug von großer Tragweite, auch in der Pflanzenzucht und der Produktion von Lebensmitteln. Die Widerstände dagegen gründen meist in der Angst vor möglichen Risiken. Doch dahinter provoziert auch die Gentechnik den forschenden Geist zur Frage danach, wie der Mensch Leben überhaupt in Zukunft bewertet.

Dolly, das Klonschaf

Im Februar 1997 stürzte ein blökendes Schaf in Edinburgh ein zentrales Dogma der Entwicklungsbiologie: Dolly war das erste klonierte Säugetier. Den Forschern war es gelungen, Dolly aus dem Erbgut einer ausdifferenzierten Euterzelle zu erzeugen, womit das Schaf die genetisch identische Kopie seiner genetischen Mutter, d. h. der Euterzellenspenderin, ist. Das war etwas, was Biologen bis dahin für unmöglich gehalten hatten. Die Wissenschaftler wollen mit dieser Technik transgene Tiere produzieren, die der Herstellung von Medikamenten dienen sollen. Die ethischen Dimensionen des Experiments, das Schreckensszenario menschlicher Klone, lösten weltweit Diskussionen über den verantwortungsvollen Umgang mit neuen biomedizinischen Techniken aus.

Genomforschung

Die Erforschung des menschlichen Genoms hat entscheidende Fortschritte gemacht. Wissenschaftler des so genannten Humangenomprojektes, das 1990 von der Human Genome Organization (HUGO) gestartet wurde, gaben Ende November 1999 bekannt, dass an der britischen Universität Cambridge mit den 33,4 Millionen Basen des Chromosoms 22 das erste menschliche Chromosom vollständig entschlüsselt worden war. Anfang Mai 2000 gelang einem deutsch-japanischen Konsortium, darunter Forscher des Deutschen Humangenomprojekts (DHGP), die vollständige Entschlüsselung des genetischen Codes von Chromosom 21, des kleinsten der 23 Chromosomenpaare des Menschen.

Als Träger der aus DNS bestehenden Gene sind die Chromosomen für die Übertragung der Erbinformation verantwortlich. Besonderes Interesse gilt dabei Genen, die Krankheiten verursachen. Auf Chromosom 22 vermutet man mindestens 35 Gene, die an Erbkrankheiten beteiligt sind, z.B. bei Krebs, Schizophrenie, Herzfehlern, Ernährungsstörungen oder Lern-

An der Wurzel des Übels

Mehr als 4000 genetisch bedingte Krankheiten sind beim Menschen bekannt. Was liegt näher, sagen viele Gentechniker schon seit geraumer Zeit, als solche Defekte gleich an der Wurzel zu therapieren. Erste gentherapeutische Eingriffe an Menschen nahm man in den USA schon 1990 vor, in Deutschland 1994. Theoretisch genügt es bei einem Defekt, die dafür verantwortlichen Gene in den betroffenen Zellen und Organen zu ersetzen. Gelungen ist das beispielsweise bei einem Defekt des Immunsystems. Mit den gleichen Methoden kann man aber auch in der Keimbahn Zellen bearbeiten und so in sich bildendes Leben eingreifen. Gerade die technischen Möglichkeiten der Genetik im Verbund mit der Reproduktionsmedizin, also etwa künstliche Befruchtung außerhalb des Mutterleibs, öffnen der Manipulation von Leben ein weites Tor. Was ist künstlich, was bleibt Natur?

schwächen. Erbanlagen auf Chromosom 21 sind für verschiedene Formen von alzheimerscher Krankheit, von Muskellähmung und von Epilepsie verantwortlich.

Die Entzifferung der restlichen 21 Chromosomen bzw. des gesamten menschlichen Erbguts, die als wichtiger Schritt auf dem Weg zur Bekämpfung von Erbkrankheiten gilt, sollte ursprünglich bis spätestens zum Jahr 2002 vollendet sein. Aber bereits am 26. 6. 2000 gaben amerikanische Wissenschaftler, unter ihnen der Entdecker der Doppelhelix der DNS, James Watson (*1928), und der Chef des Unternehmens »Celera Genomics«, Craig Venter (*1947), bekannt, dass die Entschlüsselung des menschlichen Erbguts weitgehend abgeschlossen sei. Inzwischen soll die Sequentierung von insgesamt mehr als 90 Prozent der 3,1 Milliarden Basenpaare gelungen sein, aus denen das menschliche Genom besteht.

*Ein **Genom** ist der einfache Chromosomensatz einer Zelle, der deren Erbmasse darstellt.*

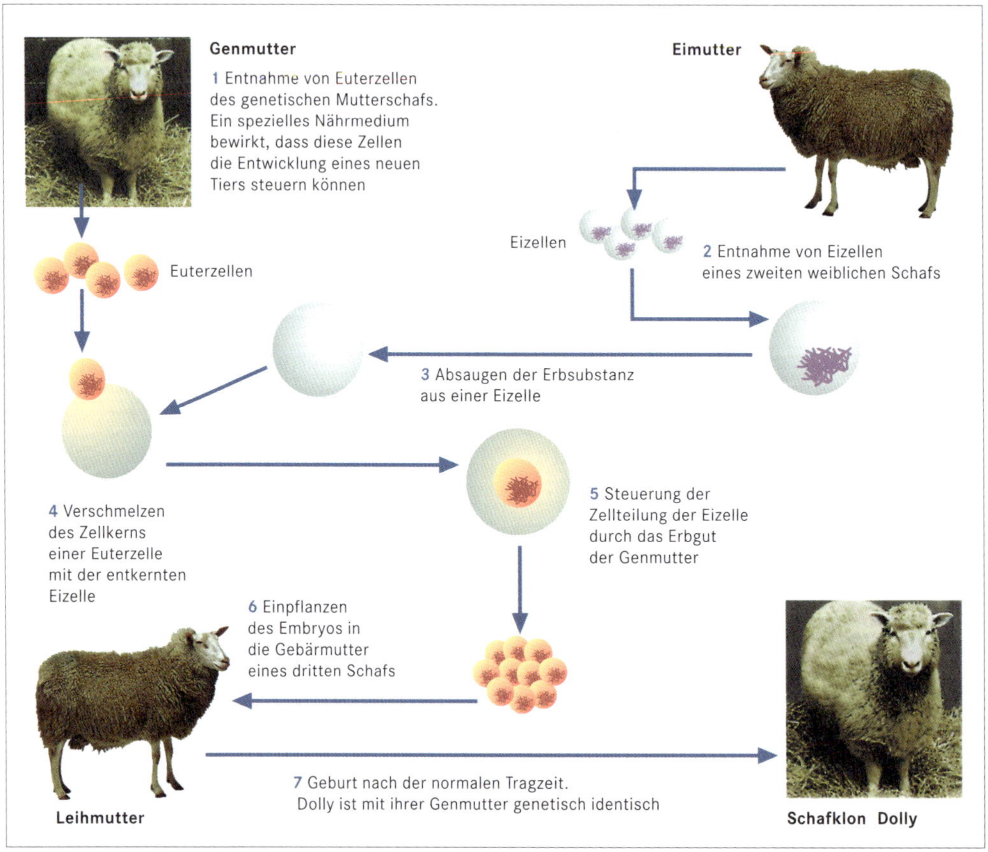

Welt der Zahlen

Vom Fingerzählen zum Chipkalkül

Vermutlich benutzten die ersten zählenden Menschen das gleiche Werkzeug wie noch heute jedes Kind: ihre Finger. Im Normalfall 10 an der Zahl, kann man da den Ursprung unseres vertrauten Dezimalsystems vermuten. Allerdings verwendeten schon frühe Hochkulturen auch andere, komplizierte Zahlensysteme. Jedenfalls aber stand zunächst die Praxis im Vordergrund: Man zählte Dinge, vermaß Ackerflächen und berechnete Abgaben. Auch als sich die abstrakte Mathematik entwickelte, diente sie weiterhin profanen Zwecken, wofür die Menschheit immer bessere Werkzeuge entwarf. Bisheriger Höhepunkt ist der Computer, ursprünglich zum Abarbeiten großer Zahlenmengen konstruiert. Tief in seinem Innern freilich zählt der Rechner selbst bei Text und Grafik, wobei er gleichsam nur zwei Finger benutzt.

Zahlen seit der Steinzeit

Schon in der Jungsteinzeit zählten Menschen, wie die Archäologen uns berichten. Viehzüchter und Nomaden bestimmten so die Größe ihrer Herden, benannten auf diese Weise Entfernungen. Überdies waren einfaches Addieren und Subtrahieren nützlich beim Tauschhandel mit sesshaften Ackerbauern: Vieh gegen Feldfrüchte oder Handwerkliches. Anders als heute hingen die benutzten Zahlwörter aber eng mit den gezählten Gegenständen zusammen, konnten also für die gleiche Anzahl Bäume oder Vieh ganz verschieden lauten. Erst später entwickelten sich abstrakte, von den gezählten Dingen losgelöste Zahlwörter und Zahlzeichen.

Wie drei Hirten Herden zählen

Was tun, wenn man nur zehn Finger, aber mehr Tiere in seiner Herde hat? Trotzdem konnten unsere frühen Vorfahren bereits sehr große Herden zählen. Ganz ähnlicher Methoden bedienten sich übrigens bis in die Gegenwart manche Nomadenstämme. So stellen sich etwa bei einer Zählweise drei Personen an das Gatter, durch das die Herde getrieben wird: Die erste zählt an ihren Fingern die durchlaufenden Tiere ab; die zweite zählt, wie oft die erste jeweils bis zehn kam; die dritte endlich zählt an ihren Fingern ab, wie oft die zweite beide Hände voll hatte. Theoretisch können die drei Personen also bis 999 zählen.

Die grundlegenden Arten von Zahlen

1. Menge der natürlichen Zahlen: N

Zuerst war der Zahlbegriff auf die zum Zählen geeigneten natürlichen Zahlen (1, 2, 3 ...) beschränkt. Bezeichnen sie eine Anzahl von Dingen oder Elementen, so heißen sie Kardinalzahlen; benennen sie aber die Ordnung der Elemente innerhalb einer Menge (das »erste«, »zweite«, »dritte« Element), dann werden sie als Ordinalzahlen verwendet. Die Summe und das Produkt natürlicher Zahlen ergibt wieder eine natürliche Zahl: Addition und Multiplikation sind also uneingeschränkt ausführbar.

2. Menge der ganze Zahlen: Z

Die Subtraktion als Umkehrung der Addition führt zu einer ersten Erweiterung der natürlichen Zahlen, denn sie erzeugt auch die Null (0) und die negativen Zahlen (–1, –2, –3 ...). Zusammen mit den natürlichen Zahlen bilden sie die ganzen Zahlen. Jede Differenz ganzer Zahlen ergibt wieder eine ganze Zahl, ebenso wie natürlich auch jede Summe und jedes Produkt.

3. Menge der rationalen Zahlen: Q

Um auch die Division als Umkehrung der Multiplikation unbeschränkt ausführen zu können, ist eine Erweiterung der ganzen Zahlen um die gebrochenen Zahlen nötig. Im Bereich der so gebildeten rationalen Zahlen sind nun alle vier Grundrechenarten – also Addition, Subtraktion, Multiplikation, Division (außer durch null) – uneingeschränkt ausführbar.

4. Menge der reellen Zahlen: R

Die Einführung der Rechenoperationen Potenzieren (x^a) und Radizieren (Wurzelziehen, $\sqrt{x}$) verlangt abermals eine Erweiterung. Denn die Auflösung bestimmter algebraischer Gleichungen, wie etwa $x^2 = 2$, führt zu Wurzeln (hier also $\sqrt{2}$), die keine rationalen Zahlen sind. Außer diesen algebraischen Zahlen gibt es noch solche, die nicht als Wurzeln algebraischer Gleichungen darstellbar sind, nämlich die transzendenten Zahlen, so etwa die Kreiszahl π und die eulersche Zahl e (die Basis der natürlichen Logarithmen). Auch sie sind irrationale Zahlen. Die rationalen Zahlen bilden gemeinsam mit den irrationalen die reellen Zahlen.

5. Menge der komplexen Zahlen: C

Auch die reellen Zahlen sind nicht abgeschlossen, denn sie erlauben es nicht, die Wurzel aus einer negativen Zahl zu ziehen. Deshalb definiert man eine imaginäre Einheit $i^2 = -1$, mit der sich imaginäre Zahlen als Wurzel negativer Zahlen bilden lassen. Die Gesamtheit der reellen und der imaginären Zahlen bildet nun den Bereich der komplexen Zahlen, in dem alle Rechenoperationen ohne Einschränkung (außer der Division durch null) ausführbar sind. Dabei setzt sich eine komplexe Zahl $z = a + ib$ zusam-

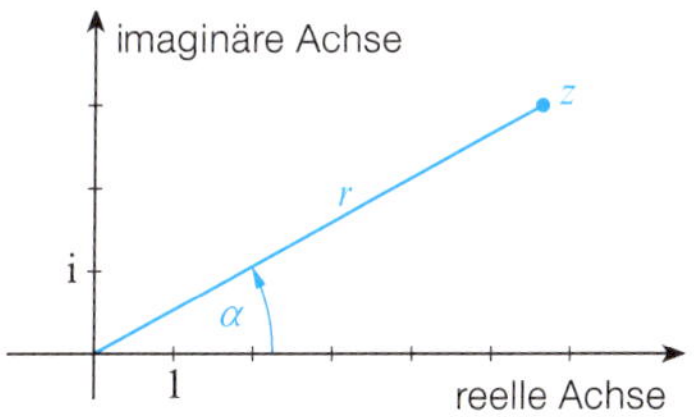

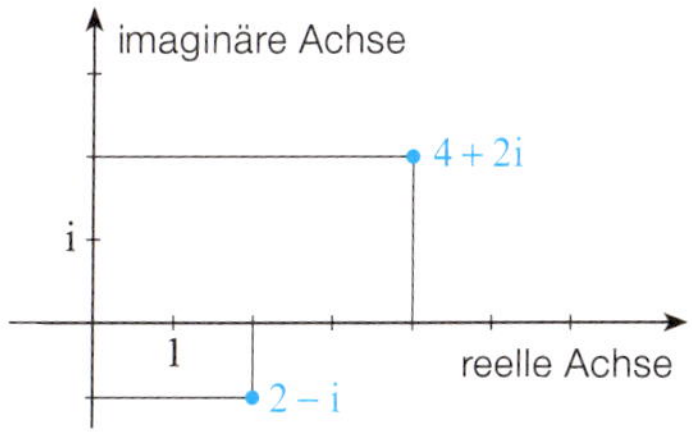

Von links: Darstellung einer komplexen Zahl z und Darstellung der komplexen Zahl z = 4 + 2i und Z = 2 – i in der gaußschen Zahlenebene.

men aus dem Realteil a und dem Imaginärteil ib. Geometrisch lassen sich solche Zahlen als Punkte in einer Ebene (gaußsche Zahlenebene) darstellen. Sonst gelten für komplexe Zahlen dieselben Rechenregeln wie für reelle Zahlen.

6. Hyperkomplexe Zahlen

Im Sinne der Rechenoperationen ist das Zahlenreich mit den komplexen Zahlen eigentlich abgeschlossen. Man kann aber eine vierdimensionale Algebra über dem Körper der reellen Zahlen, die Quaternionen, als Erweiterung der komplexen Zahlen ansehen. Deren Elemente werden als hyperkomplexe Zahlen bezeichnet.

Dedekind macht einen Schritt

Auch Zahlen mussten manchmal recht lange um ihre Daseinsberechtigung kämpfen, wie das Beispiel der irrationalen Zahlen zeigt. Die ersten Versuche im antiken Griechenland, diese Zahlen als reale Möglichkeit zu diskutieren, endeten mit der strikten Ablehnung ihrer Existenz. Und obwohl man dann ab der Renaissance recht unbefangen mit den irrationalen Zahlen rechnete, hatten die Mathematiker noch Mitte des 19. Jahrhunderts keine einleuchtende Erklärung für ihre Natur. Dafür aber existierte eine Zahlenmystik, wie der Leopold Kronecker (*1823, †1891) zugeschriebene Satz zeigt: »Die ganzen Zahlen hat der liebe Gott gemacht, der Rest ist Menschenwerk.« Erst 1872 lieferte Richard Dedekind (*1831, †1916) schließlich eine axiomatische Begründung der irrationalen Zahlen. Sein dedekindscher Schnitt fragt nicht nach ihrem Wesen, sondern erklärt sie als Trennungszahl bestimmter Schnitte auf der Menge der irrationalen Zahlen.

Meilensteine der Zahlentwicklung

Zeit	Zahlenarten	Urheber
10 000 v. Chr.	Zählen	Jungsteinzeit-Menschen
3000 v. Chr.	Erste Zahlzeichen	Mesopotamien, Ägypten
2000 v. Chr.	Bruchzahlen	Sumer, Ägypten
500 v. Chr.	»Unausdrückbare«, irrationale Zahlen	Griechen
ca. 300	Anfänge unserer Ziffern 1, ..., 9	Indien
ca. 300–600	Stellenschreibweise, Null für Leerstelle	Babylon
ca. 700	Negative Zahlen	Indien
1228	Zusammenfassen des antiken/arabischen Wissens	Fibonacci
um 1600	Definitionen reeller Zahlen	Stevin, Descartes
um 1560	Komplexe Zahlen	Cardano, Bombelli
um 1870	Neudefinition der reellen Zahlen	Cantor, Dedekind
1900	Axiomatische Begründung reeller Zahlen	Hilbert
1950	Operative Begründung natürlicher Zahlen	Lorenzen

7 Mathematiker der Antike

Thales von Milet

(*625 v. Chr., †um 547 v. Chr). Die Originalität der ihm zugeschriebenen geometrischen Errungenschaften ist umstritten, da die Fakten im Prinzip bereits in Mesopotamien und Ägypten bekannt waren. Allerdings bemühte Thales sich in seinem Denken um Erklärungen, die nicht im Mythos ruhen, sondern in rationalen Gründen.

Pythagoras

(*570 v. Chr., †um 500 v. Chr). Seine Lehren haben stark religiösen Einschlag, was sich in einer Zahlenmystik manifestiert. So erblickte Pythagoras in den Zahlen das Wesen der Wirklichkeit. Doch steht er im Ruf, die Mathematik von zuvor rein praktischen Anwendungen zur reinen Wissenschaft erhoben zu haben. So war auch sein berühmter geometrischer Lehrsatz bereits viel früher bekannt, Pythagoras aber lieferte vielleicht seinen ersten Beweis.

Zenon von Elea

(*490 v. Chr., †um 430 v. Chr). Der Schüler des Parmenides setzte sich in seinen berühmten vier Beweisen gegen die Möglichkeit der Bewegung mit Fragen der Vielheit und Teilbarkeit auseinander. Der bekannteste Beweis behandelt den Wettlauf des Achill mit einer Schildkröte. Damit griff er vor allem die für ihn zweifelhafte Anwendung der Mathematik auf die Natur durch die Pythagoreer an.

Hippokrates von Chios,

nicht zu verwechseln mit dem berühmten Arzt der Antike, wirkte in der 2. Hälfte des 5. Jahrhunderts v. Chr. in Athen. Neben Einzeluntersuchungen verfasste Hippokrates von Chios die ersten Elemente, in denen er die mathematischen Erkenntnisse seiner Zeit klassifizierte und als einheitliches System vorstellte. Dieses Werk ist original nicht erhalten, es ging vollständig in den später verfassten »Elementen« des Euklid auf, wo es die Grundlage der ersten Bücher bildet.

Demokrit

(*um 460 v. Chr., †zwischen 380 und 370 v. Chr). Er gilt als umfassendster Forscher der griechischen Antike vor Aristoteles und soll zudem über ein enzyklopädisches Wissen verfügt haben. Bei seinen mathematischen Untersuchungen zu Kegel, Zylinder und Pyramide berührte Demokrit auch das Problem des unendlich Kleinen und der Infinitesimalrechnung.

Euklid

lehrte um 300 v. Chr. in Alexandria. In seinem Werk »Die Elemente« fasste er das mathematische Wissen seiner Zeit zusammen. Es gilt als einflussreichstes Mathematikwerk überhaupt, von dem 13 Bücher erhalten sind. Ein 14. und ein 15. Buch wurden später von anderen griechischen Autoren hinzugefügt.

Archimedes

(*um 285 v. Chr., †212 v. Chr). Er gilt als früher Begründer der Infinitesimalrechnung und lehrte die Darstellung beliebig großer Zahlen. Die Zahl π berechnete er ebenso wie Quadratwurzeln, krummlinig begrenzte Flächen und Rotationskörper. Außerdem gab Archimedes Verfahren zur Lösung kubischer Gleichungen an.

... und ewig jagt Achill die Schildkröte

In seinem berühmten Paradoxon lässt Zenon von Elea den Achill gegen eine Schildkröte antreten. Dieser gibt er im Gedankenspiel 10 m Vorsprung und zeigt, dass Achill sie niemals einholen wird, obwohl er doch zehnmal so schnell läuft. Denn, so sein Argument: Hat Achill die 10 m hinter sich, so ist die Schildkröte 1 m weiter; läuft Achill diesen Meter, so ist jene schon wieder 0,1 m weiter; und so fort, bis in alle Ewigkeit. Der Widersinn entsteht, weil Zenon weder die physikalische Teilbarkeit von der idealen mathematischen unterscheidet, noch eine begrifflich klare Trennung zwischen dem unendlich Kleinen und null trifft. Zugleich mathematisch exakt und physikalisch richtig lässt sich das Problem mit den Methoden der Infinitesimalrechnung lösen, die Zenon freilich noch nicht kannte.

Ziffern stellen Zahlen dar

Wer etwas auf dem Kerbholz hat, ist zwar nicht unbedingt Mathematiker. Doch das Einkerben von Zählstrichen ist die einfachste Form, Zahlen darzustellen. Sie lassen sich durch Reihung und Bündelung zu größeren Einheiten zusammenfassen. Gebräuchlich waren auch Knoten und dergleichen, bis später Griechen und Semiten Buchstaben als Ziffern verwendeten. Die heute in weiten Teilen der Welt gebräuchlichen Zahlzeichen sind die zehn arabischen Ziffern. Eigentlich indischen Ursprungs, sind sie über die Araber nach Europa gelangt. Der Mönch Gerbert, späterer Papst Silvester II., führte sie auf den Rechensteinen im Abendland ein, allerdings zunächst noch ohne das Zeichen für die Null. Wegen der Angst vor Fälschungen setzten sie sich aber nur langsam gegen die römischen Ziffern durch, in Deutschland gar erst im 15. Jahrhundert.

Ein wenig Zahlenmystik

Fast alle Völker pflegen ihre Zahlensymbolik. Schon in Babylon und Sumer, Ägypten und Griechenland legten die Menschen bestimmten Zahlen eine fast magische Bedeutung bei, so etwa der 3, 7, 13 und daraus durch Multiplikation gebildeten Produkten wie der 12, 14, 21, 49 oder 70. Sie beherrschen nicht nur den Aberglauben, sondern auch Kulte: Alle 7 Jahre kommt ein Sabbatjahr; man kennt 9 Musen, 12 Tierkreiszeichen, 12 griechisch-römische Hauptgötter und die 12 Stämme Israels; das Christentum hat 12 Apostel Jesu und 14 Nothelfer.

Mathematik und Realität: das Pendel

Die Frage danach, wie sehr die Welt der Zahl die physische Welt um uns widerspiegelt, ist mindestens so alt wie die Mathematik als Wissenschaft: So argumentierte Zenon mit all seiner Spitzfindigkeit gegen das Credo der Pythagoreer, alles sei Zahl. Physiker sehen es meist pragmatischer und nehmen aus der Zahlenwelt das, was zur Beschreibung der Natur nützt. So zum Beispiel auch die imaginären Zahlen, mit deren Hilfe sich die Schwingungen eines Pendels besonders elegant darstellen lassen. Solche Schwingungsformen sind in der Natur weit verbreitet; daher taucht die Zahl i (die imaginäre Einheit) in der modernen Physik sehr häufig auf, sei es nun in Berechnungen elektromagnetischer Erscheinungen oder in der Quantenmechanik, wo Wellenfunktionen das Verhalten atomarer Teilchen beschreiben.

Symbole des elementaren Rechnens

=	gleich
≈	ungefähr gleich
≡	identisch
≠	ungleich
~	proportional
<	kleiner als
>	größer als
≤	kleiner oder gleich
≥	größer oder gleich
+	plus
–	minus
·	mal
:	geteilt durch
±	plus oder minus
√	Wurzel aus
Σ	Summe
Π	Produkt

Meilensteine des Rechnens (Rechenoperationen, Rechenzeichen)

Zeit	Rechenoperation	Urheber
(ca.) 2500 v. Chr.	Lösen von Gleichungen	Babylonier
(ca.) 2500 v. Chr.	Auftreten erster Potenzen	Babylonier, Ägypter
(ca.) 2500 v. Chr.	Erste Beschäftigung mit Quadratwurzeln	Babylonier, Ägypter
(ca.) 450 v. Chr.	Große Buchstaben für Flächen, Linien und Punkte	Griechen
(ca.) 350 v. Chr.	Rechnen mit Ungleichungen	Griechen
(ca.) 300	ς als Zeichen für unbekannte Zahlen	Diophant von Alexandria
(ca.) 1200	Buchstaben als Platzhalter für Zahlen	Leonardo von Pisa, Jordan von Sachsen
1489	Erster schriftlicher Nachweis der Rechenzeichen +, –	Joh. Widmann von Eger
1544	Erste Verwendung von Klammern	Michael Stifel
1544	Erste Vorstellung von Logarithmen	Michael Stifel
1545	Erste Zeichen für Multiplizieren und Dividieren	Michael Stifel
1557	Einführung des Gleichheitszeichens =	Robert Recorde
1631	Einführung von <, > für »kleiner als« und »größer als«	Thomas Harriot
1693, 1694	· und : als Zeichen für Multiplikation und Division	Gottfried Wilhelm Leibniz

Null ist viel mehr als Nichts

Zwar markierten schon die Babylonier die unbesetzten Stellen im Positionssystem mit einer Art Null. Doch als eigentliche Erfinder der Null in unserem Sinne – als kleiner Kreis – gelten die Inder. Vor allem aber sahen sie, dass die Null nicht nur Lückenbüßer ist, sondern eine Zahl, mit der man mathematisch das Nichts zu fassen bekommt. Wir wissen zwar nicht, wann das geschah, doch im 8. nachchristlichen Jahrhundert war das komplette indische Zahlensystem mit der Null in der islamischen Welt bekannt. Mathematisch gesprochen tritt die Null als Ziffer in Positionssystemen auf, um einen nicht bestehenden Stellenwert zu markieren; als Zahl ist sie das neutrale Element für die Addition, da sie beliebige Zahlen unverändert lässt, wenn man null hinzuaddiert. Eine Division durch null hingegen ist nicht definiert.

Römische Zahlen

I	1
VI	6
L	50
C	100
DC	600
II	2
VII	7
LX	60
CC	200
DCC	700
III	3
VIII	8
LXX	70
CCC	300
DCCC	800
IV	4
IX	9
LXXX	80
CD	400
CM	900
V	5
X	10
XC	90
D	500
M	1000

2 grundlegende Zahlensysteme

Die zur Darstellung einer Zahl verwendeten Zahlzeichen bilden mit den Regeln für ihre Zusammensetzung ein Zahlensystem. Danach, wie die Ziffern bewertet werden und nach welchem Prinzip sie angeordnet sind, unterscheidet man Additions- und Stellenwertsysteme.

Additionssysteme

Die dargestellte Zahl ergibt sich in Additionssystemen als Summe der Werte, die ihren einzelnen Ziffern zugeordnet sind. Zu diesem Zahlensystem gehören das ägyptische, das etruskisch-römische, das minoisch-kretische und das aztekische System.

Stellenwertsysteme

Sie werden auch Positionssysteme genannt und funktionieren nach einem völlig anderen Prinzip: Hier kommt jeder einzelnen Stelle einer Zahl ein bestimmter Wert zu. Dieser richtet sich nach der jeweiligen Basis des Zahlensystems, denn jede Stelle repräsentiert den Wert einer anderen Potenz dieser Basis. Besonders wichtig sind das Dualsystem mit der Basis 2 und das Dezimalsystem mit der Basis 10. Stellenwertsysteme hatten die Babylonier (Basis 60), die Maya (Basis 20), ferner gab es solche mit der Basis 10 in Indien, China und auf den Knotenschnüren der Inka.

7 Zahlensysteme alter Hochkulturen

China und Indien

Schriftliche Zeugnisse aus den fruchtbaren Tälern des Gelben Flusses und des Indus bezeugen, dass die frühen Anfänge dezimal aufgebauter Zahlensysteme bis ins 2. Jahrtausend v. Chr. reichen. In China sind seit dem 6. Jahrhundert v. Chr. die Bambus- oder Stäbchenziffern bekannt, die allerdings auf noch viel älteren Systemen aufbauen. In Indien gab es zunächst neben einem dekadischen auch noch ein Vierersystem, bevor sich das reine Dezimalsystem durchsetzte. Durch die Kombination mit dem Stellenwertsystem vollbrachten die Inder eine der frühen Großtaten der Mathematik.

Ägypten

Das ägyptische Additionssystem gründete sich vermutlich von Anfang an auf die Basis 10. Doch gab es für jede Zehnerpotenz ein individuelles Zeichen. Diese Zeichen waren aus der Hieroglyphenschrift entstanden: Die Ziffer 1 symbolisiert ein vertikaler Strich; die 10 wird als Schultergelenk gedeutet; eine Messleine steht für 100, eine Lotosblume für 1000; die 10 000 repräsentiert ein Schilfkolben, eine Kaulquappe schließlich 100 000. Die Zahlen entstehen dann durch Reihung dieser Individualzeichen.

Babylon

Die Babylonier rechneten mit einem echten Stellenwertsystem, allerdings zur Basis 60. Es handelte sich also um ein Sexagesimal- statt des uns vertrauten Dezimalsystems. Unsere Kenntnisse stammen von den Keilschrifttäfelchen, deren älteste aus dem 3. Jahrtausend v. Chr. stammen. Zum Eingravieren der Ziffern benutzte man neben dem Keil den Winkelhaken: Der Keil stand für die Einer, der Winkel für die Zehner; durch Reihung stellte man damit die Ziffern des Sexagesimalsystems (1 bis 59) dar; und aus diesen die Zahlen im Positionssystem, indem man Ziffern passend hintereinander setzte.

Griechenland

Die Griechen der Antike benutzten zwei Zahlensysteme, das attische und das milesische. Das ältere attische war ein Dezimalsystem, überlagert von einem Fünfersystem und für schriftliches Rechnen nicht sehr praktikabel. So kam es auch vor allem im kaufmännischen Bereich zur Anwendung, um Waren zu erfassen oder die Spalten des Abakus, des damals gebräuchlichen Rechenbretts. Des neueren milesischen Zahlensystems hingegen bedienten sich überwiegend die Gelehrten für ihre mathematischen Berechnungen. In beiden Systemen verwendete man die Buchstaben des griechischen Alphabets, um bestimmte – aber jeweils unterschiedliche – Zahlenwerte zu kennzeichnen.

Rom

Noch heute sind römische Zahlzeichen gelegentlich in Gebrauch, so zur Angabe von Jahreszahlen oder auf Zifferblättern von Uhren oder um Seitenzahlen in Büchern zu nummerieren. Ihre Geschichte wiederum geht sogar auf die Etrusker zurück. Obwohl sich mit ihnen nur sehr umständlich rechnen lässt, waren sie teilweise noch im 16. Jahrhundert in Europa hierfür in Gebrauch. Auch erhielt manche Ziffer erst im Mittelalter ihre für uns geläufige Form.

Um Zahlen darzustellen, werden die Ziffern nach abnehmenden Werten gereiht und dann addiert, also etwa: XV = 15, VII = 7. Eine interessante Besonderheit ist, dass in manchen Fällen auch die subtraktive Schreibweise greift, zum Beispiel: IV = 4, IX = 9. Dabei darf immer nur eine kleinere Ziffer vor einer größeren stehen. Die subtraktive Schreibweise gab es bei den Römern erst im Ansatz, umfassend wurde sie später eingeführt.

Maya

Das Zahlensystem der Maya gründete sich auf die Basis 20. Es war ein Stellenwertsystem, das auch mit einer Art Nullzeichen operierte. Von seiner Entstehung her bildete es sich in engem Zusammenhang mit dem komplizierten Kalender jener Kultur heraus.

Azteken

Die Azteken verwendeten ebenfalls ein Zahlensystem mit der Basis 20, aber als Additionssystem. Die Ziffer 1 stellten sie durch eine Kakaobohne dar; für die 20 stand ein wimpelförmiges Zeichen, das gelegentlich als halb aufgeschnittene Kakaobohnenschote mit umgeklappter Schale gedeutet wird; eine Vogelfeder symbolisierte die Ziffer 400.

Das Dezimalsystem

Ein Stellenwertsystem mit 10 als Grundzahl heißt Dezimalsystem, auch als dekadisches oder Zehnersystem bezeichnet. Jede reelle Zahl lässt sich im Dezimalsystem mit 10 Zahlzeichen darstellen, wofür man heute in der Regel die indisch-arabischen Ziffern 1, 2, 3, 4, 5, 6, 7, 8, 9, 0 verwendet. In der Zahldarstellung besitzt jede dieser Ziffern außer ihrem Eigenwert (dem Ziffernwert) noch einen Stellenwert, der eben von ihrer Position abhängt: Der Wert einer Ziffer muss entsprechend ihrer Stellung mit einer Zehnerpotenz multipliziert werden. Dabei multipliziert man Ziffern vor dem Komma mit Zehnerpotenzen positiver Exponenten, Ziffern hinter dem Komma mit Zehnerpotenzen negativer Exponenten, z. B.:

$$642{,}3 = 6 \cdot 10^2 + 4 \cdot 10^1 + 2 \cdot 10^0 + 3 \cdot 10^{-1}$$

Wie die Babylonier bis 60 zählten

Warum haben die Babylonier die 60 als Grundzahl ihres Zahlensystems gewählt? Da sie auch die 10 als Hilfsbasis nutzten, könnte der Ursprung hier beim Zählen liegen: Man zählt die Finger einer Hand vom Daumen aus und wieder zurück, wobei der kleine Finger nur einmal beachtet wird. So erreicht man mit der einen Hand die 9, und die 10 wird mit dem Daumen der andern Hand vermerkt. Nun beginnt bei 11 eine neue Zählrunde der ersten Hand, an deren Ende die 20 mit dem Zeigefinger der zweiten registriert wird. So geht es weiter bis 59, und bei 60 müsste man wieder von vorne beginnen, da der Vorrat an »Merkfingern« aufgebraucht ist. Das würde die Basis 60 erklären und das Zählen der Zehner mit der ersten Hand die 10 als Hilfsbasis.

Sexagesimale Reste in dekadischer Welt

Obschon beim praktischen Rechnen manchmal recht schwerfällig, war das babylonische Sexagesimalsystem doch das fortschrittlichste, bevor dann das indisch-arabische entstand. Es war auch besser als die späteren griechischen und römischen, weshalb jedenfalls die antiken Astronomen häufig im sexagesimalen System rechneten. Sogar wir bedienen uns täglich noch einiger babylonischer Rudimente, wenn wir die Stunde in 60 Minuten zu je 60 Sekunden einteilen; oder wenn wir bei Winkeln mit Graden rechnen, die in 60 Minuten zu je 60 Sekunden unterteilt sind.

Namen für Dezimalzahlen

Zahl	Deutschland	Frankreich	USA
10^6	Million	million	million
10^9	Milliarde	-	billion
10^{12}	Billion	billion	trillion
10^{15}	Billiarde	-	quadrillion
10^{18}	Trillion	trillion	quintillion
10^{21}	Trilliarde	-	sextillion
10^{24}	Quadrillion	quatrillion	septillion
10^{27}	Quadrilliarde	-	octillion
10^{30}	Quintillion	quintillion	nonillion
10^{33}	Quintilliarde	-	decillion

Darstellung von Dezimalzahlen

In der Potenzschreibweise dekadischer Zahlen gibt die Hochzahl (der Exponent) direkt die Anzahl der Nullen an, die bei üblicher Schreibweise hinter der 1 folgen. Bei negativen Exponenten gibt sie an, auf welcher Stelle hinter dem Komma die betreffende Zahl steht.

Namen für Dezimalzahlen

Bei Zahlen über einer Million bildet man die Zahlwörter für Zehnerpotenzen aus den lateinischen Ordnungszahlen und bestimmten Endsilben. Doch Vorsicht: Der internationale Gebrauch ist nicht einheitlich. Besonders in den USA liegt man schnell um Größenordnungen daneben!

Das Dualsystem

Als Dualsystem bezeichnet man ein Zahlensystem zur Basis 2. Jede Zahl lässt sich in diesem Stellenwertsystem, auch als dyadisches System bezeichnet, durch eine Folge von nur zwei Symbolen darstellen. Meist wählt man hierfür die 0 und die 1. Eine so gebildete Zahl heißt Dualzahl oder auch binäre Zahl. Die Zerlegung erfolgt ganz analog zu den Dezimalzahlen, allerdings nun nach Potenzen von 2 anstatt nach Potenzen von 10. Jetzt ergeben also die Faktoren der Zweierpotenzen die Dualdarstellung. So entspricht etwa der Dezimalzahl 58 die Dualzahl 111010:

$$\begin{aligned} 58 &= 1 \cdot 32 + 1 \cdot 16 + 1 \cdot 8 + 0 \cdot 4 + 1 \cdot 2 + 0 \cdot 1 \\ &= 1 \cdot 2^5 + 1 \cdot 2^4 + 1 \cdot 2^3 + 0 \cdot 2^2 + 1 \cdot 2^1 + \\ &\quad 0 \cdot 2^0 \end{aligned}$$

Große Bedeutung erlangte das Dualsystem im Computerzeitalter. Es stellt die Basis digitaler

Darstellung von Dezimalzahlen

Zahl	Name	Potenz (positiv)	Potenz (negativ)	Name	Zahl
1	eins	10^0			
10	zehn	10^1	10^{-1}	ein Zehntel	0,1
100	hundert	10^2	10^{-2}	ein Hundertstel	0,01
1000	tausend	10^3	10^{-3}	ein Tausendstel	0,001
10 000	zehntausend	10^4	10^{-4}	ein Zehntausendstel	0,0001
100 000	hunderttausend	10^5	10^{-5}	ein Hunderttausendstel	0,00001
1 000 000	eine Million	10^6	10^{-6}	ein Millionstel	0,000001

Datenverarbeitungsanlagen dar, da sich die beiden Zahlzeichen 0 und 1 in den elektrischen Schaltkreisen elektronischer Rechenanlagen besonders einfach realisieren lassen: Sie entsprechen einfach den beiden Schaltzuständen »Strom aus« und »Strom ein«.

Teilbarkeit von Zahlen

Zahl teilbar durch	wenn
2	die Endziffer 0 oder durch 2 teilbar ist
3	die Quersumme durch 3 teilbar ist
4	die letzten beiden Ziffern 00 oder durch 4 teilbar sind
5	die Endziffer 0 oder 5 ist
6	die Zahl gerade und durch 3 teilbar ist
8	die letzten drei Ziffern 000 oder durch 8 teilbar sind
9	die Quersumme durch 9 teilbar ist
10	die Endziffer 0 ist
11	die Quersumme der 1., 3. usw. Ziffer von rechts gleich der Quersumme der 2., 4. usw. Ziffer ist oder von dieser um 11 (bzw. Vielfaches von 11) verschieden
25	die letzten beiden Ziffern 00, 25, 50 oder 75 sind

Die Teilbarkeit bezeichnet die Eigenschaft einer ganzen Zahl, Teiler zu besitzen. Unter einem Teiler versteht man dabei eine ganze rationale Zahl, die in einer anderen ganzen Zahl enthalten ist: Sie geht also bei Teilung ohne Rest in ihr auf. So ist beispielsweise 3 ein Teiler von 6, oder anders gesagt: 6 ist durch 3 teilbar. Neben solchen echten Teilern hat als Trivialfall jede ganze Zahl die 1 und sich selbst als uneigentliche Teiler. Zahlen, die nicht nur durch 1 und durch sich selbst teilbar sind, lassen sich als Produkt ihrer echten Teiler darstellen. Sie heißen deshalb zusammengesetzte Zahlen.

Einige Dezimal- und Dualzahlen

Dezimal	Dual	Dezimal	Dual	Dezimal	Dual
0	0	8	1000	16	10000
1	1	9	1001	17	10001
2	10	10	1010	18	10010
3	11	11	1011	19	10011
4	100	12	1100	20	10100
5	101	13	1101	21	10101
6	110	14	1110	22	10110
7	111	15	1111	23	10111

Teilbarkeit auf einen Blick

Für die Teilbarkeit natürlicher Zahlen gibt es eine Reihe von Faustregeln. Dabei spielt die Quersumme von Zahlen eine Rolle, die sich durch Addition der Ziffern einer Zahl ergibt, zum Beispiel hat die Zahl 5127 die Quersumme $5 + 1 + 2 + 7 = 15$.

Primzahlen

Alle von 1 verschiedenen natürlichen Zahlen, die nur durch 1 und sich selbst teilbar sind, heißen Primzahlen. Umgekehrt lässt sich jede zusammengesetzte Zahl eindeutig als Produkt von Primzahlen darstellen, den Primfaktoren. Das Zerlegen in Primfaktoren ist für die Bruch-

Voller Symbolik: die 7

Keine andere Zahl kommt mit einem solchen Nimbus daher wie die Primzahl 7. Die aber ebenso in ihr enthaltene negative Symbolik hat sich mit dem verflixten 7. Jahr sogar in unsern Sprachschatz eingegraben. In Babylon löste um 1600 v. Chr. die 7-tägige Woche die zuvor gewohnte 5-tägige ab. In Kulten der Antike galt es 7-tägige Fristen zu wahren, es gab die 7 Weltwunder, die 7 Tore Thebens und die 7 Weisen. Das Judentum kennt 7 Schöpfungstage, den 7-armigen Leuchter und die 7 Säulen der Weisheit. Das Christentum übernahm die 7 als Zahl der Vollkommenheit, freilich nicht ohne neben die 7 Gaben des Heiligen Geistes und die 7 Tugenden auch die 7 Todsünden zu setzen. Im Islam singen die Engel im 7. Himmel, dem obersten von mehreren Himmeln, das Lob Allahs.

Die Primzahlen von 1 bis 1015

2	61	149	239	347	443	563	659	773	887
3	67	151	241	349	449	569	661	787	907
5	71	157	251	353	457	571	673	797	911
7	73	163	257	359	461	577	677	809	919
11	79	167	263	367	463	587	683	811	929
13	83	173	269	373	467	593	691	821	937
17	89	179	271	379	479	599	701	823	941
19	97	181	277	383	487	601	709	827	947
23	101	191	281	389	491	607	719	829	953
29	103	193	283	397	499	613	727	839	967
31	107	197	293	401	503	617	733	853	971
37	109	199	307	409	509	619	739	857	977
41	113	211	311	419	521	631	743	859	983
43	127	223	313	421	523	641	751	863	991
47	131	227	317	431	541	643	757	877	997
53	137	229	331	433	547	647	761	881	1009
59	139	233	337	439	557	653	769	883	1013

Computer jagen nach Primzahlrekorden

Primzahlen berechnet man heute mit dem Computer – meist nicht aus Selbstzweck, sondern um etwa die Zuverlässigkeit von Software und Rechner zu prüfen. Seither jagen sich auch die Meldungen über die aktuell größte bekannte Primzahl. So fand man 1994 die Mersenne-Zahl $2^{859433} - 1$; sie hat ausgeschrieben 258 716 Stellen, was ungefähr acht Zeitungsseiten beansprucht. 1997 war die größte Primzahl $2^{2976221} - 1$.

Dass es aber jedenfalls unendlich viele Primzahlen gibt, war schon in der Antike bekannt. Denn die Mathematiker wussten damals bereits den Beweis dafür: Nehmen wir an, es gebe nur endlich viele Primzahlen, also etwa n, durchnummeriert als p_1 bis p_n; dann hat die Zahl $p_1 \cdot p_2 \cdot ... \cdot p_n + 1$ keine Primzahlzerlegung, denn sie ist durch keine der Primzahlen p_1 bis p_n teilbar. Folglich ist sie eine Primzahl. Also war die Annahme falsch.

rechnung wichtig. In der Zahlentheorie nehmen Primzahlen eine bevorzugte Stellung ein, weil sie so etwas wie die Grundelemente der Zahlen sind:
Durch Multiplikation verschiedener Primzahlen lassen sich die anderen Zahlen erzeugen.

Sieb des Eratosthenes

Wie findet man alle Primzahlen kleiner als eine natürliche Zahl N? Zur Bestimmung gibt es ein Verfahren, das nach Eratosthenes (*um 290 v. Chr., †um 214 v. Chr.) benannt ist, dem griechischen Gelehrten und Vorsteher der Bibliothek in Alexandria: Man schreibt die Zahlen von 2 bis N auf, markiert die 2 und streicht sodann jede zweite Zahl. Hierauf markiert man die nun kleinste Zahl n, die weder gestrichen noch markiert ist, und streicht anschließend jede n-te Zahl. Diese Prozedur wiederholt man nach und nach für alle n mit $n^2 \leq N$. Primzahlen sind dann alle markierten oder nicht gestrichenen Zahlen.

Mersenne-Zahlen

Wie sein Freund René Descartes verstand der französische Mathematiker Marin Mersenne (*1588, †1648) die Welt als einen Mechanismus. In seinem Hauptwerk »Harmonie universelle« entwickelte er neben solchen Ideen auch eine musikalische Affektenlehre und Instrumentenkunde; die Mathematik aber begriff er als Verbindendes zwischen der nur scheinbar wesensfremden Harmonie und Mechanik. Bis heute trägt eine bestimmte Klasse von Primzahlen seinen Namen, die Mersenne-Zahlen: Sie lassen sich darstellen in der Form 2^p-1, wobei auch p eine Mersenne-Zahl ist. Diese Klasse von Zahlen gewann im Zeitalter der Computer große Aktualität.

3 große Vermittler

Indien und China, Mesopotamien und die antike Welt: Reger Austausch befruchtete das Eindringen in die Welt der Zahl. Dann aber, nach dem Sturz des römischen Reichs, war dieses Wissen im Abendland ernsthaft bedroht. Als Bewahrer und tatkräftige Förderer erwiesen sich nun arabische Denker. Einige Schlüsselwerke weckten auch in Europa wieder das Interesse am Spiel mit der Zahl.

Boethius

(*480, †um 524). Der römische Staatsmann und Philosoph übersetzte die logischen Schriften des Aristoteles und prägte so die lateinische Terminologie der Scholastik. Mit seinen Kommentaren und Quellensammlungen zu Platon, der Arithmetik des Nikomachos, den »Elementen« des Euklid und der ptolemäischen Astronomie wurde er zum wichtigsten Vermittler zwischen Altertum und Mittelalter. Vom Ostgotenkönig Theoderich des Hochverrats beschuldigt, wurde er hingerichtet.

al-Charismi

(*um 780, †nach 846). Seine bedeutenden Lehrbücher über das Rechnen mit indisch-arabischen Ziffern und die Auflösung von Gleichungen gaben später der abendländischen Mathematik wesentliche Impulse. Nach dem arabischen Titel seines Buches über die Gleichungslehre bildete sich dann die Bezeichnung Algebra für einen ganzen Zweig der Mathematik. Sein Name, mittellateinisch Algorismi geschrieben, war im Mittelalter so prominent, dass sich aus ihm der Begriff Algorithmus für grundlegende Rechenverfahren entwickelte.

Leonardo von Pisa

(*um 1180, †um 1250). Der italienische Mathematiker Leonardo Fibonacci fasste in einer Reihe von Werken das gesamte zu seiner Zeit bekannte Wissen der Mathematik und legte es in lateinischer Sprache dar. So wurde er zum großen Vermittler der griechisch-indisch-arabischen Mathematik im Mittelalter.

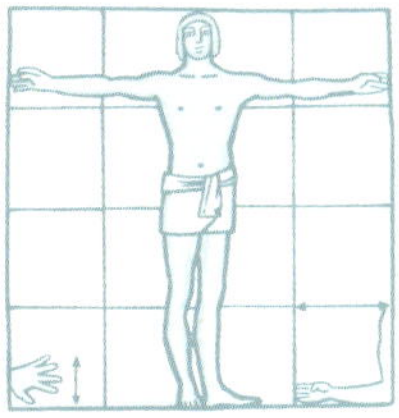

Mathematik und Realität: Fibonacci-Folgen

Der italienische Mathematiker Leonardo von Pisa, bekannt unter dem Namen Fibonacci, bildete 1225 eine rekursive Zahlenfolge: 1, 1, 2, 3, 5, 8, 13, 21, 34, 55, 89, 144, ...
Dabei ergibt sich jedes neue Glied als die Summe der beiden vorangehenden Glieder. Er entwickelte sie bei der Frage nach der Anzahl von Kaninchenpaaren im Monat n, wenn das Weibchen eines Kaninchenpaares vom vollendeten zweiten Lebensmonat an monatlich ein neues Kaninchenpaar wirft. Im 19. Jahrhundert fand man tatsächlich Fibonacci-Zahlen in der Natur: etwa in der Zahl und Anordnung von Blütenblättern, in den Spiralen von Sonnenblumen und Tannenzapfen, aber auch beim Hornwachstum von Tieren oder im Stammbaum der Drohnen. Mathematisch interessant: Teilt man jedes Glied der Folge durch das vorangehende, so erhält man eine neue Folge, die gegen den goldenen Schnitt strebt. Der aber gilt seit der Antike als Schlüssel für geometrische und harmonische ästhetische Proportionen.

Rechnen mit dem Unendlichen

Wie dem Nichts durch die Einführung der Null, so haben die Mathematiker auch dem Unendlichen das Unfassbare genommen und einige Regeln für den exakten Umgang damit entwickelt. Es wird meist als das potenziell Unendliche gedacht: So bedeutet etwa die Aussage, es gebe unendlich viele natürliche Zahlen, dass man zu jeder noch so großen Zahl durch einfache Addition eine noch größere bilden kann. Das Symbol für »unendlich«, ∞, führte der britische Mathematiker John Wallis (*1616, †1703) ein.

Hilberts Hotel der Unendlichkeit

Es gibt eine Reihe anschaulicher Beispiele, dass selbst im Unendlichen noch Abstufungen existieren. Ein besonders bekanntes ist das Hotel des Mathematikers David Hilbert (* 1862, † 1943). Hilberts Hotel hat unendlich viele Zimmer, die durchnummeriert sind, und es ist gerade voll belegt. Nun kommt ein neuer Gast, und der Wirt kann ihn trotzdem aufnehmen: Er quartiert den Gast von Zimmer 1 um nach Zimmer 2, den von Zimmer 2 auf Zimmer 3 und so fort - dann kann er den neuen Gast in dem nun freien Zimmer 1 unterbringen. Hilberts Hotel hat also in der Sprache der Mathematik abzählbar unendlich viele Zimmer. Dagegen ist die Anzahl der Brüche zwischen 0 und 1 überabzählbar unendlich.

4 klassische Teilgebiete der Mathematik

Als eine der ältesten Wissenschaften ging die Mathematik aus den praktischen Tätigkeiten des Zählens, Rechnens und Messens hervor. Die Griechen lösten sich von der bloßen Anschauung und suchten nach allgemeinen Gesetzen. Mit zunehmender Abstraktion weitete sich die Mathematik in den folgenden Jahrhunderten immer weiter aus und entwickelte sich zu einer Wissenschaft der formalen Systeme. Die mittlerweile zahlreichen Teilgebiete der Mathematik spiegeln die Vielfalt der Anwendungsmöglichkeiten und sind nicht immer klar voneinander zu trennen.

Arithmetik

Die Arithmetik beschäftigt sich mit den Zahlen und den zugehörigen Rechenregeln. In ihren einfachsten Grundlagen zählt sie neben der Geometrie zu den ältesten Teilgebieten der Mathematik. Heute rechnen wir hierzu auch die Behandlung von arithmetischen und geometrischen Reihen und Folgen, außerdem die Kombinatorik und die Zahlentheorie.

Geometrie

Der Name verweist schon auf die Herkunft, denn Geometrie stammt vom griechischen Wort für Landmessung. Als mathematisches Teilgebiet entstand sie zunächst aus der Ana-

Meilensteine der Mathematik

3000 v. Chr.	Anfänge der Arithmetik und Geometrie	Mesopotamien, Ägypten
2000 v. Chr.	Anfänge der Trigonometrie	Babylonier, Ägypter
600 v. Chr.	Mathematik wird zur Wissenschaft	Griechen
ca. 800	Anfänge der Algebra	Araber
ca. 1625	Analytische Geometrie	Descartes, Fermat
ca. 1650	Zusammenhang von Differenziations- und Integrationsproblemen	Barrow
ca. 1675	Funktionsbegriff und Infinitesimalrechnung, Analysis	Leibniz, Newton
ca. 1800	Abstrakte Zahlentheorie	Euler
ca. 1820	Funktionentheorie	Cauchy
ca. 1825	Vektorrechnung	Möbius, Hamilton
ca. 1850	Nichteuklidische Geometrie	Riemann
ca. 1875	Affine Abbildungen	Klein
ca. 1880	Mengenlehre	Cantor
ca. 1900	Axiomatisierung	Hilbert, Frege, Russell
1931	Unvollständigkeitssätze	Gödel
1944	Spieltheorie	Neumann

Meilensteine der Geometrie

Vorzeit	Erste geometrische Grundvorstellungen	Frühmenschen
3000 v. Chr.	Flächen- und Volumenberechnungen	Mesopotamien, Ägypten
550 v. Chr.	Winkelsätze, Kongruenzsätze, Axiome als Grundsätze	Griechen
300 v. Chr.	»Die Elemente« als axiomatisches Lehrbuch	Euklid
ca. 150	Zusammenfassung der trigonometrischen Kenntnisse	Ptolemäus
ca. 350	Sinus und Kosinus	Inder
ca. 850	Tangens und Kotangens	Araber
ca. 1000	Erste Beweise von Sinus- und Kosinussatz	Araber
ca. 1460	Basiswerk für die Entwicklung der abendländischen Trigonometrie	Regiomontanus
ca. 1775	Darstellende Geometrie	Monge
1796	Beweis zur Konstruierbarkeit regelmäßiger n-Ecke	Gauß
1882	Beweis: Quadratur des Kreises mit Zirkel und Lineal nicht möglich	Lindemann

lyse von Eigenschaften und Formen des Raumes sowie der Gestalt ebener und räumlicher Figuren, was vor allem auch die Berechnung von Längen, Flächen und Rauminhalten bedeutete. Die Analytische Geometrie drückt Punkte der Ebene und des Raumes durch Koordinaten aus und überführt dadurch geometrische Fragen in Probleme der Algebra und Analysis.

Algebra

Im klassischen Sinn ist Algebra die Lehre von den Lösungsmethoden algebraischer Gleichungen. Für lineare und quadratische Gleichungen kannten schon die Mathematiker des Altertums Lösungen; für Gleichungen 3. und 4. Grades fand man im 16. Jahrhundert die Lösungen. Den Fundamentalsatz der Algebra be-

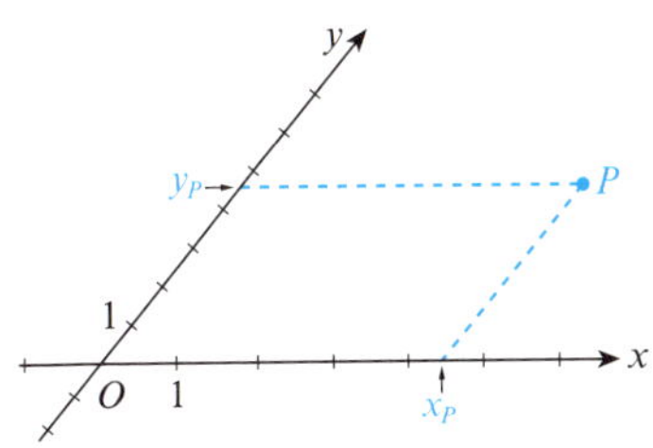

Schiefwinkeliges Koordinatensystem

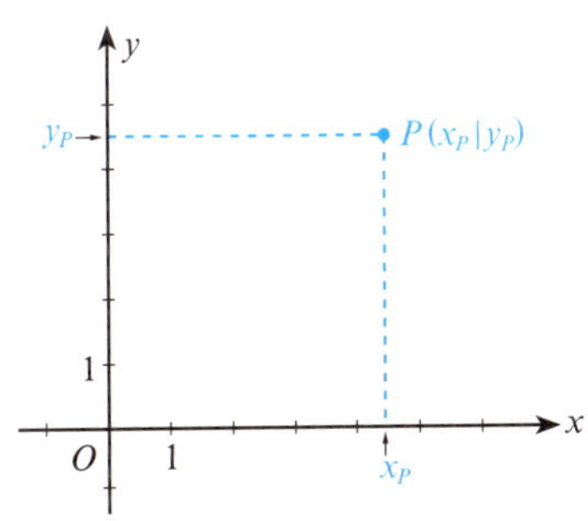

Kartesisches Koordinatensystem

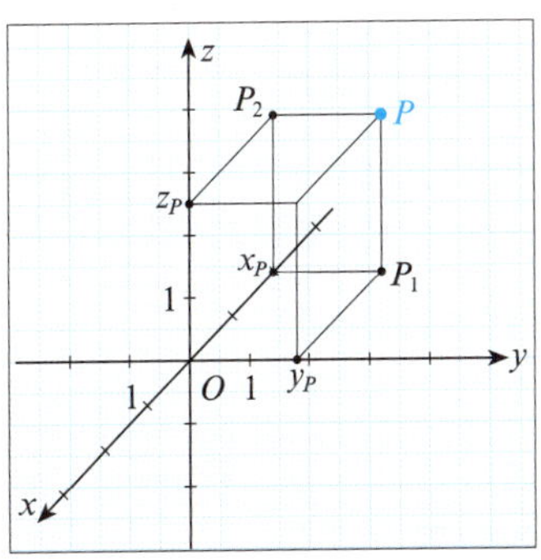

Kartesisches Koordinatensystem im Raum mit dem Koordinatenquader des Punktes *P* (–2/1,8/2,5)

Symbole aus der Geometrie

‖	parallel
⊥	rechtwinklig zu
⌀	Durchmesser
≅	kongruent, deckungsgleich
~	ähnlich
°	Grad (Winkel)
′	Minute (Winkel)
″	Sekunde (Winkel)

Mathematik und Realität: π

Pythagoras hätte sich über ein Ergebnis der modernen Geologie sicherlich gefreut. Denn er glaubte leidenschaftlich an die Zahl als geheimnisvolles Maß für Harmonie in der Welt. Das scheinen Untersuchungen an Flüssen zu bestätigen, die in sanft geneigten Ebenen mit ständig wechselnden Mäandern fließen. Setzt man nämlich die gesamte Länge solcher Flussläufe ins Verhältnis zur direkten Entfernung zwischen Quelle und Mündung, so ergibt sich etwa der Wert 3,14. Das stimmt zwar nicht genau für jeden Fluss, aber doch im Mittel vieler solcher Flüsse. So verwunderlich ist das freilich nun wieder nicht. Denn im steten Spiel von trägem Lauf, wachsender Erosion und Durchbruch von Mäandern entstehen und vergehen die kreisförmigen Flusswindungen. Doch das Verhältnis von Umfang und Durchmesser beliebiger Kreise ist ja gerade π.

wies 1799 C. F. Gauß: »Jede algebraische Gleichung n-ten Grades besitzt genau n Lösungen.« Heute versteht man unter Algebra allgemeiner die Untersuchung von algebraischen Strukturen wie Gruppen, Ringen oder Körpern und deren Verknüpfungen. Von großer Bedeutung sind die Begriffe und Methoden der Algebra in der modernen theoretischen Physik, so zum Beispiel für die Quantenmechanik.

Analysis

Die Analysis beschäftigt sich im Kern mit den Begriffen Zahl, Funktion und Grenzwert. Zur klassischen Analysis zählen die Differenzial- und Integralrechnung, die Variationsrechnung und die Funktionentheorie. Auf dieser Basis entwickelten sich dann auch die Funktionalanalysis und die Topologie.

Spielereien

Befreundete Zahlen

Zahlen mit besonderen Eigenschaften errangen nicht selten den Status von Glücksbringern, so zum Beispiel die von den Pythagoreern entdeckten befreundeten Zahlen 220 und 284: Sie heißen deshalb so, weil die Summe aller Teiler von 220 genau 284 ist, und umgekehrt liefern die Teiler von 284 die Summe 220. Man maß diesem Zahlenpaar in der arabischen Welt sogar die Kraft eines Aphrodisiakums bei. Doch erst der französische Richter und Liebhaber mathematischen Denkens, Fermat, entdeckte im Jahr 1636 das nächste Paar befreundeter Zahlen. Diese Entdeckung löste dann gleichsam eine Art Zahlenrausch aus, und in der Folge wurden auch Descartes und Euler fündig.

Diophantos provoziert eine Glosse

Diophantos von Alexandria – der griechische Mathematiker lebte im 3. Jahrhundert n. Chr. – gilt als bedeutendster Algebraiker der Antike. In seinem auf 13 Bücher angelegten Werk »Arithmetica«, wovon sechs Bücher in griechischer und vier in arabischer Sprache erhalten sind, stellte er allgemeine Regeln zum Lösen von Gleichungen und zum Rechnen mit Potenzen auf. Eine lateinische Übersetzung dieses Werks war die liebste Freizeitbeschäftigung von Pierre de Fermat, und auf dem breiten Rand seiner Ausgabe vermerkte er hin und wieder recht knappe Notizen, über eigene Erkenntnisse und Beweise, welche dann die staunenden Mathematiker nach ihm zur Verzweiflung brachten.

Fermat hinterlässt der Welt ein Rätsel

Im zweiten Buch der »Arithmetica« studierte Fermat den Satz des Pythagoras $a^2 + b^2 = c^2$ und verwandte Probleme. Dabei fand er im Jahr 1637, dass die Gleichung nach der scheinbar winzigen Abwandlung $a^3 + b^3 = c^3$ schon keine ganzzahlige Lösung mehr besitzt. Er sprach die Vermutung aus – auch großer fermatscher Satz genannt –, dass ganz allgemein die Gleichung $a^n + b^n = c^n$ für $n > 2$ keine ganzzahligen, von null verschiedene Lösungen besitze. Und an den Rand des Buches notierte er, dafür habe er einen wunderbaren Beweis, doch leider sei der Rand zu schmal, ihn aufzunehmen. Viele große Geister der Mathematik bissen sich hernach die Zähne aus an der saloppen Bemerkung und dem Versuch, den Beweis zu finden. Doch das glückte erst dem britischen Mathematiker Andrew Wiles in den Jahren 1993 und 1995.

13 bedeutende Mathematiker der Neuzeit

René Descartes

(*1596, †1650). Er gilt als erster systematischer Denker der Neuzeit und beschäftigte sich außer mit Mathematik auch mit Physik und Philosophie. Besonders weitreichend für die Mathematik war seine Grundlegung der analytischen Geometrie, indem er geometrische Probleme mit algebraischen Methoden auf neue und überaus leistungsfähige Weise erfasste und löste.

Pierre de Fermat

(*1601, †1665) war im Hauptberuf Richter und betrieb die Mathematik somit eher als Liebhaberei. Doch dabei befruchtete er sie mehr als die meisten professionellen Kollegen, was manchen von ihnen offenbar nicht wenig frustrierte. Fermat entwickelte strenge infinitesimale Methoden, um Extremwerte und Tangenten zu bestimmen. Das Brechungsgesetz der Optik leitete er aus einem Minimalprinzip her. Zudem beschäftigte er sich mit Problemen der Wahrscheinlichkeit und trug Bedeutendes zur Zahlentheorie bei, so die berühmte fermatsche Vermutung und den fermatschen Satz.

Blaise Pascal

(*1623, †1662). In die Geschichte der Mathematik hat er sich vor allem durch seinen Aufbau der Wahrscheinlichkeitsrechnung und die Konstruktion einer Rechenmaschine eingeschrieben. Großen Einfluss auf die Philosophie bis in die Gegenwart nahm sein Versuch, religiöse Glaubensbeweise in Analogie zur geometrischen Axiomatik und zur Wahrscheinlichkeitsrechnung zu formulieren.

Leonhard Euler

(*1707, †1783). Der Schweizer Mathematiker trug zu allen Gebieten der Mathematik bei und lieferte überdies in Physik und Astronomie wichtige Erkenntnisse. Neben der Variationsrechnung schuf er eine moderne Zahlentheorie und zahlreiche Beiträge zur Geometrie und zur Theorie der Differenzialgleichungen. In der Praxis wandte er die Mathematik auf so unterschiedliche Themen an wie die Musiktheorie und die Planetenbewegung, die Artillerie und den Schiffsbau.

Carl Friedrich Gauß

(*1777, †1855) gilt als einer der bedeutendsten Mathematiker und war zudem Direktor der Sternwarte in Göttingen. Er begründete die moderne Zahlentheorie und befruchtete mit seinen Berechnungen zur Himmelsmechanik die numerischen Methoden der angewandten Mathematik. Die Vermessung des Königreichs Hannover führte ihn zu bahnbrechenden Arbeiten in der Geodäsie und Differenzialgeometrie. Viele seiner mathematischen Glanzleistungen wurden erst bekannt, als man seinen Nachlass veröffentlichte.

Bernhard Bolzano

(*1781, †1848). Seit 1805 katholischer Priester, wurde er 1819 wegen angeblicher Irrlehren abgesetzt. Als Mathematiker und Philosoph machte er sich vor allem um die moderne Logik und die Mengenlehre verdient. Konsequent führte er die Trennung des Logischen vom Psychologischen durch, indem er zwischen dem psychischen Vorgang und seinem logischen Inhalt unterschied.

William Rowan Hamilton

(*1805, †1865). Der irische Mathematiker und Physiker entwickelte aus Extremalprinzipien

Ungelöste Probleme der Zahlentheorie

Die Zahlentheorie enthält eine ganze Reihe von Vermutungen, die teils sehr alt und doch bis heute nicht bewiesen sind, beispielsweise:

- Jede gerade Zahl über 2 lässt sich als Summe von zwei Primzahlen darstellen.
- Es gibt unendlich viele Primzahlen, die Mersenne-Zahlen sind, sich also in der Form $M_p = 2^p - 1$ schreiben lassen, wenn p eine Primzahl ist.
- Es gibt unendlich viele Primzahlzwillinge, also Primzahlen, die sich nur um 2 unterscheiden, wie zum Beispiel 3 und 5.

Zahlenjongleur

Der junge Gauß soll als etwa sechsjähriger Knabe von seinem Mathematiklehrer die Aufgabe bekommen haben, die Zahlen von 1 bis 100 zusammenzuzählen. Schon nach kurzer Zeit nannte er das Ergebnis 5050. Er hatte schlau – und schnell – folgendermaßen addiert: 1 + 99 = 100, 2 + 98 = 100 und so fort bis 49 + 51 = 100; das ergibt zusammen 49 · 100 = 4900; nun muss man nur noch die Zahlen 50 und 100 addieren und erhält so das Ergebnis 5050.

die geometrische Optik und übertrug das Prinzip auf die klassische Mechanik. Als Verallgemeinerung der komplexen Zahlen führte er 1843 die Quaternionen ein.

Karl Weierstraß

(* 1815, † 1897). Er arbeitete vornehmlich über analytische, elliptische und abelsche Funktionen. Von großem Einfluss auf die weitere Entwicklung der Mathematik war seine systematisch aufgebaute allgemeine Theorie der analytischen Funktionen.

Gottlob Frege

(* 1848, † 1925). Er vertiefte sich in das Verhältnis von Logik und Mathematik und wurde so zum Begründer der mathematischen Logik als eigenständiger Disziplin. Damit beeinflusste er nicht nur die Mathematik, sondern auch die Philosophie, vor allem Husserl und Wittgenstein. Als Frege im Jahr 1902 sein zweibändiges Hauptwerk, eine Art Axiomatisierung der Arithmetik, in den Druck gab, wies ihn Bertrand Russell auf einen fundamentalen logischen Widerspruch hin, der gleichsam seine ganze Arbeit erschütterte. Das Buch erschien trotzdem – mit Freges Nachbemerkung, wie sehr Russells Brief einen Grundpfeiler seiner Arbeit ins Wanken gebracht habe.

Giuseppe Peano

(* 1858, † 1932). Der italienische Mathematiker bereicherte die Grundlagen der Mathematik und die mathematische Logik. Bekannt wurde sein peanosches Axiomensystem, wo er die natürlichen Zahlen auf eine axiomatisch exakte Basis stellt und die Grundlagen der mathematischen Induktion schuf. Zudem kreierte er auch die Welthilfssprache Interlingua.

David Hilbert

(* 1862, † 1943) bereicherte zahlreiche mathematische Gebiete mit neuen und grundlegenden Erkenntnissen. So schuf er erstmals ein vollständiges axiomatisches System der euklidischen Geometrie und studierte darüber hinaus auch wissenschaftstheoretische Fragen zur Unabhängigkeit und Widerspruchsfreiheit von Axiomen. Außerdem beschäftigte er sich mit Zahlentheorie, Algebra und der Relativitätstheorie. Sein großes Programm einer Axiomatisierung der gesamten Mathematik aber regte zwar viele wichtige Untersuchungen an, ist jedoch letztlich gescheitert, seit Gödel die prinzipielle Undurchführbarkeit nachwies.

Bertrand Arthur William Russell

(* 1872, † 1970). Unter dem Einfluss von Peano entwickelte der britische Mathematiker gemeinsam mit A. N. Whitehead eine logische Begründung der Mathematik. Viele Mathematiker hatten ungewöhnliche Lebensläufe, doch seiner ist vielleicht der schillerndste: Als er während des 1. Weltkriegs zur Kriegsdienstverweigerung aufrief, kam er ins Gefängnis und verlor sein Dozentenamt in Cambridge. Fortan kommentierte er als kritischer Schriftsteller die wissenschaftlichen und sozialen Fragen der Zeit; für sein Buch »Ehe und Moral« (1929) erhielt er 1950 den Literatur-Nobelpreis. Von 1927 bis 1932 betrieb er mit seiner zweiten Frau eine antiautoritäre Schule. Er kämpfte für eine freie Sexualmoral, den Pazifismus und das Frauenstimmrecht, sowie gegen jede Form der Unterdrückung.

Paul Lorenzen

(* 1915, † 1994). Der deutsche Mathematiker und Philosoph entwarf, indem er sich auf die Mathematik bezog, eine konstruktive operationale Logik als Begründungslehre der Wissenschaft.

Einige Wahrscheinlichkeiten im Blick

beim Roulette fällt eine bestimmte Zahl	1/37
»schwarz« beim Roulette	18/37 (kleiner als $^1/_2$)
»schwarz« oder »Zahl im ersten Dutzend« beim Roulette	24/37
vier Buben beim Skat	376740/64512240
sechs Richtige beim Lotto	1/13983816
zwei von zehn Leuten haben am gleichen Tag Geburtstag	≈ 0,12

Wahrscheinlichkeit und Statistik

Beim Wurf eines Würfel oder einer Münze kann niemand mit Gewissheit vorhersagen, welche Augenzahl oder welche Seite oben liegen wird. Gleiches gilt für sehr viele Vorgänge des Alltagslebens oder in Technik und Wissenschaft. Sie unterliegen dem Spiel des Zufalls, das heißt: Wir kennen die wirksamen Einflüsse nicht oder können sie nicht erfassen. Dennoch ist es möglich, für eine große Anzahl entsprechender Vorgänge allgemeine Gesetze zu formulieren. Das ist Inhalt der Wahrscheinlichkeitsrechnung und mathematischen Statistik.

Gesetz der großen Zahl

Als der Mathematiker Jakob Bernoulli (*1700, †1782) über die Chancen beim Glücksspiel nachgrübelte, fand er einen Kernsatz der Wahrscheinlichkeitslehre: Das Gesetz der großen Zahl. Wirft man beispielsweise eine Münze und setzt anschließend die Anzahl günstiger Ausgänge ins Verhältnis zur Anzahl möglicher Ausgänge (beispielsweise dreimal Kopf bei fünf Würfen, also 3/5), so werden diese notierten Zahlenverhältnisse allmählich einem Grenzwert zustreben, je weiter man die Zahl der Versuche erhöht. Dieser Grenzwert ist ein Maß für die Wahrscheinlichkeit des Ausgangs eines Zufallsversuchs, wie ihn der Münzwurf darstellt. Dieser hat demnach die Wahrscheinlichkeit $^1/_2$ für den Ausgang, dass Kopf oben liegt. Mit anderen Worten: Kopf und Zahl sind gleich wahrscheinlich – natürlich nur sofern die Münze nicht gezinkt ist.

Und Pascal würfelt doch

Ein Pariser Berufsspieler weckte Blaise Pascals Interesse nach Gewissheiten im Ungewissen zu suchen: Antoine Gombaud, Chevalier de Méré. Beim Glücksspiel Points musste man mit Würfeln Punkte erzielen, und wer zuerst eine bestimmte Punktzahl erreichte, gewann das Preisgeld. Nun mussten Gombaud und ein anderer Spieler ihre Partie unterbrechen, und Gombaud fragte sich, nach welchem Schlüssel der Einsatz fair zu verteilen sei. In der Sprache der Mathematik geht es also darum, mit welcher Wahrscheinlichkeit jeder Teilnehmer im weiteren Verlauf das Spiel gewinnen würde. In regem Briefwechsel mit Fermat erkannten die beiden, dass man dazu lediglich alle möglichen Spielergebnisse und deren jeweilige Wahrscheinlichkeit bestimmen muss.

Symbole der Mengenlehre

$\in$	Element von
$\notin$	kein Element von
$\cup$	vereinigt
$\cap$	geschnitten
$\subset, \subseteq$	enthalten in
$\not\subset$	nicht enthalten in
$\supset$	umfasst
$\sim$	Äquivalent, gleichmächtig

Mengenlehre

Was eine Menge ist, hat Georg Cantor (*1845, †1918) so definiert: »Unter einer Menge M verstehen wir jede Zusammenfassung von bestimmten, wohl unterschiedenen Objekten unserer Anschauung oder unseres Denkens (welche die Elemente von M genannt werden)

Mathematik und Wirklichkeit: Funktion

Ein sehr wichtiger mathematischer Begriff für die Naturwissenschaft ist die Funktion. Das ist eine eindeutige Abbildung beliebiger Gegenstände auf andere Gegenstände. So kann man zum Beispiel jeder Zahl x das Quadrat der Zahl zuordnen, nämlich x^2. Da man die zugeordnete Zahl oft mit y bezeichnet, kann man hierfür $y = x^2$ schreiben. Allgemein notiert man Funktionen $y = f(x)$, und solche Funktionen lassen sich grafisch als Kurven darstellen. Für unser Beispiel erhält man so eine Parabel. Solche Funktionen beschreiben oft den Zusammenhang zwischen Messgrößen in der Natur. Für den freien Fall etwa besteht zwischen dem durchlaufenen Weg und der dafür benötigten Zeit genau eine solche quadratische Abhängigkeit.

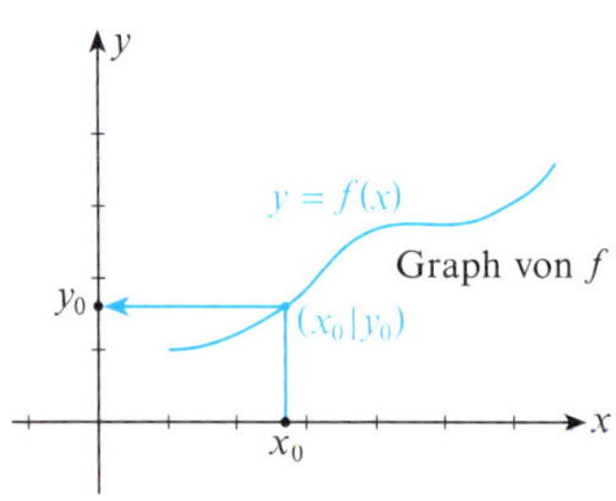

Funktion

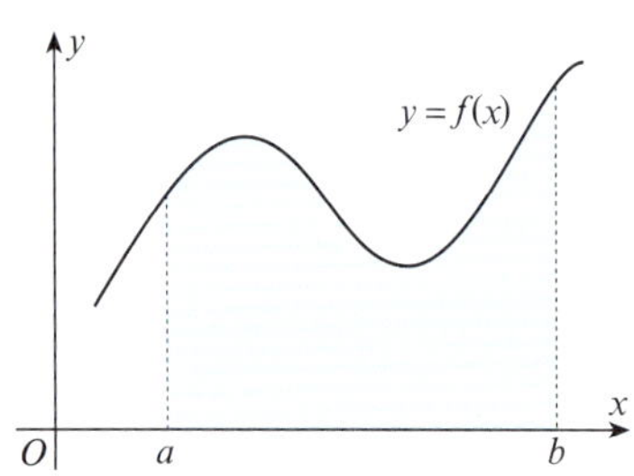

Integralrechnung: Das Integral gibt den Flächeninhalt an, den der Graph einer Funktion $y = f(x)$ mit der x-Achse zwischen den zwei Stellen a und b einschließt.

zu einem Ganzen.« Dieser intuitive und mathematisch nicht exakte Mengenbegriff führt unter bestimmten Anwendungen zu Widersprüchen. Trotzdem befruchtete die Mengenlehre gerade auch deshalb das mathematische Denken des 20. Jahrhunderts stark. Mit ihr lassen sich viele mathematische Gebiete sehr elegant formulieren. Z. B. gelten die entsprechenden Gesetze und Verknüpfungen ebenfalls für das Rechnen mit zufälligen Ereignissen.

2 große Gegenspieler

Auch wenn damals vor allem Newton einen erbitterten Prioritätenstreit vom Zaun brach, heute wissen wir: Newton und Leibniz entwickelten die Infinitesimalrechnung unabhängig voneinander. Dabei sind Newtons bahnbrechende physikalische Einsichten auch deshalb bewundernswert, weil die von ihm geschaffenen mathematischen Begriffe recht schwerfällig waren. Leibniz ging zwar ähnlich vor, doch wählte er eine elegantere und einsichtigere Schreibweise. Deshalb folgte die Welt auch ihm und nicht Newton, als sich die Differenzialrechnung im 18. Jahrhundert verbreitete.

Isaac Newton

(*1643, †1727). Seinen anhaltenden Ruhm erwarb er sich vor allem als Begründer der klassischen theoretischen Physik, wie er sie in seinem Hauptwerk »Philosophiae naturalis principia mathematica« (Mathematische Prinzipien der Naturlehre, 1687) niederlegte. Tatsächlich entwickelte er, wie der Titel nahe legt, eigens hierfür seine Fluxationsrechnung, um die Bewegungsgesetze (newtonsche Axiome) der Mechanik exakt herleiten zu können.

Gottfried Wilhelm Leibniz

(*1646, †1716). Der Universalgelehrte betätigte sich vor allem als Philosoph und Mathematiker. Für die Entwicklung der Infinitesimalrechnung lieferte er entscheidende Beiträge; so führte er den Begriff der Funktion ein. Auch das Dualsystem hat er entwickelt.

Weltall, Weltraum, Raumfahrt

Der Weg zu den Sternen

Am Himmel ist Alltag eingekehrt. Nach den spektakulären Pioniertaten der Raumfahrt dringt die Routine von Satellitenstarts heute kaum noch ins öffentliche Bewusstsein. Dennoch haben sie unser Wissen vom Kosmos in einer Art erweitert, die am ehesten noch vergleichbar ist mit dem Zeitalter Galileis: Damals war es das eben erfundene Fernrohr, das den Blick des Menschen schlagartig erweiterte und für neue Weltbilder schärfte. Spannend dabei ist, dass neue Techniken nicht etwa nur neue Fakten aus den Tiefen des Weltalls erschließen, sondern auch stets im scheinbar vertrauten Sonnensystem Überraschendes aufdecken.

Die Geburt zweier Schwestern

Astronomie

Der Nachthimmel faszinierte unsere frühen Vorfahren vermutlich ebenso wie uns heute. Und manches unerklärliche Geschehen erzeugte gewiss auch Angst. Darauf verweisen jedenfalls in allen Kulturkreisen die vielen mythologischen Erzählungen, Versuche einer ersten Deutung der beobachteten Vorgänge. Doch begann der Mensch wahrscheinlich schon früh, hinter ihnen auch Regeln und Gesetzmäßigkeiten aufzuspüren. Dies war die Geburt der Astronomie, die in den alten Hochkulturen eine erste Blüte erlebte. Nie aber war das herrschende Weltbild nur von wissenschaftlicher Bedeutung, stets berührte es ebenso das Selbstverständnis des Menschen – und erschütterte es immer wieder: Schließlich zwangen uns astronomische Erkenntnisse zum Abschied von der Vorstellung, dass sich alles nur um uns drehe.

Astrologie

Vermutlich entstand die Astrologie in Mesopotamien. Als hervorragende Astronomen und Astrologen gelten die Babylonier und Assyrer, besonders aber die Chaldäer: Schon ihr Name avancierte zum Synonym für Wahrsager, vertraut mit astrologischen und okkulten Künsten. Früh aber formierte sich auch Widerstand gegen diese Weltsicht, vor allem bei Nachbarvölkern mit anderem Glauben. So erteilt beispielsweise die Bibel der Astrologie und ihren Anhängern eine Absage. Und der römische Kaiser Diokletian hielt die Beschäftigung damit sogar für verdammungswürdig. Die griechische Antike hingegen bezog keine klare Position: Platon, Aristoteles und Pythagoras glaubten an den Einfluss himmlischer Vorgänge auf irdisches Geschehen; Galen grübelte über einen Zusammenhang von Astrologie und Krankheit, während Hippokrates das für Unfug hielt; und der Philosoph Karneades ersann scharfsinnige Einwände gegen die Sterndeuterei.

Schicksalsschwangerer Sternenhimmel

Astrologie modern: Allen Versuchen einer Aufklärung zum Trotz, die Faszination der Sterndeuterei ist ungebrochen. Nicht nur bei den eifrig ihr Horoskop in Zeitschriften Studierenden. Auch die Großen der Weltgeschichte ließen und lassen sich immer wieder mal aus den Sternen lesen. Die ernsthafte Astrologie – wozu aber das Zeitungshoroskop eindeutig nicht gehört – hat ihre Methoden mit neuen Erkenntnissen weiter verfeinert. Im Kern jedoch

Sterngucker gegen Sterndeuter

Heutige Naturwissenschaftler lieben die Astrologie in der Regel nicht. Die Abneigung brach sich gelegentlich sogar Bahn in feurigen Aufrufen an die allzu leichtgläubige Öffentlichkeit, ihr Denken und Hoffen nicht an geschäftstüchtige Sterndeuter zu verschwenden. Freilich, auch Astrologen sind nicht auf den Kopf gefallen. Das zeigt sich zum Beispiel daran, wie sie manchen wissenschaftlichen Einwand parierten. So verweisen astronomische Lehrbücher gerne darauf, dass die Planeten Uranus, Neptun und Pluto erst in neuerer Zeit entdeckt wurden. Nun seien aber die astrologischen Lehren vom Einfluss der Planeten viel älter und allein deshalb schon nicht wahr, weil diese 3 Planeten, obwohl existent, in den Deutereien überhaupt nicht vorgekommen seien. Kein Problem, kontern die Astrologen: Deren Entdeckung erkläre im Gegenteil manche bislang verwunderliche Unregelmäßigkeit und erlaube nun viel exaktere Aussagen.

Astronomische Zeichen

Himmelskörper	Wochentag	Metall	Tierkreis	
☉ Sonne	Sonntag	Gold	♈ Widder	♎ Waage
☿ Merkur	Mittwoch	Quecksilber	♉ Stier	♏ Skorpion
♀ Venus	Freitag	Kupfer	♊ Zwillinge	♐ Schütze
♁ Erde		Antimon	♋ Krebs	♑ Steinbock
☾ Mond	Montag	Silber	♌ Löwe	♒ Wassermann
♂ Mars	Dienstag	Eisen	♍ Jungfrau	♓ Fische
♃ Jupiter	Donnerstag	Zinn		
♄ Saturn	Samstag	Blei	**Aspekt**	**Mondphase**
♅ Uranus			☌ Konjunktion	● Neumond
♆ Neptun			□ Quadratur	☽ erstes Viertel
♇ Pluto			☍ Opposition	○ Vollmond
				☾ letztes Viertel

geht es nach wie vor um die 12 Abschnitte des Tierkreises am Sternenhimmel und die Konstellation von Planeten zu einem bestimmten Zeitpunkt, für den dann ein auf die betreffende Person zugeschnittenes Horoskop errechnet wird. Übrigens gibt es bei aller Ähnlichkeit im Grundsätzlichen doch deutliche Unterschiede etwa zwischen der westlichen und der chinesischen Astrologie. Auch fehlte es nicht an Versuchen, der Sache wissenschaftlich auf den Grund zu gehen. Da in diesem Sinne objektive Beweise fehlen, bleibt Astrologie eine reine Glaubensfrage.

Sternbilder des Tierkreises

Im Verlauf eines Jahres wandert die Sonne durch die Sternbilder des Tierkreises. Diese tragen zwar den gleichen Namen wie die aus der Astrologie geläufigen Tierkreiszeichen. Sie sind aber nicht identisch: Die Astrologie benutzt eine über 2000 Jahre alte Teilung der Ekliptik in 12 Abschnitte, doch die Sternbilder des Tierkreises stimmen heute nicht mehr mit diesen Abschnitten überein, sie haben sich um etwa ein Zeichen verschoben.

Sternbild	Ekliptikale Länge	Tierkreiszeichen (lateinisch)	Anfangspunkt
Widder	26°–50°	Aries	0°
Stier	50°–89°	Taurus	30°
Zwillinge	89°–119°	Gemini	60°
Krebs	119°–139°	Cancer	90°
Löwe	139°–174°	Leo	120°
Jungfrau	174°–214°	Virgo	150°
Waage	214°–239°	Libra	180°
Skorpion	239°–245°	Scorpius	210°
Schütze	265°–301°	Sagittarius	240°
Steinbock	301°–329°	Capricornus	270°
Wassermann	329°–351°	Aquarius	300°
Fische	351°–26°	Pisces	330°

Einige Gebiete der Astronomie

Die Himmels- oder Sternenkunde fasst eine Reihe von Wissenschaften zusammen, die Aufbau und Gesetzmäßigkeiten des Universums erforschen. Dazu beobachtet sie die Verteilung und Bewegung kosmischer Objekte, analysiert den physikalischen Zustand der kosmischen Materie. Je nach Art der Analyse, also vor allem der jeweils aus dem All empfangenen Strahlung, haben sich verschiedene Teilgebiete entwickelt. Ein ganz junges untersucht direkt außerirdische Materie, die Satelliten aus dem Weltraum zu unserem Planeten bringen.

Himmelsmechanik

Aufgabe von Astrometrie und Himmelsmechanik ist es, Position und Bewegung der Himmelskörper unter dem Einfluss der Gravitation zu untersuchen.

Stellarastronomie

Sie analysiert, vor allem in der Stellarstatistik, die Verteilung und Dynamik der Sterne innerhalb von Sternsystemen wie z.B. unserer Milchstraße.

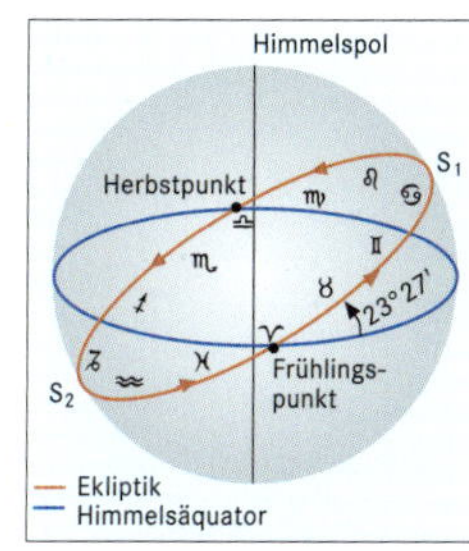

Auf der Ekliptik die Tierkreiszeichen. Alles bezogen auf die Nordhalbkugel.

Gestirne an der Himmelsleine

Vermutlich im 3. Jahrtausend v. Chr. ersannen mesopotamische Astronomen die Ekliptik als gedachte Hilfslinie, um die Position beweglicher Gestirne am Himmel beschreiben zu können. Neben Sonne und Mond interessierten sie sich vor allem für die damals bekannten Planeten, die ebenfalls in einem Band längs der Ekliptik über den Himmel laufen. Den Ort gaben sie dann nach dem Stand der Planeten in einem der Tierkreiszeichen an, welche die Ekliptik in 12 Abschnitte unterteilen. Vermutlich wählten sie deshalb die Ekliptik als Bezug, weil sie als scheinbare Sonnenbahn am Himmel anschaulich ist. Überdies erlaubt der Stand der Sonne auf dieser Bahn Aussagen zu anderen astronomischen Ereignissen. Trotz mancher Nachteile hat die Ekliptik aus diesem Grund selbst in der modernen Astronomie nicht ausgedient.

Optische Astronomie

Von der Erde aus gibt es nur 2 Beobachtungsfenster ins All. Das am längsten genutzte ist das optische Fenster, durch das wir die Sterne mit unseren Augen sehen können. Jahrtausende musste sich der Mensch damit begnügen. Erst die Entwicklung des Fernrohrs und später der großen Spiegelteleskope verschaffte der Astronomie einen gewaltigen Schub: Nun war es nämlich möglich, auch Monde anderer Planeten und weiter entfernte Planeten zu sehen, die dem bloßen Auge verborgen blieben.

Radioastronomie

Als zweites Beobachtungsfenster von der Erde ins All steht uns das Radiofenster offen. Denn neben sichtbarem Licht lässt die Atmosphäre auch Radiostrahlung bis zur Erdoberfläche durch. Mit geeigneten Antennen kann man sie auffangen, und so verschaffen uns die Radioteleskope zusätzliche Informationen.

Ballonastronomie

Weil die Lufthülle der Erde viel dem Leben gefährliche Strahlung absorbiert, blieb der Astronomie bis in jüngste Zeit ein großer Teil des von den Sternen abgestrahlten Spektrums verborgen. Erst der Aufstieg von Ballonen mit Messinstrumenten in die Stratosphäre vermittelte eine Ahnung davon, welche Informationsvielfalt bislang verborgen blieb.

Weltraumastronomie

Erst der Einsatz von Satelliten erlaubt es, völlig losgelöst von atmosphärischen Störungen das gesamte Spektrum der im Universum vorhandenen Strahlung zu untersuchen. Die große Domäne der Weltraumastronomie sind daher Strahlungsquellen im Gamma- und Röntgen-, im Ultraviolett- und Infrarotbereich. Für die Astronomie bedeutet das einen ähnlichen Sprung nach vorn wie einst die Erfindung des Fernrohrs.

Astrophysik

Die Gesetze der Physik liefern Werkzeuge zur Analyse der Signale aus dem All, so etwa die Spektralanalyse und die Photometrie. Sie erlaubt damit Aussagen über die chemische Beschaffenheit von Himmelskörpern und Vorgängen in Sternen, etwa darüber, wie sie Energie erzeugen. In jüngster Zeit kamen Experimente zum Nachweis von Sonnenneutrinos und Gravitationswellen hinzu.

Kosmologie

Sie betrachtet das ganze Weltall als physikalisches Objekt und sucht nach Antworten auf Fragen zu dessen Aufbau, Ursprung, Alter und zeitlicher Entwicklung. Auch die Frage nach organischem Leben im Weltall gehört dazu. Die heute gängigen Weltmodelle gründen sich auf die allgemeine Relativitätstheorie Albert Einsteins. Wichtige Aussagen über die zeitliche Entwicklung liefern beispielsweise die Rotverschiebung in den Spektren kosmischer Objekte, aufgrund deren auf die Expansion des Weltalls geschlossen wird, sowie die radioastronomische Analyse strahlungskräftiger Quasare in Entfernungen bis zu 16 Milliarden Lichtjahren.

Kosmogonie

Mythen und religiöse Vorstellungen, die die Entstehung der Welt betreffen, sind Gegenstand der Kosmogonie. Sie beschäftigt sich also mit ähnlichen Fragen wie die Kosmologie, aber mithilfe eines anderen begrifflichen Instrumentariums. Sie gehört somit eigentlich nicht direkt zur Astronomie, aber beide haben immer wieder einander beeinflusst. So waren, bis hinauf zu Isaac Newton, mehr oder minder alle Astronomen gleichzeitig auch Astrologen, die neben den physikalischen auch andere Gesetze im Lauf der Gestirne suchten oder an eine göttliche Ordnung im Kosmos glaubten. Gerade dieser Punkt erlebt seit einigen Jahren bei manchen Wissenschaftlern eine Renaissance.

Astronautik

Die Weltraumfahrt selbst ist eigentlich eher eine technische Disziplin denn ein Gebiet der Astronomie. Aber der Anblick des Sternenhim-

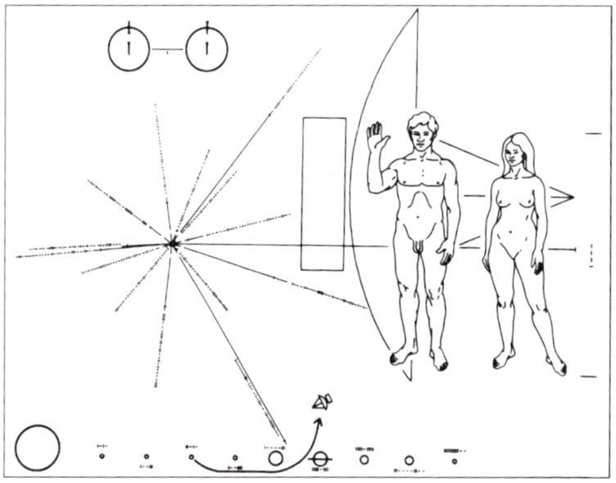

Die goldbeschichtete Aluminiumplakette (etwa 15 cm × 23 cm) an der Raumsonde Pioneer 10

mels beflügelte bereits schon die Gedanken antiker Autoren, und zumindest in der Literatur schickten sie auch Menschen ins All. Heutzutage freilich sind Raketen und Satelliten mit die wichtigsten Hilfsmittel der Astronomen. Sie erschlossen den Forschern zuvor unerreichbare Beobachtungsräume und sorgten auf diese Weise für eine wahre Explosion des menschlichen Wissens um kosmische Zusammenhänge.

Pioneer 10: Botschafter für Andromeda

Auf ihrer langen Reise vollbrachte die Sonde Pioneer 10 etliche Pioniertaten: Gestartet am 2. März 1972 passierte sie 1973 unbeschädigt den Asteroidengürtel, was allein schon alle Skeptiker erstaunte. Ohne Schaden querte sie Partikelschauer und Schwerefeld des Jupiter, von dem sie erste Bilder des bis dahin unbekannten Ringes lieferte und Schwung für die weitere Reise mitnahm. Längst hat Pioneer 10 unser Sonnensystem verlassen und rast täglich eine Million Kilometer weiter in Richtung des Sternbildes Andromeda. Unsere Sonne ist für sie nur noch ein Stern wie viele andere. Sollte sie in gut 32 000 Jahren von intelligenten Andromeda-Wesen gefunden werden, so können diese über einer Metallplatte grübeln: Sie zeigt ein nacktes Menschenpaar und weitere Informationen darüber, wer die weit gereiste Sonde einst auf den langen Weg schickte.

Archäoastronomie

Die Stern- und Mondgläubigkeit unserer Tage treibt seltsame Blüten: Kaum ein Berg oder Monument, dem nicht flugs eine frühe astronomische Messfunktion angedichtet würde. Ernsthafter beschäftigt sich damit eine kleine Wissenschaftsdisziplin, angesiedelt zwischen

Meilensteine der Raumfahrt

Zeit	Ereignis
1957	Die UdSSR startet mit dem Sputnik den erste künstlichen Erdsatelliten.
1969	Armstrong und Aldrin landen als erste Menschen auf dem Mond.
1973	Pioneer 10 verlässt als erste Raumsonde das Sonnensystem.
1978/79	Die Raumsonden Voyager 1 und 2 erforschen den Planeten Jupiter und seine Monde.
1980/81	Voyager 1 und 2 erforschen den Planeten Saturn und seine Monde.
1986	Die Raumsonde Giotto passiert den Halley-Kometen in 500 km Entfernung.
1989	Start der Raumsonde Magellan zur Venus Start der Raumsonde Galileo zum Jupiter
1989	Voyager 2 erforscht den Planeten Neptun und seine Monde.
1989	Der Satellit Hipparcos beginnt die Durchmusterung zur Erstellung eines Sternkatalogs.
1989	Der Satellit COBE analysiert kosmische Hintergrundstrahlung und bestätigt die Urknall-Theorie.
1990	Das Hubble-Weltraumteleskop nimmt den Betrieb auf.
1990	Röntgensatellit ROSAT startet erste vollständige Durchmusterung im Röntgenbereich.
1991	Start des Gamma Ray Observatory GRO und Nachweis vieler Pulsare
1998	Start zum Bau der internationalen Raumstation ISS

Vor- und frühgeschichtliche Stätten mit vermuteter astronomischer Bedeutung

Zeit v. Chr.	Stätte	Ort	Bezug zur Astronomie
25 000	Altamira	Spanien	Höhlenmalereien, darunter vermutlich Sternbilder
17 000	Grotte du Tai	Frankreich	vielleicht ein Mondkalender
6500	Bandkeramik	Mitteleuropa	Orientierung der Gräber nach Himmelsrichtungen
4600	Kreisgraben	Niederbayern	Orientierung an Himmelsrichtung, Sonnenwende
4600	Kreisgraben	Bochum	Sonnen- und Mondstand, Wintersonnenwende
3500	New Grange	Irland	Sonnenaufgang zur Wintersonnenwende
2700	Cheopspyramide	Ägypten	Orientierung an Himmelsrichtungen
2500	Stonehenge	Großbritannien	Sonnenaufgang zur Sommersonnenwende
2200	Schnurkeramik	Tschechien	Orientierung der Gräber nach Himmelsrichtungen
-	Externsteine	Deutschland	Sommersonnenwende, Tagundnachtgleiche
520	Persepolis	Iran	Sommersonnenwende

Archäologie und Astronomie. Sie versucht, aus den gesicherten Befunden zu erschließen, was die Menschen der Vorzeit denn nun wirklich über die himmlischen Vorgänge wussten – und verweist die Schwärmerei der Massen schnell ins Reich der Legende: Zwar dienten so gewaltige Anlagen wie Stonehenge vermutlich Kulten, die beispielsweise mit dem Lauf der Sonne zu tun hatten. Und die alten Kulturen kannten die Sonnenwenden tatsächlich auf den Tag genau. Keine dieser Anlagen aber taugt dazu, etwa Sonnenwenden auf den Tag genau zu bestimmen. Auch die genaue Ausrichtung auf einen Stern würde schon nach hundert Jahren nicht mehr stimmen. Manche Monumente waren aber tausend Jahre und länger in Gebrauch.
Spannende Fragen also, die eine ernsthafte Auseinandersetzung verdienen.

Frühe steinerne Messinstrumente

Kultstätten der Bandkeramiker

Eine neue Kultur etablierten die Bandkeramiker der Jungsteinzeit in Europa. Als Ackerbauern besiedelten sie die fruchtbaren Lössböden und drangen dabei im Lauf der Jahrhunderte immer weiter nach Westen vor: von Donau und Rhein um 4500 v. Chr. ins Pariser Becken und dann etwa 4000 v. Chr. nach England. Sie hinterließen monumentale ringförmige Kultstätten, deren älteste aus der Zeit um 4800 bis 4600 v. Chr. stammen. Mit den einfachen Werkzeugen jener Zeit eine gewaltige Leistung! Immerhin entstanden erst 2000 Jahre später die ersten Städte in Mesopotamien. Die Bedeutung der Monumente kennen wir freilich bis heute nicht, da es kaum Funde aus dem Kernbereich dieser Plätze gibt. Sie dienten vermutlich einem Kult, vielleicht einem Sonnenkult: Immerhin lässt sich aus der Orientierung der Tore der Anlage auf eine astronomische Bedeutung schließen.

Stonehenge

Die monumentale Anlage folgt den sehr viel älteren auf dem Kontinent, die allerdings meist mit Eichenstämmen versehen waren. In Stonehenge begann man um 2500 v. Chr. mit dem kreisförmigen Graben von 115 m Durchmesser; in späteren Bauphasen kamen dann die konzentrischen Kreise aus gewaltigen Steinen hinzu; insgesamt erstreckten sich die verschiedenen Phasen über gut tausend Jahre. Auch hier wissen wir nicht, warum die Menschen diese Mühen auf sich nahmen. Ein kultischer Zweck liegt nahe, und die Anordnung der Steine wird immer wieder mit Sonnen- oder Mondbeobachtung in Zusammenhang gebracht. Allerdings erlauben solche Steinkreise praktisch beliebige Orientierungen des Blicks, man kann somit alle möglichen astronomischen Beobachtungen hineindeuten. Wohl aber weist in Stonehenge die Prozessionsstraße in Richtung des Sonnenaufgangs am Tag der Sommersonnenwende – was auf einen Sonnenkult hindeutet.

Cheopspyramide

Auch die Pyramiden von Giseh sind ein beliebtes Objekt vielfältiger Spekulationen über einen tieferen astronomischen Sinn. So heißt es z.B., die geneigten Innengänge seien genau auf die damalige Position des Polarsterns ausgerichtet. Diese Rückrechnung allein beweist allerdings noch nichts. Weiterhin ist bemerkenswert, dass Giseh mit nur wenigen Bogenminuten Südabweichung am 30. Breitengrad liegt, wie übrigens das altpersische Persepolis auch: eine Lage genau zwischen der Äquatorebene und der Horizontalebene durch den

Altamira und die Tochter des Marquis

Als der Marquis Marcelino Sanz de Santuola in der Höhle von Altamira in der spanischen Provinz Santander Feuersteine und Knochen sammelte, hatte er seine Augen offenbar fest am Boden. So blieb es seiner 5 Jahre alten Tochter, die ihn begleitete, vorbehalten, an der Decke große Tiere zu erblicken: Damit waren die ersten Höhlenmalereien des Paläolithikums entdeckt, woran sich die Fachwelt aber nur schwer gewöhnen wollte. Als der Marquis 1879 die Entdeckung publizierte und die Höhle der Öffentlichkeit zugänglich machte, wurde er verlacht und gar als Fälscher angesehen. Erst Anfang des 20. Jahrhunderts akzeptierte die Wissenschaft, dass unsere Vorfahren bereits zu so großflächigen Malereien fähig waren. Einige der inzwischen in großer Zahl bekannten Bilder deutete man auch astronomisch. Ein ganz bekanntes Beispiel findet sich in der Höhle von Lascaux. Allerdings ist die Gefahr der Überinterpretation vielleicht nur zufälliger Anordnungen hier besonders groß.

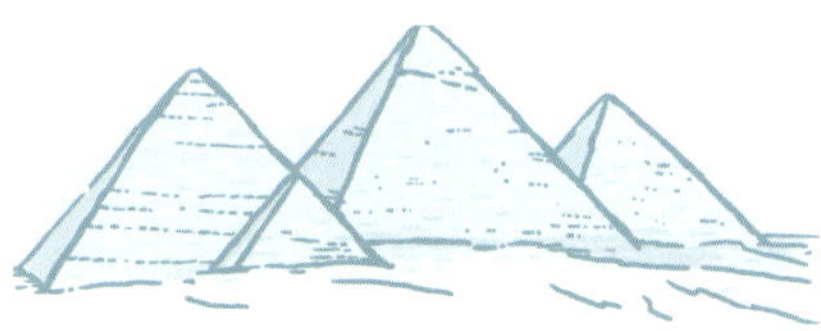

Astronomische Höhepunkte der Vor- und Frühgeschichte

Zeit v. Chr.	Astronomisches Ereignis	Urheber
8. 6. 8498	vermuteter Nullpunkt des Maya-Kalenders	Maya
4. Jahrtausend	Zeitrechnung nach einem Sonnenjahr mit 365 Tagen	Ägypter
15. 2. 3379	Beobachtung einer totalen Mondfinsternis	Maya
2750	Namen für die wichtigsten Sternbilder der nördlichen Hemisphäre	Babylon
8. 3. 2283	vermutete Vorhersage einer dann eingetretenen Finsternis	Babylon
2160	Todesstrafe für Hi und Ho, die eine Sonnenfinsternis nicht vorhergesagt hatten	China
13./12. Jahrhundert	in Stein gemeißelte Sternkarten	China
9. Jahrhundert	Beschreibung von Sternbildern in chinesischen Schriften	China
15. 6. 763	älteste, sicher datierte überlieferte Beobachtung einer totalen Sonnenfinsternis	Babylon
380	Berechnen des Erscheinens der Mondsichel nach Neumond mit Mondtafeln des Kidinnu	Babylon
100	28 Rechenregeln zur Bestimmung von Mondfinsternissen	China
0	Liu Hsin verfasst ein astronomisches Handbuch.	China

Nordpol. Unterstellt man dies als bewusste Ortswahl, so setzt das die Kenntnis der Erde als Kugel voraus. Das Motiv kennt man damit aber noch immer nicht. Selbst ohne solche Spekulation bleibt allein schon die Präzision bewundernswert, mit der die Ägypter die Cheopspyramide auf wenige Bogenminuten genau an den 4 Himmelsrichtungen orientierten.

Weltbilder früher Kulturen

Mesopotamien

Im Zweistromland waren die Astronomen v. a. daran interessiert, die Position der beweglichen Gestirne am Fixsternhimmel möglichst genau zu bestimmen. Dazu zeichneten sie ihre Beobachtungen über lange Zeiträume auf und erkannten so selbst komplizierte Zyklen. Dank hoch entwickelter Mathematik konnten sie daraus sogar Sternpositionen und Bewegungen am Himmel im Vorhinein ermitteln. Dabei scheint es ihnen vor allem um brauchbare Kalender und die Vorhersage von Finsternissen gegangen zu sein. Tatsächlich steuerte der Gang der Planeten am Himmel nach ihrer Meinung den Lauf der Dinge auf Erden.

Sumerer

Trotz ausgezeichneter Astronomen wuchsen die vielen Einzelbeobachtungen in Mesopotamien nicht zu einer Kosmologie zusammen. In den Weltmodellen umschließt dagegen ein Urmeer die Welt, die als eine Art Kugel oder Halbkugel gedacht wird. Der Himmel hat den Charakter einer festen Kuppel, an dem die Sterne als leuchtende Punkte haften. In der sumerischen Vorstellung wölbt sie sich über einer flach gedachten Erde und kombiniert dabei auf interessante Weise Beobachtetes mit Mythologischem. So wird das Eisen als Himmelsmetall bezeichnet: Meteorite lassen sich auf diese Weise als von dieser Kuppel fallende Brocken verstehen. Die Himmelskuppel dreht sich um die Erde, und zwar um eine Achse durch den Himmelsnordpol. Damit erklärt das Modell die scheinbare Himmelsdrehung und sagt auch, warum manche Sterne zu bestimmten Zeiten nicht sichtbar sind: dann nämlich, wenn das die Erde umgebende Randgebirge sie verdeckt.

Ägypten

Wir wissen nicht viel über die astronomischen Kenntnisse im Land am Nil, da gerade hierüber nur wenig überliefert ist. Doch unterschieden die Ägypter jedenfalls die 5 mit bloßem Auge sichtbaren Planeten. Die Fixsterne fassten sie zu Sternbildern zusammen: Unseren Großen Bären etwa bezeichneten sie als Bein des Stiers. Herausgehoben waren bestimmte Sterne, deren Aufgang für den Jahreslauf eine besondere Rolle spielte. Der Himmel ist in der ägyptischen Kosmologie eine eiserne Kuppel, an der die Fixsterne wie Lampen hängen und allabendlich von den Göttern entzündet werden.

China

Spuren astronomischen Wissens sind in China bis ins 3. Jahrtausend v. Chr. zu erkennen. Meist handelt es sich um Beobachtungen von Finsternissen und Kometenerscheinungen. Nach chinesischen Quellen ließ 2608 v. Chr. Kaiser Huangdi eine Sternwarte bauen; im Jahr 2160 v. Chr. sind demnach die kaiserlichen Astronomen Ho und Hi zum Tode verurteilt worden, weil sie eine Sonnenfinsternis nicht vorhergesagt hatten, die Angst und Schrecken verbreitete. Doch obwohl die Chinesen schon früh zu systematischer Himmelsbeobachtung fanden, suchten sie nicht nach rationalen Erklärungen für das Universum, ganz so wie Ägypter und Mesopotamier auch.

Pelota spiegelt den Kosmos

Das Pelotaspiel hatte bei den Maya und Azteken kultische Bedeutung, es spiegelte die kosmologischen Vorstellungen: Das in 4 Felder aufgeteilte Spielfeld war dabei ein genaues Abbild der Welt; die Spielwege standen für den engen Gang durch die Unterwelt, den die Sonne vor jedem neuen Aufgang im Osten queren musste; und so symbolisierte der Wettstreit beider Mannschaften den Kampf zwischen Tag und Nacht – der Ausgang des Spiels wurde von Gewinnern und Verlierern mit einem Opfer bezeugt.

Germanen

Mythologien sind der Versuch, die Vorgänge am Himmel und das irdische Geschehen auf das Handeln von Göttern zurückzuführen. Auch die Germanen besaßen einen Mythos über das Vergehen und Wiedererstehen des Kosmos. Kern der verwickelten Geschichte ist der Krieg zwischen den Göttern und der Untergang des Universums in einer Feuersbrunst, aus der jedoch eine gereinigte Welt hervorgeht.

Alt-Amerika

Im Leben der präkolumbischen Kulturen spielte die große, hoch spezialisierte Priesterschaft eine wichtige Rolle. Deren Mitglieder kamen aus der oberen Gesellschaftsschicht, sie wurden in besonderen Schulen ausgebildet. Zur Ausbildung gehörte Astrologie, und höchstes Ansehen genoss, wer das astronomische Wissen bereicherte.

Azteken

Unter den präkolumbischen Kulturen schufen die Azteken die umfassendste Weltanschauung. Sie stellten sich die Erde als eine Scheibe vor, im Mittelpunkt des Universums ruhend, von Wasser umgeben. Vertikal gliederte die Erde sich in 13 Bereiche zur Oberwelt und in 11 zur Unterwelt hin. Beide Teile dachte man sich als Stufenpyramiden, verbunden an den Basisflächen, die Spitzen jeweils nach oben und nach unten zeigend. In der untersten Sphäre befand sich das Totenreich. Horizontal war die Erde viergeteilt, jeder Bereich stand für einen der Söhne der Urgottheit. Durch ihren Kampf zerstörten zwei von ihnen das kosmische Gleichgewicht. Dadurch kam Vergänglichkeit in die Welt, und mit Menschenopfern versuchte man, die Sonne auf ihrer Bahn zu halten.

Aristarch berechnet Entfernungen

Aristarchos von Samos (*um 310 v. Chr., †um 230 v. Chr.) vertrat als erster griechischer Astronom das heliozentrische Weltsystem. Er fand heraus, dass es für das bisherige Erklärungsmodell der Bewegung von Sonne und Erde um ein Zentralfeuer ganz egal ist, welchen Radius man dabei für die Sonnenbahn wählt. So setzte er diesen null, ließ damit das Zentralfeuer gänzlich fallen und rückte die Sonne in den Mittelpunkt der Welt. Bei seinem Versuch, die Entfernungen der Erde von Sonne und Mond zu berechnen, bestimmte er die Verhältnisse eines kosmischen Dreiecks: Im ersten und letzten Viertel bilden Erde, Mond und Sonne nämlich ein rechtwinkliges Dreieck. Als Ergebnis fand er das Verhältnis 1:19 zwischen Mond-Erde- und Sonnen-Erde-Abstand.

Leistungen der griechischen Astronomie

Zeit	Astronomische Leistung	Urheber
6. Jh. v. Chr.	Lehre von der Kugelgestalt der Erde	Pythagoreer
440 v. Chr.	Bestimmung der Punkte der Sonnenwende	Meton
Ende 5. Jh. v. Chr.	erste Deutung der Anomalien in den Planetenbewegungen	Philolaos von Kroton
400 v. Chr.	Deutung der Milchstraße als Glanz vieler Fixsterne	Demokrit
400 v. Chr.	Die Kreisform der Erdschatten bei Mondfinsternis zeigt die Kugelgestalt der Erde an.	Aristoteles
370 v. Chr.	Sphären zur Erklärung der Anomalien in den Planetenbewegungen	Eudoxos
345 v. Chr.	Die Tagesbewegung des Fixsternhimmels folgt aus der Achsendrehung der Erde.	Herakleides von Pontus
265 v. Chr.	Bestimmung der Entfernung von Sonne und Mond zur Erde. Die Sonne rückt in den Mittelpunkt der Welt.	Aristarch von Samos
220 v. Chr.	erste Messung des Erdumfangs	Eratosthenes
150 n. Chr.	Höhepunkt der griechischen Astronomie	Ptolemäus

3 Messlatten für das Weltall

Astronomische Einheit

Für Entfernungsangaben in unserem Sonnensystem benutzt man oft eine eigene Einheit, auf die dann die Bahndaten von Planeten und Kometen bezogen werden. Deshalb ist es wichtig, die Größe dieser Astronomischen Einheit (AE, englisch AU, französisch UA) genau zu kennen. Sie ist etwa gleich der großen Halbachse der Erdbahn. Die exakte Definition verwendet die Kreisbahn eines gedachten Körpers. In der Praxis rechnet man meist mit einem aufgerundeten Wert: 1 AE = $149{,}600 \cdot 10^6$ km.

Parsec

Das Kunstwort Parsec (pc) ist abgeleitet von den Begriffen Parallaxe und Bogensekunde: Wenn man von einem Himmelsobjekt aus die große Halbachse der Erdbahn unter einem Winkel von 1 Bogensekunde sähe, so hätte dieses Objekt die lineare Entfernung von 1 Parsec. Dahinter steckt eine grundlegende Methode, mit trigonometrischen Mitteln die Entfernung naher Fixsterne (Parallaxe genannt) zu messen. Es gilt: 1 pc = 206 265 AE = $3{,}0857 \cdot 10^{16}$ m.

Lichtjahr

Entfernungen werden vor allem in der populärwissenschaftlichen Literatur häufig in Lichtjahren angegeben. Das Lichtjahr (Lj) ist definiert als die Strecke, die ein Lichtstrahl (mit Vakuum-Lichtgeschwindigkeit) in einem Jahr zurücklegt: Es gilt die Beziehung: 1 Lj = 0,3066 pc = $9{,}4605 \cdot 10^{15}$ m.

Wo selbst Nähe weit weg ist

Wir wissen noch nicht sehr lange, wie weit die Gestirne im Weltall wirklich voneinander entfernt sind. Obwohl diese Frage für die Astronomie eigentlich überaus wichtig ist, war man erst nach 1750 in der Lage, den Abstand von Sonne und Planeten genau zu berechnen; und die Entfernung von Sternen bestimmte man gar erst ab etwa 1840. In der populären Einheit Lichtjahr ist beispielsweise der uns nächste Stern Proxima Centauri 4,22 Lj entfernt. Dabei entspricht ein Lichtjahr fast 10 000 Milliarden Kilometern.

Frühe Vorstellungen von Sternenreisen

Lukian erfindet Sciencefiction

Schon lange bevor Russen und Amerikaner Sonden zum Mond schickten, versetzte literarische Fantasie sogar Menschen dorthin. Der griechische Schriftsteller Lukian etwa (*120, †nach 180) spottete in zahlreichen Satiren über religiösen Wahn und philosophische Eitelkeit seiner Zeit. In den »Wahren Geschichten« trägt ein Wirbelsturm eine Barke mit illustrer Gesellschaft während einer Atlantikfahrt zum Mond. Dort herrscht gerade zwischen den Bewohnern von Mond und Sonne Krieg von ganz eigener Art: Man verbreitet Knoblauchduft, Bogenschützen reiten Flöhe, zwölfmal so groß wie Elefanten, und eine Spinne webt zwischen Mond und Morgenstern ihr Netz. Zum Glück aber gibts am Ende Waffenstillstand und Lukian reist mit seiner Gesellschaft zurück zur Erde.

Kepler sucht Publicity

Selbst Forscher scheuen nicht gelegentliche Ausflüge in die Welt des Zukunftsromans. So etwa Johannes Kepler, der nicht nur über Planetenbahnen grübelte, sondern auch den Roman »Somnium« schrieb, um seine wissenschaftlichen Erkenntnisse publikumswirksam zu verbreiten. Technische Details umgeht er geschickt: Er lässt seine Reisenden im Traum von Geistern zum Mond schaffen. Doch sonst berichtet er sehr realistisch von der starken Beschleunigung zu Beginn der Reise, von Kälte und mangelnder Luft in der höheren Atmosphäre, von Schwerelosigkeit und dem Bremsschub für eine weiche Landung. Den Mond bevölkern bei ihm Wesen, die den ganzen Tag in Höhlen kauern, um nicht von der Sonnenglut verbrannt zu werden.

Meilensteine zum heliozentrischen Weltbild

Georg Peurbach (*1423, †1461) und sein Schreiber **Johannes Müller** (*1436, †1476), genannt Regiomontanus, sammelten neue Beobachtungen über Planeten und verbesserten auf dieser Basis das System des Ptolemäus. **Nikolaus Cusanus** (*1401, †1464) äußerte die Vermutung, die Erde könne nicht in Ruhe sein, sondern bewege sich.

Nikolaus Kopernikus (* 1473, †1543). Sein Weltbild ersetzte das geozentrische des Ptolemäus mit der Erde im Mittelpunkt und rückte die Sonne an deren Stelle. Um 1532 als Manuskript fertig, erschien sein großes Werk über die Planetenbewegung erst in seinem Todesjahr. Die am Himmel beobachteten Bewegungen versuchte er mithilfe dreier Hypothesen zu erklären: Erstens dreht sich nicht das Himmelsgewölbe mit den Gestirnen von Ost nach West um die Erde, sondern die Erde dreht sich entgegengesetzt von West nach Ost. Zweitens steht sie nicht im Mittelpunkt, sondern die Sonne, um welche die Erde einmal im Jahr kreist; das erzeugt auch die scheinbare jährliche Bewegung der Sonne über den Tierkreis; ferner kreisen auch die Planeten um die Sonne, der Fixsternhimmel dagegen ruht. Drittens steht die Rotationsachse der Erde nicht senkrecht auf der Bahnebene, sondern ist zu ihr geneigt, und ihre Lage im Raum bleibt stets erhalten.

Leistungen der arabischen Astronomie

Zeit n. Chr.	Astronomische Leistung	Urheber
8./9. Jahrhundert	Die Araber übernehmen das antike und indische Wissen.	Araber
829	Gründung der Sternwarte Bagdad	
950	Revision des Sternkatalogs von Hipparch. Zuverlässige Helligkeitsangabe für die Sterne	al-Sufi
1000	Gründung der Sternwarte Kairo	
1009	Tafeln zur Vorausberechnung von Planetenörtern	ibn-Junis
1250	Weiterentwicklung der astronomischen Instrumente. Alfonsinische Tafeln	

Astronomische Leistungen der frühen Neuzeit

Zeit	Astronomische Leistung	Urheber
1544	Inklination der Magnetnadel	Georg Hartmann
1569	Weltkarte für Seefahrer in Mercator-Projektion	Gerhard Kremer (Mercator)
1596	Veränderlichkeit des Sterns Omikron Ceti	David Fabricius
1612	Entdeckung des Andromeda-Nebels	Simon Marius
1618	Entdeckung des Orion-Nebels	Johann Baptist Cysat
1630	Beschreibung der Sonnenflecken und Rotationsperiode	Christoph Schreiner
1667	Helligkeitsänderung von Beta Persei	Montanari
1668	Beschreibung der Kometenbahn als Wurflinie	Johannes Hevel (Hevelius)
1669/70	Zuverlässiger Wert für den Erdradius	Jean Picard
1671	Entdeckung von 4 Saturnmonden und der Teilung des Saturnrings	Giovanni Cassini
1672	Sichten weißlicher Flecken an den Marspolen	Manaldi / Huygens
1681	Kometenbahn ist Parabel mit der Sonne im Brennpunkt	Dörfel

Tycho Brahe (*1546, †1601) widmete sich nach Studien in Kopenhagen und Leipzig, Wittenberg, Rostock und Basel ab 1570 in Dänemark der Astronomie. 1576 erfolgte der Bau der Sternwarte Uranienburg. Bei der Beobachtung eines Kometen 1577 bemerkte Brahe, dass dieser wesentlich weiter entfernt sein muss als der Mond. 1584 wurde die Sternwarte Sternenburg errichtet. 1588 veröffentlichte Brahe seine Planetentheorie: Er hinterlässt die besten und genauesten Planetenbeobachtungen seiner Zeit. 1597 verließ er Dänemark und wurde 1599 kaiserlicher Mathematiker und Astronom bei Rudolf II. in Prag.

Giordano Bruno (*1548, †1600). Der italienische Naturphilosoph und Dominikaner fiel 1592 der Inquisition in die Hände, weil er die Unendlichkeit der Welt lehrte und die Gleichwertigkeit von Weltsystemen: Er vertrat das kopernikanische System und war überzeugt, es gebe unendlich viele Welten, von denen jede ihre eigene Sonne habe; so sei auch unsere Sonne nicht Mittelpunkt der Welt und das All unendlich. Nach siebenjähriger Haft wurde er auf dem Scheiterhaufen verbrannt.

Galileo Galilei (*1564, †1642). Als Professor für Mathematik in Pisa und Padua untersuchte er zunächst die Gesetze des freien Falls und der Pendelschwingung. 1609 baute er das von Lippershey erfundene Fernrohr nach und verwendete es als Erster zur Himmelsbeobachtung. Dabei entdeckte er Mondgebirge, 4 Jupitermonde, die Sonnenflecken, den Saturnring und den Phasenwechsel der Venus. Ab 1610 als Hofmathematiker in Florenz setzte er sich für die kopernikanische Lehre ein und wurde deshalb 1616 vor die Inquisition geladen. 1633 erneut vor der Inquisition, musste er dieser Lehre abschwören. Nach nur kurzer Haft siedelte er in sein Landhaus über, wo er 1637 erblindete.

Johannes Kepler (*1571, †1630). Nach dem Studium in Tübingen wirkte er ab 1594 als Professor und Landschaftsmathematiker in Graz,

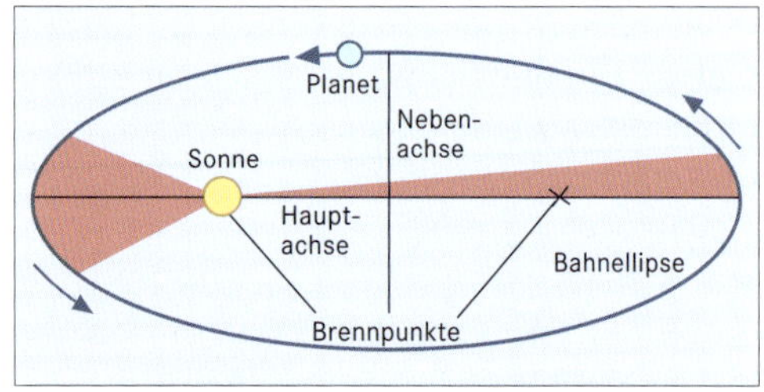

Keplersche Gesetze: schematische Darstellung einer Planetenbahn um die Sonne; die vom Fahrstrahl in gleichen Zeitintervallen überstrichenen Flächen (farbig unterlegt) sind nach dem Flächensatz gleich groß.

wo er 1596 auch sein erstes astronomisches Werk veröffentlichte. 1600 ging er als Assistent Tycho Brahes nach Prag und wurde 1601 als kaiserlicher Hofastronom und Mathematiker Rudolfs II. sein Nachfolger. Dessen Messungen am Planeten Mars führten ihn zu der Erkenntnis, dass den Planetenbewegungen mathematische Gesetzmäßigkeiten zugrunde liegen. 1609 veröffentlichte er die ersten beiden Kepler-Gesetze, 1619 das dritte: Das erste beschreibt die Planetenbahnen als Ellipsen, in deren einem Brennpunkt die Sonne steht; das zweite besagt, dass die Verbindungslinie eines Planeten zur Sonne in gleichen Zeiten gleiche Flächen überstreicht; das dritte verknüpft die Umlaufzeiten zweier Planeten mit den großen Halbachsen ihrer Bahnellipsen.

Newton und einige seiner Zeitgenossen

Christiaan Huygens (*1629, †1695). Als Physiker und Mathematiker war er ein großer Widersacher Newtons, soweit es um die Natur des Lichts und seiner Eigenschaften ging. 1684 baute er ein Luftfernrohr und erkannte damit die wahre Gestalt des Saturns und seines Ringes sowie den Saturnmond Titan; außerdem entdeckte er die Abplattung des Mars und den Orionnebel.

Isaac Newton (*1643, †1727). Ab 1669 Professor für Mathematik in Cambridge, konstruierte er 1671 ein Spiegelteleskop. 1687 erschien dann sein Hauptwerk »Philosophiae naturalis principia mathematica«, das auch das Gravitationsgesetz enthält. So gut nämlich Keplers Gesetze auch Ordnung in die Planetenbewegungen brachten, über die Ursache ihrer Bahnen sagen sie nichts aus. Das vermochte erst Newton zu erklären, indem er die Schwerkraft als umfassendes Prinzip erkannte, das auf der Erde wie auch im gesamten Weltall wirke.

Ole Römer (*1644, †1710). Neben wichtigen Beiträgen zur Instrumenten- und Messtechnik leitete der dänische Astronom 1675/76 aus Messungen von Zeitunterschieden in den Umlaufbahnen der Jupitermonde die Größe der Lichtgeschwindigkeit ab.

Edmond Halley (*1656, †1742). Beobachtungen auf St. Helena lieferten ihm die Basis für einen ersten Sternkatalog des Südhimmels. Seinen anhaltenden Ruhm aber begründete er mit der Vorhersage des heute wohl berühmtesten Kometen, der deshalb auch seinen Namen trägt. Während nämlich Newton sich in seinem Glauben an kosmische Harmonie nicht besonders um Kometen kümmerte, wendete Halley dessen Gesetze konsequent auf die Schweifsterne an.

Tief blickte Halley dem Stier ins Auge

Der rötlich leuchtende Rote Riesenstern erhitzte die Fantasie vieler Völker – und schrieb Astronomiegeschichte. Auch die Griechen sahen in ihm das Auge eines gewaltigen Tieres und fassten ihn mit anderen Sternen zum Sternbild Stier zusammen. Es gibt nicht viele helle Sterne, die nahe genug an der Ekliptik stehen und so vom Mond bedeckt werden können, der sich scheinbar entlang dieser Linie am Himmel bewegt. Aldebaran gehört dazu, und nach alten Berichten hatte im Jahr 509 eine solche Bedeckung stattgefunden. Als nun Halley frühere Mondpositionen berechnete, fand er keine Position, nach der dies hätte der Fall sein können. Da er weder den Berichten noch seinen Rechnungen misstraute, kam ihm eine kühne Idee: Aldebaran musste in den vergangenen 1200 Jahren seine Stellung verändert haben! Das brachte ihn zu der richtigen Erkenntnis, dass auch scheinbar fixe Sterne sich gegeneinander bewegen, jedoch sehr langsam nach menschlichen Maßstäben.

Große Leistungen im Instrumentenbau

Zeit	Astronomische Leistung	Urheber
1608	Erfindung des Fernrohrs in Holland	Lippershey
1609	Nachbau des Fernrohrs von Lippershey	Galileo Galilei
1611	erster Entwurf für das keplersche Fernrohr im Werk »Dioptrice«	Johannes Kepler
1642	Gründung der Sternwarte Kopenhagen	
1661	Bau eines Spiegelteleskops	James Gregory
1667	Bau und Gründung der Pariser Sternwarte	
1671	Luftfernrohr von 11 m bis 14 m Länge	Giovanni Cassini
1671/72	Beschreibung der Bauweisen von Spiegelteleskopen	Newton/Cassegrain
1673	Konstruktion der ersten brauchbaren Pendeluhr	Christian Huygens
1675	Bau des Observatoriums von Greenwich	
1690	Parallaktische Montierung für Fernrohre	Ole Römer
1700	Bau der Berliner Sternwarte	
1756	Konstruktion des ersten achromatischen Objektivs	Dollond
1786-89	Bau eines Reflektors von 11,9 m Brennweite und 122 cm Spiegeldurchmesser	Friedrich Wilhelm (William) Herschel

Die Erde und ihr Mond

Außer um die Erde dreht sich der Mond natürlich auch noch um die eigene Achse. Dabei entspricht seine Rotationszeit der mittleren Umlaufzeit von rund 27,3 Tagen. Der Mond wendet uns daher während seines Umlaufs immer dieselbe Seite zu. Da aber die Bewegung auf der Bahnellipse ungleichmäßig verläuft, sehen wir mal mehr von der rechten, mal mehr von der linken Mondseite – je nachdem wie der Mond gerade steht. Da zudem die Rotationsachse geneigt ist, kann man von der Erde aus im Verlauf eines Monats auch mal über den Nordpol, mal über den Südpol des Mondes spähen. Die beiden Pole liegen auf den meisten Mondkarten übrigens gerade umgekehrt, verglichen mit den üblichen Darstellungen der Erde. Im astronomischen Fernrohr entsteht nämlich ein umgekehrtes Bild, und die Astronomen nahmen der Einfachheit halber das Gesehene auch so in ihre Karten auf, als sie den Mond mit einem Gradnetz überzogen. Erst seit wir unseren Trabanten mit Satelliten vermessen, gibt es auch Mondkarten, bei denen Norden oben liegt.

Einige Daten unseres Mondes

mittlere Entfernung von der Erde	384 403 km
größte Entfernung von der Erde	406 740 km
kleinste Entfernung von der Erde	356 410 km
Umlaufzeit	ca. 27,3 Tage
Durchmesser	3476 km
Umfang	10 920 km
Volumen (Erde = 1)	0,020
Masse (Erde = 1)	0,012
mittlere Dichte (Erde = 1)	0,606
Oberflächengravitation (Erde = 1)	0,165
Oberflächentemperatur	– 130 °C bis +120 °C

Meere auf dem Mond

Die frühen Blicke zum Mond erregten die Fantasie der Beobachter sehr, nicht nur was die Namen betrifft: Obwohl die Mare auf dem Mond nämlich tatsächlich wie Ozeane erscheinen mögen, so ist doch bislang keinerlei Wasser auf dem Mond nachgewiesen worden

Mondmeere

Lateinisch	Deutsch
Mare Australe	Südmeer
Mare Crisium	Kritisches Meer
Mare Foecunditatis	Fruchtbares Meer
Mare Frigoris	Kaltes Meer
Mare Humorum	Feuchtes Meer
Mare Imbrium	Regenmeer
Mare Nectaris	Nektarmeer
Mare Nubium	Wolkenmeer
Mare Serenitatis	Heiteres Meer
Mare Tranquillitatis	Ruhiges Meer
Mare Vaporum	Dampfendes Meer
Oceanus Procellarum	Stürmischer Ozean
Sinus Medii	Zentralbucht

Der Mond ist auch mal eine Mondin

Der Mond hatte im Lauf der Jahrtausende sicherlich ebenso viele Verehrer wie die Sonne. Manche sahen in ihm eine weibliche, andere hingegen eine männliche Gottheit. Und gelegentlich erschien er sogar als Zwitterwesen. Mehr noch, in manchen Kulturen Afrikas und Amerikas konnte er, je nach Mondphase, abwechselnd männliche und weibliche Züge tragen. Die heute in mondgläubigen Kreisen gern gepflegte ausschließliche Rede von der Mondin hat also keinerlei historische Grundlage: Auch durch Verknüpfung mit matriarchalischen oder patriarchalischen Prinzipien lässt sich solches nicht konstruieren. So verehrten manche Kulturen weibliche und männliche Gottheiten einträchtig nebeneinander. Stand freilich in einem Kult die Sonne als Leben spendende Kraft im Mittelpunkt, so trug sie meist männliche Züge, wobei dann die Mondgöttin das weibliche Prinzip verkörperte.

Einige Gebirge auf dem Mond

Gebirge	Höhe über Umgebung (in m)
Karpaten	2900
Pyrenäen	3000
Alpen	3900
Altai	4000
Wall-Ebene des Kraters Kopernikus	4000
Apenninen	5500
Kaukasus	5900
Massiv am Nordrand des Ringgebirges Curtius	8000
Höchste gemessene Erhebung	11 350

Apollo stahl die Schau

Zwar heimste die Sowjetunion alle frühen Rekorde der Mondfahrt ein: Ihre Sonden umrundeten 1959 erstmals den Mond, und 1966 gelang ihnen die erste weiche Landung; sie schickten ein ferngesteuertes Fahrzeug hin und brachten von diesem gesammelte Proben zur Erde zurück. Doch in einem nationalen Gewaltakt zogen die USA dann das Apollo-Programm durch und landeten am 21. Juli 1969 die ersten Menschen auf dem Mond. Sie stahlen damit den Sowjets die Schau, die solches auch geplant hatten, aber nicht durchführten. In etlichen Folgemissionen führten die Amerikaner weitere Expeditionen auf unserem Trabanten durch, wobei auch ein Mondauto für weitere Fahrten zum Einsatz kam. Doch nach dem Ende des Programms hat seit 1972 kein Mensch mehr den Mond betreten. Wohl aber flogen weitere unbemannte Satelliten für kartographische und Forschungszwecke dorthin.

Die Sonne ist ein besonderer Stern

Das Leben auf der Erde empfängt Licht und Wärme von der Sonne. Nur etwa 4 Prozent aller Sterne gleichen ihr in Helligkeit und Farbe. Aus ihren Eigenschaften folgt die besondere Rolle auch für unsere Existenz: Hellere Sterne etwa verglühen nach kosmischen Maßstäben so schnell, dass wahrscheinlich keine Zeit für die Entwicklung höheren Lebens bleibt; bei weniger hellen aber sind mögliche Planeten zu weit vom Zentralgestirn weg, um genügend Wärme einzufangen; sonnennahe Planeten hingegen zeigen dem Stern stets die gleiche Seite, was dort zu Gluthitze führt, während auf der sonnenabgewandten Seite eine Leben vernichtende Kälte herrscht. Das Leben auf der Erde konnte also nur entstehen, weil sich unser Planet im richtigen Abstand um einen geeigneten Stern bewegt.

Reger Trubel auf dem Mond

Nach den ersten Mondbesuchen wurde es merklich ruhiger auf unserem Trabanten. Das könnte sich bald ändern, geht es nach japanischen Planern. Nach deren Vorstellungen wird die Menschheit schon in 3 Jahrzehnten dort erste Außenposten errichten, wenn auch zunächst für Wissenschaftler. Doch bereits in 50 Jahren könnten demnach auch schon Touristen den Mond unsicher machen und etwa 10 000 Menschen in dortigen Siedlungen leben. Es gibt sogar schon Patente für neue Materialien und Bautechniken auf dem Mond. Das wird nötig werden, bei Temperaturschwankungen zwischen – 190 °C und + 137 °C sowie häufigen Meteoritenschauern und kosmischer Strahlung. Das Design der Häuser erinnert an Bienenstöcke, und Beton gilt als idealer Baustoff. Den zu mischen bedarf freilich einiger Kunstkniffe, wenn man nicht wie auf der Erde über flüssiges Wasser verfügt.

Viel Wind um das Polarlicht

Auch zwischen den Planeten gibt es Materie, die zum Teil aus Gasen besteht. Vor allem der Sonnenwind steuert sie bei, ein kleinerer Teil diffundiert auch aus den Atmosphären der Planeten und aus Kometenschweifen ins All. Der

Sonnenwind ist ein Materiestrom, radial von der Sonne weggerichtet. Wir können ihn beispielsweise im Magnetfeld der Erde als Polarlicht sehen, und bei Kometen sorgt er überhaupt erst für die eindrucksvollen Schweife. Im Schnitt fegt dieser Wind aus Protonen, Elektronen und einigen schwereren Ionen mit 400 km/s durch den Planetenraum, kann aber auch schon mal bis 800 km/s erreichen. Doch »dicke Luft« erzeugt er nicht: Im Bereich der Erde hat er eine Dichte von 5 bis 10 Teilchen pro cm^3, die gelegentlich auf das Zehnfache ansteigt.

Große Zahlen für die Sonne

Eigenschaft	Größe
Durchmesser	1 392 000 km
Masse (Erde = 1)	333 000
Volumen (Erde = 1)	1 303 600
mittlere Dichte	0,26 · Erddichte
Gravitation an der Oberfläche (Erde = 1)	27,9
Rotationsperiode	25,4 Tage
mittlere Entfernung von der Erde (= 1 Astronomische Einheit)	149 597 893 km
mittlere Entfernung zum Zentrum unserer Milchstraße	25 000 Lichtjahre
Geschwindigkeit um das Zentrum der Milchstraße	220 km/s
Umlaufzeit um das Zentrum der Milchstraße	225 000 000 Jahre
Temperatur an der Oberfläche	5500 °C
Temperatur im Kern	15 000 000 °C

Finsternisse

Sonnen- und Mondfinsternisse sind Erscheinungen, die den Gesetzen der geometrischen Optik folgen: Sie treten ein, wenn Sonne, Mond und Beobachtungsort ungefähr auf einer Geraden liegen. Befindet sich dabei der Mond zwischen Sonne und Beobachter, so handelt es sich um eine Sonnenfinsternis; steht jedoch die Erde zwischen Sonne und Mond, so kommt es zu einer Mondfinsternis. Folglich können Sonnenfinsternisse nur bei Neumond eintreten, Mondfinsternisse hingegen nur bei Vollmond. Aus den Bahnen und den Durchmessern von Erde und Mond lässt sich berechnen, dass in einem Jahr höchstens 5 Sonnenfinsternisse und 3 Mondfinsternisse möglich sind. Inner-

Wichtige Sonnenfinsternisse 2000 bis 2005

Jahr	Datum	Typ	Gebiet
2000	5. Februar	partiell	Antarktis
2000	31. Juli	partiell	Arktis
2000	25. Dezember	partiell	Arktis
2001	21. Juni	total	Atlantik, Südafrika, Madagaskar
2001	14. Dezember	ringförmig	Mittelamerika, Pazifik
2002	10. Juni	ringförmig	Pazifik
2002	4. Dezember	total	Südafrika, Indischer Ozean, Australien
2003	31. Mai	ringförmig	Island
2003	23. November	total	Antarktis, Südpazifik, Indischer Ozean
2004	19. April	partiell	Antarktis
2004	14. Oktober	partiell	Arktis
2005	8. April	ringförmig	Pazifik, Amerika, nördliches Südamerika
2005	3. Oktober	ringförmig	Atlantik, Spanien, Afrika, Indischer Ozean
2006	29. März	total	Atlantik, Nordafrika, Türkei, Sibirien

halb eines Zeitraums von 6585,3 Tagen (18 Jahre und 11,3 Tage) wiederholen sich Sonnen- und Mondfinsternisse. Diesen Saros-Zyklus kannte man schon in den alten Hochkulturen des Vorderen Orients.

Außenseiter im Sonnensystem

Neben der Sonne selbst gehören zu unserem Sonnensystem all jene Himmelskörper, welche dieses Kraftzentrum umkreisen. Neben den Planeten und ihren Trabanten sind das Tausende von Asteroiden und Milliarden von Kometen. Außerdem finden wir interstellare Materie im Sonnensystem. Die Hauptplaneten lassen sich nach ihren Eigenschaften in zwei Gruppen einteilen: Die erdähnlichen sind relativ klein, aber sehr dicht. Sie besitzen eine feste Kruste, und ihre Mitglieder – Merkur, Venus, Erde und Mars – bewegen sich auf sonnennahen Bahnen. Viel weiter entfernt kreisen dagegen die Riesenplaneten Jupiter, Saturn, Uranus und Neptun. Sie haben sehr große Massen und Durchmesser, aber nur geringe Dichten. Ihre Atmosphären bestehen überwiegend aus Wasserstoff und Helium. Damit ähneln sie jenem Nebel, aus dem sie nach unserer Vorstellung entstanden sind. Der 9. Planet aber – Pluto – fällt ganz aus der Rolle: Er lässt sich keiner der beiden Gruppen zuordnen.

Merkur benimmt sich etwas daneben

Mitte des vorigen Jahrhunderts begannen die Astronomen nach einem Planeten zu suchen, den sie zwischen Merkur und der Sonne vermuteten. Sie hatten allerdings keinen Erfolg und erklärten sich das mit ihrem spärlichen Wissen um die genaue Bahn des Merkur. Doch später erkannten sie, dass dessen Bewegung auch dann noch seltsame Abweichungen zeigt, wenn alle bekannten Störungen mit in die Rechnung einbezogen werden. Mancher hielt deshalb die Existenz des innersten Planeten damit schon für erwiesen, man gab ihm sogar einen Namen: Vulkan. Gefunden wurde er jedoch nie, und heute gehen wir davon aus, dass er nicht existiert. 1915 gelang es nämlich, die Abweichungen des Merkur mithilfe der allgemeinen Relativitätstheorie Albert Einsteins zu erklären.

Mondfinsternisse zwischen 2000 und 2006

Jahr	Datum	Typ	Größte Bedeckung (MEZ)	Sichtbar keit in Deutschland
2000	21. Januar	total	5 h 44 m	total
2000	16. Juli	total	14 h 55 m	–
2001	9. Januar	total	21 h 21 m	total
2001	5. Juli	partiell	15 h 58 m	–
2003	16. Mai	total	4 h 39 m	total
2003	9. November	total	2 h 18 m	total
2004	4. Mai	total	2 h 18 m	total
2004	28. Oktober	total	4 h 04 m	total
2005	17. Oktober	partiell	13 h 02 m	–
2006	7. September	partiell	19 h 53 m	partiell

Hightech-Gärtner unterwegs zum Mars

Nach Frischfleisch werden sich Astronauten wohl auch weiterhin verzehren müssen. Doch frisches Obst und Gemüse könnte bald die Regel sein. Dazu jedenfalls laufen konkrete Forschungen, denn schon eine längere Marsmission wäre ohne Eigenversorgung kaum zu schaffen. Deshalb also die Idee, Raumfahrer auf künftigen langen Missionen auch aufs Gärtnern einzuschwören. Neben der Versorgung könnte man damit gleich einem zweiten Problem auf den Leib rücken: Ohne geschlossene Stoffkreisläufe sind solche Reisen nämlich gar nicht möglich. Die angebauten Pflanzen aber reinigen zugleich die Atemluft. Ob sich die Raumfahrer kulinarisch ins Vegetarierdasein einleben, ist in einer Hinsicht zweitrangig – denn in der Schwerelosigkeit sind die Geschmacksnerven ohnehin nicht besonders sensibel.

Sonnenfinsternis

Die letzte Sonnenfinsternis des 20. Jahrhunderts in Europa fand am 11. 8. 1999 statt. Die Schattenzone verlief mitten durch stark bevölkerte Regionen und das Ereignis vereinte Millionen von Menschen in Verzückung. Für die meisten Beobachter in Deutschland war es wohl das erste und letzte Mal in ihrem Leben, dass sie selbst Zeugen einer Sonnenfinsternis waren, denn erst im Jahr 2081 wird Süddeutschland erneut von einem Schatten gestreift werden.

Die Planeten unseres Sonnensystems

	Mittlere Sonnen-entfernung (AE)	Kleinster Abstand zur Erde (AE)	Größter Abstand zur Erde (AE)	Umlauf-zeit (Jahre)	Rotation (Tage d, Stunden h, Minuten m)	Masse (Erde = 1)	Anzahl Monde
Merkur	0,387	0,53	1,47	0,240	58,65 d	0,0553	-
Venus	0,723	0,26	1,74	0,615	243 d	0,8150	-
Erde	1,000	-	-	1,000	23 h 56 m	1,0000	1
Mars	1,524	0,37	2,67	1,881	24 h 37 m	0,1074	2
Jupiter	5,205	3,93	6,46	11,869	9 h 55 m	317,826	15
Saturn	9,576	7,97	11,08	29,628	10 h 40 m	95,145	17
Uranus	19,281	17,31	21,12	84,665	17 d 12 h	14,559	15
Neptun	30,142	28,77	31,34	165,49	16 d 7 h	17,204	8
Pluto	39,880	28,58	50,30	251,86	6,39 d	0,0022	1

Maßstabgerechte Abbildung der 9 bekannten Planeten des Sonnensystems, mit Sonne (links) und dem Plutomond Charon; ebenfalls maßstabgerecht angedeutet sind die Größen der Planetenbahnen.

Wenn man Planeten doppelt sieht

Die Ägypter unterschieden bereits die 5 mit bloßem Auge sichtbaren Planeten von den Fixsternen. Jupiter galt ihnen als höchster Planet und Führer der anderen. Die Venus allerdings wurde doppelt bezeichnet, nämlich als Morgen- und als Abendstern. Bis heute ist aber unbekannt, ob sie auch schon wussten, dass es sich bei Morgen- und Abendstern immer um denselben Planeten handelt.

Angestrengte Suche jenseits von Pluto

Auch in den Daten von Neptun und Pluto spürten die Astronomen Unregelmäßigkeiten auf, die auf einen weiteren Planeten hindeuten könnten. Die Suche nach ihm ist hoch aktuell, aber nicht einfach. Das liegt einmal daran, dass Neptun und Pluto seit der Entdeckung noch keinen kompletten Sonnenumlauf hinter sich gebracht haben. Damit aber wird es fast schon ein Ratespiel, aus den Störungen eines hypothetischen Planeten auf dessen Bahndaten zu schließen. Überdies wäre ein Planet jenseits von Pluto auch wegen seiner sehr langsamen Bahnbewegung nur schwer zu entdecken. Dennoch könnten dort draußen theoretisch auch noch mehrere Planeten kreisen.

Ein Pater machte einst den Anfang

Am 1. 1. 1801 erlebte Pater Giuseppe Piazzi (*1746, †1826) im sizilianischen Palermo eine Überraschung: Im Sternbild Stier fand er einen Himmelskörper, der in keiner Karte verzeichnet war. Er entpuppte sich als kleiner Planet, der auf einer Umlaufbahn zwischen Mars und Jupiter in 1680 Tagen einmal um die Sonne kreist. Dann ging es Schlag auf Schlag, jährlich kamen neue Asteroiden oder Planetoiden hinzu, und heute sind über 4000 katalogisiert. Es mögen aber mehr als 400 000 sein, die da im Asteroidengürtel zwischen Mars und Jupiter kreisen und Durchmesser zwischen 1 km und 1000 km (Ceres als größter) aufweisen. Selbst für die bekannten sind längst noch nicht alle Umlaufbahnen berechnet. Dabei begnügen sich einige nicht mit dem angestammten Bereich des Asteroidengürtels, sondern nehmen sehr exzentrische Umlaufbahnen ein. So können sie also durchaus die Umlaufbahn der Erde streifen.

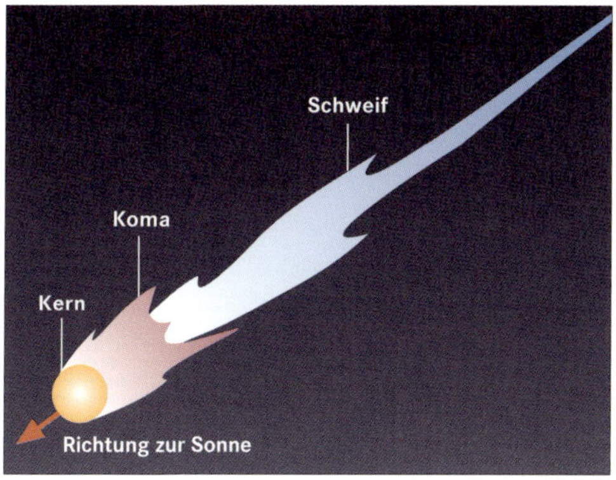

Schema eines voll entwickelten Kometen.

Meteoriten als himmlischer Steinschlag

Mit 4,6 Milliarden Jahren bringen es Meteorite auf ein ähnlich stolzes Alter wie Erde und Mond. Sie sind Körper des Sonnensystems und mit diesem entstanden. Noch nicht geklärt ist freilich, wie sie ihre heutige Gestalt bekamen, vom kleinen Körnchen bis zum dicken Brocken. So könnten sie aus Planetoiden oder Kometen entstanden sein, denn Kometen lösen sich manchmal auf. Auch eine Entstehung durch Kollisionen von Asteroiden ist denkbar. Die Wissenschaftler vermuten aber, dass Jahr für Jahr rund 200 000 Meteorite auf die Erde fallen, Materie von etwa 10 000 t. Statistisch gesehen trifft ein- oder zweimal in hundert Jahren sogar ein Koloss von 1 000 000 t die Erde. Doch die meisten Meteorite zerbersten schon vor dem Aufprall, und so liegen die meisten Meteoritenfunde nur zwischen 10 t und 60 t. Jener Meteorit allerdings, der einst den Meteor Crater in Arizona schlug, dürfte wohl 65 000 t gewogen haben.

Sterndeutereien ums Wetter von Morgen

Meteoriten kommen im Wetterbericht üblicherweise nicht vor. Obwohl das vom Wortsinn her keineswegs befremdlich wäre. Denn unter Meteor versteht die Meteorologie alle vom Himmel fallenden Körper, seien sie nun fest oder flüssig. Zu unserem Glück können sich die Meteorologen aber meist auf Regen und Schnee, Graupel oder Hagel beschränken. Da sich das Himmelsgeschehen auch in den Jahreszeiten spiegelt, versuchten schon die Gelehrten Mesopotamiens aus dessen Ablauf das Wetter vorauszusagen. Doch bis sich dann Astronomie und Meteorologie endgültig trennten, dauerte es noch viele Jahrhunderte.

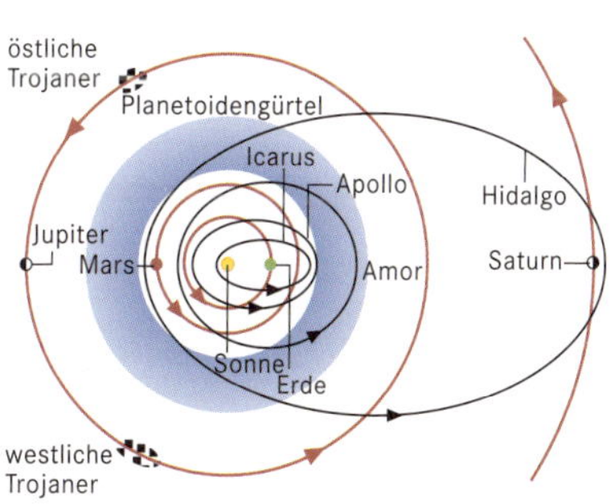

Schema des Planetoidengürtels zwischen Mars und Jupiter sowie einige Planetoidenbahnen mit großer Exzentrizität.

Kometen

Schon aus der Antike kennen wir Berichte über besonders imposante Himmelskörper: die Kometen. Seither sind uns etwa 1200 Kometenerscheinungen überliefert, die sich auf rund 800 verschiedene Kometen zurückführen lassen. Sie scheinen also in großer Zahl im Sonnensystem vertreten zu sein, und jedes

Jahr werden fast 2 Dutzend neue entdeckt. Manche Forscher schätzen, dass vielleicht eine Billion am Rand des Sonnensystems unauffällig umherschwirrt. Denn so weit weg von der Sonne ziehen sie für uns nicht sichtbar als unscheinbare Brocken durchs All, nur wenige Kilometer im Durchmesser. Erst in der Nähe der Sonne beginnt das große Schauspiel, wenn das gestreute Sonnenlicht den Schweif aus Gas und Staub erstrahlen lässt.

Eine Familie macht in Astronomie

Friedrich Wilhelm (William) Herschel (*1738, †1822). Der britische Astronom deutscher Herkunft war während des Siebenjährigen Krieges 1765 nach England desertiert. Berühmt wurde er durch seine Entdeckung des Planeten Uranus 1781. Eigenhändig schliff er seine Spiegel bis 1,22 m Durchmesser und baute gewaltige Reflektoren von 12 m Brennweite. Damit untersuchte er systematisch Doppelsterne, Nebel und Sternhaufen. 1783 stellte er die Eigenbewegung des Sonnensystems in Richtung des Sternbildes Herkules fest; 1787 fand er die beiden äußeren Uranus-, 1789 die beiden inneren Saturnmonde.

Lucretia Karoline Herschel (*1750, †1848). Der Schwester des berühmten Astronomen lag die Astronomie ebenfalls im Blut. Nach dem Tod des Vaters folgte sie 1772 dem Bruder und half ihm als Haushälterin und Assistentin. Eine mögliche Karriere als Sängerin gab sie bald zugunsten ihrer astronomischen Leidenschaft auf. So war sie dann die erste Frau, die einen Kometen entdeckte. Insgesamt fand sie deren 8, außerdem viele Sternhaufen und Nebel. Der englische König gewährte ihr 1787 eine jährliche Zahlung von 50 Pfund aus der Staatskasse für ihre Verdienste, genau wie ihrem Bruder. Als dieser starb, ging sie zurück nach Deutschland und korrespondierte rege mit den Großen der Zeit. Die Royal Astronomical Society ver-

Astronomische Leistungen der Moderne

Zeit	Astronomische Leistung	Urheber
1809	klassische Methode zur Berechnung von Planetenbahnen	Carl Friedrich Gauß
1814	Entdeckung zahlreicher dunkler Linien im Spektrum der Sonne	Joseph von Fraunhofer
1841	erste Mondaufnahme auf Daguerreplatten	John W. Draper
1845	Struktur der Spiralnebel erkannt	William P. Rosse
1846	Vorausberechnung und Entdeckung des Neptun	Urbain Leverrier, Johann Gottfried Galle
1868	Entdeckung des Heliums in der Sonne	Norman Lockyer
1887	erste fotografische Himmelsaufnahmen	Max Wolf
1905	spezielle Relativitätstheorie	Albert Einstein
1912	Nachweis der kosmischen Strahlung durch Ballonaufstiege	Victor Franz Hess
1913	Hertzsprung-Russell-Diagramm der Sternentwicklung	Einar Hertzsprung, Henry N. Russell
1915	allgemeine Relativitätstheorie	Albert Einstein
1916	innerer Aufbau der Sterne	Arthur Stanley Eddington
1929	Rotverschiebung in Galaxien-Spektren ist proportional zu ihrer Entfernung.	Edwin P. Hubble
1930	Entdeckung des Pluto	Clyde W. Tombaugh
1932	Entdeckung von Radiostrahlung aus der Milchstraße	Karl G. Jansky
1968	Entdeckung der Pulsare (schnell rotierende Neutronensterne)	Antony Hewish, S. J. Bell

lieh ihr die Goldmedaille, mit 86 Jahren wählte man sie in die Irische Königliche Akademie, und 10 Jahre später fand sie sogar der König von Preußen einer Goldmedaille würdig. Aber viele Lexika kennen sie bis heute noch nicht.

John Frederick William Herschel (*1792, †1871). Wilhelms Sohn setzte die Beobachtungen seines Vaters fort, seit 1834 am Kap der Guten Hoffnung. Aus dieser Arbeit folgte die Publikation einer detaillierten Durchmusterung des Südhimmels. 1849 gab er ein Werk über alle Nebel und Sternhaufen heraus. Er gilt überdies als Begründer der Astrofotografie.

Rechenmaschinen waren weiblich

Mindestens 3 »Erfindungen« verlängerten das Leben der Astronomen beträchtlich: Logarithmen, Großrechner und – Frauen. Mit Logarithmentafeln konnten sie erstmals ihre langen Rechnereien beträchtlich vereinfachen; dank Computern bewältigen sie heute selbst riesige Datenmengen; doch als diese noch nicht verfügbar waren, verfiel der amerikanische Astronom vor über hundert Jahren auf die Idee, mithilfe von Frauen der Informationsflut aus dem Observatorium von Harvard Herr zu werden. Dazu rekrutierte er eine Truppe von über 40 Frauen unter Hochschulabsolventinnen, denen der Weg in die Astronomie damals noch verschlossen war. Das Medium Fotografie hatte den Horizont der Astronomen beträchtlich erweitert. Dank langer Belichtungszeiten zeigten die Platten eine Vielzahl zuvor unbekannter Himmelsobjekte. Die Auswertung dieser Fotoplatten aber war Aufgabe der Rechenfrauen, die dabei echte Pionierarbeit leisteten.

Ein leuchtendes Band am Himmel

Da wir sie von innen betrachten, zeigt sich uns die Milchstraße als leuchtendes Himmelsband. Von außen würde sie sich als Spiralnebel präsentieren, so wie viele andere Galaxien auch. Diesen Schluss zog etwa um 1900 der niederländische Astronom Jacobus Cornelius Kapteyn (*1851, †1922) aus den damals bekannten Beobachtungen: Die Milchstraße umspannt das Himmelsgewölbe ungefähr längs eines Großkreises; mit dem Fernrohr lässt sie sich in eine Vielzahl schwach leuchtender Sterne auflösen; die nahen und hellen Sterne aber sind recht gleichmäßig über die Sphäre verteilt. Also müssen wir uns ziemlich genau in der Symmetrieebene eines Sternsystems befinden, das eine flache Form hat und zu den Seiten hin weit ausgedehnt ist. Doch glaubte er fälschlicherweise, die Sonne stünde in der Mitte dieses Systems.

... und nochmals ein Verlust der Mitte

Als er 1918 die Entfernungen von Kugelsternhaufen bestimmte, stieß uns der amerikanische Forscher Harlow Shapley (*1885, †1972) ein weiteres Mal aus dem Zentrum. Dabei bemerkte er nämlich, dass die Sonne keineswegs in der Mitte der Milchstraße steht, sondern im Gegenteil eher am Rand. Das Zentrum der Milchstraße aber, um das sich die Sternhaufen verteilen, lokalisierte er in Richtung des Sternbilds Schütze, rund 28 000 Lichtjahre von der Erde entfernt. Bewegt man sich in der galaktischen Ebene vom Zentrum fort, so nimmt die Sternendichte zwar mit wachsender Entfernung ab. Doch dabei treten Schwankungen auf: Aus Sternenzählungen kann man schließen, dass es sich dabei um Spiralarme handelt.

Jahrmilliarden spiegeln Wandel

Dem ersten statischen Anschein zum Trotz hat auch der Kosmos eine Geschichte, die sich freilich nach Millionen und Milliarden Jahren bemisst. Nur weil wir so kurz leben, können wir beispielsweise die Verschiebungen am Fixsternhimmel nicht persönlich wahrnehmen.

Bislang nicht auf Sendung

Das Sternbild Eridanus ist nicht nur in Bezug auf die Größe bemerkenswert: Vom Stern Rigel im Orion ausgehend, windet es sich als eines der längsten am Himmel. Es verkörpert jenen Fluss der griechischen Mythologie, in den Phaeton nach seiner halsbrecherischen Fahrt mit dem Sonnenwagen stürzte. Zuvor aber war der Sohn des Sonnengottes Helios der Erde so nahe gekommen, dass die Völker Äthiopiens schwarz gebrannt wurden und das Gebiet Libyens zur Wüste verglühte. Heutige Astronomen interessieren sich mehr für das Leben, wenn sie sich mit dem himmlischen Fluss beschäftigen. Denn der Stern Epsilon Eridani in diesem Sternbild ist nur etwa 11 Lichtjahre entfernt und ähnelt unserer Sonne sehr. Deshalb die Spekulation, dort könnten sich vielleicht ebenfalls Planeten mit Leben entwickelt haben. Seit 1960 wird der Stern deshalb mit Radioteleskopen belauscht – doch bislang war nichts zu hören, was auf intelligente Wesen hindeuten würde.

Die Kosmologie aber beschreibt das Werden und Vergehen am Himmel, wobei sie sich insbesondere auf drei wichtige Beobachtungen stützt: In den 20er-Jahren kam Edwin Hubble (*1889, †1953) zu dem Schluss, dass das Universum expandiert; 1965 entdeckten Arno Penzias (*1933) und Robert Wilson (*1936) eine kosmische Hintergrundstrahlung, die sie als letzten schwachen Rest aus der Frühzeit des Universums deuteten, als extrem hohe Temperaturen geherrscht haben müssen; drittens wissen wir, dass leichte Elemente in der sichtbaren Materie überwiegen, was auf eine sehr heiße und dichte Phase als Durchgangsstadium in der Geschichte des Universums hinweist.

Wir Kinder der Sterne

Sterne bedeuten Leben. Denn ohne sie gäbe es im Kosmos nicht all jene Elemente, aus denen sich das Leben zusammensetzt und erhält. In ihrem heißen Inneren bilden die Abermilliarden Sterne des Weltalls aus den beiden häufigsten und leichtesten Elementen, nämlich Wasserstoff und Helium, auf dem Weg der Kernfusion schwerere: Kohlenstoff und Stickstoff etwa, Eisen und Sauerstoff – notwendige Grundsteine für die Entstehung von Leben. Was sie nun im Lauf ihrer Existenz an schweren Stoffen erzeugen, das versprühen sie am Ende ihres Daseins ins Weltall, etwa in einer spektakulären Explosion als Supernova. Das Schicksal steht Riesensternen wie Rigel und Beteigeuze im Sternbild Orion bevor, die dereinst gewaltige Massen an Sauerstoff und Magnesium ins Weltall schleudern werden. Leichtere Sterne spenden unauffälliger für den Fortbestand des Lebens: Am Ende liefern sie aus ihren äußeren Schichten dem Kosmos reichlich Vorrat an Stickstoff und Kohlenstoff.

Politisches System

Am Beispiel Deutschlands

Politisches System bezeichnet die Gesamtheit der an der politischen Willensbildung und -durchsetzung beteiligten Institutionen, Personen und Vorgänge und ihre Beziehung zueinander. Zum politischen System zählen sowohl Parlament, Regierung, Parteien und Interessenverbände als auch Gesetzgebungsvorgänge sowie politische Einflussnahme überhaupt. Politische Bildung ist eine Voraussetzung für verantwortungsbewusstes Handeln in der Gesellschaft, die der Mensch als soziales Wesen zu seiner Entfaltung braucht.

Staatsflagge

Bundesrepublik Deutschland

Die 1949 gegründete Bundesrepublik ist ein republikanischer, demokratischer und sozialer Bundestaat. Alle Staatsgewalt geht vom Volk aus, das sie in Wahlen und Abstimmungen ausübt. Dabei folgt das Grundgesetz dem Prinzip der repräsentativen Demokratie: Über Sachfragen stimmen die Abgeordneten des Parlaments (Bundestag) als die gewählten Repräsentanten des Volks ab; der Bundestag muss den Regierungschef (Bundeskanzler) mit absoluter Mehrheit wählen; auch das Staatsoberhaupt (Bundespräsident) wird nicht vom Volk direkt, sondern von einem Repräsentativorgan (Bundesversammlung) gewählt. Nur für die Neugliederung des Bundesgebiets sind auf Bundesebene Volksabstimmungen vorgesehen.

Nationalhymne

Die Nationalhymne der Bundesrepublik Deutschland ist seit 1952 die 3. Strophe des 1841 von dem Schriftsteller August Heinrich Hoffmann von Fallersleben (* 1798, † 1874) geschriebenen Deutschlandlieds, gesungen nach der Melodie der Kaiserhymne Joseph Haydns. Sie wurde auch nach der Wiedervereinigung Deutschlands 1990 beibehalten.

»Einigkeit und Recht und Freiheit
für das deutsche Vaterland,
danach lasst uns alle streben
brüderlich mit Herz und Hand!
Einigkeit und Recht und Freiheit
sind des Glückes Unterpfand –
blüh' im Glanze dieses Glückes,
blühe, deutsches Vaterland!«

Die freiheitlich-demokratische Grundordnung ist Kernbestand der staatlichen Ordnung der Bundesrepublik Deutschland. Sie stellt unter Ausschluss jeglicher Gewalt und Willkürherrschaft eine rechtsstaatliche Herrschaftsordnung dar auf der Grundlage der Selbstbestimmung des Volkes nach dem Willen der jeweiligen Mehrheit und der Freiheit und Gleichheit. Zu ihren grundlegenden Prinzipien gehören unter anderem die Achtung der im Grundgesetz konkretisierten Menschenrechte, die Gewaltenteilung, die Verantwortlichkeit der Regierung, die Gesetzmäßigkeit der Verwaltung, die Unabhängigkeit der Gerichte, das Mehrparteiensystem, die Chancengleichheit

Das politische System der Bundesrepublik Deutschland und die Einbindung der Bundeswehr

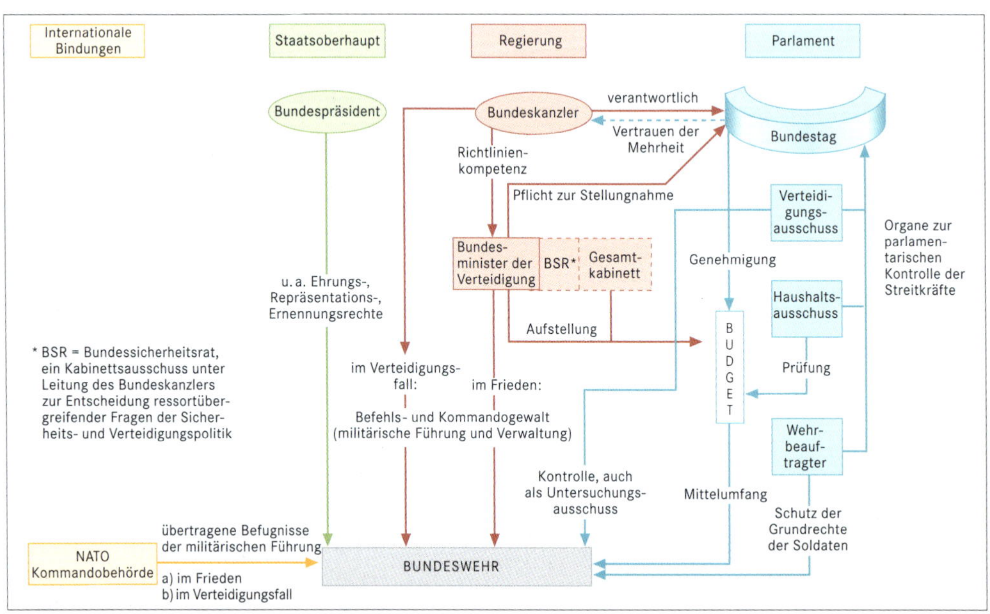

für alle politischen Parteien und das Recht auf verfassungsmäßige Bildung und Ausübung einer Opposition.

Das Staatsoberhaupt der Bundesrepublik Deutschland ist der Bundespräsident, der von der Bundesversammlung auf 5 Jahre gewählt wird. Sie besteht aus den Abgeordneten des Bundestags sowie einer gleichen Anzahl von Mitgliedern, die von den Landtagen nach den Grundsätzen der Verhältniswahl bestimmt werden. Eine unmittelbare Wiederwahl des Bundespräsidenten ist nur ein Mal zulässig. Seine Aufgaben sind in erster Linie repräsentativer Art: Er vertritt die Bundesrepublik gegenüber dem Ausland, ernennt und verpflichtet unter anderem die Mitglieder der Bundesregierung und verkündet die Bundesgesetze.

Bundespräsidenten

Theodor Heuss	FDP	1949–1959
Heinrich Lübke	CDU	1959–1969
Gustav Heinemann	SPD	1969–1974
Walter Scheel	FDP	1974–1979
Karl Carstens	CDU	1979–1984
Richard von Weizsäcker	CDU	1984–1994
Roman Herzog	CDU	1994–1999
Johannes Rau	SPD	seit 1999

Der Bundeskanzler

Regierungschef ist der Bundeskanzler. Den Gepflogenheiten des parlamentarischen Regierungssystems entsprechend wird er in der Regel von der größten Partei im Bundestag gestellt, vom Bundestag auf Vorschlag des Bundespräsidenten gewählt und von diesem dann ernannt. Dem Bundeskanzler obliegt es, die Richtlinien der Politik aufzustellen (Kanzlerprinzip). Für die Richtlinien, die er der Regierung vorgibt (Richtlinienkompetenz), trägt er die Verantwortung. Darüber hinaus kann er die Entlassung eines einzelnen Ministers durch den Bundespräsidenten veranlassen. Zur Vorbereitung und Durchführung seiner Aufgaben steht dem Bundeskanzler das Bundeskanzleramt zur Verfügung. Die Amtszeit des Bundeskanzlers endet mit dem Zusammentritt eines neuen Bundestags, dem Rücktritt oder mit seiner Entlassung durch den Bundespräsidenten aufgrund eines konstruktiven Misstrauensvotums des Bundestags.

Berlin

Mit der Wiedervereinigung Deutschlands am 3. 10. 1990 ging auch die der geteilten Stadt einher. Berlin wurde ein reguläres Bundesland (Stadtstaat) und wieder zur Hauptstadt Deutschlands. Die Verfassung von Berlin (West) aus dem Jahre 1950 trat am 11. 1. 1991 für Gesamtberlin in Kraft. Am 20. 6. 1991 beschloss der Bundestag, nach einer Übergangszeit auch den Regierungssitz von Bonn nach Berlin zu verlegen. 1998 nahm der Bundespräsident seine Arbeit in Berlin auf, 1999 zogen Parlament und Regierung um, am 15. 4. 1999 wurde in einem feierlichen Akt der umgebaute Reichstag als neuer Sitz des Bundestags eingeweiht.

Die Bundesregierung

Im Bundesstaat Deutschland besitzen die Gliedstaaten (Länder) und der Gesamtstaat (Bund) gesonderte Regierungen. Die Bundesregierung besteht aus dem Bundeskanzler und den Bundesministern. Die Bundesminister werden auf Vorschlag des Bundeskanzlers vom Bundespräsidenten ernannt, ihre Anzahl und ihr Geschäftsbereich vom Bundeskanzler festgelegt. Anzahl, Geschäftsbereich und Personen der Bundesminister werden, wie das Regierungsprogramm, meist schon im Voraus von den an der Regierung teilnehmenden Parteien ausgehandelt (Koalitionsregierung).
Die Bundesregierung ist für die ordnungsgemäße Erledigung der Staatsaufgaben verantwortlich. Sie bereitet die Gesetze vor (Gesetzgebung) und sorgt für deren Ausführung durch Erlass von Rechtsverordnungen und Verwaltungsvorschriften. Sie richtet die mit der Ausführung der Gesetze betrauten Verwaltungsbehörden ein, bestellt, soweit sie diese Befugnisse nicht delegiert hat, das Personal und übt über sie die Staatsaufsicht aus. Soweit die Bun-

Die Würde des Menschen ist unantastbar. Sie zu achten und zu schützen ist Verpflichtung aller staatlichen Gewalt.

Artikel 1.1 des Grundgesetzes

desgesetze durch Bundesbehörden ausgeführt werden, unterliegen diese den Weisungen der Bundesregierung; soweit sie von den Ländern ausgeführt werden, besteht nur eine beschränkte Bundesaufsicht. Die Bundesregierung kann jedoch gegen Länder, die ihren Pflichten gegenüber dem Bund nicht nachkommen, im Wege des Bundeszwanges einschreiten. Weitere wichtige Befugnisse sind zum Beispiel die Ausübung der auswärtigen Gewalt (unter anderem Vertragsabschlüsse mit fremden Staaten) und die Feststellung des Verteidigungsfalles.

Intern arbeitet die Bundesregierung nach folgendem Schema: Im Rahmen der allgemeinen Richtlinien führt jeder Minister seinen Geschäftsbereich selbstständig (Ressortprinzip). Kommt es zwischen den Ministern zu Meinungsverschiedenheiten, entscheidet die Bundesregierung insgesamt (Kabinettsprinzip); in der Regel werden wichtige Regierungsentscheidungen ebenfalls vom gesamten Kabinett getroffen. Die wesentliche Vorarbeit dazu wird von der Ministerialbürokratie in den einzelnen Bundesministerien geleistet. Hier sitzen die Experten, an deren Spitze ein fachlich erfahrener Staatssekretär steht, dem parlamentarische Staatssekretäre zur Entlastung des Ministers und zur Verbindung mit dem Bundestag beigesellt sind. Die Aufgabe der Minister ist es, für die Arbeit in ihren Ministerien politische Akzente zu setzen.

Für ihre Politik und Haushaltsführung ist die Bundesregierung Bundestag und Bundesrat verantwortlich. Die Möglichkeiten, gegen die Bundesregierung vorzugehen, sind aber beschränkt. Jedes Kabinettsmitglied ist verpflichtet (und berechtigt), vor Bundestag und Bundesrat zu erscheinen und Auskunft zu geben.

Konstruktives Misstrauensvotum

Der einzige Bundeskanzler, der durch ein konstruktives Misstrauensvotum zu Fall kam, war Helmut Schmidt (* 1918). Wachsende Spannungen zwischen SPD und FDP über wirtschafts- und sozialpolitische Fragen führten im September 1982 zum Bruch der sozialliberalen Koalition. Am 1. 10. 1982 wählte der Bundestag im Rahmen eines konstruktiven Misstrauensvotums den CDU-Vorsitzenden Helmut Kohl (* 1930) zum Regierungschef. Dieser war übrigens 1998 der erste amtierende Bundeskanzler in der Geschichte der Bundesrepublik, der bei Parlamentswahlen abgewählt wurde.

Bundesministerien

Die Zahl der Bundesministerien ist verfassungsmäßig nicht festgelegt; sie wird von der Bundesregierung nach den jeweiligen Bedürfnissen im Rahmen des Bundeshaushaltsplans bestimmt. In der gegenwärtigen Regierung Schröder sind es 14.

Bundesministerium des Auswärtigen (Auswärtiges Amt):
Joschka Fischer (Bündnis 90/Die Grünen)
Bundesministerium des Innern:
Otto Schily (SPD)
Bundesministerium der Justiz:
Herta Däubler-Gmelin (SPD)
Bundesministerium der Finanzen:
Hans Eichel (SPD)
Bundesministerium für Wirtschaft und Technologie:
Werner Müller (parteilos)
Bundesministerium für Verbraucherschutz, Ernährung und Forsten:
Renate Künast (Bündnis 90/Die Grünen)
Bundesministerium für Arbeit und Soziales:
Walter Riester (SPD)
Bundesministerium der Verteidigung:
Rudolf Scharping (SPD)
Bundesministerium für Familie, Senioren, Frauen und Jugend:
Christine Bergmann (SPD)
Bundesministerium für Gesundheit:
Ulla Schmidt (SPD)
Bundesministerium für Verkehr, Bau- und Wohnungswesen:
Kurt Bodewig (SPD)
Bundesministerium für Bildung und Forschung:
Edelgard Bulmahn (SPD)

Kabinette der Bundesrepublik Deutschland

Kabinette	konstituiert am	Zusammensetzung	Bundeskanzler
1. Kabinett	15 .9. 1949	Koalition CDU, CSU, FDP, DP	K. Adenauer, CDU
2. Kabinett	20. 10. 1953	Koalition CDU, CSU, FDP, DP, GB/BHE, nach Umbildung des Kabinetts am 16. 10. 1956 CDU, CSU, FVP, DP	K. Adenauer, CDU
3. Kabinett	28. 10. 1957	Koalition CDU, CSU, DP, seit 1. 7. 1960 CDU, CSU	K. Adenauer, CDU
4. Kabinett	14. 11. 1961	Koalition CDU, CSU, FDP	K. Adenauer, CDU
5. Kabinett	14. 12. 1962	Koalition CDU, CSU, FDP	K. Adenauer, CDU
6. Kabinett	17. 10. 1963	Koalition CDU, CSU, FDP	L. Erhard, CDU
7. Kabinett	26. 10. 1965	Koalition CDU, CSU, FDP	L. Erhard, CDU
8. Kabinett	1. 12. 1966	Koalition CDU, CSU, SPD	K. G. Kiesinger, CDU
9. Kabinett	21. 10. 1969	Koalition SPD, FDP	W. Brandt, SPD
10. Kabinett	15. 12. 1972	Koalition SPD, FDP	W. Brandt, SPD
11. Kabinett	16. 5. 1974	Koalition SPD, FDP	H. Schmidt, SPD
12. Kabinett	15. 12. 1976	Koalition SPD, FDP	H. Schmidt, SPD
13. Kabinett	5. 11. 1980	Koalition SPD, FDP	H. Schmidt, SPD
14. Kabinett	4. 10. 1982	Koalition CDU, CSU, FDP	H. Kohl, CDU
15. Kabinett	30. 3. 1983	Koalition CDU, CSU, FDP	H. Kohl, CDU
16. Kabinett	11. 3. 1987	Koalition CDU, CSU, FDP	H. Kohl, CDU
17. Kabinett	18. 1. 1991	Koalition CDU, CSU, FDP	H. Kohl, CDU
18. Kabinett	17. 11. 1994	Koalition CDU, CSU, FDP	H. Kohl, CDU
19. Kabinett	27. 10. 1998	Koalition SPD, Bündnis 90/Die Grünen	G. Schröder, SPD

Bundesministerium für Umwelt, Naturschutz und Reaktorsicherheit:
Jürgen Trittin (Bündnis 90/Die Grünen)
Bundesministerium für wirtschaftliche Zusammenarbeit und Entwicklung:
Heidemarie Wieczorek-Zeul (SPD)

Der Deutsche Bundestag

Der Bundestag besteht aus 656 Abgeordneten (ohne Überhangmandate), die für vier Jahre nach den Grundsätzen des allgemeinen und gleichen Wahlrechts gewählt werden. Die Abgeordneten einer Partei bilden in der Regel eine gemeinsame Fraktion zur Beratung und Interessenvertretung im Parlament. Als zentralem, demokratisch legitimiertem Staatsorgan obliegen ihm vor allem die Gesetzgebung, die Verabschiedung des Haushaltsplans und die Regierungskontrolle. Er wählt den Bundeskanzler und wirkt bei der Wahl der Richter zum Bundesverfassungsgericht und zu den obersten Gerichten des Bundes sowie bei der Wahl des Bundespräsidenten mit. Der Bundestag kann jederzeit die Anwesenheit der Mitglieder der Bundesregierung verlangen und Auskünfte von ihnen fordern (Interpellation, parlamentarische Anfragen, Fragestunde, Aktuelle Stunde), zur Kontrolle von Regierung und Verwaltung auch Untersuchungsausschüsse einsetzen; zur Kontrolle der Bundeswehr bestellt er den Wehrbeauftragten. Die Bundesregierung hat dem Bundestag regelmäßig über ihre Einnahmen und Ausgaben,

den Stand des Vermögens und der Schulden des Bundes Rechnung zu legen. Bei der Rechnungsprüfung bedient sich das Parlament des Bundesrechnungshofs. Entspricht die Amtsführung der Bundesregierung nicht der Auffassung des Bundestags, so kann er dem Bundeskanzler durch Wahl eines Nachfolgers sein Misstrauen aussprechen und dadurch dessen Entlassung und den Rücktritt der Bundesregierung bewirken (konstruktives Misstrauensvotum).

Der Bundestag arbeitet nach einer von ihm selbst gegebenen Geschäftsordnung. Er verhandelt grundsätzlich öffentlich im Plenum und fasst seine Beschlüsse in der Regel mit einfacher Mehrheit (Ausnahmen sind zum Beispiel die Änderung des Grundgesetzes oder der Ausschluss der Öffentlichkeit, die mit einer Zweidrittelmehrheit beschlossen werden müssen). Leitungs- und Schlichtungsorgane sind der Präsident, das Präsidium und der Ältestenrat. Zur Vorbereitung der Beschlüsse werden Ausschüsse gebildet, deren Mitglieder aus den Fraktionen entsandt werden. In den Ausschüssen wird die wesentliche Facharbeit geleistet. Auch die Ausschüsse können Regierungsmitglieder zur Beratung und Befragung hinzuziehen. Darüber hinaus werden von ihnen öffentliche Befragungen (Hearings) von Sachverständigen zur Meinungsbildung veranstaltet.

Das Parlament kann vom Bundespräsidenten aufgelöst werden, wenn bei der Wahl zum Bundeskanzler kein Kandidat die absolute Mehrheit der Stimmen erhält, oder auf Wunsch des Bundeskanzlers, wenn diesem auf seinen Antrag hin vom Bundestag nicht das erbetene Vertrauen ausgesprochen wurde. In beiden Fällen soll verhindert werden, dass eine Bundesregierung sich nur auf eine Minderheit im Bundestag stützen kann und auf diese Weise bei der Erfüllung ihrer Aufgaben gehemmt wird.

Bundestagswahl

Die Wahlen zum Deutschen Bundestag werden nach den Prinzipien der allgemeinen, gleichen, unmittelbaren, freien und geheimen Wahl vorgenommen. Wahlberechtigt sind grundsätzlich alle Deutschen, die das 18. Lebensjahr vollendet haben, wählbar sind alle Volljährigen. Einzelheiten über die Wahlberechtigung und das Wahlverfahren enthält das Bundeswahlgesetz vom 7. 5. 1956. Danach hat jeder Wähler zwei Stimmen. Mit der Erststimme wählt er einen in seinem Wahlkreis kandidierenden Bewerber (Mehrheitswahl), mit der Zweitstimme die Landesliste einer Partei (Verhältniswahl). Ausschlaggebend dafür, wie viele Kandidaten einer Partei in den Bundestag einziehen, ist die Anzahl der Stimmen, die sie auf den Listen erhalten hat. Der Anteil der Bundestagssitze jeder Partei wird nach der Methode Hare-Niemeyer ermittelt. Auf diesen Anteil werden auch die Kandidaten einer Partei verrechnet, die vom Wähler mit seiner Erststimme in einem Wahlkreis gewählt wurden (Direktmandate). Im Ergebnis handelt es sich also bei der Bundestagswahl um eine nur durch die Erststimmenabgabe modifizierte (»personifizierte«) Verhältniswahl.

Übersteigt die Zahl der Direktmandate einer Partei die ihrer Zweitstimmen, dann erhält sie zusätzliche Sitze im Bundestag (Überhangmandate). Bei der Verteilung der Sitze nach Landeslisten werden nur die Parteien berücksichtigt, die mindestens 5% der insgesamt abgegebenen Zweitstimmen erhalten oder mindestens drei Direktmandate gewonnen haben (Fünfprozentklausel). Bei der Bundestagswahl

Hare-Niemeyer-Verfahren

Das nach dem englischen Reformpolitiker Thomas Hare (* 1806, † 1891) und dem deutschen Mathematiker H. Niemeyer (* 1931) benannte Verfahren der Sitzverteilung bei der Verhältniswahl begünstigt die kleineren Parteien. Die Stimmenzahl für die jeweiligen Parteien wird mit der Zahl der zu vergebenden Sitze multipliziert und das Produkt durch die Gesamtzahl der Stimmen aller Parteien geteilt. Jede Partei erhält so viele Sitze, wie ganze Zahlen auf sie entfallen. Die Restsitze werden in der Reihenfolge der höchsten Zahlen nach dem Komma an die Parteien vergeben.

Ergebnisse der Bundestagswahlen 1949–98

Datum	Wahlberechtigte (Mio.)	Wahlbeteiligung (%)	CDU/ CSU	SPD	FDP	Grüne	PDS	andere
14.08.49	31,2	78,5	31,0	29,2	11,9			27,9
06.09.53	33,1	85,8	45,2	28,8	9,5			16,5
15.09.57	35,4	87,8	50,2	31,8	7,7			10,3
17.09.61	37,4	87,7	45,3	36,2	12,8			5,7
19.09.65	38,5	86,8	47,6	39,3	9,5			3,6
28.09.69	38,6	86,7	46,1	42,7	5,8			5,4
19.11.72	41,4	91,1	44,9	45,8	8,4			0,9
03.10.76	42,1	90,7	48,6	42,6	7,9			0,9
05.10.80	43,2	88,6	44,5	42,9	10,6	1,5		0,5
06.03.83	44,1	89,1	48,8	38,2	7,0	5,6		0,4
25.01.87	45,3	84,3	44,3	37,0	9,1	8,3		1,3
02.12.90	60,4	77,8	43,8	33,5	11,0	5,1	2,4	4,2
16.10.94	60,4	79,0	41,5	36,4	6,9	7,3	4,4	3,5
27.09.98	60,8	82,2	35,1	40,9	6,2	6,7	5,1	6,0

vom 2. Dezember 1990 gab es davon Abweichungen, die der besonderen Lage in den neuen Bundesländern Rechnung trugen.

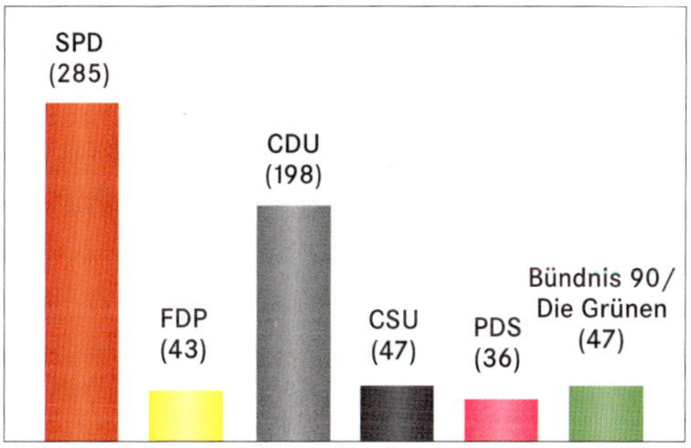

Sitzverteilung im 14. Deutschen Bundestag nach der Bundestagswahl 1998.

Der Bundesrat

Die Vertretung der Länder im Bund ist der Bundesrat. Er besteht aus Regierungsmitgliedern der Länder, die von den Landesregierungen bestellt und abberufen werden und an die Weisungen ihrer Regierungen gebunden sind. Jedes Bundesland verfügt im Bundesrat über mindestens 3 Stimmen, Länder mit mehr als 2 Millionen Einwohnern über 4, mit mehr als 6 Millionen Einwohnern über 5, mit mehr als 7 Millionen Einwohnern über 6 Stimmen. Die Stimmen eines Landes müssen einheitlich abgegeben werden.

Der Bundesrat nimmt nicht nur an der Gesetzgebung des Bundes teil (durch Einspruchsgesetze und Zustimmungsgesetze), sondern wirkt auch bei einer Reihe anderer wichtiger Entscheidungen mit. Die Bundesregierung ist an seine Zustimmung gebunden, wenn sie allgemeine Verwaltungsvorschriften für die Länder zur Ausführung von Bundesgesetzen durch diese erlassen will; dies gilt auch für den Erlass bestimmter Rechtsverordnungen durch die Bundesregierung. Wie bei der Gesetzgebung kann auch hier der Bundesrat die Interessen der Länder, die mit der Ausführung der Bundesgesetze belastet werden, geltend machen. Weitere wichtige Befugnisse des Bundesrats betreffen den Gesetzgebungsnotstand, den inneren Notstand (Notstandsgesetzgebung) und die Durchführung des Bundeszwangs. Wenn die Bundesregierung bei der Ausübung ihrer Bundesaufsicht über die Ausführung der Bundesgesetze durch die Länder Mängel feststellt, so hat der Bundesrat zu entscheiden, ob diese Mängel einen Rechtsverstoß darstellen.

Der Bundesrat berät und entscheidet in öffentlicher Sitzung. Er wird einberufen von seinem Präsidenten, dessen Amt jährlich unter den Ministerpräsidenten der Länder wechselt. Zur Vorbereitung von Beschlüssen können Ausschüsse eingerichtet und die Regierungen der Länder konsultiert werden. Die Mitglieder der Bundesregierung müssen auf Verlangen im Bundesrat Rede und Antwort stehen. Auch die Haushaltsführung der Bundesregierung wird vom Bundesrat mit kontrolliert. Der Präsident des Bundesrats vertritt den Bundespräsidenten bei dessen Verhinderung.

Die Parteien

Gemeinsame Nachwuchsorganisation von CDU und CSU ist die Junge Union.

Bündnis 90/Die Grünen wurde im Mai 1993 mit dem Zusammenschluss von Bündnis 90 und der Partei Die Grünen gegründet. Bei **Bündnis 90** handelte es sich um ein Wahlbündnis von Bürgerbewegungen der DDR (Neues Forum, Demokratie jetzt, Initiative Frieden und Menschenrechte), das am 7.2. 1990 entstanden war und bis zum 2. 10. 1990 unter dem Namen Bündnis 90/Grüne mit der neu gegründeten Grünen Partei und dem Unabhängigen Frauenverband eine gemeinsame Fraktion in der Volkskammer gebildet hatte. Als Wahlbündnis verfügte Bündnis 90/Grüne 1990–1994 über eine parlamentarische Gruppe im ersten gesamtdeutschen Bundestag.
Die westdeutsche Partei **Die Grünen** wurde 1980 durch den Zusammenschluss verschiedener regionaler Vereinigungen (grüne Listen) und der Grünen Aktion Zukunft gebildet, die sich zu den Grundwerten »ökologisch-sozial-basisdemokratisch-gewaltfrei« bekennt. Ihr Bundesprogramm (Saarbrücken 1980) betont, bei neutralistischer und pazifistischer Orientierung in der Außenpolitik, den Vorrang, den das Verhältnis des Menschen zu seiner Umwelt genießt, und lehnt das Wachstumsdenken in Wirtschaft und Industrie ab. 1991 konstituierten sich Die Grünen auf gesamtdeutscher Ebene.
Bündnis 90/Die Grünen strebt programmatisch – über die Ziele ihrer Gründungsparteien hinaus – einen »fairen Lastenausgleich zwischen West- und Ostdeutschland« an. Auf Bundesebene wird die Partei nach außen von zwei Sprechern repräsentiert.

Sprecher/Sprecherinnen von Bündnis 90/Die Grünen

Marianne Birthler/Ludger Volmer	1993–1994
Krista Sager/Jürgen Trittin	1993–1996
Jürgen Trittin/Gunda Röstel	1996–1998
Gunda Röstel/Antje Radcke	1998–2000
Fritz Kuhn/Renate Künast	2000–2001
Fritz Kuhn/Claudia Roth	seit 2001

Die **Christlich Demokratische Union** (CDU) entstand 1945 als christliche Sammelbewegung. Die regionalen, zunächst nur lose miteinander verbundenen Parteigründungen hatten unterschiedliche Ausrichtungen. 1950 schloss sich die CDU auf Bundesebene zusammen. Das 1947 in der britischen Besatzungszone verabschiedete wirtschaftliche und soziale Reformprogramm (Ahlener Programm), in dem der Kapitalismus kritisiert wurde und die Stärkung der wirtschaftlichen Stellung und Freiheit des Einzelnen, die Vergesellschaftung von Schlüsselindustrien und Mitbestimmung gefordert wurden, ersetzte Ludwig Erhard (* 1897, † 1977) durch das Konzept der sozialen Marktwirtschaft. Das Grundsatzprogramm (Ludwigshafen 1978) geht von den Grundwerten »Freiheit, Solidarität und Gerechtigkeit« aus.
Die sich als Volkspartei verstehende CDU gründet ihre Politik auf dem christlichen Men-

Bundesvorsitzende der CDU

Konrad Adenauer	1950–1966
Ludwig Erhard	1966/1967
Kurt Georg Kiesinger	1967–1971
Rainer Barzel	1971–1973
Helmut Kohl	1973–1998
Wolfgang Schäuble	1998–2000
Angela Merkel	seit 2000

schenbild und bekennt sich zu den »festen sozialen Lebensformen« (Ehe, Familie, Staat, Kirche).
Die seit 1948 völlig von der SED abhängige ostdeutsche CDU(D), die sich seit 1989 zunehmend als eigenständige politische Kraft profiliert hatte, vereinigte sich am 1./2. 10. 1990 mit der westdeutschen CDU.

Die **Christlich-Soziale Union** (CSU) wurde 1945/46 in Bayern gegründet und ist auch nur dort wählbar. Im Bayerischen Landtag besaß sie 1946–1950 und besitzt wieder seit 1962 die absolute Mehrheit. Zusammen mit der CDU bildet sie im Bundestag seit 1949 eine gemeinsame Fraktion. Sie bekennt sich wie die CDU zu einem Staatsaufbau nach christlichen und sozialen Prinzipien, doch sind die von der CSU vertretenen Grundsätze insgesamt konservativer als die der Schwesterpartei im übrigen Bundesgebiet: Betonung des Föderalismus, Schutz von Familie und Eigentum, Förderung der Klein- und Mittelbetriebe.

Vorsitzende der CSU

Josef Müller	1945–1949
Hans Ehard	1949–1955
Hanns Seidel	1955–1961
Franz Josef Strauß	1961–1988
Theo Waigel	1988–1999
Edmund Stoiber	seit 1999

Die **Freie Demokratische Partei** (FDP) entstand 1948 aus dem Zusammenschluss national-liberaler und linksliberaler Gruppen. Schwerpunkte des unter dem Titel »Freiburger Thesen« (1971) verabschiedeten Grundsatzprogramms sind u. a. die Sozialbindung des Eigentums und die innerbetriebliche Mitbestimmung. Ein weiterer politischer Schwerpunkt der FDP ist die 1981 beschlossene stärkere europäische Integration mit dem Ziel einer europäischen Regierung. Am 12. 8. 1990 traten die liberalen Gruppierungen der DDR (Liberaldemokratische Partei, Deutsche Forumspartei und die FDP der DDR) der FDP bei.

Vorsitzende der FDP

Theodor Heuss	1948–1949
Franz Blücher	1949–1954
Thomas Dehler	1954–1957
Reinhold Maier	1957–1960
Erich Mende	1960–1968
Walter Scheel	1968–1974
Hans-Dietrich Genscher	1974–1985
Martin Bangemann	1985–1988
Otto Graf Lambsdorff	1988–1993
Klaus Kinkel	1993–1995
Wolfgang Gerhardt	1995–2001
Guido Westerwelle	seit 2001

Die Jungen Liberalen sind die der FDP nahe stehende Jugendorganisation.

F.D.P. Die Liberalen

PDS

Die **Partei des Demokratischen Sozialismus** (PDS) ging im Dezember 1989 (zunächst unter dem Kürzel SED-PDS) aus der Sozialistischen Einheitspartei Deutschlands (SED) hervor, die im Herbst 1989 als allein herrschende Staatspartei in der DDR gestürzt worden war; seit 1990 nennt sie sich nur noch PDS, um die ideologische und organisatorische Distanz zur früheren SED zu betonen. Geprägt von einer Vielfalt innerparteilicher Gruppierungen und Plattformen sucht sich die PDS im Parteienspektrum als linke Oppositionspartei mit besonderem Blick auf die Probleme der neuen Länder darzustellen. Sie ist in allen Landtagen der neuen Länder vertreten und in Mecklenburg-Vorpommern seit 1998 in einer Koalition mit der SPD in der Regierungsverantwortung.

Vorsitzende der PDS

Gregor Gysi	1989–1993
Lothar Bisky	1993–2000
Gabriele Zimmer	seit 2000

Die **Sozialdemokratische Partei Deutschlands** (SPD) ist die älteste bestehende politische Partei in Deutschland, sie ist seit 1890 die Organisation der deutschen Sozialdemokratie. 1933 von den nationalsozialistischen Machthabern verboten, wurde die SPD 1945 wiederbe-

Vorsitzende der SPD seit 1946

Kurt Schumacher	1946–1952
Erich Ollenhauer	1952–1964
Willy Brandt	1964–1987
Hans Jochen Vogel	1987–1991
Björn Engholm	1991–1993
Johannes Rau	Mai/Juni 1993
Rudolf Scharping	1993–1995
Oskar Lafontaine	1995–1999
Gerhard Schröder	seit 1999

Nachwuchsorganisation der SPD sind die Jungsozialisten (Jusos).

gründet. Das Godesberger Grundsatzprogramm (1959) nahm Abschied von der marxistischen Gesellschaftsanalyse; der Verzicht auf die Sozialisierung des Produktionskapitals, die Aufgabe planwirtschaftlicher Vorstellungen und die Einsicht in die Notwendigkeit der Landesverteidigung dokumentierten eine grundlegende Erneuerung der Partei, die sich damit von einer Partei der Arbeiterbewegung zu einer Volks- und Integrationspartei wandelte. Auf dem Parteitag in Berlin 1989 trat ein neues Grundsatzprogramm in Kraft, das den ökologischen Umbau der Industriegesellschaft, stärkere plebiszitäre Elemente im Verfassungsleben und die Lösung globaler Probleme fordert.
Im Herbst 1989 entstand als Teil der Bürgerbewegung in der DDR eine Sozialdemokratische Partei in der DDR (SDP), die sich im September 1990 mit der SPD zu einer gesamtdeutschen Partei zusammenschloss.

Landtage

Sie sind die in den deutschen Bundesländern aus demokratischen Wahlen hervorgegangenen Volksvertretungen. In den Stadtstaaten Hamburg und Bremen heißen die Landtage Bürgerschaft, in Berlin Abgeordnetenhaus. Die Wahlperiode beträgt 4–5 Jahre, die Mitgliederzahl schwankt zwischen 50 bis über 200. Die Landtage sind Teil des parlamentarischen Regierungssystems der Länder. Dem entsprechen ihre Aufgaben (Gesetzgebung, Wahl und Kontrolle der Landesregierungen) und ihre Arbeitsweise. Einzelheiten regeln die Landesverfassungen, Landesgesetze und Geschäftsordnungen. Anders als der Bundestag besitzen die meisten Landtage ein Selbstauflösungsrecht, und bei der Gesetzgebung sind zum Teil auch Volksbegehren und Volksentscheid zugelassen.

Flaggen der Bundesländer

Landesregierungen

Den Kabinetten der Bundesländer steht meist ein Ministerpräsident als Regierungschef vor; Ausnahmen sind Berlin (Regierender Bürgermeister) sowie Hamburg (Erster Bürgermeister) und Bremen (Bürgermeister). Die Minister dieser Stadtstaaten nennt man Senatoren.

Gewaltenteilung

Die Gewaltenteilung ist das Kernprinzip konstitutioneller und parlamentarisch-demokratischer Verfassungen. Sie unterscheidet die 3 Hauptfunktionen des Staates, die Legislative (Gesetzgebung), Exekutive (Vollziehung) und Judikative (Rechtsprechung), und weist sie unterschiedlichen, voneinander unabhängigen Staatsorganen (Parlament, Regierung, Gerichte) zu. So sollen Machtmissbrauch verhindert und bürgerliche Freiheiten rechtsstaatlich gesichert werden. Allerdings wird im parlamentarischen System die Gewaltenteilung nicht in ihrer ursprünglichen Form praktiziert: Durch das Angewiesensein der Regierung auf eine Mandatsmehrheit im Parlament, die Vereinbarkeit von Regierungsamt und Mandat (Kompatibilität) und die große Bedeutung der Gesetzesvorschläge, die die Regierung mit der ihr nahe stehenden Mandatsmehrheit abstimmt, ist die eigentliche Kontrollfunktion der Opposition, der Öffentlichkeit und den Medien (oft die »vierte Gewalt« genannt) zugefallen. Die Medien nehmen aber keine dem Gemeinwohl verpflichtete Kontrollfunktion wahr, sondern versuchen oft, eigennützig Einfluss zu nehmen.

Gerichtsbarkeit

Die den Gerichten zugewiesene Tätigkeit der Rechtsprechung und der Rechtspflege sowie die Gerichtsgewalt (Gerichts- oder Justizhoheit)

Deutschland: Größe und Bevölkerung

Bundesland	Hauptstadt	Fläche (in km²)	Einwohner (in Mio.)	Einwohner (je km²)
Baden-Württemberg	Stuttgart	35 751	10,4	291
Bayern	München	70 546	12,1	171
Berlin	–	889	3,4	3846
Brandenburg	Potsdam	29 481	2,6	87
Bremen	–	404	0,67	1667
Hamburg	–	755	1,7	2257
Hessen	Wiesbaden	21 114	6,0	286
Mecklenburg-Vorpommern	Schwerin	23 170	1,8	78
Niedersachsen	Hannover	47 606	7,9	165
Nordrhein-Westfalen	Düsseldorf	34 072	18,0	527
Rheinland-Pfalz	Mainz	19 845	4,0	202
Saarland	Saarbrücken	2570	1,1	421
Sachsen	Dresden	18 409	4,5	244
Sachsen-Anhalt	Magdeburg	20 446	2,7	132
Schleswig-Holstein	Kiel	15 739	2,8	175
Thüringen	Erfurt	16 175	2,5	153
Deutschland	**Berlin**	**356 972**	**82,1**	**235**

nennt man Gerichtsbarkeit. Organisatorisch gliedern sich Rechtsprechung und Rechtspflege in ordentliche Gerichtsbarkeit (z. B. Straf- und Zivilgerichte), Arbeitsgerichtsbarkeit, allgemeine Verwaltungsgerichtsbarkeit, Finanz- und Sozialgerichtsbarkeit sowie Verfassungsgerichtsbarkeit. Neben diesen allgemein zugänglichen Gerichtsbarkeiten existieren besondere wie die Disziplinargerichtsbarkeit, die Berufsgerichtsbarkeit und die kirchliche Gerichtsbarkeit. Gerichte, die derselben Gerichtsbarkeit angehören, bilden meist einen Rechtszug (Instanzenzug, z. B. Arbeits-, Landesarbeits-, Bundesarbeitsgericht); die Verfassungsgerichte der Länder und das Bundesverfassungsgericht sind aber nicht durch einen Rechtszug verknüpft. Die Gerichtsgewalt liegt beim Staat, der durch seine Gerichte das Rechtsprechungsmonopol ausübt. Ausnahmen hiervon lässt er zugunsten der kirchlichen Gerichte und der privaten Schiedsgerichtsbarkeit zu.

Gerichte

Das Gericht als unabhängiges Organ der Rechtspflege hat die Aufgabe, darüber zu entscheiden, was im konkreten Falle rechtens ist. Aber Gerichte nehmen auch rechtspflegerische Aufgaben wahr, besonders das Amtsgericht, z. B. als Grundbuch führende Behörde, als Konkurs- oder als Vollstreckungsgericht. Die Gerichtsverfassung ist nur in ihren elementarsten Zügen im Grundgesetz, ansonsten im Gerichtsverfassungsgesetz und den Gerichtsordnungen der einzelnen Gerichtsbarkeiten niedergelegt.

Die Gerichte sind, ebenso wie Exekutive und Legislative, an Gesetz und Recht, vor allem an die Grundrechte gebunden. Jedermann hat vor Gericht Anspruch auf rechtliches Gehör. Die Richter sind unabhängig. Träger der Gerichte sind in erster Linie die Länder, daneben, besonders der obersten Gerichte, der Bund. Ein

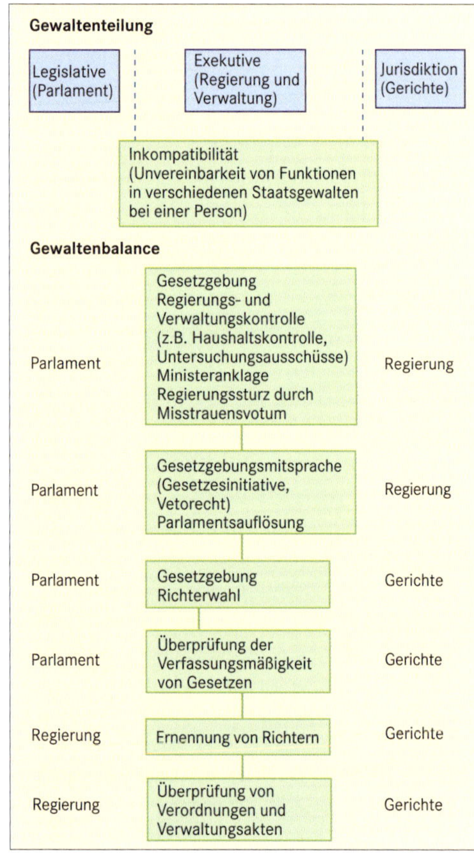

Schematische Darstellung von Gewaltenteilung und Gewaltenbalance (Verschränkung und wechselseitige Kontrolle der Gewalten)

Legislative, Exekutive, Judikative

Die Gewaltenteilung wurde als eine der Ideen der Aufklärung zuerst 1690 von dem englischen Philosophen John Locke (* 1632, † 1704) aufgegriffen und von diesem, beschränkt auf die Trennung von Exekutive und Legislative, als Strukturprinzip moderner Verfassungen gefordert. Der französische Staatsphilosoph Montesquieu (* 1689, † 1755) wies der richterlichen Gewalt ihre eigene Rolle zu und wurde durch seine Vorstellungen von gegenseitiger Verschränkung und Mitbeteiligung der drei Gewalten zu einem System kontrollierenden Gleichgewichts zum Urheber der neuzeitlichen liberalen Lehre von der Gewalteilung, die dann die amerikanische Unionsverfassung von 1787 und die französische Verfassung von 1791 ganz wesentlich bestimmte. In Deutschland setzte sich das Prinzip der Gewaltenteilung erstmals in der Weimarer Reichsverfassung (1919) durch. Das Grundgesetz verankert es in Artikel 20 als unantastbaren Kernbestand.

Teil der Berufs- und Ehrengerichte wird von Selbstverwaltungskörperschaften (berufsständische Kammern) unterhalten, ihre Verfassung und ihr Verfahren werden aber durch staatliche Gesetze geregelt. Abgesehen von den staatlichen Gerichten gibt es auch kirchliche, Verbands- und Schiedsgerichte. Von zunehmender Bedeutung auch für den innerstaatlichen Bereich sind supra- und internationale Gerichte, insbesondere der Europäische Gerichtshof in Luxemburg und der Europäische Gerichtshof für Menschenrechte in Straßburg.

Bundeswehr

Der Aufbau der Bundeswehr begann, nachdem sich die Bundesrepublik Deutschland in den Pariser Verträgen (1954) zum Eintritt in die Westeuropäische Union und die NATO sowie zum Aufbau einer Armee verpflichtet und durch eine Grundgesetzänderung 1954 und 1956 die verfassungsrechtlichen Voraussetzungen geschaffen hatte. Zunächst bestand die Bundeswehr nur aus Freiwilligen; 1956 wurde dann durch das Wehrpflichtgesetz die allgemeine Wehrpflicht eingeführt. Die Angehöri-

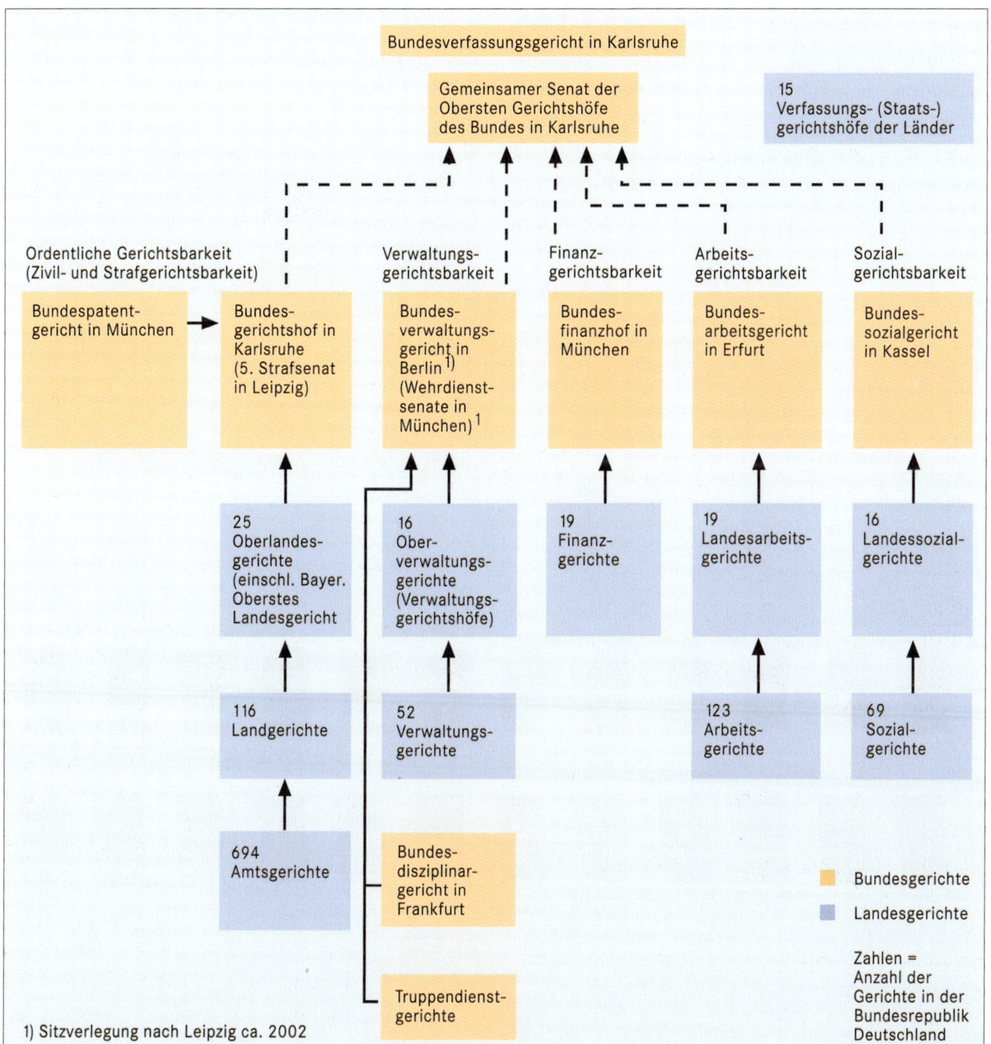

Gerichtsbarkeit und Rechtswege in Deutschland

Staatsbürger in Uniform

Der Kerngedanke des in der 1950er-Jahren entwickelten und im Soldatengesetz (SG) für verbindlich erklärten Leitbildes ist, dass der Soldat die gleichen staatsbürgerlichen Rechte wie jeder andere Staatsbürger hat und diese Rechte nur im Rahmen des militärischen Dienstes durch gesetzlich begründete Pflichten beschränkt werden. Vom Soldaten der Bundeswehr wird verlangt, der Bundesrepublik Deutschland zu dienen, Recht und Freiheit zu verteidigen sowie die freiheitlich-demokratische Grundordnung im Sinne des Grundgesetzes anzuerkennen und für ihre Erhaltung einzutreten.

gen der Bundeswehr sind entweder Wehrpflichtige (seit 1. 1. 1996 dauert die Wehrpflicht 10 Monate), Soldaten auf Lebenszeit (Berufssoldaten) oder Soldaten auf Zeit. Die Verweigerung des Militärdienstes ist möglich (Kriegsdienstverweigerung). Die Bundeswehr gliedert sich in die Teilstreitkräfte Heer, Luftwaffe und Marine sowie in Sanitäts- und Gesundheitswesen und Zentrale Militär.

Die Bundeswehr unterliegt in vollem Umfang der Gesetzgebung des Bundestags. Die Befehls- und Kommandogewalt über die Bundeswehr hat im Frieden der Bundesminister der Verteidigung (ihm untersteht der Generalinspekteur mit dem Führungsstab der Streitkräfte), im Verteidigungsfall der Bundeskanzler. Die parlamentarische Kontrolle wird im Einzelnen ausgeübt durch das Budgetrecht des Bundestags, durch den Verteidigungsausschuss des Bundestags und durch den Wehrbeauftragten zum Schutz der Grundrechte und als Hilfsorgan des Parlaments. Ein weiteres Kontrollorgan ist der Bundesrat, der Gesetzen über die Verteidigung zustimmen muss.

Hauptaufgabe der Bundeswehr ist die Landesverteidigung im Rahmen des NATO-Bündnis-

Bundeswehr

__Das Portepee__, ein silberbestickter Lederriemen mit versilberter Quaste, entstand aus dem Faustriemen am Griff von Degen oder Säbeln.

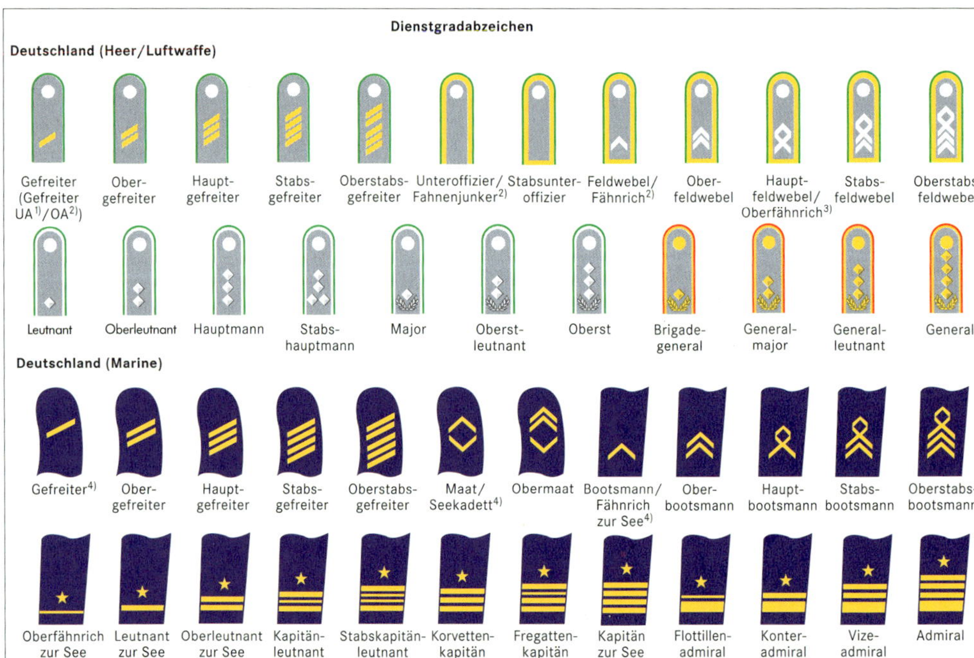

1) Die Unteroffizieranwärter (UA) vom Schützen UA bis zum Hauptgefreiten UA tragen zusätzlich zu den Dienstgradabzeichen einen quer gestellten Streifen.

2) Die Offizieranwärter (OA; Mannschaften OA, Fahnenjunker, Fähnrich, Oberfähnrich) tragen zusätzlich zu den Dienstgradabzeichen an allen Schulterklappen und Aufschiebeschlaufen eine silberfarbene Kordel als Überziehschlaufe.

3) Beim Oberfähnrich ist die silberfarbene Kordel nur an der Kampfbekleidung anzubringen, da die Ausführung seiner Schulterklappe, abgesehen von den Dienstgradabzeichen selbst, derjenigen der Offiziere entspricht.

4) Die Offizieranwärter der Marine (Mannschaften OA, Seekadett, Fähnrich zur See) tragen zusätzlich zu den Dienstgradabzeichen einen Stern.

ses, in dessen militärische Struktur sie eingegliedert ist. Die Bundeswehr darf einen Angriffskrieg weder führen noch vorbereiten. Die Bundesregierung kann unter bestimmten Voraussetzungen die Bundeswehr auch zur Bekämpfung von Naturkatastrophen und schweren Unglücksfällen und bei einem inneren Notstand in begrenzter Weise einsetzen.

Die Personalstärke der Bundeswehr in Friedenszeiten beträgt 338 000 Mann, im Falle einer Krise ist eine Erweiterung auf 370 000 Mann möglich. Eine im Jahr 2000 geplante Reform sieht eine Reduzierung der Personalstärke auf einen Präsenzumfang von 255 000 Soldaten sowie eine weitere Verkürzung des Wehrdienstes auf 9 Monate vor.

1994 stellte das Bundesverfassungsgericht fest, dass Auslandseinsätze der Bundeswehr im Frieden mit dem Grundgesetz vereinbar seien, wenn der Bundestag zuvor mit einfacher Mehrheit seine Zustimmung gegeben hat. Auf Grundlage des Beschlusses des Bundestags vom 16. 10. 1998, der dem Einsatz bewaffneter Streitkräfte zur Abwendung einer humanitären Katastrophe mit großer Mehrheit zugestimmt hatte, beteiligte sich die Bundeswehr schließlich 1999 im Rahmen der NATO zum ersten Mal an einem bewaffneten Konflikt, dem Kosovokrieg.

Dienstgradbezeichnungen

Dienstgradgruppe	Heer/Luftwaffe	Marine
Generale	General Generalleutnant Generalmajor Brigadegeneral	Admiral Vizeadmiral Konteradmiral Flottillenadmiral
Stabsoffiziere	Oberst Oberstleutnant Major	Kapitän zur See Fregattenkapitän Korvettenkapitän
Hauptleute	Stabshauptmann Hauptmann	Stabskapitänleutnant Kapitänleutnant
Leutnante	Oberleutnant Leutnant	Oberleutnant zur See Leutnant zur See
Unteroffiziere mit Portepee	Oberstabsfeldwebel Stabsfeldwebel Hauptfeldwebel (Oberfähnrich) Oberfeldwebel Feldwebel (Fähnrich)	Oberstabsbootsmann Stabsbootsmann Hauptbootsmann (Oberfähnrich zur See) Oberbootsmann Bootsmann (Fähnrich zur See)
Unteroffiziere ohne Portepee	Stabsunteroffizier Unteroffizier Maat (Fahnenjunker)	Obermaat (Seekadett)
Mannschaften	Oberstabsgefreiter Stabsgefreiter Hauptgefreiter Obergefreiter Gefreiter Soldat[1]	Oberstabsgefreiter Stabsgefreiter Hauptgefreiter Obergefreiter Gefreiter Matrose

1) je nach Truppengattung: Schütze, Kanonier, Funker, Jäger.

Ein Lebenslauf im deutschen Recht

(BGB = Bürgerliches Gesetzbuch; StGB = Strafgesetzbuch; ZPO = Zivilprozessordnung; StPO = Strafprozessordnung)

Geburt Beginn der Rechts- und Parteifähigkeit

1.–6. Lebensjahr Geschäfts- und Schuldunfähigkeit

6. Lebensjahr Schulpflichtbeginn

7. Lebensjahr beschränkte Geschäfts- (§§ 106 ff. BGB) und bedingte Schuldfähigkeit (§§ 828 BGB) für unerlaubte Handlungen nach bürgerlichem Recht

10. Lebensjahr Anhörungsrecht zum Bekenntniswechsel (§§ 2, 3 Gesetz über die religiöse Kindererziehung)

12. Lebensjahr Zustimmungserfordernis zum Bekenntniswechsel

14. Lebensjahr bedingte strafrechtliche Verantwortlichkeit (§§ 1, 3 Jugendgerichtsgesetz, § 19 StGB), religiöses Selbstbestimmungsrecht, Mitspracherecht hinsichtlich der elterlichen Sorge nach Ehescheidung der Eltern

15. Lebensjahr Recht, selbstständig Sozialleistungen zu beantragen und zu empfangen, Mindestalter Prüfbescheinigung Mofa

16. Lebensjahr beschränkte Testierfähigkeit (§§ 2229, 2247 BGB), beschränkte Ehefähigkeit, Beginn der Eidesfähigkeit (§§ 393, 455 ZPO, § 60 StPO), Mindestalter für Führerschein Klasse 1b, 4 und 5, Pflicht zum Personalausweisbesitz (§ 1 Personalausweisgesetz), Raucherlaubnis in der Öffentlichkeit

17. Lebensjahr Mindestalter für ein freiwilliges soziales Jahr
18. Lebensjahr Volljährigkeit (§ 2 BGB), volle Geschäfts- und Testierfähigkeit sowie volle Schuldfähigkeit nach bürgerlichem Recht und Strafrecht (mit der Möglichkeit, das Jugendstrafrecht anzuwenden, §§ 1, 105, 106 Jugendgerichtsgesetz), Ehefähigkeit, aktives und passives Wahlrecht zu Volksvertretungsorganen, aktives und passives Wahlrecht zum Betriebsrat (§ 7 Betriebsverfassungsgesetz), Mindestalter für Führerschein Klasse 1a und 3; Wehrpflichtbeginn
20. Lebensjahr Mindestalter für Führerschein Klasse 1

Volljährigkeit

Bis vor einigen Jahren wurde man in Deutschland, aber auch z. B. in Großbritannien und den USA, erst mit 21 volljährig. Dies geht auf das Mittelalter zurück. Bis zum 13. Jahrhundert war es nämlich üblich, mit 21 zum Ritter geschlagen zu werden bzw. ausgelernt zu haben, nachdem ein genau vorgeschriebener Ausbildungsweg durchlaufen worden war. Adlige Jungen verließen im Alter von 9–10 Jahren das Haus, um bei Gleichgestellten oder Höherrangigen Dienst zu tun. Bis 14 dienten sie meist als Pagen im Haushalt und wurden dann als Knappen einem Ritter unterstellt. Entsprechend gingen in den Städten die Bürgersöhne mit 14 zu einem Meister in die Lehre, die meist 7 Jahre dauerte.

21. Lebensjahr volle Straffähigkeit als Erwachsener, Mindestalter für Führerschein Klasse 2
25. Lebensjahr Mindestalter für Adoptionen und das Schöffenamt
27. Lebensjahr Mindestalter für die Ernennung zum Lebenszeitbeamten
40. Lebensjahr Wählbarkeit zum Bundespräsidenten in Deutschland
45. Lebensjahr Ende der Wehrpflicht für Mannschaften im Frieden
53. Lebensjahr Beginn der besonderen Altersgrenze für Berufssoldaten
60. Lebensjahr Ende der Wehrpflicht für Unteroffiziere und Offiziere, allgemeine Altersgrenze für Berufssoldaten und Polizeivollzugsbeamte. Vorgezogene Altersrente für Frauen, Schwerbehinderte, Berufsunfähige und Erwerbsunfähige, für langjährig unter Tage beschäftigte Bergleute und wegen Arbeitslosigkeit oder nach Altersteilzeitarbeit. Altersgrenze (alle flexiblen Altersgrenzen werden seit 1997 bzw. 2000 schrittweise auf einheitlich 65 Jahre angehoben)
65. Lebensjahr Altersgrenze für Beamte (Eintritt in Ruhestand schon ab 62 möglich), Rentenansprüche aus Sozialversicherung (auch schon ab 63 möglich), Steuervergünstigungen (zum Teil ab 55) z.B. durch Altersfreibetrag
70. Lebensjahr Altersgrenze für das Schöffenamt

Wirtschaft

Die Versorgung mit Gütern

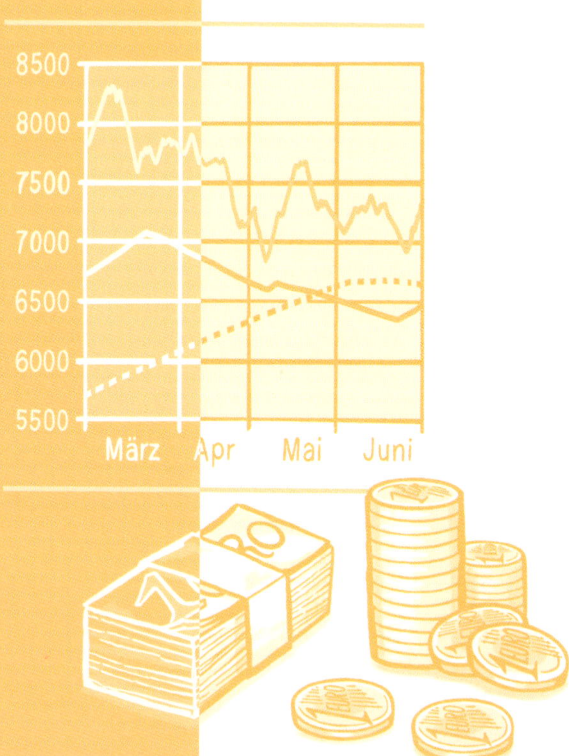

Wirtschaft ist die Antwort der Gesellschaft auf die Erfahrung, dass wir nicht im Schlaraffenland leben, wo kein Mangel und keine Not herrschen und alle unsere Wünsche spontan erfüllt werden. In einem solchen Garten Eden gibt es keine knappen Güter, alles ist im Überfluss vorhanden und jeder hat, was er will. Keine Gesellschaft hat dieses Utopia je erreicht – Knappheit von Ressourcen, Gütern und Produktionsmitteln führt zur Spannung zwischen den Bedürfnissen und den Möglichkeiten, sie zu befriedigen, und zwingt uns zu einem rationalen Wirtschaften.

Die zentrale Aufgabe der Wirtschaft

Sinn und Zweck des Wirtschaftens ist die Versorgung der Menschen mit wirtschaftlichen Gütern (Produkte und Dienstleistungen), die im Gegensatz zu den freien Gütern nicht beliebig verfügbar sind, sondern hergestellt werden müssen: Konsumgüter für Ver- und Gebrauch und Investitionsgüter für deren Herstellung. Sie müssen ohne Verschwendung hergestellt werden, damit trotz Knappheit der Ressourcen der größtmögliche Nutzen erzielt wird
Die Gesellschaft will jedoch auch mit Gütern, die der Einzelne nicht herstellen kann, wie Straßen, Schulen, innere und äußere Sicherheit, versorgt sein. Diese öffentlichen Güter werden heute – im Unterschied zu den privaten Gütern – vom Staat bereitgestellt und von der Gesellschaft durch Steuern finanziert.
Die Ideengeschichte der Wirtschaft reicht zurück bis zur Antike. Verfolgt man die Entwicklung, wird deutlich, dass zentrale Aussagen zur Wirtschaft abhängig vom Entwicklungsstand der Gesellschaft sind.

5 große Ökonomen

Adam Smith (*1723, †1790), britischer Moralphilosoph und Volkswirtschaftler, begründete mit seinem Werk »Vom Wohlstand der Nationen« 1776 das klassische ökonomische Denken. Arbeitsteilung, wirtschaftliches Eigeninteresse und ungestörtes Wirken des Marktes können nach Smith die besten Mittel zur Förderung des Allgemeinwohls sein – allerdings nur, wenn mindestens 3 Bedingungen erfüllt sind: Tatsächlich freier Wettbewerb muss herrschen; die Konkurrenten müssen in ihrem Handeln durch »Sympathie« und »sittliche Gefühle« geleitet sein; der Staat hat neben Armee und Justiz auch öffentliche Einrichtungen und Arbeiten, die Privatpersonen wegen mangelnder Profitabilität nicht übernehmen würden, zu unterhalten.

David Ricardo (*1772, †1823), britischer Volkswirtschaftler, formulierte bedeutende ökonomische Aussagen, so 1817 die Theorie der komparativen Kostenvorteile. Diese Theorie erklärt, warum ein Land auch dann Handel

Ideengeschichtliche Entwicklung von der Antike bis zum Physiokratismus

Zeitraum	Idee	Denker	Schrift
400 v. Chr.	Antike: Ablehnung des Gewinnstrebens	Platon (*428/27, †348/347 v. Chr.)	»Politeia« »Nomoi«
1200–1300 n. Chr.	Mittelalter: Kanonisches Zinsverbot	Albertus Magnus (*um 1200, †1280)	Kommentare zu Platon und Aristoteles
		Thomas von Aquin (*1225, †1274)	»Summa theologica« (1267–73)
1300–1400		Johannes Buridan (*um 1295, †nach 1366)	»Quaestiones super octos libros politicorum Aristotelis«
1500–1600	Reformation: Bedeutung des Kapitals	Johannes Calvin (*1509, †1564)	»Christianae Religionis Institutio« (1536)
1600–1700	Merkantilismus Stärkung der Macht des absolutistischen Staates	Jean Baptiste Colbert (*1619, †1683)	Briefe Instruktionen und Memoiren
		Johann Joachim Becher (*1625, †1682 oder 1685)	»Politischer Diskurs« (1668)
		Richard Cantillon (*um 1680, †1734)	»Essai sur la nature du commerce en général« (1755)
1700–1800	Physiokratismus: Nur die Landwirtschaft ist produktiv.	François Quesnay (*1694, †1774)	»Tableau économique« (1758)

treibt, wenn es alle seine Güter kostengünstiger herstellen könnte. Wenn Indien z. B. Turbinen und Bettwäsche günstiger produzieren könnte als andere Länder, bei der Herstellung von Bettwäsche jedoch einen höheren Ertrag erzielt, dann lohnen sich die ausschließliche Produktion dieses Guts und der Kauf von Turbinen aus dem Ausland, selbst wenn diese mehr kosten. Unter rein ökonomischem Gesichtspunkt rentiert sich demnach die Spezialisierung auf die Güter, die zu relativ niedrigen Kosten bei hohen Erträgen hergestellt werden können. Diese Theorie bildet u.a. eine wesentliche Rechtfertigung des internationalen Handels.

Karl Marx (*1818, †1883), deutscher Journalist, Historiker und Philosoph, entwickelte in enger Zusammenarbeit mit Friedrich Engels die wohl wirkungsmächtigste sozialistische Theorie des 19. Jahrhunderts. In seinem Hauptwerk »Das Kapital« versuchte er nachzuweisen, dass die kapitalistische Marktwirtschaft nicht von selbst zum Gleichgewicht tendiert, sondern in Entwicklung begriffen ist und zu immer neuen »Krisen« führt. Dabei bildet das Kapital (das Privateigentum an Produktionsmitteln) den eigentlichen Motor dieser Wirtschaftsordnung. Dessen Zwang, sich beständig vermehren zu müssen (»Kapitalakkumulation«), werden alle Elemente der Gesellschaft unterworfen: die Produkte – sie gelten in erster Linie als Träger von »Tauschwert«, ihr »Gebrauchswert« wird zweitrangig; die Arbeitskräfte – sie arbeiten in »entfremdeter« Form nur noch um des Geldes willen; die Natur – sie gilt primär als ausbeutbarer Rohstoff.

John Maynard Keynes (*1883, †1946), britischer Volkswirtschaftler und Diplomat, leitete als Berater des britischen Schatzamtes dessen Delegation bei der Versailler Friedenskonferenz, trat aber 1919 von dieser Funktion zurück, weil er die alliierten Reparationsforderungen für volkswirtschaftlich nicht vertretbar hielt. Keynes befasste sich mit Fragen der Geldtheorie und dem Problem der Arbeitslosigkeit, zu deren Bekämpfung er staatliche Interventionen befürwortete. Unter dem Eindruck der Weltwirtschaftskrise widerlegte er die klassische wirtschaftsliberale Sicht, nach der das sich bei freier Konkurrenz einspielende Preis-, Lohn- und Zinsniveau automatisch zur Vollbeschäftigung führe. Er wies nach, dass trotz gesamtwirtschaftlichen Gleichgewichts Unterbeschäftigung möglich ist. Die in seinem Hauptwerk »Die allgemeine Theorie der Beschäftigung, des Zinses und des Geldes« (1936) entwickelte Wirtschaftstheorie löste eine nachhaltige und kontroverse Diskussion aus und ließ Keynes zum Begründer einer neuen Richtung der Nationalökonomie, des Keynesianismus, werden.

Milton Friedman (*1912), amerikanischer Volkswirtschaftler, entwickelte die Quantitätstheorie weiter und wurde zum führenden Vertreter des Monetarismus. Diese Auffassung zieht die theoretischen Grundlagen zentraler theoretischer keynesianischer Aussagen in Zweifel. Friedman vertritt in seiner Geldtheorie insbesondere die These, dass der Prozentsatz der Geldmengenänderung sich an der langfristigen Wachstumsrate des realen Sozialprodukts orientieren müsse, um ein Höchstmaß an Geldwertstabilität und Wirtschaftswachstum zu erreichen. Friedman wurde auch als Berater verschiedener Politiker bekannt. Besonders Ronald Reagan (»Reaganomics«) und Margaret Thatcher (»Thatcherism«) haben Elemente seiner wirtschaftspolitischen Auffassung übernommen. Friedman erhielt im Jahr 1976 den Nobelpreis für Wirtschaftswissenschaften.

Wirtschaftsordnungen

Die Wirtschaftsordnung als Rahmen für die wirtschaftlichen Beziehungen der Einzelnen untereinander und zur Allgemeinheit, dem Staat, wird von der Gesellschaft bestimmt. Als idealtypische Modellfälle existieren die freie Marktwirtschaft und die Zentralverwaltungswirtschaft (Planwirtschaft).

»Der Gebrauchswert ist (...) nie als unmittelbarer Zweck des Kapitalisten zu behandeln. Auch nicht der einzelne Gewinn, sondern nur die rastlose Bewegung des Gewinnens.«

Karl Marx

Freie Marktwirtschaft: In einer Marktwirtschaft werden Angebot und Nachfrage durch den Preis reguliert. Haushalte und Unternehmen entscheiden eigenverantwortlich über die Produktionsfaktoren, beispielsweise ihre Arbeitskraft oder ihr Kapital, und über die Güter. Haushalte etwa fragen Güter nach, über deren Verwendung sie auch selbst bestimmen können. Voraussetzung dafür ist, dass Haushalte und Unternehmen über Eigentum verfügen können und die Eigentumsrechte genau definiert sind.

Zentralverwaltungswirtschaft: In einer Zentralverwaltungs- bzw. Planwirtschaft wird von der zentralen Führung ein zentraler Wirtschaftsplan erstellt. Der Staat lenkt den gesamten Ablauf des Wirtschaftsprozesses nach diesem Plan. Die Planungsbehörde bestimmt, was, wie und für wen produziert wird. In dieser Wirtschaftsordnung gehören die Produktionsmittel der Gesellschaft, nicht dem Einzelnen. Das Problem der Zentralverwaltungswirtschaft besteht darin, wie die privaten Haushalte mit ihren Bedürfnissen und die direkten Produzenten in die Entscheidungsfindung über die Güter, die produziert werden sollen, mit einbezogen werden können.

In der Realität existiert weder die reine Marktwirtschaft noch die reine Planwirtschaft. Als Mischformen können sowohl die soziale Marktwirtschaft der Bundesrepublik Deutschland als auch die früheren Planwirtschaften der ehemals sozialistischen Staaten angesehen werden. Seit dem Zusammenbruch der sozialistischen Staaten hat die Anzahl der Gesellschaften zugenommen, die sich marktwirtschaftlicher Steuerungselemente bedienen: Während in Zeiten des Kalten Kriegs diktatorisch organisierte Staaten, v.a. in der Dritten Welt, von Ost und West wirtschaftlich wie politisch unterstützt wurden, entfällt nun diese Förderung. Da zusätzlich das Fernsehen eine globale Information über die Lebensbedingungen in den reichen Industrieländern liefert und die Globalisierung alle Staaten in zunehmendem Maße zwingt, die eigenen Grenzen dem Weltmarkt zu öffnen, setzen diese Staaten verstärkt auf marktwirtschaftliche Instrumentarien.

Produktionsfaktoren

Nach ihrer jeweiligen Funktion im Wirtschaftsprozess lassen sich folgende 3 wirtschaftlich handelnden Einheiten unterscheiden: die privaten Haushalte, die Unternehmen und der öffentliche Haushalt, der Staat. Das ihnen gemeinsame Handlungsziel ist die optimale Befriedigung ihrer jeweiligen Bedürfnisse. Als Antrieb und zugleich Gewähr für bestmögliches Wirtschaften gilt der Volkswirtschaftslehre das egoistische Ziel der Gewinnmaximierung. Die Wirtschaftssubjekte private Haushalte, Unternehmen und Staat, verfügen – einzeln oder gemeinsam – über jene Mittel, die Voraussetzung für das Wirtschaften sind, über die Produktionsfaktoren:

Der Produktionsfaktor **Boden** schließt alle wirtschaftlich relevanten produktiven Teile der Natur ein: das Land, das bestellt wird und auf dem Häuser und Fabriken gebaut werden, die Bodenschätze wie Erdöl und Erdgas, Erze, Mineralien, Kohle oder Edelmetalle, die nicht ersetzbar sind, aber auch Luft und Wasser.

Die **Arbeit** ist Lebenstätigkeit, die der Mensch in den Produktionsprozess einbringt – in der Landwirtschaft, Fabriken, Büros. In der arbeitsteiligen Marktwirtschaft dient Arbeit in erster Linie nicht der Befriedigung eigener, sondern der fremder Bedürfnisse. Vom Unternehmen angestellt erhält sie die Form der Lohnarbeit. Ihr Motiv ist also, dem Arbeitenden ein Geldeinkommen zu erwirtschaften.

Modellhafte Klassifikation von Wirtschaftsordnungen

Unterscheidungsmerkmale	Zentralverwaltungswirtschaft	Marktwirtschaft
Koordination der Wirtschaftseinheiten	Einplanwirtschaft und staatliche Steuerung	Mehrplanwirtschaft und Wettbewerbssteuerung (»freie Verkehrswirtschaft«)
Subordination der Wirtschaftseinheiten unter den Staat	Gebote (Plansoll-Vorgaben)	Verbote (staatlicher Ordnungsrahmen)
Eigentumsordnung	Staats- oder Gemeineigentum (»Sozialismus«)	Privateigentum (»Kapitalismus«)
Herrschende politische Ordnung	Diktatur	Demokratie

Den Produktionsfaktor **Kapital** definiert die Volkswirtschaftslehre als die Mittel, die zur Produktion von Gütern eingesetzt werden. Dazu zählen Maschinen und Werkzeuge, aber auch Fabriken oder Büros. Kapital baut auf den Produktionsfaktoren Arbeit und Boden auf und wird daher auch als abgeleiteter Produktionsfaktor bezeichnet.

Die Produktionsfaktoren gelten als wirtschaftliche Güter, also als Waren, und erhalten somit einen Preis, der auf den »Faktormärkten« bestimmt wird: Lohn und Gehalt auf dem Arbeitsmarkt, der Kapitalzins auf dem Kapitalmarkt, die Bodenrente auf dem Grundstücksmarkt.

Die Wirtschaftssubjekte unterscheiden sich der Theorie nach in der Art, wie die Produktionsfaktoren eingesetzt werden: Die privaten Haushalte entscheiden über den Einsatz der Arbeit, das heißt, mit welcher Tätigkeit Lohn oder Gehalt verdient wird. Sie bestimmen auch über die Verwendung ihres Eigentums an Boden und Kapital, das mit dem Kapitalzins und der Bodenrente entgolten wird.

Bevölkerung

Die Gesamtheit der Menschen in einem Wirtschaftsraum ist die Bevölkerung. Sie stellt den Produktionsfaktor Arbeit zur Verfügung und bestimmt ganz entscheidend mit, wie die Produktionsfaktoren in diesem Wirtschaftsraum kombiniert werden: Teure Arbeitskräfte führen zu verstärktem Einsatz von Maschinen, also Kapital, z. B. zu robotergesteuerter Produktion, sodass auch bei geringer Bevölkerungsdichte noch Arbeitslosigkeit herrschen kann. Billige Arbeitskräfte, beispielsweise in Entwicklungsländern, führen dort zur Ansiedlung von Betrieben; der Produktionsfaktor Arbeit wird dort dem Einsatz der anderen Produktionsfaktoren vorgezogen.

Eine ertragreiche Wirtschaft ist notwendige Voraussetzung für eine positive Veränderung der allgemeinen Lebensumstände. Höhere Einkommen erhöhen den Lebensstandard und auch die medizinische Versorgung. Hierdurch steigen die Geburtenrate und auch die Lebenserwartung: Die Bevölkerung wächst, jedoch in

Der Durchschnittsdeutsche oder: die Tücken der Statistik

Der deutsche Durchschnittsmensch im ausgehenden 20. Jahrhundert war eine 41 Jahre alte verheiratete Frau mit Namen Müller. Sie ist berufstätig, hat 1,4 Kinder und lebt in einer nordrhein-westfälischen Großstadt in einem Haushalt mit 1,95 Personen. Allein die Schwierigkeit, eine Frau plus Ehemann plus 1,4 Kinder in einem 1,95-Personen-Haushalt unterzubringen, zeigt, wie wirklichkeitsfremd der statistische Mensch bisweilen daherkommt.
Aber auch wenn Statistiken darüber hinaus gelegentlich Genauigkeiten vorspiegeln oder uns Zusammenhänge nahe legen, die gar nicht vorhanden sind, so können sie doch zahlreiche aufschlussreiche und wissenswerte Erkenntnisse vermitteln. Die wichtigste davon ist, dass niemand in allem Durchschnitt ist: Welche Frau hat schon 1,4 Kinder?

Bevölkerungsentwicklung in Deutschland

Jahr	Bevölkerung in Deutschland (in Mio.)
1950	69,3
1960	73,1
1970	78,1
1980	78,4
1990	79,8
2000	82,0
2010 [1]	81,1
2020 [1]	78,8
2030 [1]	75,2
2040 [1]	70,5
2050 [1]	65,0

1) Vorausberechnung bei einer jährlichen Zuwanderung von 100 000 Menschen

Industrieländern anders als in Entwicklungsländern. Die deutsche Bevölkerung weist eine negative Geburtenrate und eine steigende Lebenserwartung auf. Insgesamt wächst die Erdbevölkerung in einem Umfang, der zu der pessimistischen Erwartung einer Überbevölkerung geführt hat.

Wirtschaftsräume

Beim Vergleich verschiedener Volkswirtschaften zeigen sich enorme Unterschiede: Den reichen Industrieländern stehen die Entwicklungsländer und die östlichen Reformländer gegenüber. »Nord-Süd-Gefälle« meint die ungleiche Verteilung des Wohlstands auf die nördliche und die südliche Erdhalbkugel. Es bestehen gravierende Unterschiede im Bildungsniveau, im wirtschaftlichen Wachstum oder in der altersmäßigen Zusammensetzung der Bevölkerung. Einige Länder sind mehr im Agrarsektor, andere eher in der Industrie oder im Dienstleistungssektor tätig. Weiterhin gibt es offene oder geschlossene Wirtschaften je nach dem Grad ihrer Beteiligung am internationalen Handel. Die Ursachen für diese unterschiedliche Entwicklung von Wirtschaftsräumen sind vielfältig. Da sind zum einen die Bodenschätze, die nicht überall vorhanden sind und die Entstehung von Industriegebieten begünstigen können: Die wirtschaftliche Entwicklung des Ruhrgebiets z.B. gründete sich auf seinen Kohlevorkommen; ein anderer Faktor ist das Klima, das den Anbau unterschiedlichster Pflanzen ermöglicht, so beispielsweise in Ägypten den Anbau von Baumwolle; ein weiterer wichtiger Faktor sind die Innovationen: Viele technische Neuerungen kamen aus westlichen Staaten – die Erfindung der Dampfmaschine durch James Watt am Ende des 18. Jahrhunderts führte zur industriellen Revolution; die Fließbandproduktion von Autos wurde von Henry Ford in den USA eingeführt; die Herstellung synthetischer Farben und damit die Chemieindustrie haben ihren Ursprung in Deutschland; die Elektronik ist eine amerikanische Innovation.

Verteilung in der Welt

Länder	Anteile an der Weltbevölkerung (in %)	Anteile an der Weltwirtschaftsleistung (in %)	Anteile am Welthandel [1] (in %)
Industrieländer	15,6	55,4	77,9
Entwicklungsländer	77,5	39,8	17,7
Östliche Reformländer	6,9	4,8	4,4

1) Waren und Dienstleistungen

Wie funktioniert Wirtschaft?

Die Regale in den Supermärkten quellen über von Waren aus aller Welt in unzähligen Varianten – Milch aus Nord- oder Süddeutschland, Fleisch aus Argentinien, Computer aus Taiwan, Sekt von der Krim, Ketchup aus den USA. Zwischen den Regalen die Käufer: Der Single entscheidet sich für ein Fertiggericht, die Kids wählen zielsicher ihre Inlineskates, Teenies wie selbstverständlich die neuesten Leggins. Die Auswahl funktioniert, ohne dass hier eine »sichtbare« Ordnung erkennbar ist – im

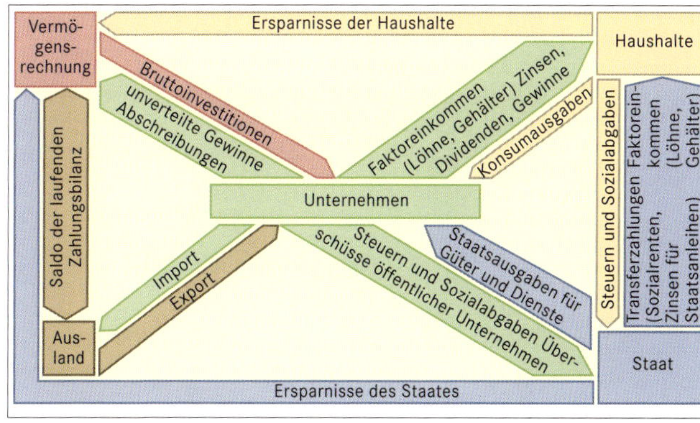

Schematische Darstellung der Güter-, Geld- und Leistungsströme zwischen den Wirtschaftssektoren Unternehmen, Staat und private Haushalte im Modell des Wirtschaftskreislaufs

Gegensatz zum Verkehr, der durch die Straßenverkehrsordnung bis ins Detail geregelt ist.

Der Markt

Güterproduktion und -verteilung werden durch den Markt koordiniert. Er ist der ökonomische Ort des Tauschs. Hier treffen Angebot, wie Produkte und Dienstleistungen, und Nachfrage, z. B. die Kaufkraft der Konsumenten, aber auch der Unternehmen, aufeinander.

Der Preis

Die Güter haben einen Preis, der durch Nachfrage und Angebot bestimmt wird, wobei die Marktteilnehmer nach dem Prinzip des größtmöglichen Ertrags entscheiden: der Käufer nach dem Nutzen, der Verkäufer nach dem Gewinn.
Der Preis bestimmt also, ob und in welcher Menge ein Gut gekauft wird und ob sich seine Herstellung lohnt. Der Preis einer Ware zeigt auch an, ob mehr davon gewünscht wird: Bei größerer Nachfrage steigt der Preis und die Unternehmen erwirtschaften höheren Gewinn, was sie wiederum zu größerem Angebot anregt. Bleibt die Nachfrage hinter dem Angebot zurück, so sinkt der Preis wieder und vielleicht so sehr, dass der eine oder andere Unternehmer keinen Gewinn erzielt und die Herstellung aufgegeben wird, was eine Verminderung des Angebots nach sich zieht. Dieses Wechselspiel von Angebot und Nachfrage nennt man Marktmechanismus.

Auf dem Markt agieren Unternehmen, der Staat, private Haushalte, das Ausland usw. Das Modell des Wirtschaftskreislaufs ist eine Möglichkeit, die vielfältigen wirtschaftlichen Beziehungen darzustellen. Zwischen den Wirtschaftssektoren fließen Güter- und Geldströme, aber auch Leistungsströme.

Marktformen

Der Marktmechanismus führt jedoch nicht immer zum Gleichgewicht zwischen Angebot und Nachfrage. Denn auf bestimmten Märkten ist es möglich, dass viele Nachfrager nur wenigen oder nur einem Anbieter gegenüberstehen, beispielsweise auf dem Ölmarkt, der von nur wenigen Ölgesellschaften beherrscht wird.
Im Gegensatz zur Idealsituation der vollkommenen Konkurrenz – Angebot und Nachfrage sind mit höchstem ökonomischem Nutzen für beide Seiten ausgeglichen – sprechen wir in den genannten Fällen von unvollkommener Konkurrenz. Hier kann es durchaus geschehen, dass ein einziger Anbieter, der Monopo-

Blutkreislauf und Wirtschaftskreislauf

Dr. Quesnay, Leibarzt Ludwigs XV. von Frankreich, hat sich 1756 durch die Entdeckung des Blutkreislaufs zu seinem »Tableau économique« anregen lassen, das ein Schema der Güter- und Geldströme als Kreislauf darstellt. Es kann als Vorläufer der volkswirtschaftlichen Gesamtrechnung betrachtet werden.

Marktformen

Anbieter	Nachfrager viele kleine	wenige mittlere	ein großer
viele kleine	vollständige Konkurrenz (Polypol)	Nachfrageoligopol (Oligopson)	Nachfragemonopol (Monopson)
wenige mittlere	Angebotsoligopol (Oligopol)	zweiseitiges Oligopol	beschränktes Nachfragemonopol
ein großer	Angebotsmonopol (Monopol)	beschränktes Angebotsmonopol	zweiseitiges Monopol

list, seine Preise extrem überhöht, um seine Gewinne zu steigern, oder einige wenige, die Oligopolisten, sich über höhere Preise absprechen und die Herstellungsmengen untereinander verteilen.

Funktion des Staats

Die Aufgabe des Staats ist die Bereitstellung öffentlicher Güter, die allen Personen zukommen (wie Infrastruktur, Rechtsordnung oder Sicherheit) oder nur einem bestimmten Personenkreis (das Kindergeld). Die Gesellschaft finanziert die Bereitstellung dieser öffentlichen Güter über die Steuern und fordert die Schaffung von Rahmenbedingungen, welche Gewähr bieten für drei Maximen: Effizienz, Gleichheit und Stabilität.

Staatliche Effizienz bedeutet, den Einsatz der Produktionsfaktoren ohne Verschwendung zu gewährleisten: Wenn Monopole Produktmengen zwecks Gewinnmaximierung verknappen oder wenn bei der Güterherstellung externe Güter entstehen (ein Kraftwerk verkauft Strom, zahlt aber nicht für die Folgen der Umweltverschmutzung), hat der Staat über Gesetze regulierend einzugreifen.

Das Gesetz gegen den unlauteren Wettbewerb in Deutschland oder die Vorschriften zum Emissionsschutz sind Beispiele für das Wirken des Staates.

Freies Wirtschaften kann die soziale Chancengleichheit untergraben. Entstandenen Ungleichheiten hat der Staat zu begegnen, etwa durch geeignete Steuer- und Abgabensysteme, wie z.B. die Besteuerung der Vermögen und hohen Einkommen, oder durch Einkommenstransfers.

Auf die gleiche Art und Weise tragen die reichen Industrienationen Verantwortung gegenüber den »armen« Ländern, deren Bevölkerung trotz oftmals reicher Ausstattung mit Produktionsfaktoren und hohem kulturellen Standard aufgrund des jahrhundertelangen, aber auch noch teilweise heute herrschenden Kolonialismus und Imperialismus bittere Not leidet. Hier ist ein Beitrag zur internationalen Einkommensumverteilung gefordert – so mithilfe einer an den Bedürfnissen dieser Länder orientierten Entwicklungshilfe und umfassender Entschuldungsmaßnahmen, um sie nicht weiter dem fatalen Zinseszinsmechanismus des internationalen Kreditsystems auszuliefern.

Stabilität ist die Antwort des Staates auf die Schwankungen, die der Marktmechanismus hervorruft. Anpassungen an Änderungen von Nachfrage und Angebot führen zu Störungen des Gleichgewichts und verursachen Kosten. Die Folge in der Praxis sind Arbeitslosigkeit oder steigende Preise. Die Anpassung über den Marktmechanismus erfordert jedoch Zeit, welche wegen der wirtschaftlichen, sozialen und auch politischen Folgen nicht vorhanden ist.

Die Bundesrepublik Deutschland hat sich mit dem Stabilitätsgesetz von 1967 das gesetzliche Instrument für solche wirtschaftspolitischen Aufgaben geschaffen. Im »magischen Viereck« sind folgende Ziele definiert: Preisstabilität, Vollbeschäftigung, stetiges Wachstum und eine ausgeglichene Zahlungsbilanz.

Börse

Die Börse ist als eine besondere Marktform der Treffpunkt, um bewegliche Objekte zu standardisierten Vertragsbedingungen öffentlich zu handeln. Die Börse wird – je nach Handelsobjekt – eingeteilt in Effekten- oder Wertpapierbörse, Devisenbörse und Warenbörse. In Deutschland gibt es 8 Präsenzbörsen: Berlin, Bremen, Düsseldorf, Frankfurt am Main, Hamburg, Hannover, München und Stuttgart. Ende 1997 wurde an der Frankfurter Wertpapierbörse mit Xetra® (Exchange electronic trading) ein elektronisches Handelssystem eingeführt, das es den Börsenmitgliedern erlaubt, sich von jedem beliebigen Standort in der Welt aus über miteinander vernetzte Computer am Handel mit Aktien und anderen Wertpapieren zu beteiligen.

5 wichtige Aktienindizes

Ein Aktienindex ist eine Kennzahl, die die Kursentwicklung eines Aktienmarktes allgemein oder in einzelnen Branchen abbildet. Er dient dem Kapitalanleger als Orientierung über die Entwicklung an der Börse.

DAX®

Der wichtigste Index am deutschen Aktienmarkt ist der Deutsche Aktienindex® (DAX®). Er umfasst die 30 größten und umsatzstärksten deutschen Aktien und repräsentiert mehr als 70 Prozent des gesamten Grundkapitals aller inländischen börsennotierten Gesellschaften.

Dow-Jones-Index

An der New Yorker Wall Street wird der nach den amerikanischen Wirtschaftsjournalisten Charles H. Dow (*1851, †1902) und Edward D. Jones (*1856, †1920) benannte Dow-Jones-Index ermittelt. Dazu gehören traditionell 30 Industrie-, 20 Transport- und 15 Versorgungsunternehmen.

Dow Jones STOXX® EURO 50

Der Index setzt sich aus 50 Aktienwerten von Unternehmen aus Ländern, die der europäischen Währungsunion angehören, zusammen. Er wurde Anfang 1998 gemeinsam von der Deutschen Börse AG, der Pariser Börse und der Schweizer Börse sowie dem Unternehmen Dow Jones eingeführt.

Nikkei-Index

Dieser Aktienindex beinhaltet die wichtigsten japanischen Aktiengesellschaften. Auf der Basis des Jahres 1949 (=100) wird der Nikkei-Stock-Average oder kurz: der Nikkei-225, als ungewichteter Aktienindex berechnet. Er wird börsentäglich aus den Kursen von 225 Aktien ermittelt, die an der Tokyo Stock Exchange notiert sind.

Nemax®-50 Performance-Index

Dieser Index wird seit Juli 1999 berechnet aus den Aktienkursen der 50 wichtigsten Unternehmen am Neuen Markt. Unternehmen aus den Branchen Telekommunikation und Medien sowie Informationstechnologien und Software sind die mit Abstand größten Gruppen.

Zusammensetzung des Deutschen Aktienindex DAX® *

Siemens	10,40	Commerzbank	2,17
Deutsche Telekom	10,24	VW	2,14
Allianz	10,17	Metro	1,54
SAP	8,24	Schering	1,42
Deutsche Bank	6,45	Lufthansa	1,12
DaimlerChrysler	6,37	Henkel	1,08
Münchner Rück	6,33	Thyssen Krupp	1,02
E.ON	4,79	Fresenius Med. Care	0,78
Infineon	4,40	Preussag	0,71
Bayer	3,58	Epcos	0,65
Dresdner Bank	3,13	Linde	0,60
BASF	3,06	MAN	0,54
Hypo-Vereinsbank	2,88	Degussa-Hüls	0,50
BMW	2,64	Karstadt-Quelle	0,41
RWE	2,35	Adidas-Salomon	0,27

(Stand: 9. 8. 2000)
* Gewichtung in Prozent

Volkswirtschaftliche Gesamtrechnung

In der volkswirtschaftlichen Gesamtrechnung (VGR) werden die Wirtschaftsprozesse einer Volkswirtschaft für eine Periode dargestellt. Die VGR bietet unter anderem Informationen über die Höhe der Produktion und die bestehende Einkommens- und Vermögensverteilung einer Volkswirtschaft.

Bruttosozialprodukt (BSP)

Es entspricht dem Wert aller in einem bestimmten Zeitraum produzierten Güter (Waren und Dienstleistungen) abzüglich der Vorleistungen. Das Bruttosozialprodukt bezieht sich auf Institutionen und Personen, die ihren stän-

digen Wohnsitz im Inland haben und wird daher auch als Inländerprodukt bezeichnet.
Zieht man die verbrauchsbedingten Abschreibungen ab, erhält man das Nettosozialprodukt.

Volkseinkommen

Setzt man zur Bewertung des Nettosozialprodukts die Marktpreise ein, so erhält man das Nettosozialprodukt zu Marktpreisen. Zur Berechnung des Volkseinkommens zieht man davon noch die indirekten Steuern ab und addiert die Subventionen. Zur Ermittlung des verfügbaren Einkommens müssen noch Beträge wie Lohnsteuer, Körperschaftsteuer oder Sozialbeiträge abgezogen und Transferleistungen des Staates hinzugezählt werden.

Konjunkturzyklen

Auf Überstunden folgen Feierschichten; Butter wird billiger, Benzin teurer, auf Vollbeschäftigung folgt Arbeitslosigkeit; die Renten fallen; der Dollarkurs steigt.
Den Schwankungen auf den Einzelmärkten entsprechen Änderungen der Ergebnisse einer Wirtschaft insgesamt: Die Summe aller Faktoreinkommen – das Volkseinkommen – ändert sich von Jahr zu Jahr. Meist steigt es – in Deutschland zwischen 1990 und 1998 von 2282,66 Mrd. DM auf 2848,32 Mrd. DM, was nahezu 20 Prozent entspricht. Dennoch stieg die Arbeitslosigkeit zwischen 1995 und 1999 von 8,3 Prozent auf über 10 Prozent. Zwischen 1965 und 1970 stieg das Volkseinkommen nur mit einer Jahresrate von ca. 5 Prozent, aber es bestand Vollbeschäftigung.

Solche Schwankungen kennzeichnen die Industrieländer: Jahre mit hoher oder niedriger Arbeitslosigkeit, wenig oder mehr Preissteigerungen oder geringem oder größeren Zuwachs des Volkseinkommens wechseln einander ab.

Betrachten wir einen längeren Zeitraum, z. B. 200 Jahre – stellen wir fest, dass entlang eines Wachstumspfades die Gesamtwirtschaft um ca. 5 Prozent wächst, dabei jedoch Wellenbewegungen über eine kurze Frist von knapp 5 Jahren und solche von 8–10 Jahren existieren und schließlich ein in etwa 60-jähriger Zyklus feststellbar ist.

Begründer des modernen Geldwesens

Das moderne Geldwesen entstand zu Beginn der Neuzeit in den oberitalienischen Stadtstaaten, Florenz, Genua, Venedig. Deren umfangreicher Handel war inner- und außerhalb Europas auf eine funktionierende Geldwirtschaft angewiesen. Die Spezialisierung auf Geldgeschäfte führte zum Beruf des Bankiers, der nur noch Geldgeschäfte ausführt. Das Geldwesen fand nach Oberitalien in London einen neuen Schwerpunkt, als sich Ende des 16. Jahrhunderts von dort aus der Ostasienhandel entwickelte, die Existenz eines »weltweit« akzeptierten Zahlungsmittels anerkannt und das »britische Pfund« kreiert wurde: Die Bank of England verpflichtete sich, alle in dieser ersten internationalen Währung ausgestellten Rechnungen mit 545 Gramm »reinem« Silber – dem Sterling Silver – pro Einheit zu bezahlen. Diese Einlösungsverpflichtung bestand bis 1929 und war Grundlage für den Aufbau des Empires. Ihr Ende markiert dessen Verfall.

3 wichtige Konjunkturzyklen

Der knapp 5-jährige Zyklus nach **Kitchin** wird meist als Lagerzyklus beschrieben: Lagerbestände fangen Nachfrageschwankungen ab und wirken als »Puffer«. Die Wirtschaft wird wenig beeinflusst.

Direkte Wirkungen auf Volkseinkommen, Beschäftigung und Investitionen hat der **Juglar**-Zyklus. Er ist der eigentliche Konjunkturzyklus, der in der Vergangenheit zu Depressionen geführt hat, so 1929 zur »Großen Depression« mit weltweitem Zusammenbruch von Unternehmen und Banken und zu einem Millionenheer von Arbeitslosen mit großen wirtschaftlichen und politischen Folgen. Als Ursachen für den Konjunkturzyklus werden Nachfrageschwäche, Überproduktion und zu geringe Geldversorgung der Wirtschaft angesehen.

Durch nachfrageorientierte Wirtschaftspolitik soll dieser Situation gegengesteuert werden: Stützung der Nachfrage durch gezielte staatliche Investitionen oder Arbeitsbeschaffungsprogramme und Vergrößerung der Geldmenge mithilfe von Zinssenkungen oder Steuererleichterungen.

Der 60-jährige **Kondratieff**-Zyklus wird auf die Wirksamkeit neuer Technologien zurückgeführt: die Entfaltung der Eisen- und Textilindustrie 1790–1850, die von Dampfmaschine, Stahlindustrie und Eisenbahn bis ca. 1910, die der Elektrizität, Chemie und des Automobils bis ca. 1970 und schließlich die Entwicklung der Petrochemie und Elektronik bis in die Gegenwart.

10 Objekte, die bereits als »Geld« benutzt wurden

- Kühe und Vieh (im Griechenland Homers)
- Reis (in Korea)
- Getreide (nach der Oktoberrevolution 1917 in Russland)
- Salz (noch bis ins 19. Jahrhundert offizielles Zahlungsmittel in vielen Gegenden Nordafrikas)
- Muscheln (jahrtausendelang in Indien, China oder Afrika)
- Kakaobohnen (das gängige Zahlungsmittel in Mexiko während der Aztekenherrschaft)
- Mandeln (bis zum 18. Jahrhundert in Gujarat in Indien)
- Baumrinde (bei den Mongolen)
- Tulpenzwiebeln (während der holländischen Tulpenhysterie im 17. Jahrhundert)
- Fische (in getrockneter Form lange Zeit das Standardzahlungsmittel in Island)

Geld

Eine zwangsläufige Folge der zunehmenden Spezialisierung der Arbeitswelt, der Beschränkung einer Person auf wenige Aufgaben, ist die Notwendigkeit, eigene gegen fremde Güter zu tauschen. Die Zunahme des Güterangebots erfordert ein von allen akzeptiertes Tauschmittels, das durch den Verkauf der eigenen Güter erworben wird und zum Kauf von Gütern des eigenen Bedarfs verwendet werden kann. Diese Tauschmittelfunktion übernahm das Geld.

Der Euro

Am 31. 12. 1998 wurden die Umrechnungskurse der nationalen Währungen der EWU-Teilnehmerstaaten gegenüber dem Euro unwiderruflich festgelegt. In der Übergangsperiode zwischen dem 1. 1. 1999 und dem 31. 12. 2001 ist der Euro nur im bargeldlosen Zahlungsverkehr verfügbar (Buchgeld). Ab Januar 2002 jedoch wird das nationale Geld in Euro-Banknoten und Euro-Münzen umgetauscht, sodass spätestens ab dem 1. 7. 2002 der Euro in der gesamten Europäischen Währungsunion auch als Bargeld verwendbar ist.

Die Globalisierung

1850 war ein Brief von London nach Bombay noch 90 Tage unterwegs, Luftpost um 1990 längstens 36 Stunden, eine E-Mail benötigt heute vielleicht 2 Minuten. Die gebräuchliche Schiffsladung von 80 Tonnen war damals von Liverpool nach Boston 4 Wochen auf See, Container brauchen heute 4 Tage, ein Jumbo gera-

Die Umrechungskurse des Euro (festgelegt am 31. 12. 1998)

Währung	Währungseinheiten für 1 Euro
Belgischer Franc	40,3399 bfr
Deutsche Mark	1,95583 DM
Finnmark	5,94573 Fmk
Französischer Franc	6,55957 FF
Irisches Pfund	0,787564 Ir£
Italienische Lira	1936,27 Lit
Luxemburgischer Franc	40,3399 lfr
Holländischer Gulden	2,20371 hfl
Österreichischer Schilling	13,7603 S
Portugiesischer Escudo	200,482 Esc
Spanische Peseta	166,386 Pta

10 große Unternehmensfusionen und Unternehmensübernahmen

Beteiligte Unternehmen[1]		Branche	Bekanntgabe
Vodafone Airtouch, GB, USA	Mannesmann AG, D	Telekommunikation	2000
Olivetti-Konzern	Telecom Italia, I	Telekommunikation	1999
Hoechst (Aventis), D	Rhône-Poulenc, F	Pharma	1998
Deutsche Bank, D	Bankers Trust, USA	Banken	1998
Deutsche Post, D	Danzas, CH	Post / Logistik	1998
BP, GB	Amoco, USA	Mineralöl	1998
Daimler Benz (DaimlerChrysler), D	Chrysler, USA	Automobil	1998
Volkswagen, D	Rolls Royce, GB	Automobil	1998
Allianz, D	AGF, F	Versicherungen	1997
Zürich Versicherung, CH	BAT, GB	Tabak/ Finanzen	1997

1) bei Fusion Name des neuen Unternehmens in Klammern

de 6 Stunden. Welthandel, internationaler Geldverkehr und Tourismusindustrie haben räumliche und zeitliche Distanzen nahezu bedeutungslos gemacht. Produkte aus allen Ländern der Welt und mithilfe des Satellitenfernsehens übertragene Bilder vermitteln den Eindruck, als sei die Welt vertrauter und ein »Dorf«, ein »Global Village«, geworden.

Globalisierung heißt das Zauberwort seit den 90er-Jahren des 20. Jahrhunderts. Für viele Unternehmen bedeutet dies, dass sie nicht nur mit inländischen Konkurrenten, sondern auch mit solchen aus aller Welt zu rechnen haben. Aus eigener Kraft können sie oft nicht mehr gegen marktstarke multinationale Wettbewerber bestehen, immer häufiger werden daher internationale Kooperationen eingegangen, wirtschaftlich mächtige Konzerne geschmiedet oder sogar Unternehmen verschmolzen (Fusion). Welche Folgen dies für den freien Wettbewerb haben wird, ob übermächtig gewordene international agierende Monopole und Oligopole zur Gefahr für die politische Selbstbestimmung von Gesellschaften und Staaten werden, bleibt abzuwarten.

Internationale Organisationen

Die Vertretung gemeinsamer Interessen

In Organisationen sind Interessengruppen, Verbände, Einrichtungen oder Staaten zur Vertretung gemeinsamer Interessen und zur Erreichung gemeinsamer Ziele zusammengeschlossen. Die bedeutendste multinationale Organisation sind die United Nations, die Vereinten Nationen, der fast alle Staaten der Erde angehören. Am 26. 6. 1945 wurde die Charta der UN von den 51 Gründungsmitgliedern unterschrieben. Sie beginnt mit den Worten:

»Wir, die Völker der Vereinten Nationen – fest entschlossen, künftige Generationen vor der Geißel des Kriegs zu bewahren ..., den sozialen Fortschritt und einen besseren Lebensstandard in größerer Freiheit zu fördern ... – haben beschlossen, in unserem Bemühen um die Erreichung dieser Ziele zusammenzuwirken.«

APEC

Asia-**P**acific **E**conomic **C**ooperation *(Asiatisch-Pazifische Wirtschaftliche Zusammenarbeit)*
Gründung: 1989
Sitz: Singapur
Mitglieder: 21 Staaten des pazifischen Raums, darunter Australien, Chile, China, Indonesien, Japan, Kanada, Mexiko, Russland, USA
Aufgaben: Abbau von Handelshemmnissen, regionale und wirtschaftliche Zusammenarbeit, Technologietransfer, gemeinsame Interessenvertretung im Rahmen internationaler Organisationen. 1994 wurde die Schaffung einer Freihandelszone bis zum Jahr 2020 beschlossen.

Arabische Liga

Arabische Liga

Gründung: 1945
Sitz des Generalsekretariats: Kairo
Mitglieder: 21 arabische Staaten sowie Palästina (seit 1976 durch die Palästinensische Befreiungsorganisation [PLO] als Vollmitglied vertreten); Ägyptens Mitgliedschaft war 1979–89 suspendiert.
Aufgaben: Außenpolitische Zusammenarbeit, 1950 auf militärisches und 1957 auf wirtschaftliches Gebiet ausgedehnt; friedliche Beilegung innerarabischer Konflikte; gegenseitige Respektierung ihrer Souveränität.

Arktischer Rat

Gründung: 1996
Mitglieder: Dänemark, Finnland, Island, Kanada, Norwegen, Russland, Schweden, USA
Aufgaben: Koordinierung von Forschungs- und Verkehrsprojekten sowie des Umweltschutzes und der Nutzung von Rohstoffen in der Arktis.

ASEAN

Association of **S**outh **E**ast **A**sian **N**ations *(Vereinigung südostasiatischer Staaten)*
Gründung: 1967
Sitz: Jakarta
Mitglieder: Birma, Brunei, Indonesien, Kambodscha, Laos, Malaysia, Philippinen, Singapur, Thailand, Vietnam
Aufgaben: Gemeinsame Festigung und Förderung des Friedens sowie des sozialen und wirtschaftlichen Wohlstandes.

Benelux

Gründung: 1948 als Zoll-, 1958 als Wirtschaftsunion
Sitz des Generalsekretariats: Brüssel
Mitglieder: **Be**lgien, Niederlande (**Ne**derland), **Lux**emburg
Ziele: Beseitigung der gegenseitigen Zollgrenzen, Festsetzung gemeinsamer Zolltarife, Liberalisierung des Waren-, Kapital- und Arbeitsverkehrs, Harmonisierung der Außenhandels- und Landwirtschaftspolitik, Koordinierung der Währungs-, Struktur- und Konjunkturpolitik.
Organe: Ministerausschuss (Regierungsmitglieder der 3 Staaten) als leitendes Organ der Union, Konsultativer Parlamentarischer Rat (von den Länderparlamenten aus ihrer Mitte gewählte Abgeordnete), Wirtschafts- und Sozialrat.

CEFTA

Central **E**uropean **F**ree **T**rade **A**ssociation *(Mitteleuropäisches Freihandelsabkommen)*
Gründung: 1993
Mitglieder: Polen, Rumänien, Slowakische Republik, Slowenien, Tschechische Republik, Ungarn
Ziel: Schaffung einer Freihandelszone der Mitgliedstaaten; langfristig wird die Aufnahme in die EU angestrebt.

CERN

Conseil (seit 1954 Organisation) **E**uropéen pour la **R**echerche **N**ucléaire *(Europäische Organisation für Kernforschung)*

Gründung: 1952
Sitz: Genf
Mitglieder: 19 europäische Staaten
Ziel: Zusammenarbeit in der Grundlagenforschung auf den Gebieten der Kern-, Elementarteilchen- und Hochenergiephysik.

COMECON

Council for **M**utual **Econ**omic Assistance *(Rat für gegenseitige Wirtschaftshilfe, RGW)*
Gründung: 1949
Sitz: Moskau
Mitglieder: UdSSR, Tschechoslowakei, Ungarn, Polen, Rumänien, Bulgarien, Albanien (1949–61), DDR (1950), Mongolische Volksrepublik (1962), Kuba (1972), Vietnam (1978); assoziiertes Mitglied: Jugoslawien (1964)
Aufgaben: Wirtschaftlichen Integration auf der Basis der Koordination der nationalen Volkswirtschaftspläne sowie der Spezialisierung und Kooperation der industriellen Produktion im Rahmen der internationalen Arbeitsteilung zwischen den Mitgliedstaaten. Der Außenhandel zwischen den Mitgliedstaaten erfolgte weitgehend auf bilateraler Basis; der Zahlungsverkehr wurde mit Transferrubel (nicht frei konvertierbar) über die Internationale Bank für wirtschaftliche Zusammenarbeit (gegründet 1963; Moskau) abgewickelt. Die Internationale Investitionsbank (1970; Moskau) finanzierte gemeinsame Investitionsprojekte. Die paritätisch zusammengesetzten RGW-Organe waren keine supranationalen Behörden mit übergeordneter Entscheidungsfunktion; ihre nur empfehlenden Beschlüsse bedurften der Bestätigung durch nationale Instanzen. Die Ratstagung war formell das höchste Organ. Der COMECON wurde 1991 aufgelöst.

Commonwealth of Nations

Commonwealth

Gründung: 1948 (im Zuge der Entkolonialisierung als »Multiracial Commonwealth« anstelle des 1931 gegründeten »British Commonwealth of Nations«)
Sitz: London
Mitglieder: 54 unabhängige Staaten, darunter Großbritannien und die meisten seiner ehemaligen Kolonien sowie die der Mitgliedstaaten Australien und Neuseeland. Die insgesamt 21 Monarchien und 33 Republiken erkennen alle die britische Königin als »Symbol einer freien Vereinigung unabhängiger Mitgliedstaaten« und somit als Kopf des Commonwealth an.
Organisation: Alle zwei Jahre treffen sich die Regierungsspitzen der Mitgliedstaaten zur Beratung, zum Meinungsaustausch und zu gemeinsamen Beschlüssen. Außerdem finden regelmäßige Treffen auf Minister- und Sachbearbeiterebene statt. Das 1965 eingerichtete Commonwealthsekretariat dient der besseren Kooperation der Staaten untereinander.
Entwicklung: Seit 1945 Unabhängigkeitserklärungen ehemaliger Mitglieder des Britischen Reiches; zwischen 1950 und 1970 erreichten die meisten Kolonien ihre Unabhängigkeit, jedoch nur wenige gaben damit ihre Mitgliedschaft in der Gemeinschaft auf (u.a. Irland 1949). Südafrika (1961–94), Pakistan (1972–89) und Fidschi (1992–97) waren zeitweilig aus dem Commonwealth ausgetreten, die Mitgliedschaft Nigerias war von 1995–99 suspendiert. Machtpolitisch ohne Bedeutung, spielen wirtschaftliche und strategische Zusammenhänge noch eine Rolle. Im Ganzen versteht sich die lose Gemeinschaft jedoch mehr als moralische Größe.

EFTA

European **F**ree **T**rade **A**ssociation *(Europäische Freihandelsassoziation)*
Gründung: 1960
Sitz: Genf
Mitglieder: Island (seit 1970), Liechtenstein (seit 1991), Norwegen, Schweiz. Wegen des Beitritts zu EG bzw. EU ausgetreten: Dänemark (1960–73), Finnland (1985–94), Großbritannien (1960–73), Österreich (1960–94), Portugal (1960–86), Schweden (1960–94)

Aufgaben: Der handelspolitische Zusammenschluss setzte sich den Abbau der Handelsschranken unter den Mitgliedstaaten zum Ziel. Erreicht wurde dies bis 1969 mit der völligen Abschaffung der Zölle auf Industrieerzeugnisse; ausdrücklich ausgenommen sind Agrarprodukte. Bis 1977 Ausweitung des Freihandels mit Industrieerzeugnissen auf die Mitgliedstaaten der EG. 1992 schufen die Außenminister der EG- und der EFTA-Staaten durch Vertrag den Europäischen Wirtschaftsraum.
Organe: Im EFTA-Rat kommen Regierungsvertreter der Mitgliedstaaten zusammen. Seine Aufgabe besteht in der Überwachung der Anwendung und Durchführung des EFTA-Vertrages sowie in der Entscheidung von Streitfällen. Beschlüsse und Empfehlungen müssen zwar einstimmig gefasst werden, sind rechtlich jedoch nicht verbindlich. Die Hauptaufgabe des EFTA-Sekretariats liegt in der Beratung und Koordinierung der vom Rat gebildeten Spezialausschüsse.

EG → EU

ESA

European **S**pace **A**gency *(Europäische Weltraumagentur)*
Gründung: 1975 (aus den Organisationen ELDO [Organisation zur Entwicklung europäischer Trägerraketen] und ESRO [Europäische Organisation für Weltraumforschung] hervorgegangen)
Sitz: Paris
Mitglieder: 12 europäische Staaten
Aufgaben: Koordinierung, Durchführung und Unterstützung europäischer Projekte zur friedlichen Erforschung und Nutzung des Weltraums, Entwicklung und Bau von Satelliten bzw. Trägerraketen, Kooperation der europäischen Staaten in der Weltraumforschung und Raumfahrttechnologie. Außenzentren der ESA sind das European Space Research and Technology Centre (ESTEC, Europäisches Zentrum für Weltraumforschung und -technologie) in Noordwijk (Niederlande), das European Space Operations Centre (ESOC, Europäisches Operationszentrum für Weltraumforschung) in Darmstadt und das European Space Research Institute (ESRIN, Europäisches Institut für Weltraumforschung) in Frascati (Italien). Aktuelle Programme der ESA sind Ariane, Hubble-Weltraumteleskop und ISS.

EUREKA

European **Re**search **C**oordination **A**gency *(Europäische Behörde für Zusammenarbeit in der Forschung)*
Gründung: 1985
Sitz: Brüssel
Mitglieder: 25 europäische Staaten sowie die EU-Kommission
Aufgaben: Die Organisation soll die schon bestehenden Kooperationen von Unternehmen, Hochschulen und staatlichen Forschungseinrichtungen sowie der europäischen Institutionen intensivieren und beschleunigen unter Berücksichtigung folgender Kriterien: 1. Förderung ziviler Technik durch gemeinsame Forschungsprogramme, Ausbau gemeinsamer Normen und Infrastruktur; 2. grenzüberschreitende, anspruchsvolle Projekte (z.B. Rechnersysteme der künstlichen Intelligenz); 3. Vermeidung schwerfälliger Bürokratie, angemessene Industriebeteiligung bei marktnahen Projekten.

EU

Europäische **U**nion
Gründung: 1957 als wirtschaftliche, 1993 als politische Union
Sitz: Brüssel
Mitglieder: Belgien, Dänemark (seit 1973), Deutschland, Finnland (seit 1995), Frankreich, Griechenland (seit 1981), Großbritannien (seit 1973), Irland (seit 1973), Italien, Luxemburg, Niederlande, Österreich (seit 1995), Portugal (seit 1986), Schweden (seit 1995), Spanien (seit 1986)

Entwicklung: Mit der Unterzeichnung der Römischen Verträge (25.3.1957) wurde die EWG (Europäische Wirtschaftsgemeinschaft) gegründet. Aus dieser entstand 1967 durch die Vereinigung der 1952 gegründeten EGKS (Europäische Gemeinschaft für Kohle und Stahl; Montanunion) und der EURATOM (Europäische Atomgemeinschaft) die EG (Europäische Gemeinschaft). Mit In-Kraft-Treten des Maastrichter Vertrags am 1. 11. 1993 schlossen sich die Mitgliedstaaten der EG zur wirtschaftlichen und politischen Europäischen Union (EU) zusammen. Grundlagen der EU sind die um die EWWU (Europäische Wirtschafts- und Währungsunion) ergänzte EG, die gemeinsame Außen- und Sicherheitspolitik und die Zusammenarbeit der Mitgliedstaaten in den Bereichen Justiz und Inneres. Die beiden letztgenannten Bereiche machen die politische Union aus.

Aufgaben und Ziele: Förderung des sozialen und wirtschaftlichen Fortschritts durch einen Raum ohne Binnengrenzen und eine Wirtschafts- und Währungsunion; gemeinsame Außen- und Sicherheitspolitik der Mitgliedstaaten, zu der zu einem späteren Zeitpunkt auch eine gemeinsame Verteidigungspolitik gehören soll; Stärkung der Bürgerrechte der Angehörigen der Mitgliedstaaten durch Einführung einer Unionsbürgerschaft; Wahrung und Weiterentwicklung des bisher im Rahmen der EG Erreichten.

Zur Wahrung der Kontinuität und der Kohärenz der Maßnahmen der Union wurden die Zuständigkeiten der Organe der EG erweitert, sodass diese gleichzeitig Aufgaben der EU wahrnehmen (einheitlicher institutioneller Rahmen).

Organe: Oberstes Organ der EU ist der dreimal im Jahr zusammentretende Europäische Rat (ER), in dem sich 1974 die Regierungschefs der Mitgliedstaaten zusammengeschlossen haben, um Gemeinschaftsprobleme sowie Angelegenheiten der politischen Zusammenarbeit zu erörtern.

Die Legislative der EU, der EU-Ministerrat, setzt sich aus je einem Mitglied der einzelnen Regierungen zusammen. Zu seinen wesentlichen Aufgaben zählen die Repräsentation der EU nach außen und die Gesetzgebung zur Ergänzung des Gemeinschaftsrechts (Europarecht). Auf Vorschlag der EU-Kommission und teilweise nach Anhörung des Europäischen Parlaments erlässt der Rat die entscheidenden Verordnungen und Richtlinien. Ihm obliegt das Budgetrecht.

Die Europäische Kommission, die Exekutive, setzt sich aus 20 von den einzelnen Regierungen auf 5 Jahre ernannten Mitgliedern zusammen. Diese sind von ihren Regierungen unabhängig und dürfen keine Weisungen entgegennehmen. Sie haben das Initiativrecht für Vorschläge an den Ministerrat und tragen Sorge für Anwendung bzw. Durchführung der Verträge und Beschlüsse.

Das Europäische Parlament (EP, gegründet 1958) ist mit 626 Abgeordneten (2000) größtes Forum der politischen Meinungsbildung in Europa. Es wird seit 1979 für jeweils 5 Jahre direkt durch die Bürger der Mitgliedstaaten gewählt. Tagungsort des EP ist Straßburg, der Verwaltungssitz befindet sich in Luxemburg.

Europaflagge

Die 3 Säulen der Europäischen Union

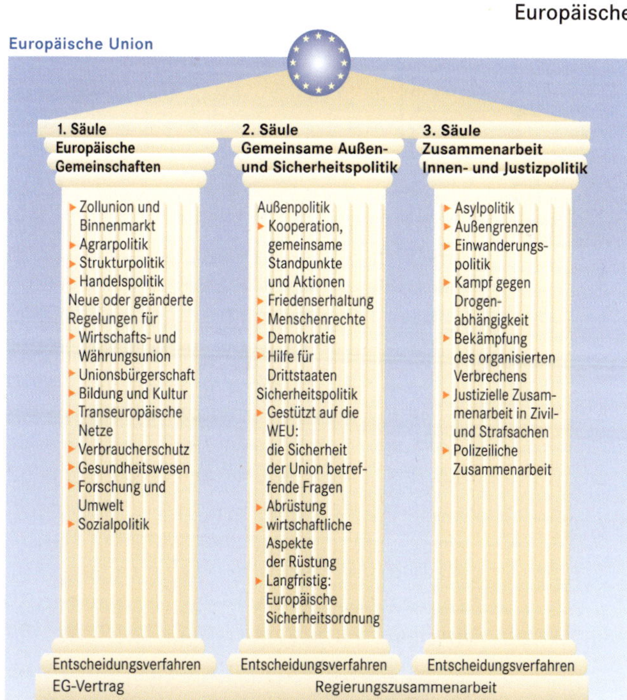

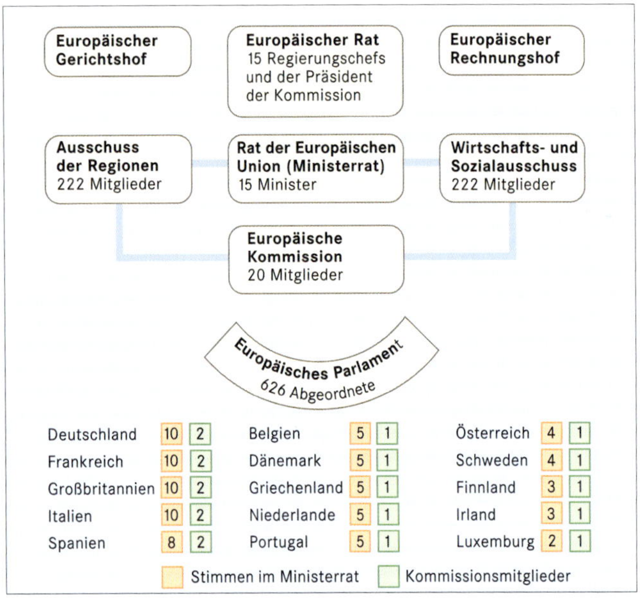

Das Zusammenspiel der Organe der Europäischen Gemeinschaften

Das EP verfügt bisher hauptsächlich über kontrollierende und beratende, kaum über legislative Befugnisse. Es hat das Recht, den eigenen Haushalt zu beschließen und – zusammen mit dem Ministerrat – den der EU. Außerdem hat es ein Anrecht auf schriftliche oder mündliche Antworten auf Fragen an die Kommission und den Ministerrat. Mit Zweidrittelmehrheit kann das Parlament den Rücktritt der EU-Kommission erzwingen.

Die Judikative verkörpert der Europäische Gerichtshof (EuGH, gegründet 1957) mit Sitz in Luxemburg. Der EuGH besteht aus 15 von den Regierungen der EU-Staaten in gegenseitigem Einverständnis auf 6 Jahre ernannten hauptamtlichen Richtern und 9 Generalanwälten. Der EuGH überwacht die Rechtmäßigkeit des Handelns von Rat und Kommission, fungiert als Verwaltungs- und Zivilgericht, ist zuständig für die Auslegung der Gründungsverträge und des aus ihnen abgeleiteten Gemeinschaftsrechts.

Für den Europäischen Rechnungshof (EuRH, gegründet 1975) mit Sitz in Luxemburg werden vom Rat nach Anhörung des Parlaments 15 Mitglieder auf 6 Jahre ernannt. Der EuRH übt die Kontrolle über die Einnahmen und Ausgaben der EU aus.

Europarat

Europarat

Gründung: 1949
Sitz: Straßburg
Mitglieder: 41 europäische Staaten, darunter auch Georgien, Türkei und Zypern. Gaststatus haben Armenien, Aserbaidschan, Bosnien und Herzegowina sowie Weißrussland (seit 1997 suspendiert).
Aufgaben: Schutz und Förderung gemeinsamer Ideale und Grundsätze sowie Förderung wirtschaftlichen und sozialen Fortschritts in den Mitgliedstaaten. Dies soll erreicht werden durch gemeinsame Beratungen, Abkommen (bisher wichtigstes: EMRK, Europäische Menschenrechtskonvention) und gemeinsames Vorgehen auf wirtschaftlichem, sozialem, kulturellem und wissenschaftlichem Gebiet sowie auf Gebieten des Rechts und der Verwaltung wie auch durch die Garantie und die Fortentwicklung der Menschenrechte und Grundfreiheiten.
Organe: Die im Ministerkomitee versammelten Außenminister aller Mitgliedstaaten verfügen über die oberste Entscheidungsgewalt. In die Beratende Versammlung werden von den nationalen Parlamenten jeweils 2 bis 18 Abgeordnete entsprechend der Größe der einzelnen Staaten entsandt. Sie beraten über alle Fragen, für die der Europarat zuständig ist, und geben ihre Beschlüsse in Form von Empfehlungen an das Ministerkomitee weiter. Im Generalsekretariat wird die laufende Verwaltungs- und Sekretariatsarbeit erledigt. Angesichts der zunehmenden Spezialisierung auf zahlreiche Fragenkomplexe werden vom Europarat periodisch Fachministerkonferenzen einberufen. Dem Europarat angeschlossen sind spezifische Organisationen, darunter die Europäische Menschenrechtskommission und der Europäische Gerichtshof für Menschenrechte.

Europol

Gründung: 1998
Sitz: Den Haag
Mitglieder: die 15 EU-Staaten

Aufgaben: Das Europäische Polizeiamt Europol soll die Zusammenarbeit der nationalen Polizeibehörden bei Verhütung und Bekämpfung schwerwiegender Fälle von grenzüberschreitender Kriminalität in den Staaten der Europäischen Union verbessern.

EWG → EU

GUS

Gemeinschaft **U**nabhängiger **S**taaten
Gründung: 1991
Sitz: Minsk (Weißrussland)
Mitglieder: die ehemaligen Sowjetrepubliken Armenien, Aserbaidschan, Georgien, Kasachstan, Kirgisien, Moldawien, Russland, Tadschikistan, Turkmenistan, Ukraine, Usbekistan, Weißrussland
Ziele: Zusammenarbeit in Militärpolitik, Abrüstung und Friedenssicherung; Schaffung eines gemeinsamen europäisch-asiatischen Wirtschaftsraums; Koordinierung der Außenpolitik.

IAEA

International **A**tomic **E**nergy **A**gency *(Internationale Atomenergie-Agentur)*
Gründung: 1991
Sitz: Wien
Mitglieder: 124 Staaten
Aufgaben: Als Sonderorganisation der UN ist die IAEA weltweit für die Kontrolle kerntechnischer Anlagen und der Einhaltung des Atomwaffensperrvertrags zuständig.

IMF

International **M**onetary **F**und *(Internationaler Währungsfonds, IWF)*
Gründung: 1944
Sitz: Washington (D. C.)
Mitglieder: 182 Staaten
Ziele: Förderung der internationalen Zusammenarbeit in der Währungspolitik, eines ausgewogenen Wirtschaftswachstums sowie eines hohen Beschäftigungsgrades; Sicherung geordneter Währungsbeziehungen; Schaffung eines multilateralen Zahlungssystems und Beseitigung von Beschränkungen im Devisenverkehr; Kreditgewährung zum Zahlungsbilanzausgleich.
Organe: Oberstes Gremium ist der Gouverneursrat (je Mitgliedsland ein Vertreter), aus dem der Interimsausschuss gebildet wird. Die laufenden Geschäfte führt das Exekutivdirektorium (24 Mitglieder). Jedem IWF-Mitglied ist eine Quote zugewiesen, nach der sich sein Anteil am Fonds (Subskription), sein Stimmrecht, die Höhe seiner ständigen Bareinlagen, seine Verpflichtung zur Kreditgewährung an andere Mitglieder und die Grenze seiner Inanspruchnahme des Fonds (Ziehungsrechte) bemessen.

Mercosur

Mercado **Co**mún del Cono **Sur** *(Gemeinsamer Südamerikanischer Markt)*
Gründung: 1990
Sitz: Montevideo (Uruguay)
Mitglieder: Argentinien, Brasilien, Paraguay, Uruguay
Ziele: Schaffung freien Waren- und Dienstleistungsverkehrs zwischen den Mitgliedstaaten (seit 1995) sowie eines gemeinsamen Außenzollsystems.

Montanunion → EU

NAFTA

North **A**merican **F**ree **T**rade **A**greement *(Nordamerikanisches Freihandelsabkommen)*
Gründung: 1994
Mitglieder: Kanada, Mexiko, USA
Ziele: Die NAFTA ersetzt das amerikanisch-kanadische Freihandelsabkommen von 1988

(Free-Trade Agreement, FTA). Durch die Abschaffung von Handelshemmnissen für Waren und Dienstleistungen (Zölle, Quoten, Einfuhrlizenzen) soll die Freihandelszone für Güter und Dienstleistungen sowie den Kapitalverkehr innerhalb von 15 Jahren verwirklicht werden. Das Abkommen sieht ferner eine Liberalisierung der Dienstleistungsmärkte, die Erleichterung von Investitionen, einheitliche Regelungen zum Schutz des geistigen Eigentums und ein gegenseitiges Mitspracherecht bei der Formulierung von Normen und technischen Vorschriften vor.

NATO

NATO

North **A**tlantic **T**reaty **O**rganization *(Nordatlantikpakt)*
Gründung: 1949
Sitz des Generalsekretariats: Brüssel
Mitglieder: Belgien, Deutschland (1955), Dänemark, Frankreich (1966 aus dem militärischen Bereich ausgeschieden), Griechenland (1952–74, 1980 wieder eingetreten), Großbritannien, Island, Italien, Kanada, Luxemburg, Niederlande, Norwegen, Polen (1999), Portugal, Spanien (1982), Tschechische Republik (1999), Türkei (1952), Ungarn (1999), USA
Aufgaben: Der Beistandspakt zur gemeinsamen Verteidigung wurde vor dem Hintergrund des nach 1945 verschärften Ost-West-Konflikts als Gegengewicht zu der als Bedrohung empfundenen Präsenz der UdSSR in Europa geschlossen. Als Bündnisfall gilt jeder bewaffnete Fremdangriff gegen einen Mitgliedstaat. Mit welchen Mitteln es seiner Beistandspflicht nachkommt, entscheidet jedes Land selbst. Die Verteidigungskonzeption der NATO stützt sich auf das atomare Abschreckungspotenzial und die militärische Präsenz der USA in Europa.
Organe: Oberstes Organ der politischen Organisation ist der Ständige Rat (NATO-Rat), in dem Vertreter aller Mitgliedsländer unter Vorsitz des Generalsekretärs auf Botschafterebene (wöchentliche Tagungen) oder als Ministertreffen (zweimal im Jahr) politische Entscheidungen der Allianz treffen. Oberste militärische Instanz ist der Militärausschuss, in dem die Stabschefs der an der militärischen Struktur beteiligten Länder zusammenkommen. Er berät den Rat in militärischen und strategischen Fragen. Ihm untersteht der Internationale Militärstab (IMS). An der Spitze der drei Kommandobereiche Europa, Atlantik, Ärmelkanal steht je ein alliierter Oberbefehlshaber. Die Streitkräfte der Mitgliedstaaten unterstehen teils der NATO, teils sind sie für sie vorgesehen, teils bleiben sie unter nationalem Oberbefehl. Von den Streitkräften der Bundeswehr sind die Verbände der Luftraumüberwachung und -verteidigung auch in Friedenszeiten voll der NATO unterstellt; Feldheer und Seestreitkräfte unterstehen erst im Verteidigungsfall der operativen Führung der NATO.

Nordischer Rat

Gründung: 1952
Mitglieder: Dänemark, Finnland (1955), Island (1952), Norwegen, Schweden
Aufgaben: Der Nordische Rat kann bei gemeinsamen Problemen unverbindliche Empfehlungen an die Regierungen aussprechen, die nur verpflichtet sind, den Rat über entsprechende Maßnahmen zu informieren. Die Mitgliedstaaten sind paritätisch durch jeweils 18 Repräsentanten (Island mit 6) ihrer Parlamente im Nordischen Rat vertreten. Die Außenminister der Mitgliedsländer koordinieren in der Regel ihre Positionen in wichtigen weltpolitischen Fragen. Nachdem Dänemark bereits 1973 Mitglied der EG geworden war, verlor der Nordische Rat 1995 mit dem Beitritt Finnlands und Schwedens zur EU stark an Bedeutung.

Organisation amerikanischer Staaten

OAS

Organization of **A**merican **S**tates *(Organisation amerikanischer Staaten)*
Gründung: 1948
Sitz des Generalsekretariats: Washington (D. C.)

Mitglieder: alle unabhängigen amerikanischen Staaten; die Mitarbeit Kubas ist auf Antrag der USA seit 1962 suspendiert.
Ziele: Bekräftigung der Prinzipien der inneramerikanischen Solidarität, der Gleichberechtigung und der Nichteinmischung; Zusammenarbeit im wirtschaftlichen, sozialen und kulturellen Bereich sowie Schlichtung aller Streitigkeiten zwischen den amerikanischen Staaten und gemeinsame Abwehr aller Angriffe auf eines der Mitgliedsländer.

OAU

Organization of **A**frican **U**nity *(Organisation für Afrikanische Einheit)*
Gründung: 1963
Sitz: Addis Abeba
Mitglieder: die 53 unabhängigen afrikanischen Staaten
Ziele: Die OAU gab sich ein vages Programm der Selbsthilfe. Sie fördert die Solidarität unter den afrikanischen Staaten, die Entkolonisation in Afrika und die Beseitigung der Herrschaft weißer Minderheiten sowie die Zusammenarbeit in Wirtschaft, Kultur und Wissenschaft.

OECD

Organization for **E**conomic **C**ooperation and **D**evelopment *(Organisation für wirtschaftlichen Zusammenarbeit und Entwicklung)*
Gründung: 1961
Sitz: Paris
Mitglieder: die 15 EU-Staaten und Australien, Island, Japan, Kanada, Republik Korea, Mexiko, Neuseeland, Norwegen, Polen, Schweiz, Tschechische Republik, Türkei, Ungarn, USA
Ziele: Die OECD als Nachfolgeorganisation der 1948 als europäische Wirtschaftsorganisation gegründeten OEEC (Organization for European Economic Cooperation) koordiniert die Wirtschaftspolitik der Mitgliedstaaten und ist insbesondere auf dem Gebiet der Entwicklungshilfe tätig.

OPEC

Organization of the **P**etroleum **E**xporting **C**ountries *(Organisation der Erdöl exportierenden Länder)*
Gründung: 1960
Sitz: Wien
Mitglieder: Algerien, Indonesien, Irak, Iran, Katar, Kuwait, Libyen, Nigeria, Saudi-Arabien, Venezuela, Vereinigte Arabische Emirate. Gabun war von 1975–96, Ecuador von 1973–92 Mitglied.
Ziele: Zunächst als Schutzorganisation zur Erhaltung eines kontinuierlichen Erlöses aus dem Export von Rohöl gegen das kartellartige Verhalten der Ölkonzerne gegründet, wurde die OPEC seit 1973 zu einem Erzeugerkartell infolge der Ablösung des Überangebots an Öl durch eine Übernachfrage. Die OPEC bestimmte nun Abgabepreise, Steuern, Abgabemengen und Konzessionen. Nach mehrfachem Wechsel zwischen »gespaltenem« Preis und gemeinsamem Preis, bedingt durch Kontroversen in der Preispolitik, einigten sich die Mitgliedsländer 1980 nach langwierigen Verhandlungen darauf, künftig einen Richtpreis festzusetzen mit nach oben begrenztem Zuschlag. Aufgrund des Rückgangs der Einnahmen aus dem Erdölexport beschloss die OPEC 1999 eine starke Drosselung der Förderung mit dem Ziel, den zuletzt auf 12,40 Dollar pro Fass gesunkenen Ölpreis auf 21 Dollar pro Fass zu erhöhen.

Ostseerat

Gründung: 1992
Mitglieder: Dänemark, Deutschland, Estland, Finnland, Lettland, Litauen, Norwegen, Polen, Russland, Schweden sowie die EU-Kommission
Aufgaben: Als Kooperations- und Beratungsgremium der Ostseeanrainerstaaten soll der Ostseerat die Unterstützung der westlichen Ostseestaaten für die marktwirtschaftliche Umstrukturierung in Polen, Russland und den drei baltischen Republiken koordinieren. Da-

rüber hinaus ist eine Zusammenarbeit in den Bereichen Umweltschutz, Verkehr, Bildungswesen und Tourismus geplant. Hauptorgan ist die jährliche Konferenz der Repräsentanten der Mitgliedsländer.

OSZE

Organisation für **S**icherheit und **Z**usammenarbeit in **E**uropa *(englisch: Organization for Security and Cooperation in Europe, OSCE)*
Gründung: 1995
Sitz: Wien
Mitglieder: 55 Staaten (alle europäischen Staaten, die asiatischen Nachfolgerepubliken der Sowjetunion sowie Kanada und die USA); die Mitgliedschaft der Bundesrepublik Jugoslawien ist seit 1992 suspendiert.
Ziele: Die aus der 1975 gegründeten KSZE hervorgegangene OSZE versteht sich als Hauptinstrument zur Frühwarnung, Konfliktverhütung und Krisenbewältigung sowie der friedlichen Einmischung in regionale Konflikte in Europa. Entscheidungsfindung und Beschlussfassung beruhen auf dem Einstimmigkeitsprinzip. Beschlüsse, Verpflichtungen und Vereinbarungen sind für die Teilnehmerstaaten nur politisch und nicht völkerrechtlich bindend.
Organe: In einem zweijährigen Turnus finden Gipfeltreffen der Staats- und Regierungschefs statt; die Außenminister der OSZE-Staaten kommen zu einem jährlichen Treffen im »Ministerrat« zusammen. Mindestens dreimal jährlich treffen sich die politischen Direktoren der Teilnehmerstaaten in Prag als »Hoher Rat« und einmal versammeln sie sich zu einem Wirtschaftsforum. In Wien tagt wöchentlich der »Ständige Rat« für politische Konsultationen sowie das »Forum für Sicherheitskooperation«, die »Gemeinsame Beratungsgruppe« zur Implementierung des KSE-Vertrages und die »Beratungskommission Offener Himmel« zur Umsetzung des Vertrages Open Skies. Die »Parlamentarische Versammlung« tritt jährlich zusammen, um OSZE-relevante Fragen zu erörtern.

SEATO

South **E**ast **A**sia **T**reaty **O**rganization *(Südostasienpakt)*
Gründung: 1954
Sitz: Bangkok
Mitglieder: Australien, Frankreich (bis 1974), Großbritannien, Neuseeland, Pakistan (bis 1972), Philippinen (bis 1975), Thailand (bis 1975), USA
Ziele: Die SEATO hatte sich die gemeinsame Verteidigung der Mitgliedsländer im Falle eines Angriffs zur Aufgabe gesetzt, wobei durch ein Zusatzprotokoll auch Kambodscha, Laos, Südvietnam als zu verteidigende Interessengebiete galten. Außerdem sollten ständige Konsultationen und eine wirtschaftlich-technische Kooperation stattfinden. Die SEATO sollte den bereits mit dem ANZUS-Pakt, dem Bagdadpakt (vgl. CENTO) und der NATO aufgebauten (antikommunistischen) militärischen Gürtel vervollständigen. 1977 wurde der 1975 gefasste Beschluss zur Auflösung der Organisation vollzogen.

UN

United **N**ations *(Vereinte Nationen)*
Gründung: 1945
Sitz: New York
Mitglieder: 185 Staaten, d.h. alle Staaten der Erde außer Kiribati, Nauru, Schweiz, Taiwan, Tonga, Tuvalu, Vatikanstadt und Westsahara (DARS); die Mitgliedschaft der Bundesrepublik Jugoslawien wurde 1992 suspendiert.
Aufgaben: Hauptziele der UN sind die Erhaltung des Weltfriedens und der internationalen Sicherheit, die friedliche Schlichtung aller Streitigkeiten, die freundschaftliche Zusammenarbeit der Mitglieder sowie der Schutz der Menschenrechte und Grundfreiheiten. Die UN bekennt sich zu den Grundsätzen Gleichheit der Staaten, Vertragstreue, Verzicht auf Gewaltanwendung in internationalen Beziehungen sowie Selbstbestimmungsrecht der Völker. Die Mitglieder sind verpflichtet, die Ziele der UN sowie die von ihnen angeordneten

Zwangsmaßnahmen zu unterstützen. In die ihrem Wesen nach zur innerstaatlichen Zuständigkeit gehörenden Fragen eines Mitgliedstaates darf die UN nicht eingreifen.
Besondere Aufmerksamkeit widmet die UN dem Schutz der Menschenrechte, so u. a. durch die Menschenrechtskommission, den Hohen Kommissar der UN für Menschenrechte sowie das Menschenrechtszentrum. Ferner tritt die UN für die Fortentwicklung des Völkerrechts, für die Lage der Flüchtlinge und die Verfolgung von Kriegsverbrechen (Kriegsverbrechertribunal) ein. Die erforderlichen Maßnahmen zur Friedenssicherung und Konfliktverhütung, besonders nach dem Ende des Kalten Krieges, haben die UN jedoch vor neue vielfältige Aufgaben gestellt. Um den Anforderungen der internationalen Gemeinschaft besser gerecht werden zu können und den Herausforderungen des neuen Jahrhunderts wirksamer und effizienter zu begegnen, schlug Generalsekretär Annan 1997 ein Reformprogramm zur Erneuerung der UN vor.
Organe (Auswahl): Die Hauptorgane der UN sind die Generalversammlung, der Sicherheitsrat, das Sekretariat, der Wirtschafts- und Sozialrat, der Treuhandrat und der Internationale Gerichtshof.
In der **Generalversammlung** treten sämtliche Mitglieder der UN mindestens einmal im Jahr zusammen; sie wählt für jede Tagung ihren Präsidenten. Jedes Land hat eine Delegation von höchstens fünf Mitgliedern, jedoch nur eine Stimme. Die Generalversammlung kann über alle Gegenstände beraten, die durch die Charta erfasst werden, und über alle Fragen verhandeln, die Zuständigkeit und Funktionen anderer UN-Organe betreffen. Sie kann auch jede Angelegenheit im Bereich der Zuständigkeit des Sicherheitsrats erörtern, die die internationale Sicherheit oder die Aufrechterhaltung des Friedens betrifft. Abstimmungen in »wichtigen Fragen« (z.B. Empfehlungen zur Aufrechterhaltung von Frieden und Sicherheit, Wahl der nichtständigen Mitglieder des Sicherheitsrates, Aufnahme oder Ausschluss von Mitgliedern) bedürfen der Zweidrittelmehrheit der Anwesenden; in anderen Fragen genügt einfache Mehrheit. Beschlüsse, die nach außen gerichtet sind, haben den Charakter von Empfehlungen.
Der **Sicherheitsrat** trägt die Hauptverantwortung für die Einleitung und Durchführung von »friedlichen« Verfahren, mit denen internationale Streitigkeiten beigelegt werden sollen. Im Rahmen der Charta sind die Mitglieder seinen Entscheidungen unterworfen. Dem Rat gehören fünf ständige Mitglieder (USA, Russland, Großbritannien, Frankreich und die VR China) und zehn nichtständige Mitglieder an, die im zweijährigen Wechsel unter Berücksichtigung einer angemessenen geographischen Verteilung von der Generalversammlung gewählt werden. Die ständigen Mitglieder haben die Möglichkeit, von einem Veto Gebrauch zu machen, mit dem jedes einzelne von ihnen eine Entscheidung des Rates blockieren kann. Nur in Fällen der Friedensgefährdung oder einer bereits eingetretenen Verletzung der Friedenspflicht durch Friedensbruch oder Aggression hat der Sicherheitsrat eine zwingende Anordnungsbefugnis (z.B. Sanktionen oder militärische Zwangsmaßnahmen), ansonsten gibt auch er nur Empfehlungen ab. Die von der Charta vorgesehene ständige internationale Streitmacht, die in Fällen des Friedensbruchs vom Sicherheitsrat eingesetzt werden kann, konnte bisher nicht bereitgestellt werden; daher kann die UN zur Friedenssicherung oder -erhaltung nur militärisch eingreifen oder Beobachter entsenden, wenn einzelne Mitglieder Truppeneinheiten (»Blauhelme«; UN-Friedenstruppe) oder zivile Kommissionen freiwillig zur Verfügung stellen. Das **Sekretariat** ist das Verwaltungsorgan der UN. Es steht unter der Leitung des Generalsekretärs, des höchsten Verwaltungsbeamten der UN, der auf Empfehlung des Sicherheitsrats von der Generalversammlung für fünf Jahre gewählt wird (Wiederwahl ist möglich). Der Generalsekretär kann Fälle der Friedensbedrohung vor den Sicherheitsrat bringen, fasst im Rahmen seiner Zuständigkeit Beschlüsse im eigenen Ermessen und hat eigene diplomatische Handlungsmöglichkeiten.

UN-Signet

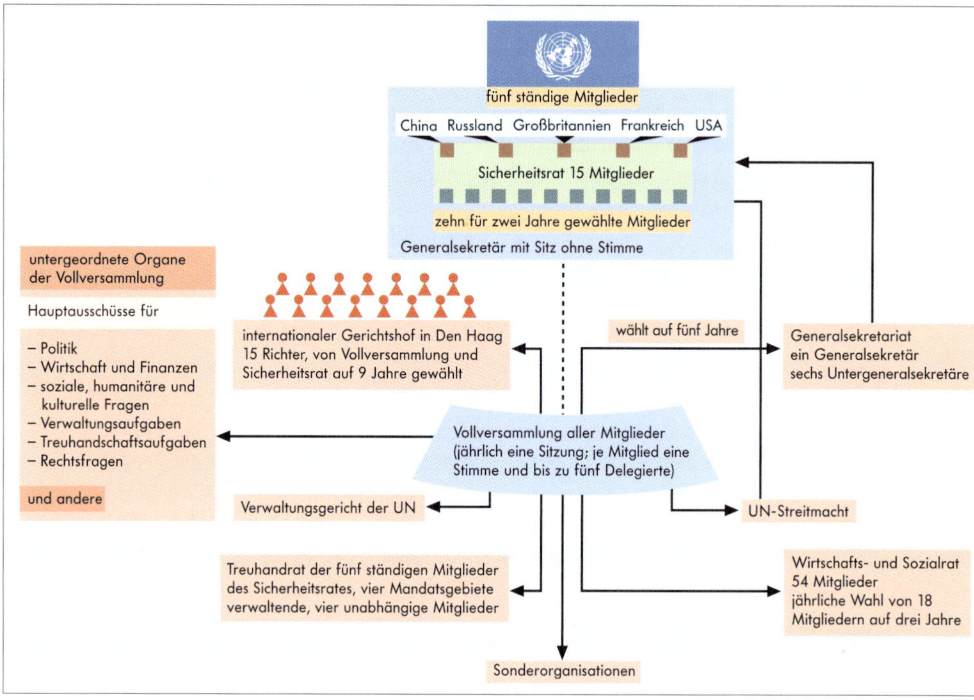

Organisationsschema der UN

Der **Wirtschafts- und Sozialrat** (Economic and Social Council, ECOSOC) soll den wirtschaftlichen und sozialen Fortschritt sowie die umfassende friedliche Zusammenarbeit der Staaten auf allen Gebieten fördern und den Menschenrechten zur Geltung verhelfen. Er ist gegenüber der Generalversammlung verantwortlich, die auch seine 54 Mitglieder wählt (jährlich werden 18 Mitglieder für drei Jahre gewählt). Der Rat kann zu speziellen Problemen Studien anfertigen lassen, allgemeine Empfehlungen geben, internationale Abkommen entwerfen und Staatenkonferenzen einberufen.

Generalsekretäre der UN

Trygve Halvdan Lie (Norwegen)	1946–52
Dag Hammarskjöld (Schweden)	1953–61
Sithu U Thant (Birma)	1961–71
Kurt Waldheim (Österreich)	1972–81
Javier Pérez de Cuéllar (Peru)	1982–91
Boutros Boutros Ghali (Ägypten)	1992–96
Kofi Annan (Ghana)	seit 1997

Der **Treuhandrat** (Trusteeship Council) hat als verantwortliches Organ für das Treuhandsystem und die Gebiete ohne Selbstregierung (Mandatsgebiete) nach der Unabhängigkeit des letzten Treuhandgebietes (Palau) 1994 seine Tätigkeit suspendiert.

Dem **Internationalen Gerichtshof** in Den Haag, Nachfolgeorgan des Ständigen Internationalen Gerichtshofs des Völkerbundes, gehören 15 von der Generalversammlung und vom Sicherheitsrat auf jeweils neun Jahre gewählte Richter an. Der Gerichtshof kann nur von Staaten angerufen werden.

Spezialorgane der UN sind u. a. das Kinderhilfswerk UNICEF, der Hohe Flüchtlingskommissar (UNHCR), die Welthandelskonferenz (UNCTAD), die Organisation für industrielle Entwicklung (UNIDO), das Entwicklungsprogramm UNDP und das Umweltprogramm UNEP.

Die **Sonderorganisationen** sind eigenständige internationale, mit Organen der UN durch Abkommen und Koordinierungsorgane verbundene Organisationen. Zu diesen zählen u. a. die Organisation für Bildung, Wissenschaft, Kultur und Kommunikation (UNESCO), die Internationale Arbeitsorganisation (ILO), die Ernährungs- und Landwirtschaftsorganisation (FAO), die Weltgesundheitsorganisation (→WHO), der Internationale Währungsfonds (→IMF), die →Weltbank, der Weltpostverein, die Internationale Fernmelde-Union (IFO). Mitglieder von Sonderorganisationen können auch Länder sein, die nicht Mitglied der UN sind. Die Internationale Atomenergie-Behörde (→IAEA) und die Welthandelsorganisation (→WTO) sind autonome Organisationen innerhalb des UN-Verbandes.

Warschauer Pakt

Gründung: 1955
Sitz: Moskau
Mitglieder: Albanien (bis 1968), Bulgarien, CSSR, DDR, Polen, Rumänien, UdSSR, Ungarn; als Beobachter: Mongolische VR
Aufgaben: Das Militärbündnis bestand aus dem »Vertrag über Freundschaft, Zusammenarbeit und gegenseitigen Beistand« (Warschauer Vertrag). Der Vertrag verpflichtete zu Konsultationen in allen wichtigen Fragen der internationalen Politik, v. a. bei Gefahr für die Sicherheit eines der Vertragspartner, zu gegenseitigem militärischem Beistand bei einem bewaffneten Überfall in Europa auf einen oder mehrere Teilnehmerstaaten sowie zur Unterstellung der Streitkräfte unter ein Vereintes Kommando.
Organe: Politisches Führungsorgan war der Politische Beratende Ausschuss, in dem jeder Teilnehmerstaat vertreten war. Das Vereinigte Sekretariat und die Ständige Kommission fungierten als Hilfsorgane. Sie arbeiteten Empfehlungen in außenpolitischen Fragen aus. Militärisches Führungsorgan war das Vereinte Oberkommando der Streitkräfte unter dem Oberbefehl eines sowjetischen Offiziers. Ihm standen seine Stellvertreter und der aus Vertretern der einzelnen nationalen Generalstäbe gebildete Stab der Vereinten Streitkräfte zur Seite. Nach den politischen Umwälzungen in Mittel-, Ost- und Südosteuropa 1989/90 beschlossen die Mitgliedstaaten, die Militärstruktur des Warschauer Pakts und damit die gegenseitige militärische Beistandsverpflichtung zum 1. 4. 1991 aufzulösen.

Weltbank

(amtlich: Internationale Bank für Wiederaufbau und Entwicklung)
Gründung: 1945
Sitz: Washington (D. C.)
Mitglieder: 181 Staaten
Tätigkeit: Die Weltbank als eine Sonderorganisation der UN vergibt neben projektgebundenen Krediten Programm- und Strukturanpassungskredite. Seit den 1970er-Jahren fördert die Weltbank zunehmend Maßnahmen der ländlichen Entwicklung und der Grundbedürfnisstrategie (»armutsorientierte Strategie«) unter Einbeziehung umweltpolitischer Aspekte. Ein neuerer Schwerpunkt ist die Unterstützung des Transformationsprozesses in den früher kommunistischen Ländern. Die Darlehen (meist 15–20 Jahre) werden zu den an internationalen Finanzmärkten üblichen Zinsen vergeben. Die Weltbank finanziert sich v. a. durch Ausgabe von Schuldverschreibungen, ihre Gewinne sowie durch Einzahlungen der Mitgliedsländer auf ihr gezeichnetes Kapital.
Organe: Jedes Mitgliedsland entsendet einen Gouverneur in das oberste Gremium der Weltbank (Gouverneursrat). Die Geschäfte führt das Exekutivdirektorium, dem 24 Mitglieder angehören (fünf Direktoren werden von den fünf Mitgliedstaaten mit den höchsten Kapitalanteilen ernannt). Der Präsident der Weltbank wird vom Exekutivdirektorium für fünf Jahre gewählt. Die Mitglieder der jeweiligen Organe sind in Personalunion für alle vier Organisationen der Weltbankgruppe tätig. Das Stimmrecht der Mitgliedsländer entspricht ihrem Anteil am Weltbankkapital. Zur Weltbankgruppe gehören neben der Weltbank die Internationale Entwicklungsorganisation (IDA), die Internationale Finanz-Corporation (IFC), die Multilaterale Investitions-Garantie-Agentur (MIGA) und das Internationale Zentrum zur Beilegung von Investitionsstreitigkeiten (ICSID).

WEU

West**e**uropäische **U**nion
Gründung: 1954
Sitz: Brüssel
Mitglieder: Vollmitglieder sind 10 Staaten, die NATO- und EU-Mitglieder sind; assoziierte Mitglieder sind 6 NATO-Staaten, die nicht der EU angehören; assoziierte Partner sind 7 mittel- und osteuropäische Staaten; Beobachterstatus haben die 5 EU-Mitglieder, die nicht Vollmitglieder sind.
Aufgaben und Ziele: Alle Vollmitglieder sind im Falle eines bewaffneten Angriffs gegen ein Mitglied zu bedingungslosem Beistand verpflichtet. Daneben versteht sich die WEU als verteidigungspolitische Komponente der Europäischen Union im Rahmen der Gemeinsamen Außen- und Sicherheitspolitik (GASP), als Instrument zur Schaffung eines gemeinsamen europäischen Sicherheitsraumes sowie als europäischer Pfeiler der NATO. Seit 1992 konzentrieren sich die Aufgaben der WEU auf humanitäre Hilfe, Rettungseinsätze, friedenserhaltende Maßnahmen sowie auf Kampfeinsätze zur Krisenbewältigung einschließlich der Herbeiführung des Friedens.
Organe: Oberstes Entscheidungsgremium ist der Rat, der sich zum einen aus den in der Regel zweimal jährlich tagenden Außen- und Verteidigungsministern (Ministerrat) und zum anderen auf Botschafterebene zur Überwachung der laufenden WEU-Aktivitäten aus dem Ständigen Rat zusammensetzt. Daneben existieren auch noch verschiedene Arbeitsgruppen. Das Generalsekretariat unterstützt administrativ die Arbeit des Rates und stellt die Verbindung zwischen den einzelnen WEU-Organen sicher; es wird geleitet von einem Generalsekretär, der die WEU nach außen vertritt und die Ratssitzungen leitet. Die zweimal jährlich beziehungsweise ganzjährig in Ausschüssen tagende Parlamentarische Versammlung, die sich aus Vertretern der nationalen Parlamente zusammensetzt, erörtert hauptsächlich sicherheits- und verteidigungspolitische Fragen und kann an den Rat Empfehlungen richten.

WHO

World **H**ealth **O**rganization *(Weltgesundheitsorganisation)*
Gründung: 1948
Sitz: Genf
Mitglieder: 191 Staaten
Aufgaben: Die Hauptaufgaben der WHO als Sonderorganisation der UN sind die Verbesserung der Gesundheitsvorsorge im Allgemeinen sowie (v.a. in den Entwicklungsländern) die Organisation der Gesundheitsdienste, die Ausbildung von Ärzten und medizinischem Personal, die Verbesserung der Wasserversorgung und die Bekämpfung von Seuchen und Epidemien.

WTO

World **T**rade **O**rganization *(Welthandelsorganisation)*
Gründung: 1995
Sitz: Genf
Mitglieder: 134 Staaten und die EU-Kommission; weitere Staaten, darunter China und Russland, haben Beobachterstatus.
Ziele: Die WTO, eine Sonderorganisation der UN, ist die Nachfolgerin des 1947 gegründeten Allgemeinen Zoll- und Handelsabkommens GATT und bildet einen umfassenden vertraglichen und institutionellen Rahmen für die Stärkung der globalen wirtschaftlichen Kooperation, die Gestaltung der weltweiten Handelsbeziehungen und die Überwachung des Welthandels.
Organe: Oberstes Organ ist die Ministerkonferenz; zwischen den Tagungen übernimmt der Allgemeine Rat deren Funktion. Diesem sind das Streitschlichtungsorgan und das Organ für den handelspolitischen Überprüfungsmechanismus zugeordnet. Weiterhin besteht ein Sekretariat, das ein von der Ministerkonferenz ernannter Generalsekretär leitet. Als Ausschüsse der Ministerkonferenz bzw. des Allgemeinen Rats arbeiten der Ausschuss für Handel und Entwicklung, der Haushaltsausschuss und der Ausschuss für Finanzen und Verwaltung.

Religionen und Götter

Gottesfurcht und Mythos

Das Bedürfnis nach Religion ist so alt wie die Menschheit selbst. Schon die Steinzeitmenschen verehrten in der Natur wirksame Kräfte in Fruchtbarkeitskulten und anderen kultisch-magischen Handlungen. Bis heute haben sich neben den großen Weltreligionen Tausende religiöser Bewegungen entwickelt. Allen Religionen gemeinsam ist der Bezug auf eine transzendente Macht, die rational nicht begreifbar und auch nicht verfügbar ist. Je nach Art der Religion wird diese Macht als ein Gott, mehrere Götter, als Naturkräfte oder als eine Art Weltgesetz definiert. Die Religion gibt dem Menschen Antworten auf die Fragen nach den letzten Dingen und hilft ihm bei der Lebensbewältigung, sie prägt die Kultur und die Wertvorstellungen einer Gesellschaft und bestimmt durch ihre Feste und Rituale den Alltag.

Die großen Religionen

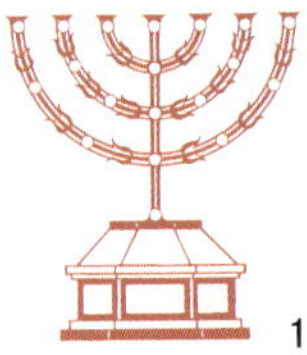
1

2

3

4

5

1 Judenturm: Siebenarmiger Leuchter
2 Christentum: Lamm Gottes
3 Islam: Glaubensbekenntnis
4 Hinduismus: Aum- oder Om-zeichen
5 Buddhismus: Rad des Gesetzes

Judentum

Das Judentum ist die älteste monotheistische Religion. Ihre Grundlage ist das Bekenntnis zu dem einen Gott (Jahwe), der seinen Willen für die Menschen verbindlich in der Thora (»Gesetz«) offenbart hat. Nach jüdischem Glauben hat Gott in Abraham das Volk Israel dazu auserwählt, den Glauben an den einen Gott in der Welt zu bekennen. Am Ende der Zeiten wird der aus dem Geschlecht Davids stammende Messias das Reich Gottes als Reich des Friedens für die Juden und die »Gerechten« aus allen Völkern errichten.

Die christlichen Kirchen

Kennzeichnend für die katholische Kirche sind der Papst als höchste und unfehlbare Autorität in Glaubens- und Sittenfragen sowie die Auffassung, dass die Heilige Schrift nur in der Tradition der Kirche authentisch ausgelegt werden kann. Die orthodoxen Kirchen (Ostkirchen) lehnen vor allem die Autorität des Papstes ab und haben – wie die orientalischen Nationalkirchen (syrische, armenische, koptische Kirche) – eine eigene liturgische Tradition ausgebildet. Die evangelischen Kirchen, die aus den Reformbestrebungen von Luther, Zwingli und Calvin hervorgegangen sind, lehnen ebenfalls die Autorität des Papstes ab und anerkennen als alleinige Offenbarungsquelle nur die Bibel. Die anglikanische Kirche (Church of England) entstand 1534 durch den Bruch König Heinrichs VIII. mit Rom aus persönlichen und politischen Gründen, nicht aufgrund dogmatischer Differenzen.

Das Judentum kennt weder eine verbindliche Dogmatik noch eine oberste Instanz in Glaubensfragen noch Sakramente. Die Gemeinden sind weitgehend autonom. In ihnen ist der Rabbiner Lehrer, Prediger und religionsgesetzliche Autorität. Zentrum der Gemeinde ist die Synagoge, in der der gemeinsame Gottesdienst dreimal täglich stattfindet. Daneben bestimmen u.a. die Heiligung des Sabbats und besondere Fasten-, Reinheits- und Speisegesetze das religiöse Leben. Die jüdischen Hauptfeste sind Passah, das Laubhütten- und das Wochenfest. Neben dem Alten Testament, das in den fünf Büchern Mose die Thora enthält, zählt vor allem der Talmud (rabbinische Kommentare und Texte zur Auslegung der Thora) zu den normativen Schriften.

Christentum

Das Christentum ist die größte der Weltreligionen und geht auf Jesus Christus (*4/6 v.Chr., †30/33 n.Chr.) zurück. Nach christlichem Glauben ist Jesus Christus der von Gott gesandte, im Alten Testament verheißene Messias. Diese Verheißung erfüllt sich im Neuen Testament. Durch seinen Kreuzestod und die Auferstehung erlöst Jesus Christus die Menschheit, befreit sie von der Erbsünde und ermöglicht ihr das Heil, das ewige Leben. Die Erlösung wird der Menschheit ohne Vorbedingungen, nur aufgrund der Gnade Gottes, geschenkt. Im Mittelpunkt der christlichen Theologie steht die Lehre von der Trinität. Danach stellt der eine Gott eine Einheit dreier wesensgleicher »Personen« dar: Vater, Sohn und Heiliger Geist. Jesus Christus wirkt weiter in der Welt durch den Heiligen Geist, der die Heilskraft der Sakramente bewirkt. Die christliche Ethik ist vor allem von der Nächstenliebe geprägt. Diese Glaubensinhalte sind für alle christlichen Kirchen gleich. In der Auslegung des Glaubens und in ihrer Organisation weichen sie jedoch voneinander ab

Islam

Der Islam wurde von Mohammed zwischen 622 und 632 in Medina gestiftet und ist die jüngste monotheistische Weltreligion. In seinem Mittelpunkt steht die »völlige Hingabe (an den Willen Gottes)« (Islam), wie er im Koran, dem heiligen Buch des Islam, nach Mohammeds Offenbarung niedergelegt ist. Der Koran ist religiöses und zugleich weltliches Gesetzbuch. Der Mensch ist zu sittlicher Verantwortung verpflichtet und wird beim Jüngsten Gericht vor Gott zur Rechenschaft gezogen. Die gottgewollten Verhaltensweisen (Rechtsnormen, Kultvorschriften und ethische Normen) sind im islamischen Recht (Scharia) niedergelegt. Den Gläubigen sind fünf Hauptpflichten (Säulen des Islam) vorgeschrieben: das Glaubensbekenntnis zu dem einen Gott (Allah) und Mohammed, seinem Propheten, das tägliche fünfmalige Gebet, das Fasten im Monat Ramadan, das Almosengeben und eine Wallfahrt nach Mekka einmal im Leben. Der Genuss von Schweinefleisch und Wein sowie das Glücksspiel sind verboten. Der Islam spaltet sich in zwei Hauptrichtungen: Die Sunniten verstehen sich als islamische Orthodoxie und berufen sich neben dem Koran auch auf die Sunna, eine Sammlung von überlieferten Aussprüchen und Handlungsweisen Mohammeds. Die Schiiten anerkennen – im Unterschied zu den Sunniten – nur die Nachkommen Alis, des vierten Kalifen und Schwiegersohns des Propheten, als geistige Führer. Eine mystische Strömung bildet der Sufismus, der durch Meditation eine Vereinigung mit der absoluten Wahrheit zu erreichen sucht.

Buddhismus

Der Buddhismus ist benannt nach dem Ehrentitel »Buddha« (»Der Erleuchtete«) seines Stifters Siddharta Gautama (um 560–480 v. Chr.). Der Buddhismus lehrt, dass jede Daseinsform die kausale Folge eines früheren Lebens ist. Je nach gutem oder bösem Karma, das durch gute oder böse Taten angesammelt wird, wird der Mensch nach dem Tod in eine neue gute oder schlechte Existenz wiedergeboren. Kern des Buddhismus ist die Lehre von den »Vier edlen Wahrheiten«: Alles Leben ist leidvoll; Ursachen des Leidens sind Ichsucht und Lebensgier; das Leiden kann überwunden werden; der Weg dahin ist der »Edle Achtfache Pfad«, d. h. rechte Anschauung und Gesinnung, rechtes Reden, rechtes Handeln und Leben, rechtes Streben, Denken und Sichversenken. Das Ziel der Erlösung ist der Ausstieg aus dem Geburtenkreislauf, das Nirwana, die vollständige Ruhe. Hauptformen des Buddhismus sind der so genannte Hinayana-Buddhismus (verbreitet in Sri Lanka, Birma, Thailand, Laos und Kambodscha) und der später entstandene so genannte Mahayana-Buddhismus (verbreitet vor allem in China, Korea, Japan und Tibet). Die letztgenannte, abgemilderte Lehre setzt an die Stelle der egoistischen Selbsterlösung die Erlösungstat des Bodhisattva, eines erleuchteten Wesens, das vor seinem Eintritt ins Nirwana seine Verdienste auf alle Wesen überträgt und ihnen so zur Erlösung verhilft. Eine Schulrichtung des Mahayana-Buddhismus ist der Zen-Buddhismus.

Die Sakramente

In der christlichen Theologie sind die Sakramente Zeichenhandlungen, die die Gnade Gottes vermitteln und die Nähe Gottes für die Gläubigen persönlich erlebbar werden lassen. Die katholische und die orthodoxe Kirche kennen sieben Sakramente: Taufe, Firmung (Myronsalbung), Eucharistie, Buße, Krankensalbung (Heilige Ölung), Priesterweihe, Ehe. Die Sakramente der evangelischen Kirchen sind Taufe und Abendmahl.

Die Lotosblume ist im Buddhismus das Sinnbild des reinen Geistes und der Erleuchtung, im Hinduismus das des Wassers, der Vegetation, der Fruchtbarkeit und des Überflusses.

Lamaismus

Der Lamaismus ist eine Form des Buddhismus und entstand im 8. Jahrhundert in Tibet. Er ist eine reine Mönchsreligion und stark von der einheimischen tibetischen Bon-Religion (Dämonen- und Zauberglauben) sowie dem indischen Tantrismus (Zauberformeln und magische Praktiken) beeinflusst. Im Zentrum der Lehre steht, dass alles Existierende nur trügerische Illusion (»Leerheit«) ist. Die Erlösung liegt daher in der Loslösung von der vordergründigen Wirklichkeit. Sie wird durch Meditation, Yoga und magische Rituale erreicht. Charakteristisch ist das sich ständig wiederholende Aufsagen magischer Formeln. Die mündliche Rezitation kann durch das Drehen der so genannten Gebetsmühlen ersetzt werden. Das politische und geistliche Oberhaupt des tibetischen Priesterstaates ist der Dalai-Lama (mongolisch Dalai »Ozean [des gelehrten Wissens]« und tibetisch bla-ma »der Obere«). Er gilt als Verkörperung eines Bodhisattva, eines Wesens, das auf dem Weg ist, ein Buddha zu werden. Wegen der gelben Mützen eines Teils seiner Anhänger wird der Lamaismus auch »Gelbe Kirche« genannt.

Gebetsmühlen *bestehen aus einem zylinderförmigen, um eine Achse drehbaren Behälter, der im Inneren Papierstreifen mit kurzen heiligen Texten, häufig die magische Formel »om mani padme hum« enthält.*

»Strebe weit genug der Leere entgegen, klammere dich fest genug an die Ruhe … Siehe, alle Dinge, wie sie auch gedeihen, kehren zur Wurzel zurück, woraus sie entsprangen. Diese Rückkehr zur Wurzel heißt Ruhe.«

Laotse

Die Darbringung blühender Kirschzweige ist Teil des schintoistischen Kults.

Taoismus (Daoismus)

Der Taoismus ist eine religiöse Lehre in China, die den von Laotse (4.–3. Jh. v. Chr.) begründeten philosophischen Taoismus mit okkultisch-magischen und alchemistischen Elementen vermischt. Sein grundlegender Begriff ist Tao (chinesisch »Weg«, »Bahn«, »Ablauf der Natur«), der Urgrund alles Seienden. Tao wirkt in der Welt, indem es das Universum hervorbringt, erhält und alle Elemente durchdringt (de). Die richtige Lebenseinstellung des Menschen besteht daher im »Nichttun« (wuwei), dem bedingungslosen Annehmen der eigenen Natur. Denn sie ist im Kleinen so ideal wie die Natur des Tao im Großen. Die taoistische Ethik entfaltet sich im »Dao-de-jing« (4. Jahrhundert v. Chr.), einer Aphorismensammlung, die Laotse zugeschrieben wird. Laotse selbst wurde im religiösen Taoismus zum kosmischen Welterlöser.

Schintoismus

»Shintō« ist der chinesisch-japanische Name für die einheimische Religion Japans und bedeutet »Weg der Götter«. Der Schintoismus ist gekennzeichnet durch Naturverehrung, Ahnenkult und Verehrung der Klan-Gottheiten. Da sowohl Gegenstände und Erscheinungen der Natur als auch Ahnen göttlichen Charakter (Kami) erhalten können, ist die Anzahl der Gottheiten im Schintoismus groß. Der Himmelsvater Izanagi und die Erdmutter Izanami gelten als Schöpfer Japans. Ninigi, der Enkel der Sonnengöttin Amaterasu, gilt als der göttliche Ahnherr der bis heute herrschenden japanischen Dynastie. Der japanische Kaiser ist der Tenno, d. h. der Himmelsherrscher. Der Kult des Schintoismus besteht in der Darbringung von Zweigen des Kirschbaumes, Speiseopfern und von rituellen Gebeten. Er wird an den mit Miya (»erlauchtes Haus«) bezeichneten Schreinen vollzogen. Diese schlichten Holzbauten werden an fließendem Wasser errichtet, um den vorgeschriebenen Reinigungsritus zu ermöglichen. Die schintoistische Ethik betont Pflichttreue, Ehrlichkeit und Selbstbeherrschung und ist in dem Ideal des »lauteren Herzens« (Magokoro) zusammengefasst. Der Schintoismus hat das japanische Volk vor allem in Form von Werten, Verhaltens- und Denkmustern beeinflusst. Viele Japaner praktizieren sowohl den Schintoismus als auch den buddhistischen Glauben.

Konfuzianismus

Der auf den Philosophen Konfuzius (*551, †479 v. Chr.) zurückgehende Konfuzianismus ist neben dem Taoismus und dem Buddhismus die einflussreichste philosophische Richtung in China und Ostasien. Er war vom 2. Jahrhundert bis 1912 verbindliche Staatslehre. Der

Konfuzianismus ist weniger eine Religion als vielmehr eine praktische Philosophie. Sein zentrales Anliegen ist die Einbettung des Einzelnen in Familie, Staat und Moral. Die Moral wird als Menschlichkeit verstanden. Sie schlägt sich in den fünf konfuzianischen Kardinaltugenden nieder: die gegenseitige Liebe (chung), die Rechtschaffenheit (i), die Weisheit (chi), die Sittlichkeit (li) und die Aufrichtigkeit (hsin). Die Übung der Tugenden gewinnt vor allem in den »fünf Beziehungen« (in der Gemeinschaft zwischen Fürst und Staatsdiener, Vater und Sohn, Mann und Frau, älterem und jüngerem Bruder, Freund und Freund) besondere Bedeutung. Die heiligen Texte des Konfuzianismus sind das Buch der Lieder (Shi-jing), das Buch der Geschichten (Shu-jing), das Buch der Wandlungen (Yi-jing), das Buch der Sitte (Li-ji) sowie die Frühlings- und Herbstannalen (Chun-qiu).

Hinduismus

Der Hinduismus ist keine Stifterreligion, sondern entstand als eine Mischung aus den Traditionen des indischen Brahmanismus und volkstümlichen Kulten seit dem 1. Jahrtausend v. Chr. Der Hinduismus kennt auch keine verbindliche Dogmatik. Seine Grundlage bilden die über die Jahrhunderte mündlich überlieferten vier Sammlungen der Veden.

Allen Glaubensrichtungen gemeinsam ist jedoch die Lehre vom Karma und von der Wiedergeburt. Danach durchwandert jedes Wesen (auch die Götter) in einem ewigen Kreislauf die Welt, je nach seinen guten oder bösen Taten als Gott, Mensch, Tier oder in der Hölle. Ein gutes Karma kann durch die Erfüllung der spezifischen Pflichten der Kaste, in die jeder hineingeboren wird, geschaffen werden. Das Ziel der Erlösung ist es, dem endlosen Kreislauf der Wiedergeburten (Samsara) zu entrinnen. Zu ihm führen zahlreiche Wege, beispielsweise Askese, Yoga, Gottesliebe (Bhakti) oder magische Praktiken.

Der Hinduismus kennt rund 33 000, häufig regionale, Gottheiten, wobei Brahma (der Schöpfer der Welt), Vishnu (der Erhalter) und Shiva (der Zerstörer) in ganz Indien verehrt werden. Die Götter können menschliche Gestalt annehmen. Die bekannteste Inkarnation Vishnus sind Rama und Krishna. Die Bilder eines Gottes werden im Tempel kultisch verehrt, der Mittler zwischen Gott und den Gläubigen ist der Priester (Brahmane). Der Höhepunkt der alljährlichen großen Wallfahrten der Gläubigen ist ein rituelles Reinigungsbad im heiligen Fluss Ganges.

Yin und Yang

In der chinesischen Naturphilosophie sind Yin und Yang einander entgegengesetzte Prinzipien und kosmische Grundkräfte. Dem Yang entsprechen das Männliche, Aktive, der Himmel, die Stärke, die rote Farbe und die ungerade Zahl, dem Yin das Weibliche, Passive, die Erde, die Nachgiebigkeit, die schwarze Farbe und die gerade Zahl. Sie haben ihren gemeinsamen Ursprung im Absoluten, dem Tao.

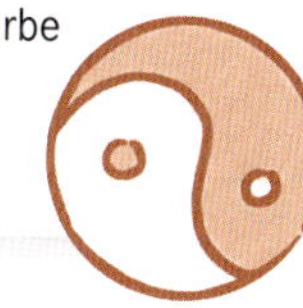

***Om (Aum)** ist die heilige Silbe (Mantra) des Hinduismus und des Lamaismus. Ihre Buchstaben gelten als Manifestationen der spirituellen Kraft des Absoluten, des Brahman.*

Anteil der Religionen in der Weltbevölkerung (in %)

Religionszugehörigkeit	1900	1998	2025 (Prognose)
Christen	33,4	33,2	34,8
Muslime	12,4	19,9	24,4
Hindus	12,5	12,9	13,4
Buddhisten	7,8	6,0	5,4
Stammesreligionen	6,6	4,1	3,7
neue Religionen	0,4	1,7	1,4
Sikhs	0,2	0,4	0,4
Juden	0,8	0,3	0,2
Nichtreligiöse	0,2	15,4	13,1

Gestalten des Alten Testaments

Adam und Eva

Im Schöpfungsbericht werden Adam und Eva als erstes Menschenpaar und Stammeltern aller Menschen genannt. Der Genuss der verbotenen Frucht vom Baum der Erkenntnis führte zum Verlust ihrer Unschuld und zu ihrer Vertreibung aus dem Paradies. Von nun an sollte die Arbeit mit Mühe und Leid, die Geburt mit Schmerzen verbunden sein. Paulus (Römer 5, 12–21) sieht in Adam den Urheber der Sünde, der später als »alter Adam« zum Inbegriff der sündhaften Menschen wird. »Den alten Adam ausziehen« steht für das Ablegen der eigenen Fehler und den Beginn eines gottgefälligen Lebens.

Kain und Abel

Kain, erstgeborener Sohn Evas, war Bauer, Abel, sein Bruder, Hirte (1. Mose 4, 8). Als beide Gott ein Opfer darbrachten und Gott wohlwollend auf das von Abel blickte, Kains Opfer jedoch zurückwies, erschlug Kain aus Zorn seinen Bruder. Von Gott nach Abel gefragt, antwortete Kain nur: »Bin ich der Hüter meines Bruders?« Zur Strafe wurde Kain von Gott zu rastlosem Umherirren verdammt. Das Kainszeichen, ein Mal auf der Stirn, schützte ihn vor Blutrache.

Abraham

Abraham ist der älteste der biblischen Patriarchen und Stammvater Israels. Der biblischen Gestalt (1. Mose 11–25) liegt wahrscheinlich ein Hirte aus Hebron zugrunde, der zwischen 1200 und 1500 v. Chr. lebte. Abraham war bereit, seinen Sohn Isaak Gott als Opfer darzubringen. Die Redewendung »sicher wie in Abrahams Schoß« geht zurück auf das Gleichnis vom armen Lazarus (Lukas 16, 22), wonach Lazarus nach seinem Tod von den Engeln in Abrahams Schoß getragen wurde.

Noah

Als Gott angesichts der Bosheit der Welt alles irdische Leben durch eine Sintflut vernichten wollte, fand allein Noah »Gnade vor dem Herrn« (1. Mose 6–9). Er schloss mit Gott einen Bund und erhielt von ihm den Auftrag, eine Arche zu bauen, in die er seine Familie und von allen Tieren je ein Paar mitnehmen sollte. Noah erkannte das Abnehmen der Flut, als eine ausgesandte Taube mit einem frischen Ölzweig im Schnabel zurückkehrte, und verließ die Arche, die auf dem Berg Ararat aufgesetzt hatte. Er gilt als erster Weinbauer.

Lot

Der Neffe Abrahams (1. Mose 11, 27) gilt als Stammvater der Ammoniter und Moabiter. Als Gott das Strafgericht über die frevelhaften Städte Sodom und Gomorrha verhängte, entging Lot der Katastrophe. Seine neugierige Frau jedoch, die trotz des Verbots Gottes zurückblickte, erstarrte zur Salzsäule.

Moses

Nach 2. Mose 2, 1–10 stammt Moses von hebräischen Eltern aus dem Stamm Levi in Ägypten ab. Da auf Befehl des Pharaos alle männlichen Neugeborenen der Hebräer getötet wurden, setzte man ihn in einem Weidenkorb auf dem Nil aus. Er wurde von der Tochter des Pharao gerettet und von ihr als Sohn angenommen. In einem brennenden Dornbusch erschien ihm Gott, der ihn beauftragte, die unterdrückten und zu Zwangsarbeiten verpflichteten Israeliten aus Ägypten in das Gelobte Land zu führen. Die Israeliten zogen erst aus (Exodus), nachdem Jahwe die zehn ägyptischen Plagen geschickt hatte. Vierzig Jahre lang wanderten die Israeliten unter der Führung von Moses und Aaron durch die Wüste. Auf dem Berg Sinai gab Gott Moses zwei

Die 10 ägyptischen Plagen

Blutiges Wasser und Frösche, Stechmücken, Bremsen, Viehseuchen, Geschwüre, Hagel, Heuschrecken, undurchdringliche Finsternis und zuletzt den Tod der Erstgeborenen von Mensch und Tier: Jahwe ließ diese zehn Katastrophen über Ägypten hereinbrechen, um von dem Pharao die Freilassung der Israeliten zum Auszug in das Gelobte Land zu erzwingen.

Steintafeln mit den Zehn Geboten und anderen Gesetzen. Für die an Gott zweifelnden Israeliten ließ Jahwe als Zeichen seiner Macht Moses in einer Trockenperiode Trinkwasser aus einem Stein schlagen (Quellwunder) und Aarons Stab blühen und Mandeln tragen. Bevor die Israeliten nach Kanaan gelangten, starb Moses auf dem Berg Nebo.

Hiob

Das Buch Hiob entstand vor 200 v. Chr. und zählt zu den bedeutendsten Werken der Weltliteratur. Im Mittelpunkt steht der gottesfürchtige Hiob, der wegen einer Wette Satans mit Gott von Unglück heimgesucht wird. Obwohl seine Herden vernichtet, seine Söhne und Töchter getötet werden und er selbst Krankheit und Schmerzen erleiden muss, verzweifelt Hiob nicht an Gott. Als »Hiobsbotschaft« bezeichnet man eine Unglücks- oder Schreckensnachricht.

David

David war der jüngste Sohn des Isai aus Bethlehem und israelitischer König (*um 1004/03, †965/64 v. Chr.). Als Jugendlicher diente er König Saul als Zitherspieler und Waffenträger und bewährte sich in den Philisterkämpfen. David stellte sich, nur mit seiner Steinschleuder bewaffnet, Goliath zum Zweikampf. Er besiegte den wegen seiner Körpergröße »Riese« genannten Philister mit nur einem Wurf aus seiner Schleuder, der ihn mitten in die Stirn traf. Nach dem Tod seines Schwiegervaters Saul wurde David dessen Nachfolger und vereinigte Juda und Israel zu einem Großreich mit der Hauptstadt Jerusalem. David gilt zudem als Verfasser einer Vielzahl von Psalmen.

Salomo

Salomo, Sohn Davids und Bathsebas, wurde von seinem Vater zum Nachfolger bestimmt und war von 965–926 v. Chr. König von Juda, Israel und Jerusalem. Er führte das von David geschaffene israelitische Großreich zu wirtschaftlicher und kultureller Blüte, ließ Jerusalem ausbauen und den Jerusalemer (»Salomonischen«) Tempel errichten. Salomo gilt als das Idealbild des weisen und mächtigen Herrschers. Sprichwörtlich geworden ist das salomonische Urteil (1. Könige 3, 16–28): In einem Streit zweier Frauen um ein Kind – jede behauptete, sie sei die Mutter – befahl Salomo, das Kind in zwei Teile zu schneiden und jeder Frau eine Hälfte zu überlassen. Die eine verzichtete daraufhin aus Sorge um das Kind und erwies sich somit als die wahre Mutter. In der jüdischen Tradition gilt Salomo als Autor einiger biblischer Bücher (Hohelied, Sprüche, Prediger, Weisheit Salomo).

Die Propheten

Die alttestamentarischen Propheten treten im Auftrag Jahwes sowohl als Künder der göttlichen Offenbarung und Botschaft des Künftigen als auch als Ankläger, Mahner und Tröster des Volkes Israel und seiner Herrscher auf. Das Alte Testament kennt neben den zwölf kleinen Propheten v. a. die vier großen Propheten Jesaja, Jeremia, Hesekiel, Daniel. Jesaja (*770 v. Chr.) klagte gesellschaftliche Missstände an, rief König Ahas zum Glauben und kündigte den Untergang des Nordreiches Israel an. Jeremia (*650 v. Chr.) prophezeite den Untergang des Südreiches Juda als gerechte Strafe Gottes für das untreue Gottesvolk und rief es zur Umkehr. Hesekiel (6. Jahrhundert v. Chr.) hatte die Vision des neuen Tempels in Jerusalem und erließ Vorschriften zur Neuordnung des Tempelkults. Daniel (6. Jahrhundert v. Chr) lebte am Hof Nebukadnezars II. in Babylon. Er prophezeite die Ankunft des Reiches Gottes und deutete Träume des Nebukadnezar sowie das Menetekel, das während des Gastmahls des frevelhaften babylonischen Königs Belsazar mit Geisterhand an die Palastwand geschrieben wurde, als das Ende von dessen Herrschaft und Reich.

Daniel in der Löwengrube

Das Alte Testament berichtet in Daniel 6, 17–24, dass Daniel einst angeklagt wurde, zu Gott gebetet zu haben. Damit hatte er gegen einen Erlass verstoßen, wonach eine jede Bitte nur an den König zu stellen sei. Zur Strafe wurde er in einer Löwengrube den Löwen zum Fraß vorgeworfen. Aber Jahwe beschützte ihn, und man fand Daniel am nächsten Morgen unverletzt unter den Löwen.

Als ***»kleine Propheten«*** *werden die zwölf alttestamentarischen Prophetenbücher Hosea, Joel, Amos, Obadja, Jona, Micha, Nahum, Habakuk, Zephanja, Haggai, Sacharja, Maleachi bezeichnet.*

Gestalten des Neuen Testaments

Christussymbol

Maria

Über die Mutter Jesu ist nur wenig historisch bezeugt. Jesus war wahrscheinlich der erste Sohn Marias und Josephs, eines Zimmermanns aus Nazareth. Maria war bei der Kreuzigung Jesu zugegen (Johannes 19, 25) und zählt zu den Mitgliedern der christlichen Urgemeinde (Apostelgeschichte 1, 14). Die Evangelien deuten Maria vor allem theologisch. Das Matthäusevangelium erzählt von Marias Empfängnis durch den Heiligen Geist sowie von ihrer Jungfräulichkeit bis zur Geburt Jesu und deutet dies als Hinweis auf dessen Gottessohnschaft. Im Lukasevangelium werden der Besuch Marias bei Elisabeth, der Mutter Johannes' des Täufers, das Magnificat (Heimsuchung Mariä) und die Reinigung Marias im Tempel (Mariä Lichtmess) erwähnt. Im Johannesevanglium wird die Mutter Jesu nicht namentlich erwähnt.

Maria Magdalena

Sie war bei der Hinrichtung Jesu anwesend und gilt als enge Vertraute und erste Zeugin der Auferstehung Christi (Johannes 20, 11–18). Als sie sich dem Auferstandenen näherte, soll Jesus sie mit dem Ausspruch »Noli me tangere« (»Rühr mich nicht an«) auf seine neue Seinsweise aufmerksam gemacht haben.

Salomes Tanz

Herodias hasste Johannes den Täufer, da dieser ihre Ehe mit ihrem Schwager Herodes Antipas öffentlich getadelt hatte. Bei seiner Geburtstagsfeier betörte Salome, die Tochter der Herodias, mit ihrem Tanz Herodes Antipas derart, dass er versprach, ihr jeden Wunsch zu erfüllen. Auf Geheiß ihrer Mutter verlangte Salome daraufhin den Kopf des Propheten, die Hinrichtung wurde sofort vollzogen. Die Gestalt der Salome war als »Femme fatale« vor allem bei den Künstlern des Fin de Siècle beliebt und bildet das zentrale Thema etwa in dem Aquarell »Die Erscheinung« (1876) von Gustave Moreau oder in der Tragödie »Salomé« (1893) von Oscar Wilde, die Grundlage für die gleichnamige Oper von Richard Strauss wurde (1905).

Jesus Christus

Jesus Christus, möglicherweise in Nazareth um 4/6 v. Chr. geboren, gilt als der Stifter der christlichen Religion. Sein Name setzt sich zusammen aus der griechischen Form des jüdischen Eigennamens Jeschua (»Jahwe ist Heil«) und dem Beinamen Christus (griechisch »der Gesalbte«), einer Übersetzung des hebräischen »Messias«. Jesus trat öffentlich erstmals um 28/29 n. Chr. auf und wirkte v. a. als Wanderprediger in Galiläa. Zunächst wohl ein Schüler Johannes' des Täufers, wurde er von diesem getauft und sammelte aus dem Kreis um Johannes seine ersten Jünger. Als prophetischer Prediger verkündete Jesus, dass die Zeit vom Reich Gottes gekommen sei. Sich selbst bezeichnete er als »Menschensohn« und sah sich als endzeitlichen Heilsmittler. Zur Verdeutlichung seiner Botschaft vollbrachte Jesus Wunder, u. a. die Erweckung des Lazarus, die Verwandlung von Wasser in Wein bei der Hochzeit zu Kana, die Speisung der 5000 mit fünf Broten und zwei Fischen. Im Zentrum der Ethik Christi, die ihre beste Ausformulierung in der Bergpredigt (Matthäus 5–7) findet, stehen als höchste Prinzipien die Gottes- und die Nächstenliebe. Wegen seiner Lehre, v. a. aber wegen seiner Behauptung, der Messias zu sein, wurde Jesus vom jüdischen Hohen Rat der Gotteslästerung beschuldigt und von den römischen Behörden als Hochverräter und politischer Unruhestifter in Golgatha um 30 n. Chr. hingerichtet. Die im Neuen Testament bezeugte Auferstehung Jesu offenbart nach christlichem Glauben den Heilswillen Gottes und Jesus Christus als endgültigen Heilsmittler.

Herodes

Der strenggläubige Jude Herodes (*um 73, †4 v. Chr.) erhielt als Herrscher von Judäa (seit 37 v. Chr.) den Beinamen »der Große«. Nach Matthäus 2, 13–18 befahl er die Ermordung aller männlichen Kinder in Bethlehem, die jünger als zwei Jahre waren. Durch diese Maßnahme sollte Jesus, dessen Geburt als künftiger König der Juden den drei Weisen aus dem Morgenland durch den Stern über Bethlehem angezeigt worden war, beseitigt werden. Nach dem Tod Herodes' teilte Kaiser Augustus Judäa unter dessen Söhne Archelaos, Herodes Antipas und Herodes Philippos auf.

Johannes der Täufer

Johannes lebte um 28 n. Chr. als Asket in der Wüste und mahnte zu Buße und Umkehr angesichts des bevorstehenden Reiches Gottes. Wie andere Propheten zu dieser Zeit hatte auch er einen Jüngerkreis um sich gebildet und wirkte zeitweise wohl in Konkurrenz zu Jesus. Die Taufe diente als Zeichen der Sündenvergebung. Jesus gehörte wohl einige Zeit zu den Jüngern Johannes' und wurde von ihm getauft. Johannes wurde von König Herodes Antipas gefangen genommen und auf Wunsch von Herodes' Frau Herodias enthauptet.

Die Apostel

Den zwölf von ihm aus der großen Schar seiner Anhänger auserwählten Jüngern übertrug Jesus die Aufgabe, seine Lehre zu verkünden. Diese Apostel waren Petrus, Andreas, Jakobus der Ältere (Zebedäi), Johannes, Philippus, Bartholomäus, Matthäus, Thomas, Jakobus der Jüngere (Alphäi), Thaddäus, Simon (Zelotes) und Judas Ischariot, nach dessen Verrat und Tod der Zwölferkreis durch Matthias ergänzt wurde. Aufgrund seiner Berufung durch den auferstandenen Jesus zählt auch Paulus zu den Aposteln. Auf dem Fundament der Apostel gründet sich in nachapostolischer Zeit die Kirche: So wird die bischöfliche Gewalt, die ununterbrochen von Bischof zu Bischof weitergegeben wird, auf die Apostel zurückgeführt (apostolische Nachfolge).

Paulus

Der Sohn einer strenggläubigen jüdischen Familie hieß ursprünglich Saulus und trat zunächst als unerbittlicher Christenverfolger auf. Er erlebte kurz nach Christi Tod auf dem Weg nach Damaskus, wo er Anhänger Jesu gefangen nehmen wollte, eine Christusvision, die ihn überwältigte und auf der Stelle zum Christentum bekehrte. Er fasste die Erscheinung als seine persönliche Berufung zum Apostel auf und wirkte von diesem Zeitpunkt an als Missionar. Paulus setzte sich vor allem dafür ein, dass auch Nichtjuden, also Heiden, zum Christentum bekehrt werden können. Er gilt als Verfasser der ältesten Schriften des Neuen Testaments (50–56 n. Chr.), u. a. des 1. Thessalonicherbriefs, des Galaterbriefs, 1. und 2. Korintherbriefs, Philisterbriefs, Philemonbriefs und des Römerbriefs. Als Märtyrer starb Paulus 60/62 n. Chr. in Rom unter Nero.

Damaskuserlebnis

Sein »Damaskuserlebnis« – die Christusvision auf dem Weg nach Damaskus – bekehrte den erbitterten Christenverfolger Saulus zum Apostel Paulus. Noch heute heißt es, dass jemand »sein Damaskus« erlebt habe, der sich von heute auf morgen grundlegend ändert. Auch die Redewendung »vom Saulus zum Paulus werden« wurzelt in dieser neutestamentlichen Geschichte und bezeichnet jemanden, der sich vom leidenschaftlichen Gegner einer Sache oder eines Menschen zum ebenso leidenschaftlichen Befürworter wandelt.

Petrus

Der Apostel Petrus gehörte mit Jakobus und Johannes zu den engsten Vertrauten Jesu. Er war ursprünglich Fischer aus einem Ort am See Genezareth und hieß eigentlich Simon. Den Beinamen Petrus (griechisch petros »Stein«) gab ihm Jesus, als er ihn zum Apostel berief. Der Name wird in Matthäus 16, 18 gedeutet als der »Fels«, auf dem Jesus Christus seine Gemeinde baut. Auf Petrus geht das Amt des Papstes zurück. Er starb zwischen 64 und 67 n. Chr. als Märtyrer unter Nero in Rom.

Die Evangelisten

Die mutmaßlichen Verfasser der vier Evangelien sind Matthäus, Markus, Lukas und Johannes. Matthäus war einer der zwölf Apostel. Der Legende nach wirkte er später in Äthiopien, Persien und am Kaspischen Meer. Johannes wird in der kirchlichen Tradition mit dem Apostel Johannes identifiziert. Nach dem Tod Jesu war er mit Petrus und Jakobus Führer der Jerusalemer Urgemeinde. Markus gehörte nicht zu den Jüngern Jesu. Das Material für sein

Evangelium soll er von seinem Lehrer Petrus erhalten haben. Er begleitete seinen Onkel Barnabas und Paulus auf deren Missionsreisen. Auch der Arzt Lukas hat Paulus begleitet und wirkte mit ihm in Rom und Jerusalem. Neben dem Lukasevangelium wird ihm die Apostelgeschichte zugeschrieben. Der Legende nach gilt Lukas auch als Maler von römischen Christusdarstellungen des 6. und 7. Jahrhunderts.

Judas Ischariot

Nach Markus 14, 10f. verriet Judas Jesus für Geld an die jüdische Behörde im Garten Gethsemane auf dem Ölberg durch den so genannten »Judaskuss«. Als er die Folge seiner Tat erkannte, erhängte er sich an einem Baum (Matthäus 27, 3–10). Der Baum mit dem lateinischen Namen *Cercis Siliquastrum* wird heute noch Judasbaum genannt.

Pilatus

*Pilatus ließ der Anklage entsprechend an dem Kreuz Jesu die Inschrift **I.N.R.I.** (Iesus Nazarenus Rex Iudaeorum »Jesus von Nazareth, König der Juden«) anbringen.*

Pontius Pilatus (*26 v. Chr., †36 n. Chr.) war römischer Statthalter von Judäa. Vor ihn brachten die Hohepriester Jesus, damit er rechtskräftig verurteilt würde. Die Anklage lautete auf politischen Hochverrat, da Jesus sich als König der Juden bezeichnet hatte. Pilatus ließ das Volk entscheiden, ob Jesus oder der ebenfalls zum Tode verurteilte Mörder Barabbas freigelassen werden solle. Von den Hohepriestern angestachelt, forderte die Menge die Freilassung des Barabbas und die Hinrichtung Jesu. Dem stimmte Pilatus zu. Doch zuvor ließ er Wasser bringen, wusch seine Hände »in Unschuld« und verkündete: »Ich bin unschuldig an dem Blut dieses Gerechten; sehet ihr zu!« (Matthäus 27, 24). Die eher positive Darstellung des Pilatus in den Evangelien, die in krassem Gegensatz zur historischen Realität steht, und die Legendenbildung führten im 6./7. Jh. zu seiner Verehrung in der koptischen Kirche.

Die Bibel

Die Bibel wird von der christlichen Kirche als Urkunde der göttlichen Offenbarung und als verbindlich für den Glauben und die Lehre anerkannt. Sie besteht aus den Schriften des hebräischen Alten Testaments (A. T.) und des griechischen Neuen Testaments (N. T.). Die 39 alttestamentlichen Schriften wurden innerhalb der jüdischen Gemeinde vom 5. bis zum 2. Jahrhundert v. Chr. zusammengestellt. Für die Juden gelten diese Schriften heute noch als die einzige Heilige Schrift. Das Alte Testament gliedert sich in drei Teile: das Gesetz (Thora), die Schriften und die Propheten.
Die christliche Kirche erweitert den alttestamentlichen Textbestand durch die in der hebräischen Bibel nicht enthaltenen so genannten deuterokanonischen Bücher, besser bekannt als Apokryphen. Das Neue Testament entstand zum großen Teil im 1. Jahrhundert n. Chr. Es enthält 27 Bücher: fünf geschichtliche Bücher (die vier Evangelien und die Apostelgeschichte), 21 briefliche Lehrschriften und eine prophetische Schrift (die Offenbarung des Johannes).

Bibelübersetzungen

Die älteste und gleichzeitig wichtigste griechische Übersetzung des Alten Testaments ist die Septuaginta (lateinisch »siebzig«), die angeblich von 72 Gelehrten innerhalb von 72 Tagen übersetzt worden sein soll (3.–1. Jahrhundert v. Chr.). Weitere wichtige Bibelübersetzungen sind die syrische (2. Jahrhundert n. Chr.), die koptische und die lateinische, die in der katholischen Kirche als Vulgata (4.Jahrhundert n. Chr.) für authentisch erklärt wurde. Um 370 übersetzte Bischof Wulfila dann die Bibel ins Gotische. Für die evangelische Kirche wurde schließlich die deutsche Übersetzung Martin Luthers (1521–34) maßgebend.
Vollständige Übersetzungen der Bibel liegen heute in über 360 Sprachen vor, Übersetzungen ausschließlich des Neuen Testaments in über 900 Sprachen. Voll- und Teilübersetzungen sollen insgesamt sogar in mehr als 2200 Sprachen existieren.

Die Bücher des Alten Testaments[1)]

Vulgata	Lutherbibel
Genesis	1. Buch Mose
Exodus	2. Buch Mose
Leviticus	3. Buch Mose
Numeri	4. Buch Mose
Deuteronomium	5. Buch Mose
Josua	Buch Josua
Richter (Judicum)	Buch der Richter
Ruth	Buch Ruth
1 Samuel (1 Könige, 1 Regum)	1. Buch Samuel
2 Samuel (2 Könige, 2 Regum)	2. Buch Samuel
1 Könige (3 Könige, 3 Regum)	1. Buch von den Königen
2 Könige (4 Könige, 4 Regum)	2. Buch von den Königen
1 Chronik	1. Buch der Chronik
2 Chronik	2. Buch der Chronik
Esdras (1 Esdras)	Buch Esra
Nehemias (2 Esdras)	Buch Nehemia
Tobias (Tobit)	Buch Tobias
Judith	Buch Judith
Esther	Buch Esther
1 Makkabäer	1. Buch der Makkabäer
2 Makkabäer	2. Buch der Makkabäer
Psalmen	Psalter
Job (Hiob)	Buch Hiob
Sprüche (Proverbia)	Sprüche Salomos
Prediger (Ecclesiastes)	Prediger Salomos
Hohes Lied (Canticum canticorum)	Hohelied Salomos
Buch der Weisheit (Sapientia)	Weisheit Salomos
Jesus Sirach (Ecclesiasticus)	Buch Jesus Sirach
Isaias	Jesaja
Jeremias	Jeremia
Klagelieder (Threni)	Klagelieder Jeremias
Baruch	Buch Baruch
Ezechiel	Hesekiel
Daniel	Daniel
Oseas (Osea, Hosea)	Hosea
Joel	Joel
Amos	Amos
Abdias	Obadja
Jonas	Jona
Michäas	Micha
Nahum	Nahum
Habakuk	Habakuk
Sophonias	Zephanja
Aggäus	Haggai
Zacharias	Sacharja
Malachias	Maleachi

1) Apokryphen kursiv

Wichtige Heilige der katholischen Kirche und ihr Feiertag

Albertus Magnus,
Kirchenlehrer (†1280): 15. November
Allerheiligen,
Fest: 1. November
Ambrosius,
Kirchenvater (†397): 7. Dezember
Andreas, Apostel: 30. November
Anna, Mutter Marias: 26. Juli
Anno von Köln,
Erzbischof (†1075): 5. Dezember
Anselm von Canterbury,
Kirchenlehrer (†1109): 21. April
Antonius von Padua, Franziskaner und Kirchenlehrer (†1231): 13. Juni
Augustinus, Kirchenvater (†430): 28. August
Barbara,
Märtyrerin (†306): 4. Dezember
Barnabas,
Begleiter des Apostels Paulus: 11. Juni
Bartholomäus, Apostel: 24. August
Bernhard von Clairvaux, Kirchenlehrer (†1153): 20. August
Bonaventura, Kirchenlehrer (†1274): 15. Juli
Bonifatius, Apostel der Deutschen (†754): 5. Juni

*Die **Vierzehn Nothelfer** sind Dionysius von Paris, Erasmus, Blasius, Barbara, Margareta von Antiochia, Katharina von Alexandria, Georg, Achatius, Eustachius, Pantaleon, Ägidus, Cyriacus, Vitus, Christophorus.*

Cäcilia, Märtyrerin: 22. November
Christophorus, Märtyrer: 25. Juli
Dominikus,
Ordensgründer (†1221): 7. August
Franz von Assisi,
Ordensgründer (†1226): 4. Oktober
Gabriel, Erzengel: 29. September
Georg, Märtyrer (4. Jh.): 23. April
Heinrich II., Kaiser (†1024): 13. Juli
Hieronymus, Kirchenvater (†420): 30. September
Hildegard von Bingen,
Mystikerin (†1179): 17. September
Hrabanus Maurus, Erzbischof (†856): 4 Februar
Ignatius von Loyola, Gründer der Jesuiten (†1556): 31. Juli
Isidor von Sevilla, Kirchenvater (†636): 4. April
Jakobus der Ältere, Apostel: 25. Juli
Jakobus der Jüngere, Apostel: 3. Mai
Joachim, Vater Marias: 26. Juli
Johannes der Evangelist, Apostel: 27. Dezember
Johannes der Täufer (†28):
24. Juni (Geburt), 29. August (Martyrium)
Johannes Bosco (genannt Don Bosco), Ordensgründer und Jugenderzieher (†1888): 31. Januar

Die Apokryphen

Zur Zeit der Entstehung der christlichen Kirche war die hebräische Bibel in der griechischen Übersetzung verbreitet, der Septuaginta. Diese älteste und wichtigste griechische Version des Alten Testaments enthält einige in der hebräischen Bibel fehlende Schriften, die so genannten Apokryphen. Die katholische Kirche nahm die Apokryphen als deuterokanonische (griechisch deutero »nächst...«, »zweit...«) Schriften in den Kanon auf. Luther fand sie »gar nützlich zu lesen, aber nicht den Übrigen gleich« und stellte sie als Anhang der Bibel auf. Von den reformierten Kirchen werden die Apokryphen ganz abgelehnt. Zu den Apokryphen des N. T. gehören u.a. die 1945/46 in Nag Hammadi (Ägypten) gefundenen Texte, unter ihnen das »Evangelium nach Thomas« und das »Evangelium nach Maria (Magdalena)«, in dem die herausgehobene Stellung der Maria im Verhältnis zu Jesus geschildert wird.

Judas Thaddäus, Apostel: 28. Oktober
Kalixt (Callistus) I., Papst (†222): 14. Oktober
Klemens I., Papst (†101): 23. November
Leo I., der Große, Papst (†461): 10. November
Leo IX., Papst (†1054): 19. April
Lukas, Evangelist: 18. Oktober
Maria, Mutter Jesu: 15. August (Mariä Himmelfahrt), 8. September (Mariä Geburt), 12. September (Mariä Namen), 7. Oktober (Rosenkranzfest), 8. Dezember (Fest der Unbefleckten Empfängnis), 2. Februar (Mariä Lichtmess), 25. März (Mariä Verkündigung)
Maria Magdalena, Jüngerin Jesu: 22. Juli
Markus, Evangelist: 25. April
Martha, Jüngerin Jesu: 29. Juli
Mathilde, deutsche Königin (†968): 14. März
Matthäus, Apostel und Evangelist: 21. September
Matthias, Apostel: 24. Februar
Michael, Erzengel: 29. September
Nikolaus, Bischof von Myra (4. Jh.): 6. Dezember
Paulus, Apostel: 25. Januar (Bekehrung Pauli), 29. Juni (Hochfest)
Petrus, Apostel: 22. Februar (Petri Stuhlfeier), 29. Juni (Hochfest)
Philippus, Apostel: 3. Mai
Philippus Neri,
katholischer Reformer (†1595): 26. Mai
Pius V., Papst (†1572): 30. April
Pius X., Papst (†1914): 21. August
Raphael, Erzengel: 29. September
Sebastian, Märtyrer (†3. Jh.): 20. Januar
Silvester I., Papst (†335): 31. Dezember
Simon, Apostel: 28. Oktober
Sixtus II., Papst (†258): 5. August
Stephanus, Erzmärtyrer: 26. Dezember
Theresia von Avila (†1582): 15. Oktober
Thomas, Apostel: 3. Juli
Thomas von Aquin,
Kirchenlehrer (†1274): 28. Januar
Thomas Beckett,
Märtyrer (†1170): 29. Dezember
Thomas Morus, Humanist (†1535): 22. Juni
Timotheus, Begleiter des Apostels Paulus (†97): 26. Januar
Walburga, Äbtissin (†779): 25. Februar

Bücher des Neuen Testaments

Vulgata	Lutherbibel
Matthäus-Evangelium	Evangelium des Matthäus
Markus-Evangelium	Evangelium des Markus
Lukas-Evangelium	Evangelium des Lukas
Johannes-Evangelium	Evangelium des Johannes
Apostelgeschichte	Apostelgeschichte des Lukas
Römerbrief	Brief des Paulus an die Römer
1.und 2. Korintherbrief	1.und 2. Brief des Paulus an die Korinther
Galaterbrief	Brief des Paulus an die Galater
Epheserbrief	Brief des Paulus an die Epheser
Philipperbrief	Brief des Paulus an die Philipper
Kolosserbrief	Brief des Paulus an die Kolosser
1. und 2. Thessalonicherbrief	1. und 2. Brief des Paulus an die Thessalonicher
2. und 2. Brief des Paulus an Timotheus	2. und 2. Timotheusbrief
Titusbrief	Brief des Paulus an Titus
Philemonbrief	Brief des Paulus an Philemon
Hebräerbrief	Brief des Paulus an die Hebräer
Jakobusbrief	Brief des Jakobus
1.und 2. Petrusbrief	1.und 2. Brief des Petrus
1., 2. und 3. Johannesbrief	1., 2. und 3. Brief des Johannes
Judasbrief	Brief des Judas
Geheime Offenbarung	Offenbarung des Johannes

*Die Gliederung der Bibel in **Kapitel und Verse** ist noch recht jung. Zu Beginn des 13. Jahrhunderts wurde das Neue Testament in Kapitel gegliedert. Seine Einteilung in Verse sowie die Gliederung des Alten Testaments stammen aus dem 16. Jahrhundert.*

Gestalten der griechischen Mythologie und ihre römischen Entsprechungen

Die 12 olympischen Götter

Zeus (Jupiter)
Sohn des Kronos und der Rhea, Bruder und Gemahl der Hera und Vater einer Vielzahl von Göttern und Halbgöttern. Er ist mächtigster Gott des Himmels und der Erde, Herr des Wetters, Urheber von Blitz und Donner – daher oft mit einem Bündel Blitzen dargestellt – und Beschützer der menschlichen Ordnung.

Hera (Juno)
Älteste Tochter des Kronos und der Rhea, Schwester und Gemahlin des Zeus, Mutter von Hephaistos, Ares und Hebe. Sie ist die höchste Göttin im Olymp und gilt als Beschützerin der Ehe und der Frauen.

Poseidon (Neptun)
Sohn des Kronos und der Rhea, Gemahl der Amphitrite. Er ist Gott des Meeres (Dreizack) und Urheber von Erdbeben und Stürmen.

Demeter (Ceres)
Schwester des Zeus und Mutter der Persephone. Göttin des Ackerbaus und der Feldfrüchte.

Apollon (Apollo)
Sohn des Zeus und der Leto, Zwillingsbruder der Artemis. Er ist der Gott der Weissagung (ihm untersteht das Orakel von Delphi), des Lichtes (Apollon Phoibos), der Künste und Führer der Musen (Apollon Musagetes).

Artemis (Diana)
Tochter des Zeus und der Leto, Zwillingsschwester des Apollon. Sie ist die Göttin der Jagd und als Herrin der Natur und der Tiere Beschützerin ebenso wie Vernichterin des Lebens.

Ares (Mars)
Er ist Sohn des Zeus und der Hera, Liebhaber der Aphrodite. Ares ist der Gott des Krieges.

Aphrodite (Venus)
Tochter des Zeus und der Titanin Dione; nach einer anderen Version ist sie aus dem Schaum des Meeres geboren. Gemahlin des Hephaistos. Sie ist die Göttin der sinnlichen Liebe und der Schönheit.

Hermes (Merkur)
Sohn des Zeus und der Nymphe Maia. Er ist der Götterbote, Gott des Handels, der Wege, der Wanderer, der Diebe, des Schlafs und des Traums sowie Begleiter der Verstorbenen in die Unterwelt.

Athene (Minerva)
Lieblingstochter des Zeus, mit Helm und Brustpanzer seinem Haupt entsprungen. Sie ist die Schutzherrin der Helden, der Städte (vor allem Athens), des Handwerks, der Weisheit, der Wissenschaft und der Künste.

Hephaistos (Vulcanus)
Der hinkende Sohn des Zeus und der Hera, Gemahl der Aphrodite. Er ist der Gott des Feuers und der Schmiedekunst.

Hestia (Vesta)
Tochter des Kronos und der Rhea. Sie ist die Göttin des häuslichen Herdes und des Herdfeuers.

25 nicht olympische Götter und mythologische Einzelgestalten

Aiolos (Aeolus), Sohn des Poseidon. Von Zeus als Beherrscher der Winde eingesetzt.

Amphitrite, Tochter des Meeresgottes Nereus und der Okeanide Doris, Gemahlin des Poseidon. Sie ist Göttin des Meeres.

Asklepios (Äskulap), Sohn des Apollon und der Königstochter Koronis. Er ist der Gott der Heilkunde.

Dike, Tochter der Zeus und der Themis. Sie ist eine der Horen und die Göttin der vergeltenden Gerechtigkeit.

Dionysos (Bacchus), Sohn des Zeus und der thebanischen Königstochter Semele. Gott der Vegetation, des Weins und der Ekstase.

Eirene, Tochter des Zeus und der Themis, die jüngste der Horen. Sie ist Göttin des Friedens.

Eos (Aurora), Tochter der Titanen Hyperion und Theia, Schwester von Helios und Selene. Sie ist die »rosenfingrige« (Homer) Göttin der Morgenröte.

Eris, Schwester des Ares. Sie ist die Göttin der Zwietracht, die den »Erisapfel« – »der Schönsten« – unter die Göttinnen warf, dadurch Streit hervorrief und so den Trojanischen Krieg mit verursachte.

Eros (Amor, Cupido), Sohn des Ares und der Aphrodite. Gott der Liebe. Von seinem Pfeil getroffen, entbrennt jeder in heftiger Liebe.

Eunomia, Tochter der Zeus und der Themis und eine der Horen. Sie ist die Göttin der gerechten staatlichen Ordnung.

Gaia (Tellus), Mutter und Gemahlin des Uranos. Entstanden aus dem Chaos, ist sie die göttliche Urmutter Erde. Sie gebar die Berge, das Meer und, von Uranos befruchtet, die Titanen und Kyklopen.

Hades (Pluto), ältester Sohn des Kronos und der Rhea. Er ist der Gott der Unterwelt (römisch »Orcus«) und Gemahl der Persephone, die er der Demeter geraubt hatte.

Hebe (Juventas), Tochter des Zeus und der Hera, Gemahlin des Herakles im Olymp. Sie ist die Göttin der Jugend.

Helios (Sol), Sohn der Titanen Hyperion und Theia, Bruder von Selene und Eos. Er ist der Sonnengott.

Herakles (Herkules), Sohn des Zeus und der Alkmene. Durch seine Dienste für die Menschen und die Götter, v. a. seine Hilfe im Kampf gegen die Giganten, wurde er – als einziger Heros – in den Olymp aufgenommen und erhielt Hebe zur Gemahlin.

Kronos (Saturnus), jüngster Sohn des Uranos und der Gaia und ein Titan, zudem Gemahl seiner Schwester Rhea und mit ihr Vater von Poseidon, Hestia, Demeter, Hera und Zeus. Zunächst Weltenherrscher, wurde er von Zeus entthront.

Leto (Latona), Tochter von Uranos und Gaia sowie Titanin. Sie ist die Geliebte des Zeus und durch ihn die Mutter von Apollon und Artemis.

Metis, Tochter der Titanen Okeanos und Thetys, Gemahlin des Zeus und Mutter der Athene. Sie ist die Göttin der Klugheit.

Nemesis, Göttin des sittlichen Rechtsgefühls und der gerechten Strafe.

Nike (Victoria), Tochter des Pallas. Sie ist die Göttin des Sieges.

Pan (Faunus), Sohn des Hermes und einer Nymphe, Begleiter des Dionysos. Gott des Waldes und der Herden sowie der Schutzgott der Hirten und Jäger.

Persephone (Proserpina), Tochter des Zeus und der Demeter, Gemahlin des Hades. Persephone ist die Göttin der Unterwelt und des Wachstums.

Rhea, Tochter des Uranos und der Gaia, Schwester und Gemahlin des Kronos. Sie ist die Göttermutter.

Selene (Luna), Tochter der Titanen Hyperion und Theia, Schwester (und Gemahlin) des Helios und der Eos. Göttin des Mondes, Schutzpatronin der Zauberer.

Uranos, Gemahl der Gaia, Vater der Titanen und Kyklopen und Ahnherr aller Götter. Er ist die Personifikation des Himmels; von seinem Sohn Kronos gestürzt.

Der Superman der griechischen Mythologie

Von zwei Frauen, die die »Lust« und die »Tugend« darstellten, dazu aufgefordert, seinen Lebensweg zu wählen, entschied sich »Herkules am Scheidewege« für den Weg der Tugend und der Mühsal. In vielen Taten erwies er sich als die herausragende Heldengestalt der griechischen Mythologie, so in den »zwölf Arbeiten« (»Dodekathlos«) im Dienste des Königs Eurystheus:

1. Erlegen des Nemeischen Löwen.
2. Kampf gegen die neunköpfige Hydra von Lerna.
3. Einfangen der windschnellen Kerynitischen Hirschkuh.
4. Einfangen des Erymanthischen Ebers.
5. Kampf mit den Stymphalischen Vögeln.
6. Reinigen der Ställe des Königs Augias innerhalb eines Tages.
7. Einfangen des Kretischen Stieres.
8. Erringen der Menschen fressenden Rosse des Diomedes.
9. Erbeuten des Gürtels der Amazonenkönigin Hippolyte.
10. Erbeuten der Rinder des Geryoneus, eines dreileibigen Riesen.
11. Rauben der goldenen Äpfel der Hesperiden.
12. Entführen des Unterwelthundes Kerberos (Zerberus) aus dem Hades.

Gruppen der griechischen und römischen Mythologie

Die **Amazonen,** ein äußerst kriegerisches Frauenvolk in Kleinasien, verkehrten nur einmal jährlich mit den Männern benachbarter Völker, um Kinder zu empfangen. Die Jungen töteten sie oder überließen sie ihren Vätern; sie selbst zogen ausschließlich die Mädchen auf und amputierten ihnen angeblich die rechte Brust, damit sie beim Bogenspannen nicht hinderte.

Die **Chariten (Grazien),** Aglaia (Glanz), Euphrosyne (Frohmut) und Thalia (Glück), sind die Töchter des Zeus und der Meeresgöttin Eurynome. Sie sind die Göttinnen der Anmut und Begleiterinnen von Aphrodite und Apollon.

Die **Danaiden** sind die 50 Töchter des Königs Danaos, die (bis auf eine) ihre Männer in der Hochzeitsnacht ermordeten. Zur Strafe müssen sie in der Unterwelt ständig ein durchlöchertes Fass mit Wasser füllen, eine »Danaidenarbeit«, die bis heute für »sinn- und nutzloses Tun« steht.

Die **Dioskuren** sind die unzertrennlichen göttlichen Zwillingsbrüder **Kastor (Castor)** und der Zeussohn **Polydeukes (Pollux),** beide sind Söhne der Leda. Kastor und Polydeukes wurden als Götter der Freundschaft verehrt und galten als Schirmherren der Jünglinge und der Kampfspiele: Kastor als Rossebändiger und Polydeukes als Faustkämpfer. Zeus setzte ihr Bild unter die Sterne als Sternbild der Zwillinge.

Die **Erinnyen (Furien)** sind die drei Rachegöttinnen Tisiphone (die »Rächerin des Mordes«), Allekto (die »Unablässige«) und Magaira (die »Neidische«).

Die **Giganten,** Söhne der Gaia und aus dem Blut des Kronos geboren, sind ein Geschlecht von Riesen mit halb menschlicher, halb drachenähnlicher Gestalt. Zeus und die olympischen Götter können sie nur dank der tatkräftigen Mithilfe des Herakles (»Gigantomachie«) überwinden.

Die **Gorgonen** sind drei weibliche Ungeheuer mit Schlangenhaaren und versteinerndem Blick: Euryale, Stheno und Medusa. Nur Medusa war sterblich. Dem Helden Perseus gelingt es, ihr den Kopf abzuschlagen, indem er sie nur im Spiegel seines polierten Schildes betrachtet und so dem gefährlichen direkten Blick entgeht.

Die **Harpyien** sind die Töchter des Thaumas, der die Wunder der Meere verkörpert, und der Okeanide Elektra. Sie bringen Verderben und haben die Gestalt eines Vogels, aber menschliche Gesichter.

Die **Hekantocheiren** sind riesenhafte Söhne von Uranos und Gaia. Sie haben 50 Köpfe und 100 Arme und helfen Zeus im Kampf gegen die Titanen.

Die **Kentauren (Zentauren),** Wesen mit Pferdeleib und menschlichem Oberkörper. Mit Ausnahme des weisen Cheiron, des Lehrers vieler Helden, galten sie als heimtückisch, gewalttätig und den Menschen feindlich gesonnen.

Die **Kyklopen (Zyklopen),** Söhne des Uranos und der Gaia (bei Homer Söhne Poseidons), sind einäugige Riesen. Von ihnen erhält Zeus Donner und Blitz.

Die **Moiren (Parzen),** die Töchter des Zeus und der Titanin Themis, sind die Schicksalsgöttinnen Klotho, die Spinnerin des Lebensfadens, Lachesis, die Zuteilerin des Lebensloses, und Atropos, die Unabwendbare, die schließlich den Lebensfaden wieder durchschneidet.

Die **Musen (Kamenen),** die neun Töchter des mächtigen Zeus und der Mnemosyne, der Göttin des Gedächtnisses, sind die Göttinnen der Künste und der Wissenschaften. Die Namen der Musen sind: Kalliope (»Schönstimmige«, die Muse der epischen Dichtung), Melpomene (»Singende«, tragische Dichtung), Thalia (»Blühende«, komische Dichtung), Euterpe (»Erfreuende«, Lyrik), Terpsichore (»Reigenfrohe«, Chorlyrik und Tanz), Erato (»Liebevolle«, Liebesdichtung), Polyhymnia (»Hymnenreiche«, Hymnendichtung), Klio (»Rühmerin«, Geschichtsschreibung), Urania (»Himmlische«, Sternkunde).

Die **Nymphen** sind weibliche Naturgottheiten, zuweilen im Gefolge der Artemis, des Hermes, des Dionysos und des Pan. Nach ihren Wohnorten unterscheidet man die Nereiden (im Meer), die Najaden (in Quellen und Bächen), die Oreaden (auf Bergen), die Dryaden (in Bäumen und Wäldern).

Die **Pleiaden** sind die sieben Töchter des Atlas und der Okeanide Pleione. Um sie vor der Nachstellung des Jägers Orion zu retten, versetzte Zeus sie als Siebengestirn an den Himmel.

Die **Satyrn (Faune)** sind streitsüchtige, lüsterne, Wein liebende Naturdämonen im Gefolge des Dionysos. Bei den Satyrn handelt es sich um Mischwesen, halb Mensch, halb Pferd oder bocksgestaltig.

Die **Sirenen** sind Mischwesen mit Vogelkörper und Mädchenköpfen, die von einer Klippe aus die vorüberfahrenden Seeleute durch ihre Gesänge betören und in den Tod locken. Odysseus entgeht den Sirenen, indem er die Ohren seiner Gefährten mit Wachs verstopft; er selbst lässt sich an den Mast seines Schiffes binden und kann auf diese Weise die Gesänge hören, ohne ihrer Verlockung zu erliegen.

Die **Titanen** sind die zwölf Söhne und Töchter des Uranos und der Gaia, die zweite Generation der griechischen Götter: Okeanos, Koios, Krios, Hyperion, Iapetos und Kronos und deren Schwestern/Gemahlinnen Thetys, Phoibe, Eurybie, Theia, Klymene und Rhea.

Gruppen und Gestalten der germanischen Mythologie

Die Asen

Die **Asen** sind das gewaltigste der germanischen Göttergeschlechter, an dessen Spitze Wodan herrscht. Seit Erschaffung der Welt ist Asgard ihr Wohnsitz. Zu den Asen gehören u. a. Donar, Tyr, Baldr, Heimdall und die Göttinnen Nanna und Siv. Den Asen steht das geheimnisvolle ältere Göttergeschlecht der Wanen gegenüber. Der Untergang der Asen bedeutet das Ende der Welt, die Götterdämmerung und den Beginn einer lichtvollen Zukunft.

Wodan (Odin) ist der oberste der Asen, Herr und König der Götter und der Menschen. Er erscheint als Gott der Ekstase, des Krieges, der Toten und als Künder der höchsten Weisheit. Wodans Aufenthaltsort ist Walhall (»Halle der Erwählten«), wo er die im Kampf Gefallenen versammelt. Begleitet wird Wodan von den Raben Hugin (»Gedanke«) und Munin (»Gedächtnis«), die ihm jeden Tag das Weltgeschehen berichten.

Donar (Thor) ist der Sohn Jörds, der Mutter Erde, und Wodans und neben ihm der bedeutendste germanische Gott. Er ist Gott des Donners, verteidigt die Welt der Götter und der Menschen gegen Riesen und Ungeheuer, weiht die Ehen und bringt Fruchtbarkeit. Sein wichtigstes Attribut ist der gewaltige Hammer Mjöllnir. Seine Gemahlin ist Siv, die schönste der Göttinnen.

Tyr (Ziu) war ursprünglich der Himmelsgott, er erscheint aber später als Gott des Krieges und des Zweikampfs und außerdem als Wahrer der Rechte.

Baldr (Baldur) ist der Sohn von Wodan und Freyja sowie Gemahl der Nanna. Er erscheint als Gott des Lichtes und der Fruchtbarkeit, der Verkörperung alles Guten und Gerechten. Auf Anstiftung Lokis wird er von seinem blinden Zwillingsbruder Hödr ermordet.

Bragi ist der Sohn Wodans und Gemahl der Iduna. Er wirkt als Gott der Dichtkunst.

Forseti ist der Sohn von Baldr und Nanna. Er spricht in Asgard als Gerichtsgott bei Göttern und Menschen Recht.

Heimdall ist der alles sehende Himmelswächter der Götter und Überwinder des Loki in der Götterdämmerung.

Hönir ist der Bruder Wodans in Vogelgestalt; wahrscheinlich Vorbild für die Vorstellung vom Kinder bringenden Storch.

Iduna ist die Gemahlin des Bragi. Sie hütet die goldenen Äpfel, die den Göttern ewige Jugend verleihen.

Loki (Lodur) ist Blutsbruder Wodans und erscheint in unterschiedlicher Gestalt. Seine Kinder sind die Midgardschlange, die Todesgöttin Hel und der Wolf Fenrir. In der Götterdämmerung kämpft er gegen die Götter.

Mimir ist der Hüter einer Quelle, deren Wasser Weisheit und Erkenntnis verleiht. Wodan schöpft aus ihr seine geistige Überlegenheit. Nachdem Mimir dem Streit zwischen Asen und Wanen zum Opfer fällt, holt sich Wodan noch von dessen abgeschlagenem Haupt Rat.

Ull (Ullr) ist der Sohn der Siv und Gemahl der Skadi. Der Wintergott geht als Bogenschütze auf Skiern der Jagd nach.

Vidar ist der schweigsame und starke Sohn Wodans und der Riesin Grid. Er rächt Wodan in der Götterdämmerung an Fenrir.

Die Wanen

Die **Wanen** sind ein uraltes germanische Göttergeschlecht, das in den Tiefen der Erde und des Meeres wohnt und den Menschen Fruchtbarkeit und Gedeihen beschert. Zu den Wanen gehören Njörd, Freyr und Freyja. Sie sind die Götter der Fruchtbarkeit, der Schifffahrt, des Handels und der Wohlfahrt. Der Krieg zwischen Wanen und Asen bleibt unentschieden. Mit ihm endet das erste goldene Zeitalter.

Freyja ist die Tochter des Njörd, Schwester von Freyr und Gemahlin Wodans. Sie ist die Ur- und Erdmutter, Göttin der Liebe und der Fruchtbarkeit.

Freyr ist der Sohn des Njörd und Bruder der Freyja. Er wurde als Fruchtbarkeitsgott verehrt und lebte mit Njörd und Freyja als Friedenspfand bei den Asen.

Njörd ist der Vater Freyjas und Freyrs und mit ihnen Geisel bei den Asen. Er wirkt als Gott der Fruchtbarkeit und des Reichtums sowie als Herr der Schifffahrt, der Wind und Meer beruhigt. Seine Frau ist die Wintergöttin Skadi.

Andere Gruppen und Wesen der germanischen Mythologie

Fenrir (Fenriswolf) ist der Sohn Lokis und der Riesin Angurboda. Als gefährlichster Dämon verschlingt er in der Götterdämmerung Wodan und wird von dessen Sohn Vidar getötet.

Die Riesin **Hel** ist Göttin des Totenreichs, der Wohnstätte aller nicht im Kampf Gestorbenen.

Die **Midgardschlange** ist ein von Loki und der Riesin Angurboda gezeugtes Ungeheuer. Sie ringelt sich im Weltmeer rings um die als Scheibe gedachte Erde. In der Götterdämmerung wird sie von Donar erschlagen, der aber selbst an ihrem giftigen Atem stirbt.

Die **Nornen** sind die Schicksalsgöttinnen Urd (Vergangenheit), Werdandi (Gegenwart) und Skuld (Zukunft). Sie leben an der Schicksalsquelle am Fuß der Weltesche Yggdrasil.

Die **Walküren (»Totenwählerinnen«)** bestimmen in der Schlacht Sieg und Tod der Helden und führen die Gefallenen nach Walhall.

Philosophie

Die Liebe zur Weisheit

Unsere abendländische Philosophie hat ihren Ursprung in der griechischen Philosophie, die etwa 600 v. Chr. entstand. Bedeutende philosophische Systeme unabhängig von der abendländischen Tradition entwickelten sich u. a. in China und Indien. Womit sich die Philosophie beschäftigt, ist – anders als bei den Einzelwissenschaften – nicht klar festgelegt. Letztlich jedoch kreist alle Philosophie um die Probleme »Was ist der Mensch?«, »Was ist der Ursprung aller Dinge?« oder, um mit Immanuel Kant zu fragen: »Was kann ich wissen, was soll ich tun, was darf ich hoffen?«

Die 5 klassischen Disziplinen der Philosophie

Logik	Wissenschaft von der Struktur, den Formen und Gesetzen des Denkens sowie vom folgerichtigen Schließen
Erkenntnistheorie	Lehre von den Ursprüngen, Voraussetzungen, Bedingungen, Methoden, Zielen und Grenzen des begründeten Wissens
Ethik	Lehre vom sittlichen Verhalten des Menschen (Moralphilosophie)
Ästhetik	Wissenschaft von den Gesetzen der Kunst und des Schönen
Metaphysik	Wissenschaft von den hinter der sinnlich erfahrbaren Welt liegenden Urgründen und letzten Zusammenhängen des Seins

Als erster Philosoph der griechischen und europäischen Denktradition gilt **Thales von Milet** (*um 625, †um 547), da er versuchte, rational zu erklären, also Naturprozesse nicht mehr auf mythische Ereignisse zurückführte, sondern auf Vorgänge in der Natur selbst.

12 bedeutende Philosophen

Pythagoras

Schon zu Lebzeiten wurde Pythagoras (*um 570, †um 480) von seinen Schülern als Weiser verehrt. Der Grieche begründete in Süditalien eine philosophisch-religiöse Lebensgemeinschaft, deren Anhänger sich **Pythagoreer** nannten und die ihre Lehre geheim hielten. In Pythagoras' Naturphilosophie bildeten Zahlen und ihre Ordnung Wesen und Struktur aller Dinge, eine Auffassung, die wohl auch in der ihm zugeschriebenen Entdeckung gründet, dass musikalische Harmonien auf Zahlenverhältnissen beruhen und sich die Bewegung der Gestirne in Zahlen ausdrücken lässt.

__Sokrates__ wurde wegen »Verführung der Jugend« zum Tod durch den Schierlingsbecher verurteilt.

Die Philosophen als Mathematiker

Thales und Pythagoras gelten als die Entdecker zweier wichtiger mathematischer Lehrsätze. Der »Satz des Thales« besagt, dass jeder Winkel, dessen Scheitel auf einem Halbkreis liegt und dessen Schenkel mit dem Kreisdurchmesser ein Dreieck bilden, ein rechter Winkel ist. Der »Satz des Pythagoras« besagt, dass im rechtwinkligen Dreieck mit den Seiten a, b und c die Summe der Quadrate über der Katheten a und b gleich dem Quadrat über der Hypotenuse c ist: $a^2+b^2 = c^2$.

Sokrates

Schriftliches hat Sokrates (*um 470, †399) nichts hinterlassen. Seine Lehre – vor allem von seinen Schülern Platon und Xenophon übermittelt – zeigte sich im Gespräch. Auf den Plätzen und Straßen Athens wusste Sokrates seine Mitbürger in Gespräche zu verwickeln und ihnen dabei durch kritisches Fragen ihre Unkenntnis bewusst zu machen. Er selbst begegnete deren selbstsicherem Auftreten stets mit der bis heute sprichwörtlichen Haltung »Ich weiß, dass ich nichts weiß«. Im Dialog gelang es Sokrates mithilfe seiner Fragetechnik – von ihm selbst »Hebammenkunst« (Maieutik) genannt –, aus seinem Dialogpartner Wissen hervorzulocken, von dem dieser selbst nichts ahnte. Dabei ging er davon aus, dass Erkennen nur Wiedererinnern (Anamnesis) sei. Als Moralphilosoph vertrat Sokrates die Auffassung, dass das begründete Wissen des Guten bereits das richtige Handeln nach sich ziehe.

Platon

Von Sokrates übernahm Platon (*428/427, †348/347) den Dialog als Mittel, stufenweise zur Wahrheit zu gelangen. Sein Interesse richtete sich dabei vor allem auf das Erkennen des Wesens einer Sache. Diesem Erkenntnisinteresse liegt die platonische Ideenlehre zugrunde: Die sichtbare Welt ist bloßes »Abbild« ewiger, unveränderlicher Urbilder, der Ideen; was ein sinnlich erfahrbares Ding zu eben diesem Ding macht, ist festgelegt durch die Idee, an der es »teilhat«, d. h., dem es sein Sein verdankt. Die Erkenntnis der Idee eines Dings führt somit auch zum Erkennen des Dings selbst. Als politischer Philosoph entwarf Platon in der »Politeia« den idealen Staat: In einem dreigeteilten Ständestaat herrschen die Philosophen aufgrund ihrer tieferen Einsicht über den Kriegerstand und die untere Klasse von Bauern, Händlern und Handwerkern.

Aristoteles

Nicht allein Gelehrter, sondern auch Erzieher Alexanders des Großen war Aristoteles (*384, †322). Seine Forschungen erstreckten sich auf viele Gebiete, die er – anders als sein Lehrer Platon – erstmals in Wissenschaftsdisziplinen einteilte. Sein Werk enthält Schriften zur Metaphysik, Physik, Biologie, Seelenlehre, Astronomie, Meteorologie, Ethik, Politik, Poetik und Rhetorik. Zudem begründete er die Logik in syllogistischer Form, d. h., aus zwei Voraussetzungen (Prämissen) – z. B. »Alle Menschen sind Lebewesen« und »Alle Lebewesen sind sterblich« – wird ein Schluss (Konklusion) – »Alle Menschen sind sterblich«. In seiner »Ersten Philosophie«, die später nach seinem Hauptwerk »Metaphysik« benannt wurde, ging es ihm um das Sein des Seienden, also um die Erkenntnis des Wesens der sinnlich wahrnehmbaren Dinge. In seiner Ethik, die um die Frage der Glückseligkeit als des höchsten Gutes kreist, schuf er eine Jahrhunderte überdauernde Tugendlehre. Sie mündet in die Staatslehre, die auf der menschlichen Bestimmung als »Zoon politikon«, eines Wesens, das auf Gemeinschaft hin orientiert ist, gründet.

Augustinus

Der wichtigste Vertreter der Patristik, der Philosophie der Kirchenväter zwischen dem 1. und dem 7. nachchristlichen Jahrhundert, ist der lateinische Kirchenlehrer Augustinus (*354, †430). Das noch junge Christentum musste sich gegen seine Kritiker und Gegner verteidigen, denn gerade die christliche Lehre vom Schöpfergott oder der Dreifaltigkeit war dem antiken Denken fremd. Die Philosophie sollte helfen, indem sie ein Weltbild entwarf, das mit der christlichen Offenbarung vereinbar war. Augustinus' Philosophie ist eine solche christliche Philosophie. Er versuchte, die wichtigsten Sätze des christlichen Glaubens philosophisch mithilfe einer Terminologie zu erörtern, die auf Platon und den Neuplatonismus zurückging. In seinem Hauptwerk »Über den Gottesstaat« (De civitate Dei) propagiert er den idealen Staat, der an der ewigen Ordnung Gottes orientiert ist.

Thomas von Aquin

Im Mittelpunkt der philosophischen Diskussion zwischen dem 8. und dem 16. Jahrhundert stand das Verhältnis von Theologie und Philosophie: Hat die Vernunft (ratio) über die Wahrheit zu entscheiden oder die kirchliche Autorität? Wie können Glaubenswahrheiten rational begründet werden? Die philosophisch-theologische Richtung, die sich mit diesen Fragen beschäftigte, nennt man Scholastik. Der Dominikanermönch Thomas von Aquin (*1225, †1274), einer der bedeutendsten Scholastiker, fand eine vermittelnde Lösung in dieser Frage. Er erkannte die Berechtigung des Wissens –

Höhlengleichnis

Platon verwendete das so genannte Höhlengleichnis, um zu verdeutlichen, dass die Wahrnehmung der sichtbaren Dinge von der Erkenntnis der Wahrheit weit entfernt ist: In einer Höhle sind Menschen so an ihre Sitze gefesselt, dass sie nur auf die Wand vor ihnen blicken können. Auf diese werden durch ein für sie unsichtbares Feuer Schatten geworfen von Gegenständen, die am Höhleneingang vorbeigetragen werden. Da die Gefesselten nur die Schatten kennen, halten sie diese für die Realität. Nur wer sich von den Fesseln befreit hat – der Philosoph –, vermag die Gegenstände selbst und damit die wahre Wirklichkeit zu erkennen.

Thomas meinte hier zwar vor allem die wieder entdeckte aristotelische Wissenschaft – neben dem Glauben an, ordnete aber die Philosophie der auf Autoritätswissen basierenden Theologie unter. Seiner Lehre zufolge vermag die Vernunft die Wirklichkeit objektiv zu erkennen. Das jenseits davon liegende Reich des Übernatürlichen, in dem die christlichen Glaubenswahrheiten der göttlichen Offenbarung aufgehoben sind, entzieht sich jedoch dem Zugriff der vernunftmäßigen Erkenntnis. In seinem monumentalen Hauptwerk, der »Summa theologiae« (1267–1273), stellt Thomas seinen Versuch, zu einer Synthese von Glauben und Wissen zu gelangen, dar.

»Ich denke, also bin ich.«

(René Descartes)

René Descartes

Die Philosophiegeschichtsschreibung lässt das Denken der Neuzeit mit dem französischen Philosophen, Mathematiker und Physiker René Descartes (*1596, †1650) beginnen. Während die Denker vor ihm ihre Erkenntnisse absicherten, indem sie sich auf Autoritäten wie etwa andere Philosophen oder die Bibel beriefen, wollte Descartes das menschliche Wissen neu begründen, ohne auf die Tradition zurückzugreifen. Seine Methode war daher, an allem zu zweifeln und nichts gelten zu lassen, was nicht selbst erkannt worden war. Sein Zweifel führte ihn schließlich zu der Erkenntnis, dass das Einzige, was sich nicht weiter bezweifeln lässt, die Tatsache des Zweifelns selbst ist, also des Denkens. Dies führte Descartes zu seinem berühmtem Grundsatz »Ich denke, also bin ich«. Von ihm ausgehend und mithilfe seines Beweises der Existenz Gottes, des so genannten ontologischen Gottesbeweises, wies er dann nach, dass eine ihrem Wesen nach mathematisch strukturierte Außenwelt, die zuvor dem Zweifel zum Opfer gefallen war, bestehen muss. Seine These, dass die Körperwelt (Res extensa, »das ausgedehnte Ding«) unüberbrückbar vom Geistigen (Res cogitans, »das denkende Ding«) getrennt sei, wurde grundlegend für die neuzeitliche Sicht des Leib-Seele-Verhältnisses.

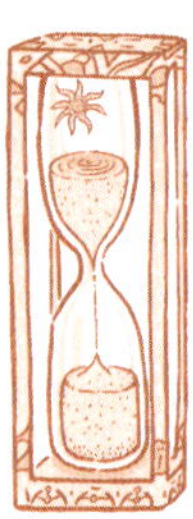

Immanuel Kant privat

Kant pflegte einen strengen Tagesablauf einzuhalten, von dem er nicht abwich. Um 5 Uhr stand er auf, nahm zum Frühstück eine Tasse Tee und rauchte eine Pfeife. Im Schlafrock begann er zu arbeiten und bereitete sich auf die tägliche Vorlesung vor, die er von 7–9 Uhr abhielt. Von 9–13 Uhr arbeitete er an seinen Büchern. Von 13–16 Uhr nahm er das Mittagessen ein – übrigens seine einzige Mahlzeit am Tag. Zum Mittagessen waren oft Freunde und Bekannte eingeladen. Um 16 Uhr machte Kant seinen Spaziergang; er ging immer denselben Weg. Nach einigen Stunden leichter Lektüre am Abend ging er um 22 Uhr zu Bett.

Immanuel Kant

Immanuel Kant (*1724, †1804) wurde im ostpreußischen Königsberg geboren und starb ebenda, ohne die Provinz Königsberg je verlassen zu haben. Dennoch schuf er ein weit gespanntes Werk, das die Basis für das moderne Denken legte. Kant war skeptisch gegenüber der bisherigen Metaphysik mit ihrem Anspruch, objektive Erkenntnisse über Gott, Freiheit und Unsterblichkeit bieten zu können. Er warf daher einen kritischen Blick auf die Autorität des metaphysischen Denkens, nämlich auf die Vernunft selbst, und suchte in seiner »Kritik der reinen Vernunft« (1781) Quellen und Grenzen der Erkenntnis zu bestimmen. Dabei ging er von einer bahnbrechenden These aus: Unsere Erkenntnis bildet nicht, wie bisher angenommen, Gegenstände so ab, wie sie wirklich und unabhängig vom Erkennenden sind, sondern die Gegenstände erscheinen lediglich, und zwar geprägt von den Anschauungsformen Raum und Zeit sowie den Denkformen bzw. Verstandesbegriffen (z.B. Kausalität); diese Formen liegen, so Kant, im menschlichen Erkenntnisapparat bereit, sind also keine Formen der Wirklichkeit selbst. Diese These führt zu einer grundsätzlichen Begrenzung der menschlichen Erkenntnis. In seinem ethischen Hauptwerk »Kritik der praktischen Vernunft« (1788) stellte Kant ein allgemeines Sittengesetz auf, den »kategorischen Imperativ«: »Handle so, dass die Maxime deines Willens jederzeit zugleich als Prinzip einer allgemeinen Gesetzgebung gelten könne.«

Arthur Schopenhauer

Arthur Schopenhauer (*1788, †1860) gilt als Hauptvertreter des metaphysisch begründeten Pessimismus. Er wandte sich gegen den aufklärerischen Optimismus des 18. Jahrhunderts, für den die gegebene »die beste aller möglichen Welten« (Leibniz) war. Schopenhauer dagegen sah die Welt als bloßes Streben, Vernichtung, Kampf und Leiden. In der »Welt als Wille und Vorstellung« (1819) interpretiert er die Welt dualistisch, einerseits im Sinne Kants als Erscheinung bzw. subjektive »Vorstellung«, als Konstrukt unserer Erkenntnisformen; andererseits wirke im Inneren der Erscheinungen ein blinder »Wille«, ein ewiges Begehren, ein Drang zur Vereinzelung, der sich in der Natur manifestiert, etwa in den Instinkten, dem Selbsterhaltungs- und dem Fortpflanzungstrieb. Dieser Drang macht das Leben »strebend, leidend, irrend« – »jeder befriedigte Wunsch gebiert einen neuen« – und damit sinnlos. Die Erlösung erblickt Schopenhauer in der Schau des Wesens der Welt im Medium der Kunst, vor allem der Musik, auf Dauer jedoch nur in der Verneinung des Willens, in der Selbstabtötung und im Nichtsein im Sinne des buddhistischen Nirwana.

Friedrich Nietzsche

Die christliche Kultur sah Friedrich Nietzsche (*1844, †1900) einem Verfallsprozess unterworfen, der sich im Nihilismus ausdrücke: Welt und Leben sind ohne Sinn, alle überkommenen Wertvorstellungen nichts als Ideologien und als bloßes menschliches Machwerk erkannt, »Gott ist tot!«. Diesen Nihilismus – u.a. in »Also sprach Zarathustra« (1883–1891) und »Die fröhliche Wissenschaft« (1881/82) diagnostiziert – begriff Nietzsche als Schicksal der Kultur. Da unabwendbar, müsse dessen Entwicklung befördert werden, und zwar durch eine »Umwertung aller Werte«: durch die Parteinahme für die Freuden des ungehemmten Lebens (»bleibt der Erde treu«) gegen christliche Tugendlehre und sokratisches Erkenntnisideal, die Förderung der Starken gegenüber den Schwachen, eine »Herrenmoral« anstelle der christlichen »Sklavenmoral«. Nietzsche übernahm Schopenhauers Begriff des »Willens« als des inneren Wesens der Welt, konkretisierte ihn als »Willen zur Macht« und forderte dessen freie Entfaltung.

»Gelobt sei, was hart macht!«

Friedrich Nietzsche (»Zarathustra«)

Ludwig Wittgenstein

Es ist vor allem Ludwig Wittgenstein (*1889, †1951) zu danken, dass Sprache ins Zentrum des philosophischen Interesses rückte. In seinem »Tractatus logico-philosophicus« (1921) suchte er philosophische Probleme als Sprachprobleme zu entlarven und wies die Notwendigkeit von Sprachanalyse und Sprachkritik als Voraussetzung dafür nach, zu einer richtigen Sicht der Welt zu gelangen. Er zeigte, dass die Formen einer Sprache die Gestalt der Welt bzw. des Lebens des Sprechenden ausmachen. In den »Philosophischen Untersuchungen« erkannte er als die Wurzeln des Sinns und der Bedeutung von Sprache die Art und Weise, wie die Menschen ihr Leben gestalten.

Martin Heidegger

In seinem Hauptwerk »Sein und Zeit« (1927) begründete Martin Heidegger (*1889, †1976) die »Fundamentalontologie«. Erneut stellte er die alte Frage der Metaphysik nach dem Sein, dem Wesen alles Seienden. Ausgangspunkt sind für ihn aber nicht metaphysische Theorien über das Sein, sondern das unreflektierte Seinsverständnis, auf dessen Grundlage der Mensch immer schon seine Umwelt behandelt und sich Gedanken über sie macht. Die existenziellen Bedingungen dieses aller Lebenspraxis und aller Theorie immer schon zugrunde liegenden »In-der-Welt-Seins« arbeitete Heidegger heraus und gewann so eine neue Begrifflichkeit, um das Sein als Sein angemessen zu untersuchen. Heideggers Philosophie hat großen Einfluss ausgeübt, u.a. auf den französischen Existenzialismus, die evangelische und katholische Theologie, die Literaturwissenschaften, aber auch auf zahlreiche Schriftsteller, Dichter und bildende Künstler.

Schopenhauer *zitierte angesichts des zunächst ausbleibenden Erfolgs seiner Werke einen Aphorismus Christoph Lichtenbergs: »Solche Werke sind wie Spiegel: Wenn ein Affe hineinguckt, kann kein Apostel heraussehen.«*

12 philosophische Richtungen und Schulen

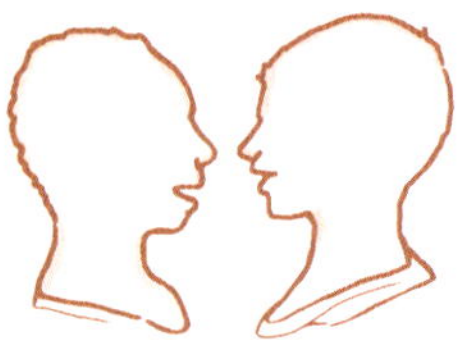

Die Sophisten

Die Sophisten – mit Protagoras (*um 480, †421) und Gorgias (*um 485, †380) als wichtigsten Vertretern – waren Wanderlehrer, die im 5. Jahrhundert v. Chr. in den Zentren Griechenlands gegen Bezahlung öffentlich auftraten und die Söhne wohlhabender Bürger unterrichteten. Sie wollten eine höhere, zum politischen Handeln befähigende Bildung vermitteln und lehrten daher vor allem Rhetorik, Poetik und Ethik. Sie wandten sich gegen traditionelle Glaubenssätze und philosophische Lehren, die für sich objektive Wahrheit beanspruchten, mit der Begründung, dass jede Erkenntnis relativ, d. h. durch den Standpunkt des Erkennenden bedingt sei, eine Lehre, die Protagoras in dem Satz »Der Mensch ist das Maß aller Dinge« (Homo-mensura-Satz) zusammenfasste. Das negative Bild der Sophisten heute rührt vor allem von Platon her, der sie in seinen Dialogen als Wortverdreher auftreten lässt, denen es nicht um begründetes Wissen, sondern um bloßes Überreden gehe.

Die Kyniker

Die Lehre der Kyniker – gesellschaftliche »Aussteiger« der Antike – geht auf den Sokratesschüler Antisthenes (*445, †360) zurück. Selbstverwirklichung und Seelenruhe machen ihrer Ansicht nach das glückliche Leben aus. Voraussetzung hierfür seien innere und äußere Unabhängigkeit, die wiederum durch Bedürfnislosigkeit, Enthaltsamkeit und Abhärtung zu realisieren seien.

Sophistischer Skepzizismus

Der Sophist Gorgias setzte der zu seiner Zeit verbreiteten Lehre des Parmenides von Elea (*um 515, †um 445) vom unbewegten, ewig Seienden die folgenden skeptizistischen Thesen entgegen:

1. Es ist nichts.
2. Wäre aber etwas, so würde es unerkennbar sein.
3. Wäre etwas und dies zudem erkennbar, so wäre es doch nicht mitteilbar.

Die Stoa

Die Stoa wurde von Zenon von Kition (*um 335, †262), um 300 v. Chr. in Athen gegründet. Benannt wurde diese Philosophenschule nach dem Versammlungsort, der Stoa Poikile (= bunte Säulenhalle) in Athen. Nach der stoischen Lehre besteht das glückselige Leben in dem Einklang mit dem kosmischen Weltgesetz. Der Mensch lebt in Übereinstimmung, wenn er annimmt, was das göttliche Gesetz bringt, denn er hat darüber keine Verfügungsgewalt. Beeinflussen kann er lediglich seine Einstellung zur Außenwelt. Um von allem Äußeren, wie etwa Besitz, Gesundheit oder gesellschaftlicher Stellung, unabhängig zu werden, versucht der stoische Weise, sich von Affekten wie Lust, Begierde oder Furcht zu befreien, und erstrebt einen leidenschaftslosen Zustand, die Apathie. Zur Stoa gehörten u. a. Seneca (*4 v. Chr., †65 n. Chr.) und der römische Kaiser Mark Aurel (*121, †180).

Die Epikureer

Die Schule der Epikureer wurde von Epikur (*341, †271) in Athen gegründet. Nach seiner Lehre ist die oberste Richtschnur des menschlichen Handelns die »Lust«, womit körperliches Wohlergehen und Gemütsruhe gemeint sind, jedoch keineswegs die hemmungslose Sinnenlust. Tugendhaftes Handeln als Voraussetzung für ein glückseliges Leben wird nach Epikur nicht um seiner selbst willen, sondern wegen der Lust, die daraus entspringt, verwirklicht.

Die Mystik

Die Vertreter der Mystik (griechisch myein »sich schließen« [der Lippen und Augen]) suchten ein unmittelbares religiöses Erleben statt des lediglich distanzierten Erkennens des Göttlichen. Bedingung hierfür sind das Loslassen aller weltlichen Dinge, das Sich-freimachen von allen Wünschen und ichbezogenen Gedanken: die »Abgeschiedenheit« (Meister Eckhart). Metaphysische Grundlage der Mystik ist, so Meister Eckhart (*1260, †1328), die Vorstellung einer Anwesenheit Gottes in dem so genannten »Seelenfünklein« in jedem Menschen, wonach Gott also immer schon da sei, nur nicht erkannt, Ziel des Sichversenkens also die Vereinigung von Seele und Gott (Unio mystica). Bedeutende abendländische Mystiker waren Bernhard von Clairvaux (*1091, †1153), Hildegard von Bingen (*1098, †1171) und Mechthild von Magdeburg (*1210, †1282). Andere Religionen bildeten ebenfalls mystische Strömungen aus, so das Judentum den Chassidismus, der Islam den Sufismus, der Buddhismus das Zen, die chinesische Religion den Taoismus.

Der Rationalismus

Nachdem in der Renaissance das Denken langsam begonnen hatte, sich aus den religiösen Bindungen zu befreien, entwickelte sich eine Wissenschaft, die sich allein auf Vernunft (Ratio) und Erfahrung (Empirie) berief. Der Rationalismus des 17. Jahrhunderts betonte die Bedeutung der Vernunft für das Erkennen und ging davon aus, dass die Struktur der Welt der Vernunft gemäß, also logisch und gesetzmäßig, beschaffen ist und dass die menschliche Vernunft aus sich selbst heraus diese Beschaffenheit erkennen kann. Als Vorbild reiner Vernunfterkenntnis galt die Mathematik, an der sich die entstehende Naturwissenschaft orientierte. Bedeutende rationalistische Systeme stammen etwa von Baruch Spinoza (*1632, †1677), der seine »Ethik« »more geometrico« (»nach Art der Geometrie«) entwarf, von Gottfried Wilhelm Leibniz (*1646, †1716), René Descartes (*1596, †1650) und Blaise Pascal (*1623, †1662).

Der Empirismus

Etwa zur gleichen Zeit wie die Rationalisten, aber im strengen Gegensatz zu ihnen, vertraten die englischen Philosophen des Empirismus Thomas Hobbes (*1588, †1679), John Locke (*1632, †1704) und David Hume (*1711, †1776) die Auffassung, dass gültige Erkenntnis allein auf Erfahrung (Sinnesempfindung, Beobachtung und Experiment) gegründet sei. Den Empiristen zufolge ist nichts im Verstand, was nicht zuvor in den Sinnen gewesen ist. Das menschliche Bewusstsein vor dem ersten Sinneseindruck verglich Locke mit einem unbeschriebenen Blatt Papier, das erst durch Erfahrung zu Inhalten gelangt.

Diogenes in der Tonne

Der berühmteste Kyniker, Diogenes von Sinope (*um 412, †um 323), soll in einer Tonne gelebt haben. Einer überlieferten Anekdote zufolge gab er, als Alexander der Große ihn besuchte und fragte, welchen Wunsch er ihm erfüllen könne, zur Antwort: »Geh mir aus der Sonne.«

Die Aufklärung

Als »Zeitalter der Aufklärung« bezeichnete sich selbst die bedeutendste geistesgeschichtliche Strömung des 18. Jahrhunderts, die sich auf alle Lebensbereiche erstreckte. Nach den komplizierten philosophischen Gedankengebäuden und rationalistischen Systemen des 17. Jahrhunderts wollte man jetzt die neu errungenen Erkenntnisse praktisch anwenden. Immanuel Kant definierte Aufklärung als den »Ausgang des Menschen aus seiner selbst verschuldeten Unmündigkeit«. Danach war es das erklärte Ziel der Aufklärer, gegen Autoritätsglauben, Vorurteile und Bevormundung des Menschen anzugehen. Die Vernunft sollte jeden Menschen zu selbstbewusstem Denken und selbstbestimmtem Handeln leiten. Sie galt als einzige Autorität bei der Erkenntnis der Wahrheit und der Aufstellung von ethischen, politischen, gesellschaftlichen, sozialen und wirtschaftlichen Normen. Vor allem die Offenbarungsreligionen und die ständische Gesellschaftsordnung wurden einer radikalen Kritik unterzogen. Stattdessen forderten die Aufklärer religiöse Toleranz und einen auf dem Naturrecht gegründeten Gesellschaftsvertrag. Bedeutende Aufklärer waren Gottfried Wil-

Hedonismus

Die Lehre des Epikur ist nicht zu verwechseln mit dem Hedonismus, den Aristippos (*435 v. Chr., † um 366 v. Chr.) begründete. Dieser lässt als Erkenntnisgründe nur die Empfindungen gelten, als höchsten Wert die Lust; das Streben nach Lust bestimme alles menschliche Handeln bzw. solle es bestimmen.

helm Leibniz (*1646, †1716), Christian Wolff (*1679, †1754), Voltaire (*1694, †1778), Jean-Jacques Rousseau (*1712, †1778) und Immanuel Kant (*1724, †1804).

Der Idealismus

Den Idealismus als Grundposition kennt die Philosophie spätestens seit Platon. Es handelt sich um eine Auffassung, die die Welt und das Sein ihrem Wesen nach als Idee und Geist bestimmt und die Materie als deren bloße Erscheinungsform begreift. Im engeren Sinne ist der deutsche Idealismus eine philosophische Richtung, die vom Ende des 18. Jahrhunderts bis etwa 1830 herrschte. Sie begann mit Immanuel Kants kritischer Philosophie, ging jedoch über diese hinaus. Ihre Vertreter Johann Gottlieb Fichte (*1762, †1814), Georg Wilhelm Friedrich Hegel (*1770, †1831) und Friedrich Wilhelm Joseph Schelling (*1775, †1854) leiten die gesamte Wirklichkeit metaphysisch aus einem geistigen Prinzip ab.

»Ein Gespenst geht um in Europa – das Gespenst des Kommunismus.«

(aus dem »Kommunistischen Manifest«)

Der Materialismus

Ähnlich wie der Idealismus ist auch der Materialismus eine philosophische Theorie, die es schon in der antiken Philosophie gab. Im genauen Gegensatz zum Idealismus versucht er, Gott, Geist oder Idee auf die Materie zurückzuführen. Der mechanistische Materialismus, der unter Materie Atome und deren Mechanik versteht, entwickelte sich in der ersten Hälfte des 18. Jahrhunderts vor allem innerhalb der französischen Aufklärung. Im 19. Jahrhundert wurde er nach dem Zusammenbruch des deutschen Idealismus zu einer bestimmenden philosophischen Grundhaltung. Vertreter eines anthropologischen Materialismus, für dessen Materiebegriff der Mensch und dessen zwischenmenschliche Beziehungen wesentlich sind, ist Ludwig Feuerbach (*1804, †1872). Vertreter des historischen Materialismus, der Materie vor allem als soziale Verhältnisse und deren geschichtliche Dynamik begreift, sind Karl Marx (*1818, †1883) und Friedrich Engels (*1820, †1895).

Der Marxismus

Karl Marx (*1818, †1883) und Friedrich Engels (*1820, †1895) entwickelten den Materialismus in ihren philosophischen, politisch-sozialen und ökonomischen Lehren zum so genannten historischen Materialismus weiter. Danach wird die menschliche Geschichte von den gesellschaftlichen Bewegungen, das Sein des Menschen also nicht von seinem Bewusstsein, sondern von den sozialen und ökonomischen Verhältnissen bestimmt. Hauptwerke des Marxismus sind das »Kommunistische Manifest« (1847/48) und Karl Marx' Schrift »Das Kapital« (1867, 1885–1894). Wladimir Iljitsch Lenin (*1870, †1924) übertrug die Lehren von Marx und Engels auf die sozialen und politischen Verhältnisse im Russland des frühen 20. Jahrhunderts. Ab 1924 suchte Jossif Wissarionowitsch Stalin (*1879, †1953) die Lehren von Marx, Engels und Lenin zusammenzufassen und reklamierte sie für die Kommunistische Partei der Sowjetunion unter der Bezeichnung Marxismus-Leninismus als verbindliche Weltanschauung.

Der Existenzialismus

Ende der 1920er-Jahren entstand in Deutschland eine philosophische Richtung, die auf die Erschütterungen des menschlichen Daseins vor allem durch die Erfahrung des Ersten Weltkriegs reagierte. Diese Existenzphilosophie (Martin Heidegger [*1889, †1976], Karl Jaspers [*1883, †1969]) stellte als bestimmende Grunderfahrungen des Menschen existenzielle Erlebnisse wie Angst, Sorge, Tod, Scheitern, Ekel, Nichts und die Absurdität der Welt heraus. Aus dieser Philosophie entwickelten im Frankreich der 40er-Jahre Jean-Paul Sartre (*1905, †1980) und Albert Camus (*1913, †1960) den Existenzialismus. Hiernach erlebt der Mensch sein Dasein und die Wirklichkeit als völlig sinnlos. Es gibt kein transzendentes Wesen (keinen Gott) mehr, das einen Sinn vorgeben könnte. Verdammt dazu, frei zu sein und selbstverantwortlich handeln zu müssen, hat jeder Mensch seiner Existenz selbst einen Sinn zu geben, den es im zwischenmenschlichen Bereich zu suchen gilt.

Sprache und Literatur

Ausdruck des Denkens, Fühlens und Wollens

Die Sprache ist ein Mittel der Verständigung, der Kommunikation. Forscher schätzen, dass die menschliche Sprachfähigkeit etwa 40 000 Jahre alt ist; die Entstehung von Sprache ist aber bis heute wissenschaftlich nicht geklärt. Man vermutet, dass die Anfänge der Sprache auf die Nachahmung von Tierlauten, den Ausdruck von Emotionen oder die Notwendigkeit, gemeinsames Handeln zu koordinieren, zurückgehen.

Schrift und Literatur entstanden in den frühen Hochkulturen, etwa im 3. Jahrtausend v. Chr. in Babylonien und Ägypten. Die ältesten erhaltenen schriftlichen Zeugnisse sind Urkunden, Rechnungen oder Warenlisten. Die dafür benötigte Schrift war einfach und ohne sprachliche Feinheiten. Erst als das Schriftsystem so erweitert wurde, dass alle Teile der Sprache wiedergegeben werden konnten, entstanden dichterische Texte.

Sprachen der Erde

Die Zahl der auf der Erde gesprochenen Sprachen wird auf 2500 bis 5500 geschätzt. Die einzelnen Sprachen unterscheiden sich zum Teil sehr stark voneinander, häufig sogar, obwohl sie zu ein und derselben Sprachfamilie gehören, sich also aus ein und derselben Grundsprache entwickelt haben. Die deutsche Sprache gehört zur Sprachfamilie der indogermanischen Sprachen, zu denen etwa auch die französische, die griechische, die russische und die persische Sprache sowie die indische Amtssprache Hindi zählen.

1. Afrikanische Sprachen (Afrika):

a) Hamitosemitische (afroasiatische) Sprachen: Berbersprachen; Kuschitensprachen: Oromo, Somali u. a.; semitische Sprachen; tschadische oder Tschadsprachen: Haussa u. a.

b) Khoisan-Sprachen: Buschmannsprachen, Hottentottisch u. a.

c) Kongo-kordofanische (nigritische) Sprachen: Kordofan-Sprachen; Niger-Kongo-Sprachen (Benue-Kongo-Sprachen: Bantusprachen mit Suaheli, Xhosa, Zulu u. a.; Kwa-Sprachen: Akan, Ewe, Ibo, Yoruba u. a.; Mande-Sprachen: Bambara, Mende u. a.; Westatlantische Klassensprachen: Ful, Diola, Wolof u. a.).

d) Nilosaharanische Sprachen: Fur, Kanuri, Songhai u. a.

2. Altaische Sprachen (Asien, Europa):

a) Japanisch.

b) Koreanisch.

c) Mongolische Sprachen: Burjatsch; Chalcha-(Khalkha-)Mongolisch; Kalmückisch; Oiratisch u. a.

d) Tungusische Sprachen: Ewenisch, Ewenkisch, Mandschu, Nanaisch u. a.

e) Turksprachen: Baschkirisch, Karakalpakisch, Kasachisch, Kirgisisch, Kumückisch, Nogaisch, Tatarisch; Altaisch, Chakassisch, Jakutisch, Tuwinisch; Aserbaidschanisch, Gagausisch, Türkisch, Turkmenisch; Uigurisch, Usbekisch; Tschuwaschisch.

3. Australische Sprachen (Australien).

4. Austrische Sprachen

a) Austroasiatische Sprachen (Asien): Mon-Khmer-Sprachen (Khmer [Kambodschanisch], Mon u. a.); Munda-Sprachen (Mundari, Santali u. a.)

a) Austronesische Sprachen (Asien, Madagaskar, Ozeanien): malaiopolynesische Sprachen (Bahasa, Indonesia, Balinesisch, Javanisch, Maduresisch, Malagasy, Malaiisch, Sundanesisch, Tagalog); ozeanische Sprachen: melanesische Sprachen, mikronesische Sprachen, polynesische Sprachen.

5. Dravidasprachen (Asien):

Kannada, Malayalam, Tamil, Telugu u. a.

6. Indianersprachen:

a) Nordamerika: Algonkin, Cherokee, Ojibwa, Chocktaw, Cree, Creek, Dakota, Irokesisch, Navajo u. a.

b) Mittelamerika mit Mexiko: Maya, Mixtekisch, Nahuatl, Otomí, Zapotekisch u. a.

c) Südamerika: Aimara, Araukanisch, Aruak, Gê, Guaraní, Ketschua, Tupí u. a.

7. Indogermanische Sprachen (alle Erdteile):

a) Albanisch.

b) Armenisch.

c) Baltische Sprachen: Lettisch, Litauisch.

d) Germanische Sprachen: Deutsch, Englisch, Friesisch, Luxemburgisch, Niederländisch; Dänisch, Färöisch, Isländisch, Norwegisch, Schwedisch; Afrikaans; Jiddisch.

e) Griechisch.

f) Indoarische Sprachen: Assami, Bengali,

Babylonische Sprachverwirrung

Die Rede vom »babylonischen Sprachengewirr« für die verwirrende Vielfalt von Sprachen, die an einem Ort gesprochen werden, geht auf das Alte Testament zurück. Im ersten Buch Mose wird vom Bau des Babylonischen Turms, der bis in den Himmel reichen sollte, berichtet. Als Strafe für diesen Hochmut ließ Gott alle, die am Bau beteiligt waren, in unterschiedlichen Sprachen sprechen, sodass sie sich nicht mehr verständigen und den Turm somit nicht vollenden konnten.

Gujarati, Hindi, Hindustani, Marathi, Nepali, Oriya, Panjabi, Rajasthani, Romani, Sindhi, Singhalesisch, Urdu u. a.

g) Iranische Sprachen: Belutschi, Kurdisch, Neupersisch, Ossetisch, Paschto, Tadschikisch u. a.

h) Keltische Sprachen: Bretonisch, Irisch, Kymrisch (Walisisch), Schottisch-Gälisch u. a.

i) Romanische Sprachen: Französisch, Italienisch, Katalanisch, Portugiesisch, Bündnerromanisch, Rumänisch, Sardisch, Spanisch, Provenzalisch.

j) Slawische Sprachen: Russisch, Ukrainisch, Weißrussisch; Kaschubisch, Polnisch, Slowakisch, Sorbisch, Tschechisch; Bulgarisch, Makedonisch, Serbisch, Kroatisch, Slowenisch.

8. Kaukasische Sprachen (Asien, Europa):

a) Nordwestkaukasische Sprachen: Abchasisch, Adygeisch (Tscherkessisch) u. a.

b) Ostkaukasische Sprachen: Awarisch, Darginisch, Lakkisch, Lesgisch, Inguschisch, Tschetschenisch u. a.

c) Südkaukasische Sprachen oder Kartwellsprachen: Georgisch u. a.

9. Paläosibirische Sprachen (Nordostasien):

Giljakisch, Jukagirisch, Ketisch, Tschuktschisch u. a.

10. Semitische Sprachen (Asien, Afrika):

a) Nord(west)semitisch: Hebräisch, Syrisch.

b) Süd(west)semitisch: Nordarabisch, Südarabisch (mit den semitischen Sprachen Äthiopiens: Amharisch, Geez, Tigre, Tigrinja u. a.).

11. Sinotibetische Sprachen (Ost- und Südostasien):

Sino-Tai-Sprachen: Chinesisch, Laotisch, Thai u. a.; tibetobirmanische Sprachen: Birmanisch, Lolo, Tibetisch u. a.

12. Uralische Sprachen (Europa, Asien):

a) Finnougrische Sprachen: Estnisch, Finnisch, Ingrisch, Karelisch, Lappisch, Livisch, Wepsisch, Wotisch; Mordwinisch, Tscheremissisch; Syrjänisch, Wotjakisch; Ostjakisch, Wogulisch; Ungarisch.

b) Samojedisch.

13. Isolierte Sprachen und Sprachen mit noch ungeklärter Zuordnung:

Baskisch, Vietnamesisch, Papuasprachen (Asien, Melanesien, Neuguinea), Eskimoisch (Nordamerika, Grönland).

Die 15 meistgesprochenen Sprachen (Muttersprache)

Chinesisch	über 1 Milliarde
Englisch	350 Millionen
Spanisch	250 Millionen
Hindi	200 Millionen
Russisch	165 Millionen
Arabisch	150 Millionen
Bengali	150 Millionen
Portugiesisch	140 Millionen
Japanisch	120 Millionen
Deutsch	110 Millionen
Französisch	100 Millionen
Pandschabi	70 Millionen
Javanesisch	65 Millionen
Bihari	65 Millionen
Italienisch	60 Millionen
Telugu	55 Millionen

Zählt man die Sprecher, für die die jeweilige Sprache Verkehrs- oder Amtssprache ist, liegt die englische Sprache mit 1,4 Milliarden Sprechern an erster Stelle, gefolgt von Chinesisch (1 Milliarde), Hindi (700 Millionen), Spanisch (280 Millionen), Russisch (280 Millionen) und Französisch (270 Millionen). Die deutsche Sprache liegt bei dieser Zählung mit 100 Millionen Sprechern auf Rang 12.

Künstliche Sprachen

Künstliche Sprachen sind im Gegensatz zu den natürlichen Sprachen wie Deutsch oder Englisch nicht historisch gewachsen, sondern zu bestimmten Zwecken geschaffen worden. Zu den künstlichen Sprachen zählen etwa die Welthilfssprachen oder die Programmiersprachen.

Die Welthilfssprachen sind mit einer vereinfachten Grammatik und einem kleinen Wortschatz ausgestattet und sollen der internationalen Verständigung dienen. Seit den ersten Versuchen im 19. Jahrhundert, eine neutrale und leicht erlernbare Sprache zu schaffen, gibt es mittlerweile etwa 1000 Entwürfe für Welthilfssprachen, von denen jedoch keine eine praktische Bedeutung als Verkehrssprache erlangt hat. Bekannt geworden sind lediglich das Basic English (1930) von C. K. Ogden und das Esperanto (1887) des polnischen Arztes L. Zamenhof, das bis heute die weiteste Verbreitung gefunden hat.

Die Zeichen, Zeichenfolgen sowie die Bedeutung der verwendeten Zeichen von Programmiersprachen müssen eindeutig festgelegt sein, damit die Programme von der Datenverarbeitungsanlage ausgeführt werden können. Das unterscheidet die Programmiersprachen von den natürlichen Sprachen, die sowohl im Wortschatz als auch in der grammatischen Struktur häufig mehrdeutig sind.

Was unterscheidet das Deutsche von den anderen germanischen Sprachen?

In der Geschichte der germanischen Sprachen traten zwei grundlegende Veränderungen im Lautsystem auf, bei denen sich bestimmte Laute, insbesondere Mitlaute, zu anderen »verschoben«. Während die erste oder germanische Lautverschiebung in allen germanischen Sprachen auftrat und diese von anderen indogermanischen Sprachen trennte, unterscheidet sich die deutsche Sprache von den übrigen germanischen Sprachen durch die zweite oder hochdeutsche Lautverschiebung. Bei ihr verwandelten sich in einem langen Prozess z. B. die germanischen Laute »p«, »t« und »k« in die hochdeutschen Laute »f«, »s« und »ch«. Erkennen lässt sich dies, wenn man deutsche Wörter mit bedeutungsgleichen Wörtern aus dem Englischen oder auch aus dem Niederdeutschen, das die hochdeutsche Lautverschiebung nicht vollzogen hat, vergleicht: »dat«/»that« – »das«; »maken«/»to make« – »machen«; »open« – »offen«; »water« – »Wasser«.

Sprache bei Tieren

Auch Tiere verständigen sich untereinander. Sie verwenden dabei meist angeborene Signalzeichen, etwa Lock-, Warn- oder Drohrufe. Eine zum Stock zurückgekehrte Biene teilt ihren Genossinnen durch einen Schwänzeltanz Entfernung, Richtung und Ertrag einer Futterquelle mit. Die Kommunikationsformen der Tiere haben jedoch mit der menschlichen Sprache wenig zu tun. Die Forscher gehen davon aus, dass die tierischen Äußerungen weniger eigene Ausdruckswünsche als vielmehr Reaktionen auf vorgegebene Reize sind. Auch die mit dem Menschen nahe verwandten Schimpansen sind zu menschlicher Kommunikation nicht fähig. Sie entwickeln zwar innerhalb einer Gruppe eine »Sprache« aus Lauten und Gebärden, die die Artgenossen erlernen können. Versuche hingegen, den Affen die menschliche Sprache beizubringen, scheiterten allein schon daran, dass die Tiere aufgrund ihrer Kehlkopfanatomie nicht in der Lage sind, die notwendigen Laute zu bilden.

Entwicklung der deutschen Sprache

Die deutsche Sprache gehört innerhalb der indogermanischen Sprachfamilie zu den germanischen Sprachen. Wahrscheinlich wurde die indogermanische Sprache bereits in der Jungsteinzeit (5. Jahrtausend v. Chr.) gesprochen und war über ganz Europa und große Teile Vorderasiens und Vorderindiens verbreitet. In den beiden Jahrtausenden v. Chr. bildete sich das Germanische aus dem Indogermanischen. Aus den Dialekten der westgermanischen Stämme entwickelte sich schließlich die deutsche Sprache. Sie unterscheidet sich von den anderen germanischen Sprachen durch die so genannte zweite Lautverschiebung, bei der das Hochdeutsche entstand. Die Geschichte der deutschen Sprache wird gegliedert in das Althochdeutsche (etwa 750–1050), das Mittelhochdeutsche (etwa 1050–1350), das Frühneuhochdeutsche (etwa 1350–1650) und das Neuhochdeutsche (ab 1650). Das älteste bekannte Schriftwerk in deutscher Sprache ist der »Abrogans«, eine lateinische Synonymensammlung, die um 770 verdeutscht wurde.

Schriften

Die Anfänge der Schrift gehen ins 7. Jahrtausend v. Chr. zurück. Die Steinzeitmenschen verwendeten einfache Zeichen, die sie in Stöcke, Steine oder Ton ritzten, um sich etwa die Anzahl von Tieren einer Herde zu merken oder um Dinge als ihr Eigentum auszuweisen. In dem Maß, wie die wirtschaftlichen Verhältnisse komplizierter wurden, stiegen auch die Ansprüche an das Zeichensystem, das diese Verhältnisse festhalten sollte. So entstanden um 3000 v. Chr. die ersten vollständigen Schriftsysteme: die Keilschrift in Babylonien und die Hieroglyphen in Ägypten. Die Hieroglyphen sind vereinfachte Bildzeichen, die für ganze Worte stehen (Wortschrift). Die Keilschrift ist eine Mischform aus Wortschrift und Silbenschrift, das heißt, es gibt Zeichen für ganze Wörter und für Silben. Die erste Schrift, die anstelle mehrerer Hundert Wort- und Silbenzeichen nur 22 Zeichen für die einzelnen Laute der Wörter enthielt, war die phönikische Schrift, die um 1200 v. Chr. entstand. Sie ist die Urform aller Buchstabenschriften, zu denen die griechische, unsere lateinische, die kyrillische, die arabische, die hebräische und die indische Schrift gehören.

Wortungetüme

Die deutsche Sprache kann aufgrund ihrer Fähigkeit, beliebig viele Wörter aneinander zu reihen, reinste Wortungetüme hervorbringen, so z. B. den Namen für ein Landesgesetz, den sich das Landwirtschaftsministerium Mecklenburg-Vorpommern ausgedacht hat: Das »Rinderkennzeichnungs- und Rindfleischetikettierungsüberwachungsaufgabenübertragungsgesetz« zählt ganze 91 Buchstaben. Als einer der längsten Ortsnamen gilt der Name des walisischen Ortes Llanfairpwllgwyngyllgogerychwyrndrobwllllantysiliogogogoch. Im 19. Jahrhundert als Touristenattraktion ausgedacht und mittlerweile ebenso berühmt wie unaussprechbar, zählt er 58 Buchstaben und bedeutet so viel wie »Die Kirche St. Mary in der Mulde des weißen Haselnussstrauchs nahe bei einem reißenden Strudel und der Kirche von St. Tysilio der roten Höhle«. Auf 77 Buchstaben bringt es der Name eines Berghügels in Southern Hawke's Bay auf Neuseeland. Die Einheimischen nennen ihn Taumatawhakatangihangakoauauotamateaturipukakapikimaungapokaiwhenuakitanatahu, was so viel heißt wie »Der Hügel, auf dem Tamatea, der Mann mit den großen Knien, der das Land durchwanderte, sein Klagelied auf der Flöte zum Andenken an seinen Bruder spielte«.

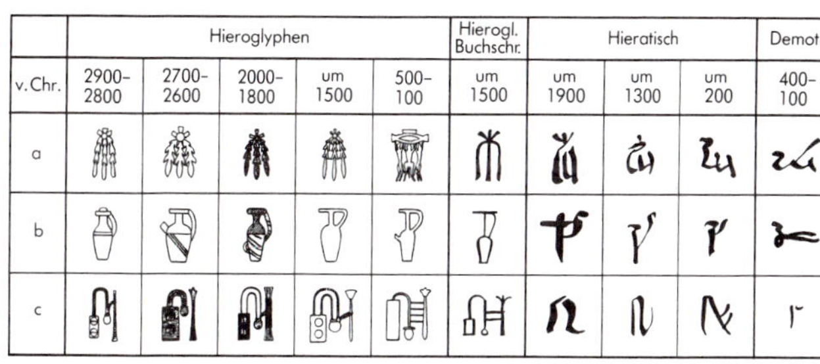

Wichtige Schriftsysteme

a 3 Fuchsfelle, Lautwert ms
b Steinkrug mit Henkel, Lautwert hnm
c Schreibgerät, bestehend aus Palette, Wassertöpfchen und Rohrbehälter, Lautwert ss

Hieroglyphen

Das Wort »Hieroglyphen« kommt aus dem Griechischen und bedeutet »heilige Zeichen«. Hieroglyphen sind Schriftzeichen mit sehr bildhaftem Charakter. Die Bildzeichen wurden später im Hieratischen und im Demotischen abstrakter. Die altägyptische Hieroglyphenschrift besteht aus Zeichen, die Wörter darstellen, und Zeichen, die Laute wiedergeben. Hieroglyphische Schriftsysteme finden sich auch noch in den mesoamerikanischen Kulturen, im Industal und auf der Osterinsel.

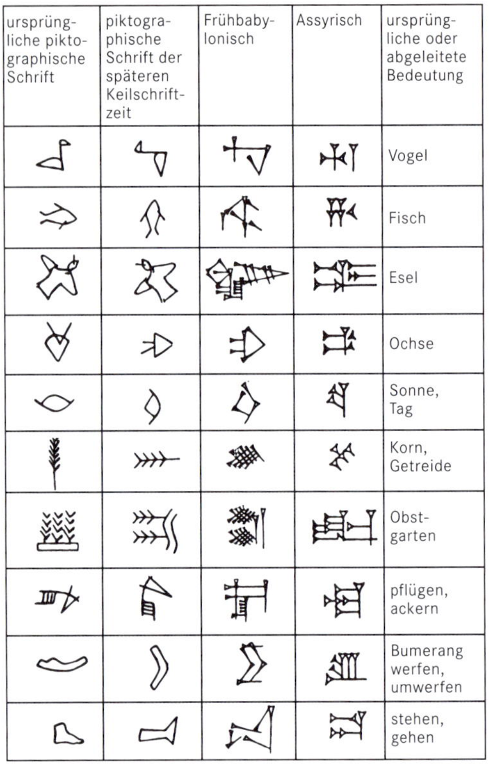

Keilschrift

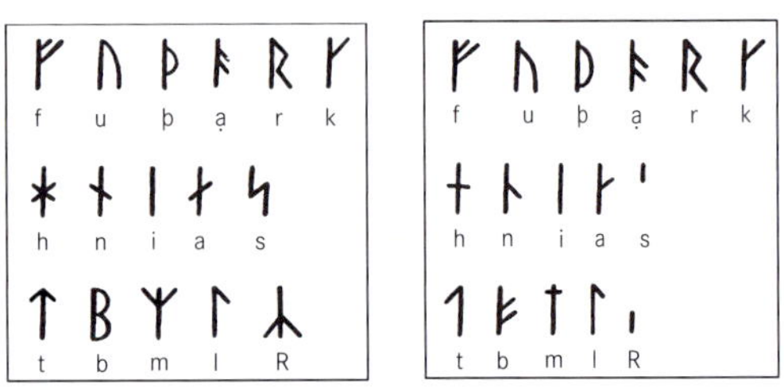

Runen

Das griechische Alphabet

Buchstabe	Name
Α, α	Alpha
Β, β	Beta
Γ, γ	Gamma
Δ, δ	Delta
Ε, ε	Epsilon
Ζ, ζ	Zeta
Η, η	Eta
Θ, θ	Theta

Buchstabe	Name
Ι, ι	Jota
Κ, κ	Kappa
Λ, λ	Lambda
Μ, μ	My
Ν, ν	Ny
Ξ, ξ	Xi
Ο, ο	Omikron
Π, π	Pi

Buchstabe	Name
Ρ, ρ	Rho
Σ, σ, ς	Sigma
Τ, τ	Tau
Υ, υ	Ypsilon
Φ, φ	Phi
Χ, χ	Chi
Ψ, ψ	Psi
Ω, ω	Omega

Transkription und Transliteration griechischer Buchstaben

I Griechischer Buchstabe
II ISO-Transkription[1]
III ISO-Transliteration[1]

I	II	III
α	a	a
αι	ai	ai
αυ[2]	av	au
αυ[3]	af	au
β[4]	v	v
γ	g	g
γγ	ng	gg
γκ	gk	gk
γχ[5]	nch	gh
δ	d	d
ε	e	e
ει	ei	ei

I	II	III
ευ[2]	ev	eu
ευ[3]	ef	eu
ζ	z	z
η[6]	i	ī, i¯
θ	th	th
ι	i	i
κ	k	k
λ	l	l
μ	m	m
ν	n	n
ξ	x	x
ο	o	o

I	II	III
οι	oi	oi
ου	ou	ou
π	p	p
ρ	r	r
σ, ς[7]	s	s
τ	t	t
υ	y	y
φ[8]	f	f
χ	ch	ch
ψ	ps	ps
ω	o	ō, o¯

[1] Nach ISO 843: 1997 (E); weitere Angaben s. dort.
[2] Vor β, γ, δ, ζ, λ, μ, ν, ρ und Vokalen.
[3] Vor θ, κ, ξ, π, σ, τ, φ, χ, ψ und am Wortende.
[4] In klassischen Texten und traditionell meist als b wiedergegeben.
[5] In klassischen Texten und traditionell als gch wiedergegeben.

Keilschrift

Die Keilschrift entwickelte sich in Babylonien und Assyrien aus einer Bilderschrift durch Vereinfachung und Abstraktion. Benannt ist sie nach den keilförmigen Strichen, die durch das Eindrücken der Rohrgriffel in den noch feuchten Ton entstanden. Sie besteht neben Wortzeichen auch aus Silbenzeichen, die nicht den Wortsinn, sondern dessen Lautwert wiedergeben. Nach der Entstehung um 2900 v. Chr. bei den Sumerern war die Keilschrift um 1400 v. Chr. die international verwendete Schrift des Alten Orients.

Runen

Runen (von germanisch run »Geheimnis, Geraune«) sind die ältesten germanischen Schriftzeichen, die vom 2. Jahrhundert n. Chr. bis zur Christianisierung der germanischen Stämme und der damit verbundenen Einführung der lateinischen Schrift gebräuchlich waren. Das Runenalphabet wurde nach den ersten sechs Zeichen »Fuþark« (þ ausgesprochen wie das englische th) oder »Futhark« genannt.

Griechische Schrift

Die alten Griechen übernahmen gegen Ende des 11. Jahrhunderts v. Chr. das Alphabet der Phöniker ohne grundlegende Änderung der äußeren Form. Die griechische Schrift war die erste europäische Buchstabenschrift. Auf sie gehen alle modernen europäischen Schriftsysteme zurück.

Kyrillische Schrift

Die griechische Schrift verbreitete sich im Gebiet der orthodoxen Kirche auch bei einem Teil der Slawen. Aus der griechischen Majuskel entstand – benannt nach dem Slawenapostel Kyrillos – die so genannte Kyrilliza. Die kyrillische Schrift wurde seit dem 10. Jahrhundert die alleinige Schrift der griechisch-orthodoxen Slawen. Vor allem die russische Sprache wird in kyrillischer Schrift wiedergegeben.

Transkription und Transliteration kyrillischer Buchstaben (für die russische Sprache)

I Kyrillischer Buchstabe
II Aussprachenahe Transkription
III Transliteration nach DIN 1460

I	II	III
А, а	a	a
Б, б	b	b
В, в	w	v
Г, г	g	g
Д, д	d	d
Е, е	e, je[1]	e
Ё, ё	jo	ë
Ж, ж	sch	ž
З, з	s	z
И, и	i	i
Й, й	i[2]	j[2]

I	II	III
К, к	k	k
Л, л	l	l
М, м	m	m
Н, н	n	n
О, о	o	o
П, п	p	p
Р, р	r	r
С, с	ss	s
Т, т	t	t
У, у	u	u
Ф, ф	f	f

I	II	III
Х, х	ch	ch
Ц, ц	z	c
Ч, ч	tsch	č
Ш, ш	sch	š
Щ, щ	schtsch	šč
Ы, ы	y	y
Ь, ь	Weichheitszeichen	’
Э, э	e	ė
Ю, ю	ju	ju
Я, я	ja	ja

[1] je steht am Wortanfang, nach russischem Vokalbuchstaben und nach dem Weichheitszeichen.
[2] Entfällt nach И, и.

Hebräische Schrift

Die bis heute übliche hebräische Quadratschrift entwickelte sich aus dem assyrischen Alphabet und wurde seit dem 1. Jahrhundert

hebräische Schrift

Konsonantenzeichen

Name	Zeichen	moderne Schreibschrift	wissenschaftliche Umschrift	gängige Wiedergaben
Aleph	א	א	’[1]	–
Bet	ב	ב	v, b[2]	v (w), b
Gimel	ג	ג	ḡ, g[2]	g
Dalet	ד	ד	ḏ, d[2]	d
He	ה	ה	h[4]	h
Waw	ו	ו	w	w (v)
Zajin	ז	ז	z	z, s
Chet	ח	ח	ḥ	ch, h
Tet	ט	ט	ṭ	t
Jod	י	י	y	j, y
Kaf	כ ך[3]	כ ך[3]	ḵ, k[2]	ch, kh, k
Lamed	ל	ל	l	l
Mem	מ ם[3]	מ ם[3]	m	m
Nun	נ ן[3]	נ ן[3]	n	n
Samech	ס	ס	s	s
Ajin	ע	ע	‘	–
Pe	פ ף[3]	פ ף[3]	f, p[2]	f, p
Zade	צ ץ[3]	צ ץ[3]	ẕ	z, tz, s
Kof	ק	ק	q	k, q
Resch	ר	ר	r	r
Sin	שׂ	שׂ	ś	s
Schin	שׁ	שׁ	š	sch, sh
Taw	ת	ת	ṯ, t[2]	th, t

Vokalzeichen

Name	Zeichen	wissenschaftliche Umschrift
Patach	◌ַ	a
Kametz	◌ָ	ạ
Kametz Chatuf	◌ָ	ǫ
Segol	◌ֶ	ę
Sere	◌ֵ	e
Chirek	◌ִ	i
Cholem	◌ֹ	o
Kibutz	◌ֻ	u
Chatef Patach	◌ֲ	ă
Chatef Segol	◌ֱ	ę̆
Chatef Kametz	◌ֳ	ŏ
Schwa (Murmelvokal)	◌ְ	ě

[1] Wird am Wortanfang nicht wiedergegeben; wird am Wortende durch Querstrich über dem letzten Vokal wiedergegeben. – [2] Das zweite Zeichen gibt den entsprechenden hebräischen Buchstaben mit Dagesch lene (› · ‹, z. B. im ›בּ‹), d. h. mit der Aussprache als Verschlusslaut wieder. – [3] Das zweite Zeichen ist die Buchstabenvariante am Wortende. – [4] Wird am Wortende durch Trema über dem letzten Vokal wiedergegeben.

v. Chr. verwendet. Sie bestand ursprünglich nur aus 22 Konsonantenzeichen. Seit dem 5. Jahrhundert n. Chr bemühte man sich, die überlieferte Aussprache der Vokale durch Punkte und Striche über und unter den Buchstaben festzuhalten. Das heute gebräuchliche System von Vokalzeichen wurde etwa um 900 n. Chr. entwickelt. Geschrieben wird von rechts nach links.

arabische Schrift

Buchstabe	Name	Buchstabe	Name
ا	Alif	ض	Dad
ب	Ba	ط	Ta
ت	Ta	ظ	Tza
ث	Tha	ع	Ain
ج	Dschim	غ	Ghain
ح	Ha	ف	Fa
خ	Cha	ق	Kaf
د	Dal	ك	Kaf
ذ	Dhal	ل	Lam
ر	Ra	م	Mim
ز	Zaj	ن	Nun
س	Sin	ه	Ha
ش	Schin	و	Waw
ص	Sad	ى	Ja

Arabische Schrift

Die arabische Schrift entwickelte sich seit dem 3.–4. Jahrhundert n. Chr. und geht auf die altsemitische Konsonantenschrift zurück. Im 7. Jahrhundert bildete sich die heute gebräuchliche Neschi-Schrift heraus. Das arabische Alphabet besteht aus 28 Zeichen für Konsonanten, die im Wortzusammenhang häufig ihre Gestalt ändern. Obwohl die Schriftzeichen sehr kompliziert anmuten, ist die arabische Schrift der lateinischen hinsichtlich der Schreibgeschwindigkeit und Flüssigkeit überlegen.

Dewanagari

Dewanagari ist die wichtigste indische Schrift. Sie entstand seit etwa 700 n. Chr. In ihr sind die klassischen Sanskrittexte abgefasst und werden Hindi, die indische Amtssprache, und die Regionalsprache Marathi geschrieben. Wie alle indischen Schriften ist auch sie rechtsläufig und kennt Zeichen für Vokale und Konsonanten sowie Zusatzzeichen.

Chinesische Schrift

Die chinesische Schrift ist die älteste heute noch gebräuchliche Schrift. Sie ist eine im 2. Jahrtausend v. Chr. aus einer Bilderschrift hervorgegangene Wortschrift, d. h., jedem Wort ist ein Zeichen zugeordnet. Insgesamt

***Sanskrit**, die klassische indische Kultursprache, war vom 5. Jh. v. Chr. bis etwa 1000 n. Chr. alleinige Literatursprache und wird heute noch als Gelehrtensprache gepflegt.*

Altindisch (Dewanagari)

Vokale					
Anlaut	In-, Auslaut	Translit.	Anlaut	In-, Auslaut	Translit.
अ	–	a	ॠ	ॄ	ṝ
आ	ा	ā	ऌ	ॢ	ḷ
इ	ि	i	ॡ	ॣ	ḹ
ई	ी	ī	ए	े	e
उ	ु	u	ऐ	ै	ai
ऊ	ू	ū	ओ	ो	o
ऋ	ृ	ṛ	औ	ौ	au

Konsonanten					
Zeichen	Translit.	Zeichen	Translit.	Zeichen	Translit.
क्	k	ठ्	ṭh	ब्	b
ख्	kh	ड्	ḍ	भ्	bh
ग्	g	ढ्	ḍh	म्	m
घ्	gh	ण्	ṇ	य्	y
ङ्	ṅ	त्	t	र्	r
च्	c	थ्	th	ल्	l
छ्	ch	द्	d	व्	v
ज्	j	ध्	dh	श्	ś
झ्	jh	न्	n	ष्	ṣ
ञ्	ñ	प्	p	स्	s
ट्	ṭ	फ्	ph	ह्	h

Schriftzeichenklassen der chinesischen Schrift

1. Einfache Bilder

木 Baum   子 Kind   人 Mensch
山 Berg   女 Frau   日 Sonne

2. Symbolische Bilder

Sonne 日 über dem Horizont 一 = »früh« 旦
Sonne 日 hinter dem Baum 木 = »Osten« 東

3. Symbolische Zusammensetzungen

zwei Bäume 木 = »Wald« 林
Sonne 日 und Mond 月 = »hell« 明
Frau 女 und Kind 子 = »gut lieben« 好
Frau 女 unter dem Dach = »Friede« 安

4. Umkehrung

Fürst 后 umgekehrt = »Beamter« 司

5. Entlehnte Zeichen

之 zhi »hingehen« = Objektspronomen der 3. Person oder Genitiv- bzw. Attributpartikel

安 an »Friede« = Fragepartikel »ob, wie, wieso«

6. Zeichen mit sinnangebendem und tonangebendem Element

Insekt 虫, das lautet wie 堂 tang »Halle« = »Fangheuschrecke« 螳

chinesische Schriftzeichen

alte Form	moderne Form	Bedeutung	Erklärung
	手	Hand	Unterarm mit fünf Fingern
	木	Baum	Stamm mit Zweigen und Wurzeln
	子	Kind	
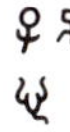	心	Herz	
	雨	Regen	Himmelsgewölbe mit Regentropfen
	貝	Kostbarkeit, Reichtum	Kauri-schnecke

gibt es heute etwa 50 000 Schriftzeichen. Für den täglichen Gebrauch genügen jedoch 2000 bis 4000 Zeichen. Die chinesische Schrift verläuft ursprünglich von oben nach unten und von rechts nach links. Seit 1958 wird in Querzeilen von links nach rechts geschrieben.

Die chinesischen Sprachen und die chinesische Schrift

Während sich im deutschen Sprachraum die Bayern mit den Ostfriesen mithilfe der hochdeutschen Standardsprache verständigen können, gibt es »die« chinesische Sprache als einheitliche Hochsprache, die von allen Chinesen verstanden wird, nicht. Stattdessen werden in China einzelne Dialekte gesprochen, wie zum Beispiel Kantonesisch im Süden oder Mandarin im Norden und Westen Chinas. Die Dialekte unterscheiden sich untereinander oft so wie etwa das Italienische vom Portugiesischen. Das einzige Mittel, mit dem sich alle Chinesen verständigen können, ist die Schrift, die von den Dialekten unabhängig ist.

	ワ わ wa	ラ ら ra	ヤ や ya	マ ま ma	ハ は ha	ナ な na	タ た ta	サ さ sa	カ か ka	ア あ a
	ヰ ゐ (w)i	リ り ri		ミ み mi	ヒ ひ hi	ニ に ni	チ ち chi	シ し shi	キ き ki	イ い i
		ル る ru	ユ ゆ yu	ム む mu	フ ふ fu	ヌ ぬ nu	ツ つ tsu	ス す su	ク く ku	ウ う u
	ヱ ゑ (w)e	レ れ re		メ め me	ヘ へ he	ネ ね ne	テ て te	セ せ se	ケ け ke	エ え e
ン ん n	ヲ を (w)o	ロ ろ ro	ヨ よ yo	モ も mo	ホ ほ ho	ノ の no	ト と to	ソ そ so	コ こ ko	オ お o

Japanische Schrift: Katakana (oben) Hiragana (Mitte) Lateinumschrift (Romaji)

Japanische Schrift

Die ursprünglich schriftlosen Japaner übernahmen um 400 n. Chr. die voll entwickelte chinesische Schrift. Da sich das Japanische mit den chinesischen Wortzeichen nicht angemessen wiedergeben ließ, wurden einige Wortzeichen nur zur Wiedergabe von Lauten bzw. Silben verwendet. Die 48 Silbenzeichen des Japanischen werden in einer 50-Laute-Tafel (Gojuonzu) angeordnet. Für jede Silbe haben sich im Lauf der Zeit zwei Schreibweisen he-

Gebärdensprache

Jede Gebärdensprache ist ein visuelles Zeichensystem, das sich nicht nur der Handzeichen, sondern auch der Körperhaltung und der Mimik bedient. In der Gehörlosenforschung wurden nationale spezielle Gebärden aus vereinbarten künstlichen Zeichen als Kommunikationssysteme entwickelt. In der deutschen Gebärdensprache (DGS) wird unter anderem auf rund 30 Handformen zurückgegriffen. Die Fingersprache wurde um 1550 von dem Spanier Pedro Ponce de León (* 1520, + 1584) in den Taubstummenunterricht eingeführt. Für jeden Buchstaben wurde eine Hand- bzw. Fingerstellung festgelegt.

Ziffern

Die europäischen Sprachen verwenden durchgehend Buchstabenschriften, also Schrifttypen, bei denen den einzelnen Lauten grafische Zeichen, die Buchstaben, zugeordnet werden. Bei unseren Ziffern jedoch handelt es sich um eine Wortschrift, also einen Schrifttyp, bei dem ein Schriftzeichen für ein ganzes Wort steht, wie z. B. die Zeichen »2« oder »7« für »zwei« oder »sieben«. Die Ziffern sind daher international verwendbar.

rausgebildet: Katakana und Hiragana. Die Lateinumschrift wird Romaji genannt. Geschrieben wird traditionell von oben nach unten in Zeilen von rechts nach links, moderne Texte auch waagerecht von links nach rechts.

Morsealphabet

Das Morsealphabet entwickelte der amerikanische Maler und Erfinder Samuel Morse (* 1791, † 1872) im Jahre 1838. Es bezeichnet Buchstaben, Ziffern und Satzzeichen mithilfe einer Kombination aus Punkten und Strichen. Übertragen wurden die Zeichen mit dem Morseapparat. Die handbetätigte Morsetaste erzeugt Stromstöße im Rhythmus der Zeichen, die ein elektromagnetisch betätigter Schreibstift auf einem bewegten Papierstreifen aufzeichnet. Das Morsealphabet wurde 1929 international durch das Telegrafenalphabet abgelöst.

Morsealphabet

a	· –	v	· · · –
ae	· – · –	w	· – –
à, å	· – – · –	x	– · · –
b	– · · ·	y	– · – –
c	– · – ·	z	– – · ·
ch	– – – –	1	· – – – –
d	– · ·	2	· · – – –
e	·	3	· · · – –
é	· · – · ·	4	· · · · –
f	· · – ·	5	· · · · ·
g	– – ·	6	– · · · ·
h	· · · ·	7	– – · · ·
i	· ·	8	– – – · ·
j	· – – –	9	– – – – ·
k	– · –	0	– – – – –
l	· – · ·		
m	– –	Punkt	· – · – · –
n	– ·	Komma	– – · · – –
ñ	– – · – –	Doppelpunkt	– – – · · ·
o	– – –	Bindestrich	– · · · · –
oe	– – – ·	Apostroph	· – – – – ·
p	· – – ·	Klammer	– · – – · –
q	– – · –	Fragezeichen	· · – – · ·
r	· – ·	Notruf:	
s	· · ·	SOS	· · · – – – · · ·
t	–	Irrung	· · · · · · · ·
u	· · –	Verstanden	· · · – ·
ue	· · – –	Schlusszeichen	· – · – ·

Blindenschrift

In der ersten Hälfte des 19. Jahrhunderts entwickelte der französische Lehrer Louis Braille (* 1809, † 1852), der bereits im Alter von drei Jahren erblindet war, die bis heute gebräuchliche Blindenschrift oder Brailleschrift. Die Grundlage der Buchstaben, Ziffern und Zeichen bilden sechs erhabene Punkte, die in zwei Reihen zu je drei Punkten angeordnet sind. Sie können von Blinden abgetastet werden.

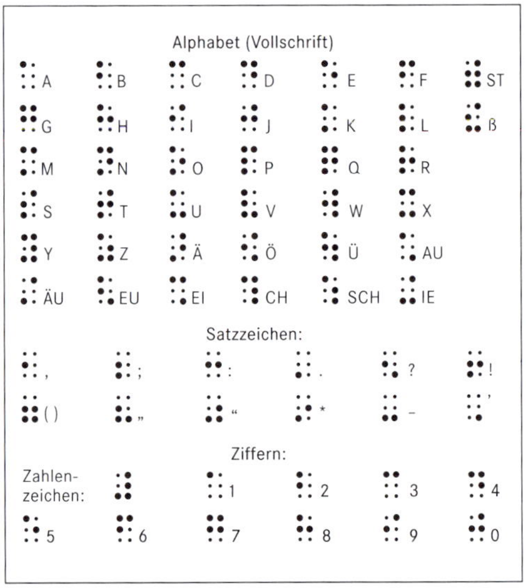

Die Anfänge der Literatur

Die babylonisch-assyrische Literatur

Die Literatur des alten Zweistromlandes aus der Zeit von etwa 2500 v. Chr. bis ins 1. Jahrtausend v. Chr. ist in akkadischer Sprache verfasst. Sie umfasst Königs- und Götterhymnen, religiöse Texte, Mythen und Epen, aber auch Gebrauchstexte, wie z. B. den »Codex Hammu-

rapi«, die auf einer Dioritstele eingemeißelte Gesetzessammlung des Königs Hammurapi (1728–1686 v. Chr.). Ein großer Teil des Schrifttums ist in Abschriften aus jüngerer Zeit erhalten, die der assyrische König Assurbanipal (um 650 v. Chr.) in seiner Tontafelbibliothek in Ninive sammelte. Das bedeutendste Werk der babylonischen Literatur ist das Gilgamesch-Epos, das von den Taten des sumerischen Königs Gilgamesch (um 2600 v. Chr.) berichtet und in einer assyrischen Fassung aus dem 7. Jahrhundert v. Chr. erhalten ist.

Die ägyptische Literatur

Das erhaltene altägyptische Schrifttum besteht vor allem aus Urkunden, Briefen, Rechnungen und wissenschaftlichen Werken. Der Anteil an Literatur im engeren Sinn ist gering. Überliefert ist vor allem Kultliteratur für den täglichen Tempeldienst, Totenliteratur, die den Toten mit ins Grab gegeben wurde wie »Amudat« (um 1500 v. Chr), Lebenslehren, die auswendig zu lernen waren wie die Lehre des Ptahhotep (um 2400 v. Chr.), Schulliteratur, die der Rechtschreibübung diente und viele Sachinformationen enthielt wie die »Lehre des Cheti« (um 1970 v. Chr.), und eine Reihe von Liedern und Hymnen sowie Erzählungen. Das bedeutendste erzählerische Werk ist die »Geschichte des Sinuhe« (um 1950 v. Chr.), die von einem ägyptischen Beamten berichtet, der aus politischen Gründen nach Asien flieht und am Ende seines Lebens nach Hause zurückkehrt.

Die indische Literatur

Die ältesten religiösen Schriften Indiens sind die Veden (»heiliges Wissen«), vier Sammlungen von Liedern und Sprüchen, die die Priester bei feierlichen Opferhandlungen vortrugen. Der Rigveda (Hymnen an die Götter) ist das älteste Denkmal der indischen Literatur aus der Zeit vor dem 1. Jahrtausend v. Chr. Der Samaveda (Veda der Lieder) lehrt die Melodien der beim Opfer gesungenen Hymnen, der Yajurveda (Opfersprüche) enthält die Opferformeln und Mantras und der Atharvaveda (Zauberlieder) magische Sprüche zur Behexung oder Heilung. Neben den Brahmanas (1000–500 v. Chr.) und den älteren Upanischaden (800–600 v. Chr.), den frühesten philosophischen Betrachtungen Indiens, sind vor allem die indischen Nationalepen »Ramayana« und »Mahabharata«, das Kunstepos »Gitagovinda« sowie die Dramen und Epen des indischen Dichters Kalidasa (um 400 n. Chr.) bedeutend.

Das indische Epos »Mahabharata« gilt mit seinen über 100 000 Doppelversen als längste Dichtung der Weltliteratur.

Die hebräische Literatur

Die Literatur der Israeliten besteht vor allem aus den religiösen Schriften der Bibel, deren Entstehungszeitraum mehr als ein Jahrtausend umfasst. Der älteste Text der Bibel ist das um 1200 v. Chr. entstandene »Deborahlied« (Richter 5). Die Bücher Mose sind im Lauf der Jahrhunderte aus verschiedenen Teilen zusammengewachsen. Die ältesten Bücher der Propheten (Amos und Hosea) stammen aus dem 8. Jahrhundert v. Chr. Die Kanonisierung, also die Auswahl und Abfolge der Bücher des Alten Testaments, war Ende des 1. Jahrhunderts n. Chr. abgeschlossen.

Die chinesische Literatur

Die ältesten chinesischen Schriftzeugnisse sind Inschriften auf Orakelknochen und Bronzegefäßen aus der Shang-Zeit (16.–11. Jahrhundert v. Chr.). Erst unter der Chou-Dynastie (11. Jahrhundert bis 256 v. Chr.) entstanden poetische, philosophische und historische Schriften. Aus dieser Zeit stammen die »fünf Klassiker«: »Yi-jing« (Buch der Wandlungen), »Shu-jing« (Buch der Urkunden), »Shi-jing« (Buch der Lieder), »Li-ji« (Buch der Riten) und »Chun-qiu« (Frühlings- und Herbstannalen). Die »fünf Klassiker« sollen angeblich von Konfuzius ausgewählt, die Frühlings- und Herbstannalen sogar von ihm selbst verfasst sein. Ihre Bedeutung liegt vor allem darin, dass ihre Schriftsprache als literarische Sprache bis ins 20. Jahrhundert verbindlich blieb.

Um die ewige Geltung der fünf chinesischen Klassiker zu demonstrieren, meißelte man sie in Stelen ein. Berühmt ist der Stelenwald von Xi’an (833).

Schriftsteller und Werke der abendländischen Literatur

(D. = Drama; E. = Erzählung; L. = Lyrik; R. = Roman; N. = Novelle)

Die Bezeichnung »Thespiskarren« für ein Tourneetheater geht auf den griechischen Tragödiendichter Thespis zurück, der mit einem Wagen umhergezogen sein und darauf seine Stücke aufgeführt haben soll.

Die griechische Literatur (8. Jh. v. Chr. bis 3./4. Jh. n. Chr.)

Mit der griechischen Literatur beginnt unsere abendländische Literatur. Das früheste Werk der griechischen Literatur und zugleich das älteste erhaltene Großepos der europäischen Literatur ist die »Ilias« des Homer (2. Hälfte des 8. Jahrhunderts v. Chr.). Ebenfalls etwa im 8. Jahrhundert entstand die griechische Lyrik, ursprünglich zur Leier (griechisch lyra) gesungene Lieder. Im 6. Jahrhundert entwickelte sich in Athen die Tragödie, etwas später die Komödie. Der erste bekannte Tragödiendichter war Thespis. Das wissenschaftliche Interesse der Griechen führte ebenfalls im 6. Jahrhundert v. Chr. zur Herausbildung der Prosaliteratur, vor allem in der Geschichtsschreibung und der Philosophie. Darüber hinaus entwickelte sich die Rhetorik. Während des Hellenismus (3. Jahrhundert v. Chr. bis 3./4. Jahrhundert n. Chr.) wurden Antiochia, Pella, Pergamon und Alexandria neue kulturelle Mittelpunkte.

Odysseus, der Listenreiche

Während des Trojanischen Krieges wurde auf Odysseus` Rat hin das hölzerne »Trojanische Pferd« gebaut, in dem sich die tapfersten griechischen Krieger versteckten. Die Trojaner hielten das Pferd für eine Opfergabe und holten es in die Stadt. Nachts entstiegen die Griechen dem Bauch des Pferdes und öffneten heimlich die Tore Trojas für das griechische Heer.
Die Heimreise des Odysseus von Troja wird in Homers »Odyssee« geschildert. Ihre zehnjährige Dauer hatte Poseidon als Strafe für die Blendung seinens Sohnes, des Kyklopen Polyphem, über Odysseus verhängt. Auf seiner Irrfahrt muss Odysseus zahlreiche Abenteuer bestehen: Er begegnet der Göttin Kirke, die seine Gefährten in Schweine verwandelt; am Rande des Totenreichs trifft er berühmte Tote wie Leda und Achilles. Er widersteht dem betörenden Gesang der Sirenen, die vorüberfahrende Seeleute in den Tod locken, indem er die Ohren seiner Gefährten mit Watte verstopft und sich selbst an den Mast seines Schiffes binden lässt. Zu guter Letzt entkommt er dem Schiffe verschlingenden Meerungeheuer Charybdis, verliert jedoch sechs Männer durch das sechsköpfige Ungeheuer Skylla.

Epik:
Homer (2. Hälfte 8. Jahrhundert): »Ilias«, »Odyssee«
Hesiod (um 700): »Theogonie«
Äsop: Fabeln (um 550)

Lyrik:
Archilochos (um 650 v. Chr.): Spottgedichte, Liebeslyrik
Sappho (um 600 v. Chr.): Götterhymnen, Hochzeits- und Liebeslieder
Alkaios (um 600 v. Chr.): Lieder über Krieg, Liebe und Wein
Anakreon (6. Jahrhundert v. Chr.): Liebesgedichte
Pindar (*522/518, †446): u. a. Siegesgesänge für die Preisträger der Olympischen Spiele
Theokrit (*um 310, †um 260): Schäferdichtung (Bukolik), Idyllen, Epigramme

Tragödien:
Thespis (6. Jahrhundert v. Chr)
Aischylos (*525, †456): »Die Perser«, »Sieben gegen Theben«, »Orestie«
Sophokles (*497/96, †406/05): »Antigone«, »König Ödipus«, »Elektra«
Euripides (*485, †406): »Medea«, »Die Troerinnen«, »Elektra«, »Iphigenie in Aulis«

Komödien:
Aristophanes (*um 445, †um 385 v. Chr.): »Die Vögel«, »Lysistrate«, »Die Frösche«
Menander (*342, †292): »Der Griesgram«, »Die Geschorene«, »Das Schiedsgericht«

Philosophie und Geschichtsschreibung:
Platon (*427, †348/347 v. Chr.): »Phaidon«, »Symposion«, »Politeia«
Aristoteles (*384, †322): »Metaphysik«, »Nikomachische Ethik«, »Von der Dichtkunst«, »Rhetorik«, »Organon«
Herodot (*um 490, †um 425): Geschichte Griechenlands und der Perserkriege

Xenophon (*um 430, †nach 355): »Anabasis«, »Hellenika«, »Memorabilien«
Plutarch (*um 46 n. Chr., †um 120 n. Chr.): »Bioi paralleloi« (vergleichende Biografien bedeutender Griechen und Römer)

Die römische Literatur (etwa 240 v. Chr. bis 524 n. Chr.)

Eine der frühesten schriftlichen Aufzeichnungen der Römer ist das Zwölftafelgesetz, die Aufzeichnung des römischen Rechts von 451/450 v. Chr., die auf Bronzetafeln auf dem Forum Romanum öffentlich aufgestellt war. Seit dem 2. Jahrhundert v. Chr. entstanden die ersten römischen Werke in enger Anlehnung an die griechische Literatur, die für den gebildeten Römer ein Zeichen humaner Geisteskultur war. Die römischen Dichter übernahmen die Gattungen der griechischen Literatur und versahen sie mit römischen Stoffen.

Komödien:
Plautus (*um 250, †184 v. Chr.)
Terenz (*185, †159 v. Chr.)

Wissenschaftliche Prosa:
Cato der Ältere (*234, †149 v. Chr.) »Origines« (Geschichte von Rom und Italien)
Cicero (*106, †43): »Über den Staat«, »Von den Gesetzen«, »Vom höchsten Gut und vom größten Übel«, »Über die Pflichten«, »Gespräche in Tusculum«
Cäsar (*100, †44): »De bello gallico« (»Über den gallischen Krieg«), »De bello civilis« (über den Bürgerkrieg gegen Pompeius)
Sallust (*86, †34 v. Chr.): »Historien«, »Über die Verschwörung des Catilina«
Livius (*59 v. Chr., †17 n. Chr.): »Ab urbe condita« (römische Geschichte)
Seneca (*4 v. Chr., †65 n. Chr.): philosophische Schriften, »Briefe an Lucilius«
Plinius der Ältere (*23/24, †79 n. Chr.): »Naturalis historia« (»Naturgeschichte«)
Quintilian (*30, †96 n. Chr.): Rhetorik
Tacitus (*um 55, †nach 115): »Historien«, »Annalen«, »Germania«
Sueton (*um 70, †um 130): »Cäsarenleben« (Biografien römischer Kaiser)
Boethius (*um 480, †um 524): »Trost der Philosophie«

Lyrik:
Catull (*um 84, †um 54 v. Chr.): Gedichte und Epigramme
Vergil (*70, †19): »Aeneis« (Heldenepos), »Bucolica« (Hirtengedichte)
Horaz (*65, †8): »Satiren«, »Carmina« (Oden), »Ars poetica« (»Dichtkunst«)
Ovid (*43 v. Chr., †17 n. Chr.): »Metamorphosen«, »Ars amandi« (»Liebeskunst«), »Amores« (Liebesgedichte)

Phaedrus (bis etwa 50 n. Chr.): Fabeln
Juvenal (*60, †140): Satiren
Martial (*40, †103): Epigramme

Gemeines Recht

Neben den literarischen Werken der Römer ist vor allem die unter Kaiser Justinian I. (*482, †565) entstandene Sammlung des römischen Rechts im »Corpus Iuris Civilis« bedeutsam, das in Deutschland als »Gemeines Recht« teilweise bis zum In-Kraft-Treten des Bürgerlichen Gesetzbuchs im Jahr 1900 galt.

Mittelalter (5. Jh. bis Ende 15. Jh.)

Im Mittelalter begann sich die Literatur von der lateinischen Sprache zu lösen, und es entstand in den ersten nachchristlichen Jahrhunderten die volkssprachliche Dichtung. Am Anfang steht die Bibelübersetzung Wulfilas ins Gotische (4. Jahrhundert). Das altenglische Heldenepos »Beowulf« (8./9. Jahrhundert) ist das älteste und einzige vollständig erhaltene Zeugnis germanischer Dichtung. Der erste bekannte Dichter in angelsächsischer Sprache war Caedmon (†um 680). Das älteste erhaltene Literaturdenkmal in deutscher Sprache ist der »Abrogans« (um 770), in französischer Sprache die »Straßburger Eide« (842).

Anonyme mittelalterliche Werke: Hildebrandslied (8. Jh.), Edda (9.–12. Jh.), Rolandslied (um 1100), Kaiserchronik (um 1150), Nibelungenlied (um 1200).

Cato der Ältere

Der römische Staatsmann Marcus Portius Cato Censorius war nicht nur der Begründer der lateinischen Prosa, sondern vor allem ein unversöhnlicher Gegner Karthagos. Jede seiner Senatsreden schloss er mit der Formel »Ceterum censeo Carthaginem esse delendam« (»Im Übrigen meine ich, dass Karthago zerstört werden muss«).

Chrétien de Troyes (*um 1140 , †um 1190): »Erec und Enide« (R., um 1170), »Lancelot« (R., um 1177, 1181), »Perceval« (R., um 1181, 1188)
Hartmann von Aue (*um 1165 , †um 1215): »Erec« (R.), »Iwein« (R.)
Wolfram von Eschenbach (*um 1170 , †um 1220): »Parzival« (R., frühes 13. Jh.)
Gottfried von Straßburg (frühes 13. Jh.): »Tristan und Isolde« (R., frühes 13. Jh.)
Dante Alighieri (*1265, †1321): »Die Göttliche Komödie« (Epos, 1321)
Geoffrey Chaucer (*um 1340, †1400): »Canterbury-Erzählungen« (»The Canterbury tales«, 1386)
Walther von der Vogelweide (*um 1170, †1230): Minnelieder

Humanismus und Renaissance (etwa 1350 bis Ende 16. Jh)

Im Übergang vom Mittelalter zur Neuzeit entdeckten die Künstler und Gelehrten die klassische Antike wieder. Von Italien (F. Petrarca) ausgehend, verbreitete sich die Renaissance über ganz Europa. Neben der Wiederbelebung antiker Formen (Epos, Lyrik, Satire) wurde vor allem die eigene Volkssprache als Literatursprache gepflegt. In Italien entstanden das Sonett und die Novelle (G. Boccaccio).

Francesco Petrarca (*1304, †1374): »Il Canzoniere« (L., 1470), »Bucolicum Carmen« (L., 1346/47)
Giovanni Boccaccio (*1313, †1375): »Das Dekamerone« (N., 1348, 1353)

Werke von William Shakespeare (*1564, †1616)

Der Widerspenstigen Zähmung (1593/94), Richard III. (1592/93) Komödie der Irrungen (1592/94), Romeo und Julia (1595), Ein Sommernachtstraum (1595/96), Der Kaufmann von Venedig (1596/97), Die lustigen Weiber von Windsor, Viel Lärm um nichts (1598/99), Wie es euch gefällt (1599), Was ihr wollt (1601/02), Hamlet (1600/01), Othello (1604), König Lear (1605), Macbeth (1606)

Erasmus von Rotterdam (*1469, †1536): »Lob der Torheit« (Satire, 1511)
Niccolò Machiavelli (*1469, †1527): »Der Fürst« (»Il principe«, 1532)
Lodovico Ariosto (*1474, †1533): »Der rasende Roland« (»Orlando furioso«, Epos, 1532)
Thomas More (*1478, †1535): »Utopia« (R., 1516)
François Rabelais (*1494, †1553): »Gargantua und Pantagruel« (R., 1532–1564)
Sebastian Brant (*1458, †1521): »Das Narrenschiff« (Satire, 1494)
Michel Montaigne (*1533, †1592): »Essays« (1580–1695)
Torquato Tasso (*1544, †1595): »Das befreite Jerusalem« (Epos, 1581), »Aminta« (D., 1573)
Christopher Marlowe (*1564, †1593): »Doktor Faustus« (D., 1588/92)

Barock (etwa 1600–1750)

Unter dem Eindruck des Dreißigjährigen Kriegs ist der Barock (von portugiesisch barocco »unregelmäßig, schief«) geprägt von starken Gegensätzen: Weltverneinung, Vergänglichkeit des Irdischen (vanitas), himmlische Seligkeit in Gott und religiöse Askese einerseits, Diesseitsfreude, Weltgenuss und Erotik andererseits. Die Literatur ist gekennzeichnet von übersteigerter, schwülstiger Bildhaftigkeit. Gepflegt wurden vor allem gesellige Lieder, der höfische und der Schelmenroman sowie das Trauerspiel.

Miguel de Cervantes Saavedra (*1547, †1616): »Der sinnreiche Junker Don Quijote von der Mancha« (R., 1605–1615)
Giambattista Marino (*1569, †1625): »L'Adone« (Epos, 1623)
Pedro Calderón de la Barca (*1600, †1681): »Das große Welttheater« (D., 1675)
John Milton (*1608, †1674): »Das verlorene Paradies« (»Paradise lost«, Epos, 1667, 1674)
Andreas Gryphius (*1616, †1664): »Horribilicribrifax« (D., 1663)
Hans Jakob Christoffel von Grimmelshausen (*1622, †1676): »Der Abentheuerliche Simplicissimus Teutsch« (R., 1669)

Pierre Corneille (*1606, †1684): »Der Cid« (D., 1637)
Molière (*1622, †1673): »Der eingebildete Kranke« (D., 1673), »Der Geizige« (D., 1668), »Tartuffe« (D., 1669)
Jean de La Fontaine (*1621, †1695): »Fabeln« (1668, 1678/79, 1694)

Aufklärung (Ende 17. bis Ende 18. Jh)

Mit der alle Lebensbereiche durchdringenden Vernunft emanzipierte die Aufklärung die europäischen Gesellschaften von den Autoritätsansprüchen der Kirche und des Feudalstaates. Der sich seiner Fähigkeiten bewusste, universal gebildete und unabhängige Mensch ist das aufklärerischen Ideal. Die Dichtung hat meist lehrhaften, oft sozialkritischen Charakter. In der erzählenden Dichtung wurde die Fabel bevorzugt. Lessing verzichtete in der Tragödie auf die Versform und hoch stehende Persönlichkeiten und schuf das bürgerliche Trauerspiel.

Voltaire (*1694, †1778): »Candide oder Die beste Welt« (R. 1759)
Jean-Jacques Rousseau (*1712, †1778): »Emil, oder über die Erziehung« (R., 1762)
Gotthold Ephraim Lessing (*1729, †1781): »Nathan der Weise« (D., 1779), »Emilia Galotti« (D., 1772)

Empfindsamkeit (1730–1800)

Gegen die aufklärerische Verabsolutierung der Vernunft setzte man hier das Gefühl. Im Mittelpunkt stehen die sittlich-moralische Erziehung, die natürliche Tugend, die schwärmerische Hingabe an das gefühlsbetonte Erleben. Gepflegt wurden moralisierende Tugendromane, Briefromane und weinerliche Lustspiele.

Laurence Sterne (*1713, †1768): »Yoricks empfindsame Reise durch Frankreich und Italien« (R., 1768), »Das Leben und die Ansichten Tristram Shandys« (R., 1759–1767)

Friedrich Gottlieb Klopstock (*1724, †1803): »Der Messias« (L., 1748–1773)
Jean-Jacques Rousseau (*1712, †1778): »Die neue Heloise, oder Briefe zweier Liebenden« (R., 1764)
Sophie von La Roche (*1731, †1807): »Geschichte des Fräulein von Sternheim« (R., 1771)
Samuel Richardson (*1689, †1761): »Geschichte der Pamela oder die belohnte Tugend eines Frauenzimmers« (R., 1740)

Sturm und Drang (etwa 1770–1785)

Die Jugendbewegung der Geniezeit wurde benannt nach dem gleichnamigen Schauspiel von Friedrich Maximilian Klinger (*1752, †1831). Sie revoltierte gegen die einseitig verstandesmäßige Haltung der Aufklärung mit Gefühlsüberschwang und einem ausgeprägtem Natur- und Freiheitsgefühl. Programmatisch formuliert der junge Goethe in seiner Prometheus-Hymne das Ideal des genialen, schöpferischen, gottgleich gesetzten Menschen.

Der ursprüngliche Titel des Dramas »Sturm und Drang« (1776) lautete »Wirrwarr«.

Johann Jakob Wilhelm Heinse (*1746, †1803): »Ardinghello und die glückseligen Inseln« (R., 1787)
Johann Wolfgang von Goethe (*1749, †1832): »Götz von Berlichingen« (D., 1773), »Die Leiden des jungen Werthers« (R., 1774), »Prometheus« (L., 1774)
Friedrich von Schiller (*1759, †1805): »Die Räuber« (D., 1781), »Kabale und Liebe« (D., 1783)

Klassik

Eine geistesgeschichtliche Epoche, die von den nachfolgenden Zeiten als musterhaft und normbildend anerkannt wird, wird als »Klassik« bezeichnet. So wurde schon in der römischen Antike die griechische Literatur respektiert. Seit der Renaissance bezog sich der Begriff auf die gesamte griechisch-römische Antike. Jede Nationalliteratur hat ihre Klassik: In Italien ist es die Zeit der Renaissance (Petrarca bis Torquato Tasso), in England das Elisabethanische Zeitalter (William Shakespeare), in Frankreich die Epoche Ludwigs XIV. (P. Corneille bis J. Racine), in Deutschland die von Goethe und Schiller geprägte so genannte Weimarer Klassik (1794–1805).

Klassische Werke Goethes und Schillers:
Johann Wolfgang von Goethe (*1749, †1832): »Iphigenie auf Tauris« (D., 1787), »Faust. Der Tragödie erster Teil« (D., 1808), »Unterhaltungen deutscher Ausgewanderten« (N., 1795, darin das »Märchen«), »Wilhelm Meisters Lehrjahre« (R., 1796), »Der Zauberlehrling« (L., 1797), »Der Gott und die Bajadere« (L., 1797), »Die Braut von Korinth« (L., 1797)
Friedrich von Schiller (*1759, †1805): Wallenstein-Trilogie (D., 1800), »Maria Stuart« (D., 1801), »Die Jungfrau von Orleans« (D., 1801), »Wilhelm Tell« (D., 1804), »Die Götter Griechenlands« (L., 1788), »Das Ideal und das Leben« (L., 1795), »Die Bürgschaft« (L., 1798), »Das Lied von der Glocke« (L., 1799)

Romantik (etwa 1790–1850)

Edgar Allen Poe gilt mit »Der Doppelmord in der Rue Morgue« als Erfinder der Detektivgeschichte.

Die Romantik war eine kulturrevolutionäre Bewegung in Europa, die eine neue Kunst (Universalpoesie), ein neues Denken und ein neues Leben zu praktizieren suchte. Das Andersartige, Fremde und Unbekannte wurden vor allem im Unbewussten, Geheimnisvollen, Fantastischen, Skurrilen, in den »nächtlichen« Seiten des Lebens gesucht. Während sich die Klassik die Antike zum Vorbild nahm, orientierte sich die Romantik am Mittelalter, an den orientalischen Kulturen und der Kultur Chinas. Charakteristische romantische Formen sind (historischer) Roman, Fragment, Märchen, Versdichtung, Lied.

William Wordsworth (*1770, †1850) gemeinsam mit **Samuel Taylor Coleridge** (*1772, †1834): »Lyrical ballads« (L., 1798)
Sir Walter Scott (*1771, †1832): »Waverley« (R., 1814), »Guy Mannering« (R., 1815), »Ivanhoe« (R., 1819)
Novalis (*1772, †1801): »Hymnen an die Nacht« (1800), »Heinrich von Ofterdingen« (R., 1802)
E. T. A. Hoffmann (*1776, †1822): »Die Elixiere des Teufels ...« (R., 1815/16), »Lebensansichten des Katers Murr nebst fragmentarischer Biographie des Kapellmeisters Johannes Kreisler« (R., 1819–1821)
Clemens Brentano (*1778, †1842) und **Achim von Arnim** (*1781, 1831): »Des Knaben Wunderhorn« (L., 1806–1808)
Jakob Grimm (*1785, †1863) und **Wilhelm Grimm** (*1786, †1859): »Kinder- und Hausmärchen« (1812–1815)
Joseph von Eichendorff (*1788, †1857): »Aus dem Leben eines Taugenichts« (R., 1826)
Victor Hugo (*1802, †1885): »Cromwell« (D., 1827), »Der Glöckner von Notre Dame« (R., 1831)
Edgar Allan Poe (*1809, †1849): »Der Doppelmord in der Rue Morgue« (E.,1841)
Nikolai Gogol (*1809, †1852): »Die Nase« (E., 1836), »Der Revisor« (D., 1836)
Aleksandr Puschkin (*1799, †1837): »Eugen Onegin« (R., 1825–32), »Boris Godunow« (D., 1831)

Realismus (etwa 1830–1880)

Nach dem Verständnis des Realismus soll die Kunst ein wahres Bild des menschlichen Lebens bieten, das auf genauer Beobachtung beruht. Realistisch exakte Milieuschilderungen und psychologisch genau gezeichnete Personen kennzeichnen die realistische Literatur. Der Realismus entwickelte sich zuerst in Frankreich und war dort durch stark sozialkritische und antibürgerliche Haltung gekennzeichnet. In der deutschsprachigen Literatur kam er erst nach 1848 auf und wird im Allgemeinen »poetischer Realismus« genannt.

Conrad Ferdinand Meyer (*1825, †1898): »Gustav Adolfs Page« (E., 1882), »Das Amulett« (E., 1873)
Adalbert Stifter (*1805, †1868): »Der Nachsommer« (R., 1857)

Theodor Storm (*1817, †1888): »Immensee« (N., 1851), »Der Schimmelreiter« (N., 1888)
Gottfried Keller (*1819, †1890): »Der grüne Heinrich« (R., 1854/55; 1879/80)
Gustav Freytag (*1816, †1895): »Soll und Haben« (R., 1855)
Gustave Flaubert (*1821, †1880): »Madame Bovary« (R., 1857)
Fjodor Michailowitsch Dostojewski (*1821, †1881): »Schuld und Sühne«, »Die Brüder Karamasow«
Lew Tolstoi (*1828, †1910): »Krieg und Frieden« (R., 1868/69), »Anna Karenina« (R., 1878)
Charles Dickens (*1812, †1870): »Oliver Twist«, »David Copperfield«

Naturalismus (etwa 1870–1900)

Auf die Proletarisierung und Verelendung breiter Bevölkerungsschichten in den enorm wachsenden Großstädten antwortete der europäische Naturalismus mit antibürgerlichem und sozialrevolutionärem Engagement. Die Schattenseiten der aufkommenden Industriegesellschaft - Gewalt, Verbrechen, Armut, Prostitution, Alkoholismus, Krankheit und Wahnsinn - wurden zum Gegenstand der Literatur.

Henrik Ibsen (*1828, †1906): »Nora oder Ein Puppenheim« (D., 1879)
Émile Zola (*1840, †1902): »Germinal« (R., 1885)
August Strindberg (*1849, †1912): »Totentanz« (D., 1902), »Gespenstersonate« (D., 1907)
Gerhart Hauptmann (*1862, †1946): »Die Weber« (D., 1892)

Symbolismus (etwa 1860–1900)

Die in Frankreich entstandene und auf ganz Europa wirkende Richtung lehnte alle realistischen und naturalistischen Tendenzen in der Literatur ab. Stattdessen setzten die Autoren auf irreale und traumhafte Bilder, auf Vieldeutigkeit, Imagination und Suggestion. Mithilfe von frei gesetzten bildhaften Zeichen, Symbolen, wird eine autonome Welt der Schönheit erzeugt, die die geheimnisvollen Zusammenhänge hinter den Dingen erahnbar machen soll. Der Symbolismus wirkte über das 19. Jahrhundert hinaus vor allem in der Lyrik auf viele literarische Strömungen bis zur Gegenwart.

Vater und Sohn Dumas

Sie hießen beide mit Vornamen Alexandre und schufen Weltliteratur. Alexandre Dumas d. Ä. (*1802, †1870) wurde mit Romanen wie »Die drei Musketiere« und »Der Graf von Monte Christo« bekannt. Sein Sohn, Alexandre Dumas d. J. (*1824, †1895), ist der Autor des Romans »Die Kameliendame«, Grundlage für Guiseppe Verdis Oper »La Traviata«.

Charles Baudelaire (*1821, †1867): »Die Blumen des Bösen« (L., 1857)
Stéphane Mallarmé (*1842, †1898): »Der Nachmittag eines Fauns« (L., 1876)
Maurice Maeterlinck (*1862, †1949): »Pelleas und Melisande« (D., 1892)
Stefan George (*1868, †1933): »Hymnen« (L., 1890), »Pilgerfahrten« (L., 1891)
Hugo von Hofmannsthal (*1874, †1929): »Jedermann« (D., 1911)

Dekadenz (etwa 1880–1910)

Ende des 19. Jahrhunderts (Fin de Siècle) entwickelt sich aus dem Bewusstsein des bevorstehenden kulturellen Untergangs eine Literatur, die die Welt des Sinnlich-Schönen und das Frivole verabsolutiert gegenüber einer Welt normierter bürgerlicher Moral- und Wertvorstellungen. Die Dekadenzdichtung ist geprägt von einem Hang zum Traumhaften und Morbiden und stellt nervöse, überreizte und am Rande der Gesellschaft stehende Figuren und deren Seelenzustände dar.

Man umgebe mich mit Luxus, auf alles Notwendige kann ich verzichten.
Oscar Wilde

Oscar Wilde (*1854, †1900): »Das Bildnis des Dorian Gray« (R., 1891)
Arthur Schnitzler (*1862, †1931): »Lieutenant Gustl« (E., 1901)
Thomas Mann (*1875, †1955): »Buddenbrooks« (R., 1901), »Der Tod in Venedig« (N., 1912)

Expressionismus (etwa 1910–1920)

Diese neue »Ausdruckskunst« protestierte gegen das in alten Autoritätsstrukturen erstarrte Bürgertum, gegen die Industrialisierung, Verstädterung und die zunehmende Mechanisierung des Lebens. Stattdessen traten das »neue Pathos« des Aufbegehrens, das »rasende Leben«, Aktivismus und intensives Gefühl in den Vordergrund. Häufige Themen sind das einsame Individuum in der Großstadt und die Erfahrungen des Ersten Weltkrieges.

Else Lasker-Schüler (*1869, †1945): »Styx« (L., 1902)
Georg Trakl (*1887, †1914): »Sebastian im Traum« (L., 1915)
Gottfried Benn (*1886, †1956): »Morgue« (L., 1912), »Gehirne« (N.n, 1916)
Georg Heym (*1887, †1912): »Der ewige Tag« (L., 1911), »Umbra vitae« (L., 1912)
Ernst Toller (*1893, †1939): »Masse Mensch« (D., 1921)

Werke des 20. Jahrhunderts

Heinrich Mann (*1871, †1950): »Professor Unrat« (R., 1905), »Der Untertan« (R., 1918)
Karl Kraus (*1874, †1936): »Die letzten Tage der Menschheit« (D., 1922)
Thomas Mann (*1875, †1955): »Buddenbrooks« (R., 1901), »Der Zauberberg« (R., 1924)

__Thomas Mann__ soll zu Albert Einstein, nachdem dieser eine lange Rede über das Wesen des Genies beendet hatte, gesagt haben: »Das alles ist mir schon lange bekannt. Ich bin nämlich selber ein Genie.«

Hermann Hesse (*1877, †1962): »Der Steppenwolf« (R., 1927), »Das Glasperlenspiel« (R., 1943)
Alfred Döblin (*1878, †1957): »Berlin Alexanderplatz« (R., 1929)
James Joyce (*1882, †1941): »Ulysses« (R., 1922)
Franz Kafka (*1883, †1924): »Das Schloß« (R., 1926), »Der Prozeß« (R., 1925)
Henry Miller (*1891, †1980): »Wendekreis des Krebses« (R., 1934)
Aldous Huxley (*1894, †1963): »Schöne neue Welt« (R., 1932)
Bertolt Brecht (*1898, †1956): »Dreigroschenoper« (D., 1929)
Erich Maria Remarque (*1898, †1970): »Im Westen nichts Neues« (R., 1929)
Ernest Hemingway (*1899, †1961): »Der alte Mann und das Meer« (E., 1952)
Anna Seghers (*1900, †1983): »Das siebte Kreuz« (R., 1942), »Transit« (R., 1944)
John Steinbeck (*1902, †1968): »Früchte des Zorns« (R., 1939)
George Orwell (*1903, †1950): »1984« (R., 1949), »Farm der Tiere« (R., 1945)
Jean-Paul Sartre (*1905, †1980): »Der Ekel« (R., 1938)
Elias Canetti (*1905, †1994): »Die Blendung« (R., 1936)
Samuel Beckett (*1906, †1989): »Warten auf Godot« (D., 1952)
Simone de Beauvoir (*1908, †1986): »Das andere Geschlecht« (1949)
Eugène Ionesco (*1909, †1994): »Die Nashörner« (D., 1959)
Max Frisch (*1911, †1991): »Homo faber« (R., 1957), »Stiller« (R., 1954)
Albert Camus (*1913, †1960): »Der Mythos von Sisyphos« (Es.s, 1942)
Arthur Miller (*1915): »Der Tod des Handlungsreisenden« (D., 1949)
Heinrich Böll (*1917, †1985): »Ansichten eines Clowns« (R., 1963)
Aleksandr Solschenizyn (*1918): »Ein Tag im Leben des Iwan Denissowitsch« (E., 1962)
Wolfgang Borchert (*1921, †1947): »Draußen vor der Tür« (D., 1947)
Friedrich Dürrenmatt (*1921, †1990): »Die Physiker« (D., 1962)
Siegfried Lenz (*1926): »Die Deutschstunde« (R., 1968)
Ingeborg Bachmann (*1926, †1973): »Die gestundete Zeit« (L., 1953), »Malina« (R., 1971)
Günter Grass (*1927): »Die Blechtrommel« (R., 1959)
Gabriel García Márquez (*1928): »Chronik eines angekündigten Todes« (R., 1981)
Milan Kundera (*1929): »Die unerträgliche Leichtigkeit des Seins« (R., 1984)
Rolf Hochhuth (*1931): »Der Stellvertreter« (D., 1963)
Toni Morrison (*1931): »Menschenkind« (R., 1987), »Jazz« (R., 1992)

Kunst und Künstler

Von der Vision zur Form

Die Anfänge der bildenden Kunst reichen weit in vorgeschichtliche Zeit zurück. Felsbilder aus Höhlen etwa im spanischen Altamira (um 40 000 v. Chr.) oder im französischen Lascaux (16 000–15 000 v. Chr.) sind die ersten uns bekannten Formen menschlicher Kunsttätigkeit. Sie diente anfangs vor allem kultischen Zwecken oder äußerte sich in der Ornamentierung von Gebrauchsgegenständen. Noch im Mittelalter wurde Kunst als Handwerk angesehen, obwohl sich bereits im 6. Jahrhundert v. Chr. in Griechenland ein Selbstbewusstsein der Künstler und deren Wertschätzung ausgeprägt hatte. Der Gegensatz der Kunst zum Handwerk sowie das moderne Bild vom Künstler, der aufgrund seiner Originalität und Schöpferkraft Werke, die von Zwecken des Kultes und der Repräsentation frei sind, schafft, bildete sich erst im Übergang vom 18. zum 19. Jahrhundert aus. Nach heutigem Verständnis zählen zur bildenden Kunst Bildhauerei, Malerei, Grafik, Kunstgewerbe, Architektur und künstlerische Fotografie.

10 Epochen der Kunstgeschichte

Griechische Kunst (etwa 1100–100 v. Chr.)

Die Frühphase der griechischen Kunst, die *geometrische Zeit* (11.–8. Jh.), ist durch die Ausstattung der Keramik mit Linienornamentik (Streifen, Kreise, insbesondere Mäander) auf dunklem Grund und schematisierte Tier- und Menschenabbildungen charakterisiert. Noch streng achsensymmetrisch und frontal (Vorbild: die ägyptische Plastik) sind die Figuren des *archaischen Stils* (7. und 6. Jh.). In der *klassischen Epoche* (5. und 4. Jh.) werden die Bewegung des menschlichen Körpers und seine organische und ausgewogene Gestaltung (Kontrapost) zentrale Anliegen. Der Tod Alexanders des Großen (323 v. Chr.) leitete die *hellenistische Kunst* (4.–1. Jh.) ein. Die körperliche Bewegung wird zu barockem Pathos gesteigert, zudem werden Licht und Schatten als Stilmittel einbezogen.

Architektur:
Parthenon auf der Akropolis in Athen (447–432 v. Chr)
Amphitheater von Epidauros (3./2. Jh. v. Chr.)
Pergamonaltar (164–156 v. Chr.)

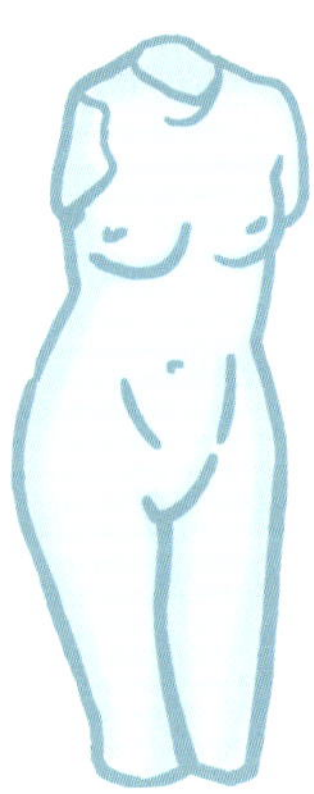

Plastik:
Apoll von Belvedere (um 330/320 v. Chr.)
Myron (tätig etwa 460–430 v. Chr.): Diskuswerfer (um 450)
Polyklet (tätig etwa 450–410 v. Chr.): Doryphoros (Speerträger; um 440)
Aphrodite von Melos (Venus von Milo; um 130/120 v. Chr.)
Hagesander, Polydoros, Athenodoros: Tod des Laokoon und seiner Söhne (1. Jh. n. Chr.)

Römische Kunst (etwa 5. Jh. v. Chr. – 5. Jh. n. Chr.)

Die römische Kunst diente vor allem politischen Zwecken und staatlicher Selbstdarstellung. Im Wesentlichen blieb sie griechischen und etruskischen Traditionen verpflichtet. Eine eigenständige Leistung stellt die häufig mit sehr individuellen Zügen ausgestattete Porträtbüste dar. Die römische Architektur schuf auf der Grundlage der (etruskischen) *Rundbogenwölbung* und des *Gussmauerwerkes* (nur die Außenschale der Mauer aus behauenen Quadern, ihr Inneres eine Masse aus Mörtel und Steinen) die Basilika, die Thermen, das Amphitheater, den Triumphbogen, die Villa sowie typische Formen des Straßen-, Brücken- und Wasserleitungsbaus.

Architektur:
Pantheon in Rom (25 v. Chr. geweiht, 118–128 n. Chr. erneuert)
Kolosseum in Rom (nach 70 n. Chr.)
Amphitheater in Orange (1. Hälfte des 1. Jh. n. Chr.)
Engelsburg (Mausoleum Kaiser Hadrians, 135–139 n. Chr.)
Porta Nigra in Trier (Ende 2. Jh. n. Chr.)
Caracallathermen in Rom (Anfang 3. Jh. n. Chr.)
Konstantinbogen in Rom (315 n. Chr.)
Maxentiusbasilika in Rom (Anfang 4. Jh. n. Chr.)

Plastik:
Statue des Augustus (20–17 v. Chr.)
Trajansäule in Rom (113 n. Chr.)
Reiterstandbild Mark Aurels (um 173 n. Chr.)

Byzantinische Kunst (6. Jh.–1453)

Nach der Teilung des römischen Weltreiches entwickelte sich in der östlichen, griechisch-orientalischen Hälfte mit der Hauptstadt Konstantinopel (Byzanz) die byzantinische Kunst, in die die spätantike griechische und römische Tradition und die aus dieser erwachsene frühchristliche Kunst sowie kleinasiatische Einflüsse eingingen. Sie verwirklichte sich insbesondere in der Mosaikkunst (bewegter linearer Stil), der Buch- und Ikonenmalerei sowie in den Kreuzkuppelkirchen. Mit der Eroberung des byzantinischen Reiches durch die Türken (1453) fand die byzantinische Kunst ihr Ende. Durch Klöster übermittelt, wirkte sie noch auf die nachmittelalterliche Kunst (z. B. Giotto).

Architektur:
Hagia Sophia in Istanbul (früher Konstantinopel, 532–537)
San Vitale in Ravenna (geweiht 547)
Sant' Apollinare Nuovo in Ravenna (um 500)
Sant' Apollinare in Classe in Ravenna (549 geweiht)

Mosaikkunst:
Apsismosaik in San Vitale in Ravenna (6. Jh.)
Mosaiken in Sant' Apollinare in Classe (6. und 7. Jh.)
Apsismosaik in der Hagia Sophia in Istanbul (9. Jh.)
Kuppelmosaik in der Hagia Sophia in Saloniki (9. Jh.)

Karolingische Kunst (etwa 750–950)

Die karolingische Kunst entstand in der Epoche Karls des Großen als Ausdruck einer Rückbesinnung auf antike Kunst und Kultur. Sie ist die erste Stufe der abendländisch-mittelalterlichen Kunst, aus der sich die deutsche und die französische Kunst entwickelten. Von großer Bedeutung sind vor allem die von Italien und Byzanz beeinflusste Buchmalerei und Elfenbeinarbeiten als Buchdeckelschmuck sowie die Goldschmiedekunst. In der Baukunst wurden die frühchristlichen Typen des Zentralbaus und der Basilika übernommen und die Doppelchoranlage und das Westwerk entwickelt.

Architektur:
Torhalle in Lorsch (774)
Pfalzkapelle Karls des Großen in Aachen (um 800)
Einhardsbasiliken in Steinbach und Seligenstadt (um 820–840)
Abteikirche des Benediktinerklosters Corvey (2. Hälfte des 9. Jh.)

Plastik:
Deckel des Codex aureus von St. Emmeram (um 870)
Tassilokelch (um 780)
Reiterstatuette Karls d. Gr. (9. Jh.)

Romanik (etwa 950–1250)

Die romanische Kunst gliedert sich in Deutschland nach den Herrscherhäusern in die ottonische (950–1050), salische (1050–1150) und die staufische Kunst (1150–1250). Sie ist charakterisiert durch geschlossene Mauerflächen und die Massivität des Baukörpers, die Übernahme der Basilika – in Deutschland oft doppelchörig und viertürmig – als beherrschende Raumform und die Kreuzgrat- und Tonnengewölbe, die auf mächtigen, einander abwechselnden Säulen und Pfeilern (Stützenwechsel) ruhen und an die Stelle der ursprünglich flachen Decke treten. Die Plastiken sind vor allem Darstellungen von Madonnen, Kruzifixe, Figuren am Gewände der Portale, Tympanonreliefs (häufig das jüngste Gericht darstellend) und an den Kapitellen in Kreuzgängen.

Die Kunst ist lang! Und kurz ist unser Leben.
Goethe

Architektur:
St. Michael in Hildesheim (1033 geweiht)
Dom in Speyer (um 1030 begonnen)
Dom in Mainz (um 1100–1137)
Dom in Worms (begonnen 1171)
Abteikirche in Cluny (3. Bau, Grundsteinlegung 1088)
Baptisterium in Florenz (um 1060–1150)
San Marco in Venedig (begonnen 1063)
Schiefer Glockenturm in Pisa (begonnen 1174)
Castel del Monte in Apulien (um 1240/50)

Plastik:
Gerokreuz im Kölner Dom (um 970)
Bernwardstüren in St. Michael in Hildesheim (1015)
Nikolaus von Verdun (nachweisbar 1181–1205): Dreikönigsschrein im Kölner Dom

Gotik (etwa 1150–1500)

Die Gotik findet ihre Vollendung in den französischen Kathedralen des frühen 13. Jahrhunderts, die alles Irdische übersteigen und das himmlische Jerusalem darstellen wollen. Charakteristisch sind die beherrschende Rolle des Lichts – verwirklicht durch die Auflösung der gemauerten Wände über hohe Fensterbahnen

und vielfach bunt verzierte Glasfenster – und die Betonung der Vertikalen durch die Steigerung aller senkrechten Richtungswerte: Verwendung sehr hoher schlanker Pfeiler, des Kreuzrippengewölbes (die Last übernehmen die Strebepfeiler außen am Bau) und des Spitzbogens. Die gotische Skulptur löst sich von der anfänglichen Einbindung in die Portale, was zur Entfaltung ihrer Körperlichkeit und Natürlichkeit (»staufische Renaissance«) führt. Die »Schönen Madonnen« (»weicher Stil«) zeichnen sich durch Anmut und weich fallende Gewänder aus.

Architektur:
Kölner Dom (Neubau begonnen um 1248)
Straßburger Münster (Neubau um 1250)
Stephansdom in Wien (begonnen 1304)
Veitsdom in Prag (begonnen 1344)
Kathedrale in Chartres (1130; Neubau begonnen nach 1194)
Notre-Dame in Paris (begonnen 1163)
Kathedrale in Amiens (um 1200–1288)
Kathedrale in Reims (1211–1300)
Palazzo Vecchio in Florenz (begonnen 1298)
Dom in Mailand (begonnen 1386)
Westminster Abbey in London (begonnen 1245)

Plastik:
Bamberger Reiter (um 1230–1240)
Madonna von Krumau (um 1400)
Südportal und Engelspfeiler des Straßburger Münsters (um 1230)
Westportal der Kathedrale in Chartres (1145–1155)
Veit Stoß (*um 1448, †1533): Marienaltar für die Marienkirche in Krakau (1477–1489)
Tilman Riemenschneider (*um 1460, †1531): Creglinger Marienaltar (1502–1505)

Malerei:
Brüder von Limburg (*etwa 1375/1385, †1416): Stundenbuch des Herzogs von Berry (1413–1416)
Stephan Lochner (*um 1400, †1451): »Dreikönigsaltar« im Kölner Dom (um 1442)
Giotto di Bondone (*1266, †1337): Fresken in der Arenakapelle in Padua (1304–1313)

Renaissance (etwa 1420–1600)

Der – idealisierenden – Darstellung der diesseitigen Realität, vor allem des selbstbewusster gewordenen Individuums, galt das Streben der Renaissance. Dabei bediente sie sich antiker Gestaltungsmittel. Der Bildhauerei wurde die Darstellung des menschlichen Körpers, seiner organischen Struktur und seiner Bewegungen zentrales Anliegen (Rückgriff auf den antiken Kontrapost als Darstellungsmittel). Einen eigenen Stellenwert erhielt in Reliefkunst und Malerei der Bildhintergrund, der mit der exakt berechneten Zentralperspektive erschlossen wurde. Neben der monumentalen Sakralarchitektur (Zentralbau) wurde der Profanbau (Palazzo und ländliche Villa) mit eigenen architektonischen Formen aufgewertet.

Architektur:
Filippo Brunelleschi (*1377, †1446): Kuppel des Doms (1418–1434) und San Lorenzo in Florenz (begonnen 1421)
Michelozzo di Bartolommeo (*1396, †1472): Palazzo di Medici in Florenz (1440/45)
Bramante (*1444, †1514) und Michelangelo Buonarotti (*1475, †1564): Neubau des Petersdoms in Rom (begonnen 1506)
Bramante: Tempietto in San Pietro in Montorio in Rom (1502)
Giorgio Vasari (*1511, †1574): Uffizien in Florenz (begonnen 1566)
Pierre Lescot (*1510, †1578): Louvre in Paris (1546–1576)
Philibert Delorme (*1510/15, †1570): Tuilerien in Paris (begonnen 1564)

Plastik:
Donatello (*um1386, †1466): Heiliger Georg von Or in San Michele in Florenz (1416)
Lorenzo Ghiberti (*1378, †1455): Reliefs der »Paradiestür« des Baptisteriums in Florenz (1403–1452)

Benvenuto Cellini (* 1500, † 1571): »Perseus« (1545–54)
Michelangelo Buonarotti (* 1475, † 1564): »Pietà« (1498–1500); »David« (1501–1504); »Moses« (1513–1516);

Malerei:
Piero della Francesca (* 1415/20, † 1492): »Federigo da Montelfeltre und seine Gemahlin Battista Sforza« (1460/75)
Sandro Botticelli (* 1445, † 1510): »Der Frühling« (1478); »Geburt der Venus« (1482)
Giorgione (* 1478, † 1510): »Ruhende Venus« (1508)
Leonardo da Vinci (* 1452, † 1519): »Heilige Anna selbdritt« (1500/1507); »Mona Lisa« (1503–1506); »Abendmahl« Wandgemälde (1495–97)
Tizian (* um 1488, † 1576): Himmelfahrt Mariä »Assunta« (1516–1518); »Venus von Urbino« (1538); »Kaiser Karl V.« (1548)
Raffael (* 1483, † 1520): »Vermählung Mariä« (1504); »Die Schule von Athen« (1508–1511); »Triumph der Galatea« (1512); »Sixtinische Madonna« (1513/14)
Michelangelo Buonarotti (* 1475, † 1564): Die Heilige Familie »Madonna Doni« (1503/04); Deckenfresken in der Sixtinischen Kapelle (1509–1512); »Das Jüngste Gericht« (Fresko an der Altarwand der Sixtinischen Kapelle, 1535–1541)
Albrecht Dürer (* 1471, † 1528): Selbstbildnisse (1498 und 1500); »Anbetung der Könige« (1504); »Anbetung der Heiligen Dreifaltigkeit durch die Gemeinschaft der Heiligen« (1511); »Die Heiligen Johannes und Petrus, Markus und Paulus« (1526)
Hans Holbein der Jüngere (* 1497/98, † 1543): »Adam und Eva« (1517); »Die Gesandten« (1533)
Hieronymus Bosch (* 1450, † 1516): Heuwagen-Triptychon (um 1485/90)
Pieter Breughel der Ältere (* 1525/30, † 1569): »Turmbau zu Babel« (1563); »Das Schlaraffenland« (1567)
El Greco (* 1541, † 1614): »Das Begräbnis des Grafen von Orgaz« (1586–1588); »Die Eröffnung des siebten Siegels« (um 1613)

Barock (etwa 1600–1730)

Der in Rom entstandene Barock war die Kunst des Absolutismus sowie der Gegenreformation, die die Kunst als Mittel zur Rekatholisierung bzw. Festigung des Katholizismus einsetzte und ihr die Aufgabe zuwies, in möglichst suggestiver Form christliche Inhalte zu vermitteln und die geistliche wie weltliche Macht repräsentativ darzustellen. Kennzeichen der barocken Baukunst sind eine starke Bewegtheit in geschwungenen Grund- und Aufrissformen, reiches Schmuckwerk und üppige malerische Gestaltung der Innenräume. Auch die Plastik ist von einer bewegten, häufig bis ins Ekstatische gesteigerten Gestaltung geprägt. In der Malerei traten neben religiösen Bildern weltliche Darstellungen wie Genrebilder und Landschaften auf. Decken- und Wandmalereien haben häufig stark illusionistische Wirkungen (z. B. Scheinarchitekturen oder Blick in den Himmel). Die französischen Künstler orientierten sich stärker an der klassischen Antike (Barockklassizismus, »Louis-quatorze«).

Architektur:
Louis Le Vau (* 1612, † 1670): Schloss und Gärten in Versailles (begonnen 1661)
Jules Hardouin-Mansart (* 1646, † 1708): Invalidendom in Paris (1677–1706)
Gian Lorenzo Bernini (* 1598, † 1680): Kolonnaden des Petersplatzes in Rom (1656–1667)
Matthäus Daniel Pöppelmann (* 1662, † 1736): Zwinger in Dresden (1711–1728)
Johann Lukas von Hildebrandt (* 1668, † 1745): Schloss Belvedere in Wien (1714–1722)
Johann Balthasar Neumann (* 1687, † 1753): Würzburger Residenz (1720–1744)
George Bähr (* 1666, † 1738): Frauenkirche in Dresden (1726–1734)

Malerei:
Nicolas Poussin (* 1594, † 1665): »Die Inspiration des Dichters« (1630); »Landschaft mit Diogenes« (1648)
Claude Lorrain (* 1600, † 1682): »Ruhe auf der Flucht« (1661); »Aeneas und Dido in Karthago« (1676)

Caravaggio (* 1573, † 1610): »Bacchus« (um 1595); »Berufung des Matthäus« (1599/1600); »Grablegung Christi« (1603)
Guido Reni (* 1575, † 1642): Himmelfahrt der Maria »Assunta« (1617)
Giovanni Battista Tiepolo (* 1696, † 1770): Deckenfresken für Kaisersaal und Treppenhaus in der ehemaligen Residenz in Würzburg (1751–1753)
Peter Paul Rubens (* 1577, † 1640): »Raub der Töchter des Leukippos« (1617)
Rembrandt (* 1606, † 1669): »Die Nachtwache« (1642); »Der Mann mit dem Goldhelm« (um 1650)
Diego Rodriguez de Silva y Velázquez (* 1599, † 1660): »Triumph des Bacchus« (1628/29); »Las Meninas« (1656)

Plastik:
Gian Lorenzo Bernini: David (1623)
Andreas Schlüter (* 1660, † 1714): Reiterdenkmal des Großen Kurfürsten (1697–1703)
Niccolò Salvi (* 1697, † 1751): Trevi-Brunnen in Rom (1732–1762)

Rokoko (etwa 1730–1770)

Diese Kunstrichtung war vor allem die Ausdrucksform der höfischen Gesellschaft. Die Größe, das Pathos und das Höfisch-Repräsentative des Barock wichen dem Gefälligen, Eleganten, Intim-Persönlichen. Ein verspielter Dekorationsstil (»Louis-quinze«) prägte die Innenausstattung – helle Räume wurden bevorzugt, als Wandfarbe trat verstärkt das Weiß an die Stelle des Goldes –, das Kunstgewerbe und die Kleinkunst (Porzellanplastik). In der Malerei äußerte sich eine Vorliebe für das Erotisch-Galante, dargestellt in hellen, pastellartigen Farben und lockerer Malweise.

Wedgwood und Chippendale

Nachdem die englische Kunst im 17. Jahrhundert für den Kontinent keine große Anziehungskraft besessen hatte, erlebte vor allem das englische Kunsthandwerk im 18. Jahrhundert eine Blüte. In der Dekorationskunst war nun England mit Möbeln von Thomas Chippendale (* 1718, † 1779) und Keramik von Josiah Wedgwood (* 1730, † 1795) führend und in Geschmacksfragen erste Instanz vor Frankreich.

Architektur:
Georg Wenzeslaus von Knobelsdorff (* 1699, † 1753) Schloss Sanssouci bei Potsdam (1745–1747)
Peter Thumb (* 1681, † 1766): Wallfahrtskirche in Birnau (1747–1750)
Johann Balthasar Neumann (* 1687, † 1753): Wallfahrtskirche Vierzehnheiligen in Oberfranken (1743/44)

Plastik:
Johann Joachim Kaendler (* 1706, † 1775): Porzellanplastik für die Meißener Porzellanmanufaktur
Franz Anton Bustelli (* 1723, † 1763): Porzellanplastik für die Nymphenburger Porzellanmanufaktur

Malerei:
Jean Antoine Watteau (* 1684, † 1721): »Die Einschiffung nach Cythère« (um 1717); Figur des Pierrot »Gilles« (1718)
Alexander Roslin (* 1718, † 1793): »Dame mit Schleier« (1768)

Klassizismus (etwa 1750–1840)

Der Klassizismus bemühte sich um eine Wiederbelebung der künstlerischen Normen und Formen der klassischen griechischen Kunst. Kennzeichen der Architektur sind – orientiert am antiken Tempel – streng gegliederte Bauformen mit vorgesetzten Säulenordnungen. Strenge Symmetrien, rechte Winkel, Dreiecksformen und kubische Geschlossenheit traten an die Stelle der barocken Schwingungen und Raumdurchdringungen. Die klassizistische Malerei verzichtete auf überflüssige Dekoration und gestaltete mit scharfer Linienführung und klarer Formgebung Landschaften oder historische Themen oft in heroischer Inszenierung. Zum Klassizismus gehören die Stilformen Directoire, Empire und Louisseize.

Architektur:
Christopher Wren (*1632, †1723): Kensington Palace (1689–1702) und Hampton Court (begonnen 1689) in London
Jean-François Chalgrin (*1739, †1811): Arc de Triomphe in Paris (1806–1813)
Pierre Vignon (*1763, †1846): Ste. Madeleine in Paris (1807 begonnen)
Guiseppe Piermarini (*1734, †1808): Scala in Mailand (1776–1778)
Juan Villanueva (*1739, †1811): Prado in Madrid (begonnen 1785)
Karl Friedrich Schinkel (*1781, †1841): Neue Wache (1817–1818) und Altes Museum 1824–1828) in Berlin
Gotthard Langhans (*1732, †1808): Brandenburger Tor in Berlin (1788–1791)
Leo von Klenze (*1784, †1864): Glyptothek in München (1816–1834) und Walhalla bei Regensburg (1830–1842)

Plastik:
Gottfried Schadow (*1764, †1850): Quadriga mit Viktoria auf dem Brandenburger Tor in Berlin (1794)
Ernst Rietschel (*1804, †1861): Das Goethe-Schiller-Denkmal in Weimar (1852–1857)
Bertel Thorvaldsen (*1768, †1844): »Ganymed mit Jupiters Adler« (1817); Reiterstandbild des Kurfürsten Maximilian in München (1830–1836)

Malerei:
Johann Heinrich Wilhelm Tischbein (*1751, †1829): »Goethe in der römischen Campagna« (1787)
Jacques-Louis David (*1748, †1825): »Schwur der Horatier« (1784/85); »Der ermordete Marat« (1793); »Kaiserkrönung« (1806–1807)
Jean Auguste Dominique Ingres (*1780, †1867): »Die Badende von Valpençon« (1808); »Die Quelle« (1856); »Das türkische Bad« (1859)
Francisco José de Goya y Lucientes (*1746, †1828): »Die bekleidete Maja« und »Die nackte Maja« (beide 1797); »Die Erschießung der Aufständischen am 3. Mai 1808 in Madrid« (1814)

Richtungen in der Malerei des 19. Jahrhunderts

Romantik (etwa 1800–1830)

Innerhalb der europäischen geistesgeschichtlichen Epoche der Romantik entwickelte sich die romantische Malerei in Deutschland und England vor allem als Landschaftsmalerei, in der ein inniges Naturgefühl zum Ausdruck kommt, in Frankreich als Historienmalerei, die insbesondere revolutionäre Themen formulierte. Auf religiöse Inhalte konzentrierte sich die Kunst der Nazarener ebenso wie die der Präraffaeliten, die in Raffael und Albrecht Dürer ihre Vorbilder sahen.

Philipp Otto Runge (*1777, †1810): »Der Kleine Morgen« (1808)
Caspar David Friedrich (*1774, †1840): »Wanderer über dem Nebelmeer« (1818); »Abtei im Eichenwald« (1810); »Kreidefelsen auf Rügen« (1818)
William Turner (*1775, †1851): »Brand des Parlamentsgebäudes in London« (1834); »Felsige Bucht« (1830)
John Constable (*1776, †1837): »Hampstead Heath mit Regenbogen« (1836)
Eugène Delacroix (*1798, †1863): »Die Freiheit führt das Volk an« (1830); »Die Frauen von Algier in ihrem Gemach« (1834)
Julius Schnorr von Carolsfeld (*1788, †1853): »Madonna« (1820)

Biedermeier (etwa 1815–1848)

In der Restaurationszeit zwischen dem Wiener Kongress und der Märzrevolution gab das deutsche Bürgertum die Hoffnungen auf die großen nationalen und demokratischen Ziele auf und fand sich mit untertäniger Bescheidenheit ab. Die Malerei des Biedermeier zeigt das bescheiden-einfache Leben in unpathetischen Kompositionen von kleinem Format, Porträts, Landschaften, häusliche, in vielen Fällen auch – so bei Spitzweg – die Grenze zur Karikatur streifende humoristische Genreszenen.

Carl Spitzweg (*1808, †1885): »Der arme Poet« (1839); »Der abgefangene Liebesbrief« (1860)
Georg Friedrich Kersting (*1785 †1847): »Paar am Fenster« (1817)
Moritz von Schwind (*1804, †1871): »Die Morgenstunde« (1858)

Realismus (etwa 1833–1866)

Gegen Klassizismus und Romantik gerichtet, präsentierte Gustave Courbet 1855 seine Bilder erstmals unter dem programmatischen Titel »Le réalisme«. Realistischer Kunst geht es um die Darstellung der vorgefundenen alltäglichen anstelle einer »höheren« Realität. Im Mittelpunkt stand die Darstellung bislang ungewöhnlicher Themen, wie arbeitender Menschen oder Industrieanlagen, die häufig mit einer sozialen Anklage verbunden wurde.

Gustave Courbet (*1819, †1877): »Die Steinklopfer« (1849); »Die Kornsieberinnen« (1853)
Honoré Daumier (*1808, †1879): »Die Wäscherin« (1863)
Jean-François Millet (*1814, †1875): »Ährenleserinnen« (1857)
Adolph Menzel (*1815, †1905): »Eisenwalzwerk« (1875); »Flötenkonzert in Sanssouci« (1850–1852)
Wilhelm Leibl (*1844, †1900): »Drei Frauen in der Kirche« (1881)

Impressionismus (etwa 1865–1885)

Der Name »Impressionismus« ist von Claude Monets Landschaftsbild »Impression, soleil levant« (1872) abgeleitet, das 1874 in einer Gruppenausstellung gezeigt wurde. Auf Komposition im Bildaufbau, räumliche Wirkung und realistische Darstellung des Gegenstands wurde verzichtet, stattdessen der Augenblickseindruck und die damit verbundene Stimmung wiedergegeben. Dem Licht, seinen vielfach gebrochenen Reflexen und Schattenbildungen, die die Konturen des Gegenstands auflösen, und der flimmernden Luft galt dabei das besondere Interesse.

Claude Monet (*1840, †1926): Eindruck bei Sonnenaufgang »Impression, soleil levant« (1872)
Edouard Manet (*1832, †1883): »Die Barke« (1874)
Edgar Degas (*1834, †1917): »Musiker im Orchester« (1870/71);
Auguste Renoir (*1841, †1919): »Le Moulin de la Galette« (1876); »Das Frühstück der Ruderer« (1881)
Max Liebermann (*1847, †1935): »Papageienallee« (1902)
Max Slevogt (*1868, †1932): »Das Champagnerlied«; »Der weiße d'Andrade in der Rolle Don Giovannis« (1902)
Vincent van Gogh (*1853, †1890): »Die Brücke von Arles« (1888); »Caféterrasse bei Nacht« (1888)
Paul Cézanne (*1839, †1906): »Blick auf Auvers« (1873–1875)
Camille Pissarro (*1830, †1903): »Bahnhof Saint Lazare« (1893); »Boulevard Montmartre, Nachtstimmung« (1897)

Neoimpressionimus (etwa 1885–1895)

Georges Seurat stellte den Impressionismus auf eine farbentheoretische Grundlage und baute den Augenblickseindruck aus reinen Farben auf, indem er diese als Punkte mosaikartig nebeneinander setzte (daher die Bezeichnungen Pointillismus, von französisch point »Punkt«, oder Divisionismus). Erst auf der Netzhaut des Betrachters sollten sich die Punkte mischen und so zum Gesamtbild zusammenfügen. Seurat überschritt den Impressionismus insofern, als erneut Bildkomposition und Form einen neuen Stellenwert erhielten.

Georges Seurat (*1859, †1891): »Ein Sonntagnachmittag auf der Insel La Grande Jatte« (1885); »Brücke von Courbevoie« (1886/1887)
Paul Signac (*1863, †1935): »Segelboote im Hafen von Saint-Tropez« (1893)
Camille Pissarro (*1830, †1903): »Frau im Obstgarten« (1887)

Symbolismus (etwa 1860–1895)

Diese in ihren Anfängen bis ins 18. Jahrhundert zurückreichende, gesamteuropäische Kunstrichtung entstand als Antithese zu Strömungen, die sich nur auf die Wiedergabe der sichtbaren Wirklichkeit beschränken wollten, wie zum Beispiel der Realismus und der Impressionismus. Der Symbolismus versuchte, die Welt der Fantasie und des Traumes, die sich dem rationalen Zugriff entziehen, wiederzugeben. Er wirkte bis ins 20. Jahrhundert und beeinflusste insbesondere Jugendstil und Surrealismus.

Arnold Böcklin (*1827, †1901): »Villa am Meer« (1865)
Maurice Denis (*1870, †1943): »Die Musen« (1893); »Landschaft mit grünen Bäumen« (1893)
James Ensor (*1860, †1949): »Skelette im Kampf um den Leichnam eines Gehängten« (1891)
Gustav Klimt (*1862, †1918): »Judith mit dem Haupt des Holofernes« (um 1901)
Ferdinand Hodler (*1853, †1918): »Die Nacht« (1889)
Edvard Munch (*1874, †1930): »Sterbezimmer« (1894/95)

Auguste Rodin – Der »neue Michelangelo«

Der französische Bildhauer Auguste Rodin (*1840, †1917) gilt als der Erneuerer der modernen Plastik. Außerhalb jeder Kunstrichtung stehend, überwand er, von den Werken Michelangelos beeinflusst, den akademischen Historismus des 19. Jahrhunderts mit Skulpturen, die einen bis dahin unbekannten Realismus aufwiesen. Bei der Ausstellung seines Erstlingswerks – ein muskulöser Männerakt mit dem Titel »Das eherne Zeitalter« (1875/76) – musste er sich den Vorwurf gefallen lassen, den anatomisch perfekt modellierten Körper der Bronzestatue direkt vom Modell, einem französischen Soldaten, abgenommen zu haben. Weitere bedeutende Werke sind »Der Kuss« (1886), »Die Bürger von Calais« (1884–1886), »Der Denker« (1880–1900) sowie das unvollendete »Höllentor« (ab 1880).

Jugendstil (1890–1914)

Nach der Münchener Kunstzeitschrift »Jugend« (1896–1940) benannt. In anderen Ländern Europas ist diese Kunstrichtung unter verschiedenen Namen bekannt: In Frankreich als »Art Nouveau«, in Großbritannien als »Modern Style«, in Österreich als »Sezessionsstil«. Der Jugendstil richtete sich gegen die historisierenden Stile des 19. Jahrhunderts. Eine besondere Rolle spielen dabei Fläche, Ornament und elegant geschwungene Linien. Angestrebt wurde das harmonische Zusammenwirken von Kunsthandwerk, Architektur, Malerei und Innenraumgestaltung.

Architektur:
Joseph Maria Olbrich (*1867, †1908): Hochzeitsturm auf der Mathildenhöhe in Darmstadt (1907/08)
Hector Guimard (*1867, †1942): Castel Béranger in Paris (1894–1898); Metrostationen in Paris (um 1900)
Henry van de Velde (*1863, †1957): Inneneinrichtung des Museums Folkwang in Hagen (1900–1902; nach Essen verlegt)
Antonio Gaudí (*1852, †1926): Kathedrale Sagrada Familia in Barcelona (begonnen 1883; nicht vollendet); »Casa Milá« (1905–1910); der Park Güell (1900–1914)

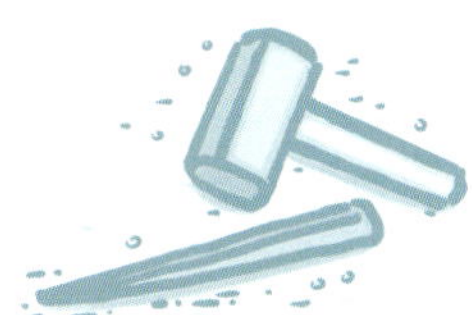

Plastik:
Baron George Minne (*1866, †1941): Brunnen mit fünf knienden Knaben (1906)

Malerei:
William Morris (*1834, †1896): Tapetendessins (1880–1890) und Buchillustrationen (um 1890–1895)
Gustav Klimt (*1862, †1918): »Der Kuss« (1908)
Aubrey Beardsley (*1872, †1898): Illustrationen zu Oscar Wildes Tragödie »Salomé« (1894)
Henri de Toulouse-Lautrec (*1864, †1901): »Ambassadeurs, Aristide Bruant dans son cabaret« (Plakat, 1892); »Le Moulin de la Galette« (1888)

Bedeutende Richtungen in der Architektur des 19. und 20. Jahrhunderts

Historismus (etwa 1840–1900)

Die Bauten des Historismus sind im Wesentlichen durch den Rückgriff auf historische Vorbilder geprägt. Während sich der Klassizismus ausschließlich an der Antike orientierte, nahm der Historismus am Mittelalter, der Renaissance und dem Barock Anleihen. Entsprechend unterscheidet man die Stile Neugotik, Neurenaissance und Neubarock.

Gottfried Semper (*1803, †1879): Opernhaus in Dresden (1838–1841)
Paul Wallot (*1841, †1912): Reichstagsgebäude in Berlin (1884–1894)
Bruno Schmitz (*1858, †1916): Kyffhäuserdenkmal (1891–1896)
Charles Garnier (*1825, †1898): Grand Opéra in Paris (1860–1874)
Paul Abadie (*1812, †1884): Sacré-Cœur in Paris (begonnen 1874)
Charles Barry (*1795, †1860): Parlamentsgebäude in London (»Houses of Parliament«; 1840–1852)

Eisenarchitektur (ab etwa 1850)

Am Anfang der modernen Architektur steht die Ablösung der traditionellen Baumaterialien Holz und Stein durch Eisen, Stahl und Glas in einem bisher nicht gekannten Ausmaß. Ingenieure und Architekten errichteten tragende Wandkonstruktionen und ganze Bauwerke unter ausschließlicher Verwendung dieser Stoffe.

Decimus Burton und Richard Turner: Palmenhaus in Kew Gardens in London (1844)
Joseph Paxton (*1801, †1865): Kristallpalast in London (1851; 1936 zerstört)
Gustave Eiffel (*1832, †1923): Eiffelturm zur Weltausstellung in Paris (1889)

Schule von Chicago (ab etwa 1870)

Durch einen Brand war Chicago 1871 fast vollständig zerstört worden. Die am Wiederaufbau beteiligten Architekten und Ingenieure entwarfen moderne Bürohäuser, Kaufhäuser und Hotels mithilfe von Stahlskelettkonstruktionen. Der amerikanische Architekt Louis Henry Sullivan prägte mit dem Spruch »Form follows function« die Leitformel der modernen Architektur. Danach gelte es, die Erscheinungsform eines Gebäudes aus seiner Funktion zu entwickeln.

Louis Henry Sullivan (*1856, †1924) und Dankmar Adler (*1844, †1900): Guaranty Trust Building in Buffalo (New York; 1894/95)
William Le Baron Jenney (*1832, †1907): Home Insurance Building in Chicago (1883–1885); Leiter Building in Chicago (1889)

Bauhaus (1919–1933)

Unter der Leitung des Architekten Walter Gropius wurde die bedeutende Kunstschule 1919 in Weimar zunächst als Staatliches Bauhaus gegründet und 1925 als »Hochschule für Gestaltung« nach Dessau verlegt. Charakteristisch für den Bauhausstil ist die Ausrichtung von Formen und Motiven an der Funktion, der Konstruktion und dem Material. Einfache, geometrische Formen herrschen vor.

Walter Gropius (*1883, †1969): Bauhaus in Dessau (1925/26)
Ludwig Mies van der Rohe (*1886, †1969): Weißenhofsiedlung in Stuttgart (1927)

Bauhaus - Malerei und Design

Die Hochschule für Gestaltung in Dessau war nicht nur in der Architektur wegweisend, sondern auch in Malerei, Plastik und gestaltendem Handwerk. Am Bauhaus lehrten neben den Architekten Gropius und Mies van der Rohe auch bedeutende Maler wie Wassily Kandinsky (*1866, †1944), Paul Klee (*1879, †1940), Lyonel Feininger (*1871, †1956) und Oskar Schlemmer (*1888, †1943). Nachhaltig wirkte der Bauhausstil in der Industrieform. Berühmt geworden ist die Glaslampe WG24 (1923/24) von Wilhelm Wagenfeld (*1900, †1990).

Internationaler Stil (etwa 1920–1960)

Diese Richtung in der modernen Architektur war in den USA, Südamerika, Skandinavien, Großbritannien und Japan verbreitet. Die in erster Linie funktionellen Konstruktionen sind gekennzeichnet durch klare, kubische Blöcke, Asymmetrie in Grund- und Aufriss, Anordnung der Fenster in horizontalen Streifenzonen, das Fehlen sichtbarer Träger an Bauecken und den Verzicht auf Ornament und Profil.

Frank Lloyd Wright (*1869, †1959): Haus über dem Wasserfall in Bear Run, USA (1936/37); Guggenheim-Museum in New York (1956–1959)
Ludwig Mies van der Rohe (*1886, †1969): Apartmenthäuser in Chicago (1949–1951); Seagram Building in New York (1956–1959)
Charles Le Corbusier (*1887, †1965): Villa Savoye in Poissy (1929)

Postmoderne (ab etwa 1970)

Gegen die nüchternen, streng funktionalistischen Konstruktionen des Internationalen Stils wandten sich Architekten der Postmoderne durch den Rückgriff auf historische Stilmuster und Bauformen, die spielerisch, ironisch-parodistisch, häufig in schockierender Weise als Collage verschiedener Stile verwendet werden.

Charles Moore (*1925, †1993): Piazza d'Italia in New Orleans (1977–1978)
James Stirling (*1926, †1992): Neue Staatsgalerie in Stuttgart (1977–1984)
Aldo Rossi (*1931, †1997): Bonnefantenmuseum in Maastricht (1993–1995)
Ricardo Bofill (*1939): »Le Palacio d'Abraxas« in Marne-la-Vallée bei Paris (1978–1983)

Dekonstruktivismus (seit etwa 1985)

Die architektonischen Entwürfe des Dekonstruktivismus lösen die traditionellen statischen Verhältnisse auf. Die Gebäude wirken asymmetrisch und perspektivisch verzerrt und meiden den rechten Winkel. Untergeordnete Bauteile wie Treppenhäuser, Vordächer, Kamine und technische Einrichtungen wie Lüftungsrohre werden häufig überbetont.

Frank Owen Gehry (*1929): Vitra Designmuseum in Weil am Rhein (1988/89); Guggenheim-Museum in Bilbao (1991–1997)
Günter Behnisch (*1922): Hysolar-Forschungsinstitut der Universität Stuttgart (1986–1987)
Daniel Libeskind (*1946): Jüdisches Museum in Berlin (1992–1999)

Malerei des 20. Jahrhunderts

Expressionismus (etwa ab 1905)

Gegen Jugendstil und Impressionismus gewendet, geht es dieser Stilrichtung um den Ausdruck innerer Wirklichkeitserlebnisse mithilfe der Vereinfachung und Verformung der Bildgegenstände und starker Farb- und Proportionskontraste. Die expressionistischen Maler schlossen sich häufig zu Künstlergemeinschaften zusammen.

Die Brücke (1905–1913 in Dresden und Berlin):
Ernst Ludwig Kirchner (*1880, †1938): »Fünf Frauen auf der Straße« (1913)
Karl Schmidt-Rottluff (*1884, †1976): »Bildnis Rosa Schapire« (1911)
Emil Nolde (*1867, †1956): »Im Café« (1911)
Der Blaue Reiter (1911–1914 in München):
Wassily Kandinsky (*1866, †1944): »Improvisation« (1913)
Alexej von Jawlensky (*1864, †1941): »Stillleben mit Vase und Krug« (1909)
Franz Marc (*1880, †1916): »Blaues Pferd« (1911); »Die kleinen gelben Pferde« (1912)
August Macke (*1887, †1914): »Dame in grüner Jacke«
Paul Klee (*1879, †1940): »Rote und weiße Kuppeln« (1914)
Edvard Munch (*1863, †1944): »Der Schrei« (1893); »Angstgefühl« (1894)
Egon Schiele (*1890, †1918): »Umarmung« (1917)

Oskar Kokoschka (* 1886, † 1980): »Die Windsbraut« (1914)
Max Beckmann (* 1884, † 1950): »Die Nacht« (1918/19)
Paula Modersohn-Becker (* 1876, † 1907): »Mutter und Kind« (1906)

Kubismus (etwa ab 1906)

Der auf Gestaltungsprinzipien Paul Cézannes zurückgehende analytische Kubismus (lateinisch cubus »Würfel«) zerlegte die Bildgegenstände in ihre Grundformen wie Würfel, Kegel, Pyramide, Zylinder und Kugel. Ziel dieses Verfahrens war es, verschiedene Ansichten eines Gegenstandes gleichzeitig erfahrbar zu machen, d. h. seine räumliche Gegebenheit auf die Bildfläche zu bannen. Der synthetische Kubismus (ab etwa 1912), der auf der Collagetechnik aufbaut, setzte abstrakte Formen zu neuen Bildgegenständen zusammen

Pablo Picasso (* 1881, † 1973): »Les Demoiselles d'Avignon« (1906/07)
Georges Braque (* 1882, † 1963): »Stillleben mit Harfe und Violine« (1912)
Marcel Duchamp (* 1887, † 1968): »Akt, eine Treppe hinabsteigend« (1912)
Juan Gris (* 1887, † 1927): »Pierrot« (1922)
Fernand Léger (* 1881, † 1955): »Frau mit Blumen« (1922)

Wichtige Phasen in Picassos Werk

Wie kein anderer Künstler hat der spanische Maler, Grafiker und Bildhauer Pablo Picasso die Kunst des 20. Jahrhunderts beeinflusst. Er gilt als Schöpfer des Kubismus und der abstrakten Malerei und hat mit dem großformatigen Antikriegsbild »Guernica« (1937) ein Schlüsselwerk des 20. Jahrhunderts geschaffen. Picasso malte in ständig wechselnden Stilen, in seinem Werk stehen oft widersprüchliche Kunstrichtungen gleichzeitig nebeneinander.

1901–1904	»Blaue Periode« (»Absinthtrinkerin«, 1902)
1904–1906	»Rosa Periode« (»Die Gaukler«, 1905)
ab 1907	Analytischer Kubismus (»Les Demoiselles d'Avignon«, 1907)
ab 1909	Beginn der abstrakten Malerei (»Frauenkopf«, 1909)
ab 1912	Synthetischer Kubismus (»Die Violine«, 1912)
ab 1925	Einfluss des Surrealismus (»Drei Tänzer«, 1925)
30er-Jahre	Plastische Arbeiten (»Badende«, 1931; »Kopf einer Frau«, 1931)
1945–1949	Lithographien (»Stierkampfszenen«, 1945)
ab 1947	Bemalte Keramiken (Große Vase »Flötenspieler und Tänzer«, 1950)
ab 1954	Bearbeitung alter Meister (»Las Meninas«, 1957)
ab 1961	Grafiken, Zeichnungen und Radierungen (»Maler und Modell«, 1963/64; »Suite 347«, 1968)

Futurismus (etwa ab 1910)

Der vor allem in Russland und Italien in Malerei, Plastik, aber auch Architektur verbreitete Futurismus (lateinisch futura »Zukunft«) zeigt sich begeistert von technischem Fortschritt, modernen Maschinen, Geschwindigkeit und Dynamik. Das zeitliche Nacheinander von Aktionen wird durch die Durchdringung von Farben und Formen gleichzeitig dargestellt.

Giacomo Balla (* 1871, † 1958): »Die Bogenlampe« (1909)
Umberto Boccioni (* 1882, † 1916): »Dynamismus eines Fußballspielers« (1913)
Gino Severini (* 1883, † 1966): »Rotkreuz-Zug« (1915)
Carlo Carrà (* 1881, † 1966): »Rhythmen der Objekte« (1911)

Dadaismus (ab etwa 1915)

Mit der Eröffnung der Züricher Kleinkunstbühne »Cabaret Voltaire« 1916 entstand diese revolutionäre literarisch-künstlerische Bewegung. Das der Kindersprache entnommene Wort »Dada« war die zynische Antwort auf die Werte und Worte der durch den Ersten Weltkrieg fragwürdig gewordenen bürgerlichen Kultur. Es entstanden Collagen und Assemblagen aus unterschiedlichsten Materialien und zum Teil banalen Gegenständen. Mit seinen »Readymades« erhob Marcel Duchamp Fundstücke aus dem Alltagsleben zu Kunstwerken.

Hannah Höch (* 1889, † 1978): »Schnitt mit dem Küchenmesser DADA durch die letzte Weimarer Bierbauchkulturepoche Deutschlands« (1919/20); »Das schöne Mädchen« (1920)
Kurt Schwitters (* 1887. † 1948): »Merz-Bild 25 A. Das Sternenbild« (1920)
Marcel Duchamp (* 1887, † 1968): »L.H.O.O.Q. oder Mona Lisa mit Schnurrbart« (1919)

De Stijl (ab 1917)

Die bedeutende niederländische Kunstrichtung strebte nach vollkommener Abstraktion. Als Ausdrucksmittel wurden lediglich die gerade Linie, der rechte Winkel sowie die Farben Rot, Gelb, Blau und die Nicht-Farben Schwarz, Weiß und Grau verwendet.

Theo van Doesburg (* 1883, † 1931): »Kontra-Komposition, Nr. 16« (1925)
Piet Mondrian (* 1872, † 1944): »Komposition 1922«
El Lissitzky (* 1890, † 1941): »Proun GBA - N 4« (um 1923)

Surrealismus (etwa ab 1924)

Einer der wichtigsten Kunstströmungen des 20. Jahrhunderts ging es um die Darstellung von Traumhaftem, Irrealem, Unbewusstem. Der veristische Surrealismus (Dalí) stellt nicht zusammengehörige Dinge oder Formen im perspektivischen Raum naturalistisch dar. Der absolute Surrealismus (Miró) bedient sich einer abstrakten, symbolhaften Formensprache.

Max Ernst (* 1891, † 1976): »Oedipus Rex« (1922)
Salvador Dalí (* 1904, † 1989): »Die Beständigkeit der Erinnerung« (1931); »Die brennende Giraffe« (1935)
Joan Miró (* 1893, † 1983): »Die kleine Blonde im Park der Attraktionen« (1950); Wanddekoration für das UNESCO-Gebäude in Paris (1955–1958) und das Wilhelm-Hack-Museum in Ludwigshafen (1978/79)
René Magritte (* 1898, † 1967): »Der bedrohte Mörder« (1926); »Die Liebenden« (1928)

Amerikanischer Realismus – Hopper & Co.

Auch die amerikanische Malerei ab den 1920er-Jahren ist von einer strengen Sachlichkeit geprägt. Berühmt geworden sind nüchterne Darstellungen typisch amerikanischer Städte, Landschaften und Interieurs von Edward Hopper (* 1882, † 1967) – etwa »Automat« (1927), »Nachtschwärmer« (1942) – sowie die von der Neuen Sachlichkeit beeinflussten Bilder von Grant Wood (* 1892, † 1942), vor allem »American Gothic« (1930).

Neue Sachlichkeit (ab 1920er-Jahre)

Der von G. F. Hartlaub 1923 anlässlich einer Ausstellung in der Mannheimer Kunsthalle geprägte Begriff bezeichnet eine Kunstrichtung, die sich mit objektiver und präziser Realitätswiedergabe, verbunden mit engagierter Gesellschaftskritik, häufig in überscharfer Betonung des Gegenständlichen und unter Ausschaltung von Licht und Schatten, gegen Expressionismus und Abstraktion wandte.

George Grosz (* 1883, † 1959): »Stützen der Gesellschaft« (1926)
Otto Dix (* 1891, † 1969): »Großstadt« (1927/28)

Konkrete Kunst (etwa ab 1930)

Der von dem niederländischen Kunsttheoretiker Theo von Doesburg (* 1883, † 1931) vorgeschlagene Name bezeichnet ungegenständliche Kunst, bei der die Gestaltung gerade nicht von einem Abstraktionsvorgang ausgeht, sondern Linie, Fläche, Raum, Farbe ohne jede Assoziation als autonome künstlerische Mittel einsetzt. Ende der 1950er-Jahre entstand in den USA die Farbfeldmalerei (Color-Field-Painting), die sich auf reine Farbflächen beschränkt und auf raumillusionistische Wirkung verzichtet.

Josef Albers (* 1888, † 1976): »Hommage to the Square: Silent Hall« (1961)
Frank Stella (* 1936): »Nunca Pasa Nada« (»Nie läuft nichts«; 1964)
Morris Louis (* 1912, † 1962): »Ksi« (1960–61)

Abstrakter Expressionismus (etwa ab 1940)

Diese Kunstrichtung tritt in den USA der 1940er- und 1950er-Jahre auf. Sie setzt die Gestaltungs- und Erlebnisimpulse ohne rationale Kontrolle auf der Leinwand um, sodass der eigentliche Vorgang des Malens zum Bildinhalt wird. Gesteigert tritt er in spontanen Aktionen des Actionpainting (J. Pollock) auf.

Jackson Pollock (* 1912, † 1956): »Nummer 32« (1950)
Willem de Kooning (* 1904, † 1997): »Vorort in Havanna« (1958)

Op-Art (etwa ab 1955)

Die Abkürzung für Optical Art (»optische Kunst«) bezeichnet eine Kunstform, der es um die Erzeugung optischer Phänomene geht. Mithilfe paralleler Streifen, konzentrischer Quadrate, Kreise und schachbrettartiger Muster erzeugt sie – durch die Verwendung komplementärer Farbpaare noch gesteigert – optische Effekte wie Flimmern, Nachbilder oder Scheinbewegungen.

Victor Vasarély (* 1908, † 1997): »Tau-Ceti« (1955–65)
Bridget Riley (* 1931): »Current« (»Strömung«, 1964)

Fett und Filz

Der deutsche Plastiker, Zeichner und Aktionskünstler Joseph Beuys (* 1921, † 1986) zählt zu den bekanntesten, aber auch umstrittensten Künstlern des 20. Jahrhunderts. Happenings, rituelle Aktionen sowie politische und ökologische Projekte sollten bestehende Zusammenhänge radikal infrage stellen und den Betrachter zu Fragen und Nachdenken provozieren. Die häufige Verwendung der Materialien Fett und Filz für seine Objekte – etwa »Fettplastik« (1952), »Stuhl mit Fett« (1963), »Filzanzug« (1970) – geht auf seinen Flugzeugabsturz im Winter 1943 als Kampfflieger im Zweiten Weltkrieg zurück, nach dem er mehrere Tage von Tataren gepflegt wurde, die seine Wunden mit Tierfett behandelten und ihn mit Filzdecken gegen die Kälte schützten.

Pop-Art (etwa ab 1960)

Die Pop-Art entdeckte die Welt der Unterhaltungsindustrie und der Werbung als ästhetische Wirklichkeit. Banale Objekte des Massenkonsums wurden in grellen Farbzusammenstellungen (»Popfarben«) und großen Formaten dargestellt. Auch Comicstrips oder Reklameannoncen dienten als Vorlagen.

Richard Hamilton (* 1922): »Just what is it that makes today's home so different, so appealing?« (»Was macht das Zuhause von heute nur so anders, so anziehend?«, 1956)
Roy Lichtenstein (* 1923, † 1997): »Whaam!« (1963); »M-Maybe. A Girl's Picture« (1965)
Andy Warhol (* 1928, † 1987): »200 Campbell Suppendosen« (1965); »Marilyn Monroe« (1967); »Green Coca-Cola-Bottles« (1961)

Graffiti (ab etwa 1980)

Seit den 1970er-Jahren auf Hauswänden, Mauern, U-Bahn-Waggons oder Bussen mit Spraydosen angebrachte Zeichnungen und Kritzeleien. In den 1980er-Jahren etablierte sich die Graffiti-Art in New York als neue Kunstrichtung. Charakteristisch ist die Anlehnung an Gestaltungsformen der Comicstrips sowie die Verwendung einfacher grafischer Zeichen.

Keith Haring (* 1958, † 1990): »Crack is Wack« (Wandgemälde, New York, 1986); »Luna Luna« (Wandgemälde, Hamburg, 1987)
Jean-Michel Basquiat (* 1960, † 1988): »Cadillac Man« (1980–1981)

Videokunst (ab etwa 1965)

Die Videokunst nutzt die elektronische Bildaufzeichnung und Wiedergabe auf Monitoren als künstlerisches Medium. In Videoskulpturen oder -objekten sind die Monitore künstlerisch verarbeitet. Bei der »Closed-Circuit-Installation« erscheint das aufgenommene Bild sofort auf einem oder mehreren Monitoren.

Nam June Paik (* 1932): »Andy-Warhol-Robot« (1994)

Plastik und Objekte des 20. Jahrhunderts

Künstler	Werk
Aristide Maillol (*1861, †1944)	»Die Luft« (1919)
Ernst Barlach (*1870, †1938)	»Berserker« (1910)
Wilhelm Lehmbruck (*1881, †1919)	»Der Gestürzte« (1916), »Sinnende« (1913/14)
Pablo Picasso (*1881, †1973)	»Gitarre« (1912)
Marcel Duchamp (*1887, †1968)	»Fahrrad-Rad« (1913); »Die Neuvermählte wird von ihren Junggesellen entkleidet oder Das große Rad« (1915–23)
Henri Laurens (*1885, †1954)	»Kopf« (1917)
Alexander Archipenko (*1887, †1964)	»Femme drapée« (1911)
Jacques Lipchitz (*1891, †1973)	»Harlekin mit Akkordeon« (1918)
Constantin Brancusi (*1876, †1957)	»Großer Fisch« (1928–1957); »Endlose Säule« (1937)
Alberto Giacometti (*1901, †1966)	»Waldecke, ... wo die Bäume mit ihren nackten, schlanken Stämmen ... mir immer als auf ihrem Weg erstarrte Personen vorkamen, die miteinander sprachen« (1950)
Max Bill (*1908, †1994)	»Unendliche Schleife« (1956); »Kontinuität« (1947/1986)
Hans Arp (*1886, †1966)	»Ptolemaios I.« (1953); »Frauentorso« (1953)
Henry Moore (*1898, †1986)	»Large two forms« (1966)
Jean Tinguely (*1925, †1991)	»Métaharmonie II.« (1979); »Le sacre du printemps« (1982–1983; mit Niki de Saint Phalle)
Niki de Saint Phalle (*1930)	»Schwarze Nana« (1968/69)

Christo & Jeanne-Claude

Die Verpackungskünstler Christo und Jeanne-Claude (beide sind am 13. 6. 1935 geboren) verpacken seit 1958 Objekte, umhüllen Monumente und Gebäude, verändern Landschaften mit Folien und anderen Materialien. Diesen Aktionen, deren Vorbereitung oft Jahre dauert, gehen zahlreiche Zeichnungen und Collagen voraus. Durch die zeitweilige Veränderung des Objekts soll eine neue Seherfahrung provoziert werden. Die Verhüllung des Reichstagsgebäudes in Berlin 1995 mit 100 000 m² aluminiumbedampftem Stoff zog rund 5 Millionen Besucher an und erregte weltweit Aufsehen.

Porzellan

Porzellan wurde in seinem Ursprungsland China vermutlich seit dem 7. Jahrhundert n. Chr. hergestellt. Ab dem 13. Jahrhundert gelangten Einzelstücke des chinesischen Porzellans nach Europa. Seit dem 16. Jahrhundert wurde in Italien das chinesische Porzellan nachgeahmt. In Deutschland wurde zunächst das rote Steinzeug (Böttgersteinzeug®) hergestellt; um 1708/09 gelang die Herstellung von weißem Hartporzellan. Die erste deutsche Porzellanmanufaktur wurde 1710 in Meißen (Meißner Porzellan®) gegründet.

Man unterscheidet heute nach dem Schmelzgrad und nach der Empfindlichkeit gegenüber Temperaturschwankungen Hartporzellan (aus 50% Kaolin, 25% Feldspat und 25% Quarz) und das deutlich empfindlichere Weichporzellan (aus 25% Kaolin, 30% Feldspat und 45% Quarz). Weichporzellan wird nur einmal bei 1200–1300 °C gebrannt. Hartporzellan wird einmal im so genannten Glüh- oder Biskuitbrand bei 1000 °C gebrannt. Anschließend wird die aus Quarz, Marmor, Feldspat und Kaolin fein gemahlene Glasur aufgetragen und im Gar- oder Glattbrand ein zweites Mal bei 1380–1450 °C 24 Stunden lang gebrannt.

Berühmte Fotografen (Auswahl)

Joseph Nicéphore Niepce (*1765, †1833)	gelang es als Erstem, mit einer Camera obscura aufgenommene Gegenstände auf einer lichtempfindlichen Bitumenschicht zu fixieren; seine Heliographie »Blick aus dem Arbeitszimmer in Chalon-sur-Saône« (1826) gilt als erste Fotografie überhaupt
Louis Jacques Mandé Daguerre (*1787, †1851)	erfand 1837 die Daguerrotypie, das älteste fotografische Verfahren
Gaspard Félix Tournachon, gen. Nadar (*1820, †1910)	porträtierte berühmte Zeitgenossen (C. Baudelaire, G. de Nerval, A. Dumas d. Ä., G. Rossini), machte 1858 erste Luftaufnahmen von Paris vom Ballon aus sowie Aufnahmen des Pariser Kanalisationssystems und der Katakomben
Alfred Stieglitz (*1864, †1946)	wurde mit Winterbildern von New York und Porträts der Malerin Georgia O'Keeffe berühmt; »Die Endstation« (1893)
Heinrich Zille (*1858, †1929)	»Photographien Berlin 1890–1910« (hg. 1975)
Ansel Adams (*1902, †1984)	wurde international berühmt durch seine Aufnahmen amerikanischer Landschaften
Eugène Atget (*1857, †1927)	»Photographische Sammlung des alten Paris«, Wegbereiter der modernen Fotografie in der 1920er-Jahren
Albert Renger-Patzsch (*1897, †1966)	wichtiger Vertreter der Neuen Sachlichkeit in der Fotografie; »Die Welt ist schön« (1928)
August Sander (*1876, †1964)	»Menschen des 20. Jahrhunderts. Portraitphotographien von 1892–1952« (hg. 1980); »Antlitz der Zeit« (1929, hg. 1990)
Hugo Erfurth (*1874, †1948)	wurde mit Porträts von Künstlern und Schriftstellern berühmt
László Moholy-Nagy (*1895, †1946)	erzielte in den so genannten »Fotogrammen« seit Anfang der 1920er-Jahre abstrakte malerische Effekte, indem er Objekte auf lichtempfindliches Papier legte und gezielter Lichteinwirkung aussetzte
Erich Salomon (*1886, †1944)	Pionier der Fotoreportage, schuf die Bildbände »Berühmte Zeitgenossen in unbewachten Augenblicken« (1931) und »Porträt einer Epoche« (hg. 1963)
Robert Capa (*1913, †1954)	wurde 1936 durch seiner Bilder des Spanischen Bürgerkriegs weltberühmt
Edward John Steichen (*1879, †1973)	wurde als Porträtfotograf bekannt und stellte die berühmte Fotoausstellung »Family of Man« (1955) im Museum of Modern Art in New York, einen repräsentativen Querschnitt durch die Reportagefotografie, zusammen
Alfred Eisenstaedt (*1898, †1995)	Wegbereiter des modernen Bildjournalismus; veröffentlichte bis 1972 über 2000 Reportagefotos in der amerikanischen Zeitschrift »Life«
Man Ray (*1890, †1976)	erschloss mit Fotomontagen und Photogrammen (»Rayographien«) neue Ausdruckmittel
Hillar (*1934) und Bernhard (*1931) Becher	fotografische Dokumentationen vor allem der Industriearchitektur des 19. Jahrhunderts
Robert Mapplethorpe (*1946, †1989)	wurde mit technisch und ästhetisch perfekten Aktaufnahmen, Porträts und Stillleben bekannt
Helmut Newton (*1920)	wurde mit Mode-, Werbe-, Akt- und Porträtfotografie international bekannt
Thomas Ruff (*1958)	großformatige Porträts, Sternhimmelbilder sowie nächtliche menschenleere Stadtlandschaften in kühler Aufnahmetechnik

Musik und Interpreten

Von der Inspiration zum Klang

Die Wurzeln der Musik liegen im Kult und in religiös-rituellen Handlungen. Vor allem Rhythmus und Gesang sollten die Geister in ihren Bann zwingen, die Götter beschwören und ihnen Ehre erweisen. Weitere Ursprünge sind die Gesänge, die die Arbeit begleiteten und unterstützten.

Der Begriff Musik stammt von dem griechischen »mousikē technē«, was so viel wie »die Kunst der Musen« bedeutet. Sie umfasste bei den antiken Griechen neben dem Gesang auch Dichtung und Tanz. Die Griechen prägten darüber hinaus entscheidend unsere Musikkultur, vor allem die Musiktheorie: Pythagoras entdeckte, dass sich Intervalle durch bestimmte Zahlenverhältnisse ausdrücken lassen, Aristoxenos von Tarent entwickelte die »Tonoi«, 7 Oktavgattungen, die zur Grundlage der mittelalterlichen Kirchentonarten wurden.

Orpheus oder die Macht des Gesangs

Der berühmteste Poet und Sänger des griechischen Mythos ist Orpheus. Sein Gesang zähmte nicht nur wilde Tiere, sondern entzückte auch Bäume und Felsen, die ihre Plätze verließen, um seiner Stimme folgen zu können. In Thrakien sollen alte Bergeichen immer noch so die Stellung von Tänzern einnehmen, wie Orpheus sie verlassen hatte.

Die Stimme

Die menschliche Stimme entsteht, indem Luft die Stimmbänder im Kehlkopf in Schwingungen versetzt, die durch die Resonanzräume von Mund, Rachen und Nase verstärkt werden. Die **Tonhöhe** kann durch unterschiedliche Spannung der Stimmbänder verändert werden. Für die **Klangfarbe** sind die Resonanzräume verantwortlich. Man unterscheidet danach Bruststimme, Kopfstimme oder Falsett, die mit Brustresonanz verstärkte Kopfstimme. Während die Sprechlage des Menschen in der Regel etwa eine Quinte (Männer etwa A – e, Frauen und Kinder etwa a - e') umfasst, beträgt der gesamte Stimmumfang eines Menschen rund 2 Oktaven, bei ausgebildeten Sängern mehr, in Ausnahmefällen bis zu 6 Oktaven. Nach den Tonhöhen werden verschiedene **Stimmlagen** unterschieden.

In der Bühnenpraxis werden je nach Stimmumfang, Klangfarbe und Darstellungstyp die Stimmfächer unterschieden. Die Soubrette etwa ist das Rollenfach für die muntere, meist komische Mädchenrolle, der Koloratursopran zeichnet sich durch brillante Geläufigkeit in den hohen Lagen aus, der Heldentenor muss über eine durchdringende Stimmkraft und dramatischen Ausdruck verfügen.

Stimmlagen

Sopran	a – c'/f'
Alt	a – f'
Tenor	A – c'
Bariton	A – e'/g'
Bass	E – d'/f'

Stimmfächer (Auswahl)

Fach	Stimmumfang	Rollen
lyrischer Sopran	c' – c'	Pamina (Mozart, Die Zauberflöte)
jugendlich-dramatischer Sopran	c' – c'	Agathe (Weber, Der Freischütz); Elisabeth (Wagner, Tannhäuser)
hochdramatischer Sopran	g – c'	Isolde (Wagner, Tristan und Isolde)
dramatischer Koloratursopran	a – f'	Königin der Nacht (Mozart, Die Zauberflöte); Gilda (Verdi, Rigoletto)
Soubrette	c' – c'	Susanna (Mozart, Die Hochzeit des Figaro); Ännchen (Weber, Der Freischütz)
dramatischer Mezzosopran	g – c'	Carmen (Bizet, Carmen)
dramatischer Alt	g – b'	Ulrica (Verdi, Ein Maskenball)
lyrischer Tenor	c – d'	Tamino (Mozart, Die Zauberflöte)
Heldentenor	c – c'	Tristan (Wagner, Tristan und Isolde); Othello (Verdi, Othello)
Tenorbuffo	c – h'	Joaquino (Beethoven, Fidelio); Pedrillo (Mozart, Die Entführung aus dem Serail)
lyrischer Bariton	B – as'	Graf (Mozart, Die Hochzeit des Figaro); Wolfram (Wagner, Tannhäuser)
Heldenbariton	E – g'	Holländer (Wagner, Der fliegende Holländer); Wotan (Wagner, Ring des Nibelungen)
Charakterbariton	A – g'	Pizarro (Beethoven, Fidelio); Amfortas (Wagner, Parsifal)
seriöser Bass	C – f'	Sarastro (Mozart, Zauberflöte); Kaspar (Weber, Der Freischütz)
Charakterbass	E – f'	Alfonso (Mozart, Cosí fan tutte)
Bassbuffo	E – a'	Osmin (Mozart, Die Entführung aus dem Serail); Bartolo (Rossini, Der Barbier von Sevilla)

Die 5 Gattungen der Musikinstrumente

Idiophone (Selbstklinger)

Bei Idiophonen wird der Ton erzeugt, indem das Material des Instruments selbst, ohne Verwendung von Membranen oder Saiten, in Schwingung versetzt wird. Die Schwingungen entstehen durch Schlagen (Kastagnetten, Becken, Xylophon), Schütteln (Glocken, Rasseln), Zupfen (Maultrommeln) oder Reiben (Glasharmonika).

Membranophone (Fellklinger)

Bei Membranophonen wird der Ton durch die Schwingung einer gespannten Membran (Haut, Fell, Pergament) erzeugt. Zu den Membranophonen gehören die meisten Schlaginstrumente wie zum Beispiel Pauke, Trommel, Bongos, Conga, Tamburin, Triangel, Tamtam.

Chordophone (Saitenklinger)

Bei Chordophonen wird der Ton durch schwingende Saiten erzeugt. Die Saiten können durch Schlagen (Klavier, Hackbrett), Zupfen (Gitarre, Mandoline, Banjo, Cembalo, Zither, Harfe, Laute, Leier) oder Streichen (Geige, Bratsche, Cello, Kontrabass, Fidel, Viola da Gamba, Viola d'Amore) in Schwingung versetzt werden.

Aerophone (Luftklinger)

Bei Aerophonen dient die schwingende Luft als Mittel zur Tonerzeugung. Zu den Aerophonen zählen die Holzblasinstrumente (Flöte, Oboe, Fagott, Klarinette, Saxophon), die Blechblasinstrumente (Trompete, Posaune, Horn, Tuba), Orgelinstrumente (Orgel, Portativ, Positiv, Regal, Harmonium, Bandoneon, Akkordeon) sowie Alphorn, Dudelsack, Okarina, Schalmei und Mundharmonika.

Elektrophone (elektronische Musikinstrumente)

Sie verarbeiten elektronische Schwingungen und strahlen den Schall mit elektroakustischer Verstärkung über Lautsprecher ab. Man unterscheidet Instrumente, bei denen die Schwingung mechanisch erzeugt und dann elektronisch umgewandelt wird (Neo-Bechstein-Flügel, Elektronium, Hammondorgel, Elektrochord, Wurlitzerorgel, Ranger-Harmonium, Welte-Lichttonorgel), von Instrumenten mit elektronischer Schwingungserzeugung in Tongeneratoren (Ondes Martenot, Trautonium, Synthesizer). Zu den Elektrophonen zählen auch mechanische Instrumente, die elektrisch verstärkt sind (E-Gitarre).

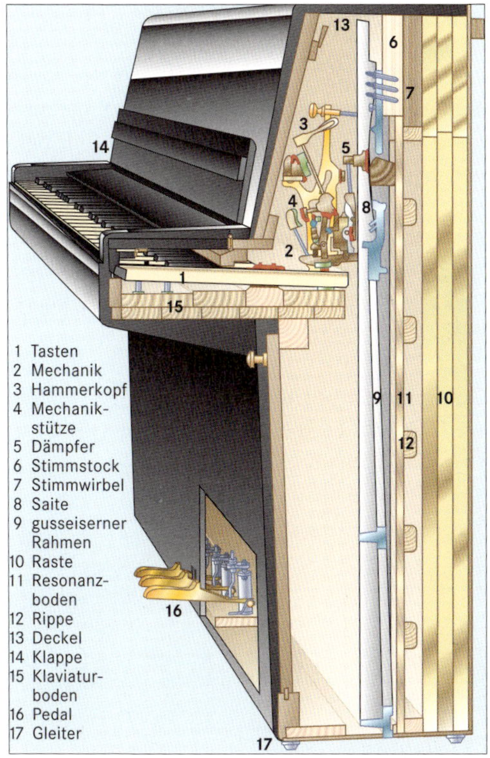

Klavier

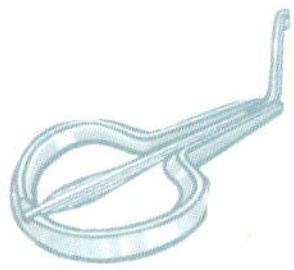

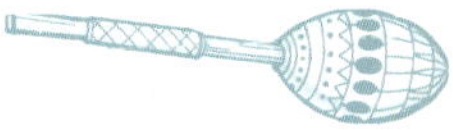

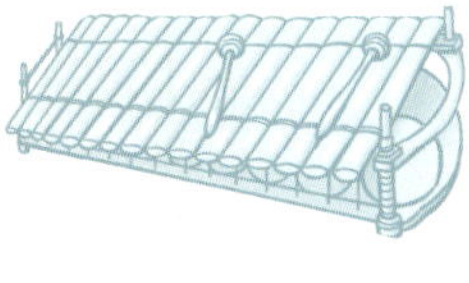

5 berühmte Orgelbauer

Aristide Cavaillé-Coll (*1811, †1899) gilt als der führende französische Orgelbaumeister seiner Zeit. Er schuf u. a. die Orgel von Notre-Dame in Paris.

Gottfried Fritzsche (*1578, †1638) gehört zu den bedeutendsten Orgelbauern seiner Zeit. Er schuf den Typ der Hamburger Barockorgel und baute Orgeln u. a. in Meißen, Dresden, Torgau, Freiberg, Bayreuth, Braunschweig, Hamburg.

Die von dem amerikanischen Dirigenten Leopold Stokowski eingeführte »amerikanische Sitzordnung« für große Sinfonieorchester wurde nach 1945 auch in Deutschland übernommen.

Arp Schnitger (*1648, †1719), bedeutendster Vertreter des norddeutschen Orgelbaus. Er schuf etwa 160 Orgeln, vor allem in Norddeutschland (u. a. Hamburg, Cappel bei Bremerhaven), Berlin, Magdeburg, den Niederlanden und Skandinavien.

Andreas Silbermann (*1678, †1734) baute u. a. die Orgeln der Münster von Straßburg und Basel sowie die Orgel der Abtei Ebersmünster.

Gottfried Silbermann (*1683, †1753) baute die Orgel im Freiberger Dom sowie Orgeln in Dresden, Rötha und Fraureuth.

Amati, Stradivari, Guarneri

Die Geigenbauerfamilien Amati, Stradivari und Guarneri in Cremona haben die berühmtesten, zum Teil heute noch gebräuchlichen Geigen hervorgebracht. Andrea Amati (*um 1500/05, † vor 1580) schuf den heute üblichen Violinentypus, der durch seine Söhne verbessert wurde. Sein Enkel Nicola Amati (*1596, †1684) war der Lehrer von Antonio Stradivari (*1644 oder 1648/49, †1737). Stradivari gilt zusammen mit Giuseppe Antonio Guarneri (*1698, †1744) als der bedeutendste Geigenbaumeister. Er entwickelte zwischen 1680 und 1700 eine eigene Geigenform mit vollendeten

Internationale Orchester (Auswahl)

Orchester	Dirigenten	Gründungsjahr
Berliner Philharmoniker	u. a. H. von Bülow, A. Nikisch (1895–1922), W. Furtwängler (1922–45; 1947–54), S. Celibidache (1945–52), H. von Karajan (1955–1989), C. Abbado (seit 1989)	1882
Concertgebouw-Orkest Amsterdam	W. Mengelberg, E. van Beinum, E. Jochum, K. Kondraschin, B. Haitink (1964–88), R. Chailly (seit 1988)	1888
Gewandhausorchester (Leipzig)	u. a. F. Mendelssohn Bartholdy, A. Nikisch (1895–1922), W. Furtwängler (1922–28), B. Walter, H. Abendroth, F. Konwitschny (1949–62), V. Neumann, K. Masur (1970–96), H. Blomstedt (seit 1998)	1781
London Philharmonic Orchestra	T. Beecham, E. van Beinum, A. Boult, W. Steinberg, J. Pritchard (1962–66), B. Haitink, G. Solti (1979–83), K. Tennstedt (1983–94), F. Welser-Möst, K. Masur (seit 2000)	1932
Mozarteum-Orchester Salzburg	B. Paumgartner, G. Wand, L. Hager, R. Weikert, H. Graf (1984–94), H. Soudant (seit 1994)	1880
Münchner Philharmoniker	u. a. F. Weingartner, F. Löwe, H. Pfitzner, S. von Hausegger, O. Kabasta, H. Rosbaud, F. Rieger, R Kempe, S. Celibidache, J. Levine (seit 1999)	1893
Philharmonia Orchestra London	H. von Karajan, O. Klemperer (1959–72), R. Muti (1972–84), G. Sinopoli (1984–94), C. von Dohnányi (seit 1997)	1945
Staatskapelle Berlin	F. von Weingartner, R. Strauss, W. Furtwängler, H. Abendroth, C. Krauss, K. Elmendorff, H. von Karajan (1938–44), J. Keilberth, F. Konwitschny (1955–62), O. Suitner (1964–71; 1974–91), D. Barenboim (seit 1991)	1735
Staatskapelle Dresden	u. a. H. Schütz, J. A. Hasse, C. M. von Weber, H. Marschner, R. Wagner, F. Reiner, F. Busch, K. Böhm, K. Elmendorff, J. Keilberth, R. Kempe, O. Suitner, K. Sanderling, H. Blomstedt (1975–85), G. Sinopoli (1992–2001)	1548
Wiener Philharmoniker	u. a. O. Nicolai, H. Richter, G. Mahler, F. von Weingartner, W. Furtwängler (1927–30; 1939–40); seit 1933 ständige Gastdirigenten	1842
Wiener Symphoniker	u. a. F. Löwe, W. Furtwängler, H. Knappertsbusch, H. von Karajan (1950–60), W. Sawallisch (1960–70), C. M. Giulini (1973–76), G. Roschdestwenski (1981–83), R. Frühbeck de Burgos (1991–96), W. Fedossejew (seit 1997)	1900

Proportionen. Kennzeichen seiner Geigen sind ein leuchtend goldbrauner Lack, Klangstärke und große Tragweite des Tons. Von seinen Instrumenten sind etwa 540 Violinen, 50 Violoncelli und 12 Bratschen erhalten.

Das Orchester

Die »Orchestra« war im griechischen antiken Theater der Platz, an dem der Chor auftrat. Im 17. und frühen 18. Jahrhundert bezeichnete der Begriff den Raum vor der Bühne, der für das Instrumentalistenensemble der Oper vorgesehen war. Erst später im 18. Jahrhundert nannte man auch das Ensemble selbst Orchester. Im **Barockorchester** standen sich zwei Instrumentengruppen gegenüber: die Generalbassgruppe mit Instrumenten wie Cembalo, Orgel, Laute, Cello, Fagott für das harmonische Fundament und die Melodieinstrumente wie z. B. Violine, Flöte, Oboe für die Oberstimmen. Das **»klassische« Orchester** Haydns und Mozarts, das sich in der 2. Hälfte des 18. Jahrhunderts bildete, umfasst chorisch besetzte Streicher sowie meist je 2 Flöten, Oboen, Fagotte und Hörner, in einigen Werken auch Klarinetten, Trompeten, Posaunen und Pauken. Das moderne große Sinfonie- oder Opernorchester entwickelte sich im 19. Jahrhundert und hat die Besetzung:

Streicher: 12 bis 16 erste Geigen, 10 bis 14 zweite Geigen, 8 bis 12 Bratschen, 8 bis 12 Celli, 6 bis 8 Kontrabässe

Holzbläser: 1 Pikkoloflöte, 3 große Flöten, 3 Oboen, 1 Englischhorn, 3 Klarinetten, 1 Bassklarinette, 3 Fagotte, 1 Kontrafagott

*Das älteste Orchester der USA ist das 1842 gegründete **New York Philharmonic Orchestra** mit der Carnegie Hall als Stammhaus.*

Festspiele in Europa (Auswahl)

Ort	Veranstaltung	Zeit	Art der Veranstaltungen[1]
Bayreuth	Richard-Wagner-Festspiele	Juli/August	O
Donaueschingen	Donaueschinger Musiktage für zeitgenössische Musik	Oktober	
Edinburgh	International Festival	August/September	O, K, L, C, S, T, A
Glyndebourne	Glyndebourne Festival	Mai–August	O
Graz	Steirischer Herbst	Oktober	K, S
Lausanne	Festival International	Mai–Juli	K, O, T
Prag	Internationale Musikfestspiele "Prager Frühling"	Mai/Juni	K, O, C, T, A
Salzburg	Festspiele	Juli/August	K, O, T, S, L
Schwetzingen	Schwetzinger Festspiele	April/Mai	K, O, T, S
Verona	Opernfestspiele	Juli/August	O, C, T

A = Ausstellung; C = Chöre, Oratorien; K = Konzerte, Kammermusik; L = Liederabende; O = Oper, Operette; S = Schauspiel; T = Tanz (Ballett u. a.)

Blechbläser: 6 Hörner, 4 Trompeten, 4 Posaunen, 1 Basstuba
Schlagzeug: 4 Pauken, kleine und große Trommel, Becken, Triangel, Xylophon, Glockenspiel u. a.
Je nach Bedarf: 1 bis 2 Harfen, Klavier, Orgel, Celesta u. a.

Das Notationsproblem

Für den musikalischen Fortschritt war eine Art Schrift nötig, die alle Informationen aufnehmen konnte, um ein Musikstück überall in gleicher Weise zum Erklingen zu bringen. Seit dem 9. Jahrhundert wurden Melodien durch linienlose Neumen (griechisch neuma »Wink«) notiert. Diese bezeichneten aber nur die Veränderung eines Silbentons, d. h. die Aufwärts- und Abwärtsbewegung der Stimme, und die ungefähre Tonhöhe. Später wurde eine Notenschrift geschaffen, mit der auf Linien der Melodieverlauf und die Notenverteilung auf Textsilben festgehalten werden konnte.

Man unterscheidet die **»alte Sitzordnung«** (J. F. Reichardt, 1775), bei der die ersten und zweiten Violinen links und rechts vom Dirigenten und dazwischen Bratschen, Celli und Kontrabässe sitzen, von der **»neuen«** oder **»amerikanischen Sitzordnung«** (L. Stokowski, 1945), bei der die ersten und zweiten Violinen links vom Dirigenten, die Bratschen und die Celli rechts sitzen.

Musikalische Richtungen im Mittelalter (etwa 500–1440)

Gregorianischer Choral

Der auch heute noch praktizierte chorisch und solistisch einstimmige liturgische Gesang der katholischen Kirche wurde nach Papst Gregor I. (*590, †604) benannt. Der gregorianische Choral wurde in der Liturgie und Messe

Notengestalt und Notenwert

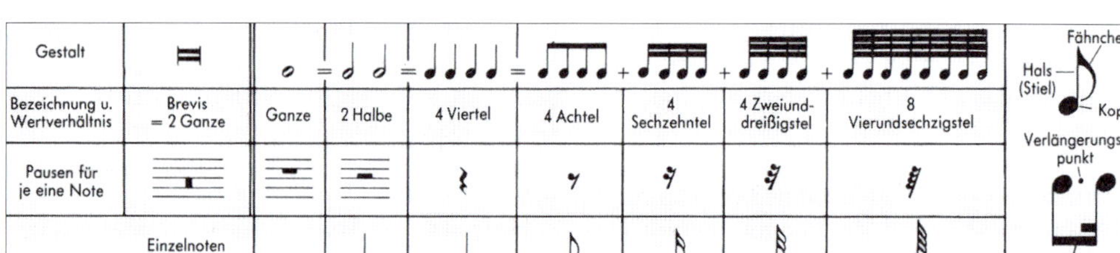

in den Formen Oration, Lektion, Antiphon, Responsorium, Hymnus und Sequenz verwendet.

Troubadours, Trouvères, Minnesang (etwa 1200–1400)

Ende des 11. Jahrhunderts entwickelte sich auch eine weltliche Liedkunst. Ihr Hauptgegenstand ist die Minne, die Liebe zwischen dem Ritter und der von ihm als Ideal der Frau verehrten Dame. Die Dichter, die zugleich Komponisten und Sänger ihrer Lieder waren, wurden in Südfrankreich Troubadours, in Nordfrankreich Trouvères, in Deutschland Minnesänger genannt. Etwa 460 Troubadours, darunter auch Frauen, sind namentlich bekannt, u. a. Herzog Wilhelm IX. von Aquitanien und Jaufré Rudel. Bedeutende Trouvères waren Chrétien de Troyes und Adam de la Halle, Minnesänger u. a. Walther von der Vogelweide (* um 1170, †1228), der Tannhäuser (um 1250), Oswald von Wolkenstein (*1377, †1445).

Schule von Notre-Dame (etwa 1165–1250)

Die im 9. Jahrhundert beginnende musikalische Mehrstimmigkeit hat ihren ersten Höhepunkt in der anspruchsvollen geistlichen Musik, die an der Sängerschule der Kathedrale von Notre-Dame in Paris gepflegt wurde. Die Hauptgattungen sind das Organum, ein Choral mit einer improvisierten zweiten Stimme, und der Conductus, ein ein- bis dreistimmiges Lied. Aufgezeichnet wurden die Werke in der so genannten Modalnotation, die erstmals neben der Tonhöhe auch den rhythmischen Ablauf (Modus = Grundrhythmus) der Stimmen angibt.

Ars antiqua (etwa 1230–1320)

Die Bezeichnung Ars antiqua (»alte Kunst«) kam um 1320 als polemisch gemeinter Gegenbegriff zur Ars nova (»neue Kunst«) auf. Der Franzose Leoninus (2. Hälfte des 12. Jahrhunderts), der erste namentlich bekannte Komponist der Musikgeschichte, entwickelte die Zweistimmigkeit, die sein Schüler Perotinus Magnus (*um 1165, um 1220) zur Drei- und Mehrstimmigkeit ausweitete. Musikalische Hauptformen werden das Organon und die Motette. Mit dem Aufkommen eines bewegteren Rhythmus wurde die noch mehrdeutige Modalnotation der Notre-Dame-Schule durch die genauere Mensuralnotation abgelöst, bei der die Tondauer (Mensur) durch die verschiedenen Formen der Notenzeichen angezeigt werden. Der wichtigste Theoretiker war Franco von Köln (»Ars cantus mensurabilis«, 1280), bekannte Komponisten Adam de la Halle (*um 1237, †1287) und Petrus de Cruce (2. Hälfte des 13. Jh.).

Ars nova (etwa 1320–1380)

Die ebenfalls in Frankreich gepflegte Musik der Ars nova nutzte eine gegenüber der Ars antiqua weiterentwickelte Mensuralnotation und differenziertere Satztechnik. Die weltliche Musik rückte stärker in den Mittelpunkt. Die

Die Mehrstimmigkeit

In seinem Traktat »De harmonica institutione« beschreibt der Mönch Hucbald um 900 zum ersten Mal, was in der Folge die abendländische Musik in entscheidender Weise bestimmen sollte: »Consonantia ... ist eine ordnungsgemäße und harmonische Verbindung von zwei Tönen, die sich nur dann ergibt, wenn zwei verschiedene Töne zur gleichen Zeit in einer Modulatio zusammentreffen.« Damit wird die Entwicklung zu einer Musikkultur eingeleitet, die es in dieser systematischen Form weder im Altertum noch bei den Griechen noch sonst in irgendeiner Musikkultur der Welt gegeben hat: die mehrstimmige Musik.

Die Motette

Bei der Motette handelt es sich um eine der wichtigsten Kompositionsformen der frühen mehrstimmigen Vokalmusik. Über dem unten liegenden, das musikalische Fundament darstellenden Tenor (von lateinisch tenere »halten«) bewegen sich Oberstimmen mit verschiedenen Texten (französisch mot »Wort«, »Vers«, »Strophe«). Im Verlauf des 13. Jahrhunderts trat sie auch, nun versehen mit Texten oft satirischen und erotischen Inhalts, außerhalb des kirchlichen Raums auf.

Die Emanzipation der Terz

Im Mittelalter galt die Terz – für uns heute ganz selbstverständlich angenehm zu hören – nur »als bedingt schön«, als »unvollkommene« Konsonanz, Quinte und Quart hingegen als »vollkommene« Konsonanzen, als ohne Einschränkung angenehme Klänge. Das hatte zur Folge, dass jedes Musikstück damals in einer Quinte zu enden hatte. Erst der Umbruch zur Ars nova brachte die Emanzipation der Terz zu einem »vollkommen« konsonanten Intervall. Und erst in der Renaissance wurde dieser Vorgang richtig abgeschlossen. Ab jetzt gilt gerade das Umgekehrte: Ein Musikstück endet in einem Akkord, der seinen für den Schluss notwendigen Wohlklang erst durch die Terz gewinnt.

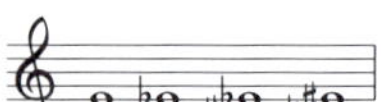

Von links: große, kleine, verminderte und übermäßige Terz.

Hauptformen waren die Motette und die Refrainformen Ballade, Rondeau, Virelai im Kantilenensatz. Die wichtigsten Vertreter sind der Dichter, Musiker und Politiker Philippe de Vitry (*1291, †1361), nach dessen Traktat »Ars nova« (1322) die Epoche benannt wurde, und der Komponist Guillaume de Machaut (*1300, †1377), der 23 Motetten, rund 100 Lieder und eine Messe schrieb.

Trecento (14. Jahrhundert)

In Italien entwickelte sich im 14. Jahrhundert eine Liedkunst mit weltlichem Inhalt für hohe Männerstimmen und Instrumentalbegleitung. Meist wurden Texte von Petrarca (*1304, †1374) oder Boccaccio (*1313, †1375) vertont. Als Hauptformen wurden das Madrigal, die Caccia und die Ballata gepflegt. Der wichtigste Komponist war Francesco Landini (*1335, †1397), der u.a. rund 140 zwei- und dreistimmige Ballate und 11 Madrigale schrieb.

5 Epochen der neuzeitlichen Musik

Renaissance (etwa 1420 – 1600)

Die abendländische Musik wurde im 15. und 16. Jahrhundert entscheidend von 3 Komponistenschulen bestimmt. Die mehrstimmigen Messen, Motetten, Chansons der so genannten **frankoflämischen Schule** (etwa 1420–1560) der Niederländer sind geprägt von stärkerer Einfachheit, Natürlichkeit und Lebendigkeit in Melodie, Rhythmik, Harmonik und Form. Bedeutende Vertreter waren Gilles Binchois (*um 1400, †1460), Guillaume Dufay (*um 1400, †1747), Johannes Ockeghem (*um 1420, †1495), Josquin Desprez (*um 1450, †1521), Adrian Willaert (*um 1480, †1562), Jacobus Clemens non Papa (*um 1512, †1555/56), Orlando di Lasso (*1532, †1594).

Die Komponisten der **römischen Schule** (1550–1620) wirkten in der päpstlichen Kapelle in Rom und pflegten in der mehrstimmigen geistlichen Musik einen v.a. auf Verständlichkeit und Klarheit des Textes gerichteten Stil. Der bedeutendste Vertreter war Giovanni Pierluigi da Palestrina (*um 1525, †1594). Er gilt zudem als der »Klassiker« der Renaissance. Seine Werke zeichnen sich durch ein vollkommenes Gleichgewicht der einzelnen Stimmen, durch Ebenmaß und Ausgewogenheit aus. Er schrieb über 90 Messen, über 500 Motetten und über 100 weltliche und geistliche Madrigale.

Die **venezianische Schule** (1530–1620) entwickelte in der Kirchenmusik die mehrchörige Kompositionsweise und eine sich von den vokalen Formen ablösende Instrumentalmusik. Wichtigste Vertreter waren Andrea Gabrieli (*1510, †1586) und Giovanni Gabrieli (*1555, †1612).

Barock (etwa 1580–1750)

Die Barockmusik reagierte auf die häufig übersteigerte polyphone Satzweise der Renaissance, bei der jeder Stimme eine selbstständige melodische Bedeutung zukommt, mit dem Prinzip der führenden Oberstimme, die von Stützakkorden begleitet wird. Hieraus entwickelten sich ab etwa 1600 die Gattungen Oper, Kantate, geistliches Konzert, Oratorium und weltliches Lied, in der Instrumentalmusik vor allem das Concerto grosso, die Triosonate, in der das Cembalo die beiden Melodieinstrumente, meist Geigen, begleitet, sowie das Solokonzert. Charakteristisch für die Musik des Barock ist der Generalbass, die fortlaufende Instrumentalbassstimme (Cembalo, Orgel, Laute, Violoncello, Kontrabass), die die harmonische Grundlage eines Musikstücks bildet.

Aber auch die polyphone Satztechnik wird weiter gepflegt und findet in J. S. Bachs »Kunst der Fuge« (1750) ihren Höhepunkt.

Komponisten:
Michael Praetorius (*1571, †1621): Psalmen, Kirchenlieder, Motetten, Magnifikate, Tanzstücke.
Heinrich Schütz (*1585, †1672): u.a. »Dafne« (1627), »Kleine geistliche Konzerte« (1636–39), »Symphoniae sacrae« (1629–50), 29 Motetten, Passionen.
Hans Leo Haßler (*1564, †1612): Orchestersuiten, Motetten, Messen.
Dietrich Buxtehude (*1637, †1707): zahlreiche Orgelwerke (Meister des »norddeutschen Orgelstils«), über 100 geistliche Vokalwerke.
Johann Pachelbel (*1653, †1706): Choralbearbeitungen für Orgel, Kantaten, Messen, 6 Triosonaten.
Georg Philipp Telemann (*1681, †1767): u.a. rund 40 Opern, 46 Passionen, 15 Messen, 5 Oratorien, 1400 Kirchenkantaten, rund 1000 Orchestersuiten, 100 Solokonzerte für verschiedene Instrumente.
Georg Friedrich Händel (*1685, †1759): u.a. Oratorien (u.a. »Messias«, 1742), Opern (u.a. »Xerxes«, 1738), Orchestersuiten (u.a. »Wassermusik«, 1715–17; »Feuerwerksmusik«, 1749), 20 Orgelkonzerte, über 20 Klaviersuiten, Solosonaten.
Johann Adolf Hasse (*1699, †1783): Opern, Oratorien, Kammermusik, Orchesterwerke.
Johann Sebastian Bach (*1685, †1750): u.a. Messen (z.B. die h-Moll-Messe, 1748), Johannespassion (1724), Matthäuspassion (1729), 200 Kirchenkantaten, Orgelwerke, Klavierwerke (u.a. »Das Wohltemperierte Klavier«, 2 Teile: 1722 und 1738–42; »Goldberg-Variationen«, 1742), Concerti grossi (u.a. »Brandenburgische Konzerte«), Orchestersuiten, Solokonzerte, Suiten.

Jean-Baptiste Lully (*1632, †1687): »Cadmus et Hermione« (1673; erste französische Oper), Ouvertüren, Orchestersuiten, Motetten u.a.
Jean-Philippe Rameau (*1683, †1764): »Hippolyte et Aricie« (1733; wichtigster Vertreter der französischen Oper der 1. Hälfte des 18. Jh.), Madrigale.

Henry Purcell (*1659, †1695): u.a. Opern (u.a. »Dido und Änaeas«, 1689), Kirchenmusik.

Claudio Monteverdi (*1567, †1643): »Orfeo« (1607; erste bedeutende Oper), Madrigale, Solokonzerte u. a.
Arcangelo Corelli (*1653, †1713): 12 Concerti grossi, Triosonaten, 12 Solosonaten für Violine.
Giovanni Battista Pergolesi (*1710, †1736): »La serva padrona« (1733; erste bedeutende Opera buffa), »Stabat mater« (1736).
Antonio Vivaldi (*1678, †1751): u.a. Konzerte für Violine (u.a. »L'estro armonico«, ab 1700; »Le quattro stagioni«, um 1725), Violoncello, Flöte, Oboe, Fagott und Orchester, Solo- und Triosonaten, 46 Opern.
Alessandro Scarlatti (*1660, †1725): über 100 Opern, Oratorien, Kantaten, Messen, Motetten, Psalmen, Madrigale.
Domenico Scarlatti (*1685, †1757): 550 Cembalosonaten, Opern.

*»Dafne« (1627) von Heinrich Schütz ist die **erste deutsche Oper**.*

*Die **ersten Opernhäuser** wurden im 17. Jahrhundert eröffnet: 1637 in Venedig, 1678 in Hamburg, 1672 die Académie royale de musique in Paris.*

Klassik (etwa 1740–1827)

Während es der barocken Musik um eine distanzierte Darstellung und Betrachtung der Gefühle geht, steht nun das subjektive Erleben im Zentrum. »Empfindsamkeit« und »Rührung« werden zu den wichtigsten Schlagworten.
Mit dem Begriff **Wiener Klassik** wird die Stilperiode zwischen etwa 1770 und 1827 (dem Tod Beethovens) bezeichnet, die das v.a. auf Wien konzentrierte Schaffen J. Haydns, W. A. Mozarts und L. van Beethovens umfasst. In der Wiener Klassik finden Klavier- und Violinsonate, Sinfonie, Solokonzert und Streichquartett ihre endgültige Ausprägung. Vorbereitet wurde die Wiener Klassik zwischen 1740 und 1770 v.a. durch die **Mannheimer Schule,** Komponisten wie J. W., C. P. und A. Stamitz, F. X. Richter und J. C. Cannabich, die am Hof des pfälzischen Kurfürsten Karl Theodor in Mannheim wirkten. Zu den kompositionstechnischen Neuerungen dieser Zeit zählen u.a. der Verzicht auf den Generalbass des Barock zu-

***Jean-Baptiste Lully** starb an einer Blutvergiftung, nachdem er sich 1687 während eines Konzertes mit dem langen, zum Taktstampfen verwendeten Dirigentenstab am Fuß verletzt hatte.*

Der Wechsel der Leidenschaften: Die Sonate

»Indem ein Musikus nicht anders rühren kann, er sei denn selbst gerühret, so muss er notwendig sich selbst in alle Affekte setzen können, welche er bei seinen Zuhörern erregen will ... Bei matten und traurigen Stellen wird er matt und traurig ... folglich wechselt er beständig mit den Leidenschaften ab«, so Carl Philipp Emanuel Bach 1753 in seinem Lehrbuch »Die wahre Art das Clavier zu Spielen«. Wichtigstes Stilmittel, um diese Forderungen nach Empfinsamkeit, Rührung und Wechsel der Leidenschaften einzulösen, wird die Sonatenhauptsatzform. Die Melodie tritt in den Vordergrund. Überschaubar und eingängig soll sie Affekte und Leidenschaften ausdrücken und erregen. Deren Wechsel wird einerseits durch die Verwendung mehrerer Themen – eines eher lyrischen und eines stürmischeren – in unterschiedlichen Tonarten dargestellt, andrerseits durch flexiblere Rhythmen und durch den forcierten Einsatz von Crescendo und Decrescendo. Eine Dramatisierung erreicht man durch die so genannte thematisch-motivische Verarbeitung des Themenmaterials.

*Bereits nach den Vorstellungen der Antike kann Musik **Affekte,** Gemütsbewegungen, sowohl darstellen als auch hervorrufen.*

gunsten der melodieführenden Stimme, eine periodisch klar gegliederte Thematik, die Ausprägung zweier gegensätzlicher Themen, das Orchestercrescendo. Seit 1761 erneuerte C. W. Gluck die Opernkunst zugunsten der dramatischen und psychologischen Wahrheit der Handlung (Reformoper).

Komponisten:
Carl Philipp Emanuel Bach (*1714, †1788): Klavierkonzerte, Klaviersonaten, Sinfonien, Kammermusik, geistliche Vokalmusik.
Johann Joachim Quantz (*1697, †1773): 300 Flötenkonzerte, 200 Kammermusikwerke mit Flöte.
Franz Xaver Richter (*1709, †1789): Sinfonien, Konzerte, Kammermusik, Kirchenmusik.
Johann Stamitz (*1717, †1757): 74 Sinfonien, Orchestertrios, Konzerte, Kammermusik.
Christoph Willibald Ritter von Gluck (*1714, †1787): Opern (u. a. sog. Reformopern »Iphigenie auf Tauris«, 1779; »Orpheus und Eurydike«, 1762).
Karl Ditters von Dittersdorf (*1739, †1799): 40 Opern und Singspiele (Mitbegründer der deutschen komischen Oper).

Johann Friedrich Reichardt (*1752, †1814): u. a. Sololieder, Chorlieder, Singspiele
Carl Friedrich Zelter (*1758, †1832): über 200 Lieder (u. a. Vertonungen von Gedichten Goethes).

Joseph Haydn (*1732 , †1809): u. a. 106 Sinfonien, über 70 Streichquartette, Konzerte für Klavier, Violine, Cello, Kontrabass, 20 Opern, Oratorien (u. a. »Die Schöpfung«, 1798; »Die Jahreszeiten«, 1801), Messen.

Wolfgang Amadeus Mozart (*1756, †1791): u. a. 24 Bühnenwerke (u. a. »Die Entführung aus dem Serail«, 1782; »Die Hochzeit des Figaro«, 1786; »Don Giovanni«, 1787; »Così fan tutte«, 1790; »Die Zauberflöte«, 1791), 17 Messen, Requiem, über 50 Sinfonien, Divertimenti, Serenaden (u. a. »Eine kleine Nachtmusik«), 21 Klavierkonzerte, 5 Violinkonzerte, 36 Sonaten für Violine und Klavier, Streichquartette, Klaviertrios, 19 Klaviersonaten.

Ludwig van Beethoven (*1770, †1827): u. a. 9 Sinfonien, Ballett (»Die Geschöpfe des Prometheus«, 1801), Musik zu Goethes »Egmont« (1810), Ouvertüren (»Coriolan«, 1807; »Leonore« 1–3, 1805–06), Violinkonzert D-Dur (1806), 5 Klavierkonzerte, 32 Klaviersonaten, 10 Violinsonaten, 5 Violoncellosonaten, 16 Streichquartette, 1 Oper (»Fidelio«, 1805–14), Messe C-Dur (1807), Missa solemnis (1822/23), Oratorium (»Christus am Ölberge«, 1803).

Romantik (1820 – 1910)

Die musikalische Romantik umfasst die Zeit zwischen dem Ende der Spätklassik und dem Beginn der Neuen Musik im frühen 20. Jahrhundert. Die knapp ein Jahrhundert dauernde Epoche beinhaltet einen großen Reichtum musikalischer Stile. Allen gemeinsam ist die Auffassung der Musik als autonome Tonwelt, die insbesondere Gefühle und Stimmungen auszudrücken vermag. Als neue Formen entwickeln sich das neuere deutsche Lied (F. Schubert), die Programmmusik (H. Berlioz) und die romantische Oper (C. M. von Weber). Die Romantik lässt sich grob in 4 Stilphasen einteilen:

Frühromantik:
Franz Schubert (* 1797, † 1828): u. a. 8 Sinfonien (u. a. Nr. 7 h-Moll, »Unvollendete«, 1822), Klavierquintett A-Dur (1819, »Forellenquintett«), 15 Streichquartette (u. a. d-Moll, »Der Tod und das Mädchen«, 1824), 15 Klaviersonaten, 8 Impromptus (1827), 6 Moments musicaux (1828), 6 Messen, über 600 Klavierlieder (u. a. »Gretchen am Spinnrade«, 1814; »Wanderers Nachtlied«, »Heidenröslein«, »Erlkönig«, 1815; Liederzyklen »Die schöne Müllerin«, 1823; »Winterreise«, 1827).
Louis Spohr (* 1784, † 1859): 10 Opern (u. a. »Faust«, 1816), 4 Oratorien, 10 Sinfonien, 15 Violinkonzerte, Kammermusik, Lieder.
Carl Maria von Weber (* 1786, † 1826): »Der Freischütz« (1821), Klaviermusik (u. a. »Aufforderung zum Tanz«, 1819), Sinfonien, Kammermusik, Lieder, Chöre.
Albert Lortzing (* 1801, † 1851): Opern »Zar und Zimmermann« (1837), »Der Wildschütz« (1842), »Undine« (1845), »Der Waffenschmied« (1846).

Hochromantik:
Frédéric Chopin (* 1810, † 1849): u. a. Klavierkonzerte e-Moll (1830) und f-Moll (1829), lyrische Klavierstücke Mazurken, Préludes, Nocturnes, Impromptus, Walzer.
Robert Schumann (* 1810, † 1849): Klavierstücke »Papillons« (1829-32), »Davidsbündlertänze« (1837), »Kinderszenen« (1838), »Kreisleriana« (1838), »Album für die Jugend« (1848), 4 Sinfonien, Klavierkonzert a-Moll (1841-45), Cellokonzert a-Moll (1850), Kammermusik, Oratorium »Das Paradies und die Peri« (1841-43), über 300 Klavierlieder, darunter die Zyklen »Frauenliebe und -leben« (1840, Chamisso), »Dichterliebe« (1840, Heine), Oper »Genoveva« (1847-50).
Felix Mendelssohn Bartholdy (* 1809, † 1847): u. a. Oper »Die Hochzeit des Camacho« (1827); Ouvertüren »Die Hebriden oder die Fingalshöhe« (1830/1832), »Meeresstille und glückliche Fahrt« (1828-33), »Die schöne Melusine« (1833-35); Oratorien »Paulus« (1836) und »Elias« (1846); Sinfonien, Violinkonzerte, Klavierkonzerte, Kammermusik.
Hector Berlioz (* 1803, † 1869): u. a. Sinfonien »Symphonie fantastique« (1830), »Harold in Italien« (1834), »Romeo und Julia« (mit Chor und Soli, 1839); »Messe solennelle« (um 1824), Requiem (1837), Te Deum (1855), Opern (u.a. »Die Trojaner«, 1855-58).

Spätromantik:
Franz von Liszt (* 1811, † 1886): Klavierwerke »Années de pélérinage« (1835-77), »Consolations« (1849), 19 Ungarische Rhapsodien (ab 1851), Sonate h-Moll (1853), 2 Klavierkonzerte; sinfonische Dichtungen (»Tasso«, »Les Préludes«, »Orpheus«, »Mazeppa«, »Die Ideale«), Sinfonien, geistliche Musik, Lieder, Männerchöre.
Richard Wagner (* 1813, † 1883): u. a. Opern »Der fliegende Holländer« (1841), »Tannhäuser« (1854), »Lohengrin« (1847), »Tristan und Isolde« (1859), »Die Meistersinger von Nürnberg« (1867), »Der Ring des Nibelungen« (»Das Rheingold«, 1854; »Die Walküre«, 1856; »Siegfried«, 1871; »Götterdämmerung«, 1874), »Parsifal« (1882).
Johannes Brahms (* 1833, † 1897): u. a. 4 Sinfonien, 2 Serenaden, 2 Klavierkonzerte, Violinkonzert, Kammermusik, »Ein deutsches Requiem« (1868), etwa 200 Sololieder mit Klavierbegleitung.
Hugo Wolf (* 1860, † 1903): Lieder nach Gedichten von Mörike (1888), Eichendorff (1889), Goethe (1890); Spanisches Liederbuch (1891), Italienisches Liederbuch (1892/96), Oper »Der Corregidor« (1896).
Anton Bruckner (* 1824, † 1896): u. a. 9 Sinfonien, 3 Messen, Te Deum (1881), 150. Psalm (1892).

Nachromantik:
Gustav Mahler (* 1860, † 1911): 10 Sinfonien; »Das Lied von der Erde« (1907/08, für Tenor, Alt und Orchester); Orchesterlieder; Lieder (u. a. »Kindertotenlieder«, 1901-04).
Richard Strauss (* 1864, † 1949): sinfonische Dichtungen u. a. »Don Juan« (1888), »Tod und Verklärung« (1889), »Till Eulenspiegels lustige Streiche« (1895), »Also sprach Zarathustra« (1896), »Don Quixote« (1897), »Ein Heldenle-

Carl Maria von Webers »Der Freischütz« (1821) war die ***erste deutsche romantische Oper.***

ben« (1899), »Eine Alpensinfonie« (1915), Einakter »Salome« (1905), »Elektra« (1909), Opern u. a. »Der Rosenkavalier« (1911), »Die Frau ohne Schatten« (1919); über 200 Klavier- und Orchesterlieder.
Hans Pfitzner (*1869, †1949): u. a. Opern »Der arme Heinrich« (1895), »Die Rose vom Liebesgarten« (1901), »Palestrina« (1917); Chorwerke mit Orchester »Von deutscher Seele« (1921), »Das dunkle Reich« (1929); über 100 Lieder.
Max Reger (*1873, †1916): u. a. »100. Psalm« (1908/09), Orchesterwerke, Klavierwerke, Orgel- und Chorwerke, Kammermusik, über 250 Klavierlieder.

Impressionismus (etwa 1890–1910)

Der musikalische Impressionismus löste die strengen Formen der Tonalität auf und vermied geschlossene Melodien sowie thematische Entwicklung zugunsten von zerfließenden Klangfarben. Durch die Aufnahme von außereuropäischen Elementen (Ganztonleiter, Pentatonik) erzielt die impressionistische Musik exotische Klangwirkungen, die sich dem Hörer in stimmungshafte Bildvisionen umsetzen sollen.

Maurice Ravel *schrieb das »Klavierkonzert D-Dur für die linke Hand« für den österreichischen Pianisten Paul Wittgenstein, der im Ersten Weltkrieg den rechten Arm verloren hatte.*

Komponisten:
Claude Debussy (*1862, †1918): Oper »Pelléas et Mélisande« (1892–1902); Orchesterwerke »Prélude à l'après-midi d'un faune« (1892–94), »La mer« (1903–05); »Children's corner« für Klavier (1906–08).
Maurice Ravel (*1875, †1937): »Daphnis et Chloé« (1912); »Boléro« (1928); »Rhapsodie espagnole« für Orchester (1907); Klavierkonzert G-Dur (1929–30); Klavierkonzert D-Dur für die linke Hand (1929–31).
Alexandr Skrjabin (*1872, †1915): sinfonische Dichtungen »Poème de l'extase« (1905–08), »Prométhée. Le poème du feu« (1908–10); 3 Sinfonien (1900, 1901, 1904); rund 80 Préludes für Klavier.
Manuel de Falla (*1876, †1946): »Nächte in spanischen Gärten« für Klavier und Orchester (1911–15); Ballette »Liebeszauber« (1915) und »Der Dreispitz« (1919)

10 legendäre Interpreten klassischer Musik

Niccolò Paganini (*1782, †1840), italienischer Violinist und Komponist, zählt als Geigenvirtuose zu den großen Stars im Konzertbetrieb des 19. Jahrhunderts. Er brillierte mit damals noch unbekannten Griffen wie Doppelflageoletts, Mischung von Pizzikato der linken Hand mit Springbogen, Umstimmung und Entfernung einzelner Saiten. Aufgrund seines durch die unvergleichliche Virtuosität als dämonisch empfundenen Spiels und seiner geheimnisvoll-diabolischen Erscheinung ging er als »Teufelsgeiger« in die Geschichte ein.

Franz Liszt (*1811, †1886), ungarischer Pianist und Komponist, schuf, von N. Paganini fasziniert, den virtuosen Stil für Klavier, der seinen ersten Niederschlag in der Übertragung von H. Berlioz' »Symphonie fantastique« (1833) für Klavier fand. Etwa 400 höchst virtuose Transkriptionen von Sinfonien und Opern oder freie Paraphrasen folgten. Während seiner Virtuosenkarriere führten ihn zahlreiche Konzerttourneen durch ganz Europa.

Enrico Caruso (*1873, †1921), italienischer Operntenor, galt als bester Tenor seiner Zeit. Er debütierte im Alter von 12 Jahren am Teatro Nuovo in Neapel und erregte Aufsehen, als er 1898 bei der Uraufführung der Oper »Fedora« von U. Giordano eine Arie unter dem Applaus des Publikums wiederholen musste. Seit 1900 nahm er viele Schallplatten auf, von denen bis heute über 60 Millionen verkauft wurden.

Fritz Kreisler (*1875, †1962), österreichischer Geiger und Komponist, war der bekannteste und erfolgreichste Geigenvirtuose seiner Zeit. Bekannt wurde er auch durch die Veröffentlichung angeblicher Bearbeitungen älterer Stücke (»Liebesfreud, Liedesleid«) zu deren Autorschaft er sich erst später bekannte.

Pablo Casals (*1876, †1973), spanischer Violoncellist, Komponist und Dirigent, gilt als einer der besten Cellisten. 1898 hatte er seinen internationalen Durchbruch als Solocellist in dem Pariser Orchester von C. Lamoureux. Mit 24 Jahren wurde er Professor am Konservatorium in Barcelona. Mit seinem von hoher Musikalität und technischer Perfektion getragenen Spiel hat Casals dem Cellospiel entscheidende Impulse gegeben.

Vladimir Horowitz (*1903, †1989), amerikanischer Pianist ukrainischer Herkunft, gilt als der Pianist des 20. Jahrhunderts. Nach seinem Debüt 1920 hatte er vor allem als vorzüglicher Liszt-, Tschaikowsky-, und Rachmaninow-Interpret international sensationelle Erfolge.

Yehudi Menuhin (*1916, †1999), amerikanischer Violinist, trat mit acht Jahren zum ersten Mal öffentlich auf und wurde als Wunderkind gefeiert. Er wurde berühmt für seine technische und musikalische Vollkommenheit. 1929 gab er zwölfjährig ein denkwürdiges Konzert in der Berliner Philharmonie mit drei Violinkonzerten von Bach, Beethoven und Brahms. Nach dem Zweiten Weltkrieg war er der erste ausländische jüdische Künstler, der in Deutschland auftrat. Besonders setzte er sich für die Neue Musik durch Kompositionsaufträge (z. B. B. Bartóks Sonate für Violine solo, 1944) und Uraufführungen ein.

Maria Callas (*1923, †1977), griechische Sopranistin, wurde durch ihre unnachahmliche und bis heute unbeschreibliche Stimme berühmt, die sich durch technische Perfektion wie durch ein Höchstmaß an dramatischer Ausdrucksfähigkeit auszeichnete. M. Callas, die sich jeder ihrer Rollen mit höchster Hingabe widmete, verfügte über etwa 40 Opernpartien, am bekanntesten wurde sie mit der Titelrolle von V. Bellinis Oper »Norma«, die sie rund neunzigmal gesungen hat.

Artur Rubinstein (*1887, †1982), amerikanischer Pianist polnischer Herkunft, gilt als einer der besten Interpreten der Musik Chopins und der spanischen Komponisten wie M. de Falla und H. Villa-Lobos. Er debütierte im Alter von 12 Jahren in Berlin. Sein Klavierspiel zeichnete sich durch technische Brillanz und temperamentvolle Virtuosität aus.

Glenn Gould (*1932, †1982), kanadischer Pianist, debütierte 1947 in Toronto. Seine Einspielungen der Werke Bachs, Beethovens und der Wiener Schule sind weniger durch Werktreue als durch eine eigenwillige, höchst intellektuelle Interpretation gekennzeichnet. Seine beiden Einspielungen von J. S. Bachs »Goldberg-Variationen« (1951 und 1982) erreichten beinahe Kultstatus.

Geschichte der Oper

Anfänge der Oper

An den italienischen Fürstenhöfen entstand um 1600 als neue Repräsentationskunst die Oper als Vereinigung von Drama und Musik. Tragendes Element sind Sologesang und Sprechgesang (Rezitativ) mit stützendem Bass. Monteverdi setzte zudem größere Instrumentalensembles ein.

Uraufführung	Name	Komponist
1567	Daphne	J. Peri
1607	Orfeo	C. Monteverdi
1642	Die Krönung der Poppea	C. Monteverdi

Die Opera seria

Das 18. Jahrhundert wurde durch die italienische Hofoper, die Opera seria, geprägt, die das Musikleben der europäischen Aristokratie entscheidend bestimmte. Charakteristisch für ih-

Uraufführung	Name	Komponist
1724	Julius Cäsar	G. F. Händel
1738	Xerxes	G. F. Händel
1835	Lucia di Lammermoor	G. Donizetti
1855	Die sizilianische Vesper	G. Verdi
1859	Ein Maskenball	G. Verdi

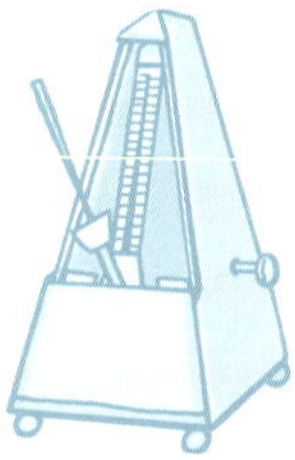

re Inhalte waren die Darstellung mythischer oder adliger Personen, außerordentlicher Ereignisse und einer aristokratisch-edlen Gesinnung. Kastraten glänzten damals mit ihrer ausgefeilten Gesangstechnik. Die Opera seria bildete die Operngattung, deren sich vor allem auch die Komponisten der italienischen Romantik bedienten.

Die Reformoper

Selbst der Opera seria verpflichtet, wendete sich C. W. Gluck mit seinen Reformopern (Alceste, 1767; Paris und Helena, 1770; Orpheus und Eurydike, 1762) gegen die »Missbräuche« dieser Operngattung, gegen die »Eitelkeit der Sänger«, denen es lediglich um die Darstellung ihrer Gesangskunst ging. Gluck wollte das Stimmenfest abschaffen und zu einer Form des Dramas, dem die Musik dienen sollte, zurückkehren.

*»La serva padrona« (1733) von Giovanni Battista Pergolesi war die erste bedeutende **Opera buffa.***

Die Opera buffa

Aus den Possen und komischen Intermezzi, die im frühen 18. Jahrhundert zur Erheiterung des Publikums zwischen die Akte des Musikdramas eingefügt wurden, entwickelte sich die Gattung der Opera buffa. Im Gegensatz zur Opera seria stellt sie das alltägliche Leben des Volks dar und kritisiert zuweilen sogar die politisch-sozialen Verhältnisse der Feudalgesellschaft.

Uraufführung	Name	Komponist
1786	Die Hochzeit des Figaro	W. A. Mozart
1787	Don Giovanni	W. A. Mozart
1790	Così fan tutte	W. A. Mozart
1832	Der Liebestrank	G. Donizetti
1843	Don Pasquale	G. Donizetti
1918	Gianni Schicchi	G. Puccini

Die italienische Romantik

Die Opera seria der italienischen Romantik betonte den Gefühlsaspekt. Ihr ging es um das emotionale Innenleben ihrer Figuren, das sie möglichst ergreifend darzustellen suchte. Zu diesem Zwecke gewann zunehmend der Gesang an Bedeutung; schlichte und schöne Melodien wurden ihr Schwerpunkt (Belcanto-Oper).

Uraufführung	Name	Komponist
1831	La Sonnambula (Die Nachtwandlerin)	V. Bellini
1831	Norma	V. Bellini
1835	Lucia di Lammermoor	G. Donizetti

Die große französische Oper (Grand Opéra)

Während der Restaurationszeit nach dem Sturz Napoleons wurde die Oper zu dem künstlerischen Statussymbol der französischen Hauptstadt. Das Ensemble wurde vergrößert, die Anforderungen an Sänger und Orchester nahmen zu, und das inhaltliche Niveau stieg. Ihre Themen waren bevorzugt historischer Art, gerade auch aus der jüngeren Geschichte Frankreichs.

Uraufführung	Name	Komponist
1828	Die Stumme von Portici	D. F. E. Auber
1829	Wilhelm Tell	G. Rossini
1831	Robert der Teufel	G. Meyerbeer
1836	Die Hugenotten	G. Meyerbeer
1875	Carmen	B. Bizet

Opéra comique

Sie ist eine Variante der italienischen Opera buffa und diente der Unterhaltung des neu entstandenen Mittelstandes; die rein komischen Elemente wurden auf Kosten der Darstellung romantischer Gefühle zurückgedrängt.

Uraufführung	Name	Komponist
1830	Fra Diavolo	D. F. E. Auber
1836	Der Postillon von Lonjumeau	A. Adam

Deutsche Oper der Romantik

Eine eigentliche deutsche Oper gab es vor der Romantik nicht. Mozarts »Zauberflöte« (1791) und Beethovens »Fidelio« (1805) blieben Ausnahmeerscheinungen. Im Rahmen der Nationalbewegungen nach den napoleonischen Kriegen versuchte das erstarkende deutsche Bürgertum, sich von vorherrschenden französischen und italienischen Einflüssen zu befreien. Auf musikalischem Gebiet bedeutete das die Hinwendung zum Mittelalter, das als Epoche deutscher Größe glorifiziert wurde, sowie zu Sagen- und Märchenstoffen.

Uraufführung	Name	Komponist
1821	Der Freischütz	C. M. von Weber
1826	Oberon	C. M. von Weber
1845	Undine	A. Lortzing

Deutsche Oper des Biedermeier

Neben der Romantik war eine andere Reaktion auf die politische Restauration der Rückzug ins beschaulich Private, der seinen Ausdruck im Biedermeier fand. Nicht Konflikte wurden thematisiert, sondern das Gegebene und die bestehende Ordnung idealisiert.

Uraufführung	Name	Komponist
1837	Zar und Zimmermann	A. Lortzing
1842	Der Wildschütz	A. Lortzing
1846	Der Waffenschmied	A. Lortzing
1847	Martha	F. von Flotow
1849	Die lustigen Weiber von Windsor	O. Nicolai

Verdi

Mit Giuseppe Verdi (*1813, †1901) erreicht die italienische Oper ihren Höhepunkt. Weiträumige Melodik und markanter Rhythmus verleihen dramatischen Elan. In seinen späten Opern überschreitet er die Grenzen der Opera seria hin zum Musikdrama. Es sind nun nicht mehr allein die Sänger, die das Geschehen tragen, sondern auch das Orchester, das die Darstellung illustriert.

Uraufführung	Name
1842	Nabucco
1844	Ernani
1851	Rigoletto
1853	Der Troubadour
1853	La Traviata
1862	Die Macht des Schicksals
1867	Don Carlos
1871	Aida
1887	Othello
1893	Falstaff

Wagner

Im Gegensatz zur italienischen Belcanto-Oper, der es in erster Linie um schöne Musik ging, suchte Richard Wagner (*1813, †1883) die »dramatische Wahrheit«: Die Musik hatte im Dienste der Wortes zu stehen. Er löste daher die starren musikalischen Formen auf und bediente sich der »unendlichen Melodie«. Zusammengehalten wurden seine Opern durch die Leitmotivtechnik. Das Orchester gewann eine beherrschende Rolle. Mit symphonischen Mitteln hat es den Operninhalt darzustellen.

Uraufführung	Name
1843	Der fliegende Holländer
1845	Tannhäuser
1850	Lohengrin
1865	Tristan und Isolde
1869	Rheingold
1868	Die Meistersinger
1870	Die Walküre
1876	Die Götterdämmerung
1876	Siegfried
1882	Parsifal

Der Verismo

In Italien bildete sich als Gegenbewegung gegen Wagners Opernkonzeption in den 1890er-Jahren der Verismo. Er will keine Botschaften

Unfähiger Verdi

Das Mailänder Konservatorium lehnte 1832 die Aufnahme Verdis »wegen erwiesener Unfähigkeit« ab. Der Maestro vergaß das nie: Als sich die Institution 1898 nach ihm benennen wollte, verbat sich das der 85-Jährige energisch.

oder Ideen vermitteln, sondern einfach in bunten Farben das Leben des Volkes schildern. Dabei bedient er sich leidenschaftlicher Melodien und auffälliger Harmonien in der Orchesterbegleitung.

Uraufführung	Name	Komponist
1890	Cavalleria rusticana	P. Mascagni
1892	Bajazzo	R. Leoncavallo
1893	Manot Lescaut	G. Puccini
1896	La Bohème	G. Puccini
1896	Andrea Chenier	U. Giordano
1900	Tosca	G. Puccini
1904	Madame Butterfly	G. Puccini

Die slawische Oper

Die Emanzipationsbestrebungen der Völker Osteuropas, ihr wachsendes Selbstbewusstsein und ihr Betreben, eine eigene Nationalkultur auszubilden, bestimmten auch ihr musikalisches Leben. Der Oper erfüllte hierbei in hohem Maß die Funktion, nationale Gefühle zum Ausdruck zu bringen. So wurde zum Beispiel Friedrich Smetanas (*1824, †1884) »Verkaufte Braut« die tschechische Nationaloper schlechthin. Auch die russischen Komponisten

Uraufführung	Name	Komponist
1836	Ein Leben für den Zaren	M. Glinka
1842	Ruslan und Ludmilla	M. Glinka
1866	Die verkaufte Braut	B. Smetana
1874	Boris Godunow	M. Mussorgskij
1890	Fürst Igor	A. P. Borodin
1879	Eugen Onegin	P. I. Tschaikowskij
1890	Pique Dame	P. I. Tschaikowskij
1898	Sadko	N. Rimskij-Korsakow
1901	Rusalka	A. Dvorák
1904	Jenufa	L. Janáček

suchten einen eigenständigen Stil in der Musik: Bevorzugt wurden Themen aus der russischen Geschichte, Anregungen wurden aus dem russischen Volkslied und dem Volkstanz gewonnen, Rhythmik und Metrik nach der russischen Sprache geformt. Demgegenüber orientiert sich P. I. Tschaikowskij (*1840, †1893), heute der meistgespielte russische Komponist, an der westeuropäischen Musik.

Die Oper des 20. Jahrhunderts

Die Auseinandersetzung mit dem Musikdrama Wagners und dem Erbe Verdis bildete den Ausgangspunkt für eine Vielfalt von Stilrichtungen. Der »Impressionist« Claude Debussy (*1862, †1918) setzte sich vom psychologisierenden Musikdrama Wagners ab und vermittelte lediglich lyrische Stimmungen, wobei er besonderes Gewicht auf Textverständlichkeit legte (häufige Verwendung des Rezitativs). Noch Béla Bartók (*1881, †1945) knüpfte in seiner Oper an Debussys Tonmalerei an. Einer

Uraufführung	Name	Komponist
1902	Pelléas und Mélisande	C. Debussy
1905	Salome	R. Strauss
1918	Herzog Blaubarts Burg	B. Bartók
1926	Cardillac	P. Hindemith
1928	Dreigroschenoper	K. Weill
1935	Porgy and Bess	G. Gershwin
1937	Lulu	A. Berg
1953	Der Prozeß	G. von Einem
1957	Der Revisor	W. Egk
1960	Ein Sommernachtstraum	B. Britten
1969	Die Teufel von Loudun	K. Penderecki
1978	Lear	A. Reimann
1984	Prometeo	L. Nono
1995	Die Wände	A. Hölszky
1997	Die Ehen zwischen den Zonen Drei, Vier und Fünf	P. Glass

der herausragenden Komponisten war Richard Strauss (*1864, †1949), in dessen Werk sich die meisten musikalischen Strömungen dieses Jahrhunderts nachweisen lassen. Nach dem Ersten Weltkrieg entwickelte sich in Deutschland die so genannte Zeitoper, in der sich der pessimistische Zeitgeist spiegelte und die eine Verbindung einging mit Unterhaltungsmusik und Jazz. Ihre wichtigsten Vertreter waren der junge Paul Hindemith (*1895, †1963), Ernst Křenek (*1900, †1991) und Kurt Weill (*1900, †1950). Letzterer schuf dafür die Form des Songs (z. B. in der »Dreigroschenoper«). Im Gefolge der außerhalb der klassischen Tonalität stehenden Zwölftonmusik Arnold Schönbergs (*1874, †1951) entstanden die beiden Opern des Schönbergschülers Alban Berg (*1885, †1935), »Wozzeck« (1925) und »Lulu«.

Musical

Das seit 1900 in den Unterhaltungstheatern am New Yorker Broadway aus der Verbindung von Minstrel-Show, Vaudeville, Operette, Ballett und Revue hervorgegangene Musical ist eine musikalisch-theatralische Mischgattung. Musikalisch zu einem eigenen Stil gelangte das Musical in den 30er-Jahren bei George Gershwin (*1898, †1937; »Of Thee I sing«, 1930) oder bei Cole Porter (*1891, †1964; »Anything goes«, 1934).

Jazz

In der 2. Hälfte des 19. Jahrhunderts fanden sich Schwarze, vor allem in New Orleans, zu Marching Bands (auch Streetbands oder Brassbands genannt) zusammen. Diese Musikkapellen, die die Marschmusik der Weißen nachahmten, spielten zu Begräbnissen, Hochzeiten, Wahlveranstaltungen und im Karneval. Neben Märschen gehörten Choräle, Blues, Negrospirituals und Folklore (Worksongs, »Arbeitslieder«) zu ihrem Repertoire. Um 1895 entstanden als Verkleinerung solcher Bands Tanzkapellen, deren Musizierweise sehr von dem damals bereits weit verbreiteten Ragtime beeinflusst wurde und die bereits die für den New-Orleans-Jazz typische Besetzung aufwiesen. Aus diesen Tanzkapellen, die in erster Linie noch Gruppenmusizieren praktizierten, gingen so namhafte Jazzmusiker wie »King« Joe Oliver (*1885, †1938), »Satchmo« Louis Armstrong (*1900, †1971) usw. hervor. Seit etwa 1915 verbreitete sich der Jazz dann in den USA und kam nach dem Ersten Weltkrieg auch nach Europa.
Die Herkunft des Wortes (zunächst jass geschrieben) ist umstritten, es könnte sich von dem amerikanischen Slangwort jazz(y) (bunt,

15 berühmte Musicals

Titel	Komponist	Uraufführung
Annie Get Your Gun	I. Berlin	1946
Anything goes	C. Porter	1934
Cats	A. Lloyd Webber	1981
A Chorus Line	M. Hamlisch	1975
Evita	A. Lloyd Webber	1978
Hair	G. McDermot	1968
Jesus Christ Superstar	A. Lloyd Webber	1971
Kiss me, Kate	C. Porter	1948
Linie 1	B. Heymann	1986
Les Misérables	C.-M. Schönberg	1980
My Fair Lady	F. Loewe	1956
Das Phantom der Oper	A. Lloyd Webber	1986
Sunset Boulevard	A. Lloyd Webber	1993
Tommy	P. Townsend	1970
West Side Story	L. Bernstein	1957

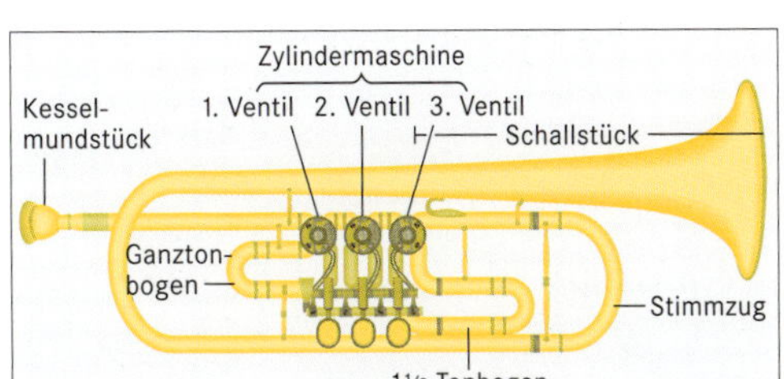

Trompete

10 Jazzstile und ihre Interpreten

Stil	Interpreten und Bands
Ragtime (1870–1910)	Scott Joplin; James Scott; Joseph Lamb
New-Orleans-Jazz (1890–1920)	Joe »King« Oliver; Louis Armstrong; Jerry Roll Morton; Sidney Bechet
Dixielandjazz (1900–20)	»Reliance Brass Band« (1892/93); »Ragtime-Band« (1898); »Original Dixieland Jazz Band« (1914)
Chicago-Jazz (1920–30)	Bix Beiderbecke; Jimmy McPartland; Eddie Condon; »King Oliver's Creole Jazz Band« (1923); »Louis Armstrong and His Hot Five« (1925) und »Hot Seven« (1927); »Jerry Roll Morton's Red Hot Peppers« (1926)
Swing (1930–40)	Fletcher Henderson; Duke Ellington; Count Basie; Woody Herman; Stan Keaton; Benny Goodman; Glenn Miller
Bebop (1940–50)	Charlie Parker; Dizzy Gillespie; Thelonius Monk
Cool Jazz (1950–60)	Lester Young; Gerry Mulligan; Miles Davis
Hardbop (1950–60)	Julian Adderley; Art Blakey; Horace Silver
Free Jazz (1960–70)	Ornette Coleman; John Coltrane; Cecil Taylor
Rock-Jazz (1970–80) (Electric Jazz, Fusion Music)	Chick Corea; Herbie Hancock; »Weather Report«

grell, erregend) herleiten. Ursprünglich ist der Jazz ein von einer Gruppe ausgeführtes Gebrauchsmusizieren auf der Grundlage des »Chorus« (Chorgesang, Refrain), eines kollektiven Stegreifspiels: Eine allen bekannte Refrainmelodie wird ständig wiederholt – Harmonien und Taktzahl bleiben unverändert –, dabei aber von den einzelnen Musikern, je nach Können und Talent, rhythmisch umgestaltet und melodisch umspielt, sodass ein Stück, auch wenn es von denselben Musikern immer wieder neu gespielt wird, jedesmal anders erklingt.

Pop- und Rockmusik

Die Pop- und Rockmusik entstand in den 1950er-Jahren mit der Ausbildung des Rock 'n' Roll aus der afroamerikanischen Blues- und Rhythm- & -Blues-Tradition sowie der Countrymusik. Die stilprägenden Interpreten des Rock 'n' Roll waren Bill Haley (*1927, †1981), Elvis Presley (*1935, †1977), Chuck Berry (*1931) und Little Richard (*1935). Als der Rock 'n' Roll nach Europa gelangte, entwickelte sich Ende der 50er-Jahre in Großbritannien die Beatmusik. Ihr Inbegriff sind insbesondere die Beatles, die sich erstmals von den Vorbildern des Rock 'n' Roll und des Rhythm & Blues lösten und mit ihrem eigenen Stil zu den Wegbereitern der Rockmusik wurden. Ab der 2. Hälfte der 60er-Jahre bildeten sich zahlreiche neue Stilformen aus, darunter in den 70er-Jahren Jazzrock, Punk, New Wave, in den 80er-Jahren Funk, Reggae, Rap, House, Hip-Hop, Heavymetal und in den 90er-Jahren vor allem Techno.

20 erfolgreiche Stars der Pop- und Rockmusik

Künstler	verkaufte Alben (in Mio.)[1]
The Beatles	109,5
Led Zeppelin	84,0
Elvis Presley	77,7
Eagles	65,0
Billy Joel	63,2
Barbra Streisand	62,7
Elton John	61,6
Aerosmith	54,3
Pink Floyd	52,6
Mariah Carey	52,0
Van Halen	50,5
Madonna	50,5
Michael Jackson	50,0
Whitney Houston	49,0
AC/DC	45,6
Fleetwood Mac	44,5
Bruce Springsteen	44,0
Metallica	43,5
Neil Diamond	41,4
The Rolling Stones	41,2

1) bezogen auf die USA
Quelle: Recording Industry Association of America

Film und Fernsehen

Vom Nickelodeon zum Pantoffelkino

In den 90er-Jahren des 19. Jahrhunderts begannen Erfinder mit Apparaten zu experimentieren, die »laufende« Bilder wiedergeben konnten. Der »Cinématographe« der Brüder Lumière in Paris setzte sich technisch durch. Die Lumières filmten zunächst Szenen aus dem Alltag, z. B. einen Zug, der in einen Bahnhof einfährt, und begründeten damit den Dokumentarfilm. Von Anfang an gab es jedoch auch Filme, die kleine inszenierte Handlungen wiedergaben.

Auch die Geschichte des Fernsehens beginnt gegen Ende des 19. Jahrhunderts; Allgemeingut wurde es jedoch erst ab den 1950er-Jahren. Mittlerweile hat das Fernsehen das Kino weit überflügelt. Der Deutsche geht heute rund zweimal pro Jahr ins Kino, verbringt aber durchschnittlich 186 Minuten pro Tag vorm Fernseher.

Stummfilme mit Farbe und Ton

Obwohl wir heute die Filme aus den Jahren von etwa 1895 bis 1930 als »Stummfilme« bezeichnen, waren die Werke der ersten dreieinhalb Dekaden der Filmgeschichte nicht wirklich »stumm«. Von Anfang an wurden die Filmvorführungen von einem Pianisten mit beliebten Salonstücken begleitet. Ab etwa 1910 untermalten Kino-Orchester das Geschehen auf der Leinwand mit Musikstücken, die bestimmten Situationen oder Gefühlen zugeordnet waren. Ab den 20er-Jahren wurden für jeden Film eigene sinfonische Originalkompositionen aufgeführt. Auch waren die Filme entgegen landläufiger Annahme nicht schwarz-weiß, denn es gab von Anfang an verschiedene Verfahren, die Filmkopien einzufärben. Man kolorierte entweder Einzelbilder mehrfarbig von Hand oder tauchte die Filmbänder in Farbbäder und erhielt dadurch eine monochrome Einfärbung ganzer Szenen.

Mit dem Film »Der große Zugraub« schuf der amerikanische Stummfilmregisseur ***Edwin S. Porter*** *(*1869, †1941) die Urform des Westerns.*

20 berühmte Stummfilme

Titel	Regisseur	Entstehungsjahr
Die Reise zum Mond	Georges Méliès	1902
Der große Zugraub	Edwin S. Porter	1903
Die letzten Tage von Pompeji	Luigi Maggi	1908
Afgrunden (»Abgründe«)	Urban Gad	1910
Quo vadis?	Enrico Guazzoni	1913
Das Cabinet des Dr. Caligari	Robert Wiene	1919
Erotikon	Mauritz Stiller	1920
Dr. Mabuse, der Spieler	Fritz Lang	1921/22
Nosferatu – Eine Symphonie des Grauens	Friedrich Wilhelm Murnau	1921
Die Nibelungen (2 Teile)	Fritz Lang	1922/24
Der letzte Mann	Friedrich Wilhelm Murnau	1924
Der Dieb von Bagdad	Raoul Walsh	1924
Lady Windermeres Fächer	Ernst Lubitsch	1925
Ben Hur	Fred Niblo	1925
Panzerkreuzer Potemkin	Sergeij Eisenstein	1925
Goldrausch	Charles Chaplin	1925
Metropolis	Fritz Lang	1926
Faust	Friedrich Wilhelm Murnau	1926
Der General	Buster Keaton	1927
Die weiße Hölle vom Piz Palü	Arnold Fanck	1929

40 berühmte Regisseure und ihre Filme

Woody Allen (*1935), amerikanischer Filmregisseur und -schauspieler. Filme: »Was Sie schon immer über Sex wissen wollten, aber bisher nicht zu fragen wagten« (1972), »Der Stadtneurotiker« (1977), »Manhattan« (1979), »The Purple Rose of Cairo« (1984), »Hannah und ihre Schwestern« (1985), »Alice« (1991), »Celebrity« (1998).

Michelangelo Antonioni (*1912), italienischer Filmregisseur. Filme: »Der Schrei« (1957), »Die Nacht« (1960), »Die mit der Liebe spielen« (1960), »Liebe 62« (1962), »Die rote Wüste« (1964), »Blow up« (1966), »Zabriski Point« (1970), »Der Reporter« (1973), »Identifikation einer Frau« (1981).

Ingmar Bergman (*1918), schwedischer Drehbuchautor, Film- und Theaterregisseur. Filme: »Das siebente Siegel« (1956), »Wilde Erdbeeren« (1957), »Das Schweigen« (1962), »Persona« (1965), »Schreie und Flüstern« (1971), »Szenen einer Ehe« (1973), »Herbstsonate« (1978), »Aus dem Leben der Marionetten« (1980), »Fanny und Alexander« (1983).

Bernardo Bertolucci (*1941), italienischer Filmregisseur und Schriftsteller. Filme: »Der letzte Tango in Paris« (1972), »1900« (2 Teile, 1974–76), »Der letzte Kaiser« (1987), »Himmel über der Wüste« (1990), »Little Buddha« (1994), »Geduld und Verführung« (1995).

Frank Capra (*1895, †1991), amerikanischer Filmregisseur italienischer Herkunft, drehte viele bekannte Komödien. Filme: »Es geschah in einer Nacht« (1934), »Mr. Smith geht nach Washington« (1939), »Arsen und Spitzenhäubchen« (1943), »Ist das Leben nicht wunderbar?« (1946), »Die unteren Zehntausend« (1961).

Claude Chabrol (*1930), französischer Filmregisseur und -kritiker, Vertreter der Nouvelle Vague. Filme: »Die Enttäuschten« (1958), »Schrei, wenn du kannst« (1959), »Die untreue Frau« (1968), »Die verrückten Reichen« (1976), »Die Wahlverwandtschaften« (1981), »Eine Frauensache« (1988), »Stille Tage in Clichy« (1990), »Madame Bovary« (1991), »Die Farbe der Lüge« (1999).

Francis Ford Coppola (*1939), amerikanischer Filmregisseur, -produzent und Drehbuchautor. Filme: »Der Pate« (3 Teile 1972, 1974, 1989/90), »Apocalypse now« (1979), »Von ganzem Herzen« (1982), »Cotton Club« (1984), »Dracula« (1992), »Jack« (1996), »Der Regenmacher« (1997).

Rainer Werner Fassbinder (*1945, †1982), deutscher Regisseur, Schauspieler und Schriftsteller. Filme: »Die bitteren Tränen der Petra von Kant« (1970), »Angst essen Seele auf« (1973), »Fontane Effi Briest« (1972-74), »Die Ehe der Maria Braun« (1978), »Lili Marleen« (1980), »Berlin Alexanderplatz« (Fernsehserie in 14 Folgen, 1980), »Lola« (1981), »Die Sehnsucht der Veronika Voss« (1982), »Querelle« (1982).

Federico Fellini (*1920, †1993), italienischer Filmregisseur, Vertreter des Neorealismus. Filme: »La Strada« (1954), »Das süße Leben« (1959), »Roma« (1972), »Satyricon« (1969), »Casanova« (1976), »Die Stadt der Frauen« (1979), »Schiff der Träume« (1983), »Ginger und Fred« (1985), »Die Stimme des Mondes« (1990).

Victor Fleming (*1889, †1949), amerikanischer Regisseur, drehte berühmte Filme wie »Die Schatzinsel« (1934), »Vom Winde verweht« (1939), »Der Zauberer von Oz« (1939), »Johanna von Orleans« (1948).

Charles Spencer Chaplin

Durch seine auf anspruchsvollster Pantomime beruhende Komik in Filmen wie »Goldrausch« (1925) oder »Zirkus« (1928) wurde Charlie Chaplin (*1889, †1977) zu einem der bedeutendsten Vertreter der Stummfilmkomödie. Als um 1930 der Tonfilm möglich wurde, verzichtete Chaplin deshalb zunächst auf gesprochene Dialoge und verwendete in seinen ersten Tonfilmen »Lichter der Großstadt« (1931) und »Moderne Zeiten« (1936) lediglich selbst komponierte Musik und Geräusche. Erst in Filmen wie »Der große Diktator« (1940), »Monsieur Verdoux« (1946) und »Rampenlicht« (1952) nutzte er sparsam alle Möglichkeiten des Tonfilms.

John Ford (*1895, †1973), amerikanischer Filmregisseur, wurde v. a. durch seine Western bekannt. Filme: »Höllenfahrt nach Santa Fé/Ringo« (1939), »Früchte des Zorns« (1940), »Westlich St. Louis« (1950), »Der Sieger« (1952), »Der Mann, der Liberty Valance erschoß« (1961).

Miloš Forman (*1932), amerikanischer Filmregisseur tschechischer Herkunft. Filme: »Einer flog über das Kuckucksnest« (1975), »Hair« (1979), »Ragtime« (1981), »Amadeus« (1984), »Valmont« (1989), »Larry Flint – Die nackte Wahrheit« (1996).

Jean-Luc Godard (*1930), französischer Filmregisseur, Vertreter der Nouvelle Vague. Filme: »Außer Atem« (1960), »Eine verheiratete Frau« (1964), »Weekend« (1968), »Numéro 2« (1975), »Détective« (1985), »Nouvelle Vague« (1990), »Weh mir« (1993).

Fritz Lang und die Rakete

Für den Film »Die Frau im Mond« (1928) verpflichtete Fritz Lang als Fachberater den jungen deutschen Physiker Hermann Oberth, der 1923 das bahnbrechende Buch »Die Rakete zu den Planetenräumen« veröffentlicht hatte. Die nach den Entwürfen Oberths gebaute Filmrakete glich so sehr den später von ihm mit entwickelten Waffen V1 und V2, dass im Dritten Reich alle Kopien des Films beschlagnahmt wurden.

David Wark Griffith (* 1875, † 1948), amerikanischer Regisseur irischer Herkunft, war einer der ersten Regisseure, die nicht mehr selbst hinter der Kamera standen. Er gilt als der Erfinder der Parallelmontage und der »Last minute rescue«. Filme: »Die Geburt einer Nation« (1915), »Intoleranz« (1916).

***Werner Herzogs** Lieblingsschauspieler war Klaus Kinski, mit dem er die meisten seiner bekannten Filme, u. a. »Aguirre« und »Fitzcarraldo« drehte.*

Howard Hawks (* 1896, † 1977), amerikanischer Filmregisseur. Filme: »Leoparden küßt man nicht« (1938), »Tote schlafen fest« (1946), »Ich war eine männliche Kriegsbraut« (1949), »Liebling, ich werde jünger« (1952), »Blondinen bevorzugt« (1953), »Rio Bravo« (1959), »Hatari!« (1962), »El Dorado« (1966), »Rio Lobo« (1970).

***Alfred Hitchcock** liebte es, in seinen Filmen kurz durchs Bild zu huschen.*

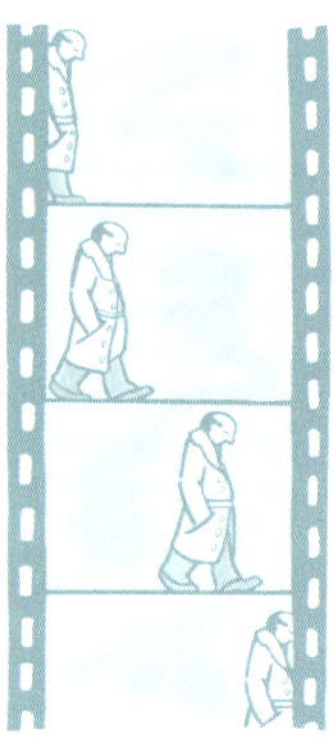

Werner Herzog (* 1942), deutscher Filmregisseur und -produzent. Filme: »Aguirre, der Zorn Gottes« (1972), »Jeder für sich und Gott gegen alle« (1974), »Woyzeck« (1979), »Nosferatu – Phantom der Nacht« (1979), »Fitzcarraldo« (1982), »Cobra Verde« (1987), »Schrei aus Stein« (1991), »Lektionen in Finsternis« (1992).

Alfred Hitchcock (* 1899, † 1980), britischer Filmregisseur, wurde berühmt als »Master of suspense«. Filme: »Der Mann, der zu viel wußte« (1934, 2. Fassung 1956), »39 Stufen« (1935), »Rebecca« (1940), »Berüchtigt« (1946), »Bei Anruf Mord« (1954), »Das Fenster zum Hof« (1954), »Über den Dächern von Nizza« (1955), »Immer Ärger mit Harry« (1955), »Der unsichtbare Dritte« (1959), »Psycho« (1960), »Die Vögel« (1963), »Marnie« (1964), »Topas« (1969), »Frenzie« (1971), »Familiengrab« (1975).

John Huston (* 1906, † 1987), amerikanischer Filmregisseur, Vertreter des filmischen Realismus. Filme: »Die Spur des Falken« (1941), »Der Schatz der Sierra Madre« (1948), »Asphaltdschungel« (1950), »African Queen« (1951), »Moby Dick« (1956), »Misfits – Nicht gesellschaftsfähig« (1960), »Die Ehre der Prizzis« (1985), »The Dead« (1987).

Elia Kazan (* 1909), amerikanischer Regisseur und Schriftsteller griechischer Abstammung, drehte v. a. sozialkritisch-realistische Filme: »Endstation Sehnsucht« (1951), »Die Faust im Nacken« (1954), »Jenseits von Eden« (1955), »Baby Doll« (1956), »Das Arrangement« (1969), »Der letzte Tycoon« (1975).

Stanley Kubrick (* 1928, † 1999), amerikanischer Filmregisseur. Filme: »Die Rechnung ging nicht auf« (1956), »Wege zum Ruhm« (1957), »Lolita« (1962), »Dr. Seltsam oder wie ich lernte, die Bombe zu lieben« (1964), »2001: Odyssee im Weltraum« (1968), »Uhrwerk Orange« (1971), »Barry Lyndon« (1975), »Shining« (1980), »Full Metal Jacket« (1987), »Eyes Wide Shut« (1999).

Akira Kurosawa (* 1910, † 1998), japanischer Filmregisseur und Produzent. Auch international bekannter Meister des japanischen Films. Filme: »Rashomon« (1950), »Die sieben Samurai« (1953), »Das Schloss im Spinnwebwald« (1957), »Sanjuro« (1962), »Uzala, der Kirgise« (1975), »Kagemusha« (1980), »Ran« (1985), »Madadayo« (1993).

Fritz Lang (* 1890, † 1976), österreichisch-amerikanischer Filmregisseur und -produzent, war Mitbegründer des filmischen Expressionismus. Er emigrierte 1933 in die USA. Filme: »Der müde Tod« (1921), »Dr. Mabuse, der Spieler« (1921/22), »Die Nibelungen« (2 Teile, 1922-24), »Metropolis« (1926), »M« (1931), »Fury«

Hollywood kauft eine Revolution

Für 25 000 $ erhielt Hollywood 1914 das Recht, den von Pancho Villa angeführten mexikanischen Aufstand gegen Diktator Victoriano Huerta mitzufilmen. Um optimale Lichtverhältnisse zu haben, überredete Regisseur Raoul Walsh (* 1892, † 1980) den Revolutionär dazu, nur zwischen 9 Uhr morgens und 16 Uhr nachmittags kämpfen zu lassen. Auch Schlachten wurden so lange verzögert, bis alle Kameras auf Position waren. Erst dann gab Walsh das Kommando für die Revolutionäre: »Action!« Verwertet wurde das Material allerdings nicht. Hollywood lehnte die Szenen als zu unrealistisch ab.

(1936), »Du lebst nur einmal« (1936), »Rache für Jesse James« (1940), »Auch Henker sterben« (1943), »Engel der Gejagten« (1951), »Der Tiger von Eschnapur« (1959), »Das indische Grabmal« (1959).

David Lean (*1908, †1991), britischer Filmregisseur. Filme: »Oliver Twist« (1948), »Die Brücke am Kwai« (1957), »Lawrence von Arabien« (1962), »Doktor Schiwago« (1965), »Ryans Tochter« (1971).

Die 50 weltweit erfolgreichsten Filme

Rang	Titel	Einspielergebnis (in Mio. US-$)
1	Titanic (1997)	1835,3
2	Star Wars: Episode I – Die dunkle Bedrohung (1999)	922,3
3	Jurassic Park (1993)	919,7
4	Independence Day (1996)	811,2
5	Krieg der Sterne (1977)	797,9
6	Der König der Löwen (1994)	767,7
7	E. T. – Der Außerirdische (1982)	704,8
8	Forrest Gump (1994)	679,4
9	The Sixth Sense (1999)	661,5
10	Vergessene Welt: Jurassic Park (1997)	614,3
11	Men in Black (1997)	587,2
12	Die Rückkehr der Jedi-Ritter (1983)	572,7
13	Armageddon (1998)	554,6
14	Mission: Impossible II (2000)	545,3
15	Das Imperium schlägt zurück (1980)	533,8
16	Kevin – Allein zu Hause (1990)	533,7
17	Ghost – Nachricht von Sam (1990)	517,6
18	Terminator 2 – Tag der Abrechnung (1991)	516,8
19	Aladdin (1992)	501,9
20	Indiana Jones und der letzte Kreuzzug (1989)	494,7
20	Twister (1996)	494,7
22	Toy Story 2 (1999)	485,7
23	Der Soldat James Ryan (1998)	479,3
24	Der weiße Hai (1975)	470,6
25	The Matrix (1999)	456,3
26	Gladiator (2000)	456,2
27	Mission: Impossible (1996)	452,5
28	Pretty Woman (1990)	438,2
29	Tarzan (1999)	435,2
30	Der mit dem Wolf tanzt (1990)	424,2
31	Verschollen (2000)	424,0
32	Mrs. Doubtfire (1993)	423,1
33	Die Mumie (1999)	413,3
34	Batman (1989)	413,1
35	Rain Man (1988)	412,8
36	Bodyguard (1992)	410,9
37	Die Mumie kehrt zurück (2001)	404,2
38	Vom Winde verweht (1939)	390,5
39	Robin Hood – König der Diebe (1991)	390,4
40	Jäger des verlorenen Schatzes (1981)	383,8
41	Grease – Schmiere (1978)	379,8
42	Godzilla (1998)	375,8
43	Was Frauen wollen (2000)	370,8
44	Auf der Flucht (1993)	368,7
45	True Lies (1994)	365,2
46	Stirb langsam – Jetzt erst recht (1995)	365,0
47	Notting Hill (1999)	363,0
48	Pearl Harbor (2001)	360,8
49	Verrückt nach Mary (1998)	360,0
50	Die Familie Feuerstein (1994)	358,5

Quelle: Internet Movie Database (Stand: Juli 2001)

Ernst Lubitsch (*1892, †1947), deutscher Regisseur, drehte Filmlustspiele und -operetten, ab 1922 in Hollywood. Filme: »Madame Dubarry« (1919), »Anna Boleyn« (1920), »Kohlhiesels Töchter« (1920), »Lady Windermeres Fächer« (1925), »Die lustige Witwe« (1934), »Ninotschka« (1939), »Die Frau im Hermelin« (1948).

Vincente Minnelli (*1910, †1986), amerikanischer Filmregisseur. Filme: »Der Vater der Braut« (1950), »Ein Amerikaner in Paris« (1951), »Vorhang auf!« (1953), »Verdammt sind sie alle« (1958), »Gigi« (1958), »Vater ist nicht verheiratet« (1963).

Max Ophüls (*1902, †1957), französischer Filmautor und Regisseur deutscher Herkunft, wirkte u.a. durch seine spielerisch-leichte Bildführung stilbildend. Filme: »Die verkaufte Braut« (1932), »Liebelei« (1933), »Die verliebte Firma« (1932), »Lachende Erben« (1932/33), »Ohne ein Morgen« (1939), »Der Reigen« (1950), »Lola Montez« (1955).

Steven Spielbergs *Film »Schindlers Liste« erzählt die Geschichte des deutschen Unternehmers Oskar Schindler, der im Dritten Reich mehr als 1000 Juden rettete.*

Roman Polanski (*1933), polnischer Filmregisseur und -schauspieler, seit 1976 französischer Staatsbürger. Filme: »Ekel« (1965), »Tanz der Vampire« (1966), »Rosemaries Baby« (1968), »Macbeth« (1971), »Chinatown« (1974), »Bitter Moon« (1992), »Der Tod und das Mädchen« (1995), »Die neun Pforten« (1999).

Orson Welles

Orson Welles brauchte in den 1940er-Jahren Geld für eine Theaterproduktion in Boston. Er rief den Columbia-Chef Harry Cohn an und bat ihn um 50 000 $; da Cohn zögerte, bot ihm Welles aus dem Stehgreif an, ein spannenden Thriller für ihn zu machen, und das auch noch sehr billig. Als Cohn ihn nach dem Stoff fragte, war Welles zunächst ratlos; schließlich drehte er sich um, sichtete eine lesende Garderobenfrau und forderte sie auf, ihm den Titel des Buches zu zeigen. Bei dem Stoff handle es sich, so Welles zu Cohn, um Sherwood Kings Roman »If I die before I wake«. Welles erhielt seine 50 000 $ und verfilmte das Buch unter dem Titel »Die Lady von Shanghai« mit seiner Frau Rita Hayworth in der Hauptrolle.

Sydney Pollack (*1934), amerikanischer Filmregisseur. Filme: »Dieses Mädchen ist für alle« (1965), »Nur Pferden gibt man den Gnadenschuß« (1969), »Jeremiah Johnson« (1971), »Tootsie« (1982) »Jenseits von Afrika« (1985), »Havanna« (1989), »Die Firma« (1993), »Begegnung des Schicksals« (1999).

Roberto Rossellini (*1906, †1977), italienischer Filmregisseur, bedeutender Vertreter des Neorealismus. Filme: »Rom, offene Stadt« (1944/45), »Paisà« (1946), »Deutschland im Jahre Null« (1947), »Stromboli« (1949).

Volker Schlöndorff (*1939), deutscher Filmregisseur, Vertreter des »jungen deutschen Films«. Filme: »Der junge Törless« (1966), »Die verlorene Ehre der Katharina Blum« (1975), »Die Blechtrommel« (1979), »Tod eines Handlungsreisenden« (1985), »Homo Faber« (1991), »Der Unhold« (1996), »Palmetto« (1997), »Die Stille nach dem Schuß« (2000).

Martin Scorsese (*1942), amerikanischer Filmregisseur, Vertreter des »New Hollywood«. Filme: »Taxi Driver« (1975), »Wie ein wilder Stier« (1980), »Die Farbe des Geldes« (1986), »Die letzte Versuchung Christi« (1988), »Good Fellas« (1990), »Kap der Angst« (1991), »Zeit der Unschuld« (1993), »Casino« (1995), »Kundun« (1997), »Bringing out the Dead – Nächte der Erinnerung« (1999).

Douglas Sirk (*1900, †1987), amerikanischer Filmregisseur dänischer Herkunft. Filme: »Zu neuen Ufern« (1937), »Habanera« (1937), »Was der Himmel erlaubt« (1955), »In den Wind geschrieben« (1956), »Solange es Menschen gibt« (1959).

Steven Spielberg (*1947), amerikanischer Filmregisseur. Filme: »Der weiße Hai« (1974), »Unheimliche Begegnung der dritten Art« (1977), »E.T. – Der Außerirdische« (1982), »Die Farbe Lila« (1986), »Hook« (1991), »Jurassic Park« (1993), »Schindlers Liste« (1993), »Vergessene Welt« (1997), »Der Soldat James Ryan« (1998).

István Szabó (*1939), ungarischer Regisseur und bedeutender Erneuerer des ungarischen Films der 1960er-Jahre. Filme: »Mephisto« (1980), »Oberst Redl« (1984), »Hanussen« (1988), »Zauber der Venus« (1991).

François Truffaut (*1932, †1984), französischer Filmregisseur, Vertreter der Nouvelle Vague. Filme: »Sie küßten und sie schlugen ihn« (1959), »Schießen Sie auf den Pianisten« (1960), »Fahrenheit 451« (1966), »Die Braut trug schwarz« (1967), »Der Mann, der die Frauen liebte« (1977), »Die letzte Metro« (1980), »Auf Liebe und Tod« (1983).

Paul Verhoeven (*1938), niederländischer Regisseur. Filme: »Der vierte Mann« (1984), »RoboCop« (1987), »Die totale Erinnerung« (1990), »Basic Instinct« (1991), »Starship Troopers« (1997), »Hollow Man – Unsichtbare Gefahr« (2000).

Luchino Visconti (*1906, †1976), italienischer Film- und Theaterregisseur, schrieb Filmgeschichte mit: »Ossessione – Von Liebe besessen« (1942), »Die Erde bebt« (1948), »Rocco und seine Brüder« (1960), »Der Leopard« (1962), »Die Verdammten« (1968), »Der Tod in Venedig« (1970), »Ludwig II.« (1972), »Gewalt und Leidenschaft« (1974), »Die Unschuld« (1976).

Orson Welles (*1915, †1985), amerikanischer Filmregisseur, -schauspieler, -autor und -produzent. Regisseur und Darsteller in »Citizen Kane« (1941), »Macbeth« (1948), »Othello« (1952), »Im Zeichen des Bösen« (1957), »Der Prozeß« (1962), als Darsteller u. a. in »Der dritte Mann« (1949), »Malpertuis« (1972).

Wim Wenders (*1945), deutscher Filmregisseur und -produzent, Vertreter des »jungen deutschen Films«. Filme: »Paris, Texas« (1984), »Der Himmel über Berlin« (1987), »Bis ans Ende der Welt« (1991), »In weiter Ferne, so nah!« (1993), »Am Ende der Gewalt« (1997), »Buena Vista Social Club« (1999), »The Million Dollar Hotel« (2000).

Billy Wilder (*1906), amerikanischer Filmautor und -regisseur österreichischer Herkunft. Lebte in Berlin, wo er für die Ufa Drehbücher schrieb, und emigrierte 1933 in die USA. Filme: »Frau ohne Gewissen« (1944), »Boulevard der Dämmerung« (1950), »Reporter des Satans« (1951), »Stalag 17« (1953), »Das verflixte 7. Jahr« (1955), »Ariane – Liebe am Nachmittag« (1957), »Zeugin der Anklage« (1957), »Manche mögen's heiß« (1959), »Das Appartement« (1960), »Das Mädchen Irma La Douce« (1962), »Avanti, avanti!« (1972), »Buddy, Buddy« (1981).

*Das älteste noch in Betrieb befindliche Kino ist das **»Central«** in Esslingen aus dem Jahre 1913. Das größte Open-Air-Kino Deutschlands ist die **Naturbühne Greifenstein** mit 4500 Plätzen.*

Die 20 erfolgreichsten deutschen Filme seit 1985

Rang	Titel	Besucherzahlen (in Mio.)
1	Otto – der Film	8,75
2	Der bewegte Mann	6,57
3	Otto – der neue Film	6,45
4	Der Name der Rose	5,89
5	Männer	5,21
6	Werner – Das muß kesseln!	4,95
7	Werner – Beinhart	4,9
8	Die unendliche Geschichte II	4,79
9	Ödipussi	4,67
10	Das Geisterhaus	3,86
11	Otto – Der Außerfriesische	3,59
12	Knockin' on Heaven's Door	3,59
13	Asterix und Obelix gegen Cäsar	3,55
14	Pappa ante Portas	3,55
15	Ich und Er	3,52
16	Männerpension	3,32
17	Rossini – oder die mörderische Frage wer mit wem ...	3,26
18	Kleines Arschloch	3,07
19	Otto – Der Liebesfilm	2,86
20	Comedian Harmonists	2,83

Quelle: SPIO – Spitzenorganisation der Filmwirtschaft (Stand: Juni 2000)

*1938 versetzte **Orson Welles** mit seinem Hörspiel »Krieg der Welten« (nach H.G. Wells) die Zuhörer so in Panik, dass sich Tausende vor dem vermeintlichen Angriff der Aliens in Sicherheit bringen wollten.*

Kino

Die ersten Filme wurden noch in Varietés, Cafés oder auf Jahrmärkten vorgeführt. Um 1905 aber entstanden die ersten Kinos, die in den USA »Nickelodeons« (der Eintrittspreis betrug einen »Nickel«, 5 Cents), in Deutschland »Ladenkinos« genannt wurden. Die dann bis zum Ersten Weltkrieg gebauten luxuriös ausgestatteten Filmpaläste wichen in den 1960er-Jahren den »Schachtelkinos«. Mit dem Beginn der 90er-Jahre entstanden die Multiplexe, in denen die Filmtheater mit mehreren – meist großen – Sälen mit Freizeitangeboten, Läden und gastronomischen Einrichtungen zu einem Freizeitzentrum zusammengefasst sind.
In Deutschland gibt es gegenwärtig rund 4600 ortsfeste Kinos mit insgesamt etwa 845 000 Sitzplätzen. Die meisten Kinos hatte es 1957 gegeben: 7000 Filmtheater mit insgesamt 2,3 Millionen Sitzplätzen. Mit der explosionsartigen Verbreitung des Fernsehens in den 50er-Jahren und v. a. der Videotechnik in den 80er-Jahren gingen die Zuschauerzahlen in den Kinos rapide zurück. In den 90er-Jahren zählten die deutschen Filmtheaterbetriebe zwischen 100 und 150 Millionen Besucher pro Jahr, während in den 50er-Jahren jährlich bis zu 800 Millionen Zuschauer ins Kino gingen.

Fred Astaire und seine Tanzpartnerin ***Ginger Rogers*** galten zu ihrer Zeit als Traumpaar des Musicalfilms. Der Film »Ginger und Fred« aus dem Jahr 1986 ist auch als Hommage an das Duo zu sehen.

Casablanca

Einer der berühmtesten aller Filmsätze, »Ich schau dir in die Augen, Kleines«, den Humphrey Bogart seiner Filmgeliebten Ingrid Bergman in »Casablanca« beim Whisky zuraunt, wurde erst durch die deutsche Synchronisation zu einer romantischen Floskel. Das »Here's looking at you, kid« des englischen Originals bedeutet korrekt übersetzt nämlich schlicht »Prost«. – Übrigens: Auch der vielleicht noch berühmtere Satz »Play it again, Sam« fällt im ganzen Film nicht ein Mal. Ingrid Bergman sagt lediglich: »Play it once, Sam, for old time's sake!«

Besucherzahlen in deutschen Kinos 1946 – 1999 (in Mio.)

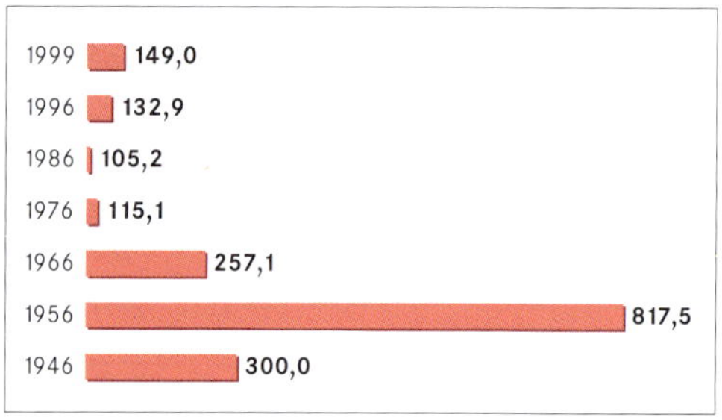

20 Leinwandlegenden und ihre Filme

Hans Albers (*1891, †1960), deutscher Film- und Bühnenschauspieler. Filme: »Münchhausen« (1943), »Große Freiheit Nr. 7« (1944).

Fred Astaire (*1899, †1987), amerikanischer Filmschauspieler und Filmmusicalstar. Filme: »Ich tanz' mich in dein Herz hinein« (1935), »Tanz mit mir« (1937), »Tänzer vom Broadway« (1949), »Vorhang auf!« (1953).

Humphrey Bogart (*1899, †1957), amerikanischer Film- und Bühnenschauspieler, legendärer Star des »Film noir«. Filme: »Die Spur des Falken« (1941), »Casablanca« (1943), »Tote schlafen fest« (1946), »African Queen« (1951), »Die Caine war ihr Schicksal« (1954), »An einem Tag wie jeder andere« (1955), »Schmutziger Lorbeer« (1956).

Marlon Brando (*1924), amerikanischer Filmschauspieler. Filme: »Endstation Sehnsucht« (1951), »Die Faust im Nacken« (1954), »Der Pate« (1972), »Der letzte Tango in Paris« (1972), »Apocalypse now« (1979), »Weiße Zeit der Dürre« (1989), »The Freshman« (1990), »Don Juan De Marco« (1995).

James Dean (*1931, †1955), amerikanischer Filmschauspieler, wurde nach seinem frühen Unfalltod zum Jugendidol. Filme: »Jenseits von Eden« (1955), »... denn sie wissen nicht, was sie tun« (1955), »Giganten« (1955).

Henry Fonda (*1905, †1982), amerikanischer Schauspieler, Star des klassischen Westerns. Filme: »Früchte des Zorns« (1940), »Die zwölf Geschworenen« (1957), »Angriffsziel Moskau« (1964), »Spiel mir das Lied vom Tod« (1968), »Am goldenen See« (1981).

Jean Gabin (*1904, †1976), französischer Filmschauspieler. Filme: »Pépé le Moko« (1936), »Der Tag bricht an« (1939), »Wenn es Nacht wird in Paris« (1954), »Die großen Familien« (1958), »Im Kittchen ist kein Zimmer frei« (1959), »Der Clan der Sizilianer« (1969).

Clark Gable (*1901, †1960), amerikanischer Filmschauspieler. Filme: »Es geschah in einer Nacht« (1934), »Meuterei auf der Bounty« (1935), »Vom Winde verweht« (1939), »Misfits – Nicht gesellschaftsfähig« (1960).

Cary Grant (*1904, †1986), amerikanischer Filmschauspieler britischer Herkunft. Filme: »Leoparden küßt man nicht« (1938), »Die Nacht vor der Hochzeit« (1940), »Arsen und Spitzenhäubchen« (1944), »Über den Dächern von Nizza« (1955), »Der unsichtbare Dritte« (1959), »Charade« (1962).

Gustaf Gründgens (*1899, †1963), deutscher Film- und Bühnenschauspieler und Regisseur. Filme: »M« (1931), »Liebelei« (1933), »Tanz auf dem Vulkan« (1938), »Friedemann Bach« (1941), »Faust« (1960), »Das Glas Wasser« (1960).

Gene Kelly (*1912, †1996), amerikanischer Filmschauspieler und Filmmusicalstar. Filme: »Broadway Melodie 1950« (1946), »Ein Amerikaner in Paris« (1951), »Du sollst mein Glücksstern sein« (»Singin' in the rain«, 1952), »Hello Dolly« (1968).

Klaus Kinski (*1926, †1991), deutscher Bühnen- und Filmschauspieler polnischer Herkunft. Filme: »Aguirre, der Zorn Gottes« (1973), »Nosferatu – Phantom der Nacht« (1979), »Fitzcarraldo« (1982), »Cobra Verde« (1987), »Paganini« (1988).

Gustaf Gründgens

war 1925 bis 1928 verheiratet mit der Schriftstellerin Erika Mann, der Tochter Thomas Manns. Ihr Bruder Klaus schrieb 1936 den Schlüsselroman »Mephisto. Roman einer Karriere«, in dessen zwiespältiger Hauptfigur Gründgens unschwer wieder zu erkennen war. 1966 wurde der Roman in der Bundesrepublik Deutschland wegen Beleidigung von Gründgens verboten und konnte erst 1981 neu gedruckt werden.

Marcello Mastroianni (*1924, †1996), italienischer Film- und Bühnenschauspieler. Filme: »Das süße Leben« (1959), »Die Nacht« (1960), »8 ½« (1962), »Das große Fressen« (1973), »Ginger und Fred« (1986), »Allen geht's gut« (1990), »Prêt-à-Porter« (1994).

Yves Montand (*1921, †1991), französischer Filmschauspieler italienischer Herkunft. Filme: »Lohn der Angst« (1952), »Der Krieg ist vorbei« (1966), »Z« (1968), »I wie Ikarus« (1979), »Wahl der Waffen« (1981).

Gregory Peck (*1916), amerikanischer Filmschauspieler. Filme: »Weites Land« (1958), »Ein Herz und eine Krone« (1953), »Moby Dick« (1956), »Wer die Nachtigall stört« (1962), »Old Gringo« (1988), »Kap der Angst« (1991).

Anthony Quinn (*1915, †2001), amerikanischer Filmschauspieler. Filme: »La Strada« (1954), »Vincent van Gogh« (1956), »Der Glöckner von Notre-Dame« (1956), »Alexis Sorbas« (1964), »Der alte Mann und das Meer« (1989).

James Stewart (*1908, †1997), amerikanischer Filmschauspieler, einer der klassischen Hollywoodstars. Filme: »Mr. Smith geht nach Washington« (1939), »Winchester '73« (1950), »Mein Freund Harvey« (1950), »Das Fenster zum Hof« (1954), »Der Mann aus Laramie« (1955), »Der Mann, der zu viel wußte« (1956), »Vertigo« (1959), »Der Mann, der Liberty Valance erschoss« (1961).

Spencer Tracy (*1900, †1967), amerikanischer Filmschauspieler, bedeutender Charak-

Die menschenscheue ***Greta Garbo,*** *1924 von dem Regisseur Mauritz Stiller entdeckt, stand nach 1941 nicht mehr vor der Kamera.*

Rita Hayworth *war in den 1940er-Jahren das populärste Pin-up-Girl der USA.*

terdarsteller. Filme: »Teufelskerle« (1938), »Die Frau, von der man spricht« (1942), »Vater der Braut« (1950), »Der alte Mann und das Meer« (1958), »Das Urteil von Nürnberg« (1961).

Rudolph Valentino (*1895, †1926), italienisch-amerikanischer Schauspieler, Hollywoodstar und erstes männliches Sexsymbol der Filmgeschichte. Filme: »Der Scheich« (1921), »Die vier apokalyptischen Reiter« (1921).

John Wayne (*1907, †1979), amerikanischer Schauspieler, Kultfigur des Westerns. Filme: »Höllenfahrt nach Santa Fé« (1939), »Panik am roten Fluß« (1948), »Bis zum letzten Mann« (1948), »Rio Grande« (1950), »Der schwarze Falke« (1956), »Rio Bravo« (1959), »Der Mann, der Liberty Valance erschoß« (1961), »Der Marshal« (1971).

20 legendäre Divas und ihre Filme

Lauren Bacall (*1924), amerikanische Filmschauspielerin. Filme: »Haben und Nichthaben« (1944), »Tote schlafen fest« (1946), »Wie angelt man sich einen Millionär« (1953), »Mr. North« (1988), »Prêt-à-Porter« (1995), »Liebe hat zwei Gesichter« (1996).

Ingrid Bergman (*1915, †1982), schwedische Schauspielerin. Filme: »Casablanca« (1942), »Wem die Stunde schlägt« (1943), »Ich kämpfe um dich« (1945), »Berüchtigt« (1946), »Johanna von Orleans« (1948), »Indiskret« (1958), »Mord im Orientexpress« (1974), »Herbstsonate« (1978), »Golda Meir« (1982).

Claudette Colbert (*1903, †1996), französisch-amerikanische Filmschauspielerin. Filme: »Es geschah in einer Nacht« (1934), »Cleopatra« (1934), »Trommeln am Mohawk« (1939), »Enthüllung um Mitternacht« (1939), »Keine Zeit für die Liebe« (1943).

Bette Davis (*1908, †1989), amerikanische Filmschauspielerin, wurde als Darstellerin schwieriger Frauencharaktere berühmt. Filme: »Dangerous« (1935), »Was geschah wirklich mit Baby Jane?« (1962), »Wale im August« (1987), »Tanz der Hexen« (1988/89).

Marlene Dietrich (*1901, †1992), deutsche Filmschauspielerin und Sängerin, wurde 1930 mit ihrem ersten Tonfilm »Der blaue Engel«, unter der Regie von Josef von Sternberg, mit dem sie in den USA sechs weitere Filme drehte, weltbekannt, seit 1937 amerikanische Staatsbürgerin. Filme: »Der blaue Engel« (1930), »Marokko« (1930), »Shanghai Express« (1932), »Die scharlachrote Kaiserin« (1934), »Zeugin der Anklage« (1957), »Im Zeichen des Bösen« (1958).

Greta Garbo (*1905, †1990), schwedische Filmschauspielerin mit dem Beinamen »Die Göttliche«. Filme: »Gösta Berling« (1924), »Die freudlose Gasse« (1925), »Mata Hari« (1931), »Menschen im Hotel« (1932), »Anna Karenina« (1927, 1935 als Tonfilm), »Die Kameliendame« (1936), »Ninotschka« (1939), »Die Frau mit den zwei Gesichtern« (1941).

Rita Hayworth (*1919, †1987), amerikanische Filmschauspielerin, wurde als Nachtklubsängerin in der Titelrolle des Films »Scandalosa Gilda – Die totale Unterwerfung« (1946) weltberühmt. Filme: »Eine Göttin auf Erden« (1947), »Die Lady von Shanghai« (1948), »Getrennt von Tisch und Bett« (1958).

Audrey Hepburn (*1929, †1993), Filmschauspielerin britisch-niederländischer Herkunft, wurde mit »Ein Herz und eine Krone« (1953) weltberühmt. Filme: »Sabrina« (1954), »Krieg und Frieden« (1956), »Frühstück bei Tiffany« (1960), »My Fair Lady« (1964).

Katharine Hepburn (*1909), amerikanische Filmschauspielerin, wurde vor allem mit eindrucksvollen Charakterrollen berühmt. Filme: »Die Nacht vor der Hochzeit« (1940), »Die Frau, von der man spricht« (1942), »African Queen« (1951), »Plötzlich im letzten Sommer« (1959), »Am goldenen See« (1981).

Grace Kelly (*1929, †1982), amerikanische Filmschauspielerin. Filme: »Zwölf Uhr mittags« (1952), »Bei Anruf Mord« (1954), »Das Fenster zum Hof« (1955), »Über den Dächern von Nizza« (1955), »Der Schwan« (1956), »Die oberen Zehntausend« (1956).

Zarah Leander (*1907, †1981), schwedischen Filmschauspielerin und Sängerin, war einer der erfolgreichsten Stars der Ufa. Filme: »Zu neuen Ufern« (1937), »La Habanera« (1937), »Heimat« (1938), »Es war eine rauschende Ballnacht« (1939).

Vivien Leigh (*1913, †1967), britische Film- und Theaterschauspielerin. Filme: »Vom Winde verweht« (1939), »Caesar und Cleopatra« (1944/45), »Endstation Sehnsucht« (1951).

Gina Lollobrigida (*1927, nach eigenen Angaben 1932), italienische Filmschauspielerin, Star des italienischen und internationalen Films der 1950er-Jahre. Filme: »Fanfan der Husar« (1951), »Die Schönen der Nacht« (1952), »Brot, Liebe und Fantasie« (1953), »Liebe, Brot und Eifersucht« (1955), »Buona Sera, Mrs. Campbell« (1967), »Die Zwillingsschwestern« (2 Teile, 1985).

Sophia Loren (*1934), italienische Filmschauspielerin, Weltstar der 1950er- und 60er-Jahre. Filme: »Die Frau am Fluß« (1955), »Die schwarze Orchidee« (1958), »Die Millionärin« (1960), »Und dennoch leben sie« (1960), »El Cid« (1961), »Die Gräfin von Hongkong« (1966), »Sonnenblumen« (1969), »Mit dem Mut der Verzweiflung« (1987).

Anna Magnani (*1908, †1973), italienische Film- und Bühnenschauspielerin, gilt als eine der bedeutendsten Schauspielerinnen des italienischen Films. Filme: »Rom – offene Stadt« (1945), »Amore« (1948), »Die goldene Karosse« (1953), »Die tätowierte Rose« (1956), »Mamma Roma« (1962).

Marilyn Monroe (*1926, †1962), amerikanische Filmschauspielerin, in den 1950er-Jahren das amerikanische Sexidol. Filme: »Wie angelt man sich einen Millionär« (1953), »Blondinen bevorzugt« (1953), »Niagara« (1953), »Das verflixte 7. Jahr« (1955), »Manche mögen's heiß« (1956), »Der Prinz und die Tänzerin« (1957), »Misfits – Nicht gesellschaftsfähig« (1960).

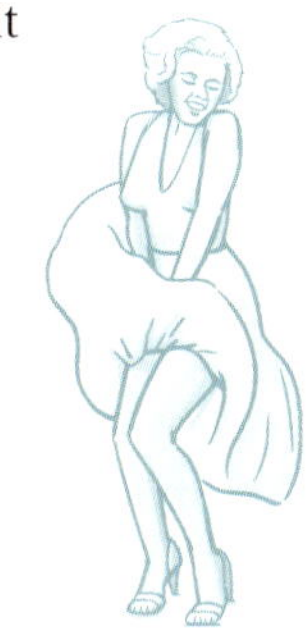

Jeanne Moreau (*1928), französische Film- und Theaterschauspielerin. Filme: »Die Liebenden« (1958), »Die Nacht« (1960), »Jules und Jim« (1961), »Der Prozess« (1962), »Viva Maria« (1965), »Die Braut trug Schwarz« (1967), »Mädchenjahre« (1979), »Querelle« (1982), »Die Dame, die am Meer spazierte« (1991).

Romy Schneider (*1938, †1982), deutsche Schauspielerin, gilt als einer der berühmtesten Stars des europäischen Films. Filme: »Sissi-Trilogie« (1955–57), »Die Dinge des Lebens« (1970), »Das Mädchen und der Kommissar« (1973), »Gruppenbild mit Dame« (1977), »Das Verhör« (1981), »Die Spaziergängerin von Sans-Souci« (1982).

Elizabeth Taylor (*1932), britisch-amerikanische Filmschauspielerin, gilt als einer der erfolgreichsten Filmstars. Filme: »Die Katze auf dem heißen Blechdach« (1958), »Cleopatra«

Hedy Lamarr – Sexsymbol und Pionierin in der Militärtechnik

Die österreichische Schauspielerin Hedwig Eva Kiesler (*1904, †2000) wurde durch ihren ersten Film »Exstase« (1932) berühmt, dessen für damalige Maßstäbe schockierende Nacktszenen weltweit Aufsehen erregten. Der Film wurde in den USA verboten und ihr eifersüchtiger Ehemann versuchte, alle Kopien des Films aufzukaufen. Nach der Flucht aus dem nationalsozialistischen Deutschland setzte die Jüdin ihre Weltkarriere unter dem Namen Hedy Lamarr mit Filmen wie »Samson und Delilah« (1949) in den USA fort. 1942 meldete sie dort ein Patent für ein Fernsteuerungssystem für Torpedos an, das im Zweiten Weltkrieg tatsächlich eingesetzt wurde.

(1962), »Wer hat Angst vor Virginia Woolf?« (1965), »Die Rivalin« (1973), »Mord im Spiegel« (1980).

Mae West (*1892, †1980), amerikanische Schauspielerin, gilt als erster Sexstar des amerikanischen Films. Filme: »Sie tat ihm Unrecht« (1933), »Myra Breckinridge« (1970).

Remakes

Neue Versionen von älteren, bereits verfilmten Stoffen sind in der Filmgeschichte zahlreich. Häufig sind die Stoffe so populär, dass sich eine neue Inszenierung in gewissen Zeitabständen für die Produktionsfirmen lohnt, wie z.B. der Film »Die drei Musketiere«, der u.a. mit Douglas Fairbanks (1922), Gene Kelly (1948) und Michael York (1973) in der Rolle des D'Artagnan verfilmt wurde. Ebenso beliebt ist »Die Meuterei auf der Bounty«, in deren Hauptrolle des Fletscher Christian bereits Clark Gable (1936), Marlon Brando (1962) und Mel Gibson (1984) spielten. Der Untergang des britischen Luxusliners »Titanic« ist im Laufe der Jahrzehnte rund dreißigmal für Kino, Fernsehen und Video verfilmt worden.

Aber nicht nur die Aussicht auf ein geringeres wirtschaftliches Risiko bei der Wiederaufbe-

10 berühmte Remakes und ihr Original

Original	Remake
»Die Nacht vor der Hochzeit« (1940), mit Katharine Hepburn, Cary Grant und James Stewart, Regie: George Cukor	*»Die oberen Zehntausend«* (1956), mit Grace Kelly, Bing Crosby und Frank Sinatra, Regie: Charles Walter
»Die sieben Samurai« (1953), mit Takashi Shimura, Toshiro Mifune, Yoshio Inaba u. a., Regie: Akira Kurosawa	*»Die glorreichen Sieben«* (1960), mit Yul Brynner, Steve McQueen, Charles Bronson u. a., Regie: John Sturges
»Vater der Braut« (1950), mit Elizabeth Taylor und Spencer Tracy, Regie: Vincente Minnelli	*»Vater der Braut«* (1990), mit Diane Keaton und Steve Martin Regie: Charles Shyer
»Rashomon« (1950), mit Toshiro Mifune, Machiko Kyo, Masayuki Mori, Regie: Akira Kurosawa	*»Carrasco, der Schänder«* (1964), mit Paul Newman, Lawrence Harvey, Claire Bloom, Regie: Martin Ritt
»Bei Anruf Mord« (1954), mit Grace Kelly, Ray Milland und Robert Cummings, Regie: Alfred Hitchcock	*»Ein perfekter Mord«* (1998), mit Gwyneth Paltrow und Michael Douglas, Regie: Andrew Davis
»Außer Atem« (1960), mit Jean Seberg und Jean-Paul Belmondo, Regie: Jean-Luc Godard	*»Atemlos«* (1982), mit Valerie Kapriski und Richard Gere, Regie: Jim McBride
»Ein Köder für die Bestie« (1962), mit Gregory Peck und Robert Mitchum, Regie: J. Lee Thompson	*»Kap der Angst«* (1991), mit Jessica Lange, Nick Nolte und Robert de Niro, Regie: Martin Scorsese
»Getaway« (1972), mit Ali McGraw und Steve McQueen, Regie: Sam Peckinpah	*»Getaway«* (1994), mit Kim Basinger und Alec Baldwin, Regie: Roger Donaldson
»Der Himmel über Berlin« (1987), mit Bruno Ganz und Solveig Doomartin Regie: Wim Wenders	*»Stadt der Engel«* (1998), mit Nicolas Cage und Meg Ryan, Regie: Brad Silberling
»Mein Vater, der Held« (1991), mit Gérard Depardieu und Marie Gillain, Regie: Gérard Lauzier	*»Daddy Cool«* (1994), mit Gérard Depardieu und Katherine Heigl, Regie: Steve Miner

reitung eines bereits erfolgreich verfilmten Stoffes ist oft der Anlass für ein Remake. Nicht amerikanische Filme werden häufig für den amerikanischen Markt neu verfilmt, da englisch synchronisierte ausländische Streifen in den US-Kinos wenig erfolgreich sind.

Der »Oscar«

Seit 1929 verleiht die 1927 gegründete »Academy of Motion Picture Arts and Sciences« Los Angeles-Hollywood jährlich einen Filmpreis u.a. in den Kategorien bester Film, Regie, Haupt- und Nebendarsteller, Drehbuch, Kamera, Schnitt, Musik, Ausstattung, Kostüme, Maske, Filmmusik, bester nicht englischsprachiger Film, Dokumentarfilm. Entworfen wurde der auf einer Filmrolle stehende und ein Schwert umfassende Ritter, der mit 24-karätigem Gold überzogen, 25,6 cm hoch und etwa 4 Kilogramm schwer ist, von dem Academy-Gründungsmitglied Cedric Gibbons (*1883, †1960), der Dekorationsbauten für über 900 Filme, darunter »Der Zauberer von Oz« (1939) und »Ein Amerikaner in Paris« (1952), entworfen und selbst 11 Oscars für seine Filmausstattungen gewonnen hat. Die Oscars werden in der Regel im März für Filme des vorausgegangenen Jahres verliehen.

Oscarpreisträger Regie

Jahr	Name	Film
1927/28	Charles Chaplin Lewis Milestone Frank Borzage	Circus Schlachtenbummler Der siebente Himmel
1928/29	Frank Lloyd	Die ungekrönte Königin
1929/30	Lewis Milestone	Im Westen nichts Neues
1930/31	Norman Taurog	Skippy
1931/32	Frank Borzage	Bad Girl
1932/33	Frank Lloyd	Cavalcade
1934	Frank Capra	Es geschah in einer Nacht
1935	John Ford	Der Verräter
1936	Frank Capra	Mr. Deeds geht in die Stadt
1937	Leo McCarey	Die schreckliche Wahrheit
1938	Frank Capra	Der Lebenskünstler
1939	Victor Fleming	Vom Winde verweht
1940	John Ford	Früchte des Zorns
1941	John Ford	Schlagende Wetter
1942	William Wyler	Mrs. Miniver
1943	Michael Curtiz	Casablanca
1944	Leo McCarey	Der Weg zum Glück
1945	Billy Wilder	Das verlorene Wochenende
1946	William Wyler	Die besten Jahre unseres Lebens
1947	Elia Kazan	Tabu der Gerechten
1948	John Huston	Der Schatz der Sierra Madre
1949	Joseph L. Mankiewicz	Ein Brief an drei Frauen
1950	Joseph L. Mankiewicz	Alles über Eva
1951	George Stevens	Ein Platz an der Sonne
1952	John Ford	Der Sieger
1953	Fred Zinnemann	Verdammt in alle Ewigkeit
1954	Elia Kazan	Die Faust im Nacken
1955	Delbert Mann	Marty
1956	George Stevens	Giganten
1957	David Lean	Die Brücke am Kwai
1958	Vincente Minnelli	Gigi
1959	William Wyler	Ben Hur
1960	Billy Wilder	Das Appartement

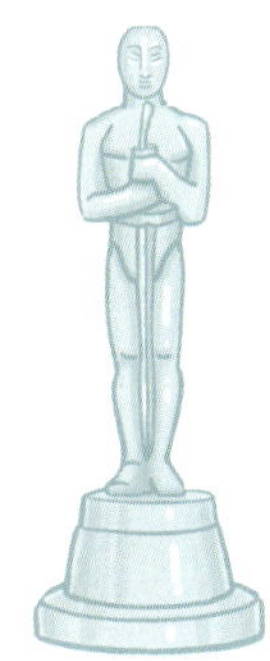

Die inoffizielle Bezeichnung ***»Oscar«*** *für den* ***Academy Award*** *geht angeblich auf Margaret Herrick, eine Angestellte der Academy, zurück, die fand, dass die Statuette ihrem Onkel Oscar ähnelte.*

Jahr	Name	Film
1961	Jerome Robbins, Robert Wise	West Side Story
1962	David Lean	Lawrence von Arabien
1963	Tony Richardson	Tom Jones
1964	George Cukor	My Fair Lady
1965	Robert Wise	Meine Lieder – meine Träume
1966	Fred Zinnemann	Ein Mann zu jeder Jahreszeit
1967	Nike Nichols	Die Reifeprüfung
1968	Carol Reed	Oliver
1969	John Schlesinger	Asphalt Cowboy
1970	Franklin J. Schaffner	Patton – Rebell in Uniform
1971	William Friedkin	Brennpunkt Brooklyn
1972	Bob Fosse	Cabaret
1973	George Roy Hill	Der Clou
1974	Francis Ford Coppola	Der Pate – Teil 2
1975	Miloš Forman	Einer flog über das Kuckucksnest
1976	John G. Avildsen	Rocky
1977	Woody Allen	Der Stadtneurotiker
1978	Michael Cimino	Die durch die Hölle gehen
1979	Robert Benton	Kramer gegen Kramer
1980	Robert Redford	Eine ganz normale Familie
1981	Warren Beatty	Reds
1982	Richard Attenborough	Gandhi
1983	James L. Brooks	Zeit der Zärtlichkeit
1984	Miloš Forman	Amadeus
1985	Sidney Pollack	Jenseits von Afrika
1986	Oliver Stone	Platoon
1987	Bernardo Bertolucci	Der letzte Kaiser
1988	Barry Levinson	Rain Man
1989	Oliver Stone	Geboren am 4. Juli

Jahr	Name	Film
1990	Kevin Kostner	Der mit dem Wolf tanzt
1991	Jonathan Demme	Das Schweigen der Lämmer
1992	Clint Eastwood	Erbarmungslos
1993	Steven Spielberg	Schindlers Liste
1994	Robert Zemeckis	Forrest Gump
1995	Mel Gibson	Braveheart
1996	Anthony Minghella	Der englische Patient
1997	James Cameron	Titanic
1998	Steven Spielberg	Der Soldat James Ryan
1999	Sam Mendes	American Beauty
2000	Steven Soderbergh	Traffic

Hauptdarsteller

Jahr	Name	Film
1927/28	Emil Jannings Emil Jannings	Sein letzter Befehl Der Weg allen Fleisches
1928/29	Warner Baxter	In Old Arizona
1929/30	George Arliss	Disraeli
1930/31	Lionel Barrymore	Der Mut zum Glück
1931/32	Walace Beery Frederic March	Der Champ Dr. Jekyll und Mr. Hyde
1932/33	Charles Laughton	Das Privatleben Heinrichs VIII.
1933	Clark Gable	Es geschah in einer Nacht
1935	Victor McLaglen	Der Verräter
1936	Paul Muni	Louis Pasteur
1937	Spencer Tracy	Manuel
1938	Spencer Tracy	Teufelskerle
1939	Robert Donat	Goodby, Mr. Chips
1940	James Stewart	Die Nacht vor der Hochzeit
1941	Gary Cooper	Sergeant York
1942	James Cagney	Yankee Doodle Dandy

Jahr	Name	Film
1943	Paul Lukas	Watch on the Rhine
1944	Bing Crosby	Der Weg zum Glück
1945	Ray Milland	Das verlorene Wochenende
1946	Frederic March	Die besten Jahre unseres Lebens
1947	Ronald Colman	Ein doppeltes Leben
1948	Laurence Olivier	Hamlet
1949	Broderick Crawford	Der Mann, der herrschen wollte
1950	José Ferrer	Der letzte Musketier
1951	Humphrey Bogart	African Queen
1952	Gary Cooper	Zwölf Uhr mittags
1953	William Holden	Stalag 17
1954	Marlon Brando	Die Faust im Nacken
1955	Ernest Borgnine	Marty
1956	Yul Brynner	Der König und ich
1957	Alec Guiness	Die Brücke am Kwai
1958	David Niven	Getrennt von Tisch und Bett
1959	Charlton Heston	Ben Hur
1960	Burt Lancaster	Elmer Gantry
1961	Maximilian Schell	Urteil von Nürnberg
1962	Gregory Peck	Wer die Nachtigall stört
1963	Sidney Poitier	Lilien auf dem Felde
1964	Rex Harrison	My Fair Lady
1965	Lee Marvin	Cat Ballou – Hängen sollst du in Wyoming
1966	Paul Scofield	Ein Mann zu jeder Jahreszeit
1967	Rod Steiger	In der Hitze der Nacht
1968	Cliff Robertson	Charly
1969	John Wayne	Der Marshal

Jahr	Name	Film
1970	George C. Scott	Patton – Rebell in Uniform
1971	Gene Hackman	Brennpunkt Brooklyn
1972	Marlon Brando	Der Pate
1973	Jack Lemmon	Rettet den Tiger
1974	Art Carney	Harry und Tonto
1975	Jack Nicholson	Einer flog über das Kuckucksnest
1976	Peter Finch	Network
1977	Richard Dreyfuss	Der Untermieter
1978	Jon Voight	Coming home – Sie kehren heim
1979	Dustin Hoffman	Kramer gegen Kramer
1980	Robert de Niro	Wie ein wilder Stier
1981	Henry Fonda	Am goldenen See
1982	Ben Kingsley	Gandhi
1983	Robert Duvall	Tender Mercies
1984	F. Murray Abraham	Amadeus
1985	William Hurt	Der Kuß der Spinnenfrau
1986	Paul Newman	Die Farbe des Geldes
1987	Michael Douglas	Wall Street
1988	Dustin Hoffman	Rain Man
1989	Daniel Day-Lewis	Mein linker Fuß
1990	Jeremy Irons	Die Affäre der Sunny von B.
1991	Anthony Hopkins	Das Schweigen der Lämmer
1992	Al Pacino	Der Duft der Frauen
1993	Tom Hanks	Philadelphia
1994	Tom Hanks	Forrest Gump
1995	Nicolas Cage	Leaving Las Vegas – A Love Story
1996	Geoffrey Rush	Shine
1997	Jack Nicholson	Besser geht's nicht
1998	Roberto Benigni	Das Leben ist schön
1999	Kevin Spacey	American Beauty
2000	Russel Crowe	Gladiator

*Der **Academy Award** wurde ursprünglich gestiftet, um damit künstlerisch wertvolle oder technisch innovative Leistungen zu prämieren und der Kommerzialisierung des Films entgegenzutreten.*

Hauptdarstellerinnen

Jahr	Name	Film
1927/28	Janet Gaynor	Der siebente Himmel
	Janet Gaynor	Engel der Straße
	Janet Gaynor	Sonnenaufgang
1928/29	Mary Pickford	Coquette
1929/30	Norma Shearer	The Divorce
1930/31	Marie Dressler	Die fremde Mutter
1931/32	Helen Hayes	Die Sünde der Madelon Claudet
1932/33	Katharine Hepburn	Morning Glory
1934	Claudette Colbert	Es geschah in einer Nacht
1935	Bette Davis	Dangerous
1936	Luise Rainer	Die große Ziegfeld
1937	Luise Rainer	Die gute Erde
1938	Bette Davis	Jezebel – die boshafte Lady
1939	Vivien Leigh	Vom Winde verweht
1940	Ginger Rogers	Kitty Foyle
1941	Joan Fontaine	Verdacht
1942	Greer Garson	Mrs. Miniver
1943	Jennifer Jones	Das Lied von Bernadette
1944	Ingrid Bergman	Das Haus der Lady Alquist
1945	Joan Crawford	Solange ein Herz schlägt
1946	Olivia de Havilland	Mutterherz
1947	Loretta Young	Die Farmerstochter
1948	Jane Wyman	Schweigende Lippen
1949	Olivia de Havilland	Die Erbin
1950	Judy Holliday	Die ist nicht von gestern
1951	Vivien Leigh	Endstation Sehnsucht
1952	Shirley Booth	Kehr zurück, kleine Sheba
1953	Audrey Hepburn	Ein Herz und eine Krone
1954	Grace Kelly	Ein Mädchen vom Lande
1955	Anna Magnani	Die tätowierte Rose
1956	Ingrid Bergman	Anastasia
1957	Joanne Woodward	Eva mit drei Gesichtern
1958	Susan Hayward	Laßt mich leben
1959	Simone Signoret	Der Weg nach oben
1960	Elizabeth Taylor	Telefon Butterfield 8
1961	Sophia Loren	Und dennoch leben sie
1962	Anne Bancroft	Licht im Dunkel
1963	Patricia Neal	Der Wildeste unter Tausend
1964	Julie Andrews	Mary Poppins
1965	Julie Christie	Darling
1966	Elizabeth Taylor	Wer hat Angst vor Virginia Woolf?
1967	Katharine Hepburn	Rate mal, wer zum Essen kommt
1968	Katharine Hepburn	Der Löwe im Winter
	Barbra Streisand	Funny girl
1969	Maggie Smith	Die besten Jahre der Miss Jean Brodie
1970	Glenda Jackson	Liebende Frauen
1971	Jane Fonda	Klute
1972	Liza Minnelli	Cabaret
1973	Glenda Jackson	Mann, bist Du Klasse!
1974	Ellen Burstyn	Alice lebt hier nicht mehr
1975	Louise Fletcher	Einer flog über das Kuckucksnest
1976	Faye Dunaway	Network
1977	Diane Keaton	Der Stadtneurotiker
1978	Jane Fonda	Coming home – Sie kehren heim
1979	Sally Field	Norma Rae
1980	Sissy Spacek	Nashville-Lady

Jahr	Name	Film
1981	Katharine Hepburn	Am goldenen See
1982	Meryl Streep	Sophie's Entscheidung
1983	Shirley MacLaine	Zeit der Zärtlichkeit
1984	Sally Field	Ein Platz im Herzen
1985	Geraldine Page	Die Reise nach Bountiful
1986	Marlee Matlin	Gottes vergessene Kinder
1987	Cher	Mondsüchtig
1988	Jodie Foster	Angeklagt
1989	Jessica Tandy	Miss Daisy und ihr Chauffeur
1990	Kathy Bates	Misery
1991	Jodie Foster	Das Schweigen der Lämmer
1992	Emma Thompson	Wiedersehen in Howards End
1993	Holly Hunter	Das Piano
1994	Jessica Lange	Operation Blue Sky
1995	Susan Sarandon	Dead Man Walking
1996	Frances McDormand	Fargo
1997	Helen Hunt	Besser geht's nicht
1998	Gwyneth Paltrow	Shakespeare in Love
1999	Hilary Swank	Boys Don't Cry
2000	Julia Roberts	Erin Brockovich

Filmfestspiele

Filmfestspiele als nationale oder internationale Wettbewerbe mit Preisverleihungen für die besten Filme, Regisseure, Darsteller usw. werden im Allgemeinen jährlich abgehalten. Die Regeln der großen Filmfestspiele werden von der »Fédération Internationale des Associations de Producteurs de Films« (FIAPF, deutsch »Verband der vereinigten Filmproduzenten«) kontrolliert.
Die wichtigste Aufgabe von Fimfestspielen ist es, den verschiedenen nationalen Filmindustrien eine öffentlichkeitswirksame Plattform zu bieten und ihnen den Zugang zu ausländischen Märkten zu ermöglichen.
Das erste internationale Filmfestival der Welt, die »Mostra d'arte cinematografica«, fand 1932 im Rahmen der Biennale in Venedig statt. Heute gibt es weltweit mehr als 200 dieser Veranstaltungen.

Internationale Filmfestspiele

Ort	Veranstaltung	Zeit	Hauptpreis	Gründungsjahr
Berlin	Internationale Filmfestspiele (Berlinale)	Februar	»Goldener Bär«	1951
Cannes	Festival International du Film de Cannes	Mai	»Goldene Palme«	1946
Karlsbad	Internationale Filmfestspiele	Juli	»Goldene Kristallkugel«	1956
Locarno	Festival Internazionale del Film	August	»Goldener Leopard«	1946
Moskau	Internationale Filmfestspiele	Juli		1959
San Sebastián	Festival Internacional de Cine de San Sebastián	September	»Goldene Muschel«	1954
Toronto	International Film Festival	September		1976
Venedig	Mostra Internazionale d'Arte Cinematografica	August/September	»Goldener Löwe«	1932

Kleine Geschichte des Fernsehens

Die Geschichte des Fernsehens reicht überraschenderweise bis ins 19. Jahrhundert zurück. Schon in den 1840er-Jahren dachte man an die Möglichkeit, elektrisch zu übertragende Bilder punkt- und zeilenweise abzutasten. Der deutsche Ingenieur Paul Nipkow (*1860, †1940) erfand 1884 eine Spirallochscheibe, die zur Bildabtastung verwendet wurde. 1919 war die Entwicklung schon so weit gediehen, dass Bilder über ungefähr 25 km Entfernung übermittelt werden konnten. Bereits 1928 wurde im Staat New York ein regelmäßiges Programm ausgestrahlt. Im Deutschen Reich gab es ab 1929 Versuchssendungen, ab 1935 war in Berlin wöchentlich ein 90-minütiges Programm mit Wochenschauen und Kurzfilmen zu sehen. Da es damals natürlich noch kaum private Fernsehgeräte gab, wurden 13 »öffentliche Fernsehstellen« eingerichtet.

*1935 hatten Kurzsichtige nur wenig Freude am Fernsehen; der **Bildschirm** maß bestenfalls 23 × 20 cm.*

Meilensteine

Jahr	Ereignis
1884	P. Nipkow erfindet eine mechanische Apparatur zur Zerlegung eines Bildes in Lichtpunkte (Nipkow-Scheibe).
1897	K. F. Braun erfindet die braunsche Röhre, eine Kathodenröhre zum Sichtbarmachen des zeitlichen Verlaufs elektrischer Schwingungen, die später als Bildröhre in Fernsehgeräten eingesetzt wird.
1906	M. Dieckmann führt die braunsche Röhre für 20-zeilige Schattenbilder ein.
1919	Nach der Einführung des Röhrenverstärkers kann D. von Mihály mithilfe eines oszillographischen Bildfeldzerlegers einfache Bilder über mehrere Kilometer übertragen.
1923/24	W. K. Zworykin erfindet den ersten brauchbaren elektronischen Bildabtaster.
1928	Auf der Berliner Funkausstellung stellt D. von Mihály den »Telehor«, das erste Fernsehgerät für private Haushalte, vor. Das Bild war nur wenige Quadratzentimeter groß und musste mit einer Lupe betrachtet werden. In den USA werden die ersten regelmäßigen Versuchsfernsehsendungen ausgestrahlt.
30. 9. 1929	Die British Broadcasting Company (BBC) beginnt mit der regelmäßigen Ausstrahlung von Versuchssendungen.
1930	M. von Ardenne führt der Fachwelt das erste vollelektronische Fernsehbild unter Verwendung der braunschen Röhre als Bildröhre vor.
1934	Die deutsche Reichsrundfunkgesellschaft strahlt gemeinsam mit der Post über den »Fernsehsender Paul Nipkow« in Berlin Versuchsprogramme aus. Das Programm besteht aus Wochenschauen, Kurz- und Spielfilmen.
April 1935	In 13 »öffentlichen Fernsehstellen« in Berlin und Potsdam kann das Programm kostenlos betrachtet werden. Nach Deutschland folgen 1936 Großbritannien, 1938 Frankreich, 1939 die UdSSR, 1941 die USA mit der regelmäßigen Ausstrahlung von Fernsehprogrammen.
1936	Die »Fernseh-Kanone« von Telefunken überträgt von den Olympischen Spielen in Berlin.
Juli 1939	Auf der Funkausstellung in Berlin wird ein Prototyp der ersten Rechteckbildröhre gezeigt. Der preiswerte »Einheits-Fernseh-Volksempfänger« soll das Fernsehen in die Privathaushalte bringen.
1. 7. 1950	Mit der Ausstrahlung eines Testbildes beginnt der Nordwestdeutsche Rundfunk (NWDR) eine zweijährige Versuchsphase. Dreimal pro Woche wird ein zweistündiges Programm, bestehend aus Wochenschauen und Spielfilmen, ausgestrahlt.

Vom Luxusartikel zum Massenmedium

Als am 25.12.1952 der Nordwestdeutsche Rundfunk als erstes Fernsehprogramm der Bundesrepublik Deutschland offiziell auf Sendung ging, besaßen gerade einmal 300 Privathaushalte ein Fernsehgerät. Fernsehen war im Nachkriegsdeutschland zunächst ein unerhörter Luxus. Noch war das Radio das wichtigste Medium: 1952 hatten rund 10 Millionen Bundesbürger einen UKW-Empfänger angemeldet. Doch die großen TV-Ereignisse der 50er-Jahre – die Liveübertragungen der Krönung Königin Elisabeths II. von Großbritannien 1953 und die Fußballweltmeisterschaft 1954 – lösten einen Fernsehboom aus. Während die Anzahl der Fernsehgeräte in den deutschen Haushalten 1953 noch rund 1000 betrug, verzehnfachte sie sich im darauf folgenden Jahr. 1955 waren rund 84000 Geräte angemeldet, 1956 bereits über 280000. 1958 wurde die Millionengrenze überschritten. 1967 stand mit 12,7 Millionen Apparaten in zwei Drittel aller Privathaushalte

*Die durchschnittliche tägliche **Sehdauer** stieg seit 1967 von 118 Minuten auf heute 186 Minuten an.*

Jahr	Ereignis
21.12.1952	An Stalins 73. Geburtstag nimmt der Deutsche Fernsehrundfunk in der DDR offiziell sein Programm auf.
25.12.1952	Der NWDR nimmt offiziell das öffentliche Fernsehen in Deutschland auf und sendet täglich ein Programm von 20 bis 22 Uhr. Die erste Sendung ist nach der Ansprache des Intendanten die »Tagesschau«.
1.1.1953	Fernsehgeräte müssen bei der Post angemeldet werden. Eine Rundfunkgebühr von 5 DM pro Monat wird erhoben.
2.6.1953	Die 7-stündige Liveübertragung der Krönungszeremonie von Königin Elisabeth II. aus London ist das erste große Fernsehereignis; es wird von 20 Millionen Zuschauer in Europa miterlebt.
1954	Aufgrund der Übertragung der Fußballweltmeisterschaft in der Schweiz verzehnfacht sich die Anzahl der Fernsehgeräte in bundesdeutschen Haushalten.
1.11.1954	Die Arbeitsgemeinschaft der öffentlich-rechtlichen Rundfunkanstalten der Bundesrepublik Deutschland (ARD) strahlt ihr gemeinsames Programm, das Erste Deutsche Fernsehen, aus.
3.11.1956	Der Bayerische Rundfunk strahlt den ersten Werbespot (für »Persil«) im deutschen Fernsehen aus.
1.4.1963	Das Zweite Deutsche Fernsehen (ZDF) geht auf Sendung.
1967	In der Bundesrepublik Deutschland wird das Farbfernsehsystem PAL eingeführt. Es hatte sich gegen das amerikanische NTSC-System und das von Henri de France entwickelte System SECAM, das in Frankreich und der Sowjetunion eingeführt wurde, durchgesetzt.
Januar 1984	Beginn des Kabelfernsehens mit dem »Kabelprojekt Ludwigshafen«.
1984	Mit dem Start des deutschsprachigen Fernsehprogramms von RTL beginnt in der Bundesrepublik Deutschland die Ära des Privatfernsehens, das sich ausschließlich durch Werbeeinnahmen finanziert.
1985	Der Privatsender SAT.1 nimmt sein Programm auf.
1990	Die verbesserten Farbfernsehsysteme PALplus und HDTV (High Definition Television, »hoch auflösendes Fernsehen«) werden eingeführt.
1991	Premiere startet als erster Pay-TV-Sender in Deutschland
1996	Als zweiter deutscher Pay-TV-Sender und zugleich als erste digitale Programmplattform startet DF1.

ein Fernsehgerät. 1997 gab es in Deutschland mehr als 33 Millionen angemeldete Fernsehgeräte, damit waren mehr als 98 % aller Haushalte mit einem Fernseher ausgestattet.

Die 20 größten deutschen Medienunternehmen

Unternehmen	Umsatz (in Mio. DM)	Mitarbeiter
Bertelsmann AG (RTL, RTL II, Super RTL, Vox)	22 414	57 173
Gruner + Jahr	4819	12 544
Kirch-Gruppe (SAT.1, ProSieben, Kabel 1, N24, Premiere, DSF Deutsches Sportfernsehen, DF 1)	4800	1400
Axel Springer Verlag	4599	12 195
Verlagsgruppe Georg von Holtzbrinck GmbH	3502	10 800
Zeitungsgruppe WAZ	3300	10 200
Heinrich Bauer Verlag KG	3016	5660
ZDF	2898	3791
RTL	2238	880
Westdeutscher Rundfunk	2278	4600
Burda Holding	1878	4171
ProSieben Media AG	1862	1367
Norddeutscher Rundfunk	1796	4685
SAT.1	1661	682
Bayerischer Rundfunk	1613	3003
Medien Union	1500	7000
FAZ-Verlagsgruppe	1200	3777
Süddeutscher Verlag	1152	4354
Mitteldeutscher Rundfunk	1208	2091
Deutscher Sparkassenverlag	1076	1345

Organisationsformen des Fernsehens

Nach 1945 etablierten sich drei Möglichkeiten rechtlicher Organisation des Fernsehens: staatliches Fernsehen wie in Frankreich, kommerzielles Fernsehen wie in den USA und öffentlich-rechtliches Fernsehen wie in Großbritannien und der Bundesrepublik. Seit 1984 existiert in Deutschland die duale Rundfunkordnung mit einem Nebeneinander von öffentlich-rechtlichen und privaten Sendern. Die öffentlich-rechtlichen Sender bestreiten ihre Kosten aus den Rundfunkgebühren (1998: ARD 8,67 Milliarden DM, ZDF 2,46 Milliarden DM) und zu einem geringen Anteil aus Werbung. Darüber hinaus unterliegen sie einem verfassungsrechtlich fixierten Programmauftrag, der

Rettung vor der Werbung – die Fernsehfee

Einer Studie zufolge wechseln rund 20 % aller Zuschauer während der Werbeeinblendungen genervt das Programm; sie haben 1999 Hilfe bekommen: Die Fernsehfee ist eine elektronische Einrichtung zur automatischen Ausblendung von Werbespots, die u. a. beim Auftauchen der Werbung sofort auf einen werbefreien Kanal umschaltet und nach Ende der Spots das ursprünglich eingestellte Programm wieder auf den Schirm ruft. Versuche privater Fernsehsender, das Gerät wegen rechtswidrigen Behinderungswettbewerbs gerichtlich verbieten zu lassen, scheiterten.

Jahreswerbeumsätze der Fernsehsender

Sender	Werbeumsatz in Mio. DM (1998)
RTL	3643,63
SAT.1	3007,34
PRO7	2763,91
RTL 2	670,22
Kabel 1	624,52
ARD	505,03
Vox	490,70
ZDF	409,89
DSF	256,67
Super RTL	240,60
n-tv	175,90

Quelle: AC Nielsen Werbeforschung S+P

sie zur so genannten Grundversorgung der Bevölkerung mit Information, Bildung, Kultur und Unterhaltung verpflichtet. Die kommerziellen Sender hingegen finanzieren sich ausschließlich aus Werbeeinnahmen. Der Pay-TV-Sender Premiere und die digitale Programmplattform DF 1 finanzieren sich über Zuschauer-Abonnemententgelte. Während in den USA bislang bereits etwa 30 % aller Haushalte Pay-TV-Sender abonniert haben, liegt der Anteil in Deutschland mit 1,4 Millionen Premiere-Abonnenten und etwa 30 000 DF-1-Abonnenten bei nur 3,5 %.

Medienunternehmen

Nach der Einführung des kommerziellen Fernsehens in der Bundesrepublik entstanden in Konkurrenz zu den öffentlich-rechtlichen Sendern ARD und ZDF zahlreiche Privatsender, die zumeist über Kabel oder Satellit ausgestrahlt werden. Als führende Medienkonzerne haben sich die Kirch-Gruppe (SAT. 1, Premiere, DSF Deutsches Sportfernsehen, DF 1) und die Bertelsmann AG (RTL, VOX, Premiere) herausgebildet.

Zuschauerjahresmarktanteile der Fernsehsender

Sender	Marktanteile in % (1999)
RTL	14,8
ARD	14,2
ZDF	13,2
SAT.1	10,8
PRO7	8,4
Kabel 1	5,4
RTL 2	4,0
VOX	2,8
Super RTL	2,8
DSF	1,3
Eurosport	1,1
tm 3	1,0
3sat	0,9
n-tv	0,7
Arte	0,3
Die dritten Programme:	
N3	2,7
WDR3	2,5
MDR3	2,5
BFS	1,9
SW3	1,6
H3	0,6
ORB3	0,5
B1	0,3

Quelle: AGF/GfK-Fernsehforschung/PC#TV/Media Control

Die Lust am Zappen

Die Erfindung der Fernbedienung und die stark gestiegene Zahl der Fernsehkanäle haben einen neuen Typ des Fernsehzuschauers hervorgebracht: den Zapper. Der passionierte Zapper wechselt statistisch gesehen an einem 4-Stunden-Fernsehabend mehr als hundert Mal die Kanäle – sei es auf der Suche nach einem fesselnderen Programm oder um der Werbung zu entgehen, sei es aus Spaß an der Freud'.

Top oder Flop – Die Einschaltquoten

Die Quoten bestimmen den Stellenwert des Senders und nehmen, insbesondere bei den kommerziellen Fernsehanstalten, entscheidenden Anteil an der Programmgestaltung. Eine Sendung, die »floppt«, also nicht die erwarteten Zuschauerzahlen bringt, wird aus dem Programm genommen. Die Marktanteile der einzelnen Fernsehsender und -sendungen werden über repräsentativ ausgewählte Haushalte erhoben. Quotenhits sind regelmäßig Sportsendungen, wie z. B Übertragungen von internationalen Fußballspielen mit deutscher Beteiligung oder Formel-1-Rennen, die Marktanteile bis zu 60 % erzielen können. Ebenfalls ganz oben auf der Quotenskala steht die Unterhaltungsshow »Wetten dass ...?« mit regelmäßig rund 50 % Einschaltquote.

Von der Fernsehfamilie zur Daily Soap

Als erste Familienserie im deutschen Fernsehen startete im September 1954 die »Familie Schölermann«, die es bis zu ihrer Einstellung im März 1960 auf 111 Folgen brachte. Da es die Magnetische Bildaufzeichnung (MAZ) zu diesem Zeitpunkt in Deutschland noch nicht gab, wurde die Serie alle 14 Tage am Mittwoch Abend live aus einem Studio des NWDR in Hamburg gesendet. In der Nachfolge der »Familie Schölermann« waren in den 60er-Jahren insbesondere »Die Familie Hesselbach«, in den 70er-Jahren »Ein Herz und eine Seele« Publikumslieblinge. Bis heute hat sich das Schema der Serien kaum verändert: Behandelt werden alltägliche Probleme einer feststehenden Personengruppe. Die Serien, die gegenwärtig auf die Bildschirme kommen, werden jedoch meist Wochen im Voraus produziert und »Soap-Operas« genannt. Die Bezeichnung »Seifenoper« für die täglich oder wöchentlich gesendete Serie stammt aus den 1920er-Jahren, als die frühen »Soaps« in den USA von Waschmittelunternehmen finanziert wurden. Die älteste (seit Mai 1992) und mit täglich im Durchschnitt rund 5 Millionen Zuschauern (1999) erfolgreichste deutsche Daily Soap ist »Gute Zeiten, schlechte Zeiten« (RTL). Ihr folgen auf der Beliebtheitsskala »Verbotene Liebe« (ARD), »Marienhof« (ARD) und »Unter uns« (RTL). Spitzenreiter der wöchentlich ausgestrahlten Serien ist die »Lindenstraße« (ARD) mit durchschnittlich rund 5 Millionen Zuschauern.

Lindenstraße

Die älteste deutsche Familiendauerserie, eine Koproduktion der Geissendörfer Film- und Fernsehproduktion und des Westdeutschen Rundfunks, feierte am 8. 12. 2000 ihr 20-jähriges Bestehen. Das Vorbild für die »Mutter der deutschen Soap Operas« war für ihren Autor und Produzenten Hans W. Geissendörfer die englische Serie Coronation Street.

Die Geschichten spielen in der fiktiven Lindenstraße in München und greifen Probleme aller Art auf, auch Zeit- und Tabuthemen wie Arbeitslosigkeit, Aids, Korruption, Drogensucht, Ausländerfeindlichkeit und Rechtsextremismus. Die vielfältigen Identifikationsmöglichkeiten mit den unterschiedlichen Charakteren und Standpunkten sind wohl mit ein Grund des Dauererfolgs.

Tagesschau & Co.

Die älteste Nachrichtensendung im deutschen Fernsehen ist die »Tagesschau« der ARD. Seit Weihnachten 1952 wurde sie zunächst dreimal pro Woche, ab 1. 10. 1956 von Montag bis Samstag und ab 3. 9. 1961 auch sonntags gesendet. Bis 1955 bestanden ihre Beiträge ausschließlich aus Filmberichten, die aus dem Material der Kino-Wochenschau zusammengeschnitten wurden. Am 2. 3. 1959 erschien mit Karl-Heinz Köpcke zum ersten Mal ein Tagesschausprecher auf dem Bildschirm. Heute ist die Tagesschau mit täglich mehr als 9 Millionen Zuschauern und einem Marktanteil von mehr als 30 % die meistgesehene Nachrichtensendung des deutschen Fernsehens. Ihr folgen die »heute«-Sendung (ZDF), »RTL Aktuell« und »18:30« (SAT.1).

Sport

Von Olympia zu Golf

Eine Art Fußballspiel kannten bereits die Mayas vor rund 2000 Jahren. Und Wagenrennen waren im alten Rom ebenso beliebt, deren Sieger genauso verehrt, wie es heute bei Formel-1-Rennen der Fall ist. Das Boxen gar scheint so alt wie die Menschheit selbst zu sein. Körperliche Bewegung und Wettkampf begleiteten den Menschen also durch die Jahrtausende. Und so, wie er seine Umgangsformen änderte, wandelten sich Bedeutung und gesellschaftliche Funktion der körperlichen Betätigungen. So wurde z. B. die siegreiche Mannschaft des Maya-Spiels den Göttern geopfert, während die Verlierer in Schande weiterzuleben hatten. Und Läufer, die im alten Griechenland Lageberichte nach Hause überbrachten, bezahlten ihren Dienst bisweilen mit dem Leben – wenn nämlich die Botschaft, die sie überbrachten, eine schlechte war.

Olympische Spiele

Die Spiele der Antike

Die an bedeutenden Kultstätten abgehaltenen Festspiele erfüllten neben der offensichtlich sportlichen Funktion noch eine politische, nämlich die, den Zusammenhalt zwischen den griechischen Stadtstaaten zu stärken. So war es auch nicht mit der während der Spiele herrschenden Friedenspflicht vereinbar, Nachbarstädte zu überfallen – ein allerdings oft genug übertretenes Verbot. Das höchste Ansehen genossen die Spiele in Olympia, die 776 v. Chr. zum ersten Mal stattfanden.

»Citius, altius, fortius«: *Das lateinische Motto der Olympischen Spiele der Neuzeit bedeutet auf Deutsch »schneller, höher, weiter (eigentlich: stärker)«.*

Die olympischen Ringe in der olympischen Fahne.

Ursprünglich war der Wettlauf die einzige Disziplin der anfangs eintägigen Spiele. Hinzu kamen später Fünfkampf (708 v. Chr., Wettlauf, Weitsprung, Diskuswerfen, Speerwerfen und Ringen), Wagenrennen (648), Wettlauf in voller Rüstung (520) und das Pankration, eine Verbindung aus Faust- und Ringkampf. Aber nicht allein die Muskelkraft zählte. Auch Redner, Dichter und Musiker kämpften um den »olympischen Lorbeer«, bei dem es sich allerdings um einen Olivenzweig vom heiligen Ölbaum des Zeustempels handelte.
Die dem Göttervater Zeus gewidmeten Spiele, diesen »heidnischen« Brauch, beendete nach fast 1100 Jahren erst der römische Kaiser Theodosius.

Der olympische Eid

Im Namen aller Teilnehmer verspreche ich, so das Gelöbnis einer Sportlerin oder eines Sportlers des gastgebenden Landes am Eröffnungstag der Spiele, dass wir uns bei den Olympischen Spielen als loyale Wettkämpfer erweisen, die Regeln achten und teilnehmen im ritterlichen Geist zum Ruhme des Sports und zur Ehre unserer Mannschaften.

Die Spiele der Moderne

Der Pariser Edelmann Monsieur Pierre Frédy, Baron de Coubertin, hatte Ende des 19. Jahrhunderts die Idee, die Spiele der Griechen in der Neuzeit wieder aufleben zu lassen. An der Universität Sorbonne in Paris gründete er 1894 ein Internationales Olympisches Komitee, das

Olympische Spiele der Neuzeit

Jahr	Sommerspiele	Winterspiele
1896	I. Athen	
1900	II. Paris	
1904	III. Saint Louis	
1908	IV. London	
1912	V. Stockholm	
1916 1)	VI. für Berlin geplant	
1920	VII. Antwerpen	
1924	VIII. Paris	I. Chamonix-Mont-Blanc
1928	IX. Amsterdam	II. Sankt Moritz
1932	X. Los Angeles	III. Lake Placid
1936	XI. Berlin	IV. Garmisch-Partenkirchen
1940 1)	XII. für Helsinki bzw. Tokio geplant	
1944 1)	XIII. für London geplant	
1948	XIV. London	V. Sankt Moritz
1952	XV. Helsinki	VI. Oslo
1956	XVI. Melbourne	VII. Cortina d'Ampezzo
1960	XVII. Rom	VIII. Squaw Valley
1964	XVIII. Tokio	IX. Innsbruck
1968	XIX. Mexiko	X. Grenoble
1972	XX. München	XI. Sapporo
1976	XXI. Montreal	XII. Innsbruck
1980	XXII. Moskau	XIII. Lake Placid
1984	XXIII. Los Angeles	XIV. Sarajevo
1988	XXIV. Seoul	XV. Calgary
1992	XXV. Barcelona	XVI. Albertville
1994		XVII. Lillehammer
1996	XXVI. Atlanta	
1998		XVIII. Nagano
2000	XXVII. Sydney	
2002		XIX. Salt Lake City
2004	XXVIII. Athen	

1) ausgefallen

unter anderem für das Jahr 1896 die Durchführung der I. Olympischen Spiele beschloss, und zwar in Athen.

Sommerspiele

Nur 4 jener 10 bereits 1896 in Athen ausgetragenen Sportarten waren bis zu den XXVII. Olympischen Spielen im australischen Sydney durchgängig im Programm: Leichtathletik, Fechten, Turnen und Schwimmen. Andere Wettbewerbe kamen und gingen, oft stand der Einfluss von Sponsoren dahinter. Heute entscheidet v.a. die Medienwirksamkeit einer Sportart darüber, ob sie ins Programm aufgenommen wird. So waren zu gewissen Zeiten sogar das Schießen auf lebende Tauben, Hochsprung aus dem Stand, Tauziehen und Motorbootrennen olympische Disziplinen.

Sportarten Sydney 2000 (Sommer)

Badminton, Baseball, Basketball, Beachvolleyball, Bogenschießen, Boxen, Fechten, Fußball, Gewichtheben, Handball, Hockey, Judo, Kanu, Kanuslalom, Leichtathletik, moderner Fünfkampf, Radsport, Reiten, Ringen, Rudern, rhythmische Sportgymnastik, Schießen, Schwimmen, Segeln, Softball, Synchronschwimmen, Tennis, Tischtennis, Turnen, Volleyball, Wasserball, Wasserspringen.

Winterspiele

Seit 1924 werden auch im Winter Olympische Spiele ausgetragen – nicht gerade zur Freude des Erfinders, des Barons de Coubertin, denn er war kein Anhänger des Skisports. Bis 1992 wurden Sommer- und Winterspiele jeweils im selben Jahr veranstaltet, 1994 mit den Wettbewerben von Lillehammer wurde der Rhythmus der Winterspiele gewechselt, um alle 2 Jahre in den Genuss der Spiele zu kommen – abwechselnd im Sommer und im Winter.

Damals und heute

An den ersten Olympischen Spielen 1896 in Athen nahmen 295 Athleten teil; ganz im Sinne der Tradition waren sie ausschließlich männlichen Geschlechts. Und lediglich 11 Journalisten berichteten über die Wettkämpfe in 10 Disziplinen. Während es anfangs also in erster Linie auf die sportlichen Ereignisse angekommen sein mag, geht es heute wohl eher um die mediale Vermarktung. Seit 1992 ist die Zahl der Sportlerinnen und Sportler auf 10 000 begrenzt, nicht begrenzt ist die Anzahl derer, die die Ereignisse medienwirksam aufbereiten. Doch der Aufwand von mehr als 15 000 Journalisten und Technikern scheint sich zu lohnen, denn 1996 während der Spiele in Atlanta wurde rund 20 Milliarden Mal irgendwo auf der Welt eine Olympiasendung eingeschaltet.

Sportarten Salt Lake City 2002 (Winter)

Ski alpin, Biathlon, Bob, Curling, Eishockey, Eiskunstlauf, Eisschnelllauf, Freestyle, Nordische Kombination, Rennrodeln, Shorttrack, Skilanglauf, Skispringen, Snowboard.

Die Athleten

Legendärster Sportler bei Olympischen Spielen war der amerikanische Leichtathlet Jesse Owens (*1913, †1980). James Cliveland Owens, genannt Jesse, schrieb ausgerechnet während der Propaganda-Spiele 1936 in Berlin Sportgeschichte. Ausgerechnet ein Farbiger als Sieger, und noch dazu in 4 Disziplinen: im 100- und 200-Meter-Lauf, im Weitsprung sowie in der 4 × 100-Meter-Staffel der USA, das passte so gar nicht zur nationalsozialistischen Rassenideologie. Owens wäre wohl erfolgreichster Athlet überhaupt geworden, hätte nicht der Zweite Weltkrieg die Spiele 1940 und 1944 verhindert. Denn eine Eintagsfliege war der goldene Auftritt von Owens nicht: Ein Jahr zuvor, am 25. 5. 1935, hatte er innerhalb von 45 Minuten 4 Weltrekorde aufgestellt, nämlich über 100 Yards, im Weitsprung, über 220 Yards und über die 220-Yards-Hürdenstrecke. Außerdem versuchten sich an seinem Weltrekord von

Die olympische Flagge mit den 5 Ringen auf weißem Grund wurde 1920 erstmals offiziell gehisst.

*Die 5 ineinander verschlungenen **Ringe** sollen die Eintracht der 5 Kontinente im Zeichen des olympischen Friedens darstellen.*

Sport und Politik

Ein handfestes Politikum waren die Olympischen Spiele bereits in der Antike. So ist überliefert, dass der römische Kaiser Nero per Schiedsrichterentscheid zum Sieger des Wagenrennens gekürt wurde, obwohl er während des Rennens aus dem Wagen gefallen war – er wollte eben auch einmal Olympiasieger sein. Im 20. Jahrhundert bildeten die Spiele einen Nebenschauplatz des Kalten Kriegs. So boykottierten viele westliche Nationen die Wettbewerbe 1980 in Moskau, während 1984 in Los Angeles die Ostblockstaaten fern blieben.

Erfolgreichste Athletinnen und Athleten (Sommer)

Name	Teilnahmen	Sportarten	Gold – Silber – Bronze
1. Larissa Latynina (URS)	1956–1964	Turnen	9 – 5 – 4
2. Paavo Nurmi (FIN)	1920–1928	Leichtathletik	9 – 3 – 0
3. Mark Spitz (USA)	1968/1972	Schwimmen	9 – 1 – 1
4. Carl Lewis (USA)	1984–1996	Leichtathletik	9 – 1 – 0
5. Sawao Kato (JPN)	1968–1976	Turnen	8 – 3 – 1
6. Matt Biondi (USA)	1984–1992	Schwimmen	8 – 2 – 1
7. Ray C. Ewry (USA)	1900–1908	Leichtathletik	8 – 0 – 0
8. Nikolaj Andrianow (URS)	1972–1980	Turnen	7 – 5 – 3
9. Boris Schachlin (URS)	1956–1964	Turnen	7 – 4 – 2
10. Vera Caslavka (CSSR)	1960–1968	Turnen	7 – 4 – 0
11. Viktor Tschukarin (URS)	1952/1956	Turnen	7 – 3 – 1
12. Aladar Gerevich (HUN)	1932–1960	Fechten	7 – 1 – 2
13. Edoardo Mangiarotti (ITA)	1936–1960	Fechten	6 – 5 – 2
14. Hubert v. Innis (BEL)	1900–1920	Bogenschießen	6 – 3 – 0
15. Akinori Nakayama (JPN)	1968/1972	Turnen	6 – 2 – 2
16. Gert Frederikson (SWE)	1948–1960	Kanu	6 – 1 – 1
17. Witali Scherbo (GUS/BLR)	1992/1996	Turnen	6 – 0 – 4
18. Reiner Klimke (FRG)	1964–1988	Reiten	6 – 0 – 2
19. Pal Kovacs (HUN)	1936–1960	Fechten	6 – 0 – 2
20. Nedo Nadi (ITA)	1912/1920	Fechten	6 – 0 – 0
Rudolf Karpati (HUN)	1948–1960	Fechten	6 – 0 – 0
Kristin Otto (GDR)	1988	Schwimmen	6 – 0 – 0

10,2 Sekunden ganze Sprintergenerationen vergeblich – erst nach 20 Jahren, 1956, wurde er gebrochen.

Einen würdigen Nachfolger fand Owens erst in Carl Lewis (*1961), dem Leichtathletiksuperstar zwischen 1984 und 1996. 1984, '88, '92 und '96 gewann Lewis jeweils olympisches Gold. 1984 in Los Angeles machte es Lewis sogar Jesse Owens im Detail nach, indem er ebenfalls viermal Gold gewann.

Das olympische Feuer

Die olympische Fackel, die für die Spiele 2000 durch Australien getragen wurde, war die bislang wetterfesteste und angeblich umweltfreundlichste. Wissenschaftler hatten die Hightechflamme an der Universität Adelaide entwickelt. Als Brennstoff diente ein Gemisch aus Propan und Butan, das mittels eines aufwendigen Düsensystems ausgestoßen wurde. Das Gas wurde in einem Alutank untergebracht. So konnte das Feuer der Fackel sogar bei Windgeschwindigkeiten von 65 km/h und unter Wasser brennen. Eine Taucherin trug die etwas umgerüstete Fackel zum Großen Barriereriff hinunter.
Seit 1936 wird die olympische Fackel mittels Sonnenstrahlen (per Hohlspiegel) am Kronoshügel im griechischen Olympia entfacht und in einem Fackellauf – im Jahr 2000 waren 11 000 Läufer beteiligt – zum Austragungsort getragen. Dort brennt das olympische Feuer während der gesamten Dauer der Spiele.

Fußball

Obwohl nicht Fußball, sondern Basketball weltweit am meisten gespielt wird, gehört der Kult, den Publikum und Medien um das Spiel mit dem »runden Leder« veranstalten, zu den Massenbewegungen der Neuzeit schlechthin. Über die Entstehung des populären Spiels gibt es verschiedene Theorien, am weitesten verbreitet ist die folgende: Römische Legionäre sollen im 4. Jahrhundert das Spiel nach England gebracht haben, wo die Idee, einen Ball (anfangs aus Stoff), mit den Füßen zu kicken, wohl großen Anklang fand. Sie entwickelten es weiter, allerdings hielt sich lange Zeit parallel in einer Art »Glaubensstreit« Rugby als Konkurrenzspiel. Erst 1863 wurde die English Football Association, der englische Fußballverband, gegründet. England gilt als »Mutterland des Fußballs«.

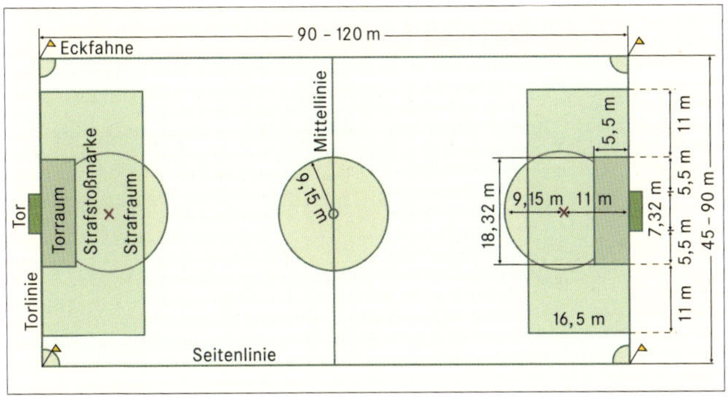

Fußballfeld

Fußball-Weltmeisterschaften

»Linksaußen Langiller lief mit dem Ball am Fuß zur Mitte und spielte Laurent mit einem Kurzpass an. Dieser umspielte durch geschickten Körpereinsatz Rosas und setzte den Ball – nur noch dem Torwart gegenüberstehend – mit einem trockenen Schuss in die Ecke des Tores.«

So haben die Chronisten das erste Tor der ersten offiziellen Fußball-Weltmeisterschaft geschildert. Es fiel am 13. 7. 1930 nach 19 Minuten im Spiel zwischen Frankreich und Mexiko. Frankreich gewann die Partie mit 3:0. Uruguay richtete die WM, deren Austragung Italien wegen zu hoher Kosten zurückgegeben hatte, an-

In Japan wird das Fußballspiel unter der Bezeichnung »kemari« erstmals im 7. Jh. n. Chr. erwähnt. Die Japaner hatten es von den Chinesen gelernt, die es ihrerseits wohl von Mongolenvölkern übernommen hatten.

Die Endspiele der Fußball-Weltmeisterschaften

Jahr	Gastgeberland	Gewinner	Finalist	Ergebnis	Austragungsort
1930	Uruguay	Uruguay	Argentinien	4:2	Montevideo
1934	Italien	Italien	Tschechoslowakei	2:1	Rom
1938	Frankreich	Italien	Ungarn	4:2 n.V.	Paris
1942–46 keine Weltmeisterschaft wegen des Zweiten Weltkriegs					
1950	Brasilien	Uruguay	Brasilien	2:1	Rio de Janeiro
1954	Schweiz	Deutschland	Ungarn	3:2	Bern
1958	Schweden	Brasilien	Schweden	3:2	Stockholm
1962	Chile	Brasilien	Tschechoslowakei	3:1	Santiago
1966	England	England	Deutschland	4:2 n.V.	London
1970	Mexiko	Brasilien	Italien	4:1	Mexico City
1974	Deutschland	Deutschland	Niederlande	2:1	München
1978	Argentinien	Argentinien	Niederlande	3:1 n.V.	Buenos Aires
1982	Spanien	Italien	Deutschland	3:1	Madrid
1986	Mexiko	Argentinien	Deutschland	3:2	Mexico City
1990	Italien	Deutschland	Argentinien	1:0	Rom
1994	USA	Brasilien	Italien	0:0 n.V. 3:2 i. E.	Los Angeles
1998	Frankreich	Frankreich	Brasilien	3:0	St. Denis
2002	Süd-Korea/Japan				
2006	Deutschland				

n. V. = nach Verlängerung; i. E. = im Elfmeterschießen

Bereits im 14 Jh. wurde in Italien Fußball unter dem heute noch gebräuchlichen Namen »Calcio« gespielt.

Zum ***»Fußballspieler des (20.) Jahrhunderts«*** *wählte die Internationale Föderation für Fußball-Historie und -Statistik den Niederländer Johan Cruyff (* 1947).*

lässlich des 100. Geburtstags des Landes aus. In der Hauptstadt Montevideo wurde eigens ein neues, 80 000 Zuschauer fassendes Stadion gebaut. 13 Mannschaften spielten mit, die europäischen (Frankreich, Rumänien, Jugoslawien, Belgien) mussten eine wochenlange Überfahrt per Schiff in Kauf nehmen. Daneben meldeten sich die USA, Mexiko, Peru, Argentinien, Chile, Brasilien, Paraguay und Bolivien zur 1. Fußball-Weltmeisterschaft an.
Frankreich hat das schnelle Tor durch Laurent übrigens nichts genutzt. Schon am 19. Juli schieden die Franzosen durch ein 0:1 gegen Chile aus. Weltmeister wurde der Gastgeber Uruguay durch ein 4:2 im Finale gegen Argentinien.

Europameisterschaften

Für England war der WM-Triumph 1966 ein historisches Ereignis, allerdings sollte es sich nicht so schnell wiederholen. 34 Jahre lang gewannen die Engländer gegen Deutschland kein Spiel mehr bei einem großen Turnier, erst bei der Europameisterschaft 2000 gelang ihnen in der Vorrunde ein 1:0-Sieg. Allerdings schieden beide Teams bereits in der ersten Runde aus.
Die Europameisterschaft war das erste Turnier, in dem das »Golden Goal« angewandt worden ist. Diese Regel besagt, dass ein Spiel, das nach 90 Minuten unentschieden steht und in die Verlängerung geht, sofort beendet ist, wenn für eine der beiden Mannschaften ein Tor fällt. 1996 besiegte Deutschland auf diese Weise Tschechien, das »Golden Goal« zum 2:1 schoss Oliver Bierhoff. 2000 schlug Frankreich den Finalisten Italien ebenfalls durch ein Golden Goal, David Trezeguet schoss es am 2. 7. 2000 in Rotterdam.

Das Wembley-Tor

Es gibt nur ein einziges Tor in der Fußballgeschichte, das einen eigenen Namen bekommen hat: das Wembley-Tor. Es fiel am Nachmittag des 30. 7. 1966 im Endspiel der Weltmeisterschaft zwischen England und Deutschland im Londoner Wembley-Stadion. In der 101. Minute der Partie, es stand 2:2, schoss der Engländer Geoffrey Hurst den Ball aufs deutsche Tor. Der Ball sprang gegen die Unterkante der Latte und von dort – ja, wohin? Hinter die Torlinie? Darauf? Davor? Schiedsrichter Dienst aus der Schweiz war zunächst der Meinung, es handle sich nicht um ein korrektes Tor. Er wollte weiterspielen lassen. Aber da meldete sich der russische Linienrichter Bakramow und erklärte, der Ball habe die Linie überschritten, es handle sich um ein korrektes Tor. England führte 3:2, schoss noch ein weiteres Tor und wurde Weltmeister. Anhand der alten Schwarz-Weiß-Aufnahmen wurde später mithilfe von Computern ein dreidimensionales Bild rekonstruiert, das beweist, dass es sich nicht um ein reguläres Tor gehandelt hat. Die Fußballwelt spricht noch heute, wenn ein Ball in ähnlicher Weise von der Latte auf die Torlinie springt, von einem »Wembley-Tor«.

Frauenfußball

Spätestens am 10. 7. 1999 ist dem Frauenfußball weltweit der Durchbruch gelungen. An diesem Tag fand in Pasadena, Los Angeles, das Endspiel der III. Fußball-Weltmeisterschaft der Frauen statt. US-Präsident Bill Clinton, als Fan im Stadion, sagte hinterher: »Es war das aufregendste Ereignis meines Lebens.« Neben Clinton waren noch 90 815 andere Fans ins Rose Bowl Stadion von Los Angeles gekommen, ebenso viele wie 5 Jahre zuvor beim WM-Endspiel der Männer zwischen Brasilien und Italien. 16 Millionen Fernsehgeräte in den USA waren eingeschaltet. Die Amerikanerinnen gewannen das Finale gegen China zwar erst im Elfmeterschießen mit 5:4, beendeten damit aber einen 3 Wochen langen Triumphzug des Frauenfußballs durch die USA erfolgreich. »In 20 Jahren wird man auf diese 3 Wochen zurückblicken und sie als Wende des Frauensports sehen«, sagte Marla Messing, Chefin des Organisationskomitees, hinterher euphorisch.

Der Vereinsfußball

Das System im Vereinsfußball ist weltweit wie eine Pyramide aufgebaut. National gibt es eine breite Basis von niedrigen Amateurspielklassen, in denen Mannschaften aus einer über-

Die Fußball-Europameister und ihre Finalgegner

Jahr – Gastgeberland	Europameister	Finalist	Ergebnis	Austragungsort
1960 – Frankreich	Sowjetunion	Jugoslawien	2:1	Paris
1964 – Spanien	Spanien	Sowjetunion	2:1	Madrid
1968 – Italien	Italien	Jugoslawien	1:1 n.V. 2:0	Rom (Wiederholungsspiel)
1972 – Belgien	Deutschland	Sowjetunion	3:0	Brüssel
1976 – Jugoslawien	Tschechoslowakei	Deutschland	2:2 n.V. 5:3 i. E.	Belgrad
1980 – Italien	Deutschland	Belgien	2:1	Rom
1984 – Frankreich	Frankreich	Spanien	2:0	Paris
1988 – Deutschland	Niederlande	Sowjetunion	2:0	München
1992 – Schweden	Dänemark	Deutschland	2:0	Göteborg
1996 – England	Deutschland	Tschechien	2:1 n.V.	London
2000 – Niederlande/ Belgien	Frankreich	Italien	2:1 n.V.	Rotterdam
2004 – Portugal				

*Die **EURO 2000** war das erste große Fußballturnier, das in zwei Ländern gleichzeitig ausgetragen wurde. 2002 wiederholt der Fußball-Weltverband FIFA das Experiment und trägt die Weltmeisterschaft in Süd-Korea und Japan aus.*

schaubaren Region gegeneinander antreten, um den Reise- und Organisationsaufwand so gering wie möglich zu halten. Nach oben nimmt die Anzahl der Ligen ab, deren Einzugsgebiet jedoch wird größer. Über allen Amateurklassen steht schließlich der Profifußball, zu dem seit der Saison 2000/2001 auch die dritte Liga gehört.

Torschützenkönig
*Die meisten Tore für die deutsche Nationalmannschaft in einem Länderspiel schoss der Mittelstürmer Gottfried Fuchs (*1889, †1972) vom Karlsruher FV. Beim olympischen Fußballturnier 1912 in Stockholm besiegte Deutschland Russland mit 16:0; Fuchs erzielte dabei 10 Tore.*

Die Endspiele der Frauen-Weltmeisterschaften

Jahr – Gastgeberland	Weltmeister	Finalist	Ergebnis	Austragungsort
1991 – USA	USA	Norwegen	2:1	Los Angeles
1995 – Schweden	Norwegen	Deutschland	2:0	Stockholm
1999 – USA	USA	China	0:0 n.V., 5:4 i.E.	Los Angeles

*Die Abkürzung **FIFA** steht für Fédération Internationale de Football Association.*

Die Endspiele der Frauen-Europameisterschaften

Jahr – Gastgeberland	Europameister	Finalist	Ergebnis	Austragungsort
1984 – Schweden	Schweden	England	1:0/4:3 n.E.	Göteborg/Luton
1987 – Norwegen	Norwegen	Schweden	2:1	Oslo
1989 – Deutschland	Deutschland	Norwegen	4:1	Osnabrück
1991 – Schweden	Deutschland	Norwegen	3:1 n.V.	Aalborg
1993 – Italien	Norwegen	Italien	1:0	Cesena
1995 – Deutschland	Deutschland	Schweden	3:2	Kaiserslautern
1997 – Norwegen	Deutschland	Italien	2:0	Oslo
1999				
2001 – Deutschland	Deutschland	Schweden	1:0 n.V.	Ulm

Aufbau des Ligasystems in Deutschland:

Bundesliga	.Profibereich – hier überprüft der Deutsche Fußball-Bund in einem Lizenzierungsverfahren die Leistungsfähigkeit der Klubs
Zweite Bundesliga	
Regionalliga	
Oberliga	Amateurbereich – hier spielen die allermeisten der rund 6,3 Millionen organisierten Mitglieder des Deutschen Fußball-Bundes in mehr als 28 000 Vereinen
Verbandsliga	
Landesliga	
Bezirksliga	
Kreisliga A, B, C	
Kreisklasse	

In der Bundesliga wird seit 1963 der Deutsche Fußballmeister in einer Punkterunde ermittelt. Davor gab es ein echtes Endspiel um den Titel. Längst ist die Liga ein Medienereignis geworden, und die Übertragungsrechte bringen den Vereinen pro Saison mehr als 700 Millionen Mark. Die Spitzengehälter der Spieler liegen bei 6 Millionen Mark pro Jahr. Die Anfänge waren bescheidener; das erste Tor der Liga im August 1963, geschossen von Timo Konietzka im Spiel zwischen Borussia Dortmund und Hertha BSC, hat keine einzige Film- oder Fernsehkamera mitbekommen.

Der Ball ist rund

Der Ball ist rund – das ist einer der legendären Leitsätze von Sepp Herberger, jenem Bundestrainer, der mit der deutschen Nationalmannschaft 1954 in Bern Weltmeister wurde. Doch ist der Ball wirklich rund? Zu Herbergers Zeiten war er es definitiv nicht immer, da war der Ball nämlich ein schweres, braunes Ding aus Leder mit handgearbeiteten, dicken Nähten. Bei Regen saugte er sich mit Wasser voll und verlor seine Rundheit. Heute sind Bälle hoch entwickelte Sportgeräte mit einer aus bis zu 32 Teilen zusammengefügten PVC-Außenhaut und einer sechsteiligen Blase als Innenleben, welche die Rundheit garantiert. Seine Beschaffenheit ist in den Regeln genau festgelegt: Der Ball ist regelgerecht, wenn er kugelförmig ist, aus Leder oder einem anderen geeigneten Material gefertigt, einen Umfang zwischen mindestens 68 und höchstens 70 cm hat, zu Spielbeginn mindestens 410 und höchstens 450 g wiegt und sein Druck 0,6–1,1 Atmosphären beträgt.

Die Europapokale

Die Wettbewerbe um die europäischen Pokale sind die größte sportliche Herausforderung, die Vereine im Klub-Fußball erreichen können. An der Spitze hat sich die Champions League etabliert, an der die 24 besten Mannschaften Europas teilnehmen dürfen und in der ein Preisgeld von insgesamt rund 1 Milliarde Mark ausgeschüttet wird. Die Champions League hat 1991 den Europapokal der Meister abgelöst, aber der Pokal ist derselbe geblieben. Die Silbertrophäe ist 74 cm hoch und 8 kg schwer, die Innenseite ist vergoldet.
Daneben gibt es noch den UEFA-Pokal-Wettbewerb, in dem jede Nation eine nach einem bestimmten System zugeteilte Anzahl von Teilnehmern entsenden kann. Jener Verein, der das Finale gewinnt, bekommt einen 15 kg schweren Silberpokal. Die Trophäe wurde 1972 in Mailand entworfen. Ursprünglich war der Marmorsockel des 65 cm großen Pokals mit kleinen Landesfähnchen aller UEFA-Mitgliedstaaten verziert. Doch im Zuge der rasanten Neustaatenbildung in Europa kam die UEFA, der Europäische Fußball-Verband, nicht mehr nach. Statt der offiziellen 51 Mitgliedstaaten (Stand 1999) sind zurzeit nur 35 Länder auf dem Sockel repräsentiert. Außerdem sind auf dem unteren Teil des Pokals rundherum Darstellungen von Fußballspielern herausgearbeitet. Statt 11 sind aber nur 9 Spieler vertreten – Ausdruck der künstlerischen Freiheit des Designers.
Bis 1999 wurde auch ein Europapokal der Pokalsieger ausgespielt, der jedoch wegen der Terminenge im internationalen Fußball abgeschafft worden und im UEFA-Pokal aufgegangen ist.

Die Deutschen Meister

Saison	Meister
1902/1903	VfB Leipzig
1903/1904	nicht ermittelt
1904/1905	Union 92 Berlin
1905/1906	VfB Leipzig
1906/1907	Freiburger FC
1907/1908	Viktoria Berlin
1908/1909	Phönix Karlsruhe
1909/1910	Karlsruher FV
1910/1911	Viktoria Berlin
1911/1912	Holstein Kiel
1912/1913	VfB Leipzig
1913/1914	SpVgg Fürth
1919/1920	1. FC Nürnberg
1920/1921	1. FC Nürnberg
1921/1922	kein Meister
1922/1923	Hamburger SV
1923/1924	1. FC Nürnberg
1924/1925	1. FC Nürnberg
1925/1926	SpVgg Fürth
1926/1927	1. FC Nürnberg
1927/1928	Hamburger SV
1928/1929	SpVgg Fürth
1929/1930	Hertha BSC Berlin
1930/1931	Hertha BSC Berlin
1931/1932	FC Bayern München
1932/1933	Fortuna Düsseldorf
1933/1934	FC Schalke 04
1934/1935	FC Schalke 04
1935/1936	1. FC Nürnberg
1936/1937	FC Schalke 04
1937/1938	Hannoverscher SV 96
1938/1939	FC Schalke 04
1939/1940	FC Schalke 04
1940/1941	Rapid Wien
1941/1942	FC Schalke 04
1942/1943	Dresdner SC
1943/1944	Dresdner SC
1947/1948	1. FC Nürnberg
1948/1949	VfR Mannheim
1949/1950	VfB Stuttgart
1950/1951	1. FC Kaiserslautern
1951/1952	VfB Stuttgart
1952/1953	1. FC Kaiserslautern
1953/1954	Hannoverscher SV 96
1954/1955	Rot-Weiß Essen
1955/1956	Borussia Dortmund
1956/1957	Borussia Dortmund
1957/1958	FC Schalke 04
1958/1959	Eintracht Frankfurt
1959/1960	Hamburger SV
1960/1961	1. FC Nürnberg
1961/1962	1. FC Köln
1962/1963	Borussia Dortmund
1963/1964	1. FC Köln
1964/1965	SV Werder Bremen
1965/1966	TSV 1860 München
1966/1967	Eintr. Braunschweig
1967/1968	1. FC Nürnberg
1968/1969	FC Bayern München
1969/1970	Bor. Mönchengladbach
1970/1971	Borussia Mönchengladbach
1971/1972	FC Bayern München
1972/1973	FC Bayern München
1973/1974	FC Bayern München
1974/1975	Borussia Mönchengladbach
1975/1976	Borussia Mönchengladbach
1976/1977	Borussia Mönchengladbach
1977/1978	1. FC Köln
1978/1979	Hamburger SV
1979/1980	FC Bayern München
1980/1981	FC Bayern München
1981/1982	Hamburger SV
1982/1983	Hamburger SV
1983/1984	VfB Stuttgart
1984/1985	FC Bayern München
1985/1986	FC Bayern München
1986/1987	FC Bayern München
1987/1988	SV Werder Bremen
1988/1989	FC Bayern München
1989/1990	FC Bayern München
1990/1991	1. FC Kaiserslautern
1991/1992	VfB Stuttgart
1992/1993	SV Werder Bremen
1993/1994	FC Bayern München
1994/1995	BV 09 Borussia Dortmund
1995/1996	BV 09 Borussia Dortmund
1996/1997	FC Bayern München
1997/1998	1. FC Kaiserslautern
1998/1999	FC Bayern München
1999/2000	FC Bayern München
2000/2001	FC Bayern München

Die Endspiele der Champions League bzw. des Europacups der Meister

Jahr	Sieger – Finalist	Ergebnis
1956	Real Madrid – Stade Reims	4:3
1957	Real Madrid – AC Florenz	2:0
1958	Real Madrid – AC Mailand	3:2 n.V.
1959	Real Madrid – Stade Reims	2:0
1960	Real Madrid – Eintracht Frankfurt	7:3
1961	Benfica Lissabon – FC Barcelona	3:2
1962	Benfica Lissabon – Real Madrid	5:3
1963	AC Mailand – Benfica Lissabon	2:1
1964	Inter Mailand – Real Madrid	3:1
1965	Inter Mailand – Benfica Lissabon	1:0
1966	Real Madrid – Partisan Belgrad	2:1
1967	Celtic Glasgow – Inter Mailand	2:1
1968	Manchester United – Benfica Lissabon	4:1 n.V.
1969	AC Mailand – Ajax Amsterdam	4:1
1970	Feyenoord Rotterdam – Celtic Glasgow	2:1 n.V.
1971	Ajax Amsterdam – Panathinaikos Athen	2:0
1972	Ajax Amsterdam – Inter Mailand	2:0
1973	Ajax Amsterdam – Juventus Turin	1:0
1974	Bayern München – Atletico Madrid	1:1 / 4:0 (2. Spiel)
1975	Bayern München – Leeds United	2:0
1976	Bayern München – AS St. Etienne	1:0
1977	FC Liverpool – Borussia Mönchengladbach	3:1
1978	FC Liverpool – FC Brügge	1:0
1979	Nottingham Forest – Malmö FF	1:0
1980	Nottingham Forest – Hamburger SV	1:0
1981	FC Liverpool – Real Madrid	1:0
1982	Aston Villa – Bayern München	1:0
1983	Hamburger SV – Juventus Turin	1:0
1984	FC Liverpool – AS Rom	1:1, 4:2 n.E.
1985	Juventus Turin – FC Liverpool	1:0
1986	Steaua Bukarest – FC Barcelona	0:0, 2:0 n.E.
1987	FC Porto – Bayern München	2:1
1988	PSV Eindhoven – Benfica Lissabon	0:0, 6:5 n.E.
1989	AC Mailand – Steaua Bukarest	4:0
1990	AC Mailand – Benfica Lissabon	1:0
1991	Roter Stern Belgrad – Olympique Marseille	0:0, 5:3 n.E.
1992	FC Barcelona – Sampdoria Genua	1:0 n.V.
1993	Olympique Marseille – AC Mailand	1:0
1994	AC Mailand – FC Barcelona	4:0
1995	Ajax Amsterdam – AC Mailand	1:0
1996	Juventus Turin – Ajax Amsterdam	1:1, 4:2 n.E.
1997	Borussia Dortmund – Juventus Turin	3:1
1998	Real Madrid – Juventus Turin	1:0
1999	Manchester United – Bayern München	2:1
2000	Real Madrid – FC Valencia	3:0
2001	FC Bayern München – FC Valencia	1:1, 4:3 n.E.

Die Endspiele im UEFA-Pokal

Jahr	Sieger – Finalist	Ergebnis
1958	FC Barcelona – London	2:2/6:0
1960	FC Barcelona – Birmingham City	4:1/0:0
1961	AS Rom – Birmingham City	2:0/2:2
1962	FC Valencia – FC Barcelona	6:2/1:1
1963	FC Valencia – Dinamo Zagreb	2:1/2:0
1964	Real Saragossa – FC Valencia	2:1
1965	Ferencvaros Budapest – Juventus Turin	1:0
1966	FC Barcelona – Real Saragossa	0:1/4:2 n.V.
1967	Dinamo Zagreb – Leeds United	2:0/0:0
1968	Leeds United – Ferencvaros Budapest	1:0/0:0
1969	Newcastle United – Ujpest Budapest	3:0/3:2
1970	FC Arsenal London – RSC Anderlecht	3:0/1:3
1971	Leeds United – Juventus Turin	1:1/2:2
1972	Tottenham Hotspur – Wolverhampton Wan.	2:1/1:1
1973	FC Liverpool – Borussia Mönchengladbach	3:0/0:2
1974	Feyenoord Rotterdam – Tottenham Hotspur	2:0/2:2
1975	Borussia Mönchengladbach – Twente Enschede	0:0/5:1
1976	FC Liverpool – FC Brügge	3:2/1:1
1977	Juventus Turin – Athletic Bilbao	1:0/1:2

Jahr	Sieger – Finalist	Ergebnis
1978	PSV Eindhoven – SEC Bastia	3:0/0:0
1979	Bor. Mönchengladbach – Roter Stern Belgrad	1:0/1:1
1980	Eint. Frankfurt – Bor. Mönchengladbach	1:0/2:3
1981	Ipswich Town – AZ 67 Alkmaar	3:0/2:4
1982	IFK Göteborg – Hamburger SV	1:0/3:0
1983	RSC Anderlecht – Benfica Lissabon	1:0/1:1
1984	Tottenham Hotspur – RSC Anderlecht	1:1/1:1 n.V. 4:3 i.E.
1985	Real Madrid – Videoton Szekesfehervar	3:0/0:1
1986	Real Madrid – 1. FC Köln	5:1/0:2
1987	IFK Göteborg – Dundee United	1:0/1:1
1988	Bayer Leverkusen – Español Barcelona	0:3/3:0 n.V. 3:2 i.E.
1989	SSC Neapel – VfB Stuttgart	2:1/3:3
1990	Juventus Turin – AC Florenz	3:1/0:0
1991	Inter Mailand – AS Rom	2:0/0:1
1992	Ajax Amsterdam – AC Turin	0:0/2:2
1993	Juventus Turin – Borussia Dortmund	3:1/3:0
1994	Inter Mailand – Austria Salzburg	1:0/1:0
1995	AC Parma – Juventus Turin	1:0/1:1
1996	Bayern München – Girondins Bordeaux	2:0/3:1
1997	FC Schalke 04 – Inter Mailand	1:0/0:1, 4:1 i.E.
1998	Inter Mailand – Lazio Rom	3:0
1999	AC Parma – Olympique Marseille	3:0
2000	Galatasaray Istanbul – Arsenal London	0:0 n.V., 4:1 i.E
2001	FC Liverpool – CD Alavés	5:4 n.V.

Die Endspiele im Europapokal der Pokalsieger[1]

Jahr	Sieger – Finalist	Ergebnis
1961	AC Florenz – Glasgow Rangers	2:0/2:1 (2. Spiel)
1962	Atletico Madrid – AC Florenz	1:1 n.V./ 3:0 (2. Spiel)
1963	Tottenham Hotspur – Atletico Madrid	5:1
1964	Sporting Lissabon – MTK Budapest	3:3 n.V./ 1:0 (2. Spiel)
1965	West Ham United – 1860 München	2:0
1966	Borussia Dortmund – FC Liverpool	2:0 n.V.
1967	Bayern München – Glasgow Rangers	1:0 n.V.
1968	AC Mailand – Hamburger SV	2:0
1969	Slovan Bratislava – FC Barcelona	3:2
1970	Manchester City – Gornik Zabrze	2:1
1971	FC Chelsea London – Real Madrid	1:1 n.V./ 2:1 (2. Spiel)
1972	Glasgow Rangers – Dynamo Moskau	3:2
1973	AC Mailand – Leeds United	1:0
1974	1. FC Magdeburg – AC Mailand	2:0
1975	Dynamo Kiew – Ferencvaros Budapest	3:0
1976	RSC Anderlecht – West Ham United	4:2
1977	Hamburger SV – RSC Anderlecht	2:0
1978	RSC Anderlecht – Austria Wien	4:0
1979	FC Barcelona – Fortuna Düsseldorf	4:3 n.V.
1980	FC Valencia – Arsenal London	0:0, 5:4 n.E.
1981	Dynamo Tiflis – FC Carl Zeiss Jena	2:1
1982	FC Barcelona – Standard Lüttich	2:1
1983	FC Aberdeen – Real Madrid	2:1 n.V.
1984	Juventus Turin – FC Porto	2:1
1985	FC Everton – Rapid Wien	3:0
1986	Dynamo Kiew – Atletico Madrid	3:0
1987	Ajax Amsterdam – Lokomotive Leipzig	1:0
1988	KV Mechelen – Ajax Amsterdam	1:0
1989	FC Barcelona – Sampdoria Genua	2:0
1990	Sampdoria Genua – RSC Anderlecht	2:0 n.V.
1991	Manchester United – FC Barcelona	2:0
1992	Werder Bremen – AS Monaco	2:0
1993	AC Parma – FC Antwerpen	3:1
1994	FC Arsenal London – AC Parma	1:0
1995	Real Saragossa – FC Arsenal London	2:1 n.V.
1996	FC Paris St. Germain – Rapid Wien	1:0
1997	FC Barcelona – FC Paris St. Germain	1:0
1998	FC Chelsea London – VfB Stuttgart	1:0
1999	Lazio Rom – Real Mallorca	2:1

1) ausgetragen von 1961 bis 1999

Formel 1

Den Wagenrennen der Antike entsprechen die Autorennen der Moderne. Der Motorsport fasziniert rund um den Globus die Massen, und so mancher seiner Helden, wie beispielsweise der Brasilianer Ayrton Senna, der 1994 auf dem Formel-1-Kurs von Imola ums Leben kam, erfahren beinahe göttergleiche Verehrung. Senna, angeblich bester Rennfahrer aller Zeiten, wurde in Imola ein Denkmal gesetzt, zu dem die Formel-1-Fans aus allen Ländern anlässlich der Rennen dort zu Tausenden hinpilgern.

Die modernen Formel-1-Kurse (Stand Saison 2000)

(GP = Grand Prix)

Albert Park in Melbourne

GP Australien
Streckenlänge: 5,303 km
Renndistanz: 58 Runden = 307,574 km
Teile der Strecke gehören zum normalen Straßennetz Melbournes

São Paulo

GP Brasilien
Streckenlänge: 4,292 km
Renndistanz: 72 Runden = 309,024 km

Autodromo Enzo und Dino Ferrari in Imola

GP San Marino
Streckenlänge: 4,93 km
Renndistanz: 62 Runden = 305,428 km
Große Höhenunterschiede

Silverstone

GP Großbritannien
Streckenlänge: 5,14 km
Renndistanz: 60 Runden = 308,296 km
Ehemaliger Kriegsflughafen

Katalonienring Barcelona

GP Spanien
Streckenlänge: 4,728 km
Renndistanz: 65 Runden = 307,196 km

Formel-1-Weltmeister 1950 bis heute

1950 Giuseppe Nino Farina, ITA	1967 Denny Hulme, NZL	1985 Alain Prost, FRA
1951 Juan Manuel Fangio, ARG	1968 Graham Hill, GBR	1986 Alain Prost, FRA
1952 Alberto Ascari, ITA	1969 Jackie Stewart, GBR	1987 Nelson Piquet, BRA
1953 Alberto Ascari, ITA	1970 Jochen Rindt, AUT	1988 Ayrton Senna, BRA
1954 Juan Manuel Fangio, ARG	1971 Jackie Stewart, GBR	1989 Alain Prost, FRA
1955 Juan Manuel Fangio, ARG	1972 Emerson Fittipaldi, BRA	1990 Ayrton Senna, BRA
1956 Juan Manuel Fangio, ARG	1973 Jackie Stewart, GBR	1991 Ayrton Senna, BRA
1957 Juan Manuel Fangio, ARG	1974 Emerson Fittipaldi, BRA	1992 Nigel Mansell, GBR
1958 Mike Hawthorne, GBR	1975 Niki Lauda, AUT	1993 Alain Prost, FRA
1959 Jack Brabham, AUS	1976 James Hunt, GBR	1994 Michael Schumacher, GER
1960 Jack Brabham, AUS	1977 Niki Lauda, AUT	1995 Michael Schumacher, GER
1961 Phil Hill, USA	1978 Mario Andretti, ITA	1996 Damon Hill, GBR
1962 Graham Hill, GBR	1979 Jody Scheckter, RSA	1997 Jacques Villeneuve, CAN
1963 Jim Clark, GBR	1980 Alan Jones, AUS	1998 Mika Häkkinen, FIN
1964 John Surtees, GBR	1981 Nelson Piquet, BRA	1999 Mika Häkkinen, FIN
1965 Jim Clark, GBR	1982 Keke Rosberg, FIN	2000 Michael Schumacher, GER
1966 Jack Brabham, AUS	1983 Nelson Piquet, BRA	

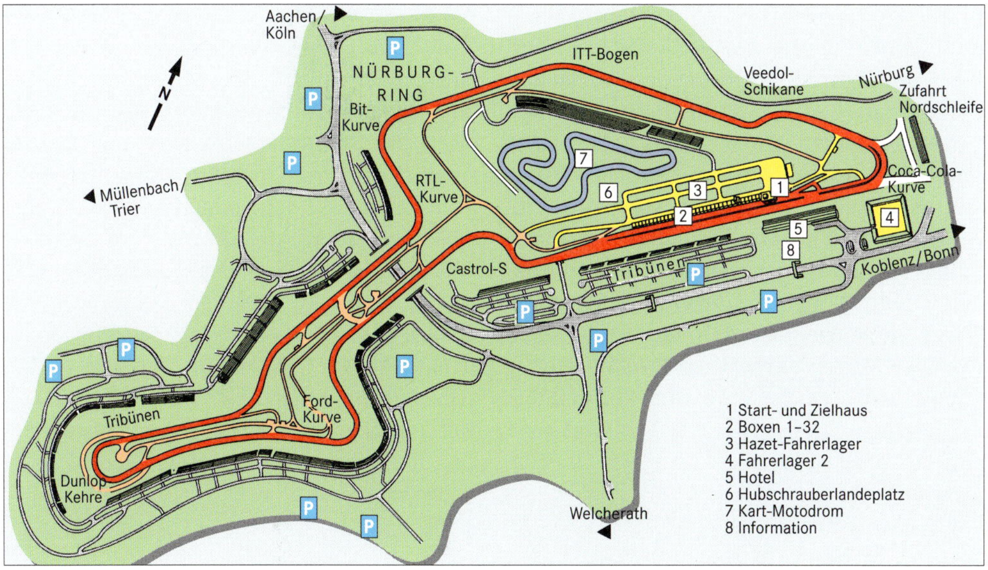

Nürburgring

Nürburgring
GP Europa
Streckenlänge: 4,556 km
Renndistanz: 67 Runden = 305,235 km

Circuit de Monaco in Monte Carlo
GP Monaco
Streckenlänge: 3,367 km
Renndistanz: 78 Runden = 262,626 km

Circuit Gilles Villeneuve Montreal
GP Kanada
Streckenlänge: 4,421 km
Renndistanz: 69 Runden = 305,049 km

Circuit Nevers-Magny-Cours
GP Frankreich
Streckenlänge: 4,25 km
Renndistanz: 72 Runden = 305,814 km

A1-Ring in Spielberg
GP Österreich
Streckenlänge: 4,319 km
Renndistanz: 71 Runden = 306,649 km

Hockenheim
GP Deutschland, 30. Juli
Streckenlänge: 6,823 km
Renndistanz: 45 Runden = 307,035 km

Hungaroring Budapest
GP Ungarn
Streckenlänge: 3,973 km
Renndistanz: 77 Runden = 305,921 km

Spa-Francorchamps
GP Belgien
Streckenlänge: 6,968 km
Renndistanz: 44 Runden = 306,577 km

Monza
GP Italien
Streckenlänge: 5,770 km
Renndistanz: 53 Runden = 305,548 km

Indianapolis
GP USA
Streckenlänge: 4,076 km
Renndistanz: 75 Runden = 305,700 km

Suzuka International Racing Course
GP Japan
Streckenlänge: 5,864 km
Renndistanz: 53 Runden = 310,596 km

International Circuit in Sepang
GP Malaysia
Streckenlänge: 5,542 km
Renndistanz: 56 Runden = 310,352 km

Den schweren, einsitzigen Rennwagen mit verkleideten Rädern nennt man ***Bolide.***

Den einsitzigen, offenen Rennwagen mit unverkleideten Rädern nennt man ***Monoposto.***

Es gibt viele verschiedene Motorsport-Serien, nur eine aber ist weltweit verbreitet – die Formel 1, die auch »Königsklasse« des Automobilsports genannt wird. Die Rennen einer Formel-1-Saison werden zwischen Frühjahr und Herbst in Asien, Europa, Amerika und Australien ausgetragen. Für den Sieger jedes Rennens gibt es 10 Punkte, für den Zweitplatzierten sechs, den Dritten vier, den Vierten drei, den Fünften zwei und den Sechsten einen Punkt. Derjenige, der nach dem letzten Rennen am meisten Punkte hat, ist Weltmeister.

Ayrton Senna ist der berühmteste Unfalltote der jüngeren Formel-1-Geschichte. Gestorben sind aber insgesamt 24 Fahrer in der 50-jährigen Geschichte des Sports.

Formel 1 ist ein Hightechsport. Die Fahrer samt ihren Fahrzeugen sind vernetzt mit den Mechanikern an der Strecke. Diese kontrollieren im laufenden Wettbewerb alle wichtigen Werte des Motors wie Drehzahl und Benzinstand, Reifendruck oder Öltemperatur. Dennoch kommt es letztlich auf die Aufmerksamkeit des Fahrers an, der sich bei mehr als 300 km/h nicht nur auf sein Fahrzeug konzentrieren, sondern außerdem auch noch die Spielregeln auf der Strecke einhalten muss. Damit sich die Rennleitung jederzeit ins Geschehen einmischen kann, haben sich die Formel-1-Macher ein Flaggensystem ausgedacht, das den Fahrern verschiedene Rennsituationen anzeigt.

Die Toten der Formel 1

Datum	Fahrer	gestorben in ...	während ...
31. 7. 1954	Onofre Marimon, ARG	Deutschland	Qualifying
6. 7. 1958	Luigi Musso, ITA	Frankreich	Rennen
3. 8. 1958	Peter Collins, GB	Deutschland	Rennen
19. 9. 1958	Stuart Lewis-Evans, GB	Marrokko	Rennen
19. 6. 1960	Chris Bristow, GBR Alan Stacey, GB	Belgien Belgien	Rennen Rennen
10. 9. 1961	Wolfgang von Trips, GER	Italien	Rennen
2. 8. 1964	Carel Godin de Beaufort, NL	Deutschland	Qualifying
7. 8. 1966	John Taylor, GB	Deutschland	Rennen
10. 5. 1967	Lorenzo Bandini, ITA	Monaco	Rennen
7. 7. 1968	Jo Schlesser, FRA	Frankreich	Rennen
2. 8. 1969	Gerhard Mitter, GER	Deutschland	Qualifying
7. 6. 1970	Piers Courage, GB	Holland	Rennen
5. 9. 1970	Jochen Rindt, AUT	Italien	Qualifying
29. 7. 1973	Roger Williamson, GB	Holland	Rennen
7. 10. 1973	François Cevert, FRA	USA	Qualifying
6. 10. 1974	Helmuth Koinigg, AUT	USA	Rennen
19. 8. 1975	Mark Donahue, USA	Österreich	Qualifying
5. 5. 1977	Tom Pryce, GB	Südafrika	Rennen
10. 9. 1978	Ronnie Peterson, SWE	Italien	Rennen
8. 5. 1982	Gilles Villeneuve, CAN	Belgien	Qualifying
13. 6. 1982	Ricardo Paletti, ITA	Kanada	Rennen
30. 4. 1994	Roland Ratzenberger, AUT	San Marino	Qualifying
1. 5. 1994	Ayrton Senna, BRA	San Marino	Rennen

Die Flaggensignale der Formel 1

Rutschige Strecke

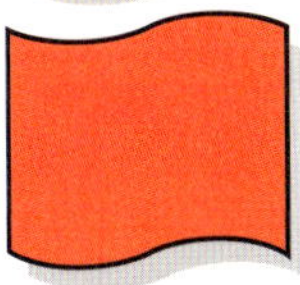
Aus Sicherheitsgründen Rennen oder Training abgebrochen, langsam in die Box fahren

Freie Strecke, keine Gefahr mehr

Verwarnung wegen unsportlichen Verhaltens

Betroffener Fahrer muss nach der nächsten Runde an seiner Box halten.

Gehalten: Überholen verboten, Gefahr auf der Strecke
Geschwenkt: Überholen verboten, Gefahr direkt voraus
Doppelt geschwenkt: bremsbereit machen, teils oder ganz blockierte Strecke

Sicherheitsfahrzeug oder anderes langsames Auto auf der Strecke

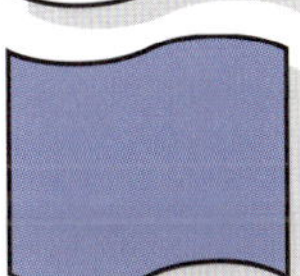
Gehalten: dicht folgender Konkurrent
Geschwenkt: Überholversuch des Konkurrenten

Mit gelbem Punkt
nach der ersten Runde an die Box fahren, Auto hat gefährlichen Defekt

Ziel

Tennis

Es waren wiederum die Engländer, die im 19. Jahrhundert das moderne Tennis mit Schläger und Ball entwickelt haben. Davor wurde das Spiel, benannt nach dem französischen Begriff »tenez« (»haltet«), mit der flachen Hand gespielt, und zwar bereits im 15. Jahrhundert.

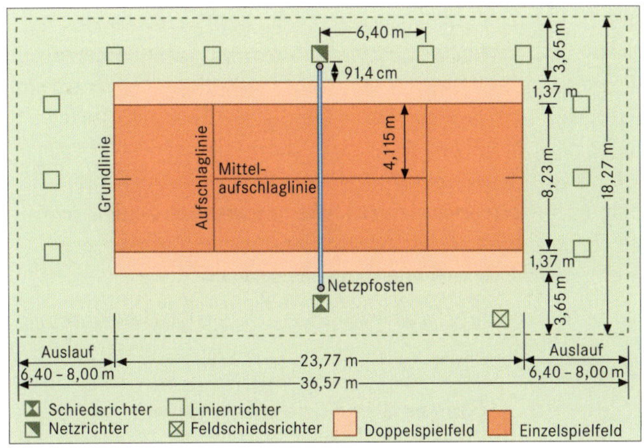

Spielfeld beim Tennis

Die Organisation des Tennisspektakels der Neuzeit verfolgt, wie das bei allen Publikums- und Mediensportarten der Fall ist, das Ziel, das Spiel rund um den Globus zu einem Markenartikel zu machen. An der Spitze aller Wettbewerbe stehen die 4 Grandslam-Turniere, die in Melbourne (Australian Open), Paris (French Open), in London (Wimbledon) und New York (US Open) ausgetragen werden. Dabei wird auf verschiedenen Belägen gespielt: In Australien und bei den US Open auf Hartplätzen, in Paris auf Sand, in Wimbledon auf Rasen. Grandslam-Sieger darf sich nennen, wer alle 4 großen Turniere in einem Jahr gewinnt. Das ist bei den Männern nur Rod Laver gelungen, bei den Frauen zuletzt Steffi Graf.
Unterhalb der Grandslam-Serie wurde bei den Männern die Masters-Series eingerichtet, eine Reihe von höherwertigen Turnieren. Zu ihnen zählen die Veranstaltungen in Indian Wells, Miami, Monte Carlo, Rom, Hamburg, Toronto, Cincinnati, Stuttgart und Paris-Bercy. Sieger von Grandslam-Turnieren erhalten 200 Welt-

*Das altfranzösische **Jeu de Paume,** eine Vorform des modernen Tennis, das vor allem im 16. und 17. Jh. gespielt wurde, war noch 1908 in London olympische Disziplin.*

ranglisten-Punkte, die Gewinner der Masters-Series-Veranstaltungen 100 Punkte.
Sowohl bei den Männern als auch bei den Frauen gibt es Mannschaftswettbewerbe für Nationen. Die Männer spielen den Davis Cup aus, die Frauen den Federations Cup (»FedCup«).

Schläger und Ball

Zum Betreuerstab von Tennisprofis gehört auch ein Bespanner, zu dem der Spieler großes Vertrauen haben muss. Der Bespanner kümmert sich um nichts anderes als den ordentlichen Zustand der Schläger. Die Schläger im Tennis, gefertigt meistens aus Glasfiber, dürfen nicht länger sein als 81,28 cm und müssen ein Gewicht von 340 bis 425 g haben. Bespannt sind die Spielgeräte mit Kunststoff- oder Naturdarmsaiten. Die Bälle bestehen aus Gummi, sind mit Filz überzogen, wiegen zwischen 56,7 und 58,7 g und haben einen Durchmesser zwischen 6,35 und 6,67 cm.

***Grandslam** bedeutet eigentlich »das Einheimsen aller Stiche« beim Bridge oder bei ähnlichen Kartenspielen.*

Sieger der Australian Open

Jahr	Männer	Frauen
1905	R. Heath	
1906	T. Wilding	
1907	H. Rice	
1908	F. Alexander	
1909	T. Wilding	
1910	R. Heath	
1911	N. Brookes	
1912	J. Parke	
1913	E. Parker	
1914	A. O'Hara Wood	
1915	G. Lowe	
1916		
1917		
1918		
1919	A. Kingscote	
1920	P. O'Hara Wood	
1921	R. Gemmell	
1922	J. Anderson	M. Molesworth
1923	P. O'Hara Wood	M. Molesworth
1924	J. Anderson	S. Lance
1925	J. Anderson	D. Akhurst
1926	J. Hawkes	D. Akhurst
1927	G. Patterson	E. Boyd
1928	J. Borotra	D. Akhurst
1929	J. Gregory	D. Akhurst
1930	E. Moon	D. Akhurst
1931	J. Crawford	C. Buttsworth
1932	J. Crawford	C. Buttsworth
1933	J. Crawford	J. Hartigan
1934	F. Perry	J. Hartigan
1935	J. Crawford	D. Round
1936	A. Quist	J. Hartigan
1937	V. McGrath	N. Wynne
1938	D. Budge	D. Bundy
1939	J. Bromwich	E. Westacott
1940	A. Quist	N. Wynne
1941		
1942		
1943		
1944		
1945		
1946	J. Bromwich	N. Bolton
1947	D. Pails	N. Bolton
1948	A. Quist	N. Bolton
1949	F. Sedgman	D. Hart
1950	F. Sedgman	L. Brough
1951	D. Savitt	N. Bolton
1952	K. McGregor	T. Long
1953	K. Rosewall	M. Connolly
1954	M. Rose	T. Long
1955	K. Rosewall	B. Penrose
1956	L. Hoad	M. Carter
1957	A. Cooper	S. Fry
1958	A. Cooper	A. Mortimer
1959	A. Olmedo	M. Reitano
1960	R. Laver	M. Smith
1961	R. Emerson	M. Smith
1962	R. Laver	M. Smith
1963	R. Emerson	M. Smith

Jahr	Männer	Frauen
1964	R. Emerson	M. Smith
1965	R. Emerson	M. Smith
1966	R. Emerson	M. Smith
1967	R. Emerson	N. Richey
1968	B. Bowrey	B. King
1969	R. Laver	M. Court
1970	A. Ashe	M. Court
1971	K. Rosewall	M. Court
1972	K. Rosewall	V. Wade
1973	J. Newcombe	M. Court
1974	J. Connors	E. Goolagong
1975	J. Newcombe	E. Goolagong
1976	M. Edmondson	E. Cawley
1977	R. Tanner (Jan)	K. Reid (Jan)
1977	V. Gerulaitis (Dez)	E. Cawley (Dez)
1978	G. Vilas	C. O'Neil
1979	G.Vilas	B. Jordan
1980	B. Teacher	H. Mandlikova
1981	J. Kriek	M. Navratilova
1982	J. Kriek	C. Evert
1983	M. Wilander	M. Navratilova
1984	M. Wilander	C. Evert
1985	S. Edberg (Nov.)	M. Navratilova (Nov.)
1986		
1987	S. Edberg (Jan.)	H. Mandlikova (Jan.)
1988	M. Wilander	S. Graf
1989	I. Lendl	S. Graf
1990	I. Lendl	S. Graf
1991	B. Becker	M. Seles
1992	J. Courier	M. Seles
1993	J. Courier	M. Seles
1994	P. Sampras	S. Graf
1995	A. Agassi	M. Pierce
1996	B. Becker	M. Seles
1997	P. Sampras	M. Hingis
1998	P. Korda	M. Hingis
1999	Y. Kafelnikov	M. Hingis
2000	A. Agassi	L. Davenport
2001	A. Agassi	J. Capriati

Sieger der French Open

Jahr	Männer	Frauen
1891	H. Briggs	
1892	J. Schopfer	
1893	L. Riboulet	
1894	A. Vacherot	
1895	A. Vacherot	
1896	A. Vacherot	
1897	P. Aymé	A. Masson
1898	P. Aymé	A. Masson
1899	P. Aymé	A. Masson
1900	P. Aymé	Y. Prevost
1901	A. Vacherot	P. Girod
1902	M. Vacherot	A. Masson
1903	M. Decugis	A. Masson
1904	M. Decugis	K. Gillou
1905	M. Germot	K. Gillou
1906	M. Germot	K. Gillou-Fenwick
1907	M. Decugis	C. De Kermel
1908	M. Decugis	K. Gillou-Fenwick
1909	M. Decugis	J. Matthey
1910	M. Germot	J. Matthey
1911	A. Gobert	J. Matthey
1912	M. Decugis	J. Matthey
1913	M. Decugis	M. Broquedis
1914	M. Decugis	M. Broquedis
1915		
1916		
1917		
1918		
1919		
1920	A. Gobert	S. Lenglen
1921	J. Samazeuilh	S. Lenglen
1922	H. Cochet	S. Lenglen
1923	F. Blanchy	S. Lenglen
1924	J. Borotra	D. Vlasto
1925	R. Lacoste	S. Lenglen
1926	H. Cochet	S. Lenglen
1927	R. Lacoste	K. Bouman
1928	H. Cochet	H. Wills
1929	R. Lacoste	H. Wills

Sieger der French Open (Forts.)

Jahr	Männer	Frauen
1930	H. Cochet	H. Wills-Moody
1931	J. Borotra	C. Aussem
1932	H. Cochet	H. Wills-Moody
1933	J. Crawford	M. Scriven
1934	G. von Cramm	M. Scriven
1935	F. Perry	H. Sperling
1936	G. von Cramm	H. Sperling
1937	H. Henkel	H. Sperling
1938	D. Budge	S. Mathieu
1939	W. McNeill	S. Mathieu
1940		
1941		
1942		
1943		
1944		
1945		
1946	M. Bernard	M. Osborne
1947	J. Asboth	P. Todd
1948	F. Parker	N. Landry
1949	F. Parker	M. Osborne-Dupont
1950	B. Patty	D. Hart
1951	J. Drobny	S. Fry
1952	J. Drobny	D. Hart
1953	K. Rosewall	M. Connolly
1954	T. Trabert	M. Connolly
1955	T. Trabert	A. Mortimer
1956	L. Hoad	A. Gibson
1957	S. Davidson	S. Bloomer
1958	M. Rose	Z. Kormoczy
1959	N. Pietrangeli	C. Truman
1960	N. Pietrangeli	D. Hard
1961	M. Santana	A. Haydon
1962	R. Laver	M. Smith
1963	R. Emerson	L. Turner
1964	M. Santana	M. Smith
1965	F. Stolle	L. Turner
1966	T. Roche	A. Haydon-Jones
1967	R. Emerson	F. Durr
1968	K. Rosewall	N. Richey
1969	R. Laver	M. Court
1970	J. Kodes	M. Court
1971	J. Kodes	E. Goolagong
1972	A. Gimeno	B. King
1973	I. Nastase	M. Court
1974	B. Borg	C. Evert
1975	B. Borg	C. Evert
1976	A. Panatta	S. Barker
1977	G. Vilas	M. Jausovec
1977		
1978	B. Borg	V. Ruzici
1979	B. Borg	C. Evert-Lloyd
1980	B. Borg	C. Evert-Lloyd
1981	B. Borg	H. Mandlikova
1982	M. Wilander	M. Navratilova
1983	Y. Noah	C. Evert-Lloyd
1984	I. Lendl	M. Navratilova
1985	M. Wilander	C. Evert-Lloyd
1986	I. Lendl	C. Evert-Lloyd
1987	I. Lendl	S. Graf
1988	M. Wilander	S. Graf
1989	M. Chang	A. Sanchez
1990	A. Gomez	M. Seles
1991	J. Courier	M. Seles
1992	J. Courier	M. Seles
1993	S. Bruguera	S. Graf
1994	S. Bruguera	A. Sanchez
1995	T. Muster	S. Graf
1996	Y. Kafelnikov	S. Graf
1997	G. Kuerten	I. Majoli
1998	C. Moya	A. Sanchez-Vicario
1999	A. Agassi	S. Graf
2000	G. Kuerten	M. Pierce
2001	G. Kuerten	J. Capriati

Sieger in Wimbledon

Jahr	Männer	Frauen
1877	S. Gore	
1878	P. Hadow	
1879	J. Hartley	
1880	J. Hartley	
1881	W. Renshaw	
1882	W. Renshaw	
1883	J. Pim	
1883	W. Renshaw	
1884	W. Renshaw	M. Watson
1885	W. Renshaw	M. Watson
1886	W. Renshaw	B. Bingley
1887	H. Lawford	L. Dod
1888	E. Renshaw	L. Dod
1889	W. Renshaw	G. Hillyard
1890	W. Hamilton	L. Rice
1891	W. Baddeley	L. Dod
1892	W. Baddeley	L. Dod
1893		L. Dod
1894	J. Pim	G. Hillyard
1895	W. Baddeley	C. Cooper
1896	H. Mahoney	C. Cooper
1897	R. Doherty	G. Hillyard
1898	R. Doherty	C. Cooper
1899	R. Doherty	G. Hillyard
1900	R. Doherty	G. Hillyard
1901	A.W. Gore	A. Sterry
1902	H. Doherty	M. Robb
1903	H. Doherty	D. Douglass
1904	H. Doherty	D. Douglass
1905	H. Doherty	M. Sutton
1906	H. Doherty	D. Douglass
1907	N. Brookes	M. Sutton
1908	A. Gore	A. Sterry
1909	A. Gore	D. Boothby
1910	A. Wilding	Lambert Chambers
1911	A. Wilding	Lambert Chambers
1912	A. Wilding	D. Larcombe
1913	A. Wilding	Lambert Chambers
1914	N. Brookes	Lambert Chambers
1915		
1916		
1917		
1918		
1919	G. Patterson	S. Lenglen
1920	W. Tilden	S. Lenglen
1921	W. Tilden	S. Lenglen
1922	G. Patterson	S. Lenglen
1923	W. Johnston	S. Lenglen
1924	J. Borotra	K. McKane
1925	R. Lacoste	S. Lenglen
1926	J. Borotra	L. Godfree
1927	H. Cochet	H. Wills
1928	R. Lacoste	H. Wills
1929	H. Cochet	H. Wills
1930	W. Tilden	F.S. Moody
1931	S. Wood	C. Aussem
1932	H.Vines	F. Moody
1933	J. Crawford	F. Moody
1934	F. Perry	D. Round
1935	F. Perry	F. Moody
1936	F. Perry	H. Jacobs
1937	J. Budge	D. Round
1938	J. Budge	F. Moody
1939	R. Riggs	A. Marble
1940		
1941		
1942		
1943		
1944		
1945		
1946	Y. Petra	P. Betz
1947	J. Kramer	M. Osborne
1948	R. Falkenburg	A. Brough
1949	F. Schroeder	A. Brough
1950	J. Patty	A. Brough
1951	R. Savitt	D. Hart
1952	F. Sedgman	M. Connolly
1953	E. Seixas	M. Connolly

Sieger in Wimbledon (Forts.)

Jahr	Männer	Frauen
1954	J. Drobny	M. Connolly
1955	M. Trabert	A. Brough
1956	L. Hoad	S. Fry
1957	L. Hoad	A. Gibson
1958	A. Cooper	A. Gibson
1959	A. Olmedo	M. Bueno
1960	N. Fraser	M. Bueno
1961	R. Laver	A. Mortimer
1962	R. Laver	J. Susman
1963	C. McKinley	M. Smith
1964	R. Emerson	M. Bueno
1965	R. Emerson	M. Smith
1966	M. Santana	B. King
1967	J. Newcombe	B. King
1968	R. Laver	B. King
1969	R. Laver	P. Jones
1970	J. Newcombe	B. Court
1971	J. Newcombe	E. Goolagong
1972	S. Smith	B. King
1973	J. Kodes	B. King
1974	J. Connors	C. Evert
1975	A. Ashe	B. King
1976	B. Borg	C. Evert
1977	B. Borg	S. Wade
1977		
1978	B. Borg	M. Navratilova
1979	B. Borg	M. Navratilova
1980	B. Borg	R. Cawley
1981	J. McEnroe	J. Lloyd
1982	J. Connors	M. Navratilova
1983	J. McEnroe	M. Navratilova
1984	J. McEnroe	M. Navratilova
1985	B. Becker	M. Navratilova
1986	B. Becker	M. Navratilova
1987	P. Cash	M. Navratilova
1988	S. Edberg	S. Graf
1989	B. Becker	S. Graf
1990	S. Edberg	M. Navratilova
1991	M. Stich	S. Graf
1992	A. Agassi	S. Graf
1993	P. Sampras	S. Graf
1994	P. Sampras	C. Martinez
1995	P. Sampras	S. Graf
1996	R. Krajicek	S. Graf
1997	P. Sampras	M. Hingis
1998	P. Sampras	J. Novotna
1999	P. Sampras	L. Davenport
2000	P. Sampras	V. Williams
2001	G. Ivanisevic	V. Williams

Sieger der US Open

Jahr	Männer	Frauen
1881	R. Sears	
1882	R. Sears	
1883	R. Sears	
1883		
1884	R. Sears	
1885	R. Sears	
1886	R. Sears	
1887	R. Sears	E. Hansell
1888	H. Slocum, Jr.	B. Townsend
1889	H. Slocum, Jr.	B. Townsend
1890	O. Campbell	E. Roosevelt
1891	O. Campbell	M. Cahill
1892	O. Campbell	M. Cahill
1893	R. Wrenn	A. Terry
1894	R. Wrenn	H. Hellwig
1895	F. Hovey	J. Atkinson
1896	R. Wrenn	E. Moore
1897	R. Wrenn	J. Atkinson
1898	M. Whitman	J. Atkinson
1899	M. Whitman	M. Jones
1900	M. Whitman	M. McAteer
1901	W. Larned	E. Moore
1902	W. Larned	M. Jones
1903	H. Doherty	E. Moore
1904	H. Ward	M. Sutton

Jahr	Männer	Frauen
1905	B. Wright	E. Moore
1906	W. Larned	H. Homans
1907	W. Larned	E. Sears
1908	W. Larned	M. Barger-Wallach
1909	W. Larned	H. Hotchkiss
1910	W. Larned	H. Hotchkiss
1911	W. Larned	H. Hotchkiss
1912	M. McLoughlin	M. Browne
1913	M. McLoughlin	M. Browne
1914	R. Williams	M. Browne
1915	W. Johnston	M. Bjurstedt
1916	R. Williams	M. Bjurstedt
1917	R. Lindley Murray	M. Bjurstedt
1918	R. Lindley Murray	M. Bjurstedt
1919	W. Johnston	H. Hotchkiss Wightman
1920	W. Tilden	M. Mallory
1921	W. Tilden	M. Mallory
1922	W. Tilden	M. Mallory
1923	W. Tilden	H. Wills
1924	W. Tilden	H. Wills
1925	W. Tilden	H. Wills
1926	R. Lacoste	M. Mallory
1927	R. Lacoste	H. Wills
1928	H. Cochet	H. Wills
1929	W. Tilden	H. Wills
1930	J. Doeg	B. Nuthall
1931	H. Vines	H. Wills Moody
1932	H. Vines	H. Jacobs
1933	F. Perry	H. Jacobs
1934	F. Perry	H. Jacobs
1935	W. Allison	H. Jacobs
1936	F. Perry	A. Marble
1937	J. Budge	A. Lizana
1938	J. Budge	A. Marble
1939	R. Riggs	A. Marble
1940	D. McNeill	A. Marble
1941	R. Riggs	S. Palfrey Cooke
1942	F. Schroeder, Jr.	P. Betz

Jahr	Männer	Frauen
1943	J. Hunt	P. Betz
1944	F. Parker	P. Betz
1945	F. Parker	S. Palfrey Cooke
1946	J. Kramer	P. Betz
1947	J. Kramer	A. Brough
1948	R. Gonzales	M. Osborne duPont
1949	R. Gonzales	M. Osborne duPont
1950	A. Larsen	M. Osborne duPont
1951	F. Sedgman	M. Connolly
1952	F. Sedgman	M. Connolly
1953	T. Trabert	M. Connolly
1954	E. Seixas, Jr.	D. Hart
1955	T. Trabert	D. Hart
1956	K. Rosewall	S. Fry
1957	M. Anderson	A. Gibson
1958	A. Cooper	A. Gibson
1959	N. Fraser	M. Bueno
1960	N. Fraser	D. Hard
1961	R. Emerson	D. Hard
1962	R. Laver	M. Smith
1963	R. Osuna	M. Bueno
1964	R. Emerson	M. Bueno
1965	M. Santana	M. Smith
1966	F. Stolle	M. Bueno
1967	J. Newcombe	B. King
1968	A. Ashe	V. Wade
1969	R. Laver	M.Court
1970	K. Rosewall	M. Court
1971	S. Smith	B. King
1972	I. Nastase	B. King
1973	J. Newcombe	M. Court
1974	J. Connors	B. King
1975	M. Orantes	C. Evert
1976	J. Connors	C. Evert
1977	G. Vilas	C. Evert
1978	J. Connors	C. Evert
1979	J. McEnroe	T. Austin
1980	J. McEnroe	C. Evert Lloyd
1981	J. McEnroe	T. Austin

Sieger der US Open (Forts.)

Jahr	Männer	Frauen
1982	J. Connors	C. Evert Lloyd
1983	J. Connors	M. Navratilova
1984	J. McEnroe	M. Navratilova
1985	I. Lendl	H. Mandlikova
1986	I. Lendl	M. Navratilova
1987	I. Lendl	M. Navratilova
1988	M. Wilander	S. Graf
1989	B. Becker	S. Graf
1990	P. Sampras	G. Sabatini
1991	S. Edberg	M. Seles
1992	S. Edberg	M. Seles
1993	P. Sampras	S. Graf
1994	A. Agassi	A. Sanchez Vicario
1995	P. Sampras	S. Graf
1996	P. Sampras	S. Graf
1997	P. Rafter	M. Hingis
1998	P. Rafter	L. Davenport
1999	A. Agassi	S. Williams
2000	M. Safin	V. Williams

Golf

*Der **Deutsche Golf Verband** (DGV) wurde 1907 gegründet.*

*Im Konkola Golf Club in Sambia warnt eine **Platzregel** an 10 Löchern vor Krokodilen.*

Heute ist Golf, zumindest in Europa, ein exklusiver Sport für Besserverdienende. Die Ursprünge der Modedisziplin mit Schläger und Ball waren wesentlich rustikaler und ähnelten dem Hockey. Der Ball wurde dabei in einem Kampfspiel mit Keule oder Stock geschlagen. Golf erlebte 1744 sein erstes Turnier, ausgetragen im schottischen Edinburgh. Der Sieger erhielt den »Silbernen Schläger« des Bürgermeisters von Edinburgh. Die Honourable Company of Edinburgh Golfers, deren Mitglieder dieses erste Wettspiel austrugen, gilt als erster Golfklub der Welt. In diesem schottischen Zirkel entstanden auch die Regeln für das Spiel. Nicht zuletzt das Wort Golf stammt aus der gälischen Sprache, es heißt so viel wie Schlag.

In Deutschland wurde Golf erstmals 1900 in Berlin gespielt, blieb aber relativ lange einer exklusiven Schicht vorbehalten. Erst in jüngerer Zeit werden immer mehr landwirtschaftliche Brachflächen in Golfplätze umgewandelt und die Mitgliedschaften in Vereinen für mehr Menschen erschwinglich.

Golfplätze

In den USA und in Japan ist Golf ein Jedermannsport, in Deutschland gab es Anfang des Jahres 2000 583 Golfanlagen und -klubs mit über 345 000 Mitgliedern.
Nicht nur das Spiel selbst ist eine Präzisionsangelegenheit, auch die Regeln für den Platzarchitekten sind sehr streng. Das Spielfeld mit seinen bis zu 18 Spielbahnen ist zwischen 4,5 und 6,5 km lang. Der Abstand von Loch zu Loch beträgt 200 bis 500 m. Jeder Golfplatz wird in einem natürlichen Gelände mit Bäumen, Büschen und Gewässern angelegt. Der Rasen darf an den Abschlagstellen und Löchern nur zwischen 3 und 7 mm hoch sein (Fairway). Dazwischen ist der Rasen teilweise länger geschnitten (Rough). Der Durchmesser des Lochs (Hole) muss 10,8 cm betragen. Ein Fähnchen kennzeichnet jedes Loch, das mindestens 10 cm tief ist. In den meisten Fällen be-

Schlägerarten und damit mögliche Schlagweiten

Hölzer	Meter	Eisen	Meter
Driver	220–260	Eisen 1	190–240
Holz 2	200–240	Eisen 2	180–230
Holz 3	190–230	Eisen 3	170–200
Holz 4	180–210	Eisen 4	160–180
Holz 5	170–200	Eisen 5	150–170
		Eisen 6	140–150
		Eisen 7	130–140
		Eisen 8	120–135
		Eisen 9	5–125
		Wedge	5–125

steht ein Golfplatz aus 18 Bahnen. Es gibt aber auch 9-Loch-Plätze, insbesondere in Städten, wo der Platz knapp ist, die dann zweimal durchgespielt werden

Geräte

Die Spielgeräte sind Golfschläger und Golfball. Die Golfschläger aus Holz, Kunststoff oder Eisen unterscheiden sich in Größe, Form und Anspielwinkel der Köpfe voneinander. Höchstens 14 Schläger darf der Golfspieler auf eine Runde mitnehmen. Der Golfball muss mindestens 41 mm Durchmesser haben, sein Gewicht ist auf 64 g beschränkt. Der Ball aus Gummi hat eine harte, genarbte Hülle und einen weichen Kern. Die Narben auf dem Ball, die in der Fachsprache als »Dimples« bezeichnet werden, beeinflussen den Luftwiderstand und verbessern dadurch die Flugeigenschaften.

Turniere

Die berühmtesten Turniere der Golf-Welt sind die vier so genannten Major-Turniere. Dazu gehören das »Masters« in Augusta (Georgia) sowie die US Open, die British Open und die amerikanischen PGA Championships, die jährlich auf wechselnden Plätzen ausgetragen werden. Außerdem wird dem europäischen Ryder-Cup große Aufmerksamkeit gewidmet, einem Mannschaftswettspiel zwischen USA und Europa. Es wird alle 2 Jahre, jeweils in den ungeraden Jahren, ausgetragen.

Zählungen

Gezählt wird, ob ganz oben oder ganz unten, immer gleich. Jeder Spieler versucht mit möglichst wenig Schlägen den Ball ins Loch zu befördern. Für jedes Loch ist die Anzahl von Schlägen festgelegt. Diese Vorgabe wird als »Par« bezeichnet.

Das große Triumvirat

Die ersten »Stars« des Golfspiels waren 3 Briten:
James Braid (* 1870, † 1959),
John Henry Taylor (* 1871, † 1963) und
Harry Vardon (* 1870, † 1937)
bildeten das »Great Triumvirate«.

Bahnlängen bis 228 m – Par 3
Bahnlängen bis 434 m – Par 4
Bahnlängen ab 435 m – Par 5

Auch für den Platz, also die Gesamtheit aller Bahnen, gibt es eine Schlagvorgabe. Ein Par-72-Golfplatz muss in 72 Schlägen durchgespielt sein, wenn man ein Par erzielen will. Der Abschlag, d. h. der erste Schlag auf jeder Bahn, erfolgt von einem in den Rasen gedrückten Kunststoffstift (Tee). Gewonnen hat der Spieler, der die Spielrunde mit den wenigsten Schlägen beendet. Eine Spielrunde kann aus einem oder mehreren Durchgängen aller 18 Bahnen bestehen.

Hole-in-One

Schlägt ein Spieler den Ball mit einem einzigen Schlag vom Tee, dem Abschlagpunkt, ins Loch, spricht man von einem Hole-in-One. Bei Profiturnieren setzt der Veranstalter für ein solch seltenes Ereignis meistens einen Sonderpreis, oft ein Auto, aus. Bei Amateuren gehört es zu den ungeschriebenen Gesetzen, dass der glückliche Spieler danach jedem Spieler, der sich zu der Zeit auf dem Platz befand, einen Drink spendiert. Weil das ins Geld gehen kann, kann man sich gegen die Folgekosten eines Hole-in-One sogar versichern. 1975 gelang dem damals fünfjährigen Amerikaner Coby Orr aus Littleton im US-Bundesstaat Colorado auf der fünften Bahn des Riverside Golf Course in San Antonio (Texas) ein Hole-in-One. Er überwand dabei 94 m. Ein amerikanischer Profi schlug dagegen einmal 3333 Bälle hintereinander und schaffte trotzdem kein einziges Hole-in-One. Statistiker haben die Chance mit 1:45 000 beziffert.

Handicap

In den meisten Ländern beginnt das Handicap mit 36 (in einigen anderen Ländern wie Schottland erst mit 28 oder 24). Das bedeutet, dass man auf einem Par-72-Platz eine Runde in mindestens 108 Schlägen (72 plus 36) absolvieren muss. Benötigt der Spieler nur 107 Schläge, erhält er Handicap 35, usw.

*Besser als **Handicap** wäre »Vorgabe«: In den entsprechenden Regeln ist immer von Vorgabe die Rede.*

Bleibt man auf einer Bahn über oder unter Par, gibt es dafür bestimmte Begriffe:

Name	
Birdie	1 unter Par (etwa ein Par-4-Loch in drei Schlägen)
Eagle	2 unter Par
Albatross	3 unter Par (also ein Par-5-Loch in zwei Schlägen)
Bogey	1 über Par
Doppel-Bogey	2 über Par
Triple-Bogey	3 über Par

*Das erste **British Open** fand 1860 im schottischen Prestwick statt.*

10 bekannte Golfspieler

Steve Ballestros (*1957), Spanien
Robert T. Jones (*1902, *1971), USA
Bernhard Langer (*1957), Deutschland
Tom Morris der Ältere (*1821, †1908), Großbritannien
Tom Morris der Jüngere (*1851, †1875), Großbritannien
Jack Nicklaus (*1940), USA
Greg Norman (*1955), Australien
Arnold Palmer (*1929), USA
Eldrick »Tiger« Woods (*1975), USA
Mildred »Babe« Zacharias (*1914, †1956), USA

Rekorde

Der höchstgelegene Golfplatz
ist in Morococha in Peru zu finden; an seinem tiefsten Punkt liegt er 4369 m über dem Meeresspiegel.

Der tiefstgelegene Golfplatz
befindet sich in Furnace Creek im Death Valley (Kalifornien); er liegt 67 m unter dem Meeresspiegel.

Das längste Hole-in-One
wird dem Amerikaner Bob Mitera zugeschrieben; er beförderte auf dem Miracle-Hill-Kurs in Ohama den Ball über 408,5 m mit einem Schlag ins Loch.

Am häufigsten gelang ein Hole-in-One
dem amerikanischen Berufsspieler Art Wall, der im Laufe seiner Karriere (1936–1979) insgesamt 42 Mal einen Ball mit einem Schlag ins Loch beförderte.

Den längsten Ball
schlug der australische Meteorologe Nils Lied 1962 an seinem Arbeitsplatz in der Antarktis; auf der meilenweit spiegelblanken Eisfläche schlug er einen Ball, der erst nach 2141 m zur Ruhe kam.

Wellness und Gesundheit

Gesund sein, gesund bleiben

Die Weltgesundheitsorganisation definiert Gesundheit als »Zustand körperlichen, seelischen, geistigen und sozialen Wohlbefindens«. Ob man gesund ist, hängt also nicht nur von einem medizinischen Befund ab, sondern vom subjektiven Lebensgefühl des einzelnen Menschen. Und so liegen auch Erhaltung und Wiederherstellung der Gesundheit in erster Linie in den eigenen Händen. Dass viele Menschen diese Einstellung teilen, zeigen die unterschiedlichen Konzepte und Trends, in deren Mittelpunkt körperliche Fitness, Meditation und Entspannung, gesunde Ernährung oder geistiges Training stehen. Nicht zuletzt kündet auch die Renaissance der Naturheilverfahren in der Medizin von dem Verlangen nach einer ganzheitlichen Betrachtungsweise des Menschen.

Wellness

Der englische Begriff Wellness (»Wohlgefühl«) entpuppt sich mehr und mehr als Zauberwort eines neuen Gesundheitsbewusstseins. Wellness betrifft Körper und Seele: die Balance zwischen Stress und Entspannung finden, die körperliche Fitness ohne Zwang erhalten, sich gesund ernähren, ohne strengen Regeln folgen zu müssen. Welche Wege eingeschlagen werden, um das Wohlgefühl zu erreichen, bleibt jedem Einzelnen und seinen individuellen Vorlieben überlassen.

Lächeln

Beim Lächeln ziehen sich die Gesichtsmuskeln zusammen. Dadurch wird der Blutfluss in den umliegenden Gefäßen eingeschränkt und das Gehirn zur Bildung von Serotonin angeregt, das beruhigt und entspannt. Lächeln steigert das Wohlbefinden!

6 wirkungsvolle Entspannungsmethoden

Autogenes Training wurde in den 1940er-Jahren von dem Nervenarzt Johannes H. Schultz entwickelt, der entdeckt hatte, dass durch gezielte Autosuggestionsübungen (z. B. durch Sprechen der Formel »Ich bin ganz ruhig«) ein Zustand der körperlichen und seelischen Entspannung erreicht werden kann.

Biofeedback ist eine Methode, scheinbar nicht beeinflussbare Körperfunktionen bewusst zu machen. Dabei werden etwa Herzschlag, Hautwiderstand oder Muskelspannung in optische oder akustische Signale umgesetzt. Durch die Rückmeldung der so »sichtbar« gemachten Signale kann man seine Fortschritte bei der Entspannung objektiv kontrollieren.

Die **Fünf Tibeter,** angeblich aus einem Kloster im Himalaja stammend, beinhalten eine Reihe von Energieübungen mit verjüngender und entspannender Wirkung. Ziel ist es, die sieben Chakren (Energiezentren) zu revitalisieren. Werden die fünf Riten regelmäßig und richtig ausgeführt, sollen sie Ausgeglichenheit und Lebensfreude steigern.

Qigong hat in China eine über 5000 Jahre alte Tradition. Es dient sowohl der Entspannung als auch der Stärkung von Körper, Geist und Seele. Neben körperlichen Übungen werden auch Vorstellungskraft und Atemtechnik eingesetzt. Mithilfe der Übungen soll die Energie in bestimmte Körperteile gelenkt und der ganze Mensch gekräftigt werden.

Watsu ist das im Wasser ausgeübte Zen-Shiatsu, eine aus Japan stammende Massagetechnik zur Harmonisierung des Energieflusses. 1980 entdeckte der amerikanische Chiropraktiker Harold Dull, dass Shiatsu-Übungen wesentlich effektiver sind, wenn sie in warmem Wasser durchgeführt werden. Aus dieser Erkenntnis heraus entwickelte er die Watsu-Methode. Sie verbindet Elemente von Massage, Gelenkmobilisation, Shiatsu sowie Meridian- und Muskeldehnungen und führt zu tiefer Ruhe und einem Gefühl absoluter Geborgenheit.

Yoga kommt aus Indien und ist dort seit vielen Tausend Jahren bekannt. Diese umfassende Lehre hat die Vervollkommnung des Menschen zum Ziel und verhilft zu tiefer Entspannung. Im Westen wird vor allem der Hatha-Yoga praktiziert, der die Kontrolle und Verbesserung der körperlichen Funktionen zum Ziel hat. Weitere traditionelle Richtungen sind der Jnana-Yoga (Weg der Erkenntnis), der Bhakti-Yoga (Weg der Hingabe), der Raja-Yoga (Weg der Innenschau und Konzentration) und der Karma-Yoga (Weg der Tat).

Eine seit Jahrtausenden bekannte Praktik, den Körper zu entschlacken und gleichzeitig die Abwehrkräfte zu stärken, sind Schwitzbäder. In Deutschland erfreut sich vor allem die finnische Sauna großer Beliebtheit. Das erste Saunahaus wurde 1936 auf Wunsch der finnischen Sportler zu den Olympischen Spielen in Berlin gebaut.

4 Schwitzbadvariationen

Beim **Heißluftbad** wird der Körper heißer, trockener Luft von 40 bis 80 °C ausgesetzt. Sie regt den Stoffwechsel und die Hauttätigkeit an.

Die **finnische Sauna** ist eine spezielle Form des Heißluftbades bei 70–90 °C trockener Hitze. Ein Saunagang beginnt mit der Aufheizungsphase, bei der der Körper bis zu einem Liter Schweiß verlieren kann, dann folgt die Abkühlungsphase mit kaltem Wasser und schließlich die Ruhephase.

Beim **Dampfbad** wird das Schwitzen durch 35–50 °C heiße Luft ausgelöst, die mit Wasserdampf gesättigt ist. Es belastet den Körper stärker als ein Heißluftbad.

Das **türkische Bad** verbindet Heißluft- und Dampfbad. Zunächst hält sich der Badende 20 Minuten im Warmluftraum (40–50 °C) auf, anschließend 10 Minuten im Heißluftraum (60–70 °C) und zuletzt 15–20 Minuten im Dampfraum (45–50 °C). Danach kühlt er sich durch eine kalte Dusche oder ein zimmerwarmes Tauchbad ab und hält für etwa 30 Minuten eine Liegeruhe ein.

Wohltuende Düfte

Entspannen kann man auch, indem man sich bewusst Düften überlässt. Die Möglichkeiten sind vielfältig: Aus Duftpflanzen gewonnene ätherische Öle können eingeatmet oder über die Haut aufgenommen werden. Sie eignen sich für Duftlampen, als erfrischende oder beruhigende Badezusätze oder für sinnliche Massagen. Die Aromatherapie nutzt Düfte sogar zur Linderung körperlicher und seelischer Beschwerden.

Eukalyptuszweig mit Blüten

Myrte

Echter Lavendel

10 Duftpflanzen und ihre Wirkungen

Name	verwendete Pflanzenteile	körperliche Wirkung	geistig-seelische Wirkung
Bergamotte *(Citrus aurantium ssp. bergamia)*	grüne Fruchtschalen	antiseptisch, fiebersenkend, appetitanregend, entkrampfend	aufmunternd, regulierend, antidepressiv
Eukalyptus *(Eucalyptus globulus)*	Blätter und ältere Äste	antiseptisch, blutreinigend, harntreibend	anregend, konzentrationsfördernd
Jasmin *(Jasminum officinale)*	ganze Pflanze	krampflösend, milchbildend	antidepressiv, aphrodisierend
Lavendel *(Lavandula officinalis)*	Blütenrispen und Stängel	schmerzlindernd, wundheilend, insektenabweisend, krampflösend	ausgleichend, anregend, beruhigend, erfrischend
Myrte *(Myrtus communis)*	blühende Zweigspitzen	schleimlösend, antiseptisch	klärend, reinigend, unterstützt Meditation
Orange *(Citrus sinensis)*	Schalen	verdauungsanregend, herzstärkend, desinfizierend	erheiternd, anregend, sinnlich, erwärmend
Rose *(Rosa gallica; Rosa damascena; Rosa centifolia)*	frische Blüten	kühlend, krampflösend, wundheilend	harmonisierend, lehrt Liebe und Geduld
Sandelholz *(Santalum album)*	zerkleinertes Holz	antiseptisch, schleimlösend	harmonisierend, beruhigend, aphrodisierend
Ylang-Ylang *(Cananga odorata)*	frische Blüten	blutdrucksenkend, antiseptisch	entkrampfend, ausgleichend, erotisierend
Zeder *(Cedrus atlantica; Cedrus libani)*	Holzabfälle und Sägemehl	antiseptisch, schleimlösend	stärkend, aufbauend, tröstend, wärmend

Parfüm

Von der Empfänglichkeit des Menschen für Düfte lebt die Parfümindustrie. Gute Parfümeure können bis zu 2000 Duftbausteine voneinander unterscheiden, die sie mit viel Einfühlungsvermögen, Fantasie und Inspiration immer wieder neu kombinieren. Der Duft, der bei einem Parfüm zuerst in die Nase steigt, wird als Kopfnote bezeichnet und verflüchtigt sich am schnellsten. Die Seele einer Mischung bildet die Herznote, meist ein weicher, blumiger Duft. Die Basisnote hält sich am längsten und verzögert die Verdunstung der leichter flüchtigen Essenzen. Als Basisnoten wurden früher vor allem Tierdüfte wie Moschus, Amber oder Castoreum (Bibergeil) verwendet.

Farben und ihre möglichen Wirkungen

Farbe	Auswirkung
Dunkelrot	schenkt Energie, Wärme, aphrodisierende Ausstrahlung
Gelb	hilft bei der Überwindung von Depressionen; unterstützt die Konzentrationsfähigkeit
Gold	unterstützt den Weg zur inneren Weisheit; fördert die Hautfunktionen und die Verdauung
Königsblau	verstärkt Sensibilität, Intuition, Mitgefühl; entspannt; stärkt den Gehörsinn
Oliv	regt das Immunsystem an; stärkt das Selbstbewusstsein
Orange	unterstützt die Verarbeitung von Ängsten; hilft bei der Entwöhnung von Süchten; regt die Sexualität an
Pink	hilft, Liebe und Wärme zu akzeptieren und weiterzugeben; entspannt
Rot	hilft, verlorene Bodenhaftung wiederzugewinnen, Gefühle und Liebe zuzulassen
Saphirblau	stärkt das Selbstvertrauen; verleiht Schutz und Sicherheit
Smaragdgrün	hilft, Entscheidungen zu treffen; wirkt positiv auf die Atemwege
Tiefmagenta	fördert die Selbsterkenntnis und die Fähigkeit zur Tiefenmeditation
Türkis	fördert die Kreativität; unterstützt das Immun- und Atemsystem
Violett	beruhigt und besänftigt bei Kopfschmerzen
Weiß	schützt und reinigt alle Chakren (Energiezentren)

Wohltuende Farben

Düfte sprechen die Nase an, Farben die Augen. Auch sie wirken auf Körper und Geist. In der Aura-Soma-Therapie z. B. werden verschiedenfarbige Öle dazu benutzt, seelische Probleme zu erkennen und zu bewältigen.

Ernährung

Eine gesunde, das heißt ausgewogene Ernährung, mit der dem Körper alle wichtigen Nährstoffe zugeführt werden, ist eine Grundvoraussetzung für die Erhaltung von Gesundheit und Leistungsfähigkeit und damit auch der Lebensqualität. Übermäßiges Essen sollte dabei genauso vermieden werden wie einseitige Diäten mit dem Ziel, ein »Idealgewicht« zu erreichen.

Übergewicht, verursacht durch Bewegungsmangel und falsche Ernährung, ist eine der Auswirkungen der modernen Wohlstandsgesellschaft. Seiner Bekämpfung haben sich die unterschiedlichsten Diäten verschrieben, die das Problem jedoch in den meisten Fällen nur kurzfristig lösen. Will man sein Gewicht aber dauerhaft reduzieren, sollte man nicht nur darauf achten, wie viel man isst, sondern vor allem, was man isst.

Bausteine gesunder Ernährung

Nährstoffe	Funktion	Lebensmittel
Eiweiße (Proteine)	Zellbaustoffe, zur Synthese von Enzymen, Hormonen und Antikörpern	Ei, Fleisch, Milch und Milchprodukte, Hülsenfrüchte
Kohlenhydrate	Energielieferanten, Energiespeicher	Obst, Kartoffeln, Getreide
Fette	Energielieferanten, Energiespeicher	Fleischwaren, Öle, Butter
Mineralstoffe (Kalzium, Phosphor, Magnesium, Kalium, Natrium, Chlor)	notwendig für Regulationsmechanismen des Körpers und für den Aufbau von Körpersubstanzen	Milch, Kochsalz, Trockenfrüchte, Vollkornprodukte, Gemüse, Nüsse, Fleisch, Fisch
Vitamine	tragen zur Beschleunigung und Steuerung von Körperreaktionen bei	Leber, Fisch, Eier, Pilze, Milch, Getreide, frisches Obst, Paprika, Hefe
Spurenelemente (Eisen, Jod, Kobalt, Fluor, Zink, Kupfer, Mangan, Molybdän, Selen, Chrom)	wichtige Bestandteile von Enzymen und Hormonen	Fleischwaren, Hülsenfrüchte, Fisch, Nüsse, Käse, Vollkornprodukte
Ballaststoffe	regen die Darmbewegung an, beugen Zivilisationskrankheiten vor	Vollkorngetreide, Obst, Gemüse, Kartoffeln

Mithilfe des Body-Mass-Index (BMI) kann man selbst überprüfen, wie es um das eigene Gewicht bestellt ist. Der BMI setzt Körpergewicht und Körpergröße in Beziehung nach der Formel

$$\text{BMI} = \text{Gewicht in kg} : \text{Größe in m}^2$$

Wie diese Zahl zu werten ist, ist folgender Tabelle zu entnehmen:

BMI

	Männer	Frauen
Untergewicht	unter 20	unter 19
Normalgewicht	20–25	19–24
Übergewicht	25–30	24–30
Fettsucht	30–40	30–40
massive Fettsucht	über 40	über 40

Überschüssige Kalorien lassen sich außer durch die Ernährung auch durch sportliche Betätigung abbauen. Um sichtbaren Erfolg zu erzielen – sprich: das Normalgewicht zu erreichen oder es zu halten – sollte diese Betätigung allerdings regelmäßig erfolgen.

10 Kalorienfresser

Betätigung	Verbrauch in Kilokalorien (kcal)
Dauerlauf (15 km/h)	386
Rock-‘n‘-Roll-Tanzen (30 Minuten)	350
Brustschwimmen	340
Laufen (9 km/h)	300
Schlittschuhlaufen	300
Waldlauf (8 km/h)	280
Reiten im Galopp	265
Schneeschaufeln	250
Treppensteigen (60 Stufen/Minute)	249
Skilaufen	245

Die 15 besten Sattmacher

Nahrungsmittel	Index[1]
Kartoffeln	323
magerer Fisch	225
Haferbrei	209
Orangen	202
Äpfel	197
Vollkornnudeln	188
Rindersteak	176
weiße Bohnen	168
Weintrauben	162
Vollkornbrot	188
Popcorn	154
Frühstückskleie	151
Eier	150
Käse	146
weißer Reis	138

1) Referenzwert: Weißbrot mit einem Sättigungsindex von 100

Medizin allgemein

Zu allen Zeiten haben Menschen versucht, die sie plagenden Krankheiten zu bekämpfen. Wurden Krankheiten, etwa in den frühen Hochkulturen, sehr häufig als von einer Gottheit gesandte Strafen oder Prüfungen verstanden, setzte sich seit Hippokrates die Vorstellung von natürlichen Krankheitsursachen mehr und mehr durch. Die moderne Medizingeschichte wurde entscheidend geprägt von Persönlichkeiten, denen es in ganz besonderer Weise gelang, mit bahnbrechenden Entdeckungen den medizinischen Fortschritt voranzutreiben.

15 Pioniere der Medizin

Hippokrates (* um 460 v. Chr. † um 375 v. Chr.) gilt als Begründer der wissenschaftlichen Medizin in der Antike. Sein Augenmerk lag auf der genauen Beobachtung und Beschreibung von Krankheitssymptomen.

Galen (* 129, † 199) fasste die Erkenntnisse der antiken Medizin in seinen Schriften zu einem einheitlichen System zusammen, das bis ins Mittelalter verbindlich war.

Andreas Vesalius (* 1514/15, † 1564) veröffentlichte 1543 das erste vollständige Lehrbuch der menschlichen Anatomie, das auf systematischen Sektionen von Leichen basierte.

William Harvey (* 1578, † 1657) entdeckte 1628 den großen Blutkreislauf und begründete mit dieser Entdeckung die Physiologie als experimentelle Wissenschaft.

Johann Peter Frank (* 1745, † 1821) gehört mit seiner Schrift »System einer vollständigen medizinischen Polizei« zu den Begründern der wissenschaftlichen Hygiene und des öffentlichen Gesundheitswesens.

Rudolf Virchow (* 1821, † 1902) begründete die Zellularpathologie und setzte sich für die Verbesserung der hygienischen Verhältnisse (u. a. Desinfektion, Kanalisation) ein.

Ignaz Semmelweis (* 1818, † 1865) erkannte die Kontaktinfektion als Ursache des Kindbettfiebers und entwickelte die ersten erfolgreichen Desinfektionsmethoden.

Joseph Lister (* 1827, † 1912) führte die Wundbehandlung mit keimtötenden Mitteln (Antisepsis) ein.

Robert Koch (* 1843, † 1910) gilt als einer der Begründer der Bakteriologie. Er entdeckte die Erreger der Cholera und der Tuberkulose.

Louis Pasteur (* 1822, † 1985) schuf die Grundlagen der Bakteriologie (Keimfreihaltung, Keimabtötung) und entwickelte Impfstoffe gegen Tollwut, Milzbrand und Rotlauf.

Paul Ehrlich (* 1854, † 1915) wurde mit der Entdeckung des Salvarsans, einer zur Behandlung u.a. von Syphilis eingesetzten Arsenverbindung, Begründer der modernen Chemotherapie und Immunitätslehre.

Wilhelm Conrad Röntgen (* 1845, † 1923) entdeckte 1895 die später nach ihm benannten Röntgenstrahlen.

Alexander Fleming (* 1881, † 1955) entdeckte 1928 das Penicillin, das jedoch erst 1941 erstmals erfolgreich gegen Infektionskrankheiten eingesetzt wurde.

Jonas E. Salk (* 1914, † 1995) führte 1953 die Schutzimpfung gegen Kinderlähmung ein.

Luc Montagnier (* 1932) und **Robert C. Gallo** (* 1937) gelang 1983 bzw. 1984 unabhängig voneinander die Entdeckung des Aids-Erregers.

Äskulap

Symbol des ärztlichen Standes ist der Äskulapstab. Er geht auf den griechischen Heilgott Äskulap zurück, der seit dem 5. Jahrhundert v. Chr. in der Kunst als ein in einen Mantel gehüllter bärtiger Mann mit dem meist von der heiligen Schlange umwundenen Stab dargestellt wurde.

ASS

Aspirin, das 1899 auf den Markt kam, ist heute eines der beliebtesten Schmerzmittel. Es enthält als wirksame Substanz Acetylsalicylsäure, die zwar schon 1853 synthetisch hergestellt worden war, deren Wirksamkeit gegen Schmerzen, Fieber und Entzündungen jedoch erst 1897 von dem Chemiker Felix Hoffmann erkannt wurde.

5 Meilensteine der Medizin

Anatomie: Als Begründer der wissenschaftlichen Anatomie gilt Andreas Vesalius (*1514/15, †1564). Er stellte als Erster den Beschreibungen der antiken Autoritäten seine aus eigener Anschauung gewonnenen Beobachtungen gegenüber, die er in seinem grundlegenden Werk »De humani corporis fabrica libri septem« veröffentlichte. Seine dort veranschaulichten Erkenntnisse vom Bau des menschlichen Körpers und seiner Organe hatte er durch die Sektion von Leichen gewonnen.

Schutzimpfung: Obwohl nachgewiesen werden konnte, dass in China bereits im 10. Jahrhundert gegen Pocken geimpft wurde, begann die Geschichte der Schutzimpfungen erst um 1798, als der englische Arzt Edward Jenner (*1749, †1823) die Ergebnisse seiner Impfexperimente mit Kuhpocken veröffentlichte. Eine erste Bewährungsprobe bestand die Schutzimpfung bei der Pockenepidemie während des Deutsch-Französischen Kriegs 1870/71: Unter den etwa 130 000 Toten auf dem Gebiet des späteren Deutschen Reiches waren nur wenige geimpfte preußische Soldaten. Dem französischen Chemiker Louis Pasteur (*1822, †1895) gelang es, Impfstoffe gegen Hühnercholera (1880), Milzbrand (1881) und Tollwut (1885) zu finden. 1890 entwickelten Emil von Behring (*1854, †1917) und sein japanischer Mitarbeiter Kitasato (*1856, †1931) die passive Immunisierung, bei der die Antikörper der zu bekämpfenden Krankheit verabreicht werden.
Weitere Meilensteine sind die Entwicklung von Impfstoffen gegen Kinderlähmung (1960), gegen Mumps (1965), gegen Hepatitis A (1982) und Hepatitis B (1992).

Narkose: Bis ins 19. Jahrhundert hinein war es nicht möglich, Schmerzen wirkungsvoll zu lindern. Erst 1846 wurde in Boston öffentlich die erste Operation unter Äthernarkose erfolgreich durchgeführt. Besonders populär wurde das Chloroform, das ein Jahr später vorgestellt wurde. Die mangelnde Dosierungsgenauigkeit führte jedoch zu Todesfällen, sodass man verstärkt nach Möglichkeiten zur lokalen Betäubung suchte: 1884 wurde bei einer Augenoperation erstmals Kokain als lokales Betäubungsmittel eingesetzt, das später durch Novocain ersetzt wurde. Eines der ältesten Mittel zur Schmerzbekämpfung – nicht nur bei Operationen – ist Opium. Sein Wirkstoff Morphin wird auch heute noch zur Linderung sehr starker Schmerzen eingesetzt.

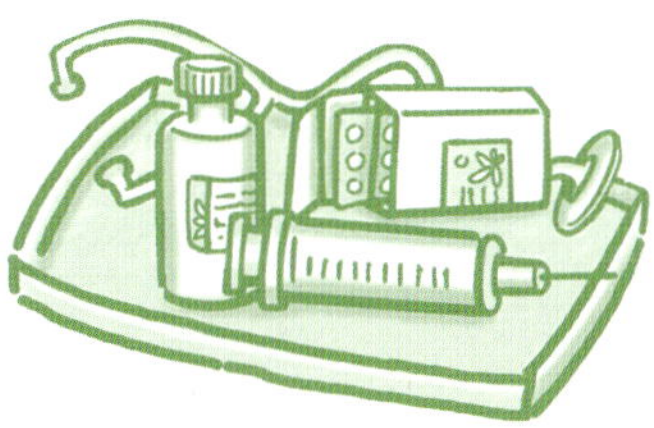

Antibiotika: Die systematische Bekämpfung von Infektionskrankheiten, die durch Bakterien verursacht werden, begann 1928 mit der Entdeckung des Penicillins durch Alexander Fleming (*1881, †1955), mit dem Blutvergiftung, Kindbettfieber, Lungenentzündungen und Geschlechtskrankheiten erfolgreich behandelt werden konnten. Ein weiteres bekanntes Antibiotikum ist das 1943 von Selman A. Waksman (*1888, †1973) entdeckte Streptomycin. Es trug wesentlich dazu bei, Mitteleuropa von der Tuberkulose zu befreien, die noch im 19. Jahrhundert die häufigste Todesursache gewesen war.
Trotz aller Erfolge ist heute Ernüchterung eingetreten, denn inzwischen erweisen sich viele Bakterienstämme als resistent gegen Antibiotika. Gründe dafür liegen nicht nur im exzessiven Gebrauch von Breitbandpräparaten, sondern auch im massenhaften Einsatz von Antibiotika in der Tierzucht.

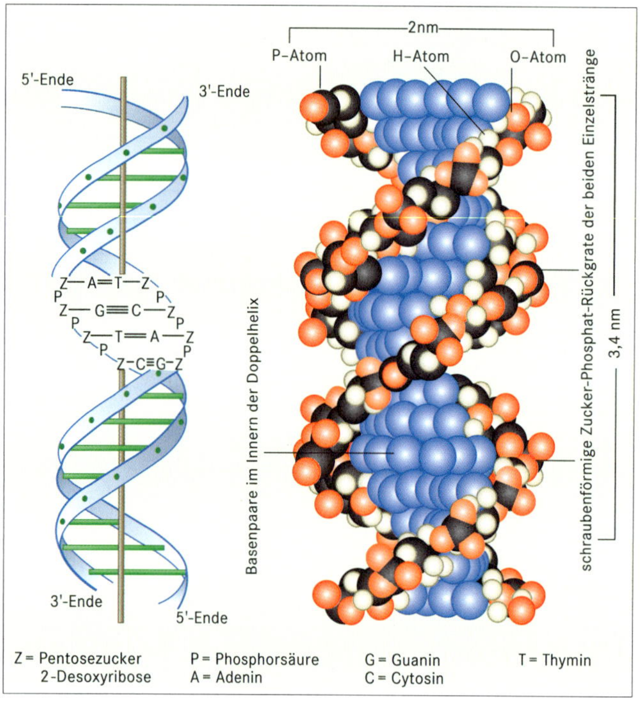

Desoxyribonucleinsäure:
Doppelhelixmodell:
links schematisch ein Ausschnitt von 19 Basenpaaren;
rechts Molekülmodell mit einem Ausschnitt von 15 Basenpaaren

Erbgutentschlüsselung: Die Basis der Gentechnologie wurde im Jahr 1953 gelegt, als es dem britischen Physiker Francis Crick (*1916) zusammen mit dem amerikanischen Biochemiker James D. Watson (*1928) gelang, die Grundgestalt der DNA (englisch desoxyribonucleic acid, »Desoxyribonukleinsäure«) als ein Doppelschraubenmolekül zu beschreiben.

Aus der räumlichen Struktur dieser Doppelhelix wurde bereits wenige Jahre später der genetische Code – d. h. die Sprache des Erbguts – abgeleitet. Mithilfe des Strukturmodells wurde entschlüsselt, wie und auf welchem Weg die Information, die in der DNA gespeichert ist, zur Synthese der Grundbausteine aller Zellen benutzt wird, wie die Erbinformationen von einem Organismus auf den anderen übertragen und abgeändert werden.

Alternative Medizin

Alternative Heilverfahren gewinnen seit Ende der 1970er-Jahre zunehmend an Bedeutung. Im Gegensatz zur modernen Medizin, die auf die körperlichen Auswirkungen von Krankheiten konzentriert ist, beziehen alternative Methoden den ganzen Menschen als Leib-Seele-Einheit in die Therapie ein. Neben der europäischen Volksmedizin stützen sich die Heilverfahren auch auf die traditionelle ostasiatische, indische und islamische Heilkunst.

5 bekannte Vertreter der Naturheilkunde

Paracelsus (*1493, †1541) war Arzt, Naturforscher und Philosoph. In seinen Schriften bekämpfte er die Schulmedizin und löste sich von den damals anerkannten medizinischen Autoritäten. Seine Heilkunst basierte auf Erfahrung, Experiment und Naturbeobachtung.

Sebastian Kneipp (*1821, †1897) entwickelte und propagierte die Anwendung von kaltem und warmem Wasser (Hydrotherapie) zur Vorbeugung und Heilung von Krankheiten. Seine Therapien waren einfach: kalte Wassergüsse, Barfußlaufen im nassen Gras, in Wasser oder im Schnee. Er hatte damit so großen Erfolg,

dass er 1888 das erste Badehaus eröffnete; zwei Jahre später gründete er den Kneipp-Verein. Neben der Abhärtung propagierte er auch eine ausgewogene Ernährung und körperliche Aktivität.

Samuel Hahnemann (*1755, †1843) ist der Begründer der Homöopathie. Ein Selbstversuch, mit dem er die Wirkung von Chinarinde erprobte, war der Ausgangspunkt für weitere Beobachtungen und Experimente, die schließlich in ein Heilverfahren mündeten, das er 1796 erstmals vorstellte und 1810 in seinem Hauptwerk »Organon der rationellen Heilkunde« vertiefte und erweiterte.

Edward Bach (*1886, †1936), ein britischer Immunologe und Homöopath, spürte 1928 durch Intuition zwei Pflanzen auf, deren Blütenessenzen heilend auf die Seele wirken sollen. Sieben Jahre später hatte Bach weitere 35 heilkräftige Pflanzen gefunden und die Heilkraft des Quellwassers erforscht, das für die Herstellung der Pflanzenauszüge erforderlich ist – die Bach-Blütentherapie war geboren.

Hildegard von Bingen (*1098, †1179) lebte als Benediktinernonne im Kloster Rupertsberg. Bekannt wurde sie vor allem durch ihre mystischen Visionen und als Ratgeberin von Kaisern und Päpsten. Darüber hinaus besaß sie auch fundierte natur- und heilkundliche Kenntnisse, die sie in dem zweibändigen Werk »Liber subtilitatum diversarum naturarum creaturarum« zusammenfasste. Der zweite Teil, »Causae et Curae«, enthält ihre Rezepte und Erfahrungsberichte im Umgang mit Krankheiten.

Gemeinsame Grundlage der naturheilkundlichen Heilverfahren ist die Überzeugung, dass der Mensch als Einheit von Körper, Seele und Geist begriffen werden muss und eine Krankheit nur durch den Organismus selbst geheilt werden kann. Deshalb steht die Förderung der Selbstheilungskräfte im Mittelpunkt der Therapie, wozu die unterschiedlichsten Methoden eingesetzt werden.

8 naturheilkundliche Heilverfahren

Akupunktur ist ein Teilgebiet der traditionellen chinesischen Medizin. Sie beruht auf der Vorstellung von verschiedenen Energien, die durch ein System von Leitbahnen, die Meridianen, fließen. Die Meridiane vermitteln dabei den Energiefluss zwischen dem Körperinneren und der Körperoberfläche – die Voraussetzung dafür, dass äußere Reize die inneren Organe beeinflussen können. Die Meridiane öffnen sich auf der Hautoberfläche in den Akupunkturpunkten, die bei der Therapie mithilfe spezieller Nadeln stimuliert werden.

Ayurveda ist eine Gesundheitslehre, die in Indien bereits seit etwa 5000 Jahren praktiziert wird. Die Grundprinzipien (Doshas) der Lehre sind Vata (Luft), Pitta (Feuer) und Kapha (Wasser), die bei einem gesunden Menschen in Einklang sind, deren Gleichgewicht jedoch bei einem kranken Menschen gestört sei. Die Behandlung zielt darauf, die Harmonie zwischen diesen drei Bereichen wiederherzustellen. Therapeutisch eingesetzt werden dabei Dampfbäder, spezielle Diäten, Fasten, Ganzkörper-Ölmassagen, Yoga und Meditationsübungen.

Der heilende Stich

Dass Akupunktur nicht nur eine alte chinesische Heilmethode ist, sondern wahrscheinlich auch schon vor rund 5200 Jahren in Mitteleuropa praktiziert wurde, lassen Untersuchungen vermuten, die 1998 am »Ötzi« durchgeführt wurden. Die 1991 am Similaungletscher gefundene Mumie trägt Tätowierungen am Rücken und auf den Beinen, die nach Meinung der Fachleute therapeutischen Charakter gehabt haben könnten. Denn die Tätowierungen stimmen weitgehend mit Akupunkturpunkten überein, die auch heute noch bei Rücken- und Gelenkschmerzen, auf die die Abnutzung der Wirbelsäule und der großen Beingelenke des Hirten aus der Jungsteinzeit hinweisen, stimuliert werden.

Die **Bach-Blütentherapie** des englischen Arztes Edward Bach (* 1886, † 1936) beruht auf der Vorstellung, dass negative Gefühle wie Hass, Angst oder Stolz die Harmonie von Körper, Geist und Seele stören und damit zu Erkrankungen führen können. Hier setzen die Blütenessenzen an, die Energieblockaden auflösen und den Seelenzustand harmonisieren sollen.

Bach-Blüte gegen Stress: Flockenblume

Die **Bioenergetik** entstand aus der Erkenntnis, dass das seelische Gleichgewicht vom körperlichen Wohlbefinden abhängt. Sie wurde in den 1940er- und 50er-Jahren von dem amerikanischen Arzt und Psychotherapeuten Alexander Lowen entwickelt und geht davon aus, dass sich seelische Probleme in Form von Verspannungen und Blockaden manifestieren. Sie können aber wieder beseitigt werden, wenn sich der Patient mit seinem verdrängten Innenleben und seinen unterdrückten Bedürfnissen auseinander setzt. Dabei ist eine bewusste Wahrnehmung des eigenen Körpers hilfreich, die etwa durch gezielte Atemübungen gefördert wird.

Unter **Hildegard-Medizin** werden verschiedene Verfahren zusammengefasst, die nach Hildegard von Bingen (* 1098, † 1179) benannt sind. Sie gründet sich auf ein christliches Weltbild und erklärt die Entstehung von Krankheiten aus einer gestörten Beziehung des Menschen zu Gott. Angewendet werden Heilpflanzen, Edelsteine und Ausleitungsverfahren, aber auch eine gesunde und maßvolle Ernährung auf der Grundlage von Dinkelgetreide sowie Fasten spielen eine wichtige Rolle.

Homöopathie ist das Heilverfahren des Samuel Hahnemann (* 1755, † 1843). Es beruht auf dem Ähnlichkeitsgesetz, dem zufolge diejenige Substanz, die bei einem gesunden Menschen bestimmte Symptome hervorruft, diese Symptome bei einem kranken Menschen auch heilen kann. Die Arzneimittel werden aus Mineralien, Pflanzen, Mikroben, Tieren und Chemikalien gewonnen und einer Prüfung unterzogen, bei der alle auftretenden Symptome festgehalten werden. Verabreicht werden sie in unterschiedlicher Konzentration, wobei der Grundsatz gilt, dass ihre Wirksamkeit bei immer höherer Verdünnung steigt.

Die **Hydrotherapie** benutzt Wasseranwendungen in unterschiedlicher Form: Wechselbäder, Güsse oder Packungen und Wickel tragen zur Stärkung der Abwehrkräfte bei, wirken ausgleichend auf Herz, Kreislauf und Nerven oder fördern bzw. vermindern die Durchblutung. Eine der bekanntesten Anwendungen ist die Kneipp-Kur, benannt nach dem Pfarrer Sebastian Kneipp (* 1821, † 1897).

Nicht nur gegen Vampire!

Das unscheinbare Äußere täuscht – Knoblauch hats in sich! Er wirkt nicht nur appetitanregend und verdauungsfördernd und ist deshalb in der Küche gern gesehen, sondern beugt – regelmäßig eingenommen – auch der Arteriosklerose und Infekten vor. Das für den typischen Knoblauchgeruch verantwortliche Allicin schützt auch vor Bakterien und Pilzen. Schon die Ägypter setzten ihn wegen dieser Eigenschaften beim Pyramidenbau in großen Mengen zur Gesunderhaltung der Arbeiter ein. Ob er aber – wie in der einschlägigen Literatur behauptet – auch gegen Vampire hilft, ist wissenschaftlich zumindest umstritten!

Knoblauch

Die **Kinesiologie** wurde von dem amerikanischen Chiropraktiker George Goodheart entwickelt. Sie beruht auf der Vorstellung, dass sich alle negativen Einflüsse, wie mangelnde Bewegung, falsche Ernährung, aber auch negative Gedanken und innere Konflikte, in unserem Bewegungsapparat als Stress niederschlagen: Energien werden blockiert und Verspannungen hervorgerufen. Mithilfe eines Muskeltests werden diese Verspannungen aufgespürt, die dann gezielt therapiert werden können.

Pflanzen gehören zu den ältesten Arzneimitteln. In der Kräutermedizin wurde zunächst die ganze Pflanze genutzt, später isolierte man die Reinsubstanzen, etwa das Morphin aus der Mohnkapsel. In der Naturheilkunde sind Phytopharmaka bedeutend; sie werden aber auch in der Schulmedizin eingesetzt.

15 bekannte Heilpflanzen

Name	verwendete Teile	Inhaltsstoffe	Anwendung
Arnika *(Arnicamontana)*	Blüten	ätherisches Öl, Bitterstoffe, Flavonoide	äußerlich bei Blutergüssen und Mundschleimhautentzündungen
Baldrian *(Valeriana officinalis)*	Wurzel	ätherisches Öl, Valepotriate	bei Nervosität, Schlafstörungen
Echte Kamille *(Matricaria recutita)*	Blüten	ätherisches Öl mit Chamazulen	bei Entzündungen, Magen-Darm-Beschwerden
Eibisch *(Althaea officinalis)*	Wurzel, Blätter	Schleim, Stärke, Pektin	bei Reizhusten, Magen-Darm-Katarrhen, Bronchitis, Entzündungen des Rachenraums
Fenchel *(Foeniculum vulgare)*	Früchte	ätherisches Öl	appetitanregend, verdauungsfördernd, bei Blähungen, Magen-Darm-Krämpfen, Erkrankungen der Atemwege
Holunder *(Sambucus niger)*	Blüten	ätherisches Öl, Flavonoide	bei fieberhaften Erkältungen (schweißtreibend)
Huflattich *(Tussilago farfara)*	Blüten	ätherisches Öl, Schleim, Bitterstoffe	bei entzündeten Schleimhäuten
Knoblauch *(Allium sativum)*	Zwiebeln	ätherisches Öl, Allicin	appetitanregend, verdauungsfördernd
Löwenzahn *(Taraxacum officinale)*	Wurzel, ganze Pflanze	Bitterstoffe	appetitanregend, bei Verdauungsbeschwerden, Blutreinigungsmittel
Melisse *(Melissa officinalis)*	Blätter	ätherisches Öl mit Zitronellal und Zitral	bei Nervosität, Magen-Darm-Beschwerden
Pfefferminze *(Menthax piperita)*	Blätter	ätherisches Öl mit Menthol, Gerb- und Bitterstoffe	bei Magenschleimhautentzündungen, Magen-Darm-Koliken, Gallenbeschwerden
Schafgarbe *(Achillea millefolium)*	Blüten, Kraut	ätherisches Öl mit Azulen, Bitterstoffe	appetitanregend, verdauungsfördernd, bei Magenbeschwerden
Schlehe *(Prunus spinosa)*	Blüten	Kohlenhydrate, Glykoside	bei Erkältungen, mildes Abführmittel
Spitzwegerich *(Plantago lanceolata)*	Kraut	Glykoside, Schleim, Kieselsäure	bei Katarrhen der oberen Atemwege
Wermut *(Artemisia absinthum)*	Kraut	ätherisches Öl, Bitter- und Gerbstoffe	bei Verdauungsstörungen, Magenleiden, Appetitlosigkeit

Krankheiten

Eine der größten Herausforderungen für die Medizin war und ist die Bekämpfung der ansteckenden, oft tödlich verlaufenden Infektionskrankheiten. Sie können sich mit einer solchen Geschwindigkeit ausbreiten, dass sie zu einer Bedrohung für ganze Völker und Kontinente werden.

Heute haben viele der Seuchen auslösenden Krankheiten ihren Schrecken verloren – an ihre Stelle sind andere getreten.

Zu den Krankheiten, die trotz der Erfolge der modernen Medizin weiter auf dem Vormarsch sind, gehören die Allergien: 10–20 % aller Deutschen leiden bereits an dieser Überreaktion des Immunsystems auf eigentlich harmlose Stoffe – Tendenz steigend. Die auslösenden Stoffe (Allergene) finden sich sowohl im häuslichen Bereich wie auch am Arbeitsplatz und in der freien Natur.

Große Seuchen der Menschheit

Jahr	Seuche	Betroffene Gebiete	Tote
1325–51	Pest	Indien	? Millionen
1347–52	Pest	Europa	etwa 25 Millionen
1665/66	Pest	London	Zehntausende
1894–1944	Pest	China, Indien, Afrika, Australien, Amerika	12 Millionen
1831/32	Cholera	Deutschland	
1991	Cholera	Südamerika, Afrika	3600
1994	Cholera	Zentralafrika	etwa 50 000
1918	Virusgrippe (»Spanische Grippe«)	Europa	27 Millionen
1857	Virusgrippe (»Asiatische Grippe«)	USA	über 70 000
1964/65	Virusgrippe	Deutschland	rund 37 000
1968	Virusgrippe (»Hongkong-Grippe«)	USA	über 38 000

Die 10 häufigsten Todesursachen weltweit

1990	2020 (geschätzt)
Atemwegsentzündungen	Herzerkrankungen
Durchfallerkrankungen	Depressionen
Säuglingskrankheiten	Autounfälle
Depressionen	Schlaganfall
Herzerkrankungen	chronische Lungenerkrankungen
Schlaganfall	Atemwegsentzündungen
Tuberkulose	Tuberkulose
Masern	Krieg
Autounfälle	Durchfall
angeborene Fehlbildungen	Aids

8 verbreitete Allergieauslöser

Hausstaubmilben, deren Exkremente die Allergie verursachen, finden sich überall dort, wo eine Luftfeuchtigkeit von 65 bis 80 % und Temperaturen von 20 bis 30 °C herrschen. Sie können Asthma, Schnupfen und Hautreaktionen hervorrufen.

Tierhaare, besonders von Katzen, Meerschweinchen und Kaninchen, und Vogelfedern können ebenfalls Allergien auslösen. Die Betroffenen reagieren darauf meist mit Schnupfen oder Asthma.

Schimmelpilze gedeihen besonders gut in feuchtwarmem Milieu. Ihre in die Luft abgegebenen Sporen können Schnupfen und Asthma verursachen.

Pollen von etwa 100 der ungefähr 4000 in Deutschland vorkommenden Pflanzenarten können nachweislich eine Allergie auslösen. Zu den aggressivsten Pollenträgern gehören u. a. Hasel (Februar/März), Birke (April/Mai), Roggen (Mai/Juni), Spitzwegerich (Mai bis September) und Beifuß (Juli/August). Die genauen Flugzeiten der jeweiligen Pollen können bei speziellen Ansagediensten erfragt oder auch Pollenflugkalendern entnommen werden.

Mehlstaub sind vor allem Bäcker und Menschen in Mühlenbetrieben ausgesetzt. Eingeatmet kann er bei Allergikern zu Schnupfen und Asthma führen.

Chemikalien, die direkt in Kontakt mit der Haut kommen oder eingeatmet werden, können ebenfalls Allergien auslösen. Besonders betroffen sind Friseure (Färbe- und Dauerwellenmittel), Maurer (Zement), Floristen und Gärtner (Dünge- und Spritzmittel), Drucker (Metalle).

Naturlatex kann bei Hautkontakt Ekzeme verursachen. Er ist zum Beispiel in medizinischen Handschuhen, Kondomen, Turnschuhen und Matratzen verarbeitet.

Obwohl mit den Antibiotika und der Schutzimpfung recht wirkungsvolle Mittel zur Verfügung stehen, ist es den Menschen bis heute nicht gelungen, die Verbreitung von Infektionskrankheiten entscheidend einzudämmen. Im Gegenteil: In den letzten Jahren wurden sogar mehr als 30 neue ansteckende Krankheiten entdeckt und zudem die Wiederausbreitung bereits besiegt geglaubter festgestellt.

Auch die Federn des Harzer Rollers (eines Kanarienvogels) können Allergien auslösen.

15 wichtige Infektionskrankheiten

Krankheit (Erreger)	Krankheitszeichen	Übertragungsart	Inkubationszeit
Aids (Viren)	Lymphknotenschwellung, Fieber, Durchfall, Gewichtsabnahme	Kontakt mit virushaltiger Körperflüssigkeit auf dem Blutweg	0,5–8 (10) Jahre
Cholera (Bakterien)	Durchfall, Erbrechen, Fieber, Wadenkrampf, Durst	Berühren, Schlucken	1–5 Tage
Diphtherie (Bakterien)	Fieber, Rachenbelag, Atembeschwerden, Halsschmerzen	Einatmen, Berühren	2–7 Tage
Fleckfieber (Rickettsien)	Fieber, Kopf- und Gliederschmerzen, bräunliche Hautflecken	Stich der Kleiderlaus	10–14 Tage
Grippe (Viren)	Fieber, Schleimhautentzündung, Kopf- und Muskelschmerzen	Tröpfcheninfektion	einige Stunden bis 4 Tage
Keuchhusten (Bakterien)	krampfhafter Husten mit pfeifender Einatmung, Erbrechen	Einatmen, Berühren	7–14 Tage
Kinderlähmung (Viren)	Fieber, Lähmung	Einatmen, Schlucken	3–14 Tage
Lepra (Bakterien)	Hautzerfall, Hautknoten	Tröpfchen-, Schmierinfektion	2–5 Jahre
Malaria (Sporentierchen)	periodische Fieberanstiege	Stich der Anophelesmücke	1–6 Wochen
Masern (Viren)	Fieber, Lichtscheu, hellrote Hautflecken	Berühren, Schlucken	10–14 Tage
Scharlach (Bakterien)	Fieber, Halsentzündung, zusammenfließende rote Hautflecken	Tröpfcheninfektion	3–4 Tage (bis 8 Tage)
Tetanus (Bakterien)	schmerzhafte Muskelkrämpfe	Wundverunreinigung	4–14 Tage (bis 28 Tage)
Tollwut (Viren)	leichtes Fieber, erhöhte Erregung, Schluckbeschwerden	Biss durch tollwütige Tiere	3 Wochen bis 3 Monate (bis 1 Jahr)
Tuberkulose (Bakterien)	bei Lungentuberkulose: Abmagerung, Husten mit blutigem Auswurf	Tröpfcheninfektion	mehrere Wochen
Typhus (Bakterien)	Fieber, rote Hautflecken	Berühren, Schlucken	10 Tage (3–60 Tage)

Impfkalender für Säuglinge, Kinder und Jugendliche (Stand: Januar 2000)

Alter	Impfung gegen
ab 1. Lebensmonat	1. Hepatitis B (HB)
ab 3. Lebensmonat	1. Diphtherie, Pertussis, Tetanus (DPT) 1. Haemophilus influenza Typ b (Hib) 1. inaktivierte Poliomyelitis-Vakzine (IPV)
ab 4. Lebensmonat	2. DPT
ab 5. Lebensmonat	3. DPT, 2. Hib, 2. HB, 2. IPV
ab 12.–15. Lebensmonat	4. DPT, 3. Hib, 3. HB, evtl. 3. IPV 1. Masern, Mumps, Röteln (MMR)
ab 5. Lebensjahr	Tetanus-Diphtherie-Auffrischimpfung, 2. MMR
11.–18. Lebensjahr	IPV-Auffrischimpfung Tetanus-Diphtherie-Auffrischimpfung HB und MMR für ungeimpfte Jugendliche

Nach wie vor ist Krebs die zweithäufigste Todesursache in Deutschland. Bei den Männern führen v.a. Lungen- und Prostatakrebs zum Tode, bei den Frauen treten Tumore der Brust und des Dickdarms am häufigsten auf. Früh erkannt ist eine Heilung möglich.

Sonnenbaden ohne Reue

Zur Vorbeugung gegen Hautkrebs gibt die Kommission zur Früherkennung und Prävention der Deutschen Krebshilfe folgende Tipps:

- Vermeiden Sie Sonnenbrand.
- Schützen Sie sich möglichst durch Textilien.
- Cremen Sie unbedeckte Körperstellen unbedingt ein.
- Tragen Sie Sonnencreme eine halbe Stunde vor dem Sonnenbad auf.
- Verwenden Sie zum Baden wasserfeste Sonnenschutzmittel.
- Verbringen Sie die ersten Urlaubstage möglichst im Schatten.
- Meiden Sie die Mittagssonne.
- Verzichten Sie auf Parfüms und Deodorants.

Jeder Krebs beginnt als kleiner, derber Knoten, der langsam wächst und später geschwürig zerfallen kann. Schmerzen treten erst dann auf, wenn der wachsende Krebs auf Nervengewebe drückt.

Die 7 Warnzeichen des Krebses

1. Jede nicht heilende Wunde und jedes nicht heilende Geschwür.
2. Knoten und Verdickungen in oder unter der Haut – besonders im Bereich der Brustdrüse – sowie ungewöhnlich auffällige Lymphknotenschwellungen.
3. Jede Veränderung an einer Warze oder einem Muttermal.
4. Anhaltende Magen-, Darm- oder Schluckbeschwerden.
5. Dauerhusten oder Dauerheiserkeit.
6. Ungewöhnliche Absonderungen aus Körperöffnungen wie Blut im Stuhl, Bluthusten, blutiger Urin.
7. Unregelmäßige Monatsblutungen oder Scheidenausfluss mit Blutbeimischungen sowie Blutungen nach Aufhören der Monatsblutung in den Wechseljahren.

Verteilung der Krebserkrankungen bei Männern und Frauen

Betroffene Organe	Frauen	Männer
Mund, Rachen	2 %	5 %
Haut	1 %	1 %
Brustdrüse	28 %	–
Lunge	5 %	2 %
Speiseröhre, Magen, Bauchspeicheldrüse	8 %	10 %
Dickdarm, Enddarm	15 %	15 %
Prostata	–	17 %
Gebärmutter, Eierstöcke	18 %	–
Harnwege	4 %	8 %
Blut, Lymphknoten	7 %	9 %
Übrige	12 %	13 %

Einem erhöhten Risiko, an Krebs zu erkranken, sind vor allem Raucher ausgesetzt. Betroffen sind neben der Mundhöhle (erhöhtes Risiko im Vergleich zu Nichtrauchern um den Faktor 10), Lunge (9,2) und Kehlkopf (7,5) auch Speiseröhre (4,2), Blase (2) und Magen (1,8). Beim Rauchen werden neben Nikotin weitere gesundheitsschädliche Stoffe aufgenommen.

Schadstoffe im Tabakrauch

Schadstoff	mg pro Zigarette
Teerkondensate	1-25
Kohlenmonoxid	1,5-3,0
Acetaldehyd	1,0
Isopren	0,5
Blausäure	0,2
Nikotin	0,1-1,5
Stickoxid	0,1-0,3
Acrollin	0,1

Rauchen zählt auch zu den Risikofaktoren für einen Herzinfarkt, den allein in Deutschland jährlich etwa 280 000 Menschen erleiden und der bei rund 35 % der Betroffenen zum Tode führt.

Rauchen als Teufelswerk

Die erste Nichtraucherkampagne wurde von dem englischen König Jakob I. (* 1566, † 1625) gestartet, der in seiner Schrift »Misokapnos« (»Rauchfeind«) das Tabakrauchen als wahres Teufelswerk anprangerte. Obwohl viele Ärzte den Tabak als Heilmittel gegen Pest, Zahnschmerzen, Gicht, Kolik und Tetanus empfahlen, wurde er in vielen Ländern verboten, im Osmanischen Reich sogar unter Androhung der Todesstrafe.
In Deutschland war das Rauchen auf der Straße bis 1848 untersagt.

7 Risikofaktoren für einen Herzinfarkt

Rauchen ist der Risikofaktor Nummer 1. Aber: Wer das Rauchen aufgibt, senkt sein Risiko, einen Herzinfarkt zu erleiden, schon nach zwei Jahren auf den Normalwert.

Bluthochdruck fördert Ablagerungen in den Herzkranzgefäßen, die zum Herzinfarkt führen können. In Deutschland sind etwa 20 Millionen Menschen davon betroffen.

Stress, insbesondere in seiner chronischen Form, kann den Blutdruck deutlich in die Höhe treiben und auch bestimmte Stoffwechselvorgänge verändern. Bei vielen Betroffenen ist die direkte Ursache für Bluthochdruck jedoch unbekannt und kann auch Veranlagung sein.

Cholesterin im Übermaß kann zu Fettablagerungen an den Gefäßwänden führen. Das Blut kann dann nicht mehr ungehindert zirkulieren, der Blutfluss verlangsamt sich.

Diabetes birgt ebenfalls eine Gefahr für das Herz. Durch den erhöhten Blutzuckerspiegel finden sich Organ- und Gefäßschäden beim Diabetiker besonders häufig. Sind dabei die Herzkranzgefäße betroffen, erhöht sich das Infarktrisiko erheblich.

Bewegungsmangel lässt das Herzinfarktrisiko beträchtlich steigen – selbst dann, wenn das allzu bequeme Leben der einzige Risikofaktor ist.

Übergewicht ist nicht nur lästig, sondern kann auch zu Bluthochdruck, Zucker- und Fettstoffwechselstörungen führen. Übergewicht entsteht, wenn man mehr Kalorien zu sich nimmt, als man verbraucht, allerdings spielen auch Vererbung und Hormone eine Rolle.

Transplantationen

Organverpflanzungen gehören heute zum medizinischen Alltag. Die ersten Versuche Ende des 19. Jahrhunderts waren noch zum Scheitern verurteilt, denn erst 1944 wies der Brite Peter B. Medawar (* 1915, † 1987) nach, dass die Abstoßung der Spenderorgane auf einer Immunreaktion des Empfängers beruht. Nun war es möglich, Medikamente zu entwickeln, die diese Reaktion des Körpers verhinderten. 1958 entdeckte Jean Dausset (* 1916) schließlich die Merkmale, die über die Organabstoßung zwischen Spender und Empfänger entscheiden. Neben den Organen Herz, Lunge, Niere, Leber, Bauchspeicheldrüse oder Haut können inzwischen auch Gehörknöchelchen, die Hornhaut des Auges oder Teile des Knies wie Kreuzband und Meniskus transplantiert werden.

Ob Menschen, die ein neues Organ benötigen, auch geholfen werden kann, hängt von der Spendenbereitschaft ihrer Mitbürger ab. Zwar stimmen etwa 86 % der Deutschen prinzipiell Organspenden zu, doch nur 13 % dokumentieren dies durch einen Organspendeausweis, der Ärzte im Todesfall zur Organentnahme gemäß des Organspendegesetzes von 1997 berechtigt. Auch andere Körperteile können ersetzt werden.

Transplantationen und eigentlicher Bedarf (2000)

Organ	Anzahl der Organverpflanzungen	Tatsächlicher Bedarf
Niere	2275	4000
Leber	757	1000
Herz	500	1000
Bauchspeicheldrüse	218	600
Lunge	146	200

Erste erfolgreiche Organverpflanzungen

1962	Nierentransplantation durch Joseph Murray, USA, zwischen nicht verwandten Menschen
1963	Lebertransplantation durch Thomas Starzl, USA
1963	Lungentransplantation durch J. Hardy, USA
1966	Transplantation einer Bauchspeicheldrüse durch R. Lillehei, USA
1967	Herztransplantation durch Christiaan Barnard, Südafrika
1968	Herz-Lungen-Transplantation durch Denton Cooley, USA
1985	Dünndarmtransplantation durch Z. Cohen, Kanada
1996	Transplantation von Schweinehirnzellen
1998	Transplantation der Hand eines Toten durch Jean-Michel Dubernard, Frankreich
2000	Doppelte Handtransplantation durch ein internationales Ärzteteam in Lyon, Frankreich

Organübertragungen

Die Geburtsstunde der Transplantationsmedizin schlug bei dem Versuch, einen ärztlichen Kunstfehler wieder gutzumachen: 1883 versuchte der Berner Chirurg Theodor Kocher (* 1841, † 1917) einem jungen Mann zu helfen, der an »Kretinismus« litt, einer geistigen und körperlichen Entwicklungsstörung, die durch den Mangel an Schilddrüsenhormonen verursacht wird. Kocher hatte dem Patienten Jahre zuvor wegen eines Kropfes die Schilddrüse entfernt und übertrug ihm nun – mit vorübergehendem Erfolg – Schilddrüsengewebe eines Gesunden. Andere Ärzte weiteten Kochers Konzept dann auf weitere Organe aus.

Prothesen und Implantate

- Knochenersatz (z. B. Schädelimplantat)
- Augenlinse
- Cochlear-Implantat (»ersetzt« die Gehörschnecke)
- Zähne
- Kehlkopfersatz
- Arm-, Unterarm-, Handprothese
- Brustimplantat und andere Weichteilimplantate, z.B. zur Gesichtsrekonstruktion
- Gelenke
- Herzklappe
- Blutgefäße
- Penisimplantat
- Fuß- und Beinprothese
- Bänder und Sehnen

Vergiftungen

Rund 90 % aller Unfälle mit giftigen Stoffen kommen bei Kleinkindern zwischen 10 Monaten und etwa 5 Jahren vor. Wenn sie beginnen, ihre Umwelt aktiv zu entdecken, sind Kleinkinder noch nicht in der Lage, zwischen schädlichen und unschädlichen Substanzen zu unterscheiden. Meist werden die Giftstoffe irrtümlich gegessen oder getrunken. Sie können aber auch eingeatmet, über die Haut aufgenommen oder injiziert werden. Der eigene Haushalt birgt viele Vergiftungsgefahren. An erster Stelle stehen dabei Vergiftungen durch Medikamente, gefolgt von Tabakwaren, Putzmitteln, giftigen Pflanzen, Lösungsmitteln, Rattengift, Insektiziden und schließlich verdorbenen Lebensmitteln.

Giftige Pflanzen begegnen den Kindern überall: als Zimmerpflanzen im Haus, als Zierpflanzen im Garten, in der freien Natur oder auf Spielplätzen.

6 Tipps zur Vermeidung von Vergiftungen

1. Bewahren Sie gefährliche Substanzen außerhalb der Reichweite von Kindern auf.
2. Werfen Sie giftige Stoffe nicht in den Abfalleimer oder Papierkorb.
3. Lagern Sie giftige Substanzen nie neben Lebensmitteln.
4. Bewahren Sie Giftstoffe nie in Behältern für Lebensmittel wie Limonaden- oder Bierflaschen und Tassen auf.
5. Denken Sie daran, dass Hand- und Einkaufstaschen gerne von Kindern durchwühlt werden.
6. Behalten Sie Ihr Kind im Auge, wenn Sie selbst mit Giftstoffen arbeiten.

Schwarze Tollkirsche

Dieffenbachia

Belladonna

Dass Giftpflanzen auch zu Heilzwecken eingesetzt werden können, zeigt das Beispiel der Schwarzen Tollkirsche *(Belladonna)*. Der Extrakt aus den Blättern wird als krampflösendes, gefäß- und pupillenerweiterndes Mittel verwendet. Im 16. Jahrhundert diente der Saft der hochgiftigen Beeren sogar als Schönheitsmittel: Er wurde in die Augen getropft, um ihnen Glanz zu verleihen und die Pupillen größer erscheinen zu lassen.

10 hochgiftige Wild- und Zierpflanzen

Pflanze	giftige Pflanzenteile
Dieffenbachia-Arten	alle Pflanzenteile
Eisenhut-Arten	alle Pflanzenteile, besonders die Wurzelknollen und Samen
Engelstrompete	alle Pflanzenteile
Herbstzeitlose	alle Pflanzenteile
Kartoffel	Keime, unreife, grün gewordene Knollen, alle oberirdischen Pflanzenteile
Lebensbaum-Arten	Blätter, Zapfen, Holz
Seidelbast	alle Pflanzenteile außer Fruchtfleisch, besonders die Samen
Stechapfel	alle Pflanzenteile, besonders Blüten und Früchte
Tabak	alle Pflanzenteile
Tollkirsche	alle Pflanzenteile

Bei den ersten Anzeichen einer Vergiftung – Übelkeit, Erbrechen, Durchfall, Atem-, Kreislauf- und Bewusstseinsstörungen, Atemlähmung – sollte umgehend ein Arzt verständigt und Sofortmaßnahmen eingeleitet werden.

Sofortmaßnahmen bei Vergiftungen

Nach dem Verschlucken von Giftstoffen sollte Wasser, Tee oder Saft in kleinen Schlucken getrunken werden. Dies ist ganz besonders wichtig bei Säuren- und Laugenvergiftungen (Verdünnungseffekt). Erbrechen sollte aber nur vom Arzt ausgelöst werden.

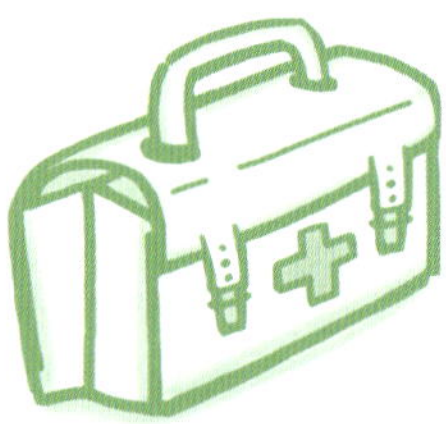

Nach dem **Einatmen** giftiger Substanzen ist unverzüglich für ausreichend frische Luft zu sorgen. Der Betroffene sollte warm zugedeckt und ruhig gehalten werden.

Bei Verätzungen der Augen durch Säuren, Laugen oder Kalk sollten die Augen mindestens 10 Minuten lang unter fließendem Wasser ausgespült werden. Bei Hautkontakten mit ätzenden Stoffen müssen die betroffenen Stellen ebenfalls ausgiebig unter fließendem Wasser ausgewaschen werden.

Bei Bewusstlosigkeit muss der Betroffene sofort in die stabile Seitenlage gebracht und der Kopf nach unten gewendet werden. Dadurch soll verhindert werden, dass Erbrochenes die Atemwege blockiert oder in die Lunge gelangt.

Rat und Hilfe erteilen die Giftnotrufzentralen, die in jedem Bundesland zu finden sind. In der Schweiz und in Österreich gibt es je eine zentrale Informationsstelle.

Giftnotrufzentralen in Deutschland, der Schweiz und Österreich

Ort	Zentrale	Telefon
Berlin	Beratungsstelle für Vergiftungserscheinungen und Embryonaltoxikologie	030/19240
Berlin	(Behandlungszentrum) Station 43 des Universitätsklinikums Rudolf Virchow	030/4505 3555
Bonn	Informationszentrale gegen Vergiftungen/ Zentrum für Kinderheilkunde	0228/287 3211
Erfurt	Gemeinsames Giftinformationszentrum der Länder Mecklenburg-Vorpommern, Sachsen, Sachsen-Anhalt und Thüringen	0361/730 730
Freiburg	Informationszentrale für Vergiftungsfälle, Universitäts-kinderklinik	0761/270 4361
Göttingen	Giftinformationszentrum Nord der Länder Bremen, Hamburg, Niedersachsen und Schleswig-Holstein, Zentrum für Toxikologie	0551/19240
Homburg/Saar	Informations- und Beratungszentrum für Vergiftungsfälle	06841/19240
Mainz	Beratungsstelle bei Vergiftungen der Universität Mainz	06131/19240
München	Giftnotruf München, Toxikologische Abt. der II. Med. Klinik	089/19240
Nürnberg	Toxikologische Intensivstation der II. Med. Klinik des Städtischen Krankenhauses	0911/398 2451
Wien	Vergiftungsinformationszentrale, Allgemeines Krankenhaus Wien	01/40400 2222 oder 01/406 4343
Zürich	Schweizerisches Toxikologisches Informationszentrum	01/251 5151

Essen und Trinken...

... hält Leib und Seele zusammen

Die Verpflegungsfrage, schrieb Theodor Fontane anno 1894, ist für den Kulturmenschen eigentlich das Wichtigste. Wer wollte ihm widersprechen? Der Mensch ist seit Millionen Jahren unentwegt bemüht, ausreichend Nahrung für sich zu beschaffen, ob als Jäger und Sammler oder später als Bauer und Viehzüchter, als Tauschhändler oder Käufer. Erst als die tägliche Versorgung mit Nahrungsmitteln einigermaßen gesichert war, konnte sich eine Ess- und Trinkkultur herausbilden.

Der Appetit kommt beim Essen ...

... sagt der Volksmund. Oft ist der Appetit zwar auch schon vorher da, aber so ist das nun mal mit Sprichwörtern. Dieses ist möglicherweise aus dem Französischen ins Deutsche gekommen. Die französische Form »L'appétit vient en mangeant« findet sich schon in François Rabelais' utopisch-burleskem und satirischem Abenteuerroman »Gargantua und Pantagruel« von 1535 (Gargantua, der Vater Pantagruels, zeichnet sich unter anderem durch besondere Gefräßigkeit aus). Der französische Renaissancedichter stützte sich thematisch auf das 1532 in Lyon erschienene Volksbuch von den Riesen Gargantua und Pantagruel. Die erste deutsche Übersetzung von Gottlob Regis erschien 1832–41. Die Redensart wird meist gebraucht um jemanden, der keinen Appetit verspürt, zum Essen zu bewegen, es gibt aber auch eine übertragene Verwendung, bei der mit »Appetit« oft eher Habgier gemeint ist.

Fast Food

Kleiner Genuss zwischendurch oder Sattwerden ohne Mühe, Imbiss oder Snack, im Stehen oder beim Gehen verschlungen: Das Essen auf die Schnelle erfreut sich großer Beliebtheit.

Schutzpatroninnen und -patrone für Küche, Speis und Trank

Es sind eigentlich über hundert, die sich in diesem Bereich nützlich machen. Hier also nur eine kleine Auswahl: Die heilige Elisabeth ist für die Bäcker zuständig, Sankt Wenzel für Biertrinker und -brauer. Die heilige Brigitte konnte Wasser in Milch verwandeln und nimmt sich folglich der Molker und Käser an. Und in und um die Küche schwört alles auf die heilige Martha. Sankt Martin war nicht nur ein Gänsefreund, sondern gilt auch heute noch als Schutzpatron der Winzer, Weinliebhaber und Weinservierer. Und nach dem übermäßigen Genuss von Wein und Bier kann nur noch sie helfen: die heilige Viviana. Selbst in Maßen dem Trunke ergeben, beschützt sie all jene, die es ihr gleich tun.

Die 10 beliebtesten Fast-Food-Gerichte und ihr Herkunftsland

Name	Ursprung
Chopsuey	USA
Currywurst	Deutschland
Döner Kebab	Türkei
Fish 'n' Chips	Großbritannien
Hamburger	USA
Hotdog	USA
Pizza	Italien
Pommes frites	Belgien
Sushi	Japan
Tapas	Spanien

Fast Food, von Kritikern auch gerne als »junk food« (von englisch junk »Müll«) bezeichnet, muss durchaus nicht immer minderwertig und ungesund sein. Sogar die Weight Watchers akzeptieren seit 1998 in gewissem Maße Fast Food. Wichtig ist vor allem eine ausgewogene Ernährung. So ist z. B. Fett zwar ein ergiebiger Energiespender, aber ein Zuviel vor allem an tierischen Fetten kann gesundheitsschädlich sein.

Fremde Länder, andere Küchen

Die Deutschen sind Urlauber mit Leib und Seele. Dabei machen sie – oft gewollt, manchmal ungewollt – kulinarische Entdeckungen und Erfahrungen. Auch die vielen Restaurants, die uns mit den nationalen Küchen der verschiedenen Länder bekannt machen, erschließen neue Geschmackswelten. Es sind vor allem italienische, spanische, griechische, türkische, chinesische und französische Gerichte, die angeboten werden, aber auch die amerikanische, die karibische und die japanische Küche sind zunehmend vertreten.

Einige landestypische Gerichte

Brasilien	Jambalaya	Reisgericht mit Hühnerfleisch, Garnelen und Paprika
China	Frühlingsrolle	Frittierte Nudelteigtasche mit Geflügel-, Schweinefleisch-, Krabben- oder Gemüsefüllung
Dänemark	Smørrebrød	Belegte Brote mit Lachs, Hummer, Aal, Hering, Sardellen, Kaviar, Gänseleber, Schinken, Käse u.a.
Frankreich	Coq au vin Ratatouille	Hähnchen in einer Rot- oder Weißweinsoße Gemüseeintopf mit Tomaten, Zwiebeln, Paprika, Zucchini und Auberginen
Griechenland	Moussaka	Auflauf aus Hackfleisch, Kartoffeln, Tomaten und Auberginen
Großbritannien	Plumpudding	Pudding aus Nierenfett, Weißbrot, Mehl, Rosinen, Backpflaumen und Gewürzen, mit Rum flambiert
Indien	Bhajias	Frittierte, mit Gemüse, Fleisch oder Meeresfrüchten gefüllte Krapfen aus Kichererbsenmehl
Indonesien	Nasigoreng	Reisgericht mit Krabben, Schweinefleisch, Hühnerbrust und Gemüsen
Italien	Saltimbocca Minestrone	Kalbschnitzel mit Parmaschinken und Salbei Gemüsesuppe aus Möhren, Porree, Sellerie, Tomaten u.a. mit Nudel- oder Reiseinlage
Irland	Irish Stew	Eintopf aus Hammelfleisch, Kartoffeln und Zwiebeln
Japan	Sukiyaki	In Pilzfond, Sojasoße und Reiswein auf Fondueart gegartes Rinderfilet und Gemüse
Jugoslawien	Djuvec Cevapcici	Reiseintopf mit Schweine- und Lammfleisch und Paprika, Tomaten, grünen Bohnen und Auberginen Gegrillte Röllchen aus gemischtem oder Lammhackfleisch
Mexiko	Guacamole	Avocado-Dip mit Tomaten, Zwiebeln und Chili
Norwegen	Fiskekarbonader	Fischfrikadellen aus Kabeljaufilet, Lauch und Zwiebel
Österreich	Kaiserschmarrn Tafelspitz	Mehlspeise aus Eiern, Sahne, Zucker und Rosinen Gekochtes Ochsenfleisch aus dem Schwanzstück
Polen	Bigos	Eintopf aus Schweinefleisch, Speck, Zwiebeln, Weißkohl, Sauerkraut, Rauchwurst und Pilzen
Russland	Borschtsch	Eintopf aus Rote Bete, Weißkohl, Suppengrün, Kartoffeln, Tomaten und Rindfleisch und saurer Sahne
Schweden	Köttbullar	Fleischbällchen aus Rinderhack, Rindernierenfett, Brötchen, Milch, Zwiebel und Eigelb
Schweiz	Käsefondue Berner Rösti	Dip aus mit Weißwein und Kirschwasser geschmolzenem Emmentaler und Greyerzer Käse Geraspelte Kartoffeln, in Butter oder ausgelassenem Speck gebraten
Spanien	Paella	Reispfanne mit Tomaten, Erbsen, Fleisch und Meeresfrüchten
Tunesien	Couscous	Gedämpfter Weizengrieß mit Hammelfleisch oder Geflügel und Gemüse
Türkei	Börek	Mit Gemüse oder Fleisch gefüllte Teigtaschen
Ungarn	Szegediner Gulyas	Gulasch aus Rind- und Schweinefleisch mit Sauerkraut
USA	Baked beans	Eintopf aus roten, weißen oder schwarzen Bohnen mit Speck und verschiedenen Gemüsen

Käsesorten (Auswahl)[1]

	Fett %[2]	Energie kcal	Eiweiß g	Cholesterin mg
Hartkäse				
Bergkäse	45	386	28,9	70
Chester (Cheddar)	50	393	25,4	76
Emmentaler	45	386	28,9	70
Greyerzer (Gruyère)	45	410	29,8	–
Parmesan	32	357	38,5	53
Schnittkäse, fest				
Appenzeller	50	386	25,4	74
Danbo (Favorel)	45	325	24,1	59
Edamer	45	325	24,1	59
Gouda	40	300	24,7	52
Leerdamer	45	352	25,9	64
Lindenberger	45	386	28,9	70
Tilsiter	45	325	24,1	59
Schnittkäse, halbfest				
Butterkäse	60	388	17,0	81
Edelpilz- oder Blauschimmelkäse				
Bavaria Blue	70	413	13,2	112
Bresse Bleu	50	358	22,9	69
Gorgonzola	50	358	19,4	–
Weichkäse				
Bel Paese	50	373	25,4	–
Brie	50	314	21,1	72
Camembert	45	280	21,0	51
Limburger	40	270	23,2	46
Romadur	30	226	24,8	33
Weichkäse mit grünem Pfeffer, Knoblauchfrischkäse	60	366	16,8	93
Doppelrahmfrischkäse	60	286	4,5	84
Feta	45	237	17,0	45
Mozzarella	30	225	19,9	–
Schichtkäse	10	80	11,6	7
Speisequark	20	110	10,5	17
Sauermilchkäse				
Harzer Käse, Korbkäse, Mainzer Handkäse	10	126	30,0	3

1) Werte je 100 g verzehrbarer Anteil
2) Fettgehalt in der Trockenmasse, Abweichungen möglich

Die fettreichsten und fettärmsten Lebensmittel *

	fettreichstes	Fett	fettärmstes	Fett
Milchprodukte	Sahne (30 %)	32	Magermilch	0,1
Käse	Camembert (60 %)	34	Hüttenkäse	4,3
Fette und Öle	Sonnenblumenöl	100	Margarine (halbfett)	40,0
Fisch	Aal	25	Kabeljau	0,4
Fleisch	Hammel (Brust)	37	Kalb (Keule)	0,8
Wurst	Mettwurst	45	Corned Beef	6,0
Geflügel	Gans	31	Hähnchen (Brust)	0,9
Getreideprodukte	Weizenkeime	9	Reis (poliert)	0,6
Nüsse	Walnüsse	63	Kokosnuss	36,0
Knabbergebäck	Kartoffelchips	40	Salzstangen	0,5
Süßwaren	Vollmilchschokolade	32	Bonbons	0,0

* (in g pro 100 g essbarem Anteil)

Käse

ist eines der ältesten Nahrungsmittel der Menschheit; er wurde wohl schon vor mehr als 7000 Jahren hergestellt. Bildliche Darstellungen der Verarbeitung von Milch gibt es aus Mesopotamien und Ägypten schon um 3000 v. Chr. Die Bibel erwähnt Schaf- und Kuhkäse, Homer erzählt in der Odyssee von Käse und im Römischen Reich war er ein wichtiges Nahrungsmittel. Nach der Völkerwanderung wurde besonders in den Klöstern die Kunst der Käserei vervollkommnet. Roquefort wird erstmals Ende des 11. Jahrhunderts genannt, etwa um die gleiche Zeit der Edamer, im 12. Jahrhundert der Chesterkäse, und Brie kam um 1500 dazu. Weltweit gibt es heute wohl mehr als 3000 Käsesorten.

Obst

ist in: Es ist vitamin- und ballaststoffreich, wasserreich und erfrischend und für jeden gibt es mindestens eine Sorte, die ihm schmeckt. Man unterscheidet Kernobst (z.B. Äpfel, Birnen), Steinobst (z.B. Kirschen, Aprikosen), Schalenobst (z.B. Hasel- oder Walnüsse) und

Ananas

Exotische Früchte (Auswahl)

	Heimat	Aussehen	Verwendung
Ananas	Westindien, Mittelamerika	zapfenähnliche, bis 20 cm große Sammelfrucht; gelbes, saftreiches, manchmal etwas faseriges Fruchtfleisch	in Scheiben schneiden, schälen, harten Kern entfernen, würfeln
Cherimoya	Südamerika	apfel- bis kokosnussgroße, kugelige bis eiförmige Sammelfrucht mit graugrüner Schuppenhaut; weißes,sahniges Fruchtfleisch mit birnenähnlichem Geschmack	schälen, entkernen, in Scheiben schneiden oder halbieren, über Kreuz einschneiden und auslöffeln
Curuba	Mittelamerika	10 cm langen, grüne bis gelbe, bananenförmige Passionsfrucht; rosa- bis orangefarbenes Fruchtfleisch	der Länge nach halbieren, auslöffeln
Feijoa	Südamerika	3–5 cm große eiförmige Frucht mit fester graugrüner Schale; weißes, säuerliches Fruchtfleisch	Frucht halbieren, auslöffeln oder schälen und in Würfel schneiden
Granadilla	Südamerika	runde, bis zitronengroße Passionsfrucht mit glatter gelber bis orangefarbener Schale; leicht säuerliches, gallertartiges Fruchtfleisch mit grünlichen Kernen	halbieren und auslöffeln
Granatapfel	Westasien	gelbe bis rote apfelähnliche, bis 10 cm große Scheinbeere	Frucht weich kneten, durch ein Loch in der Schale den Saft herausdrücken
Guave	Mittelamerika	apfel- bis birnenförmige Frucht mit hohem Vitamin-C-Gehalt; weißes, gelbliches oder rosafarbenes, süßsäuerlich schmeckendes Fruchtfleisch mit zahlreichen kleinen Kernen	schälen, in Würfel schneiden, als Frischobst oder gekocht als Kompott oder Marmelade
Kakipflaume (Dattelpflaume)	Ostasien	apfelgroße, gelbe bis orangerote Beerenfrucht; gerbsäurehaltiges Fruchtfleisch mit süßlich herbem Geschmack	schälen, in Scheiben oder Würfel schneiden oder Frucht halbieren, auslöffeln
Kaktusfeige	Mittelmeerraum	eierförmige Früchte verschiedener Kakteenarten mit gelblichen bis rötlichen stacheligen Schalen; süßlich neutral schmeckendes, helles bis rotes, kernreiches Fruchtfleisch	Enden abschneiden, Schale in Längsrichtung auftrennen und abziehen
Kapstachelbeeren	Südamerika	gelbliche bis orangefarbene, runde, 2 cm große Früchte; gelbgrünes, weiches Fruchtfleisch mit süßlich saurem Geschmack	Haut abziehen

Exotische Früchte (Auswahl)

	Heimat	Aussehen	Verwendung
Karambole (Sternfrucht)	Ostasien	8–12 cm lange, gelblich-durchscheinende Frucht mit fünf scharfkantigen Längsrippen und süßsäuerlichem Geschmack	ungeschält in quer laufende, sternförmige Scheiben schneiden
Kiwano (Hornmelone)	Neuseeland	walzenförmige, gelbbraune bis orangefarbene, 10–15 cm lange Frucht mit hornartigen Auswüchsen; das grüne Fruchtfleisch ist weich, saftig und von vielen Samen durchsetzt und schmeckt wie eine Mischung aus Banane und Passionsfrucht	der Länge nach halbieren, auslöffeln
Kiwi (Chinesische Stachelbeere)	Ostasien	länglich ovale, bis über 8 cm große Frucht mit brauner, behaarter Schale; das grüne, saftige, mit schwarzen Samenkörnern durchsetzte Fruchtfleisch ist reich an Vitamin C	Frucht halbieren und auslöffeln oder geschält in Scheiben oder Würfel schneiden
Kumquats (Limequats, Zwergorangen)	Ostasien	bis 3,5 cm große, eiförmige bis kugelige Früchte mit goldgelber, dünner Schale; würzig süß bis angenehm bitter, süßsäuerlich schmeckendes Fruchtfleisch	roh mit Schale
Litschis (Lychees)	Ostasien	rotbraune, bis pflaumengroße Früchte mit harter, warziger Fruchtwand und einem großen Samen mit saftigem Samenmantel	schälen, entkernen
Loquats (Japanische Mispel)	Ostasien	kugelige bis birnenförmige, etwa 5 cm lange Früchte mit gelber Schale und 3 bis 9 dunklen Kernen; das orangegelbe Fruchtfleisch ist knackig, saftig und süß	Blütenkrone enfernen, Früchte halbieren und auslöffeln
Lotospflaume (schwarze Dattel)	Asien, Mittelmeerraum	kirschgroße, gelbe bis blauschwarze Frucht mit angenehm süßem Geschmack	roh mit Schale
Mango	Südasien	gelbe, orange oder grüne, bis 2 kg schwere längliche Steinfrucht; das gelbliche, saftige, nicht immer süße Fruchtfleisch enthält viel Vitamin B und A	Frucht der Länge nach teilen, Kern herausheben, Fruchtfleisch kreuzweise einschneiden und auslöffeln oder schälen und in Scheiben schneiden
Papaya	Südamerika	gelbliche, bis 15 cm lange, keulenförmige Frucht; das orangefarbene Fruchtfleisch schmeckt melonenartig süß	schälen, entkernen und in Stücke schneiden
Passionsfrüchte	Süd-, Mittelamerika	bis 20 cm große, grünbraune bis dunkelviolette Früchte mit grüngrauem, weichem und saftreichem Fleisch mit zahlreichen Kernen	Früchte halbieren, auslöffeln oder zu Saft (Maracuja) verarbeiten
Pepino (Birnenmelone)	Südamerika	bis 20 cm große hellgelbe Frucht; das orangefarbene, saftige Fruchtfleisch schmeckt birnenähnlich süß	schälen, zerschneiden, Kerne entfernen
Sapote	Westindien	zitronenförmige, bis 15 cm große Frucht mit harter, zimtfarbener Schale und großem, braunem Kern; sehr süßes, rotes bis bräunliches Fruchtfleisch	Frucht halbieren, Kern entfernen, Fleisch mit Löffel ausheben
Sharonfrucht	Israel	Kulturform der Kakipflaume; die gelben bis orangeroten Früchte besitzen ein helles, festes Fruchtfleisch und enthalten keine bitteren Gerbstoffe	wie Kakipflaumen
Tamarillo (Baumtomate)	Peru	braunrote, pflaumengroße, spindelförmige Früchte mit säuerlichem, tomatenähnlichem Geschmack	gekocht als Kompott oder Marmelade
Ugli	Jamaika	Züchtung aus Mandarine und Grapefruit; bis 15 cm große grünbraune bis gelbe Frucht mit saftigem, Vitamin-C-reichem Fruchtfleisch	wie Apfelsinen, als Saft

Beerenobst (z.B. Heidelbeeren, Weinbeeren). Ganz oben auf der Skala der Vorlieben stehen aber auch exotische Früchte aus den Tropen oder Subtropen.

Kumquat

Litschi

Safran

Safran ist das teuerste und das am häufigsten gefälschte Gewürz. Für ein Kilo müssen etwa 150 000 Krokusblüten verarbeitet werden. Aber es war und ist natürlich nicht nur wegen seines exorbitanten Preises begehrt. Safran galt immer schon, abgesehen von seinen Geschmacksqualitäten, als potentes Heilmittel, das wegen seiner krampf- und schmerzlösenden sowie euphorisierenden Wirkung früher oft mit dem Opium verglichen wurde. Schon zu Zeiten der Römer wurde Safran mit Bleiglanz und Säften schwerer gemacht, und im 15. Jahrhundert griff das Fälschen des Gewürzes so um sich, dass sogar die Todesstrafe darauf stand. Noch 1551 sah sich der Reichstag zu Augsburg veranlasst, ein Gesetz gegen »geschmierten Safran« zu erlassen.

Gewürze

In keiner Küche dürfen sie fehlen: Gewürze. Sie machen Speisen pikanter, schmackhafter und besser verdaulich. Ihr Geschmack und ihr Geruch gehen meist auf ätherische Öle zurück, die auch noch in den getrockneten Pflanzenteilen erhalten bleiben. Man verwendet Kraut und Blätter, Blüten und Knospen, Früchte und Samen, Rinden und Wurzeln. Neben der Vielzahl europäischer Gewürze finden sich in den Regalen der Köche viele Exoten, die mit größter Selbstverständlichkeit gebraucht werden.

Echter Safran

Kardamom

Estragon

Herkunft und Verwendung von Gewürzen und Gewürzpflanzen (Auswahl)

deutscher Name	Heimat	verwendeter Pflanzenteil	hauptsächliche Verwendung
Anis	östliches Mittelmeergebiet	Früchte	Süßspeisen, Gebäck, Getränke
Basilikum	Indien	Kraut, Blätter	Salate, Kalb-, Lammfleisch, südeuropäische Spezialitäten
Bohnenkraut	Mittelmeergebiet	Kraut	Kräutermischungen, Bohnengerichte
Borretsch	Kleinasien	Blätter	Salate
Dill	Westasien	Blätter, Früchte	Soßen, Salate, Fleischgerichte, Einleggurken
Estragon	Südrussland	Kraut	Kräuteressig, Soßen
Gartenkresse	Ägypten bis Südwestasien	Grundblätter	Salate, Kräutermischungen, Soßen
Gewürznelken	Molukken	Blütenknospen	Süß- und Fleischspeisen, zum Einmachen

Spross des Pfefferstrauchs mit Blütenstand (oben) und Fruchtständen

Echte Vanille

Herkunft und Verwendung von Gewürzen und Gewürzpflanzen (Auswahl)

deutscher Name	Heimat	verwendeter Pflanzenteil	hauptsächliche Verwendung
Ingwer	tropisches Asien	Wurzelstock	Fleischspeisen, Süßspeisen
Kardamom	Südindien	Früchte	Weihnachtsgebäck
Kerbel	Osteuropa, Südwestasien	Blätter	Suppen, Soßen
Knoblauch	Asien	Zwiebel	Fleischgerichte, Salate
Kümmel	Europa, Asien	Früchte	Brot, Käse, Gemüse, Fleischgerichte
Liebstöckel	Persien	Blätter	Suppen, Soßen, Fleischgerichte, Salate
Majoran	Mittelmeergebiet	Kraut	Wurst, Eierspeisen, Fleisch und Geflügelgerichte
Meerrettich	Südosteuropa	Wurzel	Fisch- und Fleischgerichte, Soßen
Muskat	Bandainseln	Samen (Muskatnuss), Samenmantel (Muskatblüte, Macis)	Fleisch-, Fisch-, Gemüsegerichte, Wurst
Oregano	Südeuropa	Blätter	italienische Gerichte
Paprika	Südamerika	Früchte: Samen entfernt (süßer Paprika), mit Samen (scharfer Paprika)	Fleischgerichte, Suppen,
Petersilie	östliches Mittelmeergebiet	Kraut	Suppen, Fleisch-, Fischgerichte, Gemüse, Salate
Pfeffer	Vorderindien, Malabarküste	unreif geerntete, ungeschälte Früchte (schwarzer Pfeffer), reife, geschälte Früchte (weißer Pfeffer), unreife Früchte (grüner Pfeffer)	Fleischspeisen, Salate, Suppen, Soßen
Piment	Mittel- und Südamerika, Jamaika	unreife, getrocknete Beeren	Backwaren, Fisch- und Fleischgerichte, Soßen
Pimpinelle	Europa	Blätter	Kräutersoßen, Marinaden
Rosmarin	Mittelmeergebiet	Blätter	Hammel-, Wild-, Schweinefleisch, Suppen, Salate
Safran	Griechenland, Orient	Narbenäste der Blüten	Kuchen, Reisgerichte
Salbei	Mittelmeergebiet	Blätter	Leber-, Fisch- und Fleischgerichte
Schnittlauch	Europa	Blätter	Fleischgerichte, Wurst, Salate
Soja	Südostasien	Samen	Fleischgerichte, Soßen
Thymian	Mittelmeergebiet	Kraut	Fleisch- und Fischgerichte, Soßen, Suppen
Vanille	Mittelamerika	unreife Schoten	Süßspeisen
Zimt	Ceylon	Rinde	Süßspeisen, Gewürzmischungen
Zwiebel	Westasien	Zwiebel	Fleisch-, Fischgerichte, Salate, Soßen, Gemüse

Trinken

Ein Mensch kann länger überleben ohne zu essen als ohne zu trinken. Doch neben das reine Stillen des Durstes mit Wasser trat schon bald in der Menschheitsgeschichte die Lust am Genuss, am Berauschenden. Bereits im 5. Jahrtausend v. Chr. wurde im Zweistromland und in Westiran die Weinrebe kultiviert und verarbeitet, und im 4./3. Jahrtausend v. Chr. war Bier in Mesopotamien und Ägypten das Volksgetränk Nummer 1. Aus kultischen Anlässen und aus dem Gebot der Gastfreundschaft heraus entstanden Trinksitten und -gebräuche, die teilweise heute noch existieren, z. B. das Zu- und Bescheidtrinken.

Getränkeverbrauch in Deutschland*

alkoholische Getränke	
insgesamt	160,2
Bier	131,1
Wein	18,2
Sekt	4,8
Spirituosen	6,1
alkoholfreie Getränke	
insgesamt	244,0
Mineralwässer	107,0
Erfrischungsgetränke	95,6
Fruchtsäfte	41,4
Heiß-/Kaltgetränke	
insgesamt	262,7
Bohnenkaffee	160,3
Schwarzer Tee	24,6
Milch	77,8
Getränkeverbrauch gesamt	**666,9**

* Pro-Kopf-Verbrauch 1997 in l
(Quellen: Statistisches Bundesamt, ifo)

***Bierverleger** sind Großhändler, die Bier im Auftrag von Brauereien verkaufen.*

Gambrinus und das Bier

Er gilt als Erfinder des Bieres und Schutzherr der Bierbrauer und -trinker. Außerdem galt Gambrinus als König von Brabant und Flandern, da man seinen Namen fälschlicherweise von Jan Primus (= Herzog Johann I. von Brabant, *1251, †1294) ableitete. Die Namensform Gambrinus geht jedoch zurück auf Gambrivius, der über einen Druckfehler zu Gambrinius und schließlich zu Gambrinus geworden war. Mit (seinem angeblichen Vater) Marsus gehört Gambrivius zu einer erdichteten Genealogie der 10 ersten Herrscher der germanischen Frühzeit, die der italienische Humanist Johannes Annius 1498 im Anschluss an die in der »Germania« des römischen Historikers Tacitus genannten germanischen Stämme der Gambrivii, Marsi usw. aufgestellt hatte.
Die Erfindung des Bierbrauens wurde Gambrivius-Gambrinus zuerst 1543 von dem Dichter Burkard Waldis zugeschrieben. Am Ende des 17. Jahrhunderts wurde er bei dem Hamburger Juristen M. Schlüter

Alkoholgehalte einiger alkoholischen Getränke

Biere		Weine		Trinkbranntweine	
Lagerbier	4,5	Deutscher Weißwein	7-12	Klarer	40-55
Exportbier	5,3	Deutscher Rotwein	8-12	Kornbranntwein	32-40
Pilsener	4,5	Französischer Rotwein	8-16	Arrak	38-60
Dunkles Starkbier	6,2	Tokajer, Ausbruch	12,5	Rum	38-80
Berliner Weißbier	3,7	Likörweine	14-20	Whisky	38-65
Bayer. Weißbier	5,3	Schaumweine	9-13	Weinbrand	38
Porter (Stout)	8,4	Obstweine	5- 7	Wodka	40

in Vol.-%

Die 10 größten Brauereien der Welt

Brauerei	Land	Produktion (in Mill. hl)
1. Anheuser-Busch	USA	110
2. Heineken	Niederlande	70
3. Miller Brewing	USA	50
4. South African Brewery	Südafrika	40
5. Companhia Cervejaria Brahma	Brasilien	34
6. Interbrew	Belgien	34
7. Carlsberg	Dänemark	32
8. Kirin Brewery	Japan	32
9. Cerveceria Modelo	Mexiko	28
10. Fosters Brewing	Australien	27

als Gründer Hamburgs genannt. 1830 erschien Gambrinus als Gegenstück zum römischen Weingott Bacchus auf einer Zeichnung Moritz von Schwinds, dann folgte eine weitere Popularisierung durch Studentenlieder und Plakate von Brauereien.

Auch wenn die Deutschen mit einem derzeitigen Jahresverbrauch von ungefähr 130 l pro Kopf nach den Tschechen die fleißigsten Biertrinker sind, ist unter den zehn größten Brauereien der Welt keine aus Deutschland zu finden. Überhaupt sind nur drei europäische Brauereien unter den ersten zehn, obwohl ein Drittel der weltweit rund 1,3 Milliarden Hektoliter Bier (das entspricht einer täglichen Produktion von 700 Millionen Halbliterflaschen oder 35 Millionen Kisten) in Europa gebraut wird.

Gesetze, bierernst

Der Codex Hammurapi ist die umfassendste Sammlung babylonischen Rechts. In zahlreichen Paragraphen beschäftigte er sich mit Bierherstellung, Bierpreis und -zuteilung, die staatlich geregelt waren. So standen den Hofdamen von König Hammurapi (* 1728, † 1686 v. Chr.) täglich 3 Liter Bier zu. Das Anrecht auf das Höchstmaß hatten die babylonischen Provinzverwalter und die Hohepriester: 5 Liter pro Tag.

Biersabsatz nach Bundesländern

Land	Absatz (in Millionen hl)	Pro-Kopf-Verbrauch (in l)
Baden-Württemberg	8,3	79
Bayern	22,4	185
Berlin/Brandenburg	4,5	75
Hessen	5,3	88
Mecklenburg-Vorpommern	1,8	98
Niedersachsen/Bremen	7,1	83
Nordrhein-Westfalen	28,8	160
Rheinland-Pfalz/Saarland	7,7	151
Sachsen	7,8	174
Sachsen-Anhalt	2,5	92
Schleswig-Holstein/Hamburg	4,7	105
Thüringen	2,3	91

Mittlerer Stammwürze- und Alkoholgehalt einiger Biertypen

	Stammwürze (in %)	Alkohol (in %)
helles Lagerbier	11,5	3,7
helles Exportbier	12,7	4,2
Pilsener	12	3,9
Märzenbier	13,5	4,2
Bockbier	16,5	5,2
dunkles Starkbier	18,5	5,8
Weizenbier	12,7	4,3
Altbier	11,5	3,8
Nährbier	12,5	1,2

Der Kohlensäuregehalt liegt bei Flaschenbieren bei 4,55 g/l, bei Fassbieren unter Umständen etwas niedriger; Weizenbiere haben 7–8 g/l.

Wein

Der Weinbau kam – wie so vieles – im 1. Jahrhundert v. Chr. mit den Griechen nach Italien und Frankreich, mit den Römern dann in die von ihnen eroberten Gebiete nach Burgund und Bordeaux, ins Elsass, an Rhein und

Mosel. Ab dem 1. Jahrhundert n. Chr. verbreitete sich der Weinbau dann vom Bodenseegebiet aus über ganz Südwestdeutschland.

Inhaltsstoffe des Weins

	Rotwein	Weißwein
Wasser	750–900 g/l	
Äthanol	45–160 g/l	
Glycerin	4–20 g/l	
Arabinose (Zucker)	0,4–2 g/l	
Pektine, Polysaccharide	3–5 g/l	
Polypeptide	2–4 g/l	
Nikotinsäureamid (Vitamin)	1 g/l	
Panthotensäure (Vitamin)	1,2–1,5 g/l	
Aminosäuren	300 mg/l	400 mg/l
Weinsäure	3–7 mg/l	2–5 mg/l
Anthocyane (Farbstoffe)	–	0–0,5 mg/l
Tannin (Gerbsäure)	–	0,1–5 mg/l
Kalium	1–2,5 mg/l	0,1–1,6 mg/l

Schaumwein: Geschmacksangaben und Zuckergehalt

Bezeichnungen	Zucker (g/l)
naturherb	0–3
extra brut, extra herb	0–6
brut, herb	0–15
extra sec, sehr trocken, extra dry	12–20
sec, trocken, dry	17–35
demi-sec, halbtrocken, medium dry	33–50
doux, mild	über 50

*Das **größte Weinfass** mit 254 000 l Fassungsvermögen ließ der sächsische König August der Starke (* 1670, † 1733) für die Feste Königstein bauen. Die Bauzeit betrug 4 Jahre.*

Rotwein bei Zimmertemperatur, Weißwein leicht gekühlt

Rotweine enthalten eine Reihe natürlicher Säuren, besonders Gerbstoffe (Tannine), und andere Bestandteile, die im Weißwein nicht vorkommen. Sie sind nur in der Beerenhaut vorhanden und gehen, neben den roten Farbstoffen, bei der Maischegärung in den Most über. Bei gekühltem Rotwein überdecken die Säuren die Geschmackselemente der Traube. Bei Raumtemperatur ergänzen sich Säuren und Traubengeschmack harmonisch. Da Weißweine kein Tannin und andere Säuren enthalten, stört Kälte nicht ihre geschmackliche Ausgewogenheit.

Die deutschen Weinanbaugebiete

	Rebfläche in Hektar	Weißweinanteil in %	Hauptrebsorten
Ahr	510	19	Spätburgunder, Portugieser, Riesling
Baden	16 000	70	Müller-Thurgau, Spätburgunder, Grauburgunder
Franken	6100	93	Müller-Thurgau, Sylvaner, Bacchus
Hessische Bergstraße	450	93	Riesling, Müller-Thurgau, Grauburgunder
Mittelrhein	620	93	Riesling, Müller-Thurgau, Kerner
Mosel-Saar-Ruwer	12 000	98	Riesling, Müller-Thurgau, Elbling
Nahe	4600	92	Riesling, Müller-Thurgau, Sylvaner
Rheingau	3200	89	Riesling, Spätburgunder, Müller-Thurgau,
Rheinhessen	26 000	88	Müller-Thurgau, Sylvaner, Riesling,
Rheinpfalz	24 000	80	Riesling, Müller-Thurgau, Portugieser
Saale-Unstrut	300	90	Müller-Thurgau, Silvaner, Traminer
Sachsen	300	90	Müller-Thurgau, Weißburgunder, Traminer
Württemberg	11 000	43	Riesling, Trollinger, Schwarzriesling

__Önologen__ sind Fachleute auf dem Gebiet der Weinkunde, der Önologie.

Weinerzeugung und -verbrauch in den Ländern der EU *

Land	Erzeugung	Einfuhr	Ausfuhr	Inlandsverbrauch je Einwohner in l
Deutschland	8361	11 215	2240	23,1
Belgien	2	2287	204	20,5
Dänemark		1287	41	23,8
Finnland		263	2	5,1
Frankreich	54 354	6425	13 267	60,7
Griechenland	3875	50	650	29,1
Großbritannien	13	7316	228	12,1
Irland		205	7	5,3
Italien	55 794	286	14 820	61,9
Luxemburg	150	170	115	57,0
Niederlande		2146	126	13,0
Österreich	1866	186	129	31,0
Portugal	7255	653	1800	57,4
Schweden		1066	1	12,2
Spanien	20 045	2034	5674	37,4

* 1996, in 1000 hl

Die größten Wein produzierenden Länder

	Rebfläche (in Mio. ha)	Weinproduktion (Mio. hl)	jährlicher Pro-Kopf-Verbrauch (l)
Spanien	1,25	20	37
Italien	0,95	56	62
Frankreich	0,92	54	61
Türkei	0,56[1]	0,3	0,7
Portugal	0,36	7,3	57
USA	0,31	16	6,7
Rumänien	0,25	5,5	–[2]
Argentinien	0,20	18	44
Bulgarien	0,12	2,0	12
Chile	0,11	3,6	–[2]
Südafrika	0,11	9,0	8,8
Deutschland	0,10	8,4	23

1) vorwiegend zur Erzeugung von Tafeltrauben
2) keine Angaben

Die älteste noch angebaute Rebsorte ist der Gutedel, der in der Schweiz unter anderem als Fendant firmiert, in anderen Ländern als Chasselas. Sicher weiß man, dass der Gutedel schon vor 5000 Jahren in Oberägypten angebaut wurde, und zwar in der Oase El-Faijum. Dort wachsen noch heute bestimmte Verwandte der Sorte, wenn sie auch nur noch als Tafeltrauben Verwendung finden. Das deutsche Kernland des Gutedels ist das badische Markgräflerland, wo er 1780 eingeführt wurde und noch heute auf ca. 1300 Hektar angebaut wird.

Fachchinesisch

Weinproben sind für den Anfänger unter den Weintrinkern häufig recht bestürzend, denn in den meisten Fällen versteht er gar nicht recht, was die Fachleute eigentlich reden. Denn Winzer und Connaisseure unterhalten sich in einer eigene Sprache. In der Tabelle auf der folgenden Seite sind einige Übersetzungen zusammengestellt.

Weinfachausdrücke (Auswahl)

Abgang (Schwanz)	der Geschmack im hinteren Gaumen
aromatisch	reich an Geschmacksstoffen
artig	typisch für die Weinsorte
Barriqueton	mit feinem Holzgeschmack
blumig	reich an Duftstoffen
Botrytiston	mit feiner Süße von edelfaulen Beeren
brauchig	unerwünscht scharfer Alkoholgeschmack
bukettreich	besonders reich an Duftstoffen
dick	überreich an Körper, mangelnde Feinheit
duftig	mit zartem, feinem Bukett
dünn	extrakt- und alkoholarm, wässrig
eckig	ohne Harmonie und Rundung
edel	von großer Art und feiner Reife
elegant	fein abgestimmt in Säure, Alkohol und Bukett
fein	leicht, mit angenehmem Bukett
feurig	alkohol- und körperreich (besonders bei Rotweinen)
Finesse	aufs Feinste abgestimmte Geruchs- und Geschmackskomponenten
firn	mit Alterston, hat den Entwicklungshöhepunkt überschritten
fruchtig	Geschmack wie frisches Obst, besonders bei jungen Weinen
harmonisch	abgestimmtes Verhältnis aller Inhaltsstoffe
hart	sehr gerbstoffreich; auch zu sehr
herb	gerbstoffreich
kernig	kräftig, mit sortentypischer Säure
körperarm	mit wenig Substanz und wenig Fülle
kurz	ohne nachhaltigen Geschmack, kein Abgang
lieblich	leicht, mild, mit harmonischer Süße
nervig	kräftig, mit angemessener Säure
parfümiert	mit besonders ausgeprägtem oder gar aufdringlichem Aroma
plump	mit viel Körper, aber sonst ausdruckslos
rassig	mit ausgeglichener, aber ausgeprägter Säure
reif	auf der höchsten Stufe der Entwicklung
rund	ausgeglichen, ohne Fehler, aber ohne Finesse
sauber	fehlerfrei
schwer	alkohol- und körperreich, aber wenig differenziert
spitz	Wein mit einer (noch) unreifen Säure
spritzig	frisch, mit angenehmer Säure, zum Teil kohlensäurehaltig
stahlig	Wein mit mineralisch geprägter Säure
süffig	einfach, aber gut mundend
trocken	völlig durchgegoren oder mit geringem Restzucker
umgeschlagen	trüb infolge bakterieller Erkrankung oder Ausscheidung chemischer Stoffe; nicht mehr trinkbar
weich	mild, säurearm
wuchtig	sehr alkohol- und körperreich
würzig	Wein von kräftigem ganz eigenem Geschmack
zart	feiner, delikater Wein

1985 wurde bei Christie's für rund 240 000 DM ein 1787er Château Lafitte versteigert. 1986 lockerte sich der Korken infolge Austrocknung durch falsche Lagerung, der edle Wein verdarb.

Mit Wein und Käse zu olympischen Ehren

Sieger beim ersten olympischen Marathon der Neuzeit 1896 wurde der griechische Schafhirte Spyridon Louis. Er trat im volkstümlichen Schäfergewand an und hatte sich lediglich durch Fasten und Beten auf den Lauf vorbereitet. Auf der Strecke teilte er seine Kräfte klug ein und stärkte sich zwischendurch mit Wein und Käsebroten. Dennoch – oder deswegen? – brauchte er für die 40 km lange Strecke, die auch durch die Berge führte, nur 2 Stunden, 58 Minuten und 50 Sekunden.

Cocktail

Cocktail – zu englisch cock »Hahn« und tail »Schwanz«, also »Hahnenschwanz« – ist ein reichlich seltsamer Name für alkoholische Mixgetränke. Laut Duden Herkunftswörterbuch liegt »der Bedeutungsübertragung ein Vergleich mit der Buntheit des Hahnenschwanzes zugrunde«. Und bunt genug leuchten manche dieser Drinks ja nun wirklich in ihren Gläsern.

Ein paar Fachbegriffe

Aperitifs gibts vorm Essen. Klassisch: Martini und Manhattan.

Coladas werden aus Rum, Kokosmilch oder -creme und Fruchtsaft bereitet.

Collinses - meist aus einer Spirituose, Zitronensaft und Zuckersirup, aufgefüllt mit Sodawasser – werden gerührt, nicht geschüttelt.

Fizzes ähneln den Collinses, werden aber geschüttelt, nicht gerührt.

Highballs bestehen aus einer Spirituose, die mit Soda, Bitter Lemon, Ginger Ale oder Ähnlichem aufgefüllt wird.

Juleps sind so erfrischend, weil sie mit frischer Minze, Pferfferminzlikör oder Pfefferminzsirup gemixt werden.

15 bekannte Cocktails und ihre Hauptzutaten

Bloody Mary	Wodka, Tomatensaft, Zitronensaft, Worcestersauce
Bronx	Gin, Wermut, Orange Bitter, Orangensaft
Daiquiri	weißer Rum, Grenadine, Zitronensaft,
Durkee Highball	Rum, Curaçao, Zitronensaft, Zucker, Mineralwasser
Gin Fizz	Gin, Zitronensaft, Zucker, Mineralwasser
John Collins	Weinbrand, Zitronensaft, Zucker, Mineralwasser
Mai Tai	Rum, Curaçao, Limettensaft
Manhattan	Whisky, Wermut, Angostura Bitter
Martini	Gin, Wermut, Olive
Mint Julep	Whisky, Southern Comfort, Zucker, frische Minze
Piña Colada	weißer Rum, Cream of Coconut, Sahne, Ananassaft
Screw Driver	Wodka, Orangensaft
Side Car	Weinbrand, Cointreau, Zitronensaft
Snowball	Gin, Orangen- und Grapefruitsaft, Eiweiß, Zucker
Tequila Sunrise	Tequila, Orangensaft, Grenadine

Werbung

Nichts ist unmöglich ...

Mit kunstvoll gestalteten Schildern machten bereits im Mittelalter Handwerker auf ihre Dienste und ihr Können aufmerksam. Seit der Erfindung des Buchdrucks kamen als Werbeträger Plakate oder Anzeigen in Zeitschriften hinzu, denen im 20. Jahrhundert dann Leuchtreklame, Kino, später Radio und vor allem das Fernsehen folgten. Von Anfang an war es das Ziel der Werbung, Marken zu etablieren. Nicht selten erreichten die Marken durch das Lebensgefühl, das die Werbung mit ihnen verkaufte, Kultstatus. Coca-Cola oder Levi's sind die herausragendsten Beispiele dafür. Nach der Auffassung des Trendforschers Mathias Horx sind es die Marken, die die Kulte der modernen Zivilisation repräsentieren.

Der deutsche Werbemarkt

Deutschland gehört weltweit zu den führenden Werbemärkten. Im internationalen Vergleich der Werbeinvestitionen steht die Bundesrepublik auf dem dritten Rang nach den USA und Japan, im europäischen Vergleich sogar an erster Stelle vor Großbritannien, Frankreich, Italien und Spanien. 1999 wurden in Deutschland 61,5 Milliarden DM in Werbung investiert. Davon entfielen 18,8 Milliarden DM auf Gehälter, Honorare der Werbeagenturen und die Produktionskosten der Werbemittel. Mehr als zwei Drittel hingegen (42,7 Milliarden DM) wurden für die Werbeträger, also das Schalten von Anzeigen oder die Ausstrahlung von Spots im Fernsehen, aufgewendet. Mit 11,8 Milliarden DM Nettowerbeeinnahmen (1999) sind die Tageszeitungen die größten Werbeträger in Deutschland.

»Wenn Sie kein Coca-Cola-Schild mehr sehen, haben Sie die Grenzen der menschlichen Zivilisation erreicht.«

Coca-Cola-Werbebroschüre, 1960er-Jahre

Jahreswerbeumsätze von Zeitungen und Zeitschriften

Titel	Werbeumsatz 1999 (in Mio. DM)
Spiegel	504,66
Focus	483,27
Stern	452,33
FAZ	378,85
Bild am Sonntag	257,86
TV Spielfilm	261,57
Süddeutsche Zeitung	274,72
Brigitte	203,12
Handelsblatt	231,34
Wirtschaftswoche	174,23
TV Movie	166,42
Freundin	142,92
Auto, Motor und Sport	142,50

Quelle: AC Nielsen Werbeforschung S+P/HORIZONT

Die Litfaßsäule

Dem Berliner Buchdrucker Ernst Litfaß (* 1816, † 1874) kam Mitte des 19. Jahrhunderts die Idee, den Anschlägen und Plakaten, die überall an Häusern, Mauern und Zäunen angebracht und schnell wieder abgerissen wurden, gegen Gebühr einen legitimen Platz zu verschaffen. Mit der Berliner Polizeidirektion schloss er 1854 einen Vertrag, der ihm das exklusive Recht einräumte, seine Säulen überall in der Stadt aufzustellen. Ab dem 1. 7. 1855 wurden erstmals an 100 Litfaßsäulen Bekanntmachungen aller Art angeklebt.

Primetime

heißt im Medien- und Werbejargon die Zeit mit den meisten Verbrauchern vor den Fernseh- oder Rundfunkgeräten, etwa während Sport- und Unterhaltungssendungen oder Spielfilmen. Auch die Minute vor Nachrichtensendungen wie etwa der Tagesschau (Best Minute) zählt zur Primetime. Die Primetime ist die begehrteste Zeit für Werbespots. Die Preise für Werbeminuten während der Primetime können sechsstellige Summen erreichen.

TV-Werbung

Die Geschichte der Werbung im Fernsehen ist fast genauso alt wie das Medium selbst. Nachdem am 25. 12. 1952 der Nordwestdeutsche Rundfunk seinen täglichen Sendebetrieb offiziell aufgenommen hatte, wurde der erste Werbespot im bundesdeutschen Fernsehen am 3. 11. 1956 ausgestrahlt. Der Spot, der im Regionalprogramm des Bayerischen Rundfunks ausgestrahlt wurde, warb für das Waschmittel Persil.

In den USA wurden in den 1920er-Jahren im Hörfunk, seit 1953 auch im Fernsehen Familienserien, deren Zielpublikum insbesondere Hausfrauen waren, von den großen Waschmittelunternehmen finanziert. Daher nennt man die täglichen Serien noch heute »Soap-Operas« – Seifenopern.

Das Fernsehen ist in der Bundesrepublik Deutschland gegenwärtig (1999) mit 8,4 Milliarden DM Nettowerbeeinnahmen der Werbeträger mit den zweitgrößten Werbemarktanteilen nach den Tageszeitungen. Ein Großteil davon fließt in die Kassen der privaten Fernsehsender.

Jahreswerbeumsätze der Fernsehsender

Sender	Werbeumsatz 1999 (in Mio. DM)
RTL	3808,76
SAT.1	3064,91
PRO7	2842,65
RTL 2	740,02
Kabel 1	695,52
Vox	514,07
ARD	509,99
ZDF	413,37
DSF	328,28
Super RTL	305,93
n-tv	215,94
tm3	138,96

Quelle: AC Nielsen Werbeforschung S+P/HORIZONT

Werbeagenturen und ihre bekanntesten Kampagnen

Jung von Matt

Gegründet: 1991
Gründer: Jean-Remy von Matt, Holger Jung
Bekannte Slogans: »Bild Dir deine Meinung« (BILD-Zeitung, 1996),
»Wo ist denn der Tank?« (Audi, 1990er-Jahre),
»Sind wir nicht alle ein bißchen Bluna?« (Bluna Limonade, 1995).

Springer & Jacoby

Gegründet: 1979
Gründer: Konstantin Jacoby, Reinhard Springer
Bekannte Slogans: »Wir stecken keine Mark in die Werbung, sondern jede Mark in die Schokolade« (Alpia Schokolade, 1990), »Geht nicht, gibt's nicht« (Praktiker Baumarkt, 2000).

Scholz & Friends

Gegründet: 1981
Gründer: Jürgen Scholz
Bekannte Slogans: »Test the West!« (West Zigaretten),
»Come together and learn to live as friends« (Peter Stuyvesant Zigaretten, 1990),
»Dahinter steckt immer ein kluger Kopf« (Frankfurter Allgemeine Zeitung, 1996),
»Ist die Katze gesund, freut sich der Mensch« (Kitekat Katzenfutter, 1982).

Heye & Partner

Gegründet: 1954
Gründer: Friedrich Heye
Bekannte Slogans: »Knackiger Spaß im Glas« (Berentzen Apfelkorn, 1990),
»McDonald's ist einfach gut« (McDonald's, 1991),
»Kurze Pause leicht gemacht« (Müller Fruchtgriesbrei, 2000).

Ogilvy & Mather

Gegründet: 1948
Gründer: David Ogilvy
Bekannte Slogans: »Unternehmen Zukunft« (Deutsche Bundesbahn, 1991),
»Bezahlen Sie einfach mit Ihrem guten Namen« (American Express Kreditkarte, 1989),
»Le Tartare, der frische Franzose« (Le Tartare Kräuterfrischkäse, 1977).

Grey

Gründung: 1948 von Karl-Heinz Gramm als »Werbe-Gramm«, Zusammenschluss mit der New Yorker Agentur Grey zunächst als »Gramm & Grey«, später »Grey«
Bekannte Slogans: »Punica-Oase« (Punica Fruchtsaft),
»Visa – die Freiheit nehm ich mir« (Visa Kreditkarte, 1992),
»Die klügere Zahnbürste gibt nach« (Dr. Best Zahnbürsten, 1988),
»Alles, bloß nicht langweilig« (Volvo, 1996),
»Bin ich schon drin oder was?« (AOL Online-Dienst, 1999).

Wensauer & Partner

Gegründet: 1985
Gründer: Eberhard Wensauer
Berühmte Kampagne: Das grüne Schiff von Beck's (Beck's Bier, 1982) mit dem Song »Sail away«

Das englische Wort »Slogan«, das im 20. Jahrhundert für den »Werbespruch« geläufig wurde, kommt aus dem Gälischen und bedeutet »Kriegsgeschrei«.

Bekannte Slogans: »Außen Toppits, innen Geschmack« (Toppits Gefriertüten, 1990) »Schmeckt so gut wie selbst gemacht« (Hengstenberg Gewürzgurken und Sauerkraut, 1998).

Young & Rubicam

Gegründet: 1923
Gründer: John Orr Young, Raymond Rubicom
Bekannte Slogans: »Bei ARD und ZDF sitzen Sie in der 1. Reihe« (ARD und ZDF, 1990), »Nur Küsse schmecken besser« (Eckes Edelkirsch, 1969), »Die zarteste Versuchung, seit es Schokolade gibt« (Milka Schokolade, 1972) »alles in obi« (obi-Heimwerkermarkt, 1995), »Ford. Die tun was« (Ford Automobile, 1993).

BBDO

Gründung: 1928 Zusammenschluss aus Batten Co. (gegr. 1891 von George Batten) und Barton, Durstine & Osborne (gegr. 1919 von

Die 25 größten Werbeagenturen in Deutschland

Agentur	Nettoroheinnahmen 1999 (in Mio. DM)	Betreutes Werbevolumen 1999 (in Mio. DM)	Zahl der Mitarbeiter
BBDO Gruppe Deutschland	455,24	3036,4	2154
Grey-Gruppe	225,29	1502,7	1010
Publicis Gruppe Deutschland	220,54	1471,0	1004
Young & Rubicam	149,79	999,1	654
Ogilvy & Mather Gruppe	147,54	984,1	564
McCann-Erickson Gruppe	125,11	834,5	480
Scholz & Friends Group	123,22	821,9	542
Springer & Jacoby	122,76	818,8	505
J. Walter Thompson	107,33	715,9	395
FCB Deutschland	102,80	685,7	465
DDB Gruppe	100,43	669,9	517
Ammirati Puris Lintas	97,47	650,1	400
Michael Conrad & Leo Burnett	96,05	640,6	379
TBWA Deutschland	82,67	551,4	313
D'Arcy	82,33	549,1	361
ServicePlan	67,20	448,2	262
Heye & Partner	59,52	397,0	268
Citigate SEA (Spiess Ermisch & Andere)	58,20	388,2	188
Jung von Matt	57,03	380,4	290
Euro RSCG	55,20	368,2	290
Saatchi & Saatchi	42,45	283,1	166
Lowe Deutschland	40,39	269,4	153
KNSK Slagman	34,61	230,8	140
DraftWorldwide (Deutschland)	33,90	226,1	122
Rempen & Partner	33,37	222,6	163

Quelle: Arbeitsgemeinschaft GWA, HORIZONT und Werben & Verkaufen

Bruce Barton, Roy Durstine, Alex Osborne)
Bekannte Slogans:
»Man nehme Dr. Oetker ... Qualität ist das beste Rezept« (Dr. Oetker Backwaren),
»Für das Beste im Mann« (Gillette Rasierschaum, 1990),
»Etwas weniger Schmerz auf dieser Welt« (Aspirin Schmerzmittel, 1993).

Publicis

Gründung 1926
Gründer: Marcel Bleustein Blanchet
Bekannte Slogans:
»Wir sind an Ihrer Seite« (Alete),
»Deutsche BA. Die freundliche Airline« (Deutsche BA Fluglinie, 2000).

Ammirati Puris Lintas

Gründung: 1928/29, hervorgegangen aus der Werbeabteilung des Chemiekonzerns Lever Sunlicht. Aus »Lintas« wird 1995 durch Ralph Ammirati und Martin F. Puris »Ammirati Puris Lintas«
Bekannte Kampagnen:
»Ruf doch mal an« (Deutsche Bundespost, 1975), »Schreib mal wieder« (Deutsche Bundespost 1979),
»Ich war eine Dose« (Informationszentrale Weißblech, 1985),
»Vielleicht hätte er jemanden fragen sollen, der sich damit auskennt«, »Gelbe Seiten machen das Leben leichter« (Gelbe Seiten, 1990),
»Ich und mein Magnum« (Langnese Magnum, 1991).

TBWA

Gegründet: 1970
Gründer: William Tragos, Claude Bonnage, Uli Wiesendanger, Paolo Arjoldi
Bekannte Kampagnen:
»... ein Stück aus meiner Lieblingskollektion«, »Der Beginn einer kochenden Leidenschaft« (Barilla Nudeln, 1991).

Coca-Cola-Slogans

1935 Durst kennt keine Jahreszeit
1955 Mach' mal Pause – trink Coca-Cola
1962 ... auch eine!
1968 Besser geht's mit Coca-Cola, mach mal Pause mit Coke
1969 It's the real thing
1970 Laßt uns frischwärts geh'n
1974 Trink Coca-Cola ... das erfrischt richtig
1976 Coke macht mehr draus
1989 You can't beat the feeling
1993 Always Coca-Cola

Ausgezeichnete Werbung

Ähnlich wie in der Filmbranche werden auch in der Werbebranche jährlich die besten Kampagnen oder Werbespots ausgezeichnet. Eine der berühmtesten Auszeichnungen findet während der Filmfestspiele in Cannes statt. Bei dem International Advertising Festival werden die besten Werbefilme prämiert, anschließend in der so genannten »Cannes-Rolle« zusammengefasst und im Kino gezeigt. Weitere wichtige Festivals sind: London International Advertising Awards, Eurobest Awards (London), International Festival of Advertising (Montreux), Europe's Premier Creative Award (Frankreich), Golden Drum Award (Slowenien). Bedeutende Preise werden etwa auch von dem Art Directors Club Deutschland (ADC) und der American Association of Advertising Agencies vergeben. Mit dem »Effie«, dem so genannten Effizienzpreis, prämiert der Gesamtverband der Werbeagenturen kreative, aber auch besonders effiziente (im Hinblick auf das Verhältnis von Werbeaufwand und Verkaufszahlen) Werbung.

Berühmte Werbeslogans

Slogan	Marke/Produkt	Entstehung
Alle reden vom Wetter. Wir nicht	Deutsche Bundesbahn	1968
Auf diese Steine können Sie bauen	Bausparkasse Schwäbisch Hall	1950er-Jahre
Aus dieser Quelle trinkt die Welt	Apollinaris / Mineralwasser	1990er-Jahre
Aus Erfahrung gut	AEG / Elektrogeräte	1960er-Jahre
Bauknecht weiß, was Frauen wünschen	Bauknecht / Elektrogeräte	1950er-Jahre
Bezahlen Sie einfach mit Ihrem guten Namen	American Express / Kreditkarten	1980er-Jahre
Dahinter steckt immer ein kluger Kopf	FAZ / Tageszeitung	1950er-Jahre
Damit Sie auch morgen noch kraftvoll zubeißen können	blend-a-med / Zahncreme	1960er-Jahre
Dann klappt's auch mit dem Nachbarn	Calgonit 2-Phasen-Tabs / Geschirrspülmittel	1995
Das Gute daran ist das Gute darin	Erasco-Fertiggerichte	1990
Da weiß man, was man hat	Persil / Waschmittel	1975
Der Duft der großen weiten Welt	Peter Stuyvesant / Zigaretten	1958
Der Geschmack von Freiheit und Abenteuer	Marlboro / Zigaretten	1970er-Jahre
Der nächste Winter kommt bestimmt	Rheinische Braunkohlenbrikett GmbH	1960
Der Tag geht, Johnnie Walker kommt	Johnnie Walker / Whisky	1967
Die feine englische Art	After Eight / Süßwaren	1972
Die Freiheit nehm ich mir	Visa / Kreditkarte	1990er-Jahre
Die zarteste Versuchung, seit es Schokolade gibt	Milka / Schokolade	1970er-Jahre
Drei Dinge braucht der Mann	Stanwell / Pfeifentabak	1960er-Jahre
Entdecke die Möglichkeiten	IKEA / Möbelhaus	1990er-Jahre
Er läuft und läuft und läuft ...	VW Käfer / Automobil	1962
Es gibt viel zu tun. Packen wir's an	Esso / Benzin	1974
Es war schon immer etwas teurer, einen besonderen Geschmack zu haben	Atika / Zigaretten	1965
Ford. Die tun was.	Ford / Automobil	1993
Freude am Fahren	BMW / Automobil	1970er-Jahre
Für das Beste im Mann	Gillette / Rasierschaum	1990
Gelbe Seiten machen das Leben leichter	Gelbe Seiten	1990er-Jahre
Gesunde Vitamine naschen	Nimm 2 / Bonbons	1962
Gut gelaunt genießen	HB / Zigaretten	1970er-Jahre
Hallo, Herr Kaiser	Hamburg-Mannheimer / Versicherung	1972
Haribo macht Kinder froh	Haribo / Süßwaren	1930er-Jahre
Hast du was – bist du was!	Werbeverbund Pfandbriefe und Kommunalobligationen	1955
Heißgeliebt und kalt getrunken	Dornkaat / Korn	1920er-Jahre
Heute bleibt die Küche kalt	Wienerwald / Gaststätte	1965
Hier gesucht, heißt schon gefunden	Gelbe Seiten	1969
... hoffentlich Allianz versichert	Allianz / Versicherung	1957
Ich geh meilenweit für eine Camel	Camel / Zigaretten	1969

Slogan	Marke/Produkt	Entstehung
Ich will so bleiben, wie ich bin	Du darfst / Halbfett-Lebensmittel	1980er-Jahre
Im Falle eines Falles klebt Uhu wirklich alles	Uhu / Alleskleber	1930er-Jahre
Ist die Katze gesund, freut sich der Mensch	Kitekat / Katzenfutter	1982
Keiner wäscht reiner!	OMO / Waschmittel	1966
Knackiger Spaß im Glas	Berentzen Apfelkorn	1990
Man gönnt sich ja sonst nichts	Malteserkreuz Aquavit	1980er-Jahre
Mars macht mobil, bei Arbeit, Sport und Spiel	Mars / Schokoriegel	1975
Mensch, laß es dir gutgehen	Krups / Haushaltsgeräte	1970er-Jahre
Mit 5 Mark sind Sie dabei	ARD Fernsehlotterie	1960er-Jahre
Mit Brille wär' das nicht passiert	Fördergemeinschaft der deutschen Augenoptiker	1960er-Jahre
Mit einem Wisch ist alles weg	Zewa / Küchenrolle	1970er-Jahre
Nicht immer, aber immer öfter	Clausthaler Alkoholfrei / Bier	1990
... nicht nur sauber, sondern rein	Ariel / Waschmittel	1960er-Jahre
Nichts ist unmöglich	Toyota / Automobil	1992
Nie war er so wertvoll wie heute	Klosterfrau Melissengeist	1930er-Jahre
Nur fliegen ist schöner	Opel GT / Automobil	1960er-Jahre
Nur Küsse schmecken besser	Eckes Edelkirsch / Kirschwasser	1969
Odol gibt sympathischen Atem	Odol / Mundwasser	um 1900
Otto ... find ich gut!	Otto / Versandhaus	1985
Pack den Tiger in den Tank	Esso / Benzin	1959
Persil bleibt Persil	Persil / Waschmittel	1913
Quadratisch, praktisch, gut	Ritter Sport / Schokolade	1970er-Jahre
Qualität ist das beste Rezept	Dr. Oetker	1990er-Jahre
RIESEN-Waschkraft ... sogar ohne Kochen	Weißer Riese / Waschmittel	1966
Ruf doch mal an	Deutsche Bundespost	1975
Sind sie zu stark, bist du zu schwach	Fisherman's Friend / Lutschbonbon	1990er-Jahre
So muß ein Korn schmecken	Echt Nordhäuser Doppelkorn	1991
So wichtig wie das tägliche Brot	hohes C / Orangensaft	1975
Trinket ihn mäßig, aber regelmäßig	Schinkenhäger	1940
Unternehmen Zukunft	Deutsche Bundesbahn	1990er-Jahre
Vielleich hätte er jemanden fragen sollen, der sich damit auskennt	Gelbe Seiten	1990er-Jahre
Seine Waschkraft macht ihn so ergiebig	Weißer Riese	1976
Wäscht so weiß – weißer geht's nicht	Dash / Waschmittel	1964
Was wollt ihr denn? MA...O...AM	Maoam / Kaubonbon	1970er-Jahre
Wenn's um Geld geht – Sparkasse	Sparkassen	1963
Wer wird denn gleich in die Luft gehen?	HB / Zigaretten	1950er-Jahre
Wir bieten mehr als Geld und Zinsen	Raiffeisen- und Volksbanken	1976
Wir machen den Weg frei	Raiffeisen- und Volksbanken	1988

Werbung unter der Lupe

Als Instanz zwischen Verbraucher und den werbenden Unternehmen beschäftigt sich der Deutsche Werberat mit Beschwerden über einzelne Werbemaßnahmen der Wirtschaft, etwa frauenfeindliche Werbung oder die Verletzung von Persönlichkeitsrechten durch die Werbung. Beanstandete Werbung wird nicht mehr veröffentlicht oder muss geändert werden.

Schleichwerbung

Schleichwerbung ist in Deutschland unzulässig. Die Vermischung von redaktioneller Berichterstattung und Werbung in den Massenkommunikationsmitteln verstößt gegen medienrechtliche Bestimmungen und gegen das Gesetz gegen den unlauteren Wettbewerb (UWG). Eine Form der Schleichwerbung ist das Productplacement, das heißt die von den Unternehmen bezahlte Verwendung oder Erwähnung bestimmter Produkte im Fernsehen, Radio oder in Kinofilmen: Geheimagent James Bond fährt das neueste Roadstermodell von BMW, Westernhelden rauchen eine bestimmte Zigarettenmarke oder Showmoderatoren tragen markierte Kleidungsstücke. Während diese Art der Schleichwerbung aber mittlerweile salonfähig geworden ist, ist es in Deutschland jedoch verboten, in einen Film Produktbilder für Sekundenbruchteile einzufügen, die vom Betrachter nur unbewusst wahrgenommen werden.

Die 20 größten Public-Relations-Agenturen

Agentur	Honorarumsatz 1999 (in Mio. DM)	Zahl der Mitarbeiter
KK Kohtes & Klewes, Düsseldorf	57,0	310
Sponsor Partners, Bonn	23,6	90
Moritz Hunzinger PR, Frankfurt	18,4	61
Trimedia Reporter Communications, Frankfurt	16,3	65
ABC Agentur für Kommunikation, Düsseldorf	15,8	103
GCI-Gruppe, Düsseldorf	14,1	55
Media Concept, Hamburg	12,6	62
Media Consulta, Köln	11,5	32
Edelmann PR, Frankfurt	11,2	54
Koob & Partner, Mühlheim/Ruhr	10,8	52
Leipziger & Partner, Frankfurt	10,7	45
Ahrens & Behrent, Frankfurt	10,2	53
Deekeling Kommunikation, Düsseldorf	8,9	28
MPC, München	8,7	42
Oliver Schrott Kommunikation, Köln	7,8	36
Fink & Fuchs, Wiesbaden	7,7	38
Master Media, Hamburg	7,5	36
Jeschenko Kommunikation, Köln	7,5	46
BSMG Worldwide, Hamburg	7,2	35
Public Relations Partners, Kronberg	6,2	25

Quelle: GRPA/HORIZONT

Produkte und Marken, die in die Geschichte eingingen

Die Jeans

1850 erfand der nach Amerika ausgewanderte deutsche Tuchhändler Levi Strauss für amerikanische Goldgräber und Cowboys eine besonders strapazierfähige Arbeitshose aus festem Baumwollsegeltuch mit Kappnähten, Sattel und Nieten an den Taschen, damit sie dem Gewicht der Nuggets standhielt. Aus dem Namen des verwendeten Materials »Serge de Nîmes«, das aus der französischen Stadt Nîmes bezogen wurde, entwickelte sich später die Bezeichnung »Denim«. Der Begriff »Jeans« für die 1873 patentierte Hose geht vermutlich auf Gênes, den französischen Namen der italienischen Stadt Genua zurück, die Hauptumschlagplatz für Baumwolle war. Die Levi's 501 wurde durch die Werbung nicht nur zum Kultobjekt erhoben, sondern machte Levi Strauss & Co. zum Marktführer vor Wrangler, Mustang, Diesel und Lee.

*James Dean und Marlon Brando trugen in ihren Filmen **Jeans** und machten die Hose zum Symbol der rebellierenden jungen Generation.*

Der Kaugummi

Im Jahre 1906 brachte die Frank H. Fleer Corporation eine Weltneuheit auf den Markt: eine feste, durch Kauen gummiartig werdende Masse, genannt »Blibber-Blubber«. Der erste Kaugummi wurde jedoch seinem Namen nicht gerecht, er war zäh und spröde zugleich und wurde kein Verkaufserfolg. Deshalb wurde die Produktion wieder eingestellt. In den 1920er-Jahren hatte das Unternehmen die richtige Rezeptur gefunden und vermarktete sie unter dem neuen Namen »Double Bubble«. Während der Kaugummi früher aus dem eingedickten Milchsaft des amerikanischen Sapotillbaumes (Chiclegummi) hergestellt wurde, verwendet man heute synthetische Stoffe wie Polyvinylester und Polyäthylen mit dem Zusatz von Zucker und Aromastoffen.

Der Tesafilm

Die Firma Beiersdorf brachte 1897 ein selbstklebendes Band für den industriellen Bereich unter dem Namen »Citoplast« auf den Markt. Knapp 40 Jahre später gelang es, aus dem groben Band eine durchsichtige Klebefolie zu machen, die in Haushalt und Büro vielfältige Anwendung fand. Das Folienklebeband gelangte 1935 zunächst unter dem Namen »Beiersdorf Klebefilm« auf den Markt. Unter dem Markennamen »Tesa« vertrieb Beiersdorf den Klebefilm erst seit 1941.

Das Filterpapier

Die Hausfrau Melitta Benz erfand 1908 das Filterpapier für Kaffee. Um den Kaffeesatz, der sich in der Kaffeekanne und auch in der Tasse am Boden absetzte, zu vermeiden, goss sie den Kaffee in einem durchlöcherten Messingtopf auf, den sie mit einem Blatt Löschpapier aus dem Schulheft ihres Sohnes ausgelegt hatte. Das Filterpapier wurde 1908 patentiert, der Namen Melitta 1912 als Warenzeichen eingetragen. 1937 wurde die Form der Filtertüte entwickelt, die auch heute noch auf dem Markt ist.

Der Reißverschluss

Bereits Ende des 19. Jahrhundert experimentierten Erfinder an einem ineinander greifenden Verschluss, der den Damen sowohl die Zeit raubende Mühe als auch die fremde Hilfe beim Schließen der Haken und Ösen ihrer Korsagen ersparte. Die Verschlussvorrichtung für biegsame Stoffe, bei der an zwei Bändern befestigte Schließketten durch einen Schieber wechselseitig ineinander und beim Öffnen auseinander gehakt werden, wurde jedoch erst 1913 von dem Schweden Gideon Sundback in den

Branding

Eine Marke wird in der Werbesprache als »Brand« (englisch »Brandzeichen«) bezeichnet. »Branding« bedeutet die Schaffung neuer Markennamen und unter »Co-Branding« versteht man eine Marketingstrategie, bei der ein Markenartikel zusätzlich mit dem Markenzeichen eines anderen Unternehmens gekennzeichnet wird, um Synergieeffekte zu erzielen. Eine Co-Branding-Karte verbindet etwa das Logo des Kreditkartenunternehmens (z. B. Eurocard, Visa, American Express) mit dem des Partners (z. B. Mercedes, TUI, ADAC) und bietet die Dienstleistungen beider Unternehmen.

USA patentiert. Unter dem Namen »Zipper« brachte die amerikanische Firma B. F. Goodrich 1923 einen Reißverschluss, der in Galoschen genäht wurde, auf den Markt. Der Schweizer Unternehmer Ottmar Winterhalter produzierte seit 1924 einen verbesserten Reißverschluss, der erstmals in Konfektionskleidung und von der italienischen Modeschöpferin Elsa Schiaparelli (*1890, †1973) auch in der Haute Couture verwendet wurde.

*In englischsprachigen Ländern wird der **Kugelschreiber** sogar heute noch nach seinem Erfinder »Biro« genannt.*

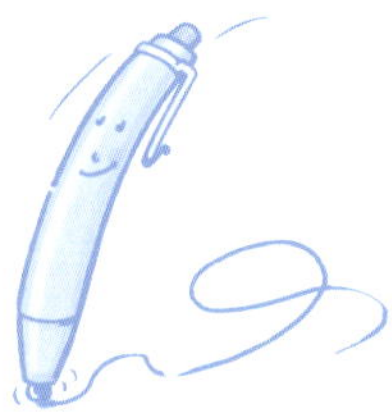

Coca-Cola

Der amerikanische Apotheker John S. Pemberton entwickelte 1886 aus der Coca-Pflanze und der Cola-Nuss einen Sirup, den er mit Sodawasser gemischt als Medizin gegen Kopfschmerz und Müdigkeit unter dem Namen Coca-Cola verkaufte. Das anfänglich koffein- und kokainhaltige Getränk wurde ein großer Verkaufserfolg, sodass bereits 1892 die Coca-Cola Company gegründet und 1893 Coca-Cola als Markenzeichen eingetragen wurde. 1894 wurde Coca-Cola erstmals in Flaschen abgefüllt, 1915 die berühmte Konturflasche erfunden. Seit 1929 gibt es Coca-Cola auch in Deutschland. Die Formel des von Pemberton als »Esteemed brain tonic and intellectual beverage« (»Hochgeschätztes Gehirntonikum und geistiges Getränk«) präsentierten Getränks ist bis heute streng geheim.

Vom Heiligen zum Werbegag: Coca-Cola und der Weihnachtsmann

Seit vielen Jahrhunderten wird der Bischof Nikolaus von Myra an seinem Todestag, dem 6. Dezember, in der ganzen Welt mit zahlreichen Bräuchen verehrt. Sein heutiges populäres Aussehen jedoch verdankt der Weihnachtsmann den Amerikanern. 1931 entdeckte die Coca-Cola Company Santa Claus, den amerikanischen Weihnachtsmann, für sich. Der Konzern-Illustrator Haddon Sundblom entwarf für eine groß angelegte Werbekampagne einen übergewichtigen Weihnachtsmann mit gutmütigen Gesichtszügen und rot-weißer Kleidung, der zum Volksgut wurde. Fast 35 Jahre lang, bis 1964, bediente sich Coca-Cola dieser Santa-Claus-Gestalt in den Firmenfarben für Werbezwecke, erst nur in den Printmedien, später auch im Fernsehen.

Der Kugelschreiber

Der ungarische Journalist József Laszlo Biro (*1899, +1985) erfand einen Schreibstift, bei dem eine kleine rollende Kugel in der Minenspitze die Farbmasse auf das Schreibpapier überträgt und die still stehende Kugel die Mine verschließt und dadurch das Austrocknen der Farbpaste verhindert. 1938 patentiert, ist die Erfindung, mit der sich der Viel- und Schnellschreiber das häufige Nachfüllen des Füllfederhalters ersparte, heute weltweit das meistverwendete Schreibgerät geworden.

Der Hamburger

Das Verfahren, zähes Fleisch zu hacken und so genießbar zu machen, ist vielen Völkern bekannt. Der gebratene Fleischklops, der sich im Lauf des 20. Jahrhunderts zu einem Klassiker des Fast Food entwickelt hat, wurde jedoch tatsächlich nach der Hansestadt Hamburg benannt. Als Ende des 19. Jahrhunderts zahlreiche Deutsche nach Amerika auswanderten, reiste auch das »Hamburger Steak« mit. Die flache, zwischen die Hälften eines Brötchens gelegte Frikadelle, in den USA kurz »Hamburger« genannt, wurde innerhalb kürzester Zeit sehr beliebt und kam mit den amerikanischen Fast-Food-Ketten wieder nach Europa zurück.

Monopoly

Das Spiel der Spiele wurde in den 1930er-Jahren erfunden. Während der Weltwirtschaftskrise, als Millionen von Menschen ohne Arbeit, Geld und Nahrung waren, erfand der amerikanische Ingenieur Charles B. Darrow ein Gesellschaftsspiel, bei dem man mit etwas Glück und Geschick durch Grundstücksspekulation mühelos Geld verdienen und rasch zu Reichtum kommen konnte. Monopoly machte den arbeitslosen Ingenieur zum Multimillionär und gehört heute noch immer zu den weltweit beliebtesten Gesellschaftsspielen.

Odol Mundwasser

Der Drogist Karl-August Lingner brachte 1893 in Dresden erstmals ein Mundwasser mit dem Namen »Odol« auf den Markt. Der Name war eine Zusammensetzung aus dem griechischen

Die 25 werbestärksten Branchen in Deutschland

Branche	Werbeaufwand 1999 (in Mio. DM)
Autoindustrie	3167,9
Massenmedien	2666,3
Telekommunikation	2513,9
Handelsorganisationen	1887,1
Schokolade und Süßwaren	1226,9
Pharmazie (Publikumswerbung)	1026,4
Banken und Sparkassen	966,4
Bier	743,4
Spezialversender	720,1
EDV Hard-/Software und Services	680,5
Versicherungen	588,9
Unternehmenswerbung	539,1
Milchprodukte	519,1
Buchverlage	514,2
Alkoholfreie Getränke	488,2
Reisegesellschaften	485,6
Waschmittel	462,4
Haarpflege	452,5
Kaffee, Tee, Kakao	394,6
Möbel und Einrichtung	378,9
Finanzanlagen und -beratung	354,9
Putz- und Pflegemittel	348,6
Pflegende Kosmetik	336,3
Oberbekleidung	308,5
Konserven, Fleisch, Fisch	300,3

Quelle: AC Nielsen Werbeforschung S+P/HORIZONT

Wort für Zahn »odous« und dem lateinischen Begriff für Öl »oleum«. Aus odous und oleum wurde Odol. Die unverwechselbare weiße Seitenhalsflasche hat ihr Aussehen bis heute kaum verändert. Sie präsentierte in einer Zeit, da Zahncremes oder Zahnbürsten längst nicht überall erhältlich waren, die überzeugende Botschaft: »Nach dem heutigen Stande der Wissenschaft ist Odol nachweislich zur vollkommenen Mundpflege besonders zu empfehlen.«

»Wer wird denn gleich in die Luft gehen ...«

Eine der berühmtesten Werbefiguren, die auch heute noch Kultstatus hat, ist das HB-Männchen Bruno. 1955 für die HB-Zigarettenwerbung eingeführt, sollte es die erste Filterzigarette in Deutschland, die bis dahin einen schlechten Ruf genoss, marktfähig machen. Bruno, der cholerische Tollpatsch, wurde in seinen ausweglosen Alltagssituationen stets von einem kleinen Wesen im roten HB-Mantel aufgeklärt: »Wer wird denn gleich in die Luft gehen ... Greife lieber zur HB, dann geht alles wie von selbst!« Das HB-Männchen machte die HB Anfang der 60er-Jahre zur beliebtesten Zigarette in Deutschland. Nach rund 180 Spots war Bruno jedoch bekannter als die Zigarette, für die er werben sollte, und wurde Mitte der 70er-Jahre abgesetzt.

Die Rasierklinge

Der amerikanische Industrielle King Camp Gillette erfand 1895 die zweischneidige Rasierklinge. Diese Zeit sparende und ungefährlichere Alternative zum Rasiermesser hatte einen durchschlagenden Erfolg, als sie das amerikanische Militär während des Ersten Weltkriegs mit in die Ausrüstung seiner Soldaten aufnahm. King Camp Gillette gründete schließlich 1901 die Gillette Razor Company (heutiger Name: The Gillette Company). 1906 wurden bereits 90 000 Klingenhalter und 12 Millionen der auswechselbaren dünnen Stahlklingen verkauft.

Nivea-Creme

Der Apotheker und Leiter der pharmazeutischen Laboratorien der Firma Beiersdorf Oskar Troplowitz erfand 1911 die erste Hautcreme auf Öl-Wasser-Basis. Während die herkömmlichen Hautpflegecremes bis dahin lediglich reines Fett enthielten, gelang es Troplowitz, mithilfe des neu entwickelten hautverwandten Emulgators Eucerit Wasser und Öl zu mischen. Das Ergebnis war die weiße Fett- und Feuchtigkeitscreme, die er nach dem lateinischen Wort für »schneeweiß«, niveus, Nivea nannte. Die heute noch handelsübliche blaue Dose mit dem weißen Nivea-Schriftzug wurde 1925 eingeführt.

*Einer der ersten Werbetexter, der für **Maggi** arbeitete, war der später bedeutende Dramatiker Frank Wedekind. Für eine Zeitungsannonce verfasste er den Werbespruch: »Mit Würze wird die Suppe fein. Drum holt das Gretchen munter die Maggi-Flasch' herunter.«*

Uhu Alleskleber

Der Chemiker August Fischer erfand 1932 einen glasklaren Klebstoff auf Kunstharzbasis, mit dem man unterschiedlichste Materialien wie Papier, Pappe, Holz, Keramik schnell und auf Dauer zusammenkleben konnte. Der erste Alleskleber war erfunden und wurde nach dem Greifvogel Uhu benannt. Der Klebstoff war binnen kurzer Zeit außerordentlich erfolgreich. Bereits 1936 verwendete der Luftschiffkonstrukteur Ferdinand Graf von Zeppelin den Alleskleber zum Bau seines größten Luftschiffs, der »Hindenburg«.

Die 25 größten Werbekunden in Deutschland

Unternehmen	Werbeausgaben 1999 (in Mio. DM)
Procter & Gamble, Schwalbach	651,2
Deutsche Telekom AG, Bonn	532,9
Ferrero, Frankfurt	440,3
Volkswagen AG, Wolfsburg	361,9
Adam Opel AG, Rüsselsheim	329,8
Effem, Verden	312,4
L'Oréal Haarkosmetik + Parfüm, Düsseldorf	302,6
Mediamarkt + Saturn, München	301,9
Dt. Renault, Brühl	289,6
T-Mobil, Bonn	271,9
Beiersdorf AG, Hamburg	267,0
Kraft Jacobs Suchard, Bremen	264,3
Henkel Waschmittel GmbH, Düsseldorf	261,8
Ford Werke, Köln	240,5
Daimler Benz AG, Stuttgart	225,6
Maggi GmbH, Frankfurt	208,8
McDonald's Deutschland, München	208,5
Mars, Viersen	204,0
C&A Mode+Co, Düsseldorf	194,3
Mannesmann Mobilfunk, Düsseldorf	183,9
Coca-Cola, Essen	179,4
Rewe, Köln	168,9
Deutscher Sparkassen+ Giroverband, Bonn	163,9
Fiat Automobil AG, Frankfurt	159,2
Viag Interkom, München	158,7

Quelle: AC Nielsen Werbeforschung S+P/HORIZONT

Papierhandtücher

Ein Betriebsunfall führte zur Erfindung des Papierhandtuchs. Die amerikanische Firma Scott, die u. a. Toilettenpapier produzierte, bekam 1907 einen Posten fehlerhaften, zu dicken Papiers für ihr Produkt. Anstatt ihn wegzuwerfen, kam man auf den Gedanken, das zu dick geratene Papier so zu perforieren, dass man handtuchgroße Stücke abreißen konnte. Damit war das Papierhandtuch zum Wegwerfen geboren. Zunächst fand es vor allem in Hotels, Restaurants, Bahnhöfen und öffentlichen Toiletten Verwendung. Als jedoch der Preis für Papierhandtücher in den 30er-Jahren erheblich fiel, hielten sie auch in vielen Privathaushalten Einzug. So sparte man sich die lästige Arbeit mit der Wäsche.

Maggi Suppenwürze

1886 erfand der Schweizer Müller Julius Maggi die erste Fertigsuppe. Er ließ getrocknete Erbsen, Bohnen und Linsen zu feinem Mehl verarbeiten, das rasch durch den Aufguss mit heißem Wasser zu einer nahrhaften Suppe bereitet werden konnte. Da die Maggi-Suppe nicht besonders geschmacksintensiv war, erfand Maggi in gleichen Jahr eine flüssige Suppenwürze, deren Hauptzutat pflanzliches Eiweiß aus Weizen und Sojabohnen ist. Das charakteristische Aroma der Maggi-Würze ist dem Geschmack des Liebstöckel sehr ähnlich. Nach dem Erfinder der Würze wird das Heilkraut deshalb heute auch Maggi-Kraut genannt, obwohl für die Herstellung der Maggi-Würze Liebstöckel nicht verwendet wird.

Dr. Oetker Backpulver

Ende des 19. Jahrhunderts experimentierte der junge Apotheker Dr. August Oetker in einer kleinen Stube hinter seiner Apotheke an einem Mittel, das Kuchenteig locker machen sollte. Mit dem 1892 entwickelten Backtriebmittel garantierte er der Hausfrau, dass jeder Kuchen gelingt. Unter dem Namen »Backin« verkaufte er das Backpulver in kleinen Tütchen, die die abgemessene Menge für ein Pfund Mehl enthielten, und gab auf der Rückseite jeder Tüte einen Rezeptvorschlag dazu. 1900 wurde als Markenzeichen für Dr. Oetker der rot-weiße Hellkopf eingetragen.

Pommes frites

Anders als die uramerikanische Erfindung Kartoffelchips stammen die Pommes frites aus Belgien. Während eines sehr harten Winters soll es so heftig gefroren haben, dass keine Fische mehr gefangen werden konnten. Die belgischen Fischersfrauen sollen daraufhin der Legende nach Kartoffeln in Fischform geschnitten und sie anstelle von Fisch frittiert haben.

Kartoffelchips

Ein Gast bestellte 1853 in einem Restaurant in Saratoga Springs, New York, Pommes frites. Da ihm die frittierten Kartoffelstäbchen zu dick waren, ließ er sie mehrmals wieder in die Küche zurückgehen. Der entnervte Koch entschloss sich schließlich, die Kartoffeln so dünn zu schneiden, dass man sie nicht mehr mit der Gabel aufspießen konnte. Der Gast war begeistert und die »Saratoga Chips« wurden bald fertig abgepackt verkauft.

Aspirin

Der Wirkstoff der Aspirin, Acetylsalicylsäure (ASS), wurde 1897 von dem Chemiker Felix Hoffmann erstmals hergestellt. Zwar war die schmerzstillende, fiebersenkende und entzündungshemmende Wirkung der Salicylsäure, die aus der Weidenrinde natürlich gewonnen wurde, bereits in den Hochkulturen Indiens, Vorderasiens und Ägyptens sowie in der griechischen Antike bei Hippokrates bekannt. Jedoch verursachte die Einnahme des äußerst bitter schmeckenden Stoffes, der 1859 erstmals synthetisch hergestellt wurde, häufig Nebenwirkungen wie z.B. Brechreiz. Felix Hoffmann gelang es, die Unverträglichkeit der reinen Salicylsäure durch die Verbindung mit Essigsäure zu Acetylsalicylsäure abzumildern. Noch im gleichen Jahr kam das Medikament als »Aspirin« auf den Markt.

Tempo-Taschentuch

Nachdem zu Beginn des 20. Jahrhunderts eine amerikanische Firma bereits Papierhandtücher verkauft hatte, brachten die Vereinigten Papierwerke Nürnberg 1929 eine zweite Weltneuheit aus Papier auf den Markt: das Papiertaschentuch. Das weiche, saugfähige und zudem schnell zu entfaltende Tuch wurde, dem Zeitgeist der 20er-Jahre entsprechend, »Tempo« genannt. Seit 1953 wird Tempo in der berühmten blau-weißen Folienpackung verkauft, seit 1975 lässt sich das Taschentuch durch die so genannte »Z-Faltung« noch leichter entfalten.

Knirps

Wegen einer Kriegsverletzung konnte der deutsche Bergassessor Hans Haupt keinen handelsüblichen Schirm bei sich tragen. Er erfand daher ein kleines, leichtes Schirmgestell, das sich zusammenschieben und mühelos in die Tasche stecken ließ. Wegen seiner geringen Größe »Knirps« genannt, kam der Schirm 1932 auf den Markt. Der »rote Punkt« wurde erst nach dem Zweiten Weltkrieg als Markenzeichen eingetragen.

Die 10 „wertvollsten" Marken der Welt

Marke	Wert in Mio. $ (1999)
Coca-Cola	83 845
Microsoft	56 781
IBM	43 781
General Electrics	33 502
Ford	33 197
Disney	32 275
Intel	30 021
McDonald's	26 231
AT&T	24 181
Marlboro	21 048

Quelle: Interbrand / Citibank

Berühmte Markennamen und ihr Ursprung

Marke	Produkt	Herkunft
Adidas	Sportartikel	benannt nach dem Firmengründer Adolf (kurz: **Adi**) **Das**sler (*1900, †1978)
Aldi	Supermärkte	zusammengesetzt aus den Initialen Namens der Firmengründer, Theo und Karl **Al**brecht, und **Di**scount
Alete	Babynahrung	nach lateinisch alete »wachset, gedeihet«
Aral	Treibstoff	gebildet aus **Ar**omaten und **Al**iphaten, den Bestandteilen des Superbenzins (Firmengründung 1898)
Aspirin	Schmerzmittel	gebildet aus den Anfangsbuchstaben der Bestandteile **A**cetyl und **Spir**säure
Audi	Automobile	nach der Latinisierung des Namens des Firmengründers August Horch (lateinisch audi »horch!«)
C&A	Kaufhauskette	gebildet aus den Vornamen der Firmengründer **C**lemens und **A**ugust Brenninkmeyer (Firmengründung 1841)
Dentagard	Zahncreme	gebildet aus französisch dent »Zahn« und garder »schützen«
Eduscho	Kaffee	gebildet aus den Namensanfängen des Firmengründers **Edu**ard **Scho**pf (Firmengründung 1924)
Fiat	Automobile	Abkürzung von **F**abricca **I**taliana **A**utomobili di **T**orino (gegründet 1899)
Haribo	Süßwaren	Abkürzung für den Firmengründer **Ha**ns **Ri**egel und den Firmensitz **Bo**nn (Firmengründung 1920)
IKEA	Möbel	Abkürzung aus den Initialen des Gründers **I**ngvar **K**amprad, seines Geburtsortes **E**lmtaryd und des Ortes **A**gunnaryd, von wo er seine ersten Möbel per Post verschickte
Kaffee HAG	Kaffee	Abkürzung für Kaffee-**H**andels-**A**ktien-**G**esellschaft
Lego	Spielzeug	dänisch **le**g **go**dt »Spiel gut«
LTU	Fluggesellschaft	Abkürzung für **L**uft**t**ransport-**U**nternehmen
Maggi	Fertiggerichte, Würzmittel	benannt nach dem Firmengründer Julius Maggi (gegründet 1897)
Melitta	Filterpapier	nach der Erfinderin des Kaffeepapierfilters Melitta Benz (patentiert 1908)
Nike	Sportartikel	nach Nike, der griechischen Göttin des Sieges
NUK	Sauger für Babyflaschen	Abkürzung von »**n**atürlich **u**nd **k**iefergerecht«
Odol	Mundwasser	zusammengesetzt aus griechisch **od**ous »Zahn« und lateinisch **ol**eum »Öl«
Onko	Kaffee	Abkürzung für »**o**h**n**e **Ko**ffein«
OSRAM	Glühbirnen	zusammengesetzt aus **Os**mium und Wolf**ram,** den Bestandteilen der Glühfäden
Penaten	Creme	benannt nach den Penaten, den römischen Schutzgöttern des Hauses
Persil	Waschmittel	zusammengesetzt aus den Bestandteilen **Per**borat und **Sil**ikat
SABA	Radio- und Fernsehgeräte	Abkürzung des Firmennamens **S**chwarzwälder **A**pparate**ba**u
Seat	Automobile	Abkürzung des Firmennamens **S**ociedad **E**spañola de **A**utomotives de **T**urismo (»Spanische Gesellschaft für Tourenautos«)
Sinalco	Limonade	Abkürzung für lateinisch **sin**e **alco**hol (»ohne Alkohol«)
Swatch	Uhren	Abkürzung für **S**wiss **Watch**
o.b.	Tampons	Abkürzung für **o**hne **B**inde
Tchibo	Kaffee	Abkürzung für den Namen des Firmengründers Carl **Tchi**linghiryan und Kaffee**bo**hne
Volvo	Automobile	von lateinisch volvo »ich rolle«

Lifestyle

Die teuren Dinge des Lebens

Der Urlaub in exotischen Gefilden, die Pflege eines ausgefallenen Hobbys, das modische Outfit für alle Gelegenheiten, der kulinarische Genuss in Gourmettempeln: Die Möglichkeiten, auf individuelle, gar exklusive Art das Leben zu gestalten, sind zahlreich wie nie zuvor. Die Wohlstandsgesellschaft in den Industriestaaten ermöglicht weiten Teilen der Bevölkerung erstmals in der Geschichte die Befriedigung materieller Bedürfnisse weit über dem Existenzminimum sowie umfassende Möglichkeiten des Konsums. Die teuren Dinge des Lebens treten in den Mittelpunkt, der materielle Wohlstand lässt viele am Prestigekonsum und an Luxusgütern teilhaben. Vermittelt durch Medien und Werbung ist »Lifestyle«, die bewusste Gestaltung des Lebensstils, ein Teil der modernen Kultur geworden.

Die weltberühmte ***»Pillbox«,*** *der Hut, den Jackie Kennedy bei der Amtseinführung von John F. Kennedy trug, wurde von dem amerikanischen Modedesigner Roy Halston (*1932, †1990) speziell für sie entworfen.*

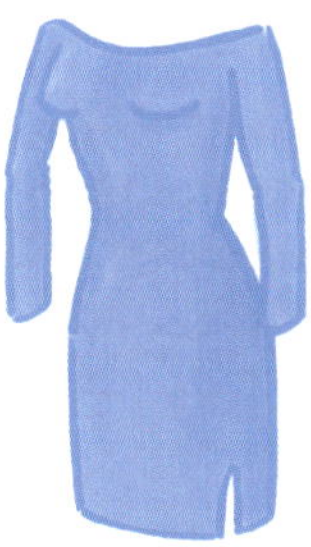

10 berühmte Designer der Haute Couture

Paul Poiret

(*1879, †1944), französischer Modeschöpfer, gilt als der erste moderne Modedesigner. Poiret befreite die Frauenmode von Mieder und Korsett und kreierte 1906 die vollkommen neuartige Kleidlinie »La Vague«, eine Art gerade fallendes Hängekleid, das den Körper wellenartig umspielt. Seine 1911 entworfenen Hosenröcke, Hosen und Overalls sorgten für einen Skandal.

Coco Chanel

(*1883, †1971) gilt als eine der bedeutendsten Modeschöpferinnen, erfand das »kleine Schwarze« und wurde mit ihren Entwürfen und ihrem eigenen Stil für die Garçonnemode wegweisend. Weltbekannt wurde das Chanelkostüm, ein Zweiteiler aus Rock und kastenförmig geschnittener, meist dreiviertellanger Jacke aus Tweed sowie als Accessoire die Tasche mit goldener Schulterkette.

Christian Dior

(*1905, †1957), französischer Modeschöpfer, kreierte 1947 gegen den Garçonnestil der 20er-Jahre und die schlichten Entwürfe der Kriegszeit den »Newlook« durch Entwürfe mit weiten Röcken mit großer Stofffülle und eng geschnittenen Oberteilen mit schmaler Taille, die die weibliche Form betonten. Berühmt wurden das den Newlook repräsentierende Kostüm »Bar« (1947) und das Cocktailkleid »Isaphar«. Seit 1997 ist der Brite John Galliano für die Haute-Couture-Kollektionen im Hause Dior verantwortlich.

Hubert de Givenchy

(*1927), französischer Modedesigner, erregte mit einer schlichten weißen Baumwollbluse in seiner ersten Kollektion Aufsehen. Audrey Hepburn trug seine Kleider im Privatleben, aber auch in Filmen wie »Sabrina« (1954), »Ein süßer Fratz« (1957), »Frühstück bei Tiffany« (1961) und »Wie klaut man eine Million?« (1966). Für Liz Taylor entwarf Givenchy die Garderobe für den Film »Hotel International« (1963). Seit 1997 ist der Brite Alexander McQueen Chefdesigner im Hause Givenchy.

Yves Saint Laurent

(*1936), französischer Modeschöpfer, gilt als einer der bedeutendsten Couturiers des 20. Jahrhunderts, führte in den 60er-Jahren Hosenanzüge, Safarijacken, transparente Blusen und den Smoking in die Damenmode ein, erregte 1966 mit seiner Pop-Art-Kollektion und 1976 mit der russischen Kollektion Aufsehen. Weltberühmt wurde das »Mondrian«-Kleid (1965). Claudia Cardinale und Cappucine trugen seine Kleider in dem Film »Der rosarote Panther« (1963).

Karl Lagerfeld

(*1938), deutscher Modeschöpfer, arbeitet seit 1963 als freier Designer. 1965 entwarf er für den Salon »Fendi« Pelzkollektionen, war 1963 bis 1983 und erneut seit 1993 verantwortlicher Prêt-à-porter-Designer der Modefirma »Chloé« in Paris. 1974 gründete er die Firma »K.-L.-Impression«. Als Designer für Chanel (seit 1983) gelang es ihm, durch die fantasievolle Variation von Traditionellem den Chanel-Stil neu zu beleben.

Jean Paul Gaultier

(*1952), französischer Modeschöpfer, gilt als einer der bedeutendsten Modedesigner der Gegenwart, stellte 1976 seine erste eigene Kollektion vor und gilt seitdem als »Enfant terrible« der Pariser Modewelt. Seine ausgefallenen

Der Minirock

Mary Quant (*1934) eröffnete 1952 in der Londoner King's Road eine Modeboutique, in der sie selbst entworfene Kleider verkaufte. Bereits 1959 kreierte die Britin minikurze Hängekleidchen, mit denen ihr 1963 der Durchbruch gelang: der Minirock, die Mode-Ikone der Pop-Ära war geboren. Der französische Modeschöpfer André Courrèges (*1923) kombinierte den Minirock mit schenkelhohen Stiefeln und Strickstrumpfhosen und schuf damit das charakteristische Outfit der 60er-Jahre.

Kollektionen zeigen Korsetts und Büstenhalter als Oberbekleidung, auch für Männer, oder auch Röcke für den Mann. Er kreierte Absätze in Form des Eiffelturms und kleidete den Popstar Madonna für ihre »Blond Ambition«-Tour 1990 ein. Für Peter Greenaways Film »Der Koch, der Dieb, seine Frau und ihr Liebhaber« (1989) entwarf Gaultier die Kostüme.

Christian Lacroix

(* 1951), französischer Modeschöpfer, eröffnete 1987 sein eigenes Modehaus in Paris, gilt als der Modedesigner der 80er-Jahre. Lacroix kreiert eine farbenfreudige, teilweise exotische Haute Couture mit unkonventionellem Mustermix und theatralischer Überladenheit. Berühmt wurde sein »Pouf«, ein ballonartig aufgeplusterter oberschenkellanger Rock.

Giorgio Armani

(* 1934), italienischer Modeschöpfer, ist mit seinen aus edlen Stoffen gefertigten Damen- und Herrenkollektionen, die durch ihre ruhige, ungezwungene Eleganz wirken, ein Klassiker in der Modebranche. Armani etablierte vor allem den Hosenanzug in der Damenmode. Richard Gere trug Armani in dem Film »Ein Mann für gewisse Stunden« (1980), seit 1991 werden die Stewardessen der Fluggesellschaft Alitalia von Armani eingekleidet.

Gianni Versace

(* 1946, † 1997), italienischer Modeschöpfer, stellte 1975 erste Prêt-à-porter-Kollektionen für Damen und Herren unter eigenem Namen vor. Für seine durch ausgefallene Materialien, kühne Schnitte und schrille Kombinationen charakterisierten Kreationen ließ er sich von verschiedenen Kunstepochen (Antike, Renaissance, Barock) und der Subkultur inspirieren. Für die Mailänder Scala sowie für die Ballette von Maurice Béjart und das Theater von Bob Wilson entwarf er Kostüme. Weltberühmt wurde das enge, schwarze, an den Seiten nur durch goldene Sicherheitsnadeln zusammengehaltene Trägerkleid, das die britische Schauspielerin Liz Hurley 1994 zur Premiere des Films »Vier Hochzeiten und ein Todesfall« trug.

Haute Couture für die Füße

Der italienische Schuhdesigner Salvatore Ferragamo (* 1898, † 1960) entwarf Schuhe für die internationalen Stars. Zu seinen Kundinnen zählten u. a. Claudette Colbert, Gloria Swanson, Ava Gardner, Lauren Bacall, Ira von Fürstenberg, Anna Magnani, Greta Garbo, Sophie Loren und Audrey Hepburn. In den 1950er-Jahren entwickelte er den Stiletto-Absatz, indem er in die extrem hohen und schmalen Absätze zur Unterstützung einen Stahlstift einbaute. Aufsehen erregte sein »Unsichtbarer Schuh« (1947), der nur aus durchsichtigem Nylon und einem schwarzen Wildlederabsatz bestand. Ein Paar für Marylin Monroe angefertigte rote Satinpumps wurden 1999 bei Christie's für 48 300 Dollar versteigert.

Parfüm

Bereits vor Jahrtausenden entdeckte man, dass beim Verbrennen bestimmter Hölzer sich neben dem beißenden Rauch auch aromatische Düfte verbreiten. In den Hochkulturen Vorderasiens etwa wurde zu Ehren der Götter duftendes Räucherwerk wie Weihrauch, Balsam, Myrrhe, Bernstein und Sandelholz verbrannt. Die alten Chinesen bedufteten kosmetische Tuschen, die alten Inder stellten mit einfachen Destilliergeräten wohlriechende Pflanzenöle her, die Ägypter lösten etwa Lilienessenzen in Öl, in der Antike wurden parfümierte Salben und Öle im religiösen Kultus und zu kosmeti-

*Salvatore Ferragamo erfand in den 1930er-Jahren Schuhe mit **Plateausohlen.***

Die berühmtesten und meistverkauften Parfüms

Parfüm	Hersteller	Jahr
4711 Echt Kölnisch Wasser	Wilhelm Mülhens	1792
Chanel No. 5	Coco Chanel	1921
Shalimar	Jacques Guerlain	1925
Joy	Jean Patou	1935
L'Air du Temps	Nina Ricci	1948
Youth Dew	Estée Lauder	1952
Opium	Yves Saint Laurent	1977
Poison	Christian Dior	1985
L'Eau d'Issey	Issey Miake	1992
CK One	Calvin Klein	1994

schen Zwecken verwendet. Die Araber stellten vom 8. bis zum 11. Jahrhundert erstmals aromatische Öle und Wasser unter Verwendung von Alkohol her. Bis zum Ende des 19. Jahrhunderts verwendete man zur Herstellung von Parfüm nur natürliche Riechstoffe. Sie wurden aus Pflanzen (z. B. Sandelholz, Rosen, Lavendel) oder von Tieren (z. B. Amber, Moschus, Zibet) gewonnen. Ende des 19. Jahrhunderts begann die moderne Parfümerie mit der künstlichen Herstellung von Riechstoffen. Das erste moderne, d. h. völlig synthetisch hergestellte Parfüm war Chanel No. 5.

Die hohe Kunst der Parfümeure

In der Nasenhöhle liegt die Riechregion des Menschen mit etwa 10 Millionen Sinneszellen. Für unterschiedliche Geruchsqualitäten stehen verschiedene Sinneszellen zur Verfügung. Wie die Düfte im Einzelnen erkannt werden, ist noch ungeklärt. Man weiß aber, dass der Geruchseindruck, der sich aus vielen Einzeldüften zusammensetzt, erst im Gehirn entsteht. Eine durchschnittliche Nase kann etwa 3000 Gerüche auseinander halten. Ausgebildete Parfümeure aber können bis zu 10 000 Duftnoten unterscheiden.

10 berühmte Designer und ihre Klassiker

Peter Behrens

(*1868, †1940), deutscher Architekt und Designer, gilt als erster moderner Industriedesigner, wirkte bahnbrechend für die neue sachliche Gesinnung in Architektur (Turbinenhalle der AEG in Berlin, 1909; Verwaltungsgebäude Farbwerke Höchst, 1920–24) und Kunsthandwerk (zahlreiche Produkte für AEG, u. a. Ventilatoren, Kessel, Uhren, Lampen).

Marcel Breuer

(*1902, †1981), amerikanischer Architekt und Designer ungarischer Herkunft, gilt mit den 1925 am Bauhaus konstruierten Stahlrohrstühlen als bahnbrechender Möbeldesigner des 20. Jahrhunderts: Stahlclubsessel »Wassily« (1925), Schreibtisch »S285« (um 1930), Tische und Stuhl »Laccio« (1926).

Luigi Colani

(*1928), deutscher Designer, wurde berühmt mit futuristisch anmutenden Entwürfen für Gebrauchsgegenstände v. a. aus Kunststoff. Bekannt geworden sind das Teeservice »Drop« (1972) und die Computermaus für Sicos (1996).

Robin Day

(*1915), britischer Designer, Vertreter der Contemporary Art, wurde weltberühmt mit dem Stuhl »Polyprop« (1962), einer Sitzschale aus Plastik mit Stahlrohrbeinen.

Michael Graves

(*1934), amerikanischer Architekt und Designer, bedeutender Vertreter der Postmoderne, wurde als Designer v. a. mit Entwürfen für Alessi berühmt, u. a. Wasserkessel »Bird« (1985), Zuckerdose und Milchdose (1985), Thermoskanne »Euclid« (1995), Käseplatte (1997).

Ludwig Mies van der Rohe

(*1886, †1969), amerikanischer Architekt und Designer deutscher Herkunft. Der Architekt u. a. der Weißenhofsiedlung in Stuttgart (1927), des deutschen Pavillons auf der Weltausstellung in Barcelona (1929) und des Seagram Buildings in New York (1954–58) wirkte v. a. mit seinen Stahlrohrfreischwingern »MR 20« und »MR 10« (1927), dem Stuhl »Barcelona« (1929) und dem Tisch »Tugendhat« (1930) auf das Möbeldesign des 20. Jahrhunderts.

Gerrit Rietveld

(*1888, †1964), niederländischer Architekt und Möbeldesigner, gab mit seinen Möbelentwürfen aus Holz und Stahl dem Bauhaus entscheidende Impulse, wurde als Mitglied der De-Stijl-Gruppe berühmt mit dem Stuhl »Rot-Blau« (1918).

Aldo Rossi

(*1931, †1997), italienischer Architekt und Designer, setzte seine strengen, geometrischen Architekturfomen auch für seine Industrieprodukte ein und wurde vor allem mit Entwürfen für Alessi bekannt, u. a. Kaffekanne »La Cupola« (1988).

Richard Sapper
(*1932), deutscher Industriedesigner, wurde vor allem bekannt mit der für Artemide entworfenen Halogenlampe »Tizio« (1970) und dem Wasserkessel »Bollitore« mit Dreiklangspfeife (1983) für Alessi.

Philippe Starck
(*1949), französischer Designer und Architekt, trat neben der Gestaltung des Präsidentenappartements im Élyséepalast in Paris (1982) mit Entwürfen für Gebrauchsgegenstände hervor, u.a. Zitronenpresse »Juicy Salif« (1990), Wasserkessel »Hot Berta« (1991), Tischleuchte »Ara« (1988), Stuhl »Lord Yo« (1994).

6 Autos, die in die Geschichte eingingen

Ferdinand A. Porsche (*1875, †1951) entwarf in den 1930er-Jahren ein preisgünstiges und praktisches Auto, das dem Namen »Volkswagen« gerecht wurde. Der **VW Käfer** war mit dem erschwinglichen Preis von 990 Mark um etwa die Hälfte günstiger als vergleichbare Modelle und wurde, obwohl Experten ihm zunächst keine Zukunft gaben, eines der beliebtesten deutschen Autos. Der millionste Käfer wurde bereits 1955 produziert. Das Cabrio-Modell von 1948 wurde 330 000-mal verkauft.

Der **Citroën 2 CV** war die französische Antwort auf den VW Käfer. Ebenso billig und praktisch, avancierte die »Ente«, die von dem italienischen Designer Flaminio Bertoni (*1903, †1964) entworfen, 1939 erstmals mit einem 9 PS starken Motor gebaut und bis 1990 produziert wurde, zum Kultauto. Der **Citroën DS** ging als die »Göttin der Straße« in die Automobilgeschichte ein. 1955 erstmals gebaut, erregten insbesondere die hydropneumatische und selbstnivellierende Einzelradaufhängung Aufsehen. Der Wagen, der als »Gangsterauto« auch Filmgeschichte geschrieben hat, rettete 1961 Charles de Gaulle das Leben, als er nach einem Attentat auf den Präsidenten trotz zerfetzter Reifen lenk- und fahrbar blieb.

Der **Porsche 356 Speedster** war das erste Modell Ferdinand Porsches, das seinen Namen als Markenzeichen trug. Zusammen mit seinem Sohn Ferry Porsche (*1909, †1998) entwickelte er den 356er zum Teil aus Karosserieteilen des VW Käfers, wie z.B. aus den runden Scheinwerfern. Von 1948 bis 1965 wurden 80 000 Exemplare des 356ers, der als »James-Dean-Porsche« in die Geschichte eingegangen ist, produziert. Seit 1963 trat der **Porsche 911** die Nachfolge an.

Der **Ferrari Testarossa** ist eines der berühmtesten Modelle von Ferrari. Seit 1954 gebaut, wurde der zweisitzige Sportwagen v.a. bei Autorennen eingesetzt und gewann 1958–61 alle 24-Stunden-Rennen in Le Mans. Der 1984–96 gebaute Testarossa der zweiten Serie wurde von Pininfarina entworfen und galt als einer der schnellsten Straßenwagen der Welt. V.a. wegen seines Namens wurde der **Dino** berühmt. Firmenchef Enzo Ferrari fürchtete, dass ein neues Modell mit Heckmotor nicht den Fahrkomfort der sonst gewohnten Frontmotoren bieten könnte. Aus Angst um das Image der Traditionsmarke durfte der Wagen daher nicht unter dem Markenzeichen Ferrari verkauft werden. Das Modell wurde daraufhin nach dem Sohn des Firmenchefs, Dino Ferrari, der bei einem Autounfall ums Leben gekommen war, benannt.

Der **Cadillac Eldorado** war eines der herausragendsten amerikanischen Autos der 1950er-Jahre. Präsident Dwight D. Eisenhower fuhr ein cremeweißes Modell mit roten Ledersitzen, die Schauspielerin Jayne Mansfield erregte mit ihrem pinkfarbenen Wagen Aufsehen. Das charakteristische Merkmal des Cadillac Eldorado war die Heckflosse, die der Fahrzeugdesigner Harley J. Earl (*1895, †1983) von Militärflugzeugen abgeschaut hatte. Mit einem teilweise abnehmbaren Hardtop, üppiger Chromausstattung und einer Länge von gut 5,5 Metern war er das Statussymbol der Glamourwelt.

5 Superlative

Das bislang **teuerste Brautkleid** wurde 1989 von Hélène Gainville in Paris entworfen und ist auf einer Platinschicht rundum mit Diamanten bestickt. Geschätzer Wert: 13 Millionen DM.

Das bisher **teuerste Kunstwerk** aller Zeiten ist das Gemälde »Porträt des Dr. Gachet« von Vincent van Gogh. Ein japanischer Industrieller ersteigerte das Bild 1990 bei Christie's in New York für 82,5 Millionen Dollar. Das Gemälde »Au Moulin de la Galette« von Auguste Renoir wurde ebenfalls 1990 für 71 Millionen Dollar, das »Stilleben mit Vorhang, Krug und Obstschale« von Paul Cézanne 1999 für 60,5 Millionen Dollar versteigert.

Die **wertvollste Briefmarke** der Welt ist der schwedische Tre-Skilling-Banco-Fehldruck »gelb statt grün« von 1855. Sie liegt mit einem Wert von 3,5 Millionen DM noch vor dem Badener Neun-Kreuzer-Fehldruck von 1851, der mit 3 Millionen DM wertvollsten deutschen Marke, der Britisch Guayana (3 Millionen DM) von 1856, von der nur ein Exemplar existiert, sowie der orange Mauritius (1,5 Millionen DM) und der weltbekannten blauen Mauritius (1 Million DM), beide aus dem Jahr 1847.

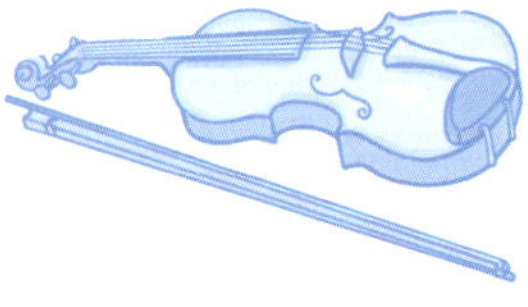

Das **teuerste Musikinstrument** aller Zeiten ist die »Guarneri« des berühmten Geigenvirtuosen Yehudi Menuhin. Das 1742 von dem italienischen Geigenbaumeister Giuseppe Antonio Guarneri (*1698, †1744), dem bedeutendsten italienischen Geigenbauer neben Stradivari und Amati, gefertigte Instrument erzielte 1999 bei einer Auktion den Preis von rund 6 Millionen Mark.

Als die **teuerste Stadt** der Welt gilt Tokio. Das politische, wirtschaftliche und kulturelle Zentrum Japans führt mit weitem Abstand die Ranglisten der Metropolen an. Es folgen als teuerste Stadt Europas London und New York als teuerste der USA. Als teuerste deutsche Stadt liegt Frankfurt am Main noch vor Berlin, Düsseldorf und München.

Die 10 teuersten Einkaufsstraßen

Stadt	Straße
Paris	Champs-Élysées
Tokio	Ginza
London	Sloane Street
Berlin	Kurfürstendamm
New York	Fifth Avenue
Florenz	Via Tornabuoni
Los Angeles	Rodeo Drive
Rom	Via Condotti
Düsseldorf	Königstraße (Kö)
Wien	Kärntnerstraße

3 berühmte Kaufhäuser

Kaufhäuser mit riesigem Angebot finden sich in jeder Stadt, jedoch gibt es auch unter den großen Shoppingtempeln Superlative. Eines des bekanntesten und vornehmsten Kaufhäuser der Welt ist **Harrods** in London. Täglich drängen sich bis zu 35 000 Kunden durch die heiligen Hallen des Hoflieferanten. Der Zutritt zu den sich über 7 Stockwerke verteilenden rund 300 Abteilungen ist für Gäste in kurzen Hosen oder Trainingsanzug nicht gestattet.
Weltberühmt wurde auch **Macy's** in New York. Das 1902 am Herald Square erbaute Haus gilt als das größte Kaufhaus der Welt.
Als luxuriösestes Kaufhaus präsentieren sich die **Galéries Lafayette** in Paris. Der Luxus rührt nicht nur von den rund 75 000 angebotenen Markenartikeln sondern insbesondere von dem sich über 4 Etagen erstreckenden, mit einer Glaskuppel abgeschlossenen Jugendstil-Rondell mit umlaufenden, goldverzierten Galerien.

Kriminelles

Schrecken in der Realität, Vergnügen in der Fiktion

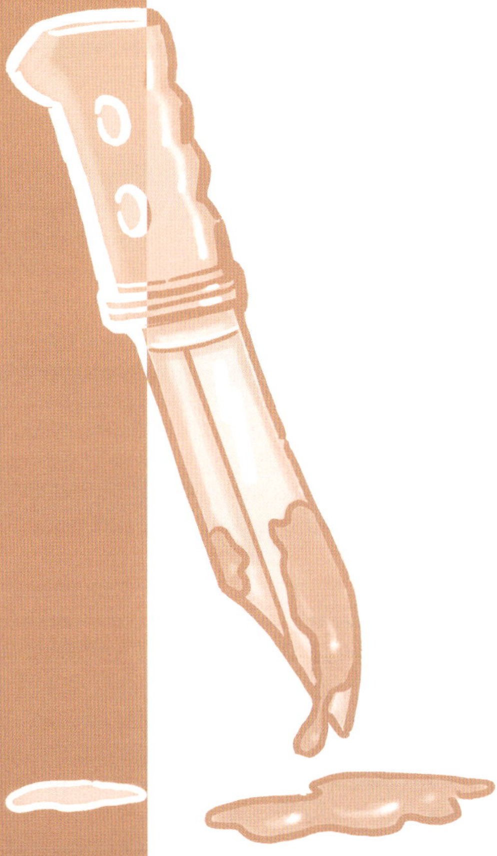

Verbrechen sind so alt wie die Menschheit. Kain erschlug Abel, wurde als Täter erkannt und bestraft. Dieser biblische Kriminalfall gibt das einfache Schema vor, dem seither alle folgen (sollten): Tat, Ermittlung des Schuldigen, Bestrafung. Das Rätsel des Verbrechens muss gelöst, die Ordnung wieder hergestellt werden – von diesem Trieb, dieser Erkenntnis lebten und leben Generationen von Detektiven (staatliche oder private) und Juristen, aber auch Schriftsteller, Verlage, Fernsehsender und Schauspieler.

Mord

»Du sollst nicht töten« – dieses sechste der Zehn Gebote wurde, wie wir wissen, bereits von Kain gebrochen. Mord ist im Unterschied zu Totschlag die vorsätzliche Tötung eines Menschen. Nach § 211 des deutschen Strafgesetzbuches ist ein Mörder, wer aus Mordlust, zur Befriedigung des Geschlechtstriebs (Lustmord), aus Habgier oder sonstigen »niedrigen«, d.h. nach allgemeiner moralischer Anschauung verachtenswerten Beweggründen tötet.

13 berüchtigte Mörder

Gilles de Rais, Marschall von Frankreich und Mitstreiter der Johanna von Orléans, wurde 1440 hingerichtet, nachdem er gestanden hatte, schwarze Magie ausgeübt und mindestens 120 Kinder, vor allem Knaben, geraubt, missbraucht, gefoltert und ermordet zu haben.

Henri Désiré Landru verfügte über große Wandlungsfähigkeit und eine starke Ausstrahlung. Diese nutzte er, um heiratswillige Damen, vorzugsweise begüterte Witwen und geschiedene Frauen, zu umgarnen. Überschrieben ihm die Frauen nach seinem Heiratsversprechen ihr Vermögen, überlebten sie dies nicht lange. In seinem Landhaus in Gambais ermordete er 10 Frauen. 1922 wurde er zum Tod durch die Guillotine verurteilt und hingerichtet.

Fritz Haarmann, der »Vampir von Hannover«, galt als gutmütig und leicht beschränkt. Und doch hatte er bis zu seiner Verhaftung 1924 mindestens 27 junge Männer missbraucht und getötet, indem er, so heißt es, ihnen die Kehle durchbiss. Kleidung und Fleisch einiger seiner Opfer verkaufte er auf dem Schwarzmarkt. 1925 wurde er auf dem Schafott hingerichtet.

Peter Kürten erlangte als »Werwolf von Düsseldorf« traurige Berühmheit. Von 1925 bis 1929 tötete er mindestens 9 Menschen; er selbst gestand, nachdem er im Mai 1930 gefasst worden war, 13 Morde, 30 Mordversuche und 36 Brandstiftungen. Am 2. 7. 1931 wurde Kürten nach seiner Verurteilung wegen 9fachen Mordes enthauptet.

Bruno Lüdke wurde im März 1943 im Zusammenhang mit einem Frauenmord in der Dübener Heide bei Berlin verhaftet. Im Verlaufe der Vernehmungen gestand der debile Mann nicht weniger als 84 Frauenmorde, darunter 53 seit 1923 ungeklärte Sexualmorde – doch ist fraglich, ob er all diese Morde wirklich begangen hatte. Zu einem Gerichtsverfahren gegen Lüdke kam es nicht; die NS-Justiz ließ ihn unter ungeklärten Umständen verschwinden.

Charles Manson bezeichnete sich als Reinkarnation von Jesus und Satan zugleich. In Los Angeles gründete er eine Satanssekte, die als »Manson Family« bekannt wurde. 1969 ermordete er gemeinsam mit 4 Anhängern in der Villa des Filmregisseurs Roman Polanski 5 Menschen auf bestialische Weise. Unter den Opfern war auch die hochschwangere Ehefrau Polanskis, die Schauspielerin Sharon Tate. Manson, zunächst zum Tod verurteilt, sitzt nach der Umwandlung der Strafe in lebenslängliche Haft in einem Staatsgefängnis in Kalifornien.

Die »Todesschwestern von Wien« wurden im April 1989 verhaftet. Seit 1982 hatten die Hilfskrankenschwestern Waltraud Wagner, Stefanija Meyer, Irene Ludolf und Maria Gruber 42 alte oder unheilbar kranke Patienten des Lainzer Klinikums durch Ertränken oder Überdosen von Medikamenten ermordet.

Aileen Wuornos wurde 1992 wegen 4 der insgesamt 7 ihr zur Last gelegten Morde zum Tode verurteilt. Die 1956 in Detroit geborene Prostituierte hatte zwischen 1989 und 1991 in Florida mindestens 7 ihrer potenziellen Kunden, Männer der weißen Mittelschicht, mit Pistolenschüssen regelrecht hingerichtet.

Frederick West wurde im Februar 1994 verhaftet, nachdem man in seinem Haus in Gloucester die sterblichen Überreste seiner Stieftochter gefunden hatte. Im Laufe des Jahres fand man 14 weitere Leichen, darunter die seiner ersten Ehefrau und seiner 8-jährigen Tochter aus erster Ehe. West erhängte sich 1995 in seiner Gefängniszelle. Seine zweite Ehefrau Rosemary wurde der Mittäterschaft in 10 Fällen angeklagt und zu lebenslanger Haft verurteilt.

Anatoli Onuprijenko, der »Terminator von Tschernobyl«, ermordete von 1990 bis 1996 mit seinem Komplizen Sergej Rogosin mindestens 52 Menschen, unter ihnen 10 Kinder. Sie überfielen in ländlichen Gebieten der Ukraine abgelegene Häuser, töteten die Bewohner, raubten die Wohnungen aus und setzten sie in Brand. Schwer bewaffnete Sonderheiten konnten Onuprijenko im April 1996 festnehmen, 3 Jahre später wurde er zum Tod verurteilt.

Serienmörder

Im Unterschied zu einem Massenmörder, der meist nur bei einer Tat, etwa einem Amoklauf, zahlreiche Menschen tötet, liegt zwischen den Taten eines Serienmörders oft viel Zeit. Er mordet meist über Jahre, gelegentlich über Jahrzehnte hinweg, bevor er gefasst werden kann. Dabei geht er oft nach demselben Muster vor. Etwa seit den 1980er-Jahren beschäftigen sich zunehmend Kriminalpsychologen, so genannte Profiler, mit den Serientätern. Anhand der Spuren und Tathergänge erstellen sie psychologische Profile des Täters – über sein Motiv, seine Gewohnheiten, sein Seelenleben – und seiner Opfer. Oft wird die Arbeit der Polizei bei Serienverbrechen dadurch erfolgreich unterstützt.

Attentate

Die meist politisch oder ideologisch motivierten Anschläge auf das Leben von Politikern, Würdenträgern oder sonstigen Persönlichkeiten des öffentlichen Lebens haben eine lange Tradition. Eines der berühmtesten Attentate fand an den sprichwörtlich gewordenen Iden des März im Jahr 44 v. Chr. statt – Caesar starb unter den Dolchstößen seiner Mörder.

Der berühmteste aller Serienmörder

Nie gefunden wurde der berüchtigte Serienmörder Jack the Ripper. Er tötete 1888 im Londoner Stadtteil Whitechapel 5 Prostituierte und verstümmelte sie auf schrecklichste Weise. Den Namen »Jack the Ripper« gab sich der Mörder selbst in Bekennerschreiben und Gedichten, die er an die Polizei und an die Presse verschickte. Seine Identität ist bis heute ungeklärt; zum Kreis der Verdächtigen gehörte sogar ein Mitglied des britischen Königshauses.

10 politische Attentate – Täter und ihre Opfer

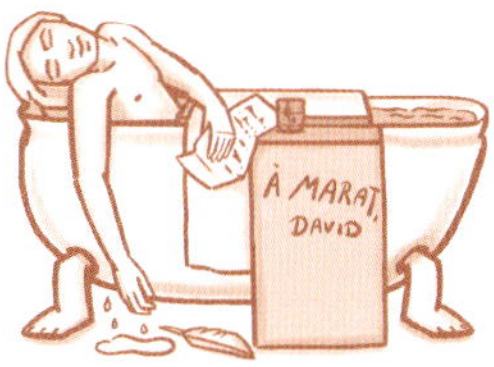

Charlotte de Corday: Die Attentäterin erdolchte am 13. 7. 1793 den französischen Revolutionsfüher **Jean-Paul Marat** in der Badewanne.

John Wilkes Booth: Während eines Theaterbesuchs in Washington wurde der amerikanische Präsident **Abraham Lincoln** am 14. 4. 1865 von dem Schauspieler erschossen.

Gaetano Bresci: Der Anarchist erschoss am 29. 7. 1900 in Monza den italienischen König **Umberto I.**

12 Serienmörder des 20. Jahrhunderts

	Zahl der Opfer	Land	Tatjahre
Tefilo »Sparks« Rojas	592[1)]	Kolumbien	1935–1963
Pedro Alonso López	300[1)]	Ecuador, Kolumbien, Peru	1973–1980
Henry Lee Lucas & Ottis Elwood Toole	200[1)]	USA	1975–1983
Luis Alfredo Garavito	140	Kolumbien	1995–1999
Delfina & Maria de Jesus Gonzales	90[1)]	Mexiko	bis 1963
Bruno Lüdke	84	Deutschland	1923–1943
Anfrej Tschikatilo	53	Ukraine	1978–1990
Anatoli Onuprijenko	52	Ukraine	1990–1996
Ahmad Suradji	42	Indonesien	1986–1997
Gerald Eugene Stano	41	USA	1973–1980

1) Mindestanzahl, die genaue Zahl konnte nicht ermittelt werden.

Charles de Gaulle *(*1890, †1970), französischer Staatspräsident von 1958 bis 1969, war der Politiker, auf den die meisten Mordanschläge verübt wurden. Es heißt, er habe zwischen 1944 und 1966 mehr als 30 Attentate unbeschadet überlebt.*

Gavrilo Princip: Die Ermordung des österreichischen Erzherzogs **Franz Ferdinand** während seines Staatsbesuchs in Sarajevo am 28. 7. 1914 löste den Ersten Weltkrieg aus.

Erwin Kern, Ernst Werner Techow und Hermann Fischer: Auf der Fahrt ins Auswärtige Amt in Berlin wurde der deutsche Außenminister **Walther Rathenau** am 24. 6. 1922 von den 3 Rechtsextremisten ermordet.

Lee H. Oswald: Der amerikanische Präsident **John F. Kennedy** wurde in seinem Wagen auf der Fahrt durch Dallas (Texas) am 22. 11. 1963 durch 2 Gewehrschüsse getötet.

James Earl Ray: Der farbige Bürgerrechtler und Nobelpreisträger **Martin Luther King** wurde am 4. 4. 1968 vom dem weißen Rassisten auf dem Balkon seines Hotelzimmers in Memphis (Tennessee) erschossen.

Sirhan Bishara Sirhan: Am 5. 5. 1968 wurde der Bruder des ermordeten Präsidenten John F. Kennedy, Senator **Robert F. Kennedy,** in Los Angeles von 2 Schüssen des jordanischen Attentäters tödlich getroffen.

Prohibition

Die Prohibition setzte sich seit etwa 1900 in mehreren amerikanischen Einzelstaaten durch und galt aufgrund des 18. Verfassungszusatzes, der auch den Alkoholgenuss selbst verbot, zwischen 1919/20 bis 1933 für die gesamte USA.
Wesentliche Impulse erhielt die Prohibition aus dem Gegensatz zwischen Land und (Groß-)Stadt sowie aus den Ressentiments der (protestantischen) Mittelklasse gegenüber den (vor allem katholischen) Einwanderern. Die Prohibition ließ sich auf Bundesebene nur begrenzt durchsetzen; sie führte in großem Umfang zu Schmuggel, Schwarzbrennerei und illegalem Ausschank in getarnten Kneipen. Sie förderte nicht nur die organisierte Kriminalität, sondern auch die Korruption in Politik, Verwaltung und Polizei. Vor dem Hintergrund der Weltwirtschaftskrise wurde die Prohibition aus steuerlichen Gründen aufgehoben und die Kontrolle des Alkoholkonsums wieder den Einzelstaaten übertragen. Bis 1966 wurden auch alle einzelstaatlichen Prohibitionsgesetze außer Kraft gesetzt.

Mehmet Ali Agça: Papst **Johannes Paul II.** wurde am 13. 5. 1981 auf dem Petersplatz in Rom durch Schüsse des vermutlich in unbekanntem Auftrag handelnden Türken schwer verletzt.

Yigal Amir: Mit 3 Schüssen tötete der jüdische Extremist am 4. 11. 1995 in Tel Aviv den israelischen Ministerpräsident **Itzhak Rabin.**

Kriminelles made in USA

Als in den USA 1918/20 die Prohibition verhängt, also Herstellung, Verkauf und Transport von alkoholischen Getränken verboten und der Genuss von Getränken mit mehr als 0,5 Prozent Alkohol unter Strafe gestellt wurde, drängte dies große Teile der Bevölkerung in die Illegalität. Vor allem aber fand das organisierte Verbrechen, namentlich die Mafia, in der Prohibition einen fruchtbaren Nährboden. Und die USA kamen in den Ruf, der ihnen bis heute anhängt: ein Eldorado für Gangster zu sein.

5 legendäre amerikanische Verbrecher

John Dillinger galt in den 1930er-Jahren in den USA als »Staatsfeind Nr. 1«. Mehr als 20 000 Polizisten machten Jagd auf den Schwerverbrecher und Bandenchef, nachdem ihm eine spektakuläre Flucht aus dem Gefängnis gelungen war. Dillinger starb 1935 bei einem Feuergefecht mit FBI-Agenten.
Bonnie Parker und **Clyde Barrow** überfielen zwischen 1932 und 1934 Banken, Tankstellen und Geschäfte in 11 amerikanischen Bundesstaaten. Dabei töteten sie kaltblütig 15 Menschen. Im Mai 1934 gerieten sie in Louisiana in einen Hinterhalt der Polizei. Von 80 Kugeln durchsiebt starb das Räuberpaar in einem gestohlenen Auto.
Al Capone, genannt Scarface, wurde 1931 zu 11 Jahren Gefängnis verurteilt. Für die zahlreichen Morde an Mitgliedern rivalisierender Banden, die dem Boss des Mafiasyndikats in

Chicago zur Last gelegt wurden, konnte er nicht belangt werden; seine Haftstrafe erhielt er wegen Steuerhinterziehung. 1939 wurde Al Capone als schwer kranker Mann begnadigt und starb 1947 in Miami.

Lucky Luciano übernahm nach Ausschaltung der alten Mafiabosse Anfang der 1930er-Jahre von New York aus die Führung der organisierten Kriminalität. 1936 wurde er verhaftet und wegen Erzwingung von Prostitution zu 30 bis 50 Jahren Zuchthaus verurteilt. Da er die Mafia auch vom Gefängnis aus leitete, wurde er 1946 nach Italien deportiert.

Kidnapping

Den Begriff »Kidnapping« – Kindesraub – kennt man seit Ende des 17. Jahrhunderts, als organisierte Banden in englischen Städten Kinder raubten und sie als billige Arbeitskräfte nach Amerika verschifften. In den 1930er-Jahren, als sich vor allem in den USA skrupellose Gangster durch Entführungen und Erpressung von Lösegeldern neue Geldquellen erschließen wollten, bürgerte sich die Bezeichnung Kidnapping dann für erpresserischen Menschenraub allgemein ein.

5 Entführungen, die in Erinnerung blieben

Lindbergh-Baby: Am 2.3.1932 wurde der 19 Monate alte Sohn von Charles A. Lindbergh, der 1927 als Erster im Alleinflug den atlantischen Ozean überquert hatte, aus dem Haus der Familie entführt und trotz Zahlung eines Lösegeldes von 50 000 Dollar am 12. Mai tot aufgefunden. Als Tatverdächtiger wurde 1934 der deutschstämmige Bruno Hauptmann verhaftet, zum Tode verurteilt und trotz Unschuldsbeteuerungen 1936 hingerichtet.

Paul Getty III.: Auf einer Europareise wurde Paul Getty III., der Enkel des amerikanischen Milliardärs Paul Getty I., in Süditalien gekidnappt. Um ihrer Lösegeldforderung Nachdruck zu verleihen, schnitten die Entführer dem Jungen ein Ohr ab. Nach Zahlung eines Lösegelds von 10 Millionen Mark ließen die Kidnapper ihr Opfer im Dezember 1973 frei. Die Verbrecher konnten kurz darauf festgenommen werden.

Richard Oetker: Am 16.12.1976 wurde der Spross der Backwarendynastie Oetker in Weihenstephan bei München entführt. Nach Zahlung von 21 Millionen Mark Lösegeld ließen ihn die Kidnapper 48 Stunden später wieder frei. Der als Haupttäter verdächtigte Dieter Zlof wurde gefasst und zu 12 Jahren Haft verurteilt.

Patricia Hearst: Im Februar 1974 wurde die Tochter des Zeitungsverlegers Randolph Hearst von Angehörigen der Untergrundorganisation SLA (Symbiones Liberation Army) entführt, die für ihre Freilassung die Verteilung von Lebensmitteln im Wert von 5 Millionen Mark an Bedürftige forderten. Während ihrer Gefangenschaft schloss sich die Millionenerbin den Zielen ihrer Entführer an und beteiligte sich an einem bewaffneten Banküberfall. Als einzige Überlebende der an dem Überfall beteiligten 5 SLA-Mitglieder wurde sie im September 1974 gefasst und 1976 zu 35 Jahren Haft verurteilt, nach relativ kurzer Zeit aber begnadigt.

Blutige Trophäen

Zahlreiche Gegenstände aus dem Besitz von Al Capone und anderen Verbrechern aus den 1930er-Jahren wurden im Juni 2000 bei einer Auktion in San Francisco versteigert. Der Colt von Capone erzielte 5174 Dollar, der blutgetränkte Hut von Clyde Barrow fand für 12 650 Dollar einen neuen Besitzer.

Der »Big Apple« und die Kriminalität

In New York ist in den letzten Jahren die Verbrechensrate in fast allen Bereichen zurückgegangen; bei der Gewaltkriminalität etwa hat sich seit 1990 die Anzahl der Delikte mehr als halbiert. Durchschlagenden Erfolg hatte ein Konzept, das schon in der New Yorker U-Bahn innerhalb von 4 Jahren die Anzahl der Raubüberfälle um die Hälfte gesenkt hatte: das rigorose Verfolgen von »Kavaliersdelikten« wie Pöbelei, Trinken und Betteln sowie Schwarzfahren. Dahinter steht die Broken-Windows-Theorie: Ein Haus mit zerbrochener Fensterscheibe wird bald ganz demoliert sein. Also versucht man, banale Dinge in den Griff zu bekommen, die in einer Kettenreaktion für Besserung sorgen. Man untersucht so beispielsweise verstärkt die Wagen von Falschparkern und prüft an Drogenecken die Personalien der Passanten.

Jan Philipp Reemtsma: Der Erbe des Zigarettenkonzerns wurde im März 1996 in Hamburg entführt und nach der Zahlung des Lösegelds von 30 Millionen Mark nach 33 Tagen freigelassen. 7 Wochen später konnten 2 der Täter gefasst werden. Im Jahr 2000 wurde ein weiterer vermutlicher Kidnapper aus Südamerika an Deutschland ausgeliefert.

Bubenstückchen

Zwar stoßen die meisten Verbrechen in der Öffentlichkeit auf Ablehnung, doch gelegentlich weckt das eine oder andere kaum verhohlene Sympathie beim ansonsten gesetzestreuen Bürger, sei es aus Schadenfreude gegenüber den Betroffenen oder aus einer gewissen Bewunderung der Cleverness der Verbrecher, wegen der minutiösen Planung ihrer Tat oder ihrer Geschicklichkeit, sich einer polizeilichen Festnahme zu entziehen.

Hauptmann von Köpenick: Über ihn amüsierte sich das ganze Reich: Bekleidet mit einer Hauptmannsuniform aus einem Trödelladen kommandierte der arbeitslose Schuster Wilhelm Voigt am 16. 10. 1906 auf der Straße 10 Soldaten eines preußischen Garderegiments ab, besetzte mit ihnen das Rathaus in Köpenick und verhaftete den Bürgermeister. Der mehrfach vorbestrafte Voigt wollte sich auf diese Weise in den Besitz eines Passes bringen, den er auf legalem Wege nicht hatte erhalten können. Doch das Köpenicker Rathaus hatte kein Passamt, das Vorhaben schlug fehl. Daraufhin beschlagnahmte Voigt die Stadtkasse mit 4000 Mark und verschwand. 10 Tage später wurde er verhaftet, zu 4 Jahren Gefängnis verurteilt und nach 2 Jahren begnadigt.

Die Gentlemen bitten zur Kasse. Der Überfall auf den Postzug Glasgow-London am 8. 8. 1963 löste das eine oder andere anerkennende Kopfnicken aus, denn die Räuber hatten ihre Tat generalstabsmäßig geplant und vorbereitet. Mithilfe eines falschen Signals stoppten sie den Zug auf freier Strecke, drangen in den Postwagen ein und luden die darin transportierten Geldsäcke von einer Brücke in Lastwagen um. Bei dem bis dahin größten Geldraub der Geschichte erbeutete die Bande von 15 Männern umgerechnet knapp 30 Millionen Mark. Zwar wurden im Lauf der nächsten Jahre alle Tatbeteiligten festgenommen, der größte Teil der Beute blieb aber verschwunden.

Hitler-Tagebücher: Die Reaktion der Öffentlichkeit wie der Konkurrenz reichte von unverhohlener Schadenfreude bis zu offenem Gelächter, als sich herausstellte, dass der vermeintliche journalistische Supercoup eine »Ente« war. Im April 1983 hatte das Magazin »Stern« bekannt gegeben, im Besitze der Tagebücher Adolf Hitlers zu sein, und mit deren Abdruck begonnen. Das Hamburger Blatt hatte sie von dem Militaria-Händler Konrad Kujau erworben und dafür angeblich mehr als 9 Millionen Mark bezahlt. Das Geständnis Kujaus, die Tagebücher gefälscht zu haben, stürzte den »Stern« in eine tiefe Krise; 2 Chefredakteure mussten ihren Hut nehmen.

Dagobert: Am 22. 4. 1994 endete eine der größten Kriminalpossen in der Geschichte der Bundesrepublik Deutschland, als der Kaufhauserpresser Arno Funke alias »Dagobert« der Polizei nach fast 2 Jahren vergeblichen Bemühens doch noch ins Netz ging. Er wurde beim Verlassen einer Telefonzelle verhaftet, von wo aus er einen neuen Termin zur Übergabe der 1,5 Millionen Mark, die er vom Kaufhauskonzern Karstadt forderte, vereinbaren wollte. Vorausgegangen waren mehr als 30 gescheiterte Geldübergaben, bei denen »Dagobert« die Fahnder - bisweilen unter Einsatz raffinierter selbst gebauter Elektronik - immer wieder narrte. »Dagobert« erhielt eine neunjährige Haftstrafe.

Und dann waren da noch ...

Vincenzo Perugia, der 1911 Leonardo da Vincis »Mona Lisa« aus dem Pariser Louvre entwendete und erst gefasst wurde, als er das Bild

2 Jahre später in einem Antiquariat in Florenz zum Kauf anbot,
Viktor Lustig, dem es 1925 gelang, den angeblich schrottreifen Eiffelturm an einen Pariser Alteisenhändler zu verkaufen.
Lothar Malskat, der mit der Restaurierung der angeblich mittelalterlichen Wandgemälde in der Lübecker Marienkirche beauftragt war und 1952 zugab, sie selbst gemalt zu haben,
Manfred Ramminger, der 1967 eine Sidewinder-Rakete aus einem Bundeswehrdepot stahl und diese dann vom Düsseldorfer Flughafen aus per Luftfracht ungehindert nach Moskau schicken konnte.

Besonders unintelligente Kriminelle – eine Auswahl

In Oslo wurde im Februar 1993 ein Bankräuber festgenommen, als er bei eben jenem Bankbeamten, den er 2 Stunden zuvor ausgeraubt hatte, ein Konto eröffnen und seine Beute von 30 000 Kronen einzahlen wollte.
Der Versuch, einen Scheck einzulösen, wurde im März 1994 in West Virginia (USA) einem Räuber zum Verhängnis. Er hatte am Vortag einen Mann überfallen und sich von ihm, da dieser kein Bargeld bei sich hatte, einen Verrechnungsscheck über 300 Dollar ausstellen lassen.
Ein bewaffneter Räuber überfiel im März 1995 eine Autowerkstatt in einer englischen Kleinstadt. Er entkam mit seiner Beute, einem Schokoriegel zum Preis von 50 Pence, verlor bei seiner Flucht aber eine Zehnpfundnote.
Ein Räuber, der mit seiner Beute im Dezember 1995 eine Bank in Forth Worth in Texas verließ, wunderte sich, dass bereits die Polizei auf ihn wartete. Er hatte sich vor dem Überfall brav in die Warteschlange an der Kasse gestellt – maskiert.
Durch das Geburtsdatum wurde die Polizei im niederländischen Vlissingen auf den gefälschtem Ausweis eines Mannes aufmerksam. Einem Beamten war bei einer Routinekontrolle im April 2000 aufgefallen, dass es den 31. September nicht gibt.

Der muntere Gentleman

Ronald Biggs war einer der führenden Köpfe beim englischen Postraub. Zwar konnte er 1965 verhaftet werden, doch gelang ihm eine spekatuläre Flucht aus dem Londoner Landsworth-Gefängnis. Es dauerte 11 Jahre, bis Scotland Yard Biggs ausfindig machen konnte. Mit Frau und Kind lebte er in Rio de Janeiro, denn als Vater eines brasilianischen Kindes durfte er den Gesetzen des südamerikanischen Landes nach nicht ausgeliefert werden. 2001 kehrte er als schwer kranker Mann freiwillig in seine Heimat zurück.

In einem Supermarkt im unterfränkischen Röthlein stahlen zwei 15-Jährige im August 1999 380 Rubbellose. Nach einigen Stunden kamen sie zurück, um sich 25 Gewinne auszahlen zu lassen, doch diesmal siegte Frechheit nicht. Die Diebe wurden von der Marktleiterin festgehalten, bis die Polizei kam.

Ermittlungsarbeit

Wenn Täter nicht auf frischer Tat ertappt werden, bedarf es zur Aufklärung von Verbrechen und der Festnahme der Täter oft langwieriger Ermittlungsarbeit. Großen Anteil daran hat die KTU – die kriminaltechnische Untersuchung. Ihr obliegt es im Rahmen der Verbrechensaufklärung, mit naturwissenschaftlichen Methoden und technischen Hilfsmitteln sachliche Beweise und Spuren zu sichern und sie im Hinblick auf ihre Ermittlungs- und Gerichtsrelevanz auszuwerten.

Milben

Ein berühmter Fall, der mithilfe von Insektenforschern aufgeklärt werden konnte, ereignete sich 1982 in den USA. Ein Detective, der in den kalifornischen Bergen den Tatort eines Sexualmordes untersucht hatte, litt danach unter zahlreichen Milbenstichen. Bei der Befragung Tatverdächtiger traf er auf einen Mann, der die gleichen Milbenstiche aufwies. Bei intensiven spinnenkundlichen Untersuchungen stießen die Entomologen (Insektenforscher) vor Ort auf einen der wenigen Plätze, an denen die Milbenart *Eutrombiculina belkini* vorkommt. Die kleinen Tierchen brachten »lebenslänglich«.

Daktyloskopie

Erstmals wurde 1892 ein Doppelmord mithilfe eines blutigen Daumenabdrucks aufgeklärt, und zwar in Argentinien, wo man im Polizeibüro von La Plata eine Identifizierungs- und Archivierungsmethode für Fingerabdrücke entwickelt hatte. International setzte sich das Fingerabdruckverfahren aber erst durch, nachdem Scotland Yard 1901 die Einteilung nach dem so genannten Galton-Henry-Verfahren eingeführt hatte. Von der Unverwechselbarkeit der Fingerabdrücke wussten die Japaner schon seit Jahrhunderten: Das einfache Volk verwendete sie als Unterschrift.

Kriminaltechnische Verfahren und Untersuchungsobjekte

Bissspuren auf der Haut Lebender oder Toter, an Lebensmitteln oder Gebrauchsgegenständen können im Hinblick auf charakteristische Gebissmerkmale ausgewertet werden.

Blutspuren sowie **Ausscheidungen** und **Körpersekrete** wie Schweiß, Sperma, Speichel, Kot u. a. haben tätertypische Eigenschaften, die beispielsweise durch eine DNS-Analyse eine eindeutige Identifizierung des Täters erlauben.

***DNS** steht für Desoxyribonukleinsäure (englisch »**d**esoxyribo**n**ucleic **a**cid«, **DNA**).*

Fingerabdrücke sind unveränderliche Persönlichkeitsmerkmale. Sie können als Tatortspuren zum Identitätsnachweis des Täters dienen, aber auch wichtiges Identifikationsmerkmal unbekannter Leichen sein.

Genetischer Fingerabdruck

Im April 1998 nahm das Bundeskriminalamt eine zentrale Gen-Datenbank in Dienst. Mithilfe der dort gespeicherten genetischen Fingerabdrücke – mittels DNS-Analyse erhaltene Identitätsmerkmale – sollen Täter leichter identifiziert und Tatspuren besser zugeordnet werden können. Der erste große Erfolg des DNS-Profils als Fahndungsmittel war im selben Jahr die Festnahme des Mörders eines 11-jährigen Mädchens, das der Täter missbraucht und erdrosselt hatte. Er konnte in einer Reihenuntersuchung, bei der 15 000 Männer Speichelproben abgaben, ermittelt werden.

Obduktionen – gerichtlich angeordnete Autopsien von Verbrechensopfern – obliegen der Rechtsmedizin. Die Leichenöffnung dient der Feststellung von Zeitpunkt und Ursache des Todes, sie kann aber auch weitergehende Hinweise zu den Tatumständen liefern.

Oberflächenspuren wie Abdruckspuren (Reifenspuren u. a.), Eindruckspuren (Schuhabdrücke), Verformungs- oder Kratzspuren an Gegenständen können Hinweise auf den Täter und auf verwendete Tatwerkzeuge geben bzw. deren Identifikation ermöglichen.

Schriftprobenuntersuchungen dienen zum Vergleich von Handschriften oder zur Identifizierung von Schreibmaschinen oder Computerdruckern.

Schussspurenuntersuchungen zielen auf die Identifikation von Waffen und Munition (Ballistik), die Rekonstruktion des Hergangs anhand von Schussspuren an Opfer und Gegenständen sowie am Schützen selbst (Schmauchspuren).

Stimmenanalysen dienen zur Feststellung von sprecherspezifischen Sprachmerkmalen wie beispielsweise Stimme, Sprachschall oder Sprechweise.

Krimi

»Die Geschichte der Kriminalliteratur als einer eigenen Gattung der Unterhaltungsliteratur begann erst am Ende des 18. Jahrhunderts«, weiß der Literatur-Brockhaus und erläutert weiter: »Anders als die Verbrechensliteratur, die den Entstehungsbedingungen und den Wirkungen des Verbrechens nachgeht und den möglicherweise tragischen Konflikt aufdeckt, in dem sich ein Verbrecher befindet, beschäftigt sich die Kriminalliteratur (...) vor allem mit den Anstrengungen, die zur Aufdeckung eines Verbrechens und zur Überführung und Bestrafung eines Täters bzw. mehrerer Täter notwendig sind. Die Art und Weise der erzählten An-

strengungen entscheidet darüber, ob im engeren Sinn vom Detektivroman (...) oder vom Thriller (...) gesprochen wird.«
Obgleich also eine vergleichsweise junge Literaturgattung, erfreut sich der Krimi einer ständig wachsenden Anhängerschaft – und brachte einige weltbekannte Persönlichkeiten hervor.

Kleines Krimi-Glossar

Agentenromane sind Krimis, die im Agenten- oder Geheimdienstmilieu spielen (Beispiele: die Romane von John le Carré oder Eric Ambler).
Der **Armchair-Detective** löst seine Kriminalfälle vom heimischen Sessel aus (Beispiel: Nero Wolfe von Rex Stout).
In **Detektivromanen,** dem Gros aller Kriminalromane, löst ein professioneller Privat- oder auch ein Amateurdetektiv den Fall (Beispiele: Agatha Christies Hercule Poirot oder Miss Marple).
Bei **Gerichtskrimis** wird durch die Überführung des wirklichen Täters die Unschuld des Angeklagten erst vor Gericht erwiesen (Beispiel: die Perry-Mason-Reihe von Erle Stanley Gardener).
Ein **historischer Krimi** spielt vor einem geschichtlichen Hintergrund (Beispiele: die Romane um Bruder Cadfael von Ellis Peters oder um Richter Di von Robert van Gulik).
Bei einem **Howcatchem** (»Wie kriegt man sie?«) ist im Gegensatz zu einem **Whodoneit** (»Wer war es?«) der Täter dem Leser bereits von Anfang an bekannt, wird vom Detektiv aber erst im Lauf des Romans erkannt und entlarvt.
Bei **Katzenkrimis** lösen die Vierbeiner den Kriminalfall oder geben zumindest wichtige Hinweise (Beispiel: die Katzendetektivin Mrs. Murphy von Rita Mae Brown).
Polizeikrimis beschreiben mehr oder weniger realitätsnah die polizeiliche Arbeit bei der Aufklärung eines Verbrechens (Beispiel: Die Kommissar-Maigret-Romane von Georges Simenon).
Der **Soziokrimi** verbindet die Krimihandlung mit Gesellschaftskritik (Beispiel: die Kommissar-Beck-Krimis von Maj Sjöwall/Per Wahlöö).
Thriller sind besonders spannungsreiche Krimis. Neuerdings gelten speziell Werke mit politisch-kriminellem Kontext oder mit Spionagehintergrund als Thriller.

10 fiktive Detektive

Name	Erfinder
Pater Brown	G. K. Chesterton
Hercule Poirot	Agatha Christie
Miss Marple	Agatha Christie
Kommissar Maigret	Georges Simenon
Lord Peter Wimsey	Dorothy L. Sayers
Sam Spade	Dashiell Hammett
Philip Marlowe	Raymond Chandler
Martin Beck	Maj Sjöwall/Per Wahlöö
Guido Brunetti	Donna Leon
Kurt Wallander	Henning Mankell

Im angelsächsischen Sprachraum gibt es die Unterscheidung zwischen »Detectivestory« und »Crimenovel«, das Französische kennt nur den »Roman policier«.

Sherlock Holmes, der Meisterdetektiv

Der Schöpfer von Holmes und Watson, Arthur Conan Doyle (* 1859, † 1930), studierte während seiner Ausbildung zum Arzt im schottischen Edinburgh. Einer seiner Lehrer war Dr. Joseph Bell, Chirurg und Medizinischer Rat am dortigen Königlichen Militärhospital. Bell konnte bei Fremden auf Anhieb durch logische Schlussfolgerungen wesentliche Aussagen über deren Lebensweg und Angewohnheiten treffen. Doyle selbst gab später zu, dass er Bells Methode verwertet und erweitert habe, als er seinen wissenschaftlich arbeitenden Detektiv schuf. Die Vorbilder für Dr. med. John H. Watson dürften nicht ganz so rar gewesen sein.

5 bekannte Krimikatzen

Name	Erfinder
Koko	Lilian Jackson Braun
Mrs. Murphy	Rita Mae Brown
Mycroft alias Big Mike	Garrison Allen
Samantha	D. B. Olsen
Francis	Akif Pirinçci

Der recht stattlichen Anzahl berühmter zwei- und vierbeiniger Detektive steht ein kleiner, aber illustrer Kreis literarischer – mehr oder weniger böser – Verbrecher gegenüber.

5 fiktive Bösewichte

Dr. Moriarty ist der schurkische Gegenspieler von Sherlock Holmes und als solcher ebenfalls dem schottischen Arzt Arthur Conan Doyle (*1859, †1930) zu verdanken. Moriarty steht laut Holmes hinter jedem bedeutsamen Verbrechen und liefert sich mit dem genialen Detektiv einen Kampf bis aufs Messer.

Fantômas, der König des Verbrechens, strebt nichts Geringeres an als die Herrschaft über die Welt. Er vergeht sich straflos gegen die herrschende Rechtsordnung und bleibt unfassbar – ein Phantom, das die Polizei immer wieder narrt. Die Surrealisten wollten in der Figur der französischen Autoren Marcel Allain (*1885, †1969) und Pierre Souvestre (*1874, †1914) sogar die Verkörperung von Nietzsches moralisch unbelastetem Übermenschen sehen.

*»**Harry, hol den Wagen!**« Der Satz, den jeder mit der Krimiserie »Derrick« verbindet, soll in keiner der 281 Folgen wirklich so gefallen sein.*

A. J. Raffles ist ein Dieb und Betrüger, der in der besten Gesellschaft verkehrt. Der von Ernest W. Hornung (*1886, †1921) geschaffene sympathische Schwindler stiehlt aus Leidenschaft, denn er ist der Meinung, dass der Reichtum auf dieser Welt ungerecht verteilt ist.

John Mannering, der »Baron«, wurde von Anthony Morgan – ein Pseudonym von John Creasey (*1908, †1973) – erfunden. Der ehemalige Juwelendieb ist inzwischen ein ehrbarer Bürger, der aber immer wieder von seiner Vergangenheit eingeholt und verschiedenster Verbrechen bezichtigt wird. So ist er ständig auf der Flucht vor der Polizei und auf der Jagd nach den Beweisen für seine Unschuld.

Tom Ripley ist eine Schöpfung der amerikanischen Schriftstellerin Patricia Highsmith (*1921, †1995). Der Titelheld des Romans »Der talentierte Mr. Ripley« und von vier Folgebänden ist ein völlig amoralischer Halunke, der auch vor Mord nicht zurückschreckt. Es gelingt ihm immer wieder, seinen Kopf im letzten Moment aus der Schlinge zu ziehen.

Deutschlands weltweit bekanntester Kriminalbeamter

Als Stefan Derrick nach 24 Dienstjahren und 281 gelösten Kriminalfällen am 16. 10. 1998 den Dienst quittierte, traf diese Nachricht die Fernsehnation völlig unvorbereitet. Nicht nur in Deutschland, sondern in 100 Ländern der Erde werden Derrick und sein treuer Assistent Harry Klein nun schmerzlich vermisst – ein Kummer, den die Programmmacher durch ständige Wiederholung alter Folgen zu mildern trachten.

Fernsehdetektive

Die literarischen Detektive wurden von ihnen schnell überflügelt, zumindest was den Bekanntheitsgrad betrifft: von den Fernsehdetektiven. Einige blieben im nationalen Rahmen, aber einigen gelang der Sprung über die Landesgrenzen hinweg und sie wurden international zum Kult. Inspektor Columbo ist ein solcher Fall, aber auch der deutsche Oberinspektor Derrick.

10 bekannte TV-Ermittler

Name	Schauspieler	Serie
Stefan Derrick	Horst Tappert	Derrick[1]
Columbo	Peter Falk	Columbo
Peter Siska	Peter Kremer	Siska[1]
Leo Kress	Rolf Schimpf	Der Alte[1]
Andreas Wolff	Jürgen Heinrich	Wolffs Revier[1]
Josef Matula	Claus Theo Gärtner	Ein Fall für zwei[1]
Ben Matlock	Andy Griffith	Matlock
Dr. Mark Sloan	Dick van Dyke	Diagnose Mord
Stöver & Brockmöller	Manfred Krug/ Charles Brauer	Tatort[1]

1) deutsche Produktion

Gespenster & Co.

Von Weißen Frauen, Vampiren und Bigfoots

Lärmende Poltergeister, Grauen erregende Dämonen, mysteriöse Kreaturen – die Welt des Übersinnlichen ist voller unbegreiflicher Erscheinungen. Sind sie nur Auswüchse von Massenpsychosen, Ergebnisse betrügerischer Machenschaften, schiere Sinnestäuschungen? Bei der Mehrzahl aller scheinbar paranormalen Phänomene dürfte dies sicher zutreffen, aber hin und wieder schlagen sämtliche Versuche fehl, solche Vorgänge rational zu deuten. Offenbar gibt es Dinge, die sich mit unseren Sinnen nicht erfassen lassen, die unser Verstand nicht erklären kann oder will. Und dann hilft uns nur der Glaube weiter – der Glaube an Gespenster & Co. oder zumindest der Glaube an ein gutes Geschäft, denn Horrorromane und Zombiecomics, Geisterfilme und Mysteryserien haben Hochkonjunktur.

Geister

In seinem »Großen Gespensterlexikon« berichtet Peter Haining – als Herausgeber zahlreicher Spuk-, Horror- und Gruselanthologien eine anerkannte Kapazität auf dem Gebiet des Übersinnlichen – über demoskopische Umfragen zur Existenz von Geistern. Den Antworten zufolge glauben in Großbritannien und den USA jeweils mehr als die Hälfte der Befragten an übersinnliche Phänomene. In Deutschland ist die Zahl der Geistergläubigen mit knapp 20 Prozent deutlich geringer, aber dennoch behauptet auch hier jeder zehnte Erwachsene, mit Geistern in irgendeiner Form in Berührung gekommen zu sein.
Ungeachtet der Repräsentativität solcher Umfrageergebnisse zeigen diese Zahlen doch, welch breiten Raum der zu allen Zeiten umstrittene Geisterglauben auch heute noch im Denken weiter Teile der Bevölkerung unserer Industriegesellschaften einnimmt. Vielleicht ist es das Bedürfnis nach Rätselhaftem, Unerklärlichem, der in unserer aufgeklärten Welt den Glauben an Geister in ihren verschiedensten Erscheinungsformen am Leben gehalten, ihm unter dem modern gewordenen Begriff der Esoterik gar neue Anhänger zugeführt hat.

Klassifikation der Geisterwesen

Dämonen sind immaterielle Wesen im Zwischenbereich zwischen Göttern und Menschen im Glauben vieler Natur- und Kulturreligionen, oft Mittler zwischen Gott und Mensch (Engel des christlichen Glaubens). Sie können im Guten und Bösen in die Geschicke der Menschen eingreifen.

Elementargeister sind animistische Repräsentanten der vier Elemente (also Feuer-, Wasser-, Erd- und Windgeister; beispielsweise Gnome, Zwerge und Harpyen) oder aber auch von Naturerscheinungen (wie z.B. Wolkengeister).

Der Wirkungsbereich von **Hausgeistern** ist auf ein bestimmtes Gebäude (Kobolde, Trolle, Gremlins) oder Verkehrsmittel (Klabautermann) beschränkt.

Wassergeister sind Gewässer bewohnende Elementar- (Nixen, Quellnymphen, der Nöck und der Kelpie) oder Totengeister (Undinen zum Beispiel).

Zu den **Naturgeistern** im engeren Sinne zählen die wald- und bergbewohnenden Elfen oder Albe und die Feen, aber auch die Bergwerksgeister (Blaukappen, Klopfgeister, Kobolde), ferner die meist Wüsten bewohnenden Dschinn Arabiens.

Toten- oder Ahnengeister gelten als der Teil des Menschen, der den Tod überdauern und mit den Hinterbliebenen in Verbindung treten kann. Spukende oder umgehende Geister (Post-mortem-Geister, Revenanten) sind oft die ruhelosen Seelen von Mördern, Selbstmördern oder Ermordeten. Sie können als Schutz- oder Plagegeister wirken.

Poltergeister sind in der Regel unsichtbar, dabei aber destruktiv und übelwollend. Oft mit lautem Lärmen verbunden, bewegen und zerstören sie Gegenstände.

Tiergeister können gestaltliche Manifestationen von Dämonen oder Naturgeistern (Tierkobolde), aber auch von menschlichen Totengeistern und von toten Tieren sein. Die Mehrzahl der Tiergeister hat Hundegestalt, daneben treten sie auch als Katzen, Pferde (oft mit Reiter) und Vögel auf.

Phantome sind allgemeine, oft unerklärliche Geistererscheinungen, doch werden auch Hirngespinste oder Trugbilder, die mit der Geisterwelt nicht in Beziehung stehen, als Phantome bezeichnet.

Kurzes Gespensterglossar

Ankou oder Friedhofswächter, ein in ganz Europa bekannter Geist, bewacht die Gräber.

Die irische **Banshee** erscheint als Frauengestalt unmittelbar vor dem Tod einer Person und kündigt diesen unter lauten Klagen an.

Der **Bergmönch** ist eine erschreckende Riesengestalt, die in den Bergwerken Deutschlands ihr Unwesen treibt.

Bogies sind hässlich grinsende Erscheinungen, die in Großbritannien Menschen erschrecken und auch Kinder stehlen sollen.

Den **Dschinn,** einen in Arabien beheimateten Geist, findet man meist in einer Flasche eingesperrt vor. Wer ihn befreit, kann sich seine Zauberkräfte zunutze machen.

Die abstruse flüchtige Substanz, in der sich Geister und ihre Erscheinungen materialisieren sollen, wird **Ektoplasma** genannt.

Elmsfeuer sind gespenstische Lichter, die auf hoher See zum Beispiel an Mastspitzen von Schiffen erscheinen.

Gremlins treten erst seit der 2. Hälfte des 20. Jahrhunderts in Erscheinung. Diese modernen Kobolde rufen Fehlfunktionen und Defekte bei Maschinen hervor.

Als **Incubus** wird ein böser Geist des mittelalterlichen Aberglaubens bezeichnet, der junge Frauen verführt und sie zwingt, ihre Seele dem Teufel zu vermachen. Das weibliche Pendant zum Incubus ist der **Succubus.**

Bei **Irrlichtern** handelt es sich um tanzende, flackernde Lichterscheinungen, hervorgerufen von wandernden Seelen, die keine Ruhe finden können.

Der **Kelpie,** ein schottischer Wassergeist, spukt an Flüssen und lockt Unvorsichtige in den nassen Tod.

Lemuren waren die Totengeister der Römer, die zurückkehrten, um ihre Verwandten zu belästigen und zu peinigen.

Mura-Muras sind die Ahnengeister der australischen Aborigines, die Macht über den Regen haben.

Nixen sind meist harmlose weibliche Wassergeister mit menschlichem Oberkörper und Fischschwanz.

Während der **Séance,** einer Zusammenkunft der Spiritisten, versuchen diese mithilfe eines Mediums Kontakte zur Geisterwelt herzustellen.

Unter dem Begriff **Spuk** wird allgemein das Erscheinen geisterhafter, paranormaler Gestalten und Phänomene zusammengefasst.

Tischrücken war eine insbesondere im 19. Jahrhundert beliebte Methode der Spiritisten, mit den Geistern Verstorbener in Kontakt zu treten.

Undine ist ein schöner weiblicher Geist, der an Gewässern spukt. Üblicherweise handelt es sich um Geister junger Frauen, die sich aus Liebeskummer ertränkten.

In der Nacht vom 30. April zum 1. Mai, der bekannten **Walpurgisnacht,** in der die Geister und Seelen der Finsternis losgelassen sind, halten die Hexen ihre schaurigen Orgien ab.

Weiße Damen sind Gespenster, die vor allem auf den britischen Inseln nächtens Schlösser und alte Häuser heimsuchen. Meist sind es die Geister von Edelfrauen, die unter tragischen Umständen verstarben.

***Werwolf** kommt von althochdeutsch »wer« Mann, Mensch und Wolf.*

Ein **Werwolf** ist ein Geisterwesen, das sich – vor allem in Vollmondnächten – von einem Menschen in einen Wolf und wieder zurück verwandeln kann.

Auch wenn der eine Geistern skeptisch gegenübersteht und sie folglich als Ausgeburt einer blühenden Fantasie abtut, der andere hingegen von ihrer Existenz überzeugt ist, vielleicht sogar glaubt, mit ihnen bereits in Kontakt getreten zu sein, so ist doch unstrittig, dass Geister ein äußerst faszinierendes Thema sind, das die Fantasie zahlreicher Literaten nicht erst seit Edgar Allan Poe beschäftigt.

10 berühmte Verfasser von Geister- und Gespensterliteratur

Charles Dickens

(*1812, †1870). Mit »A Christmas Carol« (1843) schrieb Dickens die vielleicht berühmteste aller Geistergeschichten.

*E.T.A. Hoffmann war bei seinen Zeitgenossen als der **»Gespenster-Hoffmann«** berühmt.*

Johann Wolfgang von Goethe

(*1749, †1832). In seinem »Faust« (1808/32) lieferte der deutsche Dichterfürst eine umfassende Beschreibung des ganzen Geisteruniversums.

Heinrich Heine

(*1797, †1856). Eine der frühesten Satiren über den Geisterglauben findet sich in Heines »Harzreise« (1826–31).

E.T.A. Hoffmann

(*1776, †1822). Mit seinem Werk, in dem sich oft realistische Alltagswelt und fantastische Geisterwelt vermischen, hatte er großen Einfluss z. B. auf Edgar Allen Poe und Franz Kafka. In den »Serapionsbrüdern« (4 Bände, 1819–21) finden sich viele bekannt gewordenen Gespenster- und Spukgeschichten wie »Der unheimliche Gast«, »Die Bergwerke zu Falun«.

Immanuel Kant

(*1724, †1804). Mit dem Phänomen des Übersinnlichen befasste sich der Philosoph in »Träume eines Geistersehers« (1766).

Rudyard Kipling

(*1865, †1936). Geister waren das Thema zahlreicher Kurzgeschichten des britischen Schriftstellers.

William Shakespeare

(*1564, †1616). Zahlreiche Geisterszenen in seinen Dramen (zum Beispiel »Macbeth«, »Julius Caesar«) belegen Shakespeares Interesse an Übernatürlichem.

Theodor Storm

(*1817, †1888). Die Spuknovelle »Der Schimmelreiter« (1888) ist Storms bekanntestes Werk.

H. G. Wells

(*1866, †1946). Der »Vater der Sciencefiction« schrieb auch mehrere Kurzgeschichten über Geister.

Oscar Wilde

(*1854, †1900). Mit der humoristischen Erzählung »Das Gespenst von Canterville« (1887) schuf Wilde eines der prominentesten literarischen Gespenster.

In einigen Fällen haben die fiktiven Geister-, Monster- und sonstigen Phantomprodukte

von Schriftstellern ihren Schöpfer im Bekanntheitsgrad sogar überflügelt.
Heute lebt eine ganze Medienindustrie vom Geisterglauben. Zahllose Filme – nicht nur die Billigprodukte der B-Movies – haben Geister und verwandte Horrorgestalten zum Thema. Fernsehserien über okkulte Erscheinungen finden allwöchentlich ein Millionenpublikum, Groschenromane erreichen Rekordauflagen in dreistelliger Millionenhöhe. Wen wundert es, dass ihre Protagonisten mittlerweile Kultstatus erreichen konnten?

Der Pfähler

Vlad III. Tepes (* 1430 oder 1431, † 1476 ermordet) war Fürst der Walachei im heutigen Rumänien. Der als Sohn des Fürsten Vlad Dracul auch als Dracula (»Sohn des Dracul«) bekannte Vlad kämpfte zeitweise erfolgreich gegen die Osmanen und war wegen seiner blutrünstigen Gepflogenheiten – er ließ unzählige Feinde und Untertanen pfählen – als »Vlad der Pfähler« berüchtigt. In der Überlieferung schon zu Lebzeiten Gestalt zahlreicher Legenden, wurde er im 19. Jahrhundert – historisch wenig gerechtfertigt – zum Prototyp des unsterblichen, Blut saugenden Vampirs.

5 Kultfiguren unter den Geister- und Dämonenjägern

Dorian Hunter

ist der »Dämonenkiller«. Ursprünglich aus einem alten Dämonengeschlecht stammend, wurde der Journalist Hunter, unterstützt von der abtrünnigen Hexe Coco Zamis, zum erbarmungslosen Geisterjäger und zum Erzfeind des Dämons Asmodi.

Larry Brent

ist als Geheimagent X-Ray-3 im Dienste der Psychoanalytischen Spezialabteilung (PSA) gemeinsam mit seinem Kollegen Iwan Kunaretschew (X-Ray-7) für die Aufklärung des gesamten Spektrums übersinnlicher Phänomene zuständig.

John Sinclair

macht im Auftrag von Scotland Yard mit verschiedenen Kollegen Jagd auf das Geisterunwesen und bekämpft Vampire, Zombies und andere Erscheinungen des Grauens.

Fox Mulder und Dana Scully,

zwei FBI-Agenten, machen in der Fernsehserie »Akte X« (»The X-Files«) Jagd auf alles Unerklärliche und Übernatürliche und Dämonische und Außerirdische usw.

3 Phantomwesen, die durch Literatur und Film zu Berühmheiten wurden

Figur	Schöpfer	
Golem	u. a. Jacob Grimm (1808), Achim von Arnim (1812), E.T.A. Hoffmann (1822), Gustav Meyrink (1915)	Der Golem ist in der jüdischen Mystik ein durch kabbalistische Zauberkraft belebter künstlicher Mensch aus Lehm. Der Prager Rabbi Loew schuf im 16. Jahrhundert den bekanntesten Golem, den er allerdings auch wieder zerstörte.
Frankensteins Monster	Mary W. Shelley (1818)	Dem Wissenschaftler Victor Frankenstein gelingt es, aus Leichenteilen einen menschlichen Körper zu formen und durch Elektrizität zum Leben zu erwecken. Die tragische Kreatur fordert von seinem Schöpfer eine Gefährtin. Als Frankenstein ihm dies verwehrt, rächt sich das namenlose Monster. – Inzwischen wird es selbst häufig als »Frankenstein« bezeichnet.
Graf Dracula	Bram Stoker (1897)	Das Vorbild für den lichtscheuen Grafen, den man sich besser mit Knoblauch vom Leibe hält – sein Blut saugender Biss verwandelt das Opfer selbst in einen Vampir –, war eine historische Person: der transylvanische Fürst Vlad Tepes.

Genauso wie in den meist effektträchtig aufbereiteten Film-, Fernseh- und Trivialliteraturprodukten erweisen sich scheinbare Geistererscheinungen auch im realen Leben letztlich oft nur als Täuschungen und Hirngespinste, als raffinierte Taschenspielertricks oder schlauer Betrug, als bloße Erfindung oder unbeweisbare Legende. Auch wenn am Ende doch ein gewisser Prozentsatz unerklärlicher Phänomene bleibt – irgendwelche stichhaltigen Beweise für die Existenz von Geisterwesen gibt es bislang noch nicht.

7 bekannte (übersinnliche?) Vorkommnisse oder Erscheinungen

Die Hexe von Endor

Die Geschichte der Hexe von Endor ist die wohl bekannteste Geistergeschichte der Bibel. In Samuel 1, 28 wird beschrieben, wie König Saul vor der Schlacht gegen die Philister von der Hexe von Endor den Geist Samuels beschwören lässt. Von rechtgläubigen und somit geisterfeindlichen Theologen wird die Erscheinung Samuels indes als Betrug der Hexe angesehen.

7 berühmte Spukorte

Spukort	Land	
Amityville	New York, USA	In einem amerikanischen Vorstadthaus in Amityville auf Long Island malträtierte 1975 ein Poltergeist, vermutlich ein ehemaliger Bewohner, der seine Eltern und Geschwister dort ermordet hatte, die neuen Besitzer so lange, bis diese schließlich entnervt aus dem Haus flohen.
Berkeley Square 50	London, England	Das Haus am feudalen Berkeley Square war jahrelang eines der beliebtesten Ausflugsziele für Geisterjäger. Seit Mitte des 19. Jahrhunderts soll dort ein Gespenst namens »elektrischer Horror« mit Gegenständen um sich werfen, Fensterscheiben einschlagen und die Wände unter Strom setzen.
Pfarrhaus von Borley	Essex, England	Zu Berühmheit gelangte das inzwischen niedergebrannte Pfarrhaus in Borley durch den Geisterjäger Harry Price, der dort das Gespenst einer im 14. Jahrhundert ermordeten Nonne und eines kopflosen Mannes sowie zahlreiche Poltergeisterscheinungen ausfindig machte.
Caledonia Mills	Neuschottland, Kanada	1922 suchte ein Feuerspuk den Bauernhof der Familie Macdonald in Caledonia Mills heim. Gegenstände in dem Haus entzündeten sich spontan, gingen aber auch wieder von alleine aus; geheimnisvolle Lichter fingen an zu leuchten und erloschen wieder.
Pfarrhaus von Cideville	Normandie, Frankreich	Die Poltergeistphänomene von Cideville waren 1850 Gegenstand eines Verleumdungsprozesses. Der Dorfpfarrer hatte ein Gemeindemitglied als Hexer bezeichnet und es für die gespenstischen Aktivitäten in dem normannischen Pfarrhaus verantwortlich gemacht.
Scotney Castle	Kent, England	Als im 18. Jahrhundert ein Mitglied der Familie Darell, die Besitzer von Scotney Castle, beim Schmuggeln ertappt wurde, tötete er den Zöllner kurzerhand und warf ihn in den Schlossgraben. Seitdem spukt der Geist des ermordeten Zöllners in dem Gemäuer.
Tower von London	London, England	Der Tower gilt als der am meisten heimgesuchte Ort, was bei der Vielzahl der dort hingerichteten Menschen nicht verwunderlich ist. Prominentester Spuk des Towers ist der Geist von Anne Boleyn, einer der Frauen Heinrichs VIII., die dort, mit dem Kopf unter dem Arm umherirrend, gesehen worden sein soll.

Der Fliegende Holländer

Wegen eines gotteslästerlichen Fluchs wurde Hendrik Vanderdecken, Kapitän eines holländischen Ostindienfahrers, 1641 dazu verdammt, bis in alle Ewigkeit weiterzusegeln, ohne jemals einen Hafen erreichen zu können. Immer wieder gesichtet, befährt das Phantomschiff seitdem die Meere und soll Tod und Verderben über jedes Schiff bringen, das seinen Weg kreuzt. Unsterblich wurde die Legende vom Fliegenden Holländer durch Richard Wagners gleichnamige Oper.

Geister vor Gericht

In Island soll es lange Jahre ein Gesetz gegeben haben, das es von Geistern heimgesuchten Menschen ermöglichte, diese vor Gericht zu bringen. Über die Zahl verurteilter Plagegeister und darüber, ob diese persönlich vor dem Richter erschienen oder sich lieber von einem Anwalt vertreten ließen, ist indes leider nichts bekannt. Amtlich ist aber der Fall eines Mannes aus Chicago, dem es 1912 gelang, vor Gericht eine steuerliche Wertminderung seines Hauses durchzusetzen, weil darin der Geist eines Mädchens umging.

Rübezahl

Der Berggeist des Riesengebirges ist wohl die bekannteste deutsche Geistererscheinung. Mit seinem ausgeprägten Gerechtigkeitssinn hilf er den Armen und Unterdrückten und bestraft die Bösen und Habgierigen. Oft treibt er auch grobe, aber meist harmlose Späße mit Wanderern, denen er sich in unterschiedlichster Gestalt beigesellt.

Die Bergwerke von Falun

Anfang des 18. Jahrhunderts wurde im schwedischen Falun die völlig unversehrte Leiche eines 50 Jahre zuvor verschütteten Bergmanns gefunden. Der sich rasch verbreitende Bericht über den rätselhaften Fund wurde von Johann Peter Hebel, E. T. A. Hoffmann und Hugo von Hofmannsthal literarisch verarbeitet.

Das Brockengespenst

Lange Zeit wurde der Brocken im Harz gemieden, aus Angst vor einer riesigen, Furcht erregenden Gestalt, die sich aus dem Nebel vor dem sorglosen Wanderer aufbaute. Erst Anfang des 18. Jahrhunderts wurde das Brockengespenst als Sinnestäuschung erkannt: Es waren die ins Riesenhafte vergrößerten, auf die Nebelwände projizierten Schatten der Wanderer selbst.

Die Engel von Mons

1914 schrieb der walisische Schriftsteller Arthur Machen eine fiktive Kurzgeschichte über britische Soldaten, denen während der Schlacht von Mons himmlische Phantomschützen mit silberne Pfeilen gegen die heranrückenden deutschen Truppen beistanden. Nachdem die Geschichte im Herbst des Jahres erschienen und bekannt geworden war, meldeten sich Dutzende von Augenzeugen, die die geisterhaften Retter tatsächlich gesehen haben wollten. Die Legende von den Engeln von Mons war geboren.

Chopper

1982 beschäftigte ein Poltergeist namens Chopper die deutsche Öffentlichkeit. In einer bayerischen Zahnarztpraxis ertönten Stimmen aus Waschbecken und Sanitäreinrichtungen, deren Herkunft Beamte der Polizei und der Bundespost und Mitarbeiter des Freiburger Instituts für Grenzfragen der Psychologie nicht erklären konnten. Nachdem sie wochenlang die Presse in Atem gehalten hatten, stellten sich schließlich die Zahnarzthelferin Claudia und ihr Chef als die Verursacher der Stimmen heraus.

Fabelwesen?

Ähnliches wie für Geister gilt auch für einige mysteriöse Lebewesen, die meist in entlegenen und schwer zugänglichen Regionen unseres Planeten ihr Dasein fristen sollen: Viele glauben an sie, einige wollen sie gesehen haben, von manchen sollen sogar Fotografien und Filmaufnahmen existieren, aber der Beweis ihrer Existenz steht nach wie vor aus.

Rätselhafte Kreaturen

Name	Auftreten	
Yeti	Tibet, Nepal	Trotz vieler Augenzeugen, die den Yeti in den Höhen des Himalaja gesehen haben wollen, fehlt bisher der Beweis für die Existenz des sagenhaften Schneemenschen mit Schuhgröße 56.
Bigfoot oder Sasquatch	USA, Kanada	Der bis 2,5 m große affenartige Waldmensch ähnelt dem Yeti und treibt sich in den Wäldern Nordamerikas herum.
Ungeheuer von Loch Ness	Schottland	Das im Jahre 565 von St. Columban erstmals erwähnte, 1933 wieder entdeckte Ungeheuer soll ein Verwandter der Dinosaurier sein, das in dem schottischen See überlebt hat. Gefunden wurde »Nessie« trotz intensiver Suche bisher aber nicht.
Ogopogo	Okanagan-See (British Columbia, Kanada)	Das in der Mitte des 19. Jahrhunderts zum ersten Mal gesichtete Tier ähnelt einer 5 m langen Seeschlange mit Flossen und Höckern.
Seeschlange	alle Ozeane	Von riesigen, bis zu 30 m langen schlangen- oder aalähnlichen Seeungeheuern berichten Seefahrer schon seit dem Altertum.
Riesenkrake	alle Ozeane	Überreste von Riesenkraken, mit über 5 m langen Körpern und 15 m langen Tentakeln, wurden bereits mehrfach gefunden. Dass diese jedoch Segelschiffe angreifen, dürfte ins Reich der Fabel gehören.

Und übrigens ...

Unbestreitbar ist allerding die Existenz von so genannten kompositionellen Geistern, die durch die deutsche Sprache spuken. Einige von ihnen sind die Folge unserer technischen Zivilisation, andere gibt es schon seit altersher. Für den heutigen Menschen sind Begegnungen mit ihnen nicht immer zu vermeiden, doch treten andere zum Glück vergleichsweise selten auf.

3 Geister, denen man täglich begegnen kann

Geisterfahrer: Ein Zusammentreffen mit Geisterfahrern – Autofahrer, die vor allem auf Autobahnen der vorgeschriebenen Fahrtrichtung entgegengesetzt fahren – kann tödlich enden und sollte daher unter allen Umständen vermieden werden.

Plagegeister: Sie zeichnen sich vor allem durch die Vielfalt der Gestalten aus, in denen sie sich manifestieren können. Am unangenehmsten sind sie in tierischer oder in menschlicher Gestalt.

Weingeister: Sie gehören zu den gefährlichsten Geistern. Allein in Deutschland sollen sie jedes Jahr für den Tod von etwa 40 000 Menschen verantwortlich sein.

A

Aal 418
Aaron 278
Abadie, Paul 326
Abakus 197
Abchasisch 301
Abel 278, 449
Abendmahl 275
Abendstern 226
Abenteuerreisen 58
Abgabensysteme 254
Abgeordnete 235
Abgeordnetenhaus 240
Abraham 274, 278
Abrogans 303, 311
Abschreibungen 253
Absolutismus 321
Absorption 177
Abstrakter Expressionismus 330
Abstraktion 97
Abu Dhabi 93
Abuja 85
Abukir 19
Académie Fran\aise 40
Academy Award 364, 366
Accra 76
Acetylsalicylsäure 403, 441
Achet-Aton 26
Achill 194
Achttausender 50
Ackerbau 136, 141, 142, 168, 169
Actionpainting 330
Adam 278
Adaptronik 163
ADC 433
Addis Abeba 71
Addition 183, 192, 196
Additionssysteme 196
Adel 32
Adenauer, Konrad 238
Adenin 404
Adler, Dankmar 326
Adoptionen 246
Adygeisch 301
Aerodynamik 185
Aerophone 335
Affekte 296
Affen 96
Afrikaans 89, 300
Afrikanische Sprachen 300
Afroasiatische Sprachen 300
Agc, Mehmet Ali 452
Agentenromane 457
Aglaia 288
Agrarsektor 252
Ägyptenfeldzug 17
Ägypter 14, 216
Ägyptische Literatur 309
Ägyptologie 18
Ahas 279
Ahlener Programm 238
Ahnengeister 460
Ähnlichkeitsgesetz 406
Ahorn 112
Ai 134
Aids 402, 408, 409
Aimara 72, 86, 300
Airbus 65, 66
Aischylos 310
Akan 300
Akaryobionten 123
Akelei, gemeine 113
Akkadische Sprache 308
Akkord 340
Akkordeon 335
Aktien 254, 255
Aktienindizes 255
Aktienkurs 255
Aktienmarkt 255
Aktives Wahlrecht 246
Akupunktur 98, 405
Albanisch 70, 300
Albatross 396
Albe 460
Albers, Hans 358
Albers, Josef 329
Albertus Magnus 248
Albrecht I. 34
Albrecht II. 34
Al-Charismi 201
Alchemie 180
Alcock, J.W. 65
Aldebaran 221
Alexander der Große 31, 39, 293, 318
Alexandria 19, 27, 99
Alexandria, Schule von 180
Alge 110
Algebra 201, 203, 206
Algen 104
Algier 70
Algonkin 300
Algorithmen 184, 201
Ali 275
Alkaios 310
Alken 134
Alkmene 287
Allah 199, 275
Allain, Marcel 458
Allekto 288
Allen, Woody 352
Allergene 408
Allergie 117, 140, 145, 408, 409
Allergieauslöser 408
Allgemeine Relativitätstheorie 212, 225
Allgemeine Zoll- und Handelsabkommen 272
Allgemeinwohl 248
Allicin 406
Alpen 156
Alpenpässe 63
Alpensalamander 129
Alphabet, griechisch 304
Alphorn 335
Al-Sufi 219
Altaisch 300
Altaische Sprachen 300
Altamira 215, 317
Altbier 424
Alte Geschichte 31
Alte Salzstraße 63
Alternative Medizin 404
Altersgrenze 246
Altersrente 246
Altertum 31
Altes Testament 274, 282, 284, 285, 309
Altes Testament, Bücher 283
Altes Testament, Gestalten 278
Ältestenrat 236
Althochdeutsch 303
Aluminium 163
Aluminiumchlorid 163
Alzheimersche Krankheit 190
Amanita Phalloides 120
Amarna 26
Amaterasu 276
Amati, Andrea 336
Amati, Nicola 336
Amazonas 52, 53
Amazonasquelle 53
Amazonen 288
Amber 400, 446
Ambler, Eric 457
Ameisen 122, 143
Amenophis III. 26
American Association of Advertising Agencies 433
Amerikanischer Unabhängigkeitskrieg 40
Amharisch 71, 301
Aminosäuren 107, 181, 189
Amir, Yigal 452
Amman 78
Ammirati Puris Lintas 433
Ammoniak 182, 189
Ammoniak-Soda-Verfahren nach Solvay 182
Ammoniten 124
Ammoniter 278
Ammoniumzyanat 180
Amok 451
Amor 286
Amorphophallus Titanum 120
Amos 279, 309
Amphibien 126
Amphitheater 318
Amphitrite 285, 286
Amsterdam 85
Amudarja 145
Amudat 309
Amundsen, Roald 59
Anakreon 310
Analysis 203, 204
Analytical Engine 183
Analytische Geometrie 203, 205
Anamnesis 292
Ananas 419
Anatomie 99, 103, 402, 403
Andorra la Vella 70
Andreas 281
Andreas Vesalius 99
Andromeda 213
Angebot 250, 252, 254
Anglikanische Staatskirche 36, 274
Angst 298
Angurboda 290
Anis 421
Ankara 91
Ankou 461
Annalen 30
Annius, Johannes 423
Anophelesmücke 61
Antananarivo 82
Antarktis 158
Anthropologie 98
Antibiotika 140, 403, 409
Antigene 103, 104
Antigua 70
Antike 31, 201
Antikörper 103, 401, 403
Antilopen 127
Antiphon 339
Antisepsis 402
Antiseptische Wundbehandlung 105
Antisthenes 296
Antoninus Pius 40
Antonioni, Michelangelo 352
Anukleobionten 123
ANZUS 268
Apathie 296
APEC 260
Äpfel 419
Apfelbaum 108
Apfelsinen 420
Aphrodite 286, 288
Apia 93
Apokryphen 282, 283, 284
Apollo 285, 286, 287
Apollon Musagetes 285
Apollon Phoibos 285
Apollo-Programm 223
Apostel 281
Apostelgeschichte 280, 282
Appenzeller 418
Aprikosen 419
Äquator 10, 11, 150, 215
Äquatorialguinea 70
Äquatorumfang 42
Aquirre 354
Äquivalent, mechanisches 174
Arabisch 70, 71, 74, 75, 77, 78, 79, 80, 81, 83, 85, 88, 89, 90, 91, 93
Arabische Liga 260
Arabische Schrift 303, 306
Aralsee 144, 145
Ararat 278
Araukanisch 300
Arbeit 174, 188, 250
Arbeit, mechanische 172, 174
Arbeiterräte 38
Arbeitsbeschaffungsprogramme 257
Arbeitsbiene 126
Arbeitsgerichtsbarkeit 242
Arbeitskräfte 249
Arbeitslosigkeit 249, 251, 254, 256,
Arbeitsteilung 248
Archaebakterien 123
Archaischer Stil 318
Archäoastronomie 213
Archäologie 17, 18, 214
Archäologie, Schlüsseldaten 19
Archäologische Fundstätten 24
Archäologische Fundstücke 23
Archäomagnetismus 21
Archäometrie 18, 19, 21
Archelaos 281
Archilochos 310
Archimedes 174, 175, 194
Archipenko, Alexander 331
Architektur 317, 318, 319, 320, 321, 322, 323, 325
ARD 369, 370
Ardenne, Manfred von 368
Arequipa 53
Ares 285, 286
Argon 150, 178
Ariane 262
Ariosto, Lodovico 312
Aristarchos von Samos 217
Aristophanes 310
Aristoteles 162, 165, 166, 177, 179, 194, 201, 210, 293, 310
Aristoxenos von Tarent 333
Arithmetik 202, 206
Arktika 59
Arktis 260
Arktischer Rat 260
Armada 39
Armani, Giorgio 445
Armchair-Detectives 457
Armenisch 71, 300
armenische Kirche 274
Armstrong, Louis 349
Arnaldus von Villanova 99
Arnika 407
Arnim, Achim von 463
Aromatherapie 399
Arp, Hans 331
Arrak 423
Ars Antiqua 339
Ars Nova 339, 340
Art Directors Club Deutschland 433
Art Nouveau 325
Artemis 26, 285, 286, 287, 289
Arteriosklerose 406
Artillerie 205
Aruak 300
Arzneipflanzen 116
Aschchabad 91
ASEAN 260
Asen 289, 290
Aserbaidschanisch 71, 300
Aseri 71
Asgard 289, 290
Asia Pacific Economic Cooperation 260
Asiatisch Pazifische Wirtschaftliche Zusammenarbeit 260
Asiatische Grippe 408
Askese 277
Asklepios 286
Äskulap 286, 402
Asmara 75
Asmodi 463
Äsop 310
Aspirin 441
Assami 300
Association of South East Asian Nations 260
Assurbanipal 28, 309
Assyrer 28, 210
Assyrisch 304
Astaire, Fred 358
Astana 79
Asteroiden 213, 225, 227
Ästhetik 292
Asthma 408, 409
Astrofotografie 229
Astrologie 209, 210, 211, 217
Astrometrie 211
Astronautik 212
Astronomie 205, 210, 212, 214, 218, 220, 227, 228, 229, 293
Astronomie, arabisch: Leistungen 219
Astronomie, frühe Neuzeit: Leistungen 219
Astronomie, griechisch: Leistungen 217
Astronomie, Instrumentenbau: Leistungen 221
Astronomie, moderne: Leistungen 228
Astronomische Einheit 218
Astronomische Zeichen 210
Astrophysik 212
Asuncíon 86
Atacama-Wüste 160
Atembeschwerden 409
Atemwegsentzündungen 408
Atharvaveda 309
Athen 76
Athene 286, 287
Äther 179
Ätherische Öle 421
Äthernarkose 403
Athleten 5, 375, 376
Atlas 289
Atmosphäre 136, 137, 141, 144, 145, 146, 147, 148, 150, 212
Athmosphäre, physikalische 171
Atmosphäre, technische 171
Atmung 108
Atome 177, 178, 298
Atomgewicht 181
Atommodell, Bohrsche 177
Atomsekunde 10
Atropos 288
Attentate 451
Auferstehung Jesu 280
Aufklärung 31, 169, 297, 313
Auge 106
Augenspiegel 105
Augentierchen 123
Augenwimpern 102
Augenwülste 97
August der Starke 425
Augustinus 293
Augustus 14, 31, 281
Aum 277
Aumzeichen 274
Aura-Soma-Therapie 400
Aurora 286
Ausgestorbene Säugerarten 124
Ausgestorbene Vogelarten 124
Ausgräber 25
Auslese 108
Australiden 98
Australische Sprachen 300
Australopithecus 96
Austrische Sprachen 300
Austroasiatische Sprachen 300
Austronesische Sprachen 300
Autogenes Training 398
Automation 187
Automobil 257
Automobilsport 386
Autorität 293, 297
Awarisch 301
Axt 188
Ayurveda 405
Azitawaddija 27
Azizia 160
Azteken 197, 216, 217, 257

B

Babbage, Charles 183
Babylonier 196, 197, 210
Babylonisch-assyrische Literatur 308
Bacall, Lauren 360, 445
Bacchus 286, 424, 425
Bach, Carl Philipp Emanuel 342
Bach, Edward 405, 406
Bach, Johann Sebastian 341
Bach-Blütentherapie 405, 406
Bachmann, Ingeborg 316
Backin 441
Bad, türkisches 399
Bagdad 77
Bagdadpakt 268
Baharija 20
Bahasa Indonesia 77
Bahasa Malaysia 82
Bahasa 300
Bähr, George 321
Bahrain 71
Baikalsee 51
Bairiki 80
Baked Beans 417
Bakterien 104, 123, 139, 145, 148, 189, 403, 406, 409
Bakteriologie 99, 105, 402
Baku 71
Baldrian 407
Baldur 289, 290
Balinesisch 300
Balla, Giacomo 328
Ballade 340
Ballaststoffe 401, 419
Ballata 340
Ballett 349
Ballistik 456
Ballonastronomie 212
Balmer, Johann Jacob 177
Balmer-Serie 177
Balsam 445
Baltische Sprachen 300
Bamako 83

Bambara 300
Bambus 120
Bandar Seri Begawan 73
Bandkeramiker 214
Bandoneon 335
Bangemann, Martin 239
Bangkok 90
Bangladesch 71
Bangui 93
Banjo 335
Banjul 75
Bank of England 256
Banshee 461
Bantusprachen 300
bar 171
Barabbas 282
Barbados 72
Barbuda 70
Barca, Pedro Calderón de la 312
Bargeld 257
Barilla 182
Barlach, Ernst 331
Barnabas 282
Barock 312, 321, 326, 340, 341
Barockorchester 337
Barometer 151, 152
Barometer-Wettertabelle 153
Baron de Coubertin, Pierre Frédy 374
Barockklassizismus 321
Barrow, Clyde 452
Barrow, John 58
Barry, Charles 326
Barsoi 134
Bartholomäus 281
Bartók, Béla 345, 348
Bartolommeo, Michelozzo di 320
Barzel, Rainer 238
Basalt 45, 123
Baschkirisch 300
Base 180
Basic English 302
Basilika 318, 319
Basilikum 421
Basisnote 400
Baskisch 301
Basquiat, Jean-Michel 330
Basseterre 87
Bassklarinette 337
Basstuba 338
Bathseba 279
Baudelaire, Charles 315
Bauernregeln 153
Bauernrevolution 36
Bauhaus 326, 446
Baukunst 319
Bäume 111
Baumtomate 420
Baumwolle 182, 252
Bavaria Blue 418
Bayerischer Rundfunk 369, 430
Bayerisches Weißbier 423
BBC 368
BBDO 432
Beardsley, Aubrey 325
Beatles 350
Beatmusik 350
Beaufort-Skala 153
Beauvoir, Simone de 316
Becher, Johann Joachim 248
Becken 335, 338
Beckett, Samuel 316
Beckmann, Max 328
Becquerel, Henri 176
Beerenobst 421
Beethoven, Ludwig van 341, 342
Befreundete Zahlen 204
Behnisch, Günther 327
Behrens, Peter 446
Behring, Emil von 105, 403
Beifuß 408
Beirut 81
Béjart, Maurice 445
Bekenntniswechsel 245
Bel Paese 418
Belcanto-Oper 346
Belgrad 78
Belize 72
Belladonna 413
Belmopan 72
Belsazar 279
Belutschi 301
Belzoni, Giovanni Battista 25
Benelux 260
Bengali 71, 300
Benin 72
Benn, Gottfried 316
Benue-Kongo-Sprachen 300
Benzinmotor 173
Beowulf 311
Berbersprache 300
Berg, Alban 349
Bergamotte 399
Bergbau 141
Berge 49
Berge, Erstbesteigungen 50
Bergformen 49
Bergkäse 418
Bergleute 187
Bergman, Ingmar 352
Bergman, Ingrid 358, 360
Bergmann, Christine 234
Bergmönch 461
Bergpredigt 280
Bergwerke von Falun 465
Bering, Vitus Jonassen 58
Berlin 53, 74, 233
Berliner Weißbier 423
Berlioz, Hector 342, 343
Bern 88
Berner Rösti 417
Berners-Lee, Tim 186
Bernhard von Clairvaux 297
Bernini, Gian Lorenzo 321, 322
Bernoulli, Jakob 207
Bernstein 445
Berry, Chuck 350
Bertelsmann AG 371
Bertolucci, Bernardo 352
Bertoni, Flaminio 447
Berufsgerichtsbarkeit 242
Beschleunigung 168
Beschleunigungen, typische 166
Besitz 296
Best Minute 430
Beteigeuze 230
Bethlehem 280
Beuteltier 134
Beuys, Joseph 330
Bevölkerung 251, 252
Bevölkerungsentwicklung in Deutschland 252
Bevölkerungsexplosion 139
Bewegung 165, 166, 168, 177
Bewegungsgesetze 208
Bewegungsmangel 411
Bewusstsein 105, 107, 297, 298
Bezugssystem 165
Bhajias 417
Bhakti 277
Bhakti-Yoga 398
Bhutan 72
Bibel 210, 274, 282, 284, 294, 309, 419
Bibelübersetzungen 282, 311
Bibergeil 400
Bichat, Xavier 103
Biedermeier 323
Bienenkönigin 126
Biennale 367
Bier 423, 424
Bigfoot 459, 466
Biggs, Ronald 455
Bigos 417
Bildaufzeichnung, magnetische 372
Bildhauerei 317
Bildungsdotter 131
Bilharziose 61
Bilingue 27
Bill of Rights 36
Bill, Max 331
Binäre Zahl 184, 198
Binary Digit 184
Binchois, Gilles 340
Bingham, Hiram 20
Binnenschifffahrtskanäle, deutsche 68
Binnensee 50
Bioenergetik 406
Biofeedback 398
Biogas 148
Biologie 97, 99, 161, 162, 293
Biologische Schädlingsbekämpfung 143
Biomasse 109
Biomoleküle 189
Biosphäre 136
Birdie 396
Bireme 67
Birke 108, 408
Birma 72
Birmanisch 72, 301
Birnen 419
Birnenmelone 420
Biro, József Laszlo 438
Birthler, Marianne 238
Bischkek 79
Bislama 92
Bissau 76
Bits 184
Blätter 120
Blattläuse 143
Blaualgen 123
Blaue Mauritius 448
Blauer Reiter 327
Blauhelme 269
Blaukappen 460
Blauschimmelkäse 418
Blauwal 133
Blechbläser 338
Blechblasinstrumente 335
Bleichen 181
Bleiglanz 421
Blindenschrift 308
Blitz 11
Blizzard 156
Blücher, Franz 239
Bludruck, diastolisch 104
Blue Train 64
Blues 349, 350
Blumentiere 147
Blut 98, 103
Blutdruck 104
Blüte 120
Blutgruppe 103, 104
Blutgruppenverträglichkeit 104
Bluthochdruck 411
Blutkörperchen, rote 103
Blutkörperchen, weiß 103
Blutkreislauf 103, 253, 402
Blutplasma 103
Blutplättchen 103
Bluttransfusion 140
Blutvergiftung 403
Blutzellen 103
Blutzuckerspiegel 411
BMI 401
Boccaccio, Giovanni 312, 340
Boccioni, Umberto 328
Bockbier 424
Böcklin, Arnold 325
Boden 136, 141, 142, 147, 250
Bodenanzeigende Pflanzen 112
Bodendegradation 142
Bodenerosion 137
Bodenfruchtbarkeit 142
Bodengare 142
Bodenrente 251
Bodenschätze 141, 250, 252
Bodewig, Kurt 234
Bodhisattva 275, 276
Body-Mass-Index 401
Boeing 747 65
Boerhaave, Hermannus 103
Boethius 201, 311
Bofill, Ricardo 327
Bogart, Humphrey 358
Bogazkale 27
Bogensekunde 218
Bogey 396
Bogies 461
Bögli, Lina 60
Bogotá 80
Bohnenkraut 421
Bohr, Niels 177
Boliden 385
Bolivien 72
Böll, Heinrich 316
Bolos von Mendes 180
Boltzmann, Ludwig 172
Bolzano, Bernhard 205
Bonbons 418
Bongo 335
Bon-Religion 276
Bonsai 111
Booth, John Wilkes 451
Bora 156
Borchardt, Ludwig 25, 26
Borchert, Wolfgang 316
Börek 417
Borkenratte 134
Born, Max 178
Borretsch 421
Borschtsch 417
Börse 254, 255
Bosch, Carl 183
Bosch, Hieronymus 321
Bossert, Helmuth 27
Botswana 73
Botta, Paul Émile 25, 28
Böttgersteinzeug 331
Botticelli, Sandro 321
Bourbon 35
Boxen 373
Boyer, Henry 189
Boyle, Robert 179, 180
Brachiosaurus 134
Bragg, William Henry 177
Bragi 290
Brahe, Tycho 220
Brahma 277
Brahman 277
Brahmanas 309
Brahmane 277
Brahmanismus 277
Brahms, Johannes 343
Braid, James 395
Braille, Louis 308
Brailleschrift 308
Bramah, Joseph 187
Bramante 320
Brancusi, Constantin 331
Brand 437
Brandenburg-Preußen 35
Brandgrab 22
Branding 437
Brando, Marlon 358, 362, 437
Brandt, Willy 240
Brant, Sebastian 312
Braque, Georges 328
Brasilia 73
Brassbands 349
Bratislava 89
Bratsche 335, 337, 338
Brauereien 424
Braun, Karl Ferdinand 368
Braunsche Röhre 183
Braunschweig 53
Brazzaville 80
Brecht, Berthold 316
Brechung 153
Brechungsgesetz 205
Breitbandpräperate 403
Bremen 53
Brennstoffe, fossile 175
Brent, Larry 463
Brentano, Clemens 314
Bresci, Gaetano 451
Bresse Bleu 418
Bretonisch 301
Breughel, Pieter der Ältere 321
Bridgetown 72
Brie 418, 419
Briefmarken 448
Briefromane 313
Brise 154
Britannien 39
Britisches Pfund 256
British Broadcasting Company 368
British Commonwealth of Nations 261
Broadway 349
Brocken 465
Brockengespenst 465
Broken-Windows-Theorie 453
Bronze 163
Bronzezeit 20
Brown, Rita Mae 457
Bruce, James 58
Brücke, die 327
Brückenechse 126
Bruckner, Anton 343
Brüder von Limburg 320
Brunei 73
Brunelleschi, Filippo 320
Bruno, Giordano 220
Brüssel 72
Bruststimme 334
Brutpflege 131
Brutschnabelweber 134
Bruttoinvestitionen 253
Bruttosozialprodukt 255
BSE 140
Buch der Geschichten 277
Buch der Lieder 277
Buch der Sitte 277
Buch der Wandlungen 277, 309
Buchdruck 169, 429
Buchgeld 257
Buchmalerei 318, 319
Buchstaben 308
Buchstabenschrift 305
Budapest 92
Buddha 275
Buddhismus 274, 275, 276, 297
Buenos Aires 71
Bujumbura 73
Bukarest 87
Bulgarisch 73, 301
Bulmahn, Edelgard 234
Bundesaufsicht 237
Bundeskanzler 233, 235, 236
Bundeskriminalamt 456
Bundesländer 240, 241
Bundesministerien 234
Bundespräsident 233, 235, 236, 246
Bundesrat 234, 237, 238
Bundesrechnungshof 236
Bundesregierung 233, 234, 235, 236, 237, 238, 245
Bundesrepublik Deutschland 32, 232
Bundestag 234, 236, 245
Bundestagswahl 236
Bundestagswahlen, Ergebnisse 1949–98 237
Bundesverfassungsgericht 235, 242, 243, 245
Bundeswahlgesetz 236
Bundeswehr 232, 243, 244, 245
Bundeszwang 237
Bündnerromanisch 88, 301
Bündnis 90 238
Bündnis 90/Die Grünen 238
Buonarotti, Michelangelo 320, 321
Buran 156
Burckhardt, Johann Ludwig 25, 28
Bürgerliche Freiheiten 241
Bürgerliche Revolution 36
Bürgerliches Gesetzbuch 311
Bürgerliches Trauerspiel 313
Bürgermeister 241
Bürgermeister, Erster 241
Bürgermeister, Regierender 241
Bürgerschaft 240
Bürgertum 32
Burgunder 33
Burjatsch 300
Burke, Robert O'Hara 59
Burkina Faso 73
Burton, Decimus 326
Burundi 73
Buschmannsprachen 300
Buße 275
Bustelli, Franz Anton 322
Butterkäse 418
Buxtehude, Dietrich 341
Byblos 22
Byte 184
Byzantinische Kunst 318
Byzantinisches Reich 39
Byzanz 318, 319

C

Cabaret Voltaire 328
Caboto, Giovanni 58
Caccia 340
Cadillac Eldorado 447
Caedmon 311
Caere 26
Calcio 378
Callas, Maria 345
Calvin, Johannes 248, 274
Camembert 418
Campana, Marquis 26
Camus, Albert 298, 316
Canberra 71
Canetti, Elias 316
Cannabich, J.C. 341
Cantillon, Richard 248
Cantor, Georg 207

Capone, Al 452, 453
Cappucine 444
Capra, Frank 352
Caracas 93
Caravaggio 322
Cardinale, Claudia 444
Carlsberg 424
Carnot, Sadi 171
Carrà, Carlo 328
Carstens, Karl 233
Carter, Howard 20, 25
Cartier, Jacques 58
Caruso, Enrico 344
Casals, Pablo 344
Caesar, Gaius Julius 14, 30, 39, 40, 311, 451
Cäsium 10, 11
Castor 288
Castoreum 400
Castries 87
Çatal Hüyük 20, 26
Catilina 30
Cato, Marcus Portius 311
Catull 311
Causae et curae 99
Cavaillé-Coll, Aristide 335
CDU 238
CEFTA 260
Celera Genomics 190
Celesta 338
Cellini, Benvenuto 320
Cello 335, 337, 338
Celsius 173
Cembalo 335, 337, 340
Central European Free Trade Association 260
Cercis Siliquastrum 282
Ceres, Asteroid 227
Ceres, Göttin 285
Cereus Giganteus 120
CERN 260
Cervantes Saavedra, Miguel de 312
Cerveceria Modelo 424
Cerveteri 26
Cevapcici 417
Cézanne, Paul 324, 328, 448
Chabrol, Claude 353
Chadwick, James 178
Chakassisch 300
Chakren 398, 400
Chalaza 131
Chalcha-Mongolisch 300
Chaldäer 210
Chalgrin, Jean-François 323
Champions League 380
Champollion, Jean-François 19
Chancengleichheit 232, 254
Chanel No.5 446
Chanel, Coco 444
Chanidar 97
Chanson 340
Chaos 286
Chaplin, Charlie 353
Chariten 288
Charybdis 310
Chaselas 426
Chassidismus 297
Château Lafitte 427
Chaucer, Geoffrey 312
Cheddar 418
Cheiron 288
Chemie 99, 103, 143, 161, 162, 175, 179, 257
Chemie, organische 181
Chemiekalien 409
Chemische Industrie 182
Chemotherapie 402
Cheopspyramide 215, 216
Cherimoya 419
Cherokee 300
Cherrapunji 160
Chester 418, 419
chi 277
Chiclegummi 437
China 201
Chinarinde 405
Chinesisch 73, 89, 90, 301
Chinesische Literatur 309
Chinesische Schrift 306, 307
Chinesische Stachelbeere 420
Chippendale, Thomas 322
Chips 184
Chirurgie 99
Chirurgie, plastische 108
Chloroform 403
Chlorophyll 112
Chlorwasserstoff 182
Chocktaw 300
Cholera 402, 408, 409
Cholesterin 411
Chopin, Frédéric 343
Chopper 465
Chopsuey 416
Choral, gregorianisch 338
Choräle 349
Chordatiere 122
Chordophone 335
Chorgesang 350
Chorus 350
Chrétien de Troyes 312
Christentum 31, 32, 36, 98, 199, 274
Christie, Agatha 457
Christie's 445, 448
Christlich Demokratische Union 238
Christlicher Glaube 293
Christlich-Soziale Union 239
Christo 331
Chromosom 106, 110, 189, 190
Chromosomenzahl 106
Chronische Lungenerkrankungen 408
Chung 277
Chun-qiu 277
Church of England 274
Churchill, Winston 40
Cicero 311
Cinématographe 351
Citroën 2 CV 447
Citroën DS 447
Clausius, Robert 171, 172
Clemens non Papa, Jacobus 340
Club of Rome 137
Co-Branding 437
Coca Cola 438
Coca-Cola-Slogans 433
Coca-Pflanze 438
Cocktail 428
Cocktails, bekannte 428
Coco de mer 120
Codex Hammurapi 98, 308, 424
Cohen, Stanley 189
Coitus interruptus 101
Colani, Luigi 446
Cola-Nuss 438
Colbert, Claudette 360, 445
Colbert, Jean Baptiste 248
Collage 327
Colombo 89
Color-Field-Painting 329
Columbia River 123
COMECON 261
Comicstrips 330
Commodus 40
Commonwealth Bay 157
Commonwealth of Nations 40, 261
Companhia Cervejaria Brahma 424
Computer 95, 183, 184, 185, 188, 191, 200, 201, 229, 252
Computerspiele 185
Conakry 76
Concerto grosso 340
Concorde 66
Conductus 339
Conga 335
Conseil Eurpéen pour la Recherche Nucléaire 260
Constable, John 323
Containerschifffahrt 67
Cook, James 58
Coppola, Francis Ford 353
Coq au vin 417
Corday, Charlotte de 451
Corelli, Arcangelo 341
Corned Beef 418
Corneille, Pierre 313, 314
Corpus Iuris Civilis 311
Corrèze 97
Cortez, Hernán 58
Costa Rica 74
Coulomb, Charles de 168
Council for Mutual Economic Assistance 261
Countrymusik 350
Courbet, Gustave 324
Couscous 417
Creasey, John 458
Cree 300
Creek 300
Crick, Francis 404
Crime Novel 457
Cromagnonmensch 97
Crookessche Röhren 176
Cruyff, Johan 378
CSU 239
Cupido 286
Curie, Marie 176
Curie, Pierre 176
Currywurst 416
Curuba 419
Cusanus, Nikolaus 219
Cytosin 404

D

Dadaismus 328
Da Gama, Vasco 58
Dagobert 454
Daidalos 27
Daily Soap 372
Daimler, Gottlieb Wilhelm 173
Dakar 88
Dakota 300
Daktyloskopie 456
Dalai-Lama 276
Dalap-Uliga-Darrit 83
Dalí, Salvador 329
Dallol 160
Damaskus 90, 281
Damaskuserlebnis 281
Dämonen 459, 460
Dampfbäder 399, 405
Dampfkessel 170
Dampfmaschine 170, 252, 257
Dampfschiff 67
Danaiden 288
Danaos 288
Danbo 418
Daniel 279
Dänisch 74, 300
Dante Alighieri 312
Daoismus 276
Da Palestrina, Giovanni Pierluigi 340
Darginisch 301
Dari 70
Darjeeling-Express 65
Datenverarbeitung 199
Dattelpflaume 419
Däubler-Gmelin, Herta 234
Daumier, Honoré 324
Dausset, Jean 412
Dauthendey, Max 176
David 274, 279
David, Jacques-Louis 323
David-Neel, Alexandra 60
Davidshirsch 127
Da Vinci, Leonardo 454
Davis Cup 388
Davis, Bette 360
DAX ® 255
Day, Robin 446
DDP 38
DDT 143
De Alvarado, Pedro 58
Dean, James 358, 437
Death Valley 50
De Balboa, Vasco Nuñez 58
Debussy, Claude 344, 348
Declaration of Independence 36
De Cruce, Petrus 339
Dedekind, Richard 193
De Falla, Manuel 344
Degas, Edgar 324
De Gaulle, Charles 447, 452
Dehler, Thomas 239
Deich 162
Dekadenz 315
Dekadenzdichtung 315
Dekadisches System 197
Dekonstruktivismus 327
Dekorationsstil 322
Delacroix, Eugène 323
De la Halle, Adam 339
Delhi 77
Delorme, Philibert 320
De Machaut, Guillaume 340
De medicina 98
Demeter 285, 286, 287
Demokratie 251
Demokrit 177, 194
Demotisch 303
Dendrochronologie 21
Deng Xiaoping 38
Denguefieber 61
Denis, Maurice 325
Denken 292, 293, 294, 297
De Orellana, Francisco 58
Depressionen 256, 408
De Rais, Gilles 450
Derrick 458
De Sautuola, Don Marcelino 20
Descartes, René 200, 204, 205, 294, 297
Designer, berühmte 446
Desinfektion 402
Desoxyribonucleinsäure 107, 108, 181, 404, 456
Desprez, Josquin 340
Dessau 326
De Stijl 329, 446
Destruenten 128, 139
Detective Story 457
Detektive, fiktiv: Auswahl 457
Detektivromane 457
deuterokanonische Bücher 282
Deutsch 72, 74, 78, 82, 85, 88, 300
Deutsche Alpenstraße 63
Deutsche Ferienstraße Alpen-Ostsee 63
Deutsche Gebärdensprache 308
Deutsche Könige und Kaiser 33
Deutsche Märchenstraße 63
Deutsche Oper des Biedermeier 347
Deutsche Reichsverfassung 32
Deutsche Reisestraßen 63
Deutsche Sprache 311
Deutsche Weinanbaugebiete 425
Deutsche Weinstraße 63
Deutscher Aktienindex ® 255
Deutscher Bundestag 235, 236
Deutscher Golf Verband 394
Deutscher Werberat 436
Deutsches Humangenomprojekt 189
Deutsches Recht 245
Deutsch-französischer Krieg 403
Deutschland 74
Deutschland, Größe und Bevölkerung 241
De Vitry, Philippe 340
Devon 126
Dewanagari 306
Dezimalstellen 184,
Dezimalsystem 191, 196, 197
Dezimalzahlen 199
DF1 369
DGS 308
Dhaka 71
Di Lasso, Orlando 340
Diabetes 411
Diadochen 31, 39
Diana 286
Diäten 400, 405
Diätetik 98
Diaz, Bartholomeu 58
Dichlordiphenyltrichloräthan 143
Dichten, typische 166
Dichtung 333
Dickens, Charles 315, 462
Dickkolben 120
Dickson 43
Die Grünen 238
Dieckmann, Max 368
Dieffenbachia 413
Dienstgradabzeichen 244
Dienstgradbezeichnungen 245
Dienstleistungen 255
Dienstleistungssektor 252
Diesel, Rudolf 173
Dietrich, Marlene 360
Differenz 192
Differenzialgeometrie 205
Differenzialgleichungen 205
Differenzialrechnung 204, 208
Dike 286
Diktatur 38, 251
Diktatur des Proletariats 40
Dill 421
Dillinger, John 452
Dimples 395
Dinkel 406
Dinosaurier 124, 134
Diokletian 210
Diola 300
Dione 286
Dionysos 286, 287, 289
Diophantos von Alexandria 195, 204
Dior, Christian 444
Dioskuren 288
Diphterie 105, 409, 410
Diplokokken 123
Directoire 322
Direktmandate 236
Direktorium 37
Disziplinargerichtsbarkeit 242
Ditters, Karl 342
Divehi 82
Division 183, 192, 196
Divisionismus 324
Dix, Otto 329
Djibouti 74
Djuvec 417
DNA 404
DNS 107, 108, 123, 181, 189, 456
Döblin, Alfred 316
Dodekathlos 287
Dodoma 90
Doesburg, Theo van 329
Dogmatik 274, 277
Doha 79
Dokumentarfilm 351
Dolly, das Klonschaf 189
Dolmen 22
Dominica 74
Domitian 30
Donar 289, 290
Donatello 320
Döner Kebab 416
Doppel-Bogey 396
Doppelchoranlage 319
Doppelhelix 190, 404
Doppelrahmfrischkäse 418
Doppelsterne 228
Doris 286
Dostojewski, Fjodor Michailowitsch 315
Dotter 101, 131
Douglas DC-3 65
Dow, Charles Henry 255
Dow-Jones-Index 255
Dow Jones STOXX ® Euro 50, 255
Doyle, Arthur Conan 457, 458
DPT 410
Dr. Moriarty 458
Dr. Oetker 440
Dr. Watson, John H. 457
Dracula 463
Drake, Francis 58
Dramatische Wahrheit 347
Dravidasprachen 300
Drei Weisen 280
Dreißigjähriger Krieg 32, 312
Dreiwegekatalysator 146
Dreizehiges Faultier 134
Dreizylindermotor 173
Dritte Welt 139, 250
Drohne 126
Druck 102, 172
Drücke, typische 171
Druckeinheiten 171
Drucker 184
Druiden 11
Drusus 30
Dryaden 289
Dschingis Khan 39
Dschinn 460, 461
Dualsystem 196, 198, 208
Dualzahlen 198, 199
Dublin 77
Duchamp, Marcel 328, 329, 331

Dudelsack 335
Dufay, Guillaume 340
Düfte 399
Duftpflanzen, Wirkung 399
Duisburg 67
Dull, Harold 398
Dumas, Alexandre der Ältere 315
Dünger 143
Durchfall 408, 409
Dürer, Albrecht 321, 323
Dürrenmatt, Friedrich 316
Duschanbe 90
Dyadisches System 198
Dynamisches Gleichgewicht 138, 139
Dynamit 175
Dynastien, europäische 34
Dzongkha 72

E

Eagle 396
Earl, Harley J. 447
Eberhardt, Isabelle 60
Eberswalder Goldfund 24
Ebert, Friedrich 38
Ebola 61
Echnaton 26
Eckert, John Presper 185
Economic and Social Council 270
ECOSOC 270
Ecuador 74
Edamer 418, 419
Edda 311
Edelgase 180
Edelkoralle 147
Edelmetalle 250
Edelpilzkäse 418
Edison, Thomas Alva 174
Edison-Effekt 174
Edler Achtfacher Pfad 275
Efate 92
Effizienz 254
EFTA 261, 262
EG 262, 263, 266
E-Gitarre 335
EGKS 263
Ehard, Hans 239
Ehe 275
EHEC 140
Ehefähigkeit 245
Ehrlich, Paul 105, 402
Eibisch 407
Eichel, Hans 234
Eichen 120
Eichendorff, Joseph von 314
Eidechse 134
Eidesfähigkeit 245
Eier 132
Eiffel, Gustave 326
Eigeninteresse 248
Eigentum 250, 251
Einbäume 67
Eindeichung 141
Einhard 31
Einkaufsstraßen 448
Einkommen 254
Einkommensverteilung 255
Einschaltquoten 371
Einspareffekt 148
Einstein, Albert 164, 165, 166, 212, 225
Einteilung des Tierreichs, systematische 123
Einzeller 104, 119, 122, 123
Einzylindermotor 173
Eirene 286
Eis 53, 144
Eisen 163, 180, 216, 230
Eisenarchitektur 326
Eisenbahn 64, 257
Eisenbahnstrecken, Deutschlands älteste 64
Eisenhower, Dwight D. 447
Eisenhut 413
Eisenindustrie 257
Eisenzeit 20
Eiszeit 11, 48
Eiweiße 401
Eiweißstoffe 189
Eizelle 101, 190
Ekliptik 211, 221
Ektoplasma 461
El Greco 321
El Lissitzky 329
Elbling 425
ELDO 262
Elefant 128
Elektra 288
Elektrische Spannung 106
Elektrizität 174, 257
Elektrochord 335
Elektroden 176
Elektrodynamik 174
Elektromagnetismus 165, 174
Elektronen 176, 177, 178, 179, 180, 224
Elektronenmikroskopie 18
Elektronenröhre 174
Elektronenschalen 178, 179
Elektronenspinresonanzmethode 21
Elektronik 252, 257
Elektronische Musikinstrumente 335
Elektronisches Handelssystem 254
Elektronium 335
Elektrophone 335
Element 180
Elementares Rechnen, Symbole 195
Elementargeister 460
Elemente 98, 176, 177, 178, 179, 181, 230
El-Faijum 426
Elfen 460
Elfenbeinküste 74
Elisabeth I. 35
Elisabethanisches Zeitalter 39
Elle 96
Ellipse 220, 222
Ellipsenbahn 41
Elmsfeuer 461
Embryo 101, 132, 190
Emission 146, 147, 177
Emissionsschutz 254
Emmentaler 418
Emotionen 97, 107
Empereur, Jean-Yves 27
Empfängnisverhütung 101
Empfindsamkeit 313
Empire 322
Empirismus 297
EMRK 264
Emu 133
Energie 123, 178
Energie, Licht 147
Energieerhaltungssatz 168
Energieniveau 177
Energiespeicher 401
Energiezentren 398, 400
Engel von Mons 465
Engel 460
Engels, Friedrich 249, 298
Engelstrompete 413
Engholm, Björn 240
Englisch 70, 71, 72, 73, 74, 75, 76, 77, 78, 79, 80, 81, 83, 83, 84, 85, 86, 87, 88, 89, 90, 91, 92, 93, 300
Englischhorn 337
ENIAC 183, 185
Ensor, James 325
Entdeckungen 58
Entropie 172
Entschuldigungsmaßnahmen 254
Entschwefelung 146
Entspannungsmethoden 398
Entstickung 146
Entwässerung 141
Entwicklungshilfe 254
Entwicklungsländer 252
Entwicklungsprogramm 270
Enzian 120
Enzyklopädie 98
Enzyme 401
Eos 286, 287
Eostrae 14
EP 263
Epik 310
Epikur 296
Epikureer 296
Epilepsie 190
Epoche, klassische 318
Epochen der Menschheitsgeschichte 31
Epos 310, 312
Epsilon Eridani 230
Erasmus von Rotterdam 312
Erato 289
Eratosthenes von Kyrene 42, 200
Erbanlagen 106
Erbgut 404
Erbkrankheiten 190
Erbrechen 409
Erbsubstanz 190
Erbsünde 274
Erdaltertum 124
Erdatmosphäre 150
Erdbeben 46, 47
Erdbebenstärken 47
Erdbebenwellen 46
Erdbevölkerung 252
Erde 11, 41, 166, 167, 179, 217, 219, 222, 224, 225, 227, 229, 286
Erde, Abplattung 42
Erde, Alter 11
Erde, horizontale Gliederung 45
Erde, Lufthülle 212
Erde, Magnetfeld 224
Erde, vertikale Gliederung 45
Erdgas 148, 250
Erdgeister 460
Erdhummel 126
Erdinneres 46
Erdkern 46
Erdkruste 45, 46
Erdkugel 42
Erdmantel 45, 46
Erdoberfläche 136
Erdöl 145, 148, 175, 250
Erdradius 42
Erdrotation 11
Erdtemperatur 48
Erdumfang 42
Erdumlauf 10
Erhard, Ludwig 238
Erich der Rote 58
Eriesee 53
Erinnyen 288
Eris 286
Erisapfel 286
Erkenntnis 161, 292, 293, 294, 295, 296, 297
Erkenntnistheorie 292
Erlen 158
Erlösung 99, 295
Ernährung 400
Ernährungs- und Landwirtschaftsorganisation 271
Ernst, Max 329
Eros 286
Erosion 136, 142
Erotik 100
Erste Lautverschiebung 302
Erster Bürgermeister 241
Erster Weltkrieg 34, 38, 183, 298, 316
Erststimme 236
Erze 250
ESA 262
Eskimoisch 301
ESOC 262
Esoterik 460
Esperanto 302
ESRIN 262
ESRO 262
Essen 53
ESTEC 262
Estnisch 75, 301
Estragon 421
Ethik 292, 293, 296
Ethik, christliche 274
Etrusker 197
EU 262, 263, 264, 266, 267, 272
Eubakterien 123
Eucerit 439
Eucharistie 275
EuGH 264
Eukalyptus 399
Eukaryonten 123
Eukaryoten 123
Euklid 194, 201
Euler, Leonhard 204, 205
Eulersche Zahl 192
Eunomia 286
Euphrosyne 288
EURATOM 263
EUREKA 262
EuRH 264
Euripides 310
Euro 257
Eurobest Awards 433
Europäische Behörde für Zusammenarbeit in der Forschung 262
Europäische Freihandelsassoziation 261
Europäische Menschenrechtskonvention 264
Europäische Organisation für Kernforschung 260
Europäische Organisation für Weltraumforschung 262
Europäischer Rat 263
Europäische Union 262
Europäische Währungsunion 255
Europäische Weltraumagentur 262
Europäischer Fußball-Verband 380
Europäischer Gerichtshof 243, 264
Europäischer Rechnungshof 264
Europäisches Parlament 263
Europäisches Polizeiamt 265
Europapokal der Meister 380
Europapokal der Pokalsieger 380
Europarat 264
Europe's Premier Creativ Award 433
European Free Trade Association 261
European Research Coordination Agency 262
European Space Agency 262
Europiden 98
Europol 264, 265
Euryale 288
Eurybie 289
Eurynome 288
Eurystheus 287
Euterpe 289
Eva 100, 278
Evangelien 282
evangelische Kirche 274, 275, 282
Evangelisten 281
Evangelium 284
Evans, Arthur J. 20, 25, 27
Evolution 96, 124
Ewe 300
Ewenisch 300
Ewenkisch 300
EWG 263, 265
EWU 257
EWWU 263
Exchange electronic trading 254
Exekutive 241, 242
Existenzialismus 295, 298
Existenzphilosophie 298
Exodus 278
Exosphäre 150
Exotische Früchte 419
Expansion des Weltalls 212
Experiment 167, 297
Exponent 198
Export 253
Exportbier 423, 424
Expressionismus 316, 327, 329, 354
Extase 361

F

Fabel 313
Fabricius Hildanus 99
Fabrik 187
Fagott 335, 337
Fahrenheit 173
Fairbanks, Douglas 362
Fairway 394
Faktoreinkommen 253
Faktormärkte 251
Fall, freier 167
Fallersleben, August Heinrich Hoffmann von 232
Fallgesetze 220
Falsett 334
Familienserie 372
Fantômas 458
FAO 271
Farbe 168
Farben, synthetische 252
Farben, Wirkungen 400
Färberei 180
Farbfernsehsystem 369
Farbindikatoren 180
Farne 110
Färöisch 300
Farsi 77
Fassbinder, Rainer Werner 353
Fast Food 416, 438
Fasten 405, 406
Faune 289
Faunus 287
Faustkeil 162
Favorel 418
FCKW 147, 148
FDP 239
Feder 132
Fédération Internationale de Football Association 379
Fédération Internationale des Associations de Producteurs de Films 367
Federations Cup 388
Federuhr 169
Feen 460
Feiertag 283
Feigenbaum 120
Feijoa 419
Feininger, Lyonel 326
Felder, magnetische 106
Feldmaus 134
Feldspat 331
Fellboote 67
Fellini, Federico 353
Fellklinger 335
Felsbilder 317
Felsengräber 22
Femme fatale 280
Fenchel 407
Fendant 426
Fenrir 290
Fenriswolf 290
Fermat, Pierre de 204, 205
Fermatscher Satz 204, 205
Fermi, Enrico 178
Fernreisen 62
Fernrohr 212, 220, 222
Fernsehdetektive 458
Fernsehen 169, 250, 258, 351, 368, 370, 429, 430
Fernsehfee 370
Fernseh-Kanone 368
Fernsehsender 371
Ferragamo, Salvatore 445
Ferrari, Enzo 447
Ferrari Testarossa 447
Fest 273
Festkörper 171
Feta 418
Fett 401, 416, 418
Fettsäuren 181, 189
Fettsucht 401
Fetus 101
Feuer 97, 179
Feuerbach, Ludwig 298
Feuergeister 460
Feuerstein 11
FIAPF 367
Fibonacci, Leonardo 201
Fibonacci-Zahlen 201
Fichte, Johann Gottlieb 298
Fichten 111
Fidel 335
Fidschianisch 75
Fieber 409
Fiedelbohrer 162
FIFA 379
Filipino 86
Film noire 358
Film, junger deutscher 357
Filme, erfolgreichste deutsche seit 1985 357
Filme, erfolgreichste internationale 355
Filmfestspiele 367
Fin de Siècle 280, 315
Finanzgerichtsbarkeit 242
Fingerabdruckverfahren 456
Fingerhut 113
Finnougrische Sprachen 301
Finnisch 75, 301
Firmung 275
Fische 125, 126, 131, 257, 418
Fischer, Andrea 234

Fischer, Joschka 234
Fish 'n' Chips 416
Fiskekarbonader 417
Fitness 397, 398
Fitzcarraldo 354
Fixsterne 10, 216, 218, 226
Fixsternhimmel 216, 219, 229
FKW 148
Flächensatz 220
Flachs 169
Flaschenkarte 55
Flaschenpost 55
Flaubert, Gustave 315
Flechten 110, 120, 158
Fleckfieber 61, 409
Fleisch 418
Fleischfressende Pflanzen 113
Fleming, Alexander 402, 403
Fleming, Victor 353
Fliegender Holländer 465
Fließbandproduktion 252
Flockenblume 406
Flöte 335, 337
Flughäfen 66
Flugverkehr, Meilensteine 65
Flugzeug 65
Flugzeugtypen 65
Fluorchlorkohlenwasserstoff 148
Fluorkohlenwasserstoff 148
Flüsse 52
Flüssigkeit 171
Flutkatastrophen 157
Fluxationsrechnung 208
Föhn 156
Folklore 349
Fonda, Henry 359
Fongafale 92
Fontane, Theodor 415
Ford, Henry 188, 252
Ford, John 353
Forman, Milos 353
Formel 1 384
Formel 1, Flaggensignale 387
Formel-1-Kurse 384
Formel-1-Weltmeister 384
Formgedächtniswerkstoffe 164
Forschung 161, 162
Forschung, chemische 180
Forschungsreisen 58
Forseti 290
Forstwirtschaft 147
Fortpflanzung 100, 110
Fossilation 148
Fossilien 96, 97
Fossilien, lebende 126
Fosters Brewing 424
Fotografen 332
Fotografie 317
Fragment 314
Fraktion 235
Francesca, Piero della 321
Franco von Köln 339
Frank, Johann Peter 103, 402
Frankensteins Monster 463
Frankfurter Nationalversammlung 37
Frankoflämische Schule 340
Franz I. Stephan 35
Franz II. 35
Französisch 72, 73, 74, 75, 76, 77, 78, 79, 80, 82, 83, 84, 85, 87, 88, 91, 92, 93, 301
Französische Menschenrechtserklärung 32
Französische Oper 346
Französische Revolution 31, 34, 36
Französische Sprache 311
Frauenfußball 378
Frauenzünfte 100
Freetown 88
Free-Trade Agreement 266
Frege, Gottlob 206
Freiburger Thesen 239
Friedensnobelpreis 176
Freie Marktwirtschaft 249, 250
Freier Fall 208
Freier Wettbewerb 248
Freiheit 294
Freiheit, Gleichheit, Brüderlichkeit 37
Freiheiten, bürgerliche 241
Freiheitlich-demokratische Grundordnung 232, 244
Frequenz 177, 178
Freud, Sigmund 105
Freyja 289, 290
Freyr 290
Freytag, Gustav 315
Friede von Paris 36, 39
Friedenspflicht 374
Friedenspreis des Deutschen Buchhandels 40
Friedhofswächter 461
Friedman, Milton 249
Friedrich I. Barbarossa 32, 34
Friedrich II. 34, 40, 99
Friedrich II., der Große 35
Friedrich III. (I.) 35
Friedrich III. 34
Friedrich von Büren 34
Friedrich Wilhelm IV. 37
Friedrich Wilhelm, der Große Kurfürst 35
Friedrich, Caspar David 323
Friesisch 300
Frikadelle 438
Frisch, Max 316
Fritzsche, Gottfried 335
Frösche 131
Frucht 101
Fruchtbarkeitskult 273
Früchte, exotische 419
Fruchtfliege 108
Frühbabylonisch 304
Frühgeschichte 31
Frühholz 112
Frühling 10, 14
Frühlingsannalen 277
Frühlingspunkt 10, 211
Frühlingsrolle 417
Frühlingsschlüsselblume 113
Frühneuhochdeutsch 303
FTA 266
Fuchs, Arved 59
Fugger 163
Führerschein 246
Ful 300
Funafuti 92
Fundamentalontologie 295
Fundamentalsatz der Algebra 203
Fünf Beziehungen 277
Fünf Tibeter 398
Fünfersystem 197
Fünfkampf 374
Fünfprozentklausel 236
Fünfzig-Laute-Tafel 307
Funk 350
Funke, Karl-Heinz 234
Funktion des Staates 254
Funktion 208
Funktionentheorie 204
Furcht 296
Furien 288
Fürstengräber 22
Fußballeuropameister 379
Fußball, Frauen-Europameisterschaften 379
Fußball, Frauen-Weltmeisterschaften 379
Fußball: die Deutschen Meister 381
Fußball: Endspiele Champions League bzw. des Europapokals der Landesmeister 382
Fußball: Endspiele Europapokal der Pokalsieger 383
Fußball: Endspiele UEFA-Pokal 382
Fußball-Europapokale 380
Fußballspiel 373, 376
Fußball-Weltmeisterschaften 377
Futurismus 328

G

Gabin, Jean 359
Gable, Clark 359, 362
Gaborone 73
Gabrieli, Andrea 340
Gabrieli, Giovanni 340
Gabun 75
Gagausisch 300
Gaia 286, 287, 288, 289
Gainville, Hélène 448
Galassi 26
Galaterbrief 281
Galaxien 229
Galen 210, 402
Galéries Lafayette 448
Galiläa 280
Galilei, Galileo 166, 167, 168, 209, 220
Galliano, John 444
Gallien 39
Gallo, Robert Charles 402
Galmeipflanzen 112
Gambia 75
Gambrinus 423
Gambrivinus 423
Gammaspektroskopie 18
Gammastrahlung 212
Ganges 277
Ganggrab 23
Gans 418
Ganze Zahlen 192
Ganzkörper-Ölmassagen 405
Ganztonleiter 344
Garçonnemode 444
Garbo, Greta 360, 445
Gardner, Ava 445
Gardner, Erle Stanley 457
Gargantua und Pantagruel 416
Garnerin, André Jacques 174
Garnier, Charles 326
Garten Eden 247
Gartenkresse 421
Gärung 104
Gas 136, 141, 148, 171, 172
GASP 272
GATT 272
Gaudí, Antonio 325
Gaultier, Jean Paul 444
Gauß, Carl Friedrich 204, 205, 206
Gaußsche Zahlenebene 193
Gay-Lussac, Louis Joseph 172
Gê 300
Gebärdensprache 308
Gebärmutter 101, 190
Gebetsmühle 276
Gebrauchswert 249
Gebrochene Zahlen 192
Geburtenrate 251, 252
Geburtsgewicht bei Säugetieren 129
Gedächtnis 105
Geez 301
Geflügel 418
Gefühle 105
Gegenreformation 321
Gehirn 96, 97, 105, 106, 108
Gehirnvolumen 96
Gehry, Frank Owen 327
Geige 335
Geißeltierchen 123
Geissendörfer, Hans W. 372
Geist 298
Geister 460
Geisterfahrer 466
Geistliches Konzert 340
Gelbe Kirche 276
Gelbfieber 61
Geld 249, 256, 257, 258
Geldeinkommen 250
Geldströme 253
Geldtheorie 249
Geldwertstabilität 249
Geldwirtschaft 256
Gelenkmobilisation 398
Gemeine Akelei 113
Gemeineigentum 251
Gemeines Recht 311
Gemeinsame Außen- und Sicherheitspolitik 272
Gemeinsamer Südamerikanischer Markt 265
Gemeinschaft unabhängiger Staaten 265
Gemenge 141
Gemisch 136, 141
Gen 107, 108, 189, 190
Gen-Datenbank 456
Generalbass 340, 341
Generalbassgruppe 337
Genetik 108, 190
Genetischer Code 404
Genezareth 280
Genom 189, 190
Genrebilder 321
Genscher, Hans-Dietrich 239
Gensfleisch zur Laden, Johannes 169
Gentechnik 95, 189
Gentiana Quadrifaria 120
Geodäsie 205
Geologie 204
Geometrie 202, 205, 206
Geometrie, Meilensteine 203
Geometrie, Symbole 203
Geometrische Optik 206, 224
Geophysiker 46
George, Stefan 315
Georgetown 77
Georgisch 76, 301
Geowissenschaften 151
Geozentrisches Weltbild 219
Gepard 133
Gerade 167
Gerbstoffe 420, 425
Gere, Richard 445
Gerhardt, Wolfgang 239
Gerichte 242
Gerichtsbarkeit 241, 242, 243
Gerichtsgewalt 241, 242
Gerichtskrimis 457
Germanen 217
Germanentum 32
Germania 423
Germanische Lautverschiebung 302
Germanische Sprachen 300
Gershwin, George 349
Geruchssinn 107
Gesang 333
Geschichte 29
Geschichtsschreibung 30, 310
Geschlecht 99
Geschlechtskrankheiten 403
Geschlechtsumwandlung 100
Geschlechtszellen 99
Geschützte Tiere 125
Geschützte Wildpflanzenarten 113
Geschwindigkeit 166, 178
Geschwür 410
Gesellschaft 69, 248
Gesellschaft, höfische 322
Gesellschaftsvertrag 297
Gesetz der großen Zahl 207
Gesetz gegen den unlauteren Wettbewerb 254, 436
Gesetze des freien Falls 220
Gesetze 140
Gesetzgebung 235, 241
Gesetzgebungsnotstand 237
Gespenster 459
Gestirne 292
Gesundheit 397, 400
Gesundheitswesen 402
Gethsemane 282
Getränkeverbrauch in Deutschland 423
Getreide 257
Getreideprodukte 418
Getty, Paul 453
Gewaltenbalance 242
Gewaltenteilung 36, 38, 232, 241, 242
Gewebe, künstliche 108
Gewebelehre 103
Gewinn 253
Gewinnmaximierung 250
Gewürze 421
Gewürznelken 421
Gewürzpflanzen 421, 422
Geysire 138
Gezeiten 11
Gezeitenreibung 11, 41
Ghana 76
Ghiberti, Lorenzo 320
Giacometti, Alberto 331
Gibbons, Cedric 363
Gibli 156
Gibson, Mel 362
Gicht 411
Giftige Wild- und Zierpflanzen 118
Giftnotrufzentralen 414
Giftpilze 119
Giganten 287, 288
Gigantomachie 288
Gilbertesisch 80
Gilgamesch-Epos 309
Giljakisch 301
Gillette, King Camp 439
Giorgione 321
Giotto 318, 320
Giraffe 134
Giseh 26
Gitagovinda 309
Gitarre 335
Givenchy, Hubert 444
Glacier-Express 65
Glas 163, 181, 182
Glasfenster 320
Glasharmonika 335
Glashauseffekt 148
Glauben 294, 296
Gleichgewicht, dynamisches 138, 139
Gleichheit 254
Gletscher 53
Gliederschmerzen 409
Globalisierung 250, 257, 258
Global Village 258
Glocken 335
Glorreiche Revolution 36
Gluck, Christoph Willibald 342, 346
Glückseligkeit 293
Glühemission 174
Gnade Gottes 274, 275
Gnome 460
Godard, Jean-Luc 353
Goddio, Franck 19
Gödel, Kurt 206
Godesberger Grundsatzprogramm 240
Goethe, Johann Wolfgang von 313, 314, 462
Gogh, Vincent van 324
Gogol, Nikolai 314
Gojuonzu 307
Gold 179, 182
Golden Drum Award 433
Golden Goal 378
Goldener Schnitt 201
Goldschmiedekunst 319
Golem 463
Golf 394
Golgatha 280
Goliath 279
Gomorrha 278
Gorgias 296
Gorgonen 288
Gorgonzola 418
Gorilla 96
Gotik 311, 319
Gott 273, 294, 298
Götter 273, 286, 460
Götterdämmerung 289, 290
Gottes Reich 274
Gottesbeweis 294
Gottesliebe 277
Gottesstaat 36, 293
Gottfried von Straßburg 312
Göttingen 205
Gouda 418
Gould, Glenn 345
Goya y Lucientes, Francisco José de 323
Gräber 22
Gradnetz 42
Graf von Zeppelin, Ferdinand 440
Graf, Steffi 387
Graffiti 330
Grafik 317
Granadilla 419
Granatapfel 419
Grand Canyon 138
Grande Opéra 346
Grand Prix 384
Grandslam-Turniere 387
Granit 45

Grant, Cary 359
Grant, James August 59
Grapefruit 420
Graph 208
Grass, Günter 316
Grauburgunder 425
Graugans 133
Graves, Michael 446
Gravitation 211
Gravitationsgesetz 221
Gravitationskräfte 11
Gravitationswellen 212
Grazien 288
Greenaway, Peter 445
Gregor I. 338
Gregor von Tours 31
Gregorianischer Choral 338
Gremlins 460, 461
Grenada 76
Greyerzer 418
Grid 290
Griechen 14
Griechisch 93, 300
Griechische Kunst 318, 322
Griechische Mythologie 285
Griechische Philosophie 291
Griechische Schrift 303, 305
Griechisches Alphabet 304
Griffith, David Wark 354
Grimm, Jacob 314, 463
Grimmelshausen, Hans Jakob Christoffel von 312
Grippe 409
Gris, Juan 328
Gropius, Walter 326
Große Depression 256
Große Proletarische Kulturrevolution 38
Großer Bär 216
Großer Hund 14
Großer Panda 127
Großer Schwertwal 133
Großhirn 100
Großmächte 38
Großstädte der Welt 159
Großtrappe 134
Grosz, George 329
Gründgens, Gustaf 359
Grundgesetz 32, 233, 236, 242, 244, 245
Grundlagen des Lebens 136
Grundrechenarten 192
Grundrechte 36
Grundrechtekatalog 32
Grundwasser 53, 142, 144, 145
Grüner Knollenblätterpilz 120
Gruyère 418
Gryphius, Andreas 312
Guacamole 417
Guanin 404
Guaraní 86, 300
Guarneri, Giuseppe Antonio 336, 448
Guave 419
Guericke, Otto von 168
Guernica 328
Guimard, Hector 325
Gujarati 301
Gulik, Robert van 457
Gürteltier 129
GUS 265
Gussmauerwerk 318
Gutedel 426
Gutenbergbibel 169
Gutenberg, Johannes 169
Güter 248, 250
Güterströme 253
Guy de Chauliac 99
Guyana 77
Gynaikeia 98

H

Haar 102
Haarmann, Fritz 450
Habakuk 279
Habeas-Corpus-Akte 32
Haber, Fritz 183
Haber-Bosch-Verfahren 182, 183
Habsburger 33, 34, 39
Habsburg-Lothringer 33
Hackbrett 335
Hades 286
Hadrianswall 39
Haemophilus influenza Typ 410
Hafenrekorde 67
Hagelschnur 131
Haggai 279
Hahn, Otto 178
Hahnemann, Samuel 405, 406
Hahnentritt 131
Haining, Peter 460
Haley, Bill 350
Halikarnassos 26
Halley, Edmond 221
Halston, Roy 444
Hamburg 53, 67
Hamburger 416, 438
Hamilton, Richard 330
Hamilton, William Rowan 205
Hamitosemitische Sprachen 300
Hammel 418
Hammerfest 43
Hammondorgel 335
Hammurapi 309
Hämoglobin 103
Händel, Georg Friedrich 341, 345
Handel, international 249, 252
Handicap 396
Handmühle 162
Handwerk 187, 317
Hängende Gärten der Semiramis 26
Hanoi 93
Harare 89
Hardouin-Mansart, Jules 321
Hardware 186
Hare-Niemeyer-Verfahren 236
Harfe 335, 338
Haring, Keith 330
Harmattan 156
Harmonien, musikalisch 292
Harmonium 335
Harnstoff 180
Harpyen 288, 460
Harriot, Thomas 195
Harrisson, John 169
Harrods 448
Hartkäse 418
Hartlaub, Gustav Freidrich 329
Hartmann von Aue 312
Harvey, William 103, 402
Harzer Käse 409, 418
Hasel 408
Haselnüsse 419
Hasse, Johann Adolf 341
Haßler, Hans Leo 341
Hatha-Yoga 398
Hatussa 27
Hauptmann von Köpenick 454
Hauptmann, Gerhart 315
Hausgeflügel, Brut 131
Hausgeister 460
Haushalt, öffentlicher 250
Haushalt, privater 250
Haushalte, privat 251, 253
Haushaltsplan 235
Haussa 300
Hausstaubmilben 408
Haustiere 128
Hausziege 134
Haut 102, 106, 108, 136
Haute Couture 438
Hautflecken 409
Hautknoten 409
Hautkrebs 147
Hautreaktionen 408
Hautzerfall 409
Havanna 81
Hawaii 160
Hawaii-Gans 127
Hawks, Howard 354
Haydn, Joseph 232, 341, 342
Hayworth, Rita 356, 360
HB 410
HB-Männchen 439
Hearing 236
Hearst, Patricia 453
Heavymetal 350
Hebammenkunst 292
Hebe 285, 287
Hebel 163, 188
Hebel, Johann Peter 465
Hebräisch 78, 301
Hebräische Literatur 309
Hebräische Schrift 303, 305
Hebron 278
Hedin, Sven 59
Hedschra 12
Hefe 104
Hegel, Georg Wilhelm Friedrich 36, 298
Heidegger, Martin 295, 298
Heidelbeeren 421
Heilige 283
Heilige Brigitte 416
Heilige Elisabeth 416
Heilige Martha 416
Heilige Ölung 275
Heilige Schrift 274, 282
Heilige Viviana 416
Heiliger Geist 199, 274, 280
Heiliger Ölbaum 374
Heiliges Römisches Reich 34
Heilkunde 99, 405
Heilpflanzen 116, 117
Heilsgeschichte 30
Heilverfahren, naturheilkundliche 405
Heimcomputer 184
Heimdall 289, 290
Heimsuchung Mariä 280
Heine, Heinrich 462
Heineken 424
Heinemann, Gustav 233
Heinkel HE 178 65
Heinrich der Löwe 34
Heinrich IV. 34, 35
Heinrich VI. 34
Heinrich VII. 35
Heinrich VIII. 274
Heinrich X., der Stolze 34
Heinse, Johann Jakob Wilhelm 313
Heisenberg, Werner 178
Heißluftbad 399
Hekantocheiren 288
Hel 290
Helios 230, 286, 287
Heliozentrisches Weltbild 217, 219
Helium 150, 225, 230
Hellenismus 39, 310
Hellenistische Kunst 318
Helmholtz, Hermann von 105, 174
Helsinki 75
Hemingway, Ernest 316
Hepatitis A 403
Hepatitis B 410
Hepburn, Audrey 360, 444, 445
Hepburn, Katharine 360
Hephaistos 285, 286
Hera 285, 286, 287
Herakleion 19
Herakles 287, 288
Heraklit 9
Herberger, Sepp 380
Herbivoren 128
Herbst 10, 14
Herbstannalen 277
Herbstpunkt 211
Herbstzeitlose 413
Herculaneum 28
Hermes 286, 287, 289
Herodes 280
Herodes Antipas 281
Herodes Philippos 281
Herodias 281
Herodot 30, 310
Herschel, Friedrich Wilhelm 228
Herschel, John Frederick William 229
Herschel, Lucretia Karoline 228
Herzerkrankungen 408
Herzfehler 189
Herzinfarkt 411
Herznote 400
Herzog, Roman 233
Herzog, Werner 354
Hesekiel 279
Hesiod 310
Hesse, Hermann 316
Hestia 286, 287
Heterosphäre 150
Hethiter 163
Heuss, Theodor 233, 239
Hexe von Endor 464
Hexen 100
Hexenröhrling, netzstieliger 120
Heye & Partner 431
Heym, Georg 316
Hib 410
Hieratisch 303
Hieroglyphenschrift 196, 303
Highsmith, Patricia 458
Hilbert, David 202, 206
Hildanus, Fabricius 99
Hildebrandslied 311
Hildebrandt, Johann Lukas von 321
Hildegard von Bingen 99, 297, 405, 406
Hildegard-Medizin 406
Hillary, Edmund 59
Himbeere 108
Himmelsäquator 211
Himmelsfarben 152
Himmelsmechanik 205, 211
Himmelsnordpol 216
Himmelspol 211
Hinayana-Buddhismus 275
Hindemith, Paul 349
Hindi 77, 301, 306
Hinduismus 275, 277
Hindustani 301
Hiob 279
Hiobsbotschaft 279
Hip-Hop 350
Hippocampus 107
Hippokrates von Chios 194, 210, 402, 441
Hiragana 308
Hiri Motu 86
Hirnrinde 107
Hissarlik 28
Historienmalerei 323
Historischer Krimi 457
Historismus 325, 326
Historismus, deutscher 30
Hitchcock, Alfred 354
Hitler, Adolf 38, 40
Hitler-Tagebücher 454
Ho und Hi 216
Hobbes, Thomas 297
Höch, Hannah 329
Hochdeutsche Lautverschiebung 302, 303
Hochdorf 27
Hochhuth, Rolf 316
Hochwasser 157
Hochzahl 198
Hochzeit zu Kana 280
Hodler, Ferdinand 325
Hödr 289
Hoffmann, Ernst Theodor Amadeus 314, 462, 463, 465
Hoffmann, Felix 403, 441
Hoffmann, Friedrich 103
Hofmannsthal, Hugo von 315, 465
Hoher Flüchtlingskommissar 270
Hohelied 279
Hohenstaufen 34
Hohenzollern 33, 35
Hohepriester 282
Hoher Rat 280
Höhlengleichnis 293
Höhlenmalereien 215
Holbein, Hans der Jüngere 321
Hole 394
Hole-in-One 395, 396
Hollywood 354
Holunder 407
Holz 112, 164, 182
Holzbläser 337
Holzblasinstrumente 335
Holzkohle 169, 179
Homer 28, 257, 286, 310, 419
Hominiden 96
Homo erectus 96
Homo habilis 96, 162
Homo sapiens 97, 98
Homo sapiens neanderthalensis 97
Homo sapiens sapiens 97
Homo-mensura-Satz 296
Homöopathie 405, 406
Homosexuell 100
Honduras 77
Hongkong 67
Hongkong-Grippe 408
Honiara 87
Honig 101
Honigbiene 123
Hönir 290
Hopper, Edward 329
Horaz 311
Horen 286
Hormone 107, 401, 411
Horn 335, 337, 338
Hornmelone 420
Hornung, Ernest W. 458
Horoskop 210, 211
Horowitz, Vladimir 345
Hosea 279, 309
Hotdog 416
Hottentottisch 300
House 350
Howcatchem 457
Huangdi 216
Hubble, Edwin 230
Hubble-Weltraumteleskop 262
Hubkolbenmotor 173
Hucbald 339
Huerta, Victoriano 354
Huflattich 407
Hügelgräber 22
Hugin 289
HUGO 189
Hugo, Victor 314
Huhn 108
Hühnercholera 403
Hühnerei 131
Hühnerhabicht 133
Human Genome Organization 189
Humanismus 32, 98, 312
Humanisten 31
Humann, Carl 25
Humboldt, Alexander von 58
Hume, David 297
Hummelelfe 130, 131
Hummelfledermaus 131
Humus 138, 141
Hund 108, 128, 134
Hundstage 14, 15
Hunter, Dorian 463
Hurley, Liz 445
Hurrikan 155, 156, 157
Husserl, Edmund 206
Huston, John 354
Hüttenkäse 418
Huxley, Aldous 316
Huygens, Christiaan 168, 220
Hwangho 157
Hydrotherapie 404, 406
Hygiene 98, 99, 103, 105, 402
Hymnus 339
Hyperion 286, 287, 289
Hyperkomplexe Zahlen 193
Hypertext-Format 186
Hypothalamus 107

I

IAEA 271
Iapetos 289
Iatrochemie 103
Iatrophysik 103
Ibn-Junis 219
Ibo 300
Ibsen, Henrik 315
ICSID 271
IDA 271
Idealismus 98, 298
Idee 292, 298
Ideenlehre, platonische 292
Iden des März 451
Ideologie 38, 295
Idiophone 335
Iduna 290
Idyllische Straße 63
IFC 271
IFO 271
Ikonenmalerei 318
ILO 271
Imaginäre Einheit 192, 195

Imaginäre Zahlen 192
Imbiss 416
IMF 265, 271
Immunisierung, passive 403
Immunitätslehre 105, 402
Immunreaktion 412
Immunsystem 104, 190, 408
Imperialismus 254
Imperium Romanum 39
Impfkalender 410
Import 253
Impressionismus 324, 325, 327, 344
IMS 266
Incubus 461
Indianersprachen 300
Indianiden 98
Indien 77, 201
Indikatorpflanzen 110
Indische Literatur 309
Indische Religionen 98
Indische Schriften 303, 306
Indoarische Sprachen 300
Indogermanische Sprachen 300, 302
Indonesien 77, 300
Industrialisierung 31, 145, 148
Industrie 162, 252
Industriearchäologie 18
Industrieländer 252, 256
Industrielle Revolution 40, 187
Infektionskrankheiten 409
Infinitesimalrechnung 194, 208
Informationseinheit 184
Informationstechnologien 255
Infrarot 106
Infrarotstrahlen 148, 212
Infrastruktur 254
Ingres, Jean Auguste Dominique 323
Ingrisch 301
Inguschisch 301
Ingwer 422
Inka 196
Inkarnation 277
Inkompatibilität 242
Inländerprodukt 256
Inlandseis 53
Innenohr 106
Innerer Notstand 237
Innovation 252
Insekten 121, 126, 133
Inseln 56
Instanzenzug 242
Institute für Tropenmedizin 61
Insulin 189
Integralrechnung 204, 208
Integration 184
Integrierte Schaltungen 184
Intelligenz 105
Intelligenzfaktor 106
Intelligenzquotient 106
Intenationale Entwicklungsorganisation 271
Interbrew 424
Interferon 189
Interlingua 206
Intermezzo 346
International Advertising Festival 433
International Atomic Energy Agency 265
International Festival of Advertising 433
International Monetary Fund 265
Internationale Arbeitsorganisation 271
Internationale Atomenergie-Agentur 265
Internationale Atomenergie-Behörde 271
Internationale Bank für Wiederaufbau und Entwicklung 271
Internationale Fernmeldeunion 271
Internationale Finanz-Corporation 271
Internationale Orchester 337
Internationaler Gerichtshof 270
Internationaler Handel 249
Internationaler Stil 327
Internationaler Währungsfonds 265, 271
Internationales Olympisches Komitee 374
Internationales Zentrum zur Beilegung von Investitionsstreitigkeiten 271
Internet 39, 186
Interstellare Materie 225
Interventionen, staatliche 249
Intrauterinpessar 101
Inversionswetterlagen 146
Investitionen, staatliche 257
Investitionsgüter 248
Ionen 224
Ionesco, Eugène 316
Ionosphäre 150
IPV 410
IQ 106
Iranische Sprachen 301
Irisch 77, 301
Irische Königliche Akademie 229
Irish Stew 417
Irokesisch 300
Irrationale Zahlen 192, 193
Irrlichter 461
Isaak 278
Islam 32, 98, 199, 274, 275, 297
Islamabad 85
Isländisch 78, 300
Isobaren 151
Isobutan 148
Isogonen 151
Isohumiden 151
Isohyeten 151
Isolinien 151
Isotachen 151
Isothalpen 151
Isothermen 151
Isovaporen 151
Israel 195, 279
ISS 262
Italienisch 78, 88, 93, 301, 307
Italienische Romantik 346
Iwan IV., der Schreckliche 35
IWF 265
Izanagi 276
Izanami 276

J

Jack the Ripper 451
Jacquard, Joseph-Marie 187
Jahr 10
Jahresringe 112
Jahreszeiten 10, 41
Jahwe 274, 279
Jakarta 77
Jakob I. 411
Jakob II. 36
Jakobiner 36
Jakobus der Ältere 281
Jakobus der Jüngere 281
Jakutisch 300
Jambalaya 417
Jangtsekiang 157
Janszoon, Willem 58
Japan 78, 111
Japanisch 78, 300, 307
Japanische Mispel 420
Japanische Schrift 307
Jasmin 399
Jaspers, Karl 298
Javanisch 300
Jawlensky, Alexej 327
Jazz 349
Jazzrock 350
Jeanne-Claude 331
Jeans 437
Jenner, Edward 403
Jeremia 279
Jerewan 71
Jerusalem 78, 279
Jesaja 279
Jesus 195, 274, 280, 281
Jeu de Paume 387
Jiddisch 300
Jnana-Yoga 398
Joel 279
Johanna von Orléans 450
Johannes 281
Johannes Buridan 248
Johannes der Täufer 280, 281
Johannes Paul II. 452
Johannesburg 44
Johannesevangelium 280
Jom-Kippur-Krieg 137
Jona 279
Jones, Edward D. 255
Jörd 289
Jordan von Sachsen 195
Jordan, Pascual 178
Joseph 280
Joule, James Prescot 174
Joyce, James 316
Juan Carlos I. 35
Juda 279
Judäa 280, 282
Judas Ischariot 281, 282
Judasbaum 282
Judaskuss 282
Judasohr 120
Judentum 98, 274, 297
Judikative 241, 242
Jugendstil 325, 327, 448
Juglar-Zyklus 256
Jugurthinischer Krieg 30
Jukagirisch 301
Jung von Matt 431
Junge Union 238
Jungfernzeugung 110
Jungius, Joachim 179
Jungpaläolithikum 19
Jungsteinzeit 162, 192
Junk Food 416
Junkers Ju 52 65
Juno 285
Jupiter 213, 225, 227, 285
Jupitermonde 220, 221
Jusos 240
Justian I. 311
Justinian I. 31
Justizhoheit 241
Juvenial 311
Juventas 286

K

Křenek, Ernst 349
Kabelfernsehen 369
Kabeljau 418
Kabul 70
Kaendler, Johann Joachim 322
Kafka, Franz 316, 462
Kain 278, 449, 450
Kainszeichen 278
Kairo 70
Kaiserchronik 311
Kaiserschmarrn 417
Kakao 257
Kakipflaume 419, 420
Kaktus 120
Kaktusfeige 419
Kalach 27
Kalb 418
Kalender 11, 12, 13, 14, 15, 37, 41, 216
Kalidasa 309
Kalifornischer Kondor 127
Kalisalz 182
Kalium-Argon-Methode 21
Kalk 182, 414
Kalliope 289
Kalmückisch 300
Kalokairinos, Minos 27
Kalorien 411
Kalorienfresser 401
Kältemaschine 173
Kältemittel 148
Kalter Krieg 38, 250
Kaltfront 151
Kamenen 289
Kami 276
Kamille, echte 407
Kampala 92
Kamsin 156
Kanaan 279
Kanada 79, 300
Kanal 162
Kanalisation 402
Kandinsky, Wassily 326, 327
Kannenpflanze 113
Kant, Immanuel 291, 294, 297, 298, 462
Kantate 340
Kantilenen 340
Kantonesisch 307
Kantschil 134
Kanuri 300
Kaolin 331
Kap Verde 79
Kapetinger 11, 35
Kapillare 102
Kapillarkreislauf 103
Kapital 248, 249, 250, 251
Kapitalakkumulation 249
Kapitalismus 251
Kapitalzins 251
Kapstachelbeeren 419
Kapteyn, Jacobus Cornelius 229
Karakalpakisch 300
Karakorum 39
Karambole 420
Karatepe 27
Karbon 11
Kardamom 421, 422
Kardinalstugend 277
Kardinalzahlen 192
Karelisch 301
Karl der Große 11, 31, 32
Karl I. 35
Karl II. 32
Karl Theodor 35, 341
Karl V. 35, 39
Karl VI. 35
Karma 275, 277
Karma-Yoga 398
Karneades 210
Karnivoren 128
Karolinger 33
Karolingische Kunst 319
Karpfen 108
Kartoffel 108, 413
Kartoffelchips 418, 441
Kartwellsprachen 301
Kasachisch 79, 300
Kaschubisch 301
Käse 418, 419
Käsefondue 417
Käsesorten 418
Kaspische Senke 50
Kaspisches Meer 50
Kastagnetten 335
Kaste 277
Kastor 288
Kastraten 346
Katakana 308
Katakombe 22
Katalanisch 70, 301
Katayamafieber 61
Kategorischer Imperativ 294
Kathedralen 319
Kathmandu 84
Katholische Kirche 274, 275, 283, 284, 338
Katzenkrimis 457
Kaufhäuser 448
Kaufmannsstand 187
Kaugummi 437
Kaukasische Sprachen 301
Kausal 98
Kausalität 294
Kausalprinzip 178
Kazan, Elia 354
Keil 188
Keilschrift 196, 303, 304
Keime 103
Keimscheibe 131
Keller, Gottfried 315
Kelly, Gene 359
Kelly, Grace 361
Kelly, Jean 362
Kelp 182
Kelpie 460, 461
Keltische Sprachen 301
Kelvin 173
Kelvin, Lord 171
Kenia 79
Kennedy, Jackie 444
Kennedy, John F. 444, 452
Kennedy, Robert F. 452
Kenotaph 22
Kentauren 288
Kepler, Johannes 168, 218, 220
Keplersche Gesetze 220, 221
Keramik 322
Kerbel 422
Kern 107
Kern, Edwin 452
Kerner 425
Kernfusion 179, 230
Kernobst 419
Kernreaktor 178
Kernspaltung 178
Kersting, Georg Friedrich 324
Ketchup 252
Ketisch 301
Ketschua 72, 86, 300
Keuchhusten 409
Keuschheit 100
Keynes, John Maynard 249
Keynesianismus 249
Khalkha-Mongolisch 300
Khanbalygh 39
Khartoum 90
Khmer 79
Khoisan-Sprachen 300
KI 186
Kidnapping 453
Kiefern 111
Kiesinger, Kurt Georg 238
Kiesler, Hedwig Eva 361
Kiew 92
Kigali 87
Kilimandscharo 48
Kindbettfieber 105, 402, 403
Kindergeld 254
Kinderhilfswerk 270
Kinderlähmung 402, 403, 409
Kinesiologie 407
King, Martin Luther 452
Kingston 78
Kinkel, Klaus 239
Kino 351, 358, 429
Kinshasa 80
Kinski, Klaus 354, 359
Kinyaruanda 87
Kipling, Rudyard 462
Kirche 281
Kirche, anglikanische 274
Kirche, armenische 274
Kirche, evangelische 274, 275, 282
Kirche, Gelbe 276
Kirche, katholische 274, 275, 284
Kirche, koptische 274, 282
Kirche, orthodoxe 274, 275
Kirche, reformierte 284
Kirche, syrische 274
Kirchenväter 293
Kirch-Gruppe 371
Kirchliche Gerichtsbarkeit 242
Kirchner, Ernst Ludwig 327
Kirgisisch 79, 300
Kirgistan 79
Kiribati 80
Kirke 310
Kirsche 276, 419
Kitasato, Shibasaburo 403
Kiwano 420
Kiwi 132, 420
Klabautermann 460
Klan 276
Klangfarbe 334
Klarer 423
Klarinette 335, 337
Klassenfeind 38
Klassensprachen, westatlantische 300
Klassik 313, 314, 341
Klassische Epoche 318
Klassisches Orchester 337
Klassizismus 322, 324, 326
Klavier 335, 338
Klee, Paul 327
Kleiner Hund 15
Klenze, Leo von 323
Klerus 36
Klima 124, 137, 144, 149, 252
Klimadaten 160
Klimaschutz 148
Klimazonen 158
Klimt, Gustav 325
Klinger, Friedrich Maximilian 313
Klinischer Tod 108
Klio 289
Klon 189, 190
Klopfgeister 460
Klopstock, Friedrich Gottlieb 313
Klotho 288
Klymene 289
Knabbergebäck 418

Knallgasreaktion 179
Knappe 246
Knappheit 248
Kneipp, Sebastian 404, 406
Kneipp-Kur 406
Kneipp-Verein 405
Knirps 441
Knobelsdorff, Georg Wenzeslaus von 322
Knoblauch 406, 407, 422
Knoblauchfrischkäse 418
Knochenwerkzeuge 19
Knollenblätterpilz, spitzhütiger 119
Knossos 20, 27
Knoten 55
Kobe 46
Kobolde 460
Koch, Robert 104, 105, 402
Kocher, Theodor 412
Kogge 67
Kohl, Helmut 234, 238
Kohle 145, 148, 175, 182, 250
Kohlendioxid 103, 128, 141, 145, 146, 148, 150, 180, 181, 189
Kohlenhydrate 401
Kohlenmonoxid 146
Kohlensäure 148
Kohlenstoff 148, 180, 181, 230
Kohlenstoffverbindungen 181
Kohlenwasserstoff 148
Koios 289
Kokain 403
Kokken 123
Kokoschka, Oskar 328
Kokosnuss 418
Kolben 170
Koldewey, Karl 59
Koldewey, Robert 20, 25
Kolibri 131
Kolik 411
Köln 53
Kolonialismus 254
Koloss von Rhodos 26
Kolumbien 47, 80
Kolumbus, Christoph 32, 58
Kombinatorik 202
Kometen 216, 218, 220, 221, 223, 224, 225, 227, 228
Kommunikation 174, 299
Kommunikationstechnik: Entwicklung 183
Kommunismus 38
Komödien 310, 311
Komodowaran 134
Komoren 80
Kompatibilität 241
Komplexe Zahlen 192, 193, 206
Kompositierung 140
Kompott 420
Kondom 101
Kondratieff-Zyklus 257
Konfuzianismus 276
Konfuzius 276, 309
Kongo-kordofanische Sprachen 300
Konjunkturzyklen 256
Konklusion 293
Konkrete Kunst 329
Konrad II. 34
Konrad III. 34
Konradin 34
Konradiner 33
Konsonanten 305, 306
Konsonanz 340
Konstantin der Große 31
Konstantinopel 318
Konstruktives Misstrauensvotum 234, 236
Konsum 443
Konsumenten 138, 252
Konsumgüter 248
Kontaktinfektion 402
Kontinente 151
Kontrabass 335, 337, 338, 340
Kontrafagott 337
Konturfeder 132
Konzerne 258
Konzert 340
Konzil von Nicaea 14
Kooning, Willem de 330
Kooperationen, internationale 258
Koordinatensystem 203
Köpcke, Karl-Heinz 372
Kopenhagen 74
Kopernikanisches System 220
Kopernikus, Nikolaus 219
Kopfnote 400
Kopfstimme 334
Korallen 147
Korallenriffe 147
Koran 275
Korbkäse 418
Kordofan-Sprachen 300
Koreanisch 80, 300
Korintherbrief 281
Kornbranntwein 423
Kornweihe 133
Koronis 286
Koror 86
Körperschaftssteuer 256
Korpuskeltheorie 177
Kosmische Strahlung 223
Kosmogonie 212
Kosmologie 174, 212, 216, 230
Kosmos 98, 209, 212, 217, 229, 230
Köttbullar 417
Kraft 168
Krankensalbung 275
Krankheiten 408
Krankheitserreger 104
Kraus, Karl 316
Krebse 126
Krebserkrankungen 107, 189, 410
Kreditsystem, internationales 254
Kreisler, Fritz 344
Kreiszahl 192
Kreolisch 77, 88
Kretinismus 412
Kreuzgratgewölbe 319
Kreuzkuppelkirchen 318
Kreuzrippengewölbe 320
Kreuzung 108
Kriechtiere 125, 126
Krieg 38, 408
Kriegsdienstverweigerung 244
Kriegsverbrechertribunal 269
Krimi 456
Krimikatzen 457
Kriminalliteratur 456
Kriminaltechnische Untersuchung 455
Kriminaltechnische Verfahren 456
Krios 289
Krishna 277
Kroatisch 80, 301
Krokodile 131
Krokus 421
Kronecker, Leopold 193
Kronos 285, 286, 287, 288, 289
Krume 136, 137, 142
Krustenflechten 110
Krypta 22
Krypton 150
KSZE 268
KTU 455
Kuala Lumpur 82
Kubismus 328
Kubrick, Stanley 354
Kugelschreiber 438
Kugelsternhaufen 229
Kuhn, Fritz 238
Kuhpocken 403
Kult 99, 333, 429
Kultur 273
Kulturrevolution 36
Kümmel 422
Kumquats 420, 421
Kumückisch 300
Kunaritschew, Iwan 463
Künast, Renate 238
Kundera, Milan 316
Kunst 29, 295
Kunst, bildende 317
Kunst, byzantinische 318
Kunst, griechische 318, 322
Kunst, hellenistische 318
Kunst, karolingische 319
Kunst, römische 318
Kunstgewerbe 317
Kunsthandwerk 322
Künstliche Intelligenz 186
Künstliche Sprachen 302
Kunststoffe 181
Kupfer 163, 179
Kuppelgrab 23
Kurdisch 77, 301
Kurgan 22
Kurosawa, Akira 354
Kürten, Peter 450
Kuschitensprachen 300
Kwa-Sprachen 300
Kybernetik 184, 185
Kyklopen 286, 287, 288
Kymrisch 301
Kyniker 296
Kyrene 42
Kyrillische Schrift 303, 305

L

La Fontaine, Jean de 313
La Roche, Sophie von 313
La Vague 444
Lächeln 398
Lachesis 288
Lachse 133
Lacroix, Christian 445
Lafontaine, Oskar 240
Lagerbier 42, 424
Lagerfeld, Karl 444
Lagerzyklus 256
Lähmung 409
Lake Superior 51
Lakkisch 301
Lamaismus 276, 277
Lamarr, Hedy 361
Lambsdorff, Otto Graf 239
Lamm Gottes 274
Lancaster 35
Landesregierung 237, 241
Landestypische Gerichte 417
Landini, Francesco 340
Landru, Henri Désiré 450
Landschaftsmalerei 323
Landtage 240
Landwirtschaft 139, 141, 142, 144, 148
Lang, Fritz 353, 354
Längengrad 15
Langhans, Gotthard 323
Laotisch 81, 301
Laotse 276
Lappisch 301
Lascaux 20, 215, 317
Laser 11
Lasker-Schüler, Else 316
Lassafieber 61
Lateinische Schrift 303
Lateinische Sprache 311
Latona 287
Laubbaum 112
Laubflechten 110
Laubhüttenfest 274
Laubwälder 158
Laugen 414
Laurens, Henri 331
Laute 335, 337, 340
Lautverschiebungen 302
Lavendel 399, 446
Laver, Rod 387
Laveran, Alphonse 104
Lavoisier, Antoine Laurent 179, 180
Layard, Austen Henry 19, 20, 27
Lazarus 278, 280
Le Baron Jenney, William 326
Le Carré, John 457
Le Corbusier, Charles 327
Le Maire, Jakob 58
Le Vau, Louis 321
Lean, David 355
Leander, Zarah 361
Leben 141, 148, 223, 230, 295, 296
Lebensalter bei Tieren 130
Lebensbaum 413
Lebenserwartung 252
Lebenskunde 99
Lebensmittel, fettärmsten 418
Lebensmittel, fettreichsten 418
Lebensqualität 400
Leber 108
Leblanc, Nicolas 182
Leda 288
Leder 163
Leerdamer 418
Leere 177
Léger, Fernand 328
Legierungen 163
Legionellosen 140
Legislative 241, 242
Lehmbruck, Wilhelm 331
Leibesfrucht 101
Leibl, Wilhelm 324
Leibnitz, Gottfried Wilhelm 183, 195, 208, 297
Leib-Seele-Verhältnis 294
Leier 335
Leif Eriksson 58
Leigh, Vivien 361
Leistungsströme 253
Leitmotiv 347
Lektion 339
Lémery, Nicolas 180
Lemuren 461
Lenin, Wladimir Iljitsch 37, 40, 298
Lenoir, Étienne 173
Lenz, Siegfried 316
Leonardo da Vinci 99, 174
Leonardo von Pisa 195, 201
Leoninus 339
Lepra 409
Lescot, Pierre 320
Lesgisch 301
Lesotho 81
Lessing, Gotthold Ephraim 313
Leto 285, 286, 287
Lettisch 81, 300
Leuchtreklame 429
Leuchtturm von Pharos 26
Leukippos 177
Levi 278
Lewis, Carl 376
Lhasa 60
Libellen 133
Liberia 81
Liberté, Égalité, Fraternité 37
Libeskind, Daniel 327
Libreville 75
Libyen 81
Licht 168, 177
Lichtenberg, Christoph 295
Lichtenergie 147
Lichtenstein, Roy 330
Lichtgeschwindigkeit 165, 218, 221
Lichtjahr 212, 218
Lichtstreuung 153
Liebermann, Max 324
Liebig, Justus von 181
Liebknecht, Karl 38
Liebstöckel 422, 440
Lied 314, 340, 342
Lifestyle 443
Li-ji 277
Likörweine 423
Lilienthal, Otto 65
Lilongwe 82
Lima 86
Limburger 418
Limequats 420
Limes 39
Lincoln, Abraham 451
Lindbergh, Charles A. 65, 453
Lindbergh-Baby 453
Linde, Carl 173
Lindenberger 418
Linienserien 177
Links 186
Linse 106
Lintong 28
Lipchitz, Jacques 331
Lissabon 86
Lister, Joseph 105, 402
Liszt, Franz 343, 344
Litauisch 82, 300
Literatur 29, 176, 299, 308, 309, 311, 314
Literaturnobelpreis 40
Literaturwissenschaften 295
Litfaß, Ernst 430
Lithosphäre 138
Litschis 420, 421
Little Richard 350
Liturgie 338
Liturgischer Gesang 338
Liudolfinger 33
Livingstone, David 59
Livisch 301
Livius 30, 311
Ljubljana 89
Loch Ness, Ungeheuer von 466
Lochkarten 183
Lochner, Stephan 320
Locke, John 242, 297
Lodur 290
Logarithmen 192, 229
Logik 205, 206, 292, 293
Lohn 249, 251, 253
Lohnarbeit 250
Lohnsteuer 256
Loki 289, 290
Lolo 301
Lollobrigida, Gina 361
Lomatia Tasmanica 120
Lomé 91
London International Advertising Awards 433
London 76
London-Smog 146
Loquats 420
Loren, Sophia 361, 445
Lorenzen, Paul 206
Lorrain, Claude 321
Lortzing, Albert 343
Los Angeles 46
Los-Angeles-Smog 146
Lösemittel 144, 146
Lostage 153
Lot 278
Lothar III. von Supplinburg 34
Lotosblume 275
Lotospflaume 420
Louis, Morris 329
Louis, Spyridon 427
Lowen, Alexander 406
Löwenzahn 407
Luanda 70
Lubitsch, Ernst 356
Lübke, Heinrich 233
Luciano, Lucky 453
Lucy 96
Lüdke, Bruno 450
Ludowinger 33
Ludwig IV., der Bayer 35
Ludwig IX., der Heilige 35
Ludwig XIV. 314, 321
Ludwig XV. 253, 322
Ludwig XVI. 35, 322
Luft 136, 141, 142, 145, 146, 179, 250
Luftbildarchäologie 18
Luftdruck 151
Luftfahrt 65
Lufthülle der Erde 145, 151, 212
Luftklinger 335
Luftverschmutzung 145
Luftwiderstand 167
Lukas 281, 282
Lukasevangelium 280, 282
Lukian 218
Lully, Jean-Baptiste 341
Luna 287
Lunge 103
Lurche 125
Lusaka 87
Lust 296
Lustig, Viktor 455
Lustspiele 313
Luther, Martin 274, 282, 284
Lützelburger 33
Luxemburgisch 82, 300
Lychees 420
Lymphknotenschwellung 409
Lyrik 310, 311, 312

M

Mäander 204
Maastrichter Vertrag 263
Machen, Arthur 465
Machiavelli, Niccoló 312
Macht 69, 295
Machtmissbrauch 241
Macke, August 327
Macrocystis Pyrifera 120
Macy's 448
Madagaskar 82
Madrid 89
Madrigal 340
Maduresisch 300

Maeterlinck, Maurice 315
Mafia 452
Magaira 288
Magalhães, Fernão 58
Magendie, François 103
Magermilch 418
Maggi 440
Maggi-Kraut 440
Magisches Viereck 254
Magnani, Anna 361, 445
Magnesium 230
Magnet 165, 179
Magnetfeld der Erde 224
Magnetische Bildaufzeichnung 372
Magnetische Felder 106
Magnificat 280
Magokoro 276
Magritte, René 329
Mahabharata 309
Mahayana-Buddhismus 275
Mahler, Gustav 343
Maia 286
Maier, Reinhold 239
Maieutik 292
Maillol, Aristide 331
Mainzer Handkäse 418
Majoran 422
Major-Turniere 395
Majuro 83
Makedonisch 82, 301
Makrokosmos 104
Malabo 70
Malagasy 82, 300
Malaiisch 73, 89, 300
Malaiopolynesische Sprachen 300
Malaria 61, 104, 409
Malayalam 300
Male 82
Maleachi 279
Malerei 317, 320, 321, 322, 323, 325
Malerei, romantische 323
Maligne Entartungen 107
Mallarmé, Stéphane 315
Malpighi, Marcello 103
Malskat, Lothar 455
Maltesisch 83
Mammutbaum 120
Managua 85
Mandarin 307
Mandarine 420
Mandat 241
Mandeln 257
Mande-Sprachen 300
Mandoline 335
Mandschu 300
Manet, Edouard 324
Mangelernährung 139
Mango 420
Manila 86
Mann, Erika 359
Mann, Heinrich 316
Mann, Klaus 359
Mann, Thomas 315, 316, 359
Mannering, John 458
Mannheimer Schule 341
Mansfield, Jayne 447
Manson, Charles 450
Mantra 277
Manufaktur 187
Mao Zedong 38
Maputo 84
Maracuja 420
Marat, Jean-Paul 451
Marathi 301, 306
Marc, Franz 327
Märchen 314
Marching Bands 349
Marco Polo 58
Mare 222
Margarine 418
Maria 280
Mariä Lichtmess 280
Maria Magdalena 280, 284
Maria Theresia 35
Marienhof 372
Marienkäfer 143
Mariette, Auguste 20, 25
Marino, Giambattista 312
Mark Aurel 40, 296
Marken 437, 441, 442
Markgräflerland 426
Markt 248, 253
Marktformen 253
Marktmechanismus 253, 254
Marktpreise 256
Marktwirtschaft 251
Marktwirtschaft, freie 249, 250
Marktwirtschaft, soziale 238
Markus 281
Marlowe, Christopher 312
Marmelade 420
Márquez, Gabriel Garciá 316
Mars 220, 225, 227, 286
Marseillaise 37
Marshallesisch 83
Marshallinseln 83
Martial 311
Martinique 47
Marx, Karl 36, 249, 298
Marxismus 298
Marxismus-Leninismus 298
Märzenbier 424
Märzrevolution 1848 37, 323
Maschinen 170, 173, 188, 251
Masern 408, 409, 410
Maseru 81
Maskat 85
Maspero, Gaston 20
Massage 398
Masse 165, 166, 168
Massenpartei 38
Massentierhaltung 140, 148
Mastaba 22
Masters-Serie 387
Mastroianni, Marcello 359
Materia medica 98
Materialismus 40, 98, 298
Materie 164, 165, 177, 180, 181, 298
Mathematik 162, 167, 194, 297
Mathematik, Meilensteine 202
Matthäus 281
Matthäusevangelium 280
Mauchly, John William 185
Maudslay, Henry 187, 188
Maultrommel 335
Mäusebussard 133
Mausoleum in Halikarnassos 26
Mawsynram 160
Max von Baden 37
Maximilian I. 34
Maximilian IV. 35
Maxwell, James Clerk 165, 174
Maya 196, 197, 216, 300, 373
Maybach, Wilhelm 173
Mayer, Julius Robert von 168
Mayer, Robert 174
MAZ 372
Mbabane 90
mbar 171
McQueen, Alexander 444
Mecado Comùn del Cono Sur 265
Mechanik 165, 168, 206, 298
Mechanisierung 170
Mechthild von Magdeburg 297
Medawar, Peter Bryan 412
Medici 35
Medien 241, 255
Medienunternehmen 370, 371
Medina 274
Meditation 276, 397
Meditationsübungen 405
Medizin 29, 95, 98, 99, 103, 163, 176, 397, 402
Medizin, alternative 404
Medusa 288
Meeresschildkröten 131
Meeresspiegel 50, 53
Meeresströmungen 55
Meerrettich 422
Megalithgräber 23
Megalithkulturen 22
Mehlstaub 409
Mehrheitssozialisten 38
Mehrheitswahl 236
Mehrlingsgeburten 100
Mehrparteiensystem 232
Mehrstimmigkeit 339
Meißner Porzellan 331
Meister Eckhart 297
Meitner, Lise 178
Mekka 275
Melanesische Sprachen 300
Melioration 142
Melisse 407
Melitta 437
Mellaart, James 20, 26
Melodieinstrumente 337
Melpomene 289
Membranophone 335
Memorylegierung 164
Menama 71
Menander 310
Mende, Erich 239
Mendel, Gregor 108
Mendelejew, Dimitrij Iwanowitsch 181
Mendelssohn Bartholdy, Felix 343
Menetekel 279
Mengenlehre 205, 207
Mengenlehre: Symbole 207
Menlo Park 174
Mensch 95, 97, 100, 103, 106, 107, 108, 123, 136, 144
Menschenaffen 100
Menschenrechte 36, 232, 268
Menschliche Stimme 334
Menschlicher Körper 102
Mensur 339
Mensuralnotation 339
Menuhin, Yehudi 345, 448
Menzel, Adolph 324
Mercalli-Skala 47
Mercosur 265
Merian, Maria Sibylla 60
Meridian 15, 42, 405
Meridiandehnung 398
Meridiandurchgänge 10
Merkantilismus 248
Merkel, Angela 238
Merkur 225, 286
Merowingerreich 31
Mersenne, Marin 200
Mersenne-Zahlen 200, 201, 205
Mesopause 150
Mesopotamien 201
Mesosphäre 150
Messe 338
Messias 274, 280
Messinstrumente 214
Messner, Reinhold 59, 60
Metall 164
Metalle 181, 182
Metallurgie 163
Metallzeit 162
Metaphysik 292, 293, 295
Meteoriten 150, 216, 223, 227
Meteorologie 151, 227, 293
Meteorologische Zeichen 151
Methan 148, 189
Metis 287
Mettwurst 418
Mexiko-Stadt 44
Meyer, Conrad Ferdinand 314
Meyrink, Gustav 463
Mezine 19
Micha 279
Midgardschlange 290
Mies van der Rohe, Ludwig 326, 327, 446
MIGA 271
Mihály, D. von 368
Mikroelektronik 184
Mikrokosmos 177
Mikronesien 83
Mikronesische Sprachen 300
Mikroorganismen 104, 123, 136, 138, 141
Mikroprozessor 184
Mikroskop 104
Mikroskopie 18
Mikrosysthemtechnik 164
Milben 455
Milchdrüsen 96
Milchprodukte 418
Milchstraße 211, 229
Miller, Arthur 316
Miller, Henry 316
Miller, Stanley L. 189
Millet, Jean-Fran\ois 324
Millibar 171
Millionenstädte 44
Milton, Iohn 312
Milzbrand 402, 403
Mimir 290
Mineraldünger 181
Minerale 123
Mineralien 180, 181, 250
Mineralstoffe 141, 181, 401
Minerva 286
Minestrone 417
Ministerpräsident 241
Minne 339
Minne, George, Baron 325
Minnegesang 339
Minnelli, Vincente 356
Minos 27
Minotauros 27
Minsk 93
Minstrel-Show 349
Minute 10
Miró, Joan 329
Mischwälder 158
Misokapnos 411
Misstrauensvotum 242
Misstrauensvotum, konstruktives 234, 236
Mistral 156
Mitlaute 302
Mitose 111
Mitotische Zellteilung 110
Mittelalter 31, 32, 311, 340
Mitteleuropäisches Freihandelsabkommen 260
Mittelhochdeutsch 303
Mittlere Geschichte 31
Mixtekisch 300
Miya 276
Mjöllnir 289
MMR 410
Mnemosyne 289
Moa 134
Moabiter 278
Mobilität 57
Modalnotation 339
Modell T. 188
Modern Style 325
Modersohn-Becker, Paula 328
Mogadischu 89
Mohammed 274
Mohn 407
Moiren 288
Moldawisch 84
Molekül 171, 172, 177, 181, 189
Molière 313
Monatsnamen 15
Mond 10, 11, 167, 217, 218, 220, 221, 222, 224, 227
Mond, Daten 222
Monde 212
Mondfinsternisse 224, 225
Mondgebirge 220, 223
Mondjahr 12, 15
Mondkarten 222
Mondmeere 222
Mondphase 222
Mondrian, Piet 329
Mondrian-Kleid 444
Monet, Claude 324
Monetarismus 249
Mongolei 84
Mongolen 39, 257
Mongoloiden 98
Mongolisch 84
Mongolische Sprachen 300
Mon-Khmer-Sprachen 300
Monokultur 142, 147
Monopol 253, 254, 258
Monopoly 438
Monoposto 385
Monopson 253
Monotheistisch 274
Monroe, Marilyn 361, 445
Monrovia 81
Monsun 49, 156
Montagne Pelée 47
Montagnier, Luc 402
Montaigne, Michel 312
Montanarchäologie 18
Montand, Yves 359
Montanunion 263
Monte Carlo 84
Montesquieu, Charles 242
Monteverdi, Claudio 341, 345
Montevideo 92
Moor 145
Moore, Charles 327
Moore, Henry 331
Moorleichen 19
Moose 144, 158
Moralphilosophie 292
Mord 450
Mordwinisch 301
More, Thomas 312
Moreau, Gustave 280
Moreau, Jeanne 361
Morgagni, Giovanni Battista 103
Morgan, Anthony 458
Morgenstern 218, 226
Moroni 80
Morphin 403, 407
Morris, William 325
Morrison, Toni 316
Morse, Samuel 308
Morsealphabet 308
Mosaikkunst 318, 319
Moschus 400, 446
Mose 278, 309
Mose, fünf Bücher 274
Moskau 87
Most 425
Motette 339, 340
Motte 144
Mount Everest 48, 49, 59
Mount Saint Helens 48
Mount Washington 157
Moussaka 417
Mozart, Wolfgang Amadeus 341, 342
Mozzarella 418
Mu-Err 120
Mulder, Fox 463
Müller, Johannes 105, 219
Müller, Josef 239
Müller, Werner 234
Müller-Thurgau 425
Multilaterale Investitions-Garantie-Agentur 271
Multimedia 185, 186
Multiplikation 183, 192, 200
Munch, Edvard 325, 327
Mundari 300
Munda-Sprachen 300
Mundharmonika 335
Mundinus 99
Munin 289
Mura-Muras 461
Muscheln 257
Muse 285
Musen 195, 288, 333
Musical 349
Musik 295, 333, 338
Musikdrama 346, 347, 348
Musikfestspiele 338
Musiktheorie 205, 333
Muskat 422
Muskeldehnung 398
Muskellähmung 190
Muskeltests 407
Muttergottes 100
Myanmar 72
Mykene 22, 27
Mykene, Königsgräber 20
Myron 318
Myronsalbung 275
Myrrhe 445
Myrte 399
Mystik 296, 463
Mythen 212
Mythologie 14, 100, 217, 230, 286, 287, 289, 290
Myzel 119

N

N'Djamena 91
Nabatäer 28
Nabelschnur 101
Nachfolge, apostolische 281
Nachfrage 250, 252, 254
Nachfrageschwäche 256
Nachtigal, Gustav 59
Nadelwälder 158
NAFTA 265
Nag Hammadi 284
Naher Osten 144
Nährbier 424
Nahrungskette 128
Nahuatl 300
Nahum 279
Nairobi 79
Najaden 289
Nam June Paik 330

Nanaisch 300
Nanna 289, 290
Nansen, Fridtjof 59
Napoleonische Kriege 347
Narkose 103, 403
Nase 107
Nashorn 134
Nasigoreng 417
Nassau 71
Nassauer 33
Nationalhymne 232
Nationalkonvent 36
Nationalliteratur 313
Nationalpark 114, 115, 138
Nationalreservat 114
Nationalsozialismus 38
Nationalstaaten 32
Nationalversammlung 36, 38
NATO 243, 245, 266, 272
Natriumcarbonat 182
Natterzunge 108
Naturalismus 315
Naturgeister 460
Naturheilkunde 404
Naturheilkundliche Heilverfahren 397, 405
Naturkatastrophen 46
Naturkraft 273
Naturlatex 409
Natürliche Zahlen 192
Naturparks 114, 115
Naturphilosophie 292
Naturrecht 297
Naturreservat 114, 115
Naturschutz 114
Naturschutzgebiete 114, 115
Naturwissenschaft 95, 208, 297
Nauru 84
Nauruisch 84
Nautilus 59
Navajo 300
Nazarener 323
Nazareth 280
Neandertaler 97
Nebel 152
Nebenmeere 54
Nebo 279
Nebukadnezar I. 279
Negative Zahlen 192
Negriden 98
Négritude 40
Negroide 26
Negrospiritual 349
Nehberg, Rüdiger 60
Nekropole 23
Nemax ®-50 Performance Index 255
Nemesis 287
Neo-Bechstein-Flügel 335
Neoimpressionismus 324
Neolithische Revolution 168
Neon 150, 178
Neorealismus 353, 356
Nepali 84, 301
Nepos, Julius 39
Neptun 210, 225, 285
Nereiden 289
Nereus 286
Nero 31, 281, 376
Nerven 102
Nervenstränge 107
Neschi-Schrift 306
Nettosozialprodukt 256
Netzhaut 106
Neubarock 326
Neu-Delhi 77
Neue Musik 345
Neue Sachlichkeit 329
Neuere Geschichte 31
Neues Testament 274, 282
Neues Testament, Bücher 285
Neues Testament, Gestalten 280
Neugotik 326
Neugriechisch 76
Neuhochdeutsch 303
Neujahr 11
Neumann, Johann Balthasar 321, 322
Neumann, John von 185
Neumelanesisch 86
Neumen 338
Neumond 10
Neun-Kreuzer-Fehldruck 448
Neupersisch 70, 301
Neuplatonismus 293
Neurenaissance 326
Neurologie 99
Neutronenaktivierungsanalyse 18
Neutrosphäre 150
Neuzeit 31, 32
Nevado del Ruiz 47
New Hollywood 356
New Look 444
New Wave 350
New York/New Jersey 67
Newcomen, Thomas 170
New-Orleans-Jazz 349
Newton, Isaac 168, 208, 212, 220, 221
Newtonsche Axiome 208
Niagarafälle 53
Niagarafluss 53
Niamey 85
Nibelungenlied 311
Nicaea 14
Nickelodeon 358
Niederdeutsch 302
Niederländisch 72, 85, 90, 300
Niederschlagsmenge 160
Niere 108
Nietzsche, Friedrich 295, 458
Niger-Kongo-Sprachen 300
Nigritische Sprachen 300
Nihilismus 295
Nike 287
Nikkei-225 255
Nikkei-Index 255
Nikkei-Stock-Average 255
Nikolaus von Myra 438
Nikomachos 201
Nikosia 93
Nikotin 411
Nil 14, 52, 53, 156, 216
Nilosaharanische Sprachen 300
Nimrud 27
Ninigi 276
Ninive 28
Nipkow, Paul 368
Nipkow-Scheibe 368
Nirvana 275, 295
Nitrate 182
Nivea 439
Nixen 460, 461
Njörd 290
Noah 278
Nobel, Alfred 175, 176
Nobile, Umberto 59
Nöck 460
Nofretete 26
Nogaisch 300
Nolde, Emil 327
Noli me tangere 280
Nordamerikanischer Unabhängigkeitskrieg 36
Nordamerikanisches Freihandelsabkommen 265
Nordarabisch 301
Nordatlantikpakt 266
Nordischer Rat 266
Nordlichter 157
Nordpol 157, 215, 222
Nord-Süd-Gefälle 252
Nordwestdeutscher Rundfunk 368, 430
Nordwestkaukasische Sprachen 301
Nordwestsemitisch 301
Norgay, Tenzing 59
Normalgewicht 401
Normannen 66
Normannenstaat 34
Normen 297
Nornen 290
North American Free Trade Agreement 265
North Atlantic Treaty Organization 266
Norther 156
Norwegen 85
Norwegisch 85, 300
Notationsproblem 338
Notengestalt 338
Notenschrift 338
Notenwert 338
Nothelfer 195
Nothelfer, Vierzehn 283
Notstandsgesetzgebung 237
Nouakchott 83
Nouvelle Vague 353
Novalis 314
Novelle 312
Novemberrevolution 1918 37
Novocain 403
Nucleus 107
Nukleinsäure 107, 108
Nukleobionten 123
Nuku'alofa 91
Null 192, 196, 197
Numerische Mathematik 184
Nürburgring 385
Nüsse 418
Nutzen 253
Nutztiere 127
NWDR 368, 369, 372
Nymphen 289

O

OAS 266
Oase 158
OAU 267
Obadja 279
Obduktionen 456
Oberer See 51
Oberschwäbische Barockstraße 63
Oberth, Hermann 353
Oboe 335, 337
Obst 419
Obstweine 423
Ockeghem, Johannes 340
Odin 289
Odoaker 39
Odol 438
Odyssee 289, 310, 419
OECD 267
OEEC 267
Oetker, Richard 453
Offenbarung 274, 275
Offenbarung des Johannes 282
Offenbarung, christliche 293
Offenbarungsreligionen 297
Ogilvy & Mather 431
Ogopogo 466
Oiratisch 300
Ojibwa 300
Okarina 335
Okeanos 287, 289
Ökobewegung 140
Ökolandbau 143
Ökologie 136, 138
Ökonomie 136
Ökosystem 138, 139
Oktaëteris 12
Oktaven 334
Oktoberrevolution 1917 34, 37, 257
Ölberg 282
Olbrich, Joseph Maria 325
Old Faithful 138
Olduvai 96
Öle, ätherische 421
Oligopol 253, 258
Oligopson 253
Olivenöl 101
Olivenzweig 374
Oliver, Joe 349
Ölkonzerne 267
Ölkrise 137
Ollenhauer, Erich 240
Ölmotor 173
Ölung, Heilige 275
Olymp 287
Olympia 374, 376
Olympische Disziplinen 375
Olympische Flagge 375
Olympische Spiele, Antike 374
Olympische Spiele, Neuzeit 374
Olympisches Feuer 376
Om 277
Oman 85
Omo 96
Omzeichen 274
Onagadori-Hahn 134
Oncidium Altissimum 120
Ondes Martenot 335
Onkogene 107
Onkogene, zelluläre 107
Onuprijenko, Anatoli 451
Op-Art 330
OPEC 137, 267
Oper 340, 345, 346, 347, 348
Operette 349
Opernorchester 337
Ophüls, Max 356
Opium 403, 421
Opposition 241
Optik 106, 168
Optimismus 295
Optische Astronomie 212
Optische Täuschung 106
Orakel von Delphi 285
Orange Mauritius 448
Orange 399
Oration 339
Oratorium 340
Orchester 337
Orchester, international 337
Orchidee 120
Orcus 286
Ordentliche Gerichtsbarkeit 242
Ordinalzahlen 192
Ordnungszahl 180
Oreaden 289
Oregano 422
Organellen 123
Organisation für Sicherheit und Zusammenarbeit in Europa 268
Organisation Amerikanischer Staaten 266
Organisation der Erdöl exportierenden Länder 267
Organisation für Afrikanische Einheit 267
Organisation für Bildung, Wissenschaft, Kultur und Kommunikation 270
Organisation für industrielle Entwicklung 270
Organisation für wirtschaftliche Zusammenarbeit und Entwicklung 267
Organisation zur Entwicklung europäischer Trägerraketen 262
Organisches Leben 212
Organismen 181
Organismus 136
Organization for Security and Cooperation in Europe 268
Organization of African Unity 267
Organization of American State 266
Organization of Economic Cooperation and Devalopment 267
Organization of the Petroleum Exporting Countries 267
Organon der rationellen Heilkunde 405
Organon 339
Organspendeausweis 412
Organspendegesetz 412
Organtod 108
Organum 339
Organverpflanzungen 412
Orgel 335, 337, 338, 340
Orient-Express 65
Orion 14, 220, 230, 289
Oriya 301
Orkan 154, 157
Oromo 300
Orpheus 334
Ort 178
Orthodoxe Kirche 274, 275
Ortszeit 15
Orwell, George 316
Oryxantilope 127
Oscar 363, 364, 366
OSCE 268
Oslo 85
Ossetisch 301
Osterinsel 303
Ostern 14
Österreich 85
Ostersonntage 13
Ostgoten 31
Ostindische Kompanie 39
Ostjakisch 301
Ostkaukasische Sprachen 301
Ostkirche 274
Östliche Reformländer 252
Oströmisches Reich 39
Ostseerat 267
Ostwald-Verfahren 182
Ost-West-Konflikt 266
Oswald, Lee Harvey 452
OSZE 268
Otomí 300
Ottawa 79
Otto I., der Große 32
Ottomotor 173
Ötzi 405
Ouagadougou 73
Ovid 311
Owens, Jesse 375, 376
Oxidation 144, 182
Ozeane 54, 137, 151, 155
Ozeanische Sprachen 300
Ozon 146, 147
Ozonlöcher 137, 147
Ozonschicht 146, 147, 148, 150

P

Pa 171
Pachelbel, Johann 341
Paella 417
Paganini, Niccolò 344
Page 246
PAL 369
Paläolithikum 215
Paläomagnetismus 21
Paläontologie 96
Paläosibirische Sprachen 301
Palau 86, 270
Palauisch 86
Palazzo 320
Palermo 40
Palikir 83
Pallas 287
Palmen 120
Pampero 156
Pan 287, 289
Panjabi 301
Pankration 374
Papaya 420
Papier 169
Papierhandtuch 440
Papille 102
Paprika 422
Papst 274
Papsttum 32
Papuasprachen 301
Papyrus 163, 169
Papyrus Smith 98
Par 395
Parabel 167, 208
Paracelsus 99, 179, 404
Parallaxe 218
Paramaribo 90
Parasiten 104
Paré, Ambroise 99
Parfüm 400, 445
Paris 44, 75
Pariser Verträge 243
Parker, Bonnie 452
Parlament 32, 242
Parlamentarisches System 241
Parmenides von Elea 9, 194, 296
Parmesan 418
Parsec 218
Partei des Demokratischen Sozialismus 239
Parteien 238
Parteifähigkeit 245
Parthenogenese 110
Partikelschauer 213
Parzen 288
Pascal 171
Pascal, Blaise 151, 183, 205, 207, 297
Paschto 70, 301
Passah 14, 274
Passat 156
Passionsfrüchte 420
Pasteur, Louis 104, 105, 402, 403
Pathologie 103, 105
Patriarch 278
Patriarchalisches Prinzip 100
Patristik 293
Pauke 335, 337, 338
Paulus 278, 281
Pausanias 27

Pawlow, Iwan Petrowitsch 105
Paxton, Joseph 326
PC 185
PDS 239
Peano, Giuseppe 206
Peanosches Axiomensystem 206
Pearl-Index 101
Peck, Gregory 359
Peking 39, 73
Peloponnesischer Krieg 30
Pelotaspiel 216
Pendel 170, 195
Pendelschwingung 220
Penicillin 402, 403
Pentatonik 344
Pentosezucker 404
Penzias, Arno 230
Pepino 420
Peptidoglykan Murein 123
Pergament 163
Pergamon 169
Pergolesi, Giovanni Battista 341
Perikles 30
Periodensystem 180, 181
Perlmutterwolken 150
Perotinus Magnus 339
Perpetuum mobile 168
Persephone 285, 286, 287
Persepolis 215
Perserkriege 30
Perseus 288
Persil 369
Persisch 77
Petersilie 422
Pertussis 410
Peru 86
Perugia, Vincenzo 454
Pessimismus 295
Pest 99, 408, 411
Pestizide 145
Peter I., der Große 13, 35
Peter III. 36
Peters, Ellis 457
Petra 22, 28
Petrarca, Francesco 312, 313, 340
Petrie, Flinders 26
Petrochemie 257
Petrus 281
Petrus Hispanus 99
Pettenkofer, Max von 105
Peurbach, Georg 219
Pfefferminze 407
Pfeiffer, Ida 60
Pferd 108
Pferdespulwurm 108
Pfingsten 14
Pfingstsonntage 13
Pfitzner, Hans 344
Pflanzen 109, 114, 123, 136, 138, 139, 141, 142, 144, 145, 148
Pflanzenreich: Systematische Einteilung 110
Pflanzenschutz, integrierter 143
Pflug 162, 169
Pfund, britisches 256
Phaedrus 311
Phaeton 230
Phantome 460
Pharmaka 181
Pharmakologie 98, 99
Pharos 26, 27
Phidias 26
Philemonbrief 281
Philipp II. 35
Philippus 281
Philister 279, 464
Philisterbrief 281
Philosophie 95, 98, 205, 293, 310
Phlogiston 180
Phnom Penh 79
Phoibe 289
Phönikische Schrift 303
Phosphatdünger 182
Phosphorsäure 404
Photochemische Reaktion 146
Photometrie 212
Photosynthese 119, 148, 123
Physik 99, 103, 151, 161, 162, 175, 195, 205, 293
Physikalisch-Technische Bundesanstalt 11
Physiokratismus 248
Physiologie 99, 103, 105, 176, 402
Phytopharmaka 407
Piazzi, Giuseppe 226
Picasso, Pablo 328, 331
Piccard, Bertrand 59
Piermarini, Giuseppe 323
Pigmentierung 98
Pigmentzellen 102
Pikkoloflöte 337
Piktographische Schrift 304
Pilsener 423, 424
Pilz 110, 119, 120, 136, 139, 140, 406
Piment 422
Pimpinelle 422
Pindar 310
Pinguine 132, 133
Pioneer 10 213
Pioniere der Medizin 402
Pisa, Schiefer Turm zu 167
Pissaro, Camille 324
Pizarro, Francisco 58
Pizza 416
Pjöngjang 80
Plagegeister 460, 466
Planck, Max 178
Planet 220
Planeten 210, 211, 212, 216, 218, 219, 225, 226, 230
Planetenbahnen 220
Planetenbewegung 205, 219
Planetoiden 227
Planetoidengürtel 227
Plankton 160
Plansoll 251
Plantagenet 33
Planwirtschaft 249, 250
Plasmid 189
Plastik 318, 319, 320, 322, 323, 325, 331
Plastische Chirurgie 108
Platin 182
Platon 162, 201, 210, 248, 292, 293, 298, 310
Plautus 311
Pleiaden 289
Pleione 289
Plinius der Ältere 311
PLO 260
Plumpudding 417
Plutarch 30, 311
Pluto 210, 225, 286
Po 53
Pocken 103, 403
Poe, Edgar Allan 314, 462
Poetik 293, 296
Poetischer Realismus 314
Pohnpei 83
Pointillismus 324
Poiret, Paul 444
Pol 147
Polanski, Roman 356, 450
Polarlicht 150, 224
Polarstern 215
Pole 42
Polis 31
Politik 140, 293
Polizeikrimis 457
Polkappen 11
Pollack, Sidney 356
Pollen 408
Pollenanalyse 21
Pollenflugkalender 409
Pollock, Jackson 330
Polnisch 86, 301
Polonium 11
Poltergeister 459, 460
Polux 288
Polyäthylen 437
Polydeukes 288
Polyhymnia 289
Polyklet 318
Polynesiden 98
Polynesische Sprachen 300
Polyphem 310
Polypol 253
Polyvinylester 437
Pommes frites 416, 441
Pompeius 40
Pompeji 28
Ponce de León, Pedro 308
Pontius Pilatus 282
Pop-Art 330
Popmusik 350
Pöppelmann, Matthäus Daniel 321
Porsche 356 Speedster 447
Porsche 911 447
Porsche, Ferdinand A. 447
Porsche, Ferry 447
Port Louis 83
Port Moresby 86
Port of Spain 91
Port Vila 92
Portativ 335
Port-au-Prince 77
Porter, Cole 349
Porter, Edwin S. 352
Porto Novo 72
Portugieser 425
Portugiesisch 70, 73, 76, 79, 84, 86, 88, 301
Porzellan 331
Porzellanplastik 322
Posaune 335, 337, 338
Poseidon 285, 286, 287, 288
Positionssysteme 196
Positiv 335
Postmoderne 327
Post-mortem-Geister 460
Postraub, der große 454
Potenzieren 192
Pottasche 182
Pottwal 133
Potugiesisch 307
Pouf 445
Poussin, Nicolas 321
Praetorius, Michael 341
Prag 91
Praia 79
Präkolumbische Kulturen 217
Prämisse 293
Präraffaeliten 323
Prediger 279
Preise 249, 250, 251, 253, 254
Preisstabilität 254
Preissteigerungen 256
Premiere 369
Presley, Elvis 350
Preßburg 89
Pretoria 89
Preußen 39
Priesterweihe 275
Priestley, Joseph 179
Primärenergie 139
Primärkonsument 128
Primaten 96, 97
Primetime 430
Primfaktoren 199
Primzahlen 199, 200, 201, 205
Princip, Gavrilo 452
Prinzip der Freiheit 98
Prinzip des größtmöglichen Ertrags 253
Private Schiedsgerichtsbarkeit 242
Privateigentum 249, 251
Privatfernsehen 369
Privatsender 371
Productplacement 436
Produkt 192
Produkte, synthetische 179
Produktionsfaktoren 141, 250, 251, 254
Produktionsmittel 249, 250
Produzenten 138
Profiler 451
Programmiersprachen 302
Programmmusik 342
Prohibition 452
Prokaryonten 123
Prokaryoten 123
Proletariat 187
Proletarische Revolution 36
Propheten 279, 282
Propheten, kleine 279
Prosa 310, 311
Proserpina 287
Prospektionsmethoden 18
Protagoras 296
Proteine 103, 107, 108, 401
Protonen 177, 180, 224
Proto-Onkogene 107, 108
Protozoen 104
Provenzialisch 301
Proxima Centauri 218
Prschewalskipferd 127
Psalm 279
Pseudokrupp 145
Psychiatrie 99
Psychoanalyse 105
Psychologie 106
Ptahhotep 309
Ptolemäische Astronomie 201
Ptolemäus 219
Publicis 433
Public-Relations-Agenturen 436
Puerto Williams 43
Punk 350
Purcell, Henry 341
Purgatorius 96
Puschkin, Alexander 314
Pygmiden 98
Pyramiden 23
Pyramiden von Giseh 26, 215
Pythagoras 194, 204, 210, 292, 333
Pythagoras, Satz 204
Pythagoreer 194, 195, 204, 292

Q

Qigong 398
Quant, Mary 444
Quantenbahn 177
Quantenhypothese 177
Quantenmechanik 164, 178, 195, 204
Quantensprung 177
Quantentheorie 178
Quantitätstheorie 249
Quantz, Johann Joachim 342
Quarantäne 99
Quart 340
Quarz 331
Quasare 212
Quastenflosser 126
Quaternionen 193, 206
Quecksilber-Schwefel-Theorie 179
Quelle 145
Quellnymphen 460
Quellwunder 279
Quesnay, François 248, 253
Quinn, Anthony 359
Quinte 334, 340
Quintilian 311
Quito 44, 74, 160

R

Rabat 83
Rabbi Loew 463
Rabbiner 274
Rabelais, François 312, 416
Rabenkrähe 133
Rabin, Itzhak 452
Racine, Jean 314
Rad 162, 169
Rad des Gesetzes 274
Radcke, Antje 238
Radio 429
Radioaktivität 176
Radioastronomie 212
Radiokarbonmethode 21
Radiologie 99
Radiostrahlung 212
Radioteleskope 230
Radium 11, 176
Raffael 321, 323
Raffles, A.J. 458
Rafflesia Arnoldi 120
Ragtime 349
Raimondo dei Liuzzi 99
Rajasthani 301
Raja-Yoga 398
Rajdhani-Express 65
Raketen 213
Rama 277
Ramadan 275
Ramayana 309
Rameau, Jean-Philippe 341
Ramminger, Manfred 455
Ranger-Harmonium 335
Rangun 72
Rap 350
Rasierklinge 439
Rasseln 335
Rassenfeind 38
Rat für gegenseitige Wirtschaftshilfe 261
Ratatouille 417
Rätesystem 38
Rathenau, Walther 452
Ratio 293
Rationale Zahlen 192
Rationalismus 98, 297
Rau, Johannes 233, 240
Rauchen 411
Rauchgasreinigung 146
Rauchschwalbe 133
Raum 164, 165
Raumfahrt 209
Raumfahrt, Meilensteine 213
Ravel, Maurice 344
Rawlinson, Henry 19, 28
Ray, James Earl 452
Reagan, Ronald 249
Reaganomics 249
Reaktion, chemische 178, 179
Reaktion, photochemische 146
Realismus 314, 324, 325
Realistische Literatur 314
Realität 293
Reaumur 173
Rebsorten 425
Rechenmaschine 183, 205
Rechenoperationen 195
Rechenwerk 183
Rechenzeichen 195
Rechtsfähigkeit 245
Rechtsmedizin 456
Rechtsordnung 254
Rechtspflege 241, 242
Rechtsprechung 241, 242
Rechtsprechungsmonopol 242
Rechtswege 243
Rechtszug 242
Recorde, Robert 195
Reelle Zahlen 192, 193
Reemtsma, Jan Philipp 454
Reflektoren 228
Reflexe 105
Reflexion 153
Reformation 32, 248
Reformoper 342, 346
Regelungstechnik 185
Regenbogen 152, 153
Regenwald 158
Reger, Max 344
Reggae 350
Regierung 242
Regierungskontrolle 235
Regis, Gottlob 416
Regolini 26
Reich der Mitte 39
Reichardt, Johann Friedrich 342
Reichstag 233
Reichstagsgebäude 331
Reichsverfassung 32
Reihenmotor 173
Reis 110, 148, 257, 418
Reisestraßen, deutsche 63
Reißverschluss 437
Relais 183
Relativitätstheorie 165, 166, 206
Reliefkunst 320
Religion 95, 98, 273, 274
Religionen 98, 136
Remakes 362
Remarque, Erich Maria 316
Rembrandt 322
Renaissance 31, 32, 164, 297, 312, 313, 320, 321, 326, 340
Reni, Guido 322
Renoir, Auguste 324, 448
Renten 256
Rentenansprüche 246
Reproduktionsmedizin 190
Resistenzen 140
Responsorium 339
Ressourcen 248
Reval 75
Revenanten 460
Revolution 37, 168, 252
Revue 349
Reykjavik 78
Rezeptor 107
Rezitativ 345, 348
Rhea 285, 286, 287, 289
Rhetorik 293, 296, 310
Rhythm & Blues 350
Riad 88

Ribonukleinsäure 107
Ricardo, David 248
Richard III. 35
Richard Löwenherz 32
Richardson, Samuel 313
Richter, Franz Xaver 342
Richtpreis 267
Riemenschneider, Tilman 320
Riesengebirge 465
Riesenwuchs 103
Riesling 425
Riester, Walter 234
Rietschel, Ernst 323
Rietveld, Gerrit 446
Riga 81
Rigel 230
Rigvedea 309
Riley, Bridget 330
Ripley, Tom 458
Ritter 246
RNS 107
Robespierre, Maximilien de 36
Roboter 184, 188
Rock'n'Roll 350
Rockmusik 350
Rodgers, Ginger 358
Rodin, Auguste 325
Röhren, crookessche 176
Rohstoffe 138, 141, 249
Rokoko 322
Rolandslied 311
Rom 78
Romaji 308
Roman 314
Romani 301
Romanik 319
Romanische Sprachen 301
Romanow 35
Romantik 31, 314, 323, 324, 342
Romantische Oper 342
Romantische Straße 63
Römer, Ole 221
Römische Kunst 318
Römische Literatur 311
Römische Schule 340
Römische Verträge 263
Römische Ziffern 196
Römisches Reich 31, 32, 39
Romulus Augustulus 39
Rondeau 340
Röntgen, Wilhelm Conrad 105, 176, 402
Röntgenfluoreszenzanalyse 18
Röntgenstrahlen 105, 176, 212
Roseau 74
Roslin, Alexander 322
Rosmarin 422
Ross, James Clark 58
Ross, John 58
Rossameise 122
Rossbreiten 160
Rossellini, Roberto 356
Rossi, Aldo 327, 446
Röstel, Gunda 238
Rostock 53
Rotationskolbenmotor 173
Rote Garden 38
Roter Riesenstern 221
Roth, Eugen 57
Rotterdam 67
Rotverschiebung 212
Rotwein 423, 425
Rough 394
Rousseau, Jean-Jacques 298, 313
RTL 369
Rubens, Peter Paul 322
Rübezahl 465
Rubinstein, Artur 345
Rückkopplung 185
Rudel, Jaufré 339
Rudolf I. 34
Rudolf II. 220
Rugby 377
Rumänisch 84, 87
Rundbogen 318
Rundfunkgebühren 370
Rundi 73
Runen 304
Runge, Philipp Otto 323
Russell, Bertrand 206
Russisch 79, 87, 301
Rutherford, Ernest 176, 178
Ryder-Cup 395

S

Sabbat 274
Sabbatjahr 195
Sacharja 279
Sager, Krista 238
Saguaro 120
Sahara 142
Sahel 142
Saint Laurent, Yves 444
Saint Phalle, Niki de 331
Saint-Césaire 97
Saitenklinger 335
Sakrament 274, 275
Saladin 32
Salier 33, 34
Salk, Jonas Edward 402
Sallust 30, 311
Salome 280
Salomo 279
Salomonisches Urteil 279
Salpeter 169
Salpetersäure 182
Saltimbocca 417
Salvarsans 402
Salvi, Niccolò 322
Salz 179, 182, 257
Salzfällung 180
Samaveda 309
Samenzelle 101
Samoanisch 93
Samojedisch 301
Samsara 277
Samuel 464
Samum 156
Sanaa 78
Sandelholz 399, 445, 446
Sango 93
Sanherib 28
Sankt Martin 416
Sankt Wenzel 416
Sanskrit 306
Santa Claus 438
Santali 300
Santiago de Chile 73
Santo Domingo 74
Sapote 420
Sapper, Richard 447
Sappho 310
Sarajevo 72
Sarcinen 123
Sardisch 301
Saros-Zyklus 225
Sartre, Jean-Paul 298, 316
Sasquatch 466
SAT.1 369
Satan 279
Satelliten 58, 209, 211, 212, 213, 222, 223
Satire 312
Saturn 220, 225
Saturnmonde 228
Saturnring 220
Saturnus 287
Satyrn 289
Satz des Phytagoras 204, 292
Satz des Thales 292
Satzzeichen 308
Sauerstoff 103, 141, 144, 146, 148, 150, 179, 180, 181, 182, 230
Sauerstoffatom 179
Sauerstoffisotopie 21
Säuger 96
Säugetierarten 126
Säugetiere 97, 124, 125, 129
Saul 279, 464
Säulen des Islam 275
Saulus 281
Sauna, finnische 398, 399
Säure 180
Säuren 414
Saurer Regen 145, 146, 147
Savanne 158
Savery, Thomas 170
Saxophon 335
Sayce, Henry 27
Scarlatti, Alessandro 341
Scarlatti, Domenico 341
Schachtelkino 358
Schachtgrab 23
Schädel 96
Schädlungsbekämpfung, biologische 143
Schadow, Gottfried 323
Schadstoffe, Emission 145
Schalenmodell 177, 178
Schalenobst 419
Schalmei 335
Schaltelemente 184
Schaltjahr 12, 13, 14
Schaltmonat 12
Schalttag 12
Scharia 275
Scharping, Rudolf 234, 240
Schäuble, Wolfgang 238
Schaumwein 423, 425
Scheel, Walter 233, 239
Scheidemann, Philipp 37
Scheidendiaphragma 101
Scheidewasser 182
Scheinarchitekturen 321
Scheintote 108
Schelling, Friedrich Wilhelm Joseph 298
Schelmenroman 312
Schiaparelli, Elsa 438
Schickard, Wilhelm 183
Schiefe Ebene 188
Schiefer Turm zu Pisa 167
Schiele, Egon 327
Schießpulver 169
Schifffahrt 66, 67
Schiffsgrab 23
Schiiten 275
Schiller, Friedrich von 313, 314
Schily, Otto 234
Schimmelpilze 104, 408
Schinkel, Karl Friedrich 323
Schintoismus 276
Schirokko 156
Schizophrenie 189
Schlagzeug 338
Schlange 134
Schleichwerbung 436
Schleiden, Matthias Jakob 103
Schlemmer, Oskar 326
Schliemann, Heinrich 20, 25, 27, 28
Schlöndorff, Volker 356
Schlüter, Andreas 322
Schmauchspuren 456
Schmelzpunkt 173
Schmidt, Helmut 234
Schmidt-Rottluf, Karl 327
Schmitz, Bruno 326
Schneegrenzen 158
Schneider, Romy 361
Schnitger, Arp 336
Schnitzler, Arthur 315
Schnorr von Carolsfeld, Julius 323
Schöffenamt 246
Scholastik 201, 293
Schönberg, Arnold 349
Schopenhauer, Arthur 295
Schöpfungstage, sieben 199
Schottisch-Gällisch 301
Schouten, Willem Cornelis-zoon 58
Schraube 188
Schrift 303 ff.
Schrift, Heilige 274
Schriftzeichen 169
Schröder, Gerhard 240
Schubert, Franz 342, 343
Schuldfähigkeit 246
Schule von Alexandria 180
Schule von Chicago 326
Schule von Notre-Dame 339
Schultz, Johannes Heinrich 398
Schumacher, Kurt 240
Schumann, Robert 343
Schütz, Heinrich 341
Schutzgeister 460
Schutzimpfung 403, 409
Schwangerschaft 101, 132
Schwann, Theodor 103
Schwänzeltanz 302
Schwarzburger 33
Schwarzwaldhochstraße 63
Schwedisch 75, 88, 300
Schwefel 145, 169
Schwefeldioxid 145, 146, 147
Schwefeloxid 146
Schwefelsäure 182
Schweifsterne 221
Schweißdrüsen 102
Schwerefeld 166, 213
Schwerelosigkeit 225
Schwerkraft 221
Schwermetalle 147
Schwind, Moritz von 324, 424
Schwitters, Kurt 329
Schwitzbäder 398, 399
Sciencefiction 218
Scorsese, Martin 356
Scotland Yard 456, 463
Scott, Robert Falcon 59
Scott, Sir Walter 314
Scully, Dana 463
Séance 461
SEATO 268
Sedimentgesteine 124
Seele 99
Seelenfünklein 297
Seelenlehre 293
Seemeile 55
Seen 51
Seeschifffahrtskanäle 68
Seghers, Anna 316
Segrè, Emilio 178
Sehnerv 106
Seidel, Hanns 239
Seidelbast 413
Seidenstraße 28
Seifenoper 372, 430
Sein 292, 293, 295, 298
Sekt 252
Sekundärkonsument 128
Sekunde 10, 11
Selbstbetrachtungen 40
Selbstklinger 335
Selene 286, 287
Semele 286
Semiramis 26
Semitische Sprachen 300, 301
Semmelweis, Ignaz 105, 402
Semper, Gottfried 326
Senatoren 241
Seneca 296, 311
Senghor, Léopold Sédar 40
Senna, Ayrton 384, 386
Sensorik 188
Seoul 80
Septemberrevolution 37
Septuaginta 282, 284
Sequenz 339
Serbisch 78, 301
Serbokroatisch 72
Serienmörder 451
Serotonin 398
Seuchen 408
Seurat, Georges 324
Severini, Gino 328
Sexagesimalsystem 196, 198
Sexualdimorphismus 129
Sexualhormone 100
Sexualität 100
Sezessionsstil 325
Shackleton, Ernest 59
Shakespeare, William 312, 314, 462
Shapley, Harlow 229
Shelley, Mary 463
Sherlock Holmes 457, 458
Shiva 277
Siddharta Gautama 275
Siebengestirn 289
Siebenjähriger Krieg 39, 228
Siedepunkt 173
Signac, Paul 324
Sikorsky, Igor 133
Silbenschrift 303
Silbenzeichen 304
Silber 182
Silbermann, Andreas 336
Silbermann, Gottfried 336
Silizium 181, 184
Simenon, Georges 457
Simon 281
Simon (Zelotes) 281
Simulation 185
Sinai 278
Sinclair, John 463
Sindhi 301
Sinfonie 341
Sinfonieorchester 336, 337
Singhalesisch 89, 301
Sinne 106
Sinnesorgane 102
Sinuhe 309
Sippe 100
Sirenen 289
Sirhan, Sirhan Bishara 452
Sirius 15
Sirk, Douglas 356
Sittengesetz 294
Siv 289, 290
Skadi 290
Skopje 82
Skrjabin, Alexandr 344
Skuld 290
Skylla 310
Skythen 22
Slawische Oper 348
Slawische Sprachen 301
Slevogt, Max 324
Slimbridge 127
Slogan 431
Slowakisch 89, 301
Slowenisch 89, 301
Smørrebrød 417
Smetana, Friedrich 348
Smith, Adam 248
Smog 146
Smogverordnungen 146
Snack 416
Soap Opera 372, 430
Soda 181
Sodom 278
Sofia 73
Software 186, 255
Soja 422
Sokrates 162, 292, 296
Sol 287
Soldatengesetz 244
Soldatenräte 38
Solschenizyn, Aleksandr 316
Somali 300
Sommer 10, 14
Sommersmog 146, 147
Sommersonnenwende 215
Sommerzeit 15
Sonate 342
Sonden 218
Sonett 312
Songhai 300
Sonne 41, 137, 175, 211, 213, 216, 217, 218, 219, 220, 222, 223, 224, 229
Sonnenaufgang 15
Sonnenblumenöl 418
Sonnenfinsternis 216, 224, 225
Sonnenflecken 220
Sonnenjahr 12, 14
Sonnenkult 214, 215
Sonnenneutrinos 212
Sonnensystem 213, 218, 225, 226, 227, 228
Sonnentag 10
Sonnenuhren 11
Sonnenuntergang 15
Sonnenwenden 214
Sonnenwind 223, 224
Sophisten 296
Sophokles 30, 310
Sorbisch 301
Sostratos von Knidos 27
Sotho 81
South East Treaty Organization 268
Souvestre, Pierre 458
Sowjetunion 38, 40
Sozialabgaben 253
Sozialbeiträge 256
Sozialdemokratische Partei Deutschlands 239
Soziale Marktwirtschaft 250
Soziales Jahr 246
Sozialgerichtsbarkeit 242
Sozialismus 251
Sozialleistungen 245
Sozialprodukt 249
Sozialrenten 253
Sozialverhalten 97
Spaltspurenmethode 21
Spanisch 70, 71, 72, 73, 74, 75, 76, 77, 80, 81, 83, 85, 86, 89, 92, 93, 301
Spanische Grippe 408
Spanisches Kolonialreich 39
Spannung, elektrische 106
Spartakusaufstand 38
SPD 38, 240
Speiche 96
Speke, John Hanning 59
Spektralanalyse 212
Spermien 101
Spezialisierung 257
Sphären 166
Spiegelteleskop 212, 221

Spielberg, Steven 356
Spindel 162
Spinoza, Baruch 297
Spiralnebel 229
Spirillen 123
Spiritisten 461
Spitzbogen 320
Spitzweg, Carl 324
Spohr, Louis 343
Sporen 408
Sporentierchen 409
Sprache der Tiere 302
Sprache 29, 295, 299
Sprachen 300 ff.
Sprachfamilie 300
Sprachprobleme 295
Sprachzentrum 105
Sprengstoff 183
Sprüche 279
Spuk 461
Spukorte 464
Spurenelemente 401
Spurengase 148
St.Columban 466
Staat 248, 249, 250, 253, 293
Staaten 69, 122
Staatsanleihen 253
Staatsbürger in Uniform 244
Staatseigentum 251
Stäbchen 106, 123
Stabilität 254
Stabilitätsgesetz 254
Stadtarchäologie 18
Städte 45
Stahl, Georg Ernst 103, 180
Stahlindustrie 257
Stahlkonstruktionen 326
Stalin, Jossif Wissarionowitsch Dschugaschwili 38, 298
Stamitz, Johann 341, 342
Stanley, Henry Morton 59
Staphylokokken 123
Starck, Philippe 447
Starkbier 424
Statistik 207, 251
Staub 136, 145
Staudämme 140
Staufer 33, 34
staufische Renaissance 320
Stein 169
Steinbeck, John 316
Steinfrucht 420
Steinhummel 126
Steinkistengrab 23
Steinobst 419
Steinzeit 20, 163
Stella, Frank 329
Stellarastronomie 211
Stellarator 179
Stellarstatistik 211
Stellenwertsysteme 196, 197
Sterblichkeit 100
Sterilisation 101
Sterling Silver 256
Stern 214
Sternberg, Josef von 360
Sternbild der Zwillinge 288
Sternbild Eridanus 230
Sternbild Herkules 228
Sternbild Schütze 229
Sternbild Stier 221, 226
Sternbilder 211, 216
Sterne 230
Sterne, Laurence 313
Sternenburg 220
Sternennebel 228
Sternfrucht 420
Sternhaufen 228, 229
Sternkatalog 221
Sternmotor 173
Sternsysteme 211
Sternzeit 10
Steuern 248, 253, 254, 257
Steuern, indirekte 256
Steuerung 183
Steuerungstechnik 185
Stewart, James 359
Stheno 288
Stickoxide 146, 147
Stickstoff 150, 181, 183, 230
Stickstoffdioxid 145, 182
Stickstoffdünger 183
Stickstoffmonoxid 182
Stifel, Michael 195
Stifter, Adalbert 314
Stifterreligion 277
Stil, Internationaler 327
Stiletto-Absatz 445
Stiller, Mauritz 360
Stimmfächer 334
Stimmfächer, Auswahl 334
Stimmlagen 334
Stirling, James 327
Stoa 296
Stockholm 88
Stoffkreisläufe 225
Stoffwechsel 136, 144, 185, 189
Stoiber, Edmund 239
Stoker, Bram 463
Stokowski, Leopold 336
Stonehenge 24, 214
Storm, Theodor 315, 462
Stoß, Veit 320
Stout, Rex 457
Stradivari, Antonio 336
Strafgesetzbuch 450
Straßburger Eide 311
Straßmann, Friedrich 178
Stratopause 150
Stratosphäre 150, 212
Strauß, Franz Josef 239
Strauss, Richard 280, 343, 349
Streakkamera 11
Strebepfeiler 320
Streetbands 349
Streicher 337
Streichquartett 341
Streptokokken 123
Streptomycin 403
Stress 411
Strindberg, August 315
Stromkreis 165
Strophe 339
Stuart 35
Stufenpyramiden 217
Stummfilme 352
Stunde 10
Sturm und Drang 313
Sturm 154
Sturmflut 157
Sturmkatastrophen 157
Stützender Bass 345
Stützenwechsel 319
Suaheli 79, 90, 92, 300
Subtraktion 183, 192
Subventionen 256
Succubus 461
Sucre 72
Südpol 157, 222
Sueton 30, 311
Sufismus 275, 297
Sukiyaki 417
Sukkulenten 158
Sullivan, Louis Henry 326
Sumerer 169, 216, 304
Sumpf 145
Sumpfgas 148
Sundanesisch 300
Sunniten 275
Supernova 179, 230
Supplinburger 33
Surrealismus 325, 328, 329
Sushi 416
Süßwasser 51, 53, 144
Suttner, Bertha von 176
Suva 75
Swanson, Gloria 445
Swasi 90
Sydenham, Thomas 103
Sylvaner 425
Sylvester II. 195
Sylvius, Franciscus 103
Symbiose 110
Symbolismus 315, 325
Symmetrie 97
Sympathie 248
Synagoge 274
Synapsen 107
Synthese 181
Synthesizer 335
Syphilis 402
Syrakus 175
Syrdaja 145
Syrisch 301
Szabó, István 357
Szegediner Gulyas 417

T

Tabak 110, 411, 413
Tacitus 30, 311, 423
Tadschikisch 90, 301
Tafelspitz 417
Tag 10, 11, 12
Tagalog 86, 300
Tagesschau 369, 372, 430
Taifun 155, 156, 157
Taipeh 90
Tallinn 75
Talmud 274
Tamil 89, 300
Tamtam 335
Tang 120
Tannhäuser 339
Tantrismus 276
Taoismus 276, 297
Tapas 416
Tarantel 134
Tarawa 80
Taschkent 92
Tasman, Abel Janszoon 58
Tasso, Torquato 312
Tatarisch 300
Tate, Sharon 450
Taufe 275, 281
Tausch 252
Tauschmittel 257
Tauschwert 249
Taxonomie 110, 123
Taylor, Elisabeth 361, 444
Taylor, John Henry 395
Tblissi 76
TBWA 433
Technik 135, 140, 161, 162, 175
Techno 350
Tegucigalpa 77
Teheran 77
Teichmolch 125
Telegrafenalphabet 308
Telekommunikation 185, 255
Telemann, Georg Philipp 341
Tellus 286
Teluga 300
Temperatur 102
Temperatur, absolute 172
Temperaturskalen 173
Tennis 387
Tenno 276
Tenor 339
Terenz 311
Terpsichore 289
Terrakottaarmee 20, 28
Territorialität 69
Terror 38
Terz 340
Testament, Altes 274, 282, 284, 285
Testament, Neues 274, 282
Tetanus 409, 410, 411
Texier, Charles 27
Textilindustrie 257
Thaddäus 281
Thai 90, 301
Thalamus 107
Thales von Milet 194
Thalia 288, 289
Thatcher, Margaret 249
Thaumas 288
Theben 199
Theia 286, 287, 289
Themis 286, 288
Theoderich 201
Theodosius I. 31, 374
Theokrit 310
Theologie 274, 294
Therme 318
Thermodynamik 171, 172, 173
Thermolumineszenzmethode 21
Thermosphäre 150
Thespis 310
Thetys 287, 289
Thimphu 72
Tholosgrab 23
Thomas 281, 284
Thomas von Aquin 248, 293
Thomson, Sir William Lord Kelvin of Largs 171, 172
Thor 289
Thora 274, 282
Thorvaldsen, Bertel 323
Thrakien 334
Thriller 457
Thukydides 30
Thumb, Peter 322
Thymian 422
Thymin 404
Tibet 276
Tibetisch 301
Tiefdruckgebiet 151
Tiepolo, Giovanni Battista 322
Tierarten 122, 124, 127
Tiere 100, 121, 123, 125, 129, 130, 136, 138, 139, 141, 145
Tiergeister 460
Tierhaare 408
Tierkobolde 460
Tierkreiszeichen 14, 195, 211, 219
Tierradentro 22
Tierreich 122, 133
Tiflis 76
Tigre 301
Tigrinja 75, 301
Tilsiter 418
Tinquely, Jean 331
Tirana 70
Tischbein, Johann Heinrich Wilhelm 323
Tischrücken 461
Tisiphone 288
Titan 220
Titanen 286, 287, 288, 289
Titanic 67, 362
Tizian 321
Tod 99, 108, 144, 298
Todesschwestern von Wien 450
Todesursachen, häufigste 408
Todsünden 199
Tokajer 423
Tokamak 179
Tokio 78, 448
Toleranzakte 36
Toller, Ernst 316
Tollund 19
Tollwut 402, 403, 409
Tolstoi, Lew 315
Ton 141, 169
Tongaisch 91
Tongatapu 91
Tonhöhe 334
Tonmalerei 348
Tonnengewölbe 319
Tonoi 333
Töpferei 162, 168
Topologie 204
Torf 148
Tornado 156, 157, 160
Totalitarismus 38
Totenflecken 108
Totengeister 460
Totenreich 217
Totenstarre 108
Totenwählerinnen 290
Totschlag 450
Toulouse-Lautrec, Henri de 325
Tourismus 60
Tourismusindustrie 258
Tracy, Spencer 359
Tragödie 310, 313
Trakl, Georg 316
Traminer 425
Transfer-RNS 107
Transformator 179
Transistor 184
Transplantationen 412
Transurane 178
Transzendente Zahlen 192
Trauerspiel 312, 313
Trautonium 335
Trecento 340
Treibhauseffekt 148
Treibhausgase 145, 148
Trepanation 98
Treuhandrat 270
Trias 126
Triebverzicht 100
Trinität 274
Triosonate 340
Triple-Bogey 396
Tripolis 81
Trittin, Jürgen 235, 238
Triumphbogen 318
Troja 28
Trojanischer Krieg 286, 310
Trolle 460
Trollinger 425
Trommel 335, 338
Trompete 335, 337, 338, 349
Tropen 112
Tropenkrankheiten 61
Tropopause 150
Troposphäre 150
Trottellumme 134
Troubadour 339
Trouvère 339
Truffaut, François 357
Trusteeship Council 270
Tschadsprachen 300
Tschechisch 91, 301
Tscheremissisch 301
Tscherkessisch 301
Tschetschenisch 301
Tschuktschisch 301
Tschuwaschisch 300
Tsetsefliege 61
Tswana 73
Tuba 335
Tuberkulose 402, 403, 408, 409
Tudor 35
Tugendlehre 293, 295
Tugendromane 313
Tulpen 257
Tumore 410
Tumorzellen 107, 108
Tundra 158
Tungusische Sprachen 300
Tunis 91
Tupí 300
Türkisch 91, 300
Türkisches Bad 399
Turkmenisch 91, 300
Turksprachen 300
Turner, Richard 326
Turner, William 323
Tuvaluisch 92
Tuwinisch 300
Typhus 409
Tyr 289

U

Übergewicht 400, 401, 411
Überhangmandate 236
Überproduktion 256
Überschwemmungen 157
U-Boot 67
Ucayali 53
UEFA 380
Ugli 420
Uhr 170
Uigurisch 300
Ukrainisch 92, 301
Ulan-Bator 84
Ull 290
Ullr 290
Ultraschall 106
Ultraviolettstrahlung 212
Umwelt 106, 135
Umweltchemikalien 143
Umweltgifte 144
Umweltprobleme 137, 139, 140
Umweltprogramm 270
Umweltschutz 138, 146
Umweltverschmutzung 254
UN 259, 265, 268, 269, 270, 272
Unabhängigkeitserklärung 36, 40
UNCTAD 270
Undinen 460, 461
UNDP 270
UNEP 270
UNESCO 271
UN-Friedenstruppe 269
Ungarisch 92, 301
UNHCR 270
UNICEF 270
UNIDO 270
United Nations 259, 268
Universalpoesie 314
Universität 162
Universum 217
Unschärferelation 178
Unsterblichkeit 294
Untergewicht 401
Unterhaltungselektronik 185
Unternehmen 250, 252
Unternehmensfusionen 258
Untersuchungsausschüsse 242
Unterwasserarchäologie 18
Upanischaden 309
Uralische Sprachen 301

Uran 176, 178
Urania 289
Uranos 286, 287, 288, 289
Uranus 210, 225, 228
Uranusmonde 228
Urd 290
Urdu 85, 301
USA 38
Usbekisch 92, 300
Ushuaia 43
Utopia 247
UV-Strahlung 147, 150

V

V1 353
V2 353
Vaduz 82
Vakuum-Lichtgeschwindigkeit 218
Valentino, Rudolph 360
Valenz 179
Valetta 83
Vampire 406, 459, 463
Van Gogh, Vincent 448
Vanderdecken, Hendrik 465
Vanille 422
Vardon, Harry 395
Variationsrechnung 204, 205
Vasarély, Victor 330
Vasari, Giorgio 320
Vaucanson, Jacques de 187
Vaudeville 349
Veden 12, 98, 277, 309
Vegetation 141
Velázquez, Diego Rodriguez da Silva y 322
Velde, Henry van de 325
Venezianische Schule 340
Venter, Craig 190
Venus 220, 225, 286
Venusfliegenfalle 113
Venusstatuetten 26
Verbrennung 145, 148, 180
Verbrennungsmotor 173
Verdauung 148
Verdi, Giuseppe 347, 348
Verdunstung 144
Vereinte Nationen 259, 268
Vererbung 108
Verfassungsgerichtsbarkeit 242
Vergiftungen, Sofortmaßnahmen 414
Vergil 311
Verhältniswahl 236
Verhoeven, Paul 357
Verismo 347, 348
Verkehrswirtschaft 251
Vermögen 254, 255
Vernunft 98, 293, 294, 297
Vers 339
Versace, Gianni 445
Versailler Friedenskonferenz 249
Versalzung 142
Versdichtung 314
Verus, Lucius 40
Verwaltungsgerichtsbarkeit 242
Verwitterung 136
Vesalius, Andreas 99, 402, 403
Vespucci, Amerigo 58
Vesta 286
Vesuv 28
Vetorecht 242
VGR 255
Vibrionen 123
Victoria 88, 287
Videoclips 185
Videokunst 330
Vieh 143, 257
Viehzucht 136, 168
Vielzeller 122
Vientiane 81
Vierersystem 196
Viertaktmotor 173
Vierte Gewalt 241
Vietnamesisch 93, 301
Vignon, Pierre 323
Viktoriafälle 59
Villa 318, 320
Villa, Pancho 354
Villanueva, Juan 323
Vilnius 82
Viola d'Amore 335
Viola da Gamba 335
Violine 337
Violoncello 340
Virchow, Rudolf 105, 402
Virelai 340
Viren 104, 409
Virusgrippe 408
Visconti, Luchino 357
Vishnu 277
Vitamine 102, 401, 419, 420
Vivaldi, Antonio 341
Vögel 125, 131, 134
Vogel, Hans Jochen 240
Vogelarten 124, 126
Vogelspinne 134
Vokal 305, 306
Vokalmusik 339
Völkerrecht 269
Völkerwanderung 32, 163
Volkseinkommen 256
Volkswagen 447
Volkswirtschaftliche Gesamtrechnung 253, 255
Volkswirtschaftslehre 250
Vollbeschäftigung 249, 254, 256
Volljährigkeit 246
Volmer, Ludger 238
Voltaire 298, 313
Volumen 166
Volumenverhältnisse 172
Vorgeschichte 31
Vorgeschichtliche Zeiträume 20
Vulcanus 286
Vulgata 282
Vulkan 225
Vulkane 47, 48

W

Waage 180
Wachstum 254
Wagenfeld, Wilhelm 326
Wagengrab 23
Wagenrennen 373
Wagner, Richard 343, 347, 348, 465
Wahlrecht 246
Wahrheit 292, 293, 296, 297
Wahrnehmung 293
Wahrscheinlichkeit 172, 178, 207
Wahrscheinlichkeitsrechnung 205
Waigel, Theo 239
Waksman, Selman Abraham 403
Wald 111
Waldis, Burkard 423
Waldsterben 137, 146, 147
Wale 133
Walhall 289, 290
Walisisch 301
Walküren 290
Wallis, John 201
Wallot, Paul 326
Walpurgisnacht 462
Walsh, Raoul 354
Walther von der Vogelweide 312
Wandalen 39
Wanen 289, 290
Waren 251, 252, 255
Warhol, Andy 330
Wärme 172, 174
Wärmeabstrahlung 148
Wärmeleitfähigkeit 164
Wärmestoff 171
Warmfront 151
Warschau 86
Warschauer Pakt 271
Warschauer Vertrag 271
Washington/D.C. 92
Wasser 136, 141, 142, 144, 173, 175, 179, 180, 182, 189, 250
Wasserfälle 53
Wassergeister 460
Wasserkreislauf 137
Wassermühle 175
Wasserrad 175, 187
Wasserstoff 144, 179, 180, 181, 183, 225, 230
Wasserstoffatom 177, 179
Wasserstoffspektrum 177
Wasseruhren 11
Wasserwirtschaft 144
Watson, James Dewey 404
Watson, James 190
Watsu 398
Watt, James 170, 252
Watteau, Jean Antoine 322
Wattenmeer 115
Wayne, John 360
Weber, Carl Maria von 342, 343
Webstuhl 162, 168, 187
Wedekind, Frank 440
Wedgwood, Josiah 322
Wehrbeauftragter 244
Wehrpflicht 246
Weichkäse 418
Weichtiere 126
Weierstraß, Karl 206
Weihnachten 11
Weihrauch 445
Weill, Kurt 349
Weimar 326
Weimarer Klassik 314
Weimarer Reichsverfassung 242
Weimarer Republik 38
Wein 169, 423, 424, 425
Weinbrand 423
Weinfachausdrücke 427
Weiße Damen 459, 462
Weißrussisch 93, 301
Weißwein 423, 425
Weizenbier 424
Weizenkeime 418
Weizsäcker, Richard von 233
Welf I. 34
Welfen 33, 34
Wellentheorie 177
Welles, Orson 356, 357
Wellington 84
Wells, Herbert George 357, 462
Weltall 11, 212, 218, 230
Weltbank 271
Weltbevölkerung 252
Weltbevölkerung, Religionen der 277
Weltbilder 216
Welte-Lichttonorgel 335
Weltentstehungsmythen 136
Weltesche Yggdrasil 290
Weltgesetz 273, 296
Weltgesundheitsorganisation 271, 272
Welthandel 252, 258
Welthandelskonferenz 270
Welthandelsorganisation 271, 272
Welthilfssprachen 302
Weltmarkt 250
Weltmodelle 212, 216
Weltpostverein 271
Weltraumastronomie 212
Weltreiche 38
Weltreligionen 273, 274
Weltsysteme 220
Weltwirtschaftskrise 249
Weltwirtschaftsleistung 252
Weltwunder, Sieben 26, 199
Weltzeituhr 15
Wembley-Tor 378
Wenders, Wim 357
Werbeagenturen 431, 432
Werbefilme 433
Werbeslogans, berühmte 434
Werbung 429
Werchojansk 160
Werdandi 290
Werkstoffwissenschaft 163
Werkzeugmaschinen 184
Wertigkeit 179, 180
Wertpapiere 254
Wertvorstellung 273
Werwolf 462
Wespen 143
West, Frederick 450
West, Mae 362
Western 359
Westeuropäische Union 272
Westgoten 39
Westrom 32
Weströmisches Reich 39
Wettbewerb 258
Wetter 144, 149, 151
Wetterregeln 152
Wetterzeichen 152
WEU 272
Whisky 423
Whitehead, Alfred North 206
Whitten-Brown, A. 65
WHO 271
Whodonit 457
Wieczorek-Zeul, Heidemarie 235
Wiedergeburt 98, 277
Wien 85
Wiener Klassik 341
Wiener Kongress 323
Wiener, Norbert 184
Wikinger 67
Wilde, Oscar 280, 315, 325, 462
Wilder, Billy 357
Wildpflanzen 118, 413
Wildpflanzenarten 113
Wiles, Andrew 204
Wilhelm Gustloff 67
Wilhelm II. 37
Wilhelm III. von Oranien 36
Wilhelm IX. von Aquitanien 339
Willaert, Adrian 340
Willendorf 26
Willy-Willy 156
Wilna 82
Wilson, Bob 445
Wilson, Robert 230
Winckelmann, Johann Joachim 17
Wind 153, 154, 155, 156, 175, 188
Windgeister 460
Windhuk 84
Windstärke 153, 154
Winter 10, 14
Wintersonnenwende 11
Wirbellose 125
Wirbelsturm 153, 155, 157
Wirbeltiere 124
Wirtschaft 140, 247, 248
Wirtschaftskrise 137
Wirtschaftsordnungen 249, 251
Wirtschaftsräume 252
Wirtschaftssubjekte 251
Wirtschaftswachstum 249
Wirtschaftswissenschaften 176
Wissenschaft 161, 162
Wittelsbacher 33, 35, 37
Wittgenstein, Ludwig 206, 295
Wodan 289, 290
Wogulisch 301
Wöhler, Friedrich 180
Wohlstandsgesellschaft 443
Wolf, Hugo 343
Wolff, Christian 297
Wolfram von Eschenbach 312
Wolken 152
Wolkengeister 460
Wolkenstein, Oswald von 339
Wolof 88, 300
Wood, Grant 329
Wooley, Leonard 20
Wordworth, William 314
Worksongs 349
World Health Organization 272
World Trade Organization 272
World Wide Fund for Nature 127
World Wide Web 186
Wortschrift 303, 306, 308
Wostok 158, 160
Wren, Christopher 323
Wright, Frank Lloyd 327
WTO 271, 272
Wulfila 282, 311
Wuornos, Aileen 450
Wurlitzerorgel 335
Wurzelziehen 192

X

Xenon 150
Xenophon 292, 311
Xenophyten 158
Xerxes I. 31
Xetra ® 254
Xhosa 89, 300
Xylophon 335, 338

Y

Yajurveda 309
Yamoussoukro 74
Yangon 72
Yanomami-Indianer 60
Yaoundé 79
Yaren 84
Yellowstone-Nationalpark 138
Yeti 466
Yggdrasil 290
Yi-jing 277, 309
Yin-Yang 277
Yoga 276, 277, 398, 405
York 35
York, Michael 362
Yoruba 300
Young, Thomas 174

Z

Zagreb 80
Zahlen 184, 192, 195, 199, 204, 292
Zahlenmystik 193, 194, 195
Zahlensymbolik 195, 199
Zahlensysteme 191, 196
Zahlentheorie 202, 205, 206
Zahlungsbilanz 253, 254
Zahnradbahnen 64
Zamis, Coco 463
Zapotekisch 300
Zarathustra 295
ZDF 369, 370
Zehn Gebote 279, 450
Zeit, geometrische 318
Zeitgeschichte 34
Zeitmessung 11, 170
Zeitoper 349
Zeitspannen 10
Zellbaustoffe 401
Zelle 103, 104, 106, 136, 190
Zellkern 107, 190
Zellularpathologie 402
Zellwand 123
Zellzüchtung 108
Zelter, Carl Friedrich 342
Zen 297
Zen-Buddhismus 275
Zenon von Elea 194, 195
Zenon von Kition 296
Zen-Shiatsu 398
Zentauren 288
Zentralbau 319, 320
Zentraleinheit 184
Zentralnervensystem 108
Zentralperspektive 320
Zentralverwaltungswirtschaft 249, 250, 251
Zentrifugalkräfte 11
Zephanja 279
Zeppelin-Luftschiffe 66
Zeuner, Gustav Anton 173
Zeus 26, 285, 286, 287, 288, 289, 374
Zibet 446
Zierpflanzen, giftig 118, 413
Ziffern 195, 197, 201, 308
Zinn 179
Zins 249, 253, 257
Zinseszinsmechanismus 254
Zinsverbot 248
Zither 335
Ziu 289
Zivilisation 69, 430
Zola, Émile 315
Zombies 463
Zoon politikon 293
Zucker 181, 189
Zukunftsforschung 174
Zulu 89, 300
Zuse, Konrad 183
Zweifüßer 96
Zweitaktmotor 173
Zweite Lautverschiebung 302, 303
Zweiter Weltkrieg 38, 40, 137, 183
Zweites Deutsches Fernsehen 369
Zweitstimme 236
Zweizylindermotor 173
Zwerge 460
Zwergwuchs 103
Zwingli, Ulrich 274
Zwölftafelgesetz 311
Zwölftonmusik 349
Zworykin, W.K. 368
Zyklon 155, 157
Zyklopen 288
Zylinder 170, 188
Zytoplasma 123